Bewertungskriterien und -matrizen im Vergabeverfahren

Bewertungskriterien und -matrizen im Vergabeverfahren

Wie erziele ich ein optimales Zuschlagsergebnis?

von
Dipl.-Math.Thomas Ferber, LL.M.
und
Prof. Dr. Christopher Zeiss

2. Auflage

Reguvis

Bibliografische Information der Deutschen Nationalbibliothek
Die Deutsche Nationalbibliothek verzeichnet diese Publikation in der Deutschen Nationalbibliografie; detaillierte bibliografische Daten sind im Internet über https://dnb.d-nb.de abrufbar.

Reguvis Fachmedien GmbH
Amsterdamer Str. 192
50735 Köln

service@reguvis.de

www.reguvis.de

ISBN (Print): 978-3-8462-0835-9

Satz: Cicero Computer GmbH, Bonn

Druck und buchbinderische Verarbeitung: Appel & Klinger Druck und Medien GmbH, Schneckenlohe

Printed in Germany

Vorwort

Vorwort zur 2. Auflage

Liebe Leserin, lieber Leser,

die im Jahr 2015 erschienene erste Auflage wurde sehr positiv aufgenommen. Die vielen positiven Rückmeldungen und Rezensionen sowie die Verkaufszahlen des Buchs zeigten, dass ein solcher Titel in der bisherigen Vergaberechtsliteratur gefehlt hatte.

Natürlich wurde auch die Frage gestellt, ob dieses mathematischste aller Vergaberechtsbücher nicht zu einer unnötigen Mathematisierung des Vergaberechts – und damit zu einer weiteren Verkomplizierung – führt. Die Mathematisierung des Vergaberechts muss man allerdings in Kauf nehmen, wenn nicht das Bauchgefühl entscheiden, sondern eine objektive und nachvollziehbare Entscheidung getroffen werden soll.

Würde man einen Wettbewerb im Bogenschießen, bei dem die Zielkreise erst eingesetzt werden, nachdem die Pfeile geschossen wurden, als fair ansehen? Würden bei einem solchen Wettbewerb die Grundsätze von Transparenz, Gleichbehandlung und Wettbewerb gelten? Sicherlich nicht! Ein solcher Wettbewerb im Bogenschießen ist analog übertragbar auf ein Vergabeverfahren, bei dem die Angebote der Bieter die Pfeile sind und die Zielkreise die Zuschlagsbewertung.

Selbst bei Ausschreibungen, bei denen nur der Angebotspreis betrachtet wird, kommt die Mathematik ins Spiel und beantwortet die Fragen: Welches Angebot ist das billigste, welches ist das billigste unter Berücksichtigung von Optionen, welches ist das billigste unter Berücksichtigung von bedingten und unbedingten Rabatten usw.

Sollen neben dem Preis oder den Kosten auch die Leistungsstärke in der Bewertung der Angebote eine Rolle spielen, stellt sich die Frage, welches Mehr an Leistung welches Mehr an Preis rechtfertigt. Durch die Anwendung von mathematischen Methoden erhält man eine objektive Zuschlagsentscheidung, die den Grundsätzen der Transparenz, der Gleichbehandlung und des Wettbewerbs genügt.

Die Kritik an der Mathematik im Vergaberecht wird umso lauter, wenn ein offensichtlich unwirtschaftliches Angebot durch die mathematische Bewertungsmethodik zum Angebot mit dem besten Preis-Leistungs-Verhältnis gekürt wird. Man sollte aber nicht die Qualität der mathematischen Methoden mit der Qualität ihrer Anwendung verwechseln. Die mathematischen Methoden sind in einem strengen logischen System beweisbar und funktionieren, wenn die notwendigen Voraussetzungen für ihre Anwendung erfüllt sind.

Stimmen die Voraussetzungen für die Anwendung der mathematischen Methoden nicht, dann darf man sich auch nicht über die offensichtlich mangelhaften Ergebnisse wundern.

Die Anwendung der mathematischen Methoden zur Bewertung der Angebote und Bestimmung des wirtschaftlichsten Angebots erfordert fachkundige und kompetente Anwenderinnen und Anwender, die sich mit den Bewertungsmethoden auseinandersetzen und die Voraussetzungen für die Anwendung der Methoden kennen.

Unabhängig davon, ob Sie als Vergabepraktikerinnen und Vergabepraktiker Praxistipps, Beispiele und Handlungsempfehlungen suchen, als Fortgeschrittene die tieferen Zusammenhänge verstehen möchten oder als Vergabejuristinnen und Vergabejuristen spezielle Fragestellungen haben, hoffe ich, dass Sie die entsprechenden Antworten dazu in diesem Buch finden und zu einem sicheren Umgang mit den verschiedenen Bewertungsmethoden kommen.

Durch die Vergrößerung des Buchumfangs sowie die Mitwirkung von Prof. Dr. Christopher Zeiss als Autor und Mitherausgeber sowie durch die Mitwirkung von Dr. Christian von Deimling, Rechtsanwalt Frederic Delcuvé, Prof. Dr. Michael Eßig, Rechtsanwalt Oliver Hattig, Rechtsanwalt Tobias Oest und Rechtsanwältin Dr. Rebecca Schäffer als Autoren werden insbesondere die Fragestellungen zur Wirtschaftlichkeit im Vergaberecht, zur Schulnotenrechtsprechung, zu Notenskalen, zur Gewichtung sowie zur Transparenz im Vergabeverfahren detailliert behandelt. Neu im Buch hinzugekommen sind neben einer ausführlichen Behandlung von Zuschlagsformeln und Punkteskalen auch die Fragestellungen zu Gewichtung, Gremienentscheidungen, Teststellungen und Präsentationen.

Ich bedanke mich bei meinem Mitherausgeber Herrn Prof. Dr. Christopher Zeiss und bei allen Mitautoren für ihre engagierten und kompetenten Beiträge sowie für die angenehme und konstruktive Zusammenarbeit.

Ich bedanke mich beim Vergabeteam von Reguvis Fachmedien für die langjährige angenehme, unkomplizierte und vertrauensvolle Zusammenarbeit. Ich bedanke mich auch bei den zahlreichen Teilnehmerinnen und Teilnehmern meiner Seminare und Workshops, durch die ich viele Anregungen erhalten habe.

Und vor allen Dingen bedanke ich mich bei meiner Frau Christina und meinen Töchtern Helena und Antonia sowie meiner Mutter Margarete für ihr Verständnis und ihre Unterstützung.

Über Rückmeldungen, Anregungen, Hinweise und Kritik per E-Mail an kontakt@praxisratgeber-vergaberecht.de würde ich mich sehr freuen.

Darmstadt im Oktober 2025

Dipl.-Math. Thomas Ferber, LL.M.

„Iudex non calculat“ (= der Richter rechnet nicht) – dieses lateinische Rechtssprichwort wird gern als Bestätigung einer bereits seit der Antike bestehenden Abneigung der Juristen gegenüber mathematischen Detailfragen gesehen. Und ausgerechnet im Vergaberecht – einem Rechtsgebiet, welches ohnehin schon als kompliziert gilt – spielt die Mathematik bei der Angebotswertung eine entscheidende Rolle. Wie ist mit Optionen umzugehen, wie ist der Preis in Wertungspunkte umzurechnen, wie sind die Zuschlagskriterien zu gewichten, welche Folgen haben die gewählten Multiplikatoren und wie detailliert ist der Wertungsvorgang zu dokumentieren? Die sprichwörtliche Abneigung von Juristen gegenüber der Mathematik kann in der Angebotswertung zu folgenschweren Fehlern führen.

Daher war es höchste Zeit, das Beste aus zwei Welten zu bündeln und die Angebotswertung mit dem vorliegenden Werk interdisziplinär zu behandeln. Die ausgewiesene mathematische Expertise und langjährige vergaberechtliche Erfahrung des Begründers und Mitherausgebers dieses Werks Herrn Dipl.-Math. Thomas Ferber, LL.M., wird zusätzlich durch vergaberechtliches Know-how ergänzt. Dabei freue ich mich, dass wir ein Team renommierter Autoren gewinnen konnten.

Mit dem vorliegenden Werk erhalten Sie ein umfassendes Kompendium zur Angebotswertung, welches Sie anhand zahlreicher praktischer Beispiele auch durch komplexe rechtliche und mathematische Fragen der Angebotswertung geleitet. Dabei soll das Werk den Vergabestellen bei der Formulierung der Zuschlagskriterien, der Definition der Gewichtung sowie dem Entwurf einer Wertungsmatrix helfen, aber auch dem Bieter eine Orientierung für eine den Zuschlagskriterien entsprechende Angebotskalkulation bieten.

Werther (Westf.) im Oktober 2025

Prof. Dr. Christopher Zeiss

Vorwort zur 1. Auflage

Lieber Leserin, lieber Leser,

ein Bild sagt mehr als tausend Worte. Mit diesem Motto habe ich dieses Buch geschrieben. Die entwickelten und verwendeten Darstellungsformen sollen Ihnen helfen die Zusammenhänge, die Vor- und Nachteile sowie die Stärken und Schwächen der Bewertungsmethoden zu verstehen. Zahlreiche durchgerechnete Beispiele helfen Ihnen dabei.

Das Buch soll Ihnen als Auftraggeber helfen die richtigen Kriterien für ihre Ausschreibung auszuwählen, mit der richtigen Gewichtung zu versehen, die geeignete Notenskala zu verwenden, die geeignete Bewertungsmatrix aufzustellen und die passende Bewertungsmethode auszuwählen.

Das Buch soll Ihnen als Bieter helfen, die durch die Ausschreibung vorgegebene Bewertungsmatrix und Bewertungsmethode zu verstehen, um Ihr Angebot entsprechend zu optimieren.

Nur wer die verschiedenen Bewertungsmethoden beherrscht und deren Vor- und Nachteile sowie deren Schwachstellen kennt, erlebt keine unliebsamen Überraschungen. Eine nicht den Anforderungen entsprechende Bewertungsmatrix kann für den Auftraggeber den Erfolg des Vergabeverfahrens gefährden. Eine falsch interpretierte Bewertungsmatrix kann für Bieter den Erfolg verhindern.

Nur derjenige, der die Zusammenhänge versteht, kann am Ende des Vergabeverfahrens ein – aus seiner Sicht – optimales Ergebnis erzielen.

Ich wünsche Ihnen als Leser viel Freude mit diesem sicherlich mathematischsten aller Vergaberechtsbücher, viele Erkenntnisse und Anregungen und schlussendlich viel Erfolg bei den kommenden Ausschreibungen. Über Rückmeldungen, Anregungen, Hinweise und Kritik per E-Mail an kontakt@praxisratgeber-vergaberecht.de würde ich mich sehr freuen.

Ich bedanke mich bei Herrn Sven Schulz vom Bundesanzeiger Verlag für die angenehme und konstruktive Betreuung, das entgegengebrachte Vertrauen und die fruchtbaren Diskussionen. Ich freue mich bereits auf die nächsten Projekte.

Ich bedanke mich ebenfalls bei den Teilnehmern meiner Seminare für die spannenden Diskussionen. Ich habe dadurch viele Anregungen für dieses Buch erhalten.

Und vor allen Dingen bedanke ich mich bei meiner Frau Christina und meinen Töchtern Helena und Antonia für ihr Verständnis und ihre Unterstützung.

Darmstadt im August 2015

Dipl.-Math. Thomas Ferber

Inhaltsverzeichnis

Autorenverzeichnis

Dr. Christian von Deimling

PD Dr. Christian von Deimling ist als Inhouseberater für den öffentlichen Sektor tätig und war bis Januar 2025 Juniorprofessor für Allgemeine Betriebswirtschaftslehre, insbesondere Industrielle Beschaffung an der Universität der Bundeswehr München (gestiftet durch die Audi AG über den Stifterverband). Er beschäftigt sich im Schwerpunkt mit Fragestellungen zur Strategieformulierung und Strategieimplementierung bei öffentlichen Auftraggebern, zur Ausgestaltung der innovativen öffentlichen Beschaffung, zu Einkaufskooperationen und zum Lebenszykluskostenmanagement.

Als Dipl.-Kfm. schloss er im Jahr 2007 sein Studium der Betriebswirtschaftslehre mit den Schwerpunkten zur Produktions- und Industriebetriebslehre und zum Dienstleistungsmanagement an der Universität Bayreuth ab. Nach vier Jahren als Unternehmensberater im Bereich „Operations Strategy" bei der Firma Accenture wechselte er an die Universität der Bundeswehr München. Dort schloss er seine Promotion mit dem Thema „Komplexitätsmanagement in multinationalen Einkaufskooperationen am Beispiel des Verteidigungssektors" im Jahr 2019 erfolgreich ab. Danach übernahm er die Juniorprofessur für Allgemeine Betriebswirtschaftslehre, insbesondere Industrielle Beschaffung an der Universität der Bundeswehr München und erlangte in dieser Zeit die „Venia Legendi".

Rechtsanwalt Frederic Delcuvé

Frederic Delcuvé ist Rechtsanwalt und Fachanwalt für Vergaberecht bei Becker Büttner Held. Nach Abschluss seines Studiums der Rechtswissenschaften an der Universität Potsdam war er zunächst im Vergabereferat der Verwaltung des Deutschen Bundestages und anschließend als wissenschaftlicher Mitarbeiter in der Praxisgruppe Vergaberecht der Sozietät Müller-Wrede Rechtsanwälte tätig. Das Rechtsreferendariat absolvierte Herr Delcuvé in Berlin mit Stationen bei der Rechtsabteilung der Deutsche Bahn AG und bei dem Bundesministerium für Wirtschaft und Energie. Er ist seit 2019 Rechtsanwalt und seit 2023 Fachanwalt für Vergaberecht – zunächst bei Müller-Wrede Rechtsanwälte, seit 2024 bei Becker Büttner Held. Seit 2015 organisiert und lektoriert er die vergaberechtliche Kommentarreihe „Müller-Wrede-Kommentare". Zudem referiert und publiziert er regelmäßig zu vergaberechtlichen Themen, unter anderem ist er Herausgeber des Kommentars zum SaubFahrzeugBeschG und Autor in dem Standardkommentar zum GWB-Vergaberecht/WRegG des Herausgebers Malte Müller-Wrede.

Prof. Dr. Michael Eßig

Univ.-Prof. Dr. Michael Eßig ist Inhaber der Professur für Allgemeine Betriebswirtschaftslehre, insbesondere Beschaffung und Supply Management sowie Leiter des Arbeitsgebietes Beschaffung mit der Forschungsgruppe für Recht und Management öffentlicher Beschaffung sowie der Audi Procurement Research Group an der Universität der Bundeswehr München. Seine Forschungsschwerpunkte sind strategisches Beschaffungsmanagement, Supply (Chain) Management, öffentliche Beschaffung sowie Verteidigungsbeschaffung / Defence Acquisition Management mit über 280 Publikationen in diesen Bereichen. Er arbeitet intensiv mit Unternehmen, öffentlichen Auftraggebern sowie dem Verteidigungssektor im Bereich der (angewandten) Forschung und Beratung zusammen, u.a. Audi AG, Airbus, ESG, Bundesministerium des Inneren, Bundesministerium für Wirtschaft und Energie, Bundesministerium der Verteidigung.

Er hat u.a. Lehraufträge an der Universität St. Gallen und der Wirtschaftsuniversität Wien, ist berufenes Mitglied des Distinguished Faculty Fellows Program des Public Procurement Research Center der Florida Atlantic University, Mitherausgeber des Journal of Purchasing and Supply Management und des Journal of Public Procurement. Darüber hinaus wirkt er u.a. im Bundesvorstand und im Wissenschaftlichen Beirat des Bundesverbandes Materialwirtschaft, Einkauf und Logistik e.V. (BME) mit, ist Mitglied des Wissenschaftlichen Beirats des Bundesministers für Landesverteidigung Österreich, des Präsidiums der Deutschen Gesellschaft für Wehrtechnik e.V. (DWT) und des Wissenschaftlichen Beirats des Forum Vergabe e.V.

Dipl.-Math. Thomas Ferber, LL.M.

Dipl.-Math. Thomas Ferber, LL.M. ist Diplom-Mathematiker und Wirtschaftsjurist (Master of Laws – LL.M.) und früherer langjähriger Key-Account-Manager für den Geschäftsbereich Forschung und Lehre bei Sun Microsystems mit der Sonderaufgabe Vergaberecht. Er ist Autor mehrerer Bücher und Zeitschriftenaufsätze zum Vergaberecht und regelmäßiger Referent zu vergaberechtlichen Themen.

Mit seiner Firma Praxisratgeber Vergaberecht Thomas Ferber e.K. (vormals Fachverlag Thomas Ferber) vermittelt er in der Buch- und Seminarreihe Praxisratgeber Vergaberecht seit 2010 komplexe Sachverhalte des Vergaberechts verständlich und praxisorientiert.

Mit seinem Buch „Bewertungskriterien und -matrizen im Vergabeverfahren" hat er das Standardwerk zum Thema Bewertungssysteme im Vergaberecht geschrieben. Seine Masterarbeit im Wirtschaftsrecht mit dem Thema „Nachhaltigkeit als Zuschlagskriterium zur Bestimmung des wirtschaftlichsten Angebots" wurde als herausragende Arbeit mit der Note 1,0 bewertet.

Rechtsanwalt Oliver Hattig

Rechtsanwalt Oliver Hattig ist Partner der Sozietät Hattig und Dr. Leupolt Rechtsanwälte in Köln. Zuvor war er im Kölner und Brüsseler Büro einer auf das öffentliche Wirtschaftsrecht spezialisierten Kanzlei tätig sowie wissenschaftlicher Mitarbeiter am Lehrstuhl für Deutsches und Europäisches Öffentliches Recht an der Universität Münster. Sein Tätigkeitsschwerpunkt liegt im Vergaberecht. Als Experte für das europäische Vergaberecht ist Oliver Hattig in verschiedenen Projekten der Europäischen Kommission tätig. Er hält regelmäßig Vorträge zu vergaberechtlichen Themen und ist Autor zahlreicher Veröffentlichungen auf diesem Gebiet (u.a. in Kommentaren zum GWB, zur VgV/UVgO und zur SektVO sowie zuletzt im 2024 erschienenen Handbuch Nachhaltigkeit im Vergaberecht). Oliver Hattig ist verantwortlicher Redakteur der Zeitschrift VergabeNavigator.

Rechtsanwalt Tobias Oest, LL.M. M.Eng.

Rechtsanwalt Tobias Oest ist Mitarbeiter der Kanzlei PricewaterhouseCoopers Legal AG am Standort Düsseldorf. Er ist Fachanwalt für Verwaltungsrecht und Fachanwalt für Vergaberecht. Schwerpunkt seiner Tätigkeit ist die Beratung von Unternehmen, Körperschaften, Behörden und Zuwendungsempfängern im öffentlichen Recht, im Bau- und Architektenrecht sowie im Vergaberecht, insbesondere im Rahmen projektbegleitender Beratung.

Rechtsanwältin Dr. Rebecca Schäffer, MJI

Dr. Rebecca Schäffer studierte Rechtswissenschaften und Internationales Recht an den Universitäten Gießen und Utrecht/Niederlande. Ihr Studium des Internationalen Rechts beendete sie mit einer Magisterarbeit zu einer vergaberechtlichen Fragestellung. 2012 promovierte sie zudem mit einer Dissertation über die Vergabe von ÖPNV Dienstleistungen in Deutschland und Europa.

Seit 2009 ist Dr. Rebecca Schäffer als Rechtsanwältin zugelassen und für avocado rechtsanwälte tätig, seit 2013 als Partnerin der Kanzlei. Schwerpunkt ihrer anwaltlichen Tätigkeit ist die Beratung und Vertretung von öffentlichen wie privaten Auftraggebern und Auftragnehmern in allen Fragen rund um das Vergaberecht, einschließlich der fördermittel-, kartell- und beihilferechtlichen Betreuung.

Dr. Rebecca Schäffer ist regelmäßig als Referentin für verschiedene Einrichtungen und Unternehmen sowie auf Fachtagungen auf dem Gebiet des Vergaberechts tätig. Sie ist Mitherausgeberin und Redakteurin der im Reguvis Verlag erscheinenden Zeitschrift VergabeFokus, Mitautorin des Münchener Kommentars zum Wettbewerbsrecht (Band 3: Vergaberecht) und durch zahlreiche weitere Veröffentlichungen im nationalen und europäischen Vergaberecht ausgewiesen.

Prof. Dr. Christopher Zeiss

Prof. Dr. Christopher Zeiss ist einer von Deutschlands erfahrensten Vergabeexperten (> 25 Jahre Praxis im Vergaberecht). Er ist Professor für Staats- und Europarecht an der Hochschule für Polizei und Öffentliche Verwaltung – HSPV NRW (Bielefeld). Zuvor hat Prof. Dr. Zeiss als Referent am Bundesministerium der Justiz (Berlin) u.a. vergabe- und kartellrechtlichen Gesetzgebungsverfahren des Bundes (z.B. 8. GWB-Novelle, energieeffiziente Beschaffung) begleitet. Die Beschaffungspraxis kennt Herr Prof. Zeiss aus seiner mehrjährigen Tätigkeit als Rechtsanwalt, Richter und Of Counsel (u.a. Bonn, Marburg, Leipzig). Er hat als externe Beschaffungsstelle Vergabeunterlagen entwickelt und bundesweit Vergabeverfahren (z.B. betreffend Arzneimittel, IT, Bau, ÖPNV, Abfallentsorgung) durchgeführt sowie in Vergabenachprüfungsverfahren für die Interessen seiner Mandanten gestritten. Herr Prof. Dr. Zeiss ist Herausgeber und Autor vergaberechtlicher Standardnachschlagewerke (z.B. juris Praxiskommentar Vergaberecht; Sichere Vergabe unterhalb der Schwellenwerte).

Abkürzungsverzeichnis

a.A.	anderer Ansicht
Abb.	Abbildung
ABl.	Amtsblatt der Europäischen Gemeinschaften/Europäischen Union
Abs.	Absatz
AEUV	Vertrag über die Arbeitsweise der Europäischen Union
a.F.	alte Fassung
Alt.	Alternative
Anm.	Anmerkung
Art.	Artikel
Aufl.	Auflage
ausf.	ausführlich
AVV-EnEff	Verwaltungsvorschrift zur Beschaffung energieeffizienter Leistungen
Az.	Aktenzeichen
BAnz.	Bundesanzeiger
Bd.	Band
Beschl.	Beschluss
BGBl.	Bundesgesetzblatt
BGH	Bundesgerichtshof
BHO	Bundeshaushaltsordnung
BR-Drs.	Bundesrats-Drucksache
Bsp.	Beispiel
BT-Drs.	Bundestags-Drucksache
bzw.	beziehungsweise
CO2	Kohlendioxid
d.h.	das heißt
et al.	et alii (und andere)
EPPPL	European Public Private Partnership Law
EU	Europäische Union
EuG	Europäisches Gericht
EuGH	Europäischer Gerichtshof
f.	folgende (Einzahl)
ff	folgende (Mehrzahl)
Fn.	Fußnote
FS	Festschrift
FSC	Forest Stewardship Council
GG	Grundgesetz
GWB	Gesetz gegen Wettbewerbsbeschränkungen
HGrG	Haushaltsgrundsätzegesetz
Hrsg.	Herausgeber
Hs.	Halbsatz

ILO	Internationale Arbeitsorganisation
i.S.d.	im Sinne des
i.S.v.	im Sinne von
i.V.m.	In Verbindung mit
kWh	Kilowattstunde
KommJur	Kommunaljurist
KonzVgV	Konzessionsvergabeverordnung
LTTG	Landestariftreuegesetz Rheinland-Pfalz
LHO	Landeshaushaltsordnung
lit.	litera (Buchstabe)
Losebl.	Loseblatt
MJ	Megajoule
m.w.N.	mit weiteren Nachweisen
NOx	Stickoxide
Nr.	Nummer
NVwZ	Neue Zeitschrift für Verwaltungsrecht
NZBau	Neue Zeitschrift für Bau- und Vergaberecht
OLG	Oberlandesgericht
PEFC	Programme for the Endorsement of Forest Certification Schemes
RL	Richtlinie
Rn.	Randnummer
S.	Seite
SektVO	Sektorenverordnung
SRa	Sozialrecht aktuell
TCO	Total Cost of Ownership
Urt.	Urteil
usw.	und so weiter
UVgO	Unterschwellenvergabeordnung
VergabeR	Zeitschrift Vergaberecht
vgl.	vergleiche
VgV	Vergabeverordnung
VK	Vergabekammer
VO	Verordnung
VOB/A	Vergabeordnung für Bauleistungen
VOL/A	Vergabeordnung für Leistungen
VSVgV	Vergabeverordnung für die Bereiche Verteidigung und Sicherheit
VwV	Verwaltungsvorschrift
VwVBU	Berliner Verwaltungsvorschrift Beschaffung und Umwelt
z.B.	zum Beispiel
ZfBR	Zeitschrift für deutsches und internationales Bau- und Vergaberecht

Literaturverzeichnis

Antweiler, Clemens, Gemeinschaftsrechtliche und verfassungsrechtliche Rahmenbedingungen der Mittelstandsförderung, in: Vergaberecht 2006, 637 ff.

Arrowsmith, Sue / Kunzlik, Peter, Social and Environmental Policies in EC procurement Law, Cambridge 2009.

Assenmacher, Walter, Deskriptive Statistik, 3. Auflage, Heidelberg 2003.

Bamberg, Günter / Coenenberg, Adolf G. / Krapp, Michael, Betriebswirtschaftliche Entscheidungslehre, 16. Auflage München 2019.

Bartsch, Wolfgang / von Gehlen, Hans, Keine zutreffende Ermittlung des besten Preis-Leistungs-Verhältnisses mit Interpolationsformeln, NZBau 9/2015, 523.

Bartsch, Wolfgang / von Gehlen, Hans / Hirsch, Veit, Mit Preisgewichtung vorbei am wirtschaftlichsten Angebot? NZBau 7/2012, 393-403.

Bea, Franz Xaver / Dichtl, Erwin / Schweitzer, Marcell (Hrsg.), Allgemeine Betriebswirtschaftslehre, Band 1: Grundfragen, Stuttgart 2000.

Bechmann, Armin, Nutzwertanalyse, Bewertungstheorie und Planung, Bern, Stuttgart 1978.

Beckmann, Martin, Die Verfolgung ökologischer Zwecke bei der Vergabe öffentlicher Aufträge, NZBau 2004, 600.

Benedict, Christoph, Sekundärzwecke im Vergabeverfahren, Berlin Heidelberg New York 2000.

Beneke, Ilse, Nachhaltige Beschaffung als ganzheitlicher Ansatz, VergabeR 2018, 227-236.

Bergman, Mats A. / Lundberg, Sofia, Tender evaluation and supplier selection methods in public procurement, Journal of purchasing & Supply Management, Vol 19, 2013, 73-83.

Blazejczak, Jürgen / Edler, Dietmar, Nachhaltigkeitskriterien aus ökologischer, ökonomischer und sozialer Perspektive, Vierteljahreshefte zur Wirtschaftsforschung, 1/2004, 10-30.

Bortz, Jürgen, Lehrbuch der Statistik für Sozialwissenschaftler, Heidelberg 1979.

Brackmann, Roswitha / Berger, Matthias, Die Bewertung des Angebotspreises, VergabeR 2015, 313.

Braun, Joachim / Kappenmann, Jürgen, Die Bestimmung des wirtschaftlichsten Bieters nach den Zuschlagskriterien der Richtlinie 2004/18/EG, NZBau 2006, 544-547.

Breiinq, Alois / Knosala, Ryszard, Bewerten technischer Systeme, Berlin, Heidelberg 1997.

Buhr, Barbara, Die Richtlinie 2004/18/EG und das deutsche Vergaberecht, Berlin 2009.

Bundesrechnungshof (Hrsg.), Schriftenreihe des Bundesbeauftragten für Wirtschaftlichkeit in der Verwaltung Bd. 18, Anforderungen an Wirtschaftlichkeitsuntersuchungen finanzwirksamer Maßnahmen nach § 7 Bundeshaushaltsordnung, Stuttgart 2013.

Bundesrechnungshof (Hrsg.), Bericht nach § 88 Absatz 2 BHO an die Bundesregierung über die Prüfung der Nachhaltigen Vergabe in der Bundesverwaltung, Bonn 2022.

Burgi, Martin, Ökologische und soziale Beschaffung im künftigen Vergaberecht: Kompetenzen, Inhalte, Verhältnismäßigkeit, NZBau 2015, 597-602.

Burgi, Martin, Vergaberecht, 2. Auflage, München 2018.

Burgi, Martin, Vergaberecht, München 2016.

Burgi, Martin / Dreher, Meinrad (Hrsg.), Beck'scher Vergaberechtskommentar Bd. 1, 3. Auflage, München 2017.

Burgi, Martin / Dreher, Meinrad (Hrsg.), Beck'scher Vergaberechtskommentar Bd. 2, 3. Auflage, München 2018.

Burgi, Martin / Dreher, Meinrad / Opitz, Marc (Hrsg.), Beck'scher Vergaberechtskommentar Bd. 1, 4. Auflage, München 2022.

Burgi, Martin / Gölnitz, Hinnerk, Die Modernisierung des Vergaberechts als Daueraufgabe – Lessons from the US, DÖV 2009, 829-834.

Burshille, Lars, Öffentliche Beschaffung durch Planungswettbewerbe, Baden-Baden 2018.

Byok, Jan / Jaeger, Wolfgang, Kommentar zum Vergaberecht, 3. Auflage, Frankfurt am Main 2011.

Czerwick, Edwin, Die Ökonomisierung des öffentlichen Dienstes: Dienstrechtsreformen und Beschäftigungsstrukturen seit 1991, Wiesbaden 2007.

Caranta, Roberto / Trybus, Martin, The law of green and social procurement in Europe, Kopenhagen 2010.

Dageförde-Reuter, Angela, Umweltschutz durch öffentliche Auftragsvergabe, Berlin 2004.

de Boer, Luitzen / Labro, Eva / Morlacchi, Pierangela, A review of methods supporting supplier selection, European Journal of Purchasing & Supply Management 7/2001, 75-89.

Delcuvé, Frederic, Schulbenotung von Angeboten – Roma locuta, causa finita?, NZBau 11/2017, 646.

Dicks, Heinz-Peter, Nebenangebote nach der Vergabemodernisierung 2016: Lösung oder Perpetuieren eines Dilemmas?, VergabeR 2016, 309-315.

Dieckmann, Martin / Scharf, Jan Peter / Wagner-Cardenal, Kersten, VgV-UVgO – Kommentar, 3. Auflage, München 2022.

Dieckmann, Martin / Scharf, Jan Peter / Wagner-Cardenal, Kersten, VOL/A – Kommentar, 2. Auflage, München 2019.

Dieckmann, Nina, Vom Schatten ins Licht – Umweltzeichen in Vergabeverfahren, NVWZ – Neue Zeitschrift für Verwaltungsrecht 19/2016, 1369-1374.

Dillinger, Sophie / Ferber, Thomas, Der Preis und die wirtschaftliche Vergabe, RPA 6/2021.

Dillinger, Sophie / Oppel, Albert, Das neue BvergG 2018, Wien 2018.

Dippel, Norbert / Zeiss, Christopher, Vergabefremde Aspekte – Rechtsschutz im Vergabenachprüfungsverfahren wegen Verstoßes gegen das EG-Beihilfenrecht, NZBau 2002, 376-378.

Dippel, Norbert / Sterner, Frank / Zeiss, Christoper, VSVgV-Kommentar, 2. Auflage, Köln 2018.

Dimitri, Nicola / Piga, Gustavo / Spagnolo, Giancarlo, Handbook of Procurement, Cambridge 2006.

Dreier, Horst (Hrsg.), Grundgesetz Kommentar, 3. Auflage, Tübingen 2015.

Eckey, Hans-Friedrich / Kosfeld, Reinhold / Türck, Matthias, Deskriptive Statistik. Grundlagen, Methoden, Beispiele, 5. Auflage, Wiesbaden 2008.

Egger, Alexander, Europäisches Vergaberecht, Baden-Baden 2008.

Eichhorn, Peter, Verwaltungshandeln und Verwaltungskosten, Baden-Baden 1979.

Eichhorn, Peter / Merk, Joachim, Das Prinzip Wirtschaftlichkeit: Basiswissen der Betriebswirtschaftslehre, 4. Auflage, Wiesbaden 2016.

Eisenführ/Weber/Langer, Rationales Entscheiden, 5. Auflage, Heidelberg 2010.

Eschenbruch, Klaus / Opitz, Marc / Röwekamp, Martin, Sektorenverordnung Kommentar, 2. Auflage, München 2019.

Eßig, Michael / Jungclaus, Martina / Scholzen, Felix-Sebastian / Vu Thi, Thu Ha, Das Konzept der exzellenten öffentlichen Beschaffung, in: *Eßig, M. (Hrsg.),* Exzellente öffentliche Beschaffung: Ansatzpunkte für einen wirtschaftlichen und transparenten öffentlichen Einkauf, Wiesbaden 2013, 9-39.

Fante, Jan, Instrumentalisierung des öffentlichen Beschaffungswesens zur Durchsetzung politischer Ziele, Aachen 2004.

Ferber, Thomas, Bewertungskriterien und -matrizen im Vergabeverfahren, Köln 2015.

Ferber, Thomas, Zuschlagsbewertung in der Praxis, VergabeNavigator Sonderheft 2015, 25-29.

Ferber, Thomas, Ein neuer Begriff von Wirtschaftlichkeit, VergabeNavigator 3/2016, 5-10.

Ferber, Thomas, Was bedeutet „Preis-Leistungs-Verhältnis" im Vergaberecht, blog.cosinex.de, 15.9.2016.

Ferber, Thomas, 9 1/2 Thesen zum wirtschaftlichsten Angebot, blog.cosinex.de, 22.6.2016.

Ferber, Thomas, Vor- und Nachteile verschiedener Wertungssysteme, VergabeFokus 6/2016, 14-18.

Ferber, Thomas, Das Rätsel „Preis-Leistungs-Verhältnis", VergabeNavigator, Sonderheft 2016, 23-28.

Ferber, Thomas, Die Crux mit den Notenskalen, VergabeNavigator, 6/2016, 10-14.

Ferber, Thomas, Die Unschärferelation und der Zuschlag, VergabeNavigator 4/2017, 5-10.

Ferber, Thomas, Lineare Interpolation im Vergabeverfahren, VergabeNavigator 5/2017, 5-10.

Ferber, Thomas, Was sind eigentlich Alibi-Kriterien? VergabeNavigator 6/2017, 11-12.

Ferber, Thomas, Mehr Schein als Sein – Die Gewichtung von Preis und Leistung – Teil I, VergabeNavigator 1/2018, 10-12.

Ferber, Thomas, Mehr Schein als Sein – Die Gewichtung von Preis und Leistung – Teil II, VergabeNavigator 2/2018, 9-15.

Ferber, Thomas, Mehr Schein als Sein – Die Gewichtung von Preis und Leistung – Teil III, VergabeNavigator 3/2018, 5-9.

Ferber, Thomas, Mehr Schein als Sein – Die Gewichtung von Preis und Leistung – Teil IV, VergabeNavigator 5/2018, 5-10.

Ferber, Thomas, Am Ende gewinnt der Dilligste! Oder? Supply 2/2018, 38-39

Ferber, Thomas, Nachhaltigkeit und wirtschaftliche Beschaffung – Teil I, VergabeFokus, 3/2019, 19-23.

Ferber, Thomas, Nachhaltigkeit und wirtschaftliche Beschaffung – Teil II, VergabeFokus, 5/2019, 17-20.

Ferber, Thomas, Nachhaltigkeit als Zuschlagskriterium zur Bestimmung des wirtschaftlichsten Angebots, Technische Universität Kaiserslautern, 2019.

Ferber, Thomas, Teststellungen im Vergabeverfahren, VergabeFokus 1/2022, 18-21.

Ferber, Thomas, Expertenbeitrag IT-Beschaffung, Staatsanzeiger Baden-Württemberg, 17.3.2023, Nr. 10.

Ferber, Thomas, Nachhaltigkeit und Wirtschaftlichkeit im europäischen Vergaberecht, Közbeszerzési Jog (Public Procurement Law), 2/2023.

Ferber, Thomas, Das Vermeiden einer Marginalisierung von Nachhaltigkeitskriterien im Vergabeverfahren, Közbeszerzési Jog (Public Procurement Law), 6/2024.

Ferber, Thomas, Das wirtschaftlichste Angebot im Vergaberecht – Eine mathematische und vergaberechtliche Betrachtung (in Vorbereitung).

Ferber, Thomas / Einmahl, Matthias, Die Ermittlung des qualitativ besten Angebots – Keep it simple!, VergabeFokus 3/2025, 22-29.

Ferber, Helena / Ferber, Thomas, Iudex (non) calculat – Mathematik für Juristinnen und Juristen (in Vorbereitung).

Fischer, Kristian, Vergabefremde Zwecke im öffentlichen Auftragswesen: Zulässigkeit nach Europäischem Gemeinschaftsrecht, EuZW 2004, 492-496.

Franke, Horst / Kemper, Ralf / Zanner, Christian / Grünhagen, Matthias / Mertens, Susanne, VOB Kommentar, 6. Auflage, Köln 2016.

Franke, Horst / Kemper, Ralf / Zanner, Christian / Grünhagen, Matthias / Mertens, Susanne, VOB Kommentar, 7. Auflage, Köln 2019.

French, Simon /Maule, John / Papamichail, Nadia, Decision Behaviour, Analysis and Support, Cambridge 2009.

Frenz, Walter, Einbeziehung von Transportentfernungen in öffentliche Ausschreibungen, VergabeR 2013, 13-20.

Frenz, Walter, Vergaberecht – EU und national, Berlin 2018.

Frenz, Walter, Ökologische und innovative Vergabe in der Kreislaufwirtschaft, VergabeR 2018, 10-20.

Frister, Anne-Christin, Entrechtlichung und Vereinfachung des Vergaberechts, VergabeR 2011, 295-306.

Gabler Wirtschaftslexikon, 18. Auflage, Wiesbaden 2014.

Gabriel, Marc / Krohn, Wolfram / Neun, Andreas (Hrsg.), Handbuch Vergaberecht, 2. Auflage, München 2017.

Gabriel, Marc / Krohn, Wolfram / Neun, Andreas (Hrsg.), Handbuch Vergaberecht, 4. Auflage, München 2024.

Gabriel, Marc / Mertens, Susanne / Prieß, Hans-Joachim / Stein, Roland / Wolf, Florian (Hrsg.), BeckOK Vergaberecht, 36. Edition, München 2023/2024.

Gäfgen, Gerard, Theorie der wirtschaftlichen Entscheidung, 2. Auflage 1963.

Gaus, Michael, Ökologische Kriterien in der Vergabeentscheidung, NZBau 2013, 401-409.

Gerlach, Jens, Entscheidungsspielräume der Verwaltung, Baden-Baden 2018.

Gersdorf, Hubertus, Öffentliche Unternehmen im Spannungsfeld zwischen Demokratie- und Wirtschaftlichkeitsprinzip, Berlin 2000.

Glaser, Andreas, Zwingende soziale Mindeststandards bei der Vergabe öffentlicher Aufträge, Baden-Baden 2015.

Gröpl, Christoph, Bundeshaushaltsordnung, Landeshaushaltsordnung – Kommentar, München 2011.

Gröpl, Christoph, Bundeshaushaltsordnung, Landeshaushaltsordnung – Kommentar, 2. Auflage, München 2019.

Grunwald, Armin / Kopfmüller, Jürgen, Nachhaltigkeit, 2. Auflage, Frankfurt 2012.

Guarrata, Angela / Wagner, Christian, Das Verhältnis von Vergabe- und Beihilferecht NZBau 2018, 443-449.

Hahn, Oswald, Der Skonto in der Wirtschaftspraxis, Frankfurt 1962.

Hattenhauer, Daniela / Butzert, Clemens, Die Etablierung ökologischer, sozialer, innovativer und qualitativer Aspekte im Vergabeverfahren, ZfBR 2017, 129-134.

Hattig, Oliver / Oest, Tobias, Zurück auf Los, Hinweise zur Zurückversetzung des Vergabeverfahrens, VergabeNavigator 6/2018, 7-10.

Hattenhauer, Daniela / Butzert, Clemens, Die Etablierung ökologischer, sozialer, innovativer und qualitativer Aspekte im Vergabeverfahren, ZfBR 2017, 129-134.

Hauff, Volker (Hrsg.), Unsere gemeinsame Zukunft – Der Brundtland-Bericht der Weltkommission für Umwelt und Entwicklung, Greven 1987.

Heiermann, Wolfgang / Zeiss, Christopher / Summa, Hermann (Hrsg.), Juris Praxiskommentar Vergaberecht, 4. Auflage, Saarbrücken 2013 (online).

Heiermann, Wolfgang / Zeiss, Christopher / Summa, Hermann (Hrsg.), Juris Praxiskommentar Vergaberecht, 5. Auflage, Saarbrücken 2016 (online).

Heuer, Ernst / Scheller, Kay, Kommentar zum Haushaltsrecht, Köln, Stand 08/2008.

Herrmann, Alexander, Inhalt, Ausgestaltung und Anwendung von Wertungskriterien, VergabeR 2015, 296-308.

Hertwig, Stefan, Praxis der öffentlichen Auftragsvergabe, 6. Auflage, München 2016.

Hessischer Rechnungshof (Hrsg.), Der Wirtschaftlichkeitsgrundsatz im Haushaltsrecht, Wiesbaden 2016.

Heuvels, Klaus / Höß, Stefan / Kuß, Matthias / Wagner, Volkmar (Hrsg.), Gesamtkommentar zum Recht der öffentlichen Auftragsvergabe, 1. Auflage, Stuttgart 2013.

Heuvels, Klaus / Höß, Stefan / Kuß, Matthias / Wagner, Volkmar (Hrsg.), Gesamtkommentar zum Recht der öffentlichen Auftragsvergabe, 2. Auflage, Stuttgart 2021.

Hillen, Christian, Die gerichtliche Kontrolle von Wirtschaftlichkeit im Vergaberecht, Baden-Baden 2018.

Hoffmeister, Wolfgang, Investitionsrechnung und Nutzwertanalyse, Berlin 2008.

Horváth, Péter / Gleich, Ronald / Seiter, Mischa, Controlling, 13. Auflage, München 2015.

Immenga, Ulrich / Mestmäcker, Ernst-Joachim, Wettbewerbsrecht Bd. 2, Teil 2 – Vergaberecht, 5. Auflage, München 2014.

Jennert, Carsten, Vergabefremde Kriterien – keine Beihilfen, sondern gemeinwirtschaftliche Pflichten, NZBau 2003, 417-420.

Kainz, Dieter, Skonto und Preisnachlaß beim Bauvertrag, 4. Auflage, Stamsried 1998.

Kapellmann, Klaus / Messerschmidt, Burkhard (Hrsg.), Beck´sche Kurz-Kommentare: VOB Teile A und B, 9. Auflage, München 2025.

Kaelble, Hendrik, Vergabeentscheidung und Verfahrensgerechtigkeit, Berlin 2000.

Kiiver, Philipp / Kodym, Jakub, The Practice of Public Procurement, Cambridge, Antwerpen, Portland 2014.

Kiiver, Philipp / Kodym, Jakub, Die Ermittlung des Preis-Leistungs-Verhältnisses von Angeboten, NZBau 2/2015, 59-63.

Kiiver, Philipp / Kodym, Jakub, Price-Quality Ratios in Value-For-Money Awards, Journal of Public Procurement 3/2015, 275-290.

Kirchof, Paul, Die Steuerung des Verwaltungshandelns durch Haushaltsrecht und Haushaltskontrolle, NVwZ 1983, 505-515.

Kladroba, Andreas, Statistische Methoden zur Erstellung und Interpretation von Rankings und Ratings, Berlin 2005.

Klein, Robert / Scholl, Armin, Planung und Entscheidung, 2011.

Kraus, Philipp, Die Gewichtung von Zuschlagskriterien mittels Margen, VergabeR 2011, 171-177.

Kraus, Philipp / Bronnen, Florian, Wie viele Äpfel sind eine Birne, VergabeR 5/2017, 559.

Krohn, Wolfram, Öffentliche Auftragsvergabe und Umweltschutz, Köln, Berlin, Bonn, München 2003.

Kruse, Oliver, Die Vergabe von Konzessionen, Köln 2017.

Krönke, Christoph, Das neue Vergaberecht aus verwaltungsrechtlicher Perspektive, NVwZ 2016, 568-575.

Kulartz, Hans-Peter / Kus, Alexander / Portz, Norbert / Prieß, Hans-Joachim (Hrsg.), Kommentar zum GWB-Vergaberecht, 4. Auflage, Köln 2016.

Kulartz, Hans-Peter / Kus, Alexander / Marx, Friedhelm / Portz, Norbert / Prieß, Hans-Joachim (Hrsg.), Kommentar zur VgV, Köln 2017.

Kulartz, Hans-Peter / Kus, Alexander / Marx, Friedhelm / Portz, Norbert / Prieß, Hans-Joachim (Hrsg.), Kommentar zur VOL/A, 3. Auflage, Köln 2014.

Kulartz, Hans-Peter / Röwekamp, Hendrik / Portz, Norbert / Prieß, Hans-Joachim (Hrsg.), Kommentar zur UVgO, Köln 2018.

Kulartz, Hans-Peter / Scholz, Daniel, Zuschlagskriterien – Grenzen bei der Gewichtung?, VergabeR 2014, 109-114.

Lahdenperä, Pertti, Determining "The Most Economically Advatageous Tender" Based On Capability And Fee-Percentage Criteria, Journal of Public Procurement 4/2013, 409-446.

Latzel, Clemens, Soziale Aspekte bei der Vergabe öffentlicher Aufträge nach der Richtlinie 2014/24/EU, NZBau 2014, 673-681.

Leinemann, Ralf / Kirch, Thomas, VSVgV – Vergabeverordnung Verteidigung und Sicherheit – Kommentar, München 2013.

Leisner, Walter, Effizienz als Rechtsprinzip, Recht und Staat, Tübingen 1971.

Lück, Dominik / Bergmann, Annette, Anmerkung zu OLG Dresden, Beschluss vom 6.4.2004 – WVerg 0001/04, VergabeR 2004, 615-619.

Lexikon der Mathematik, Bd. 1, Heidelberg, Berlin, 2001.

Manthey, Laura, Methoden der Präferenzmessung, Hamburg 2007.

Maunz, Theodor / Dürig, Günter, Grundgesetz-Kommentar, Werkstand: 88. EL August 2019.

Mayr, Clemens, Eignungs- und Zuschlagskriterien im Vergaberecht, Wien 2003.

Mroß, Michael, Betriebswirtschaft im öffentlichen Sektor, Wiesbaden 2015.

Mühlenkamp, Holger, Wirtschaftlichkeit im öffentlichen Sektor, Berlin, München, Boston 2015.

Müller-Graff, Peter-Christian (Hrsg.), Europäisches Wirtschaftsordnungsrecht, Enzyklopädie Europarecht, Bd. 4, Baden-Baden 2015.

Müller-Wrede, Malte (Hrsg.), GWB – Vergaberecht – Kommentar, 1. Auflage, Köln 2016.

Müller-Wrede, Malte (Hrsg.), GWB – Vergaberecht/WRegG – Kommentar, 2. Auflage, Köln 2023.

Müller-Wrede, Malte (Hrsg.), VgV/UVgO – Kommentar, Köln 2017.

Müller-Wrede, Malte (Hrsg.), Vergabe- und Vertragsordnung für Leistungen – VOL/A – Kommentar, 4. Auflage, 2013 Köln.

Müller-Wrede, Malte (Hrsg.), SektVO Kommentar, 2. Auflage, Köln 2018.

Müller-Wrede, Malte, Anmerkung zu OLG Düsseldorf, Beschluss vom 11.12.2013 – VII Verg 22/13, VergabeR 2014, 407-409.

Müller-Wrede, Malte / Braun, Christian (Hrsg.), KonzVgV – Kommentar, Köln 2018.

Münchener Kommentar Europäisches und Deutsches Wettbewerbsrecht, hrsg. v. Säcker, Franz Jürgen, Band 3 – Vergaberecht I, Band 4 – Vergaberecht II, 2. Auflage, München 2018.

Münchener Kommentar Europäisches und Deutsches Wettbewerbsrecht, hrsg. v. Säcker, Franz Jürgen, Band 3 – Vergaberecht I, Band 4 – Vergaberecht II, 4. Auflage, München 2022.

Naas/Schmid, Mathematisches Wörterbuch, Berlin 1972.

Noch, Rainer, Vergaberecht kompakt, 8. Auflage, Köln 2019.

Obermaier, Robert / Saliger, Edgar, Betriebswirtschaftliche Entscheidungstheorie, 6. Auflage, Berlin 2013.

OECD, Government at a Glance 2017, Paris 2017.

Olfert, Klaus / Rahn, Horst-Joachim, Einführung in die Betriebswirtschaftslehre, 11. Auflage, Herne 2013.

Opitz, Marc, Der Wirtschaftlichkeitsbegriff des Kartellvergaberechts, NZBau 2001, 12-16.

Opitz, Otto, Numerische Taxonomie in der Marktforschung, München 1978.

Orth, Bernhard, Einführung in die Theorie des Messens, Stuttgart 1974.

Ortner, Roderic, Die Wertungsentscheidung im IT-Vergabeverfahren: Festlegung von Bewertungsmethode und Bewertungsmatrix, Der IT-Rechtsberater 5/2009, S. 114-117.

Ortner, Roderic, Die Wertungsentscheidung im IT-Vergabeverfahren: Festlegung und Gewichtung von Zuschlagskriterien, Der IT-Rechtsberater 4/2009, S. 91-93.

Ossadnik, Wolfgang, Mehrzielorientiertes strategisches Controlling, Heidelberg 1998.

Ossadnik, Wolfgang, Kosten- und Leistungsrechnung, Berlin, Heidelberg 2008.

Pitschas, Rainer / Ziekow, Jan (Hrsg.), Vergaberecht im Wandel, Berlin 2005.

Plauth, Melanie, Die Rechtspflicht zur Transparenz im europäisierten Vergaberecht, Köln 2017.

Prieß, Hans-Joachim, Handbuch des europäischen Vergaberechts, 3. Auflage, Köln, Berlin, München 2005.

Prieß, Hans-Joachim / Lau, Niels / Kratzenberg, Rüdiger, Wettbewerb – Transparenz – Gleichbehandlung, Festschrift für Fridhelm Marx, München 2011.

Pünder, Hermann (Hrsg.), Vergaberecht im Umbruch, Köln, Berlin, München 2005.

Pünder, Hermann / Joachim Prieß (Hrsg.), Vergaberecht im Umbruch II, Hamburg 2015.

Pünder, Hermann / Schellenberg, Martin (Hrsg.), Vergaberecht – Handkommentar, 2. Auflage, Baden-Baden 2015.

Pünder, Hermann / Schellenberg, Martin (Hrsg.), Vergaberecht – Handkommentar, 3. Auflage, Baden-Baden 2019.

Reidt, Olaf / Stickler, Thomas / Glahs, Heike (Hrsg.), Vergaberecht – Kommentar, 5. Auflage, Köln 2025.

Reus, Andreas / Mühlhausen, Peter, Haushaltsrecht in Bund und Ländern, München 2014.

Roth, Frank, Methodik und Bekanntgabe von Wertungsverfahren zur Ermittlung des wirtschaftlichsten Angebots, NZBau 2011, 75-80.

Röwekamp, Hendrik / Kus, Alexander / Portz, Norbert / Prieß, Hans-Joachim (Hrsg.), Kommentar zum GWB Vergaberecht, 5. Auflage, Köln 2020.

Röwekamp, Hendrik / Kus, Alexander / Marx, Fridhelm / Portz, Norbert / Prieß, Hans-Joachim (Hrsg.), Kommentar zur VgV, 2. Auflage, Köln 2021.

Röwekamp, Hendrik / Portz, Norbert / Prieß, Hans-Joachim (Hrsg.), Kommentar zur UVgO, 2. Auflage, Köln 2023.

Sack, Detlef / Schulten, Thorsten / Sarter, Eva Katharina / Böhlke, Nils, Öffentliche Auftragsvergabe in Deutschland – Sozial und nachhaltig?, Baden-Baden 2016.

Scharen, Uwe, Patentschutz und öffentliche Vergabe, GRUR 2009, 345-348.

Schäffer, Rebecca / Ferber, Thomas, Zur (Un-)Zulässigkeit gängiger Wertungsmethoden, Vergabe-Fokus 6/2016, 19.

Schildbach, Thomas / Homburg, Carsten, Kosten- und Leistungsrechnung, 10. Auflage, Stuttgart 2008.

Schneeweiß, Christoph, Planung Bd. 1, Berlin, Heidelberg 1991.

Schneider, Karsten, Die Rechtswidrigkeit der UfAB II Formeln im Vergabeverfahren, NZBau 2002, 555-557.

Schreiber, Josef, Beschaffung von Informatikmitteln, 5. Auflage, Bern 2015.

Schröder, Holger, „Grüne" Zuschlagskriterien – Die Lebenszykluskostenberechnung anhand von Energieeffizienz- und Schadstoffkriterien am Beispiel der Beschaffung von Straßenfahrzeugen, NZBau 2014, 467-472.

Schustereit, Torben, Sechs, setzen! Schulnoten und (k)ein Ende? (BGH, Beschl. v. 04.04.2017 – X ZB 3/17), Vergabeblog.de vom 28.5.2017, Nr. 31668.

Schweighofer, Erich (Hrsg.), Transformation juristischer Sprachen, Tagungsband des 15. Internationalen Rechtsinformatik Symposions, IRIS 2012, Salzburg 2012.

Sjåfjell, Beate / Wiesbrock, Anja (Hrsg.), Sustainable public procurement under EU law, Cambridge 2016.

Steck, Ermittlung des besten Preis-Leistungs-Verhältnisses, VergabeR 2017, 240.

Steinicke, Michael / Vesterdorf, Peter L. (Hrsg.), EU public procurement law, München 2018.

Stilger, Przemyslaw / Siderius, Jan and Raaij, Erik, A comparative study of formulas for choosing the economically most advantageous tender, Journal of Public Procurement, Vol. 17 No. 1 2017, 89-125.

Stockmann, Thomas / Rusch, Daniel, Wie viel Energieeffizienz muss es sein? Anforderungen an Leistungsbeschreibung und Wertung nach § 4 IV bis VI b VgV, NZBau 2013, 71-79.

Stolz, Bernhard, Die Vergabe von Architekten- und Ingenieursleistungen nach der Vergaberechtsreform 2016, VergabeR 2016, 351-364.

Stolz, Bernhard, VOF und Wettbewerbe, VergabeR 2014, 295-301.

Stolz, Bernhard, Vorbeugender Rechtsschutz im Nachprüfungsverfahren?, VergabeR 2001, 153-154.

Stoye, Jörg / Plantiko, Calle, Der reine Preiswettbewerb – wann ist es sinnvoll, wann verboten?, VergabeR 2015, 309-313.

Sulk, Jan, Der Preis im Vergaberecht, Berlin 2015.

Summa, Hermann, Die Entscheidung über die Auftragsvergabe – Ein Ausblick auf das künftige Unionsrecht, NZBau 2012, 729-735.

Summa, Hermann / Schneevogl, Kai-Uwe (Hrsg.), Juris PraxisKommentar Vergaberecht, 7. Auflage, Saarbrücken 2024 (online).

Telgen, Jan / Timmer, Judith Berendina, Conditions for rank reversal in supplier selection, Memoranda, no. 2055, University of Twente, Department of Applied Mathematics, Enschede 2016.

Terwiesche, Michael / Becker, Michael / Prechtel, Ulf (Hrsg.), TVgG Kommentar, München 2018.

Thommen, Jean-Paul / Achleitner, Ann-Kristin / Gilbert, Dirk Ulrich /Hachmeister, Dirk et al., Allgemeine Betriebswirtschaftslehre: Umfassende Einführung aus managementorientierter Sicht, 8. Auflage, Wiesbaden 2017.

Towfigh, Emanuel v. / Petersen, Niels, Ökonomische Methoden im Recht, 3. Auflage, Tübingen 2023.

UfAB, Unterlagen für Ausschreibung und Bewertung von DV-Leistungen, Stand: 25. Mai 1982.

UfAB II, Unterlagen für Ausschreibung und Bewertung von IT-Leistungen, Version II, Stand: 1. Juli 1988.

UfAB III, Unterlage für die Ausschreibung und Bewertung von IT-Leistungen, Version 1.0, Stand: 4. Dezember 2003.

UfAB IV, Unterlage für die Ausschreibung und Bewertung von IT-Leistungen, Version 1.0, Stand: 1. November 2006.

UfAB V, Unterlage für Ausschreibung und Bewertung von IT-Leistungen, Version 2.0, Stand: 1. Juni 2010.

UfAB V, Unterlage für Ausschreibung und Bewertung von IT-Leistungen, Sonderheft 2012 zur Aktualisierung der UfAB V – Version 2.0, Stand: 16. August 2012.

UfAB VI, Unterlage für Ausschreibung und Bewertung von IT-Leistungen, Version 1.0, Stand: 30. April 2015.

UfAB 2018, Unterlage für Ausschreibung und Bewertung von IT-Leistungen, Stand: 25. April 2018.

VHB, Vergabehandbuch des Bundes Ausgabe 2008 – Stand 2016.

VHB, Vergabehandbuch des Bundes Ausgabe 2017 – Stand 2019.

van Weele, Arjan J. / Eßig, Michael, Strategische Beschaffung: Grundlagen, Planung und Umsetzung eines integrierten Supply Management, Wiesbaden 2017.

Völlink, Carsten, Auswahl, Bekanntmachung und Gewichtung von Zuschlagskriterien im Lichte aktueller Rechtsprechung, VergabeR 2009, (2a), 352-362.

Vogt, Viktor, E-Vergabe, Systematische Darstellung der Vorschriften des Vergaberechts im Lichte der europäischen Richtlinien, Berlin 2019.

von Arnim, Hans Herbert, Wirtschaftlichkeit als Rechtsprinzip, Berlin 1988.

von Arnim, Hans Herbert / Lüder, Klaus (Hrsg.), Wirtschaftlichkeit in Staat und Verwaltung, Berlin 1993.

von der Groeben, Hans / Schwarze, Jürgen / Hatje, Armin (Hrsg.), Europäisches Unionsrecht, 7. Auflage, Baden-Baden 2015.

von Hauff, Michael, Nachhaltige Entwicklung: Grundlagen und Umsetzung, 2. Auflage, München 2014.

von Lewinski, Kai / Burbat, Daniela (Hrsg.), Bundeshaushaltsordnung (BHO), Baden-Baden 2013.

von Lewinski, Kai / Burbat, Daniela (Hrsg.), Haushaltsgrundsätzegesetz, Baden-Baden 2013.

Voppel, Reinhard / Osenbrück, Wolf / Bubert, Christoph, VgV, Verordnung über die Vergabe öffentlicher Aufträge – Vergabe von Architekten- und Ingenieurleistungen – Kommentar, 4. Auflage, München 2018.

Walter, Wolfgang G. / Wünsche, Isabella, Einführung in die moderne Kostenrechnung: Grundlagen – Methoden – Neue Ansätze – Mit Aufgaben und Lösungen, 4. Auflage, Wiesbaden 2013.

Wichmann, Alexander, Die Vergabe von Rahmenvereinbarungen und die Durchführung nachgelagerter Wettbewerbe nach neuem Recht, VergabeR 2017, 1-10.

Wiedmann, Ariane, Die Zulässigkeit sozialer Vergabekriterien im Lichte des Gemeinschaftsrechts, Baden Baden 2007.

Willenbruch, Klaus / Wieddekind, Kristina (Hrsg.), Kompaktkommentar Vergaberecht, 3. Auflage, Köln 2014.

Willenbruch, Klaus / Wieddekind, Kristina (Hrsg.), Kompaktkommentar Vergaberecht, 4. Auflage, Köln 2017.

Willenbruch, Klaus / Wieddekind, Kristina / Hübner, Alexander (Hrsg.), Kompaktkommentar Vergaberecht, 5. Auflage, Köln 2022.

Wöhe, Günter / Döring, Ulrich, Einführung in die Allgemeine Betriebswirtschaftslehre, 25. Auflage, München 2013.

Yoon, K. Paul / Hwang, Ching-Lai, Multiple Attribute Decision Making, Thousand Oaks 1995.

Zangemeister, Christof, Nutzwertanalyse in der Systemtechnik. 4. Auflage, München 1976.

Zangemeister, Christof, Nutzwertanalyse in der Systemtechnik. 5. Auflage, Norderstedt 2014.

Zeiss, Christopher, Sichere Vergabe unterhalb der Schwellenwerte, 3. Auflage, Köln 2015.

Ziekow, Jan / Völlink, Uwe-Carsten, Vergaberecht, Kommentar, 2. Auflage, München 2013.

Ziekow, Jan / Völlink, Uwe-Carsten, Vergaberecht, Kommentar, 3. Auflage, München 2018.

Ziekow, Jan / Völlink, Uwe-Carsten, Vergaberecht, Kommentar, 4. Auflage, München 2020.

Ziekow, Jan / Völlink, Uwe-Carsten, Vergaberecht, Kommentar, 5. Auflage, München 2024.

Zimmermann, Hans-Jürgen /Gutsche, Lothar, Multi-Criteria-Analyse – Heidelberger Lehrtexte Wirtschaftswissenschaften, Heidelberg 1991.

Ziomek, Adrian, Das „richtige" Vergabeverfahren, VergabeNavigator Sonderheft 2018, 7-10.

1. Einleitung

Autor: Dipl.-Math. Thomas Ferber, LL.M.

Im Vergaberecht gibt es zu den Themen wirtschaftlichstes Angebot, Bewertungsmethoden und Bewertungsmatrizen eine große Anzahl an Mythen. Im Folgenden finden sich eine Sammlung einiger dieser Mythen und die Verweise auf die entsprechenden Kapitel im Buch.

1.1 Mythen

Mythos 1: Mit einer Gewichtung von 50 % Preis und 50 % Leistung kann man nichts falsch machen.

Diese Aussage ist falsch. Eine pauschale Aussage, dass eine bestimmte Gewichtung immer passt, ist nicht möglich. Eine ausgewogene Gewichtung von monetären und nichtmonetären Kriterien hängt auch von den Spannweiten der monetären und nichtmonetären Kriterien ab.

Bei sehr unterschiedlichen Spannweiten der monetären und nichtmonetären Kriterien muss man für eine ausgewogene Gewichtung von einer 50 % / 50 % Gewichtung deutlich abweichen. Hier kann auch 90 % / 10 % eine ausgewogene Gewichtung sein. Die Details dazu finden sich in Kapitel 7 „Kriterienstrukturierung und -gewichtung".

Mythos 2: Eine Gewichtung des Preises von 10 % ist unzulässig.

Diese Aussage ist falsch. In Fällen, in denen die monetäre Spannweite sehr viel größer ist als die nichtmonetäre Spannweite, kann für eine ausgewogene wahre Gewichtung eine Gewichtung des Preises von etwa 10 % notwendig sein.

Die Details dazu finden sich in Kapitel 7 „Kriterienstrukturierung und -gewichtung".

Mythos 3: Bei einer Gewichtung von 80 % Preis gewinnt immer das billigste Angebot.

Diese Aussage ist falsch. In Fällen, in denen die monetäre Spannweite sehr viel kleiner ist als die nichtmonetäre Spannweite, kann auch bei einer scheinbaren Gewichtung von 80 % Preis eine stärkere wahre Gewichtung der Leistung vorliegen.

Die Details dazu finden sich in Kapitel 7 „Kriterienstrukturierung und -gewichtung".

Mythos 4: Bei einer Gewichtung von 80 % Leistung gewinnt immer das leistungsstärkste Angebot.

Diese Aussage ist falsch. In Fällen, in denen die monetäre Spannweite sehr viel größer ist als die nichtmonetäre Spannweite, kann auch bei einer scheinbaren Gewichtung von 80 % Leistung eine stärkere wahre Gewichtung des Preises vorliegen.

Die Details dazu finden sich in Kapitel 7 „Kriterienstrukturierung und -gewichtung".

Mythos 5: Die Gewichtung des Preises muss mindestens 30 % betragen.

Diese Aussage ist falsch. Die wahre Gewichtung von monetären und nichtmonetären Kriterien hängt auch vom Verhältnis der Spannweiten der monetären und nichtmonetären Kriterien ab. In Fällen, in denen die monetäre Spannweite sehr viel größer ist als die nichtmonetäre

Spannweite, kann für eine ausgewogene wahre Gewichtung eine Gewichtung des Preises von weniger als 30 % notwendig sein.

Die Details dazu finden sich in Kapitel 7 „Kriterienstrukturierung und -gewichtung".

Mythos 6: Eine Gewichtung kann nur unter Verwendung von Prozentzahlen erfolgen.

Diese Aussage ist falsch. Gewichtungen können auch mit ganzen Zahlen und Bruchzahlen vorgenommen werden. Entscheidend ist immer das Verhältnis der entsprechenden Zahlen zueinander.

Die Details dazu finden sich in Kapitel 7 „Kriterienstrukturierung und -gewichtung".

Mythos 7: Aus Gründen der Wirtschaftlichkeit und Sparsamkeit ist es immer besser, den Angebotspreis stärker zu gewichten als die Leistungsstärke.

Diese Aussage ist falsch. Die wahre Gewichtung von monetären und nichtmonetären Kriterien hängt auch vom Verhältnis der Spannweiten der monetären und nichtmonetären Kriterien ab.

In Fällen, in denen die monetäre Spannweite sehr viel größer ist als die nichtmonetäre Spannweite, muss für eine ausgewogene wahre Gewichtung eine Gewichtung des Preises von weniger als 30 % vorgenommen werden.

Die Details dazu finden sich in Kapitel 7 „Kriterienstrukturierung und -gewichtung".

Mythos 8: Mit der Anwendung der einfachen Richtwertmethode kann man nichts falsch machen.

Diese Aussage ist falsch. Die einfache Richtwertmethode ist eine empfehlenswerte und von der Rechtsprechung akzeptierte Methode. Die einfache Richtwertmethode sollte aber nur dann Anwendung finden, wenn die zu erwartenden Spannweiten der monetären und nichtmonetären Kriterien ausgewogen sind. Ist dies nicht der Fall, dann

- muss eine stärkere Gewichtung der monetären Kriterien vorgenommen werden, wenn dies die deutlich kleinere Spannweite ist, oder
- muss eine stärkere Gewichtung der Leistung vorgenommen werden, wenn dies die deutlich kleinere Spannweite ist.

Da man bei der einfachen Richtwertmethode keine Gewichtung einstellen kann, empfiehlt es sich für die Auftraggeberinnen und Auftraggeber, hier eine andere Bewertungsmethode zu wählen, bei der eine Gewichtung eingestellt werden kann, und/oder das Verhältnis der Spannweiten durch eine andere Punktevergabe anzupassen.

Die Details dazu finden sich in Kapitel 7 „Kriterienstrukturierung und -gewichtung" und in Kapitel 13 „Zuschlagsformeln der Bewertungsklasse II" im Abschnitt „Einfache Richtwertmethode".

Mythos 9: Nur die einfache und die erweiterte Richtwertmethode sind zulässige Methoden.

Diese Aussage ist falsch. Die Auftraggeberinnen und Auftraggeber haben ein Bestimmungsrecht bei der Wahl der Bewertungsmethode, wie sie auch ein Bestimmungsrecht bei der Auswahl und Gewichtung der Zuschlagskriterien haben.

Die Details dazu finden sich in Kapitel 11 „Bewertungsmethoden im Überblick".

Mythos 10: Preisumrechnungsformeln sind unzulässig.

Diese Aussage ist falsch. Die Auftraggeberinnen und Auftraggeber haben ein Bestimmungsrecht bei der Wahl der Bewertungsmethode, wie sie auch ein Bestimmungsrecht bei der Auswahl und Gewichtung der Zuschlagskriterien haben.

Die Details dazu finden sich in Kapitel 11 „Bewertungsmethoden im Überblick".

Mythos 11: Bei der Wahl der Bewertungsmethode ist der Auftraggeber völlig frei.

Diese Aussage ist falsch. Auch wenn ein Bestimmungsrecht bei der Auswahl der Bewertungsmethode besteht, muss die gewählte Bewertungsmethode gewisse Anforderungen zur Bestimmung des wirtschaftlichsten Angebots erfüllen.

Die Details dazu finden sich in Kapitel 11 „Bewertungsmethoden im Überblick".

Mythos 12: Hyperbolische Methoden wie die Preisquotientenmethode und die UfAB-II-Methode sind verboten.

Diese Aussage ist falsch. Die Auftraggeberinnen und Auftraggeber haben ein Bestimmungsrecht bei der Wahl der Bewertungsmethode, wie sie auch ein Bestimmungsrecht bei der Auswahl und Gewichtung der Zuschlagskriterien haben. Die Preisquotientenmethode und die UfAB-II-Methode sind von der Rechtsprechung des BGH und mehrerer Oberlandesgerichte als zulässige Preisumrechnungsformeln anerkannt.

Die Details dazu finden sich in Kapitel 11 „Bewertungsmethoden im Überblick" und in Kapitel 14 „Zuschlagsformeln der Bewertungsklasse IIIa".

Mythos 13: Bei der einfachen Richtwertmethode kann es keine Alibi-Kriterien geben.

Diese Aussage ist falsch. Bei stark unterschiedlichen monetären und nicht monetären Spannweiten entstehen auch bei der einfachen Richtwertmethode Alibi-Kriterien.

Die Details dazu finden sich in Kapitel 7 „Kriterienstrukturierung und -gewichtung" und in Kapitel 13 „Zuschlagsformeln der Bewertungsklasse II" im Abschnitt „Einfache Richtwertmethode".

Mythos 14: Durch einen Gewichtungsfaktor für den Preis und einen Gewichtungsfaktor für die Leistungspunkte kann man bei der einfachen Richtwertmethode eine Gewichtung von Preis und Leistung vornehmen.

Diese Aussage ist falsch. Mit Gewichtungsfaktoren kann bei der einfachen Richtwertmethode keine Gewichtung von Preis und Leistung vorgenommen werden.

Die Details dazu finden sich in Kapitel 13 „Bewertungsmethoden der Bewertungsklasse II" im Abschnitt „Einfache Richtwertmethode mit Gewichtungsfaktor".

Mythos 15: Bei der erweiterten Richtwertmethode mit einem Schwankungsbereich von 10 % und dem Entscheidungskriterium Preis wird der Preis mit 60 % gewichtet.

Diese Aussage ist falsch. Die Details dazu finden sich in Kapitel 13 „Zuschlagsformeln der Bewertungsklasse II" im Abschnitt „Erweiterte Richtwertmethode".

Mythos 16: Zuschlagskriterien mit subjektiven Bewertungen sind vergaberechtlich unzulässig.

Diese Aussage ist falsch. Subjektive Zuschlagskriterien werden auch beispielhaft in den Vergabeordnungen aufgeführt, wie zum Beispiel das Zuschlagskriterium Ästhetik in § 58 Abs. 2 Nr. 1 VgV, § 16d EU Abs. 2 Nr. 2 lit. a VOB/A, § 52 Abs. 2 Nr. 1 SektVO, § 43 Abs. 2 Nr. 1 UVgO, § 16d Abs. 1 Nr. 5 lit. a VOB/A. Die Details dazu finden sich in Kapitel 5 „Zuschlagskriterien".

Mythos 17: Auch wenn Zuschlagskriterien mit subjektiven Bewertungen unter bestimmten Voraussetzungen vergaberechtlich zulässig sind, empfiehlt es sich im Sinne der Rechtssicherheit, auf jedwede Subjektivität zu verzichten.

Diese Empfehlung kann nicht überzeugen. Eine Subjektivität liegt bereits bei der Auswahl und der Gewichtung der Zuschlagskriterien vor. Auch wenn man in vielen Fällen objektive Bewertungen bevorzugen sollte, kann es gerade in besonderen Fällen wie zum Beispiel der Bewertung von Konzepten sinnvoll und notwendig sein, Zuschlagskriterien mit subjektiven Bewertungen zu verwenden. Die Details dazu finden sich in Kapitel 5 „Zuschlagskriterien".

Mythos 18: Zuschlagskriterien, die die Nachhaltigkeit betreffen, sind vergabefremde Kriterien und stehen im Widerspruch zur Wirtschaftlichkeit.

Diese Aussage ist falsch. Mit den Richtlinien 2014/24/EU und 2014/25/EU kam es zu einer neuen Definition des Begriffs der Wirtschaftlichkeit, bei der die nun explizit genannten umweltbezogenen und sozialen Kriterien gleichrangig zu den qualitativen Kriterien aufgeführt wurden. Die Details dazu finden sich in Kapitel 17 „Nachhaltigkeit".

Mythos 19: Um Nachhaltigkeit bei Ausschreibungen zu berücksichtigen, muss man zwingend Preis-Leistungs-Bewertungen durchführen.

Diese Aussage ist falsch. Nachhaltigkeitsaspekte können auch durch Ausschlusskriterien umgesetzt werden. Eine Wirtschaftlichkeitsbetrachtung nur nach dem Angebotspreis oder nach den Gesamtkosten führt auch in diesen Fällen zu einer Berücksichtigung von Nachhaltigkeitsaspekten. Die Details dazu finden sich in Kapitel 17 „Nachhaltigkeit".

Mythos 20: Bei Konzeptbewertungen muss für jede Punktzahl genau beschrieben werden, was von den Konzepten erwartet wird.

Diese Aussage ist falsch. Es darf auch mit Punktspannen gearbeitet werden. Die Details dazu finden sich in Kapitel 5 „Zuschlagskriterien".

Mythos 21: Präsentationen sind als Zuschlagskriterien unzulässig.

Diese Aussage ist falsch. Auch Präsentationen können unter Berücksichtigung der vergaberechtlichen Anforderungen zulässige Zuschlagskriterien sein. Die Details dazu finden sich in Kapitel 5 „Zuschlagskriterien".

Mythos 22: Teststellungen sind als Zuschlagskriterien unzulässig.

Diese Aussage ist falsch. Auch Teststellungen können unter Berücksichtigung der vergaberechtlichen Anforderungen zulässige Zuschlagskriterien sein. Die Details dazu finden sich in Kapitel 5 „Zuschlagskriterien".

Mythos 23: Bei einem Bewertungskriterium führt eine Bewertung von 0 Punkten automatisch zum Ausschluss.

Diese Aussage ist falsch. Eine Bewertung mit 0 Punkten führt nicht automatisch zum Ausschluss. Dazu hätte man eine Mindestanforderung formulieren müssen. Die Details dazu finden sich in Kapitel 5 „Zuschlagskriterien".

Mythos 24: In einer Bewertungsmatrix müssen alle Zuschlagskriterien die gleiche Punkteskala verwenden.

Diese Aussage ist falsch. Um Gewichtungsverzerrungen zu vermeiden, sollte die maximal mögliche Punktzahl für alle Zuschlagskriterien gleich sein. Die Art der Bewertung (Rating/Scoring, relativ oder Ranking), die verwendete Skala (nichtmetrisch, quasimetrisch und metrisch) und auch die Anzahl der Wertungsstufen bei nichtmetrischen, quasimetrischen Skalen kann und darf gemischt angewendet werden. Die Details dazu finden sich in Kapitel 5 „Zuschlagskriterien".

Mythos 25: In einer Bewertungsmatrix müssen alle Zuschlagskriterien die gleiche Bewertungsmethode verwenden.

Diese Aussage ist falsch. Die Art der Bewertung (Rating/Scoring, relativ oder Ranking), die verwendete Skala (nichtmetrisch, quasimetrisch und metrisch) und auch die Anzahl der Wertungsstufen bei nichtmetrischen, quasimetrischen Skalen kann und darf gemischt angewendet werden. Die Details dazu finden sich in Kapitel 5 „Zuschlagskriterien".

Mythos 26: Bei der Bewertung von Zuschlagskriterien mit nicht-metrischen Skalen müssen äquidistante Zuwächse bei der Bewertung vorliegen. Nicht äquidistante Zuwächse bei den Bewertungen sind unzulässig.

Diese Aussage ist falsch. Mit der Wertungspunktzahl wird der Wert beziehungsweise der Nutzen der zu bewertenden Ausprägung der Zuschlagskriterien beschrieben. Und hier können auch nichtlineare Zusammenhänge sinnvoll und notwendig sein. Die Details dazu finden sich in Kapitel 5 „Zuschlagskriterien".

Mythos 27: Relative Bewertungen sind immer unzulässig.

Diese Aussage ist falsch. Auch relative Bewertungen können zulässig und sinnvoll sein. Die Details dazu finden sich in Kapitel 5 „Zuschlagskriterien".

1.2 Hilfsmittel

Im Buch werden verschiedene Hilfsmittel ausführlich genutzt. Mit den grafischen Darstellungen

- Wertungs-Diagramm,
- Preis-Leistungs-Diagramm,
- gewichtetes Preis-Leistungs-Diagramm und
- gewichtetes logarithmisches Preis-Leistungs-Diagramm

werden Zusammenhänge grafisch veranschaulicht. Sich mit den Diagrammen auseinanderzusetzen und die Sprache dieser Diagramme zu verstehen, hilft

- viele Mythen zu widerlegen,
- bei der Ausschreibungsvorbereitung die optimale Bewertungsmethode und eine ausgewogene Gewichtung auszuwählen und
- bei der Analyse von Ausschreibungen die wahre Gewichtung zu erkennen, um die optimalen Angebote zu erstellen.

VergabeCalculator PRO

Viele der im Buch benutzten Diagramme und Tabellen-Abbildungen wurden mit der browserbasierten Vergabe-Software **VergabeCalculator PRO** generiert. Die Software kennt aktuell 24 Bewertungsmethoden und kann die oben aufgeführten Diagramme automatisch generieren.[1]

BewertungsCalculator

Ohne Diagramme und auf die zehn wichtigsten Bewertungsmethoden beschränkt, aber mit der Ampeldarstellung für die Gewichtung und entsprechend geringerem Kostenansatz kann die bei Reguvis Fachmedien erhältliche, browserbasierte Software **BewertungsCalculator** genutzt werden.[2]

1 https://vergabe-software.de/produkt/vergabe-calculator.
2 https://shop.reguvis.de/online/bewertungscalculator.

2. Wirtschaftlichkeit und Vergaberecht

Autoren: Rechtsanwalt Oliver Hattig / Rechtsanwalt Tobias Oest, LL.M. M.Eng.

2.1 Einleitung

Der Grundsatz der Wirtschaftlichkeit und Sparsamkeit ist das zentrale Prinzip der öffentlichen Haushaltswirtschaft. Er findet seine Grundlage in § 7 Abs. 1 Satz 1 Bundeshaushaltsordnung (BHO), § 6 Abs. 1 Haushaltsgrundsätzegesetz (HGrG) sowie den entsprechenden Bestimmungen der Landeshaushaltsordnungen (LHO). § 6 Abs. 1 Haushaltgrundsätzegesetz (HGrG) bestimmt, ebenso wie § 7 Abs. 1 BHO: „Bei der Aufstellung und Ausführung des Haushaltsplans sind die Grundsätze der Wirtschaftlichkeit und Sparsamkeit zu beachten." Die Verwaltungsvorschrift zu § 7 BHO[1] konkretisiert den Inhalt des Wirtschaftlichkeitsgrundsatzes u.a. wie folgt: „Nach dem Grundsatz der Wirtschaftlichkeit ist die günstigste Relation zwischen dem verfolgten Ziel und dem angestrebten Mittel anzustreben." Über Art. 114 Abs. 2 Satz 1 GG ist der Wirtschaftlichkeitsgrundsatz auch verfassungsrechtlich verankert.[2] Er gilt zudem als die finanzrechtliche Ausprägung des rechtsstaatlichen Verhältnismäßigkeitsprinzips,[3] das jede Form staatlichen Handels bindet. Letztlich sind die staatlichen Stellen in ihrem gesamten Handeln der Wirtschaftlichkeit als allgemeinem Verfassungsgrundsatz und spezieller Ausprägung rationalen Handelns verpflichtet.[4] Der Wirtschaftlichkeitsgrundsatz wird dabei zu Recht als „Generalnorm"[5] des öffentlichen Haushaltsrechts bzw. als „das Leitprinzip des gesamten Haushaltsrechts"[6] angesehen.

Das Bundesverfassungsgericht hat den Wirtschaftlichkeitsgrundsatz als Oberbegriff für die Grundsätze der Sparsamkeit und Ergiebigkeit charakterisiert. Die dementsprechende Ausrichtung des Handelns öffentlicher Stellen soll die bestmögliche Nutzung von Ressourcen bewirken. Gefordert ist demnach bei allen Maßnahmen einschließlich solcher organisatorischer und verfahrensmäßiger Art, die günstigste Relation zwischen dem verfolgten Zweck und den einzusetzenden Mitteln anzustreben. Die günstigste Zweck-Mittel-Relation besteht darin, dass entweder ein bestimmtes Ergebnis mit einem möglichst geringen Einsatz von Mitteln („Sparsamkeitsprinzip") oder dass mit einem bestimmten Einsatz von Mitteln das bestmögliche Ergebnis („Ergiebigkeitsprinzip") erzielt wird.[7]

Die Wirtschaftlichkeit der Haushaltsführung gehört auch zu den zentralen Prinzipien der EU-Finanzverfassung, Art. 310 Abs. 5, Art. 317 Abs. 1 AEUV, Art. 30 Abs. 1, 2 HO, und bindet die Kommission und die Mitgliedsstaaten hinsichtlich der Ausführung des Haushaltsplans der Union. Dabei wird unter dem Begriff der Wirtschaftlichkeit die optimale Relation zwischen

1 Siehe hierzu auch *Hillen*, Die gerichtliche Kontrolle von Wirtschaftlichkeit im Vergaberecht, S. 121.
2 Siehe hierzu näher *Hillen*, Die gerichtliche Kontrolle von Wirtschaftlichkeit im Vergaberecht, S. 135.
3 VerfGH NRW, VerfGH 6/02.
4 *Hillen*, Die gerichtliche Kontrolle von Wirtschaftlichkeit im Vergaberecht, S. 149.
5 So *Nowak/Keilmann/Banspach/Eckes/Rüdinger*, Die Bedeutung der Wirtschaftlichkeit im Haushaltsrecht, in: Der Wirtschaftlichkeitsgrundsatz im Haushaltsrecht, S. 17.
6 *Von Lewinski/Burbat*, Haushaltsgrundsätzegesetz 2013, § 6 Rn. 6.
7 BVerfG, Urteil vom 13.9.2005 – 2 WD 31.04 Tz. 98; ähnlich auch BSG, Urteil vom 29.2.1984 – 8 RK 27/82 Tz. 19; vgl. z.B. auch *Nowak/Keilmann/Banspach/Eckes/Rüdinger*, Die Bedeutung der Wirtschaftlichkeit im Haushaltsrecht, in: Der Wirtschaftlichkeitsgrundsatz im Haushaltsrecht, S. 17.

den eingesetzten Mitteln und den erzielten Ergebnissen verstanden.[8] Sparsamkeit bedeutet nach der Definition der Haushaltsordnung für den EU-Haushalt (HO), dass die jeweiligen Ressourcen zum richtigen Zeitpunkt, in ausreichender Menge und angemessener Qualität sowie mit dem geringstmöglichen Kostenaufwand bereitgestellt werden. Insoweit kann davon ausgegangen werden, dass dem unionsrechtlichen und dem nationalen deutschen Haushaltsrecht ein weitgehend identisches Verständnis der Wirtschaftlichkeit der Haushaltsführung zugrunde liegt. Für den Bereich der öffentlichen Auftragsvergabe stellen Art. 41 der Richtlinie 2014/23/EU, Artikel 67 der Richtlinie 2014/24/EU, Artikel 82 der Richtlinie 2014/25/EU im Zusammenhang mit dem Zuschlag auf das „wirtschaftlich günstigste Angebot" ab. Auch im europäischen Vergaberecht gehören Wirtschaftlichkeitserwägungen damit zu den Grundlagen eines Beschaffungsvorgangs.[9]

§ 6 Abs. 1 HGrG und § 7 Abs. 1 BHO schreiben die grundsätzliche Notwendigkeit des wirtschaftlichen und sparsamen Umgangs mit öffentlichen Mitteln vor. Die wirtschaftliche und sparsame Mittelverwendung beginnt bei der Aufstellung des Haushaltsplans und setzt sich bei dessen Ausführung, also bei der Ausgabe der im Haushaltsplan bereitgestellten Mittel fort.[10] Durch § 55 BHO, wonach dem Abschluss von Verträgen über Lieferungen und Leistungen im Regelfall eine öffentliche Ausschreibung bzw. eine beschränkte Ausschreibung mit Teilnahmewettbewerb vorangehen muss, erfährt der Grundsatz der Wirtschaftlichkeit und Sparsamkeit eine Konkretisierung.[11] § 6 Abs. 1 HGrG und § 55 Abs. 2 BHO geben damit eine wirtschaftliche und sparsame Verwendung der Haushaltsmittel als Ziel der Organisation der Beschaffung nach einheitlichen Richtlinien vor.[12] Der Wirtschaftlichkeitsgrundsatz kann als der eigentliche Anlass für die Existenz des (nationalen) Haushaltsvergaberechts verstanden werden.[13] Er gilt als Grundlage für das Vergabeverfahren unterhalb der EU-Schwellenwerte, das nicht von den europarechtlichen Vorgaben und dem sog. Kartellvergaberecht der §§ 97 ff. GWB erfasst ist.[14] Der Grundsatz der Wirtschaftlichkeit und Sparsamkeit beansprucht auch nach der Schaffung des Kartellvergaberechts für das Vergaberecht oberhalb der EU-Schwellenwerte weiterhin Geltung.[15] Öffentliche Mittel sollen auch hier bei der Beschaffung möglichst sparsam und wirtschaftlich eingesetzt werden.[16]

Haushaltsrechtlich ist der öffentliche Auftraggeber durch den Grundsatz der Wirtschaftlichkeit und Sparsamkeit zunächst im Vorfeld einer beabsichtigten Beschaffung gebunden,[17] da Erwägungen der Wirtschaftlichkeit Einfluss auf die Feststellung des Beschaffungsbedarfs nehmen. Auch die konkrete Auswahl der Eigenschaften und/oder der zu beschaffenden Leistung unterliegt dem Grundsatz der Wirtschaftlichkeit, insbesondere im betriebswirtschaftlichen Sinne. Eine sorgfältige Markterkundung,[18] die im Haushaltsrecht ihre Parallele in der

8 *Bieber*, in: von der Groeben/Schwarze/Hatje, Europäisches Unionsrecht, Art. 310 AEUV, Rn. 17.
9 *Weiner*, in: Gabriel/Krohn/Neun, Handbuch Vergaberecht, Kap. 1 Rn. 42.
10 *Pache*, in: Pünder/Schellenberg, Vergaberecht, § 55 BHO Rn. 2.
11 *Pache*, in: Pünder/Schellenberg, Vergaberecht, § 55 BHO Rn. 2.
12 So *Weiner*, in: Gabriel/Krohn/Neun, Handbuch Vergaberecht, Kap. 1 Rn. 41 mit weiteren Nachweisen.
13 *Weiner*, ebda.
14 *Von Lewinski/Burbat*, Haushaltsgrundsätzegesetz 2013, § 6 Rn. 7.
15 Vgl. *Arzt-Mergemeier*, in: Willenbruch/Wieddekind, Vergaberecht, § 6 HGrG Rn. 10 f.
16 Vgl. *Kröhnke*, NVwZ 2016, 568, 569.
17 So z.B. auch *Müller*, in: Kulartz/Kus/Portz/Prieß, Kommentar zum GWB-Vergaberecht, § 97 Rn. 49.
18 Vgl. im Anwendungsbereich des Vergaberechts z.B. § 28 VgV, § 20 UVgO.

haushaltsrechtlichen Wirtschaftlichkeitsuntersuchung findet, wird häufig notwendige Voraussetzung einer wirtschaftlichen Beschaffung sein.[19]

Mit der Reform des Vergaberechts im Jahr 2016 ist in § 97 Abs. 1 Satz 2 GWB der Grundsatz der Wirtschaftlichkeit als allgemeiner Grundsatz des Vergabeverfahrens aufgenommen worden, der bei der Durchführung der Auftragsvergabe, also im Vergabeverfahren selbst,[20] als Verfahrensgrundsatz zu berücksichtigen ist. Bis dahin war der Wirtschaftlichkeitsgrundsatz nur mit Blick auf einzelne Aspekte des Vergabeverfahrens auf der Mikro-Ebene (z.B. beim Zuschlag) ausdrücklich normiert, nicht aber auf der Makro-Ebene in Bezug auf das gesamte Vergabeverfahren.[21]

Im Folgenden soll zunächst Bedeutung und Gehalt des Grundsatzes der Wirtschaftlichkeit und Sparsamkeit im Haushaltsrecht dargestellt werden. Hieran anschließend wird die Bedeutung des Wirtschaftlichkeitsgebots als vergaberechtlicher Verfahrensgrundsatz beleuchtet und insbesondere der Frage nachgegangen, welchen Einfluss es auf die Ausgestaltung der Vergabeverfahren nehmen kann oder muss. Daran anknüpfend werden einige Verfahrensetappen des Vergabeverfahrens benannt, in denen Wirtschaftlichkeitserwägungen oder Aspekte der Wirtschaftlichkeit eine Rolle spielen können. Abschließend werden die gefundenen Ergebnisse zusammengefasst.

2.2 Das Gebot der Wirtschaftlichkeit und Sparsamkeit als allgemeines Prinzip öffentlicher Haushaltswirtschaft

Allgemein wird der grundsätzlich haushaltsrechtlich zu verortende Wirtschaftlichkeitsgrundsatz für alle staatlichen Einrichtungen aus dem verfassungsrechtlichen Wirtschaftlichkeitsmaßstab gemäß Art. 114 Abs. 2 Satz 1 GG hergeleitet.[22] Dort ist geregelt, dass der Bundesrechnungshof die Rechnung sowie die Wirtschaftlichkeit und Ordnungsmäßigkeit der Haushalts- und Wirtschaftsführung des Bundes prüft. Geprüft wird hier konkret, ob Kosten und Nutzen beziehungsweise Aufwand und Ertrag in einem angemessenen, vertretbaren Verhältnis zueinander stehen. Der gemäß Art. 114 Abs. 2 Satz 1 GG anzulegende Wirtschaftlichkeitsmaßstab, der die Erreichung von Beschaffungszielen insbesondere nach dem Minimalprinzip fordert, ist eng verbunden mit dem haushaltsrechtlichen Wirtschaftlichkeitsgrundsatz, der sich unter anderem in § 6 Abs. 1 HGrG und § 7 BHO findet und ist daher als allgemeiner verfassungsrechtlicher Wirtschaftlichkeitsgrundsatz beim ausgabenwirksamen Handeln der öffentlichen Verwaltung heranzuziehen.[23]

Öffentliche Auftraggeber, auf die das Haushaltsrecht Anwendung findet, sind daher uneingeschränkt zur Berücksichtigung der Grundsätze verpflichtet. Der Grundsatz der Wirtschaftlichkeit und Sparsamkeit muss mithin über das eigentliche Haushaltsrecht hinaus als allgemeines Postulat staatlicher Ausgabenwirtschaft verstanden werden. Über seine unmittelbare

19 Vgl. z.B. *Portz*, VergabeNavigator 2/2023, 5 (7).
20 Vgl. z.B. auch § 2 Abs. 1 Satz 2 UVgO sowie § 2 Abs. 1VOB/A („Vergabe zu angemessenen Preisen").
21 Begrifflichkeit bei *Kröhnke*, NVwZ 2016, 568, 569.
22 *Kube*, in: Maunz/Dürig, Grundgesetz Kommentar, Art. 114 GG Rn. 100.
23 Eingehend hierzu *Kirchhof*, NVwZ 1983, S. 505 ff.

Geltung hinaus betrifft er nicht allein die Darstellung wirtschaftlichen und sparsamen Handelns in einem Haushaltsplan, sondern die Haushaltsführung insgesamt.[24]

2.2.1 Begriff der Wirtschaftlichkeit und Sparsamkeit

Sowohl der Begriff der Wirtschaftlichkeit wie auch der Begriff der Sparsamkeit sind unbestimmte Rechtsbegriffe, die gesetzlich nicht definiert sind.[25]

2.2.1.1 Begriff der Wirtschaftlichkeit

Nach der VV zur BHO, § 7 Nr. 1 soll die Ausrichtung jeglichen Verwaltungshandelns nach dem Grundsatz der Wirtschaftlichkeit die bestmögliche Nutzung von Ressourcen bewirken. Insoweit steht hinter dem Begriff der Wirtschaftlichkeit das sogenannte ökonomische Prinzip. Kern dessen ist die Annahme, dass die Wirtschaftsteilnehmer aufgrund der Knappheit der Güter bei ihrem wirtschaftlichen Handeln die eingesetzten Aufwendungen in ein Verhältnis zu dem Ergebnis setzen und zweckrational nach ihren persönlichen Präferenzen nach der Ergebnismaximierung streben.

Die Wirtschaftlichkeit im engeren Sinne bezeichnet das Verhältnis zwischen einem bestimmten Ergebnis und dem zum Erreichen des Ergebnisses erforderlichen Mitteleinsatz.[26] Das Wirtschaftlichkeitsprinzip zielt also darauf ab, ein möglichst günstiges Verhältnis zwischen Ressourceneinsatz und Nutzen zu erreichen.[27] Daher verlangt das Wirtschaftlichkeitsprinzip nach einer rationalen Entscheidung zum Mitteleinsatz. Aus dem Grundsatz der Wirtschaftlichkeit sind das Sparsamkeitsprinzip (Minimalprinzip) und das Ergiebigkeitsprinzip (Maximalprinzip) abzuleiten. Eine Maßnahme ist letztlich also dann wirtschaftlich, wenn das gewünschte Ergebnis mit möglichst geringem Mitteleinsatz erreicht wurde (Sparsamkeits- oder Minimalprinzip) bzw. mit gegebenem Mitteleinsatz ein möglichst großes Ergebnis erreicht wurde (Wirksamkeits- oder Maximalprinzip).[28]

2.2.1.2 Begriff der Sparsamkeit

§ 7 Abs. 1 Satz 1 BGH verwendet die Begriffe Wirtschaftlichkeit und Sparsamkeit gleichrangig nebeneinander. Gleichwohl handelt es sich nicht um zwei eigenständige Begriffe. Richtigerweise sind sie als Teilgehalte ein und desselben Prinzips zu verstehen.[29] Die Nennung des Sparsamkeitsprinzips besitzt daher deklaratorischen (klarstellenden) Charakter, mit ihr will

---

24 *Pache*, in: Pünder/Schellenberg, Vergaberecht, § 55 BHO Rn. 2.

25 *Von Lewinski/Burbat*, BHO, § 7 BHO Rn. 2; *Nowak/Keilmann/Banspach/Eckes/Rüdinger*, Die Bedeutung der Wirtschaftlichkeit im Haushaltsrecht, in: Der Wirtschaftlichkeitsgrundsatz im Haushaltsrecht, S. 17 mit weiteren Nachweisen.

26 *Nowak/Keilmann/Banspach/Eckes/Rüdinger*, Die Bedeutung der Wirtschaftlichkeit im Haushaltsrecht, in: Der Wirtschaftlichkeitsgrundsatz im Haushaltsrecht, S. 21 mit weiteren Nachweisen.

27 BVerfG, Urteil vom 13.9.2005 – 2 WD 31.04 Tz. 98; ähnlich auch BSG, Urteil vom 29.2.1984 – 8 RK 27/82 Tz. 19.

28 *Nowak/Keilmann/Banspach/Eckes/Rüdinger*, Die Bedeutung der Wirtschaftlichkeit im Haushaltsrecht, in: Der Wirtschaftlichkeitsgrundsatz im Haushaltsrecht, S. 21 mit weiteren Nachweisen.

29 *Nowak/Keilmann/Banspach/Eckes/Rüdinger*, Die Bedeutung der Wirtschaftlichkeit im Haushaltsrecht, in: Der Wirtschaftlichkeitsgrundsatz im Haushaltsrecht, S. 21 mit weiteren Nachweisen.

der Gesetzgeber sicherstellen, dass der Grundsatz der Sparsamkeit beim Verwaltungshandeln beachtet wird.[30]

Der Begriff der Sparsamkeit ist zunächst Ausdruck des Minimalprinzips. Ein Ergebnis soll mit einem möglichst geringen Einsatz erreicht werden. Dieses Minimalprinzip ist Kern des Grundsatzes der Wirtschaftlichkeit. Daher ist eine wirtschaftliche Maßnahme immer auch wirtschaftlich im Sinne des Minimalprinzips, demnach sparsam. Richtig verstanden kann es keinen Gegensatz zwischen Wirtschaftlichkeit und Sparsamkeit geben, etwa in dem Sinne, dass eine wirtschaftliche Maßnahme nicht auch zugleich sparsam wäre.[31] Gelegentlich wird eingewandt, dass aufgrund der Überalterung des Begriffes der Sparsamkeit eine „sprachliche Bereinigung" geboten sei.[32] Diesem Vorschlag wird jedoch – bisher mit Erfolg – u.a. eine mögliche „negative psychologische Wirkung" der Streichung entgegengehalten.[33]

2.2.1.3 Minimal- und Maximalprinzip

Die Forderung des Wirtschaftlichkeitsprinzips nach einer rationalen Entscheidung zum Mitteleinsatz lässt sich auf unterschiedliche Art und Weise erfüllen: Zum einen durch die Anwendung des Sparsamkeitsprinzips (Minimalprinzip), indem angestrebt wird, ein bestimmtes Ergebnis mit möglichst geringem Mitteleinsatz zu erzielen; zum anderen durch die Anwendung des Ergiebigkeitsprinzips (Maximalprinzip), indem angestrebt wird, mit einem bestimmten Mitteleinsatz das bestmögliche Ergebnis zu erreichen. Dies gilt jedoch nur im Hinblick auf die Effizienz des Verwaltungshandelns.

2.2.1.4 Effizienzurteil

Weder das Minimalprinzip noch das Maximalprinzip erlauben allerdings eine Bewertung der Motiv- und Handlungsziele. Das ökonomische Prinzip[34] kann nur angewandt werden, wenn das Ziel des Handelns als solches feststeht und der Weg zum Erreichen des gewünschten Ziels bewertet werden soll.[35] Bewertende Aussagen zu Motiven und Handlungszielen lassen sich nur mithilfe externer Parameter treffen. Eine losgelöste Beurteilung der Wirtschaftlichkeit an sich ist insoweit nicht denkbar.[36] Nur die Effizienz, nicht die Effektivität einer Maßnahme lässt sich anhand des ökonomischen Prinzips bewerten. Das Wirtschaftlichkeitsprinzip kann damit nicht als Forderung nach der Realisierung eines – ohnehin kaum genau zu bestimmenden – Optimums verstanden werden; aus dem Wirtschaftlichkeitsgebot lassen sich keine inhaltlichen Aufgabenprioritäten ableiten.[37] Dies bedeutet, dass nicht die politisch gestalterischen Zielsetzungen, sondern nur das zielverwirklichende Verwaltungshandeln der fachlichen Kontrolle durch die Prüfungsinstanz unterliegen, auch wenn eine Abgrenzung im

30 *Eibelshäuser/Nowak*, § 7 BHO, Rn. 5.
31 *Von Lewinski/Burbat*, BHO, §7 Rn. 9.
32 *Von Lewinski/Burbat*, BHO, §7 Rn. 9 mit Verweis auf *Dittrich*, BHO, § 7 Nr. 2.5.
33 *Von Lewinski/Burbat*, BHO, §7 Rn. 9 mit Verweis auf Beratungen zum Haushaltsrechts-Fortentwicklungsgesetz 1997.
34 Siehe hierzu schon oben S. 52.
35 *Gröpl*, BHO, § 7 Rn. 10.
36 *Gröpl*, BHO, § 7 Rn. 10.
37 *Müller*, in: Kulartz/Kus/Portz/Prieß, GWB-Vergaberecht, § 97 Rn. 39.

Einzelfall häufig schwer ist.[38] Durchaus schwierig kann es dabei auch sein, aktuelle Fragen der Nachhaltigkeit mit dem Wirtschaftlichkeitsgebot in Einklang zu bringen.[39]

2.2.1.5 Beurteilungsspielraum

Versteht man den Grundsatz der Wirtschaftlichkeit in dem vorgenannten Sinne, so folgt aus dem Effizienzurteil ein Optimierungsgebot. Ziel ist es, eine Maßnahme in Abhängigkeit von den zur Verfügung stehenden Mitteln effizienter zu machen. Zugleich fehlt es dabei aber an einem bewertbaren Maß der Zielerfüllung. Ob eine Maßnahme wirtschaftlich ist, lässt sich nicht abstrakt, sondern nur im Verhältnis zu einer anderen Maßnahme beurteilen.[40] Der Wirtschaftlichkeitsgrundsatz gibt mithin das Objekt der Optimierung nicht unmittelbar vor, sondern fordert die Optimierung selbst. Er erschöpft sich also in einem inhaltsoffenen Modalprinzip[41], das die Vorgabe von spezifischen Parametern auf der Kosten- und Nutzenseite voraussetzt, an denen es das Bemühen um eine Handlungsoptimierung ausrichtet.[42] Der Grundsatz der Wirtschaftlichkeit verlangt damit lediglich, *dass*, nicht hingegen, *was* optimiert werden soll und ist dadurch auf die Anreicherung durch konkrete Inhalte angewiesen.[43] Der der Verwaltung insoweit eingeräumte Beurteilungsspielraum, der durch Wertungen und Prognosen im Einzelfall aufgefüllt werden muss, ist sehr weit, sodass auch der Bereich der rechtmäßigen Entscheidungen als sehr weit anzusehen ist.

Das Oberverwaltungsgericht NRW hat insoweit ausgeführt, dass die Grundsätze der Sparsamkeit und Wirtschaftlichkeit als rechtliche Steuerungsnormen dazu bestimmt sind, einen äußeren Begrenzungsrahmen für den (gemeindlichen) Entfaltungs- und Gestaltungsspielraum dahingehend zu bilden, solche Maßnahmen zu verhindern, die mit den Grundsätzen vernünftigen Wirtschaftens schlechthin unvereinbar sind.[44] Da der Grundsatz der Sparsamkeit und Wirtschaftlichkeit nicht in allen Fällen eindeutige Schlussfolgerungen zulässt und haushaltswirtschaftliches Handeln häufig Prognoseentscheidungen erfordert, ist den zuständigen Stellen nach der Rechtsprechung des OVG bei der Bewertung einer haushaltsrechtlich relevanten Maßnahme ein gewisser Entscheidungsspielraum zuzubilligen. Ein Rechtsverstoß liegt deshalb so lange und so weit nicht vor, wie die zugrunde liegende Entscheidung als vertretbar erscheint. Die gerichtliche Rechtmäßigkeitskontrolle hinsichtlich der Einhaltung des Grundsatzes der Wirtschaftlichkeit und Sparsamkeit ist auf die Prüfung beschränkt, ob die zuständige Stelle den anzuwendenden Begriff oder den gesetzlichen Rahmen, in dem sie sich frei bewegen kann, verkannt hat, von einem unrichtigen Sachverhalt ausgegangen ist, sachfremde Erwägungen angestellt oder gegen Verfahrensvorschriften verstoßen hat.[45]

---

38 *Kube*, in: Maunz/Dürig, Grundgesetz Kommentar, Art. 114 GG Rn. 100.

39 hierzu etwa *Demir*, in: Lausen/Müller, Handbuch Nachhaltigkeit im Vergaberecht, Kap. 2, § 10.

40 *Gröpl*, BHO § 7 Rn. 6.

41 *Hillen*, Die gerichtliche Kontrolle von Wirtschaftlichkeit im Vergaberecht, S. 153.

42 *Hillen*, Die gerichtliche Kontrolle von Wirtschaftlichkeit im Vergaberecht, S. 153.

43 Hillen, Die gerichtliche Kontrolle von Wirtschaftlichkeit im Vergaberecht, S. 153 mit Verweis auf *v. Arnim*, Wirtschaftlichkeit als Rechtsprinzip, S. 36.

44 OVG NRW DÖV 1991, S. 611 ff.

45 OVG NW, Urteil vom 26.1.2016 – 15 A 333/14 mit Verweis auf BVerwG, Urteil vom 13.9.2005 – 2 WD 31.04; VG Berlin, Urteil vom 11.12.2013 – 5 K 163.11; *Gröpl*, in: ders., BHO/LHO, § 7 Rn. 19.

2.2.1.6 Vorrang gesetzmäßigen Handelns

Im Konfliktfall zwischen Wirtschaftlichkeit und Gesetz hat das Gesetz Vorrang.[46] Es ist das Recht des (parlamentarischen) Gesetzgebers, unwirtschaftliche gesetzliche Vorgaben zu machen, v.a. um politische Ziele zu erreichen.[47] So entspringt die durch § 97 Abs. 3 GWB ausdrücklich erlaubte Berücksichtigung sog. strategischer Ziele bzw. von sozialen, umweltpolitischen und innovativen Sekundärzwecken bei der Beschaffung einer Entscheidung des Gesetzgebers für eine an einer gesamtwirtschaftlichen Betrachtung ausgerichteten Beschaffung.[48] Der öffentliche Auftraggeber seinerseits kann dagegen allein mit dem Verweis auf die Unwirtschaftlichkeit zwingende Verfahrensvorschriften nicht außer Kraft setzen; erforderlich ist in jedem Fall eine entsprechende „Öffnungsnorm", über die der Grundsatz der Wirtschaftlichkeit erlaubterweise Einfluss auf das Vergabeverfahren gewinnen kann und darf. Dies zeigt sich im Vergaberecht etwa beim Nachverhandlungsverbot[49] oder dem Grundsatz der Berücksichtigung mittelständischer Interessen[50], die allein unter Berufung auf das Wirtschaftlichkeitsprinzip nicht umgangen werden dürfen.[51] Vielmehr sind im Einzelfall nur aufgrund von Öffnungsnormen – bezogen auf die zusammengefasste Vergabe mehrerer Lose etwa nach den strengen Vorgaben des § 97 Abs. 4 Satz 3 GWB, wonach von dem zwingenden Gebot der Losvergabe allein abgesehen werden kann, wenn (technische oder) wirtschaftliche Gründe dies erfordern – Abweichungen von zwingenden Vorgaben zulässig. Anders ist dies, wenn Normen Ermessen einräumen. Hier ist bei der Ausübung des Ermessens immer auch das Wirtschaftlichkeitsprinzip zu berücksichtigen, so etwa bei der Verfahrenswahl zwischen offenen und nicht offenen Vergabeverfahren.[52]

2.2.2 Zwischenergebnis

Als Zwischenergebnis lässt sich festhalten, dass der eigenständige normative Gehalt des Grundsatzes der Wirtschaftlichkeit als inhaltsoffenes Rechtsprinzip[53] in der Praxis – jedenfalls ohne konkretisierende Bestimmungen – gering ist. Der Begriff beinhaltet zwar das grundsätzliche Postulat des wirtschaftlichen Handelns, verfügt jedoch selbst über keinen ausreichenden, die Ausgabenwirtschaft limitierenden Gehalt und vermittelt aus sich selbst heraus auch keine ausreichend konkrete Verhaltenslenkung im Rahmen von Beschaffungsprozessen. Zu seiner Verwirklichung sind mithin Beurteilungs- und Ermessensspielräume der Verwaltung von zentraler Bedeutung, innerhalb derer der Grundsatz der Wirtschaftlichkeit als Abwägungsbelang zu berücksichtigen ist.[54]

46 *Von Lewinski/Burbat*, Haushaltsgrundsätzegesetz, § 6 HGrG Rn. 7.
47 *Von Lewinski/Burbat*, Haushaltsgrundsätzegesetz, § 6 HGrG Rn. 7.
48 Vgl. hierzu näher *Fehling*, in: Pünder/Schellenberg, Vergaberecht, § 97 GWB Rn. 95 ff.
49 Vgl. z.B. § 15 Abs. 5 Satz 2 VgV.
50 § 97 Abs. 4 GWB siehe hierzu auch *von Lewinski/Burbat*, Haushaltsgrundsätzegesetz, § 6 HGrG Rn. 7: die vorgegeben vorrangige Berücksichtigung des wirtschaftlichen Mittelstands bedeute eine bewusste Hintanstellung der Wirtschaftlichkeit (Realisierung von Mengenvorteilen).
51 Siehe hierzu auch unten S. 74 f.
52 Siehe näher unten S. 71 ff.
53 *Hillen*, Die gerichtliche Kontrolle von Wirtschaftlichkeit im Vergaberecht, S. 154.
54 *Hillen*, Die gerichtliche Kontrolle von Wirtschaftlichkeit im Vergaberecht, S. 154.

2.3 Das haushaltsrechtliche Gebot der Wirtschaftlichkeit im Vorfeld von konkreten Beschaffungsvorgängen

Das haushaltsrechtliche Gebot der Wirtschaftlichkeit verlangt einen schonenden Umgang mit öffentlichen Mitteln in allen Zusammenhängen, in denen Entscheidungen mit Bedeutung für den öffentlichen Haushalt getroffen werden. In dieser Eigenschaft erlangt der haushaltsrechtliche Grundsatz der Wirtschaftlichkeit primär im Vorfeld eines Vergabeverfahrens, also etwa bei den Überlegungen zur Art und Weise der Aufgabenerfüllung, der Definition der auszuschreibenden Leistung und bei der Festlegung der Zuschlagskriterien, Bedeutung.[55] Zugleich ist am Maßstab der Wirtschaftlichkeit auch die Frage zu messen, ob ein Bedarf überhaupt zu Recht angenommen wird bzw. ob eine Leistung aus wirtschaftlichen Gründen privatisiert werden soll oder ob die Aufgabenwahrnehmung durch die öffentliche Hand effizienter ist.[56]

2.3.1 Instrumente zur Umsetzung des haushaltsrechtlichen Grundsatzes der Wirtschaftlichkeit

§ 7 Abs. 2 BHO fordert insoweit zurecht, dass für alle finanzwirksamen Maßnahmen angemessene Wirtschaftlichkeitsuntersuchungen durchzuführen sind.[57] Diese Verpflichtung betrifft sowohl Maßnahmen, die in die Phase der Haushaltsaufstellung fallen, als auch solche, die der Ausführung des Haushaltsplans zugrunde liegen. Für legislative Maßnahmen sind Wirtschaftlichkeitsuntersuchungen (finanzwirtschaftliche Gesetzesfolgenabschätzung) nicht vorgeschrieben.[58] Auf der Grundlage von Wirtschaftlichkeitsuntersuchungen kann sich entscheiden, ob überhaupt eine Beschaffung und damit ein Vergabeverfahren zu tätigen ist.[59] Darüber hinaus wird durch die Wirtschaftlichkeitsuntersuchung auch der Gegenstand der Beschaffung maßgeblich bestimmt.[60] Die Verpflichtung zu Wirtschaftlichkeitsuntersuchungen erhält eine Einschränkung dadurch, dass auch die Wirtschaftlichkeitsuntersuchungen selbst verhältnismäßig sein müssen, d.h., die durch sie verursachten Kosten müssen in angemessenem Verhältnis zu ihrem Nutzen stehen.[61] Insoweit begrenzt das Postulat der Wirtschaftlichkeit auch die Umsetzung des Wirtschaftlichkeitsprinzips an sich.

2.3.1.1 Einsatz betriebswirtschaftlicher Instrumente und Methoden

Wirtschaftlichkeitsuntersuchungen können nur sachgerecht durchgeführt werden, wenn hierzu betriebswirtschaftliche Instrumente und Methoden zum Einsatz kommen. Die Wirt-

55 *Hillen*, Die gerichtliche Kontrolle von Wirtschaftlichkeit im Vergaberecht, S. 223; siehe z.B. auch *Müller*, in: Kulartz/Kus/Portz/Prieß, GWB-Vergaberecht, § 97 Rn. 49.

56 Vgl. auch *Arzt-Mergemeier*, in Willenbruch/Wieddekind, Vergaberecht, § 6 HGrG Rn. 14 ff.

57 Vgl. hierzu näher z.B. *Arzt-Mergemeier*, in: Willenbruch/Wieddekind, Vergaberecht, § 6 HGrG Rn. 13 ff.

58 *Von Lewinski/Burbat*, Haushaltsgrundsätzegesetz, § 6 HGrG Rn. 9; *von Lewinski/Burbat*, Bundeshaushaltsordnung, § 7 BHO Rn 18.

59 So auch *Arzt-Mergemeier*, in: Willenbruch/Wieddekind, Vergaberecht, § 6 HGrG Rn. 14; *Müller*, in: Kulartz/Kus/Portz/Prieß, GWB-Vergaberecht, § 97 Rn. 44.

60 So auch *Arzt-Mergemeier*, in: Willenbruch/Wieddekind, Vergaberecht, § 6 HGrG Rn. 14.

61 *Gröpl*, in ders., BHO, § 7 Rn. 31.

schaftlichkeit kann mit verschiedenen Verfahren ermittelt werden.[62] Statische Verfahren sind dadurch gekennzeichnet, dass die Wirtschaftlichkeit auf einen konkreten Zeitpunkt bezogen bestimmt wird, zum Beispiel über die gesamte Laufzeit eines Vertrages. Das häufigste Verfahren stellt dabei die Kostenvergleichsrechnung dar. Dabei werden alle relevanten Kosten einer Leistung für den zu betrachtenden Zeitraum addiert und die Kosten der unterschiedlichen Varianten einander gegenübergestellt. Eine Weiterentwicklung des statischen Verfahrens stellt das dynamische Verfahren dar. Dabei werden neben den relevanten Kosten auch Zins- und Zinseszinseffekte berücksichtigt. Regelmäßig werden dabei Methoden der Investitionsrechnung, das Kapitalwertverfahren, die interne Zinsfußmethode und die Anonymitätsmethode genutzt. Bei der häufig verwendeten Kapitalwertmethode wird durch Diskontierung zukünftigen Cashflows ein Barwert ermittelt, der als Vergleichsmaßstab unterschiedlicher Varianten einander gegenübergestellt werden kann. Mittels qualitativer Verfahren hingegen wird versucht, den Nutzen einer Variante messbar zu machen. Grundsätzlich erfordern diese Verfahren die Definition qualitativer Aspekte, die im Rahmen einer Nutzwertanalyse oder der Kosten-Nutzen-Analyse hinsichtlich ihres Zielerfüllungsgrades einander gegenübergestellt werden. Qualitative Verfahren können in der Regel nicht allein zum Führen des Wirtschaftlichkeitsnachweises einer Alternative genutzt werden, da sie in der Regel Kostenaspekte außer Acht lassen. Aus diesem Grund werden sie zumeist in Kombination mit statischen oder dynamischen Bewertungsverfahren als Verfahren durchgeführt, die häufig als Kostenwirksamkeitsanalyse bezeichnet werden.

2.3.1.2 Interessenbekundungsverfahren

Nach § 7 Abs. 2 BHO ist privaten Anbietern in geeigneten Fällen die Möglichkeit zu geben darzulegen, ob und inwieweit sie staatlichen Aufgaben oder öffentlichen Zwecken dienende wirtschaftliche Tätigkeiten nicht ebenso gut oder besser erbringen können (Interessenbekundungsverfahren). „In geeigneten Fällen", wie es die Norm formuliert, also in Fällen, in denen private Anbieter staatliche Aufgaben ebenso gut oder sogar besser erfüllen können, sind sog. Interessenbekundungsverfahren durchzuführen. Mit diesen Verfahren soll der Markt erkundet werden und so eine Grundlage für die spätere Entscheidung, ob eine Aufgabe durch den Staat oder privat erfüllt werden soll, geschaffen werden.[63] Interessensbekundungsverfahren können daneben auch dazu dienen, über eine Abfrage des Marktes Informationen darüber zu erhalten, welche Leistungen von Privaten angeboten werden. Dies ermöglicht es dem Auftraggeber, im Vorfeld einer beabsichtigten Beschaffung an Marktentwicklungen zu partizipieren und im Übrigen die beabsichtigte Beschaffung marktorientiert durchzuführen. Aus der Verpflichtung der Verwaltung, ein Interessensbekundungsverfahren durchzuführen, ergibt sich jedoch kein subjektives Recht Dritter auf die Durchführung eines solchen Interessensbekundungsverfahrens. Auch das Ergebnis eines durchgeführten Interessensbekundungsverfahrens führt nicht zu einer Bindung dahingehend, dass eine am Markt wirtschaftlich ausge-

62 Vgl. hierzu auch den Überblick in Bezug auf Beschaffungsentscheidungen bei *Arzt-Mergemeier*, in: Willenbruch/Wieddekind, Vergaberecht, § 6 HGrG Rn. 17 ff.

63 Vgl. Rundschreiben des BMF vom 24.9.2012 – IIA3-H 1005/07/0002-2012/0864353 zu Interessensbekundungsverfahren, zitiert bei *Müller*, in: Kulartz/Kus/Portz/Prieß, GWB-Vergaberecht, § 97 Fn. 39; *von Lewinski/Burbat*, Bundeshaushaltsordnung, § 7 BHO Rn. 16.

richtete Beschaffung vorzunehmen ist.[64] Schon allgemein kommt der Verpflichtung zur Einhaltung der Grundsätze der Wirtschaftlichkeit und Sparsamkeit keine Außenwirkung zu. Es handelt sich um rein haushaltsrechtliche Begriffe, die nicht zu subjektiven Ansprüchen Dritter führen. Wie der VGH Baden-Württemberg[65] entschieden hat, steht einem Dritten daher nicht das Recht zur Seite, ein Vertragsverhältnis mit der öffentlichen Hand mit dem Hinweis auf dessen Unwirtschaftlichkeit anzugreifen, da dem Grundsatz der Wirtschaftlichkeit und Sparsamkeit als haushaltsrechtlicher Norm keine unmittelbare Auswirkung auf die zivilrechtliche Wirksamkeit von Verträgen und damit auch nicht der Charakter eines Verbotsgesetzes zukommt; gleiches gilt auch für die Verpflichtung zur Durchführung von Interessensbekundungsverfahren.

2.3.1.3 Privatisierung

Da § 7 Abs. 1 Satz 2 BHO auch zur Prüfung verpflichtet, inwieweit staatliche Aufgaben nicht ebenso gut oder besser durch Private erbracht werden können, ist auch die Ausgliederung und Entstaatlichung oder Privatisierung öffentlicher Aufgaben in Betracht zu ziehen.[66] Dies kann etwa durch Interessensbekundungsverfahren, aber auch durch den Vergleich mit alternativen Beschaffungsmöglichkeiten realisiert werden. Denkbar ist es, etwa als Alternative zur Neuerrichtung eines Verwaltungsgebäudes die langfristige Anmietung eines Gebäudes zu prüfen oder zum Beispiel als Alternative zum Erwerb von Dienstkraftfahrzeugen deren Leasing zu erwägen.

Wie bereits dargestellt, haben die haushaltsrechtlichen Bestimmungen keine unmittelbare Außenwirkung. Dritte können daher selbst bei einem überwiegend vorteilhaften Ergebnis zu Gunsten einer Privatisierung nicht die Privatisierung einer öffentlichen Aufgabe beanspruchen. In der Praxis zeigt sich zudem, dass bei Privatisierungsvorhaben, die etwa über die traditionellen Bereiche der Miete/des Leasings hinausgehen, mit einer Vielzahl von Wechselwirkungen zu rechnen ist, die nicht allein durch betriebswirtschaftliche Methoden und Instrumente erfasst werden können und einer staatlichen Aufgabenerfüllung damit häufig nur schwerlich gegenübergestellt werden können.

2.3.2 Berücksichtigung haushaltsrechtlicher Aspekte im Rahmen der Leistungsbestimmung

Jedem Vergabeverfahren vorgelagert ist die Entscheidung des öffentlichen Auftraggebers, ob es einer – und ggf. welcher – konkreten Beschaffungsmaßnahme zur Bewältigung öffentlicher Aufgaben bedarf, also welchen Auftragsgegenstand der öffentliche Auftraggeber im Hinblick auf die zu erledigende Verwaltungsaufgabe für erforderlich und wünschenswert hält. Wie oben dargestellt[67] ist dabei zu differenzieren zwischen den politisch-gestalterischen Zielsetzungen einerseits und dem Weg der Zielverwirklichung andererseits. Daraus folgt, dass die Leistungsbestimmung bei der Beschaffung von Waren, Dienstleistungen oder Bauleistun-

64 VGH Baden-Württemberg, Urteil vom 29.6.2015 – 9 S 280/14; ähnlich auch BGH, Urteil vom 24.4.2014 – VII ZR 164/13, BGHZ 201, 32-45.

65 VGH Baden-Württemberg, Urteil vom 29.6.2015 – 9 S 280/14.

66 *Von Lewinski/Burbat*, BHO, 2013, § 7 Rn. 10; vgl. hierzu ausführlich *Arzt-Mergemeier*, in: Willenbruch/Wieddekind, Vergaberecht, § 6 HGrG Rn. 41 ff.

67 Vgl. oben S. 53 f.

gen ebenfalls dem haushaltsrechtlichen Prinzip der Wirtschaftlichkeit, dem Effektivitätsgebot, in einem fachlich überprüfbaren Rahmen unterliegt. Entscheidet sich ein öffentlicher Aufgabenträger für eine bestimmte Art der Erfüllung eines erkannten Bedarfs, so unterliegt diese Entscheidung grundsätzlich der Verpflichtung zur Berücksichtigung des Wirtschaftlichkeitsgebotes.[68] In diesem Sinne hat das Gebot der Wirtschaftlichkeit unmittelbar Auswirkung auf die Ausübung des Leistungsbestimmungsrechts eines öffentlichen Auftraggebers. Die verfassungs- und haushaltsrechtlichen Ausprägungen des Wirtschaftlichkeitsgebots wirken dabei auf das Leistungsbestimmungsrecht des Auftraggebers beschränkend.[69] Das OLG Koblenz hat das pointiert so formuliert: „Verlangt ein Aufgabenträger die Ausstattung der Zugtoiletten mit goldenen Armaturen, so ist das mit hoher Wahrscheinlichkeit ein Fall für Aufsichtsbehörden oder Rechnungshof. Vergaberechtlich wäre dagegen nichts einzuwenden, weil allein der Auftraggeber entscheidet, was er haben will und wie er es haben will."[70] Bereits mit diesem Zitat wird deutlich, dass das haushaltsrechtliche Wirtschaftlichkeitsgebot und der vergaberechtliche Wirtschaftlichkeitsgrundsatz unterschiedliche Phasen der Beschaffung betreffen: Während das haushaltsrechtliche Wirtschaftlichkeitsgebot Einfluss auf die Bestimmung des Leistungsgegenstandes im Vorfeld des Vergabeverfahrens nimmt, erlangt der vergaberechtliche Wirtschaftlichkeitsgrundsatz vor allem im und während des Vergabeverfahrens Bedeutung – insbesondere bei der Auswahl des wirtschaftlichsten Angebotes. Bezogen auf Beschaffungsvorgänge der öffentlichen Hand stehen beide Prinzipien damit in einem zeitlich gestuften, kooperativen Verhältnis.[71]

2.4 Wirtschaftlichkeit als allgemeiner Vergabegrundsatz (§ 97 Abs. 1 Satz 2 GWB)

2.4.1 Überblick

Der Grundsatz der Wirtschaftlichkeit gilt als entscheidende Kraft in der historischen Entwicklung der Auftragserteilung im Rahmen von Vergabeverfahren überhaupt.[72] Traditionell stellte das Recht der öffentlichen Auftragsvergabe in Deutschland einen speziellen Teil des Haushaltsrechts dar.[73] Die staatliche Auftragsvergabe war hierzulande lange Zeit allein durch das Haushaltsrecht und die dazu gehörigen Verwaltungsvorschriften geregelt, welche den exklusiven Zweck verfolgten, eine korrekte und wirtschaftliche Verwendung öffentlicher Mittel sicherzustellen.[74] Auch die europäischen Vergaberichtlinien wollte der deutsche Gesetzgeber zunächst allein im Rahmen der sog. „haushaltsrechtlichen Lösung" innerhalb des HGrG um-

68 Vgl. *Arzt-Mergemeier*, in: Willenbruch/Wieddekind, Vergaberecht, § 6 HGrG Rn. 9.
69 So auch *Knauff*, in: Münchener Kommentar Europäisches und Deutsches Wettbewerbsrecht, § 97 GWB, Rn. 37.
70 OLG Koblenz, Beschluss vom 5.9.2002 – 1 Verg 2/02; auch zitiert bei *Hillen*, Die gerichtliche Kontrolle von Wirtschaftlichkeit im Vergaberecht, S. 225.
71 *Hillen*, Die gerichtliche Kontrolle von Wirtschaftlichkeit im Vergaberecht, S. 225.
72 *Hattenhauer/Butzert*, ZfBR 2018, 229, 229.
73 z.B. *Pache*, in: Pünder/Schellenberg, Vergaberecht, § 55 BHO Rn. 80.
74 Vgl. hierzu auch *Pache*, in: Pünder/Schellenberg, Vergaberecht, § 55 BHO Rn. 2 ff. sowie *Pünder*, in: Pünder/Schellenberg, Vergaberecht, Einführung Rn. 5.

setzen[75] – erst als diese gescheitert war, entschloss man sich zur Verabschiedung eines Vergaberechtsänderungsgesetzes, mit welchem die unionsrechtlichen Vorgaben daraufhin im Vierten Teil des GWB und somit innerhalb einer „kartellrechtlichen Lösung" berücksichtigt wurden.[76] Der Grundsatz der Wirtschaftlichkeit wurde damals an verschiedenen Stellen des Vergabeverfahrens gesetzlich verankert, Wirtschaftlichkeitsaspekte wurden jedoch vornehmlich bei der Zuschlagsentscheidung[77] (sowie bei der Entscheidung über die vorzeitige Beendigung des Suspensiveffektes im Rahmen des Nachprüfungsverfahrens)[78] berücksichtigt.[79]

Das Gebot der Wirtschaftlichkeit, das in Ergänzung zu § 97 Abs. 1 Satz 2 GWB auch durch § 127 GWB sowie die nachgelagerten Regelungen in den Vergabeordnungen präzisiert und weiter ausgestaltet wird, wird jedoch noch heute – lange nachdem die sog. haushaltsrechtliche Lösung (Vergaberechts-)Geschichte ist – als die wichtigste Anforderung an beschaffungsrelevantes Handeln der öffentlichen Hand angesehen.[80] Das Vergaberecht soll dem öffentlichen Interesse an einer im Hinblick auf die anfallenden Kosten optimalen Bedarfsdeckung der öffentlichen Hand dienen.[81] Bei dieser unter haushalterischen Gesichtspunkten gebotenen wirtschaftlichen Betrachtung sind zu den Kosten der Beschaffung nicht allein die Kosten des Beschaffungsgegenstandes zu zählen, sondern auch die des Vergabeverfahrens.[82] Kostengünstig ist eine Beschaffung unter der Aufsicht des Wirtschaftlichkeitsgrundsatzes nur, wenn sie unter weitestmöglicher Schonung der regelmäßig nur begrenzt zur Verfügung stehenden Ressourcen an Zeit, Personal- und Sachmitteln geschieht.[83] Zur Wirtschaftlichkeit der Beschaffung gehört daher auch die Wirtschaftlichkeit des Beschaffungsverfahrens.[84]

Bislang stand jedoch vor allem das Ergebnis des Vergabeverfahrens im Vordergrund, wenn es um Wirtschaftlichkeitserwägungen in Vergabeverfahren ging, also der Zuschlag auf das wirtschaftlichste Angebot und damit der Abschluss des wirtschaftlichsten Vertrages für den Auftraggeber.[85]

Erst in jüngerer Zeit wird auch der Aufwand für das Vergabeverfahren selbst in den Blick genommen.[86] Es ist zunehmend die Frage laut geworden, ob das Verhältnis zwischen dem Wert des Beschaffungsgegenstandes sowie der Bedeutung des Beschaffungsziels auf der einen Seite und dem beträchtlichen Aufwand und den hiermit verbundenen Kosten eines Vergabeverfahrens auf der anderen Seite noch angemessen austariert ist.[87] Vor diesem Hintergrund wird die – vornehmlich europarechtlich veranlasste, aber auch durch die nationale Rechtspre-

75 Vgl. hierzu z.B. *Pünder*, in: Pünder/Schellenberg, Vergaberecht, Einführung Rn. 6 ff.
76 Vgl. *Pünder*, in: Pünder/Schellenberg, Vergaberecht, Einführung Rn. 7.
77 Vgl. § 97 Abs. 5 GWB a.F.; siehe hierzu *Opitz*, NZBau 2001, S. 12 ff.
78 Vgl. jetzt § 169 Abs. 2 GWB, § 176 Abs. 1 GWB.
79 *Weiner*, in: Gabriel/Krohn/Neun, Handbuch des Vergaberechts, § 1 Rn. 44.
80 VK Sachsen, Beschluss vom 21.8.2018 – 1/SVK/016-18.
81 BGH, Urteil vom 17.12.1999 – X ZR 101/97; *Antweiler*, VergabeR 2006, 637, 647; *Frister*, VergabeR 2011, 295, 298.
82 *Frister*, VergabeR 2011, 295, 298.
83 *Frister*, VergabeR 2011, 295, 298.
84 *Burgi*, § 6 Rn. 23.
85 *Weiner*, in: Gabriel/Krohn/Neun, Handbuch des Vergaberechts, § 1 Rn. 40; vgl. auch VK Berlin, Beschluss vom 29.11.2024 – VK B 1-13/24.
86 Vgl. schon *Frister*, VergabeR 2011, S. 295, 297.
87 Siehe schon *Burgi/Gölnitz*, DÖV 2009, S. 829, 830 sowie *Frister*, VergabeR 2011, 295, 296.

chung durchaus forcierte – Betonung des Wettbewerbsgrundsatzes im Vergaberecht bzw. einer vor allem am Gedanken des reinen Wettbewerbs orientierten Auslegung vergaberechtlicher Vorschriften durchaus kritisch gesehen.[88]

Die Vergaberechtsreform 2016[89] hat diese Überlegungen aufgegriffen. Mit ihr hat der Grundsatz der Wirtschaftlichkeit, zumindest vordergründig, eine erhebliche Aufwertung erfahren, hat Gesetzesrang erhalten und ist als ein vor untergesetzlichen Eingriffen geschützter,[90] bei der Durchführung der Auftragsvergabe zu wahrender Grundsatz in das GWB aufgenommen worden. Er zählt seither zum Kreis der in § 97 Abs. 1 und 2 GWB normierten zentralen materiellen Maßstäbe des Kartellvergaberechts.[91] Zu den dort statuierten allgemeinen Vergabegrundsätzen gehören heute – neben dem Grundsatz der Wirtschaftlichkeit – Wettbewerb, Transparenz und die, ebenfalls bei der letzten Reform des Vergaberechts neu als Verfahrensgrundsatz etablierte Verhältnismäßigkeit (§ 97 Abs. 1 GWB). Weitere Grundsätze der Vergabe sind die Gleichbehandlung der Teilnehmer an einem Vergabeverfahren (§ 97 Abs. 2 GWB), die Berücksichtigung sog. strategischer Ziele (§ 97 Abs. 3 GWB) und sog. mittelständischer Interessen (§ 97 Abs. 4 GWB), schließlich die elektronische Kommunikation (§ 97 Abs. 5 GWB) sowie der subjektive Anspruch der Bieter auf Einhaltung der Vergabevorschriften (§ 97 Abs. 6 GWB). Nicht von ungefähr werden die Grundsätze der Wirtschaftlichkeit und Verhältnismäßigkeit dabei in § 97 Abs. 1 Satz 2 GWB gemeinsam erwähnt und in einen engen Regelungszusammenhang gebracht.[92]

2.4.2 Das haushaltsrechtliche Verständnis

Der allgemeine Vergabegrundsatz der Wirtschaftlichkeit hat seine Wurzeln im nationalen Haushaltsrecht. Er soll, kurz gefasst, weniger eine wettbewerbssichernde als vielmehr eine haushaltsrechtliche Funktion übernehmen.[93] Dieses Verständnis entspricht dem Ansatz, der dem deutschen Haushaltsvergaberecht seit jeher innewohnt, wonach Wettbewerb als Mittel zum Zweck (nämlich einer möglichst wirtschaftlichen Verwendung von Haushaltsmitteln), aber nicht als Selbstzweck, als Wert an sich angesehen wurde.[94] Nach traditionellem haushaltsrechtlichem Verständnis hat das Herbeiführen von Wettbewerb eine der Wirtschaftlichkeit dienende Funktion, ist es also das Wirtschaftlichkeitsgebot, das durch die Herstellung von Wettbewerb zur Geltung gebracht werden soll und nicht andersherum.[95]

Dessen ungeachtet kennen die EU-Vergaberichtlinien einen allgemeinen Grundsatz der Wirtschaftlichkeit gerade nicht; der deutsche Gesetzgeber hat sich vielmehr aus freien Stücken für die Aufnahme der Wirtschaftlichkeit in den Kreis der allgemeinen Vergabegrundsätze ent-

88 Siehe hierzu nur *Frister*, VergabeR 2011, 295, 297 ff.
89 Zur Entstehungsgeschichte vgl. *Müller*, in: Kulartz/Kus/Portz/Prieß, GWB-Vergaberecht, § 97 GWB Rn. 36 ff.
90 Vgl. *Fehling*, in: Pünder/Schellenberg, Vergaberecht, § 97 GWB Rn. 44.
91 *Fehling*, in: Pünder/Schellenberg, Vergaberecht, § 97 GWB Rn. 44.
92 Siehe hierzu auch weiter unten S. 66; hierauf weist auch hin: *Hillen*, Die gerichtliche Kontrolle von Wirtschaftlichkeit im Vergaberecht, S. 173 f.
93 *Hillen*, Die gerichtliche Kontrolle von Wirtschaftlichkeit im Vergaberecht, S. 175; VK Berlin, Beschluss vom 29.11.2024 – VK B 1-13/24.
94 Vgl. z.B. *Arzt-Mergemeier*, in: Willenbruch/Wieddekind, Vergaberecht, § 6 HGrG Rn. 3.
95 *Arzt-Mergemeier*, in: Willenbruch/Wieddekind, Vergaberecht, § 6 HGrG Rn. 7.

schieden.[96] Die Gesetzesbegründung spricht denn auch davon, dass die Regelung des § 97 Abs. 1 Satz 1 GWB lediglich zum Zwecke der Klarstellung um den Grundsatz der Wirtschaftlichkeit ergänzt worden sei.[97] Offenbar ist der Grundsatz der Wirtschaftlichkeit als Zugeständnis in den Vierten Teil des GWB aufgenommen worden, um die Gleichrangigkeit des offenen und nicht offenen Vergabeverfahrens bei der letzten Reform des Vergaberechts im Jahr 2016 durchsetzen zu können,[98] da Kritiker der Gleichstellung darauf verwiesen haben, dass der bis dahin geltende Vorgang des offenen Verfahrens dem Gebot der Wirtschaftlichkeit am besten entspreche.[99] Wie auch immer: In der Gesetzesbegründung verleiht der Gesetzgeber der allgemeinen Annahme Ausdruck, dass der Grundsatz der Wirtschaftlichkeit bei der Gestaltung der Vergabeverfahren ohnehin stets zu beachten sei. Auch dieses Verständnis führt zurück auf einen haushaltsrechtlichen Ursprung der Wirtschaftlichkeit als allgemeinen Vergabegrundsatz und trägt dem Umstand Rechnung, dass der öffentliche Auftraggeber bei seinen Entscheidungen innerhalb von Vergabeverfahren immer auch an das haushaltsrechtliche Gebot des wirtschaftlichen Einsatzes öffentlicher Finanzmittel gemäß § 7 Abs. 1 Satz 1 BHO etc. gebunden ist; er ist also gehalten, bei Beschaffungsvorgängen wirtschaftlich und sparsam mit Haushaltsmitteln umzugehen.[100] Wenn die Aufnahme des Wirtschaftlichkeitsgrundsatzes in das Vergaberecht lediglich eine klarstellende Funktion haben soll, so kann dies nur bedeuten, dass das haushaltsrechtlich ohnehin bestehende Handlungsgebot – inhaltlich unverändert – in das Umfeld des Vergaberechts angesiedelt wurde.[101] Anders kann der zitierte Hinweis des Gesetzgebers nicht verstanden werden.

§ 97 Abs. 1 Satz 2 GWB räumt damit zwar dem haushaltsrechtlichen Wirtschaftlichkeitsgebot eine eigenständige Bedeutung innerhalb des Vergabeverfahrens ein, letztlich ist jedoch davon auszugehen, dass es sich um nichts anderes als eine vergaberechtliche Rezeption des gleichlautenden Haushaltgrundsatzes handelt.[102] Bei allen vergaberechtlichen Fragestellungen, die nicht abschließend bereits durch konkrete Einzelregelungen[103], etwa in den Vergabeordnungen, beantwortet werden, ist der öffentliche Auftraggeber demnach dazu aufgerufen, den ihm belassenen Entscheidungsspielraum bzw. Abwägungsfreiraum unter Berücksichtigung der haushaltsrechtlichen Auswirkungen auszufüllen.[104]

Die Bedeutung des haushaltsrechtlichen Wirtschaftsgrundsatzes selbst, darauf sei allerdings an dieser Stelle nur hingewiesen, geht über das eigentliche Vergabeverfahren hinaus. Zutreffend daher die Feststellung von *Demir*, dass ein (vergabe-)rechtlich nicht zu beanstandendes Vergabeverfahren einen haushaltsrechtlichen Verstoß nicht heilen kann.[105]

---

96 *Hillen*, Die gerichtliche Kontrolle von Wirtschaftlichkeit im Vergaberecht, S. 176.

97 Dies kritisch reflektierend: *Dörr*, in: Burgi/Dreher, Beck'scher Vergaberechtskommentar, § 97 GWB Rn. 49.

98 Diese Erklärung findet sich bei *Müller*, in: Kulartz/Kus/Portz/Prieß, GWB-Vergaberecht, § 97 Rn. 37.

99 S. Nachweis bei *Müller*, in: Kulartz/Kus/Portz/Prieß, GWB-Vergaberecht, § 97 Fn. 34.

100 *Arzt-Mergemeier*, in: Willenbruch/Wieddekind, Vergaberecht, § 6 HGrG Rn. 7.

101 So auch *Hillen*, Die gerichtliche Kontrolle von Wirtschaftlichkeit im Vergaberecht, S. 177.

102 *Hillen*, Die gerichtliche Kontrolle von Wirtschaftlichkeit im Vergaberecht, S. 226.

103 Zum Vorrang des spezielleren Gesetzes siehe unten S. 64 f.

104 *Hillen*, Die gerichtliche Kontrolle von Wirtschaftlichkeit im Vergaberecht, S. 226.

105 *Demir*, in: Lausen/Müller, Handbuch Nachhaltigkeit im Vergaberecht, Kap. 2, § 10 Rn. 76.

2.4.3 Gehalt des vergaberechtlichen Wirtschaftlichkeitsgrundsatzes

Allgemein wird daher davon ausgegangen, dass sich allein die haushaltsrechtliche Zielsetzung des Vergaberechts, die zur Verfügung stehenden Haushaltsmittel effektiver einzusetzen, als spezifisch vergaberechtlich gewendeter Gehalt des Wirtschaftlichkeitsgrundsatzes im Sinne einer Verpflichtung der öffentlichen Auftraggeber bestimmen lässt, ihre Beschaffungsziele möglichst effizient zu erreichen.[106] Durch den Grundsatz der Wirtschaftlichkeit soll der öffentliche Auftraggeber dazu angehalten werden, bei sämtlichen Entscheidungen innerhalb des Vergabeverfahrens deren ökonomische Auswirkungen zu berücksichtigen. Durch eine am Maßstab der Wirtschaftlichkeit orientierte Ausgestaltung des Vergabeverfahrens soll ein schonender Einsatz von Haushaltsmitteln erreicht werden.[107] So soll sichergestellt werden, dass nicht nur der Zuschlag am Ende des Vergabeverfahrens auf das beste, d.h. das wirtschaftlichste Angebot erteilt wird, sondern dass auch durch die übrige Ausgestaltung des Vergabeverfahrens ein möglichst optimaler Einsatz von öffentlichen Mitteln erreicht wird. Auf diese Weise wird der Kern des Wirtschaftlichkeitsgebots, wonach das Handeln staatlicher Stellen allgemein danach ausgerichtet sein soll, die bestmöglichen Ressourcen zu bewirken,[108] vergaberechtlich in Anschlag gebracht.

Dieser Befund wird auch darauf gestützt, dass das Substantiv „Wirtschaftlichkeit" in der deutschen Sprache nur in der Bedeutung einer am Kosten-Nutzen-Verhältnis gemessenen Effizienz gebräuchlich ist und die Gesetzesbegründung[109] in diesem Zusammenhang nur auf Beispiele effizienzorientierten Handelns verweist.[110] Auch die vergaberechtliche Rechtsprechung interpretiert den Grundsatz der Wirtschaftlichkeit im Sinne einer ressourcenschonenden Beschaffung[111] – stellt also ebenfalls auf den genuin haushaltsrechtlichen Gehalt des Grundsatzes der Wirtschaftlichkeit ab.

Durch die Verankerung der Wirtschaftlichkeit als übergreifender Grundsatz des Kartellvergaberechts werden Auftraggeber und Bieter im Ergebnis jenseits der speziellen Einzelbestimmungen dazu verpflichtet, das Verhältnis von Aufwand und Ertrag, von Kosten und Nutzen bei der Gestaltung des Vergabeverfahrens zu beachten.[112] Regelmäßig ist also für ein angemessenes Verhältnis zwischen dem Wert des Beschaffungsgegenstandes bzw. der sonstigen Bedeutung des Beschaffungsvorhabens und dem dafür gerechtfertigten Verfahrens- und Kostenaufwand Sorge zu tragen. Soweit dies nach den gesetzlichen Bestimmungen möglich ist, ist eine Kosten-Nutzen-Betrachtung bei der Gestaltung der Vergabeunterlagen, des Vergabeverfahrens und ggf. bei der Auslegung der Verfahrensvorschriften anzulegen. Gerade die öffentlichen Auftraggeber haben im Rahmen des rechtlich Möglichen effiziente Verfahren anzustreben, durch welche Forderung ggf. auch das gemäß § 97 Abs. 1 GWB bestehende Gebot größtmöglichen Wettbewerbs relativiert werden kann, wenn dies eben nur mit unvertretbarem Aufwand zu verwirklichen wäre.

106 *Dörr*, in: Burgi/Dreher, Beck'scher Vergaberechtskommentar, § 97 GWB Rn. 51.
107 *Hillen*, Die gerichtliche Kontrolle von Wirtschaftlichkeit im Vergaberecht, S. 175.
108 BVerwG, Urteil vom 13.9.2005 – 2 WD 31/04; siehe z.B. *Lux*, in: Müller-Wrede, GWB, § 97 Rn. 31.
109 BT-Drs. 18/6281, S. 67f.
110 *Dörr*, in: Burgi/Dreher, Beck'scher Vergaberechtskommentar, § 97 GWB Rn. 51.
111 Vgl. z.B. OLG Düsseldorf, Beschluss vom 6.9.2017 – Verg 9/17.
112 *Dörr*, in: Burgi/Dreher, Beck'scher Vergaberechtskommentar, § 97 GWB Rn. 51.

2.4.4 Funktion des vergaberechtlichen Wirtschaftlichkeitsgrundsatzes

Aus der prominenten Platzierung des Grundsatzes der Wirtschaftlichkeit an der Spitze des Vierten Teils des GWB könnte man schlussfolgern, dass er als oberste Instanz und haushälterischer Wächter Anspruch auf einen eigenständigen Regelungsgehalt in dem Sinne erhebt, dass sämtliche Entscheidungen im Vergabeverfahren abschließend am Wirtschaftlichkeitsprinzip zu messen sind.[113] Dem ist indes nicht so. Wie die übrigen vergaberechtlichen Grundsätze fungiert der Grundsatz der Wirtschaftlichkeit, der an verschiedenen Stellen des Vergabeverfahrens gesetzlich verankert ist, im Wesentlichen als Maxime oder Leitprinzip[114], als Auslegungsleitlinie[115], als Ermessensdirektive[116] bzw. als Abwägungsbelang[117] für die Ausgestaltung des Vergabeverfahrens – soweit hierfür Freiräume bestehen, also etwa Ermessensspielräume eröffnet sind oder es an einer konkretisierenden Normierung in den Vergabeordnungen fehlt.[118] Als allgemeiner Grundsatz des Vergabeverfahrens ist die Vorgabe, den jeweils verfolgten öffentlichen Zweck mit möglichst wenigen Haushaltsmitteln zu verwirklichen, auf das Verhalten der Vergabestellen bei der Gestaltung des Vergabeverfahrens im engeren Sinne gerichtet.[119] Der Wirtschaftlichkeitsgrundsatz entfaltet als maßgebliche Grundlage der öffentlichen Beschaffung seine Wirkung in allen Schritten des Vergabeverfahrens.[120] Er fasst verschiedene Aspekte des Vergabeverfahrens zusammen, bei denen die Verfahrensvorschriften auf das Element der Wirtschaftlichkeit abzielen.[121] Wo immer dem öffentlichen Auftraggeber demnach Freiräume bei der Ausgestaltung des Vergabeverfahrens zugestanden werden, hat er dabei jedenfalls auch dem haushaltsrechtlichen Bedürfnis nach einer wirtschaftlichen Verwendung von öffentlichen Finanzmitteln Rechnung zu tragen.[122]

2.4.5 Vorrang der Einzelregelungen

Gemeinsam mit den übrigen Vergabegrundsätzen enthält der Grundsatz der Wirtschaftlichkeit rechtlich bindende Anforderungen an das Vergabeverfahren[123] und das Verhalten der daran Beteiligten.[124] Der Grundsatz der Wirtschaftlichkeit ist also im und während des Vergabeverfahrens verpflichtend zu beachten. Bei der konkreten Anwendung der Grundsätze des § 97 GWB muss jedoch der Vorrang des (spezielleren) Gesetzes beachtet werden.[125] Allgemein methodisch gilt für das Verhältnis zwischen den zahlreichen Regeln für das Vergabeverfahren und den Grundsätzen des § 97 Abs. 1 und 2 GWB – und damit auch für den Grundsatz

113 Vgl. *Müller*, in: Kulartz/Kus/Portz/Prieß, GWB-Vergaberecht, § 97 Rn. 44, 49.
114 Begriff bei *Hattenhauer/Butzert*, ZfBR 2018, 229, 229.
115 *Fehling*, in: Pünder/Schellenberg, Vergaberecht, § 97 GWB Rn. 44 ff.
116 *Fehling*, in: Pünder/Schellenberg, Vergaberecht, § 97 GWB Rn. 45.
117 *Hillen*, Die gerichtliche Kontrolle von Wirtschaftlichkeit im Vergaberecht, S. 235.
118 *Fehling*, in: Pünder/Schellenberg, Vergaberecht, § 97 GWB Rn. 48.
119 *Burgi*, Vergaberecht, § 6 Rn. 23.
120 *Lux*, in: Müller-Wrede, GWB, § 97 Rn. 28 f.; so auch *Dörr*, in: Burgi/Dreher, Beck'scher Vergaberechtskommentar, § 97 GWB Rn. 49.
121 Siehe im Einzelnen unten S. 68 ff.
122 *Hillen*, Die gerichtliche Kontrolle von Wirtschaftlichkeit im Vergaberecht, S. 236.
123 Zum Begriff des „Vergabeverfahrens“ und damit zum sachlichen Anwendungsbereich des Wirtschaftlichkeitsgrundsatzes gemäß § 97 Abs. 1 Satz 2 GWB näher *Dörr*, in: Burgi/Dreher, Beck'scher Vergaberechtskommentar, vor § 97 GWB Rn. 14 ff.
124 *Dörr*, in: Burgi/Dreher, Beck'scher Vergaberechtskommentar, vor § 97 GWB Rn. 9.
125 *Burgi*, § 6 Rn. 15; siehe hierzu bezogen auf das Haushaltsrecht oben S. 55.

der Wirtschaftlichkeit –, dass die konkreteren Regelungen den allgemeinen Grundsätzen vorgehen. Das Absehen von einer vorgeschriebenen Verfahrensart oder verpflichtenden Verfahrensschritten allein aus Gründen der (allgemeinen) Wirtschaftlichkeit ist daher unzulässig. Der Grundsatz der Wirtschaftlichkeit kann insoweit nur ermessenslenkende Auswirkungen haben und kann nicht eine an sich vergaberechtswidrige Verfahrenswahl oder Ausgestaltung des Verfahrens rechtfertigen.[126] Entsprechende Entscheidungen sind allein dem Gesetz- und Verordnungsgeber in Konkretisierung des Wirtschaftlichkeitsgebotes vorbehalten.[127] In der Rechtsprechung werden in der Regel der im Einzelfall verletzte Grundsatz des § 97 GWB zusammen mit der einschlägigen Norm aus der anwendbaren Verfahrensordnung in Bezug genommen.[128] Die Verfahrensgrundsätze haben in der Rechtsprechung durchaus jedoch auch Bedeutung als eigenständige Kontroll- und Entscheidungsmaßstäbe.[129] Zur Unwirksamkeit eines Vertrages führt ein Verstoß gegen die Vergabegrundsätze des § 97 Abs. 1 GWB jedoch nicht, da diese als Verbotsgesetze im Sinne von § 134 BGB nicht anerkannt sind.[130] Allenfalls ist es – unter besonderen Umständen des Einzelfalls – denkbar, dass die Verletzung der (verschiedenen) Grundsätze des § 97 Abs. 1 GWB die Sittenwidrigkeit des Beschaffungsvertrags nach § 138 Abs. 1 BGB begründen kann.[131]

2.4.6 Praktische Bedeutung

Die Vergabegrundsätze erfahren ihre Konkretisierung in Bezug auf zahlreiche Einzelfragen durch die übrigen Bestimmungen des GWB und das untergesetzliche Vergaberecht.[132] Angesichts der hohen Regelungsdichte im Vergaberecht ist die eigenständige Bedeutung der in § 97 Abs. 1 und 2 GWB normierten Grundsätze vor daher allgemein eher gering zu veranschlagen. Sie wirken vor allem als Leitlinien für die Auslegung und Anwendung der übrigen vergaberechtlichen Vorschriften[133] oder als Ermessensdirektiven[134] – dort wo konkrete Regelungen fehlen – oder erfüllen eine Funktion als Anknüpfungsnormen, durch die externe Regelungen in das vergaberechtliche Entscheidungs- und Nachprüfungsprogramm integriert werden.[135] Eine selbstständige Bedeutung erhalten die Vergabegrundsätze in Bereichen, die gesetzlich oder ungesetzlich nicht näher geregelt sind.[136] Allgemein wird der Versuch, den Vergabegrundsätzen darüber hinaus, also auch jenseits vorhandener Vergaberegeln, Bedeutung zumessen zu wollen, kritisch gesehen.[137]

126 Vgl. z.B. *Müller*, in: Kulartz/Kus/Portz/Prieß, GWB-Vergaberecht, § 97 Rn. 49.
127 Mit der Zulassung von Sekundärzielen (vgl. § 97 Abs. 3 GWB) und der gebotenen Berücksichtigung des Mittelstandes (vgl. 97 Abs. 4 GWB) hat der Gesetzgeber solche wettbewerbspolitischen Entscheidungen getroffen.
128 Vgl. die Nachweise bei *Dörr*, in: Burgi/Dreher, Beck'scher Vergaberechtskommentar, vor § 97 GWB Rn. 9.
129 Vgl. die Nachweise bei *Dörr*, in: Burgi/Dreher, Beck'scher Vergaberechtskommentar, vor § 97 GWB Rn. 9; vgl. aber *Burgi*, § 6 Rn. 16.
130 Vgl. die Nachweise bei *Dörr*, in: Burgi/Dreher, Beck'scher Vergaberechtskommentar, vor § 97 GWB Rn. 9.
131 Vgl. die Nachweise bei *Dörr*, in: Burgi/Dreher, Beck'scher Vergaberechtskommentar, vor § 97 GWB Rn. 9.
132 *Dreher*, in: Immenga/Mestmäcker, WettbR II/2, § 97 GWB Rn. 4.
133 So *Dörr*, in: Burgi/Dreher, Beck'scher Vergaberechtskommentar, vor § 97 GWB Rn. 13.
134 *Dörr*, in: Burgi/Dreher, Beck'scher Vergaberechtskommentar, vor § 97 GWB Rn. 13.
135 *Fehling*, in: Pünder/Schellenberg, Vergaberecht, § 97 GWB Rn. 44 f.; *Dörr*, in: Burgi/Dreher, Beck'scher Vergaberechtskommentar, vor § 97 GWB Rn. 9.
136 Vgl. die Beispiele bei *Dörr*, in: Burgi/Dreher, Beck'scher Vergaberechtskommentar, vor § 97 GWB Rn. 10.
137 Vgl. *Burgi*, Vergaberecht, § 6 Rn. 16.

2.4.6.1 Verhältnis zu den anderen Vergabegrundsätzen

Hinzu kommt, dass die in § 97 Abs. 1 und 2 GWB vorgegebenen Grundsätze des Kartellvergaberechts nicht trennscharf voneinander abzugrenzen sind, sie auch nicht isoliert nebeneinander stehen, sondern rechtsdogmatisch und vor allem in der praktischen Rechtsanwendung untrennbar miteinander verknüpft sind.[138] Mehr noch: Häufig begrenzen sich die Vergabegrundsätze gegenseitig[139] – ja, sind Konflikte zwischen den drei hauptsächlichen Zielsetzungen des Vergaberechts, den Belangen des Haushalts, der Beschaffung von Sachmitteln zur Erfüllung von Verwaltungsaufgaben und dem Wettbewerb, nahezu unvermeidlich bzw. vorprogrammiert.[140] So sind die Gebote der Wirtschaftlichkeit und der Verhältnismäßigkeit in der Tendenz gemeinsam darauf gerichtet, den Aufwand, den eine Vergabestelle treiben oder verlangen darf, um Wettbewerb und Transparenz herzustellen, zu begrenzen. Der Ausschluss unwirtschaftlicher Angebote reduziert die Bieterzahl, beschränkt mithin vordergründig den Wettbewerb, jedoch auch, um diesen zugleich vor unseriösen Angeboten zu schützen.[141] Vergabe im Wettbewerb führt zu größerer Wirtschaftlichkeit, also einem günstigen Preis-Leistungs-Verhältnis der Angebote, umgekehrt schützt der Ausschluss grob unwirtschaftlicher Angebote den Wettbewerb vor unseriösen Teilnehmern.[142]

In den konkreten Ausprägungen ist das Wirtschaftlichkeitsgebot insbesondere häufig eng mit dem Verhältnismäßigkeitsgrundsatz verknüpft.[143] Allgemein gesprochen, enthält der Grundsatz der Wirtschaftlichkeit vor allem das Gebot, den Verfahrensaufwand für alle Beteiligten möglichst gering zu halten,[144] während der ebenfalls gemäß § 97 Abs. 2 GWB zu wahrende Grundsatz der Verhältnismäßigkeit vor allem gegen übermäßig formale Anforderungen streitet. Beide Grundsätze fungieren jedoch als Leitlinien etwa für die Wahl der Verfahrensart oder für Art und Umfang der Verfolgung von Sekundärzwecken, welche die Beschaffung potenziell verteuern.[145]

2.4.6.2 „Zu wahrende" Grundsätze

Folgt aus diesen Überlegungen schon allgemein eine methodische Zurückhaltung bei der Anwendung der Vergabegrundsätze[146], so wird diese noch verstärkt durch den Wortlaut des § 97 Abs. 1 Satz 2 GWB, der davon spricht, dass bei der Vergabe von öffentlichen Aufträgen und Konzessionen im Wettbewerb und Wege transparenter Verfahren im Sinne des § 97 Abs. 1 Satz 1 GWB die Grundsätze der Wirtschaftlichkeit und Verhältnismäßigkeit „gewahrt" werden. Der Wortlaut ist damit weniger streng als etwa der des § 7 BHO, wonach der Grundsatz der Wirtschaftlichkeit zu beachten ist. Hieraus wird geschlossen, dass eine aktive Ausrichtung des Auftraggebers nicht verlangt werde, der Auftraggeber solle vielmehr nicht gegen den Grundsatz der Wirtschaftlichkeit verstoßen.[147]

138 *Dörr*, in: Burgi/Dreher, Beck'scher Vergaberechtskommentar, vor § 97 GWB Rn. 7.
139 *Dörr*, in: Burgi/Dreher, Beck'scher Vergaberechtskommentar, vor § 97 GWB Rn. 7.
140 So *Frister*, VergabeR 2011, S. 295, 296.
141 *Dörr*, in: Burgi/Dreher, Beck'scher Vergaberechtskommentar, vor § 97 GWB Rn. 7.
142 *Dörr*, in: Burgi/Dreher, Beck'scher Vergaberechtskommentar, vor § 97 GWB Rn. 7.
143 *Fehling*, in: Pünder/Schellenberg, Vergaberecht, § 97 GWB Rn. 73.
144 *Fehling*, in: Pünder/Schellenberg, Vergaberecht, § 97 GWB Rn. 48.
145 *Fehling*, in: Pünder/Schellenberg, Vergaberecht, § 97 GWB Rn. 73.
146 So *Burgi*, Vergaberecht, § 6 Rn. 23.
147 So *Müller*, in: Kulartz/Kus/Portz/Prieß/, GWB-Vergaberecht, § 97 Rn. 46.

2.4.7 Ergebnis

Nach alledem wird man sagen können, dass es dem Grundsatz der Wirtschaftlichkeit aus sich heraus auch im Vergaberecht an einer die Beschaffungsvorgänge lenkenden Konkretheit fehlt.[148] Eine eigenständige Anwendung von § 97 Abs. 1 Satz 2 GWB im Sinne einer möglichen Prüfinstanz wird daher überwiegend abgelehnt.[149] Für Auftragsvergaben ab Erreichen der Schwellenwerte dürfe der Begriff der Wirtschaftlichkeit in § 97 Abs. 1 Satz 2 GWB durch kein haushaltsrechtliches Verständnis auf der Grundlage des § 6 Abs. 1 HGrG bzw. der entsprechenden Vorschriften der Bundeshaushaltsordnung und Landeshaushaltsordnungen aufgeladen werden.[150] Es wird sogar vertreten, dass die Hervorhebung des Grundsatzes der Wirtschaftlichkeit in § 97 Abs. 1 Satz 2 GWB keine über die Prüfung des wirtschaftlich günstigsten Angebots hinausgehende Bedeutung habe.[151]

Letztere Auffassung dürfte jedoch in ihrer Allgemeinheit zu weit gehen. Immerhin kann die Etablierung eines Vergabegrundsatzes auch jenseits konkreter Einzelbestimmungen normative Wirkungen entfalten.[152] Wie dargestellt, enthält das Gebot der Wirtschaftlichkeit eine rechtlich bindende Anforderung an das Vergabeverfahren und die in dessen Rahmen getroffenen Entscheidungen des öffentlichen Auftraggebers.[153] Ihm kommt – jedenfalls in der Rechtsprechung – eine besondere Bedeutung für die Auslegung der übrigen vergaberechtlichen Bestimmungen zu.[154] Neben der Zuschlagsentscheidung auf das wirtschaftlichste Angebot kommen weitere Einflussfelder dieses Vergabegrundsatzes innerhalb des vergaberechtlichen Verfahrens in Betracht.[155] Bei der Gestaltung der Vergabeunterlagen, der Wahl und Ausgestaltung des Vergabeverfahrens und ggf. der Auslegung der Vergabevorschriften haben die Auftraggeber, soweit ihnen die gesetzlichen Einzelbestimmungen hierfür Raum lassen, eine Kosten-Nutzen-Betrachtung anzulegen und die Relation von Aufwand und Ertrag in ein angemessenes Verhältnis zu bringen, sodass der Grundsatz der Wirtschaftlichkeit, kurzgefasst, eine Verfahrensgestaltung mit Augenmaß[156] fordert.

Die Aufnahme der Wirtschaftlichkeit in den Kreis der auch vergaberechtlich zu wahrenden Grundsätze bietet, positiv formuliert, die Chance, nicht mehr ausschließlich die Kosten des jeweils beschafften Gegenstandes, sondern die Kosten des gesamten Verfahrens in den Blick zu nehmen.[157] Mit Blick auf die gewünschte Effektivität des Verwaltungshandelns wurde mit der Erhebung der Wirtschaftlichkeit zu einem Grundsatz des Vergabeverfahrens die Hoffnung geäußert, dass Wirtschaftlichkeitserwägungen – etwa bei der Wahl der Verfahrensart und der Ausgestaltung des Vergabeverfahrens – zukünftig eine stärkere Rolle spielen wür-

148 Vgl. zum haushaltsrechtlichen Wirtschaftlichkeitsgrundsatz oben S. 51 ff.
149 *Müller*, in: Kulartz/Kus/Portz/Prieß, GWB-Vergaberecht, § 97 Rn. 51; offen gelassen von VK Bund, Beschluss vom 14.2.2018 – VK 2-2/18.
150 *Ziekow*, in: Ziekow/Völlink, Vergaberecht, § 97 Rn. 59.
151 *Ziekow*, in: Ziekow/Völlink, Vergaberecht, § 97 Rn. 59.
152 Vgl. *Dörr*, in: Burgi/Dreher, Beck'scher Vergaberechtskommentar, § 97 Rn. 49.
153 *Hillen*, Die gerichtliche Kontrolle von Wirtschaftlichkeit im Vergaberecht, S. 177.
154 Vgl. Beispiele unten S. 68 ff.
155 Siehe hierzu weiter unten S. 68 ff.; vgl. z.B. auch *Fehling*, in: Pünder/Schellenberg, Vergaberecht, § 97 GWB Rn. 73.
156 Begriff bei *Dörr*, in: Burgi/Dreher, Beck'scher Vergaberechtskommentar, § 97 GWB. Rn. 51.
157 *Burgi*, Vergaberecht, § 6 Rn. 23.

den.[158] Ob die Rechtsprechung diese Chance bei der Auslegung der Vergabevorschriften ergreifen wird, erscheint jedoch zweifelhaft. Soweit ersichtlich, hat der Grundsatz der Wirtschaftlichkeit in der Rechtsprechung seit der Vergaberechtsreform bislang eher am Rande eine Rolle gespielt. Er erfüllt eher die Funktion einer „trägen Sicherung", dient also häufig der zusätzlichen rechtsdogmatischen Absicherung eines ohnehin schon gefundenen Ergebnisses[159], als dass er als eigenständiger Prüfungs- und Korrekturmaßstab Gestalt und Gewicht gefunden hätte.

Hierfür mag auch eine Rolle spielen, dass den Vergabegrundsätzen des § 97 GWB allgemein zwar eine bieterschützende Wirkung zugesprochen wird. Bei Auftragsvergaben oberhalb der EU-Schwellenwerte ist immerhin denkbar, dass sich die einzelnen Bieter auf den Grundsatz der Wirtschaftlichkeit berufen und dessen Beachtung als subjektives Recht einfordern.[160] Die Möglichkeit, sich unmittelbar auf einen allgemeinen Vergabegrundsatz zu berufen, wurde von den Gerichten immer wieder anerkannt.[161] Für sich genommen dürfte der Grundsatz der Wirtschaftlichkeit jedoch regelmäßig als nicht bieterschützend anzusehen sein.[162] Denn vor allem beinhaltet er die haushaltsrechtliche Verpflichtung der öffentlichen Auftraggeber für eine wirtschaftliche Beschaffung.[163] Immerhin ist es denkbar, dass auch ein Bieter oder Bewerber sich auf eine unwirtschaftliche, belastende Gestaltung des Vergabeverfahrens beruft, die ihn möglicherweise um seine Zuschlagschance gebracht hat. Gerade dann, wenn die (Un-)Wirtschaftlichkeit der Beschaffung Rückwirkungen auf den Wettbewerb hat, können Unternehmen durchaus in Verbindung mit dem Gleichheits-, Transparenz und Wettbewerbsgrundsatz subjektive Rechte im Sinne des § 97 Abs. 6 GWB ableiten. Dies zeigt sich exemplarisch bei der Prüfung unangemessen niedriger Angebote.[164]

2.5 Besondere Ausprägungen des vergaberechtlichen Gebotes der Wirtschaftlichkeit

2.5.1 Überblick

Die wichtigste Konsequenz des Wirtschaftlichkeitsgebots ist die Erteilung des Zuschlags auf das „wirtschaftlichste Angebot" (§ 127 Abs. 1 Satz 1 GWB).[165] Rechtliche Vorgaben, die Aspekte der Wirtschaftlichkeit im Sinne einer die Ressourcen schonenden Beschaffung aufgreifen, finden sich jedoch quer über die Vergaberechtsvorschriften verteilt und letztlich für das

---

158 So z.B. noch *Weiner*, in der 2. Auflage von Gabriel/Krohn/Neun, Handbuch des Vergaberechts, § 1 Rn. 44; *Burgi*, Vergaberecht, § 6 Rn. 23.

159 Kritisch zur Rolle der Vergabegrundsätze in dieser Funktion *Burgi*, § 6 Rn. 16.

160 *Hillen*, Die gerichtliche Kontrolle von Wirtschaftlichkeit im Vergaberecht, S. 170, 178; vgl. auch VK Berlin, Beschluss vom 29.11.2024 – VK B 1-13/24.

161 Vgl. die Nachweise bei *Hillen*, Die gerichtliche Kontrolle von Wirtschaftlichkeit im Vergaberecht, S. 178 Fn. 572.

162 So auch *Lux*, in: Müller-Wrede, GWB, § 97 Rn. 32; s. aber unten S. 75 f. sowie VK Berlin, Beschluss vom 29.11.2024 – VK B 1-13/24.

163 So betont auch bei *Dörr*, in: Burgi/Dreher, Beck'scher Vergaberechtskommentar, § 97 GWB Rn. 51, „insbesondere von Seiten der öffentlichen Auftraggeber" bewege es sich im Rahmen des rechtlich Möglichen, eine Verfahrenseffizienz anzustreben.

164 Siehe unten S. 80 f.

165 Hierzu näher unten S. 81 ff.

gesamte Vergabeverfahren. Ein öffentlicher Auftrag darf ohne neues Vergabeverfahren geändert werden, wenn etwa zusätzliche Leistungen erforderlich geworden sind und ein Wechsel des Auftragnehmers „mit erheblichen Schwierigkeiten oder beträchtlichen Zusatzkosten" für den öffentlichen Auftraggeber verbunden wäre.[166] Eine vorherige Markterkundung[167] im Rahmen der Vorbereitung eines Vergabeverfahrens hilft regelmäßig bei der genauen Bestimmung des Beschaffungsbedarfs, der eindeutigen Beschreibung des Leistungsgegenstandes und der Ermittlung des Auftragswertes und kann so die Wirtschaftlichkeit der Beschaffung sicherstellen.[168] Spezielle Instrumente – wie Rahmenvereinbarungen, dynamische Beschaffungssysteme und elektronische Auktionen – sollen als „besondere Methoden und Instrumente im Vergabeverfahren" den Aufwand aller Beteiligten minimieren und damit auch Anliegen des Wirtschaftlichkeitsgebotes verwirklichen.[169] Ähnliche Überlegungen des Gesetzgebers stehen hinter der flächendeckenden Digitalisierung der Vergabeverfahren, der sog. e-Vergabe, insgesamt.[170] Im Rahmen des Vergabeverfahrens werden „ungewöhnlich niedrige" Angebote geprüft, und zwar etwa auch im Hinblick auf die „Wirtschaftlichkeit des Fertigungsverfahrens einer Lieferleistung oder der Erbringung der Dienstleistung".[171] Schließlich wird der Zuschlag auf das „wirtschaftlichste Angebot" erteilt oder das Vergabeverfahren kann und darf aufgehoben werden, weil es „kein wirtschaftliches Ergebnis" erzielt hat.[172]

2.5.2 Leistungsbestimmungsrecht

Die vergaberechtliche Rechtsprechung gesteht dem öffentlichen Auftraggeber das ausschließliche Recht zur Bestimmung des Leistungsgegenstandes und seiner Eigenschaften zu.[173] Diese Frage ist dem Vergaberecht vorgelagert, da das Vergaberecht nicht das *Was* regelt, sondern das *Wie* der Beschaffung.[174] Demnach ist es grundsätzlich Sache des öffentlichen Auftraggebers, seinen Bedarf selbst zu definieren und zu entscheiden, welche Produkte er in welchen Mengen nachfragt. Schon in Ermangelung entsprechender vergaberechtlicher Vorschriften, deren Einhaltung überprüft werden könnte, ist es nicht Aufgabe vergaberechtlicher Nachprüfungsinstanzen und liegt auch nicht in deren Kompetenz zu überprüfen, ob dieser Bedarf in sinnvoller Weise definiert wurde oder ob andere als die nachgefragten Varianten

166 § 132 Abs. 2 Nr. 2 GWB.

167 Vgl. § 28 VgV und § 20 UVgO.

168 *Müller*, In: Kulartz/Kus/Portz/Prieß, GWB-Vergaberecht, § 97 Rn. 47f.

169 Vgl. *Fehling*, in: Pünder/Schellenberg, Vergaberecht, § 97 GWB Rn. 73.

170 Vgl. BMWi (Zu finden unter https://www.bmwi.de/Redaktion/DE/Artikel/Wirtschaft/elektronische-vergabe.html) „Der Vorteil: Sowohl für den öffentlichen Auftraggeber als auch für private Auftragnehmer ist die E-Vergabe effizienter aufgrund einheitlicher Verfahren und geringerer Kosten."; vgl. auch *Fehling*, in: Pünder/Schellenberg, Vergaberecht, § 97 GWB Rn. 48 sowie Vogt, E-Vergabe, S. 83 („Effizienzsteigerung").

171 § 60 Abs. 2 Nr. 1 VgV.

172 § 63 Abs. 1 Nr. 3 VgV.

173 OLG Düsseldorf, Beschluss vom 30.11.2009 – VII-Verg 43/09; OLG Düsseldorf, NZBau 2012, 785, 789; OLG Düsseldorf, VergabeR 2013, 744, 747; OLG Düsseldorf, ZfBR 2014, 517, 518; OLG Düsseldorf, NZBau 2015, 314, 318; OLG Düsseldorf, VergabeR 2016, 751, 755; OLG Celle, NZBau 2010, 715; OLG Karlsruhe, NZBau 2011, 567, 570; OLG Karlsruhe, NZBau 2014, 378, 380; OLG Karlsruhe, Beschluss vom 14.9.2016 – 15 Verg 7/16; OLG Naumburg, VergabeR 2013, 777, 786; OLG Frankfurt, VergabeR 2017, 80, 86.

174 Vgl. OLG Düsseldorf, Beschluss vom 22.5.2013 – VII-Verg 16/12; OLG Düsseldorf, NZBau 2015, 314, 318; OLG Karlsruhe, NZBau 2014, 378, 380.

vorteilhafter bzw. wirtschaftlicher wären. Das wäre ein unter dem haushaltsrechtlichen Wirtschaftlichkeitsgrundsatz zu bearbeitender Prüfauftrag;[175] vergaberechtlich belässt es die Spruchpraxis bei der symptomatischen Aussage, dass der öffentliche Auftraggeber als späterer Nutzer der nachgefragten Leistung schließlich am besten wissen müsse, was er brauche.[176]

Da der Auftraggeber demnach grundsätzlich frei in der Definition dessen ist, was er beschaffen möchte,[177] kann er – vergaberechtlich betrachtet – an die zu beschaffende Leistung auch Anforderungen stellen, die mit dem Wirtschaftlichkeitsgebot unvereinbar sind.[178] Bieter können dementsprechend nicht mit Erfolg beanspruchen, dem Auftraggeber eine andere Leistung anzudienen, die andere Beschaffungsmerkmale und Eigenschaften aufweist als vom Auftraggeber festgelegt worden sind.[179] Auch etwa eine Zusammenfassung der Bedarfe mehrerer Auftraggeber verstößt an sich nicht gegen den Wirtschaftlichkeitsgrundsatz.[180] Der Auftraggeber ist Herr des Verfahrens und unterliegt trotz des Gebots zum wirtschaftlichen und sparsamen Umgang mit Haushaltsmitteln dennoch nicht der Vorgabe, stets eine optimierte Beschaffung zu tätigen.[181] Er ist insoweit frei, selbst zu bestimmen, *was* er will, solange Haushaltsgrundsätze nicht verletzt werden und durch seine Festlegung nicht jeglicher Wettbewerb ausgeschlossen wird.[182] Erst wenn es um die Durchführung des Beschaffungsprozesses selbst geht, also *wie* die zu beauftragende Leistung erlangt werden soll, kommen sämtliche Vergabegrundsätze und -vorschriften zur Anwendung, insbesondere das Verbot der Diskriminierung und der Wettbewerbsgrundsatz.[183]

Im Rahmen seines Leistungsbestimmungsrechts[184] ist der öffentliche Auftraggeber grundsätzlich auch frei, die Wirtschaftlichkeit des zu vergebenden Auftrags aus seiner Sicht zu bestimmen, da dies Ausfluss der – auch dem öffentlichen Auftraggeber zustehenden – Vertragsfreiheit ist.[185] Eine dem vergaberechtlichen Leistungsbestimmungsrecht des Auftraggebers entsprechende Festlegung des Beschaffungsgegenstandes kann durchaus mit dem haushaltsrechtlichen Wirtschaftlichkeitsprinzip in Konflikt stehen;[186] Wirtschaftlichkeit im vergaberechtlichen Sinne bedeutet eben nicht zwingend haushaltsmittelfreundliche Beschaffung,[187] und so kann etwa das Maximalprinzip[188], wonach mit einem bestimmten Mitteleinsatz das bestmögliche Ergebnis zu erzielen ist, das vergaberechtliche Leistungsbestimmungsrecht nicht einschränken.[189] Der Wirtschaftlichkeitsgrundsatz in seinen Ausprägungen

175 Vgl. oben S. 56 ff.
176 VK Bund, Beschluss vom 8.1.2004 – VK 1-117/03.
177 *Arzt-Mergemeier*, in: Willenbruch/Wieddekind, Vergaberecht, § 6 HGrG Rn. 8.
178 *Arzt-Mergemeier*, in: Willenbruch/Wieddekind, Vergaberecht, § 6 HGrG Rn. 8.
179 S. *Scharen*, GRUR 2009, 345, 346.
180 VK Bund, Beschluss vom 21.7.2016 – VK 1-50/16.
181 OLG Düsseldorf, Beschluss vom 9.12.2009 – VII-Verg 37/09.
182 OLG Düsseldorf, Beschluss vom 27.6.2012 – Verg 7/12.
183 OLG Düsseldorf, Beschluss vom 1.8.2012 – Verg 10/12.
184 Vgl. hierzu schon oben S. 59 f.
185 VK Bund, Beschluss vom 11.5.2017 – VK 2-48/17 mit Verweis auf OLG Düsseldorf, Beschluss vom 1.8.2012 – VII-Verg 10/12; zum Leistungsbestimmungsrecht des öffentlichen Auftraggebers siehe schon oben, S. 59.
186 *Ziekow*, in: Ziekow/Völlink, Vergaberecht, § 97 GWB Rn. 59.
187 VK Bund, Beschluss vom 21.7.2016 – VK 1-50/16.
188 Siehe oben S. 53 f.
189 *Ziekow*, in: Ziekow/Völlink, Vergaberecht, § 97 GWB Rn. 59.

als Minimal- oder als Maximalprinzip liefert zugleich auch keinerlei Kriterien dafür, inwieweit ein „besserer" Beschaffungsgegenstand und/oder damit verbundene strategische Ziele zusätzliche finanzielle Aufwendungen rechtfertigen.[190]

Das Recht zur Bestimmung der nachzufragenden Leistung ist von den vergaberechtlichen Nachprüfungsinstanzen nur begrenzt überprüfbar; der Beschaffungsentscheidung, so betont das OLG Düsseldorf, müssen gerade keine Untersuchungen in Form von Marktforschungen[191] oder Marktanalysen vorausgehen, um festzustellen, ob eine andere als die gewünschte Lösung für die Beschaffung möglich ist.[192] Das OLG Naumburg hat in diesem Zusammenhang darauf hingewiesen, dass der Beschaffung der öffentlichen Hand typischerweise eine dienende Funktion zur Erfüllung öffentlicher Aufgaben zukommt, sodass aus Sicht des Auftraggebers der Aufgabenerfüllung und nicht der Beschaffung Priorität einzuräumen ist, und dass die Organisation von Wettbewerb im Rahmen der Beschaffung nicht Selbstzweck ist, sondern ein Mittel zur wirtschaftlichen und sparsamen Verwendung von Haushaltsmitteln, welches seinen Zweck verfehlt, wenn zu hohe Anforderungen an die Vorbereitung und Durchführung der Beschaffung gestellt werden.[193] Die vergaberechtliche Prüfungs- und Untersuchungspflicht des Auftraggebers findet auch hier[194] ihre Grenze in der Zumutbarkeit und Verhältnismäßigkeit – und damit in Grundsätzen, die jedenfalls tendenziell das gleiche Ziel verfolgen wie der ressourcenschonende Ansatz des Wirtschaftlichkeitsgrundsatzes.[195] Die mit der Festlegung auf ein bestimmtes Erzeugnis oder der Wahl einer bestimmten Technologie verbundene Beschränkung des Wettbewerbs ist als Folge des Bestimmungsrechts des Auftraggebers demnach schon dann hinzunehmen, soweit die Beschaffungsentscheidung auf sach- und auftragsbezogenen Kriterien beruht. Hierin – und in der dem Auftraggeber vom OLG Düsseldorf ebenfalls zugestandenen Korrektur von als unzweckmäßig erkannten Leistungsbeschreibungen – wird durchaus eine stärkere Berücksichtigung der Belange einer aufgabengerechten Beschaffung zu Lasten der bis dahin herrschenden, vornehmlich am Wettbewerbszweck orientierten Rechtsanwendung gesehen.[196] Letztlich wird so auch der Befund[197] unterstrichen, dass der haushaltsrechtliche Wirtschaftlichkeitsbegriff allein im Vorfeld eines Vergabeverfahrens Wirksamkeit entfaltet, während der vergaberechtliche Wirtschaftlichkeitsbegriff Bedeutung allein im Vergabeverfahren erlangt.

2.5.3 Verfahrenswahl/Verfahrensgestaltung

Das Gebot der Wirtschaftlichkeit kann Einfluss nehmen auf die Entscheidung, mit welcher Verfahrensart der Auftraggeber einen öffentlichen Auftrag vergeben will. Konkret spielt es bei der Frage eine Rolle, ob die Vergabe in einem offenen oder nicht offenen Verfahren durchge-

190 Vgl. *Fehling*, in: Pünder/Schellenberg, Vergaberecht, § 97 GWB Rn. 73.
191 Vgl. zur Rolle der Markterkundung auch *Ziomek*, VergabeNavigator Sonderheft 2018, S. 7, 9.
192 Anderer Auffassung zunächst OLG Jena, Beschluss vom 26.6.2006 – Verg 2/06; mittlerweile aufgegeben, vgl. OLG Jena, Beschluss vom 25.5.2015 – 2 Verg 1/14; OLG Celle, Beschluss vom 22.5.2008 – 13 Verg 1/08.
193 OLG Naumburg, Beschluss vom 20.9.2012 – 2 Verg 4/12.
194 Vgl. z.B. auch unten S. 73 f.
195 Zur identischen Zielsetzung beider Grundsätze siehe auch *Hillen*, Die gerichtliche Kontrolle von Wirtschaftlichkeit im Vergaberecht, S. 173 f.
196 *Frister*, VergabeR 2011, 295, 302.
197 Vgl. oben S. 59.

führt werden soll; beide Verfahren stehen dem Auftraggeber seit der letzten Reform des Vergaberechts nach seiner Wahl zur Verfügung.[198] Die Wahlmöglichkeit zwischen offenem und nicht offenem Verfahren wird teilweise – wegen der dem Auftraggeber eingeräumten höheren Flexibilität bei der Wahl des passenden Verfahrens ohne zusätzliche Begründungs- und Dokumentationslasten – als Ausdruck des Wirtschaftlichkeitsgrundsatzes verstanden.[199] Bei der eigentlichen Ermessensausübung hinsichtlich des passenden Vergabeverfahrens sind jedoch durchaus auch Aspekte der Wirtschaftlichkeit zu berücksichtigen.[200] Die Wahlfreiheit des Auftraggebers zwischen offenen und nicht offenen Verfahren wird im Grundsatz dahingehend relativiert, dass er dazu aufgefordert ist, die höheren Verfahrenskosten des nicht offenen Verfahrens[201] durch einen entsprechenden Verweis auf einen hiermit verbundenen höheren Nutzen zu legitimieren.[202] Dies kann, allgemein betrachtet, etwa durch den Hinweis geschehen, dass wegen der Auswahl der am besten für die Durchführung des konkreten Auftrags geeigneten Bewerber im Teilnahmewettbewerb auch qualitativ höherstehende Angebote erwartet werden.[203] Ob die Berücksichtigung von Wirtschaftlichkeitsaspekten bezogen auf die Verfahrenswahl in der Vergabepraxis letztlich spürbare Auswirkungen haben wird, darf insgesamt mit Recht bezweifelt werden. Zu einer Ermessensreduzierung auf Null dahingehend, dass der Auftraggeber aus Wirtschaftlichkeitsgründen zu einer ganz bestimmten Verfahrensart gezwungen würde, wird es jedenfalls kaum jemals kommen.[204] Wenn allerdings der Auftrag nur von einem bestimmten Unternehmen erbracht werden kann, also kein Wettbewerb auf Anbieterseite besteht und gemäß § 14 Abs. 4 VgV der Auftraggeber das Verhandlungsverfahren ohne Teilnahmewettbewerb wählen kann, dürfte in der Regel die Durchführung eines offenen oder nicht offenen Verfahrens unwirtschaftlich sein, zumal aufgrund des Nachverhandlungsverbotes eben auch keine Verhandlungen mit dem einzigen und damit die Konditionen bestimmenden Bieter zulässig sind.

Der Grundsatz der Wirtschaftlichkeit hat auch Einfluss auf die Gestaltung des Vergabeverfahrens selbst.[205] Der Auftraggeber ist demnach gehalten, eine Vorgehensweise zu wählen, die ihn selbst entlastet, jedoch auch für die Bieter keinen unnötigen, überflüssigen Aufwand bedeutet. Das kann beispielsweise dafürsprechen, die Angebotswertung auch in einem offenen Verfahren mehrstufig – etwa hinsichtlich der Prüfung vorzulegender Muster oder auch bei Teststellungen – auszugestalten. Die Mehrstufigkeit des offenen Verfahrens kann etwa darin bestehen, dass die Bieter nicht von Beginn an sämtliche für eine vollständige Wertung erforderlichen Muster einreichen müssen, sondern nur die für die Kurzerprobung erforderlichen. Der Auftraggeber trägt auf diese Weise dem Grundsatz der Wirtschaftlichkeit dadurch Rechnung, dass er die aufwändige Wertung zahlreicher erforderlicher Muster nur bezüglich solcher Angebote vollständig durchführt, die noch eine Aussicht auf den Zuschlag haben.[206]

198 § 119 Abs. 2 GWB; vgl. auch § 14 Abs. 2 Satz 1 VgV; § 3 EU Abs. 1 Satz 1 VOB/A; § 13 Abs. 1 Satz 1 SektVO.
199 Vgl. *Kröhnke*, NVwZ 2016, 568, 570.
200 Siehe hierzu *Ziomek*, VergabeNavigator Sonderheft 2018, S. 7 ff.
201 Siehe hierzu etwa *Hillen*, Die gerichtliche Kontrolle von Wirtschaftlichkeit im Vergaberecht, S. 181 f.
202 *Hillen*, Die gerichtliche Kontrolle von Wirtschaftlichkeit im Vergaberecht, S. 181.
203 Vgl. *Gnittke/Hattig*, in: Müller-Wrede, VgV/UVgO, § 52 VgV Rn. 17.
204 So *Fehling*, in: Pünder/Schellenberg, Vergaberecht, § 97 GWB Rn. 73.
205 Vgl. *Dörr*, in: Burgi/Dreher, Beck'scher Vergaberechtskommentar, § 97 GWB Rn. 51.
206 Vgl. VK Bund, Beschluss vom 7.5.2019 – VK 1-17/19.

Auch die dem Auftraggeber für das offene Verfahren eingeräumte Möglichkeit, die Angebotsprüfung vor der Eignungsprüfung durchzuführen und diese damit auf den für den Zuschlag vorgesehenen Bieter bzw. die Bieter der engeren Wahl zu beschränken,[207] trägt einer unaufwändigen „rationalisierten" Verfahrensgestaltung Rechnung. Die Vorschrift legalisiert die als vereinfachter Wertungsvorgang bezeichnete Praxis, Angebote, von denen klar zu erkennen ist, dass sie nach den anzuwendenden Wertungskriterien keine Aussicht auf den Zuschlag haben, vorab auszusondern, um den Prüfungsaufwand zu begrenzen.[208]

2.5.4 Leistungsbeschreibung

Der Auftraggeber bestimmt anhand der Leistungsbeschreibung, welche Leistung er beschaffen will. Dabei trifft den Auftraggeber das Gebot, die Leistung eindeutig und erschöpfend zu beschreiben.[209] Es dient vor allem dem Ziel, den Unternehmen gleichen Zugang zum Verfahren zu eröffnen und die Vergleichbarkeit der Angebote als Voraussetzung für die Zuschlagsentscheidung zu gewährleisten und verwirklicht daher maßgeblich das Anliegen des – möglichst grenzüberschreitenden – Wettbewerbs. Haushaltsrechtliche Erwägungen werden damit durch den Wettbewerbsgrundsatz (und das Verbot der Diskriminierung) überlagert, um die EU-Beschaffungsmärkte für den Wettbewerb zu öffnen und damit auch Nachhaltigkeitskriterien besser zu erreichen.[210]

Der öffentliche Auftraggeber muss zur Erfüllung des Gebots jedoch keinen übertriebenen oder gar grenzenlosen Aufwand betreiben. Er hat in der Leistungsbeschreibung (lediglich) diejenigen Daten und Fakten bekanntzugeben, über die er liquide, also aus vorhandenen Quellen, verfügt oder die er sich, gemessen an den Grundsätzen der Zumutbarkeit,[211] in der für das Vergabeverfahren zur Verfügung stehenden vergleichsweise kurzen Zeit und mit den dafür in der Regel nur begrenzt verfügbaren administrativen Ressourcen beschaffen kann.[212] Auch die Wahl einer funktionalen Ausschreibung kann durch die begrenzten eigenen Ressourcen des Auftraggebers gerechtfertigt werden.[213] Die Begrenzung der Prüfungspflichten des Auftraggebers trägt dem Anliegen Rechnung, bei der Anwendung des Vergaberechts das Interesse des Auftraggebers an einer zügigen und ressourcenschonenden Umsetzung seiner Beschaffungsabsichten zu berücksichtigen. Sie leistet so dem Zweck einer haushaltsgerechten, effizienten Beschaffung Vorschub, bei der die Kosten der Beschaffung (und des Vergabeverfahrens) nicht außer Verhältnis zu Wert und Bedeutung des Beschaffungsgegenstandes stehen sollen.[214]

207 § 42 Abs. 3 VgV, § 16b EU Abs. 2 VOB/A.
208 Vgl. BGH, Urteil vom 15.4.2008 – X ZR 129/06.
209 § 121 Abs. 1 GWB.
210 Vgl. *Trutzel/Meeßen*, in: Ziekow/Völlink, § 31 VgV Rn.12.
211 Vgl. OLG Düsseldorf, Beschluss vom 2.12.2009 – VII-Verg 39/09 m.w.N.
212 OLG Düsseldorf, Beschluss vom 10.4.2013 – Verg 50/12.
213 OLG Düsseldorf, Beschluss vom 12.6.2013 – Verg 7/13.
214 Vgl. *Frister*, VergabeR 2011, 295, 298.

Ein Sonderkündigungsrecht[215] des Auftraggebers wird in der Rechtsprechung ebenfalls mit dem Grundsatz der Wirtschaftlichkeit gerechtfertigt.[216] Im Sinne einer ressourcenschonenden Beschaffung ist zu vermeiden, dass der öffentliche Auftraggeber aufgrund geschlossener langfristiger Verträge Preise zahlt, die über denen des Marktes liegen, anstatt Einsparungen zu generieren.

Auch etwa von den Bietern ggf. vorzunehmende Risikozuschläge wurden von der Rechtsprechung am Grundsatz der Wirtschaftlichkeit als eigenständigem Prüfungsmaßstab gemäß § 97 Abs. 1 Satz 2 GWB gemessen – zum Beispiel für den Fall, dass die Vergabeunterlagen zu Risikoauferlegung auf den Bieter, zu Kalkulationen mit erhöhten Vergütungen und damit für den Auftraggeber zu Verteuerungen führen.[217] Aus dem Wirtschaftlichkeitsgrundsatz kann indes nicht die Verpflichtung der Auftraggeber abgeleitet werden, eine möglichst risikoarme und damit preisgünstige Vergabevariante zu wählen. Vergabeunterlagen, die eine Risikoauferlegung auf den Bieter vorsehen, können zwar generell zu Kalkulationen mit erhöhten Vergütungen und damit für den Auftraggeber zu Verteuerungen führen. Es ist jedoch Sache der Auftraggeber, die mit der Art der Ausschreibung verbundenen Folgewirkungen abzuschätzen, welche nicht nur die Umsatzerwartungen der Bieter, sondern auch die eigenen Beschaffungsziele im Blick behält. In der Folge ist es dann Sache der Bieter, die unternehmerischen Risiken und damit ihre Kosten abzuschätzen und den Angebotspreis hierauf auszurichten.[218]

2.5.5 Losvergabe gemäß § 97 Abs. 4 GWB

Gemäß § 97 Abs. 4 GWB sind mittelständische Interessen bei der Vergabe öffentlicher Aufträge vornehmlich zu berücksichtigen. Leistungen sind in der Menge aufgeteilt (Teillose) und getrennt nach Art oder Fachgebiet (Fachlose) zu vergeben. Mehrere Teil- oder Fachlose dürfen u.a. auch dann zusammen vergeben werden, wenn wirtschaftliche Gründe dies erfordern. An deren Vorliegen sind hohe Maßstäbe anzulegen. Typische Nachteile einer Aufteilung des Auftrags in Lose – wie ein erhöhter Koordinierungsaufwand des Auftraggebers, die Erhöhung seiner Transaktionskosten oder die schwierigere Durchsetzung von Gewährleistungsansprüchen – werden vom Gesetzgeber bewusst in Kauf genommen. Sie können daher eine Gesamtvergabe nicht rechtfertigen. Wirtschaftliche Gründe, die ein Abweichen vom Grundsatz der losweisen Vergabe zu tragen vermögen, liegen vor, wenn eine Aufteilung in Lose zu einer unverhältnismäßigen Verteuerung der Gesamtleistung oder einer deutlichen Verzögerung des Gesamtvorhabens führen würde.[219] In beiden Fällen muss es sich um Folgen auftragsbezogener Besonderheiten handeln. Im Ergebnis liegt der bei Vorliegen entsprechender wirtschaftlicher Gründe im Sinne des § 97 Abs. 4 Satz 2 GWB eröffneten Möglichkeit einer Vergabe mehrerer Lose oder gar einer Gesamtvergabe an ein Unternehmen damit ebenfalls eine

215 Der konkrete Fall betraf eine Rabattvereinbarung von Krankenkassen, die zum Ende des ersten Vertragsjahres gekündigt werden durfte, wenn in Folge einer Wirtschaftlichkeitsprüfung festgestellt wurde, dass die durch die Ausschreibung erzielten Umsätze unwirtschaftlich waren.

216 Vgl. OLG Düsseldorf, Beschluss vom 6.9.2017 – Verg 9/17.

217 Vgl. VK Bund, Beschluss vom 14.2.2018 – VK 2-2/18.

218 VK Bund, Beschluss vom 14.2.2018 – VK 2-2/18.

219 OLG Düsseldorf, NZBau 2004, 688,689; OLG Düsseldorf, Beschluss vom 11.7.2007 – VII-Verg 10/07; OLG Düsseldorf, NZBau 2011, 369, 370; OLG München, NZBau 2015, 446, 447.

Kosten-Nutzen-Betrachtung zugrunde:[220] Wenn dem – wettbewerbspolitisch zu Gunsten des Mittelstandes gewollten – Nutzen der Losvergabe außergewöhnliche auftragsspezifische Mehrkosten entgegenstehen (was im Rahmen einer umfassenden Interessensabwägung zu ermitteln ist)[221], darf die Gesamtvergabe zulässigerweise erfolgen. Ein pauschaler Verweis auf die höhere Wirtschaftlichkeit der Beschaffung bei einer Gesamtvergabe reicht insoweit nicht aus; es ist vielmehr konkret vom Auftraggeber zu ermitteln, in welcher Höhe mit Kosteneinsparungen bei einer Gesamtvergabe zu rechnen ist.[222] Eine Kosten-Nutzen-Betrachtung liegt auch dem Ansatz zugrunde, dass es für die Möglichkeit eines Auftraggebers, der schon (mehrere) Lose gebildet hat, aus wirtschaftlichen Gründen von der Bildung von (weiteren) Losen abzusehen, darauf ankommt, ob der durch die *Bildung eines „Splitterloses"* entstehende Aufwand unverhältnismäßig wäre und zu unwirtschaftlichen Auftragsgrößen führen würde.[223]

2.5.6 Zuschlagskriterien

Eine entscheidende Bedeutung kommt dem Grundsatz der Wirtschaftlichkeit bei der Festlegung der Zuschlagskriterien einschließlich der Unterkriterien[224] zu. Nach § 127 Abs. 1 Satz 1 GWB ist der Zuschlag auf das „wirtschaftlichste Angebot" zu erteilen.[225] In § 127 Abs. 1 Satz 3 GWB wird dies dahingehend konkretisiert, dass sich das wirtschaftlichste Angebot nach dem „besten Preis-Leistungsverhältnis" bestimmt,[226] also letztlich ebenfalls nach der Relation von Kosten und Nutzen. Damit stellt „Wirtschaftlichkeit" den Maßstab für die Bewertung der einzelnen Zuschlagskriterien und damit eine Art Oberbegriff dar.[227] Die vierte Wertungsstufe der Angebotswertung zur Ermittlung des wirtschaftlich günstigsten Angebotes wird daher nicht von ungefähr auch als Wirtschaftlichkeitsprüfung, -bewertung o.ä. bezeichnet. Zuvor erfasste der in § 97 Abs. 5 GWB a.F. verwendete Begriff der Wirtschaftlichkeit terminologisch die Kombination der beiden Zuschlagskriterien Preis und insbesondere Qualität.[228] Der Maßstab der (relativen)[229] Wirtschaftlichkeit sieht dabei zunächst nur vor, dass die Zuschlagsentscheidung auf Grundlage einer Abwägung von Kosten und Nutzen der eingereichten Angebote vorzunehmen ist. Zu einem konkreten Prüfprogramm wird die geforderte Abwägung jedoch erst durch die Formulierung verbindlicher Zuschlagskriterien, auf deren Grundlage die Wirtschaftlichkeitsbetrachtung überhaupt erst erfolgen kann.[230] Dementsprechend werden die Rechte der Bieter etwa verletzt, wenn der Auftraggeber der Angebotswertung nach dem Zuschlagskriterium der Wirtschaftlichkeit vollzieht, ohne eine dieses Kriterium näher konkretisierende

220 Anderer Ansicht offenbar *Dörr*, in: Burgi/Dreher, Beck'scher Vergaberechtskommentar, § 97 GWB Rn. 50 Fn. 125, der meint, dass das Adjektiv in § 97 Abs. 4 Satz 2 GWB bloß eine Bezogenheit auf wirtschaftliches Handeln benenne.

221 Vgl. zur insoweit vorzunehmenden Abwägung etwa bei der Vergabe von Postdienstleistungen VK Bund, Beschluss vom 10.3.2022 – VK 1-19/22 sowie zuletzt VK Bund, Beschluss vom 26.2.2024 – VK2-11/24.

222 OLG Düsseldorf, Beschluss vom 21.08.2024 – Verg 6/24.

223 Vgl. schon OLG Düsseldorf, Beschluss vom 23.3.2011 – Verg 63/10.

224 Siehe hierzu näher *Gnittke/Hattig*, in: Müller-Wrede, VgV/UVgO, § 29 VgV Rn. 34 ff.

225 Vgl. auch § 58 Abs. 1 VgV; § 16d EU Abs. 2 Nr. 1 S. 1 VOB/A; § 52 Abs. 1 SektVO; § 34 Abs. 2 S. 1 VSVgV.

226 Vgl. auch VK Berlin, Beschluss vom 29.11.2024 – VK B 1-13/24.

227 So *Burgi*, Vergaberecht, § 17 Rn. 3.

228 *Burgi*, Vergaberecht, § 17 Rn. 3.

229 Vgl. *Hillen*, Die gerichtliche Kontrolle von Wirtschaftlichkeit im Vergabeverfahren, S. 220.

230 Siehe hierzu auch VK Berlin, Beschluss vom 29.11.2024 – VK B 1-13/24.

Wertungsmatrix den Bietern bekanntzugeben und der Wertung zu Grunde zu legen.[231] In diesem Sinne verstanden ist der Wirtschaftlichkeitsgrundsatz aus § 97 Abs. 1 Satz 2 i.V.m. § 127 Abs. 1 GWB drittschützend.[232]

Nach § 127 Abs. 1 Satz 2 GWB erfolgt die Auswahl des wirtschaftlichsten Angebots auf der Grundlage einer Bewertung des öffentlichen Auftraggebers, ob und inwieweit die Angebote die vorgegebenen Zuschlagskriterien erfüllen. Der Auftraggeber ist damit an die von ihm selbst festgelegten Zuschlagskriterien gebunden und darf keine anderen als die bekannt gemachten Kriterien bei der Angebotswertung berücksichtigen.[233] Dabei folgt die Verpflichtung des Auftraggebers, den Bietern die Zuschlagskriterien einschließlich Gewichtung vor Angebotsabgabe bekanntzugeben und (nur) die bekanntgegebenen Wertungsvorgaben bei der Wertung anzuwenden, auch aus dem Grundsatz der Wirtschaftlichkeit.[234] Durch die Festlegung der Kriterien werden von dem Auftraggeber diejenigen Aspekte einer Leistung bewertet, die für den Auftraggeber von Relevanz sind und in ihrer Bedeutung unterschiedlich gegeneinander abgestuft werden.[235] Bei der Festlegung dieser Kriterien muss der öffentliche Auftraggeber – unter Berücksichtigung des Grundsatzes der Wirtschaftlichkeit – auch abwägen, welche Einzelaspekte von besonderer und welche eher von untergeordneter Bedeutung sind. Mit anderen Worten: Der Auftraggeber sollte das Preis-Leistungs-Verhältnis eines Angebotes im Wege der Abwägung in ein angemessenes Verhältnis zueinander bringen, da das wirtschaftlichste Angebot unter Beachtung des Grundsatzes der Wirtschaftlichkeit und Sparsamkeit zu ermitteln ist.[236] Die Zulässigkeit einzelner Zuschlagskriterien wird von der Rechtsprechung daher durchaus daran gemessen, ob das jeweilige Kriterium, je nach Auftragsart, Auswirkungen auf die Wirtschaftlichkeit der Leistungen haben kann.[237]

In der Konsequenz sind als Zuschlagskriterien von vornherein Kriterien ausgeschlossen, die nicht der Ermittlung des wirtschaftlich günstigsten Angebots dienen, sondern die sich auf die Leistungsfähigkeit der Bieter beziehen.[238] Diese können nicht zu Zuschlagskriterien erhoben werden.[239] Bei der Bestimmung der Kriterien für das wirtschaftlichste Angebot ist der Auftraggeber allgemein jedoch weitgehend ungebunden, bestimmten Faktoren eine Bedeutung beizumessen. Solange aufgrund der hinreichend klaren Vorgaben der Leistungsbeschreibung zu erwarten ist, dass die wertungsfähigen Angebote inhaltlich homogen und damit vergleichbar sind, kann die Wirtschaftlichkeit der Angebote dabei nach dem allgemeinen Vergaberecht

231 OLG Düsseldorf, Beschluss vom 11.5.2011 – Verg 64/10.

232 VK Berlin, Beschluss vom 29.11.2024 – VK B 1-13/24.

233 Vgl. BGH, Beschluss vom 3.6.2004 – X ZR 30/03; *Gnittke/Hattig*, in: Müller-Wrede, VgV/UVgO, § 29 VgV Rn. 36 f.

234 VK Bund, Beschluss vom 6.4.2017 – VK 1-17/17; vgl. zur Veröffentlichung der Zuschlagskriterien auch *Gnittke/Hattig*, in: Müller-Wrede, VgV/UVgO, § 29 VgV Rn. 38.

235 VK Berlin, Beschluss vom 29.11.2024 – VK B 1-13/24.

236 VK Sachsen-Anhalt, Beschluss vom 15.3.2018 – 3 VK LSA 08/18 zu einer Gestaltung der Zuschlagskriterien, bei denen der Preis lediglich mit 10 % bewertet werden sollte; vgl. zur Rolle des Preises bei der Angebotswertung auch *Gnittke/Hattig*, in: Müller-Wrede, VgV/UVgO, § 29 VgV Rn. 43.

237 VK Westfalen, Beschluss vom 1.8.2018 – VK 1-24/18.

238 Vgl. *Gnittke/Hattig*, in: Müller-Wrede, VgV/UVgO, § 29 VgV Rn. 45 ff.; allerdings kann in der Durchbrechung dieses Grundsatzes auch die Organisation, Qualifikation und Erfahrung des mit der Ausführung des Auftrags betrauten Personals als Zuschlagskriterium bewertet werden, vgl. z.B. § 58 Abs. 2 Nr. 2 VgV.

239 Siehe die Nachweise bei *Gnittke/Hattig*, in: Müller-Wrede, VgV/UVgO, § 29 VgV Rn. 45.

i.S.d. Vierten Teils des GWB auch allein oder auch überwiegend durch den Preis bestimmt werden.[240] In diesem Fall wird auch bei der reinen Preiswertung ein wirksamer Wettbewerb sowie eine sachgerechte und überprüfbare Zuschlagserteilung hinreichend gewährleistet.[241] Dem steht auch das EU-Recht nicht entgegen, weil der EU-Gesetzgeber die Regelung insoweit den Mitgliedstaaten überlässt.[242] Gleiches gilt für die in einem Vergabeverfahren zulässige Berücksichtigung von umweltbezogenen oder sozialen Sekundärzielen[243], welche die Beschaffung zwar potenziell verteuern und den öffentlichen Haushalten damit zusätzliche Kosten aufbürden können, denen jedoch – bei der für das Einkaufsverhalten des Staates gebotenen gesamtwirtschaftlichen Perspektive[244] – der Grundsatz der Wirtschaftlichkeit, will man diesen nicht betriebswirtschaftlich verengen, nicht mit Erfolg entgegen gehalten werden kann.[245] So gesehen ist der vergaberechtliche Wirtschaftlichkeitsbegriff hinsichtlich der Festlegung der Zuschlagskriterien weiter zu verstehen als der allgemein haushaltsrechtliche Wirtschaftlichkeitsbegriff.[246]

Die Kontrolle durch die Vergabenachprüfungsinstanzen hat sich dabei ähnlich wie bei der Ermessenskontrolle darauf zu beschränken, ob eine Verbindung mit dem Auftragsgegenstand gegeben ist[247] und kein offensichtlicher Beurteilungsfehler oder ein Ermessensfehlgebrauch vorliegen. Dem Auftraggeber steht hinsichtlich des Zuschlagskriteriums des wirtschaftlichsten Angebotes aufgrund seines diesbezüglichen Bestimmungsrechts ein von den Nachprüfungsinstanzen nur begrenzt, insbesondere auf Vertretbarkeit kontrollierbarer Festlegungsspielraum zu.[248] Die Grenze für diesen Beurteilungsspielraum ist nach dem BGH erst dann überschritten, wenn die Ergebnisse mit dem gesetzlichen Leitbild des Vergabewettbewerbs nicht mehr in Einklang stehen.[249] Nach dieser Rechtsprechung soll zudem, was nach Auffassung der Autoren zweifelhaft ist, Leistungskriterien umso stärkeres Gewicht eingeräumt werden dürfen, wenn Auftragsgegenstand eine nicht standardisierte Leistung ist, bei der die bestmögliche Bedarfsdeckung im Vordergrund steht.[250] Nach Auffassung der Autoren ist die Grenze zur unwirtschaftlichen Beschaffung durch die Berücksichtigung qualitativer Zuschlagskriterien hingegen erst überschritten, wenn die Leistungskriterien ein solches Gewicht erhalten, das sachlich nicht zu rechtfertigen ist. Solange diese Grundsätze beachtet werden und damit die Gewichtung nicht zu einem unwirtschaftlichen Mitteleinsatz führt, liegt eine zulässige Ermessensausübung des Auftraggebers vor, sodass insoweit eine Verletzung der Rechte der Bewerber und Bieter ausgeschlossen ist.

---

240 VK Bund, Beschluss vom 7.12.2017 – VK 1-131/17; *Gnittke/Hattig*, in: Müller-Wrede, VgV/UVgO, § 29 VgV Rn. 43.

241 Vgl. § 127 Abs. 4 Satz 1 GWB, BGH, Beschluss vom 4.4.2017 – X ZB 3/17 sowie BGH, Beschluss vom 7.1.2014 – X ZB 15/13.

242 Vgl. Art. 67 Abs. 2 Satz 3 der RL 2014/24/EU; VK Bund, Beschluss vom 7.12.2017 – VK 1-131/17.

243 Vgl. § 97 Abs. 3 GWB.

244 Vgl. hierzu im Einzelnen. *Fehling*, in: Pünder/Schellenberg, Vergaberecht, § 97 GWB Rn. 97 f.

245 So auch *Fehling*, in: Pünder/Schellenberg, Vergaberecht, § 97 GWB Rn. 97 f.; in diesem Sinne auch VK Berlin, Beschluss vom 29.11.2024 – VK B 1-13/24.

246 VK Berlin, Beschluss vom 29.11.2024 – VK B 1-13/24.

247 § 127 Abs. 3 GWB.

248 OLG Düsseldorf, Beschluss vom 22.11.2017 – Verg 16/17; *Gnittke/Hattig*, in: Müller-Wrede, VgV/UVgO, § 29 VgV Rn. 44.

249 BGH, Beschluss vom 4.4.2017 – X ZB 3/17.

250 BGH, Beschluss vom 4.4.2017 – X ZB 3/17; zudem VK Berlin, Beschluss vom 29.11.2024 – VK B 1-13/24.

In diesem Sinne verstanden erlaubt der vergaberechtliche Wirtschaftlichkeitsbegriff auch einen sehr viel weiteren Blick und ermöglicht insbesondere den Auftraggebern, einerseits den eigenen Aufwand bei der Beschaffung von Leistungen in die Betrachtung der Wirtschaftlichkeit einzubeziehen sowie andererseits auch, andere als rein haushaltsrechtlich bestimmte Kriterien zu berücksichtigen.[251]

Soll der Zuschlag auf das wirtschaftlichste Angebot ergehen, ist für die Kontrolle von folgenden Orientierungssätzen auszugehen:[252] Der Auftraggeber hat für eine Gleichbehandlung und Transparenz Sorge zu tragen. Die Festlegungen und die Gewichtungen dürfen nicht dazu führen, dass Kriterien faktisch keine Rolle mehr spielen. Die Kriterien dürfen dem Zweck der Ermittlungen des nichtwirtschaftlichsten Angebots nicht zuwiderlaufen, und die festgelegten Kriterien dürfen nicht willkürlich gesetzt oder sachfremd sein.[253] Bestimmungen des Auftraggebers müssen bei diesem Kriterium anderen Wirtschaftlichkeitsmerkmalen neben dem Preis einen angemessenen Raum zur Bewertung einräumen.

2.5.7 Prüfung und Wertung der Angebote

Aspekte der Wirtschaftlichkeit spielen auch bei der Prüfung und Wertung der Angebote eine entscheidende Rolle.

2.5.7.1 Formale Prüfung der Angebote

§ 56 Abs. 2 VgV[254] ermöglicht es dem Auftraggeber, von den Bietern und Bewerbern unter Berücksichtigung der Grundsätze der Gleichbehandlung und Transparenz in ihrem Angebot fehlende Unterlagen nachzufordern. Er kann die Unternehmen auffordern, unvollständige leistungsbezogene Unterlagen nachzureichen oder zu vervollständigen. Hierdurch eröffnet das Vergaberecht dem Auftraggeber die Möglichkeit, Angebote, die an sich wegen des Grundsatzes der Gleichbehandlung ausschlusswürdig wären, im Wettbewerb zu belassen. Bis zur Reform des Vergaberechts 2009 mussten oftmals attraktive Angebote – oft auch zum Nachteil des Auftraggebers – wegen Fehlens auch nur einer einzigen geforderten Unterlage ausgeschlossen werden. Dies hat in der Praxis den Wettbewerb unnötig eingeschränkt, weshalb seither eine Nachforderung bzw. eine Vervollständigung oder Korrektur ermöglicht wurde.[255] Der BGH geht (für den Bereich der VOB/A) insoweit ausdrücklich von einem Wertewandel aus und betont, dass seither die gesetzliche Grundlage für die zu älteren Ausgaben der Vergabe- und Vertragsordnungen ergangene, vom Gedanken formaler Ordnung geprägte strenge Rechtsprechung namentlich zur Handhabung der Angebotsausschlussgründe entfallen sei.[256] Auch wenn die Möglichkeit zur Nachforderung fehlender Unterlagen vornehmlich den Verhältnismäßigkeitsgrundsatz konkretisiert,[257] wird hierdurch zugleich auch Anliegen des Wirtschaftlichkeitsgrundsatzes Rechnung getragen. Dies lässt sich allgemein auch von dem

251 VK Berlin, Beschluss vom 29.11.2024 – VK B 1-13/24.
252 Siehe im Einzelnen hierzu *Gnittke/Hattig*, in: Müller-Wrede, VgV/UVgO, § 29 VgV Rn. 45 ff.
253 Vgl. *Gnittke/Hattig*, in: Müller-Wrede, VgV/UVgO, § 29 VgV Rn. 44.
254 Vgl. auch § 16a EU Abs. 1 VOB/A, der im Unterschied zu § 56 Abs. 2 VgV eine Pflicht zur Nachforderung fehlender, unvollständiger oder fehlerhafter Unterlagen statuiert.
255 *Haupt*, in: Gabriel/Krohn/Neun, Handbuch Vergaberecht, Kap. 6, S. 862, Rn. 52.
256 Vgl. zuletzt BGH, Urteil vom 18.6.2019 – X ZR 86/17.
257 Vgl. nur *Burgi*, § 18 Rn. 3 f.

in der genannten BGH-Entscheidung zum Ausdruck kommenden Trend in der vergaberechtlichen Rechtsprechung feststellen, wonach dem Ausschluss eines Angebotes stets eine Aufklärung seines Inhalts voranzugehen hat.[258] Die Nachforderung von leistungsbezogenen Unterlagen, die die Bewertung der Wirtschaftlichkeit der Angebote anhand der Zuschlagskriterien betreffen, ist nach § 56 Abs. 3 VgV jedoch ausgeschlossen. Auch ist der Auftraggeber nach § 56 Abs. 2 Satz 2 VgV berechtigt, in der Auftragsbekanntmachung oder den Vergabeunterlagen festzulegen, dass er keine Unterlagen nachfordern wird. Mit ersterem werden Manipulationsmöglichkeiten des Wettbewerbs ausgeschlossen und mit letzterem hat es der Auftraggeber selbst in der Hand, in Fällen, in denen er den zusätzlichen Verfahrensaufwand einer Nachforderung – auch mit Blick etwa auf ein ressourcenschonendes Verfahren – für untunlich hält, hierauf zu verzichten. Das hierbei von ihm auszuübende Ermessen hat Erwägungen der Wirtschaftlichkeit zu berücksichtigen.

2.5.7.2 Eignungsprüfung

Schon vor Aufnahme des Wirtschaftlichkeitsgebotes in die gemäß § 97 GWB bei der Durchführung von Vergabeverfahren zu wahrenden Grundsätze des Vergaberechts hat namentlich das OLG Düsseldorf die Anforderungen an die Kontrolldichte und Prüfungstiefe der Überprüfung der Eignung der Unternehmen durch den Auftraggeber an dem Interesse des Auftraggebers und der Allgemeinheit an einer zügigen, effizienten und ressourcenschonenden Umsetzung von Beschaffungsabsichten gemessen. Die Anforderungen an den Grad der Erkenntnissicherheit richten sich nach Auffassung des Gerichts eben nicht nur an den vergaberechtlichen Grundsätzen der Transparenz und Diskriminierungsfreiheit aus. Zu berücksichtigen sei vielmehr auch das Interesse des öffentlichen Auftraggebers an einer zügigen Umsetzung von Beschaffungsabsichten und einem raschen Abschluss von Vergabeverfahren. Bei der Eignungsprüfung sind die Belange der anderen am Auftrag interessierten Unternehmen nur im Rahmen des Zumutbaren zu berücksichtigen. Deren Grenzen werden durch den kurzen Zeitraum, in dem die Entscheidung über die Auftragsvergabe zu treffen ist, sowie durch die begrenzten Ressourcen und administrativen Möglichkeiten des öffentlichen Auftraggebers, weitere Überprüfungen vorzunehmen, bestimmt.[259] Der Auftraggeber darf demnach seine Entscheidung auf eine methodisch vertretbar erarbeitete, befriedigende Erkenntnislage stützen und generell von einer Überprüfung von Eigenerklärungen absehen. Nur wenn und soweit sich objektiv begründete, konkrete Zweifel an der Richtigkeit der von einem Bewerber oder Bieter vorgelegten Unterlagen ergeben, ist er gehalten, weitere Nachforschungen anzustellen und gegebenenfalls von neuem in die Eignungsprüfung einzutreten. Ansonsten ist die Entscheidung des Auftraggebers über die Eignung eines Bewerbers (oder Bieters) bereits dann hinzunehmen, wenn sie unter Berücksichtigung der schon bei Aufstellung der Prognose aufgrund zumutbarer Aufklärung gewonnenen Erkenntnisse (noch) vertretbar erscheint.[260]

Die Rechtsprechung des OLG Düsseldorf stellt mithin Aspekte der Zumutbarkeit in den Vordergrund und damit letztlich Erwägungen, die dem Grundsatz der Verhältnismäßigkeit ge-

258 Vgl. zuletzt z.B. VK Bund, Beschluss vom 27.11.2019 – Vk 2-84/19.

259 OLG Düsseldorf, Beschluss vom 2.12.2009 – VII-Verg 39/09 mit Verweis auf EuGH, Urteil vom 15.5.2008 – Rs. C-147/06 und Rs. C148/06, Rn. 32, 33.

260 OLG Düsseldorf, Beschluss vom 2.12.2009 – VII-Verg 39/09 mit Verweis auf *Scharen*, GRUR 2009, 345, 348.

schuldet sind bzw. dem Gebot von Treu und Glauben entspringen. Dennoch berücksichtigt diese Rechtsprechung – ohne dies ausdrücklich so zu benennen – durchaus Aspekte, die heute vom, gemäß § 97 Abs. 1 Satz 2 GWB vergaberechtlichen, Grundsatz der Wirtschaftlichkeit erfasst werden[261] und erhebt diese im Sinne einer ressourcenschonenden Beschaffung zum Maßstab für eine „haushaltsgerechte Beschaffung".[262] Die Leitlinien dieser Rechtsprechung hat das OLG Düsseldorf später auch auf die Überprüfung ungewöhnlich niedriger Angebote[263] sowie allgemein auf die Prüfung der Angebote durch den Auftraggeber erstreckt – etwa für die Frage, ob ein eine Vielzahl komplexer technischer Fragen beinhaltendes Angebot den Anforderungen der Vergabeunterlagen entspricht bzw. ob die angebotenen Konzepte umsetzbar sind.[264]

2.5.7.3 Vergabe zu angemessenen Preisen

Eine der wichtigsten vergaberechtlichen Konkretisierungen des Begriffs der Wirtschaftlichkeit findet sich in der Vorgabe, dass öffentliche Aufträge zu angemessenen Preisen zu vergeben sind. Hierüber findet die Wirtschaftlichkeitsbetrachtung Eingang in die Prüfung der Angebote, indem das ökonomische Prinzip zu berücksichtigen ist, wonach mit möglichst minimalen Aufwendungen ein maximales Ergebnis erzielt werden soll. Zugleich schlägt sich in dieser Vorgabe auch die politische Zielsetzung nieder, Angebote mit wettbewerbs- und volkswirtschaftsschädigenden Preisen nicht zu bezuschlagen, um dauerhaft den Wettbewerb zu sichern. Der Grundsatz der Wirtschaftlichkeit kann im Übrigen die Überprüfung eines ungewöhnlich niedrigen Angebotes auch im Rahmen einer Vergabe einer Dienstleistungskonzession gebieten.[265] Bei der Prüfung der (Un-)Angemessenheit des Angebotspreises[266] spielt wiederum auch ganz konkret die Wirtschaftlichkeit eine Rolle: Gemäß § 16d EU Abs.1 Nr. 1 VOB/A darf auf ein Angebot mit einem unangemessen hohen oder niedrigen Preis der Zuschlag nicht erteilt werden. Erscheint ein Angebotspreis unangemessen niedrig und ist anhand vorliegender Unterlagen über die Preisermittlung die Angemessenheit nicht zu beurteilen, ist in Textform vom Bieter Aufklärung über die Ermittlung der Preise für die Gesamtleistung oder für Teilleistungen zu verlangen, gegebenenfalls unter Festlegung einer zumutbaren Antwortfrist.[267] Bei der Beurteilung der Angemessenheit sind die Wirtschaftlichkeit des Bauverfahrens[268] bzw. des Fertigungsverfahrens[269], die gewählten Lösungen oder sonstige günstige Ausführungsbedingungen zu berücksichtigen.

Letztlich bestimmt sich die Preisprüfung damit an einer vergleichenden Gegenüberstellung von Kosten und Nutzen: Gemäß § 60 Abs. 3 VgV kann ein Angebot vom weiteren Verfahren ausgeschlossen werden, wenn der darin aufgerufene Preis im Verhältnis zu der im Gegenzug

261 Von der „identischen Zielrichtung" beider Vergabegrundsätze spricht auch *Hillen*, Die gerichtliche Kontrolle von Wirtschaftlichkeit im Vergaberecht, S. 174.

262 In diesem Sinne wohl auch *Frister*, VergabeR 2011, 295, 299.

263 Vgl. zuletzt OLG Düsseldorf, Beschluss vom 11.7.2018 – Verg 19/18; OLG Düsseldorf, Beschluss vom 17.2.2016 – Verg 28/15.

264 OLG Düsseldorf, Beschluss vom 5.7.2012 – Verg 13/12.

265 VK Südbayern, Beschluss vom 19.10.2023 – 3194.Z3-3_01-23-20.

266 Vgl. hierzu etwa VK Sachsen-Anhalt, Beschluss vom 25.9.2018 – 3 VK LSA 53/18.

267 § 16d EU VOB/A; § 60 VgV.

268 Vgl. auch § 60 Abs. 2 Nr. 1 VgV, wonach die „Wirtschaftlichkeit des Fertigungsverfahrens einer Lieferleistung oder der Erbringung der Dienstleistung" Gegenstand der Preisprüfung sein kann.

269 § 60 Abs. 2 Nr. 1 VgV; vgl. VK Bund, Beschluss vom 14.9.2023 – VK 1-61/23.

zu erbringenden Leistung unangemessen niedrig ist. Durch die Regelung soll verhindert werden, dass solche Anbieter den Zuschlag erhalten, die nicht kostendeckend kalkuliert haben und an deren wirtschaftlicher Überlebensfähigkeit nicht zuletzt aus diesem Grunde zu zweifeln ist.

2.5.7.4 Ermittlung des wirtschaftlichsten Angebotes

Aus § 127 Abs. 4 GWB ergibt sich der Prüfauftrag des Auftraggebers, bei der Ermittlung des wirtschaftlichsten Angebotes zu untersuchen und zu bewerten, ob und inwieweit die Angebote jeweils die Zuschlagskriterien erfüllen.[270] Bei der Festlegung der Wertungsmethode zur Ermittlung der Wirtschaftlichkeit steht dem Auftraggeber ein Spielraum zu,[271] der von den Nachprüfungsinstanzen nur beschränkt überprüft werden kann. Es gehört zum Leitbild des Vergabewettbewerbs, dass der Auftraggeber die Zuschlagskriterien und deren Wertung nach seinem Beschaffungsbedarf ausrichten darf.[272] Durch die verwendete Bewertungsmethode muss jedoch (auch) der Grundsatz der Wirtschaftlichkeit nach § 97 Abs. 1 Satz 2 GWB gewahrt werden.[273] Die Nachprüfungsinstanzen prüfen entlang dieses Maßstabs jedoch nicht, ob die Gewichtung „optimal" ist, um das wirtschaftlichste Angebot zu ermitteln. Die durch die Nachprüfungsinstanzen veranlasste Kontrolle vollzieht vielmehr nach, ob die festgelegte Gewichtung weder willkürlich noch sachfremd ist und dem Zweck der Ermittlung des nichtwirtschaftlichsten Angebots nicht zuwiderläuft.[274] So ist etwa bei einer Interpolationsmethode, bei der das Angebot mit dem höchsten Preis 0 Punkte erhält, generell nicht auszuschließen, dass das für die Zuschlagserteilung nach § 127 Abs. 1 Satz 3 GWB maßgebende beste Preis-Leistungs-Verhältnis nicht korrekt ermittelt werden kann. Eine derartige Preisumrechnungsformel ist im Ansatz problematisch, da auch nur geringe Preis- bzw. Qualitätsunterschiede zwischen den Konkurrenzangeboten zu extremen und die Wirtschaftlichkeit der Angebote nicht wirklich widerspiegelnden Spreizungen bei der Bewertung der Angebote führen können.[275] Sind von den Bietern in ihren Angeboten auch die Preise für die zwingend anzubietende Wartung anzugeben, müssen diese in die Wirtschaftlichkeitsbewertung der Angebote einbezogen werden. Geschieht dies nicht, widerspricht dies ebenfalls dem Wirtschaftlichkeitsgrundsatz des § 97 Abs. 1 Satz 2 GWB.[276]

Eine Sonderstellung hierbei nimmt die Bewertung sozialer und ökologischer Kriterien ein. Diese nicht zwangsläufig unmittelbar der Leistung anhaftenden Umstände können, müssen

270 Zur Durchführung der Bewertung näher *Gnittke/Hattig*, in: Müller-Wrede, VgV/UVgO, § 29 VgV Rn. 60 ff.

271 VK Bund, Beschluss vom 11.2.2019 – VK 2-2/19.

272 VK Bund, Beschluss vom 11.2.2019 – VK 2-2/19 hinsichtlich der besonderen Bedeutung von Wartungspreisen für den Auftraggeber.

273 Vgl. z.B. OLG Düsseldorf, Beschluss vom 28.6.2017 – Verg 24/17.

274 OLG Düsseldorf, Beschluss vom 28.6.2017 – Verg 24/17; zur Mittelwertmethode vgl. z.B. *Müller-Wrede*, in: Müller-Wrede, GWB, § 127 Rn. 28; zur Rechtswidrigkeit der Medianmethode vgl. VK Bund, Beschluss vom 6.11.2023 – VK 1-77/23; vgl. auch VK Nordbayern, Beschluss vom 31.5.2022 – RMF-SG21-3194-7-13 zu einer Bewertungsmethode, die mit dem gesetzlichen Leitbild des Vergabewettbewerbs unvereinbar sei, weil sie nicht geeignet sei, den Zuschlag auf das wirtschaftlichste Angebot zu erteilen.

275 VK Bund, Beschluss vom 25.9.2023 – VK 2-72/23; vgl. auch OLG Düsseldorf, Beschluss vom 22.1.2014 – Verg 26/13; vgl. auch VK Berlin, Beschluss vom 29.11.2024 – VK B 1-13/24 zu anderen Umrechnungsformen des Preises in Wertungspunkte, insbesondere zu verschiedenen Interpolationsmethoden.

276 VK Bund, Beschluss vom 25.9.2023 – VK 2-72/23.

aber nicht Ausfluss des Wirtschaftlichkeitsprinzips sein. Einerseits wird mit der Bewertung der Verbrauchswerte von Fahrzeugen, Energieeffizienz von Gebäuden etc. auch unmittelbar die Wirtschaftlichkeit einer Beschaffung thematisiert. Anderseits liegen der Bewertung von Zertifikaten zur Einhaltung sozialer Produktionsstandards („Fair-Trade") gerade keine objektiv wirtschaftlichen Merkmale zugrunde. Dennoch erlaubt § 127 Abs. 1 Satz 4 GWB zur Ermittlung des wirtschaftlichsten Angebotes neben dem Preis oder den Kosten auch qualitative, umweltbezogene oder soziale Aspekte heranzuziehen.

2.5.8 Aufhebung

Ein unwirtschaftliches Ergebnis der Ausschreibung kann einen schwerwiegenden Grund zur Aufhebung darstellen.[277] Ein unwirtschaftliches Ergebnis liegt vor, wenn auch das wirtschaftlichste Angebot erheblich über dem Preis liegt, der nach einer ordnungsgemäßen Schätzung des Auftragswertes nach § 3 VgV ermittelt worden war, sodass die Ausschreibung letztlich nicht zu einem Angebot mit einem akzeptablen Preis-Leistungs-Verhältnis geführt hat.[278] Wie bei der Prüfung der Angemessenheit eines Angebotspreises wird auch hier ein Vergleich von Preis und Leistung eines Angebots angestellt – allerdings mit umgekehrter Blickrichtung: Anders als beim Angebotsausschluss richtet die Aufhebungsentscheidung den Blick nicht auf besonders niedrige, sondern auf besonders hohe Angebotspreise. Die Wirtschaftlichkeit ist in ihrer Funktion als Aufhebungsgrund dadurch primär dann von Bedeutung, wenn nur solche Angebote im Vergabeverfahren verblieben sind, deren Kosten sich im Vergleich zum bereitgestellten Nutzen als unangemessen hoch erweisen. In diesen Fällen soll die Vergabestelle nicht gezwungen sein, den Zuschlag auf ein deutlich überteuertes Angebot zu erteilen. Stattdessen kann sie sich durch die Wirtschaftlichkeit in ihrer Funktion als Aufhebungsgrund aus einer solchen für sie nachteiligen Ausschreibung zurückziehen, ohne sich den Bietern gegenüber schadensersatzpflichtig zu machen. Auch die aktuelle Tendenz in der Rechtsprechung, Auftraggebern die Möglichkeit einzuräumen, anstelle einer Aufhebung des Vergabeverfahrens dieses teilweise zurückzuversetzen,[279] kann als Ausdruck des Wirtschaftlichkeitsgebots gesehen werden. Der Auftraggeber wird auf diese Weise in die Lage versetzt, nicht etwas beschaffen zu müssen, von dem er erkannt hat, dass er es nicht benötigt. Bei erkannten Mängeln der Ausschreibung können die Bieter vielmehr auch in der Phase zwischen Submission und Zuschlagserteilung zu geänderten Angeboten aufgefordert werden. Hierdurch wird der tatsächliche Verfahrensaufwand minimiert, indem statt eines neuen Verfahrens nur eine an den tatsächlichen Bedürfnissen orientierte Nachbesserung der gelegten Angebote erfolgt.

Im Übrigen existiert hinsichtlich der Aufhebung eines Vergabeverfahrens wegen Unwirtschaftlichkeit kein einheitlicher Maßstab, in welcher Größenordnung die Angebotspreise den geschätzten Auftragswert überschreiten müssen, um eine Unwirtschaftlichkeit des Verfahrensergebnisses zu begründen. Die Beurteilung ist stets anhand der Umstände des Einzelfalles vorzunehmen. Akzeptiert wurden dabei Überschreitungen von 80 %, 23 %, 16 %, 10 %. Auch eine Überschreitung von (nur) 1,84 % der geschätzten Auftragssumme kann im Einzelfall die Aufhebung rechtfertigen. Umgekehrt ist auch eine Differenz von 17 % nicht zwingend

277 § 63 Abs. 1 Satz 1 Nr. 3 VgV; z.B. § 17 EU Abs. 1 Nr. 3 VOB/A.
278 OLG Celle, Beschluss vom 10.3.2016 – 13 Verg 5/15.
279 Vgl. zuletzt etwa VK Lüneburg, Beschluss vom 10.7.2019 – VgK-22/2019; siehe hierzu auch *Hattig/Oest*, VergabeNavigator 6/18, S. 7 ff.

als erhebliche und damit eine die sanktionslose Aufhebung rechtfertigende Abweichung anzusehen.

Wann die Aufhebung einer Ausschreibung wegen „deutlicher" Überschreitung des vertretbar geschätzten Auftragswerts rechtmäßig ist, ist aufgrund einer umfassenden Interessenabwägung zu entscheiden. Hierbei ist vor allem zu berücksichtigen, dass einerseits den öffentlichen Auftraggebern nicht das Risiko einer deutlich überhöhten Preisbildung zugewiesen wird, die Aufhebung andererseits aber auch kein Instrument zur Korrektur der in Ausschreibungen erzielten Submissionsergebnisse sein darf. Dabei muss der Auftraggeber auch den Preis aufklären und prüfen, ob weniger einschneidende Maßnahmen möglich sind, wie z.B. die Reduzierung des auszuschreibenden Leistungsumfangs und eine Zurückversetzung des Vergabeverfahrens in den Stand der Versendung der Unterlagen. Jedenfalls handelt der öffentliche Auftraggeber ermessensfehlerhaft, weil die Interessen der betroffenen Bieter nicht hinreichend berücksichtigend, wenn er keine Handlungsalternativen zur Aufhebung erwägt und dies auch dokumentiert.[280] Zu dem als Maßstab zugrunde zulegenden Ausgangsbetrag aus der ordnungsgemäßen Schätzung des Auftragswertes ist ein Sicherheitszuschlag zu addieren; dessen Höhe von den Umständen des Einzelfalls abhängt.[281]

Die Aufhebung eines einzelnen Loses eines auf mehrere Lose aufgeteilten Gesamtauftrags aus wirtschaftlichen Gründen ist grundsätzlich möglich. Dabei ist nicht endgültig geklärt, ob eine Unwirtschaftlichkeit i.S.d. § 63 Abs. 1 Nr. 3 VgV auch dann bejaht werden kann, wenn lediglich das aufgehobene/aufzuhebende Einzellos ein unwirtschaftliches Ergebnis ausweist: Während das OLG Koblenz die Auffassung vertritt, auch bei einer Teillosvergabe könne Unwirtschaftlichkeit im Sinne des § 63 Abs. 1 Nr. 3 VgV nur angenommen werden, wenn das Gesamtergebnis unwirtschaftlich war,[282] so hält es die Gegenauffassung nicht für erforderlich ist, dass das Gesamtergebnis den geschätzten Gesamtauftragswert für die Leistung deutlich übersteigt. Dies gilt jedenfalls dann, wenn eine losspezifische Kostenschätzung vorliegt. Für eine gesamtbetrachtende Sichtweise gibt die Gesetzessystematik des § 63 Abs. 1 Satz 1 VgV insgesamt keinen Anlass.[283] Der Grundsatz der Wirtschaftlichkeit würde konterkariert, wenn wirtschaftliche Einzelergebnisse einer losweisen Ausschreibung zunächst dazu herangezogen werden müssten, um unwirtschaftliche Lose zu kompensieren oder zu „subventionieren".[284] Eine solche Sichtweise würde auch den Zweck der losweisen Vergabe unterminieren.

2.5.9 Ergebnis

Das Wirtschaftlichkeitsprinzip ist als Gebot des effektiven Mitteleinsatzes in allen Phasen öffentlicher Beschaffungsvorgänge zu berücksichtigen. Es verpflichtet Auftraggeber stets dazu zu prüfen, ob und inwieweit ein Ziel ressourcenschonend bzw. ressourcenschonender verwirklicht werden kann. Bei Beschaffungsvorgängen stehen das haushaltsrechtliche und das vergaberechtliche Wirtschaftlichkeitsgebot in einem zeitlich gestuften, kooperativen Verhältnis: Während genuin haushaltsrechtliche Erwägungen im Vorfeld einer Beschaffung zu berücksichtigen sind, ist der vergaberechtliche Verfahrensgrundsatz der Wirtschaftlichkeit ge-

280 Vgl. z.B. OLG Celle, Beschluss vom 10.3.2016 – 13 Verg 5/15.
281 OLG Düsseldorf, Beschluss vom 29.8.2018 – Verg 14/17.
282 OLG Koblenz, Beschluss vom 28.6.2017 – Verg 1/17.
283 VK Sachsen, Beschluss vom 21.8.2018 – 1/SVK/016-18 (nicht bestandskräftig).
284 VK Sachsen, Beschluss vom 21.8.2018 – 1/SVK/016-18.

mäß § 97 Abs. 2 GWB im und während des Vergabeverfahrens zu berücksichtigen. Der Wirtschaftlichkeitsgrundsatz ist dabei keine übergeordnete Prüf- und Kontrollinstanz, sondern kommt allein dann zum Tragen, wenn die einzelgesetzlichen Bestimmungen etwa in den Vergabeverordnungen hierfür Raum lassen. Der Wirtschaftlichkeitsgrundsatz ist daher vor allem Abwägungsleitlinie und im Rahmen von Ermessensentscheidungen als ermessenslenkendes Prinzip zu verstehen. Der Grundsatz der Wirtschaftlichkeit ist dabei als Rechtsprinzip selbst inhaltsoffen, es fehlt ihm an einem konkreten Maßstab zur Bewertung von Zielen und Maßnahmen. Zudem können öffentliche Auftraggeber zwingende Verfahrensvorgaben nicht unter Verweis auf die Unwirtschaftlichkeit umgehen, dies ist ihnen nur dann gestattet, soweit ihnen durch entsprechende „Öffnungsklauseln" Ermessen eingeräumt wird. Umso mehr müssen Auftraggeber in den Vergabeverfahren eindeutig festlegen, was für sie im Einzelfall wirtschaftlicher ist, und dementsprechend die Zuschlagskriterien präzisieren bzw. die Bewertung der Angebote vornehmen.

3. Anschaffungspreis, Kosten und Wirtschaftlichkeit

Autoren: Prof. Dr. Michael Eßig / Dr. Christian von Deimling

Wirtschaftlichkeit ist einer der zentralen „Grundsätze der Vergabe" gemäß § 97 GWB. Damit soll eine bestmögliche, d.h. effiziente und effektive Verwendung der eingesetzten Steuergelder sichergestellt werden.[1] Im Dreiklang aus ökonomischem, haushaltsrechtlichem und vergaberechtlichem Verständnis lässt der Begriff der Wirtschaftlichkeit Raum für zahlreiche Interpretationen. Aus diesem Grund widmet sich dieses Kapitel drei grundlegenden Fragestellungen:

- Was wird unter dem Begriff Wirtschaftlichkeit aus ökonomischer, haushalts- und vergaberechtlicher Perspektive verstanden und in welchem Verhältnis stehen dazu Preis bzw. Kosten?
- Wie wird Wirtschaftlichkeit aktuell in Vergabeverfahren in der Praxis im europäischen Vergleich umgesetzt?
- An welchen Stellen des Beschaffungsprozesses macht eine Betrachtung bzw. eine Untersuchung von Wirtschaftlichkeit Sinn und was ist dabei zu beachten?

Um Antworten auf die erste Fragestellung liefern zu können, wird der Begriff der Wirtschaftlichkeit im ersten Abschnitt ausgehend von einer ökonomischen Perspektive mit haushalts- und vergaberechtlichem Verständnis abgeglichen. Die zweite Fragestellung widmet sich der aktuellen vergaberechtlichen Praxis und soll mit Hilfe veröffentlichter Vergabedaten zeigen, welches Wirtschaftlichkeitsverständnis tatsächlich umgesetzt wird. Auf diesen zweiten Abschnitt folgt eine kurze Darstellung entlang des Beschaffungsprozesses im öffentlichen Sektor, zu welchen Zeitpunkten Wirtschaftlichkeitsbetrachtungen sinnvoll eingebunden werden können und welche Entscheidungen damit entlang des Beschaffungsprozesses wesentlich beeinflusst werden können.

3.1 Wirtschaftlichkeit aus haushalts- und vergaberechtlicher sowie ökonomischer Perspektive

3.1.1 Wirtschaftlichkeit aus ökonomischer Perspektive

Für die Ökonomik (Betriebs- wie Volkswirtschaftslehre) steht „wirtschaften" als Umgang mit Knappheit und damit Wirtschaftlichkeit im Mittelpunkt des Erkenntnisinteresses.[2] Dabei unterscheidet die Ökonomik – im Gegensatz zum umgangssprachlichen Verhältnis – die beiden Begriffspaare wirtschaftlich/unwirtschaftlich und wirtschaftlich/nichtwirtschaftlich von-

1 Vgl. *Eßig/Jungclaus/Scholzen/Vu Thi,* Das Konzept der exzellenten öffentlichen Beschaffung, in: Eßig, Exzellente öffentliche Beschaffung: Ansatzpunkte für einen wirtschaftlichen und transparenten öffentlichen Einkauf, S. 9-39.

2 Vgl. *Eichhorn/Merk*, Das Prinzip Wirtschaftlichkeit: Basiswissen der Betriebswirtschaftslehre, S. 23.

einander.[3] Während sich das erste Begriffspaar (wirtschaftlich/unwirtschaftlich) auf die möglichst günstigste Relation zwischen Zweck und den hierfür eingesetzten Mitteln bezieht, stehen beim zweiten Begriffspaar (wirtschaftlich/nichtwirtschaftlich) die jeweiligen Tätigkeiten der betrachteten Betriebe im Mittelpunkt des Interesses. Vor diesem Hintergrund beziehen sich wirtschaftliche Tätigkeiten beispielsweise auf landwirtschaftliche, handwerkliche oder industrielle Tätigkeiten. Nichtwirtschaftliche Tätigkeiten können demgegenüber zum Beispiel alle hoheitlichen, kulturellen, gesundheitlichen oder sportlichen Tätigkeiten umfassen.[4] Nichtwirtschaftliche Tätigkeiten gehen dabei u.a. von öffentlichen Institutionen wie von Amtsgerichten, Hochschulen, Opernhäusern, Sozialämtern oder Wohlfahrtsdiensten aus. Auch nichtwirtschaftliche Aufgabenfelder sollten (bzw. müssen) dem Prinzip der Wirtschaftlichkeit Folge leisten, d.h. sie können wirtschaftlich oder unwirtschaftlich erbracht werden.[5] Aufgaben der öffentlichen Hand lassen sich dementsprechend nach wirtschaftlichen Grundsätzen in diesem Verständnis organisieren.[6] Deutlich wird dieser Umstand am Beispiel eines kommunalen Stadtreinigungsbetriebes, der zur Erzeugung seiner Leistungen (z.B. Straßenreinigung, Müllentsorgung und Recycling) menschliche Arbeitskraft, Büromaterialien, Fahrzeuge, Gebäude etc. möglichst wirtschaftlich miteinander kombinieren muss.[7] Es geht um betriebliche Entscheidungen über die Verwendung vorhandener knapper Mittel (Ressourcen), so dass die gesetzten Ziele möglichst optimal erreicht werden können.[8] Pointiert formuliert beschäftigt sich die öffentliche Betriebswirtschaftslehre also mit der Wirtschaftlichkeit *nicht*-wirtschaftlicher Institutionen.[9]

In der Betriebswirtschaftslehre ist diese Form der Wirtschaftlichkeit eindeutig als eine Verhältniszahl mit der Ergebnisgröße im Zähler und der Einsatzgröße im Nenner definiert[10] – Wirtschaftlichkeit steigt, wenn das Ergebnis größer/besser wird und sinkt, wenn der Einsatz steigt bzw. größer wird. Ergebnisgröße ist Ertrag oder Leistung, Einsatzgröße Aufwand oder Kosten, womit Wirtschaftlichkeit ein Wertverhältnis auf Basis kalkulatorischer Größen ist. Diese Interpretation spiegelt die herkömmliche Einordnung des Wirtschaftlichkeitsprinzips wider, und zwar in Form des Maximumprinzips und in Form des Minimumprinzips. Das Maximumprinzip (auch als Ergiebigkeitsprinzip bezeichnet) zielt als Alternative darauf ab, mit einem gegebenen Aufwand (Eingangsgröße) einen maximalen Gütertrag (Ergebnisgröße) zu realisieren. Das Minimumprinzip (auch als Sparsamkeitsprinzip bezeichnet) zielt darauf ab, einen gegebenen Gütertrag (Ergebnisgröße) mit einem minimalen Aufwand zu realisieren.[11]

3 Vgl. *Eichhorn/Merk*, Das Prinzip Wirtschaftlichkeit: Basiswissen der Betriebswirtschaftslehre, S. 22.
4 Vgl. *Eichhorn/Merk*, Das Prinzip Wirtschaftlichkeit: Basiswissen der Betriebswirtschaftslehre, S. 22.
5 Vgl. *Eichhorn/Merk*, Das Prinzip Wirtschaftlichkeit: Basiswissen der Betriebswirtschaftslehre, S. 23.
6 Vgl. *Czerwick*, Die Ökonomisierung des öffentlichen Dienstes: Dienstrechtsreformen und Beschäftigungsstrukturen seit 1991, S. 61.
7 Vgl. *Moß*, Betriebswirtschaft im öffentlichen Sektor, S. 40.
8 Vgl. *Schweitzer*, Gegenstand und Methoden der Betriebswirtschaftslehre, in: Bea, F.X./Dichtl, E./Schweitzer, M. (Hrsg.), Allgemeine Betriebswirtschaftslehre, Bd. 1, S. 54.
9 Vgl. *Eßig/Jungclaus/Scholzen/Vu Thi*, Das Konzept der exzellenten öffentlichen Beschaffung, in: Eßig, Exzellente öffentliche Beschaffung: Ansatzpunkte für einen wirtschaftlichen und transparenten öffentlichen Einkauf, S. 9-39.
10 Vgl. *Olfert/Rahn*, Einführung in die Betriebswirtschaftslehre, S. 46, *Wöhe/Döring*, Einführung in die Allgemeine Betriebswirtschaftslehre, S. 43; *Thommen et al.*, Allgemeine Betriebswirtschaftslehre: Umfassende Einführung aus managementorientierter Sicht, S. 47.
11 Vgl. *Schweitzer*, Gegenstand und Methoden der Betriebswirtschaftslehre, in: Bea/Dichtl/Schweitzer, Allgemeine Betriebswirtschaftslehre, Bd. 1, S. 60.

Obwohl das Minimalprinzip und das Maximalprinzip zwei Seiten derselben Medaille darstellen, sind beide jedoch bezüglich bestimmter Ziele und Aufgaben nicht gleichzeitig realisierbar. Man kann *entweder* nach dem Minimal- *oder* dem Maximalprinzip handeln.[12] Für eine konkretere Diskussion muss eine Operationalisierung der bislang ausschließlich kalkulatorisch verstandenen Eingangsgrößen und der Ergebnisgrößen erfolgen.[13]

In Analogie zum betrieblichen Rechnungswesen wird zwischen pekuniären Größen und wertmäßigen (oder pagatorischen) Größen unterschieden.[14] Pekuniäre Größen sind Einzahlungen und Auszahlungen bzw. Einnahmen und Ausgaben. Diese beziehen sich auf die liquiden Mittel, im Falle der Einnahmen und Ausgaben unter Einbeziehung von Forderungen und Verbindlichkeiten. Kalkulatorische Größen beziehen sich demgegenüber auf das Vermögen und berücksichtigen den Werteverzehr bzw. den Wertezuwachs, im Falle der Kosten/Leistungen ausschließlich deren sachzielbezogenen Anteil. Dies soll an einem Beispiel verdeutlicht werden[15]: Der Kauf eines langlebigen Wirtschaftsgutes führt pekuniär zu einem sofortigen Mittelabfluss in Höhe des kompletten Kaufpreises bzw. zu einer Ausgabe im Falle eines Zielkaufs. Aus pagatorischer Sicht ändert sich an der Vermögenslage der beschaffenden Institution jedoch nichts – es findet ein reiner Aktivtausch statt. An die Stelle von Geldvermögen tritt Sachvermögen in Form des langlebigen Wirtschaftsgutes. Aufwand bzw. Kosten entstehen erst, wenn dieses Gut genutzt wird und damit ein Werteverzehr eintritt, welcher über Abschreibungen abgebildet ist. Kosten sind demzufolge der bewertete *sachzielbezogene* Güterverzehr, Leistungen die bewertete *sachzielbezogene* Gütererstellung.[16] Prinzipiell setzt dies Doppik voraus, d.h. eine Ablösung bzw. ggfs. Ergänzung kameralistischer Systeme.

3.1.2 Wirtschaftlichkeit aus haushaltsrechtlicher Perspektive

Im Haushaltsrecht (§ 7 BHO und wortgleich § 6 HGrH sowie verankert im Art. 114 Abs. 2 Satz 1 GG) finden sich die Grundsätze der „Wirtschaftlichkeit und Sparsamkeit" bezogen auf die Aufstellung des Haushaltsplans (§ 7 Abs. 1 BHO). Sparsamkeit wird also vermeintlich gleichrangig neben die Wirtschaftlichkeit gestellt.

In der zugehörigen Verwaltungsvorschrift wird der Grundsatz der Wirtschaftlichkeit so ausgelegt, dass es sich hierbei um die günstigste Relation zwischen dem verfolgten Zweck und den einzusetzenden Mitteln (Ressourcen) handelt (Abschnitt 3 VV BHO – Zu § 7 BHO). Das Wirtschaftlichkeitsverständnis bezieht sich im Fall der einzusetzenden Mittel auf alle finanzwirksamen Maßnahmen, die durch eine staatliche Aufgabenwahrnehmung, auch in Kombination mit privaten Anbietern, erfüllt werden können und die die Erstellung und den Vollzug des Haushaltsplans beeinflussen (§ 7 Abs. 1 und 2 BHO). Finanzwirksam ist eine Maßnahme dann, wenn sie Einnahmen (z.B. Steuern, Verwaltungseinnahmen, Vermögensveräußerungen, etc. – § 13 Abs. 3 Satz 1 BHO) oder Ausgaben (z.B. Personalausgaben, Ausgaben für In-

12 Vgl. *Mühlenkamp*, Wirtschaftlichkeit und Wirtschaftlichkeitsuntersuchungen im öffentlichen Sektor, S. 5.
13 Vgl. *Mühlenkamp*, Wirtschaftlichkeit und Wirtschaftlichkeitsuntersuchungen im öffentlichen Sektor, S. 5 ff.
14 Vgl. *Schildbach/Homburg*, Kosten- und Leistungsrechnung, S. 30 f., *Walter/Wünsche*, Einführung in die moderne Kostenrechnung: Grundlagen – Methoden – Neue Ansätze – Mit Aufgaben und Lösungen, S. 9.
15 Vgl. *Ossadnik*, Kosten- und Leistungsrechnung, S. 77 ff.
16 Vgl. *Ossadnik*, Kosten- und Leistungsrechnung, S. 23 ff., *Schildbach/Homburg*, Kosten- und Leistungsrechnung, S. 30 f., *Horvath/Gleich/Seiter*, Controlling, 13. Aufl., S. 263.

vestitionen, den Erwerb von beweglichen/unbeweglichen Sachen, etc. – § 13 Abs. 3. Satz 2 BHO) unmittelbar beeinflusst. Der Begriff „finanzwirksame Maßnahme" entspricht auch dem Begriff „Maßnahme von finanzieller Bedeutung" (§ 9 Abs. 2 Satz 2 BHO). Allerdings geht der Präsident des Bundesrechnungshofes als Bundesbeauftragter für Wirtschaftlichkeit in der Verwaltung (BWV) davon aus, dass diese begriffliche Fassung in der Praxis zu unbestimmt erscheint. Deshalb präzisiert er, dass unter einer finanzwirksamen Maßnahme ein auf der Grundlage eines verantwortlichen Entscheidungsprozesses beruhendes Handeln der Verwaltung zu verstehen ist, mit dem innerhalb einer begrenzten Zeitspanne ein vorab definiertes Ziel erreicht werden soll und die sich in der Regel dadurch auszeichnet, dass ihre Umsetzung einen bestimmten, abgrenzbaren Mitteleinsatz erfordert. Die über die ursprüngliche Planung hinausgehende Fortsetzung oder die erhebliche Abänderung einer Maßnahme, die selbst wiederum einen eigenständigen Entscheidungsprozess erfordern und sich wesentlich auf die Höhe der einzusetzenden Mittel auswirken, sind wiederum als finanzwirksame Maßnahmen anzusehen.[17] Das entsprechende Gegenstück zur finanzwirksamen Maßnahme (bzw. zur Maßnahme mit finanzieller Bedeutung) wäre dann die nichtfinanzwirksame Maßnahme (bzw. eine Maßnahme mit geringer oder keiner finanzieller Bedeutung). Im Fall des verfolgten Zwecks geht es um die zu erfüllenden staatlichen bzw. öffentlichen Aufgaben (§ 7 Abs. 1 Satz 2 BHO). Auch wenn die BHO und die zugehörige Verwaltungsvorschrift nicht weiter auf staatliche bzw. öffentliche Aufgaben eingehen, so kann darunter die Wahrnehmung solcher Angelegenheiten verstanden werden, deren Erledigung der Befriedigung kollektiver Bedürfnisse dient. Unerheblich ist dabei, in welcher Organisations- oder Handlungsform diese wahrgenommen werden.[18] In diesem Zusammenhang weist die BHO darauf hin, dass staatliche bzw. öffentliche Aufgaben auch durch Ausgliederung und Entstaatlichung oder Privatisierung erfüllt werden können (§ 7 Abs. 1 Satz 2 BHO). Die erste Handlungsvorgabe zielt darauf ab, staatliches Handeln immer an der günstigsten Relation von staatlicher bzw. öffentlicher Aufgabenwahrnehmung im Vergleich zum Einsatz knapper Mittel (Ressourcen) auszurichten, also immer eine Zweck-Mittel-Relation im Blick zu behalten – die Parallele zum in Abschnitt 3.1.1 skizzierten ökonomischen Verständnis ist unübersehbar.

Der Grundsatz der Sparsamkeit wird in der zugehörigen Verwaltungsvorschrift zur BHO so interpretiert, dass ein bestimmtes Ergebnis mit möglichst geringem Mitteleinsatz zu realisieren ist. In diesem Zusammenhang wird auch vom *Minimalprinzip* gesprochen (Abschnitt 3 VV-BHO – Zu § 7 BHO). Dies ist der zentrale Unterschied zum ökonomischen Verständnis, welches unter dem Wirtschaftlichkeitsprinzip explizit auch das Maximalprinzip subsumiert. Die Verwaltungsvorschrift zur BHO spezifiziert, dass bei der Ausführung des Haushaltsplanes, der in aller Regel die jeweils wahrzunehmenden staatlichen bzw. öffentlichen Aufgaben bereits vorformuliert, ein Maximalprinzip somit für staatliche Aufgaben nicht anwendbar wäre (Abschnitt 3 VV-BHO – Zu § 7 BHO).

Dass der Begriff der Sparsamkeit ebenfalls einer Klärung bedarf, zeigt die tiefergehende Diskussion von drei möglichen Spielarten im Beitrag von *Mroß* (2015).[19] Neben der gängigen Interpretation von Sparsamkeit als Minimalprinzip könnte Sparsamkeit zum einen auch darauf

17 Vgl. Bundesrechnungshof, Anforderungen an Wirtschaftlichkeitsuntersuchungen finanzwirksamer Maßnahmen nach § 7 Bundeshaushaltsordnung, 2013, S. 14.

18 Vgl. *Mroß*, Betriebswirtschaft im öffentlichen Sektor, S. 11.

19 Vgl. *Mroß*, Betriebswirtschaft im öffentlichen Sektor, S. 31.

abzielen, Ausgaben (i.S.v. finanzwirksamen Maßnahmen) möglichst zu vermeiden. Am sparsamsten würde dann der Akteur handeln, der möglichst auf Ausgaben verzichtet. Sparsamkeit könnte zum anderen als politisches Rational betrachtet werden, dass dem Prinzip der Wirtschaftlichkeit gewissermaßen vorgeschaltet ist und darüber entscheidet, was als staatliche bzw. öffentliche Aufgabe akzeptiert wird. Zulässig sind dann nur zwingend notwendige staatliche bzw. öffentliche Aufgaben.[20] Nachdem das Minimalprinzip in der Interpretation von Sparsamkeit zu dominieren scheint, lässt sich die zweite Handlungsvorgabe so formulieren, dass eine günstige Zweck-Mittel-Relation nur dann zu erreichen ist, wenn die vorhandenen Mittel möglichst überlegt eingesetzt werden und die zu realisierenden staatlichen bzw. öffentlichen Aufgaben mit möglichst wenig Mitteln realisiert werden können.

In der zugehörigen Verwaltungsvorschrift zur BHO wird zudem auf das Begriffspaar „einzelwirtschaftlich und gesamtwirtschaftlich" eingegangen (Abschnitt 3 VV-BHO – Zu § 7 BHO). Dabei wird etwas konkreter von Maßnahmen gesprochen, die nach einzelwirtschaftlichen Kriterien (z.B. Beschaffungen für den eigenen Verwaltungsbereich und Organisationsänderungen in der eigenen Verwaltung) oder nach gesamtwirtschaftlichen Kriterien (z.B. Investitionsvorhaben im Verkehrsbereich, Subventionen und Maßnahmen der Sozial- und Steuerpolitik) zu beurteilen sind. Angemerkt wird, dass auch Gesetzesvorhaben unter diese Maßnahmen fallen (Abschnitt 3 VV-BHO – Zu § 7 BHO). Öffentliche Beschaffung wirkt in beide Richtungen – wie im Beispiel genannt, ist die Versorgung der Verwaltung bspw. mit Büromaterial sicherlich „rein" einzelwirtschaftlich, während bspw. Beschaffungen von (Straßen-)Infrastruktur zumindest *auch* eine gesamtwirtschaftliche Komponente enthält.

Die genauere Betrachtung bei *Eichhorn/Merk* (2016) zeigt, dass der Begriff „Einzelwirtschaftlichkeit" einzelne Institutionen bzw. Wirtschaftssubjekte in den Mittelpunkt der Betrachtung rückt, z.B. Bundesministerien, Bundesämter oder Bundesgerichte oder auf Landesebene die entsprechenden Landesministerien, Landesämter und Landesgerichte. Neben diesem „Institutionalprinzip" wird unterstellt, dass jedes einzelne Wirtschaftssubjekt danach strebt, seiner Umwelt eigene Leistungen hinzuzufügen („Mehrwertschöpfung"). Dies geschieht durch eigene Leistungen und durch Hinzunahme bzw. Beschaffung fremder Leistungen. Einzelwirtschaftlichkeit hat also die Mehrwertschöpfung einzelner Institutionen bzw. einzelner Wirtschaftssubjekte durch entsprechende Maßnahmen im Fokus. Demgegenüber befasst sich die „Gesamtwirtschaftlichkeit" mit der Zusammenfassung von Einzelwirtschaften in einem institutionellen oder funktionellen Aggregat. Dabei können neben einer volkswirtschaftlichen Betrachtung auch die Auswirkungen einzelwirtschaftlicher Maßnahmen auf die gesamtwirtschaftliche Wohlfahrt untersucht werden. Im Mittelpunkt steht dabei der volkswirtschaftliche Nutzen.[21] Letztlich lässt sich damit für die Thematik der Wirtschaftlichkeit eine dritte Handlungsvorgabe formulieren, bei der der Betrachtungsumfang der jeweiligen Maßnahme unter dem Aspekt der Einzelwirtschaftlichkeit („betriebswirtschaftlich") oder unter dem Aspekt der Gesamtwirtschaftlichkeit („volkswirtschaftlich") betrachtet werden kann.

Zusammenfassend betrachtet lassen sich die Beobachtungen zum haushaltsrechtlich abzugrenzenden Wirtschaftlichkeitsbegriff entlang der bislang skizzierten Dimensionen des (1)

20 Vgl. *Moß*, Betriebswirtschaft im öffentlichen Sektor, S. 31.
21 Vgl. *Eichhorn/Merk*, Das Prinzip Wirtschaftlichkeit: Basiswissen der Betriebswirtschaftslehre, S. 24 f. und 196 f.

Bedeutungsbezuges (mit den beiden Ausprägungen finanzwirksam und nicht-finanzwirksam), des (2) Handlungsbezuges (mit den beiden Ausprägungen Gesamtwirtschaftlichkeit und Einzelwirtschaftlichkeit) und des grundlegenden (3) Wirtschaftlichkeitsprinzips (mit den beiden Ausprägungen Minimalprinzip und Maximalprinzip) charakterisieren. Das haushaltsrechtliche Wirtschaftlichkeitsverständnis berücksichtigt dabei einzel- wie gesamtwirtschaftliche Aspekte, sofern sie finanzwirksam sind – und priorisiert eindeutig das Minimalprinzip. Es ist in der folgenden Abbildung grau hinterlegt.

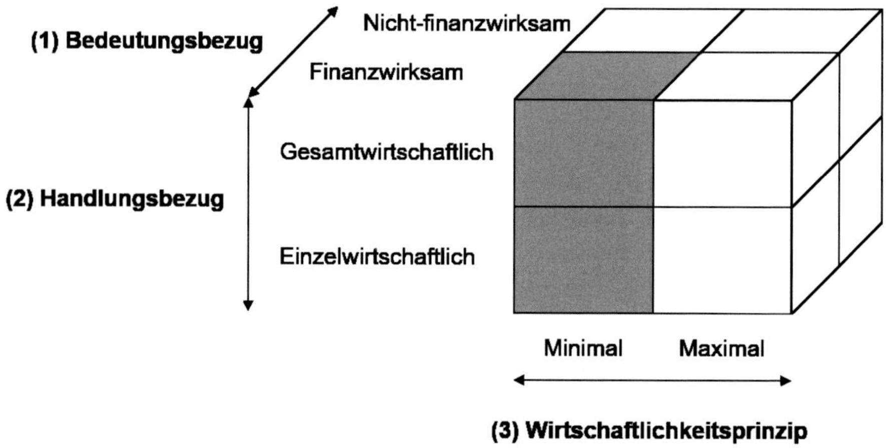

Abbildung: Wirtschaftlichkeit aus haushaltsrechtlicher Perspektive

3.1.3 Wirtschaftlichkeit aus vergaberechtlicher Perspektive

Im nächsten Schritt stellt sich die Frage, ob im Vergaberecht nicht auch bspw. das Maximalprinzip zum Einsatz kommen kann – und ob die Bewertungsdimensionen von Wirtschaftlichkeit überhaupt den skizzierten haushaltsrechtlichen Dimensionen entsprechen. Der vergaberechtliche Wirtschaftlichkeitsbegriff lässt sich in erster Linie den entsprechenden Regelungen des Gesetzes gegen Wettbewerbsbeschränkungen (GWB) sowie der Verordnung über die Vergabe öffentlicher Aufträge (VgV) entnehmen. Weitere vergaberechtliche Hinweise zur Wirtschaftlichkeit z.B. in der Vergabeverordnung für die Bereiche Verteidigung und Sicherheit (VSVgV), in der Unterschwellenvergabeordnung (UVgO) oder in den entsprechenden landesvergaberechtlichen Werken sollen an dieser Stelle vereinfachend ausgeblendet werden, da sie die Regelungen aus GWB und VgV nahezu wortgleich wiedergeben.

Gemäß § 97 Abs. 1-4 GWB sowie § 127 GWB müssen öffentliche Aufträge oder Konzessionen an Dritte nicht nur im Wettbewerb und im Wege transparenter Verfahren vergeben werden, sondern es sind dabei insbesondere die Grundsätze der „Wirtschaftlichkeit und der Verhältnismäßigkeit" (§ 97 Abs. 1 GWB) einzuhalten. Bei öffentlichen Aufträgen handelt es sich um entgeltliche Verträge zwischen öffentlichen Auftraggebern und Unternehmen z.B. über die Beschaffung von Leistungen, die Lieferung von Waren, die Ausführung von Bauleistungen oder über die Erbringung von Dienstleistungen (§ 103 Abs. 1 GWB). Zuallererst fällt auf, dass Wirtschaftlichkeit nicht mehr mit dem Sparsamkeitspostulat und damit dem Minimalprinzip verknüpft wird, stattdessen tritt daneben jetzt noch das Prinzip der „Verhältnismäßigkeit".

Der Grundsatz der Wirtschaftlichkeit manifestiert sich aus vergaberechtlicher Perspektive insbesondere im Zuschlag auf das „wirtschaftlichste Angebot" (§ 127 Abs. 1 GWB). Damit wird unmittelbar Bezug auf den eigentlichen Beschaffungsgegenstand genommen. Das wirtschaftlichste Angebot bestimmt sich dabei nach dem besten Preis-Leistungs-Verhältnis. Dementsprechend wird die erwartete Leistung aus der Beschaffung als Ergebnisgröße ins Verhältnis zu dem dafür aufzuwendenden Mitteleinsatz in Form des Preises gesetzt (Einsatzgröße) – auch hier werden die Parallelen zum ökonomischen Verständnis (und damit auch zur haushaltsrechtlichen Definition) offensichtlich.[22] Ökonomisch korrekt wäre eigentlich das Leistungs-Kosten-Verhältnis, folgt man den Ausführungen in Abschnitt 3.1.1 dieses Kapitels. Ein genauerer Blick auf die Bestandteile „Leistung" und „Preis" (bzw. Kosten) muss auf Grund fehlender Ausführungen im GWB über die VgV erfolgen.

Gemäß § 58 Abs. 2 Satz 2 VgV ist der „Preis" im Kontext möglicher Zuschlagskriterien sogar alternativ zum Kostenbegriff aufgeführt. Diese dürfen auch in Form der Lebenszykluskosten als Zuschlagskriterium zum Einsatz kommen (§ 59 Abs. 1 VgV mit Sonderregelungen zu energieverbrauchsrelevanten Auftragsgegenständen gem. § 67 Abs. 3. Nr. 2a VgV). Die Lebenszykluskosten setzen sich dabei aus den Anschaffungskosten, den Nutzungskosten (z.B. Verbrauch von Energie und Ressourcen), den Wartungskosten und den Kosten am Ende der Nutzungsdauer (z.B. Abholungs-, Entsorgungs- und Recyclingkosten) sowie aus den Kosten, die durch externe Umweltbelastungen entstehen, zusammen (§ 59 Abs. 2 VgV). Deutlich wird an dieser Stelle, dass der Begriff „Preis", wenn überhaupt, nur dem Anteil der Anschaffungskosten im Rahmen der Lebenszykluskosten gleichgesetzt werden dürfte. Pekuniäre (Preis) und kalkulatorische Größen (Kosten) werden nicht trennscharf behandelt.

Bei der Ergebnisgröße „Leistung" handelt es sich um die „Leistung, die im Rahmen des öffentlichen Auftrages erbracht werden soll"[23], mithin um den eigentlichen Auftragsgegenstand. Bei den leistungsbezogenen Zuschlagskriterien finden sich zur weiteren Orientierung Aufzählungen möglicher Kriterien. Im Fall der VgV werden „qualitative, umweltbezogene oder soziale Zuschlagskriterien" genannt und weiter konkretisiert. Qualität (einschließlich des technischen Wertes) lässt sich demnach u.a. über die Merkmale Ästhetik, Zweckmäßigkeit, Zugänglichkeit der Leistung insbesondere für Menschen mit Behinderungen, Übereinstimmung mit Anforderungen des „Designs für Alle", soziale, umweltbezogene und innovative Eigenschaften sowie Vertriebs- und Handelsbedingungen charakterisieren (§ 58 Abs. 2 Satz 1 VgV). Darüber hinaus kann die Organisation, Qualifikation und Erfahrung des mit der Ausführung des Auftrags betrauten Personals in den leistungsbezogenen Zuschlagskriterien Berücksichtigung finden (§ 58 Abs. 2 Satz 2 VgV) oder die Verfügbarkeit von Kundendienst und technischer Hilfe sowie Lieferbedingungen wie Liefertermin, Lieferverfahren sowie Liefer- oder Ausführungsfristen (§ 58 Abs. 2 S. 3 VgV). Ähnliche, nicht abschließende Aufzählungen[24] finden sich auch in der VSVgV zu militärischen Besonderheiten wie z.B. Interoperabilität und Eigenschaften beim militärischen Einsatz wieder (§ 34 Abs. 2 Satz 2 VSVgV).

Obwohl sich das Wirtschaftlichkeitsverständnis prinzipiell aus dem besten Preis-Leistungs-Verhältnis ergibt, sind auch besondere Formen der Vergabe möglich, bei denen bspw. die

22 Vgl. *Eßig*, in: Müller-Wrede, GWB, § 127 Rn. 102 ff.
23 BT-Drs. 18/6281, S. 111.
24 BT-Drs. 18/6281, S. 112.

Leistungsgröße fest definiert ist (Nur-Preis- bzw. Nur-Kosten-Vergaben). Nur-Preis-Vergaben spielen immer dann eine Rolle, wenn einfache und standardisierte Beschaffungsvorhaben durchgeführt werden und die nachgefragte Leistung standardisiert über den Markt bezogen werden kann. Durch die Standardisierung der Leistungsmerkmale kann in diesem Fall dann auf den Preis als alleiniges Kriterium zurückgegriffen werden. Es findet ein reiner Preiswettbewerb statt. Nur-Leistungs-Vergaben („reiner" Leistungswettbewerb) sind nur dann möglich, wenn verbindliche Vorschriften zur Preisgestaltung den Preis als Zuschlagskriterium überflüssig machen (z.B. bei gesetzlichen Gebühren- und Honorarordnungen).[25] Das ist beispielsweise bei Architekten- und Ingenieurleistungen der Fall.

Deutlich wird an dieser Stelle, dass der Wirtschaftlichkeitsbegriff im vergaberechtlichen Kontext insbesondere am Auftragsgegenstand festgemacht wird („Objektwirtschaftlichkeit"). *Burgi* (2018) weist zudem darauf hin, dass der Grundsatz der Wirtschaftlichkeit i.S.d. Umsetzung öffentlicher Aufgaben mit möglichst wenigen Haushaltsmitteln auch auf das Verhalten der Beschaffungs- und Vergabestelle an sich übertragen werden kann. Dann geht es beispielsweise bei der Auftragswertschätzung und der Wahl der Verfahrensart um eine möglichst effiziente Verwendung der hierfür erforderlichen Ressourcen an Personal und finanziellen Mitteln. In diesem Sinne ist der oben genannte Vergabegrundsatz der Verhältnismäßigkeit als Verfahrenseffizienz oder in Abgrenzung zur Objektwirtschaftlichkeit im Sinne einer (Beschaffungs-)Prozesswirtschaftlichkeit zu interpretieren.[26]

Ein eingehenderer Blick auf die Zuschlagsentscheidung für das wirtschaftlichste Angebot mit dem besten Preis-Leistungs-Verhältnis (§ 127 Abs. 1 GWB und § 58 Abs. 1 VgV) im Rahmen der Objektwirtschaftlichkeit zeigt, dass die Einsatzgröße Preis (bzw. Kosten) in der Regel monetär bewertet wird (also in Geldeinheiten gemessen wird), während die Ergebnisgröße Leistung häufig mit Hilfe eines Punktwertes, also nach nicht monetären Maßstäben eingeordnet wird, beispielhaft sei die Unterlage für Ausschreibung und Bewertung von IT-Leistungen 2018 (UfAB 2018)[27] genannt und auf die Ausführungen in Kap. 13 verwiesen.[28] Leistung nicht monetär, sondern mit Punkten zu bewerten, lässt sich aus ökonomischer Perspektive nicht nur rechtfertigen, sondern entspricht dem Begriff der Kostenwirtschaftlichkeit als Wirtschaftlichkeitskennzahl. *Burgi* (2018) merkt in diesem Zusammenhang an, dass nach neuester Rechtsprechung die Auftraggeber aufgrund des Transparenzgrundsatzes (§ 97 Abs. 1. Satz 1 GWB) dazu verpflichtet sind, dafür Sorge zu tragen, dass die einzelnen Zuschlagskriterien, deren Unterkriterien und Gewichtungen sich in der vorab bekanntgemachten Bewertungsmatrix so widerspiegeln, dass die Bieter erkennen können, welche Bewertung (bzw. Punktzahl) bei welchem Kriterium erreicht werden kann.[29]

Aus vergaberechtlicher Perspektive nicht eingehender beschrieben ist demgegenüber eine mögliche Bewertung der Prozesswirtschaftlichkeit. Diese kann analog mit einer Prozesskostenperspektive[30] und einer Prozessleistungsperspektive für interne Betrachtungen und Optimierungen ermittelt und als Verhältniszahl ausgedrückt werden (bspw. in Form der Prozess-

25 Vgl. *Burgi*, Vergaberecht, S. 202 f.
26 Vgl. *Burgi*, Vergaberecht, S. 78-79.
27 Vgl. Beschaffungsamt des Bundesministeriums des Inneren, UfAB 2018.04, S. 581 ff.
28 Vgl. unten S. 549 ff.
29 Vgl. *Burgi*, Vergaberecht, S. 216.
30 Vgl. *Eichhorn/Merk*, Das Prinzip Wirtschaftlichkeit: Basiswissen der Betriebswirtschaftslehre, S. 474.

kosten im Vergleich zur Anzahl erfolgreich durchgeführter Vergaben je Verfahrensart pro Jahr).

Der oben angesprochene Grundsatz der Verhältnismäßigkeit zielt auf eine verhältnismäßige Ausgestaltung des Vergabeverfahrens ab und entspricht wie angedeutet der Idee der Prozesswirtschaftlichkeit.[31] Insofern bindet der Verhältnismäßigkeitsgrundsatz die einzelne Vergabestelle bei der Gestaltung der Leistungsbeschreibung, der Eignungs- und Zuschlagskriterien inklusive der hierzu von den Bietern beizubringenden Nachweise und schließlich bei den Ausführungsbedingungen. Dabei wird von den Vergabestellen eingefordert, dass vergaberechtliche Maßnahmen nicht über das hinausgehen dürfen, was zur Erreichung des angestrebten Ziels der Vergabe erforderlich ist. In diesem Kontext wird auch von einem „Übermaßverbot" gesprochen.[32] Insbesondere sollen die Bieter vor überzogenen Anforderungen der öffentlichen Auftraggeber geschützt werden (Individualschutz nach § 97 Abs. 6 GWB). Festgehalten werden kann, dass der Grundsatz der Verhältnismäßigkeit im Sinne einer zweiten Handlungsvorgabe nicht nur die Forderung nach einem Schutz der Bieter vor überzogenen Anforderungen stützt, sondern auch, wenn auch nicht direkt, auf die Prozesswirtschaftlichkeit hinweist. In der Unterlage für Ausschreibung und Bewertung von IT-Leistungen aus dem Jahr 2018 wird treffend davon gesprochen, dass „Vorgaben und Maßnahmen in den Vergabeverfahren [...] nicht über das hinausgehen, was zur Erreichung eines vergaberechtlich vorgegebenen Ziels erforderlich ist. In Vergabeverfahren gilt auch aus rechtsstaatlichen Gründen für Anforderungen an Bieter und die Details der Verfahrensgestaltung das Gebot des Augenmaßes und der Angemessenheit."[33]

Aus vergaberechtlicher Perspektive ergeben sich damit zusammenfassend aus den drei Dimensionen

- Gegenstandsbezug (mit den beiden Merkmalen Objektwirtschaftlichkeit und Prozesswirtschaftlichkeit),
- finanzieller Bezug (mit den beiden Merkmalen monetäre und nicht-monetäre Bewertung) sowie
- Ebenenbezug (mit den beiden Merkmalen Kosten und Leistung) durchaus andere Größen als im Haushaltsrecht.

Das Vergaberecht setzt prinzipiell immer an der einzelwirtschaftlichen Ebene an, da die Vergabestelle einzelwirtschaftlich für ihre eigene Institution (Amt, Behörde) beschafft.

Gleichzeitig lässt das Vergaberecht zu, dass sich Bieter über verbesserte Leistungen gegenüber ihren Mitbewerbern abheben – eine Einschränkung auf das Minimalprinzip findet also im Gegensatz zum Haushaltsrecht nicht statt. Zwar liegt der Schwerpunkt des Vergaberechts klar auf dem zu beschaffenden Objekt, über das Verhältnismäßigkeitsprinzip lassen sich jedoch zumindest Ansatzpunkte einer Prozesswirtschaftlichkeit erkennen. Damit sind alle Spielarten (also alle Würfelsegmente) denkbar. Allerdings ist eine nicht-monetäre Bewertung von Preisen, von Kosten oder von Lebenszykluskosten (z.B. in Form einer Umrechnung in Wertungspunkte) nur eingeschränkt verwendbar, da einige Umwandlungsformeln von Prei-

31 Vgl. *Burgi*, Vergaberecht, S. 79.
32 Vgl. *Burgi*, Vergaberecht, S. 79.
33 Beschaffungsamt des Bundesministeriums des Inneren, UfAB 2018.04, S. 31.

sen (Kosten) in Preis-(Kosten-)Punkte zu deutlichen Wertungsverzerrungen führen können.[34] Es muss darauf geachtet werden, dass die gewählte Methode zur Umrechnung z.B. des Preises in Wertungspunkte nicht zu einer Veränderung der Gewichtung führt.[35] Der in der folgenden Abbildung grau hinterlegte Anteil der Systematisierung markiert den Schwerpunkt des Wirtschaftlichkeitsverständnisses aus vergaberechtlicher Perspektive und die damit verbundenen Handlungsvorgaben.

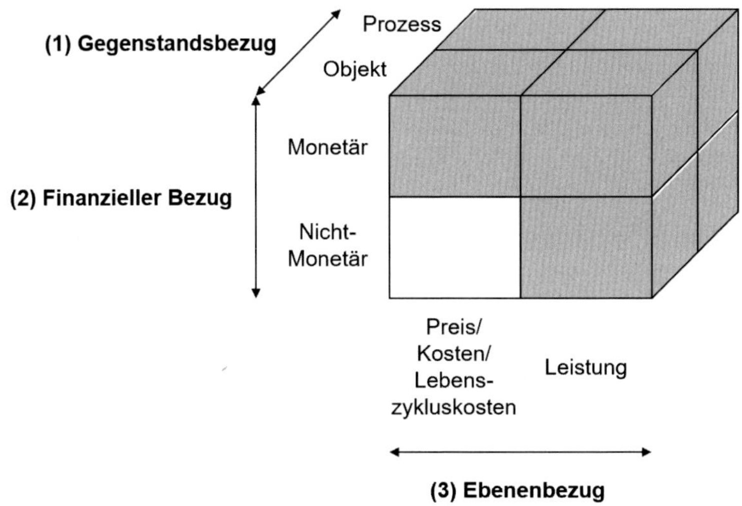

Abbildung: Systematisierung entlang vergaberechtlicher Aspekte

3.1.4 Zusammenfassung der haushalts- und vergaberechtlichen sowie der ökonomischen Aspekte

Erinnert man sich an die eingangs gestellte, erste Fragestellung, was unter dem Begriff „Wirtschaftlichkeit" aus haushaltsrechtlicher, aus vergaberechtlicher und aus betriebswirtschaftlicher Perspektive verstanden werden soll, so zeigen sich Unterschiede wie Gemeinsamkeiten.

In allen Fällen wird dem Prinzip der Vermeidung von Unwirtschaftlichkeit Rechnung getragen: In der Ökonomik, dem Haushaltsrecht wie dem Vergaberecht findet sich Wirtschaftlichkeit als Verhältnis aus Ergebnis- zu Einsatzgrößen. Mag sich auch das Bezugsobjekt unterscheiden (Einzelwirtschaft vs. Gesamtwirtschaft vs. Beschaffungsobjekt vs. Beschaffungsprozess), im Kern spielen immer finanziell-monetäre bzw. finanzwirksame Größen (Haushaltsmittel, Preis, Lebenszykluskosten o.ä.) eine zentrale Rolle. Wichtig bleibt, dass die haushaltsrechtliche Fokussierung auf Sparsamkeit und die vergaberechtliche Möglichkeit, bessere Leistungsangebote zu bezuschlagen, potenziell Inkompatibilitäten in sich birgt (vgl. die folgende Abbildung).

34 Im Detail hierzu Kap. 11 und Kap. 14.
35 Im Detail hierzu Kap. 11 und Kap. 14; *Burgi*, Vergaberecht, S. 218.

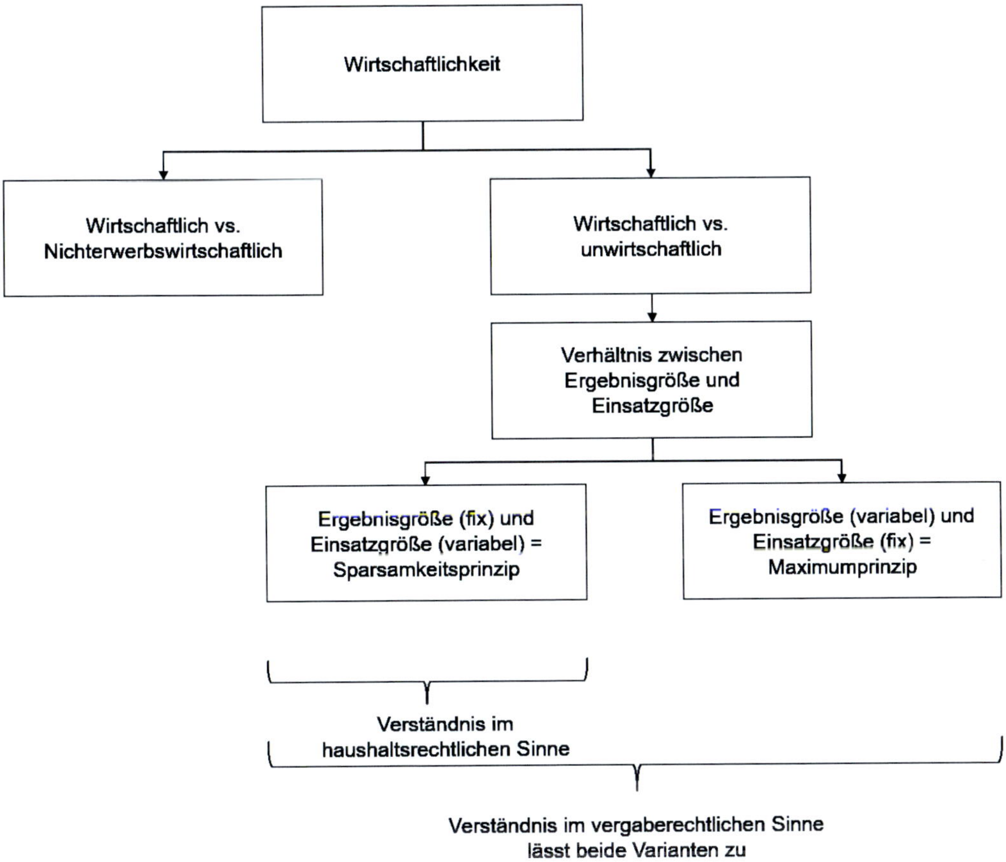

Abbildung: Zusammenfassendes Verständnis

3.2 Empirische Befunde zur Realisierung des Wirtschaftlichkeitsanspruches in der Praxis

Um Antworten auf die zweite Fragestellung nach der aktuellen Vergabepraxis und damit nach der Anwendung des Wirtschaftlichkeitsprinzips in der öffentlichen Beschaffung beantworten zu können, bietet sich eine Analyse des tatsächlichen Vergabeverhaltens in Europa und Deutschland an. Dazu wurde die TED-Datenbank (Tenders Electronic Daily) als Online-Version des „Supplement zum Amtsblatt der Europäischen Union" systematisch ausgewertet.

Diese Daten umfassen die wichtigsten Felder aus den vorgegebenen Standardformularen für Vergabebekanntmachungen und beschreiben, welcher öffentliche Auftraggeber von wem was zu welchem Auftragswert beschafft hat und welche Verfahrensart bzw. welche Zuschlagskriterien verwendet wurden. Ermittelt werden kann letztlich das Entscheidungsverhalten bei Erteilung des entsprechenden Zuschlags für einen Bieter. In der Regel handelt es sich bei den Daten um Vergaben oberhalb der Vergabeschwellenwerte. Die Veröffentlichung von Vergaben auch unterhalb der Schwellenwerte über die TED-Datenbank gilt jedoch als gute Praxis, sodass auch eine nicht zu vernachlässigende Zahl von Vergabebekanntmachungen unterhalb der Schwellenwerte enthalten ist. Die Daten werden jeweils nach dem Abschluss eines Kalenderjahres veröffentlicht. Die aktuellsten Daten reichen bis zum Jahr 2023. Im Fokus der nachfolgenden Auswertung stehen dabei die letzten zehn Jahre von 2014 bis 2023.

Insgesamt sind in den vergangenen 10 Jahren mehr als 8,5 Millionen Vergabebekanntmachungen von 33 Mitgliedsländern der EU und zusätzlich meldenden Nicht-EU-Ländern veröffentlicht worden. Rund 80 % aller im Zeitraum 2014-2023 veröffentlichten Vergabebekanntmachungen entfallen auf 10 Länder. Darunter befinden sich Polen (PL), Rumänien (RO), Frankreich (FR), Deutschland (DE), Spanien (ES), Großbritannien (UK), Slowenien (SI), Tschechien (CZ), Italien (IT) und Bulgarien (BG). Der Blick auf die eingesetzten Zuschlagskriterien zeigt über alle Länder hinweg ein sehr heterogenes Bild. So gibt es zahlreiche Länder, bei denen der Zuschlag überwiegend auf Basis des Preises erfolgt. Dazu zählen beispielsweise die Länder Rumänien (RO), Litauen (LT), Griechenland (GR) oder Slowakei (SK). Auf der anderen Seite dominieren beispielsweise bei Frankreich (FR), Großbritannien (UK), Kroatien (HR) oder den Niederlanden (NL) Vergaben, die beim Zuschlag auf das beste Preis-Leistungs-Verhältnis setzen. In der nachfolgenden Abbildung sind die Vergabebekanntmachungen nach Anzahl und nach verwendetem Zuschlagskriterium dargestellt.

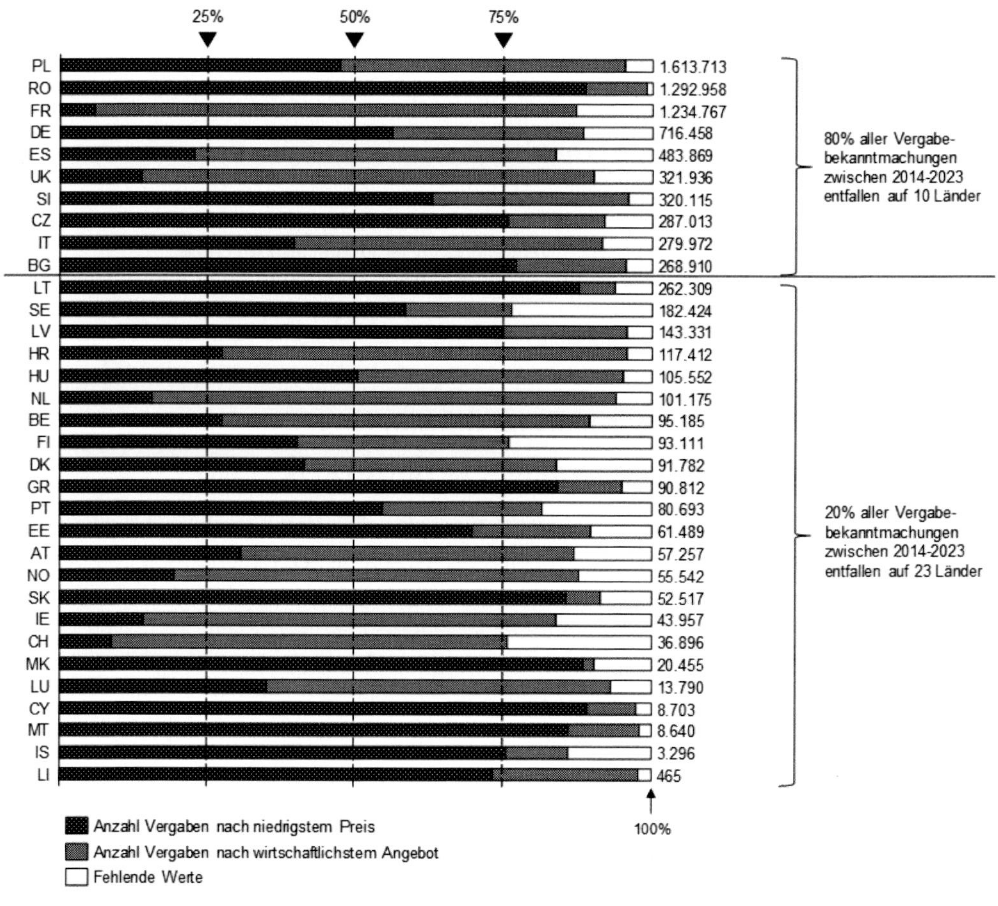

Abbildung: Vergabebekanntmachung nach Anzahl und nach Zuschlagskriterium im Zeitraum 2014-2023

Konzentriert man sich auf die 10 Länder mit den meisten Vergabebekanntmachungen und untersucht den Anteil der vergebenen Aufträge, die als Zuschlagskriterium das beste Preis-Leistungs-Verhältnis nutzen, lassen sich drei Gruppen voneinander unterscheiden. Die Spitzengruppe besteht aus Frankreich (FR), Spanien (ES), Italien (IT) und Großbritannien (UK). Diese Länder nutzen in über 50 % der Vergaben das beste Preis-Leistungs-Verhältnis. Während Frankreich und Spanien den Anteil derartiger Vergaben über den Betrachtungszeitraum leicht steigern konnten, ist die Entwicklung in Großbritannien stark rückläufig und in Italien relativ konstant (ab dem Jahr 2017). Die mittlere Gruppe setzt sich aus Polen (PL), Slowenien (SI) und Deutschland (DE) zusammen. Während Polen bis ins Jahr 2016 insbesondere auf Vergaben mit dem besten Preis-Leistungs-Verhältnis gesetzt hat, ist hier ab dem Jahr 2017 ein deutlich zurückhaltenderes Vorgehen zu beobachten. Bei Slowenien und Deutschland ist die Erteilung des Zuschlages auf Basis des besten Preis-Leistungs-Verhältnisses ab dem Jahr 2017 relativ konstant und schwankt im Anteil zwischen 30 % und 35 %. Die Schlussgruppe setzt sich aus den Ländern Tschechien (CZ), Bulgarien (BG) und Rumänien (RO) zusammen. Bis auf die positive Entwicklung bei Rumänien haben die Länder dieser Gruppe gemein, dass der Anteil an Vergaben auf der Basis des besten Preis-Leistungs-Verhältnisses rückläufig ist.

Der Blick speziell auf Deutschland erstaunt, lässt sich doch vom Jahr 2014 bis zum Jahr 2023 ein fast 17 %-Rückgang der Vergaben auf Basis des besten Preis-Leistungs-Verhältnisses ausmachen. Offensichtlich scheinen die anderen Nationen in Europa in den zurückliegenden Jahren stärker auf die Möglichkeit zurückzugreifen, (zusätzlich zum Preis) Leistungskriterien zur Vergabeentscheidung zu nutzen. Damit berücksichtigen sie zunehmend, zumindest laut der gemeldeten Daten, qualitative, umweltbezogene oder soziale Zuschlagskriterien bei der Vergabeentscheidung. In der nachfolgenden Abbildung ist der Anteil von Vergabeentscheidungen nach dem besten Preis-Leistungs-Verhältnis dargestellt.

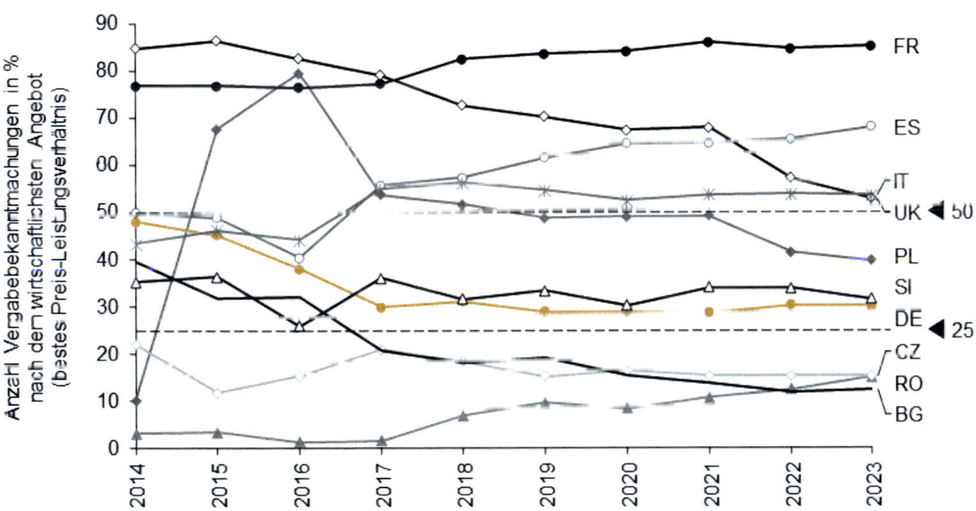

Abbildung: Zeitlicher Verlauf des Anteils von Vergabeentscheidungen nach dem besten Preis-Leistungs-Verhältnis

Einen ersten, vorsichtig zu interpretierenden Hinweis auf die Ursachen für den Verlauf in Deutschland liefern die zurückliegenden Untersuchungen des Bundesrechnungshofes zum Einsatz von Wirtschaftlichkeitsuntersuchungen aus dem Zeitraum der Jahre 2000 bis 2003. Geprüft worden sind dabei alle finanzwirksamen Maßnahmen mit einem Wert über 50.000 EUR. Dabei sollte ermittelt werden, welche Methode die Behörden für Wirtschaftlichkeitsuntersuchungen angewendet hatten und wie sie Verantwortlichkeiten und organisatorische Abläufe geregelt hatten. Der Umfang der Untersuchung umfasste dabei mehr als 40.000 finanzwirksame Maßnahmen.[36] Im Ergebnis kommt der Bundesrechnungshof zu dem Schluss, dass mehr als 85 % der finanzwirksamen Maßnahmen ohne die gesetzlich vorgeschriebenen Wirtschaftlichkeitsuntersuchungen durchgeführt worden sind. Eine tiefergehende Untersuchung der Behörden, die keine Wirtschaftlichkeitsuntersuchungen durchgeführt hatten, offenbarte, dass diese die Wirtschaftlichkeit der Maßnahme allein mit der Auswahl des wirtschaftlichsten Angebotes in einem Vergabeverfahren begründeten. Der Bundesrechnungshof erkannte zwar die Ausschreibung als richtigen Weg an, um beim Kauf von Geräten die Auswahl des günstigsten Anbieters zu gewährleisten, allerdings kritisierte er, dass damit die Frage nach der richtigen Handlungsalternative für die Realisierung der Maßnahme (z.B. die Anmietung des Gerätes) unbeantwortet bleibt. Diese müsste vorab, also noch vor der Einleitung des Vergabeverfahrens, überprüft werden.[37]

In einer aktuellen Untersuchung des Bundesrechnungshofes aus dem Jahr 2022, speziell zur Berücksichtigung nachhaltiger Aspekte in Vergaben, wird zudem kritisiert, dass meist der Preis das alleinige Zuschlagskriterium darstellt, ohne dass die Beschaffungsstellen die Gründe dafür dokumentieren. Die Beschaffungsstellen versäumen dabei laut BRH, zur Ermittlung des wirtschaftlichen Angebots auch regelmäßig Nachhaltigkeitsaspekte bei der Wertung und Zuschlagserteilung einzubeziehen. Dafür müsste die Beschaffungsstelle vor Einleitung des Vergabeverfahrens entscheiden, welche Wertigkeit sie dem Nachhaltigkeitsaspekt neben dem Preis zumisst und eine entsprechende Punktzahl und Gewichtung vorsehen und bekanntmachen. Ob das nachhaltige (nachhaltigere) Angebot das mit dem besten Preis-Leistungs-Verhältnis ist, ist dann anhand der Bewertung sämtlicher Zuschlagskriterien und eines Vergleichs mit den Konkurrenzangeboten zu entscheiden. Dadurch kann die Beschaffungsstelle Bieter idealerweise veranlassen, nachhaltigere Produkte und innovative Lösungen anzubieten.[38]

Insgesamt werden die Möglichkeiten, welche das haushalts- wie das vergaberechtliche Wirtschaftlichkeitsverständnis zulassen, nur eingeschränkt genutzt. Positiv formuliert könnte man interpretieren, dass die hohe Zahl der Nur-Preis-Vergaben dem haushaltsrechtlichen Sparsamkeitsprinzip durchaus entspricht. Negativ formuliert kommt die vergaberechtliche Möglichkeit eines Qualitäts- bzw. Leistungswettbewerbs viel zu selten zum Einsatz. Die am Ende von Abschnitt 3.1.4 konstatierten potenziellen Konfliktfelder im haushalts- wie vergaberechtlichen Wirtschaftlichkeitsverständnis sind damit empirisch durchaus bestätigt.

36 Vgl. Bundesrechnungshof, Anforderungen an Wirtschaftlichkeitsuntersuchungen finanzwirksamer Maßnahmen nach § 7 Bundeshaushaltsordnung, S. 78.

37 Vgl. Bundesrechnungshof, Anforderungen an Wirtschaftlichkeitsuntersuchungen finanzwirksamer Maßnahmen nach § 7 Bundeshaushaltsordnung, 2013, S. 79.

38 Vgl. Bundesrechnungshof, Bericht nach § 88 Abs. 2 BHO über die Prüfung der Nachhaltigen Vergabe in der Bundesverwaltung, 2022, S. 18.

3.3 Verankerung in den Phasen des öffentlichen Beschaffungs- und Vergabeprozesses

Um deutlich zu machen, wie der Grundsatz der Wirtschaftlichkeit entlang des Beschaffungs- und Vergabeprozesses zu verankern ist (auch mit entsprechend dokumentierten Wirtschaftlichkeitsuntersuchungen), wird in dem nachfolgenden Abschnitt eine weiterführende Systematisierung entwickelt. Grundidee ist, dass das Vergabeverfahren nichts anderes als eine beschaffungsseitige Konkretisierung der allgemeinen haushaltsrechtlichen Wirtschaftlichkeitsuntersuchung darstellt. Dabei spricht die hier gewählte Systematik drei unterschiedliche Ebenen an.

Auf der ersten Ebene wird neben den Wirtschaftlichkeitsuntersuchungen und Methoden und den damit verbundenen Anforderungen auch auf den übergreifenden Grundsatz der „Wirtschaftlichkeit der Wirtschaftlichkeitsuntersuchung(en)" eingegangen. Dabei ist zu beachten, dass Wirtschaftlichkeitsuntersuchungen als ein notwendiges Instrument zur Durchsetzung des Wirtschaftlichkeitsprinzips verstanden werden können.[39] Sie erfordern es, über die Folgen öffentlicher Maßnahmen für den Haushalt und darüber hinaus entsprechende Überlegungen und Vergleiche anzustellen.[40] Insofern unterstützen Wirtschaftlichkeitsuntersuchungen Entscheidungen, indem sie Transparenz über alle vorhandenen Entscheidungsmöglichkeiten schaffen, deren finanzielle Auswirkungen offenlegen und Entscheidungsmöglichkeiten in ihrem Kontext und vor dem Hintergrund der getroffenen Annahmen nachvollziehbar machen.[41] Beachtet werden muss laut Aussage des Bundesrechnungshofes, dass neben der Kenntnis angemessener Methoden auch die Frage zu klären ist, wann welche Methode auszuwählen ist und wie eine Wirtschaftlichkeitsuntersuchung bei den oftmals komplexen Problemstellungen des Verwaltungshandelns ausgestaltet werden sollte.[42]

Auf der zweiten Ebene werden dann die Anforderungen an die Wirtschaftlichkeitsuntersuchungen in Abhängigkeit der Phase, in der sich die finanzwirksame Maßnahme gerade befindet, diskutiert. Es handelt sich also um eine zeitpunktbezogene Einordnung der Wirtschaftlichkeitsbetrachtungen. Unterscheiden lassen sich dabei die Anforderungen an eine Wirtschaftlichkeitsuntersuchung in der Planungsphase (A), an eine Wirtschaftlichkeitsuntersuchung begleitend zur Durchführung bzw. Realisierung der Maßnahme (B) und eine abschließende (ex post) Wirtschaftlichkeitsuntersuchung zur Erfolgskontrolle (C). Entsprechende regulatorische Hinweise finden sich in der VV Nr. 2.2 zu § 7 BHO. In der Regel gilt, dass Wirtschaftlichkeitsuntersuchungen durchzuführen sind, bevor Entscheidungen getroffen werden, die finanzielle Auswirkungen haben. In der Arbeitsanleitung des BMF (2011) wird deshalb explizit darauf hingewiesen, dass sie daher auch vor der Einleitung von Vergabeverfahren durchzuführen sind. Vergabeverfahren/Rahmenvereinbarungen ersetzen ganz explizit formuliert nicht eine vorherige Wirtschaftlichkeitsuntersuchung.[43] Als wichtiger Hinweis an dieser Stelle lässt sich festhalten, dass die Wirtschaftlichkeitsuntersuchungen zur besseren

39 Vgl. *Mühlenkamp*, Wirtschaftlichkeit und Wirtschaftlichkeitsuntersuchungen im öffentlichen Sektor, S. 11.
40 Vgl. *Mühlenkamp*, Wirtschaftlichkeit und Wirtschaftlichkeitsuntersuchungen im öffentlichen Sektor, S. 13.
41 Vgl. BMF, Rundschreiben vom 12.1.2011, II A 3-H 1012-10/08/10004, S. 3.
42 Vgl. Bundesrechnungshof, Anforderungen an Wirtschaftlichkeitsuntersuchungen finanzwirksamer Maßnahmen nach § 7 Bundeshaushaltsordnung, 2013, S. 80.
43 Vgl. BMF, Rundschreiben vom 12.1.2011, II A 3-H 1012-10/08/10004, S. 9-10.

Nachvollziehbarkeit der Untersuchungen an den genannten unterschiedlichen Zeitpunkten einer Maßnahme möglichst so angelegt werden sollten, dass sie untereinander vergleichbar sind.

Auf der dritten Ebene geht es dann um die Anwendung der unterschiedlichen Spielarten des Wirtschaftlichkeitsgrundsatzes entlang des eigentlichen Beschaffungs- und Vergabeprozesses. Dabei lässt sich der Beschaffungs- und Vergabeprozess, in Anlehnung an die UfAB 2018 und an *van Weele/Eßig* (2017) in der hier gewählten Zusammenstellung in insgesamt sieben Schritte aufteilen.[44] Diese beginnen in einem ersten Schritt mit der eigentlichen Bedarfsentstehung und -planung der Beschaffung. In einem zweiten Schritt gilt es, das Vergabeverfahren in Abhängigkeit des Auftragswertes auszuwählen und vorzubereiten. Der dritte Schritt befasst sich mit der eigentlichen Durchführung der Vergabe und endet mit der Vergabeentscheidung und dem Vertragsschluss mit dem erfolgreichen Bieter. Die nachfolgenden Schritte beschäftigen sich mit weiteren, operativen Beschaffungsaktivitäten wie der Bestellauslösung bzw. dem Auftragsabruf (Schritt 4), der Bestell- bzw. Auftragsüberwachung (Schritt 5) und der laufenden Evaluation des Auftraggeber-Bieterverhältnisses und der Lieferantenleistung (Schritt 6). Der siebte Schritt dreht sich um die Erfolgskontrolle nach erfolgter Leistungserbringung und markiert damit Abschluss des Beschaffungsprozesses.

Die Entscheidungen zu einem frühen Zeitpunkt (also in der Phase der Planung einer finanzwirksamen Maßnahme und hier insbesondere in den ersten beiden Schritten des Beschaffungs- und Vergabeprozesses) haben einen großen und hochgradig determinierenden Charakter für die nachfolgenden Phasen. Gerade in der frühen Phase lassen sich Entscheidungen und damit auch der weitere Verlauf von Kosten und Leistungen noch beeinflussen, während in den späteren Phasen nur noch marginale Veränderungen an den Kosten- und Leistungsverläufen vorgenommen werden können.

Die drei eben angesprochenen Ebenen können zur weiteren, visuellen Systematisierung in der nachfolgenden Abbildung zusammengefasst werden. Mit Hilfe dieser Abbildung soll in den nachfolgenden Abschnitten auf die Verankerung des Wirtschaftlichkeitsgrundsatzes entlang des Beschaffungs- und Vergabeprozesses vertieft eingegangen werden. Die Darstellung folgt der Logik, dass die Wirtschaftlichkeitsuntersuchungen und die jeweils dahinterliegenden Methoden je nach Phase der finanzwirksamen Maßnahme angepasst und ausgestaltet werden müssen und auch im Beschaffungs- und Vergabeprozess ihren Niederschlag finden müssen.

Widmet man sich der ersten Ebene zu den Wirtschaftlichkeitsuntersuchungen und den dahinterliegenden allgemein verfügbaren Methoden, so lassen sich hier verschiedene einzelwirtschaftliche (betriebswirtschaftliche) und gesamtwirtschaftliche (volkswirtschaftliche) Verfahren/Methoden subsumieren.[45] Einzelwirtschaftliche Verfahren betrachten ausschließlich die Folgen einer Investitionsentscheidung (Maßnahme) für den Investor und damit lediglich die innerbetriebliche Wirkung. Demgegenüber umfassen volks- oder gesamtwirtschaftliche Verfahren Wirkungen, die bei Dritten oder Außenstehenden entstehen können.[46] Zu den

44 Vgl. *van Weele/Eßig*, Strategische Beschaffung: Grundlagen, Planung und Umsetzung eines integrierten Supply Management, S. 44 f., Beschaffungsamt des Bundesministeriums des Inneren, UfAB 2018.04, S. 22.

45 Vgl. *Mühlenkamp*, Wirtschaftlichkeit und Wirtschaftlichkeitsuntersuchungen im öffentlichen Sektor, S. 18 ff.

46 Vgl. *Mühlenkamp*, Wirtschaftlichkeit und Wirtschaftlichkeitsuntersuchungen im öffentlichen Sektor, S. 19.

einzelwirtschaftlichen Verfahren zählen statische und dynamische Verfahren. Von statischen Verfahren spricht man, wenn die zeitliche Struktur von Zahlungs- und Erfolgsströmen nicht berücksichtigt wird.[47] Zu ihnen zählen einperiodige Verfahren wie bspw. die Kostenvergleichsrechnung, die Gewinnvergleichs- oder die Rentabilitätsrechnung oder auch mehrperiodige Verfahren wie z.B. die Amortisationsrechnung.[48]

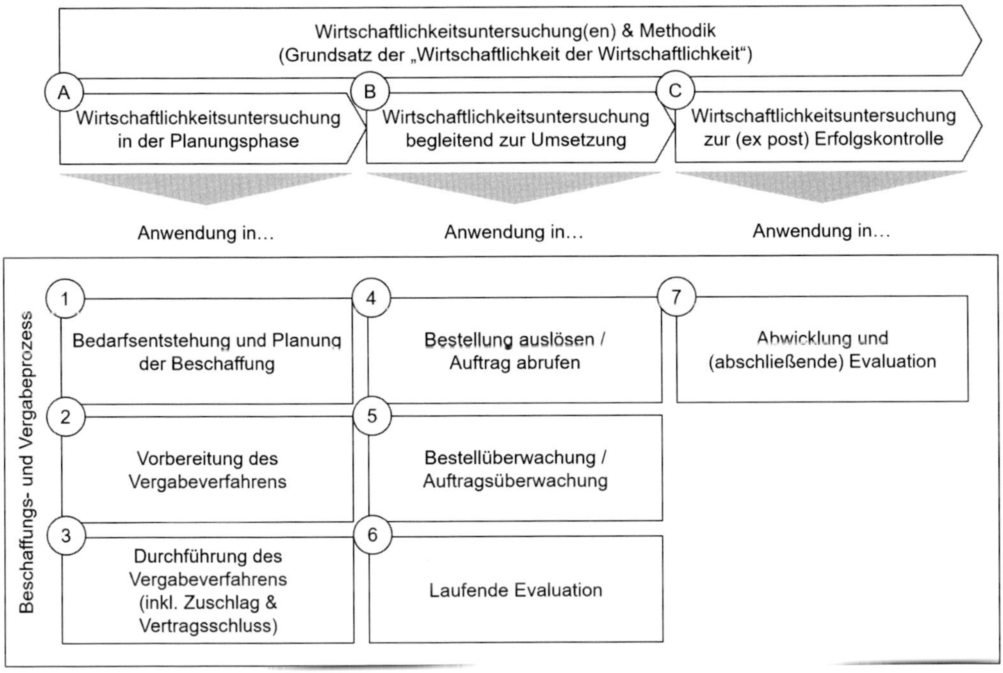

Abbildung: Verankerung von Wirtschaftlichkeitsuntersuchungen entlang des Beschaffungsprozesses

Bei dynamischen Verfahren wird demgegenüber die zeitliche Struktur von Zahlungen durch Auf- oder Abzinsung berücksichtigt und es werden zu unterschiedlichen Zeitpunkten anfallende Zahlungen miteinander vergleichbar gemacht.[49] Zu ihnen zählen Vermögenswertmethoden (z.B. Kapitalwertmethode, Annuitätenmethode oder die Endwert-Methode) oder die Zinssatz-Methoden (z.B. Interne-Zinssatzmethode oder die Soll-Zinssatzmethode).[50] Eine Zwischenstellung nehmen die sogenannten Nutzwertanalysen ein, da sie sowohl bei einzelwirtschaftlichen als auch bei gesamtwirtschaftlichen Entscheidungen zum Einsatz kommen können.[51] Für die Auswahl der richtigen Methode schlägt *Mühlenkamp* (2011) eine dreigliedrige Systematik vor. Es gilt demnach Methoden danach auszuwählen, welchem Informationsbedarf der Entscheidungsträger Rechnung getragen werden soll, welche Eigenschaften des Projektes (der finanzwirksamen Maßnahme) zu Grunde liegen und ob methodische Aus-

47 Vgl. *Mühlenkamp*, Wirtschaftlichkeit und Wirtschaftlichkeitsuntersuchungen im öffentlichen Sektor, S. 21.
48 Vgl. *Mühlenkamp*, Wirtschaftlichkeit und Wirtschaftlichkeitsuntersuchungen im öffentlichen Sektor, S. 22.
49 Vgl. *Mühlenkamp*, Wirtschaftlichkeit und Wirtschaftlichkeitsuntersuchungen im öffentlichen Sektor, S. 21.
50 Vgl. *Mühlenkamp*, Wirtschaftlichkeit und Wirtschaftlichkeitsuntersuchungen im öffentlichen Sektor, S. 22.
51 Vgl. *Mühlenkamp*, Wirtschaftlichkeit und Wirtschaftlichkeitsuntersuchungen im öffentlichen Sektor, S. 18.

schlussgründe bei der Auswahl vorliegen.[52] Damit geht *Mühlenkamp* (2011) differenzierter vor, als es beispielsweise bei den Empfehlungen des BMF der Fall ist. Diese beschränken den Methodenkanon bei einzelwirtschaftlichen Betrachtungen beispielsweise auf die Kapitalwertmethode und die Nutzwertanalyse und bei gesamtwirtschaftlichen Betrachtungen auf die Kosten-Nutzen-Analyse und die Nutzwertanalyse.[53] Nicht zu vernachlässigen ist bei der Auswahl der richtigen Methode die nach den Erfordernissen des Einzelfalls einfachste und wirtschaftlichste Methode anzuwenden (vgl. VV Nr. 2.3.1 zu § 7 BHO).[54] Es kann in diesem Zusammenhang also auch vom Grundsatz der „Wirtschaftlichkeit der Wirtschaftlichkeitsuntersuchung" gesprochen werden.

Konzentriert man sich auf der zweiten Ebene auf Wirtschaftlichkeitsuntersuchungen in der Planungsphase (A) einer Maßnahme, so wird gleichzeitig deutlich, dass auf der dritten Ebene der obigen Darstellung dann die Schritte 1 bis 3 des Beschaffungs- und Vergabeprozesses in den Mittelpunkt der Betrachtung rücken. Gleich im ersten Schritt des Beschaffungs- und Vergabeprozesses spielen Wirtschaftlichkeitsbetrachtungen gleich in dreierlei Hinsicht eine wesentliche Rolle. Die UfAB 2018 nennt in diesem Zusammenhang insbesondere die Teilschritte der eigentlichen Wirtschaftlichkeitsbetrachtung, der Auftragswertschätzung und der Klärung der Haushaltsmittel als wesentlich in der Phase der Bedarfsentstehung und der Planung der Beschaffung.[55] Bevor mit einer Wirtschaftlichkeitsuntersuchung im Detail gestartet wird, müsste in einer allerersten vorab durchgeführten Einschätzung bewertet und dokumentiert werden, ob eine solche Untersuchung in Anbetracht des vorliegenden Vorhabens Sinn ergibt bzw. wirtschaftlich durchgeführt werden kann (Wirtschaftlichkeit der Wirtschaftlichkeit).

Die Wirtschaftlichkeitsbetrachtung spielt während der Planung einer Beschaffung verwaltungsintern eine wichtige Rolle, z.B. beim Nachweis der Notwendigkeit und Wirtschaftlichkeit des angedachten Fremdbezuges. Sie ist in diesem Zusammenhang streng von der Ermittlung des wirtschaftlichsten Angebotes im Rahmen der Durchführung des Vergabeverfahrens zu unterscheiden. Wesentliche Ergebnisse dieser frühzeitigen Wirtschaftlichkeitsuntersuchung sind dann beispielsweise Aussagen und Informationen zur Konkretisierung einer ersten „Vorkalkulation". Diese Vorkalkulationen lassen sich dann beispielsweise dazu nutzen unterschiedliche Beschaffungsvarianten und damit verbundene Geschäftsmodelle zu hinterfragen. Zudem können auch technische Ausprägungen geplanter Beschaffungsmaßnahmen geprüft werden. Das kann frühzeitig auch zu Veränderungen bei der technischen und organisatorischen Ausgestaltung führen. Bspw. könnten bei Bauwerken konstruktive Anpassungen notwendig werden, um den Energieverbrauch und die damit verbundenen Betriebskosten einzugrenzen. Die dafür notwendigen, zusätzlichen baulichen Maßnahmen können dann zwar die Anschaffungskosten erhöhen, führen in der Folge aber zu niedrigeren Nutzungskosten für das Gebäude. Zusätzlich ist es bspw. auch denkbar, besonders kritische und ausgabenintensive Bestandteile des letztlich ausgewählten Lösungsvorschlages abzuschätzen und mit zusätzlichen Zuschlags- und Bewertungskriterien in der Vergabe zu berücksichtigen.

---

52 Vgl. *Mühlenkamp*, Wirtschaftlichkeit und Wirtschaftlichkeitsuntersuchungen im öffentlichen Sektor, S. 81.
53 Vgl. BMF, Rundschreiben vom 12.1.2011, II A 3-H 1012-10/08/10004, S. 6.
54 Vgl. BMF, Rundschreiben vom 12.1.2011, II A 3-H 1012-10/08/10004, S. 5.
55 Vgl. Beschaffungsamt des Bundesministeriums des Inneren, UfAB 2018.04, S. 58 ff.

Selbstverständlich tragen die frühen Einschätzungen zur Wirtschaftlichkeit auch dazu bei, den Auftragswert richtig einzuschätzen, der für die spätere Bestimmung des zu wählenden Vergabeverfahrens von essenzieller Bedeutung ist.[56] Er ist maßgeblich für die Entscheidung, ob ein nationales oder EU-weites Vergabeverfahren durchzuführen ist.[57] Nachdem der geschätzte Auftragswert nicht nur die Verfahrensart bestimmt, sondern unter anderem auch als Grundlage für die Bereitstellung der Haushaltsmittel dienen kann, sind die Anforderungen an die Erstellung hoch. Er muss alle zu beschaffenden Lieferungen und/oder Leistungen enthalten (umfassend sein) sowie mit hoher Sorgfalt und auf der Grundlage belastbarer und aktueller Daten ermittelt werden. Dazu dürfen beispielsweise auch Informationen aus der Markterkundungen genutzt werden (§ 28 Abs. 2 VgV). Nach Klärung der Bedarfsfeststellung und des Nachweises der Wirtschaftlichkeit sind dann nach UfAB 2018 alle Schritte zur Sicherung der für das Vorhaben notwendigen Haushaltsmittel einzuleiten.[58]

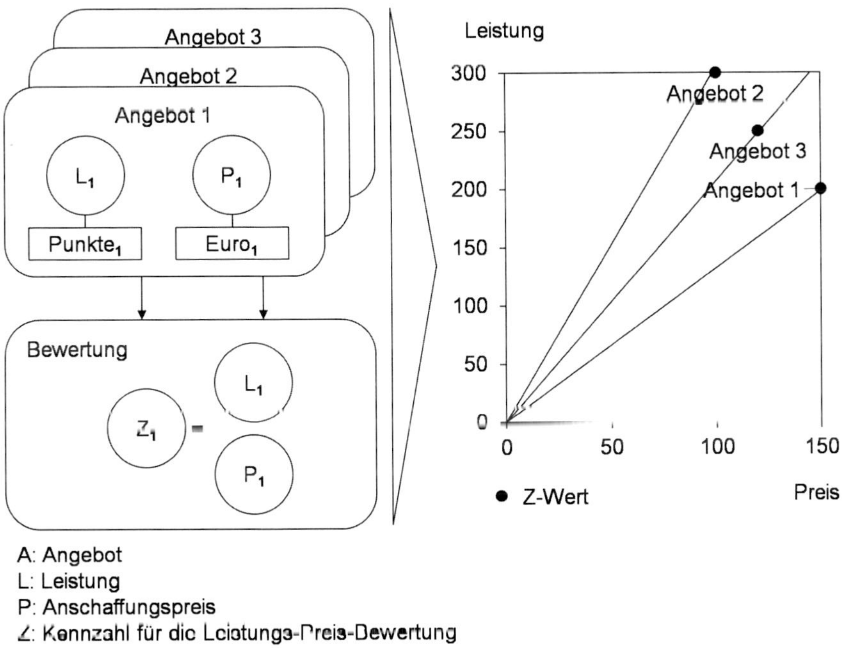

Abbildung: Auswahl des wirtschaftlichsten Angebotes nach der einfachen Richtwertmethode

Ein weiteres, entscheidendes Mal spielt der „Grundsatz der Wirtschaftlichkeit" dann bei der eigentlichen Vergabeentscheidung und bei der Auswahl des wirtschaftlichsten Angebotes eine Rolle. Während es bei den vorhergehenden Untersuchungen um die Auswahl der richtigen Lösungsalternative zur Erreichung des jeweiligen Zwecks der öffentlichen Hand ging, steht hier die Auswahl des besten Bieters bzw. des besten Angebotes im Mittelpunkt der Betrachtung. Wie sich das beste Preis-Leistungs-Verhältnis dabei auswählen lässt, demonstriert *Ferber* beispielsweise entlang der einfachen Richtwertmethode, auf der einen Seite mit

56 Vgl. Beschaffungsamt des Bundesministeriums des Inneren, UfAB 2018.04, S. 60 f.
57 Vgl. Beschaffungsamt des Bundesministeriums des Inneren, UfAB 2018.04, S. 60.
58 Vgl. Beschaffungsamt des Bundesministeriums des Inneren, UfAB 2018.04, S. 62.

einer zu ermittelnden Kennzahl, auf der anderen Seite mit Hilfe einer grafischen Lösungsalternative.[59] Dazu trägt er beispielsweise die Kosteninformation der zu vergleichenden Angebote als Koordinate auf der X-Achse und die Leistungsinformation in Form eines Punktwertes auf der Y-Achse ab. Dann wird durch den Nullpunkt des Koordinatensystems und durch die XY-Koordinate des jeweiligen Angebotes eine Linie gezogen. Das Angebot mit der größten Steigung wird als das wirtschaftlichste Angebot ausgewählt.[60]

Zwar endet der Vergabeprozess mit dem Zuschlag bzw. mit dem Abschluss eines Vertrags mit dem Lieferanten, der Beschaffungsprozess jedoch nicht. Auch während der Nutzung eines Produktes durch den Bedarfsträger bzw. internen Kunden ist eine Begleitung durch die Beschaffungsfunktion erforderlich. Gerade wenn bspw. Lebenszykluskosten als Zuschlagskriterium genutzt wurden, ist ex post Vertragsschluss zu prüfen, ob der Lieferant seine Zusagen einhält. Häufig werden auf Basis der Lebenszykluskosten Leistungen bezuschlagt, bei denen die Anschaffungskosten (Preis) höher, aber die Nutzungskosten (bspw. Energieverbrauch) niedriger sind, sodass diese Alternative insgesamt wirtschaftlicher wurde. Werden die prognostizierten bzw. zugesagten Kosten nicht nachgehalten, würden überhöhte Angebote nicht sanktioniert werden – Wirtschaftlichkeit erfordert also ein umfassendes (Beschaffungs-) Prozessverständnis und hat strategischen Charakter für die öffentliche Vergabe.

59 Im Detail hierzu Kap. 11 und Kap. 13.
60 Im Detail hierzu Kap. 11 und Kap. 13.

4. Preis-Leistungs-Verhältnis

Autor: Dipl.-Math. Thomas Ferber, LL.M.

Das **Preis-Leistungs-Verhältnis** kann als die Angemessenheit eines Preises (oder Kosten) im Vergleich zur Leistungsstärke des Angebots interpretiert werden[1] und beantwortet die Frage, welches Mehr an Leistung welches Mehr an Preis (oder Kosten) rechtfertigt. Im Gabler Wirtschaftslexikon findet sich zum Preis-Leistungs-Verhältnis die folgende Definition: *„Subjektives Empfinden über die Angemessenheit eines Preises im Vergleich zur Qualität des Angebots."*

Mit den Richtlinien 2014/24/EU und 2014/25/EU kam es zu einer neuen Definition des Begriffs der Wirtschaftlichkeit, bei der die explizit genannten umweltbezogenen und sozialen Kriterien gleichrangig zu den qualitativen Kriterien aufgeführt wurden. Darüber hinaus müssen die Kriterien nicht mehr den Auftragsgegenstand direkt betreffen, sondern umfassen den gesamten Lebenszyklus der zu erbringenden Bauleistungen, Lieferungen oder Dienstleistungen.[2] Solche Kriterien können z.B. sein: energieeffiziente Produktion, Verwendung von fair gehandelten Waren, Abfallminimierung oder die Ressourceneffizienz.[3] Damit konkretisieren die Vergaberichtlinien, auf welche Weise die öffentlichen Auftraggeber bzw. Sektorenauftraggeber zum Umweltschutz und zur Förderung einer nachhaltigen Entwicklung beitragen können und setzen damit Art. 11 AEUV um.[4]

Die Bestimmung des wirtschaftlich günstigsten Angebots kann gemäß Art. 67 Abs. 2 RL 2014/24/EU bzw. gemäß Art. 82 Abs. 2 RL 2014/25/EU nunmehr auf drei verschiedene Arten erfolgen:

- anhand einer Bewertung auf der Grundlage des Preises oder
- anhand einer Bewertung auf der Grundlage der Kosten oder
- anhand des besten Preis-Leistungs-Verhältnisses, das auf der Grundlage von qualitativen, umweltbezogenen und sozialen Kriterien bewertet wird.

Art. 67 Abs. 2 Satz 1 RL 2014/24/EU: *„Die Bestimmung des aus der Sicht des öffentlichen Auftraggebers wirtschaftlich günstigsten Angebots erfolgt anhand einer Bewertung auf der Grundlage des Preises oder der Kosten, mittels eines Kosten-Wirksamkeits-Ansatzes, wie der Lebenszykluskostenrechnung gemäß Artikel 68, und kann das beste Preis-Leistungs-Verhältnis beinhalten, das auf der Grundlage von Kriterien – unter Einbeziehung qualitativer, umweltbezogener und/oder sozialer Aspekte – bewertet wird, die mit dem Auftragsgegenstand des betreffenden öffentlichen Auftrags in Verbindung stehen."*

Damit sehen die EU-Richtlinien nunmehr eine Dreiteilung zur Bestimmung des wirtschaftlichsten Angebots vor.[5]

---

1 Gabler Wirtschaftslexikon, S. 2534, Preis-Leistungs-Verhältnis.

2 Erwägungsgrund 97 RL 2014/24/EU.

3 Erwägungsgrund 97 RL 2014/24/EU.

4 Erwägungsgrund 91 RL 2014/24/EU.

5 *Dillinger/Ferber*, Der Preis und die wirtschaftliche Vergabe, RPA, Zeitschrift für Vergaberecht, 21, 310 (315), 2021.

Als weitere Möglichkeit der Wirtschaftlichkeitsbetrachtung führen die neuen Richtlinien eine rein leistungsbezogene Variante unter Vorgabe eines Festpreises bzw. von Festkosten ein.[6]

Art. 67 Abs. 2 Satz 3 RL 2014/24/EU: *„Das Kostenelement kann auch die Form von Festpreisen oder Festkosten annehmen, auf deren Grundlage die Wirtschaftsteilnehmer nur noch mit Blick auf Qualitätskriterien miteinander konkurrieren."*

Ersetzt man beim Preis-Leistungs-Verhältnis den Preis durch Kosten, kann man durch diese weitere Ausdifferenzierung zur Bestimmung des wirtschaftlich günstigsten Angebots letztendlich fünf verschiedene Varianten unterscheiden.

- **Nur Preis**: Das Angebot mit dem niedrigsten Angebotspreis erhält den Zuschlag.
- **Nur Kosten**: Das Angebot mit den niedrigsten Gesamtkosten erhält den Zuschlag.
- **Nur Leistung**: Unter Vorgabe eines Festpreises bzw. von Festkosten erhält das Angebot mit der höchsten Leistungspunktzahl den Zuschlag.
- **Preis-Leistungs-Bewertung**: Preis und Leistung werden in einem gewichteten Verhältnis zueinander betrachtet.
- **Kosten-Leistungs-Bewertung**: Kosten und Leistung werden in einem gewichteten Verhältnis zueinander betrachtet.

Zuschlagskriterien können in monetäre und nichtmonetäre (leistungsbezogene) Zuschlagskriterien differenziert werden. Monetäre Zuschlagskriterien können in Angebotspreis und Gesamtkostenbetrachtung, nichtmonetäre (leistungsbezogene) Zuschlagskriterien in qualitative, umweltbezogene und soziale Kriterien differenziert werden.

Abbildung: Differenzierung der Zuschlagskriterien

6 Art. 67 Abs. 2 Satz 3 RL 2014/24/EU bzw. gemäß Art. 82 Abs. 2 Satz 3 RL 2014/25/EU.

Die monetären Zuschlagskriterien werden in Euro bewertet und haben aufgrund der natürlichen metrischen Skala einen hohen Informationsgehalt. Nichtmonetäre (leistungsbezogene) Zuschlagskriterien werden in der Regel durch Punkte bewertet.

Qualitative, umweltbezogene sowie soziale Kriterien können als zu erfüllende Anforderungen in Form von Ausschlusskriterien in Leistungsverzeichnisse oder als Vorgaben für die Phase der Leistungserbringung in Ausführungsbestimmungen integriert werden und müssen von den Bieterangeboten zwingend erfüllt werden. Als Bewertungskriterien können qualitative, umweltbezogene sowie soziale Kriterien einer Bewertung unterzogen werden, die einen Vergleich der Angebote ermöglicht. Werden bei den monetären Zuschlagskriterien statt des Preises die Kosten betrachtet, können qualitative, umweltbezogene sowie soziale Kriterien auch über ein Kostenmodell in die Wirtschaftlichkeitsbetrachtung integriert werden.

Bei der Umsetzung der Richtlinien in das deutsche Vergaberecht hat der Gesetzgeber eine etwas andere Definition gewählt. Gemäß § 127 Abs. 1 Satz 3 GWB bestimmt sich das wirtschaftlichste Angebot nach dem besten Preis-Leistungs-Verhältnis. Mit dem Preis-Leistungs-Verhältnis werden der Preis oder die Kosten in ein Verhältnis zur Leistung gesetzt, Preis oder Kosten müssen dabei zwingend berücksichtigt werden.[7] Gemäß § 127 Abs. 1 Satz 4 GWB können zur Ermittlung des Preis-Leistungs-Verhältnisses neben dem Preis oder den Kosten auch qualitative, umweltbezogene oder soziale Aspekte berücksichtigt werden.

Damit hat der deutsche Gesetzgeber die Begrifflichkeit des Preis-Leistungs-Verhältnisses anders als im Erwägungsgrund 89 RL 2014/24/EU als übergeordneten Begriff der Wirtschaftlichkeit in das deutsche Vergaberecht eingeführt.

Doch auch hier kann – wie bereits aufgeführt – die Bestimmung des wirtschaftlichsten Angebots in fünf verschiedenen Varianten angewendet werden:

- 100% Preis,
- 100% Kosten,
- 100% Leistung,
- Preis-Leistungs-Bewertung,
- Kosten-Leistungs-Bewertung.

Bei einer Preis-Leistungs-Bewertung bzw. Kosten-Leistungs-Bewertung werden der Preis bzw. die Kosten und die Leistung in einem gewichteten Verhältnis zueinander betrachtet.

Dass es sich im deutschen Vergaberecht beim Preis-Leistungs-Verhältnis um den übergeordneten Begriff für das wirtschaftlichste Angebot handelt, ergibt sich auch aus dem Wortlaut von § 127 Abs. 1 GWB: *„Der Zuschlag wird auf das wirtschaftlichste Angebot erteilt. (...) Das wirtschaftlichste Angebot bestimmt sich nach dem besten Preis-Leistungs-Verhältnis. Zu dessen Ermittlung können neben dem Preis oder den Kosten auch qualitative, umweltbezogene oder soziale Aspekte berücksichtigt werden."*

7 Gesetzesbegründung BT-Drs. 18/6281, 111.

Um Zweideutigkeiten zu vermeiden und eine Einheitlichkeit zu erreichen, wird im Folgenden zwischen den folgenden Varianten der Wirtschaftlichkeit unterschieden:

- 100% Preis,
- 100% Kosten,
- 100% Leistung,
- Preis-Leistungs-Bewertung,
- Kosten-Leistungs-Bewertung.

4.1 Das wirtschaftlichste Angebot auf Basis des Angebotspreises

Auch nach der Vergaberechtsreform 2016 darf weiterhin allein auf der Grundlage des billigsten Angebotspreises das wirtschaftlichste Angebot bestimmt werden.[8] Der Preis ist dann das einzige Zuschlagskriterium, sodass die Bestimmung des wirtschaftlichsten Angebots keine großen Herausforderungen stellt. Den Zuschlag erhält das Angebot mit dem niedrigsten Angebotspreis.[9] Die Leistung der Angebote wird in diesen Fällen durch die Leistungsbeschreibung sowie die Ausführungsbestimmungen vorgegeben und letztendlich durch Ausschlusskriterien beschrieben und gesteuert.

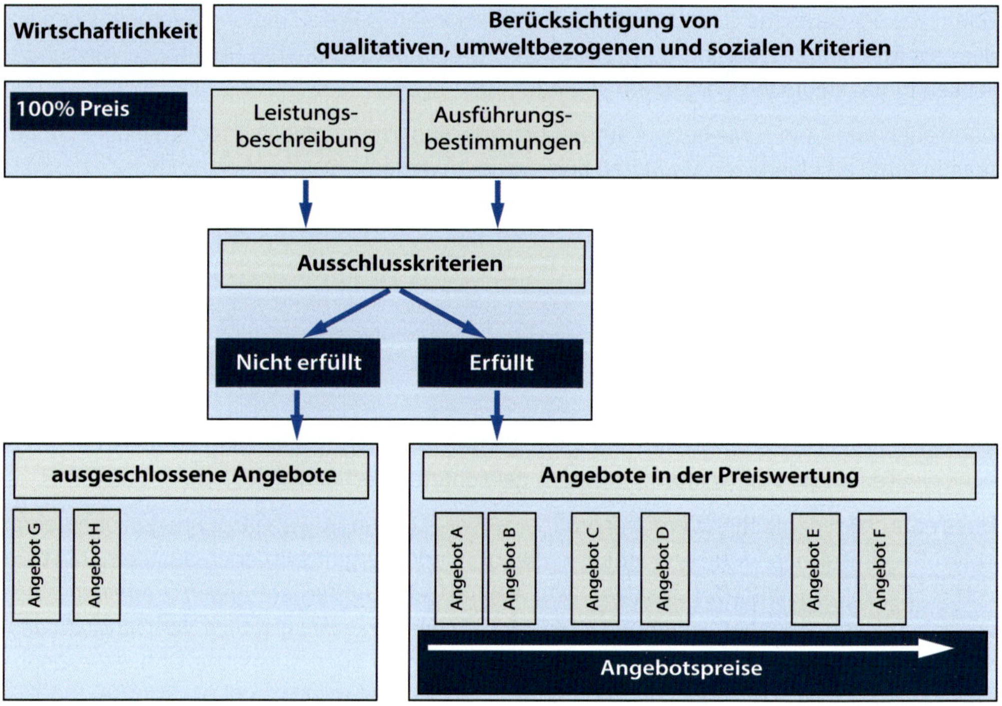

Abbildung: Wirtschaftlichkeit = 100% Preis

8 Erwägungsgrund 89 RL2014/24/EU; Verordnungsbegründung BR-Drs. 87/16.

9 In der vierten Wertungsstufe (Wirtschaftlichkeitsbetrachtung) werden allerdings nur die Angebote gewertet, die nicht in den ersten drei Wertungsstufen (formale Prüfung, Prüfung der Eignung, Prüfung der Angemessenheit des Preises) ausgeschieden sind.

Die zu wertenden Angebote müssen alle Ausschlusskriterien erfüllen. Wird nur ein Ausschlusskriterium nicht erfüllt, führt dies zum zwingenden Ausschluss des betreffenden Angebots.

Die Zuschlagsentscheidung nur nach dem Angebotspreis (Billigstbieterprinzip) ist anwendbar bei der Ausschreibung von standardisierten Leistungen bzw. wenn die zu beschaffende Leistung sehr detailliert beschrieben werden kann, sodass vergleichbare Angebote zu erwarten sind.[10]

Die Zuschlagsentscheidung nur nach dem Angebotspreis entspricht dem haushaltsrechtlichen Sparsamkeitsprinzip[11], bei dem unter möglichst geringem Ressourcenverbrauch ein vorab festgelegter Nutzen erreicht werden soll.[12]

4.2 Das wirtschaftlichste Angebot auf Basis einer Kostenbetrachtung

Gemäß § 58 Abs. 2 Satz 2 Hs. 1 VgV bzw. § 16d Abs. 2 Nr. 1 Satz 4 VOB/A-EU kann der öffentliche Auftraggeber das wirtschaftlichste Angebot auf Basis einer Kostenbetrachtung bestimmen (Entsprechendes findet sich für den Sektorenauftraggeber in § 52 Abs. 2 Satz 2 Hs. 1 SektVO).

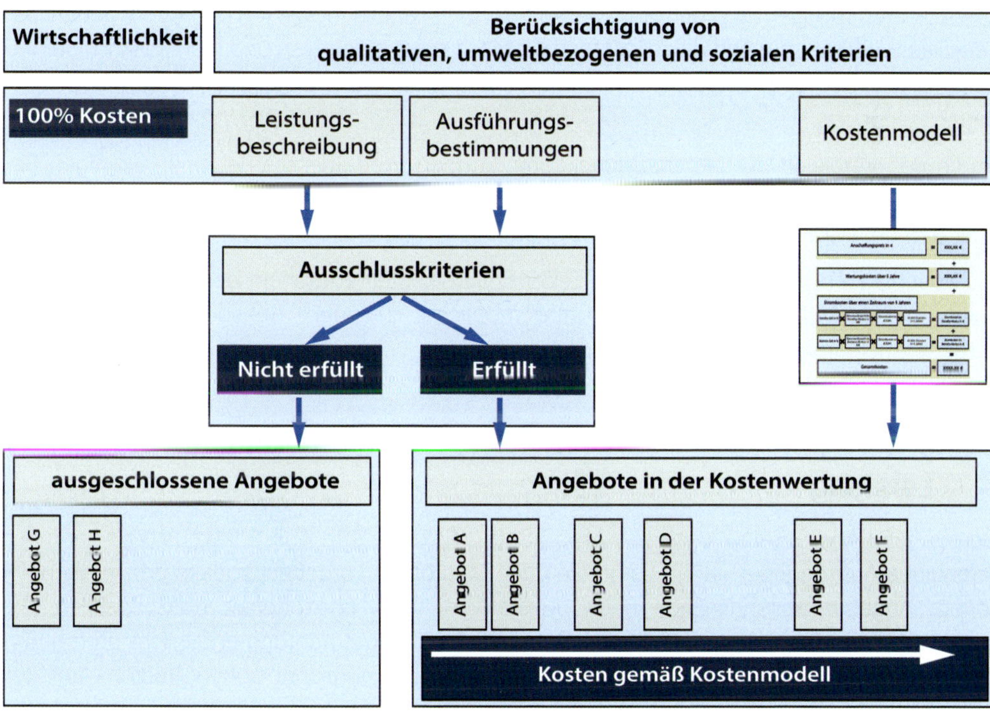

Abbildung: Wirtschaftlichkeit = 100% Kosten

10 OLG Düsseldorf, Beschluss vom 2.5.2007 – VII-Verg 1/07.

11 Auch als Minimum-, Minimal- bzw. Kostenminimierungsprinzip bezeichnet.

12 Im Detail dazu Kapitel 2 „Wirtschaftlichkeit und Haushaltsrecht"; *Gröpl*, in: Gröpl, BHO/LHO, § 7 Rn. 6.

Im Gegensatz zur reinen Bewertung des Angebotspreises (Anschaffungskosten) können bei einer Kostenbetrachtung auch Folgekosten, Betriebskosten, Entsorgungskosten etc. mitberücksichtigt werden. Diese Kostenbetrachtungen sind unter den Begriffen Lebenszykluskosten, Vollkostenbetrachtung, Total Cost of Ownership (TCO) bekannt. Die Anforderungen an die Methode zur Berechnung der Lebenszykluskosten werden in § 59 VgV bzw. § 53 SektVO bzw. § 16d Abs. 2 Nr. 5-7 VOB/A-EU geregelt (Die KonzVgV und die VSVgV enthalten keine entsprechende Regelung).

Durch die Einbeziehung umweltbezogener Kostenfaktoren soll das Ziel eines intelligenten, nachhaltigen und integrativen Wachstums bei der öffentlichen Auftrags-vergabe befördert werden.[13]

Neben den internen Kosten wie den in § 59 Abs. 2 Nr. 2-4 VgV genannten Nutzungskosten, insbesondere den Verbrauchskosten für Energie und andere Ressourcen, den Wartungskosten, den Kosten am Ende der Nutzungsdauer, insbesondere den Abholungs-, Entsorgungs- oder Recyclingkosten, dürfen gemäß § 59 Abs. 2 Nr. 5 VgV auch externe Kosten durch Effekte auf die Umwelt Berücksichtigung finden.

Im Erwägungsgrund 96 der Richtlinie 2014/24/EU werden z.B. genannt: Umweltverschmutzung durch die Gewinnung der in der Ware verwendeten Rohstoffe, Umweltverschmutzung durch die Ware selbst oder Umweltverschmutzung durch die Herstellung der Ware.

Diese Kosten müssen sich gemäß § 59 Abs. 3 VgV finanziell bewerten und überwachen lassen. Des Weiteren müssen diese Kostenmodelle in einer objektiven und nicht diskriminierenden Weise im Voraus festgelegt und allen interessierten Parteien zugänglich gemacht werden.

Durch den Vergleich der Lebenszykluskosten können Produkte, die bei einer alleinigen Betrachtung der Anschaffungskosten (Angebotspreis) nicht wirtschaftlich wären, dies durch die über den gesamten Lebenszyklus betrachteten Folgekosten kompensieren.

Die Zuschlagsentscheidung nach den Lebenszykluskosten entspricht dem haushaltsrechtlichen Sparsamkeitsprinzip, bei dem unter möglichst geringem Ressourcenverbrauch ein vorab festgelegter Nutzen erreicht werden soll.

4.3 Das wirtschaftlichste Angebot auf Basis der maximalen Leistung

Gemäß § 58 Abs. 2 Satz 2 VgV, § 52 Abs. 2 Satz 2 SektVO, § 43 Abs. 2 Satz 3 UVgO kann der öffentliche Auftraggeber auch Festpreise oder Festkosten vorgeben, sodass das wirtschaftlichste Angebot ausschließlich nach qualitativen, umweltbezogenen oder sozialen Zuschlagskriterien bestimmt wird. Diese Wirtschaftlichkeitsbetrachtung entspricht dem haushaltsrechtlichen Maximumprinzip[14] zur Erzielung eines möglichst hohen Nutzens auf der Grundlage eines im Voraus feststehenden Einsatzes an Ressourcen.[15]

13 Erwägungsgrund 96 der Richtlinie 2014/24/EU.
14 Auch als Ergiebigkeitsprinzip bezeichnet.
15 Im Detail dazu Kapitel 2 „Wirtschaftlichkeit und Haushaltsrecht"; *Gröpl*, in: Gröpl, BHO/LHO, § 7 Rn. 6.

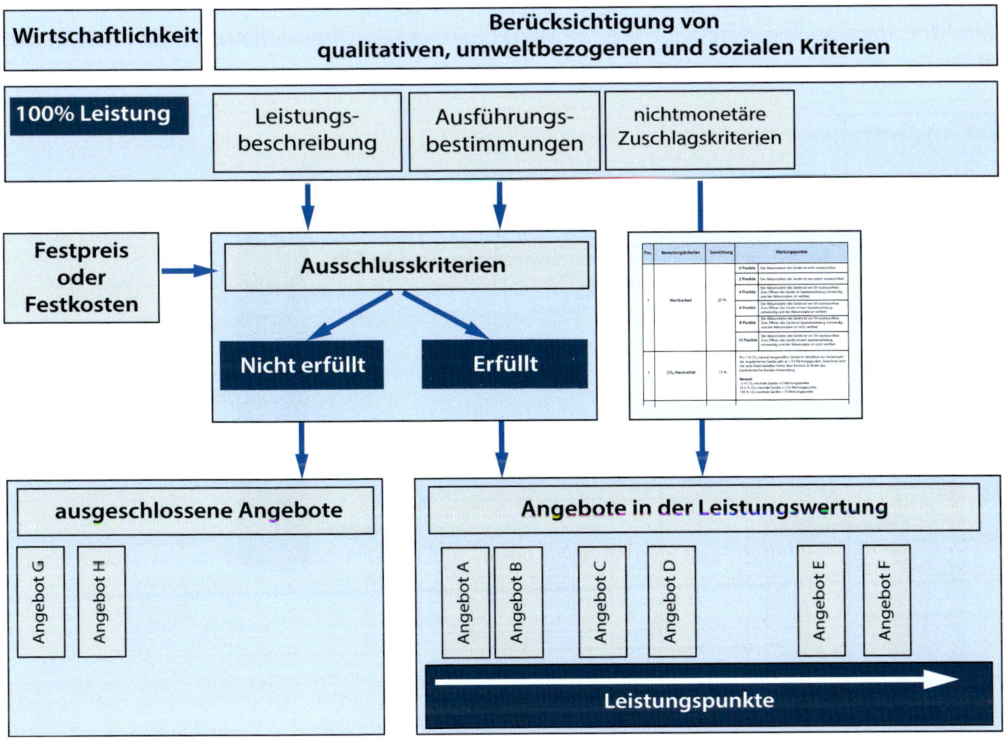

Abbildung: Wirtschaftlichkeit = 100% Leistung

Bei dieser Wirtschaftlichkeitsbetrachtung werden die Mindestanforderungen an die qualitativen, umweltbezogenen und sozialen Kriterien durch die Leistungsbeschreibung sowie die Ausführungsbestimmungen durch Ausschlusskriterien vorgegeben. Zur Bestimmung des wirtschaftlichsten Angebots müssen verpflichtend qualitative, umweltbezogene oder soziale Zuschlagskriterien Anwendung finden, sodass die Angebote nach diesen Zuschlagskriterien und einem dazugehörenden Wertungssystem bewertet werden können.

4.4 Das wirtschaftlichste Angebot auf Basis einer Gewichtung von Preis und Leistung

Soll neben dem Angebotspreis, der in Euro vorliegt, auch die Leistungsstärke der Angebote (aus den nichtmonetären Zuschlagskriterien), die in Leistungspunkten vorliegen, für die Wirtschaftlichkeitsbetrachtung bewertet werden, stellt sich die Frage, welches Mehr an Leistung welches Mehr an Preis rechtfertigt.[16]

Um dies objektiv beantworten zu können, muss die Preis-Leistungs-Bewertung durch eine mathematische Formel, die Zuschlagsformel einer Bewertungsmethode, dargestellt werden. Die Zuschlagsformel berücksichtigt die Angebotspreise in Euro sowie die Leistungsstärke (Qualität, umweltbezogene Kriterien, soziale Kriterien) der Angebote in Leistungspunkten und

16 *Ferber*, in: Müller-Wrede, VgV/UVgO, § 58 VgV Rn. 23.

ermittelt daraus eine Kennzahl, die die Wirtschaftlichkeit (Preis-Leistungs-Bewertung) des Angebots repräsentiert.

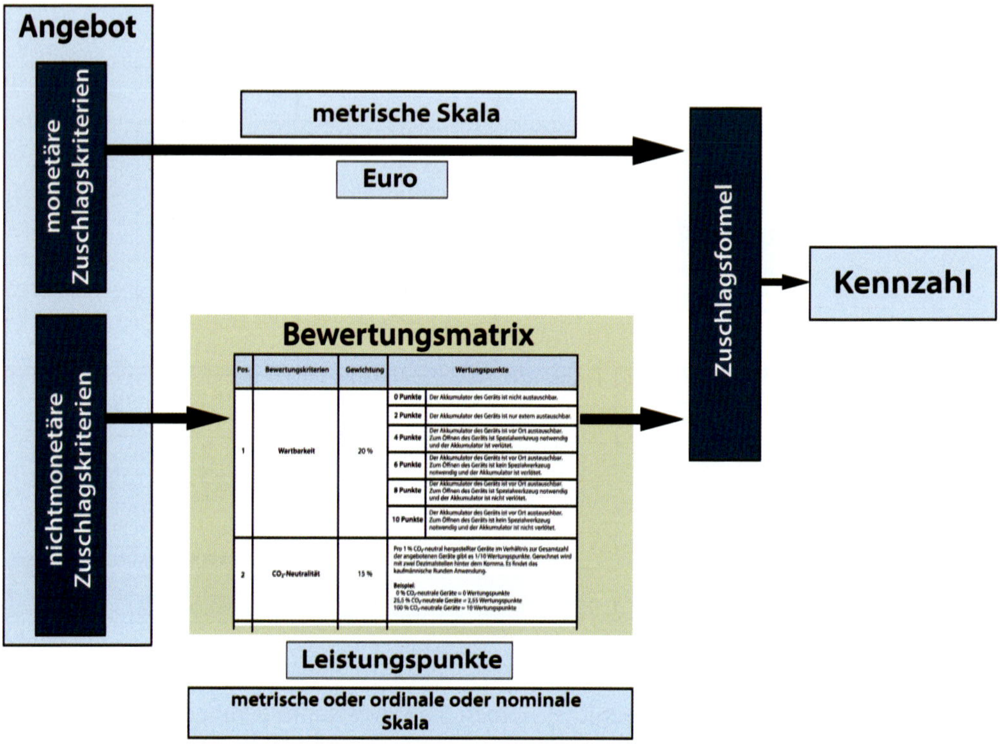

Abbildung: Bestimmung des wirtschaftlichsten Angebots durch eine Preis-Leistungs-Bewertung

Durch eine Bewertungsmatrix können die unterschiedlichen nichtmonetären Zuschlagskriterien und eventuell die zur notwendigen Beschreibung erforderlichen Unterkriterien, deren Gewichtung und deren Benotung in einer strukturierten Form dargestellt werden. Die Bewertungsmatrix dient damit der Betrachtung und Bewertung der Leistungsstärke der Angebote und liefert als Ergebnis eine Leistungspunktzahl für die Angebote.[17]

Die Zuschlagsformel kann auch in die Bewertungsmatrix integriert werden. Dies findet sehr häufig bei Zuschlagsformeln Anwendung, die den Angebotspreis in Punkte transformieren (Preisumrechnungsformeln).[18]

Die Wahl der Bewertungsmethode, d.h. die Festlegung einer konkreten Punkte- bzw. Notenskala sowie die Auswahl der Zuschlagsformel, die aus dem Angebotspreis und den Leistungspunkten eine Kennzahl für die Zuschlagsentscheidung ermittelt, ist in der Regel kein neutraler Vorgang, sondern hat Einfluss auf die Wirtschaftlichkeitsbetrachtung, und letztendlich kann sich dadurch entscheiden, welches Angebot den Zuschlag erhält.[19]

17 *Ferber*, VergabeNavigator 3/2016, 5 (6).
18 Im Detail dazu Kapitel 14 „Zuschlagsformeln der Bewertungsklasse IIIa".
19 *Ferber*, VergabeNavigator 5/2018, 5 (9 f.).

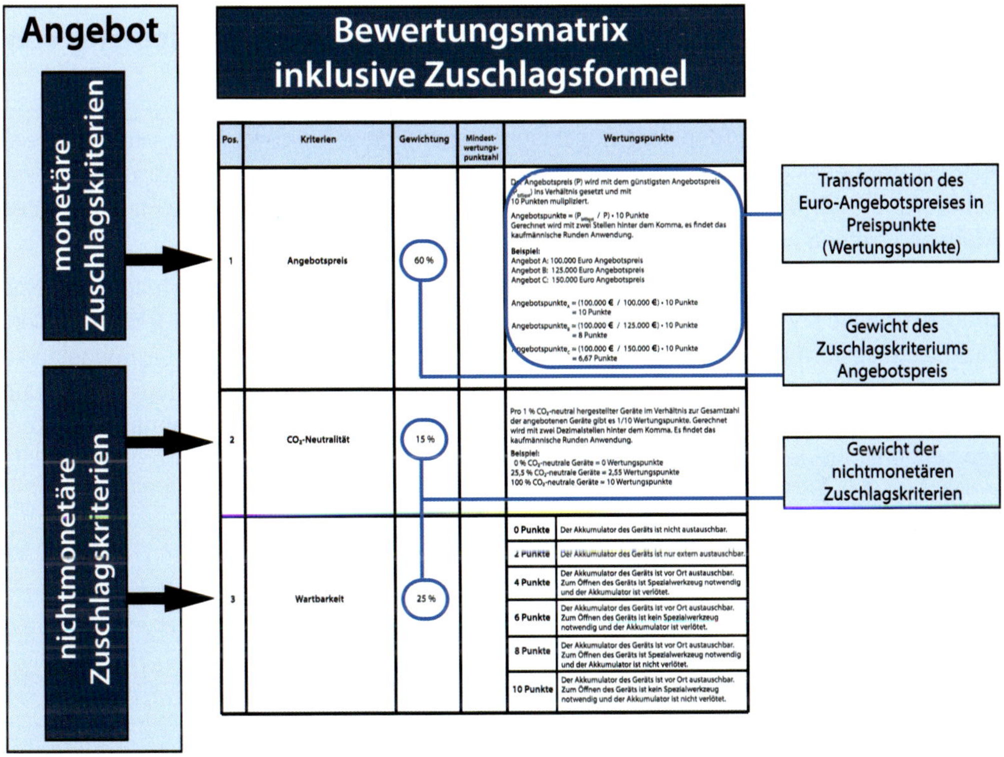

Abbildung: Bestimmung des wirtschaftlichsten Angebots durch eine Preis-Leistungs-Bewertung – Bewertungsmatrix inklusive Zuschlagsformel

Zwischen Zuschlagsformel, Notenskala und Gewichtung bestehen Wechselwirkungen, sodass eine isolierte Betrachtung der Gewichtung von Preis und Leistung nicht der wahren Gewichtung entspricht.[20]

Für ein faires und transparentes Vergabeverfahren müssen die Bieter vorab wissen, welche Zuschlagsformel und welche Notenskalen in der Ausschreibung Anwendung finden.[21]

Nach der Rechtsprechung des EuGH (Urteil vom 14.7.2016 – Rs. C-6/15) ist eine Veröffentlichung der Bewertungsmethode nicht zwingend vorgeschrieben. Allerdings schränkt der EuGH dies auf Fälle ein, in denen die Wahl der Bewertungsmethode keinen Einfluss auf die Gewichtung der Zuschlagskriterien hat. Da die Wahl der Bewertungsmethode immer einen Einfluss auf die Gewichtung hat[22] und die Gewichtung gemäß § 127 Abs. 5 GWB verpflichtend bekannt gegeben werden muss, folgt die zwingende Veröffentlichung der Bewertungsmethode.

20 *Ferber*, VergabeNavigator 5/2018, 5 (9 f.).
21 Im Detail dazu Kapitel 16 „Transparenz"; *Ferber*, VergabeNavigator 5/2018, 5 (9 f.).
22 *Ferber*, Das wirtschaftlichste Angebot im Vergaberecht – Eine mathematische und vergaberechtliche Betrachtung; *Ferber*, Vergabe Navigator 4/2017, 5 (10).

4.5 Das wirtschaftlichste Angebot auf Basis einer Gewichtung von Kosten und Leistung

Soll neben den Kosten (monetäre Zuschlagskriterien), die in Euro vorliegen, auch die Leistungsstärke der Angebote (nichtmonetäre Zuschlagskriterien), die in Leistungspunkten vorliegen, für die Wirtschaftlichkeitsbetrachtung bewertet werden, stellt sich die Frage, welches Mehr an Leistung welches Mehr an Kosten rechtfertigt.[23]

Um dies objektiv beantworten zu können, muss die Kosten-Leistungs-Bewertung durch eine mathematische Formel, die Zuschlagsformel einer Bewertungsmethode, dargestellt werden. Die Zuschlagsformel berücksichtigt die Gesamtkosten in Euro sowie die Leistungsstärke (Qualität, umweltbezogene Kriterien, soziale Kriterien) der Angebote in Leistungspunkten und ermittelt daraus eine Kennzahl oder eine Gesamtpunktzahl, die die Wirtschaftlichkeit (Kosten-Leistungs-Bewertung) des Angebots repräsentiert. Die Gesamtkosten werden mit Hilfe eines Kostenmodells bestimmt.

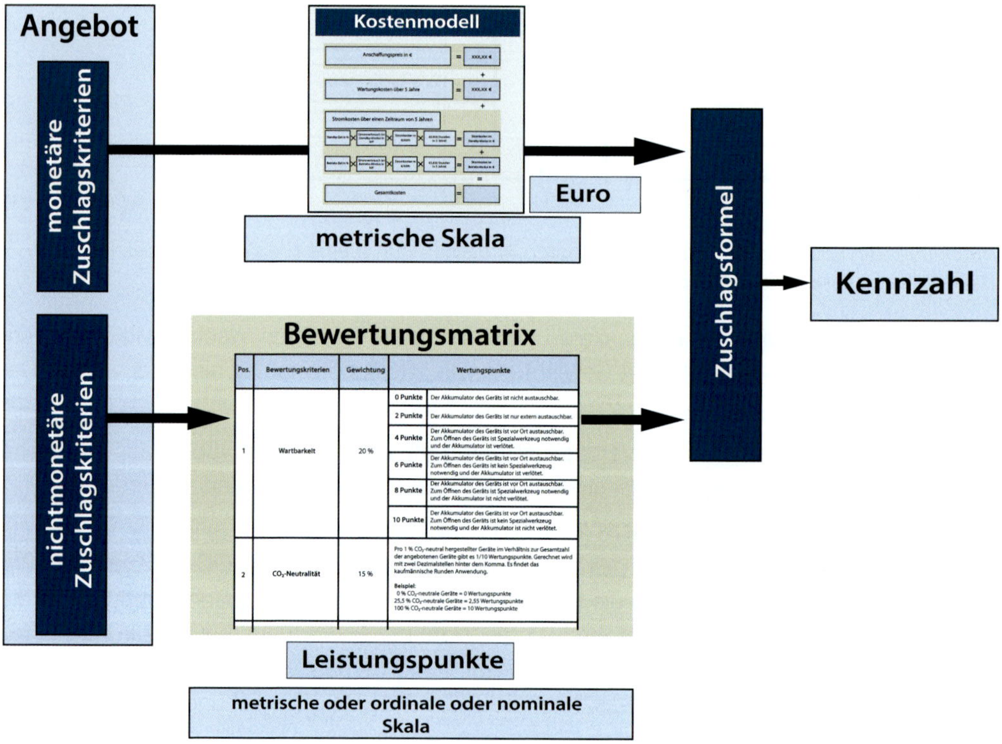

Abbildung: Bestimmung des wirtschaftlichsten Angebots durch eine Kosten-Leistungs-Bewertung

Durch eine Bewertungsmatrix können die nichtmonetären Zuschlagskriterien und eventuell die zur notwendigen Beschreibung erforderlichen Unterkriterien, deren Gewichtung und deren Benotung in einer strukturierten Form dargestellt werden. Die Bewertungsmatrix dient damit

23 *Ferber*, in: Müller-Wrede, VgV/UVgO-Kommentar, § 58 Rn. 23.

der Betrachtung und Bewertung der Leistungsstärke der Angebote und liefert als Ergebnis eine Leistungspunktzahl für die Angebote.[24]

Die Zuschlagsformel und das Kostenmodell können auch in die Bewertungsmatrix integriert werden. Dies findet sehr häufig bei Zuschlagsformeln Anwendung, die den Angebotspreis beziehungsweise die Kosten in Punkte transformieren.

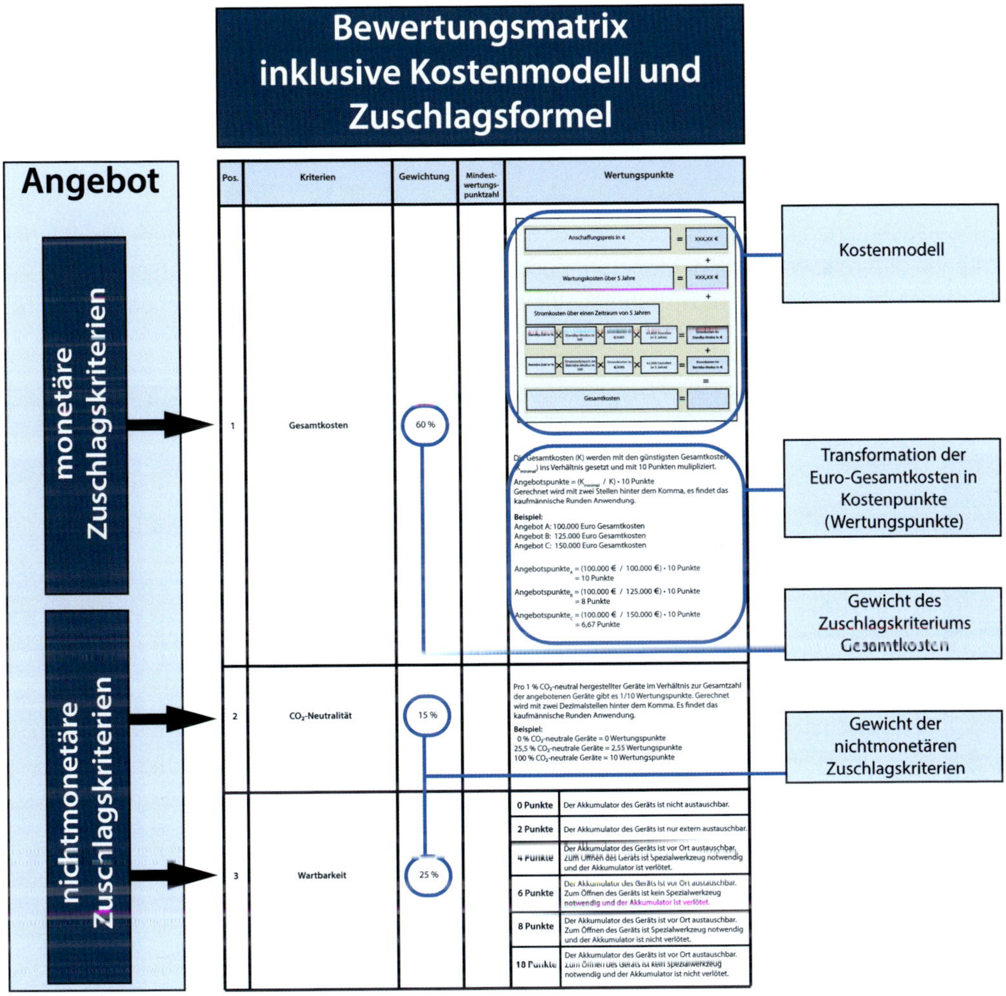

Abbildung: Bestimmung des wirtschaftlichsten Angebots durch eine Kosten-Leistungs-Bewertung – Bewertungsmatrix inklusive Zuschlagsformel und Kostenmodell

24 *Ferber*, VergabeNavigator 3/2016, 5 (6).

5. Zuschlagskriterien

Autor: Dipl.-Math. Thomas Ferber, LL.M.

Die Zuschlagskriterien sind die Kriterien, mit denen auf der vierten und letzten Prüfungs- und Wertungsstufe der Zielerfüllungsgrad der Angebote bestimmt und die Angebote untereinander verglichen werden sollen, um das wirtschaftlichste Angebot zu bestimmen.[1] Die Zuschlagskriterien beziehen sich dabei nicht auf die konkurrierenden Unternehmen, sondern auf die Leistung der Angebote und erlauben die Ermittlung des wirtschaftlichsten Angebots auf der Grundlage des besten Preis-Leistungs-Verhältnisses. Die Zuschlagskriterien spiegeln wider, wie der Auftraggeber im jeweiligen Vergabeverfahren das Preis-Leistungs-Verhältnis bewerten möchte.[2]

Zuschlagskriterien können in monetäre und nichtmonetäre (leistungsbezogene) Zuschlagskriterien differenziert werden. Monetäre Zuschlagskriterien können in Angebotspreis und Gesamtkostenbetrachtung, nichtmonetäre (leistungsbezogene) Zuschlagskriterien in qualitative, umweltbezogene und soziale Kriterien differenziert werden.

Abbildung: Monetäre und nichtmonetäre Zuschlagskriterien

1 VK Bund, Beschluss vom 30.10.2009 – VK 2-180/09 mit Verweis auf *Gnittke/Hattig*, in: Müller-Wrede, VOL/A, Rn. 11 zu § 9a; *Bulla*, in: Willenbruch/Wieddekind, Vergaberecht, § 58 Rn. 11; *Müller-Wrede*, in: Müller-Wrede, VgV/UVgO, § 58 VgV Rn. 89.

2 OLG Celle, Beschluss vom 2.2.2021 – 13 Verg 8/20.

Die monetären Zuschlagskriterien werden in einer Geldeinheit[3] wie zum Beispiel Euro oder Schweizer Franken bewertet und haben aufgrund der natürlichen metrischen Skala einen hohen Informationsgehalt. Nichtmonetäre (leistungsbezogene) Zuschlagskriterien werden in der Regel durch Punkte bewertet und können als metrische sowie als nichtmetrische[4] Skalen vorkommen.

Mit den Richtlinien 2014/24/EU und 2014/25/EU kam es zu einer neuen Definition des Begriffs der Wirtschaftlichkeit, bei der die explizit genannten umweltbezogenen und sozialen Kriterien nunmehr gleichrangig zu den qualitativen Kriterien aufgeführt werden. Darüber hinaus müssen die Kriterien nicht mehr den Auftragsgegenstand direkt betreffen, sondern umfassen den gesamten Lebenszyklus der zu erbringenden Bauleistungen, Lieferungen oder Dienstleistungen.[5] Solche Kriterien können z.B. sein: energieeffiziente Produktion, Verwendung von fair gehandelten Waren, Abfallminimierung oder die Ressourceneffizienz.[6] Damit konkretisieren die Vergaberichtlinien, auf welche Weise die öffentlichen Auftraggeber bzw. Sektorenauftraggeber zum Umweltschutz und zur Förderung einer nachhaltigen Entwicklung beitragen können und setzen damit Art. 11 AEUV um.[7]

5.1 Vergaberechtliche Anforderungen an die Zuschlagskriterien

5.1.1 Vergaberechtliche Anforderungen an die Zuschlagskriterien für Vergaben im Oberschwellenbereich

Zur Gewährleistung eines fairen Wettbewerbs müssen Zuschlagskriterien für Vergaben im Oberschwellenbereich die folgenden vergaberechtlichen Anforderungen einhalten:

- Bezug zum Auftragsgegenstand,
- Wettbewerblichkeit,
- Willkürfreiheit,
- Überprüfbarkeit,
- Transparenz durch Bekanntmachung der Zuschlagskriterien und
- Anwendbarkeit auch auf Nebenangebote.

3 Die Geldeinheit ist eine neutrale Größe, denn ihr fehlt die Angabe der Währung und/oder des Währungssymbols. Eine Geldeinheit (1 GE) kann daher länderübergreifend zum Beispiel als 1 Euro, 1 Schweizer Franken, 1 Britisches Pfund oder 1 US-Dollar interpretiert werden.

4 Nichtmetrische Skalen sind die Nominalskala, bei der es nur Kategorien, aber keine Präferenzordnung gibt und die Ordinalskala, bei der es eine Rangordnung gibt.

5 Erwägungsgrund 97 RL 2014/24/EU.

6 Erwägungsgrund 97 RL 2014/24/EU.

7 Erwägungsgrund 91 RL 2014/24/EU.

VERGABERECHTLICHE ANFORDERUNGEN AN DIE ZUSCHLAGSKRITERIEN		
Anforderung		Regelwerk
Bezug zum Aufrtragsgegenstand	Die Zuschlagskriterien müssen einen Bezug zum Auftragsgegenstand haben	§ 127 Abs. 3 GWB
Wettbewerblichkeit	Die Zuschlagskriterien müssen so festgelegt und bestimmt sein, dass die Möglichkeit eines wirksamen Wettbewerbs gewährleistet wird.	§ 127 Abs. 4 S. 1 GWB
Willkürfreiheit	Die Zuschlagskriterien müssen so festgelegt und bestimmt sein, dass der Zuschlag nicht willkürlich erteilt werden kann.	§ 127 Abs. 4 S. 1 GWB
Überprüfbarkeit	Die Zuschlagskriterien müssen so festgelegt und bestimmt sein, dass eine wirksame Überprüfung möglich ist, ob und inwieweit die Angebote die Zuschlagskriterien erfüllen	§ 127 Abs. 4 S. 1 GWB
Anwendbarkeit auch auf Nebenangebote	Wenn Nebenangebote zugelassen sind, dann müssen die Zuschlagskriterien so festgelegt werden, so dass diese sowohl für Hauptangebote als auch für Nebenangebote anwendbar sind.	§ 127 Abs. 4 S. 2 GWB
Transparenz	Die Zuschlagskriterien und deren Gewichtung müssen in der Auftragsbekanntmachung oder den Vergabeunterlagen aufgeführt werden.	§ 127 Abs. 5 GWB

Abbildung: Vergaberechtliche Anforderungen an Zuschlagskriterien oberhalb der EU-Schwellenwerte

5.1.2 Vergaberechtliche Anforderungen an die Zuschlagskriterien für Vergaben im Unterschwellenbereich – UVgO

Zur Gewährleistung eines fairen Wettbewerbs müssen Zuschlagskriterien für Vergaben nach der UVgO (Unterschwellenvergabeordnung) die folgenden vergaberechtlichen Anforderungen einhalten:

- Bezug zum Auftragsgegenstand,
- Wettbewerblichkeit,
- Willkürfreiheit,
- Überprüfbarkeit,
- Transparenz durch Bekanntmachung der Zuschlagskriterien.

VERGABERECHTLICHE ANFORDERUNGEN AN DIE ZUSCHLAGSKRITERIEN		
Anforderung		**Regelwerk**
Bezug zum Aufrtragsgegenstand	Die Zuschlagskriterien müssen einen Bezug zum Auftragsgegenstand haben	§ 43 Abs. 3 UVgO
Wettbewerblichkeit	Die Zuschlagskriterien müssen so festgelegt und bestimmt sein, dass die Möglichkeit eines wirksamen Wettbewerbs gewährleistet wird.	§ 43 Abs. 5 UVgO
Willkürfreiheit	Die Zuschlagskriterien müssen so festgelegt und bestimmt sein, dass der Zuschlag nicht willkürlich erteilt werden kann.	§ 43 Abs. 5 UVgO
Überprüfbarkeit	Die Zuschlagskriterien müssen so festgelegt und bestimmt sein, dass eine wirksame Überprüfung möglich ist, ob und inwieweit die Angebote die Zuschlagskriterien erfüllen	§ 43 Abs. 5 UVgO
Transparenz	Die Zuschlagskriterien und deren Gewichtung müssen in der Auftragsbekanntmachung oder den Vergabeunterlagen aufgeführt werden.	§ 43 Abs. 6 UVgO

Abbildung: Vergaberechtliche Anforderungen an Zuschlagskriterien für Vergaben nach der UVgO

5.1.3 Vergaberechtliche Anforderungen an die Zuschlagskriterien für Bauvergaben im Unterschwellenbereich – VOB/A, Abschnitt 1

Zur Gewährleistung eines fairen Wettbewerbs müssen Zuschlagskriterien für Vergaben nach der VOB/A, 1. Abschnitt die folgenden vergaberechtlichen Anforderungen einhalten:

- Bezug zum Auftragsgegenstand,
- Wettbewerblichkeit,
- Willkürfreiheit,
- Überprüfbarkeit,
- Transparenz durch Bekanntmachung der Zuschlagskriterien.

VERGABERECHTLICHE ANFORDERUNGEN AN DIE ZUSCHLAGSKRITERIEN		
Anforderung		Regelwerk
Bezug zum Aufrtragsgegenstand	Die Zuschlagskriterien müssen einen Bezug zum Auftragsgegenstand haben	§ 16 Abs. 1 Nr. 5 S. 3 VOB/A
Wettbewerblichkeit	Die Zuschlagskriterien müssen so festgelegt und bestimmt sein, dass die Möglichkeit eines wirksamen Wettbewerbs gewährleistet wird.	§ 16 Abs. 1 Nr. 6 VOB/A
Willkürfreiheit	Die Zuschlagskriterien müssen so festgelegt und bestimmt sein, dass der Zuschlag nicht willkürlich erteilt werden kann.	§ 16 Abs. 1 Nr. 6 VOB/A
Überprüfbarkeit	Die Zuschlagskriterien müssen so festgelegt und bestimmt sein, dass eine wirksame Überprüfung möglich ist, ob und inwieweit die Angebote die Zuschlagskriterien erfüllen	§ 16 Abs. 1 Nr. 6 VOB/A
Transparenz	Die Zuschlagskriterien und deren Gewichtung müssen in der Auftragsbekanntmachung oder den Vergabeunterlagen aufgeführt werden.	§ 16 Abs. 1 Nr. 5 S. 1 VOB/A

Abbildung: Vergaberechtliche Anforderungen an Zuschlagskriterien für Bauvergaben im Unterschwellenbereich – VOB/A Abschnitt 1

5.1.4 Bezug zum Auftragsgegenstand

Im Oberschwellenbereich müssen gemäß § 127 Abs. 3 Satz 1 GWB die Zuschlagskriterien einen Bezug zum Auftragsgegenstand haben. Dies dient der Umsetzung von Art. 67 Abs. 2 Satz 1 der Richtline 2014/24/EU.

§ 127 Abs. 3 Satz 1 GWB: *„Die Zuschlagskriterien müssen mit dem Auftragsgegenstand in Verbindung stehen."*

Artikel 67 Abs. 2 Satz 1 2014/24/EU: *„Die Bestimmung des aus der Sicht des öffentlichen Auftraggebers wirtschaftlich günstigsten Angebots erfolgt anhand einer Bewertung auf der Grundlage des Preises oder der Kosten, mittels eines Kosten-Wirksamkeits-Ansatzes, wie der Lebenszykluskostenrechnung gemäß Artikel 68, und kann das beste Preis-Leistungs-Verhältnis beinhalten, das auf der Grundlage von Kriterien — unter Einbeziehung qualitativer, umweltbezogener und/oder sozialer Aspekte — bewertet wird, die mit dem Auftragsgegenstand des betreffenden öffentlichen Auftrags in Verbindung stehen."*

Im Unterschwellenbereich findet sich diese Anforderung in § 43 Abs. 3 UVgO und § 16d Abs. 1 Nr. 5 Satz 2 VOB/A.

§ 43 Abs. 3 Satz 1 UVgO: *„Die Zuschlagskriterien müssen mit dem Auftragsgegenstand in Verbindung stehen."*

§ 16d Abs. 1 Nr. 5 Satz 2 VOB/A: *„Die Zuschlagskriterien müssen mit dem Auftragsgegenstand in Verbindung stehen."*

Die Entscheidungsfreiheit des Auftraggebers ist damit aber nicht unbeschränkt.

OLG Düsseldorf, Beschluss vom 19.11.2014 – VII-Verg 30/14, amtlicher Leitsatz: *„Zuschlagskriterien müssen mit dem Auftragsgegenstand „zusammenhängen" und damit „in Ver-*

bindung stehen". Sie müssen sich aber nicht unmittelbar aus dem ausgeschriebenen Leistungsgegenstand ergeben."

Es kommen nur solche Zuschlagskriterien in Betracht, die der Ermittlung des wirtschaftlich günstigsten Angebots dienen.[8]

Diese Verbindung ist gemäß § 127 Abs. 3 Satz 2 GWB auch dann anzunehmen, wenn sich ein Zuschlagskriterium auf Prozesse im Zusammenhang mit der Herstellung, Bereitstellung oder Entsorgung der Leistung, auf den Handel mit der Leistung oder auf ein anderes Stadium im Lebenszyklus der Leistung bezieht, auch wenn sich diese Faktoren nicht auf die materiellen Eigenschaften des Auftragsgegenstandes auswirken.

Keinen Bezug zum Auftragsgegenstand haben Eignungskriterien. Diese sind unternehmensbezogen und beziehen sich gemäß § 122 GWB auf die Fachkunde und Leistungsfähigkeit der Unternehmen. Eignungskriterien dienen mithin dazu, die Unternehmen zu ermitteln, die zur Erbringung des Auftrags die notwendige Fachkunde, Leistungsfähigkeit und Zuverlässigkeit mitbringen und die unzureichend qualifizierten Bieter von der weiteren Wertung auszufiltern.[9]

Die Zuschlagskriterien beziehen sich dagegen nicht auf die konkurrierenden Unternehmen, sondern auf die Leistung der Angebote und erlauben die Ermittlung des wirtschaftlichsten Angebots auf der Grundlage des besten Preis-Leistungs-Verhältnisses. Eine Vermischung von Eignungs- und Zuschlagskriterien ist nicht zulässig.[10]

Die Frage nach der Einordnung der einzelnen Kriterien als Eignungs- oder Zuschlagskriterien richtet sich danach, ob diese Kriterien schwerpunktmäßig mit der Beurteilung der Fachkunde und Leistungsfähigkeit der Unternehmen oder mit der Ermittlung des wirtschaftlichsten Angebots zusammenhängen.[11]

VK Sachsen, Beschluss vom 13.12.2013 – 1/SVK/038-13. *„Die Wirtschaftlichkeitsprüfung bezieht sich dagegen nicht auf die konkurrierenden Unternehmen, sondern auf ihre Angebote. Bewertet werden mit Gesichtspunkten wie dem Preis, der Ausführungsfrist, Betriebs- und Folgekosten, der Gestaltung, Rentabilität oder dem technischem Wert Eigenschaften der angebotenen Leistung, nicht aber des Anbieters."*

Der Auftraggeber darf aber auch qualitative Zuschlagskriterien berücksichtigen, die die Organisation, die Qualifikation und die Erfahrung des mit der Ausführung des Auftrags betrauten Personals betreffen, wenn die Qualität des eingesetzten Personals erheblichen Einfluss auf das Niveau der Auftragsausführung haben kann. Das heißt, die Qualität muss sich auf die Vertragserfüllung und damit auf den wirtschaftlichen Wert des Angebots auswirken.

OLG Celle, Beschluss vom 2.2.2021 – 13 Verg 8/20: *„Das heißt, die Qualität muss sich auf die Vertragserfüllung und damit auf den wirtschaftlichen Wert des Angebots auswirken. Während es bei einem Eignungskriterium, das sich auf die Qualifikation des Personals der Bieter bezieht, auf das Personal im Allgemeinen ankommt, zielt das Zuschlagskriterium auf das Personal und die Erfahrung der Personen ab, die ganz konkret den Auftrag auszuführen haben."*

8 *Opitz*, in: Burgi/Dreher/Opitz, Vergaberecht, § 127 GWB, Rn. 96.

9 BGH, Urteil vom 15.4.2008 – X ZR 129 / 06; OLG Celle, Beschluss vom 12.1.2012 – 13 Verg 9/11.

10 EuGH, Urteil vom 24.1.2008 – C-532/06 (Lianakis); *Lausen* in: Burgi/Dreher, Vergaberecht, § 58 VgV, Rn. 35.

11 EuGH, Urteil v. 12.11.2009 – C199/07, Rn. 54; OLG Celle, Beschluss vom 12.1.2012 – 13 Verg 9/11.

Bei einem Eignungskriterium, das sich auf die Erfahrung und Qualifikation des Personals der Bieter bezieht, kommt es auf das Personal im Allgemeinen an. Bei einem Zuschlagskriterium, das sich auf die Erfahrung und Qualifikation des Personals der Bieter bezieht, kommt es dagegen nicht auf das Personal des Bieters im Allgemeinen an, sondern auf das Personal sowie die Erfahrung und Qualifikation derer, die ganz konkret den Auftrag auszuführen haben.[12]

Erwägungsgrund 94 RL 2014/24/EU: *„Wenn die Qualität des eingesetzten Personals für das Niveau der Auftragsausführung relevant ist, sollte es öffentlichen Auftraggebern ferner gestattet sein, die Organisation, Qualifikation und Erfahrung der Mitarbeiter, die für die Ausführung des betreffenden Auftrags eingesetzt werden, als Zuschlagskriterien zugrunde zu legen, da sich dies auf die Qualität der Vertragserfüllung und damit auf den wirtschaftlichen Wert des Angebots auswirken kann. Dies kann beispielsweise bei Aufträgen für geistig-schöpferische Dienstleistungen, wie Beratungstätigkeiten oder Architektenleistungen, der Fall sein. Öffentliche Auftraggeber, die von dieser Möglichkeit Gebrauch machen, sollten mit Hilfe geeigneter vertraglicher Mittel sicherstellen, dass die zur Auftragsausführung eingesetzten Mitarbeiter die angegebenen Qualitätsnormen effektiv erfüllen und dass diese Mitarbeiter nur mit Zustimmung des öffentlichen Auftraggebers ersetzt werden können, wenn dieser sich davon überzeugt hat, dass das Ersatzpersonal ein gleichwertiges Qualitätsniveau hat."*

Im deutschen Vergaberecht ist dies auf der Verordnungsebene umgesetzt worden und findet sich in den Vergabeordnungen VgV, SektVO, UVgO und VOB/A.

§ 58 Abs. 2 Satz 2 Nr. 2 VgV, § 52 Abs. 2 Satz 2 Nr. 2 SektVO, § 43 Abs. 2 Satz 2 Nr. 2 UVgO: *„Neben dem Preis oder den Kosten können auch qualitative, umweltbezogene oder soziale Zuschlagskriterien berücksichtigt werden, insbesondere die Organisation, Qualifikation und Erfahrung des mit der Ausführung des Auftrags betrauten Personals, wenn die Qualität des eingesetzten Personals erheblichen Einfluss auf das Niveau der Auftragsausführung haben kann."*

§ 16d Abs. 1 Nr. 5 Satz 2 lit. b VOB/A, § 16d EU Abs. 1 Nr. 5 Satz 2 lit. b VOB/A: *„Zuschlagskriterien können neben dem Preis oder den Kosten insbesondere sein: Organisation, Qualifikation und Erfahrung des mit der Ausführung des Auftrags betrauten Personals, wenn die Qualität des eingesetzten Personals erheblichen Einfluss auf das Niveau der Auftragsausführung haben kann."*

OLG Celle, Beschluss vom 2.2.2021 – 13 Verg 8/20: *„Soweit die Antragsgegnerin Aussagen zu Ausbildung, Fortbildung und durchschnittlicher Betriebszugehörigkeit des bei der Sortierung und Zustellung eingesetzten Personals erwartet, kann sie sich auf § 58 Abs. 2 Satz 2 Nr. 2 VgV berufen. Danach darf der Auftraggeber auch qualitative Zuschlagskriterien berücksichtigen, insbesondere die Organisation, Qualifikation und Erfahrung des mit der Ausführung des Auftrags betrauten Personals. Dies gilt allerdings nur, wenn die Qualität des eingesetzten Personals erheblichen Einfluss auf das Niveau der Auftragsausführung haben kann."*

12 OLG Celle, Beschluss vom 2.2.2021 – 13 Verg 8/20.

5.1.5 Wettbewerblichkeit, Willkürfreiheit und Überprüfbarkeit

Gemäß § 127 Abs. 4 Satz 1 GWB, § 43 Abs. 5 UVgO und § 16d Abs. 1 Nr. 6 VOB/A müssen die Zuschlagskriterien so festgelegt und bestimmt sein, dass

- die Möglichkeit eines wirksamen Wettbewerbs gewährleistet wird,
- der Zuschlag nicht willkürlich erteilt werden kann und
- eine wirksame Überprüfung möglich ist, ob und inwieweit die Angebote die Zuschlagskriterien erfüllen.

Mit § 127 Abs. 4 Satz 1 GWB wurde Artikel 67 Abs. 4 Satz 2 der Richtlinie 2014/24/EU und Artikel 82 Abs. 4 Satz 2 der Richtlinie 2014/25/EU umgesetzt.

Art. 67 Abs. 4 Satz 2 RL 2014/24/EU: *„Die Zuschlagskriterien dürfen nicht zur Folge haben, dass dem öffentlichen Auftraggeber uneingeschränkte Wahlfreiheit übertragen wird. Sie müssen die Möglichkeit eines wirksamen Wettbewerbs gewährleisten und mit Spezifikationen einhergehen, die eine wirksame Überprüfung der von den Bietern übermittelten Informationen gestatten, damit bewertet werden kann, wie gut die Angebote die Zuschlagskriterien erfüllen. Im Zweifelsfall nehmen die öffentlichen Auftraggeber eine wirksame Überprüfung der Richtigkeit der von den Bietern beigebrachten Informationen und Nachweise vor."*

§ 127 Abs. 4 Satz 1 GWB: *„Die Zuschlagskriterien müssen so festgelegt und bestimmt sein, dass die Möglichkeit eines wirksamen Wettbewerbs gewährleistet wird, der Zuschlag nicht willkürlich erteilt werden kann und eine wirksame Überprüfung möglich ist, ob und inwieweit die Angebote die Zuschlagskriterien erfüllen."*

5.1.5.1 Wettbewerblichkeit

Die Festlegung des Auftragsgegenstandes und die daraus resultierende Leistungsbeschreibung sowie die Auswahl der Wertungskriterien entspricht dem Wesen des Leistungsbestimmungsrechts.[13] Ohne das Leistungsbestimmungsrecht wären jegliche Wertungskriterien mit Ausnahme des Preises obsolet.[14] Eine Einengung des Wettbewerbs führt im Übrigen nicht zwangsweise zu keinem effektiven Wettbewerb. Eine durch sach- und auftragsbezogene Gründe verbundene Beschränkung oder Einengung des Wettbewerbs ist als Folge des Bestimmungsrechts des öffentlichen Auftraggebers grundsätzlich hinzunehmen.[15]

Nach der Rechtsprechung des OLG Düsseldorf sind die vergaberechtlichen Grenzen der Bestimmungsfreiheit des öffentlichen Auftraggebers eingehalten, sofern[16]

- die Bestimmung durch den Auftragsgegenstand sachlich gerechtfertigt ist,
- vom Auftraggeber dafür nachvollziehbare objektive und auftragsbezogene Gründe angegeben worden sind und die Bestimmung folglich willkürfrei getroffen worden ist,
- solche Gründe tatsächlich vorhanden (festzustellen und notfalls erwiesen) sind und
- die Bestimmung andere Wirtschaftsteilnehmer nicht diskriminiert.

---

13 OLG Frankfurt a.M., Beschluss vom 29.3.2018 – 11 Verg 16/17.
14 OLG Frankfurt a.M., Beschluss vom 29.3.2018 – 11 Verg 16/17.
15 OLG Düsseldorf, Beschluss vom 17.2.2010 – VII-Verg 42/09.
16 OLG Düsseldorf, Beschluss vom 1.8.2012 – VII-Verg 10/12.

Die Angemessenheit von Zuschlagskriterien findet mithin dort ihre Grenzen, wo dem Auftraggeber bei der Zuschlagserteilung eine unbeschränkte Entscheidungsfreiheit eingeräumt würde.[17]

EuGH, Urteil vom 17.9.2002 – C-513/99 (Concordia Bus Finland), Rn. 61: *„(…) geht ebenfalls aus der Rechtsprechung hervor, dass ein Zuschlagskriterium, das einem öffentlichen Auftraggeber bei der Vergabe des Auftrags an einen Bieter eine uneingeschränkte Entscheidungsfreiheit einräumen würde, unvereinbar (…) wäre."*

Problematisch sind Zuschlagskriterien, die nur von einem einzigen Unternehmen erfüllt werden können oder die einem Unternehmen einen uneinholbaren Wettbewerbsvorsprung gewährt. Solche Zuschlagskriterien müssen sich in entsprechender Anwendung der § 31 Abs. 6 VgV, § 28 Abs. 6 SektVO, § 7 EU Abs. 2 VOB/A, § 7 Abs. 2 VOB/A daran messen lassen, ob hierfür sachlich begründbare Interessen des Auftraggebers bestehen.[18]

OLG Celle, Beschluss vom 11.9.2018 – 13 Verg 4/18: *„Ein Zuschlagskriterium, dass nur ein Unternehmen erfüllen kann, muss sich in entsprechender Anwendung des § 31 Abs. 6 VgV daran messen lassen, ob hierfür sachlich begründbare Interessen des Auftraggebers bestehen. Soll eine bestimmte Vorgabe des Auftraggebers eine von ihm beschriebene Gefahr vermeiden, so muss diese Gefahr tatsächlich gegeben sein und nicht bloß theoretisch beschreibbar sein. Jedenfalls ist es sachwidrig, ein solches nicht näher fundiert begründetes Kriterium bei der Wertungsentscheidung mit einem Anteil von 20 % zu gewichten."*

OLG Celle, Beschluss vom 11.9.2018 – 13 Verg 4/18: *„Die Grenze zur Vergaberechtswidrigkeit ist jedoch überschritten, wenn qualitativen Wertungskriterien einzeln oder in ihrer Gesamtheit ein Gewicht zugemessen würde, das sachlich nicht zu rechtfertigen ist und deshalb die Annahme nahelegt, dass die Kriterien so ausgestaltet wurden, dass nur ein oder einzelne Unternehmen realistische Aussichten auf den Zuschlag haben, während andere Anbieter trotz Vergabe im offenen Verfahren und objektiv gegebener Eignung von vornherein chancenlos wären (BGH, Beschluss vom 4. April 2017, a.a.O. Rn. 38). Zu berücksichtigen ist auch, ob die Kriterien dem mit ihrer Bestimmung verfolgten Zweck, das wirtschaftlichste Angebot zu ermitteln, zuwiderlaufen oder sachfremde Erwägungen angestellt werden (…)."*

Summa summarum hat der Auftraggeber einen weiten Beurteilungs- und Handlungsspielraum und darf seinen Beschaffungsbedarf in den Schranken wirtschaftlicher und fiskalischer Vernunft und der aus § 97 GWB abzuleitenden Regeln für den Vergabewettbewerb frei definieren. Zu dieser Definition gehört auch, welche Qualität die Leistung vorzugsweise haben soll.[19]

Wirksame Wettbewerbsbedingungen verlangen nach der Entscheidung des EuGH in der Rechtssache „Max Havelaar" eine Zuschlagserteilung auf der Grundlage objektiver Kriterien.[20]

---

17 Gesetzesbegründung BT-Drs. 18/6281, 112.

18 *Opitz*, in: Burgi/Dreher/Opitz, Vergaberecht, § 127 GWB, Rn. 110.

19 OLG Celle, Beschluss vom 2.2.2021 – 13 Verg 8/20 mit Verweis auf BGH, Beschluss vom 4.4.2017 – X ZB 3/17 – Postdienstleistungen.

20 *Opitz*, in: Burgi/Dreher/Opitz, Vergaberecht, § 127 GWB, Rn. 110.

Außerdem verlangt die Bedingung eines effektiven Wettbewerbs, dass die Zuschlagskriterien objektiv sind und die Bewertung der Angebote in objektiver Weise erfolgt.

EuGH, Urteil vom 10.5.2012 – C-368/10, Rn. 46: *„Die Zuschlagserteilung sollte auf der Grundlage objektiver Kriterien erfolgen, die die Einhaltung der Grundsätze der Transparenz, der Nichtdiskriminierung und der Gleichbehandlung gewährleisten und sicherstellen, dass die Angebote unter wirksamen Wettbewerbsbedingungen bewertet werden."*

EuGH, Urteil vom 10.5.2012 – C-368/10, Rn. 46: *„Damit die Gleichbehandlung gewährleistet ist, sollten die Zuschlagskriterien einen Vergleich und eine objektive Bewertung der Angebote ermöglichen. Wenn diese Voraussetzungen erfüllt sind, versetzen die wirtschaftlichen und qualitativen Zuschlagskriterien wie auch die Kriterien über die Erfüllung der Umwelterfordernisse den öffentlichen Auftraggeber in die Lage, auf Bedürfnisse der betroffenen Allgemeinheit, so wie es in den Leistungsbeschreibungen festgelegt ist, einzugehen. Unter denselben Voraussetzungen kann ein öffentlicher Auftraggeber auch Kriterien zur Erfüllung sozialer Anforderungen anwenden, die insbesondere den – in den vertraglichen Spezifikationen festgelegten – Bedürfnissen besonders benachteiligter Bevölkerungsgruppen entsprechen, denen die Nutznießer/Nutzer der Bauleistungen, Lieferungen oder Dienstleistungen angehören."*

EuGH, Urteil vom 10.5.2012 – C-368/10, Rn. 87: *„Wie sich drittens aus dem ersten und dem vierten Absatz dieses Erwägungsgrundes ergibt, verlangt die Wahrung der Grundsätze der Gleichheit, der Nichtdiskriminierung und der Transparenz, dass die Zuschlagskriterien objektiv sind, was gewährleistet, dass der Vergleich und die Bewertung der Angebote in objektiver Weise erfolgt und somit unter Bedingungen eines wirksamen Wettbewerbs. Das wäre nicht der Fall bei Kriterien, die dem öffentlichen Auftraggeber eine uneingeschränkte Entscheidungsfreiheit einräumten (vgl. zu entsprechenden Vorschriften der Richtlinien, die der Richtlinie 2004/18 vorausgegangen sind, Urteil vom 17. September 2002, Concordia Bus Finland, C-513/99, Slg. 2002, I-7213, Randnr. 61 und die dort angeführte Rechtsprechung)."*

5.1.5.2 Willkürfreiheit

Gemäß § 127 Abs. 4 Satz 1 GWB, § 43 Abs. 5 UVgO, § 16d Abs. 1 Nr. 6 VOB/A müssen die Zuschlagskriterien so festgelegt und bestimmt sein, dass der Zuschlag nicht willkürlich erteilt werden kann und eine wirksame Überprüfung möglich ist, ob und inwieweit die Angebote die Zuschlagskriterien erfüllen. Die gewählten Zuschlagskriterien müssen vom Auftraggeber bewertbar sein und einheitlich auf die Bieter angewendet werden.[21] Zuschlagskriterien, die objektiv nicht bewertbar sind, sind nicht anwendbar.[22]

EuGH, Urteil vom 20.9.2018 – C-546/16, Rn. 31. *„Wie sich aus dem 90. Erwägungsgrund und Art. 67 Abs. 4 der Richtlinie ergibt, müssen diese Kriterien zudem die Einhaltung der Grundsätze der Transparenz, der Nichtdiskriminierung und der Gleichbehandlung gewährleisten, um einen objektiven Vergleich des relativen Wertes der Angebote und somit einen wirksamen Wettbewerb sicherzustellen. Das wäre nicht der Fall bei Kriterien, die dem öffentlichen Auftraggeber eine uneingeschränkte Entscheidungsfreiheit einräumen (vgl. entsprechend in Bezug auf die Richtlinie 2004/18/EG des Europäischen Parlaments und des Rates vom 31. März 2004 über*

21 EuGH, Urteil vom 4.12.2003 – C-448/01 (Wienstrom), Rn. 48.
22 EuGH, Urteil vom 4.12.2003 – C-448/01 (Wienstrom), Rn. 50.

die Koordinierung der Verfahren zur Vergabe öffentlicher Bauaufträge, Lieferaufträge und Dienstleistungsaufträge [ABl. 2004, L 134, S. 114], Urteil vom 10. Mai 2012, Kommission/Niederlande, C-368/10, EU:C:2012:284, Rn. 87)."

Die Zuschlagskriterien müssen hinreichend bestimmt sein, um Bieter angemessen zu informieren und diese vor einer willkürlichen und/oder diskriminierenden Angebotswertung zu schützen.

VK Bund, Beschluss vom 23.8.2022 – VK 2-66/22: *„Zuschlagskriterien haben hinreichend bestimmt zu sein, vgl. § 127 Abs. 4 GWB.*

Eine Grenze ist dann erreicht, wenn die aufgestellten Wertungsmaßstäbe so unbestimmt sind, dass die Bieter nicht mehr angemessen über die Kriterien und Modalitäten informiert werden, auf deren Grundlage das wirtschaftlich günstigste Angebot ermittelt wird, und sie in Folge dessen auch vor einer willkürlichen und/oder diskriminierenden Angebotswertung nicht mehr effektiv geschützt sind (vgl. OLG Düsseldorf, Beschl. v. 19.06.2013 – Verg 8/13, juris-Rn. 21).

Die Bieter müssen vielmehr erkennen können, was der Auftraggeber von ihnen erwartet (vgl. OLG Düsseldorf, Beschl. v. 29.05.2020 – Verg 26/19, juris-Rn. 76)."

5.1.5.3 Überprüfbarkeit

Gemäß § 127 Abs. 4 Satz 1 GWB, § 43 Abs. 5 UVgO, § 16d Abs. 1 Nr. 6 VOB/A müssen die Zuschlagskriterien so festgelegt und bestimmt sein, dass eine wirksame Überprüfung möglich ist, ob und inwieweit die Angebote die Zuschlagskriterien erfüllen.

Aus § 127 Abs. 4 Satz 1 GWB, § 43 Abs. 5 UVgO, § 16d Abs. 1 Nr. 6 VOB/A folgt aber keine Verpflichtung des Auftraggebers, die schriftlichen Angaben der Bieter zwingend verifizieren zu müssen.[23] Der öffentliche Auftraggeber darf grundsätzlich davon ausgehen, dass ein Bieter seine vertraglichen Zusagen erfüllen wird.

BayObLG, Beschluss vom 29.5.2024 – Verg 16/23 e: *„Der öffentliche Auftraggeber darf grundsätzlich ohne Widerspruch zu § 127 Abs. 4 Satz 1 GWB davon ausgehen, dass ein Bieter seine vertraglichen Zusagen erfüllen wird (OLG Karlsruhe, Beschl. v. 7. September 2022, 15 Verg 8/22, juris Rn. 29; BayObLG, Beschl. v. 3. Juni 2022, Verg 7/22, juris Rn. 63; Beschl. v. 9. November 2021, Verg 5/21, juris Rn. 107; Beschl. v. 9. April 2021, Verg 3/21, juris Rn. 65; OLG Düsseldorf, Beschl. v. 15. Januar 2020, Verg 20/19, juris Rn. 70; KG, Beschl. v. 21. November 2014, Verg 22/13, juris Rn. 36)."*

OLG Düsseldorf, Beschluss vom 26.7.2018 – Verg 23/18: *„Dass der öffentliche Auftraggeber ohne Widerspruch zu § 127 Abs. 4 Satz 1 GWB grundsätzlich davon ausgehen darf, dass ein Bieter seine vertraglichen Zusagen erfüllen wird (vgl. Senatsbeschluss vom 15.07.2015 - VII-Verg 11/15, ...)."*

Bei der Überprüfung des Leistungsversprechens ist der öffentliche Auftraggeber in der Wahl seiner Mittel grundsätzlich frei.

23 *Müller-Wrede/Plauth*, in: Malte Müller-Wrede, GWB, § 127, Rn. 264 mit Verweis auf OLG Düsseldorf, Beschluss vom 15.1.2020 – VII-Verg 20/19; Beschluss vom 15.7.2015 – VII-Verg 11/15; OLG München, Beschluss vom 11.5.2007 – Verg 4/07.

Das vom Auftraggeber gewählte Mittel zur Überprüfung muss jedoch geeignet und die Mittelauswahl frei von sachwidrigen Erwägungen getroffen worden sein.

BayObLG, Beschluss vom 29.5.2024 – Verg 16/23 e: *„Bei der Überprüfung des Leistungsversprechens ist der öffentliche Auftraggeber in der Wahl seiner Mittel grundsätzlich frei. Er ist im Interesse einer zügigen Umsetzung der Beschaffungsabsicht und eines raschen Abschlusses des Vergabeverfahrens und aus Gründen seiner begrenzten Ressourcen und administrativen Möglichkeiten nicht auf eine bestimmte Methode oder bestimmte Mittel der fachlichen Prüfung festgelegt.*

Das vom Auftraggeber gewählte Mittel zur Überprüfung muss jedoch geeignet und die Mittelauswahl frei von sachwidrigen Erwägungen getroffen worden sein.

Der öffentliche Auftraggeber ist nur dann auf ein bestimmtes Mittel der Verifizierung zu verweisen, wenn dieses das einzige geeignete Mittel der Überprüfung der Bieterangaben darstellt und dem öffentlichen Auftraggeber zur Verfügung steht (OLG Düsseldorf, Beschl. v. 15. Januar 2020, Verg 20/19, juris Rn. 73 m. w. N.).“

Eine Überprüfungspflicht des Auftraggebers ergibt sich aber dann, wenn das Leistungsversprechen eines Bieters nicht plausibel erscheint. Die Überprüfung der Plausibilität kann dann durch eine Aufklärung erfolgen. Darüber hinaus steht es dem Auftraggeber frei sich verifizierende Teststellungen vor Zuschlagserteilung vorzubehalten.[24]

BayObLG, Beschluss vom 29.5.2024 – Verg 16/23 e: *„Erst wenn sich konkrete Anhaltspunkte dafür ergeben, dass dies zweifelhaft erscheint, ist der öffentliche Auftraggeber gehalten, durch Einholung ergänzender Informationen die Erfüllbarkeit des Leistungsversprechens bzw. die hinreichende Leistungsfähigkeit des Bieters zu prüfen (OLG Schleswig, Beschl. v. 6. Juli 2022, 54 Verg 4/22, juris Rn. 51; BayObLG, Beschl. v. 9. November 2021, Verg 5/21, juris Rn. 107; OLG Naumburg, Beschl. v. 1. März 2021, 7 Verg 1/21, juris Rn. 45; OLG Düsseldorf, Beschl. v. 15. Januar 2020, Verg 20/19, juris Rn. 70; Beschl. v. 26. Juli 2018, Verg 23/18, juris Rn. 71).“*

OLG Düsseldorf, Beschluss vom 15.1.2020 – Verg 20/19: *„Eine Überprüfungspflicht des öffentlichen Auftraggebers ergibt sich nur dann, wenn konkrete Tatsachen das Leistungsversprechen eines Bieters als nicht plausibel erscheinen lassen.“*

Bei einer verifizierenden Teststellung handelt es sich um eine Kontrolle, ob die durch das Angebot des Bieters versprochenen Leistungen den Tatsachen entsprechen. Aus Gründen der Verhältnismäßigkeit und zur Verringerung des Aufwands sollte die Teststellung erst zum Abschluss der vergaberechtlichen Prüfung und Wertung nach der Bestimmung des wirtschaftlichsten Angebots erfolgen. Dabei kann die Teststellung auf den Bieter mit dem wirtschaftlichsten Angebot beschränkt werden.[25] Dies reduziert den Aufwand für den Auftraggeber und den Aufwand für die nicht erstplatzierten Bieter und stellt auch keine Benachteiligung der anderen Bieter dar, da es bei dieser Form der Teststellung um eine reine Verifikation der angebotenen Leistung geht und um keine zusätzliche Bewertung.[26] Die verifizierende Teststellung darf für die Bieter aber nicht überraschend kommen. Neben der Ankündigung der zwingenden oder vorbehaltenen Teststellung in den Vergabeunterlagen müssen die Bieter auch früh-

24 *Ferber*, Teststellungen im Vergabeverfahren, VergabeFokus 4/2022, 18.
25 VK Bund, Beschluss vom 10.7.2002 – VK 2-34/02.
26 *Ferber*, Teststellungen im Vergabeverfahren, VergabeFokus 4/2022, 18.

zeitig mitgeteilt bekommen, wann diese Teststellung vorgesehen ist, welche Dauer diese haben und welche personelle Unterstützung benötigt wird.

OLG Düsseldorf, Beschluss vom 26.7.2018 – Verg 23/18: *„Erst wenn sich konkrete Anhaltspunkte dafür ergeben, dass dies zweifelhaft ist, ist der öffentliche Auftraggeber gehalten, durch Einholung ergänzender Informationen die Erfüllbarkeit des Leistungsversprechens beziehungsweise die hinreichende Leistungsfähigkeit des Bieters zu prüfen (KG, Beschluss vom 21.11.2014 - Verg 22/13, zitiert nach juris, Tz. 36; vgl. für Eignungsanforderungen: OLG Frankfurt a.M., Beschluss vom 16.06.2015 - 11 Verg 3/15, zitiert nach juris, Tz. 82; OLG Brandenburg, Beschluss vom 20.11.2012 - Verg W 10/12, zitiert nach juris, Tz. 21)."*

Es können aber auch wertende Teststellungen in der Ausschreibung vorgesehen werden. Bei einer wertenden Teststellung findet eine Bewertung von Eigenschaften der zu testenden Leistungen statt. Das Ergebnis der wertenden Teststellung ist damit ein Teil der Gesamtwertung, und die Teststellung ist damit ein Zuschlagskriterium und nicht nur eine Verifikation. Beispiele für Teststellungen sind

- bei einem technischen Gerät die Bewertung des maximalen Stromverbrauchs und des maximalen Schallleistungspegels,
- bei einer Cateringleistung die sensorische (gustatorische, visuelle, olfaktorische und haptische) Bewertung des Essens,
- bei einer IT-Software die Bewertung der Benutzerfreundlichkeit und
- bei einer Berufskleidung die Bewertung des Tragekomforts.

5.1.5.4 Transparenz durch Bekanntmachung der Zuschlagskriterien

Zur Wahrung der Transparenz müssen gemäß § 127 Abs. 5 GWB, § 43 Abs. 6 Satz 1 UVgO, § 16d Abs. 1 Nr. 5 VOB/A sowohl die Zuschlagskriterien als auch deren Gewichtung in der Auftragsbekanntmachung oder den Vergabeunterlagen veröffentlicht werden. Der Auftraggeber ist verpflichtet, alle Kriterien, die bei der Bestimmung des wirtschaftlichsten Angebots berücksichtigt werden, sowie deren relative Bedeutung bei der Wertung den Bietern mitzuteilen.[27]

§ 127 Abs. 5 GWB: *„Die Zuschlagskriterien und deren Gewichtung müssen in der Auftragsbekanntmachung oder den Vergabeunterlagen aufgeführt werden."*

§ 43 Abs. 6 Satz 1 UVgO: *„Der Auftraggeber gibt in der Auftragsbekanntmachung oder den Vergabeunterlagen an, wie er die einzelnen Zuschlagskriterien gewichtet, um das wirtschaftlichste Angebot zu ermitteln."*

§ 16d Abs. 1 Nr. 5 Satz 1 VOB/A *„Es dürfen nur Zuschlagskriterien und gegebenenfalls deren Gewichtung berücksichtigt werden, die in der Auftragsbekanntmachung oder in den Vergabeunterlagen genannt sind."*

27 EuGH, Urteil vom 24.1.2008 – C-532/06.

Nach der Rechtsprechung des BGH ist es unabdingbar, dass die Zuschlagskriterien den Bietern vor der Aufforderung zur Angebotsabgabe bekanntgemacht werden müssen, damit sich die interessierten Unternehmen darauf einstellen können.[28] Dazu gehört auch, dass unbestimmte Zuschlagskriterien wie zum Beispiel Qualität und Umwelteigenschaften durch Unterkriterien konkretisiert werden müssen.[29]

Die Konkretisierung muss dabei so weit gehen, dass alle durchschnittlich fachkundigen Bieter sie bei Anwendung der üblichen Sorgfalt in der gleichen Weise auslegen können.[30]

EuGH, Urteil vom 10.5.2012 – C-368/10, Rn. 88: *„Viertens und letztens verpflichten, wie im zweiten Absatz dieses Erwägungsgrundes hervorgehoben wird, dieselben Grundsätze den öffentlichen Auftraggeber in allen Stadien eines Verfahrens der Vergabe eines öffentlichen Auftrags, sowohl den Grundsatz der Gleichbehandlung potenzieller Bieter als auch den Grundsatz der Transparenz der Zuschlagskriterien zu wahren, wobei diese so zu formulieren sind, dass alle gebührend informierten und mit der üblichen Sorgfalt handelnden Bieter deren genaue Bedeutung verstehen und sie somit in gleicher Weise auslegen können (vgl. u. a. zu entsprechenden Vorschriften der Richtlinien, die der Richtlinie 2004/18 vorausgegangen sind, Urteil vom 4. Dezember 2003, EVN und Wienstrom, C-448/01, Slg. 2003, I-14527, Randnrn. 56 bis 58)."*

Die Angabe der Zuschlags-/Wertungskriterien muss aber klar und eindeutig sein, so dass dies von den fachkundigen Bietern in gleicher Weise zu verstehen ist.[31]

VK Südbayern, Beschluss vom 29.6.2010 – Z 3-3-3194-1-35-05/10: *„Der Auftraggeber hat die Zuschlagskriterien unmissverständlich so zu formulieren, dass die fachkundigen Bieter keine Verständnisschwierigkeiten haben (Nach Weyand, ibr-online-Kommentar Vergaberecht, Stand 18.03.2010, zu § 97 Nr. 5 GWB Rnr. 614/1 ff.). Denn alle Interessenten sollen bei der Abfassung ihrer Angebote die gleichen Chancen erhalten. Dies bedeutet konkret, dass die Zuschlagskriterien in den Verdingungsunterlagen oder in der Bekanntmachung so gefasst werden müssen, dass alle durchschnittlich fachkundigen Bieter sie bei Anwendung der üblichen Sorgfalt in der gleichen Weise auslegen können. Dabei hat die Auslegung der Zuschlagskriterien aus der objektiven Sicht eines verständigen und mit Leistungen der ausgeschriebenen Art vertrauten Bieters zu erfolgen."*

Inhaltlich unbestimmte Kriterien sind nicht klar und eindeutig zu verstehen, sodass die Grundprinzipien der Transparenz, der Gleichbehandlung und des Wettbewerbs verletzt werden.

Unbestimmte Kriterien sind z.B. Wirtschaftlichkeit, Qualität, technischer Wert. Um unbestimmte Kriterien in einer Ausschreibung benutzen zu können, müssen diese auf den Auftragsgegenstand konkretisiert werden.

OLG Frankfurt a.M., Beschluss vom 12.4.2022 – 11 Verg 11/21: *„Gemäß § 127 Abs. 5 GWB sind die Zuschlagskriterien und ihre Gewichtung in der Auftragsbekanntmachung oder den Vergabeunterlagen aufzuführen.*

28 BGH, Urteil vom 8.9.1998 – X ZR 109/96.
29 *Opitz*, in: Burgi/Dreher/Opitz, Vergaberecht, § 127 GWB, Rn. 10.
30 EuGH, Urteil vom 4.12.2003 – C-448/01 (Wienstrom), Rn. 57.
31 *Wiedemann*, in: Kulartz/Marx/Portz/Prieß, Kommentar zur VOL/A, § 16, Rn. 259.

Neben diesen Bekanntmachungsverpflichtungen in § 127 Abs. 5 GWB wird dem Transparenzgrundsatz aus § 97 Absatz 1 S. 1 GWB nach ganz herrschender Meinung auch die Verpflichtung zur Veröffentlichung von bei der Bekanntmachung bereits aufgestellten Unterkriterien und deren Gewichtung entnommen (...).

Unterkriterien sind dabei solche Kriterien, die der Ausfüllung und näheren Bestimmung eines Hauptkriteriums dienen und präziser darstellen, worauf es dem Auftraggeber ankommt (vgl. Senat, Beschluss vom 22.9.2020 - 11 Verg 7/20)."

OLG Celle, Beschluss vom 2.2.2021 – 13 Verg 8/20: *„§ 127 Abs. 5 GWB schreibt vor, dass die Zuschlagskriterien und deren Gewichtung in der Auftragsbekanntmachung oder in den Vergabeunterlagen aufgeführt werden müssen.*

Diese Anforderung gilt sowohl für die Zuschlagskriterien als auch für die Unterkriterien (vgl. EuGH, Urteil vom 14. Juli 2016 - C-6/15, juris, Rn. 23 f.; Senat, Beschluss vom 7. November 2013 - 13 Verg 8/13, juris, Rn. 57).

Wenn dem Auftraggeber die Angabe der Gewichtung aus objektiven Gründen nicht möglich ist, muss er die (Unter-)Kriterien in der absteigenden Reihenfolge ihrer Bedeutung angeben (vgl. § 58 Abs. 3 Satz 3 VgV)."

5.1.5.5 Anwendbarkeit auch auf Nebenangebote

Wenn Nebenangebote zugelassen sind, dann müssen die Zuschlagskriterien gemäß § 127 Abs. 4 Satz 2 GWB so festgelegt werden, dass diese sowohl für Hauptangebote als auch für Nebenangebote anwendbar sind.

Beispiel

Ein Auftraggeber schreibt eine Lieferleistung zum Kauf aus. Alternativ lässt der Auftraggeber auch Nebenangebote zu, bei denen ein Leasing angeboten werden kann. Um Haupt- und Nebenangebote mit den gleichen Zuschlagskriterien bewerten zu können, werden in diesem Beispiel anstatt der Angebotspreise die Gesamtkosten über drei Jahre bewertet. Beim Hauptangebot wird der Gesamtpreis aus der Subtraktion von Angebotspreis und Restwert nach drei Jahren berechnet. Beim Nebenangebot wird der Gesamtpreis aus der Summe der Raten für das Leasing über drei Jahren berechnet. Ein besserer Vergleich entsteht unter Berücksichtigung der Diskontierung und einem Vergleich der Barwerte.

5.2 Eigenschaften von Zuschlagskriterien

Zuschlagskriterien können durch ihre Eigenschaften klassifiziert werden. Dazu werden die folgenden Eigenschaften betrachtet.

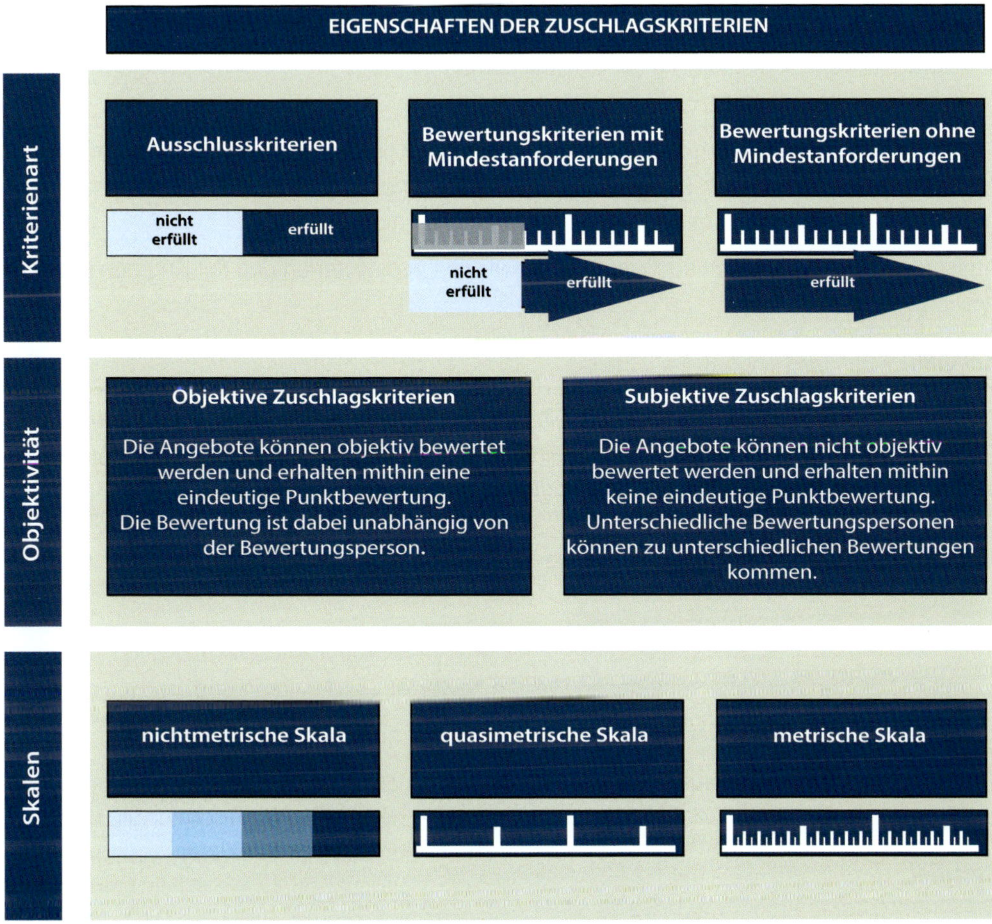

Abbildung: Eigenschaften von Zuschlagskriterien

5.2.1 Ausschlusskriterien vs. Bewertungskriterien

Der Zuschlag wird auf das wirtschaftlichste Angebot erteilt und bestimmt sich gemäß § 127 Abs. 1 Satz 3 GWB, § 43 Abs. 2 Satz 1 UVgO, § 16d Abs. 1 Nr. 4 Satz 3 VOB/A nach dem besten Preis-Leistungs-Verhältnis. Gemäß § 127 Abs. 1 Satz 2 GWB, § 16d Abs. 1 Nr. 4 Satz 1 VOB/A ist die Grundlage dafür eine Bewertung des öffentlichen Auftraggebers, ob und inwieweit die Angebote die vorgesehenen Zuschlagskriterien erfüllen. Das „ob die Angebote die vorgesehenen Zuschlagskriterien erfüllen" kann als **Ausschlusskriterien (A-Kriterien)** interpretiert werden, das „inwieweit die Angebote die vorgesehenen Zuschlagskriterien erfüllen" kann als **Bewertungskriterien (B-Kriterien)** interpretiert werden.

Ausschlusskriterien sind Kriterien, deren Nichterfüllung zum Ausschluss des Angebots führt. Erfüllt ein Angebot bei der Bewertung nur ein einziges Ausschlusskriterium nicht, so führt dies zum zwingenden Ausschluss des Angebots.

Definition Ausschlusskriterium: Ein Ausschlusskriterium ist ein Kriterium, das

a) nur mit den Werten **„erfüllt"** oder **„nicht erfüllt"** bewertet werden kann (dichotome Bewertung)[32] und

b) beim Wert **„nicht erfüllt"** zum Ausschluss führt.

Ein Mehr an Leistung und damit ein Übererfüllen der Mindestanforderungen hat bei einem Ausschlusskriterium keinen Einfluss auf die Angebotswertung. Bei Ausschlusskriterien wird nur geprüft, ob die Mindestanforderung erfüllt ist oder nicht.

Ausschlusskriterien werden auch als MUSS-Kriterien, K.o.-Kriterien und Kill-Kriterien bezeichnet.

Beispiel

Bei einer Kaffeeausschreibung wird ein Fair-Trade-Zertifikat als Ausschlusskriterium vorgegeben. Ein Kaffee-Angebot ohne Fair-Trade-Zertifikat wird zwingend von der Angebotswertung aufgrund des Nichterfüllens des Ausschlusskriteriums ausgeschlossen.

Bewertungskriterien sind dagegen Kriterien, bei denen eine differenzierende Bewertung vorgenommen werden kann.

Definition Bewertungskriterium: Ein Bewertungskriterium ist ein Kriterium, das

a) mit mindestens zwei verschiedenen Werten bewertet werden kann und

b) bei dem mindestens zwei verschiedene Werte nicht zum Ausschluss führen.

Ein Mehr an Leistung hat auf die Angebotswertung einen Einfluss. Bei Bewertungskriterien erhalten die Angebote umso mehr Wertungspunkte, je besser das Kriterium erfüllt wird.

Beispiel

Bei einer Kaffeeausschreibung wird ein Fair-Trade-Zertifikat als Bewertungskriterium vorgegeben. Ein Kaffee-Angebot ohne Fair-Trade-Zertifikat erhält null Wertungspunkte und ein Kaffee-Angebot mit Fair-Trade-Zertifikat erhält zum Beispiel 10 Wertungspunkte.

Bei den Bewertungskriterien findet eine Bewertung der Angebote nach dem Erfüllungsgrad des Kriteriums statt. Mittels einer Benotung durch Punktevergabe ist eine sehr differenzierte Bewertung möglich. Die Nichterfüllung des Kriteriums führt nicht zwingend zum Ausschluss.

Da bei Bewertungskriterien eine schlechte Bewertung bei einem Kriterium durch andere Kriterien ausgeglichen werden kann, muss sich der Auftraggeber bei jedem Kriterium vorab über-

32 Bei einer dichotomen Einteilung einer Menge A in zwei Untermengen B und C gehört jedes Element der Menge A entweder zur Untermenge A oder zur Untermenge B. Es kann kein Element aus A zu beiden Untermengen gehören. Die Untermengen haben mithin keine Schnittmenge und sind disjunkt.

legen, ob er eine Mindestpunktzahl vorgeben muss, um nicht am Ende unbrauchbare Angebote zu erhalten.

Aus diesem Grund kommen die Bewertungskriterien in zwei Varianten vor:

- **Bewertungskriterien ohne Mindestanforderung:** Ein Nichterfüllen des Kriteriums führt nicht zum Ausschluss.
- **Bewertungskriterien mit Mindestanforderung:** Ein Nichterfüllen der Mindestanforderungen des Kriteriums führt zum Ausschluss des Angebots.

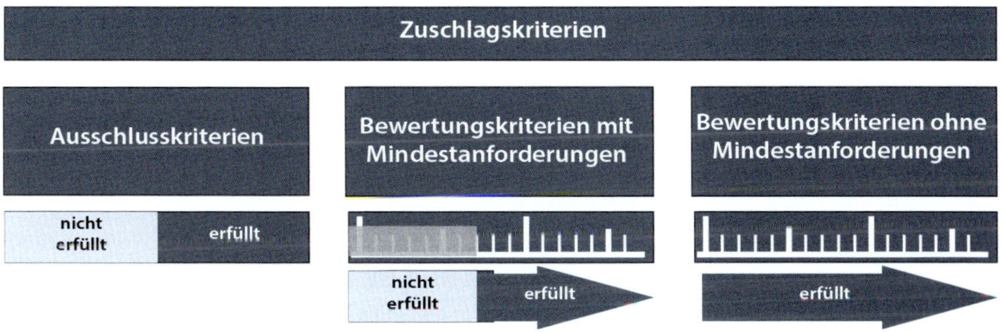

Abbildung: Ausschlusskriterien und Bewertungskriterien

5.2.2 Objektive und subjektive Zuschlagskriterien

Bei qualitativen (nichtmetrischen) Zuschlagskriterien kann zwischen objektiven und subjektiven Kriterien differenziert werden.

- Bei einem objektiven Zuschlagskriterium können die Angebote objektiv bewertet werden und erhalten mithin eine eindeutige Punktbewertung. Die Bewertung ist dabei unabhängig von den Bewertungspersonen.
- Bei einem subjektiven Zuschlagskriterium können die Angebote nicht objektiv bewertet werden und erhalten mithin keine eindeutige Punktbewertung. Unterschiedliche Bewertungspersonen können zu unterschiedlichen Bewertungen kommen.

Ist ein objektives qualitatives Kriterium gegeben, muss auch eine objektive Punkteskala mit einer trennscharfen Bewertung Anwendung finden. Bei einem subjektiven qualitativen Kriterium ist dies so nicht möglich.

BGH, Beschluss vom 4.4.2017 – X ZB 3/17: *„Es steht einer transparenten und wettbewerbskonformen Auftragsvergabe regelmäßig nicht entgegen, wenn der öffentliche Auftraggeber für die Erfüllung qualitativer Wertungskriterien Noten mit zugeordneten Punktwerten vergibt, ohne dass die Vergabeunterlagen weitere konkretisierende Angaben dazu enthalten, wovon die jeweils zu erreichende Punktzahl konkret abhängen soll."*

Die Bewertung von Konzepten mittels subjektiver Zuschlagskriterien ist von der Rechtsprechung wiederholt als zulässig erachtet worden.

VK Bund, Beschluss vom 21.1.2022 – VK 2-131/21: *„Dabei ist zu berücksichtigen, dass ein Auftraggeber nicht sämtliche denkbaren konzeptionellen Lösungsansätze der Bieter vorhersehen und abstrakt vorab bewerten kann.*

Entsprechend sind das Wertungssystem bzw. die Vorgaben, unter welchen konkreten Bedingungen ein Konzept mit welcher Note zu bewerten ist, zwangsweise nicht abschließend bestimmt und kann ein Bieter auch seine Benotung nicht unbedingt konkret vorhersagen, was angesichts der umfassenden Information der Ag darüber, was sie für eine gute Leistungserbringung erwartet, den Vorgaben der ober- und höchstgerichtlichen Rechtsprechung entspricht."

Im Gegensatz dazu liegen bei technischen Messwerten objektive Kriterien vor.

VK Bund, Beschluss vom 21.1.2022 – VK 2-131/21: *„(...) Es ist gerade die von den Bietern für die Wertung der Angebote zu erfüllende Aufgabenstellung, mit ihren Konzepten darzulegen, wie sie die insoweit eher funktional beschriebene Aufgabenstellung zu erfüllen gedenken. Insbesondere ist es nicht Aufgabe der Ag, durch Musterschreiben den Bietern diese Anforderungen zu erläutern.*

Dass, anders als bei rein technischen Messwerten, die Bewertung solcher Kriterien stets auch eine gewisse subjektive Komponente aufweist, macht die Ausschreibungsbedingungen nicht unzulässig."

Die Bewertung von Konzepten mittels subjektiver Kriterien muss allerdings noch so weit möglich objektiviert werden. Gemäß § 127 Abs. 4 Satz 1 GWB, § 43 Abs. 5 UVgO, § 16d Abs. 1 Nr. 6 VOB/A müssen die Zuschlagskriterien so festgelegt und bestimmt sein, dass der Zuschlag nicht willkürlich erteilt werden kann und dass eine wirksame Überprüfung möglich ist, ob und inwieweit die Angebote die Zuschlagskriterien erfüllen. Die gewählten Zuschlagskriterien müssen vom Auftraggeber bewertbar sein und einheitlich auf die Bieter angewendet werden.[33] Zuschlagskriterien, die nicht wirklich bewertbar sind, sind nicht anwendbar.[34]

EuGH, Urteil vom 10.5.2012 – C-368/10, Rn. 46: *„Damit die Gleichbehandlung gewährleistet ist, sollten die Zuschlagskriterien einen Vergleich und eine objektive Bewertung der Angebote ermöglichen."*

Ein subjektives Kriterium sollte aber

- durch eine ausreichend differenzierende Punkteskala, z.B. (0; 1; 2; ...; 10) oder (0; 1; 2; ...; 12) oder (0; 1; 2; ...; 15) bewertet werden und
- soweit konkretisiert werden, dass man versteht, worauf es ankommt und
- durch eine Gremienbewertung objektiviert werden.

Bei einer Gremienbewertung können die einzelnen subjektiven Bewertungen durch eine Aggregation wie zum Beispiel einer Mittelwertbildung objektiviert werden.

Ein typischer Fehler bei der Verwendung von subjektiven Kriterien ist ihre Kombination mit groben, undifferenzierenden Punkteskalen. Eine häufig anzutreffende Punkteskala für eine Konzeptbewertung in der Form

- **0 Punkte:** Konzept nicht plausibel
- **1 Punkt:** Konzept mäßig plausibel
- **2 Punkte:** Konzept überwiegend plausibel

33 EuGH, Urteil vom 4.12.2003 – C-448/01 (Wienstrom), Rn. 48.
34 EuGH, Urteil vom 4.12.2003 – C-448/01 (Wienstrom), Rn. 50.

- **3 Punkte:** Konzept sehr plausibel

ist für die Bewertung von Konzepten viel zu undifferenziert und führt mithin zu Bewertungsverzerrungen. **Die Kombination von subjektiven Kriterien mit groben Punkteskalen (z.B. 0; 1; 2; 3) ist eine toxische Kombination, bei der eine willkürliche Zuschlagserteilung erfolgen kann.**[35]

Eine Schulnotenskala ist eine nichtmetrische ordinale Skala. Die klassische Schulnotenskala in Deutschland ist eine inverse Ordinalskala, da hohe Leistungen niedrigen Noten entsprechen. In Frankreich findet bei den Schulnoten eine Ordinalskala mit 0 bis 20 Punkten Anwendung, wobei 20 Punkte einer sehr guten Leistung entsprechen.

In den Niederlanden findet bei den Schulnoten eine Ordinalskala mit 1 bis 10 Punkten Anwendung, wobei 10 Punkte einer sehr guten Leistung entsprechen.

- 10 Punkte: uitmuntend „ausgezeichnet"
- 9 Punkte: zeer goed „sehr gut"
- 8 Punkte: goed „gut"
- 7 Punkte: ruim voldoende „befriedigend"
- 6 Punkte: voldoende „genügend/ausreichend"
- 5 Punkte: bijna voldoende „fast genügend"
- 4 Punkte: onvoldoende „ungenügend"
- 3 Punkte: gering „stark ungenügend"
- 2 Punkte: slecht „schlecht"
- 1 Punkt: zeer slecht „sehr schlecht"

In Italien findet bei den Schulnoten eine Ordinalskala mit 0 bis 10 Punkten Anwendung, wobei 10 Punkte einer sehr guten Leistung entsprechen.

- 10 Punkte: eccellente „ausgezeichnet"
- 9 Punkte: ottimo „sehr gut"
- 8 Punkte: distinto „gut"
- 7 Punkte: discreto „zufriedenstellend"
- 6 Punkte: sufficiente „genügend"
- 5 Punkte: insufficiente „nicht genügend"
- 4 Punkte: scarso „unzureichend"
- 3 Punkte: molto scarso „sehr unzureichend"
- 2 Punkte: decisamente scarso „entschieden unzureichend"
- 1 Punkt: estremamente scarso „extrem unzureichend"
- 0 Punkte: non classificabile „nicht bewertbar"

35 Ausführlich in: *Ferber*, Das wirtschaftlichste Angebot im Vergaberecht.

Die Noten in Italien können außerdem um einen halben Punkt oder einen viertel Punkt (durch die Hinzufügung von +, z. B. 5+) erhöht oder vermindert werden.

Die Notenskala mit der Anzahl der Bewertungsstufen spielt bei der Bewertung eine nicht zu vernachlässigende Rolle. Eine sehr grobe Notenskala mit nur wenigen Notenstufen kann den sich unterscheidenden Kriterienerfüllungsgrad der Angebote nur sehr ungenau wiedergeben.[36] Wichtige Differenzierungsmerkmale verschwinden dadurch und es kommt in der Regel insbesondere bei subjektiven Kriterien zu signifikanten Bewertungsverzerrungen. Dieser Effekt wird zusätzlich verstärkt, wenn die Notenskala bei der Bewertung nicht voll ausgeschöpft wird. Finden beispielsweise bei einer Punkteskala mit (0, 1, 2, 3) Punkten nur die Wertungspunkte (2, 3) Anwendung, ist die Differenzierungsmöglichkeit bei der Wertung deutlich eingeschränkt.

Objektivierung von subjektiven Bewertungskriterien

Subjektive Kriterien müssen durch eine Gremienbewertung objektiviert werden. Die Anforderungen an eine Gremienbewertung sind dabei:

- Das Bewertungsgremium besteht aus mindestens drei Personen, und diese sollten während der Bewertungen nicht ausgetauscht werden.
- Alle Gremienmitglieder bewerten mit einheitlichen Bewertungsbögen.
- Jedes Gremienmitglied führt eine unabhängige Bewertung mit Vermerken auf seinem Bewertungsbogen durch.
- Vor der unabhängigen Bewertung findet ein gemeinsames Briefing mit den Gremienmitgliedern statt, um ein gemeinsames Verständnis für die Bedeutung und Interpretation der Bewertungskriterien sowie der Benotung zu schaffen.
- Zur Vermeidung eines Halo-Effekts erhalten die Gremienmitglieder keine Informationen über die Angebotspreise.
- Zur Objektivierung werden die Einzelbewertungen der Gremienmitglieder durch eine Mittelwertbildung durch die Anwendung des arithmetischen Mittels aggregiert.

Das heißt: Mehrere (mindestens drei) verschiedene Personen bewerten die Testobjekte unabhängig voneinander.

Praxistipp

▶ *Subjektive Kriterien sollten durch eine Gremienbewertung und eine ausreichend differenzierende Punkteskala objektiviert werden.*

Das Vergaberecht gibt keine Vorschriften vor, wie Bewertungsgremien zu besetzen sind.

OLG Schleswig, Beschluss vom 27.10.2022 – 54 Verg 7/22: *„Vergaberechtlich gibt es keine Vorschriften über die Besetzung von Gremien, die die Wertungsentscheidung im Hinblick auf Teststellungen oder Konzepte treffen.*

(...)

36 *Ferber*, in: Müller-Wrede, VgV/UVgO, § 58 VgV, Rn. 80.

Die Entscheidung muss nicht zwingend von einem Organ des Auftraggebers getroffen werden. Notwendig ist nur, dass die entscheidende Person aus dem Bereich des Auftraggebers kommt, sodass die Entscheidung diesem zuzurechnen ist. Bedenken gegen die Benennung von Fachleuten aus der Organisation des Auftraggebers, die die Entscheidung treffen, bestehen so nicht."

Das Bewertungsgremium besteht aus mindestens drei Personen, und diese sollten während der Bewertungen nicht ausgetauscht werden. Nur so kann sichergestellt werden, dass die Testobjekte oder die Präsentationen oder die Konzepte aller Bieter nach denselben Gesichtspunkten beurteilt werden.

OLG Schleswig, Beschluss vom 27.10.2022 – 54 Verg 7/22: *„Es muss nur gewährleistet sein, dass eine Jury, also eine Mehrzahl von Personen, entscheidet und dass die Geräte aller Anbieter von denselben Personen bewertet werden.*

Dadurch wird gewährleistet, dass die Teststellung unter verschiedenen Blickwinkeln gewertet wird, was zur Objektivierung der Entscheidung beiträgt. Durch die Personenidentität wird sichergestellt, dass die Geräte aller Bieter nach denselben Gesichtspunkten beurteilt werden."

VK Bund, Beschluss vom 23.8.2022 – VK 2-66/22: *„Das von der Ag geschilderte Vorgehen, eine Wertungskommission bestehend aus sieben Fachkräften für Arbeitssicherheit aus dem Personalbestand zur Bewertung der Masken heranzuziehen, ist vor diesem Hintergrund nicht zu beanstanden, sondern ausreichend, denn damit wird belegt, dass die Prüfungskommission fachlich kompetent ist.*

Diese Personen sind fachlich u.a. auch mit der Prüfung von Schutzausrüstung befasst und damit geeignet.

Auch von der Anzahl der Mitglieder her ist nicht ersichtlich – und von der ASt auch nicht vorgetragen – dass hier keine hinreichend repräsentativen Ergebnisse bei den Trageversuchen zu erwarten wären.

Das Vier-Augen-Prinzip des § 58 Abs. 5 VgV ist hier auch bezüglich der Wertungskommission in jedem Fall eingehalten bzw. übertroffen."

OLG München, Beschluss vom 2.11.2012 – Verg 26/12: *„Es ist auch Sache des öffentlichen Auftraggebers, die Art des Wertungsvorganges festzulegen. Dies folgt aus seiner Hoheit über den Beschaffungsvorgang: er bestimmt, welche Leistung er haben mochte und in welcher Form oder Qualität.*

Daraus folgt zwangsläufig, dass er die entsprechenden Wertungsmaßstäbe und die Art und Weise der Wertung bestimmen kann.

(...) Man mag weiter darüber streiten, ob es nicht sinnvoller gewesen wäre, statt den Mittelwert aus allen fünf Noten zu bilden, die schlechteste und beste Note jeweils zu streichen und dann aus den verbliebenen Noten den Mittelwert zu bilden – doch auch hier liegt es in der Entscheidungskompetenz des öffentlichen Auftraggebers, welche Wertungsmethode er wählt."

Die Gremienmitglieder dürfen durchaus zu unterschiedlichen Wertungsurteilen kommen.

VK Hessen, Beschluss vom 14.5.2020 – 69d-VK2-22/2020: *„Gleichfalls anerkannt ist es, dass bei Bewertungsgremien durchaus unterschiedliche Wertungsurteile zustande kommen können. Es ist nicht zu beanstanden, wenn zwei unterschiedliche Beurteiler eingereichte Kon-*

zepte zunächst unabhängig voneinander bewerten und sodann aus deren Bewertungen ein rechnerischer oder sonstiger Mittelwert gebildet wird (zuletzt VK Sachsen, Beschluss vom 28. März 2019 – 1/SVK/044-18 – juris). Der Bewertung von Konzepten, auch im Rahmen einer Präsentation, wohnt naturgemäß ein subjektives Moment inne."

5.2.3 Zuschlagskriterien und deren Skalen

Mit den Zuschlagskriterien sollen Merkmalsunterschiede der Angebote hervorgehoben und bewertet werden. Bei dem Zuschlagskriterium Angebotspreis handelt es sich um ein monetäres Zuschlagskriterium, bei dem die Angebotspreise der Angebote in Geldeinheiten, zum Beispiel Euro oder Schweizer Franken, angegeben werden. Vergleicht man zwei Angebote A und B bezüglich ihrer Angebotspreise, dann haben die folgenden vier Aussagen einen sehr unterschiedlichen Informationsgehalt.

1. Angebot A und Angebot B haben einen unterschiedlichen Angebotspreis.
2. Angebot A hat einen höheren Angebotspreis als Angebot B.
3. Angebot A hat einen um 20.000 Euro höheren Angebotspreis.
4. Angebot A hat einen um 2 Promille höheren Angebotspreis.

Diese vier Aussagen enthalten zunehmend ein Mehr an Information über den Unterschied der Angebotspreise der beiden Angebote A und B.

Haben die beiden Angebote A und B einen unterschiedlichen Angebotspreis, dann ist die Aussage *„Angebot A und Angebot B haben einen unterschiedlichen Angebotspreis"* eine Aussage, die nur einen sehr geringen Informationsgehalt hat. Auf Grundlage dieser Information könnte man nicht entscheiden, welches der beiden Angebote das billigere Angebot ist.

Würde man das Zuschlagskriterium Angebotspreis derart verwenden, hätte man das Zuschlagskriterium auf Basis einer Nominalskala bewertet. Bei einer Nominalskala (Kategorialskala)[37] kann nur festgestellt werden, ob Ausprägungen von Kriterien gleich oder ungleich sind. Eine natürliche Rangfolge gibt es bei der Nominalskala nicht.[38] Nominale Kriterien erlauben lediglich eine Klassifikation der Angebote.[39]

Hat das Angebot A einen höheren Angebotspreis als Angebot B, dann ist die Aussage *„Angebot A hat einen höheren Angebotspreis als Angebot B"* eine Aussage, die einen höheren Informationsgehalt als die erste Aussage hat. Auf Grundlage dieser Information könnte man entscheiden, welches der beiden Angebote das billigere Angebot ist. Über den Preisabstand zwischen den beiden Angeboten liegt hier aber keine Information vor. Diese Information fehlt bei dieser Aussage.

Würde man das Zuschlagskriterium Angebotspreis derart verwenden, hätte man das Zuschlagskriterium auf Basis einer Ordinalskala bewertet. Bei der Ordinalskala (Rangskala) liegt eine (natürliche) Rangfolge der Ausprägungen der Kriterien vor. Über die Abstände zwischen den Rangplätzen kann aber keine Aussage getroffen werden.

37 *Bortz*, Lehrbuch der Statistik für Sozialwissenschaftler, S. 26, Heidelberg 1979.

38 *Eckey/Kosfeld/Türck*, Deskriptive Statistik, S. 6; *Opitz*, Numerische Taxonomie in der Marktforschung, S. 12.

39 *Schneeweiß*, Planung, S. 41.

Bei der Bewertung der Kriterien mit einer Ordinalskala kann man mit Hilfe der Relationen „GRÖSSER", „GLEICH", „KLEINER" oder auch „BESSER", „GLEICH", „SCHLECHTER" die Rangfolge bestimmen.

Bei nur einem Zuschlagskriterium wie zum Beispiel dem betrachteten Angebotspreis ist die Anwendung von Ordinalskalen für den Angebotspreis erst einmal kein Problem. Zum Problem wird das Ganze aber, wenn auch andere Merkmale (Zuschlagskriterien) der Angebote betrachtet werden sollen. Denn unter Umständen rechtfertigt eine bessere Merkmalsausprägung eines anderen Zuschlagskriteriums einen höheren Angebotspreis. Unter Umständen bekommt man für einen wenig höheren Angebotspreis ein qualitativ deutlich besseres Angebot.

Hat das Angebot A einen um 20.000 Euro höheren Angebotspreis als Angebot B, dann ist die Aussage *„Angebot A hat einen um 20.000 Euro höheren Angebotspreis"* eine Aussage, die einen höheren Informationsgehalt als die zweite Aussage hat. Auf Grundlage dieser Information könnte man jetzt nicht nur entscheiden, welches der beiden Angebote das billigere Angebot ist. Man kennt jetzt auch den Preisabstand zwischen den beiden Angeboten und kann entscheiden, ob der um 20.000 Euro höhere Angebotspreis durch ein Mehr an Leistung gerechtfertigt ist.

Würde man das Zuschlagskriterium Angebotspreis derart verwenden, hätte man das Zuschlagskriterium auf Basis einer Intervallskala bewertet. Bei der Intervallskala können Aussagen über die Abstände der Kriterienausprägungen getroffen werden.

Der Abstand zwischen den beiden Angebotspreisen ist aber nicht unbedingt für die Entscheidung ausreichend. Hätte Angebot A einen Angebotspreis von 40.000 Euro und Angebot B einen Angebotspreis von 20.000 Euro, dann beträgt die Differenz zwischen den beiden Angeboten 20.000 Euro. Die gleiche Angebotspreisdifferenz ergibt sich, wenn Angebot A einen Angebotspreis von 10.020.000 Euro hat und Angebot B einen Angebotspreis von 10.000.000 Euro. Eine Information über das Verhältnis der Angebotspreise zueinander wäre hier eine notwendige und höherwertige Information.

Hat das Angebot A einen um 2 Promille höheren Angebotspreis als Angebot B, dann ist die Aussage *„Angebot A hat einen um 2 Promille höheren Angebotspreis"* eine Aussage, die einen höheren Informationsgehalt als die dritte Aussage hat. Auf Grundlage dieser Information könnte man jetzt nicht nur entscheiden, welches der beiden Angebote das billigere Angebot ist. Man kennt jetzt auch das Verhältnis der Angebotspreise (Merkmalsausprägung) der beiden Angebote und kann entscheiden, ob der um 2 Promille höhere Angebotspreis durch ein Mehr an Leistung gerechtfertigt ist.

Würde man das Zuschlagskriterium Angebotspreis derart verwenden, hätte man das Zuschlagskriterium auf Basis einer Verhältnisskala bewertet. Bei der Verhältnisskala werden Aussagen über das Verhältnis der Angebotspreise (Merkmalsausprägung) getroffen.

Zuschlagskriterien mit Nominalskalen oder Ordinalskalen werden als nichtmetrische Zuschlagskriterien bezeichnet. Zuschlagskriterien mit nichtmetrischen Skalen können auch als qualitative, homograde oder topologische Zuschlagskriterien bezeichnet werden.

Zuschlagskriterien mit Intervallskalen oder Verhältniszahlen werden als metrische Zuschlagskriterien bezeichnet. Zuschlagskriterien mit metrischen Skalen können auch als quantitative, heterograde oder kardinale Zuschlagskriterien bezeichnet werden.

Der Informationsgehalt ist bei der Verwendung von metrischen Skalen höher als bei der Verwendung von nichtmetrischen Skalen. Innerhalb der nichtmetrischen Skalen ist der Informationsgehalt einer Ordinalskala höher als der Informationsgehalt einer Nominalskala. Innerhalb der metrischen Skalen ist der Informationsgehalt einer Verhältnisskala höher als der Informationsgehalt einer Intervallskala und der Informationsgehalt einer Absolutskala höher als der einer Verhältnisskala.

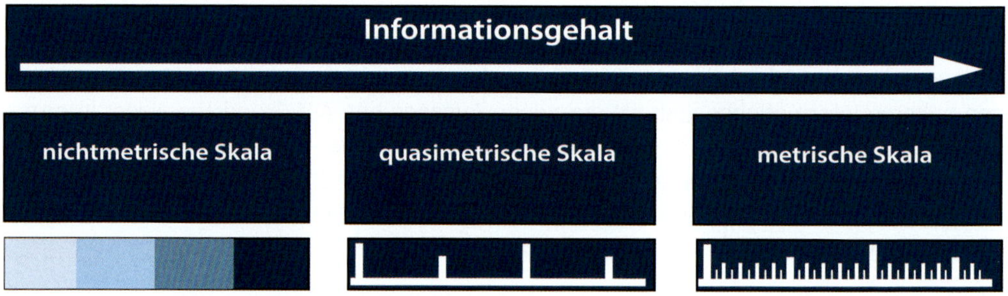

Abbildung: Informationsgehalt der Skalentypen

Im Folgenden werden die metrischen und nichtmetrischen Skalen nicht weiter differenziert betrachtet. Dafür wird aber zwischen die metrischen und nichtmetrischen Skalen die quasimetrische Skala eingeführt. Bei der quasimetrischen Skala handelt es sich eigentlich um eine nichtmetrische Ordinalskala, die aber die Eigenschaften einer metrischen Skala hat.

Im Folgenden werden die Zuschlagskriterien mit einem metrischen, nichtmetrischen oder quasimetrischen Skalenniveau betrachtet.

Zuschlagskriterien sollten in der Regel in dem höchstmöglichen Skalenniveau angewendet werden. Ist eine metrische Skala möglich und findet eine nichtmetrische Skala Anwendung, bedeutet dies immer einen Informationsverlust, der am Ende zu unnötigen Bewertungsverzerrungen führen kann. Da man auch bei metrischen Skalen nur mit einer begrenzten Genauigkeit sinnvoll rechnen kann, sind in der Regel auch quasimetrische Skalen ausreichend.

5.2.4 Beispielhaft in der Richtlinie 2014/24/EU genannte Zuschlagskriterien

In den Vergaberichtlinien werden beispielhaft Zuschlagskriterien aufgeführt, ohne dass dies eine abschließende Liste darstellen würde.

Artikel 67 Abs. 2 der Richtlinie 2014/24/EU nennt beispielhaft:

a) Qualität, einschließlich technischer Wert, Ästhetik, Zweckmäßigkeit, Zugänglichkeit, Design für Alle, soziale, umweltbezogene und innovative Eigenschaften und Handel sowie die damit verbundenen Bedingungen;

b) Organisation, Qualifikation und Erfahrung des mit der Ausführung des Auftrags betrauten Personals, wenn die Qualität des eingesetzten Personals erheblichen Einfluss auf das Niveau der Auftragsausführung haben kann, oder
c) Kundendienst und technische Hilfe, Lieferbedingungen wie Liefertermin, Lieferverfahren sowie Liefer- oder Ausführungsfrist.

5.2.5 Beispielhaft in der VgV, UVgO und SektVO genannte Zuschlagskriterien

In den Vergabeordnungen werden beispielhaft Zuschlagskriterien aufgeführt, ohne dass dies eine abschließende Liste darstellen würde. § 58 Abs. 2 Satz 2 VgV, § 43 Abs. 2 Satz 2 UVgO sowie § 52 Abs. 2 Satz 2 SektVO führt zum Beispiel auf:

1. Qualität, einschließlich des technischen Werts, Ästhetik, Zweckmäßigkeit, Zugänglichkeit der Leistung insbesondere für Menschen mit Behinderungen, ihrer Übereinstimmung mit Anforderungen des „Designs für Alle", soziale, umweltbezogene und innovative Eigenschaften sowie Vertriebs- und Handelsbedingungen,
2. die Organisation, Qualifikation und Erfahrung des mit der Ausführung des Auftrags betrauten Personals, wenn die Qualität des eingesetzten Personals erheblichen Einfluss auf das Niveau der Auftragsausführung haben kann, oder
3. die Verfügbarkeit von Kundendienst und technischer Hilfe sowie Lieferbedingungen wie Liefertermin, Lieferverfahren sowie Liefer- oder Ausführungsfristen.

5.2.6 Beispielhaft in der VOB/A, VOB/A-EU genannte Zuschlagskriterien

In den Vergabeordnungen werden beispielhaft Zuschlagskriterien aufgeführt, ohne dass dies eine abschließende Liste darstellen würde.

§ 16d Abs. 1 Nr. 5 Satz 2 VOB/A; § 16d Abs. 2 Nr. 2 Satz 2 VOB/A-EU führen zum Beispiel auf:

a) Qualität einschließlich technischer Wert, Ästhetik, Zweckmäßigkeit, Zugänglichkeit, „Design für alle", soziale, umweltbezogene und innovative Eigenschaften;
b) Organisation, Qualifikation und Erfahrung des mit der Ausführung des Auftrags betrauten Personals, wenn die Qualität des eingesetzten Personals erheblichen Einfluss auf das Niveau der Auftragsausführung haben kann, oder
c) Kundendienst und technische Hilfe sowie Ausführungsfrist.

5.2.7 Beispielhaft in der VOB/A-VS genannte Zuschlagskriterien

In den Vergabeordnungen werden beispielhaft Zuschlagskriterien aufgeführt, ohne dass dies eine abschließende Liste darstellen würde.

§ 16d Abs. 2 Satz 2 VOB/A-VS führt zum Beispiel auf: Qualität, Preis, technischer Wert, Ästhetik, Zweckmäßigkeit, Umwelteigenschaften, Betriebs- und Folgekosten, Rentabilität, Kundendienst, Versorgungssicherheit, Interoperabilität und Eigenschaft beim Einsatz und technische Hilfe oder Ausführungsfrist.

5.3 Beispiele für zulässige Zuschlagskriterien

Neben den monetären Zuschlagskriterien Preis und Kosten sowie dem nichtmonetären Zuschlagskriterium Qualität gibt es eine Vielzahl weiterer Kriterien, die zulässig sind und von der Rechtsprechung bestätigt wurden. Eine nicht abschließende Auswahl soll im Folgenden dargestellt werden.

Abbildung: Beispiele für zulässige Zuschlagskriterien

5.3.1 Preise und Kosten

Das Kriterium „Preis" muss aufgrund des Prinzips des wirtschaftlichsten Angebots immer eine Rolle spielen und darf nicht zur Bedeutungslosigkeit degradiert werden.[40]

Neben dem reinen Anschaffungspreis (Anschaffungskosten) können auch sogenannte Lebenszykluskosten betrachtet bzw. berücksichtigt werden (sogenannte Vollkostenbetrachtung). Dies sind Kosten, die über einen selbst festgelegten Betrachtungszeitraum durch die Anschaffung entstehen. Darunter fallen u.a. Betriebskosten, Folgekosten, Wartungskosten und Transportkosten.

5.3.1.1 Kriterium „Betriebskosten"

Die Berücksichtigung von Betriebskosten ist grundsätzlich zulässig und in den meisten Fällen auch empfehlenswert, da man dann von einer rein auf die Anschaffungskosten orientierten Betrachtungsweise mehr in Richtung einer Gesamtkostenbetrachtung geht.

40 *Gnittke/Hattig*, in: Müller-Wrede, VOL/A, § 9 EG, Rn. 21.

VK Mecklenburg-Vorpommern, Beschluss vom 21.2.2012 – 1 VK 07/11: *„Voraussetzung für die Berücksichtigung der Betriebskosten ist, dass eine halbwegs zuverlässige Aussage über ihre künftige Höhe gemacht werden kann."*

Dies bedeutet aber auch, dass die Bieter über diese zu berücksichtigenden Betriebskosten mit den Ausschreibungsunterlagen informiert werden müssen. Der Bieter muss wissen, wie er sein Angebot optimieren muss und kann, um eine realistische Chance im Bieterwettbewerb zu haben.

VK Mecklenburg-Vorpommern, Beschluss vom 21.2.2012 – 1 VK 07/11: *„Zwar hat der öffentliche Auftraggeber grundsätzlich ein weites Ermessen bei der Ermittlung der Betriebskosten. Das Transparenzgebot und der Gleichbehandlungsgrundsatz verlangen aber eine möglichst objektive, am Problem ausgerichtete Vergleichsberechnung auch für die Betriebskosten."*

Der Auftraggeber hat die Verpflichtung realistische Voraussetzungen und Prognosen für die Berechnung der Betriebskosten anzusetzen.

VK Mecklenburg-Vorpommern, Beschluss vom 21.2.2012 – 1 VK 07/11: *„Die Berücksichtigung des Zuschlagskriteriums „Betriebskosten" im Rahmen der Wertung muss also sachgerecht sein, d. h. von richtigen Energieverbrauchsdaten und realistischen, für alle gleichen Annahmen bei der Nutzung der beschafften Gegenstände ausgehen. Daneben müssen einer vergleichenden Modellrechnung realitätsnahe Nutzungszyklen zugrunde gelegt."*

Der Bieter muss auch wissen, welche technischen Kennzahlen er mit dem Angebot abgeben muss, damit der Auftraggeber eine korrekte und für alle Bieterangebote gleiche Betriebskostenrechnung durchführen kann.

VK Mecklenburg-Vorpommern, Beschluss vom 21.2.2012 – 1 VK 07/11: *„Dem Transparenzgebot folgend, muss der Auftraggeber in seiner Leistungsbeschreibung die Bieter zudem auffordern, die für den erwarteten Betrieb richtigen technischen Kennzahlen mitzuteilen."*

VK Brandenburg, Beschluss vom 28.6.2006 – 2 VK 22/06: *„Das Zuschlagskriterium der Betriebskosten an sich erscheint sachgerecht, weil es widersinnig wäre, billigere Geräte anzuschaffen, wenn der Preisvorteil durch die Betriebskosten mehr als ausgeglichen wird. Insoweit stellen die Betriebskosten grundsätzlich, auch wenn sie nicht zwischen Bieter und Auftraggeber verhandelt werden, ein wesentliches Merkmal der Wirtschaftlichkeit dar. Voraussetzung ist aber, dass eine halbwegs zuverlässige Aussage über zukünftige Betriebskosten gemacht werden kann, sei es wegen der Unsicherheit der längerfristigen Stromkosten, sei es wegen des Nutzungsverhaltens.*

(...)

Die Berücksichtigung dieses Zuschlagskriteriums im Rahmen der Wertung der Angebote muss aber jedenfalls sachgerecht sein, d.h. von richtigen Energieverbrauchsdaten für die einzelnen Geräte und Leistungsklassen und realistischen, für alle gleichen Annahmen bei der Nutzung der Geräte ausgehen. Dabei kann von den allgemein verfügbaren Energieverbrauchsdaten der Gerätehersteller ausgegangen werden, soweit diese – unabhängig von der Wortwahl – gleichartige Verbrauchsmodi beschreiben. Daneben müssen realitätsnahe Nutzungszyklen der vergleichenden Modellrechnung zugrunde gelegt werden."

In der folgenden Tabelle wird eine Gesamtkostenbetrachtung aus Anschaffungspreis und Betriebskosten aufgezeigt. Würde nur der reine Anschaffungspreis betrachtet werden, würde

Angebot A den Zuschlag erhalten. Bei der im Beispiel vorgenommenen Gesamtkostenbetrachtung werden auch die Betriebskosten mitberücksichtigt. Bei dieser Gesamtkostenbetrachtung erhält das Angebot C den Zuschlag. Angebot C hat zwar den höchsten Anschaffungspreis, kann diesen Nachteil aber durch sehr geringe Betriebskosten kompensieren.

Tabelle: Beispiel für die Berücksichtigung der Betriebskosten

	Angebot A	**Angebot B**	**Angebot C**
Anschaffungspreis	105.000 €	110.000 €	130.000 €
Betriebskosten	96.000 €	86.000 €	65.750 €
Gesamtkosten	201.000 €	196.000 €	195.750 €

5.3.1.2 Kriterium „Folgekosten"

Folgekosten, die sich durch die Beschaffung des Ausschreibungsgegenstands ergeben, dürfen grundsätzlich als Zuschlagskriterien berücksichtigt werden.

VK Bund, Beschluss vom 12.12.2013 – VK 1-101/13: *„Folgekosten, die unmittelbar mit dem Auftragsgegenstand zusammenhängen und beim öffentlichen Auftraggeber im Rahmen der Auftragsdurchführung anfallen, dürfen grundsätzlich im Rahmen der Zuschlagsentscheidung berücksichtigt werden (...)."*

Dies bedeutet aber auch, dass die Bieter über diese zu berücksichtigenden Folgekosten mit den Ausschreibungsunterlagen informiert werden müssen. Der Bieter muss wissen, wie er sein Angebot optimieren muss und kann, um eine realistische Chance im Bieterwettbewerb zu haben.

VK Bund, Beschluss vom 12.12.2013 – VK 1-101/13: *„Aus ihrer Eigenschaft als Zuschlagskriterium – wie vorliegend – folgt jedoch auch, dass sie durch die Angebotsausgestaltung vom Bieter ihrer Höhe nach beeinflusst werden können (müssen). Dies setzt jedoch voraus, dass dem Bieter vor Angebotsabgabe die Umstände bekanntgegeben werden, unter denen Folgekosten in welcher Höhe anfallen und als solche in die Wertung unter dem entsprechenden Zuschlagskriterium einfließen."*

VK Schleswig-Holstein, Beschluss vom 19.1.2005 – VK-SH 37/04: *„Ersparnisse bezüglich Aufwendungen des Auftraggebers, die nicht Gegenstand der zu erbringenden Leistung sind (z.B. nicht ausgeschriebene Entsorgungsdienstleistungen), können bei der Ermittlung des wirtschaftlichsten Angebotes als Folgekosten i.S.v. § 25 Nr. 3 Abs. 3 Satz 2 VOB/A berücksichtigt werden, wenn diese Aufwendungen in einem unmittelbaren Zusammenhang zur ausgeschriebenen Leistung stehen, die zu ersparenden Kosten objektiv ermittelbar sind und „Folgekosten" als Zuschlagskriterium benannt worden sind."*

5.3.1.3 Kriterium „Wartungskosten"

Die Berücksichtigung von Wartungskosten ist grundsätzlich zulässig und in den meisten Fällen auch empfehlenswert, da man dann von einer rein auf die Anschaffungskosten orientierten Betrachtungsweise mehr in Richtung einer Gesamtkostenbetrachtung geht.

VK Nordbayern, Beschluss vom 23.4.2008 – 21.VK-3194-15/08, amtlicher Leitsatz: *„Die VSt darf beim Kriterium "Preis" die Wartungskosten in die Wertung grundsätzlich einbeziehen. Dies ist ein übliches Verfahren, um die Wirtschaftlichkeit eines Angebotes zu ermitteln."*

5.3.1.4 Kriterium „Transportkosten"

Auch die Berücksichtigung von Transportkosten ist grundsätzlich zulässig und in den meisten Fällen auch empfehlenswert, da man dann von einer rein auf die Anschaffungskosten orientierten Betrachtungsweise mehr in Richtung einer Gesamtkostenbetrachtung geht.

VK Brandenburg, Beschluss vom 28.7.2011 – VK 18/11: *„Die Transportkosten sind ein zulässiges Zuschlagskriterium im Sinne von § 19 EG Abs. 9 VOL/A. Sie dienen der Minimierung der Transportentfernungen und der Verkürzung der Fahrzeiten der Sammelfahrzeuge. Sie stellen im Hinblick auf die mit dem Abfalltransport verbundene Geräusch- und Geruchsbelästigung sowie mit den erheblichen Immissionen der Transportfahrzeuge ein unter Umweltgesichtspunkten zulässiges Vergabekriterium dar (OLG Rostock, Beschluss vom 30. Mai 2005 – 17 Verg 4/05; OLG Düsseldorf, Beschluss vom 3. April 2008 – VII - Verg 54/07)."*

OLG Düsseldorf, Beschluss vom 3.4.2008 – VII-Verg 54/07: *„Auch Folgekosten wie die Transportkosten dürfen, da sie mit dem Auftragsgegenstand unmittelbar zusammenhängen, zu Zuschlagskriterien bestimmt werden."*

5.3.2 Qualität

Das Kriterium „Qualität" ist ein unbestimmtes Kriterium, das, um es in einer Ausschreibung benutzen zu können, konkretisiert werden muss.

OLG Brandenburg, Beschluss vom 27.3.2012 – Verg W 13/11: *„Zu Recht beanstandet die Antragstellerin das Zuschlagskriterium „Qualität (kalkulierte Stundenanzahl für die Arbeitsschritte)" als intransparent. (...) Eine hinreichende Bekanntmachung setzt voraus, dass der Auftraggeber den Bietern die Zuschlagskriterien klar und unmissverständlich so spezifiziert bekannt gibt, dass den Bietern der konkrete Wertungsmaßstab bewusst ist. Der Bieter muss bei Abgabe seines Angebots wissen, auf welche Gesichtspunkte mit welcher Gewichtung es dem Auftraggeber ankommt, denn erst dann kann er sein Angebot nach den Bedürfnissen des Auftraggebers gestalten (...). Diesen Anforderungen genügt die ohne nähere Spezifizierung gebliebene Angabe des Wertungskriteriums „Qualität (kalkulierte Stundenanzahl für die Arbeitsschritte)" nicht."*

Im Folgenden ein Beispiel, bei dem die Qualität mit einer Gewichtung von 70 % das dominierende Kriterium ist und der Preis nur mit einem Gewicht von 30 % betrachtet wird. Mit einer solchen Gewichtung signalisiert der Auftraggeber ganz deutlich, dass die Qualität der Leistung sehr wichtig ist. Das unbestimmte Kriterium Qualität wird durch die Unterkriterien *„Konzept zur Datenerhebung, Datenanalyse und -auswertung"*, *„Konzept zur Veröffentlichung der Auswertungsergebnisse"* und *„Qualität der Projektorganisation zur Durchführung der Begleitforschung"* konkretisiert. Gegebenenfalls sind diese Unterkriterien weiter zu konkretisieren.[41]

41 VK Bund, Beschluss vom 24.10.2014 – VK 2-85/14.

Tabelle: Beispiel für die Konkretisierung des unbestimmten Kriteriums „Qualität" durch Unterkriterien[42]

Qualität		**70 %**	
	Konzept zur Datenerhebung, Datenanalyse und -auswertung		50 %
	Konzept zur Veröffentlichung der Auswertungsergebnisse		20 %
	Qualität der Projektorganisation zur Durchführung der Begleitforschung		30 %
Preis		**30 %**	

Die folgenden Beispiele sollen verdeutlichen, wie eine Konkretisierung des Begriffes „Qualität" erfolgen kann.

Qualitätskriterien zum Abschluss einer Rahmenvereinbarung über die Lieferung von Erfrischungsgetränken

Bei der Ausschreibung einer Rahmenvereinbarung über die Lieferung von Erfrischungsgetränken kann neben dem Preis die Qualität bei der sensorischen Bewertung der Getränke bei der Zuschlagsbewertung eine Rolle spielen. Das Kriterium „Qualität" muss allerdings konkretisiert werden, beispielsweise durch die Unterkriterien „Farbe/Aussehen", „Geruch", „Geschmack" und „Harmonie".[43]

Tabelle: Kriterien zum Abschluss einer Rahmenvereinbarung über die Lieferung von Erfrischungsgetränken

Kriterien	**Gewicht**		
Preis	70 %		
Qualität	30 %		
		Farbe/Aussehen	25 %
		Geruch	25 %
		Geschmack	25 %
		Harmonie	25 %

Bei den Unterkriterien Farbe/Aussehen, Geruch, Geschmack und Harmonie stellt sich die Frage, wie diese zu messen sind. Grundsätzlich ist klar, dass es sich hier um subjektive Kriterien handelt. Subjektive Eindrücke können aber durch Gremienbewertungen objektiviert werden. Eine mögliche Lösung wäre folglich ein Fragebogen mit konkreten Fragen und einem

42 VK Bund, Beschluss vom 24.10.2014 – VK 2-85/14.
43 VK Bund, Beschluss vom 26.5.2008 – VK 3-59/08.

Punktesystem zu jeder Frage. Eine Anzahl von Personen bewertet jede für sich betrachtet subjektiv. Wenn die Bewertung unabhängig voneinander erfolgt, entsteht aus der Gesamtbetrachtung ein relativ objektives Ergebnis. Die Objektivität ist natürlich abhängig von der Anzahl der Bewertenden.

5.3.3 Qualifikation der mit der Ausführung beauftragten Personen

Die Qualität einer Dienstleistung kann sehr stark von der beruflichen Qualifikation der mit der Ausführung beauftragten Personen abhängig sein und stellt in diesen Fällen ein zulässiges Zuschlagskriterium dar.

EuGH, Urteil vom 25.3.2015 – C-601/13, Rn. 31: *„Die Qualität der Ausführung eines öffentlichen Auftrags kann maßgeblich von der beruflichen Qualifikation der mit der Ausführung beauftragten Personen abhängig sein, die sich aus ihrer beruflichen Erfahrung und ihrer Ausbildung zusammensetzt."*

Dies gilt insbesondere, wenn es um Fortbildungsmaßnahmen bzw. Beratungsdienstleistungen geht, die einen intellektuellen Charakter aufweisen.

EuGH, Urteil vom 25.3.2015 – C-601/13, Rn. 32: *„Dies gilt insbesondere, wenn die Dienstleistung, die Gegenstand des Auftrags ist, einen intellektuellen Charakter aufweist und wie im Ausgangsverfahren Fortbildungs- und Beratungsdienstleistungen betrifft."*

Die Qualität einer Dienstleistung mit „intellektuellem Charakter" könnte wie folgt konkretisiert werden.

Tabelle: Beispiel für die Qualität einer Dienstleistung mit „intellektuellem Charakter"[44]

Kriteriengruppen	**Kriterien**	**Gewichtung**	
Bewertung des Teams	Zusammensetzung des Teams, die nachgewiesene Erfahrung und die beruflichen Werdegänge	45 %	
Qualität und Zweckmäßigkeit der angebotenen Dienstleistung		55 %	
	Generelle Beurteilung der angebotenen Struktur einschließlich des Arbeitsprogramms		35 %
	Beschreibung der anzuwendenden Techniken und der bei der Tätigkeit verwendeten Methoden		30 %

44 EuGH, Urteil vom 25.3.2015 – C-601/13.

Kriteriengruppen	Kriterien	Gewichtung	
	Beschreibung der Methoden der Überprüfung und Kontrolle der Qualität der Arbeit in den unterschiedlichen Tätigkeitsbereichen		35 %

Hierzu finden sich u.a. folgende Entscheidungen.

EuGH, Urteil vom 25.3.2015 – C-601/13, Rn. 33 f.: *„Wenn ein solcher Auftrag von einem Team ausgeführt werden muss, sind die Befähigung und die Erfahrung dieser Personen für die Bewertung der beruflichen Qualität dieses Teams ausschlaggebend. Diese Qualität kann ein wesentliches Merkmal des Angebots sein und mit dem Auftragsgegenstand (...) zusammenhängen.*

(...)

Folglich kann diese Qualität als Zuschlagskriterium in der betreffenden Ausschreibungsbekanntmachung oder in den betreffenden Verdingungsunterlagen aufgeführt werden."

OLG Frankfurt a.M., Beschluss vom 16.10.2012 – 11 Verg 9/11: *„Als zur Anwendung gelangendes Unterkriterium wurde zum Kriterium Qualität gefordert: „Personaleinsatzplan mit namentlicher Benennung der Personen, die die Leistung tatsächlich erbringen, Organisation der Qualitätskontrolle, Verfügbarkeit des Personals und Organigramm des Personals". (...)*

Gegen diese auf dem Vordruck EG - Aufforderung zur Angebotsabgabe vorgesehenen, an § 11 VOF ausgerichteten Kriterien und Unterkriterien sind keine grundlegenden Bedenken zu erheben."

OLG Celle, Beschluss vom 2.2.2021 – 13 Verg 8/20: *„Soweit die Antragsgegnerin Aussagen zu Ausbildung, Fortbildung und durchschnittlicher Betriebszugehörigkeit des bei der Sortierung und Zustellung eingesetzten Personals erwartet, kann sie sich auf § 58 Abs. 2 Satz 2 Nr. 2 VgV berufen. Danach darf der Auftraggeber auch qualitative Zuschlagskriterien berücksichtigen, insbesondere die Organisation, Qualifikation und Erfahrung des mit der Ausführung des Auftrags betrauten Personals. Dies gilt allerdings nur, wenn die Qualität des eingesetzten Personals erheblichen Einfluss auf das Niveau der Auftragsausführung haben kann."*

5.3.4 Technischer Wert

Das Kriterium „Technischer Wert" ist ein unbestimmtes Kriterium, das, um es in einer Ausschreibung benutzen zu können, konkretisiert werden muss.

Das Zuschlagskriterium „Technischer Wert" kommt aber nur dann in Betracht, wenn die Bieter bei der technischen Ausführung und/oder bei der Gestaltung einen Spielraum haben.[45]

Haben die Bieter bei der Ausschreibung einer Bauleistung Freiheiten beim Bauverfahren und beim Bauablauf und sind diese nicht bereits durch eine vorab erfolgte Planung eingeschränkt, können die Kriterien „Bauverfahren" und „Bauablauf" konkretisierende Unterkriterien für das Kriterium „Technischer Wert" darstellen.

45 *Summa*, in: Heiermann/Zeiss, Vergaberecht, 4. Auflage, § 29 SektVO, Rn. 25.

Das Zuschlagskriterium „Technischer Wert" untergliedert in die Unterkriterien Bauverfahren und Bauablauf, die mit jeweils 5 % in die Gesamtwertung eingehen, ist ein im Vergabeverfahren zulässiges Kriterium.

VK Bund, Beschluss vom 14.1.2014 – VK 2-118/13: *„Die Gewichtung der Zuschlagskriterien Preis und Technischer Wert im Verhältnis 90:10 verstößt nicht gegen § 97 Abs. 5 GWB."*

VK Bund, Beschluss vom 14.1.2014 – VK 2-118/13: *„Im Ergebnis ist somit festzuhalten, dass die Zuschlagskriterien nicht zu beanstanden sind."*

Tabelle: Konkretisierung des Zuschlagskriteriums „Technischer Wert"

Hauptkriterien	Unterkriterien	Gewicht	Gewicht	Gesamtgewicht
Preis		90 %		90 %
Technischer Wert		10 %		
	Bauverfahren		50 %	5 %
	Bauablauf		50 %	5 %

Das Kriterium „Technischer Wert" kann auch in die Unterkriterien

- Bauablauf
- Qualitätssicherung

untergliedert werden.[46]

Tabelle: Kriterium „Technischer Wert" bei der Ausschreibung einer Ortsumgehung

Hauptkriterien	Unterkriterien	Gewicht	Gewicht	Gesamtgewicht
Preis		90 %		90 %
Technischer Wert		10 %		
	Bauablauf		30 %	3 %
	Qualitätssicherung		70 %	7 %

Wird das unbestimmte Kriterium „Technischer Wert" durch geeignete Unterkriterien konkretisiert, dann ist dieses durch die Rechtsprechung akzeptiert.

VK Bund, Beschluss vom 10.6.2010 – VK3-51/10: *„Auch die Wertung auf der vierten Wertungsstufe nach den zuvor bekanntgemachten und in der Aufforderung zur Angebotsabgabe näher beschriebenen Zuschlagskriterien „Preis" und „Technischer Wert" ist sowohl hinsichtlich der Verwendung der Unterkriterien als auch im Hinblick auf die konkrete Bewertung der Angebote der Bg und der Ast nicht zu beanstanden."*

46 VK Rheinland-Pfalz, Beschluss vom 18.7.2012 – VK 2-14/12.

Tabelle: Kriterien bei der Ausschreibung einer Planung und Ausführung von Uferrückverlegungsmaßnahmen[47]

Hauptkriterien	Unterkriterien	Gewicht	Gewicht	Gesamtgewicht
Preis		80 %		80 %
Technischer Wert		20 %		
	Bauverfahren		33,33 %	6,67 %
	Bauablauf		33,33 %	6,67 %
	Geräteeinsatz		33,33 %	6,67 %

OLG Frankfurt a.M., Beschluss vom 16.10.2012 – 11 Verg 9/11: *„[...] Beim Kriterium Fachlicher und technischer Wert wurde angegeben: „Fachliche Präsentation im Auftragsgespräch". Gegen diese auf dem Vordruck EG - Aufforderung zur Angebotsabgabe vorgesehenen, an § 11 VOF ausgerichteten Kriterien und Unterkriterien sind keine grundlegenden Bedenken zu erheben."*

5.3.5 Ästhetik

Das Kriterium „Ästhetik" ist ein unbestimmtes Kriterium, das man, um es in einer Ausschreibung benutzen zu können, konkretisiert werden muss. Durch die Konkretisierung muss man von der sehr subjektiven Begrifflichkeit des Kriteriums „Ästhetik" zu einer objektiveren Bewertbarkeit zu kommen.

Im Folgenden ein Beispiel zur Ausschreibung von Textilien, bei dem die funktionale und ästhetische Qualität der Textilien mit einem Gewicht von 20 % in die Bewertung aufgenommen wurde.

Tabelle: Beispiel für eine Konkretisierung durch Unterkriterien

Kriterium	Unterkriterien	Gewicht	
funktionale und ästhetische Qualität der Textilien		20 %	
	Gewebe		16 2/3 %
	Schnitt		16 2/3 %
	Form		16 2/3 %
	Größen		16 2/3 %
	Farbe		16 2/3 %
	Verwaschungen		16 2/3 %

47 VK Bund, Beschluss vom 10.6.2010 – VK 3-51/10.

OLG Brandenburg, Beschluss vom 27.7.2007 – Verg W 5/07: *„Das Kriterium der funktionalen und ästhetischen Qualität der Textilien ist hinreichend bestimmt, um als Zuschlagskriterium zu dienen. Die notwendigerweise subjektive Bewertung der Antragsgegnerin schließt dies nicht aus, so lange sie auf objektiver nachvollziehbarer Grundlage erfolgt und kein Beurteilungsfehler festgestellt werden kann."*

5.3.6 Umwelteigenschaften

Das Kriterium „Umwelteigenschaften" ist ein unbestimmtes Kriterium, das, um es in einer Ausschreibung benutzen zu können, konkretisiert werden muss.

EuGH, Urteil vom 4.12.2003 – C-448/01, amtlicher Leitsatz: *„Die für die Vergabe öffentlicher Aufträge geltenden Vorschriften des Gemeinschaftsrechts verwehren es einem öffentlichen Auftraggeber nicht, im Rahmen der Beurteilung des wirtschaftlich günstigsten Angebots für die Vergabe eines Auftrags für die Lieferung von Strom ein mit 45 % gewichtetes Zuschlagskriterium festzulegen, das die Lieferung von Strom aus erneuerbaren Energieträgern verlangt, wobei der Umstand unerheblich ist, dass sich mit diesem Kriterium das angestrebte Ziel möglicherweise nicht erreichen lässt."*

EuGH, Urteil vom 17.9.2002 – C-513/99, amtlicher Leitsatz: *„(...) Umweltschutzkriterien wie die Höhe der Stickoxidemissionen oder den Lärmpegel der Busse berücksichtigen darf, sofern diese Kriterien mit dem Gegenstand des Auftrags zusammenhängen, dem Auftraggeber keine unbeschränkte Entscheidungsfreiheit einräumen, ausdrücklich im Leistungsverzeichnis oder in der Bekanntmachung des Auftrags genannt sind und bei ihnen alle wesentlichen Grundsätze des Gemeinschaftsrechts, insbesondere das Diskriminierungsverbot, beachtet werden."*

CO2-Emissionen als Zuschlagskriterium

Die Verwendung des Zuschlagkriteriums „Transportentfernung" allein, ohne Bezug zu den entstehenden CO_2-Emissionen, verstößt gegen das Diskriminierungsverbot.[48] Findet die Transportentfernung dagegen zur Bestimmung der dadurch entstehenden Emissionen ihre Anwendung als Zuschlagskriterium „Transportemissionen", handelt es sich nach der aktuellen Rechtsprechung um ein zulässiges umweltbezogenes Zuschlagkriterium.[49]

OLG Frankfurt a.M., Beschluss vom 29.3.2018, 11 Verg 16/17: *„Mit Recht hat die Vergabekammer dargelegt, dass die Antragsgegnerin dem Grunde nach berechtigt war, die Transportemissionen unter umweltbezogenen Aspekten zum Zuschlagskriterium zu machen (§ 127 I 4 GWB) und dass dieses Kriterium in einem sachbezogenen Verhältnis zu dem Entsorgungsauftrag steht.*

Beim Kriterium der Transportemissionen werden für alle Bieter gleichermaßen die Weiter- bzw. Rücktransportkosten der durch die Müllverbrennung entstehenden Schlacke zur Deponie "angerechnet" Wertungsmäßig kann es daher allein um die Nichtberücksichtigung der internen Transporte der A - Sammelfahrzeuge zur im Stadtgebiet1 liegenden Entsorgungsanlage und um die Belastung von Fahrten zwischen der Umschlagstelle auf der C-Deponie zur "externen" Entsorgungsanlage gehen."

48 *Ziekow* in: Ziekow/Völlink, Vergaberecht, § 127 GWB, Rn. 23.
49 OLG Frankfurt a.M., Beschluss vom 29.3.2018 – 11 Verg 16/17.

5.3.7 Energieeffizienz

Das Kriterium „Energieeffizienz" ist ein unbestimmtes Kriterium, das, um es in einer Ausschreibung benutzen zu können, konkretisiert werden muss.

OLG Düsseldorf, Beschluss vom 19.6.2013 – VII-Verg 4/13: *„Das Zuschlagskriterium „Energieeffizienz" ist unbestimmt und bedarf [...] der konkreten Angabe von Unterkriterien, die es dem Auftraggeber ermöglichen, das Leistungsniveau jedes einzelnen Angebots im Verhältnis zu dem in den technischen Spezifikationen beschriebenen Auftragsgegenstand zu bewerten. [...] Der in der Wertungsmatrix mit 6 % angegebene Wertungsanteil erscheint angemessen, [...]"*

5.3.8 Schulungskonzept

Die Darstellung des Schulungskonzepts kann als Zuschlagskriterium verwendet werden.

OLG Düsseldorf, Beschluss vom 17.1.2013 – VII-Verg 35/127: *„Die Berücksichtigung der Darstellung des Schulungskonzepts als Zuschlagskriterium ist hingegen nicht vergaberechtswidrig.*

a) Wie die Vergabekammer zutreffend ausgeführt hat, hat der Antragsgegner nicht unzulässigerweise Eignungs- und Zuschlagskriterien vermischt. Bei dem streitgegenständlichen Schulungskonzept handelt es sich nicht um ein bieterbezogenes Eignungskriterium.

(...)

Auf den ersten Blick dient ein Schulungskonzept zwar seinem Kerngehalt nach der Hebung der Qualifikation der Beschäftigten und wirkt sich eine höhere Qualifikation der Mitarbeiter positiv auf die Eignung des Unternehmens aus. Im Streitfall hat der Auftraggeber mit den Anforderungen an die Darstellung des Schulungskonzepts jedoch nicht das bloße Vorliegen von Kriterien abgefragt, sondern vom Bieter gefordert, dass dieser sich konkret mit der ausgeschriebenen Leistung auseinandersetzt. Diese Auseinandersetzung soll vom Auftraggeber einer Bewertung unterzogen werden."

5.3.9 Auftragsbezogene Teambesetzung

Das Kriterium „Auftragsbezogene Teambesetzung" ist ein zulässiges Zuschlagskriterium, da es hierbei um die konkrete auftragsbezogene Umsetzung des Projekts und nicht um die abstrakte personelle Leistungsfähigkeit des Bieters geht.

VK Hessen, Beschluss vom 21.3.2013 – 69 d VK-01/2013: *„Dieser Aspekt bezieht sich hier nicht auf die abstrakte personelle Leistungsfähigkeit und auch nicht auf die personellen Ressourcen des Bieters im Allgemeinen, sondern auf das Konzept des Bieters – und zwar dahingehend, wie und in welchem Maße er die zeitgerechte und planmäßige Ausführung des konkreten Auftrags gewährleisten möchte. Es geht dem Antragsgegner ersichtlich um die Plausibilität des vorgelegten Konzeptes (...), mithin um die leistungsbezogene Bewertung der Auftragsausführung."*

5.3.10 Erfahrung und Eignung des Planungsteams, insbesondere des/r Projektleiters/in

Das Kriterium „Erfahrung und Eignung des Planungsteams, insbesondere des/r Projektleiters/in" kann ein zulässiges Zuschlagskriterium sein, insbesondere wenn es hierbei um die konkrete auftragsbezogene Umsetzung des Projekts und nicht um die abstrakte personelle Leistungsfähigkeit des Bieters geht.

VK Lüneburg, Beschluss vom 28.6.2013 – VgK-18/2013: *„(...) handelt es sich bei dem Zuschlagskriterium Erfahrung und Eignung des Planungsteams, insbesondere des Projektleiters nicht um ein Eignungskriterium nach § 5 VOF, sondern um ein zulässigerweise gesetztes Zuschlagskriterium nach § 11 Abs. 4 VOF."*

Tabelle: Beispiel für die Konkretisierung des Kriteriums Erfahrung und Qualifikation des Planungsteams

Kriterium	Unterkriterien	Gewicht		Gesamtgewicht
Projektteam		30 %		
	Erfahrung und Eignung des Planungsteams, insbesondere des/r Projektleiters/in		50 %	15 %
	Erfahrung und Eignung der örtlichen Bauüberwachung/Bauoberleitung		30 %	9 %
	Projektorganisation/ Aufbauorganisation		20 %	6 %

Die Organisation, Qualifikation und Erfahrung des mit der Ausführung des Auftrags betrauten Personals darf als Zuschlagskriterien Verwendung finden, wenn die Qualität des eingesetzten Personals erheblichen Einfluss auf das Niveau der Auftragsausführung haben kann.

VK Bund, Beschluss vom 22.11.2019 – VK 1-83/19: *„Die von der Ag verwendeten Zuschlagskriterien entsprechen den Anforderungen an Zuschlagskriterien nach § 58 Abs. 2 Satz 2 VgV. Insbesondere können neben der Qualität gemäß § 58 Abs. 2 Satz 2 Nr. 2 VgV auch die Organisation, Qualifikation und Erfahrung des mit der Ausführung des Auftrags betrauten Personals berücksichtigt werden, wenn die Qualität des eingesetzten Personals erheblichen Einfluss auf das Niveau der Auftragsausführung haben kann. Unzweifelhaft hat die Qualität des eingesetzten Personals hier im Rahmen der Vergabe einer langjährigen Projektsteuerung einschließlich Koordination der Technischen Gebäudeausrüstung erheblichen Einfluss auf das Niveau der Auftragsausführung."*

5.3.11 Zeitplan des Projekts

Das Kriterium „Zeitplan des Projekts" ist ein zulässiges Zuschlagskriterium, da es hierbei um die konkrete auftragsbezogene Umsetzung des Projekts und nicht um die Leistungsfähigkeit des Bieters geht.

VK Bund, Beschluss vom 12.12.2013 – VK 1-101/13: *„(...) die (...) verwendeten Kriterien "Zeitplan des Projekts", "Mitwirkungsleistungen des Auftraggebers" sowie "Supportkonzept" allerdings Kriterien, die sich nicht auf die fachliche Eignung und Leistungsfähigkeit des Bieters, also auf generelle Eigenschaften des Unternehmens beziehen. Sie sind vielmehr Eigenschaften der hier angebotenen Leistung und damit allein in der Wirtschaftlichkeitsprüfung zu berücksichtigen. Alle drei Kriterien beziehen sich nämlich auf die eigentliche Leistungserbringung und sind Bestandteil des Leistungskonzepts. Damit wird im vorliegenden Fall also in der Wirtschaftlichkeitsprüfung kein unzulässiges "Mehr an Eignung" berücksichtigt."*

5.3.12 Präsentationen

Die Präsentation von Planung und Team hat sich in vielen Vergabeverfahren etabliert. Besonders dann, wenn es um die Ausschreibung von individuellen Ingenieur- und Architektenleistungen geht, stellt dies ein wichtiges Zuschlagskriterium dar.

OLG München, Beschluss vom 25.7.2013 – Verg 7/13: *„Die Wertung der Angebote anhand einer Präsentation ist generell möglich und vergaberechtlich zulässig."*

OLG München, Beschluss vom 2.11.2012 – Verg 26/12: *„Die Präsentation von Planung und Team stellt ein übliches Verfahren bei der Auswahl des am besten erscheinenden Bieters dar (...). Dies gilt gerade für den Bereich der VOF, in welchem individuell geplante Ingenieur- und Architektenleistungen beauftragt werden sollen. Nicht nur das geplante Objekt an sich, sondern auch die geplante konkrete Ausführung sind vom Auftraggeber einzuschätzen. Einen Eindruck hiervon lässt sich im Rahmen einer Präsentation gewinnen."*

Präsentationen müssen den Bietern frühzeitig bekannt gemacht werden. Außerdem muss aus Gründen der Transparenz den Bietern mitgeteilt werden, um was es bei der Präsentation geht.

OLG München, Beschluss vom 2.11.2012 – Verg 26/12: *„(...) die Präsentation vergaberechtskonform in die Wege geleitet. Den Bietern wurde die Präsentation zeitgerecht angekündigt, es wurden die Bewertungskriterien einschließlich der Unterkriterien sowie die Punkteskala mit einer Erläuterung der einzelnen Punktwerte mitgeteilt. (...) war daher vor der Präsentation klar, um welche Gesichtspunkte es (...) ging und wie die Notenstufen (ähnlich der Beschreibung von Schulnoten) definiert waren."*

OLG München, Beschluss vom 2.11.2012 – Verg 26/12: *„Eine Wertung hat immer eine subjektive Note, da sie auf dem Hintergrund und auf der Erfahrung der betreffenden Persönlichkeit beruht. Schon von daher sind derartige Wertungen nur eingeschränkt überprüfbar. Es kommt hinzu, dass die Präsentation einen Vorgang darstellt, der einer Situation in einer mündlichen Prüfung ähnelt und wegen seiner Einmaligkeit nicht wiederholt werden kann (OLG München vom 17.1.2008 – Verg 15/07).*

Grundsätzlich verbleibt dem öffentlichen Auftraggeber ein Rest an Wertungsspielraum, welcher sich der gerichtlichen Überprüfung entzieht (OLG Düsseldorf vom 30.7.2009 – Verg 10/09)."

Um die subjektiven Einzelbewertungen zu objektivieren, ist die Mittelwertbildung vergaberechtlich anerkannt.

VK Hessen, Beschluss vom 14.5.2020 – 69d-VK2–22/2020: *„Gleichfalls anerkannt ist es, dass bei Bewertungsgremien durchaus unterschiedliche Wertungsurteile zustande kommen können. Es ist nicht zu beanstanden, wenn zwei unterschiedliche Beurteiler eingereichte Konzepte zunächst unabhängig voneinander bewerten und sodann aus deren Bewertungen ein rechnerischer oder sonstiger Mittelwert gebildet wird (zuletzt VK Sachsen, Beschluss vom 28. März 2019 – 1/SVK/044-18 – juris). Der Bewertung von Konzepten, auch im Rahmen einer Präsentation, wohnt naturgemäß ein subjektives Moment inne."*

OLG München, Beschluss vom 2.11.2012 – Verg 26/12: *„Es ist auch Sache des öffentlichen Auftraggebers, die Art des Wertungsvorganges festzulegen. Dies folgt aus seiner Hoheit über den Beschaffungsvorgang: er bestimmt, welche Leistung er haben möchte und in welcher Form oder Qualität.*

Daraus folgt zwangsläufig, dass er die entsprechenden Wertungsmaßstäbe und die Art und Weise der Wertung bestimmen kann.

(...) Man mag weiter darüber streiten, ob es nicht sinnvoller gewesen wäre, statt den Mittelwert aus allen fünf Noten zu bilden, die schlechteste und beste Note jeweils zu streichen und dann aus den verbliebenen Noten den Mittelwert zu bilden – doch auch hier liegt es in der Entscheidungskompetenz des öffentlichen Auftraggebers, welche Wertungsmethode er wählt."

Vortrags- und Präsentationsfähigkeiten können durchaus einen Bezug zum Auftragsgegenstand haben, wenn diese Fähigkeiten auch bei der Projektumsetzung notwendig sind. Werden bei einer Präsentation die Vortrags- bzw. Präsentationsfähigkeiten der präsentierenden Personen bewertet, dann müssen die bewerteten Personen bei der späteren Leistungserbringung die entsprechenden Vortrags- und Präsentationstätigkeiten übernehmen.

VK Südbayern, Beschluss vom 22.10.2024 – 3194.Z3-3_01-24–38, amtlicher Leitsatz: *„Bei Objektplanungsleistungen kann die Bewertung eines mündlichen Vortrags hinsichtlich der Vortragsfähigkeiten des Referenten den gem. § 127 Abs. 3 GWB geforderten Auftragsbezug eines Zuschlagskriteriums haben, wenn die Tätigkeit der referierenden Personen im zu vergebenden Auftrag gerade auch das Präsentieren bzw. Vortragen beinhaltet.*

Werden die Vortrags- bzw. Präsentationsfähigkeiten von künftigen Auftragnehmern im Rahmen der Zuschlagskriterien bewertet, so muss der öffentliche Auftraggeber sicherstellen, dass die bewerteten Personen dann bei der Leistungserbringung auch die entsprechenden Vortrags- bzw. Präsentationstätigkeiten übernehmen."

Präsentationen können auch dazu dienen, die Qualifikation, das Auftreten, das Problemverständnis und die Kommunikationsfähigkeiten der für ein Projekt vorgesehenen Personen, wie zum Beispiel der Projektleitung, zu bewerten.

VK Südbayern, Beschluss vom 28.10.2021 – 3194.Z3-3-01-21–27: *„Anders als in dem seinerzeit von der Vergabekammer entschiedenen Fall (vgl. VK Südbayern, Beschluss vom 02.04.2019 – Z3-3-3194-1-43-11/18) sind vorliegend nicht die Inhalte der Präsentationen Gegenstand des Angebots, sondern die jeweils benannten Personen für die Projektleitung, deren Qualifikation anhand der Präsentationen beurteilt werden sollte. Mithin handelt sich bei den Präsentationen vorliegend um eine besondere Form der „Teststellung", vergleichbar etwa mit einem Probevortrag."*

VK Bund, Beschluss vom 22.11.2019 – VK 1-83/19: *„Die Bewertung einer Präsentation bei der Zuschlagsentscheidung verstößt nicht gegen die Formvorschriften des § 53 i.V.m. § 9 Abs. 2 VgV. Es liegt keine vergaberechtlich unzulässige mündliche Kommunikation über ein Angebot vor. Grundsätzlich kann die fachlich-inhaltliche Vorstellung des Angebots sowie des einzusetzenden Personals in Form einer mündlichen Präsentation vorgenommen und entsprechend bewertet werden (vgl. OLG München, Beschluss vom 2. November 2011, Verg 26/12). Entgegen der Auffassung der ASt ergibt sich eine Unzulässigkeit der Wertung einer mündlichen Präsentation nicht aus der gesetzlich geregelten Textform eines Angebots oder den Vorgaben für die Kommunikation im Vergabeverfahren."*

Um die Gleichbehandlung zu wahren, darf sich das Wertungsgremium personell nicht ändern. Alle Bieter müssen durch das gleiche Gremium bewertet werden.

VK Sachsen-Anhalt, Beschluss vom 22.3.2017 – 1 VK LSA 01/16 F – amtlicher Leitsatz: *„Die Verpflichtung des Auftraggebers, alle Bieter gleich zu behandeln, ist verletzt, wenn im Verlaufe der angesetzten Präsentationsveranstaltungen sich die Zusammensetzung des Wertungsgremiums personell ändert und dieses Gremium eine abschließende Wertung aller Angebotspräsentationen durchführt."*

Aus der Dokumentation zu den Gremienbewertungen müssen auch die Namen der Gremienmitglieder inklusive deren Unterschrift hervorgehen.

VK Sachsen-Anhalt, Beschluss vom 22.3.2017 – 1 VK LSA 01/16 F – amtlicher Leitsatz: *„Zudem stellt es eine Verletzung von Bieterrechten dar, wenn die Dokumentation zu den Präsentationsveranstaltungen weder Namenszug noch Unterschrift der wertenden Gremiumsmitglieder aufweisen."*

Bei Präsentationen ist es aber wichtig, dass die Gremienmitglieder im Vorfeld ein Briefing erhalten, um was es bei der Präsentation geht und was bewertet werden soll. Geht es um den Inhalt oder um die Show? Geht es um die Schönheit und Struktur der Präsentationsfolien, die Redegewandtheit der Vortragenden oder geht es um die Qualifikation, die technische Expertise des Projektteams?

Ist das Zuschlagskriterium Präsentation nicht detailliert konkretisiert worden, dann wird das Zuschlagskriterium in der Regel gegen die vergaberechtlichen Anforderungen des § 127 Abs. 4 GWB verstoßen, da mindestens der Anschein einer willkürlichen Entscheidung vorliegt.

VK Südbayern, Beschluss vom 2.4.2019 – Z3-3-3194-1-43-11/18: *„Es spricht weiterhin viel dafür, dass zumindest das Zuschlagskriterium „Präsentation", das lediglich mit den Worten „Formelle Präsentation / Gesamteindruck" konkretisiert ist, gegen § 127 Abs. 4 Satz 1 GWB verstößt und daher unzulässig ist. Nach dieser Vorschrift müssen die Zuschlagskriterien so festgelegt und bestimmt sein, dass die Möglichkeit eines wirksamen Wettbewerbs gewährleistet wird, der Zuschlag nicht willkürlich erteilt werden kann und eine wirksame Überprüfung möglich ist, ob und inwieweit die Angebote die Zuschlagskriterien erfüllen. Die Formulierung „der Zuschlag nicht willkürlich erteilt werden kann" bleibt hierbei etwas hinter dem maßgeblichen Wortlaut des Art. 67 Abs. 4 der Richtlinie 2014/24/EU zurück, so dass § 127 Abs. 4 Satz 1 GWB richtlinienkonform so zu lesen ist, dass dem öffentlichen Auftraggeber durch Zuschlagskriterien keine uneingeschränkte Wahlfreiheit übertragen werden darf."*

Dass die Präsentationen nicht zeitgleich, sondern nur zeitversetzt erfolgen können, liegt in der Natur der Sache und wird von der Rechtsprechung als unproblematisch angesehen.

OLG Düsseldorf, Beschluss vom 27.4.2022 – Verg 25/21: *„Die zeitliche Staffelung der Präsentationen ist als systemimmanent hinzunehmen. Um vor dem Hintergrund der unvermeidbaren subjektiven Komponente jeder Bewertung eine Vergleichbarkeit der Angebote zu gewährleisten, muss die Beurteilung aller Angebote durch dasselbe Mitarbeiterteam erfolgen, was eine Gleichzeitigkeit der Präsentationen zwangsläufig ausschließt.*

Dabei erscheint auch eine Ansetzung für verschiedene Tage sachgerecht, um der bei mehreren unmittelbar aufeinanderfolgenden Präsentationen möglicherweise nachlassenden Aufmerksamkeit entgegenzuwirken.

Die Termine sind den zum Verhandlungsverfahren zugelassenen Bietern auch nicht kurzfristig, sondern mit mehr als einmonatigen Vorlauf mitgeteilt worden, weshalb mit der zeitlichen Staffelung keine signifikante Verkürzung der Vorbereitungszeit einherging."

5.3.13 Kostenplanung und -kontrolle

Die Kostenplanung und die Kostenkontrolle können ein wesentliches Qualitätsmerkmal einer zu erbringenden Projektleistung sein und stellen deshalb ein zulässiges Zuschlagskriterium dar.

VK Bund, Beschluss vom 18.5.2006 – VK 1-25/06: *„(...) das Konzept der Kostenplanung und – kontrolle (...) stellt ein wesentliches Qualitätsmerkmal der zu erbringenden Leistung dar und durfte daher bei der Wertung (...) eine erhebliche Rolle spielen."*

5.3.14 Angaben zur geplanten Kommunikation mit dem Auftraggeber, zur Projektdokumentation, zu Statusberichten etc.

Das Kriterium „Angaben zur geplanten Kommunikation mit dem Auftraggeber, zur Projektdokumentation, zu Statusberichten etc." ist bei einer projektbezogenen Betrachtungsweise und Bewertung ein Zuschlagskriterium.

OLG Naumburg, Beschluss vom 12.4.2012 – 2 Verg 1/12: *„Das (...) Unterkriterium „Angaben zur geplanten Kommunikation mit dem Auftraggeber, zur Projektdokumentation, zu Statusberichten etc." bezieht sich eindeutig auf die Konzeption des Bieters für die Erbringung der konkreten Vertragsleistungen, insbesondere darauf, wie und wodurch der Bieter im Rahmen der Vertragsausführung welches Maß an Transparenz gewährleisten möchte. Damit ist dieses Unterkriterium nicht auf die Bewertung von abstrakten Kommunikationsmöglichkeiten, -fertigkeiten und -fähigkeiten der Mitarbeiter eines Bieters gerichtet oder auf die technische Leistungsfähigkeit des Unternehmens im Kommunikationsbereich, sondern darauf, wie und in welchem Umfange der Bieter seine abstrakten Fähigkeiten projektbezogen einsetzen und welches Konzept er insoweit für die Leistungsausführung verfolgen möchte."*

5.3.15 Projektorganisation

Bei der Ausschreibung von Planungsleistungen ist die Beschreibung der vorgesehenen Projektorganisation ein zulässiges Zuschlagskriterium.

VK Baden-Württemberg, Beschluss vom 19.4.2011 – 1 VK 14/11: *„Darüber hinaus sei bei der Darstellung der Projektorganisation nicht auf die individuelle Eignung des Bieters abgestellt worden, sondern sei die Qualität der Durchführung des zukünftigen Auftrags prognostiziert und deshalb ein Auftragskriterium gewertet worden."*

Tabelle: Beispiel für die Zuschlagskriterien für eine Planungsleistung[50]

Zuschlagskriterien	Gewichtung
gestalterisches Vermögen und Herangehensweise	40 %
vorgesehene Projektorganisation	20 %
Honorar	20 %
aus dem Auftragsgespräch gewonnene Eindrücke	10 %
Herangehensweise der terminlichen Projektdurchführung	10 %

5.3.16 Teststellungen[51]

Teststellungen sind unabhängig von der gewählten Verfahrensart grundsätzlich zulässig und können zum Beispiel auch bei offenen Verfahren und nicht offenen Verfahren beziehungsweise öffentlichen Ausschreibungen und beschränkten Ausschreibungen Anwendung finden. Eine Beschränkung von Teststellungen auf Verhandlungsverfahren oder Verhandlungsvergaben gibt es nicht.

Ob eine Teststellung in einem Vergabeverfahren Anwendung findet, liegt unter Berücksichtigung der Verhältnismäßigkeit in der Dispositionsfreiheit des Auftraggebers.[52]

Die Unterscheidung in verifizierende und wertende Teststellungen[53] sowie deren Eigenschaften und die praktische Umsetzung wird im Folgenden näher betrachtet.

5.3.16.1 Bekanntmachungspflicht

Auch wenn es in vergaberechtlicher Hinsicht ungeklärt ist, ob die verifizierende Teststellung im Gegensatz zur wertenden Teststellung zwingend einer Bekanntmachungspflicht unterliegt, sprechen die Grundsätze der Transparenz und der Gleichbehandlung für eine Veröffentlichung in der Bekanntmachung oder den Vergabeunterlagen.

Praxistipp

▶ *Die Ankündigung der Teststellung sollte bereits den voraussichtlichen Termin, die voraussichtliche Dauer, die Art und den Umfang des Tests und eventuell notwendige Unterstützung bei Aufbau, Durchführung und Abbau der Testgeräte beinhalten.*

---

50 VK Bund, Beschluss vom 15.11.2013 – VK 1-97/13.

51 Dieser Abschnitt ist als Aufsatz „Teststellungen im Vergabeverfahren" in der Zeitschrift VergabeFokus 4/2022 veröffentlicht worden.

52 Dazu auch OLG Düsseldorf, Beschluss vom 15.1.2020 – Verg 20/19.

53 Dazu auch OLG Karlsruhe, Beschluss vom 31.1.2014 – 15 Verg 10/13.

Pos.	Kriterien	Gewichtung G1	Gewichtung G2	A: Ausschlusskriterium B: Bewertungskriterium I: Information/Definition	Wertungspunkte
	...				... ...
3	**Sensorische Bewertung Testessen**	350			
3.1	Die Bewertung der Testessen wird durch ein Gremium aus sieben Personen vorgenommen. Jedes Gremiumsmitglied führt eine unabhängige Bewertung durch. Um die Einzelbewertungen zu aggregieren, wird aus den sieben unabhängigen Bewertungen das arithmetische Mittel der Punktzahl ermittelt. Dabei wird mit zwei Stellen nach dem Komma gerechnet und kaufmännisch gerundet.			I	
3.2	Gustatorischer Eindruck		150	**B**	Das Testessen mit dem besten Geschmack erhält die maximale Punktzahl (= Anzahl der Angebote), das Testessen mit dem zweitbesten Geschmack erhält einen Punkt weniger als die maximale Punktzahl usw. **Beispiel:** Liegen drei Testessen A, B und C mit Testessen A: bester Geschmack, Testessen B: zweitbester Geschmack, Testessen C: drittbester Geschmack, vor, dann erhalten die Testessen die folgenden Punktzahlen: Testessen A: 3 Punkte, Testessen B: 2 Punkte und Testessen C: 1 Punkt. Sind mehrere Testessen geschmacklich gleich gut (nicht unterscheidbar), dann erhalten diese Angebote die gleiche Punktzahl. **Beispiel:** Liegen fünf Testessen A, B, C, D und E mit Testessen A: bester Geschmack, Testessen B: zweitbester Geschmack, Testessen C: zweitbester Geschmack, Testessen D: drittbester Geschmack, Testessen E: viertbester Geschmack, vor, dann erhalten die Testessen die folgenden Punktzahlen: Testessen A: 5 Punkte, Testessen B: 4 Punkte, Testessen C: 4 Punkte, Testessen D: 2 Punkte, Testessen E: 1 Punkt. Die erreichte Punktzahl wird mit dem Faktor 12/(Anzahl der Angebote) multipliziert um die maximal erreichbare Punktzahl unabhängig von der Anzahl der zur wertenden Angebote auf 12 Punkte zu normieren.
3.3	Visueller Eindruck		50	**B**	...
3.4	Olfaktorischer Eindruck		100	**D**	...
3.5	Haptischer Eindruck		50	**B**	...
	...			...	...

Abbildung: Beispiel für ein Testessen

Die wertende Teststellung muss gemäß §§ 127 Abs. 5 GWB, 58 Abs. 3 VgV, 52 Abs. 3 SektVO, 43 Abs. 6 UVgO als Zuschlagskriterium mit Gewichtung in der Auftragsbekanntmachung oder den Vergabeunterlagen aufgeführt werden. Zu den Transparenzpflichten gehört aber auch, dass der unbestimmte Begriff Teststellung inhaltlich konkretisiert wird.

Die Konkretisierung muss dabei so weit gehen, dass alle durchschnittlich fachkundigen Bieter sie bei Anwendung der üblichen Sorgfalt in der gleichen Weise auslegen können.[54]

54 Dazu auch EuGH, Urteil vom 4.12.2003 – C-448/01 (Wienstrom), Rn. 57.

Im Folgenden ist dies am Beispiel eines Testessens gezeigt. Die wertende Teststellung wird in die Unterkriterien gustatorischer, visueller, olfaktorischer und haptischer Eindruck unterteilt.

5.3.16.2 Vergütung

Teststellungen können für die Bieter durchaus aufwändig und kostenintensiv sein. Unter Umständen muss neben den Testobjekten auch Personal zum Aufbau, zur Installation und zum Abbau sowie für Fragen der Bedienung während der Testphase zur Verfügung gestellt werden. Eine Verpflichtung zur Honorierung dieses Aufwands gibt es allerdings nicht.

Die Auftraggeber können frei entscheiden, ob die Teststellung für die betroffenen Unternehmen honoriert wird oder nicht. Unter Berücksichtigung des Gleichbehandlungsgrundsatzes muss der vorgesehene Obolus dann aber auch allen von der Teststellung betroffenen Bietern gewährt werden. Eine Ausnahme sind die Unternehmen, die zwar zur Teststellung eingeladen wurden, den verifizierenden Test aber nicht erfolgreich absolviert haben.

5.3.16.3 Dokumentation

Der vergaberechtliche Grundsatz der Transparenz verpflichtet die Auftraggeber, die Durchführung der Teststellung und deren Ergebnisse zu dokumentieren. Insbesondere bei wertenden Teststellungen sind die vorgenommen Bewertungen nachvollziehbar zu dokumentieren.

Praxistipp

▶ *Bei der Bewertung von subjektiven Kriterien durch ein Gremium sollten die Bewertungsbögen der Gremienmitglieder Bestandteil der Vergabeakte/Vergabedokumentation werden.*

5.3.16.4 Verifizierende Teststellungen

Bei einer verifizierenden Teststellung geht es nach Abschluss der Angebotswertungen um die Überprüfung, ob die im Bieterangebot versprochenen Eigenschaften wirklich erfüllt sind. Dies kann zum Beispiel bei einem technischen Gerät die Überprüfung des zugesicherten maximalen Stromverbrauchs und des maximalen Schallleistungspegels sein, bei einem Inkontinenzprodukt die Überprüfung der zugesicherten Aufnahmekapazität, Aufnahmegeschwindigkeit und des Rücknässungsgrads, bei einer IT-Software die Überprüfung zugesagter Funktionalitäten und bei einer Berufskleidung die Überprüfung der zugesicherten Reißfestigkeit und Säurebeständigkeit.

Wie man an diesen Beispielen erkennen kann, können die durchgeführten Tests in zerstörungsfreie und nicht zerstörungsfreie (zerstörende) Tests weiter unterteilt werden.

Die verifizierende Teststellung dient damit zur Kontrolle, ob die angebotenen Leistungen die Mindestanforderungen der Leistungsbeschreibung erfüllen. Wird mindestens eine Mindestanforderung nicht erfüllt, führt dies zum Ausschluss des Angebots.

Die teilweise in der Literatur zu findende Ansicht, dass bei verifizierenden Teststellungen auch subjektive Bewertungen möglich sind, teilt der Autor nicht.

Bei einer verifizierenden Teststellung zur Kontrolle, ob die angebotenen Leistungen die Mindestanforderungen der Leistungsbeschreibung erfüllen, handelt es sich letztendlich um eine Bewertung mit zwei Wertungsstufen (erfüllt oder nicht erfüllt), bei der ein „nicht erfüllt" zum Ausschluss führt. Wird mindestens eine Mindestanforderung nicht erfüllt, führt dies zum Ausschluss des Angebots. Mit einer subjektiven Bewertung würde zumindest der Eindruck einer willkürlichen Entscheidung entstehen und gegen § 127 Abs. 4 GWB bzw. § 43 Abs. 5 UVgO verstoßen werden.

Praxistipp

▶ *Eine verifizierende Teststellung sollte sich nur und ausschließlich auf objektiv zu prüfende Eigenschaften beziehen.*

Durchführung einer verifizierenden Teststellung

Eine in der Bekanntmachung oder in den Vergabeunterlagen angekündigte, zwingende verifizierende Teststellung muss auch zwingend durchgeführt werden. In besonderen Fällen kann die verifizierende Teststellung vorbehaltlich nur für den Fall berechtigter Zweifel an der Erfüllung der Mindestanforderungen der Leistungsbeschreibung durch das erstplatzierte Angebot vorgesehen werden. Dies darf allerdings nicht dazu missbraucht werden, nur den Nicht-Wunschbietern außergewöhnliche Hürden durch aufwändige Teststellungen aufzubauen.

Praxistipp

▶ *Die Teststellung sollte als Ausschlusskriterium in den Ausschreibungsunterlagen aufgeführt werden. Eine fehlende Bereitschaft von Bietern zur Unterstützung der angekündigten Teststellung führt dann zum zwingenden Ausschluss dieser Bieterangebote.*

Die verifizierende Teststellung darf für die Bieter aber nicht überraschend kommen. Neben der Ankündigung der zwingenden oder vorbehaltenen Teststellung in den Vergabeunterlagen müssen die Bieter auch frühzeitig mitgeteilt bekommen, wann diese Teststellung vorgesehen ist, welche Dauer diese haben wird und welche personelle Unterstützung benötigt wird.

Praxistipp

▶ *Für die verifizierende Teststellung sollte genügend Vorlaufzeit vorgesehen werden.*

5.3.16.5 Wertende Teststellung

Bei einer wertenden Teststellung findet eine Bewertung von Eigenschaften der zu testenden Leistungen statt. Das Ergebnis der wertenden Teststellung ist damit ein Teil der Gesamtwertung, und die Teststellung ist damit ein Zuschlagskriterium. Dies kann zum Beispiel bei einem technischen Gerät die Bewertung des maximalen Stromverbrauchs und des maximalen Schallleistungspegels sein, bei einer Cateringleistung die sensorische (gustatorische, visuelle, olfaktorische, haptische) Bewertung des Essens, bei einer IT-Software die Bewertung der Benutzerfreundlichkeit und bei einer Berufskleidung die Bewertung des Tragekomforts.

Wie man an diesen Beispielen erkennen kann, können bei wertenden Teststellungen neben objektiven Kriterien durchaus auch subjektive Kriterien notwendig sein.

Objektivierung von subjektiven Bewertungskriterien

Subjektive Kriterien müssen durch eine Gremienbewertung objektiviert werden. Die Anforderungen an eine Gremienbewertung sind dabei:

- Das Bewertungsgremium besteht aus mindestens drei Personen, und diese sollten während der Bewertungen nicht ausgetauscht werden.
- Alle Gremienmitglieder bewerten mit einheitlichen Bewertungsbögen.
- Jedes Gremienmitglied führt eine unabhängige Bewertung mit Vermerken auf seinem Bewertungsbogen durch.
- Vor der unabhängigen Bewertung findet ein gemeinsames Briefing mit den Gremienmitgliedern statt, um ein gemeinsames Verständnis für die Bedeutung und Interpretation der Bewertungskriterien sowie der Benotung zu schaffen.
- Zur Vermeidung eines Halo-Effekts erhalten die Gremienmitglieder keine Informationen über die Angebotspreise.
- Zur Objektivierung werden die Einzelbewertungen der Gremienmitgliedern durch eine Mittelwertbildung durch die Anwendung des arithmetischen Mittels aggregiert.

Das heißt: Mehrere (mindestens drei) verschiedene Personen bewerten die Testobjekte unabhängig voneinander.

Eine zweite wichtige Anforderung, um eine Objektivierung zu erreichen, ist die Verwendung einer ausreichend differenzierenden Punkteskala, zum Beispiel (0; 1; 2; ...; 10) oder (0; 1; 2; ...; 12) oder (0; 1; 2; ...; 15). Die Kombination von subjektiven Kriterien mit groben Punkteskalen (z.B. 0; 1; 2; 3) ist eine toxische Kombination, bei der eine willkürliche Zuschlagserteilung erfolgen kann.

Praxistipp

▶ *Subjektive Kriterien sollten durch eine Gremienbewertung und eine ausreichend differenzierende Punkteskala objektiviert werden.*

Einladung zur wertenden Teststellung

Bei der wertenden Teststellung ist die Bewertung der Teststellung ein Teil der Gesamtbewertung und nicht nur eine Verifikation. Ein Angebot, das bei der schriftlichen Bewertung auf dem ersten Rangplatz war, kann durch die Teststellung durchaus von nachrangig platzierten Angeboten überholt werden. Eine Beschränkung der Teststellung auf den bisher besten Bieter verbietet sich folglich. Ein Test mit allen Bietern kann sich aber als zu aufwändig und letztendlich als undurchführbar herausstellen.

Um den zeitlichen Aufwand und die Kosten im Rahmen zu halten, empfiehlt es sich deshalb, bei komplexen Teststellungen die Anzahl der Teststellungen zu limitieren.

In Vergabeverfahren mit vorgeschaltetem Teilnahmewettbewerb (Verhandlungsvergabe mit Teilnahmewettbewerb, Verhandlungsverfahren mit Teilnahmewettbewerb, nicht offenes Verfahren, beschränkte Ausschreibung mit Teilnahmewettbewerb) sollte man die Anzahl der Bieter, die zur Angebotsabgabe aufgefordert werden, beschränken.

In Vergabeverfahren ohne vorgeschalteten Teilnahmewettbewerb (offenes Verfahren, öffentliche Ausschreibung) kann man bei komplexen, aufwändigen Teststellungen darüber nachdenken, die für die Teststellung einzuladenden Bieter auf die leistungsstärksten Angebote, zum Beispiel die fünf Besten, zu beschränken und diese Spielregel bereits mit den Vergabeunterlagen transparent an die Bieter mitteilen.

Eine Beschränkung der wertenden Teststellung auf die besten Bieterangebote kann allerdings zu Bewertungsverzerrungen führen, wenn die Leistungsunterschiede der Angebote nur sehr klein sind und die nicht zur Teststellung zugelassenen Bieter eine potenzielle Chance auf den Zuschlag gehabt hätten.

Abgeschlagene Angebote, die keine realistische Chance auf den Zuschlag haben, müssen dagegen nicht zur Teststellung zugelassen werden (vgl. auch OLG Düsseldorf, Beschluss vom 29.12.2001 – Verg 22/01).

Durchführung einer wertenden Teststellung

Eine in der Bekanntmachung oder in den Vergabeunterlagen angekündigte wertende Teststellung muss auch zwingend durchgeführt werden, da die Bewertung der Teststellung ein Teil der Gesamtbewertung ist.

Zur Wahrung des Grundsatzes der Gleichbehandlung müssen die Bieter bei der Teststellung gleiche Bedingungen vorfinden, die gleichen Fristen zur Vorbereitung und Durchführung der Tests haben, und es müssen auch die gleichen Tests durchgeführt werden (vgl. VK Berlin, Beschluss vom 14.5.2012 – VK-B1-2/12).

Zur Wahrung des Grundsatzes der Transparenz müssen neben den Bewertungskriterien und den verwendeten Notenskalen auch die vorgesehenen Tests den Bietern vorab mitgeteilt werden.

Beispiel

Testen der Bildschirmübertragung auf das Active Panel.

Testen der Verteilung von Aufgaben auf vier unterschiedliche Geräte mit Lösungsdarstellung am Board.

Test des Zugriffs auf ein Gerät und Sperren des Gerätes.

Test: Hinzufügen eines Gerätes in eine Management-Plattform.

Test der Richtlinien-/Konfigurationsverteilung auf Geräte.

...

Auch wenn Teststellungen nicht auf die Vergabearten Verhandlungsverfahren und Verhandlungsvergabe beschränkt sind, haben diese dort die größte Flexibilität. Bei einem Verhandlungsverfahren oder einer Verhandlungsvergabe kann die bewertende Teststellung sowohl zur Reduzierung der Bieter für die nächste Verhandlungsrunde als auch zur finalen Bewertung genutzt werden.

5.3.17 Vertragsbedingungen als Zuschlagskriterien

Auch Vertragsbedingungen können als Zuschlagskriterien Anwendung finden. Je vorteilhafter die Vertragsbedingungen für den Auftraggeber sind, umso mehr Wertungspunkte können dafür vorgesehen werden. Im Folgenden eine Rechtsprechung der VK Bund zum Zuschlagskriterium Gewährleistungsfrist, das als zulässig angesehen wurde. Es sei an dieser Stelle nochmals angemerkt, dass die Liste der in den Vergabeordnungen aufgeführten Beispiel-Zuschlagskriterien keine abschließende Liste darstellt.

VK Bund, Beschluss vom 27.9.2024 – VK 2-69/24: *„Hierzu ist anzumerken, dass der Katalog der zulässigen Zuschlagskriterien in § 16d EU VOB/A nicht abschließend ist.*

Dies ergibt sich bereits aus der Verwendung des Wortes „insbesondere" in § 16d Abs. 2 Nr. 2 Satz 2 EU VOB/A.

Entscheidender ist, ob das Zuschlagskriterium mit dem Auftragsgegenstand in Verbindung steht; dies ist nach dieser Regelung der Fall, wenn sich das Zuschlagskriterium in irgendeiner Hinsicht und in irgendeinem Lebenszyklus-Stadium auf diesen bezieht, und zwar auch dann, wenn der betreffende Faktor sich nicht auf die materiellen Eigenschaften des Auftragsgegenstandes beziehen sollte (§ 16d Abs. 2 Satz 3 und 4 EU VOB/A).

(...)

Der erforderliche Bezug zwischen dem Auftragsgegenstand – hier: der Errichtung eines Bauwerks – und der Gewährleistungfrist ist gegeben, da der Auftraggeber während der Dauer der Gewährleistungsfrist von dem Auftragnehmer eine Beseitigung etwaiger Mängel auf Kosten des Auftragnehmers verlangen kann.

Je länger die Dauer der Gewährleistungsfrist, desto vorteilhafter für den Auftraggeber."

5.3.18 Konzeptbewertung

Die Bewertung von Konzepten erlaubt es auch, innovative Lösungen zuzulassen. Die Aufgabenstellung (Ziel) und die zu beachtenden Randbedingungen werden vom Auftraggeber vorgegeben. Der Lösungsweg ist nicht festgelegt und wird den Bietern freigestellt.

Bei der Bewertung von Konzepten ist zu berücksichtigen, dass ein Auftraggeber nicht sämtliche denkbaren konzeptionellen Lösungsansätze der Bieter vorhersehen und abstrakt vorab bewerten kann.[55] Würde man dies versuchen, dann wäre es in der Regel kontraproduktiv, da dann einige innovative Lösungen auf der Strecke bleiben würden.

Für diese Fälle ist es von der Rechtsprechung anerkannt, dass das Wertungssystem bzw. die Vorgaben, unter welchen konkreten Bedingungen ein Konzept mit welcher Note zu bewerten ist, zwangsweise nicht abschließend bestimmt ist und dass die Bieter ihre Benotung nicht unbedingt konkret vorhersagen können.

BGH, Beschluss vom 4.4.2017 – X ZB 3/17, amtlicher Leitsatz: *„Es steht einer transparenten und wettbewerbskonformen Auftragsvergabe regelmäßig nicht entgegen, wenn der öffentliche Auftraggeber für die Erfüllung qualitativer Wertungskriterien Noten mit zugeordneten Punkt-*

55 VK Bund, Beschluss vom 21.1.2022 – VK 2-131/21.

werten vergibt, ohne dass die Vergabeunterlagen weitere konkretisierende Angaben dazu enthalten, wovon die jeweils zu erreichende Punktzahl konkret abhängen soll."

VK Bund, Beschluss vom 21.1.2022 – VK 2-131/21: *„Dabei ist zu berücksichtigen, dass ein Auftraggeber nicht sämtliche denkbaren konzeptionellen Lösungsansätze der Bieter vorhersehen und abstrakt vorab bewerten kann.*

Entsprechend sind das Wertungssystem bzw. die Vorgaben, unter welchen konkreten Bedingungen ein Konzept mit welcher Note zu bewerten ist, zwangsweise nicht abschließend bestimmt und kann ein Bieter auch seine Benotung nicht unbedingt konkret vorhersagen, was angesichts der umfassenden Information der Ag darüber, was sie für eine gute Leistungserbringung erwartet, den Vorgaben der ober- und höchstgerichtlichen Rechtsprechung entspricht."

Die Aufgabenstellung wird vorgegeben und es ist die Aufgabe der Bieter, kreative und innovative Konzepte zu erstellen.

VK Bund, Beschluss vom 21.1.2022 – VK 2-131/21: *„(...) Es ist gerade die von den Bietern für die Wertung der Angebote zu erfüllende Aufgabenstellung, mit ihren Konzepten darzulegen, wie sie die insoweit eher funktional beschriebene Aufgabenstellung zu erfüllen gedenken. Insbesondere ist es nicht Aufgabe der Ag, (...) den Bietern diese Anforderungen zu erläutern."*

Anders als bei objektiven technischen Werten weist die Bewertung von Konzepten immer ein gewisses Maß an Subjektivität auf, ohne dass dies zu einer vergaberechtlichen Unzulässigkeit führen würde.

VK Bund, Beschluss vom 21.1.2022 – VK 2-131/21: *„Dass, anders als bei rein technischen Messwerten, die Bewertung solcher Kriterien stets auch eine gewisse subjektive Komponente aufweist, macht die Ausschreibungsbedingungen nicht unzulässig."*

VK Rheinland, Beschluss vom 12.5.2022 – VK 51/21-L, amtlicher Leitsatz 5: *„Einem abstrakten Wertungssystem ist eine gewisse Unschärfe immanent, die im Einzelfall, je nach Bewerter, unterschiedliche „Noten" als richtig erscheinen lassen und bei deren Bewertung subjektive Komponenten im Sinne von Einschätzungen eine wesentliche Rolle spielen."*

VK Rheinland, Beschluss vom 12.5.2022 – VK 51/21-L: *„Im Hinblick auf abstrakte Wertungssysteme („Schulnotenrechtsprechung") gilt, dass es einer transparenten und wettbewerbskonformen Auftragsvergabe regelmäßig nicht entgegensteht, wenn der öffentliche Auftraggeber für die Erfüllung qualitativer Wertungskriterien Noten mit zugeordneten Punktwerten vergibt, ohne dass die Vergabeunterlagen weitere konkretisierende Angaben dazu enthalten, wovon die jeweils zu erreichende Punktzahl abhängen soll, siehe BGH, Beschluss vom 4.4.2017 – X ZB 3/17, NZBau 2017, 336 f.*

Der Grund liegt schlicht darin, dass die konzeptionellen Lösungsansätze der Bieter für den öffentlichen Auftraggeber nicht konkret vorhersehbar sind und es daher auch nicht möglich ist, für jeglichen Lösungsansatz vorab eine konkrete Bewertung festzulegen, VK Bund, a.a.O., Rdnr. 109; VK Nordbayern, a.a.O., Rdnr. 261."

VK Rheinland, Beschluss vom 12.5.2022 – VK 51/21-L: *„Einem abstrakten Wertungssystem ist zudem immanent, dass es eine gewisse Unschärfe mit sich bringt, die im Einzelfall, je nach Bewerter, unterschiedliche „Noten" als richtig erscheinen lassen, VK Bund, a.a.O., Rdnr. 109."*

5.3.19 Begrenzung von Konzepten

Sollen Konzepte bewertet werden, ist es empfehlenswert, eine Begrenzung der Konzepte vorzugeben, um zu umfangreiche Dokumente zu vermeiden. Nimmt man eine Begrenzung vor, müssen allerdings auch transparent die Sanktionen bei Überschreiten der Begrenzung veröffentlicht werden. Ein völliges Offenlassen derartiger Sanktionen wird als schwerwiegender Mangel der Ausschreibung angesehen.

VK Südbayern, Beschluss vom 6.8.2024 – 3194.Z3-3_01-24-26, amtlicher Leitsatz: *„Hat der öffentliche Auftraggeber bei der Konzepterstellung Formvorgaben zu Seitenanzahl, Schriftgröße, Zeilenabstand und Schriftart aufgestellt, kann sowohl eine Überschreitung der Seitenvorgabe als auch eine Nichtbeachtung der Vorgaben zur Schriftgröße, Zeilenabstand und Schriftart dazu führen, dass die Bieter mehr Informationen in ihrem Konzept unterbringen, als wenn sie sich an die Vorgaben gehalten hätten.*

Daher hat sich der öffentliche Auftraggeber im Rahmen der Konzeptbewertung damit auseinanderzusetzen, wie er derartige Verstöße im Rahmen der Konzeptbewertung berücksichtigt, um eine transparente und gleichbehandelnde Bewertung der Konzepte sicherstellen zu können.

(...)

Wenn formelle Vorgaben, die bei der Konzepterstellung zu beachten sind und daran angeknüpfte Sanktionsmöglichkeiten unklar sind, leidet die Ausschreibung an einem schwerwiegenden Mangel, der eine Rückversetzung des Vergabeverfahrens in den Stand vor Bekanntmachung der Ausschreibung bedingen kann."

Eine Begrenzung über Seitenformat, Seitenanzahl, Schriftart, Schriftgröße und Zeilenabstand wäre zum Beispiel nicht eindeutig, da hier die Seitenränder (links, rechts, oben, unten) auch eine Rolle spielen.

Praxistipp

Eine Begrenzung von Konzepten sollte am besten über die maximale Anzahl von Zeichen (inklusive Leerzeichen) erfolgen. Dies lässt sich am einfachsten überprüfen.

Bei einem Überschreiten der Zeichenanzahl sollten die Sanktionsfolgen aber verhältnismäßig sein. Eine Sanktionsfolge, bei der ein Überschreiten um nur ein Zeichen zu einer Bewertung mit null Punkten oder sogar zum Ausschluss des Angebots führt, erscheint unverhältnismäßig. Verhältnismäßig erscheint ein proportionales Abwerten, bei dem die erreichte Wertungspunktzahl für das Konzept um das Verhältnis der Überschreitung abgewertet wird.

Beispiel 1

Wird die vorgegebene Zeichenanzahl um 1,3 % überschritten, dann wird die Wertungspunktzahl um 1,3 % abgewertet. Hat das Konzept 9 von 10 Wertungspunkten erreicht, werden 0,117 Punkte als Sanktion für das Überschreiten abgezogen. Das Konzept wird damit mit 8,883 Punkten bewertet.

Beispiel 2

Wird die vorgegebene Zeichenanzahl um 15 % überschritten, dann wird die Wertungspunktzahl um 15 % abgewertet. Hat das Konzept 10 von 10 Wertungspunkten erreicht, werden 1,5 Punkte als Sanktion für das Überschreiten abgezogen. Das Konzept wird damit mit 8,5 Punkten bewertet.

Beispiel 3

Wird die vorgegebene Zeichenanzahl um 45 % überschritten, dann wird die Wertungspunktzahl um 45 % abgewertet. Hat das Konzept 10 von 10 Wertungspunkten erreicht, werden 4,5 Punkte als Sanktion für das Überschreiten abgezogen. Das Konzept wird damit mit 5,5 Punkten bewertet.

Außerdem müssen Sanktionsfolgen bei Überschreiten der Anzahl vorgegeben werden.

5.3.20 Angaben zur Sicherstellung der personellen Verfügbarkeit

Das Kriterium „Angaben zur Sicherstellung der personellen Verfügbarkeit" kann ein zulässiges Zuschlagskriterium sein. Ohne Zweifel ist die Zulässigkeit dann gegeben, wenn dieses Kriterium nur für den konkreten Auftrag von Belang ist und auftragsbezogen gewertet wird.

OLG Naumburg, Beschluss vom 12.4.2012 – 2 Verg 1/12, amtlicher Leitsatz: *„Für die Abgrenzung zwischen – vergaberechtlich zulässigen – leistungsbezogenen Zuschlagskriterien und – vergaberechtlich unzulässigen – bieterbezogenen Zuschlagskriterien ist maßgeblich, ob sich ein Wertungsaspekt in seinem wesentlichen Kern bzw. hinsichtlich seines Bewertungsschwerpunkts auf Angaben stützen soll, die nur für den konkreten Auftrag Bedeutung erlangen (i. S. eines Ausführungskonzepts), oder auf Angaben zu den generellen Fähigkeiten und Fertigkeiten des Bieters (hier: „Angaben zur Sicherstellung der personellen Verfügbarkeit" und „Angaben zur geplanten Kommunikation mit dem Auftraggeber, zur Projektdokumentation, zu Statusberichten etc.")."*

Für die Zulässigkeit als Zuschlagskriterium spricht, wenn es sich nicht um die abstrakte personelle Leistungsfähigkeit des Bieters handelt, sondern sich auf das Konzept zur Umsetzung des Projekts bezieht.

OLG Naumburg, Beschluss vom 12.4.2012 – 2 Verg 1/12, amtlicher Leitsatz: *„Das Unterkriterium „Angaben zur Sicherstellung der personellen Verfügbarkeit" bezieht sich hier nicht auf die abstrakte personelle Leistungsfähigkeit und nicht auf die personellen Ressourcen des Bieters im Allgemeinen (dies wären Eignungsaspekte und diese wären als Zuschlagskriterien nicht zulässig), sondern eindeutig auf das Konzept des Bieters dafür, wie und in welchem Maße er während der Ausführung des konkreten Auftrags gewährleisten möchte, dass dem Auftraggeber kompetente Ansprechpartner des Auftragnehmers zur Verfügung stehen. Es geht dem Antragsgegner um die Erreichbarkeit kompetenter Ansprechpartner für die Mitarbeiter des Auftraggebers und damit um die leistungsbezogene Bewertung der Ausführung der Unterstützungsleistungen. Es ist ohne Weiteres nachvollziehbar und für einen fachkundigen Bieter ohne weitere Erläuterungen auch erkennbar, dass ein Angebot in seinem Inhalt als qualitativ hochwertiger bewertet werden soll, das eine ständige oder zumindest zeitlich umfangreiche Ansprechbarkeit, ggf. eine häufige Präsenz vor Ort oder eine einfach zu handhabende Kommunikationsmöglichkeit o.ä. umfasst."*

5.3.21 Gestalterisches Vermögen und Herangehensweise

Das Kriterium „gestalterisches Vermögen und Herangehensweise" kann bei der Ausschreibung von Planungsleistungen ein zulässiges Zuschlagskriterium sein.

VK Bund, Beschluss vom 15.11.2013 – VK 1-97/13: *„Hinsichtlich des Zuschlagskriteriums „gestalterisches Vermögen und Herangehensweise" hat die Ag dem Transparenzgrundsatz Genüge getan. Die Wertung für dieses Zuschlagskriterium ist daher nicht zu beanstanden. Denn auf Seite 26 der Projektbeschreibung befand sich eine Liste mit den geforderten Leistungen, die der Bieter am Tag der Auftragsgespräche anzugeben hatte. Diese decken sich vollständig mit den in der Wertungsmatrix zu diesem Kriterium enthaltenen Unterpunkten, einschließlich der „Angaben zum Energiekonzept"."*

5.3.22 Angaben zur IT-Infrastruktur

Beim Kriterium „Angaben zur IT-Infrastruktur" kann es sich um ein zulässiges Zuschlagskriterium handeln, wenn es nicht um die eigentliche Eignung des Bieters geht, sondern um die Konzeption des Bieters für die Erbringung von konkreten IT-Dienstleistungen.

VK Hessen, Beschluss vom 21.3.2013 – 69d VK 01/2013: *„Der von der Antragstellerin beanstandete Aspekt „Angaben zur IT-Infrastruktur" (...)bezieht sich ebenfalls eindeutig auf die Konzeption des Bieters für die Erbringung der konkreten IT-Dienstleistungen, insbesondere darauf, wie und wodurch der Bieter in welchem Maß Transparenz bezüglich des Einsatz- und Kostenplanes (...) gewährleisten und die Schlüssigkeit belegen möchte. Damit ist dieser Aspekt nicht auf die Bewertung der technischen Leistungsfähigkeit des Unternehmens gerichtet."*

5.3.23 Wirtschaftlichkeit

Einer der Grundsätze im Vergaberecht ist die Wirtschaftlichkeit. Der Zuschlag wird auf das wirtschaftlichste Angebot erteilt. Mit der Auswahl der Zuschlagskriterien legt der Auftraggeber fest, wie die Wirtschaftlichkeit im Fall der konkreten Ausschreibung zu verstehen ist.

Die Wirtschaftlichkeit ist somit kein eigenständiges Kriterium, das in einer Ausschreibung als Zuschlagskriterium Verwendung finden darf.

VK Baden-Württemberg, Beschluss vom 21.11.2001 – 1 VK 37/01: *„Hierbei kann der genannten "Wirtschaftlichkeit" keine eigenständige Bedeutung zugemessen werden, da es sich um den Oberbegriff (...) handelt, dessen Allgemeinheit gerade erst durch Benennung von Kriterien transparent gemacht werden soll. Das Maß der "Wirtschaftlichkeit" ergibt sich gerade eben erst unter Abwägung der einzelnen Angebote unter Berücksichtigung der zur Anwendung gelangenden Kriterien."*

OLG Düsseldorf, Beschluss vom 13.1.2011 – VII-Verg 64/10: *„Im Gegensatz zum Begriff des Preises hat der Begriff der Wirtschaftlichkeit keinen feststehenden, für jeden Wertungseinzelfall zutreffenden Inhalt, sondern bedarf grundsätzlich der inhaltlichen Ausfüllung und Konkretisierung durch den Auftraggeber. Während Angebote in preislicher Hinsicht ohne weiteres miteinander vergleichbar sind, kann die Wirtschaftlichkeit von Angeboten nicht miteinander verglichen werden, ohne dass die Vergleichsparameter und deren Gewicht für die Bewertung festgelegt werden."*

OLG Düsseldorf, Beschluss vom 2.5.2008 – VII-Verg 26/08: *„Das darüber hinaus festgelegte Zuschlagskriterium der Wirtschaftlichkeit ist außerdem inhaltlich völlig unbestimmt und intransparent. Es ist ungeeignet, eine dem Gleichbehandlungsgebot (und zugleich einer Vermeidung von Willkür) auch nur einigermaßen genügende Angebotswertung sicherzustellen."*

5.4 Beispiele für nicht zulässige Zuschlagskriterien

Ebenso wie bei zulässigen Zuschlagskriterien gibt es eine Vielzahl von Zuschlagskriterien, die von der Rechtsprechung als nicht zulässig betrachtet werden. Hierzu soll im Folgenden ebenfalls eine nicht abschließende Auswahl dargestellt werden.

5.4.1 Mittelständisches Unternehmen

Beim Zuschlagskriterium „mittelständisches Unternehmen" handelt es sich um ein vergabefremdes Kriterium, das nicht im Zusammenhang mit der Wirtschaftlichkeit eines Angebots steht.

VK Bund, Beschluss vom 30.1.2003 – VK 1-01/03: *„(...) Die Tatsache, dass das Angebot (...) allein aufgrund von deren Eigenschaft als mittelständisches Unternehmen einen Vorsprung von sieben Punkten erhielt, ist damit vergaberechtswidrig."*

5.4.2 Referenzbesichtigung im Umkreis von (...)

Das Zuschlagskriterium „Auftraggeber kann den Ausschreibungsgegenstand innerhalb eines Umkreises von 300 km von seiner Betriebsstätte besichtigen" ist nicht zulässig.

EuGH, Urteil vom 19.6.2003 – C-315/01: *„Es verstößt gegen die Lieferkoordinierungsrichtlinie, wenn im Rahmen der Vergabe eines öffentlichen Lieferauftrags das Erfordernis, dass der Auftraggeber den Ausschreibungsgegenstand innerhalb eines Umkreises von 300 km von seiner Betriebsstätte besichtigen kann, als Zuschlagskriterium dient."*

5.4.3 Anzahl der Referenzen

Das Kriterium „Anzahl der Referenzen" ist kein Zuschlagskriterium, sondern kann nur für die Prüfung der fachlichen Eignung Verwendung finden.

EuGH, Urteil vom 19.6.2003 – C-315/01: *„Es verstößt gegen die Lieferkoordinierungsrichtlinie, wenn im Rahmen eines Verfahrens zur Vergabe eines öffentlichen Lieferauftrags der Auftraggeber die Zahl der Referenzen über die von den Bietern anderen Kunden angebotenen Produkte nicht als Kriterium für die Prüfung der fachlichen Eignung der Bieter zur Durchführung des betreffenden Auftrags, sondern als Zuschlagskriterium berücksichtigt."*

5.4.4 Nachweis eines Betriebsrates

Das Kriterium „Nachweis eines Betriebsrates" ist weder als Eignungs- noch als Zuschlagskriterium zulässig.

VK Südbayern, Beschluss vom 29.6.2010 – Z3-3-3194-1-35-05/10, amtlicher Leitsatz: *„Das Verlangen des Nachweises eines Betriebsrates ist weder als Eignungs- noch als Zu-*

schlagskriterium statthaft. Denn es steht nicht in sachlichem Zusammenhang mit der zu erbringenden Leistung und ist deshalb von vornherein vergaberechtswidrig."

Das Kriterium „Nachweis eines Betriebsrates" steht in keinerlei Zusammenhang mit einer zu erbringenden Leistung.

VK Südbayern, Beschluss vom 29.6.2010 – Z3-3-3194-1-35-05/10: *„Außerdem stehen diese Nachweise nicht in sachlichem Zusammenhang mit der zu erbringenden Leistung und sind deshalb von vornherein vergaberechtswidrig (VK Schleswig-Holstein, Beschluss vom 14.01.2010 - VK- SH 25/09). Betriebe, die über keinen Betriebsrat verfügen, könnten dieses Kriterium nicht erfüllen. Das Unternehmen hat aber keinen Einfluss darauf, ob in seinem Betrieb von den Mitarbeitern ein Betriebsrat gewünscht ist oder nicht."*

5.5 Abgrenzung der Zuschlagskriterien von den Eignungskriterien

Eignungskriterien sind unternehmensbezogen und beziehen sich gemäß § 122 GWB auf die Fachkunde und Leistungsfähigkeit der Unternehmen. Hierzu zählen z.B. gemäß § 49 VgV der Beleg der Einhaltung des Umweltmanagements.[56]

Eignungskriterien dienen mithin dazu, die Unternehmen zu ermitteln, die zur Erbringung des Auftrags die notwendige Fachkunde, Leistungsfähigkeit und Zuverlässigkeit mitbringen und die unzureichend qualifizierten Bieter von der weiteren Wertung auszufiltern.[57]

Die Zuschlagskriterien beziehen sich dagegen nicht auf die konkurrierenden Unternehmen, sondern auf die Leistung der Angebote und erlauben die Ermittlung des wirtschaftlichsten Angebots auf der Grundlage des besten Preis-Leistungs-Verhältnisses. Eine Vermischung von Eignungs- und Zuschlagskriterien ist nicht zulässig.[58]

Die Frage nach der Einordnung der einzelnen Wertungskriterien als Eignungs- oder Zuschlagskriterien richtet sich danach, ob diese Kriterien schwerpunktmäßig mit der Beurteilung der Fachkunde und Leistungsfähigkeit der Unternehmen oder mit der Ermittlung des wirtschaftlichsten Angebots zusammenhängen.[59]

BayObLG, Beschluss vom 11.12.2024 – Verg 7/24 e, amtlicher Leitsatz: *„Die notwendige Verbindung mit dem Auftragsgegenstand fehlt aber, wenn bei der Zuschlagserteilung Kriterien herangezogen werden, die ausschließlich die in § 122 Abs. 1 und 2 GWB genannten Aspekte der Eignung betreffen, ohne dass ihnen eine Bedeutung für die Erfüllung des ausgeschriebenen Auftrags zukommt (OLG München, a. a. O., Rn. 108 ff.)."*

EuGH, Beschluss vom 24.1.2008 – C-532/06, Rn. 32: *„Demzufolge ist festzustellen, dass die Art. 23 Abs. 1, 32 und 36 Abs. 1 der Richtlinie 92/50 dem entgegenstehen, dass der öffentliche Auftraggeber im Rahmen eines Vergabeverfahrens die Erfahrung der Bieter, deren Personalbe-*

56 Dies kann gemäß § 49 Abs. 2 Nr. 1 VgV durch eine EMAS-Zertifizierung oder gemäß § 49 Abs. 2 Nr. 2, 3 VgV durch andere gleichwertige Zertifizierungen wie z.B. DIN EN ISO 14001 erfolgen.

57 BGH, Urteil vom 15.4.2008 – X ZR 129/06; OLG Celle, Beschluss vom 12.1.2012 – 13 Verg 9/11.

58 EuGH, Urteil vom 24.1.2008 – C-532/06 (Lianakis); *Lausen*, in: Burgi/Dreher, Vergaberecht, § 58 VGV Rn. 35.

59 EuGH, Urteil vom 12.11.2009 – C199/07, Rn. 54; OLG Celle, Beschluss vom 12.1.2012 – 13 Verg 9/11.

stand und deren Ausrüstung sowie deren Fähigkeit, den Auftrag zum vorgesehenen Zeitpunkt zu erfüllen, nicht als „Eignungskriterien", sondern als „Zuschlagskriterien" berücksichtigt."

Der Vergabesenat des OLG Rostock hat mit Beschluss vom 23.4.2018 – 17 Verg 1/18 – festgestellt, dass mit den Kriterien

- Referenzen zur Gestaltung der bisherigen Zusammenarbeit mit Netzwerkpartnern,
- Erfahrung in Jahren in der Zusammenarbeit mit Netzwerkpartnern sowie
- Erfahrung des Anbieters in der sozialen Betreuung von Flüchtlingen

Eignungskriterien unzulässigerweise zu Zuschlagskriterien erhoben wurden.

6. Gewichtung von Zuschlagskriterien

Autor: Rechtsanwalt Frederic Delcuvé

Wie die Festlegung der Zuschlagskriterien selbst ist die Festlegung ihrer Gewichtung eine der wichtigsten Weichenstellungen für die Angebotswertung. Sie bestimmt die Zuordnung eines Zuschlagskriteriums zu einer relativen Bedeutung für die Zuschlagsentscheidung[1] und legt damit fest, in welchem Verhältnis sich die Angaben der Bieter zu den Zuschlagskriterien auf die Ermittlung des wirtschaftlichsten Angebots auswirken.[2] Sie dient dazu, das Preis-Leistungs-Verhältnis zu bestimmen, das den Maßstab für die Ermittlung des wirtschaftlichsten Angebots bildet.

6.1 Begriff der Gewichtung

Bei der Gewichtung handelt es sich um denjenigen Wert, den der Auftraggeber einem Zuschlagskriterium im Verhältnis zu anderen Zuschlagskriterien zuordnet.[3] Der Begriff ist im Ausgangspunkt formneutral. Eine Gewichtung kann verbal (z.B. „sehr wichtig" oder „weniger wichtig") oder numerisch (z.B. „20 %" oder „80 %") dargestellt werden. Auch die Bildung einer Rangfolge bringt zum Ausdruck, welches Gewicht einem Zuschlagskriterium im Vergleich zu anderen Zuschlagskriterien zukommt.

Terminologisch ist die Gewichtung von der Bewertungsmethodik abzugrenzen. Der Begriff der Gewichtung erfasst entgegen einem Teil der Rechtsprechung[4] und der Literatur[5] daher nicht, wie die (zu erwartenden) Angaben der Bieter zu den einzelnen Kriterien und Unterkriterien zu bewerten sind und wie beispielsweise eine Umrechnung in Wertungspunkte erfolgt.[6] Die Differenzierung zwischen Gewichtung und Bewertungsmethodik findet Rückhalt in den Gesetzgebungsmaterialien. In der Begründung zu § 127 GWB[7] differenziert der Gesetzgeber zwischen der „Wertungsskala" (zu Abs. 1) und der „Gewichtung" (zu Abs. 5). Diese begriffliche Unterscheidung kann auch auf Verordnungsebene abgebildet werden. Für die Durchführung einer elektronischen Auktion sieht der Verordnungsgeber die Festlegung und Veröffentlichung einer Bewertungsmethode in § 25 Abs. 2 und 3 VgV sowie § 25 Abs. 2 und 3 SektVO ausdrücklich vor, wohingegen sonst lediglich von der „Gewichtung" die Rede ist. Daher ist davon auszugehen, dass mit dem Begriff der Gewichtung nicht auch die Bewertungsmethodik umfasst ist.

---

1 Vgl. EuGH, Urteil vom 24.1.2008 – Rs. C-532/06 (Lianakis), Rn. 35 ff.; VK Schleswig-Holstein, Beschluss vom 22.4.2008 – VK-SH 03/08.

2 Vgl. OLG München, Beschluss vom 19.3.2009 – Verg 2/09.

3 Vgl. VK Schleswig-Holstein, Beschluss vom 8.11.2007 – VK-SH 22/07; VK Münster, Beschluss vom 30.3.2007 – VK 4/07.

4 OVG Sachsen-Anhalt, Urteil vom 22.2.2012 – 3 L 259/10; OLG Frankfurt, Beschluss vom 5.10.2010 – 11 Verg 7/10; OLG Düsseldorf, Beschluss vom 30.7.2009 – VII-Verg 10/09; OLG München, Beschluss vom 19.3.2009 – Verg 2/09.

5 *Hölzl*, in: Säcker/Ganske/Knauff, Münchener Kommentar zum Wettbewerbsrecht, § 127 GWB Rn. 91.

6 So auch OLG Rostock, Beschluss vom 3.2.2021 – 17 Verg 6/20; für eine Punkteskala offen gelassen VK Schleswig-Holstein, Beschluss vom 22.4.2008 – VK-SH 03/08; siehe auch *Boesen*, in: Festschrift für Fridhelm Marx, S. 26; *Jürschik*, in: Heuvels/Höß/Kuß/Wagner, Vergaberecht, § 58 VgV Rn. 21

7 Gesetzesbegründung zu § 127 GWB, VergRModG 2016, BT-Drs. 18/6281, 111, 113.

Fraglich ist, ob die Gewichtung den Einfluss der Bewertungsmethodik, insbesondere der Punkte- oder Notenskala[8] oder Umrechnungsformel[9] zu berücksichtigen hat (sog. effektive Gewichtung). Die wohl herrschende Auffassung verlangt, dass die verlautbarte Gewichtung durch solche Wertungsmodalitäten nicht verändert werden darf.[10] Sie müsse daher der effektiven Gewichtung entsprechen. Die effektive Gewichtung kann aber bereits dann von der verlautbarten Gewichtung abweichen, wenn die Angebote bei einem Zuschlagskriterium besonders eng beieinander liegen und dieses Kriterium daher faktisch an Gewicht einbüßt[11] oder die Höchstbewertung zwar in einem, nicht aber einem anderen Kriterium erreicht wird.[12] Diese Effekte dürften für den Auftraggeber kaum vorherzusehen und mathematisch korrekt zu erfassen sein.[13] Es erscheint daher zweifelhaft, dass der Begriff der Gewichtung in den vergaberechtlichen Bestimmungen im Sinne einer effektiven Gewichtung aufzufassen ist.

6.2 Verpflichtung zur Gewichtung

6.2.1 Gewichtung von Zuschlagskriterien

Ist für die Angebotswertung nur ein Zuschlagskriterium maßgeblich, ergibt sich dessen Gewichtung von 100 % aus sich selbst heraus. Eine Verpflichtung zur Gewichtung kann daher überhaupt nur bestehen, wenn der Auftraggeber mehrere Zuschlagskriterien festgelegt hat.

Die Fragestellung, ob bei mehreren Zuschlagskriterien eine Verpflichtung zur Gewichtung besteht, ist eher theoretischer Art, denn die Gewichtung der Zuschlagskriterien ist gesicherte Praxis. Dies hat seinen Grund darin, dass die Angebotswertung ohne die Festlegung einer Gewichtung praktisch kaum umsetzbar sein dürfte, da der Auftraggeber spätestens bei der Angebotswertung die einzelnen Zuschlagskriterien in irgendeiner Form in Relation zu bringen hat, selbst wenn dies durch eine *„verbal argumentative Abwägung"*[14] geschehen sollte.

Die vergaberechtlichen Bestimmungen spiegeln dieses Verständnis indes nicht klar wider. Eine Regelung, die explizit vorschreibt, dass der Auftraggeber die Zuschlagskriterien zu gewichten hat, sucht der Rechtsanwender vergeblich. In den einschlägigen Bestimmungen wird der Auftraggeber lediglich verpflichtet, die Gewichtung der Zuschlagskriterien zu veröffentlichen[15] oder die Angebotswertung nach der angegebenen Gewichtung durchzuführen,[16] was

8 *Ferber*, in: Müller-Wrede, VgV/UVgO, § 58 VgV Rn. 82; *ders.*, in: Müller-Wrede, SektVO, § 52 Rn. 90; *ders.*, VergabeNavigator 4/2017, 5 (10 f.); *ders.*, VergabeNavigator 6/2016, 10 (14).

9 Siehe hierzu *Bartsch/v. Gehlen/Hirsch*, NZBau 2012, 393 (398); *Schneider*, NZBau 2002, 555.

10 Vgl. OLG Schleswig, Beschluss vom 2.7.2010 – 1 Verg 1/10; VK Brandenburg, Beschluss vom 26.7.2012 – VK 19/12; VK Düsseldorf, Beschluss vom 10.2.2010 – VK-44/2009-B/Z; VK Sachsen, Beschluss vom 11.8.2006 – 1/SVK/073-06; *Scharf*, in: Dieckmann/Scharf/Wagner-Cardenal, VgV/UVgO, § 58 VgV Rn. 53; *Bartsch/v. Gehlen/Hirsch*, NZBau 2012, 393 (400); *Brackmann/Berger*, VergabeR 2015, 313 (321); siehe zum Alibi-Effekt OLG Düsseldorf, Beschluss vom 27.6.2018 – VII-Verg 59/17; *Kulartz/Scholz*, VergabeR 2014, 109 (113); a.A. *Opitz*, in: Burgi/Dreher/Opitz, Vergaberecht, § 127 GWB Rn. 136.

11 *Opitz*, in: Burgi/Dreher/Opitz, Vergaberecht, § 127 GWB Rn. 136.

12 *Scharf*, in: Dieckmann/Scharf/Wagner-Cardenal, VgV/UVgO, § 58 VgV Rn. 54.

13 Vgl. *Opitz*, in: Burgi/Dreher/Opitz, Vergaberecht, § 127 GWB Rn. 136; *Schneider*, NZBau 2002, 555 (556).

14 OLG Dresden, Beschluss vom 6.4.2004 – WVerg 0001/04; *Lück/Bergmann*, VergabeR 2004, 615 (618).

15 Zum Beispiel § 127 Abs. 5 GWB und § 58 Abs. 3 Satz 1 VgV.

16 Zum Beispiel § 34 Abs. 2 Satz 1 VSVgV und § 16d EU Abs. 2 Nr. 2 Satz 1 VOB/A.

dafür spricht, dass der Regelgeber von der Festlegung einer Gewichtung ausgeht.[17] Ein dogmatischer Anknüpfungspunkt für eine Verpflichtung zur Gewichtung ist in dem Grundsatz der Wirtschaftlichkeit (§ 97 Abs. 1 Satz 2 GWB, § 2 Abs. 1 Satz 2 UVgO, § 2 Abs. 1 Satz 2 VOB/A, § 18 Abs. 1 Satz 1 VOL/A) zu finden.[18] Zumindest im Hinblick hierauf ist der Auftraggeber verpflichtet, eine Verhältnisbildung vorzunehmen, da er spätestens zum Zeitpunkt der Angebotswertung eine relative Wertigkeit der einzelnen Zuschlagskriterien vor Augen haben muss, um das wirtschaftlichste Angebot zu ermitteln.

Eine Besonderheit ist für Vergaben nach Abschnitt 1 VOB/A festzustellen. Der Regelgeber geht hier offensichtlich nicht von einer Verpflichtung zur Gewichtung aus.[19] § 12 Abs. 1 Nr. 2 lit. r VOB/A sieht nur „gegebenenfalls" die Angabe der Gewichtung der Zuschlagskriterien in der Auftragsbekanntmachung vor. Klarstellend heißt es hierzu in der Begründung: *„Optional verbleibt es, eine Gewichtung der Zuschlagskriterien festzulegen. Falls dies geschieht, muss auch die Gewichtung mitangegeben werden."*[20] Daher soll mit dem Begriff „gegebenenfalls" die Angabe einer Gewichtung auch nicht nur für den Fall freigestellt werden, dass lediglich ein Zuschlagskriterium festgelegt wurde.[21] Wie eine Angebotswertung ohne eine Gewichtung der Zuschlagskriterien allerdings vonstattengehen soll, verschweigt der Regelgeber. Um das wirtschaftlichste Angebot zu ermitteln, dürfte es auch in diesem Regelungsregime erforderlich sein, dass der Auftraggeber die Zuschlagskriterien gewichtet.

Eine Ausnahme von der Verpflichtung zur Gewichtung besteht nach der zutreffenden Rechtsprechung des OLG Düsseldorf[22], wenn der Auftraggeber allein monetäre Zuschlagskriterien (z.B. Preis und Transportkosten) festlegt und zur Ermittlung des finalen Angebotspreises eine Rechenformel einsetzt. In diesem Fall ist für die Unternehmen ersichtlich, dass diese Kosten in vollem Umfang in die Wertung eingehen, einer Gewichtung der einzelnen Zuschlagskriterien bedarf es dann nicht.

6.2.2 Gewichtung von Unterkriterien

In gleicher Weise stellt sich die Frage, ob der Auftraggeber die Gewichtung der Zuschlagskriterien auf etwaige Unterkriterien verteilen, also auch diese Unterkriterien gewichten muss. Als Unterkriterien werden solche Kriterien verstanden, welche die Zuschlagskriterien genauer

17 Für diese Auslegung VK Bund, Beschluss vom 29.8.2007 – VK 3-88/07; VK Nordbayern, Beschluss vom 9.8.2007 – 21.VK-3194-32/07.

18 Vgl. VK Sachsen, Beschluss vom 31.1.2011 – 1/SVK/051-10, wonach die Zuschlagskriterien und die Gewichtung *„grundsätzlich nur gewährleisten müssen, dass das wirtschaftlichste Angebot den Zuschlag erhält"*.

19 So auch *Grünhagen*, in: Franke/Kemper/Zanner/Grünhagen/Mertens, VOB, 6. Auflage, § 16d VOB/A Rn. 1; von einer unbedingten Verpflichtung ausgehend hingegen *Stollhoff*, in: Säcker/Ganske/Knauff, Münchener Kommentar zum Wettbewerbsrecht, § 12 VOB/A Rn. 27; *Völlink*, in: Ziekow/Völlink, Vergaberecht, § 12 VOB/A Rn. 26a.

20 Bundesministerium des Innern, für Bau und Heimat, Erlass vom 9.9.2016 – B I 7 – 81063.6/1.

21 So aber *Lausen*, in: Summa/Schneevogl, Vergaberecht, § 12 VOB/A Rn. 40.

22 OLG Düsseldorf, Beschluss vom 3.4.2008 – VII-Verg 54/07.

ausformen und präziser darstellen, worauf es dem Auftraggeber im Einzelnen ankommt.[23] Sie sind nicht mit den Zuschlagskriterien im Sinne der vergaberechtlichen Bestimmungen gleichzusetzen.[24] Diese Differenzierung wird durch die Rechtsprechung des EuGH[25] bestätigt, die terminologisch, aber auch in den rechtlichen Maßstäben zwischen Zuschlags- und Unterkriterien unterscheidet.[26]

Die vergaberechtlichen Bestimmungen enthalten keine Regelungen zu den Unterkriterien. Im normativen Ausgangspunkt besteht daher keine Verpflichtung zu deren Gewichtung. Zudem ist zu berücksichtigen, dass der Auftraggeber nach der Rechtsprechung[27] nicht verpflichtet ist, ein bis ins letzte Detail durchgestuftes Wertungssystem aufzustellen. Er kann sich für die letzte Stufe der Wertungsebene einen Wertungsspielraum belassen. Wie für die Zuschlagskriterien dürfte sich eine Verpflichtung zur Gewichtung der Unterkriterien aber aus dem Wirtschaftlichkeitsgrundsatz (§ 97 Abs. 1 Satz 2 GWB, § 2 Abs. 1 Satz 2 UVgO, § 2 Abs. 1 Satz 2 VOB/A, § 18 Abs. 1 Satz 1 VOL/A) ergeben, da der Auftraggeber spätestens bei der Wertung der Angebote irgendeine relative Wertigkeit auch der von ihm festgelegten Unterkriterien vor Augen haben muss, um das wirtschaftlichste Angebot zu ermitteln.[28]

6.2.3 Zeitpunkt der Gewichtung

Mit der Feststellung darüber, dass eine Verpflichtung zur Gewichtung von Zuschlagskriterien und Unterkriterien besteht, ist keine Aussage darüber getroffen, zu welchem Zeitpunkt die Gewichtung erfolgen muss. Auch diesbezüglich ist zwischen Zuschlags- und Unterkriterien zu differenzieren.

6.2.3.1 Gewichtung von Zuschlagskriterien

Die vergaberechtlichen Regelungen schreiben nicht explizit vor, zu welchem Zeitpunkt der Auftraggeber die Zuschlagskriterien gewichten muss. Lediglich implizit kann den Vorschriften, nach denen die Gewichtung in bestimmten Veröffentlichungsmedien – gemäß § 127 Abs. 5 GWB die Auftragsbekanntmachung und die Vergabeunterlagen – anzugeben ist, entnommen werden, dass die Gewichtung spätestens zum Zeitpunkt der Veröffentlichung eben

23 Vgl. OLG Frankfurt, Beschluss vom 12.4.2022 – 11 Verg 11/21; OLG München, Beschluss vom 22.1.2016 – Verg 13/15; OLG Düsseldorf, Beschluss vom 27.3.2013 – VII-Verg 53/12; VK Niedersachsen, Beschluss vom 13.3.2024 – VgK-03/2024; VK Hessen, Beschluss vom 15.6.2016 – 69d-VK-37/2014; VK Brandenburg, Beschluss vom 26.2.2013 – VK 46/12, VK Berlin, Beschluss vom 30.11.2012 – VK-B1-30/12; VK Baden-Württemberg, Beschluss vom 19.4.2011 – 1 VK 14/11; *Müller-Wrede*, in: Müller-Wrede, SektVO, § 52 Rn. 95. Hierfür können mehrere Ebenen gebildet werden, sodass dann auch von Unter-Unterkriterien usw. gesprochen werden kann, siehe etwa bei VK Bund, Beschluss vom 9.11.2018 – VK 2-98/18, VK Hessen, Beschluss vom 13.11.2008 – 69d VK-54/2008; VK Thüringen, Beschluss vom 22.8.2007 – 360-4003.20-2713/2007-007-SHK.

24 Vgl. VK Bund, Beschluss vom 29.7.2008 – VK 1-81/08; a.A. OLG Celle, Beschluss vom 2.2.2021 – 13 Verg 8/20.

25 Vgl. EuGH, Beschluss vom 24.1.2008 – Rs. C-532/06 (Lianakis); siehe auch VK Sachsen, Beschluss vom 19.5.2015 – 1/SVK/014-15.

26 Siehe auch *Müller-Wrede*, in: Müller-Wrede, SektVO, § 52 Rn. 95.

27 Vgl. OLG Frankfurt, Beschluss vom 5.10.2010 – 11 Verg 7/10; OLG Düsseldorf, Beschluss vom 30.7.2009 – VII-Verg 10/09; VK Nordbayern, Beschluss vom 6.8.2015 – 21.VK-3194-16/15.

28 Für eine Verpflichtung zur Gewichtung LG Stuttgart, Beschluss vom 21.11.2014 – 11 0 180/14; *Krohn*, NZBau 2013, 79 (85).

dieser Medien festgelegt sein muss.[29] Anders als noch in § 9a VOL/A 2002 enthalten die Bestimmungen keine Einschränkung, dass die Gewichtung nur „möglichst" erfolgen muss, was dahingehend ausgelegt wurde, dass die Gewichtung in der Bekanntmachung oder den Vergabeunterlagen nur anzugeben ist, wenn diese bereits festgelegt wurde.[30] Die Gewichtung der Zuschlagskriterien muss daher jedenfalls zum Zeitpunkt der Einleitung des Vergabeverfahrens in dem entsprechenden Publikationsmedium bestimmt sein.

Anders ist dies für Abschnitt 1 VOL/A zu beurteilen. Dieses Regelungsregime sieht keine Verpflichtung zur Gewichtung der Zuschlagskriterien und dementsprechend auch keine Veröffentlichung einer solchen Gewichtung vor. Der Auftraggeber kann daher die Gewichtung der Zuschlagskriterien bis zum Zeitpunkt des Ablaufs der Angebotsfrist[31] bzw. bis zur Öffnung der Angebote[32] festlegen. Nach Auffassung im Schrifttum[33] ist die Festlegung der Gewichtung der Unterkriterien nach Öffnung der Angebote unzulässig, weil andernfalls die Gefahr der missbräuchlichen Gestaltung bestünde.[34] Überzeugend ist diese Einschränkung indes nicht, weil sie außer Acht lässt, dass der Missbrauchsgefahr durch eine ausreichende Ex-post-Transparenz, das heißt sorgfältige Dokumentation der Entscheidung über die Gewichtung der Zuschlagskriterien, Rechnung getragen werden kann.

6.2.3.2 Gewichtung von Unterkriterien

Eine ausdrückliche Festlegung in den vergaberechtlichen Bestimmungen, zu welchem Zeitpunkt die Gewichtung der Unterkriterien festzulegen ist, existiert nicht. Aus den vergaberechtlichen Transparenzpflichten ergibt sich jedoch, dass diese Gewichtung im Grundsatz mit der Verfahrenseinleitung feststehen muss. Daher wird verlangt, dass auch diese Gewichtung in der Auftragsbekanntmachung oder den Vergabeunterlagen angegeben wird.[35]

Ausnahmsweise wird in Rechtsprechung[36] und Schrifttum[37] eine nachträgliche Festlegung der Gewichtung von Unterkriterien zugelassen, wenn hierfür nachvollziehbare Gründe bestehen. Als solche Gründe werden haushalterische oder solcher Art angesehen, die sich aus der Komplexität des Auftragsgegenstands ergeben. Nicht abschließend geklärt ist, ob die Festlegung der Gewichtung der Unterkriterien unter diesen Voraussetzungen auch nach der Submission erfolgen kann. Hiergegen wird eingewandt, dass die abstrakte Gefahr bestehe, der Auftraggeber könnte die Gewichtung zum Vor- oder Nachteil eines bestimmten Bieters aus-

29 Vgl. VK Nordbayern, Beschluss vom 9.8.2007 – 21.VK-3194-32/07.

30 Vgl. VK Südbayern, Beschluss vom 24.11.2004 – 35-05/04; VK Niedersachsen, Beschluss vom 5.11.2004 – 203-VgK-48/2004.

31 Zur VOL/A *Dierkes*, in: Dieckmann/Scharf/Wagner-Cardenal, VOL/A, § 8 Rn. 5; *Verfürth*, in: Kulartz/Marx/Portz/Prieß, VOL/A, 3. Auflage, § 8 Rn. 27.

32 Zu Abschnitt 1 VOL/A *el-Barudi*, in: Heuvels/Höß/Kuß/Wagner, Vergaberecht, 1. Auflage, § 8 VOL/A Rn. 2; *Wirner*, in: Willenbruch/Wieddekind, Vergaberecht, 4. Auflage, § 8 VOL/A Rn. 6; vgl. zu Abschnitt 2 VOL/A 2002 VK Niedersachsen, Beschluss vom 12.07.2004 – 203-VgK-28/2004.

33 *Verfürth*, in: Kulartz/Marx/Portz/Prieß, VOL/A, 3. Auflage, § 8 Rn. 27.

34 Vgl. auch zur VOF 2002 VK Hamburg, Beschluss vom 27.9.2006 – VK BSU 3/06.

35 Vgl. OLG Düsseldorf, Beschluss vom 3.3.2010 – VII-Verg 48/09; Beschluss vom 5.5.2009 – VII-Verg 14/09; VK Niedersachsen, Beschluss vom 13.3.2024 – VgK-03/2024; auch *Lausen*, in: Burgi/Dreher, Vergaberecht, § 58 VgV Rn. 101.

36 OLG Düsseldorf, Beschluss vom 20.11.2008 – VII-Verg 37/08; VK Hessen, Beschluss vom 13.11.2008 – 69d-VK- 54/2008.

37 *Hölzl*, in: Säcker/Ganske/Knauff, Münchener Kommentar zum Wettbewerbsrecht, § 127 GWB Rn. 96.

gestalten.[38] Überzeugend ist dieser Einwand indes nicht, da der Missbrauchsgefahr durch eine entsprechende Ex-post-Transparenz, das heißt sorgfältige Dokumentation der Entscheidung über die Gewichtung der Unterkriterien, Rechnung getragen werden kann.

6.3 Grenzen der Gewichtung

Dem Auftraggeber steht bei der Bestimmung der Gewichtung der Zuschlagskriterien ein Spielraum zu, der von den Nachprüfungsinstanzen nur beschränkt überprüft werden kann.[39] Dies gilt auch für die Gewichtung der Unterkriterien.[40] In den vergaberechtlichen Bestimmungen sind nur wenige normative Vorgaben enthalten. Im Wesentlichen ergeben sich bestimmte Gewichtungsgrenzen aus der richterlichen Rechtsfortbildung, die hierzu maßgeblich auf die vergaberechtlichen Grundsätze abstellt.

6.3.1 Angemessenheit von Preis und Leistung

Nach der Rechtsprechung hat der Auftraggeber den Preis und die Leistung im Wege einer Abwägung in ein angemessenes Verhältnis zu bringen.[41] Bei dieser Abwägung seien die vergaberechtlichen Gebote der Gleichbehandlung, der Transparenz und des Wettbewerbs zu berücksichtigen.

6.3.1.1 Untergewichtung des Preises

Nach der Rechtsprechung gebietet das Wirtschaftlichkeitsgebot, dass der Preis *„nicht am Rande der Bewertung stehen"*,[42] also nicht unterbewertet werden darf. Diese zum Oberschwellenvergaberecht ergangene Rechtsprechung ist auf das Unterschwellenvergaberecht zu übertragen, da das Wirtschaftlichkeitsgebot auch hier verankert ist

38 OLG Frankfurt, Beschluss vom 28.5.2013 – 11 Verg 6/13; OLG Jena, Beschluss vom 29.8.2008 – 9 Verg 5/08; OLG Düsseldorf, Beschluss vom 27.2.2008 – VII-Verg 41/07; OLG Bremen, Beschluss vom 14.4.2005 – Verg 1/2005; VK Sachsen, Beschluss vom 15.2.2011 – 1/SVK/052-10; VK Bund, Beschluss vom 22.6.2010 – VK 2-44/10; VK Münster, Beschluss vom 28.11.2008 – VK 19/08; VK Hessen, Beschluss vom 13.11.2008 – 69d-VK-54/2008; *Voppel/Osenbrück/Bubert*, VgV, § 58 Rn. 61; *Kraus*, VergabeR 2011, 171 (176); a.A. OLG Dresden, Beschluss vom 6.4.2004 – WVerg 0001/04; VK Sachsen, Beschluss vom 5.9.2005 – 1/SVK/104-05; VK Bund, Beschluss vom 4.5.2005 – VK 3-25/05; zumindest gegen eine kategorische Unzulässigkeit VK Schleswig-Holstein, Beschluss vom 8.11.2007 – VK-SH 22/07; siehe auch zu Abschnitt 2 VOL/A 2000 OLG Stuttgart, Beschluss vom 16.9.2002 – 2 Verg 12/02, wonach die Möglichkeit bestehe, *„anhand der eingehenden Angebote zu ersehen, welche Gewichtung letztendlich angemessen ist."*; offenlassend VK Bund, Beschluss vom 30.4.2008 – VK 2-43/08.

39 Vgl. BGH, Beschluss vom 4.4.2017 – X ZB 3/17 (*„Beurteilungs- und Handlungsspielraum"*); OLG Frankfurt, Beschluss vom 11.4.2017 – 11 Verg 4/17; OLG Celle, Beschluss vom 19.3.2015 – 13 Verg 1/15; OLG Düsseldorf, Beschluss vom 27.6.2018 – VII-Verg 59/17; Beschluss vom 21.5.2012 – VII-Verg 3/12 (*„Festlegungsspielraum"*); Beschluss vom 29.12.2001 – Verg 33/01 (*„Beurteilungs- und Ermessensspielraum"*); OLG Schleswig, Beschluss vom 2.7.2010 – 1 Verg 1/10; LG Stuttgart, Beschluss vom 21.11.2014 – 11 O 180/14; VK Sachsen, Beschluss vom 15.10.2019 – 1/SVK/030-19; VK Südbayern, Beschluss vom 3.7.2019 – Z3-3-3194-1-09-03/19; VK Hamburg, Beschluss vom 4.3.2010 – Vgk FB 5/09; VK Baden-Württemberg, Beschluss vom 28.10.2003 – 1 VK 60/03 (*„Spielraum"*).

40 Vgl. VK Sachsen, Beschluss vom 11.8.2006 – 1/SVK/073-06.

41 Vgl. bereits OLG Düsseldorf, Beschluss vom 29.12.2001 – Verg 22/01.

42 OLG Düsseldorf, Beschluss vom 29.12.2001 – Verg 22/01.

Gemäß der Rechtsprechung des OLG Dresden[43] soll ein Wertungsanteil des Preises von 30 % regelmäßig nicht unterschritten werden.[44] Die VK Bund sah eine Gewichtung des Preises von 27 % als angemessen an,[45] hielt eine Gewichtung von 5 % aber für *„völlig in den Hintergrund geraten"*.[46] Nach einer Entscheidung der VK Sachsen-Anhalt[47] ist der Preis bei einer Gewichtung von 10 % *„stark unterbewertet"*. Das KG[48] hat eine Gewichtung des Preises von nur 20 % als zulässig angesehen, da den qualitativen Elementen in dem konkreten Vergabeverfahren eine *„überaus hohe Bedeutung"* zukam.

Nach der Rechtsprechung der VK Brandenburg[49] kann bei der Vergabe von Kreativleistungen ausnahmsweise eine *„vergleichbar niedrige Gewichtung"* vertretbar sein, *„wenn das kreative Element einer Leistung den wirtschaftlichen, in Geld ausgedrückten Wert der Leistung offenkundig erheblich übersteigt."* Weniger streng ist die bisherige Judikatur auch bei der Vergabe von Architekten- und Ingenieurleistungen.[50] Dies hat den Hintergrund, dass die preisrechtlichen Vorgaben der HOAI den Bietern bei der Preisgestaltung einen nur geringen Spielraum beließen. Nachdem der EuGH[51] die verbindlichen Preisvorgaben der HOAI für unionsrechtswidrig erklärt hat, dürfte diese Rechtsprechung jedoch nicht mehr uneingeschränkt aufrechtzuerhalten sein.

Die genannten Gewichtungsvorgaben der Rechtsprechung sind zweifelhaft. Weder im Gesetz noch den Gesetzesmaterialien finden sich Anhaltspunkte für entsprechende Gewichtungsvorgaben. Der Auftraggeber ist vielmehr sogar befugt, vollständig auf den Preis als Zuschlagskriterium zu verzichten. Es leuchtet vor diesem Hintergrund nicht ein, den Auftraggeber zu einer bestimmten Mindestgewichtung des Preises anzuhalten. Der Grundsatz der Wirtschaftlichkeit ist auch ungeeignet, dem Auftraggeber bei der Festlegung der Gewichtung Grenzen zu ziehen. Das vergaberechtliche Leistungsbestimmungsrecht kann durch diesen Grundsatz nicht eingeschränkt werden.[52] Es gilt vielmehr, dass der Auftraggeber in den Grenzen des Leistungsbestimmungsrechts frei darin ist festzulegen, was für ihn wirtschaftlich ist.

6.3.1.2 Übergewichtung des Preises

Spiegelbildlich hierzu kann nach der Rechtsprechung auch eine Übergewichtung des Preises ein unwirtschaftliches Ergebnis darstellen. Dies sei der Fall, wenn nichtpreisliche Kriterien marginalisiert würden.[53] Das OLG Düsseldorf hat ein Verhältnis von Preis zu Qualität von 80 %

43 OLG Dresden, Beschluss vom 5.1.2001 – WVerg 0011/00 und WVerg 0012/00.

44 Dem folgend VK Sachsen, Beschluss vom 7.5.2007 – 1/SVK/027-07. Siehe auch VK Brandenburg, Beschluss vom 21.2.2007 – 2 VK 58/06, die eine Gewichtung des Preises von 30 % als kritisch, aber noch vertretbar ansah.

45 VK Bund, Beschluss vom 12.12.2002 – VK 2-92/02.

46 VK Bund, Beschluss vom 10.6.2005 – VK 2-36/05.

47 VK Sachsen-Anhalt, Beschluss vom 15.3.2018 – 3 VK LSA 08/18.

48 KG, Beschluss vom 17.10.2022 – Verg 7/22.

49 Vgl. VK Brandenburg, Beschluss vom 21.2.2007 – 2 VK 58/06.

50 Vgl. BayObLG, Beschluss vom 20.8.2001 – Verg 09/01 (10 % zulässig); VK Niedersachsen, Beschluss vom 5.9.2017 – VgK-26/2017 (10 %); VK Brandenburg, Beschluss vom 12.11.2008 – VK 35/08 (15 %).

51 EuGH, Urteil vom 4.7.2019 – Rs. C-377/17.

52 Vgl. *Marx*, in: Gabriel/Mertens/Stein/Wolf, BeckOK Vergaberecht, § 97 GWB Rn. 58; *Ziekow*, in: Ziekow/Völlink, Vergaberecht, § 97 GWB Rn. 59.

53 VK Südbayern, Beschluss vom 21.11.2016 – Z3-3/3194/1/37/09/16.

zu 20 % zugelassen,[54] hingegen ein Verhältnis von 90 % zu 10 % als unzulässig angesehen.[55] Demgegenüber hielt die VK Bund[56] ein Verhältnis von Preis zu Qualität von 90 % zu 10 % für zulässig, da in casu die Leistungsanforderungen vom Auftraggeber in der Leistungsbeschreibung weitestgehend vorgegeben waren. Die VK Niedersachsen[57] sah jedenfalls eine Gewichtung nichtpreislicher Kriterien von 5 % als zu niedrig an, die VK Westfalen[58] eine Gewichtung von 1 %.

Dieses Marginalisierungsverbot von nicht-preislichen Kriterien überzeugt nicht.[59] Eine explizite normative Grundlage kann es für sich nicht in Anspruch nehmen. Wenn der Auftraggeber grundsätzlich befugt ist, den Preis oder die Kosten als alleiniges Zuschlagskriterium festzulegen und damit auf nicht-preisliche Kriterien zu verzichten, muss es ihm erst recht möglich sein, nicht-preisliche Kriterien mit verhältnismäßig geringem Gewicht auszustatten. Es gilt daher: *„Welchen Stellenwert der Auftraggeber der Qualität beimisst, ist seine Sache."*[60] Eine Mindestgewichtung von nicht-preislichen Kriterien verbietet sich schon aus dem Grund, dass die Leistung durch die Leistungsbeschreibung bereits hinreichend vorgegeben sein kann. Es gibt für den Auftraggeber in diesem Fall ein anzuerkennendes Interesse, einem Zuschlagskriterium ein geringes Gewicht zu verleihen, das dann bei der Angebotswertung aber das Zünglein an der Waage ist.

6.3.1.3 Alibikriterien

Die strenge Rechtsprechung zur Zulässigkeit von Nebenangeboten bei Nur-Preis-Vergaben vor Inkrafttreten des VergRModG und der VergRModVO[61] führte in der Praxis zu Ausweichüberlegungen. Das Bundesministerium für Verkehr, Bau und Stadtentwicklung empfahl in einem Rundschreiben[62] die Festlegung des Zuschlagskriteriums *„Verkürzung Vertragsfrist"* mit einer Gewichtung von 1 % neben einer Gewichtung des Preises von 99 %. Wohl hiervon inspiriert legte ein Auftraggeber bei einer Bauvergabe neben dem Preis als Zuschlagskriterium mit einer Gewichtung von 95 % ein weiteres Zuschlagskriterium *„Terminplanung"* mit einer Gewichtung von 5 % fest, das inhaltlich allein in der Beantwortung der Frage bestand, ob der Bieter die vom Auftraggeber vorgegebene Terminplanung einhalten würde. Das OLG Düsseldorf[63] sah dies als unzulässig an, da die vorgegebene Terminplanung von allen Bietern eingehalten worden ist und sich die Vergabeentscheidung daher faktisch allein nach dem Angebotspreis richtete. Das Kriterium der Terminplanung hätte nur eine *„Alibifunktion"* wahrge-

54 OLG Düsseldorf, Beschluss vom 14.9.2016 – VII-Verg 14/16; vgl. auch OLG Celle, Beschluss vom 11.6.2015 – 13 Verg 4/15 (Preis 40 % und Qualität 60 %); OLG Düsseldorf, Beschluss vom 21.5.2012 – VII-Verg 3/12 (Preis 50 % und Qualität 50 %); VK Südbayern, Beschluss vom 21.11.2016 – Z3-3-3194-1-37-09/16 (Preis 60 % und Qualität 40 %).

55 OLG Düsseldorf, Beschluss vom 9.1.2013 – VII-Verg 33/12; bezüglich einer Gewichtung des Preises von 95 % siehe OLG Düsseldorf, Beschluss vom 27.11.2013 – VII-Verg 20/13.

56 VK Bund, Beschluss vom 14.1.2014 – VK 2-118/13.

57 VK Niedersachsen, Beschluss vom 17.12.2002 – 203-VgK-32/2002.

58 VK Westfalen, Beschluss vom 25.2.2015 – VK 23/14.

59 So auch *Opitz*, in: Burgi/Dreher/Opitz, Vergaberecht, § 127 GWB Rn. 42; *Müller-Wrede*, in: Müller-Wrede, SektVO, § 52 Rn. 227; *Herrmann*, VergabeR 2015, 296 (305); *Kulartz/Scholz*, VergabeR 2014, 109 (113).

60 OLG Düsseldorf, Beschluss vom 3.3.2010 – VII-Verg 48/09.

61 Siehe hierzu unten S. 186.

62 Allgemeines Rundschreiben Straßenbau Nr. 07/2013 des Bundesministeriums für Verkehr, Bau und Stadtentwicklung vom 7.5.2013.

63 OLG Düsseldorf, Beschluss vom 27.11.2013 – VII-Verg 20/13.

nommen.[64] Dies sei mit dem Wirtschaftlichkeitsgrundsatz und dem Prinzip der Selbstbindung des Auftraggebers an die von ihm festgelegten Zuschlagskriterien nicht zu vereinbaren gewesen.

Diese Rechtsprechung überzeugt nicht. Der Umstand, dass bestimmte Kriterien bei der Angebotswertung faktisch keine Rolle spielen, weil die Angebote aller Bieter insoweit gleich stark oder schwach sind, rechtfertigt nicht die Annahme eines unzulässigen Alibi-Kriteriums.[65] Die Problematik der Alibi-Kriterien betrifft genau genommen nicht die Gewichtung der Zuschlagskriterien, sondern die Wahl von Zuschlagskriterien, die ihrem Inhalt nach völlig unbrauchbar für die Feststellung des wirtschaftlichsten Angebots sind. Denn ein Zuschlagskriterium mit einer Gewichtung von 50 % wäre auf der Grundlage der Rechtsprechung des OLG Düsseldorf[66] ebenso als Alibi-Kriterium anzusehen, wenn es inhaltlich über keine Differenzierungsqualität hinsichtlich der Wirtschaftlichkeitsbewertung der Angebote verfügt und die Entscheidung damit faktisch allein beim Preis liegt. Umgekehrt kann ein Zuschlagskriterium mit ausreichender Differenzierungsqualität und einer Gewichtung von 5 % im Einzelfall entscheidend sein, wenn die Angebote im Übrigen eng beieinanderliegen. Das lässt sich für den Auftraggeber zum Zeitpunkt der Erstellung der Auftragsunterlagen in der Regel aber nicht vorhersagen und kann daher nicht maßgeblich sein für die Beurteilung der Zulässigkeit von Zuschlagskriterien.

6.3.2 100 % Preis oder Kosten (Nur-Preis-/Nur-Kosten-Vergabe)

6.3.2.1 Zulässigkeit

6.3.2.1.1 Allgemeines Auftragsvergaberecht

Nach der Rechtslage vor Inkrafttreten des VergRModG und der VergRModVO war umstritten, ob der Preis als alleiniges Zuschlagskriterium festgelegt werden kann. Die herrschende Rechtsprechung[67] ließ dies zu. Teile des Schrifttums[68] lehnten dies ab. Sie stützten sich dabei auf den Wortlaut der geltenden europäischen und deutschen Regelungen.

Seit Inkrafttreten des VergRModG ergibt sich die Möglichkeit der Nur-Preis- bzw. Nur-Kosten-Vergabe für das Auftragsvergaberecht aus dem Gesetz. Nach § 127 Abs. 1 Satz 3 GWB können zur Ermittlung des besten Preis-Leistungs-Verhältnisses neben dem Preis oder den Kosten auch qualitative, umweltbezogene oder soziale Aspekte berücksichtigt werden. Der Auftraggeber ist zur Festlegung dieser Kriterien aber nicht verpflichtet und kann daher lediglich

64 Siehe auch OLG Düsseldorf, Beschluss vom 27.6.2018 – VII-Verg 59/17.

65 Vgl. OLG Naumburg, Beschluss vom 9.9.2003 – 1 Verg 5/03.

66 OLG Düsseldorf, Beschluss vom 27.11.2013 – VII-Verg 20/13.

67 OLG Düsseldorf, Beschluss vom 24.9.2014 – VII-Verg 17/14; OLG Frankfurt, Beschluss vom 5.6.2012 – 11 Verg 4/12; OLG München, Beschluss vom 20.5.2010 – Verg 4/10; OLG Schleswig, Beschluss vom 15.4.2011 – 1 Verg 10/10; OLG Naumburg, Beschluss vom 5.12.2008 – 1 Verg 9/08, VK Thüringen, Beschluss vom 29.6.2011 – 250-4002.20-2591/2011-E-004-EF; VK Niedersachsen, Beschluss vom 31.8.2010 – VgK-34/2010; VK Baden-Württemberg, Beschluss vom 28.10.2003 – 1 VK 60/03; a.A. noch VK Niedersachsen, Beschluss vom 17.12.2002 – 203-VgK-32/2002.

68 *Ziekow*, in: Ziekow/Völlink, Vergaberecht, 2. Auflage, § 97 GWB Rn. 105, 107; mit Ausnahme der Beschaffung homogener Massengüter *Fehling*, in: Pünder/Schellenberg, Vergaberecht, 2. Auflage, § 97 GWB Rn. 185.

auf den Preis oder die Kosten als alleiniges Zuschlagskriterium abstellen.[69] Der Verordnungsgeber hat dies in § 58 Abs. 2 Satz 2 VgV entsprechend umgesetzt. Die Verordnungsbegründung zu § 58 Abs. 2 Satz 2 VgV[70] bestätigt dieses Verständnis: *„Auch weiterhin kann der Zuschlag daher allein auf das preislich günstigste Angebot erteilt werden."* Dies kann auch systematisch durch einen Umkehrschluss gestützt werden. § 19 Abs. 7 Satz 2 VgV schließt die Nur-Preis- oder Nur-Kosten-Vergabe für die Innovationspartnerschaft ausdrücklich aus. Dieses Ausschlusses hätte es nicht bedurft, wenn die Nur-Preis- bzw. Nur-Kosten-Vergabe nach dem gesetzgeberischen Willen nicht im Grundsatz als zulässig anzusehen ist.

Dieses Ergebnis liegt im Einklang mit den unionsrechtlichen Vorgaben. Art. 67 Abs. 2 UAbs. 1 Satz 1 RL 2014/24/EU lässt die Nur-Preis- oder Nur-Kosten-Vergabe ausdrücklich zu. Danach erfolgt Bestimmung des aus der Sicht des öffentlichen Auftraggebers wirtschaftlich günstigsten Angebots anhand einer Bewertung auf der Grundlage des Preises oder der Kosten und *kann* das beste Preis-Leistungs-Verhältnis beinhalten, das auf der Grundlage von Kriterien bewertet wird, die mit dem Auftragsgegenstand des betreffenden öffentlichen Auftrags in Verbindung stehen. Auch nach den unionsrechtlichen Vorgaben ist der öffentliche Auftraggeber daher nicht verpflichtet, qualitative Kriterien festzulegen.

6.3.2.1.2 Sektorenauftragsvergaberecht

Für den Sektorenbereich bestehen keine Besonderheiten.[71] § 52 Abs. 2 Satz 2 SektVO ist wortgleich gestaltet zu § 58 Abs. 2 Satz 2 SektVO. Die Zulässigkeit der Nur-Preis- oder Nur-Kosten-Vergabe folgt bereits aus § 33 Abs. 3 Satz 2 SektVO. Die Verordnungsbegründung zu § 52 Abs. 2 SektVO[72] bestätigt dieses Verständnis: *„Auch weiterhin kann der Zuschlag daher allein auf das preislich günstigste Angebot erteilt werden."* Dies kann auch systematisch durch einen Umkehrschluss gestützt werden. § 18 Abs. 7 Satz 2 SektVO schließt die Nur-Preis- oder Nur-Kosten-Vergabe für die Innovationspartnerschaft ausdrücklich aus. Dieses Ausschlusses hätte es nicht bedurft, wenn die Nur-Preis- bzw. Nur-Kosten-Vergabe nach dem gesetzgeberischen Willen nicht im Grundsatz als zulässig anzusehen wäre. Die Zulassung der Nur-Preis- oder Nur-Kosten-Vergabe nach der SektVO entspricht auch der höherrangigen Bestimmung des § 127 GWB, die durch § 147 GWB im Sektorenvergaberecht für anwendbar erklärt wird.[73]

Die Zulässigkeit der Nur-Preis- bzw. Nur-Kosten-Vergabe im Sektorenauftragsvergaberecht liegt im Einklang mit den unionsrechtlichen Vorgaben. Art. 82 Abs. 2 UAbs. 1 Satz 1 RL 2014/25/EU lässt die Nur-Preis- oder Nur-Kosten-Vergabe ausdrücklich zu. Danach erfolgt die Bestimmung des aus der Sicht des Sektorenauftraggebers wirtschaftlich günstigsten Angebots anhand einer Bewertung auf der Grundlage des Preises oder der Kosten und *kann* das beste Preis-Leistungs-Verhaltnis beinhalten, das auf der Grundlage von Kriterien bewertet wird, die mit dem Auftragsgegenstand des betreffenden öffentlichen Auftrags in Verbindung stehen.

69 Vgl. OLG Düsseldorf, Beschluss vom 27.6.2018 – VII-Verg 59/17.

70 Verordnungsbegründung zu § 52 Abs. 2 Satz 1 SektVO, VergRModVO, BR-Drs. 87/16, 212.

71 Vgl. *Müller-Wrede*, in: Müller-Wrede, SektVO, § 52 Rn. 229; *Bosselmann*, in: Säcker/Ganske/Knauff, Münchener Kommentar zum Wettbewerbsrecht, § 52 SektVO Rn. 7.

72 Verordnungsbegründung zu § 52 Abs. 2 SektVO, VergRModVO, BR-Drs. 87/16, 269.

73 Siehe hierzu oben, S. 180 f.

Auch nach den unionsrechtlichen Vorgaben ist der Sektorenauftraggeber daher nicht verpflichtet, qualitative Zuschlagskriterien festzulegen.

6.3.2.1.3 Bauvergaberecht

Keine Besonderheiten ergeben sich für den Abschnitt 2 VOB/A. Auch im Rahmen dieses Regelungsregimes ist die Nur-Preis- bzw. Nur-Kosten-Vergabe zulässig.[74] Dies wird in § 8 EU Abs. 2 Nr. 3 Satz 6 VOB/A ausdrücklich geregelt. Zudem sieht § 16d EU Abs. 2 Nr. 2 Satz 2 VOB/A ebenso wie § 58 Abs. 2 Satz 2 VgV und § 52 Abs. 2 Satz 2 SektVO vor, dass neben dem Preis oder den Kosten weitere Zuschlagskriterien gebildet werden können, aber eben nicht müssen. Dies entspricht der höherrangigen Bestimmung des § 127 Abs. 1 Satz 3 GWB und steht im Einklang mit den unionsrechtlichen Vorgaben. Art. 67 Abs. 2 UAbs. 1 Satz 1 RL 2014/24/EU lässt die Nur-Preis- oder Nur-Kosten-Vergabe ausdrücklich zu.

Hingegen sieht Abschnitt 3 VOB/A nicht explizit vor, dass der Preis das einzige Zuschlagskriterium sein darf. § 16d VS Abs. 2 Satz 2 VOB/A regelt lediglich einen beispielhaften Katalog an Kriterien, die als Zuschlagskriterien festgelegt werden können. Er nennt neben Qualität, Ästhetik und weiteren Kriterien insbesondere den Preis als Zuschlagskriterium. Ausdrücklich sagt die Regelung nichts dazu, dass der Preis als alleiniges Zuschlagskriterium gewählt werden kann. Im Gegenteil, die Pluralform „Zuschlagskriterien" spricht eher dafür, dass der Auftraggeber verpflichtet ist, mehrere Kriterien und damit mindestens ein weiteres Kriterium neben dem Preis festzulegen. Vor dem Hintergrund, dass die höherrangige Regelung in § 147 Satz 1 i.V.m. § 127 Abs. 1 Satz 3 GWB die Nur-Preis- oder Nur-Kosten-Vergabe zulässt, ist § 16d VS Abs. 2 Satz 2 VOB/A allerdings entsprechend auszulegen. Ein anderes Verständnis würde außerdem der unionsrechtlichen Vorgabe in Art. 47 Abs. 1 lit. b RL 2009/81/EG widersprechen. Nach dieser Regelung wendet der Auftraggeber entweder verschiedene mit dem Auftragsgegenstand zusammenhängende Kriterien oder ausschließlich das Kriterium des niedrigsten Preises bei der Erteilung des Zuschlags an.

6.3.2.1.4 Verteidigungs- und Sicherheitsvergaberecht

Anders als bei § 58 Abs. 2 Satz 2 VgV und § 52 Abs. 2 Satz 2 SektVO ergibt sich aus § 34 Abs. 2 VSVgV nicht ohne Weiteres, dass der Preis oder die Kosten als alleiniges Zuschlagskriterium gewählt werden können. Er enthält lediglich einen beispielhaften Katalog an Kriterien („insbesondere"), die als mögliche Zuschlagskriterien in Betracht kommen. Neben Qualität und Umwelteigenschaften sowie weiteren Kriterien nennt die Regelung auch den Preis. Dabei spricht die Pluralform („Zuschlagskriterien") dafür, dass der Auftraggeber verpflichtet ist, mehrere Kriterien und damit mindestens ein weiteres Kriterium neben dem Preis festzulegen. Dies entspricht jedoch nicht dem verordnungsgeberischen Willen. Nach der Verordnungsbegründung[75] *„ist es auch zulässig, den Preis als einziges Kriterium vorzusehen."* Auch die Gesetzessystematik spricht hierfür. Nach der höherrangigen Regelung in § 147 i.V.m. § 127 Abs. 1 Satz 3 GWB können Auftraggeber zur Ermittlung des besten Preis-Leistungs-Verhältnisses neben dem Preis oder den Kosten auch qualitative, umweltbezogene oder soziale Aspekte berücksichtigen. Der Auftraggeber ist also auch hiernach nicht verpflichtet, neben dem Preis

---

74 So auch *Grünhagen*, in: Franke/Kemper/Zanner/Grünhagen/Mertens, VOB, § 16d EU VOB/A Rn. 91; *Frister*, in: Kapellmann/Messerschmidt, VOB, § 16d EU VOB/A Rn. 14.

75 Verordnungsbegründung zu § 34 Abs. 3 VSVgV, BR-Drs. 321/12, 61.

oder den Kosten, deren Verwendung als Zuschlagskriterien der Gesetzgeber voraussetzt,[76] weitere Kriterien zu entwickeln. Eine hiervon abweichende Lesart des § 34 Abs. 2 VSVgV wäre daher systemwidrig und würde auch der unionsrechtlichen Vorgabe in Art. 47 Abs. 1 lit. b RL 2009/81/EG widersprechen, die eine Vergabe ausschließlich nach dem Kriterium des niedrigsten Preises ausdrücklich zulässt. Daher kann der Preis auch im Anwendungsbereich der VSVgV mit 100 % gewichtet werden.[77]

6.3.2.1.5 Konzessionsvergaberecht

Die Europäische Kommission bejaht die Zulässigkeit der Nur-Preis- oder Nur-Kosten-Vergabe im europäischen Konzessionsvergaberecht.[78] Auch für das deutsche Recht wird dies im Schrifttum richtigerweise überwiegend bejaht.[79] Im Hinblick auf die Komplexität solcher Vergaben dürfte sie indes nur in wenigen Fällen in Betracht kommen.[80] Der Zuschlag ist zwar im Konzessionsvergaberecht nicht auf das wirtschaftlichste Angebot, sondern nach § 152 Abs. 3 Satz 1 GWB auf der Grundlage objektiver Kriterien zu erteilen, die sicherstellen, dass die Angebote unter wirksamen Wettbewerbsbedingungen bewertet werden, sodass ein wirtschaftlicher Gesamtvorteil für den Konzessionsgeber ermittelt werden kann. Der Begriff des wirtschaftlichen Gesamtvorteils erfasst aber die Nur-Preis- bzw. Nur-Kosten-Vergabe. Dieses Begriffsverständnis entspricht dem grundlegenden liberalen Gedanken des Konzessionsvergaberechts, dass der Konzessionsgeber nach § 151 Satz 2 GWB das Verfahren frei gestalten kann.[81]

Die Gesetzesbegründung zu § 152 Abs. 3 GWB[82] führt zwar aus, dass der Zuschlag nicht auf *„das wirtschaftlich günstigste Angebot"* erteilt wird, sondern den wirtschaftlichen Gesamtvorteil. Das wirtschaftlich günstigste Angebot ist nach Art. 67 Abs. 2 UAbs. 1 Satz 1 RL 2014/24/EU und Art. 82 Abs. 2 UAbs. 1 Satz 1 RL 2014/25/EU dasjenige Angebot mit dem niedrigsten Preis bzw. den geringsten Kosten. Jedoch legt der Gesetzgeber dem Begriff des „wirtschaftlich günstigsten Angebots" in der Gesetzesbegründung offensichtlich ein abweichendes Verständnis zugrunde. In der Gesetzesbegründung zu § 127 Abs. 4 GWB[83] wird der Begriff dort synonym zum *„wirtschaftlichsten Angebot"* und damit dahingehend verstanden, dass hiervon auch das beste Preis-Leistungs-Verhältnis im Sinne von Art. 67 Abs. 2 UAbs. 1 Satz 1 RL 2014/24/EU und Art. 82 Abs. 2 UAbs. 1 Satz 1 RL 2014/25/EU erfasst wird. Damit ist die Gesetzesbegründung nicht dahingehend zu lesen, dass die Nur-Preis- bzw. Nur-Kosten-Vergabe ausgeschlossen sein soll. Gemeint ist lediglich in Abgrenzung zum Auftragsvergaberecht,

76 Vgl. Gesetzesbegründung zu § 127 Abs. 1 GWB, VergRModG 2016, BT-Drs. 18/6281, 111.
77 Im Ergebnis auch *Kues*, in: Leinemann/Kirch, VSVgV, § 34 VSVgV Rn. 20 ff.
78 Vgl. Europäische Kommission, Memo v. 15.1.2014 – 14/19, Directive of the European Parliament and the Council on the Award of Concession Contracts – Frequently Asked Questions, Frage 14.
79 Dafür *Tugendreich/Heller*, in: Müller-Wrede, GWB-Vergaberecht/WRegG, § 152 GWB Rn. 61; *Rafii*, in: Reidt/Stickler/Glahs, Vergaberecht, § 152 GWB Rn. 21; *Dicks*, in: Röwekamp/Kus/Portz/Prieß, GWB-Vergaberecht, § 152 Rn. 13; *Kruse*, Vergabe von Konzessionen, S. 164; zweifelnd *Sang*, in: Willenbruch/Wieddekind/Hübner, Vergaberecht, § 152 GWB Rn. 2; dagegen *Siegel*, in: Ziekow/Völlink, Vergaberecht, § 152 GWB Rn. 9 Fn. 35.
80 Vgl. Europäische Kommission, Memo v. 15.1.2014 – 14/19, Directive of the European Parliament and the Council on the Award of Concession Contracts – Frequently Asked Questions, Frage 14.
81 Vgl. *Tugendreich/Heller*, in: Müller-Wrede, GWB-Vergaberecht/WRegG, § 152 GWB Rn. 61.
82 Gesetzesbegründung zu § 152 Abs. 3 GWB, VergRModG 2016, BT-Drs. 18/6281, 131.
83 Vgl. Gesetzesbegründung zu § 127 Abs. 4 GWB, VergRModG 2016, BT-Drs. 18/6281, 112 f.

dass es auf den wirtschaftlichen Gesamtvorteil und nicht das wirtschaftlichste Angebot ankommen soll.

Nichts anderes folgt aus § 152 Abs. 3 Satz 3 GWB. Nach dieser Regelung können die Zuschlagskriterien qualitative, umweltbezogene oder soziale Belange umfassen. Da die Regelung keinen öffnenden Zusatz („insbesondere" o.ä.) enthält, könnte die Aufzählung als abschließend anzusehen sein. Der Sinn und Zweck des Katalogs dürfte es hingegen sein, lediglich klarzustellen, dass der Konzessionsgeber die genannten Belange nach § 97 Abs. 3 GWB in die Angebotswertung einstellen darf.[84] Dies wird bestätigt durch die unionale Vorgabe in Art. 41 Abs. 2 UAbs. 1 Satz 2 RL 2014/23/EU, die insoweit klarer formuliert ist. Danach können die Zuschlagskriterien *unter anderem* ökologische, soziale oder innovationsbezogene Kriterien enthalten. Diesen Regelungsgehalt hat der Gesetzgeber ausweislich der Gesetzesbegründung[85] in deutsches Recht überführen wollen.

6.3.2.1.6 Unterschwellenvergaberecht

Die UVgO ist entsprechend der VgV ausgestaltet. § 43 Abs. 2 Satz 2 UVgO sieht wie § 58 Abs. 2 Satz 2 VgV vor, dass neben dem Preis oder den Kosten auch weitere Kriterien berücksichtigt werden können und impliziert damit die Zulässigkeit einer Nur-Preis- oder Nur-Kosten-Vergabe.[86]

Selbiges gilt für Bauvergaben. Abschnitt 1 VOB/A enthält in § 16d Abs. 1 Nr. 4 Satz 4 eine gleichlautende Vorschrift. Durch § 8 Abs. 2 Nr. 3 Satz 2 VOB/A, der explizit regelt, dass der Preis „auch" als einziges Zuschlagskriterium zulässig ist, wenn Nebenangebote zugelassen sind, wird die Zulässigkeit der Nur-Preis- bzw. Nur-Kosten-Vergabe in diesem Regelungsregime explizit normiert.

Weniger eindeutig stellt sich die Rechtslage im Anwendungsbereich von Abschnitt 1 VOL/A dar. Nach § 18 Abs. 1 Satz 2 VOL/A ist der niedrigste Angebotspreis allein nicht entscheidend. Die herrschende Meinung[87] lehnt ein kategorisches Verbot der Nur-Preis-Vergabe trotz des eindeutigen Wortlauts ab. Dies wird überwiegend[88] damit begründet, dass das höherrangige Haushaltsrecht nur die Maßstäbe der Wirtschaftlichkeit und Sparsamkeit kenne. Im Einzelfall könne es nach diesen Maßstäben gerade geboten sein, auf eine aufwendige Angebotswertung – insbesondere für die Beschaffung von Standardleistungen – zu verzichten.[89] Im Übrigen ist bislang nicht geklärt, ob und inwieweit der Regelung ein Verbot der Nur-Preis-Vergabe zu entnehmen ist. *Wiedemann*[90] versteht die Regelung im Hinblick auf ihren Sinn und Zweck

84 Im Ergebnis auch *Tugendreich/Heller*, in: Müller-Wrede, GWB-Vergaberecht/WRegG, § 152 GWB Rn. 61.

85 Gesetzesbegründung zu § 152 Abs. 3 GWB, VergRModG 2016, BT-Drs. 18/6281, 131.

86 Vgl. *Müller-Wrede*, in: Müller-Wrede, VgV/UVgO, § 43 UVgO Rn. 6.

87 *Herlemann*, in: Heiermann/Zeiss/Summa, Vergaberecht, 4. Auflage, § 18 VOL/A Rn. 20; *Wiedemann*, in: Kulartz/Marx/Portz/Prieß, VOL/A, § 18 Rn. 7; *Conrad/Müller-Wrede*, in: Müller-Wrede, VOL/A, § 18 Rn. 4; *Schwabe*, in: Müller-Wrede, VOL/A, § 12 Rn. 105; a.A. *Petersen*, in: Dieckmann/Scharf/Wagner-Cardenal, VOL/A, § 21 EG Rn. 11; *Vavra*, in: Ziekow/Völlink, Vergaberecht, 2. Auflage, § 18 VOL/A Rn. 2.

88 *Herlemann*, in: Heiermann/Zeiss/Summa, Vergaberecht, 4. Auflage, § 18 VOL/A Rn. 20; *Conrad/Müller-Wrede*, in: Müller-Wrede, VOL/A, § 18 Rn. 4; *Schwabe*, in: Müller-Wrede, VOL/A, § 12 Rn. 105.

89 Vgl. *Schwabe*, in: Müller-Wrede, VOL/A, § 12 Rn. 105.

90 *Wiedemann*, in: Kulartz/Marx/Poertz/Prieß, VOL/A, § 18 Rn. 7.

lediglich als grundsätzliche Vorgabe, von der abgewichen werden könne. *Fett*[91] sieht die Regelung im Hinblick auf § 16 Abs. 7 VOL/A ins Leere laufen.

6.3.2.2 Ausnahmen

6.3.2.2.1 Innovationspartnerschaften

In der VgV, der SektVO und in Abschnitt 2 VOB/A tritt neben dem Verhandlungsverfahren und dem wettbewerblichen Dialog als weitere kooperative Verfahrensart die Innovationspartnerschaft hinzu. Das Verfahren dient gemäß § 119 Abs. 7 GWB der Entwicklung und dem Erwerb innovativer Leistungen. Die Bestimmungen in § 19 Abs. 7 Satz 2 VgV, § 18 Abs. 7 Satz 2 SektVO und § 3b EU Abs. 5 Nr. 6 Satz 2 VOB/A sehen für diese Verfahrensart ausdrücklich vor, dass der niedrigste Preis oder die niedrigsten Kosten nicht alleiniges Zuschlagskriterium sein dürfen. Sie entsprechen damit den unionsrechtlichen Vorgaben in Art. 31 Abs. 1 UAbs. 4 Satz 4 RL 2014/24/EU und Art. 49 Abs. 1 UAbs. 4 Satz 4 RL 2014/25/EU.

6.3.2.2.2 Architekten- und Ingenieurleistungen

Nach § 76 Abs. 1 Satz 1 VgV werden Architekten- und Ingenieurleistungen im Leistungswettbewerb vergeben. Hiermit wird eine Nur-Preis- bzw. Nur-Kosten-Vergabe ausgeschlossen.[92] Es verwundert, dass der Verordnungsgeber dies nicht wie in § 17 Abs. 7 Satz 2 VgV ausdrücklich formuliert, sondern hierfür mit dem „Leistungswettbewerb" eine neue Begrifflichkeit etabliert, die an keiner Stelle des Gesetzes näher erläutert wird. Als Leistungswettbewerb ließe sich ein Wettbewerb um all jene Eigenschaften verstehen, die mit der Leistung in Zusammenhang stehen und damit auch der Preis oder die Kosten, sodass ein Wettbewerb nur um leistungsfremde Eigenschaften ausgeschlossen wäre. Bei einem solchen Verständnis wäre die Regelung allerdings inhaltsleer, da die Verbindung zum Leistungs- bzw. Auftragsgegenstand nach § 127 Abs. 3 GWB für die Zuschlagskriterien ohnehin bestehen muss. Gemeint sein kann daher nur, dass ein reiner Preiswettbewerb ausgeschlossen werden soll. Hierfür spricht die Verordnungsbegründung,[93] in der es heißt: *„Wesentliches Zuschlagskriterium für diese Dienstleistungen soll die Qualität sein."*

Dieses Auslegungsergebnis ist mit den unionsrechtlichen Vorgaben verträglich. Zwar räumt Art. 67 Abs. 2 UAbs. 1 RL 2014/24/EU dem Auftraggeber ein uneingeschränktes Wahlrecht für die Vergabe auf Grundlage des Preises oder der Kosten auf der einen und dem besten Preis-Leistungs-Verhältnis, bei dem qualitative, umweltbezogene und/oder soziale Kriterien hinzugezogen werden, auf der anderen Seite ein. Allerdings kann sich der deutsche Verordnungsgeber insoweit auf die Abweichungsbefugnis in Art. 67 Abs. 2 UAbs. 3 RL 2014/24/EU stützen. Danach dürfen die Mitgliedstaaten vorsehen, dass die öffentlichen Auftraggeber nicht den Preis oder die Kosten allein als einziges Zuschlagskriterium verwenden dürfen, oder sie können deren Verwendung auf bestimmte Kategorien von öffentlichen Auftraggebern oder bestimmte Arten von Aufträgen beschränken.

91 *Fett*, in: Willenbruch/Wieddekind, Vergaberecht, 3. Auflage, § 18 VOL/A Rn. 4.

92 So auch *Schneider*, in: Burgi/Dreher, Vergaberecht, § 76 VgV Rn. 15; *Nelskamp*, in: Summa/Schneevogl, Vergaberecht, § 76 VgV Rn. 4; *Voppel/Osenbrück/Bubert*, VgV, § 76 Rn. 3; *Stolz*, VergabeR 2016, 351 (362).

93 Verordnungsbegründung zu § 76 Abs. 1 VgV, VergRModVO, BR-Drs. 87/16, 225.

6.3.2.2.3 Nebenangebote

Nach der Rechtsprechung des BGH[94] zur Rechtslage vor Inkrafttreten des VergRModG und der VergRModVO ist eine wettbewerbskonforme Wertung der Nebenangebote nicht gewährleistet, wenn für den Zuschlag allein der Preis maßgeblich sein soll. Denn das anzuwendende Recht treffe keine Regelungen darüber, wie Nebenangebote im Verhältnis zu der als Hauptangebot vorgesehenen Ausführung (sog. Amtsvorschlag) zu werten seien. Wenn ein den Mindestanforderungen genügendes Nebenangebot zwar geringfügig billiger als das günstigste Hauptangebot sei, es aber überproportional hinter dessen Qualität zurückbleibe (sog. Abmagerungsangebot), müsste es mangels geeigneter Zuschlagskriterien, mit denen diese Diskrepanz in der Wertung erfasst werden könne, dennoch den Zuschlag erhalten, wenn nur der Preis berücksichtigt werden dürfe. Diesem Verstoß gegen die Grundsätze des Wettbewerbs und der Wirtschaftlichkeit sei auch nicht durch den von Teilen der obergerichtlichen Rechtsprechung[95] vorgeschlagenen Ansatz zu begegnen, dass Nebenangebot und Amtsentwurf auf ihre Gleichwertigkeit hin zu überprüfen seien.

Diesem strengen Ansatz ist der Gesetzgeber mit der Vergaberechtsreform 2016 nicht gefolgt. Die Nur-Preis- bzw. Nur-Kosten-Vergabe ist nach aktuellem Recht bei der Zulassung von Nebenangeboten zulässig. Zwar spricht § 127 Abs. 4 Satz 2 GWB wie die unionsrechtlichen Bestimmungen in Art. 45 Abs. 2 Satz 2 RL 2014/24/EU und Art. 64 Abs. 1 UAbs. 2 Satz 2 RL 2014/25/EU davon, dass die „Zuschlagskriterien" bei der Zulassung von Nebenangeboten auf Haupt- wie Nebenangebote anwendbar sein müssen. Es ist aber keinesfalls zwingend aus der Pluralformulierung ein Verbot der Nur-Preis- bzw. Nur-Kosten-Vergabe abzuleiten,[96] da insoweit kein semantisches Konzept des Richtlinien- wie des Gesetzgebers erkennbar ist.[97] Dem GWB lassen sich auch keine Anhaltspunkte dafür entnehmen, dass Nebenangebote bei einer Nur-Preis- bzw. Nur-Kosten-Vergabe nicht zuzulassen sind. Im Gegenteil kann der Auftraggeber nach § 127 Abs. 1 Satz 3 GWB die Wirtschaftlichkeit des Angebots allein nach dem Preis oder den Kosten bemessen, ohne dass hierfür Einschränkungen festgelegt sind. Ergänzend stellt die Gesetzesbegründung zu § 127 GWB[98] explizit klar, dass dies auch im Falle der Zulassung von Nebenangeboten gilt. Dies findet sich auf Verordnungsebene auch im Normtext wieder. Nach § 35 Abs. 2 Satz 2 VgV und § 33 Abs. 3 Satz 2 SektVO können Nebenangebote auch zugelassen oder vorgeschrieben werden, wenn der Preis oder die Kosten das alleinige Zuschlagskriterium sind. Im untergesetzlichen Bereich findet sich eine entsprechende Regelung in § 8 EU Abs. 2 Nr. 3 Satz 3 VOB/A.

Wie der Auftraggeber der Gefahr von Abmagerungsangeboten begegnen soll, ist in den Regelungen nicht vorgegeben. Lediglich die Gesetzesbegründung zu § 127 GWB[99] schlägt vor: *„Als Korrektiv legt der öffentliche Auftraggeber Mindestbedingungen fest, die Nebenangebote erfül-*

94 BGH, Beschluss vom 7.1.2014 – X ZB 15/13.

95 OLG Frankfurt, Beschluss vom 26.6.2012 – 11 Verg 12/11; OLG Brandenburg, Beschluss vom 17.5.2011 – Verg W 16/10; OLG Schleswig, Beschluss vom 15.4.2011 – 1 Verg 10/10; OLG München, Beschluss vom 9.9.2010 – Verg 16/10.

96 Für dieses Argument hingegen *Stoye/Plantiko*, VergabeR 2015, 309 (311).

97 Beispielsweise wäre es bei einer solchen Lesart nach Art. 67 Abs. 2 UAbs. 1 RL 2014/24/EU erforderlich, dass der Auftraggeber für das beste Preis-Leistungs-Verhältnis mehrere leistungsbezogene Kriterien bestimmen muss, da dort von „Kriterien" die Rede ist.

98 Gesetzesbegründung zu § 127 GWB, VergRModG 2016, BT-Drs. 18/6281, 112.

99 Gesetzesbegründung zu § 127 GWB, VergRModG 2016, BT-Drs. 18/6281, 113.

len müssen, um berücksichtigt zu werden." Die Verordnungsbegründung zu § 35 VgV[100] fordert in diesem Zusammenhang, dass die Mindestanforderungen *„besonders sorgfältig"* festgelegt werden.

Besonderheiten im Verteidigungs- und Sicherheitsvergaberecht?

In der VSVgV und in Abschnitt 3 VOB/A finden sich keine Regelungen über das Verhältnis der Zulassung von Nebenangeboten und der Nur-Preis- bzw. Nur-Kosten-Vergabe. Über § 147 GWB sind allerdings auch im Verteidigungs- und Sicherheitsvergaberecht die Bestimmungen des § 127 GWB maßgeblich. Da § 127 GWB die Nur-Preis- bzw. Nur-Kosten-Vergabe einschränkungslos zulässt und die Gesetzesbegründung zu § 127 GWB[101] dies auch ausdrücklich für den Fall der Zulassung von Nebenangeboten erklärt, ist von der Zulässigkeit von Nebenangeboten bei der Nur-Preis- bzw. Nur-Kosten-Vergabe auch im Verteidigungs- und Sicherheitsvergaberecht auszugehen.

Besonderheiten im Unterschwellenvergaberecht?

Wie § 8 EU Abs. 2 Nr. 3 Satz 3 VOB/A erklärt § 8 Abs. 1 Nr. 3 Satz 3 VOB/A ausdrücklich, dass der Preis das einzige Zuschlagskriterium sein kann, wenn Nebenangebote zugelassen sind. Die Nur-Preis- bzw. Nur-Kosten-Vergabe ist daher im Abschnitt 1 VOB/A auch bei der Zulassung von Nebenangeboten zulässig.

Im Ergebnis gilt dies auch im Anwendungsbereich der UVgO. In § 25 Satz 4 UVgO ist zwar lediglich festgehalten, dass bei der Entscheidung über den Zuschlag die Grundsätze der Transparenz und Gleichbehandlung zu beachten sind. Nach der amtlichen Erläuterung[102] verzichtete der Ordnungsgeber auf die Übernahme von § 35 Abs. 2 und 3 VgV bewusst, um stattdessen *„allgemeiner"* in § 25 Satz 4 UVgO die Einhaltung der Grundsätze der Transparenz und Gleichbehandlung einzufordern. Dies legt den Schluss nahe, dass der Auftraggeber im Anwendungsbereich der UVgO jedenfalls keinen weitergehenden Einschränkungen unterworfen sein soll, als dies nach der VgV der Fall ist. Die Nur-Preis- bzw. Nur-Kosten-Vergabe ist daher in diesem Regelungsregime auch dann zulässig, wenn die Einreichung von Nebenangeboten erlaubt ist.[103]

In Abschnitt 1 VOL/A sind keine Regelungen über die Zulässigkeit der Nur-Preis- bzw. Nur-Kosten-Vergabe neben der Zulassung von Nebenangeboten enthalten. Soweit die Nur-Preis- bzw. Nur-Kosten-Vergabe in diesem Regelungsregime überhaupt zuzulassen ist,[104] ist die Zulassung von Nebenangeboten in diesem Fall vor dem Hintergrund der Rechtsprechung des BGH[105] jedenfalls problematisch, da die vom Gerichtshof zur Begründung herangezogenen Grundsätze auch hier gelten und den Regelungen sowie den amtlichen Erläuterungen insoweit keine abweichenden Anhaltspunkte zu entnehmen sind.

100 Verordnungsbegründung zu § 35 VgV, VergRModVO, BR-Drs. 87/16, 188.
101 Gesetzesbegründung zu § 127 GWB, VergRModG 2016, BT-Drs. 18/6281, 112.
102 Amtliche Erläuterung zu § 25 UVgO, BAnz AT, 7.2.2017 B2.
103 Vgl. *Dierkes*, in: Dieckmann/Scharf/Wagner-Cardenal, VgV/UVgO, § 25 UVgO Rn. 12.
104 Siehe oben S. 184 f.
105 BGH, Beschluss vom 7.1.2014 – X ZB 15/13.

6.3.2.2.4 Funktionale Ausschreibung

Nach der Rechtsprechung vor Inkrafttreten des VergRModG und der VergRModVO war die Nur-Preis- bzw. Nur-Kosten-Vergabe allein dann zulässig, wenn die Leistungen *„in allen für die Zuschlagsentscheidung in Betracht kommenden Punkten in der Leistungsbeschreibung und/ oder in den übrigen Ausschreibungsunterlagen vom Auftraggeber hinreichend genau definiert worden sind."*[106] In den Fällen, in denen den Bietern qualitative Spielräume verbleiben, sollte eine Nur-Preis- bzw. Nur-Kosten-Vergabe daher nicht in Betracht kommen. Denn in solchen Fällen habe es vorkommen können, dass ein Angebot, das geringfügig günstiger sei als das nächstgünstige Angebot, zwar die Anforderungen erfülle, aber überproportional hinter der Qualität des nächstgünstigen Angebots zurückbleibe. Deshalb war nach der Rechtsprechung[107] die Nur-Preis- bzw. Nur-Kosten-Vergabe ausgeschlossen, wenn es sich im konkreten Fall um eine funktionale oder auch nur teilfunktionale Ausschreibung handelt. In diesem Falle sei die Verwendung des Preises als alleiniges Zuschlagskriterium ungeeignet, *„weil eine allein am Preis ausgerichtete Wertung der Angebote qualitative Elemente [...] nicht berücksichtigt."* Die aktuelle Rechtsprechung wendet diese Maßstäbe auch auf die rezente Rechtslage an.[108]

Bereits nach alter Rechtslage war das Verbot der Nur-Preis- bzw. Nur-Kosten-Vergabe bei einer funktionalen Ausschreibung zweifelhaft.[109] Sie ist auf dem Boden der aktuellen Rechtslage umso mehr kritikwürdig.[110] Bei Vergabe nach der VgV und SektVO spricht bereits die Systematik dieser Regelungsregie hiergegen. In § 19 Abs. 7 Satz 2 VgV und § 18 Abs. 7 Satz 2 SektVO sind ausdrücklich diejenigen Fälle bestimmt, in denen die Nur-Preis- bzw. Nur-Kosten-Vergabe unzulässig ist. Für funktionale Ausschreibungen findet sich eine solche Regelung nicht. Im Umkehrschluss ist die Nur-Preis- bzw. Nur-Kosten-Vergabe in ungeregelten Fällen im Anwendungsbereich dieser Regime auch bei funktionalen Ausschreibungen erlaubt. Auch außerhalb dieser Regime ist dies jedoch zuzulassen. Der Gesetzgeber hat im Einklang mit den unionsrechtlichen Vorgaben die Nur-Preis- bzw. Nur-Kosten-Vergabe bei der Zulassung von Nebenangeboten trotz der hiermit verbundenen funktionalen Spielräume ausdrücklich zugelassen.[111] Weshalb für funktionale Ausschreibungen etwas anderes gelten soll, ist nicht ersichtlich. Auch der Wirtschaftlichkeitsgrundsatz steht dem nicht entgegen. Denn es ist ein berechtigtes Interesse des Auftraggebers, die Konzepte der Bieter nach dem Minimalprinzip

---

106 OLG Düsseldorf, Beschluss vom 24.9.2014 – VII-Verg 17/14; vgl. auch OLG Naumburg, Beschluss vom 5.12.2008 – 1 Verg 9/08; VK Bund, Beschluss vom 17.11.2014 – VK 2-77/14; VK Hessen, Beschluss vom 26.4.2007 – 69d-VK-08/2007.

107 OLG Düsseldorf, Beschluss vom 11.12.2013 – VII-Verg 22/13; VK Bund, Beschluss vom 17.11.2014 – VK 2-79/14.

108 Vgl. OLG Düsseldorf, Beschluss vom 6.4.2022 – VII-Verg 32/21; Beschluss vom 27.6.2018 – VII-Verg 59/17; VK Südbayern, Beschluss vom 21.11.2016 – Z3-3-3194-1-37-09-16; einschränkend allerdings für VgV-Vergaben VK Südbayern, Beschluss vom 14.3.2023 – 3194.Z3-3_01-22-57, wonach die Nur-Preis- oder Nur-Kosten-Vergabe erst unzulässig sein soll, *„wenn und soweit die hierbei bestehenden Gestaltungsspielräume die Ausarbeitung qualitativ unterschiedlicher Lösungen gestatten und qualitativ höherwertige Leistungen für den Auftraggeber objektiv auf Basis der in den Vergabeunterlagen festgelegten Zielvorgaben betrachtet von Mehrwert sind."*

109 Siehe zutreffend *Müller-Wrede*, VergabeR 2014, 407 (408).

110 So auch *Hövelberndt*, in: Reidt/Stickler/Glahs, Vergaberecht, § 127 GWB Rn. 33; anders hingegen *Dicks*, in: Röwekamp/Kus/Marx/Portz/Prieß, VgV, § 35 Rn. 21; *Hölzl*, in: Säcker/Ganske/Knauff, Münchener Kommentar zum Wettbewerbsrecht, § 127 GWB Rn. 39.

111 Siehe hierzu oben S. 186.

zu bewerten, wenn es ihm allein darauf ankommt, welches Konzept die günstigste Durchführung erwarten lässt. Es sind keine rechtlich zwingenden Gründe dafür erkennbar, dass der Auftraggeber in solchen Fällen auf die Festlegung qualitativer Kriterien verwiesen sein sollte. Wie bei der Zulassung von Nebenangeboten kann der Auftraggeber der Gefahr sog. Abmagerungsangebote durch Festlegung von Mindestanforderungen entgegentreten. Zuzugeben ist der Rechtsprechung allerdings, dass sie sich in gewisser Weise auf die Gesetzesbegründung zu § 127 GWB[112] stützen kann. Dort heißt es: *„Zwar ist es auf der Grundlage des besten Preis-Leistungs-Verhältnisses auch künftig zulässig, den Zuschlag allein auf das preislich günstigste Angebot zu erteilen. Der öffentliche Auftraggeber wird jedoch – insbesondere bei der Beschaffung von nicht-marktüblichen, nicht standardisierten Leistungen – seine Vergabeentscheidung in der Regel auf weitere Zuschlagskriterien […] stützen."* In Ansehung des ersten Satzes spricht aber mehr dafür, dass es sich hierbei um eine praktische Empfehlung und nicht um eine Auslegungsdirektive handeln soll.

6.3.3 0 % Preis oder Kosten (Budgetvergabe)

Während das Maximalprinzip als ökonomisches Prinzip im Haushaltsrecht seit jeher zulässig ist,[113] war nach alter Rechtslage im Vergaberecht nicht abschließend geklärt, ob die Vergabe ausschließlich nach nicht-monetären Kriterien auf Grundlage eines Festpreises bzw. von Festkosten erfolgen konnte (sog. Budgetvergabe). Ausdrückliche Bestimmungen sah das Vergaberecht hierzu nicht vor. Die Rechtsprechung[114] nahm jedoch zu Recht die Zulässigkeit der Budgetvergabe an. Mit der Vergaberechtsreform 2016 hat diese Rechtsprechung auch eine normative Grundlage in § 58 Abs. 2 Satz 3 VgV und § 52 Abs. 2 Satz 3 SektVO sowie § 16d EU Abs. 2 Nr. 4 VOB/A erhalten. Nach diesen Vorschriften kann der Auftraggeber Festpreise oder Festkosten vorgeben, sodass das wirtschaftlichste Angebot nicht nach dem niedrigsten Preis bzw. den geringsten Kosten bestimmt wird. Maßgeblich sind dann allein die Qualität (§ 16d EU Abs. 2 Nr. 4 VOB/A) bzw. die qualitativen, umweltbezogenen oder sozialen Zuschlagskriterien (§ 58 Abs. 2 Satz 3 VgV und § 52 Abs. 2 Satz 3 SektVO).

Die Entscheidung über die Budgetvergabe steht ausweislich des Wortlauts der Regelungen im Ermessen des Auftraggebers.[115] Sie ist an keine weiteren Voraussetzungen gebunden. Insbesondere ist mangels einer normativen Einschränkung nicht erforderlich, dass der Preis als Zuschlagskriterium aufgrund von nationalen Vorschriften im Sinne von § 127 Abs. 2 GWB unbeachtlich ist,[116] selbst wenn dies in der Praxis einer der wichtigsten Anwendungsfälle der Budgetvergabe ist. Auch die Verordnungsbegründung zu § 58 Abs. 2 Satz 3 VgV[117] stellt dies nur als einen exemplarischen Anwendungsfall dar (*„insbesondere"*).

112 Gesetzesbegründung zu § 127 Abs. 1 GWB, VergRModG 2016, BT-Drs. 18/6281, 111 f.

113 Vgl. VV-BHO zu § 7 Rn. 1; *Demir*, in: Heuer/Scheller, Haushaltsrecht, § 7 BHO Rn. 2.

114 OLG Naumburg, Beschluss vom 5.12.2008 – 1 Verg 9/08; VK Sachsen, Beschluss vom 20.6.2014 – 1/SVK/017-14; VK Düsseldorf, Beschluss vom 14.7.2003 – VK-19/2003-L.

115 Vgl. *von Bechtolsheim*, in: Gabriel/Mertens/Stein/Wolf, Vergaberecht, § 58 VgV Rn. 28; *Müller-Wrede*, in: Müller-Wrede, VgV/UVgO, § 58 VgV Rn. 199; *ders.*, in: Müller-Wrede, SektVO, § 52 Rn. 212; für einen Beurteilungsspielraum *Lausen*, in: Burgi/Dreher, Vergaberecht, § 58 VgV Rn. 89.

116 Vgl. *Müller-Wrede*, in: Müller-Wrede, VgV/UVgO, § 58 VgV Rn. 198; *ders.*, in: Müller-Wrede, SektVO, § 52 Rn. 211; siehe auch VK Westfalen, Beschluss vom 14.2.2019 – VK 1-44/18.

117 Verordnungsbegründung zu § 58 Abs. 2 Satz 3 VgV, VergRModVO, BR-Drs. 87/16, 213.

6.3.3.1 Vereinbarkeit mit höherrangigem Recht?

Auf den ersten Blick ist es zweifelhaft, ob die Budgetvergabe mit den höherrangigen Bestimmungen des Teil 4 GWB vereinbar ist. Nach § 127 Abs. 1 Satz 3 GWB können „neben dem Preis oder den Kosten" auch qualitative, umweltbezogene oder soziale Aspekte berücksichtigt werden. Diese Regelung scheint folglich die Festlegung des Preises oder der Kosten als Zuschlagskriterien vorauszusetzen.[118] Dies wird durch die Gesetzesbegründung zu § 127 GWB[119] sekundiert: *„Preis oder Kosten müssen bei der Angebotsbewertung zwingend berücksichtigt werden."* Auch der Richtliniengeber geht in Erwägungsgrund 90 RL 2014/24/EU und Erwägungsgrund 95 RL 2014/25/EU von diesem Regelungsansatz aus: *„Es sollte ausdrücklich festgehalten werden, dass das wirtschaftlich günstigste Angebot auf der Grundlage des besten Preis-Leistungs-Verhältnisses ermittelt werden sollte, welches stets eine Preis- oder Kostenkomponente beinhalten sollte."* Allerdings lassen die Richtlinien die Budgetvergabe ausdrücklich in Art. 67 Abs. 2 UAbs. 2 RL 2014/24/EU und Art. 82 Abs. 2 UAbs. 1 Satz 2 lit. c RL 2014/25/EU zu. Im GWB fehlt es an einer entsprechenden Regelung. § 127 Abs. 1 Satz 3 GWB dürfte aber dahingehend auszulegen sein, dass nach der Regelung der Preis oder die Kosten nicht zwingend als Zuschlagskriterium festgelegt werden müssen, sondern es ausreicht, diese gewissermaßen als Mindestanforderung der Angebotswertung zugrunde zu legen. Denn auch in diesem Fall bleiben der Preis oder die Kosten bei der Angebotswertung nicht unberücksichtigt.

6.3.3.2 Zulässigkeit im Unterschwellenvergaberecht?

Im Unterschwellenbereich sehen § 43 Abs. 2 Satz 3 UVgO und § 16d Abs. 1 Satz 3 VOB/A eine § 58 Abs. 2 Satz 3 VgV bzw. § 16d EU Abs. 2 Nr. 4 VOB/A entsprechende Regelung vor, wonach Festpreise oder Festkosten vorgegeben werden können.

Auch wenn Abschnitt 1 VOL/A eine entsprechende Regelung nicht enthält, ist die Budgetvergabe in diesem Regelungsregime ebenfalls zulässig. Der Preis wird in § 16 Abs. 8 VOL/A nur als eines von mehreren möglichen Zuschlagskriterien genannt und muss daher nicht zwingend als Zuschlagskriterium festgelegt werden. Der Auftraggeber kann daher auch ausschließlich andere Kriterien zur Ermittlung des wirtschaftlichsten Angebots heranziehen und einen Festpreis bzw. Festkosten als statischen Wert festlegen.

6.3.3.3 Zulässigkeit im Verteidigungs- und Sicherheitsvergaberecht?

Auch im Verteidigungs- und Sicherheitsvergaberecht ist die Budgetvergabe zulässig. Zwar fehlt es sowohl in der VSVgV als auch in Abschnitt 3 VOB/A an einer Regelung, die eine Budgetvergabe ausdrücklich zulässt. Allerdings wird eine Budgetvergabe auch nicht untersagt. Vielmehr ergibt sich deren Zulässigkeit aus § 34 Abs. 2 Satz 3 VSVgV und § 16d VS Abs. 2 Satz 2 VOB/A. Die Regelungen nennen den Preis als eines von mehreren möglichen Zuschlagskriterien. Der Preis muss daher nicht zwingend als Zuschlagskriterium festgelegt werden. Der Auftraggeber kann folglich auch hier ausschließlich andere Kriterien zur Ermittlung des wirtschaftlichsten Angebots heranziehen und einen Festpreis bzw. Festkosten als statischen Wert festlegen.

---

118 Vgl. BGH, Beschluss vom 4.4.2017 – X ZB 3/17.

119 Gesetzesbegründung zu § 127 Abs. 1 GWB, VergRModG 2016, BT-Drs. 18/6281, 111.

6.3.4 Verbot der Diskriminierung

Bereits die Rechtsprechung zur alten Rechtslage[120] forderte, dass die Festlegung der Gewichtung der Zuschlagskriterien diskriminierungsfrei geschehen muss. Hieran hat sich auch für die rezente Rechtslage nichts geändert.

Die diskriminierungsfreie Festlegung der Gewichtung von Zuschlagskriterien erfordert im Grundsatz, dass für alle Angebote dieselbe Gewichtung gilt. Der Grundsatz der Nichtdiskriminierung lässt eine Ungleichbehandlung allerdings zu, wenn hierfür sachliche Gründe bestehen. Theoretisch nicht ausgeschlossen ist daher, dass der Auftraggeber für bestimmte Kategorien von Angeboten oder Bietern eine abweichende Gewichtung festlegt, wenn dies sachlich zu rechtfertigen ist. Praxisrelevante und vor allem rechtlich umsetzbare Fallgestaltungen haben sich hierzu bislang allerdings nicht herausgebildet.

Auch die Höhe der Gewichtung darf nicht diskriminierend und muss daher sachlich begründet sein. Dies kann insbesondere bei der Beschaffung von Leistungen auf liberalisierten Märkten eine Rolle spielen. Ein hoher Einfluss von Qualitätskriterien auf die Zuschlagsentscheidung kann einzelnen Unternehmen, beispielsweise dem ressourcenstarken früheren Inhaber eines Monopols, mehr als anderen Unternehmen entgegenkommen. Nach der Rechtsprechung[121] ist die Gewichtung rechtswidrig, wenn qualitativen Wertungskriterien einzeln oder in ihrer Gesamtheit ein Gewicht zugemessen wird, das sachlich nicht zu rechtfertigen ist und deshalb die Annahme naheliegt, dass die Kriterien so ausgestaltet wurden, dass nur ein oder einzelne Unternehmen realistische Aussichten auf den Zuschlag haben. Bestehen allerdings sachliche Gründe ist eine entsprechend hohe Gewichtung zulässig, auch wenn einzelne Unternehmen hierdurch bevorteilt werden. Der Auftraggeber ist im Rahmen seines Bestimmungsrechts über die Gewichtung nicht verpflichtet, etwaige Wettbewerbsvorteile zu nivellieren.[122]

6.3.5 Besondere Gewichtungsgrenzen

6.3.5.1 Energieverbrauchsrelevante Leistungen

Nach § 67 Abs. 5 VgV ist im Rahmen der Ermittlung des wirtschaftlichsten Angebotes die Energieeffizienz als Zuschlagskriterium angemessen zu berücksichtigen. Was unter einer angemessenen Berücksichtigung zu verstehen ist, ergibt sich aus der Bestimmung nicht. Dem öffentlichen Auftraggeber ist für die Feststellung über die Angemessenheit ein Beurteilungsspielraum einzuräumen, der sich einer vollständigen Überprüfung durch die Nachprüfungsinstanzen entzieht.[123] Die Angemessenheit kann nicht pauschal, sondern nur in Ansehung des konkreten Auftragsgegenstands und der konkreten Verfahrensgestaltung beurteilt werden. Abstrakt können daher nur Orientierungshilfen gebildet werden, die keinen Anspruch auf Allgemeingültigkeit erheben.

120 OLG Düsseldorf, Beschluss vom 30.7.2009 – VII-Verg 10/09.

121 BGH, Beschluss vom 4.4.2017 – X ZB 3/17; OLG Celle, Beschluss vom 19.3.2019 – 13 Verg 7/18.

122 Vgl. OLG Koblenz, Beschluss vom 5.9.2002 – 1 Verg 2/02; VK Sachsen-Anhalt, Beschluss vom 3.5.2019 – 2 VK LSA 27/18; VK Bund, Beschluss vom 24.9.2014 – VK 2-67/14.

123 Vgl. Verordnungsbegründung zu § 67 Abs. 5 VgV, VergRModVO, BR-Drs. 87/16, 220; *Knauff*, in: Burgi/Dreher, Vergaberecht, § 67 VgV Rn. 24; *Schröder*, in: Müller-Wrede, VgV/UVgO, § § 67 VgV Rn. 49; *Greb*, in: Ziekow/Völlink, Vergaberecht, § 67 VgV Rn. 23.

Ist die Energieeffizienz in der Leistungsbeschreibung bereits weitgehend vorgegeben, sodass bei der Angebotserstellung nur wenig Spielraum besteht, dürfte eine hohe Gewichtung schwer zu rechtfertigen sein.[124] Selbiges gilt, wenn die Energieverbrauchskosten im Verhältnis zu den übrigen Kosten nur gering sind.[125] Das OLG Düsseldorf[126] hat eine Gewichtung der Energieeffizienz von 6 % auf der Grundlage der zu § 67 Abs. 5 VgV ähnlichen Regelung in § 17 VII TVgG-NRW a.F. als angemessen beurteilt. Das OLG Karlsruhe[127] hat sogar den Verzicht auf die Berücksichtigung der Energieeffizienz wegen übergeordneter Sicherheitsinteressen zugelassen. Im Schrifttum werden Gewichtungen von 10 %[128], 20 %[129] und 30 %[130] als angemessen vorgeschlagen. Dafür, dass eine Gewichtung von 10 % eine angemessene Berücksichtigung der Energieeffizienz darstellt, spricht, dass dies ein Wert ist, der auch in anderen Zusammenhängen eine gewisse Erheblichkeitsschwelle markiert.[131]

6.3.5.2 Personalbezogene Zuschlagskriterien

§ 4 Abs. 2 Satz 4 und § 5 Abs. 1 Satz 4 VgV a.F. beschränkten den Umfang der Gewichtung von personalbezogenen Zuschlagskriterien noch auf 25 %. Die Neuregelungen in § 58 Abs. 2 Satz 2 Nr. 2 VgV, § 58 Abs. 2 Satz 2 Nr. 2 SektVO, § 43 Abs. 2 Satz 2 Nr. 2 UVgO, § 16d Abs. 1 Satz 1 Nr. 5 Satz 2 lit. b und § 16d EU Abs. 2 Nr. 2 Satz 2 lit. b VOB/A sehen eine solche Einschränkung nicht vor. Bei personalbezogenen Zuschlagskriterien kann der Auftraggeber daher auch eine höhere Gewichtung als 25 % anlegen. Eine vorgeschriebene Mindestgewichtung der personalbezogenen Zuschlagskriterien gibt es nicht. Zu berücksichtigen ist allerdings, dass diese Kriterien nur zugelassen werden, wenn die Qualität des ausführenden Personals einen erheblichen Einfluss auf die Auftragsausführung haben kann. Das Vorliegen dieser Voraussetzung könnte fraglich sein, wenn das personalbezogene Zuschlagskriterium nur sehr marginal gewichtet wird.

6.3.5.3 Ergebnis eines Planungswettbewerbs

Nach § 8 Abs. 2 RPW 2013 ist bei der Umsetzung des Projekts grundsätzlich einer der Preisträger, in der Regel der Gewinner, unter Berücksichtigung der Empfehlung des Preisgerichts mit den weiteren Planungsleistungen zu beauftragen. Nach der Rechtsprechung[132] folgt hieraus die Verpflichtung, das Wettbewerbsergebnis bei der Gewichtung der Zuschlagskriterien in geeigneter Weise zu berücksichtigen.[133] Es besteht nach der Rechtsprechung der VK Süd-

124 Vgl. *Schröder*, in: Müller-Wrede, VgV/UVgO, § 67 VgV Rn. 49; *Greb*, in: Ziekow/Völlink, Vergaberecht, § 67 VgV Rn. 23.

125 *Schröder*, in: Müller-Wrede, VgV/UVgO, § 67 VgV Rn. 50.

126 OLG Düsseldorf, Beschluss vom 19.6.2013 – VII-Verg 4/13.

127 OLG Karlsruhe, Beschluss vom 11.11.2020 – 15 Verg 6/20.

128 *Schröder*, NZBau 2014, 467 (468); *Rusch*, in: Säcker/Ganske/Knauff, Münchener Kommentar zum Wettbewerbsrecht, § 67 VgV Rn. 57; hiergegen *Knauff*, in: Burgi/Dreher, Vergaberecht, § 67 VgV Rn. 24, der einen solchen Wert für *„besonders rechtfertigungsbedürftig"* hält.

129 *Schröder*, in: Müller-Wrede, VgV/UVgO, § 67 VgV Rn. 50.

130 Zur Vorgängerregelung in § 4 Abs. 6b VgV a.F. *Stockmann/Rusch*, NZBau 2013, 71 (77).

131 Vgl. zum Beispiel § 132 Abs. 3 Satz 1 Nr. 2 GWB oder die Fallgruppe der Splitterlose (OLG Düsseldorf, Beschluss vom 21.12.2016 – VII-Verg 26/16).

132 OLG Frankfurt, Beschluss vom 23.6.2020 – 11 Verg 2/20; VK Südbayern, Beschluss vom 3.7.2019 – Z3-3-3194-1-09-03/19; VK Niedersachsen, Beschluss vom 29.9.2014 – VgK-36/2014.

133 So auch *Stolz*, VergabeR, 295 (298); *Burshille*, Öffentliche Beschaffung durch Wettbewerbe, S. 210 f.

bayern[134] allerdings keine Verpflichtung, das Wettbewerbsergebnis so hoch zu gewichten, *„dass der Wettbewerbsgewinner des vorhergehenden Architektenwettbewerbs regelmäßig auch den Auftrag [...] erhalten muss."*[135] Das OLG Frankfurt[136] hielt eine Gewichtung des Wettbewerbsergebnisses von 60 % jedenfalls für angemessen, die VK Niedersachsen[137] bereits eine Gewichtung von 30 %. Im Schrifttum schlägt *Stolz*[138] eine *„relativ hohe Gewichtung – etwa 50 % oder mehr"* vor.

6.3.5.4 Funktionale Ausschreibungen

Unabhängig von der Fragestellung, ob der Auftraggeber bei einer funktionalen Ausschreibung dem Preis oder den Kosten ein Gewicht von 100 % zuordnen darf,[139] kann nach der Rechtsprechung der VK Hessen[140] eine geringe Gewichtung von Konzepten im Verhältnis zum Preis bei einer funktionalen Ausschreibung unzulässig sein. Eine funktionale Ausschreibung führe zu einem Mangel an Transparenz und sei daher rechtfertigungsbedürftig. Diese zum Recht von Abschnitt 2 VOL/A ergangene Rechtsprechung kann allenfalls noch für den Baubereich gelten, wo die funktionale Leistungsbeschreibung nach § 7c Abs. 1, § 7c EU Abs. 1 und § 7c VS Abs. 1 VOB/A nur zugelassen ist, wenn es nach Abwägen aller Umstände zweckmäßig ist, um die technisch, wirtschaftlich und gestalterisch beste sowie funktionsgerechteste Lösung der Bauaufgabe zu ermitteln.[141]

Nach der genannten Rechtsprechung der VK Hessen ist eine gleichrangige Gewichtung des Preises und der von den Bietern erarbeiteten Konzepte in Hinblick auf die jeweils zu erwartende Effizienz und Qualität der Leistungserbringung *„idealtypisch"*. Bei einer hiervon abweichenden Gewichtung habe der Auftraggeber stets zu prüfen, ob die geringere Gewichtung der von den Bietern zu erarbeitenden Konzepte noch geeignet ist, eine Funktionalausschreibung zu rechtfertigen. Je weniger Wert der Auftraggeber auf die Planungen der Bieter lege, desto eher sei davon auszugehen, dass er die Planung auch selbst hätte vornehmen und durch ein Leistungsverzeichnis beschreiben können.

6.4 Formen der Gewichtung

Es können drei Formen unterschieden werden, in denen die Gewichtung abgebildet werden kann: durch einen Gewichtungswert, anhand einer Spanne und durch eine Rang- bzw. Reihenfolge.

6.4.1 Gewichtungswert

Die Gewichtung kann durch einen bestimmten Gewichtungswert für jedes Zuschlagskriterium festgelegt werden. Wie dieser Gewichtungswert ausgestaltet werden muss, ist nicht re-

134 VK Südbayern, Beschluss vom 13.10.2014 – Z3-3-3194-1-37-08/14.
135 A.A. wohl *Burshille*, Öffentliche Beschaffung durch Wettbewerbe, S. 211.
136 OLG Frankfurt, Beschluss vom 23.6.2020 – 11 Verg 2/20.
137 VK Niedersachsen, Beschluss vom 29.9.2014 – VgK-36/2014.
138 *Stolz*, VergabeR 2014, 295 (298).
139 Siehe dazu oben S. 188.
140 VK Hessen, Beschluss vom 26.4.2007 – 69d-VK-08/2007.
141 Gegen eine Anwendung auf § 31 VgV auch *Lampert*, in: Burgi/Dreher, Vergaberecht, § 31 VgV Rn. 32.

guliert. Der Auftraggeber verfügt daher über einen Gestaltungsspielraum. Er kann die Gewichtung anhand eines Prozentwerts vornehmen.[142] In diesem Fall ordnet er den jeweiligen Zuschlagskriterien einen Teil des Von-Hundert-Satzes zu. Ebenso möglich ist die Gewichtung durch Gewichtungspunkte.[143] In diesem Fall wird jedem Zuschlagskriterium eine bestimmte Punktzahl zugewiesen.

6.4.2 Gewichtungsspanne

Nach § 58 Abs. 3 Satz 2 VgV, § 52 Abs. 2 Satz 2 SektVO und § 43 Abs. 6 Satz 2 UVgO kann der Auftraggeber die Gewichtung auch mittels einer Spanne angeben. Bei einer Spanne handelt es sich um einen Korridor, innerhalb dessen sich die relative Bedeutung des Zuschlagskriteriums zu den anderen Zuschlagskriterien befindet.

6.4.2.1 Zulässigkeit

6.4.2.1.1 Allgemeines Auftragsvergaberecht und Sektorenvergaberecht

Der Auftraggeber verfügt für die Entscheidung, ob er die Gewichtung anhand einer Spanne angibt, über einen Ermessensspielraum.[144] Dies wird in den jeweiligen Vorschriften durch den Wortlaut („kann auch") unmissverständlich klargestellt und entspricht für § 58 Abs. 3 Satz 2 VgV und § 52 Abs. 2 Satz 2 SektVO auch den unionsrechtlichen Vorgaben in Art. 67 Abs. 5 UAbs. 2 RL 2014/24/EU und Art. 82 Abs. 5 UAbs. 2 RL 2014/25/EU. Für die SektVO findet sich zudem Bestätigung in der Verordnungsbegründung zu § 29 Abs. 4 Satz 3 SektVO 2009:[145] *„Auftraggeber können die Gewichtung mit einer festen Vorgabe (z.B. ‚10 % Kundendienst') vornehmen oder eine angemessene Spanne (z.B. ‚10-15 % Kundendienst') festlegen."*

Einschränkungen für die Entscheidung über die Angabe einer Spanne statt eines Gewichtungswerts bestehen nach dem Wortlaut nicht. Die Zulässigkeit der Festlegung einer Spanne ist unter keine normativen Voraussetzungen gestellt. Insbesondere ist nicht erforderlich, dass dem Auftraggeber die Festlegung eines Gewichtungswerts nicht möglich sein darf. Dies folgt aus dem Umkehrschluss zu § 58 Abs. 3 Satz 3 VgV, § 52 Abs. 2 Satz 3 SektVO bzw. § 43 Abs. 6 Satz 3 UVgO, wo eine solche Anforderung für die Angabe einer absteigenden Rangfolge explizit geregelt ist. Allerdings hat der Auftraggeber eine sachgeleitete Entscheidung darüber zu treffen, ob er die Gewichtung als konkreten Wert oder mittels einer Spanne angibt. Eine solche Entscheidung muss er unter Berücksichtigung der vergaberechtlichen Grundsätze treffen. Im Hinblick auf das Transparenzdefizit einer Spanne dürfte es daher erforderlich sein, dass der Auftraggeber sachlich begründet, weshalb er sich für die Gewichtung mittels einer Spanne entscheidet.[146]

---

142 Vgl. OLG Düsseldorf, Beschluss vom 3.4.2008 – VII-Verg 54/07; VK Bund, Beschluss vom 23.1.2009 – VK 3-194/08.

143 Vgl. *Wiedemann*, in: Röwekamp/Kus/Marx/Portz/Prieß, VgV, § 58 Rn. 54; *Pauka/Frischmuth*, in: Säcker/Ganske/Knauff, Münchener Kommentar zum Wettbewerbsrecht, § 58 VgV Rn. 21.

144 Vgl. *Scharf*, in: Dieckmann/Scharf/Wagner-Cardenal, VgV/UVgO, § 58 VgV Rn. 136; *Wiedemann*, in: Röwekamp/Portz/Friton, UVgO, § 43 Rn. 89.

145 Verordnungsbegründung zu § 29 SektVO 2009, BR-Drs. 522/09, 55.

146 Vgl. auch *Müller-Wrede*, in: Müller-Wrede, SektVO, § 52 Rn. 249; *Steck*, in: Ziekow/Völlink, Vergaberecht, § 58 VgV Rn. 38; *Kraus*, VergabeR 2011, 171 (174).

Die Anforderungen an solche sachlichen Gründe sind allerdings nicht zu überspannen.[147] Bei flexiblen Verfahrensarten kann ein hinreichender Grund darin liegen, dass der Auftraggeber die konkrete Gewichtung vom Verhandlungs- bzw. Dialogverlauf oder den eingereichten Konzepten abhängig machen will. Damit ist der praktische Anwendungsbereich für die Festlegung der Gewichtung mittels Spanne vor allem beim wettbewerblichen Dialog, bei der Innovationspartnerschaft oder beim Verhandlungsverfahren zu finden.[148] Auch bei der Festlegung der Gewichtung der Zuschlagskriterien für die Einzelauftragsvergabe einer Rahmenvereinbarung kommt es in Betracht, in der Auftragsbekanntmachung oder den Vergabeunterlagen lediglich eine Spanne anzugeben, die mit der Einladung zum Mini-Wettbewerb konkretisiert werden kann.[149]

6.4.2.1.2 Verteidigungs- und Sicherheitsvergaberecht

§ 34 Abs. 2 Satz 1 VSVgV nennt die Möglichkeit der Angabe einer Spanne nicht ausdrücklich. Lediglich die unionsrechtliche Vorgabe in Art. 47 Abs. 2 UAbs. 2 RL 2009/81/EG führt diese Möglichkeit an. Die fehlende ausdrückliche Umsetzung ist aber unerheblich. Nach § 34 Abs. 2 Satz 1 VSVgV kann der Auftraggeber eine Gewichtung oder eine absteigende Rangfolge festlegen. Wenn der Auftraggeber lediglich eine absteigende Rangfolge festlegen kann, muss es ihm erst recht möglich sein, sich für ein Mehr an Transparenz durch die Angabe einer Spanne zu entscheiden.[150] Zudem ist der Begriff der Gewichtung dahingehend auslegungsfähig, dass auch die Angabe einer Spanne als Gewichtung zu verstehen ist. Dies zeigt sich etwa bei § 58 Abs. 3 Satz 2 VgV, wonach die Gewichtung „auch mittels einer Spanne" angegeben werden kann. Die Angabe der Gewichtung mittels einer Spanne ist daher auch im Anwendungsbereich der VSVgV zulässig.[151]

Aufgrund des auch für VSVgV-Vergaben geltenden Transparenzgrundsatzes bedarf die Festlegung der Gewichtung mittels einer Spanne einer sachlichen Begründung. Insoweit gelten die zum allgemeinen Auftragsvergaberecht getroffenen Ausführungen entsprechend.[152]

6.4.2.1.3 Bauvergaberecht

Für Bauvergaben sehen Abschnitt 2 und 3 VOB/A die Angabe einer Spanne nicht vor. Hingegen lassen die unionsrechtlichen Vorgaben in Art. 67 Abs. 5 UAbs. 2 RL 2014/24/EU und Art. 47 Abs. 2 UAbs. 2 RL 2009/81/EG die Möglichkeit der Angabe einer Spanne zu. Allerdings ist der Begriff der Gewichtung dahingehend auslegungsfähig, dass auch die Angabe einer Spanne als Gewichtung anzusehen ist. Dies zeigt sich etwa bei § 58 Abs. 3 Satz 2 VgV, wonach die Gewichtung „auch mittels einer Spanne" angegeben werden kann. Daher ist die Angabe der Gewichtung mittels einer Spanne auch im Anwendungsbereich von Abschnitt 2 und 3 VOB/A zulässig.[153]

---

147 Siehe *Müller-Wrede*, in: Müller-Wrede, SektVO, § 52 Rn. 249.

148 So auch *Müller-Wrede*, in: Müller-Wrede, SektVO, § 52 Rn. 250.

149 Vgl. *Biemann*, in: Burgi/Dreher, Vergaberecht, § 21 VgV Rn. 38; *Wichmann*, VergabeR 2017, 1 (9).

150 Vgl. auch zur Zulässigkeit einer prozentualen Gewichtung, wenn lediglich eine Reihenfolge gesetzlich verlangt ist: VK Niedersachsen, Beschluss vom 8.6.2001 – 203-VgK-07/2001.

151 So auch im Ergebnis *Gabriel/Wagner*, in: Dippel/Sterner/Zeiss, VSVgV, § 34 Rn. 12.

152 Siehe hierzu oben S. 194.

153 Im Ergebnis auch *Ohlerich*, in: Gabriel/Krohn/Neun, Handbuch Vergaberecht, § 20 Rn. 15; *Kraus*, VergabeR 2011, 171 (173).

Aufgrund des auch für Bauvergaben geltenden Transparenzgrundsatzes bedarf die Festlegung der Gewichtung mittels einer Spanne einer sachlichen Begründung. Insoweit gelten die zum allgemeinen Auftragsvergaberecht getroffenen Ausführungen entsprechend.[154]

6.4.2.1.4 Unterschwellenvergaberecht

§ 43 Abs. 6 Satz 3 UVgO sieht die Angabe einer Spanne wortgleich zu § 58 Abs. 3 Satz 2 VgV vor. Insoweit gelten die zum allgemeinen Auftragsvergaberecht getroffenen Ausführungen entsprechend.[155]

Abschnitt 1 VOB/A sieht zwar die Angabe der Gewichtung vor, nicht aber ausdrücklich die Möglichkeit der Angabe einer Spanne. Allerdings ist der Begriff der Gewichtung dahingehend auslegungsfähig, dass auch die Angabe einer Spanne als Gewichtung anzusehen ist. Dies zeigt sich etwa bei § 58 Abs. 3 Satz 2 VgV, wonach die Gewichtung „auch mittels einer Spanne" angegeben werden kann. Daher ist die Angabe der Gewichtung mittels einer Spanne auch im Anwendungsbereich von Abschnitt 1 VOB/A zulässig. Aufgrund des auch für Bauvergaben im Unterschwellenbereich nach § 2 Abs. 1 Satz 1 VOB/A geltenden Transparenzgrundsatzes bedarf die Festlegung der Gewichtung mittels einer Spanne einer sachlichen Begründung. Insoweit gelten die zum allgemeinen Auftragsvergaberecht getroffenen Ausführungen entsprechend.[156]

Größere Freiheiten dürften für Auftraggeber im Regelungsbereich des Abschnitt 1 VOL/A gelten. Dieser Bereich sieht eine Gewichtung der Zuschlagskriterien und deren Veröffentlichung schon nicht vor. Entscheidet sich der Auftraggeber daher dafür, die Zuschlagskriterien zu gewichten und diese Gewichtung zu veröffentlichen, kann dies mangels normativer Einschränkungen auch mittels einer Spanne geschehen. Einer besonderen Begründung bedarf es hierfür nicht, da schon die Angabe der Gewichtung mittels einer Spanne überobligatorisch ist.

6.4.2.2 Umfang der Spanne

Soweit die vergaberechtlichen Bestimmungen eine Gewichtung mittels einer Spanne ausdrücklich regeln, verlangen sie, dass deren Bandbreite angemessen sein muss. Die Angemessenheit muss sich dabei auf den Umfang der Spanne, nicht auf die Höhe der Maximalgewichtung beziehen.[157] Was angemessen bedeutet, lässt sich nicht abstrakt klären, sondern nur im Einzelfall mit Blick auf die konkrete Verfahrensgestaltung und die Beschaffenheit des Auftragsgegenstands. Dem Auftraggeber steht dabei ein Beurteilungsspielraum zu, der von den Nachprüfungsinstanzen nur beschränkt überprüft werden kann.[158]

Je höher die Bandbreite ist, desto erheblicher stellt sich auch das Risiko der Unangemessenheit dar.[159] Jedenfalls eine Spanne von fünf Prozentpunkten kann nach der Verordnungsbe-

---

154 Siehe hierzu oben S. 194.

155 Siehe hierzu oben S. 194.

156 Siehe hierzu oben S. 194.

157 Hierhin tendierend auch *Beckmann*, NZBau 2004, 600 (604).

158 Vgl. OLG Koblenz, Beschluss vom 5.12.2007 – 1 Verg 7/07; *Lausen*, in: Burgi/Dreher, Vergaberecht, § 58 VgV Rn. 97.

159 Vgl. *Scharf*, in: Dieckmann/Scharf/Wagner-Cardenal, VgV/UVgO, § 58 VgV Rn. 138; *Beckmann*, NZBau 2004, 600 (604).

gründung zu § 29 SektVO 2009[160] als zulässig angesehen werden. Da eine Obergrenze nicht vorgegeben ist, muss es der Betrachtung im Einzelfall vorbehalten bleiben, ob die Spanne angemessen ist. Für eine Spanne von 10 Prozentpunkten ist dies in der Regel anzunehmen.[161] Auch Spannen bis zu 30 Prozentpunkten[162] oder mehr können aber mangels normativer Einschränkungen nicht kategorisch ausgeschlossen werden.[163]

6.4.2.3 Konkretisierungspflicht

Im Schrifttum wird davon ausgegangen, dass der Auftraggeber die Spanne im Rahmen der Angebotswertung auf einen konkreten Gewichtungswert zu konkretisieren hat.[164] Dies kann im Normbefund nicht abgebildet werden. Die entsprechenden Normtexte enthalten keine Anhaltspunkte dafür, dass die Angabe der Spanne nur vorläufiger Art ist und zu einem späteren Zeitpunkt konkretisiert werden muss. Es ist aber fraglich, ob die Angebotswertung auf Grundlage einer Spanne umsetzbar ist. Der Auftraggeber dürfte daher wohl schon aus tatsächlichen Gründen gezwungen sein, die bekanntgegebene Spanne im Rahmen der Angebotswertung auf einen Gewichtungswert zu konkretisieren und diesen Wert der Angebotswertung zugrunde legen.

Es liegt auf der Hand, dass eine solche Vorgehensweise Manipulationsrisiken ausgesetzt ist, da schon die Ausschöpfung bzw. die Nichtausschöpfung einer nur geringen Spanne darüber entscheiden kann, welches Angebot das wirtschaftlichste Angebot ist. Die gesetzlichen Vorgaben stehen dieser Vorgehensweise jedoch nicht entgegen.[165] Der Manipulationsgefahr ist vielmehr durch die Anforderungen der Ex-post-Transparenz Rechnung zu tragen. Der Auftraggeber muss die Festlegung und die zugrundeliegenden Erwägungen daher gründlich dokumentieren.

Die Konkretisierung auf einen Gewichtungswert muss sachgerecht und daher insbesondere diskriminierungsfrei geschehen. Der Grundsatz der Gleichbehandlung in § 97 Abs. 2 GWB, § 2 Abs. 2 VOB/A und § 2 Abs. 2 UVgO untersagt es dem Auftraggeber, unterschiedliche Prozentwerte in der Angebotswertung im Rahmen der Spannwerte anzulegen.[166] Das bedeutet, dass der Auftraggeber innerhalb eines Spannwerts von beispielsweise 30 bis 40 % nicht bei dem einen Angebot einen Wert von 30 % und bei dem anderen einen von 40 % ansetzen darf.[167]

---

160 Verordnungsbegründung zu § 29 SektVO 2009, BR-Drs. 522/09, 55: *„(z.B. 10-15 % Kundendienst')"*.

161 Vgl. *Müller-Wrede*, in: Müller-Wrede, SektVO, § 52 Rn. 251. Für eine regelhafte Begrenzung von 5 bis 15 % *Röwekamp*, in: Eschenbruch/Opitz, SektVO, § 29 Rn. 70.

162 Vgl. *Gnittke/Hattig*, in: Müller-Wrede, VgV/UVgO, § 58 VgV Rn. 225; *Müller-Wrede*, in: Müller-Wrede, SektVO, § 52 Rn. 251; strenger *Scharf*, in: Dieckmann/Scharf/Wagner-Cardenal, VgV/UVgO, § 58 VgV Rn. 138, wonach eine Spanne von mehr als 10 Prozentpunkten *„In aller Regel unangemessen sein dürfte"*.

163 Vgl. *Kraus*, VergabeR 2011, 171 (175); a.A. wohl *Völlink*, in: Ziekow/Völlink, Vergaberecht, § 52 VgV Rn. 13.

164 Vgl. *Opitz*, in: Burgi/Dreher/Opitz, Vergaberecht, § 127 GWB Rn. 40; *Egger*, Europäisches Vergaberecht, Rn. 1206; *Braun/Kappenmann*, NZBau 2006, 544 (547); *Kraus*, VergabeR 2011, 171 (177).

165 Kritisch *Voppel/Osenbrück/Bubert*, VgV, § 58 VgV Rn. 61 f., wonach eine vom Ergebnis unbeeinflusste Festlegung *„wohl nicht mehr denkbar"* sei.

166 Vgl. *Müller-Wrede*, in: Müller-Wrede, SektVO, § 52 Rn. 253; *Egger*, Europäisches Vergaberecht, Rn. 1206; *Braun/Kappenmann*, NZBau 2006, 544 (547); *Kraus*, VergabeR 2011, 171 (176).

167 Vgl. *Müller-Wrede*, in: Müller-Wrede, SektVO, § 52 Rn. 253.

6.4.2.4 Weitergehende Bekanntmachungsverpflichtungen

Über die Angabe der Spanne hinausgehende Bekanntmachungsverpflichtungen bestehen nicht. Die im Schrifttum[168] geforderte Mitteilung darüber, unter welchen Voraussetzungen der Auftraggeber die Spanne ausschöpfen bzw. die untere oder obere Grenze in Betracht ziehen wird, ist abzulehnen. Dies widerspricht dem Sinn und Zweck der Gewichtung mittels einer Spanne, dem Auftraggeber eine Flexibilität bei der Gewichtung der Zuschlagskriterien gegebenenfalls erst in Ansehung der Angebote einzuräumen. Mitunter wird es dem Auftraggeber auch gar nicht möglich sein, dies vorab zu spezifizieren. Jedenfalls kann sich diese Auffassung nicht auf eine rechtliche Grundlage stützen. Die entsprechenden Regelungen zur Gewichtung geben keine Anknüpfungspunkte dafür, dass der Auftraggeber neben der Pflicht zur Veröffentlichung der Spanne weiteren Transparenzverpflichtungen unterliegen soll. Daher besteht auch kein Raum zur Heranziehung des Transparenzgrundsatzes.

6.4.3 Rang- bzw. Reihenfolge

Als weitere Form der Gewichtung kommt die Festlegung einer gewissen Abfolge nach Wertigkeit in Betracht. Die Regelgeber sprechen je nach Regelungsregime von einer absteigenden Rangfolge[169] oder einer absteigenden Reihenfolge,[170] ohne dass darin ein inhaltlicher Unterschied zu sehen ist. Nach dem Wortlaut der Regelungen muss die Rang- bzw. Reihenfolge aber absteigend sein. Anders als noch nach früheren Recht, wonach lediglich die Angabe der Zuschlagskriterien „in der Reihenfolge der ihnen zuerkannten Bedeutung" verlangt war,[171] schließt dies dem Wortlaut nach eine aufsteigende Rang- bzw. Reihenfolge aus.

6.4.3.1 Zulässigkeit

6.4.3.1.1 Allgemeines Auftragsvergaberecht und Sektorenvergaberecht

Die Angabe einer Rang- bzw. Reihenfolge der Zuschlagskriterien ist nur zulässig, wenn die Gewichtung aus objektiven Gründen nicht möglich ist, vgl. § 58 Abs. 3 Satz 3 VgV und § 52 Abs. 3 Satz 3 SektVO. Dies gilt nach der Rechtsprechung des OLG Düsseldorf[172] auch für Unterkriterien.

Anforderungen an die Unmöglichkeit der Gewichtung

Welche objektiven Gründe in Frage kommen, ergibt sich aus den Vergabeverordnungen nicht. Aufgrund des Ausnahmecharakters der Regelungen wird eine restriktive Auslegung verlangt.[173] Objektiv unmöglich ist die Gewichtung, wenn der Auftraggeber die relative Bedeutung der Kriterien zum maßgeblichen Zeitpunkt nicht festlegen kann. Die Gründe hierfür müs-

168 Vgl. *von Bechtolsheim*, in: Gabriel/Mertens/Stein/Wolf, Vergaberecht, § 58 VgV Rn. 32; *Renner*, in: Pünder/Schellenberg, Vergaberecht, § 58 VgV Rn. 18.
169 § 31 Abs. 1 KonzVgV, § 58 Abs. 3 Satz 3 VgV, § 52 Abs. 3 Satz 3 SektVO, § 43 Abs. 6 Satz 3 UVgO.
170 § 34 Abs. 2 Satz 1 VSVgV.
171 Die VK Mecklenburg-Vorpommern (Beschluss vom 25.5.2000 – 2 VK 3/00) ließ es ausreichen, dass die einzelnen Gewichtungen lediglich erkennbar waren, ohne dass die Kriterien nach ihrer Gewichtigkeit hintereinander geordnet waren.
172 OLG Düsseldorf, Beschluss vom 22.12.2010 – VII-Verg 40/10.
173 VK Nordbayern, Beschluss vom 16.4.2008 – 21.VK-3194-14/08.

sen nachvollziehbar sein[174] und mit dem Auftragsgegenstand zusammenhängen.[175] Dies kann insbesondere der Fall sein, wenn der Auftraggeber bei der Einleitung des Vergabeverfahrens noch nicht vorhersehen kann, wie die von ihm gewünschte Leistung im Einzelnen aussehen und zu bewerten sein wird.[176] Subjektive Gründe, das heißt Gründe, die in der Person des Auftraggebers zu finden sind, genügen jedenfalls nicht. Die Unmöglichkeit der Gewichtung ist daher nicht gegeben, wenn der Auftraggeber hierzu nicht in der Lage ist, sei es aus subjektivem Unvermögen oder aus Zeitnot.[177]

Objektive Gründe können etwa in der Komplexität des Auftragsgegenstands begründet liegen.[178] Sie dürften regelmäßig bei der Durchführung eines wettbewerblichen Dialogs[179] oder einer Innovationspartnerschaft gegeben sein.[180] Eine regulative Einschränkung auf eine bestimmte Verfahrensart gibt es allerdings nicht.[181] Nach der Rechtsprechung der VK Bund[182] und Stimmen des Schrifttums[183] soll ein objektiver Grund auch darin zu sehen sein, dass der Auftraggeber eine umfangreichere Rechenformel verwendet.

Nach den Regelungen muss die „Gewichtung" unmöglich sein. Dies schließt begrifflich die Gewichtung mittels Spannen ein. Fraglich ist, ob dem Auftraggeber auch die Gewichtung mittels einer Spanne unmöglich sein muss, ehe er sich auf die objektive Unmöglichkeit der Gewichtung berufen kann. Aus dem Wortlaut der Regelung ergeben sich hierfür keine Anhaltspunkte. Hiergegen spricht auch, dass das Recht des Auftraggebers, sich alternativ für die Angabe eines Gewichtungswerts oder einer Spanne zu entscheiden, insoweit ausgehebelt würde. Der Auftraggeber ist folglich nicht verpflichtet zu prüfen, ob die Gewichtung anhand von Spannwerten als „milderes Mittel" in Betracht kommt.[184]

Transparenz der objektiven Gründe

Die Gründe für den Verzicht auf die Gewichtung sind vom Auftraggeber zu dokumentieren.[185] Die Bestimmungen in § 8 Abs. 1 VgV und § 8 Abs. 1 SektVO sehen die Dokumentation dieser Gründe nicht ausdrücklich vor. Sie verlangen allerdings die Dokumentation der wesentlichen

174 VK Nordbayern, Beschluss vom 16.4.2008 – 21.VK-3194-14/08.

175 Vgl. OLG Düsseldorf, Beschluss vom 22.12.2010 – VII-Verg 40/10.

176 Vgl. VK Südbayern, Beschluss vom 29.4.2009 – Z3-3-3194-1-11-03/09; VK Nordbayern, Beschluss vom 16.4.2008 – 21.VK-3194-14/08.

177 Vgl. OLG Düsseldorf, Beschluss vom 23.1.2008 – VII-Verg 31/07; VK Brandenburg, Beschluss vom 25.3.2009 – VK 10-11/09; *Gnittke/Hattig*, in: Müller-Wrede, VgV/UVgO, § 58 VgV Rn. 228.

178 Vgl. Erwägungsgrund 90 RL 2014/24/EU und Erwägungsgrund 95 RL 2014/25/EU; VK Brandenburg, Beschluss vom 25.3.2009 – VK 10-11/09.

179 Vgl. OLG Celle, Beschluss vom 16.5.2013 – 13 Verg 13/12 (*„oftmals"*); für eine uneingeschränkte Anwendung der Regelung auf den wettbewerblichen Dialog Kommission, Erläuterungen – Wettbewerblicher Dialog – Klassische Richtlinie, S. 6.

180 Vgl. *Renner*, in: Pünder/Schellenberg, Vergaberecht, § 58 VgV Rn. 19; *Bulla*, in: Willenbruch/Wieddekind/Hübner, Vergaberecht, § 58 VgV Rn. 39.

181 Hierauf hinweisend auch *Müller-Wrede*, in: Müller-Wrede, SektVO, § 52 Rn. 260.

182 VK Bund, Beschluss vom 23.1.2009 – VK 3-194/08.

183 *Gnittke/Hattig*, in: Müller-Wrede, VgV/UVgO, § 58 VgV Rn. 229; *Hölzl*, in: Säcker/Ganske/Knauff, Münchener Kommentar zum Wettbewerbsrecht, § 127 GWB Rn. 96.

184 So auch *Müller-Wrede*, in: Müller-Wrede, SektVO, § 52 Rn. 262; anders wohl *Beckmann*, NZBau 2004, 600 (604).

185 Vgl. VK Thüringen, Beschluss vom 12.1.2009 – 250-4003.20-6372/2008-007-IK; VK Sachsen-Anhalt, Beschluss vom 22.11.2007 – 1 VK LVwA 24/07; VK Nordbayern, Beschluss vom 9.8.2007 – 21.VK-3194-32/07; VK Münster, Beschluss vom 30.3.2007 – VK 4/07.

Verfahrensentscheidungen. Hierzu gehört die Entscheidung über den Verzicht auf die Gewichtung. § 8 Abs. 2 Satz 2 Nr. 12 VgV sieht ausdrücklich vor, die Gründe für den Verzicht auf die Gewichtung in den Vergabevermerk aufzunehmen.

Nach der Rechtsprechung der VK Münster[186] und Stimmen des Schrifttums[187] müssen zudem die Gründe für den Verzicht auf die Gewichtung ex ante bekanntgemacht werden. Dem kann nicht gefolgt werden.[188] Eine solche Verpflichtung sehen die vergaberechtlichen Bestimmungen nicht vor. Sie ergibt sich auch nicht aus dem Transparenzgrundsatz. Dieser Grundsatz verlangt nicht zwingend eine Ex-ante-Bekanntmachung, sondern lässt auch eine Ex-post-Transparenz genügen. Eine Verpflichtung zur Ex-ante-Transparenz besteht nur dort, wo dies zur Durchsetzung anderer vergaberechtlicher Grundsätze, insbesondere diejenigen der Gleichbehandlung und Wirtschaftlichkeit, erforderlich ist. Es ist aber nicht ersichtlich, dass aus diesen Gründen eine Verpflichtung abzuleiten ist. Die Gründe für den Verzicht auf die Gewichtung sind für die Angebotserstellung belanglos, sodass eine Verpflichtung aus den Grundsätzen der Wirtschaftlichkeit oder der Gleichbehandlung nicht besteht. Die Verpflichtung zur Transparenz der objektiven Gründe erschöpft sich daher in der Dokumentationsverpflichtung.

6.4.3.1.2 Verteidigungs- und Sicherheitsvergaberecht

Anders als im allgemeinen Auftragsvergaberecht sieht das Verteidigungs- und Sicherheitsvergaberecht der VSVgV keinen Vorrang zur Angabe der Gewichtung vor. Dem Auftraggeber steht es nach den Buchstaben von § 16 Abs. 1 Satz 2 Nr. 2 und § 34 Abs. 2 Satz 1 VSVgV vielmehr frei, die Zuschlagskriterien zu gewichten oder anstelle dessen eine absteigende Rangfolge anzugeben. Dies widerspricht indes der unionsrechtlichen Vorgabe in Art. 47 Abs. 2 UAbs. 3 RL 2009/81/EG. Nach der Regelung gibt der Auftraggeber in den Auftragsunterlagen die Kriterien in der absteigenden Reihenfolge ihrer Bedeutung an, wenn seiner Ansicht nach die Gewichtung aus nachvollziehbaren Gründen nicht angegeben werden kann. Es gelten auf unionsrechtlicher Ebene daher strengere Anforderungen. Einen Gestaltungsspielraum sieht die Regelung für die Umsetzung durch die Mitgliedstaaten nicht vor. Insoweit ist § 34 Abs. 2 Satz 1 VSVgV unionsrechtskonform dahingehend auszulegen, dass die Zuschlagskriterien auch im Anwendungsbereich der VSVgV grundsätzlich zu gewichten sind und eine Reihenfolge der Zuschlagskriterien nur angegeben werden kann, wenn nachvollziehbare Gründe eine Angabe der Gewichtung nicht zulassen.[189]

Auch im Anwendungsbereich der VSVgV ist die Angabe einer Rang- bzw. Reihenfolge anstelle einer genaueren Gewichtung dokumentationsbedürftig. Dies ist in § 43 Abs. 2 Nr. 10 VSVgV ausdrücklich geregelt. Nach der Regelung sind die Gründe für die Nichtangabe der Gewichtung der Zuschlagskriterien in den Vergabevermerk aufzunehmen.

---

186 VK Münster, Beschluss vom 30.3.2007 – VK 04/07.

187 *Renner*, in: Pünder/Schellenberg, Vergaberecht, § 58 VgV Rn. 19; *Steck*, in: Ziekow/Völlink, Vergaberecht, § 58 VgV Rn. 39.

188 So auch *Voppel/Osenbrück/Bubert*, VgV, § 58 VgV Rn. 64.

189 So auch *Horn/Hofmann*, in: Burgi/Dreher, Vergaberecht, § 34 VSVgV Rn. 17; im Ergebnis auch *Gabriel/Wagner*, in: Zeiss/Sterner/Dippel, VSVgV, § 34 Rn. 41.

6.4.3.1.3 Bauvergaberecht

Das Bauvergaberecht sieht in Abschnitt 2 und 3 VOB/A die Möglichkeit der Angabe einer Rang- bzw. Reihenfolge nicht vor. § 16d EU Abs. 2 Nr. 2 UAbs. 1 VOB/A und § 16d VS Abs. 2 Satz 1 VOB/A kennen nur die die „Gewichtung". Hingegen regeln die unionsrechtlichen Vorgaben von Art. 67 Abs. 5 UAbs. 3 RL 2014/24/EU und Art. 47 Abs. 2 UAbs. 3 RL 2009/81/EG ausdrücklich die Möglichkeit zur Bildung einer Rang- bzw. Reihenfolge. Es ist nicht davon auszugehen, dass dem Auftraggeber dies im Anwendungsbereich von Abschnitt 2 und 3 VOB/A versagt ist. Der Begriff der Gewichtung ist dahingehend auslegungsfähig, dass die Bildung einer Rang- bzw. Reihenfolge als eine Form der Gewichtung zu qualifizieren ist, da eine Zuordnung der Zuschlagskriterien zu einer relativen Bedeutung auch bei der Bildung einer Rang- bzw. Reihenfolge erfolgt. Die Bestimmungen in § 16d EU Abs. 2 Nr. 2 UAbs. 1 VOB/A und § 16d VS Abs. 2 Satz 1 VOB/A sind jedoch richtlinienkonform dahingehend auszulegen, dass der Auftraggeber hierauf nur dann zurückgreifen kann, wenn die Festlegung eines Gewichtungswerts aus objektiven Gründen nicht möglich ist.[190]

Auch im Anwendungsbereich von Abschnitt 2 und 3 VOB/A ist die Angabe einer Rang- bzw. Reihenfolge anstelle einer genaueren Gewichtung dokumentationsbedürftig. § 20 EU VOB/A verweist auf § 8 VgV, sodass die oben bereits zu § 8 VgV genannten Ausführungen entsprechend gelten.[191] § 20 VS Abs. 1 Satz 2 VOB/A nennt die Gründe für den Verzicht auf eine genauere Gewichtung zwar nicht ausdrücklich. Der Katalog ist jedoch nicht abschließend. Die Verpflichtung zur Dokumentation ergibt sich vielmehr aus § 20 VS Abs. 1 Satz 1 VOB/A. Nach der Regelung ist das Vergabeverfahren zeitnah so zu dokumentieren, dass insbesondere die maßgebenden Feststellungen sowie die Begründung der einzelnen Entscheidungen in Textform festgehalten werden. Die Entscheidung über den Verzicht auf die genaue Gewichtung ist als eine maßgebende Entscheidung anzusehen.

6.4.3.1.4 Konzessionsvergaberecht

Für die Vergabe von Konzessionen hat der Verordnungsgeber eine bemerkenswerte Entscheidung getroffen. Die Ausnahme von dem Gewichtungserfordernis aus objektiven Gründen hat der Verordnungsgeber für die Konzessionsvergabe zur Regel erhoben. § 31 Abs. 1 KonzVgV verlangt lediglich die Angabe der Zuschlagskriterien in absteigender Reihenfolge. Eine Gewichtung der Zuschlagskriterien mit Gewichtungswerten oder anhand von Spannen sieht die KonzVgV nicht vor. Hintergrund für diese verordnungsgeberische Entscheidung ist, dass die Komplexität von Konzessionsvergaben in der Regel eine konkrete Festlegung von Zuschlagskriterien nicht möglich macht. Dies entspricht den Vorgaben auf unionsrechtlicher Ebene in Art. 41 Abs. 3 RL 2014/23/EU. Nach Auffassung des Europäischen Parlaments ist eine derartige Gewichtung *„angesichts der notwendigen Flexibilität ungeeignet"*.[192] Dies schließt es allerdings nicht aus, dass der Auftraggeber diese Anforderung übererfüllen und einen Gewichtungswert oder eine Gewichtungsspanne festlegen kann.[193]

---

190 Vgl. *Frister*, in: Kapellmann/Messerschmidt, VOB, § 16d VOB/A Rn. 28 (zu § 16d EU Abs. 2 Nr. 2 UAbs. 1 VOB/A).

191 Siehe hierzu oben S. 199 f.

192 Europäisches Parlament, Plenarsitzungsdokument v. 1.12.2013 (A7-0030/2013), S. 170.

193 Vgl. *von Hoff*, in: Gabriel/Mertens/Stein/Wolf, Vergaberecht, § 152 GWB Rn. 22; *Freiberg*, in: Summa/Schneevogl, Vergaberecht, § 31 KonzVgV Rn. 15; *Chandna*, in: Heuvels/Höß/Kuß/Wagner, Vergaberecht, § 31 KonzVgV Rn. 4.

6.4.3.1.5 *Unterschwellenvergaberecht*

Hinsichtlich der UVgO ist die Rechtslage klar. § 43 Abs. 6 Satz 3 UVgO sieht entsprechend § 58 Abs. 3 Satz 3 VgV die Angabe einer Rangfolge vor, wenn eine Gewichtung nicht möglich ist. Die Ausführungen zum allgemeinen Auftragsvergaberecht gelten insoweit entsprechend.[194] Auch ist die Entscheidung über den Verzicht auf die Angabe einer genaueren Gewichtung im Anwendungsbereich der UVgO dokumentationsbedürftig. § 6 Abs. 1 UVgO sieht die Dokumentation der Gründe hierfür nicht ausdrücklich vor. Die Regelung verlangt aber das Vergabeverfahren so zu dokumentieren, dass insbesondere die Begründung der einzelnen Entscheidungen festgehalten wird. Zu diesen Entscheidungen ist die Entscheidung über den Verzicht auf die Gewichtung zu zählen.

Abschnitt 1 VOB/A sieht zwar die Angabe der Gewichtung vor, nicht aber ausdrücklich die Möglichkeit der Angabe einer Rang- bzw. Reihenfolge. Der Begriff der Gewichtung ist dahingehend auslegungsfähig, dass die Bildung einer Rang- bzw. Reihenfolge als eine Form der Gewichtung zu qualifizieren ist, da eine Zuordnung der Zuschlagskriterien zu einer relativen Bedeutung auch bei der Bildung einer Rang- bzw. Reihenfolge erfolgt. Angesichts des auch in Abschnitt 1 VOB/A nach § 2 Abs. 1 Satz 1 VOB/A geltenden Transparenzgrundsatzes dürfte die Angabe einer Rang- bzw. Reihenfolge aber nur zulässig sein, wenn die Angabe einer Gewichtung aus objektiven Gründen nicht möglich ist.[195]

Anderes hat hingegen für den Regelungsbereich des Abschnitt 1 VOL/A zu gelten. Dieser Bereich sieht eine Gewichtung der Zuschlagskriterien und deren Veröffentlichung überhaupt nicht vor. Vor diesem Hintergrund ist dem Auftraggeber die Gewichtung anhand einer Rang- bzw. Reihenfolge nicht verwehrt. Anders als nach § 9 EG Abs. 2 Satz 2 VOL/A ist dies nicht nur unter der Voraussetzung zulässig, dass eine Gewichtung aus nachvollziehbaren Gründen nicht angegeben werden kann. Der Normgeber hat dem Auftraggeber insoweit ersichtlich größere Spielräume zugestanden. Diese normgeberische Entscheidung kann nicht durch eine entsprechende Anwendung von § 9 EG Abs. 2 Satz 2 VOL/A oder durch Heranziehung des Transparenzgrundsatzes nach § 2 Abs. 1 Satz 1 VOL/A „korrigiert" werden.

6.4.3.1.6 *Vereinbarkeit mit höherrangigem Recht?*

Die Bestimmungen in § 58 Abs. 3 VgV, § 52 Abs. 3 SektVO und § 34 Abs. 2 Satz 1 VSVgV unterscheiden zwischen der Gewichtung auf der einen und der Angabe der Rang- bzw. Reihenfolge auf der anderen Seite. Die höherrangige Regelung in § 127 Abs. 5 GWB sieht hingegen allein die Angabe der Gewichtung vor. Dies lässt nicht den Schluss zu, dass die Möglichkeit der Bildung einer Rang- bzw. Reihenfolge nach den Bestimmungen des GWB ausgeschlossen ist. § 127 GWB soll ausweislich der Gesetzesbegründung[196] die unionsrechtliche Bestimmung in Art. 67 RL 2014/24/EU nur *„im Grundsatz"* umsetzen. Damit sollte es dem Verordnungsgeber gestattet sein, die in Art. 67 Abs. 5 UAbs. 3 RL 2014/24/EU vorgesehene Ausnahme der Angabe einer Rang- bzw. Reihenfolge umzusetzen. Folglich sind § 58 Abs. 3 VgV, § 52 Abs. 3 SektVO und § 34 Abs. 2 Satz 1 VSVgV mit § 127 Abs. 5 GWB insoweit vereinbar.

---

194 Siehe oben S. 198 ff.

195 So auch *Frister*, in: Kapellmann/Messerschmidt, VOB, § 16d VOB/A Rn. 28.

196 Gesetzesbegründung zu § 127 Abs. 1 GWB, VergRModG 2016, BT-Drs. 18/6281, 111.

6.4.3.2 Verpflichtung zur Konkretisierung auf einen Gewichtungswert

Die Bestimmungen des Auftragsvergaberechts enthalten keine Regelungen, wonach der Auftraggeber verpflichtet wäre, die Rang- bzw. Reihenfolge im Rahmen des laufenden Vergabeverfahrens auf einen Gewichtungswert zu konkretisieren. Relevant ist dies in denjenigen Fällen, in denen die Voraussetzungen für die Angabe der Rang- bzw. Reihenfolge der Zuschlagskriterien zunächst bestanden, sodann aber im Laufe des Vergabeverfahrens entfallen – beispielsweise zum Zeitpunkt der Aufforderung zur finalen Angebotsabgabe. Nach hiesiger Auffassung erschöpft sich die Verpflichtung des Auftraggebers in der einmaligen Bekanntmachung der relativen Bedeutung der Zuschlagskriterien nach § 58 Abs. 3 VgV. Kommt der Auftraggeber dieser Verpflichtung durch die Angabe der Rang- bzw. Reihenfolge nach, hat er seine Publikationsverpflichtungen insoweit erfüllt. Fallen die Voraussetzungen für die Angabe einer bloßen Rang- bzw. Reihenfolge im Laufe des Vergabeverfahrens weg, besteht nach hiesiger Auffassung keine Verpflichtung zur erneuten Veröffentlichung der relativen Bedeutung – dann in der Form eines konkreten Gewichtungswerts.[197] Eine solche Verpflichtung ist den vergaberechtlichen Bestimmungen nicht zu entnehmen. Die Bestimmungen enthalten insbesondere keine Anhaltspunkte dafür, dass die Angabe der Rang- bzw. Reihenfolge nur vorläufiger Art sein solle.

Da das Konzessionsvergaberecht die Angabe der Reihenfolge nicht an bestimmte Voraussetzungen knüpft, ist eine Pflicht zur Konkretisierung auf einen Gewichtungswert in Verfahren nach der KonzVgV ohnehin nicht anzunehmen.[198] Diese gesetzgeberische Festlegung mag zu kritisieren sein, ist aber nicht durch die Heranziehung der vergaberechtlichen Grundsätze in Frage zu stellen.[199]

Über die praktische Umsetzung einer Angebotswertung auf Grundlage einer Reihen- bzw. Rangfolge schweigen die Regelgeber. Sie bleibt dem Auftraggeber überlassen, der eine Methode entwickeln muss, das wirtschaftlichste Angebot unter Beachtung der vergaberechtlichen Grundsätze zu ermitteln. Eine solche Methode könnte darin liegen, die Rangfolge nach dem Prinzip einer lexikografischen Ordnung zu bilden oder Rangpunkte zu vergeben.[200]

6.5 Veröffentlichung der Gewichtung

6.5.1 Pflicht zur Veröffentlichung

Die Veröffentlichung der Gewichtung der Zuschlagskriterien ist nach § 127 Abs. 5 GWB, § 58 Abs. 3 Satz 1 VgV, § 52 Abs. 3 Satz 1 SektVO, § 43 Abs. 6 Satz 1 UVgO, § 12 Abs. 2 Nr. 1 lit. r VOB/A ausdrücklich vorgesehen.

197 A.A. *Gnittke/Hattig*, in: Müller-Wrede, VgV/UVgO, § 58 VgV Rn. 230.
198 Vgl. *Burgi/Wolff*, in: Burgi/Dreher, Vergaberecht, § 31 KonzVgV Rn. 9; *Freiberg*, in: Summa/Schneevogl, Vergaberecht, § 31 KonzVgV Rn. 15.
199 So aber *Tugendreich/Heller*, in: Müller-Wrede, GWB-Vergaberecht, § 152 GWB Rn. 61 f.; *Steck*, in: Ziekow/Völlink, Vergaberecht, § 31 KonzVgV Rn. 4.
200 Siehe hierzu Kap. 8 S. 267 ff.

Die Vorschriften in Abschnitt 2 und 3 VOB/A regeln das nicht so deutlich.[201] Nach § 16d EU Abs. 2 Nr. 2 Satz 1 VOB/A und § 16d VS Abs. 2 Satz 1 VOB/A dürfen bei der Wertung der Angebote nur Zuschlagskriterien und deren Gewichtung berücksichtigt werden, die in der Auftragsbekanntmachung oder in den Vergabeunterlagen genannt sind, was die Verpflichtung nur mittelbar zum Ausdruck bringt. Klarer ergibt sich die Verpflichtung aber aus § 12 VS Abs. 2 Nr. 2 Satz 1 VOB/A i.V.m. Anhang Tabelle 2 Spalte 16 (ID: BT-5421) VO (EU) 2019/1780 und § 12 EU Abs. 3 Nr. 2 Satz 1 VOB/A i.V.m. Anhang Tabelle 2 Spalte 16 (ID: BT-5421) VO (EU) 2019/1780. Zudem gilt für Abschnitt 2 und 3 VOB/A ohnehin die höherrangige Regelung in § 127 Abs. 5 GWB.

Sinn und Zweck der in den genannten Normen enthaltenen Pflicht zur vorherigen Bekanntgabe der Gewichtung der Zuschlagskriterien ist es, dass die interessierten Unternehmen einschätzen können, worauf es dem Auftraggeber in welchem Maße ankommt.[202] Zudem sollen Manipulationsmöglichkeiten des Auftraggebers verhindert werden.[203] Die Veröffentlichungsregeln zur Gewichtung tragen daher dem Grundsatz der Transparenz[204] und damit zugleich dem Grundsatz der Gleichbehandlung[205] Rechnung.[206] Mit den Worten des BGH[207] dient dies dem *„Gebot der Rechtsstaatlichkeit, zu dem auch die Vorhersehbarkeit, Messbarkeit und Transparenz staatlichen Handelns gehören"*.[208]

Die Verpflichtung zur Veröffentlichung der Gewichtung der Zuschlagskriterien besteht für alle Formen der Gewichtung. Für die Veröffentlichung eines Spannwerts nach § 58 Abs. 3 Satz 2 VgV, § 52 Abs. 3 Satz 2 SektVO und § 43 Abs. 6 Satz 2 UVgO ergibt sich dies unzweifelhaft aus dem systematischen und semantischen Zusammenhang zu § 58 Abs. 3 Satz 1 VgV, § 52 Abs. 3 Satz 1 SektVO und § 43 Abs. 6 Satz 1 UVgO („Diese Gewichtung kann auch [...]") sowie daraus, dass die Regelungen die „Angabe" der Gewichtung verlangen. Für die Darstellung einer Rang- bzw. Reihenfolge nach § 58 Abs. 3 Satz 3 VgV, § 52 Abs. 3 Satz 3 SektVO und § 43 Abs. 6 Satz 3 UVgO gilt nichts anderes. Die Regelungen verlangen auch hier die „Angabe" dieser Rang- bzw. Reihenfolge. Zudem kann die Veröffentlichungspflicht auch aus der systematischen Position der Regelung sowie dem semantischen Zusammenhang zu § 58 Abs. 3 Satz 1 VgV, § 52 Abs. 3 Satz 1 SektVO und § 43 Abs. 6 Satz 1 UVgO abgeleitet werden.

6.5.1.1 Veröffentlichungspflicht in Abschnitt 1 VOL/A

§ 8 Abs. 1 Satz 2 lit. b und § 12 Abs. 2 Satz 2 lit. n VOL/A sehen die Angabe der Zuschlagskriterien in den Vergabeunterlagen bzw. der Bekanntmachung vor, nicht aber deren Gewichtung.

201 Gegen eine Veröffentlichungspflicht nach der VOB/A 2002 noch VK Niedersachsen, Beschluss vom 17.12.2002 – 203-VgK-32/2002.

202 Vgl. OLG Rostock, Beschluss vom 9.5.2001 – 17 W 4/01; VK Sachsen, Beschluss vom 20.4.2017 – 1/SVK/004-17; VK Nordbayern, Beschluss vom 3.2.2012 – 21.VK-3194-42/11.

203 Vgl. OLG Frankfurt, Beschluss vom 20.12.2000 – Verg 1/00; VK Sachsen, Beschluss vom 20.4.2017 – 1/SVK/004-17.

204 Vgl. OLG München, Beschluss vom 19.3.2009 – Verg 2/09.

205 Vgl. OLG Koblenz, Beschluss vom 5.12.2007 – 1 Verg 7/07; Verordnungsbegründungen zu § 58 Abs. 3 VgV, VergRModVO, BR-Drs. 87/16, 214, und § 52 Abs. 3 SektVO, VergRModVO, BR-Drs. 87/16, 271.

206 Vgl. EuGH 24.11.2005 – Rs. C-331/04 (ATI La Linea), Rn. 24; VK Sachsen-Anhalt, Beschluss vom 28.9.2015 – 3 VK LSA 64/15; VK Südbayern, Beschluss vom 22.4.2013 – Z3-3-3194-1-13-04/13.

207 BGH, Urteil vom 17.2.1999 – X ZR 101/97.

208 Siehe auch VK Rheinland-Pfalz, Beschluss vom 22.8.2011 – VK 2-20/11.

Auch verlangt § 16 Abs. 7 VOL/A lediglich die Berücksichtigung der Zuschlagskriterien bei der Angebotswertung, nicht aber deren Gewichtung. Der Ordnungsgeber ist hier ersichtlich vom Abschnitt 2 VOL/A abgewichen. § 19 EG Abs. 8 VOL/A gibt dem Auftraggeber ausdrücklich vor, die Gewichtung der Zuschlagskriterien in der Angebotswertung zu berücksichtigen. Nach § 9 EG Abs. 1 Satz 2 lit. b VOL/A sind neben den Zuschlagskriterien auch deren Gewichtung in den Vergabeunterlagen anzugeben. Diese eindeutige normgeberische Entscheidung im Unterschwellenbereich, den Auftraggeber nicht zur Veröffentlichung der Gewichtung der Zuschlagskriterien zu verpflichten, ist nicht durch die Heranziehung des Transparenzgrundsatzes nach § 2 Abs. 1 Satz 1 VOL/A zu umgehen.[209] Es besteht vielmehr im Anwendungsbereich von Abschnitt 1 VOL/A keine Verpflichtung zur Veröffentlichung der Gewichtung.[210] Keine Besonderheiten ergeben sich für die Vergabe von binnenmarktrelevanten Aufträgen aus dem primärrechtlichen Transparenzgebot.[211] Aus diesem Grundsatz kann eine solche Ex-ante-Transparenz nicht zwingend abgeleitet werden.[212]

6.5.1.2 Veröffentlichungspflicht im Konzessionsvergaberecht

Nach § 13 Abs. 2 Nr. 2 KonzVgV sind die Zuschlagskriterien in der Konzessionsbekanntmachung, der Aufforderung zur Angebotsabgabe oder in anderen Vergabeunterlagen anzugeben. Zur Angabe der Kriterien in absteigender Rangfolge verhält sich die Regelung nicht. Die Veröffentlichungspflicht dieser Rangfolge ergibt sich vielmehr aus § 31 Abs. 1 KonzVgV. Nach der Regelung sind die Zuschlagskriterien in absteigender Rangfolge anzugeben, wobei nicht klar gesagt wird, ob dies in einem Veröffentlichungsmedium zu geschehen hat. Aus der Verordnungsbegründung[213] ergibt sich jedoch, dass hiermit eine Veröffentlichungspflicht statuiert werden soll (*„in die Konzessionsbekanntmachung aufzunehmen, soweit nicht in anderen Vergabeunterlagen genannt“*). Dies folgt zudem aus § 19 Abs. 2 KonzVgV i.V.m. Anhang Tabelle 2 Spalte 19 (ID: BT-5421) VO (EU) 2019/1780.

6.5.1.3 Ausnahme bei nur einem Zuschlagskriterium?

Es liegt auf der Hand, dass die Festlegung einer Gewichtung überflüssig ist, wenn der Auftraggeber nur ein einzelnes Zuschlagskriterium vorsieht. Die Gewichtung dieses Kriteriums liegt dann denklogisch bei 100 %. Die europäischen Richtlinien berücksichtigen dies für die Nur-Preis-Vergabe ausdrücklich. Hiernach ist eine Gewichtung entbehrlich, wenn der Preis als alleiniges Zuschlagskriterium gewählt wurde (vgl. Art. 67 Abs. 5 UAbs. 1 RL 2014/24/EU und Art. 82 Abs. 5 UAbs. 1 RL 2014/25/EU). In den nationalen Bestimmungen findet sich eine sol-

209 Vgl. zu Abschnitt 2 VOL/A 2000 OLG Stuttgart, Beschluss vom 16.9.2002 – 2 Verg 12/02; a.A. wohl VK Bund, Beschluss vom 18.5.2004 – VK 3-50/04 (zu nicht-prioritären Dienstleistungen); wohl auch *Hänsel*, in: Ziekow/Völlink, Vergaberecht, 2. Auflage, § 8 VOL/A Rn. 4.

210 So auch *Dierkes*, in: Dieckmann/Scharf/Wagner-Cardenal, VOL/A, § 8 Rn. 5; *el-Barudi*, in: Heuvels/Höß/Kuß/Wagner, Vergaberecht, 1. Auflage, § 8 VOL/A Rn. 2; *Verfürth*, in: Kulartz/Marx/Portz/Prieß, VOL/A, § 8 Rn. 27; *Gnittke/Hattig*, in: Müller-Wrede, VOL/A, § 8 Rn. 8; *Wirner*, in: Willenbruch/Wieddekind, Vergaberecht, 4. Auflage, § 8 VOL/A Rn. 6.

211 So auch *el-Barudi*, in: Heuvels/Höß/Kuß/Wagner, Vergaberecht, 1. Auflage, § 8 VOL/A Rn. 3; *Wirner*, in: Willenbruch/Wieddekind, Vergaberecht, 4. Auflage, § 8 VOL/A Rn. 6; a.A. wohl *Roggenkamp/Zimmermann*, in: Heiermann/Zeiss/Summa, Vergaberecht, 4. Auflage, § 8 VOL/A Rn. 34.

212 Vgl. EuGH, Urteil vom 18.11.2010 – Rs. C-226/09, Rn. 43.

213 Verordnungsbegründung zu § 31 Abs. 1 KonzVgV, VergRModVO, BR-Drs. 87/16, 297.

che Regelung nicht wieder. In Schrifttum[214] und Rechtsprechung[215] wird dennoch davon ausgegangen, dass eine Verpflichtung zur Angabe der Gewichtung nur besteht, wenn mehr als ein Zuschlagskriterium festgelegt ist. Hierfür kann in Ansatz gebracht werden, dass die einschlägigen Bestimmungen den Plural „Zuschlagskriterien" verwenden, was darauf hindeutet, dass die Angabe der Gewichtung nur erforderlich ist, wenn mehrere Zuschlagskriterien festgelegt wurden.

6.5.1.4 Veröffentlichungspflicht für die Gewichtung der Unterkriterien

Nach der Rechtsprechung ist auch die Gewichtung der Unterkriterien zu veröffentlichen.[216] Hiervon wird teilweise nur dann eine Ausnahme gemacht, wenn sich im Wege der Auslegung ergibt, dass den Unterkriterien jeweils ein gleiches Gewicht zukommen soll.[217] Fraglich bleibt der dogmatische Anknüpfungspunkt für die Veröffentlichungspflicht. Teilweise hat die Rechtsprechung diese Verpflichtung auf diejenigen Bestimmungen gestützt, welche die Verpflichtung zur Veröffentlichung der Gewichtung der Zuschlagskriterien vorsehen.[218] Da die rechtlichen Maßstäbe für Unterkriterien und Zuschlagskriterien nicht gleichgesetzt werden können,[219] ist dieser Ansatz zweifelhaft. Überzeugender ist es, die Verpflichtung mit einem Teil der Rechtsprechung aus den Grundsätzen der Gleichbehandlung, Transparenz und Wirtschaftlichkeit abzuleiten, denn bei einer Nichtveröffentlichung der Gewichtung der Unterkriterien können die Bieter *„das Angebot dann nicht an den Erwartungen des Auftraggebers hinsichtlich der ausgeschriebenen Leistung sowie ebenso wenig an den genauen Bewertungsvorstellungen des Auftraggebers ausrichten"* und werden mithin *„darin behindert, ein unter allen Umständen vergleichbares sowie das annehmbarste Angebot abzugeben."*[220] Zudem könne der Wettbewerbsgrundsatz berührt sein.[221]

Hat der Auftraggeber die Gewichtung der Unterkriterien nicht bereits im Voraus festgelegt, sondern erst im laufenden Vergabeverfahren,[222] ist den Bietern grundsätzlich die nachträgliche Festlegung bekanntzumachen und Gelegenheit zu geben, die Angebote anzupassen.[223] Von dieser Verpflichtung wird nur dann eine Ausnahme gemacht, wenn die Kenntnis der Ge-

---

214 *Wiedemann*, in: Röwekamp/Kus/Marx/Portz/Prieß, VgV, § 58 Rn. 56.

215 VK Köln, Beschluss vom 30.3.2007 – VK VOL 4/2007.

216 Vgl. OLG Frankfurt, Beschluss vom 12.4.2022 – 11 Verg 11/21; OLG Celle, Beschluss vom 2.2.2021 – 13 Verg 8/20; OLG Düsseldorf, Beschluss vom 9.4.2014 – VII-Verg 36/13; OLG Brandenburg, Beschluss vom 13.9.2011 – Verg W 10/11; VK Sachsen, Beschluss vom 30.8.2017 – 1/SVK/015-17; VK Bund, Beschluss vom 3.3.2015 – VK 1-4/15; VK Thüringen, Beschluss vom 22.8.2007 – 360-4003.20-2713/2007-007-SHK.

217 Vgl. OLG Düsseldorf, Beschluss vom 3.3.2010 – VII-Verg 48/09; VK Schleswig-Holstein, Beschluss vom 24.7.2015 – VK-SH 07/15.

218 Vgl. OLG Celle, Beschluss vom 2.2.2021 – 13 Verg 8/20; OLG Düsseldorf, Beschluss vom 3.3.2010 – VII-Verg 48/09; Beschluss vom 5.5.2009 – VII-Verg 14/09; VK Hessen, Beschluss vom 13.11.2008 – 69d-VK-54/2008.

219 Siehe oben, S. 174 f.

220 OLG Düsseldorf, Beschluss vom 22.12.2010 – VII-Verg 40/10; OLG München, Beschluss vom 17.1.2008 – Verg 15/07; für eine Ableitung aus dem Transparenzgrundsatz OLG Frankfurt, Beschluss vom 12.4.2022 – 11 Verg 11/21; gegen eine Verpflichtung zur Veröffentlichung der Gewichtung aus dem Transparenzgebot im Rahmen des BADV OVG Nordrhein-Westfalen, Urteil vom 25.1.2011 – 20 D 38/10.AK.

221 Vgl. OLG München, Beschluss vom 17.1.2008 – Verg 15/07.

222 Siehe hierzu oben S. 176 f.

223 Vgl. VK Bund, Beschluss vom 30.4.2008 – VK 2-43/08.

wichtung der Unterkriterien die Vorbereitung der Angebote nicht beeinflussen kann.[224] Die Rechtsprechung des EuGH[225] hat hierfür drei Voraussetzungen herausgebildet. Danach kann der Auftraggeber die Gewichtung der Unterkriterien nachträglich festlegen, ohne an die Bieter erneut heranzutreten, wenn diese Festlegung

1. die in den festgelegten Zuschlagskriterien nicht ändert,
2. nichts enthält, was, wenn es bei der Vorbereitung der Angebote bekannt gewesen wäre, diese Vorbereitung hätte beeinflussen können, und
3. nicht unter Berücksichtigung von Umständen gewählt wurde, die einen der Bieter diskriminieren könnten.

Die Voraussetzungen dieser Rechtsprechung werden gleichwohl in den seltensten Fällen gegeben sein. Bereits die bloße Möglichkeit, dass die Kenntnis von der Gewichtung von Unterkriterien der Angebotswertung einen Einfluss auf den Inhalt der Angebote ausgeübt hat, aktiviert eine Veröffentlichungspflicht dieser Gewichtung.[226] Denn in der Regel wirken sich die Unterkriterien und deren Gewichtung auf die Angebotsvorbereitung aus.[227] Nach der Spruchpraxis der VK Schleswig-Holstein[228] sollen die genannten Voraussetzungen allerdings gegeben sein, wenn die Gewichtung *„nicht differenziert erfolgt, insbesondere keine unterschiedlichen Punkteskalen festgelegt werden, alle Unterkriterien gleich bepunktet werden und der Auftraggeber damit auf eine nachträgliche Schwerpunktfestlegung verzichtet"*.

6.5.1.5 Veröffentlichungspflicht für die Gewichtung von Zuschlagskriterien bei Einzelauftragsvergabe

Fraglich ist, ob der Auftraggeber die Gewichtung auch für die Zuschlagskriterien veröffentlichen muss, die bei der Einzelauftragsvergabe auf Grundlage einer Rahmenvereinbarung herangezogen werden. Eine ausdrückliche Regelung hierzu sehen die vergaberechtlichen Bestimmungen nicht vor. Nach § 21 Abs. 5 Nr. 4 VgV, § 14 Abs. 5 Nr. 2 Satz 2 lit. d VSVgV, § 4a EU Abs. 5 Nr. 4 VOB/A und § 4a VS Abs. 5 Nr. 4 VOB/A vergibt der Auftraggeber die Einzelaufträge an den Bieter, der auf der Grundlage der in der Auftragsbekanntmachung oder den Vergabeunterlagen für die Rahmenvereinbarung genannten Zuschlagskriterien das jeweils wirtschaftlichste Angebot vorgelegt hat. Eine Regelung zur Gewichtung fehlt indes. Das Schrifttum[229] und die Europäische Kommission[230] nehmen dennoch eine Veröffentlichungspflicht an. Mangels einer ausdrücklichen Regelung kann sich diese Pflicht allenfalls aus den vergaberechtlichen Grundsätzen ergeben, die auch für die Vergabe von Einzelaufträgen anzuwen-

224 Vgl. OLG Düsseldorf, Beschluss vom 23.1.2008 – VII-Verg 31/07; VK Westfalen, Beschluss vom 17.5.2024 – VK 3-9/24; VK Hessen, Beschluss vom 13.11.2008 – 69d-VK-54/2008.

225 EuGH, Urteil vom 20.12.2017 – Rs. C-677/15 P (EUIPO), Rn. 33; Urteil vom 24.11.2005 – Rs. C-331/04 (ATI EAC), Rn. 32.

226 Vgl. VK Westfalen, Beschluss vom 17.5.2024 – VK 3-9/24.

227 Vgl. OLG München, Beschluss vom 17.1.2008 – Verg 15/07; VK Sachsen, Beschluss vom 6.10.2021 – 1/SVK/030-21; VK Schleswig-Holstein, Beschluss vom 22.4.2008 – VK-SH 3/08.

228 VK Schleswig-Holstein, Beschluss vom 8.11.2007 – VK-SH 22/07.

229 *Poschmann*, in: Müller-Wrede, VgV/UVgO, § 21 VgV Rn. 160; *Schrotz*, in: Pünder/Schellenberg, Vergaberecht, § 21 VgV Rn. 151; *Niestedt*, in: Säcker/Ganske/Knauff, Münchener Kommentar zum Wettbewerbsrecht, § 21 VgV Rn. 37; *Völlink/Kraus*, in: Ziekow/Völlink, Vergaberecht, § 21 VgV Rn. 23.

230 Europäische Kommission, Erläuterungen – Rahmenvereinbarungen – Klassische Richtlinie, S. 7.

den sind.[231] Hierdurch eröffnet sich die Folgefrage, in welchem Veröffentlichungsmedium die Gewichtung anzugeben ist. Nach einer Ansicht[232] muss die Gewichtung bereits in der Auftragsbekanntmachung oder den Vergabeunterlagen angegeben werden. *Poschmann*[233] sieht richtigerweise eine Verpflichtung zur Veröffentlichung erst mit der Einladung zum Wettbewerb. Denn mangels einer ausdrücklichen Regelung muss davon ausgegangen werden, dass dem Auftraggeber für die Festlegung der Gewichtung ein größerer Gestaltungsspielraum als für die Angabe der Zuschlagskriterien zukommen soll. Die Gewichtung der Zuschlagskriterien muss daher nicht bereits im Verfahren über den Abschluss der Rahmenvereinbarung mitgeteilt werden.

Für die weit weniger regulierten Rahmenvereinbarungen im Unterschwellenbereich und im Regelungsregime der SektVO fehlt es ebenfalls an normativen Anknüpfungspunkten für eine Veröffentlichung der Gewichtung der Zuschlagskriterien. Die Verpflichtung hierzu kann sich daher allenfalls aus den vergaberechtlichen Grundsätzen ergeben. Auch hierzu wird anzunehmen sein, dass eine Verpflichtung zur Veröffentlichung der Gewichtung der Zuschlagskriterien erst mit der Einladung zum Mini-Wettbewerb besteht.[234]

6.5.2 Veröffentlichungsmedium

Die vergaberechtlichen Bestimmungen enthalten präzise Vorgaben, in welchen Publikationsmedien der Auftraggeber die Gewichtung der Zuschlagskriterien anzugeben hat. Dies sind im Einzelnen die folgenden Medien.

6.5.2.1 Auftrags- bzw. Konzessionsbekanntmachung oder Vergabeunterlagen

Die vergaberechtlichen Regelungen in § 127 Abs. 5 GWB, § 58 Abs. 1 Satz 1 VgV, § 52 Abs. 3 Satz 1 VgV, § 43 Abs. 6 Satz 1 UVgO, § 34 Abs. 2 Satz 1 VSVgV, § 16d Abs. 1 Nr. 5 Satz 1, § 16d EU Abs. 2 Nr. 2 Satz 1 und § 16d VS Abs. 2 Satz 1 VOB/A sehen die Angabe der Gewichtung der Zuschlagskriterien in der Auftragsbekanntmachung oder den Vergabeunterlagen vor. Dies steht, was die Oberschwellenvorschriften betrifft, im Einklang mit den unionsrechtlichen Vorgaben.[235] Zwar verlangen Art. 67 Abs. 5 UAbs. 1 RL 2014/24/EU und Art. 82 Abs. 5 UAbs. 1 RL 2014/25/EU die Angabe der Gewichtung der Zuschlagskriterien in den „Auftragsunterlagen". Der Begriff der Auftragsunterlagen umfasst nach den Legaldefinitionen in Art. 2 Abs. 1 Nr. 13 RL 2014/24/EU und Art. 2 Nr. 9 RL 2014/25/EU aber sämtliche Unterlagen, die vom Auftraggeber erstellt werden oder auf die er sich bezieht, wozu ausdrücklich die Bekanntmachung zählt.

Entsprechendes gilt für das Konzessionsvergaberecht. § 31 Abs. 1 KonzVgV verlangt zwar, dass die Zuschlagskriterien in absteigender Rangfolge anzugeben sind. Die Regelung nennt jedoch nicht, wo dies zu geschehen hat. Nach § 13 Abs. 2 Nr. 2 KonzVgV sind die Zuschlags-

231 Vgl. OLG Düsseldorf, Beschluss vom 26.7.2002 – Verg 28/02; VK Bund, Beschluss vom 3.8.2009 – VK 3-145/09; *Poschmann*, in: Müller-Wrede, VgV/UVgO, § 21 VgV Rn. 91; *Schrotz*, in: Pünder/Schellenberg, Vergaberecht, § 21 VgV Rn. 103.

232 *Völlink/Kraus*, in: Ziekow/Völlink, Vergaberecht, § 21 VgV Rn. 23; für die Angabe in den Vergabeunterlagen Europäische Kommission, Erläuterungen – Rahmenvereinbarungen – Klassische Richtlinie, S. 7.

233 *Poschmann*, in: Müller-Wrede, VgV/UVgO, § 21 VgV Rn. 162.

234 Vgl. für SektVO etwa *Poschmann*, in: Müller-Wrede, SektVO, § 19 Rn. 118.

235 So auch *Hövelberndt*, in: Reidt/Stickler/Glahs, Vergaberecht, § 127 GWB Rn. 185.

kriterien in der Konzessionsbekanntmachung, der Aufforderung zur Angebotsabgabe oder in anderen Vergabeunterlagen anzugeben. Dies bestätigt die Verordnungsbegründung.[236] Danach sind die Zuschlagskriterien *„in absteigender Reihenfolge [...] in die Konzessionsbekanntmachung aufzunehmen, soweit nicht in den Vergabeunterlagen genannt"*. § 13 Abs. 2 Nr. 2 und § 31 Abs. 1 KonzVgV sind daher zusammen zu lesen, sodass die Angabe der Rangfolge entsprechend § 13 Abs. 2 Nr. 2 KonzVgV zu erfolgen hat.[237]

Ausweislich des Wortlauts der Regelungen („oder") steht dem Auftraggeber ein Wahlrecht darüber zu, ob er die Gewichtung in der Auftrags- bzw. Konzessionsbekanntmachung oder den Vergabeunterlagen angibt.[238] Dabei ist der Operator „oder" nicht ausschließend zu verstehen. Der Auftraggeber kann die Gewichtung daher auch sowohl in der Auftragsbekanntmachung als auch den Vergabeunterlagen publizieren.[239] Zur Vermeidung von Fehlerquellen ist dies indes nicht zu empfehlen. Da § 41 Abs. 1 VgV, § 41 Abs. 1 SektVO, § 17 Abs. 1 KonzVgV, § 12a EU Abs. 1 Satz 1 Nr. 1 VOB/A und § 29 Abs. 1 UVgO verlangen, dass in der Auftrags- bzw. Konzessionsbekanntmachung grundsätzlich eine elektronische Adresse anzugeben ist, unter der die Vergabeunterlagen abzurufen sind, macht es keinen wesentlichen Unterschied, ob der Auftraggeber die Gewichtung in der Auftrags- bzw. Konzessionsbekanntmachung selbst oder in den Vergabeunterlagen angibt.

Die Regelungen beinhalten keine Einschränkungen des Wahlrechts des Auftraggebers. Ein Vorrang der Angabe in der Auftrags- bzw. Konzessionsbekanntmachung besteht nicht. Mangels anderweitiger Regelung ist hiervon selbst dann auszugehen, wenn die Vergabeunterlagen – etwa in den Fällen des § 41 Abs. 2 Satz 1 VgV, § 41 Abs. 3 Satz 1 SektVO, § 17 Abs. 1 Alt. 2 KonzVgV, § 12a EU Abs. 1 Satz 1 Nr. 2 VOB/A und § 29 Abs. 2 UVgO – nicht zum Zeitpunkt der Auftrags- bzw. Konzessionsbekanntmachung bereitgestellt werden müssen.

Die Gewichtung der Zuschlagskriterien werden Auftraggeber schon allein aus Praktikabilitäts- und Übersichtsgründen zusammen mit den Zuschlagskriterien in dem jeweiligen Veröffentlichungsmedium angeben. Eine Verpflichtung hierzu kann den vergaberechtlichen Bestimmungen aber nicht entnommen werden. Rechtlich spricht daher nichts dagegen, wenn der Auftraggeber die Zuschlagskriterien etwa in der Auftragsbekanntmachung und deren Gewichtung in den Vergabeunterlagen angibt.

6.5.2.2 Bekanntmachung über das Bestehen eines Qualifizierungssystems

Sektorenauftraggeber kommen ihrer Veröffentlichungspflicht auch dann nach, wenn sie die Gewichtung der Zuschlagskriterien in der Bekanntmachung über das Bestehen eines Qualifizierungssystems nach § 37 Abs. 1 SektVO aufnehmen.[240]

236 Verordnungsbegründung zu § 31 Abs. 1 KonzVgV, VergRModVO, BR-Drs. 87/16, 297.

237 So auch *Müller-Wrede*, in: Müller-Wrede/Braun, KonzVgV, § 31 Rn. 72.

238 Vgl. *Lausen*, in: Burgi/Dreher, Vergaberecht, § 58 VgV Rn. 100; *Opitz*, in: Burgi/Dreher/Opitz, Vergaberecht, § 127 GWB Rn. 163; *Müller-Wrede*, in: Müller-Wrede, SektVO, § 52 Rn. 241; bereits zur alten Rechtslage OLG Celle, Beschluss vom 24.4.2014 – 13 Verg 2/14; OLG Düsseldorf, Beschluss vom 21.11.2007 – VII-Verg 32/07; OLG Karlsruhe, Beschluss vom 9.3.2007 – 17 Verg 3/07; VK Sachsen, Beschluss vom 19.5.2015 – 1/SVK/014-15.

239 So auch für die SektVO *Müller-Wrede*, in: Müller-Wrede, SektVO, § 52 Rn. 241.

240 So auch *Müller-Wrede*, in: Müller-Wrede, SektVO, § 52 Rn. 239.

Die Bekanntmachung über das Bestehen eines Qualifizierungssystems im Sinne von § 37 SektVO findet sich ausschließlich im Sektorenvergaberecht. § 37 Abs. 2 Satz 1 SektVO i.V.m. Anhang Tabelle 2 Spalte 15 (ID: BT-5421) VO (EU) 2019/1780 sieht die Angabe der Gewichtung der Zuschlagskriterien in dieser Bekanntmachung vor. Mit dieser Angabe kommt der Sektorenauftraggeber seiner Verpflichtung gemäß § 52 Abs. 3 Satz 1 SektVO nach. Diese Regelung bestimmt zwar lediglich die Auftragsbekanntmachung und die Vergabeunterlagen als Veröffentlichungsmedien für die Gewichtung der Zuschlagskriterien. Der Begriff der Auftragsbekanntmachung erfasst aber auch die Bekanntmachung über das Bestehen eines Qualifizierungssystems nach § 37 Abs. 1 SektVO. Hiergegen lässt sich zwar anführen, dass § 18 Abs. 1 Satz 3 SektVO dieses Publikationsmedium neben der Auftragsbekanntmachung ausdrücklich nennt. Entscheidend ist jedoch auf den Telos der Regelung abzustellen. Die Bekanntmachung über das Bestehen eines Qualifizierungssystems im Sinne von § 37 Abs. 1 SektVO erfüllt die Funktion der Auftragsbekanntmachung nach § 35 Abs. 1 SektVO. Diese Auslegung wird mit Blick auf die unionsrechtliche Vorgabe in Art. 82 Abs. 5 UAbs. 1 RL 2014/25/EU bestätigt, dessen Umsetzung die Regelung in § 52 Abs. 3 Satz 1 SektVO nach dem verordnungsgeberischen Willen[241] dient. Die unionsrechtliche Vorgabe verlangt die Angabe in den Auftragsunterlagen. Hierzu gehört nach Art. 2 Nr. 9 Hs. 2 RL 2014/25/EU die Bekanntmachung über das Bestehen eines Qualifizierungssystems, sofern sie als Aufruf zum Wettbewerb dient.

Dieses Ergebnis steht mit der höherrangigen Bestimmung in § 142 i.V.m. § 127 Abs. 5 GWB in Einklang.[242] Diese Regelung bestimmt wie § 52 Abs. 3 Satz 1 SektVO, dass die Gewichtung der Zuschlagskriterien in der Auftragsbekanntmachung oder den Vergabeunterlagen anzugeben ist. Das GWB kennt die Bekanntmachung über das Bestehen eines Qualifizierungssystems jedoch nicht. Da diese Bekanntmachung im Falle des § 37 Abs. 1 SektVO die Absicht einer Auftragsvergabe beinhaltet, ist davon auszugehen, dass der Begriff der Auftragsbekanntmachung in § 127 Abs. 5 GWB die Bekanntmachung über das Bestehen eines Qualifizierungssystems im Sinne von § 37 Abs. 1 SektVO einschließt.

6.5.2.3 Aufforderung zur Angebotsabgabe

Die Angabe der Gewichtung der Zuschlagskriterien kann in der Aufforderung zur Angebotsabgabe erfolgen. Dies ergibt sich ausdrücklich aus § 13 Abs. 2 Nr. 2 KonzVgV, § 52 Abs. 2 Satz 1 Nr. 5 VgV, § 29 Abs. 5 Nr. 5 VSVgV, § 8 EU Abs. 2 Nr. 1 und § 8 VS Abs. 2 Nr. 1 VOB/A, § 42 Abs. 2 Satz 1 Nr. 5 SektVO. Die Aufforderung zur Angebotsabgabe ist Bestandteil der Vergabeunterlagen und damit vom Begriff der Vergabeunterlagen nach § 127 Abs. 5 GWB umfasst. Die normative Zuordnung der Aufforderung zur Angebotsabgabe zu den Vergabeunterlagen folgt ausdrücklich aus § 29 Abs. 1 Nr. 1 VgV. Es bestehen keine Anhaltspunkte für ein abweichendes Verständnis in den anderen Verordnungsregimes, sodass dieses Begriffsverständnis auch dort zugrunde zu legen ist.

241 Verordnungsbegründung zu § 52 Abs. 3 SektVO, VergRModVO, BR-Drs. 87/16, 271.
242 So auch *Müller-Wrede*, in: Müller-Wrede, SektVO, § 52 Rn. 239.

6.5.2.4 Vorinformation

Grundsätzlich genügt die Angabe der Gewichtung der Zuschlagskriterien in der Vorinformation den rechtlichen Vorgaben nicht. Ein anderes gilt jedoch dann, wenn es sich um eine Vorinformation als Aufruf zum Wettbewerb nach § 38 Abs. 4 VgV handelt. Dies ergibt sich aus § 52 Abs. 3 Satz 2 Nr. 9 VgV. Die Regelung sieht vor, dass die Angabe der Gewichtung der Zuschlagskriterien in der Aufforderung zur Interessensbestätigung unterbleiben kann, wenn diese Angaben in der Vorinformation oder den Vergabeunterlagen enthalten sind. Sie geht also davon aus, dass der öffentliche Auftraggeber die Veröffentlichungspflicht auch erfüllt, wenn er die Gewichtung der Zuschlagskriterien in der Vorinformation nach § 38 Abs. 4 VgV angibt.

Nach § 58 Abs. 3 Satz 1 VgV hingegen gibt der öffentliche Auftraggeber die Gewichtung der Zuschlagskriterien in der Auftragsbekanntmachung oder den Vergabeunterlagen an. Die Vorinformation wird nicht genannt. Dieser Widerspruch zu § 52 Abs. 3 Satz 2 Nr. 9 VgV liegt darin begründet, dass der Verordnungsgeber die Systematik der RL 2014/24/EU nur partiell in deutsches Recht übersetzt hat. Nach Art. 67 Abs. 2 RL 2014/24/EU ist die Angabe der Gewichtung der Zuschlagskriterien in den Auftragsunterlagen vorgesehen. Gemäß Art. 2 Abs. 1 Nr. 13 RL 2014/24/EU sind Auftragsunterlagen sämtliche Unterlagen, die von dem Auftraggeber erstellt werden und auf die er sich bezieht, um Bestandteile der Auftragsvergabe oder des Verfahrens zu beschreiben oder festzulegen, und ist damit deutlich weiter zu verstehen als der Begriff der Vergabeunterlagen aus dem deutschen Recht. Nach Art. 2 Abs. 1 Nr. 13 Hs. 2 RL 2014/24/EU gehört die Vorinformation zu den Auftragsunterlagen. Der deutsche Gesetzgeber hat sich für die Veröffentlichung der Gewichtung der Zuschlagskriterien in § 58 Abs. 3 Satz 1 VgV jedoch auf bestimmte Veröffentlichungsmedien festgelegt. Demgegenüber hat er die Regelungen in § 52 Abs. 2 Satz 1 Nr. 5 und Abs. 3 Satz 2 Nr. 9 VgV richtlinientreu aus Anhang XI Nr. 1 Satz 1 lit. e und Nr. 2 Satz 2 lit. h RL 2014/24/EU übertragen, ohne diesen Regelungsansatz in § 58 Abs. 3 Satz 1 VgV zu berücksichtigen. Dieser Konflikt ist dadurch aufzulösen, dass § 52 Abs. 3 Satz 2 Nr. 9 VgV als lex specialis die Regelung des § 58 Abs. 3 Satz 1 VgV in den Fällen des § 38 Abs. 4 VgV verdrängt.

Auf den ersten Blick zweifelhaft erscheint es, ob § 52 Abs. 3 Satz 2 Nr. 9 VgV insoweit mit der höherrangigen Bestimmung in § 127 Abs. 5 GWB im Einklang steht. Diese Regelung bestimmt wie § 58 Abs. 3 Satz 1 VgV, dass die Gewichtung der Zuschlagskriterien in der Auftragsbekanntmachung oder den Vergabeunterlagen anzugeben ist. Demgegenüber sieht § 122 Abs. 4 Satz 2 GWB die Angabe der Eignungskriterien ausdrücklich in der Vorinformation vor. Mit dem Umkehrschluss ließe sich auf den ersten Blick annehmen, dass die Angabe der Gewichtung der Zuschlagskriterien in der Vorinformation nicht ausreicht. In den Fällen des § 38 Abs. 4 VgV wird die Funktion der Auftragsbekanntmachung, den europäischen Markt über das Beschaffungsvorhaben zu informieren, jedoch von der Vorinformation übernommen. Dies spricht dafür, dass der Begriff der Auftragsbekanntmachung des § 127 Abs. 5 GWB denjenigen der Vorinformation nach § 38 Abs. 4 VgV für sich einnimmt.

6.5.2.5 Regelmäßige nicht verbindliche Bekanntmachung

Grundsätzlich genügt die Angabe der Gewichtung in der regelmäßigen nicht verbindlichen Bekanntmachung den rechtlichen Vorgaben nicht. Ein anderes gilt jedoch dann, wenn es sich um eine regelmäßige nicht verbindliche Bekanntmachung als Aufruf zum Wettbewerb nach

§ 36 Abs. 4 SektVO handelt. Dies ergibt sich aus § 42 Abs. 3 Satz 2 Nr. 9 SektVO. Die Regelung sieht vor, dass die Angabe der Gewichtung der Zuschlagskriterien in der Aufforderung zur Interessensbestätigung unterbleiben kann, wenn diese Angaben in der regelmäßigen nicht verbindlichen Bekanntmachung enthalten sind. Sie geht also davon aus, dass der Sektorenauftraggeber die Veröffentlichungspflicht auch erfüllt, wenn er die Gewichtung der Zuschlagskriterien in der regelmäßigen nicht verbindlichen Bekanntmachung nach § 36 Abs. 4 SektVO angibt.

Nach § 52 Abs. 3 Satz 1 SektVO hingegen gibt der Sektorenauftraggeber die Gewichtung in der Auftragsbekanntmachung oder den Vergabeunterlagen an. Die regelmäßige nicht verbindliche Bekanntmachung wird nicht genannt. Dieser Widerspruch zu § 42 Abs. 3 Satz 2 Nr. 9 SektVO liegt darin begründet, dass der Verordnungsgeber die Systematik der RL 2014/25/EU nur partiell in deutsches Recht transformiert hat. Nach Art. 82 Abs. 5 RL 2014/25/EU ist die Angabe der Gewichtung der Zuschlagskriterien in den Auftragsunterlagen vorgesehen. Gemäß Art. 2 Nr. 9 RL 2014/25/EU sind Auftragsunterlagen sämtliche Unterlagen, die von dem Sektorenauftraggeber erstellt werden und auf die er sich bezieht, um Bestandteile der Auftragsvergabe oder des Verfahrens zu beschreiben oder festzulegen, und sind damit deutlich weiter zu verstehen als der Begriff der Vergabeunterlagen aus dem deutschen Recht. Nach Art. 2 Nr. 9 Hs. 2 RL 2014/25/EU gehört die regelmäßige nicht verbindliche Bekanntmachung zu den Auftragsunterlagen. Der deutsche Gesetzgeber hat sich für die Veröffentlichung der Gewichtung der Zuschlagskriterien in § 52 Abs. 3 Satz 1 SektVO jedoch auf bestimmte Publikationsmedien festgelegt. Hingegen hat er die Regelungen in § 42 Abs. 2 Satz 1 Nr. 5 und Abs. 3 Satz 2 Nr. 9 SektVO richtlinientreu aus Anhang XIII Nr. 1 lit. f und Nr. 2 lit. h RL 2014/25/EU übertragen, ohne diesen Regelungsansatz in § 52 Abs. 3 Satz 1 SektVO zu berücksichtigen.[243] Dieser Konflikt ist dadurch aufzulösen, dass § 42 Abs. 3 Satz 2 Nr. 9 SektVO als lex specialis die Regelung des § 52 Abs. 3 Satz 1 SektVO in den Fällen des § 36 Abs. 4 SektVO verdrängt.

Auf den ersten Blick zweifelhaft erscheint es, ob § 42 Abs. 3 Satz 2 Nr. 9 SektVO insoweit mit der höherrangigen Bestimmung in § 142 i.V.m. § 127 Abs. 5 GWB im Einklang steht. Diese Regelung bestimmt wie § 52 Abs. 3 Satz 1 SektVO, dass die Gewichtung der Zuschlagskriterien in der Auftragsbekanntmachung oder den Vergabeunterlagen anzugeben ist.[244] Das GWB kennt die regelmäßige nicht verbindliche Bekanntmachung jedoch nicht. In den von § 42 Abs. 3 SektVO referenzierten Fällen des § 36 Abs. 5 SektVO wird die Funktion der Auftragsbekanntmachung, den europäischen Markt über das Beschaffungsvorhaben zu informieren, von der regelmäßigen nicht verbindlichen Bekanntmachung übernommen. Dies spricht dafür, dass der Begriff der Auftragsbekanntmachung des § 127 Abs. 5 GWB denjenigen der regelmäßigen nicht verbindlichen Bekanntmachung nach § 36 Abs. 4 SektVO für sich einnimmt.

---

243 So auch *Müller-Wrede*, in: Müller-Wrede, SektVO, § 52 Rn. 238.

244 Siehe auch *Kolpatzik*, in: Müller-Wrede, SektVO, § 42 Rn. 52; *Müller-Wrede*, in: Müller-Wrede, SektVO, § 52 Rn. 238.

6.5.2.6 Aufforderung zur Interessensbestätigung

Auftraggeber kommen ihrer Veröffentlichungspflicht auch dann nach, wenn sie die Gewichtung der Zuschlagskriterien in der Aufforderung zur Interessensbestätigung angeben. § 52 Abs. 3 Satz 2 Nr. 9 VgV und § 42 Abs. 3 Satz 2 Nr. 9 SektVO lassen die Angabe der Gewichtung der Zuschlagskriterien in diesem Publikationsmedium ausdrücklich ausreichen.

Dies ist mit der höherrangigen Regelung in § 127 Abs. 5 GWB vereinbar. Diese Regelung lässt die Angabe der Zuschlagskriterien und deren Gewichtung zwar nur in der Auftragsbekanntmachung oder den Vergabeunterlagen genügen. Demgegenüber sieht § 122 Abs. 4 Satz 2 GWB die Angabe der Eignungskriterien ausdrücklich in der Aufforderung zur Interessensbestätigung vor. Mit dem Umkehrschluss ließe sich auf den ersten Blick annehmen, dass die Angabe der Gewichtung der Zuschlagskriterien in der Aufforderung zur Interessensbestätigung nicht ausreicht. Es ist aber davon auszugehen, dass der Begriff der Vergabeunterlagen in § 127 Abs. 5 GWB auch die Aufforderung zur Interessensbestätigung erfasst. Dieses Verständnis wird durch den gesetzgeberischen Willen bestätigt. Nach der Gesetzesbegründung[245] dient die Regelung in § 127 Abs. 5 GWB der Umsetzung von Art. 67 RL 2014/24/EU. Gemäß dieser Bestimmung ist die Gewichtung in den Auftragsunterlagen anzugeben, zu denen nach Art. 2 Nr. 13 RL 2014/24/EU auch die Aufforderung zur Interessensbestätigung zu zählen ist. Dass die Aufforderung zur Interessensbestätigung in § 122 Abs. 4 Satz 2 GWB, nicht aber in § 127 Abs. 5 GWB ausdrücklich aufgeführt wird, dürfte den Hintergrund haben, dass die Angabe der Eignungskriterien in den übrigen Vergabeunterlagen nicht gewollt war.

6.5.2.7 Vergabebekanntmachung

Die Ex-ante-Transparenz des Vergabeverfahrens wird insbesondere durch die Vergabebekanntmachung realisiert. Der Inhalt der Vergabebekanntmachung wird für Vergaben ab Erreichen der Schwellenwerte nach § 106 GWB nicht in den deutschen Vergabevorschriften selbst, sondern durch die VO (EU) 2019/1780 vorgegeben, auf welche die Bekanntmachungsvorschriften verweisen. Je nach Verfahrensregime ist in der VO (EU) 2019/1780 unterschiedlich geregelt, ob die Gewichtung der Zuschlagskriterien obligatorisch („M") oder fakultativ („O") anzugeben ist. So sehen § 38 Abs. 2 SektVO i.V.m. Anhang Tabelle 2 Spalte 30 (ID: BT-5421) VO (EU) 2019/1780, § 35 Abs. 1 Satz 2 VSVgV i.V.m. Anhang Tabelle 2 Spalte 31 (ID: BT-5421) VO (EU) 2019/1780, § 18 VS Abs. 3 Nr. 2 Satz 1 VOB/A i.V.m. Anhang Tabelle 2 Spalte 31 (ID: BT-5421) VO (EU) 2019/1780 und § 21 Abs. 1 Satz 2 KonzVgV i.V.m. Anhang Tabelle 2 Spalte 32 (ID: BT-5421) VO (EU) 2019/1780 eine obligatorische Angabe vor. Hingegen ist die Angabe nach § 39 Abs. 2 VgV i.V.m. Anhang Tabelle 2 Spalte 29 (ID: BT-5421) VO (EU) 2019/1780, § 18 EU Abs. 3 Nr. 2 VOB/A i.V.m. Anhang Tabelle 2 Spalte 29 (ID: BT-5421) VO (EU) 2019/1780 lediglich fakultativ. Ein Grund für diese unterschiedlichen Vorgaben ist nicht erkennbar.

Für den Unterschwellenbereich sehen § 31 UVgO, § 19 Abs. 2 VOL/A und § 20 Abs. 3 UVgO keine Angabe der Gewichtung der Zuschlagskriterien in der Vergabebekanntmachung vor.

245 Vgl. Gesetzesbegründung zu § 127 Abs. 1 GWB, BT-Drs. 18/6281, 111.

6.6 Änderung der Gewichtung

Im Laufe des Vergabeverfahrens kann sich der Bedarf für den Auftraggeber ergeben, die Gewichtung der Zuschlagskriterien zu ändern. Solcher Anlass kann sich insbesondere aus Verfahrensrügen, aus Verhandlungen über den Auftragsgegenstand oder Anmerkungen der Unternehmen ergeben.[246]

6.6.1 Änderungsbefugnis

Im Grundsatz ist der Auftraggeber an die bekanntgegebene Gewichtung der Zuschlagskriterien gebunden.[247] Es versteht sich von selbst, dass der Auftraggeber aus Gründen der Gleichbehandlung und Transparenz diese Gewichtung im laufenden Verfahren nicht *„nach Gutdünken"*[248] oder *„nach Belieben"*[249] ändern kann. Liegen aber zweckmäßige Gründe für eine Änderung vor, ist es dem Auftraggeber nicht untersagt, die Gewichtung zu ändern.[250] Vielmehr sind Auftraggeber berechtigt, Änderungen – selbst solche wesentlicher Art – an den Vergabeunterlagen vorzunehmen, was sich aus § 20 Abs. 3 Satz 1 Nr. 2 VgV, § 16 Abs. 3 Satz 1 Nr. 2 SektVO, § 13 Abs. 4 Nr. 2 UVgO sowie für Abschnitt 2 VOB/A zum Beispiel aus dessen § 10a EU Abs. 6 Satz 1 Nr. 2 VOB/A ergibt.[251] Zu den Angaben in den Vergabeunterlagen zählt auch die Gewichtung der Zuschlagskriterien.[252] Würde eine Änderungsbefugnis verneint, wäre der Auftraggeber gezwungen, eine Leistung zu beschaffen, die er so nicht will.[253] Die Änderung der bekanntgegebenen Gewichtung ist daher im laufenden Vergabeverfahren möglich.[254] Im Konzessionsvergaberecht ist dies ausdrücklich in § 31 Abs. 2 KonzVgV kodifiziert.

Problematisch ist die Änderung der Gewichtung der Zuschlagskriterien nach der Submission, denn dann erfolgt die Änderung in Kenntnis des Inhalts der Angebote, wodurch die Gefahr der Manipulation des Ausschreibungsergebnisses begründet wird. Dennoch ist es nicht gerechtfertigt, dem Auftraggeber eine Änderung zu versagen, wenn hierfür sachliche Gründe bestehen. Die Rechtsprechung[255] lässt auch die Korrektur von Fehlern noch nach der Submission zu. Sofern eine Änderung der Gewichtung sachlich begründet ist, muss auch dies nach der Submission möglich sein. Im Konzessionsvergaberecht ist dies für einen speziellen Fall ausdrücklich geregelt. Nach § 31 Abs. 2 Satz 1 KonzVgV kann die Reihenfolge der Zuschlagskriterien entsprechend geändert werden, wenn ein Angebot eine innovative Lösung mit au-

---

246 Vgl. KG, Beschluss vom 1.3.2024 – Verg 11/22.

247 Vgl. OLG Düsseldorf, Beschluss vom 22.1.2014 – VII-Verg 26/13; VK Südbayern, Beschluss vom 13.8.2012 – Z3-3-3194-1-19-04/12; VK Schleswig-Holstein, Beschluss vom 24.7.2015 – VK-SH 07/15; VK Sachsen, Beschluss vom 19.5.2015 – 1/SVK/014-15.

248 VK Nordbayern, Beschluss vom 10.12.2009 – 21.VK-3194-53/09, für die Änderung von Zuschlagskriterien.

249 Vgl. VK Sachsen, Beschluss vom 20.4.2017 – 1/SVK/004-17, für die Änderung von Zuschlagskriterien.

250 Vgl. OLG Düsseldorf, Beschluss vom 21.10.2015 – VII-Verg 28/14.

251 Vgl. *Hövelberndt*, in: Reidt/Stickler/Glahs, Vergaberecht, § 127 GWB Rn. 189.

252 Vgl. OLG Düsseldorf, Beschluss vom 21.10.2015 – VII-Verg 28/14; *Lausen*, in: Summa/Schneevogl, Vergaberecht, § 29 VgV Rn. 60; *Gnittke/Hattig*, in: Müller-Wrede, VgV/UVgO, § 29 VgV Rn. 11.

253 Vgl. OLG Düsseldorf, Beschluss vom 21.10.2015 – VII-Verg 28/14; *Hövelberndt*, in: Reidt/Stickler/Glahs, Vergaberecht, § 127 GWB Rn. 189.

254 Vgl. OLG Düsseldorf, Beschluss vom 21.10.2015 – VII-Verg 28/14; *Wiedemann*, in: Röwekamp/Kus/Portz/Prieß, GWB-Vergaberecht, § 127 Rn. 91; *Hövelberndt*, in: Reidt/Stickler/Glahs, Vergaberecht, § 127 GWB Rn. 189.

255 OLG Düsseldorf, Beschluss vom 12.1.2015 – VII-Verg 29/14.

ßergewöhnlich hoher funktioneller Leistungsfähigkeit enthält, die der Konzessionsgeber nicht vorhersehen konnte. Auch außerhalb des Anwendungsbereichs dieser Regelung kann eine solche Fallkonstellation die Änderung der Gewichtung rechtfertigen.

6.6.2 Anforderungen an die Umsetzung

Nach der Rechtsprechung[256] muss die Änderung *„in einem transparenten Verfahren und diskriminierungsfrei"* erfolgen. Im Grundsatz bedeutet dies, dass den Unternehmen die geänderte Gewichtung mitzuteilen ist und diese Unternehmen die Gelegenheit haben müssen, ihre Angebote an diese Änderung anzupassen.

Ist die Gewichtung der Zuschlagskriterien in der Auftrags- oder Konzessionsbekanntmachung angegeben worden, wird in der Rechtsprechung angenommen, dass die Änderung der Gewichtung durch eine Änderungsbekanntmachung zu veröffentlichen ist.[257] Dies bereitet keine größeren Schwierigkeiten, wenn die Angebotsfrist in einstufigen Verfahren oder die Teilnahmefrist in zweistufigen Verfahren noch nicht abgelaufen ist. Es ist dann eine Änderungsbekanntmachung zu veröffentlichen, mit der die Unternehmen über die Änderung der Gewichtung informiert werden. Nach Ablauf der Angebots- oder Teilnahmefrist wäre jedoch die Konsequenz, dass das Vergabeverfahren mit der entsprechend geänderten Auftragsbekanntmachung erneut einzuleiten ist. Für Konzessionsvergaben ist in diesem Zusammenhang die Regelung des § 31 Abs. 2 Satz 3 KonzVgV zu beachten. Sie ordnet unter den dort genannten Voraussetzungen bei der Änderung der Rangfolge ausdrücklich an, dass eine erneute Konzessionsbekanntmachung zu veröffentlichen ist, wenn die Zuschlagskriterien zu demselben Zeitpunkt wie die Konzessionsbekanntmachung veröffentlicht wurden.

Ist die Gewichtung der Zuschlagskriterien lediglich in den Vergabeunterlagen angegeben, dürfte dies für den Auftraggeber eine größere Flexibilität eröffnen. Ändert der Auftraggeber in diesem Fall die Gewichtung, sind die Vergabeunterlagen anzupassen, nicht aber die Auftrags- oder Konzessionsbekanntmachung. Nach Ablauf der Angebotsfrist in einstufigen Verfahren oder der Teilnahmefrist in zweistufigen Verfahren dürfte es daher nicht erforderlich sein, dass das Verfahren erneut eingeleitet wird. Es genügt vielmehr, dass die am Verfahren beteiligten Bewerber oder Bieter über die Änderung der Gewichtung informiert werden und die Gelegenheit erhalten, dies bei der Angebotserstellung zu berücksichtigen bzw. ihre Angebote entsprechend anzupassen. Dies kann etwa durch eine erneute Angebotsrunde realisiert werden.

Allerdings könnte dies dann nicht ausreichend sein, wenn die Gewichtung für interessierte Unternehmen die Entscheidungsgrundlage bezüglich der Teilnahme am Wettbewerb ist und die Vergabe daher durch die Änderung nun auch für andere als die am Verfahren beteiligten Unternehmen interessant sein könnte. Es müsste dann eine entsprechende Transparenz für den Markt, etwa durch eine Neueinleitung des Verfahrens, hergestellt werden. Die Rechtsprechung legt einen solchen Maßstab bei der Änderung der Zuschlagskriterien an.[258] Indes wird

256 OLG Düsseldorf, Beschluss vom 21.10.2015 – VII-Verg 28/14.
257 Vgl. VK Westfalen, Beschluss vom 17.5.2024 – VK 3-9/24.
258 Vgl. VK Westfalen, Beschluss vom 3.4.2019 – VK 1-09/19; VK Sachsen, Beschluss vom 19.5.2015 – 1/SVK/014-15.

die Gewichtung der Zuschlagskriterien nur in seltenen Fällen die Entscheidungsgrundlage für die Teilnahme am Vergabeverfahren berühren.

6.7 Gewichtung in der Vergabestatistik

Die VergStatVO sieht für den Zeitraum nach Abschluss des Vergabeverfahrens statistische Pflichten des Auftraggebers vor.

Öffentliche Auftraggeber und Sektorenauftraggeber haben die Gewichtung der Zuschlagskriterien nach § 3 Abs. 1 Nr. 1 bis 4 VergStatVO zu übermitteln. Die hierzu erforderlichen Angaben sind indes nicht sehr ausdifferenziert. Es wird lediglich nach dem prozentualen Verhältnis von Preis bzw. Kosten zu Qualitätskriterien gefragt. Diese statistische Verpflichtung ergibt sich für die Vergabe von öffentlichen Aufträgen durch öffentliche Auftraggeber aus § 3 Abs. 1 Nr. 1 i.V.m. Anlage 1 Abschnitt 1 VergStatVO und die Vergabe von öffentlichen Aufträgen über soziale und andere besondere Dienstleitungen durch einen öffentlichen Auftraggeber aus § 3 Abs. 1 Nr. 2 i.V.m. Anlage 2 Abschnitt 1 VergStatVO. Für die Vergabe von öffentlichen Aufträgen durch Sektorenauftraggeber folgt die Verpflichtung aus § 3 Abs. 1 Nr. 3 i.V.m. Anlage 3 Abschnitt 1 VergStatVO. Bei der Vergabe öffentlicher Aufträge über soziale und andere besondere Dienstleistungen durch Sektorenauftraggeber ergibt sich die Verpflichtung aus § 3 Abs. 1 Nr. 4 i.V.m. Anlage 4 Abschnitt 1 VergStatVO. Für die Vergabe von verteidigungs- und sicherheitsspezifischen öffentlichen Aufträgen erfolgt nach § 3 Abs. 1 Nr. 7 i.V.m. Anlage 7 Abschnitt 1 VergStatVO hingegen keine Abfrage über die Gewichtung der Zuschlagskriterien.

Im Unterschwellenvergaberecht gilt die Verpflichtung zur Übermittlung der Gewichtung der Zuschlagskriterien nach § 3 Abs. 2 i.V.m. Anlage 8 Abschnitt 1 VergStatVO. Wie für die Vergabe von öffentlichen Aufträgen durch öffentliche Auftraggeber und Sektorenauftraggeber ist lediglich die Angabe des prozentualen Verhältnisses von Preis bzw. Kosten zu Qualitätskriterien erforderlich.

Die Vorgaben der VergStatVO sehen die Gewichtung nur als Prozentwert vor. Die Angabe einer absteigenden Rang- oder Reihenfolge ist daher nicht erfasst. Dementsprechend sieht § 3 Abs. 1 Nr. 5 und 6 i.V.m. Anlage 5 und 6 VergStatVO für Konzessionsgeber keine statistische Verpflichtung über die Angabe der Gewichtung von Zuschlagskriterien vor.

7. Kriterienstrukturierung und -gewichtung

Autor: Dipl.-Math. Thomas Ferber, LL.M.

Die verschiedenen Zuschlagskriterien in einer Ausschreibung sollen in der Regel eine unterschiedliche Bedeutung, eine unterschiedliche Priorisierung, sprich ein unterschiedliches Gewicht für die Zuschlagserteilung haben. Mit einer Gewichtung werden die Stellenwerte der Kriterien in Relation zueinander gesetzt.

Das Kapitel geht auf die Möglichkeiten der prozentualen Gewichtung und der Gewichtung mit Gewichtungspunkten ein.

Trotz eines großen Ermessensspielraums ist allerdings nicht jede Wahl der Gewichtung vergaberechtlich zulässig. Aus diesem Grund behandelt das Kapitel zusätzlich die Rechtsprechung für die Wahl der Gewichtung für das Kriterium Preis und erklärt die Problematik mit sogenannten Alibi-Kriterien.

7.1 Kriteriengewichtung

Die Kenntnis der Zuschlagskriterien ist essenziell für das Erstellen der Bieterangebote und die spätere Auswertung der Angebote bzw. die Erteilung des Zuschlags. Aus diesem Grund müssen diese den Bietern mit den Ausschreibungsunterlagen bekannt gemacht werden. Dies kann in Form einer Liste (Kriterienkatalog) erfolgen.

Tabelle: Beispiel für Zuschlagskriterien in Form einer Liste

Zuschlagskriterien
Preis
Feinterminplan
Plausibler Bauablauf
Personaleinsatz
Geräteeinsatz
Baustelleneinrichtungsplan

Die verschiedenen Zuschlagskriterien sollen in der Regel eine unterschiedliche Bedeutung, sprich ein unterschiedliches Gewicht für die Zuschlagserteilung haben. Mit einer Gewichtung werden die Stellenwerte der Kriterien in Relation zueinander gesetzt.[1]

1 *Summa*, in: Heiermann/Zeiss, jurisPK-Vergaberecht, 4. Aufl. 2013, § 16 VOB/A 2012, Rn. 430.

Tabelle: Beispiel für Zuschlagskriterien in Form einer Liste mit prozentualer Gewichtung

Zuschlagskriterien	A/B	Gewicht
Preis	B	60 %
Feinterminplan	B	20 %
Plausibler Bauablauf	B	4 %
Personaleinsatz	B	3 %
Geräteeinsatz	B	3 %
Baustelleneinrichtungsplan	B	10 %

Ausschlusskriterien werden nicht mit einem Gewicht versehen und werden auch nicht mit Punkten bewertet. Ein Ausschlusskriterium ist erfüllt oder nicht erfüllt. Ein nicht erfülltes Ausschlusskriterium führt zum zwingenden Ausschluss des Angebots.

Tabelle: Beispiel für Ausschlusskriterien mit Antworten JA; Nichtankreuzen bedeutet NEIN

Kriterien-Bezeichnung	A/B	JA
Display entspiegelt nach DIN EN ISO 9241-3xx	A	☐
VGA-Schnittstelle	A	☐
DVI-D-Schnittstelle	A	☐
HDMI-Schnittstelle	A	☐

Praxistipp

Ausschlusskriterien werden nicht mit einem Gewicht versehen und werden auch nicht mit Punkten bewertet.

Die Gewichtung der Kriterien kann mittels

- prozentualer Gewichtung (relative Gewichtung), z.B. 20 %, 30 %, ...
- absoluter Gewichtung mit ganzen Zahlen, z.B. 2, 3, 20, 30, ... oder
- absoluter Gewichtung mit Bruchzahlen, z.B. 1/2, 1/3, 1/20, 1/30, ...

vorgenommen werden. Entscheidend ist immer die Verhältniszahl der Gewichte zueinander.

Beispiel

40 % / 20 % = 2

80 / 40 = 2

120 / 60 = 2

2/15 / 1/15 = 2

In der folgenden Abbildung wird das Verhältnis der Kriteriengewichte zueinander aufgezeigt. Dazu sind die sieben Kriterien a, b, c, d, e, f und g mit ihren prozentualen Gewichten sowohl horizontal als auch vertikal angeordnet.

		a	b	c	d	e	f	g	Summe
		40%	20%	10%	10%	10%	5%	5%	100%
a	40%	1	2	4	4	4	8	8	
b	20%	1/2	1	2	2	2	4	4	
c	10%	1/4	1/2	1	1	1	2	2	
d	10%	1/4	1/2	1	1	1	2	2	
e	10%	1/4	1/2	1	1	1	2	2	
f	5%	1/8	1/4	1/2	1/2	1/2	1	1	
g	5%	1/8	1/4	1/2	1/2	1/2	1	1	

Abbildung: Kriteriengewichtung mit prozentualer Gewichtung

Das Verhältnis des Kriteriums a mit einem Gewicht von 40 % zum Kriterium g mit einem Gewicht von 5 % beträgt 8. Dazu geht man in der linken dunkelblauen Spalte auf das Kriterium a und oben auf der dunkelblauen Spalte auf das Kriterium g. Das Verhältnis der beiden Kriteriengewichte zueinander kann man direkt ablesen.

Das Verhältnis des Kriteriums b mit einem Gewicht von 20 % zum Kriterium f mit einem Gewicht von 5 % beträgt 4. Dazu geht man in der linken dunkelblauen Spalte auf das Kriterium b und oben auf der dunkelblauen Spalte auf das Kriterium f. Das Verhältnis der beiden Kriteriengewichte zueinander kann man direkt ablesen.

		a	b	c	d	e	f	g	Summe
		40%	20%	10%	10%	10%	5%	5%	100%
a	40%	1	2	4	4	4	8	8	
b	20%	1/2	1	2	2	2	4	4	
c	10%	1/4	1/2	1	1	1	2	2	
d	10%	1/4	1/2	1	1	1	2	2	
e	10%	1/4	1/2	1	1	1	2	2	
f	5%	1/8	1/4	1/2	1/2	1/2	1	1	
g	5%	1/8	1/4	1/2	1/2	1/2	1	1	

Abbildung: Kriteriengewichtung mit prozentualer Gewichtung – Bestimmung des Verhältnisses

In der folgenden Abbildung wird mit ganzen Zahlen gewichtet, ohne dass dies einen Einfluss auf das Verhältnis der Kriteriengewichtung hätte. Das Verhältnis der Kriteriengewichte zueinander bleibt gleich.

		a	b	c	d	e	f	g	Summe
		120	60	30	30	30	15	15	300
a	120	1	2	4	4	4	8	8	
b	60	1/2	1	2	2	2	4	4	
c	30	1/4	1/2	1	1	1	2	2	
d	30	1/4	1/2	1	1	1	2	2	
e	30	1/4	1/2	1	1	1	2	2	
f	15	1/8	1/4	1/2	1/2	1/2	1	1	
g	15	1/8	1/4	1/2	1/2	1/2	1	1	

Abbildung: Kriteriengewichtung mit ganzen Zahlen – Summe 300

Auch eine Änderung der Gewichtungszahlen führt zu keiner Veränderung der Verhältnisse.

		a	b	c	d	e	f	g	Summe
		80	40	20	20	20	10	10	200
a	80	1	2	4	4	4	8	8	
b	40	1/2	1	2	2	2	4	4	
c	20	1/4	1/2	1	1	1	2	2	
d	20	1/4	1/2	1	1	1	2	2	
e	20	1/4	1/2	1	1	1	2	2	
f	10	1/8	1/4	1/2	1/2	1/2	1	1	
g	10	1/8	1/4	1/2	1/2	1/2	1	1	

Abbildung: Kriteriengewichtung mit ganzen Zahlen– Summe 200

In der folgenden Abbildung wird mit Bruchzahlen gewichtet, ohne dass dies einen Einfluss auf das Verhältnis der Kriteriengewichtung hätte. Das Verhältnis der Kriteriengewichte zueinander bleibt gleich.

		a	b	c	d	e	f	g	Summe
		2/5	1/5	1/10	1/10	1/10	1/20	1/20	1
a	2/5	1	2	4	4	4	8	8	
b	1/5	1/2	1	2	2	2	4	4	
c	1/10	1/4	1/2	1	1	1	2	2	
d	1/10	1/4	1/2	1	1	1	2	2	
e	1/10	1/4	1/2	1	1	1	2	2	
f	1/20	1/8	1/4	1/2	1/2	1/2	1	1	
g	1/20	1/8	1/4	1/2	1/2	1/2	1	1	

Abbildung: Kriteriengewichtung mit Bruchzahlen – Summe 1

Auch eine Änderung der Gewichtungsbruchzahlen führt zu keiner Veränderung der Verhältnisse.

		a	b	c	d	e	f	g	Summe
		2/15	1/15	1/30	1/30	1/30	1/60	1/60	1/3
a	2/15	1	2	4	4	4	8	8	
b	1/15	1/2	1	2	2	2	4	4	
c	1/30	1/4	1/2	1	1	1	2	2	
d	1/30	1/4	1/2	1	1	1	2	2	
e	1/30	1/4	1/2	1	1	1	2	2	
f	1/60	1/8	1/4	1/2	1/2	1/2	1	1	
g	1/60	1/8	1/4	1/2	1/2	1/2	1	1	

Abbildung: Kriteriengewichtung mit Bruchzahlen – Summe 1/3

Kriterienstrukturierung

Um bei sehr vielen Zuschlagskriterien nicht die Übersicht zu verlieren, sollten die Kriterien hierarchisch strukturiert werden. Diese Strukturierung kann dabei in Abhängigkeit vom Umfang und der Komplexität der ausgeschriebenen Leistung mehrere Ebenen umfassen:

1. Kriterienebene: Kriterienhauptgruppen (z.B. Preis und Qualität)
2. Kriterienebene: Kriteriengruppen
3. Kriterienebene: Kriterien.

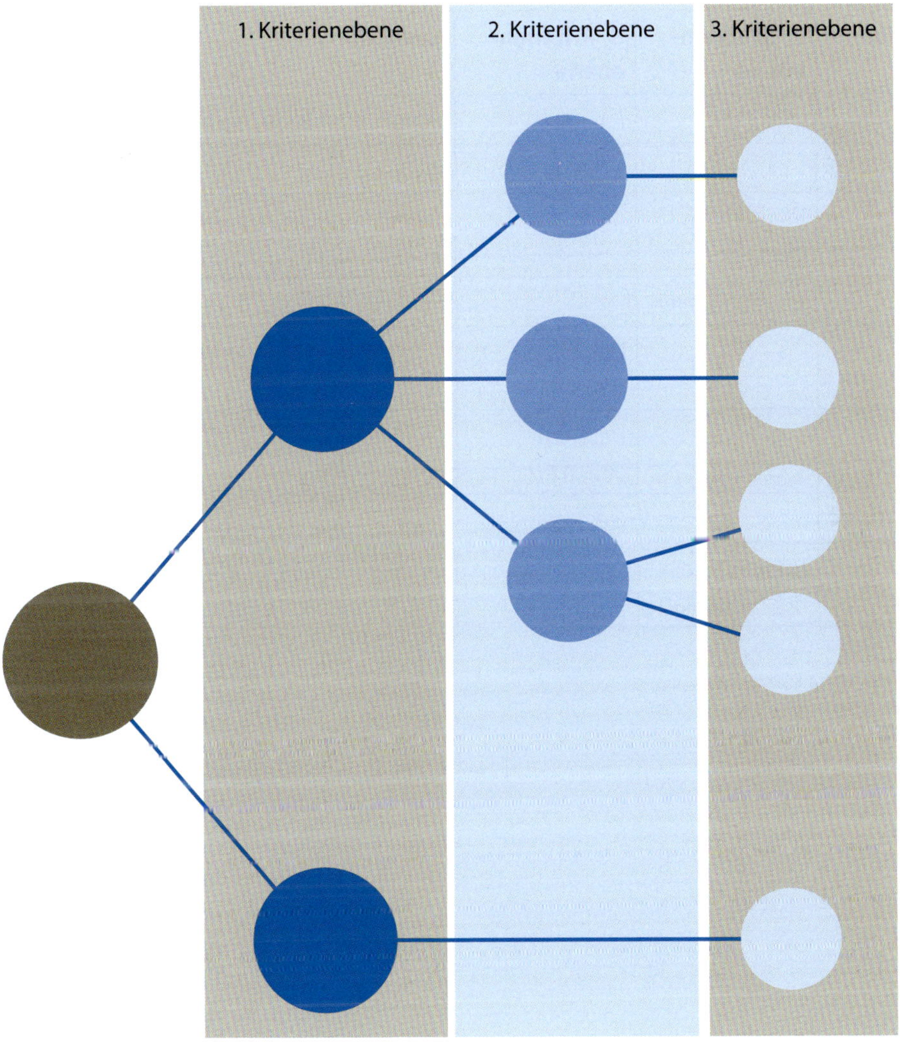

Abbildung: Kriterienebenen

Im folgenden Beispiel werden die Kriterien „Plausibler Bauablauf", „Personaleinsatz" und „Geräteeinsatz" in die 3. Kriterienebene eingetragen und zu einem Oberkriterium „Bauablaufplan" zusammengefasst (aggregiert). Das Oberkriterium „Bauablaufplan" wird in die 2. Kriterienebene eingetragen.

Die Kriterien „Feinterminplan" und „Baustelleneinrichtung" werden ebenfalls in die zweite Kriterienebene aufgenommen und mit dem Kriterium Bauablaufplan zur Kriterienhauptgruppe „Qualität" zusammengefasst.

Tabelle: Beispiel für Zuschlagskriterien in Form einer Liste mit prozentualer Gewichtung

1. Kriterien-ebene	**2. Kriterien-ebene**	**3. Kriterien-ebene**	**Gewicht**			
Preis			60 %	100 %	100 %	60 %
Qualität			40 %			40 %
	Feintermin-plan			50 %	100 %	20 %
	Bauablaufplan			25 %		10 %
		Plausibler Bauablauf			40 %	4 %
		Personal-einsatz			30 %	3 %
		Geräteeinsatz			30 %	3 %
	Baustellenein-richtungsplan			25 %	100 %	25 %

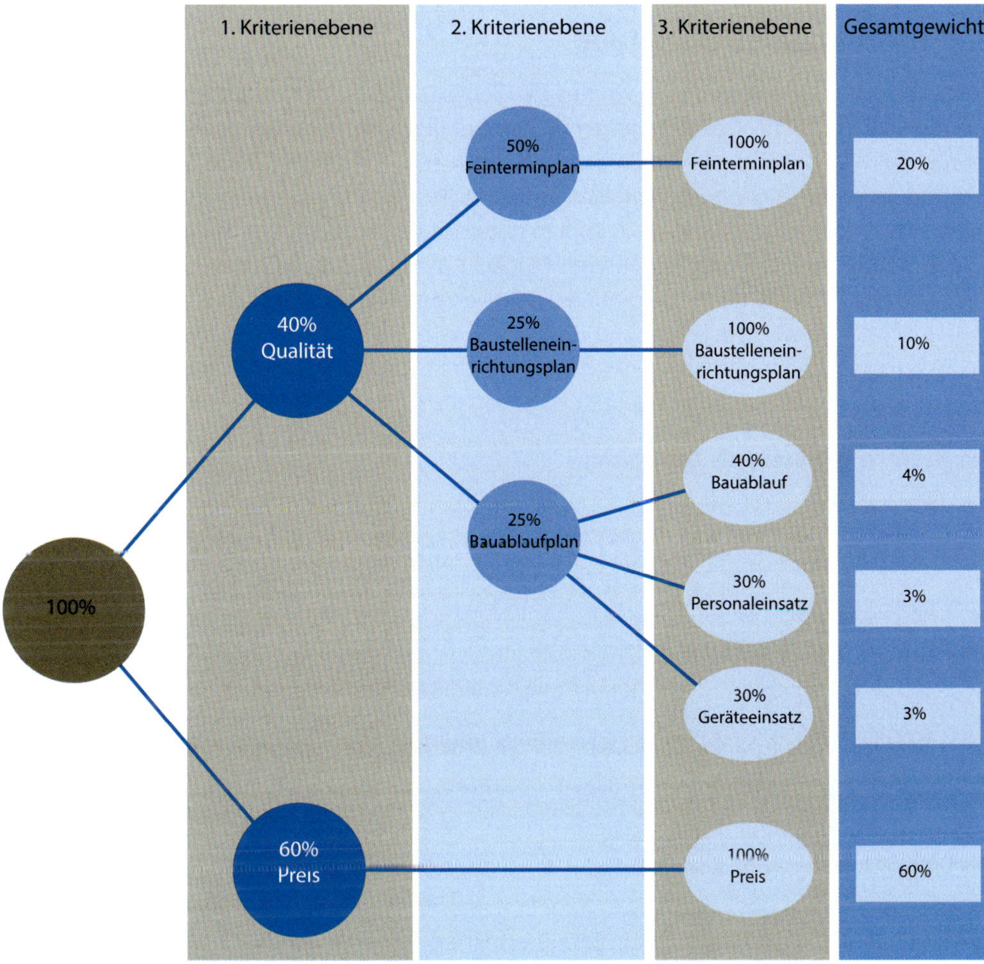

Abbildung: Kriterienebenen mit Gewichten

Durch die Strukturierung der Zuschlagskriterien erreicht man eine wesentlich höhere Übersichtlichkeit. Dies macht es für den Auftraggeber einfacher, den Überblick über sein Bewertungsschema zu behalten und eventuelle schlechte Relationen der Gewichte zueinander noch in der Vorbereitungsphase zu korrigieren. Aber auch den Bietern hilft die Strukturierung der Kriterien bei der Erstellung der Angebote, da es ersichtlicher wird, worauf es dem Auftraggeber ankommt. Wie die oben dargestellten Gewichtungen zustande kommen, wird im folgenden Kapitel beschrieben.

Neben der prozentualen Gewichtsdarstellung ist auch eine Darstellung mit Gewichtungspunkten möglich. Hierbei werden eine vorgegebene Anzahl Gewichtungspunkte auf die einzelnen Kriterien verteilt. Grundsätzlich kann hierzu jede Zahl verwendet werden und Bruchteile davon auf die einzelnen Kriterien verteilt werden.

Bewährt hat sich die Verwendung der Zehnerpotenzen 100, 1.000, 10.000, 100.000, ... als Gewichtungspunkte. Man sollte die Gewichtungspunkte nicht mit den Wertungspunkten bzw. mit den Leistungspunkten verwechseln. Gedanklich kann es hilfreich sein, sich die Gewichtungspunkte als Grammgewichte vorzustellen oder sie auch so zu bezeichnen.

7.2 Prozentuale Gewichtung

Bei der prozentualen Gewichtung werden die Gewichte mit einem Prozentwert versehen (z.B. 40 % Qualität und 60 % Preis). Bei jedem Schritt auf die nächste Kriterienebene und der Detaillierung durch Unterkriterien wird die Gewichtung wieder auf der Basis von 100 % verteilt (z.B. kann die Kriterienhauptgruppe Qualität (40 %) in die Kriteriengruppen Feinterminplan, Baustelleneinrichtungsplan und Bauablaufplan untergliedert werden, welche mit 50 %, 25 % und 25 % gewichtet werden). Die Prozentwerte für die Kriteriengruppen (2. Kriterienebene) und die Prozentwerte für die Kriterien sind nur als relative Werte zu verstehen und entsprechen nicht dem absoluten Gewicht in Bezug zum Gesamtgewicht (d.h., dass in dem genannten Beispiel die 50 % für den Feinterminplan nicht mit 50 % in der gesamten Bewertung gleichgesetzt werden, sondern es handelt sich dabei um 50 % von 40 % (Qualität)).

Beispiel für eine prozentuale Gewichtung

Die Verteilung der Gewichtung kann in drei Schritten erfolgen:

1. Verteilung der Gewichtung auf die Kriterienhauptgruppen (1. Kriterienebene)
2. Verteilung der Gewichtung auf die Kriteriengruppen (2. Kriterienebene)
3. Verteilung der Gewichtung auf die Kriterien (3. Kriterienebene)

Diese Schritte werden im Folgenden anhand eines Beispiels erläutert.

Erster Schritt – Verteilung der Gewichtung auf die Kriterienhauptgruppen (1. Kriterienebene)

Im ersten Schritt wird das Gesamtgewicht von 100 % auf die Kriterienhauptgruppen A, B und C verteilt. Besonders ist darauf zu achten, dass die Gewichte in einer vernünftigen Relation zueinander stehen und die Bedeutung der Kriterien widerspiegeln.

Im Beispiel wird die Gewichtung wie folgt vorgenommen: Kriterienhauptgruppe A erhält ein Gewicht von 40 %, Kriterienhauptgruppe B erhält ein Gewicht von 30 % und Kriterienhauptgruppe C erhält ebenfalls ein Gewicht von 30 %.

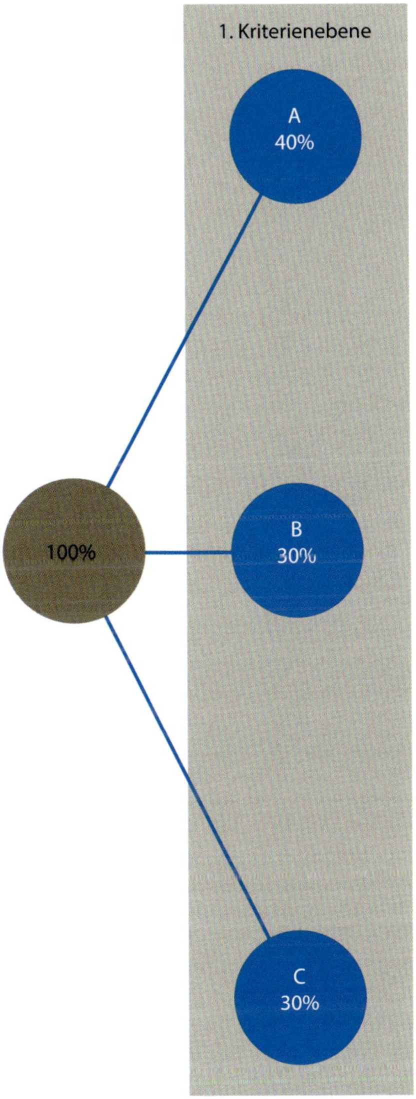

Abbildung: Verteilung der prozentualen Gewichtung in der 1. Kriterienebene

Zweiter Schritt – Verteilung der Gewichtung auf die Kriteriengruppen (2. Kriterienebene)

Im zweiten Schritt werden die Gewichte in der 1. Kriterienebene (Kriterienhauptgruppe) auf die Kriteriengruppen (2. Kriterienebene) verteilt.

Bei der Verteilung der Gewichte auf die Kriteriengruppen muss die Summe der Gewichte der zu einer Kriterienhauptgruppe gehörenden Kriteriengruppen zusammen 100 % ergeben.

In der nachfolgenden Abbildung erhalten die der Kriterienhauptgruppe A zugeordneten Kriteriengruppen A1 und A2 eine Gewichtung von jeweils 50 %.

Die der Kriterienhauptgruppe B zugeordneten Kriteriengruppen B1 und B2 erhalten folgende Gewichtung: B1 wird mit 60 % und die Kriteriengruppe B2 wird mit 40 % gewichtet.

Die der Kriterienhauptgruppe C zugeordneten Kriteriengruppen C1 und C2 erhalten folgende Gewichtung: C1 wird mit 80 % und C2 wird mit 20 % gewichtet.

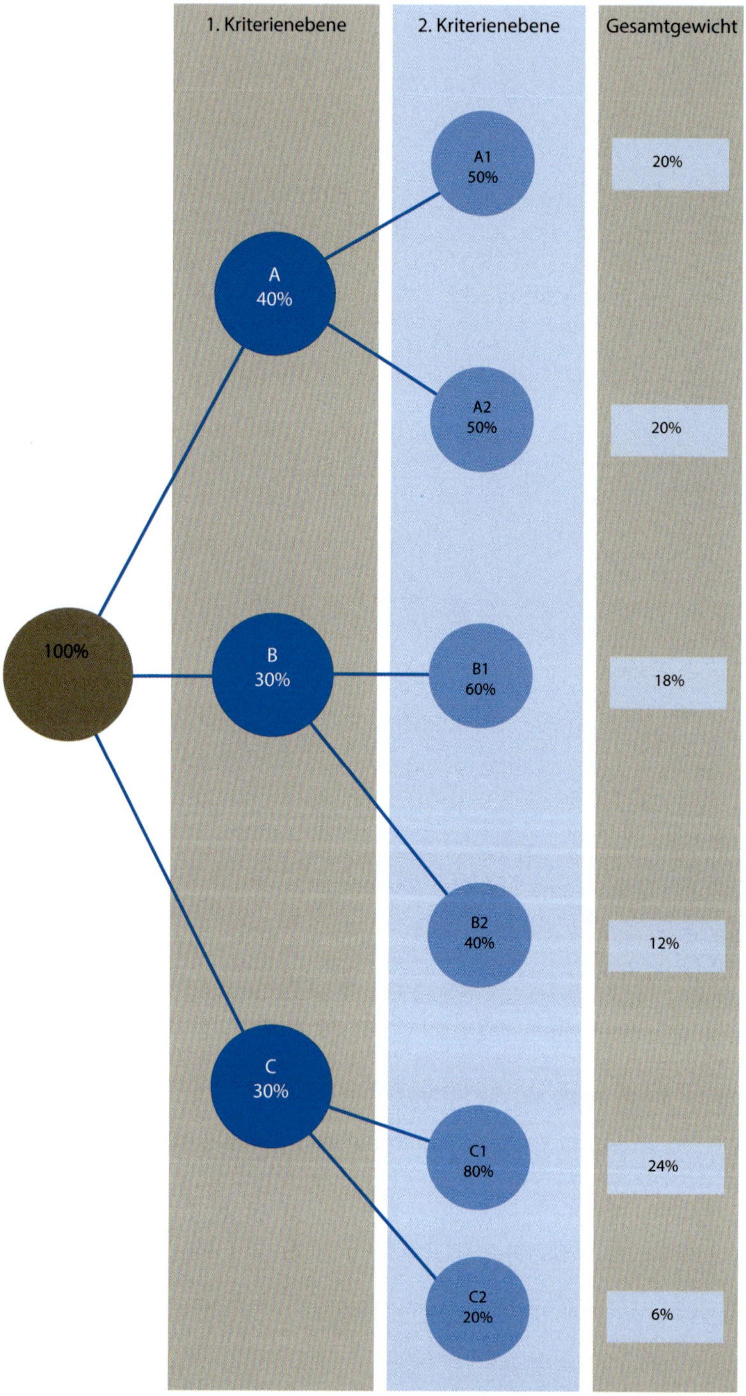

Abbildung: Verteilung der prozentualen Gewichtung in der 2. Kriterienebene

Besonders wichtig ist es, darauf zu achten, dass die Gewichte in einer vernünftigen Relation zueinander stehen und die Bedeutung der Kriterien widerspiegeln. Dazu sind die Relationen aller Kriteriengruppen zueinander zu betrachten.

Die Frage, welche sich an dieser Stelle automatisch stellt, ist: Wenn A (z.B. Qualität) 40 % Gewicht hat und A1 (z.B. der Feinterminplan) mit 50 % – von den 40 % – gewertet wird, wie hoch ist dann die Gewichtung des Feinterminplans im Vergleich zu allen anderen Kriterien?

Die Berechnung erfolgt durch die folgende Formel

$$G_{2a} = G_2 \cdot G_1$$

Wobei:

G_{2a}= absolutes Gewicht für die Kriteriengruppen (2. Kriterienebene)

G_2 = relatives Gewicht für die Kriteriengruppen (2. Kriterienebene)

G_1 = relatives Gewicht für die Kriterienhauptgruppen (1. Kriterienebene)

Tabelle: Relatives und absolutes prozentuales Gewicht der Kriteriengruppen

Kriterien-gruppen	Gewicht Kriterienhaupt-gruppe G1	Gewicht Kriterien-gruppe G2	Multiplikation G2 · G1	Gewicht absolut
A1	40 %	50 %	40 % * 50 % =	20 %
A2	40 %	50 %	40 % * 50 % =	20 %
B1	30 %	60 %	30 % * 60 % =	18 %
B2	30 %	40 %	30 % * 40 % =	12 %
C1	30 %	80 %	30 % * 80 % =	24 %
C2	30 %	20 %	30 % * 20 % =	6 %
Summe				100 %

Dies bedeutet, um zu wissen, welches Gewicht A1/Feinterminplan im Verhältnis zu den anderen Kriterien hat, müssen die 50 % (A1/Feinterminplan) mit den 40 % (Qualität/Kriterienhauptgruppe) multipliziert werden. In diesem Beispiel würde es bedeuten, dass A1/Feinterminplan im Vergleich zu allen anderen Kriterien ein Gewicht von 20 % hat (50 % * 40 % = 20 %).

Finden sich ungünstige Relationen zwischen den Gewichten der Kriteriengruppen, so muss die Verteilung der Gewichtspunkte entsprechend angepasst werden.

Dritter Schritt – Verteilung der Gewichtung auf die Kriterien (3. Kriterienebene)

Im dritten Schritt werden die Gewichte in der 2. Kriterienebene (Kriteriengruppe) auf die Kriterien (3. Kriterienebene) verteilt.

Bei der Verteilung der Gewichte auf die Kriterien muss die Summe der Gewichte der zu einer Kriteriengruppe gehörenden Kriterien zusammen 100 % ergeben (ähnlich wie beim zweiten Schritt).

Im Beispiel erhalten die der Kriteriengruppe C2 zugeordneten Kriterien C2.1 und C2.2 jeweils eine Gewichtung von 50 %.

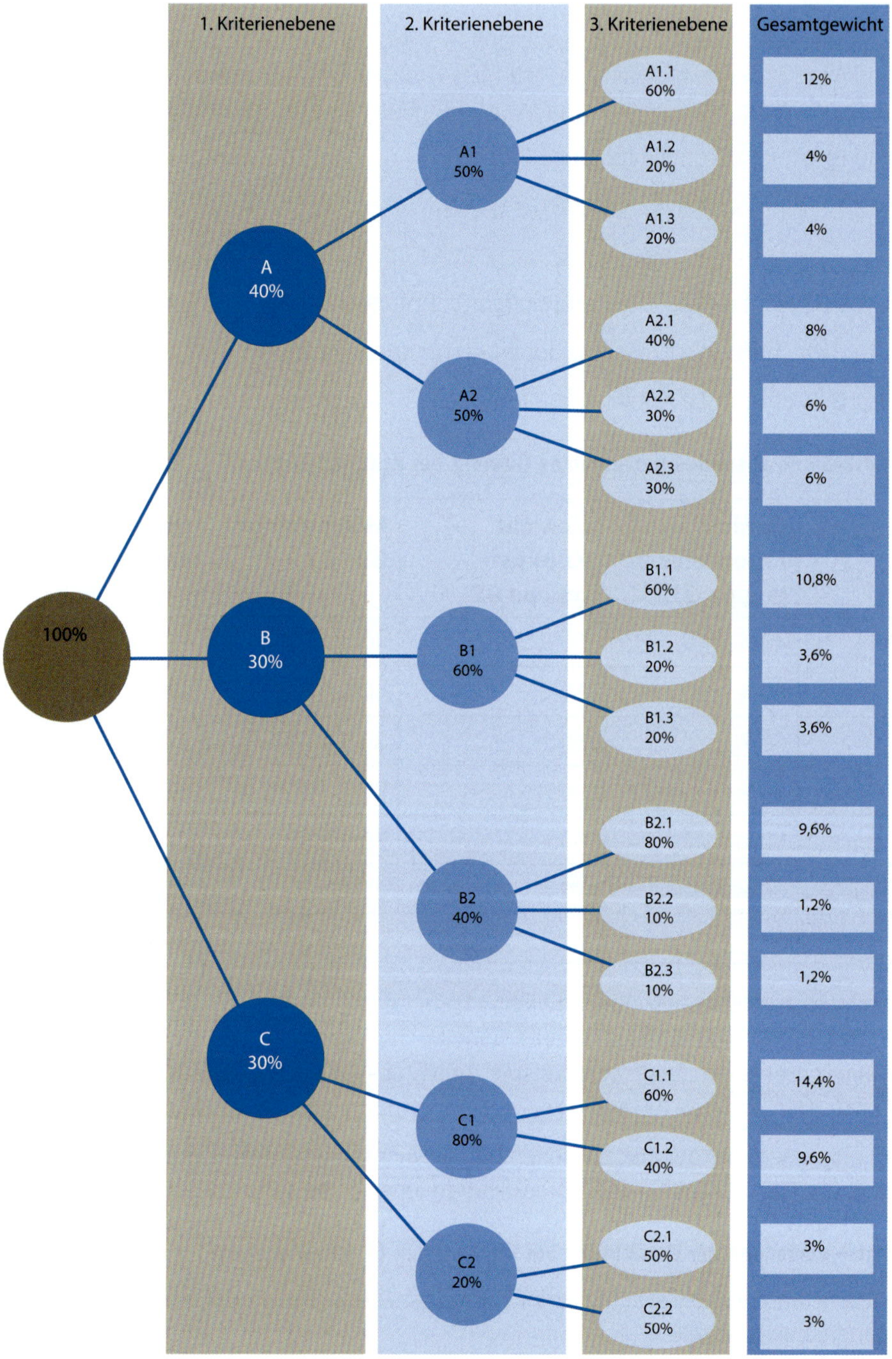

Abbildung: Verteilung der prozentualen Gewichtung in der 3. Kriterienebene

Der dritte Schritt wird abgeschlossen durch die Überprüfung, ob die Gewichte der Kriterien ihrer Bedeutung für die Gesamtbewertung angemessen sind.

Da die prozentualen Gewichte relative Gewichte sind, muss zuerst die absolute Gewichtung für die Kriteriengruppen mittels der Formel

$$G_{3a} = G_1 \cdot G_2 \cdot G_3$$

ausgerechnet werden. Wobei:

G_{3a}= absolutes Gewicht für die Kriterien (3. Kriterienebene)

G_3 = relatives Gewicht für die Kriterien (2. Kriterienebene)

G_2 = relatives Gewicht für die Kriteriengruppen (2. Kriterienebene)

G_1 = relatives Gewicht für die Kriterienhauptgruppen (1. Kriterienebene)

Tabelle: Relatives und absolutes prozentuales Gewicht der Kriterien

Kriterien	G1	G2	G3	Multiplikation G1 ·G2 · G3	Gewicht absolut
A1.1	40 %	50 %	60 %	40 % * 50 % * 60 % =	12 %
A1.2	40 %	50 %	20 %	40 % * 50 % * 20 % =	4 %
A1.3	40 %	50 %	20 %	40 % * 50 % * 20 % =	4 %
A2.1	40 %	50 %	40 %	40 % * 50 % * 40 % =	8 %
A2.2	40 %	50 %	30 %	40 % * 50 % * 30 % =	6 %
A2.3	40 %	50 %	30 %	40 % * 50 % * 30 % =	6 %
B1.1	30 %	60 %	60 %	30 % * 60 % * 60 % =	10,8 %
B1.2	30 %	60 %	20 %	30 % * 60 % * 20 % =	3,6 %
B1.3	30 %	60 %	20 %	30 % * 60 % * 20 % =	3,6 %
B2.1	30 %	40 %	80 %	30 % * 40 % * 80 % =	9,6 %
B2.2	30 %	40 %	10 %	30 % * 40 % * 10 % =	1,2 %
B2.3	30 %	40 %	10 %	30 % * 40 % * 10 % =	1,2 %
C1.1	30 %	80 %	60 %	30 % * 80 % * 60 % =	14,4 %
C1.2	30 %	80 %	40 %	30 % * 80 % * 40 % =	9,6 %
C2.1	30 %	20 %	50 %	30 % * 20 % * 50 % =	3 %
C2.2	30 %	20 %	50 %	30 % * 20 % * 50 % =	3 %
Summe					100 %

Finden sich ungünstige Relationen zwischen den Gewichten der Kriteriengruppen, so muss die Verteilung der Gewichtspunkte entsprechend angepasst werden.

Das errechnete absolute prozentuale Gewicht wird bei der Auswertung mit der erreichten Wertungspunktzahl des Kriteriums multipliziert.

Beispiel

Ein Angebot hat bei dem Kriterium C1.1 8 Wertungspunkte erhalten. Diese 8 Wertungspunkte werden mit dem absoluten Gewicht von C1.1 von 14,4 % multipliziert und ergeben 1,152 Leistungspunkte.

7.3 Gewichtung mit Gewichtungspunkten

Neben der prozentualen Gewichtungsdarstellung ist auch eine Darstellung mit Gewichtungspunkten möglich. Hierbei werden eine vorgegebene Anzahl Gewichtungspunkte auf die einzelnen Kriterien verteilt. Grundsätzlich kann hierzu jede Zahl verwendet und Bruchteile davon auf die einzelnen Kriterien verteilt werden.

Bewährt hat sich die Verwendung der Zehnerpotenzen 100, 1.000, 10.000, 100.000, ... als Gewichtungspunkte.

Beispiel für eine Gewichtung mit Gewichtungspunkten

Die Verteilung der Gewichtungspunkte kann in vier Schritten erfolgen:

1. Festlegen der Gesamt-Gewichtungspunktzahl
2. Verteilung der Gewichtungspunkte auf die Kriterienhauptgruppen (1. Kriterienebene)
3. Verteilung der Gewichtungspunkte auf die Kriteriengruppen (2. Kriterienebene)
4. Verteilung der Gewichtungspunkte auf die Kriterien (3. Kriterienebene)

Diese Schritte werden im Folgenden erläutert.

Erster Schritt – Festlegen der Gesamt-Gewichtungspunktzahl

Im ersten Schritt wird die Gesamt-Gewichtungspunktzahl festgelegt. Zur besseren Verdeutlichung wird – beispielhaft – eine Gewichtungspunktzahl von 1.000 verwendet.

Zweiter Schritt – Verteilung der Gewichtungspunkte auf die Kriterienhauptgruppen (1. Kriterienebene)

Im zweiten Schritt werden die 1.000 Gewichtungspunkte auf die Kriterienhauptgruppen A, B und C verteilt. Die Summe der Gewichtungspunkte der Kriterienhauptgruppen muss der Gesamt-Gewichtungspunktzahl 1.000 entsprechen. Besonders ist darauf zu achten, dass die Gewichte in einer vernünftigen Relation zueinander stehen und die Bedeutung der Kriterien widerspiegeln.

Im Beispiel werden die 1.000 Gewichtungspunkte wie folgt verteilt: Kriterienhauptgruppe A erhält 400 von möglichen 1.000 Gewichtungspunkten, Kriterienhauptgruppe B erhält 300 von möglichen 1.000 Gewichtungspunkten und Kriterienhauptgruppe C erhält ebenfalls 300 von möglichen 1.000 Gewichtungspunkten. Die Summe der Gewichtungspunkte aus allen drei Kriterienhauptgruppen ergibt 1.000.

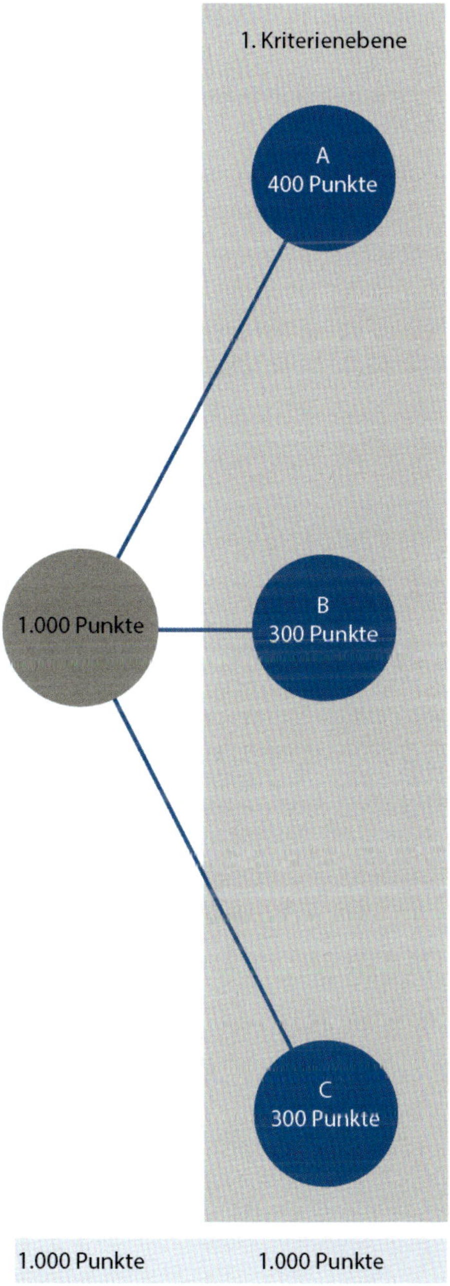

Abbildung: Verteilung der Gewichtungspunkte in der 1. Kriterienebene

Dritter Schritt – Verteilung der Gewichtungspunkte auf die Kriteriengruppen (2. Kriterienebene)

Im dritten Schritt werden die Gewichtungspunkte der Kriterienhauptgruppen A, B und C auf die zugehörigen Kriteriengruppen (2. Kriterienebene) verteilt. Die Summe der Gewichtspunkte der zu einer Kriterienhauptgruppe gehörenden Kriteriengruppen muss dabei der Gewichtungspunktzahl der zugehörigen Kriterienhauptgruppe entsprechen.

Die Summe der Gewichtungspunkte aus allen Kriteriengruppen (2. Kriterienebene) muss der Gesamt-Gewichtungspunktzahl 1.000 entsprechen.

Besonders ist darauf zu achten, dass die Gewichte in einer vernünftigen Relation zueinander stehen und die Bedeutung der Kriterien widerspiegeln.

Im Beispiel werden die 400 Gewichtungspunkte der Kriterienhauptgruppe A auf die zwei Kriteriengruppen A1 und A2 wie folgt verteilt: A1 und A2 erhalten jeweils 200 Punkte. Die 300 Gewichtungspunkte der Kriterienhauptgruppe B werden auf B1 mit 180 Punkten und auf B2 mit 120 Punkten verteilt.

Die 300 Gewichtungspunkte der Kriterienhauptgruppe C werden auf die zwei Kriteriengruppen C1 und C2 wie folgt verteilt: C1 erhält 240 Punkte und C2 erhält 60 Punkte.

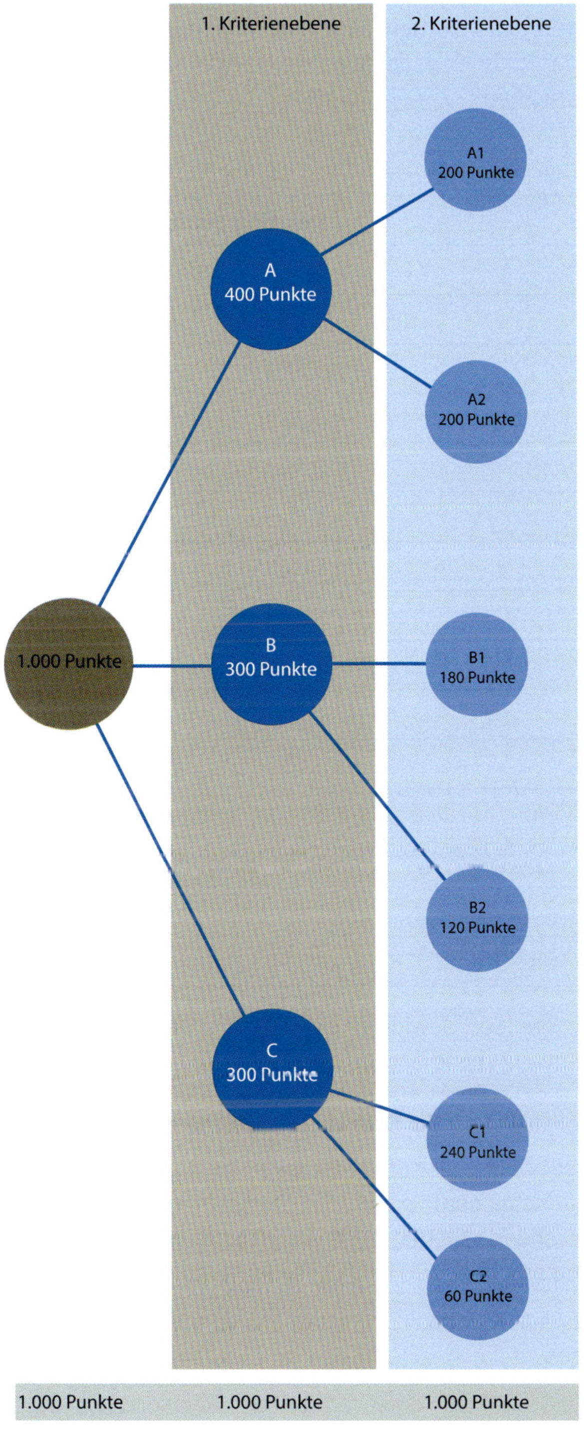

Abbildung: Verteilung der Gewichtungspunkte in der 2. Kriterienebene

Besonders wichtig ist es, darauf zu achten, dass die Gewichte in einer vernünftigen Relation zueinander stehen und die Bedeutung der Kriterien widerspiegeln. Dazu sind die Relationen aller Kriteriengruppen zueinander zu betrachten.

Tabelle: Relationen der Kriteriengruppen

Kriteriengruppen	Relation	Relation gekürzt
A1:A2	200:200	1:1
A1:B1	200:180	1,11:1
A1:B2	200:120	1,67:1
A1:C1	200:240	0,83:1
A1:C2	200:60	3,33:1
A2:B1	200:180	1,11:1
A2:B2	200:120	1,67:1
A2:C1	200:240	0,83:1
A2:C2	200:60	3,33:1
B1:B2	180:120	1,5:1
B1:C1	180:240	0,75:1
B1:C2	180:60	3:1
B2:C1	120:240	0,5:1
B2:C2	120:60	2:1
C1:C2	240:60	4:1

Finden sich ungünstige Relationen zwischen den Gewichten der Kriteriengruppen, so muss die Verteilung der Gewichtungspunkte entsprechend angepasst werden.

Vierter Schritt – Verteilung der Gewichtungspunkte auf die Kriterien (3. Kriterienebene)

Im vierten Schritt werden die Gewichtungspunkte der Kriteriengruppen A1, A2, B1, B2, C1 und C2 auf die zugehörigen Kriterien (3. Kriterienebene) verteilt. Die Summe der Gewichtungspunkte der zu einer Kriteriengruppe gehörenden Kriterien muss dabei der Gewichtungspunktzahl der zugehörigen Kriteriengruppe entsprechen.

Die Summe der Gewichtungspunkte aus allen Kriterien (3. Kriterienebene) muss der Gesamt-Gewichtungspunktzahl 1.000 entsprechen.

Besonders ist darauf zu achten, dass die Gewichte in einer vernünftigen Relation zueinander stehen und die Bedeutung der Kriterien widerspiegeln.

Im Beispiel werden die 200 Gewichtungspunkte der Kriteriengruppe A1 auf die drei Kriterien A1.1, A1.2 und A1.3 wie folgt verteilt: Das Kriterium A1.1 erhält 120 Punkte, die Kriterien A1.2 und A1.3 erhalten jeweils 40 Punkte.

Ebenso werden die Gewichtungspunkte der anderen Kriteriengruppen ihrer Bedeutung entsprechend verteilt.

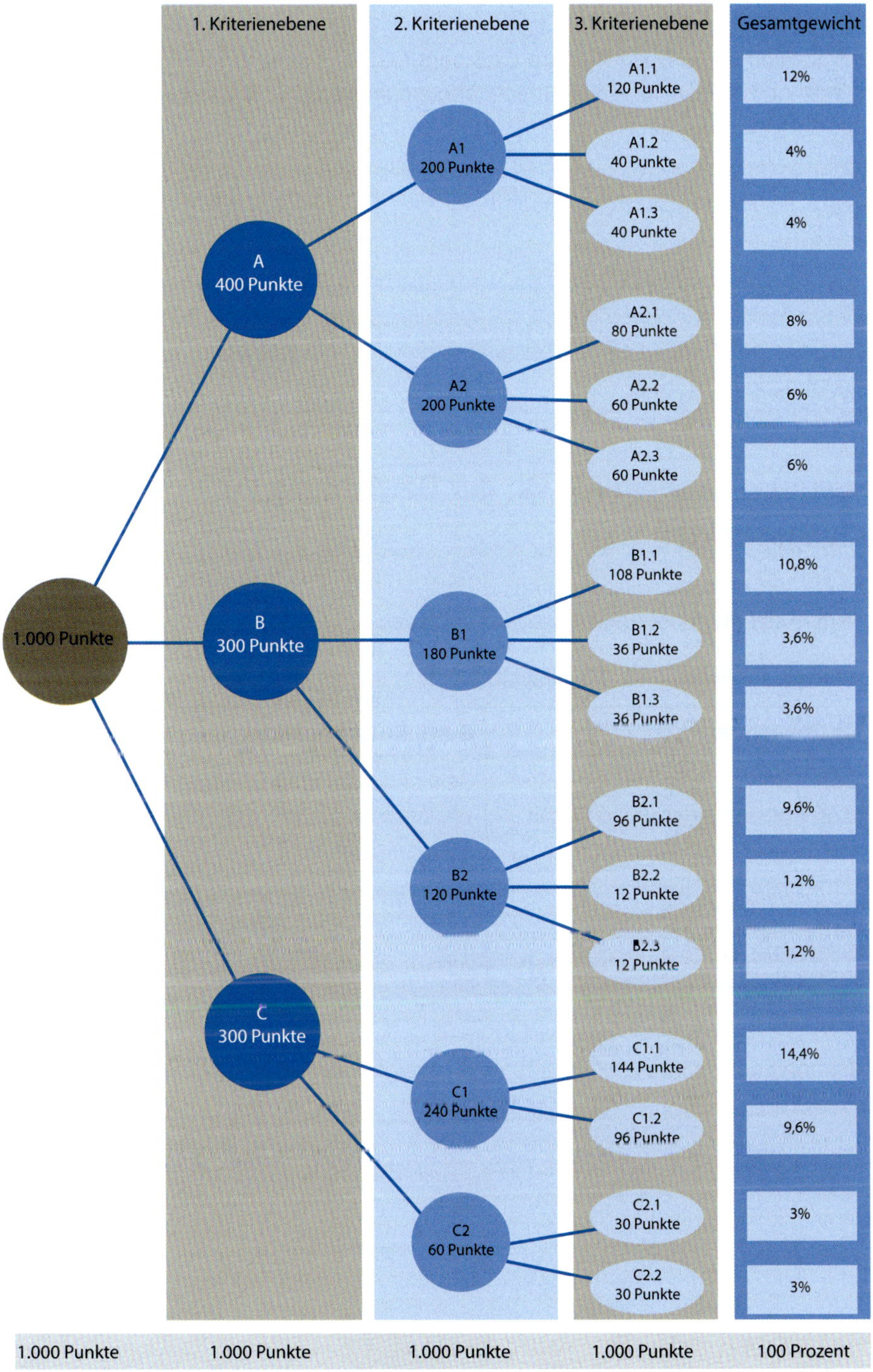

Abbildung: Verteilung der Gewichtungspunkte in der 3. Kriterienebene

Die Verwendung von Zehnerpotenzen als Gesamt-Gewichtungspunktzahl, hier im Beispiel die Zahl 1.000, erlaubt ein gutes Ablesen der absoluten Bedeutung der einzelnen Kriterien in der Gesamtbewertung. Zum Beispiel hat das Kriterium B2.3 eine Gewichtungspunktzahl von 12 Punkten. Bei einer Gesamt-Gewichtungspunktzahl von 1.000 entspricht diese Punktzahl einem Prozentsatz von 1,2 %. Das Kriterium B2.3 geht folglich mit einem Gewicht von 1,2 % in die Gesamtwertung ein. Der vierte Schritt wird abgeschlossen durch die Überprüfung, ob die Gewichte der Kriterien ihrer Bedeutung für die Gesamtbewertung angemessen sind.

Die Gewichtungspunktzahl eines Kriteriums wird bei der Auswertung mit der erreichten Wertungspunktzahl des Kriteriums multipliziert.

Beispiel

Ein Angebot hat bei dem Kriterium C1.1 8 Wertungspunkte erhalten. Diese 8 Wertungspunkte werden mit den 144 Gewichtungspunkten von C1.1 multipliziert und ergeben 1.152 Leistungspunkte.

7.4 Prozentuale Gewichtung vs. der Gewichtung mit Leistungspunkten

Die Methode der „prozentualen Gewichtung" und die Methode der „Gewichtungspunkte" sind äquivalent. Nur in der Handhabung sind sie verschieden.

Tabelle: Prozentuale Gewichtung vs. Gewichtungspunkte

Prozentuale Gewichtung	Gewichtungspunkte
Die prozentuale Gewichtung und die Wertungspunktzahl des Kriteriums sind nicht zu verwechseln.	Gewichtungspunkte dürfen nicht mit der Wertungspunktzahl des Kriteriums verwechselt werden.
Die absolute Gewichtung der Kriterien muss ab der zweiten Kriterienebene berechnet werden und ist nicht sofort ersichtlich.	Die absolute Gewichtung jedes Kriteriums ist auf jeder Kriterienebene sofort ersichtlich.

Am Ende entscheidet die persönliche Präferenz, welche Methode Anwendung findet.

In den Abbildungen auf den Seiten 219-222 wird gezeigt, dass es nur auf das Verhältnis der Gewichte ankommt.

7.5 Gewichtung in Abhängigkeit des Verhältnisses von Leistungspunktspannen zu Angebotspreisspannen

Eine ausgewogene Gewichtung von monetären zu nichtmonetären Kriterien hängt auch vom Verhältnis der Spannweiten der monetären und nichtmonetären Kriterien sowie der ausgewählten Bewertungsmethode ab.

Eine pauschale Aussage, dass eine bestimmte Gewichtung immer passt, ist nicht möglich. Die Aussage, 50 % monetäre Kriterien und 50 % nichtmonetäre Kriterien passen immer, ist falsch.

Ebenso ist eine pauschale Aussage, dass eine bestimmte Gewichtung immer unzulässig sei, wie zum Beispiel 90 % Preis und 10 % Nachhaltigkeit oder 20 % Preis und 80 % Konzept, ebenfalls falsch.

Bei einer Wirtschaftlichkeitsbetrachtung, die eine Preis-Leistungs-Bewertung oder eine Kosten-Leistungs-Bewertung vornimmt, müssen mindestens die zwei folgenden Auftragswerte in einer Markterkundung/Auftragswertschatzung ermittelt werden:

- der Angebotspreis oder die Angebotskosten für ein Angebot, das die Mindestanforderungen erfüllt, sowie
- der Angebotspreis oder die Angebotskosten für ein Angebot, das die Anforderungen maximal erfüllt.

Mittels dieser Werte und der ausgewählten Zuschlagsformel (Bewertungsmethode) kann man die Spannweite der Angebotspreise beziehungsweise Angebotspreispunkte und die Spannweite der Leistungspunkte ermitteln. Aus dem Verhältnis dieser beiden Spannweiten ergibt sich dann die optimale ausgewogene Gewichtung für die Ausschreibung.[2]

2 *Ferber*, Das wirtschaftlichste Angebot im Vergaberecht.

7.5.1 Monetäre Spannweite ist sehr klein im Vergleich zu der nichtmonetären Spannweite

Im folgenden Beispiel wird als nichtmonetäres Zuschlagskriterium der Anteil an recyceltem Kunststoff bewertet. Da bei diesem Zuschlagskriterium keine Mindestanforderung gestellt wurde, erfüllt ein Angebot mit 0 % Anteil an recyceltem Kunststoff die Anforderungen (Angebot A). Ein Angebot, das 100 % Anteil an recyceltem Kunststoff anbietet, erhält die maximale Leistungspunktzahl von 100 Punkten.

Pos.	Bewertungskriterien	Gewichtung	Wertungspunkte
1	Anteil recycelter Kunststoff	15%	Angebote mit Produkten, deren Anteil an recyceltem Kunststoff 100% beträgt, erhalten 100 Wertungspunkte. Angebote mit Produkten, deren Anteil an recyceltem Kunststoff 0% beträgt, erhalten 0 Wertungspunkte. Angebote mit Produkten, deren Anteil an recyceltem Kunststoff mehr als 0%, aber weniger als 100% beträgt, werden mittels einer linearen Interpolation mit den Stützstellen (0%, 0 Punkte) und (100%, 100 Punkte) berechnet.
2	Angebotspreis	85%	Der Angebotspreis (P) wird mit dem günstigsten Angebotspreis ($P_{billigst}$) ins Verhältnis gesetzt und mit 100 Punkten multipliziert. Angebotspunkte = ($P_{billigst}$ / P) • 100 Punkte Gerechnet wird mit zwei Stellen hinter dem Komma, es findet das kaufmännische Runden Anwendung. **Beispiel:** Angebot A: 100.000 Euro Angebotspreis Angebot B: 115.000 Euro Angebotspreis $Angebotspunkte_A$ = (100.000 € / 100.000 €) • 100 Punkte = 100 Punkte $Angebotspunkte_B$ = (100.000 € / 115.000 €) • 100 Punkte = 86,96 Punkte

Abbildung: Bewertungsmatrix mit dem Zuschlagskriterium Anteil recycelter Kunststoff und dem Zuschlagskriterium Angebotspreis

Im betrachteten Beispiel werden die folgenden Angebotspreise durch eine Markterkundung ermittelt:

- Angebot A, 0 % Anteil recycelter Kunststoff: 100.000 Euro
- Angebot B, 100 % Anteil recycelter Kunststoff: 115.000 Euro

Aufgrund der sehr kleinen Preisspanne und der sehr großen Leistungspunktespanne liegt bei der Gewichtung von 85 % Preis und 15 % Anteil recycelter Kunststoff eine ausgeglichene Gewichtung vor. Man kann dies sehr gut im gewichteten Preis-Leistungs-Diagramm in der folgenden Abbildung erkennen. Der Schnittpunkt der beiden Angebotsgeraden von Angebot A (minimale Leistungsstärke, günstigster Angebotspreis) und von Angebot B (maximale Leistungsstärke, maximaler Angebotspreis) liegt bei einer Gewichtung von etwa 12 % Leistung und 88 % Preis. Bei dieser Gewichtung (scheinbare Gewichtung) würde eine wahre Gewichtung von 50 % Leistung und 50 % Preis vorliegen. Das heißt bei der Gewichtung von 85 % Preis und 15 % Anteil recycelter Kunststoff ist die wahre Gewichtung des Zuschlagskriteriums Anteil recycelter Kunststoff etwas stärker als die wahre Gewichtung des Preises. Aus diesem Grund gewinnt in diesem Beispiel auch das leistungsstärkere und teurere Angebot B die Ausschreibung.

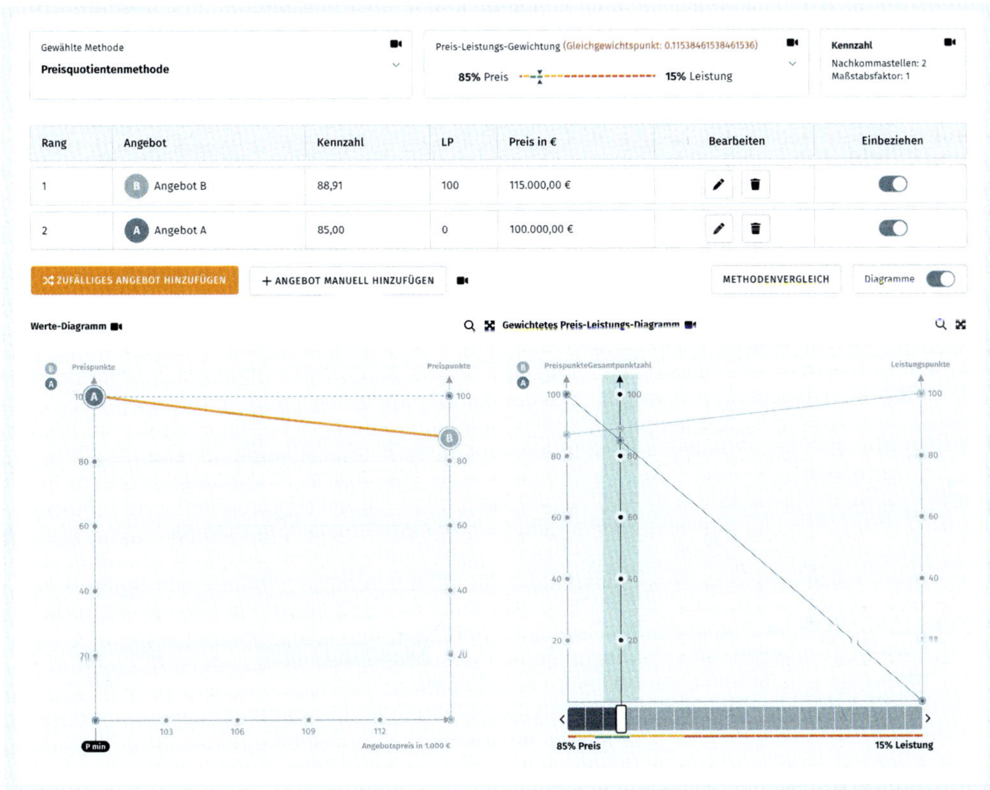

Abbildung: Darstellung des Wertediagramms und des gewichteten Preis-Leistungs-Diagramms im VergabeCalculator PRO, Gewichtung 85 % / 15 %

Bei einer Gewichtung von 50 % Preis und 50 % Anteil recycelter Kunststoff liegt im betrachteten Beispiel übrigens keine ausgewogene Gewichtung vor. Der Preis wird zum Alibi-Kriterium degradiert.

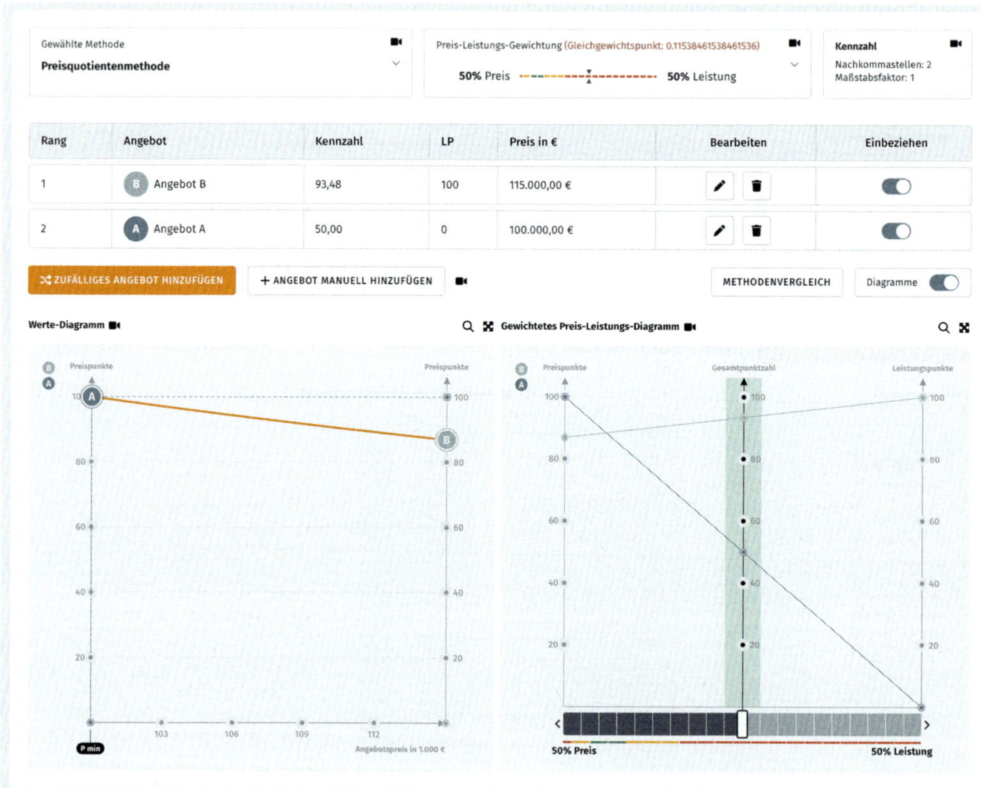

Abbildung: Darstellung des Wertediagramms und des gewichteten Preis-Leistungs-Diagramms im VergabeCalculator PRO, Gewichtung 50 % / 50 %

Ist die monetäre Spannweite sehr klein im Vergleich zu der nichtmonetären Spannweite, führt die Anwendung der einfachen Richtwertmethode zu einem Alibi-Kriterium, da bei der einfachen Richtwertmethode keine Gewichtung einstellbar ist. Die scheinbare Gewichtung liegt immer bei 50 % für die monetären Zuschlagskriterien und 50 % für die nichtmonetären Zuschlagskriterien.

Abbildung: Darstellung des Wertediagramms und des gewichteten Preis-Leistungs-Diagramms im VergabeCalculator PRO, Anwendung der einfachen Richtwertmethode

Da man bei der einfachen Richtwertmethode keine Gewichtung einstellen kann, empfiehlt es sich hier eine andere Bewertungsmethode zu wählen, bei der eine Gewichtung eingestellt werden kann, und/oder das Verhältnis der Spannweiten durch eine andere Punktevergabe anzupassen.

Die wahre Gewichtung kann stark von der scheinbaren Gewichtung abweichen. Im betrachteten Beispiel wurde dies durch die sehr unterschiedlichen Spannweiten bei Preis und Anteil recycelter Kunststoff verursacht.

7.5.2 Monetäre Spannweite ist klein im Vergleich zu der nichtmonetären Spannweite

Im folgenden Beispiel wird als nichtmonetäres Zuschlagskriterium der Anteil an Bioprodukten bewertet. Da bei diesem Zuschlagskriterium keine Mindestanforderung gestellt wurde, erfüllt ein Angebot mit 0 % Anteil an Bioprodukten die Anforderungen (Angebot A). Ein Angebot, das 100 % Anteil an Bioprodukten anbietet, erhält die maximale Leistungspunktzahl von 100 Punkten.

Pos.	Bewertungskriterien	Gewichtung	Wertungspunkte
1	Anteil Bioprodukte	30%	Angebote mit Catering-Leistungen, deren Anteil an Bioprodukten 100% beträgt, erhalten 100 Wertungspunkte. Angebote mit Catering-Leistungen, deren Anteil an Bioprodukten 0% beträgt, erhalten 0 Wertungspunkte. Angebote mit Catering-Leistungen, deren Anteil an Bioprodukten mehr als 0%, aber weniger als 100% beträgt, werden mittels einer linearen Interpolation mit den Stützstellen (0%, 0 Punkte) und (100%, 100 Punkte) berechnet.
2	Angebotspreis	70%	Der Angebotspreis (P) wird mit dem günstigsten Angebotspreis ($P_{billigst}$) ins Verhältnis gesetzt und mit 100 Punkten mulipliziert. Preispunkte = ($P_{billigst}$ / P) • 100 Punkte Gerechnet wird mit zwei Stellen hinter dem Komma, es findet das kaufmännische Runden Anwendung. **Beispiel:** Angebot A: 100.000 Euro Angebotspreis Angebot B: 150.000 Euro Angebotspreis Preispunkte_A = (100.000 € / 100.000 €) • 100 Punkte = 100 Punkte Preispunkte_B = (100.000 € / 150.000 €) • 100 Punkte = 66,67 Punkte

Abbildung: Bewertungsmatrix mit dem Zuschlagskriterium Anteil Bioprodukte und dem Zuschlagskriterium Angebotspreis, Gewichtung 70 % / 30 %

Bei dem betrachteten Beispiel der Ausschreibung einer Catering-Leistung werden durch eine Markterkundung die folgenden Angebotspreise ermittelt:

- Angebot A, 0 % Anteil Bioprodukte: 90.000 Euro
- Angebot B, 100 % Anteil Bioprodukte: 160.000 Euro

Aufgrund der kleinen Preispunktespanne und der sehr großen Leistungspunktespanne liegt bei der Gewichtung von 70 % Preis und 30 % Anteil Bioprodukte eine ausgeglichene Gewichtung vor. Man kann dies sehr gut im gewichteten Preis-Leistungs-Diagramm in der folgenden Abbildung erkennen. Der Schnittpunkt der beiden Angebotsgeraden von Angebot A (minimale Leistungsstärke, günstigster Angebotspreis) und von Angebot B (maximale Leistungsstärke, maximaler Angebotspreis) liegt bei einer Gewichtung von etwa 30 % Leistung und 70 % Preis.

Bei dieser Gewichtung (scheinbare Gewichtung) würde eine wahre Gewichtung von 50 % Leistung und 50 % Preis vorliegen. Das heißt, bei der Gewichtung von 70 % Preis und 30 % Anteil Bioprodukte liegt die wahre Gewichtung des Zuschlagskriteriums Anteil Bioprodukte ebenso wie die wahre Gewichtung des Preises bei jeweils 50 %. Aus diesem Grund sind die Kennzahlen der beiden Angebote sehr eng beieinander.

Abbildung: Darstellung des Wertediagramms und des gewichteten Preis-Leistungs-Diagramms im VergabeCalculator PRO, Gewichtung 70 % / 30 %

Bei einer Gewichtung von 90 % Preis und 10 % Anteil Bioprodukten würde im vorliegenden Beispiel der Anteil an Bioprodukten keine Rolle mehr spielen. Der Zuschlag würde allein nach dem Preis entschieden und das Zuschlagskriterium Anteil Bioprodukte würde zum Alibi-Kriterium degradiert.

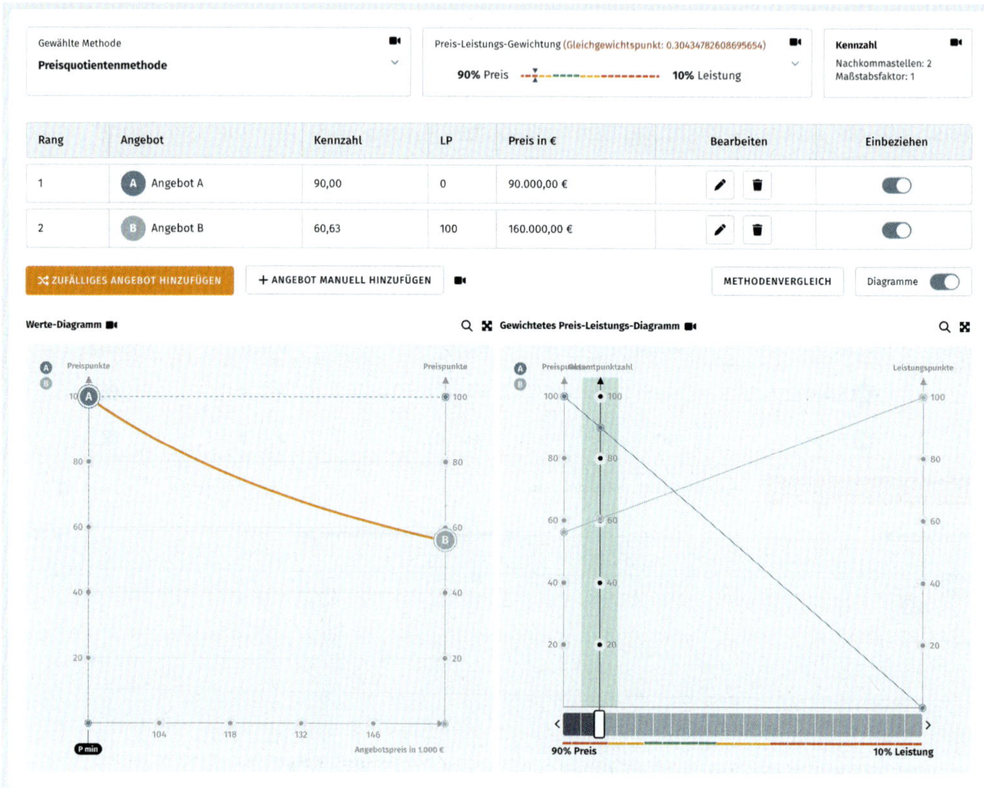

Abbildung: Darstellung des Wertediagramms und des gewichteten Preis-Leistungs-Diagramms im VergabeCalculator PRO, Gewichtung 90 % / 10 %

Es stellt sich die Frage, ob nicht ein Angebot, dass ein klein wenig teurer ist und einen Anteil Bioprodukte anbietet, diese Ausschreibung gewinnen könnte.[3]

Angebot C ist ein unrealistisches Angebot, nur etwa 11 % teurer als Angebot B, aber mit 80 % Anteil Bioprodukten gegenüber 0 % Anteil Bioprodukten bei Angebot B deutlich leistungsstärker. Aber auch hier gewinnt Angebot A, da das Zuschlagskriterium Anteil Bioprodukte bei 90 % Preis zum Alibikriterium/Feigenblattkriterium degradiert wurde.

3 Hierzu: *Ferber*, Das Vermeiden einer Marginalisierung von Nachhaltigkeitskriterien im Vergabeverfahren, *Közbeszerzési Jog* (Public Procurement Law), 6/2024; *Ferber*, Das wirtschaftlichste Angebot im Vergaberecht.

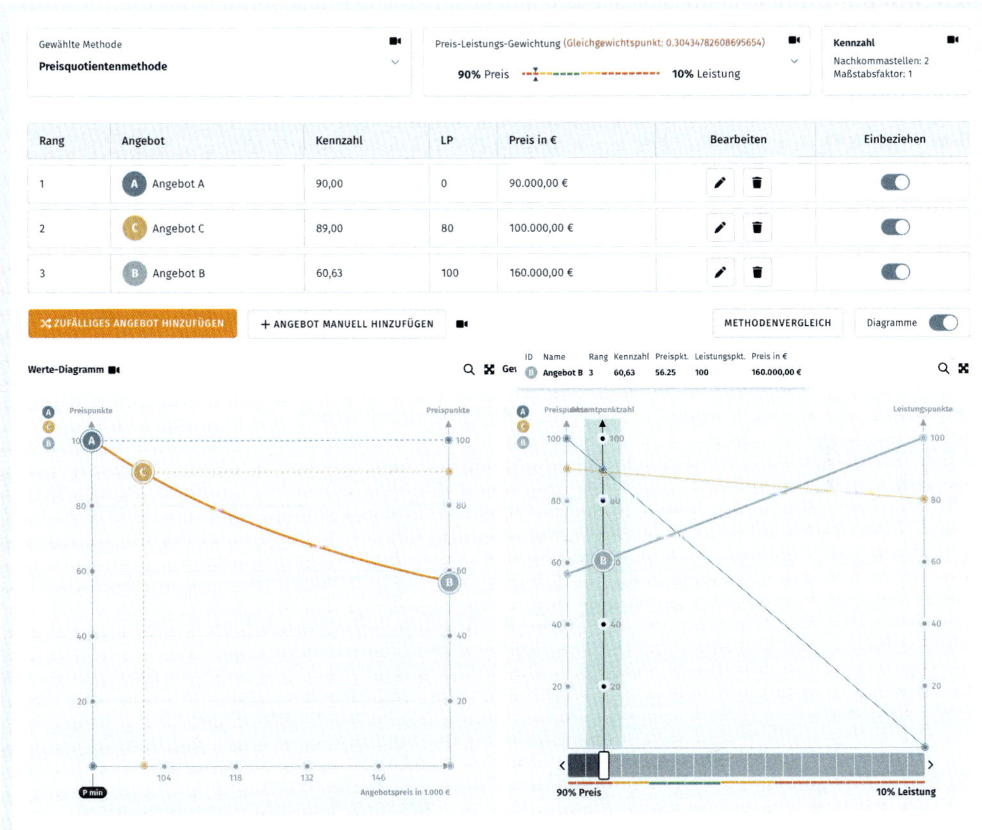

Abbildung: Darstellung des Wertediagramms und des gewichteten Preis-Leistungs-Diagramms im VergabeCalculator PRO, Gewichtung 90 % / 10 %

Auch ein weiteres Angebot D, welches nur etwa 6 % teurer als Angebot A ist, aber mit 45 % Anteil Bioprodukten gegenüber 0 % Anteil Bioprodukten bei Angebot A deutlich leistungsstärker ist, hätte keine Chance diese Ausschreibung zu gewinnen.

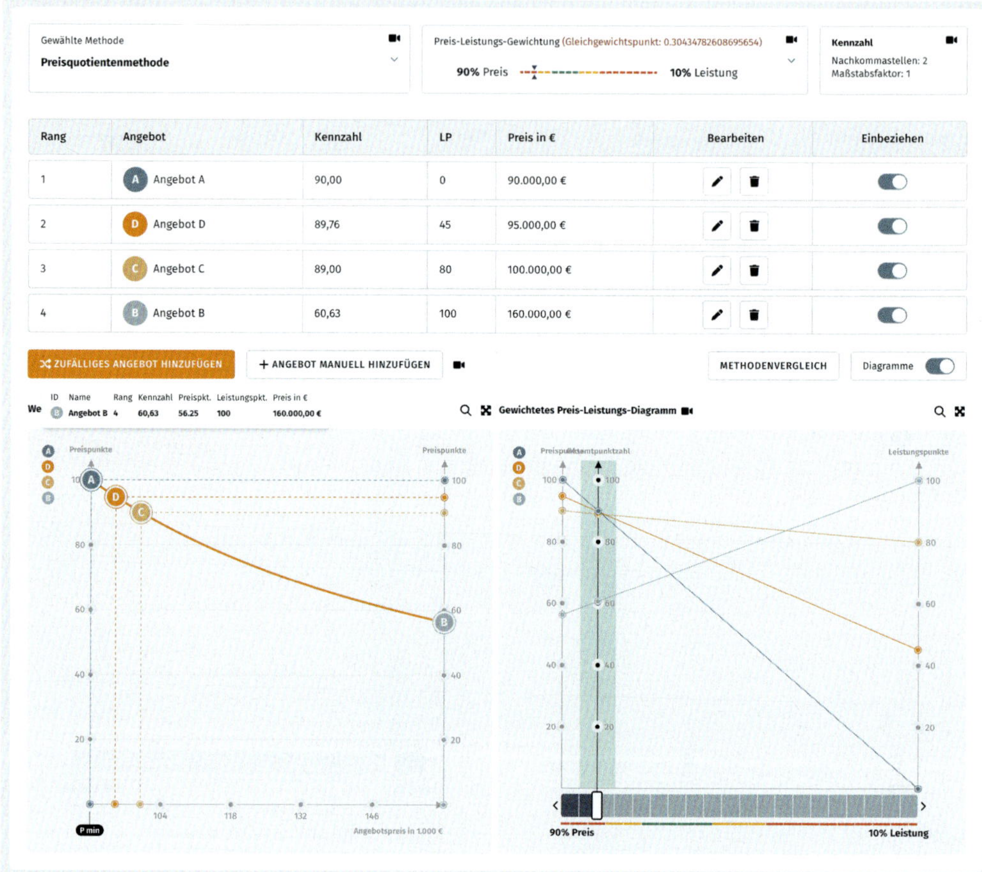

Abbildung: Darstellung des Wertediagramms und des gewichteten Preis-Leistungs-Diagramms im VergabeCalculator PRO, Gewichtung 90 % / 10 %

Ist die monetäre Spannweite klein im Vergleich zur nichtmonetären Spannweite, dann führt eine stärkere Gewichtung der nichtmonetären Zuschlagskriterien zu einer Marginalisierung der monetären Zuschlagskriterien und der Preis wird zum Alibi-Kriterium degradiert.

Abbildung: Darstellung des Wertediagramms und des gewichteten Preis-Leistungs-Diagramms im VergabeCalculator PRO, Gewichtung 40 % / 60 %

Ist die monetäre Spannweite klein im Vergleich zur nichtmonetären Spannweite, dann führt eine stärkere Gewichtung der nichtmonetären Zuschlagskriterien zu einer Marginalisierung der monetären Zuschlagskriterien und der Preis wird zum Alibi-Kriterium degradiert. Die Marginalisierung des Angebotspreises kann man verdeutlichen, wenn man ein Angebot C hinzufügt, das ca. 37 % billiger aber nur 25 % leistungsschwächer als das leistungsstärkste Angebot B ist. Auch dieses Angebot hätte keine Chance, diese Ausschreibung zu gewinnen.

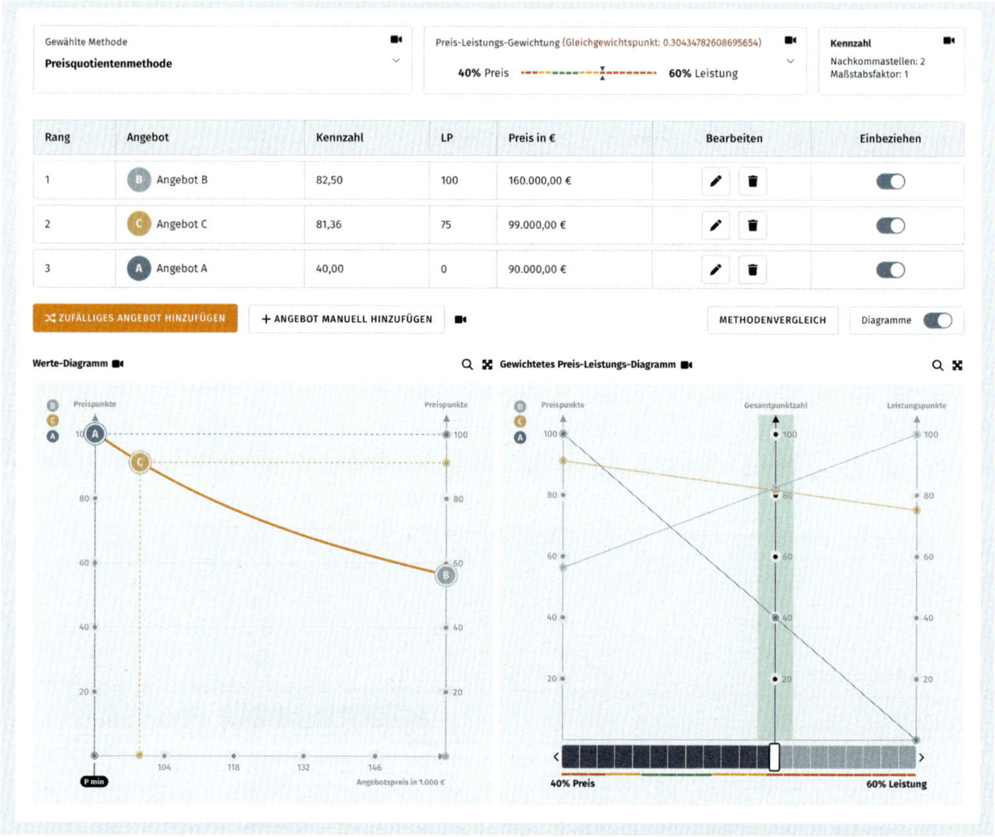

Abbildung: Darstellung des Wertediagramms und des gewichteten Preis-Leistungs-Diagramms im VergabeCalculator PRO, Gewichtung 40 % / 60 %

Ist die monetäre Spannweite klein im Vergleich zu der nichtmonetären Spannweite, führt die Anwendung der einfachen Richtwertmethode zu einem Alibi-Kriterium, da bei der einfachen Richtwertmethode keine Gewichtung einstellbar ist. Die scheinbare Gewichtung liegt immer bei 50 % für die monetären Zuschlagskriterien und 50 % für die nichtmonetären Zuschlagskriterien.

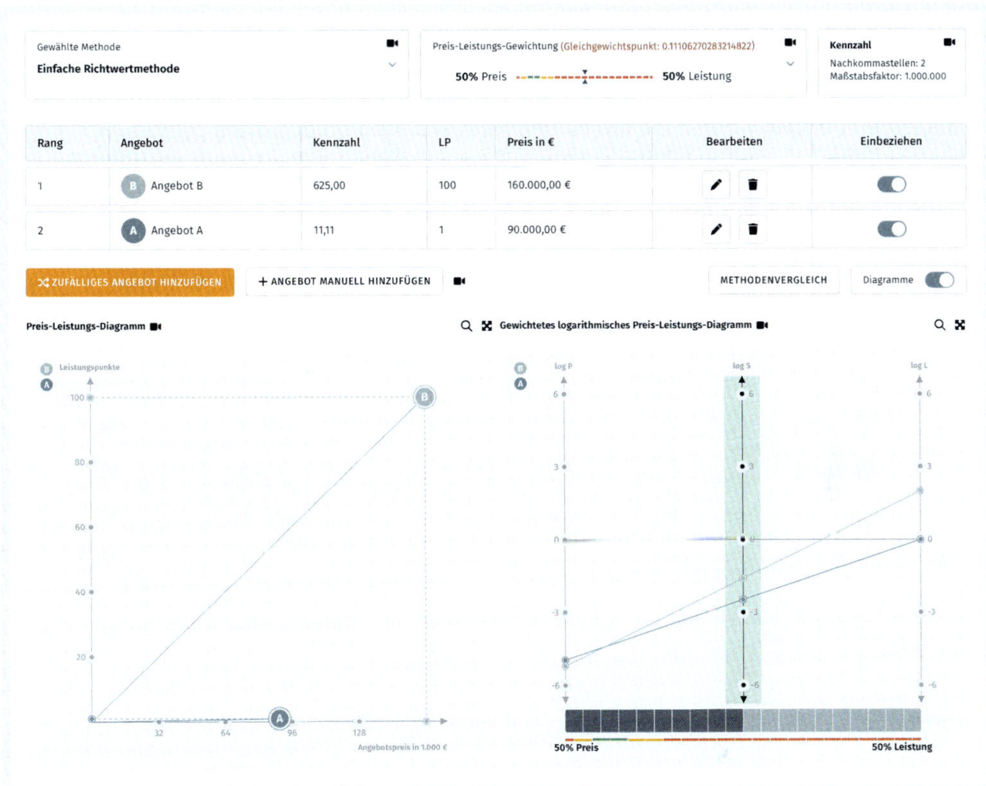

Abbildung: Darstellung des Wertediagramms und des gewichteten Preis-Leistungs-Diagramms im VergabeCalculator PRO. Anwendung der einfachen Richtwertmethode

Da man bei der einfachen Richtwertmethode keine Gewichtung einstellen kann, empfiehlt es sich für die Auftraggeberinnen und Auftraggeber, hier eine andere Bewertungsmethode zu wählen, bei der eine Gewichtung eingestellt werden kann und/oder das Verhältnis der Spannweiten durch eine andere Punktevergabe anzupassen.

Die wahre Gewichtung kann stark von der scheinbaren Gewichtung abweichen. Im betrachteten Beispiel wurde dies durch die unterschiedlichen Spannweiten bei Preis und Anteil Bioprodukte verursacht.

7.5.3 Monetäre Spannweite ist ungefähr gleich groß wie die nichtmonetäre Spannweite

Im folgenden Beispiel werden die vier Angebote A, B, C und D betrachtet, deren Spannweiten bei den monetären und den nichtmonetären Zuschlagskriterien in etwa gleich sind. Hier entspricht die wahre Gewichtung der scheinbaren Gewichtung.

Gewählte Methode
Preisquotientenmethode

Preis-Leistungs-Gewichtung (Gleichgewichtspunkt: 0.5056179775280899)
50% Preis **50%** Leistung

Kennzahl
Nachkommastellen: 2
Maßstabsfaktor: 1

Rang	Angebot	Kennzahl	LP	Preis in €	Bearbeiten	Einbeziehen
1	Angebot B	75,36	65	350.000,00 €		
2	Angebot A	75,00	50	300.000,00 €		
3	Angebot D	72,27	90	550.000,00 €		
4	Angebot C	70,83	75	450.000,00 €		

Abbildung: Tabellarische Darstellung der vier Angebote im VergabeCalculator PRO, Gewichtung 50 % / 50 %

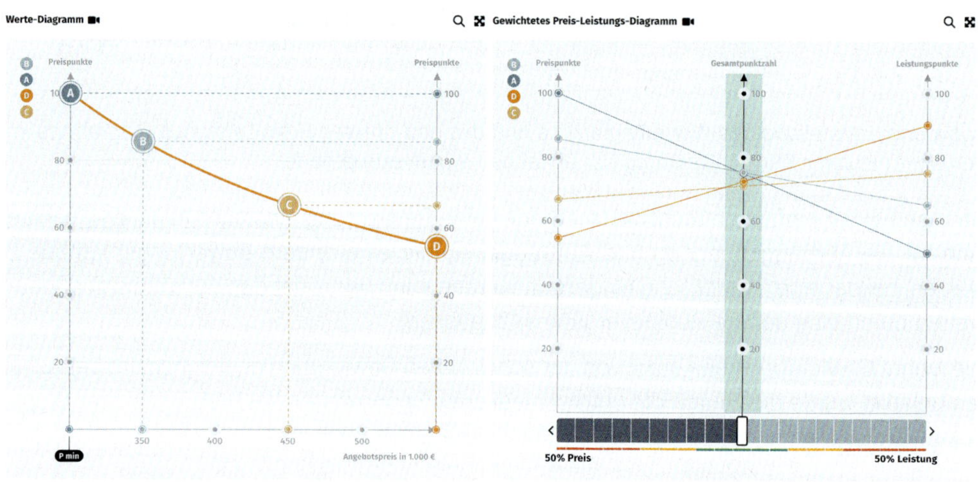

Abbildung: Darstellung des Wertediagramms und des gewichteten Preis-Leistungs-Diagramms im VergabeCalculator PRO, Gewichtung 50 % / 50 %

Auch bei einer Gewichtung von 60 % Preis und 40 % Leistung kann man hier immer noch von einer ausgewogenen Gewichtung sprechen. Der Preis ist allerdings im Verhältnis 3 / 2 wichtiger als die Leistung.

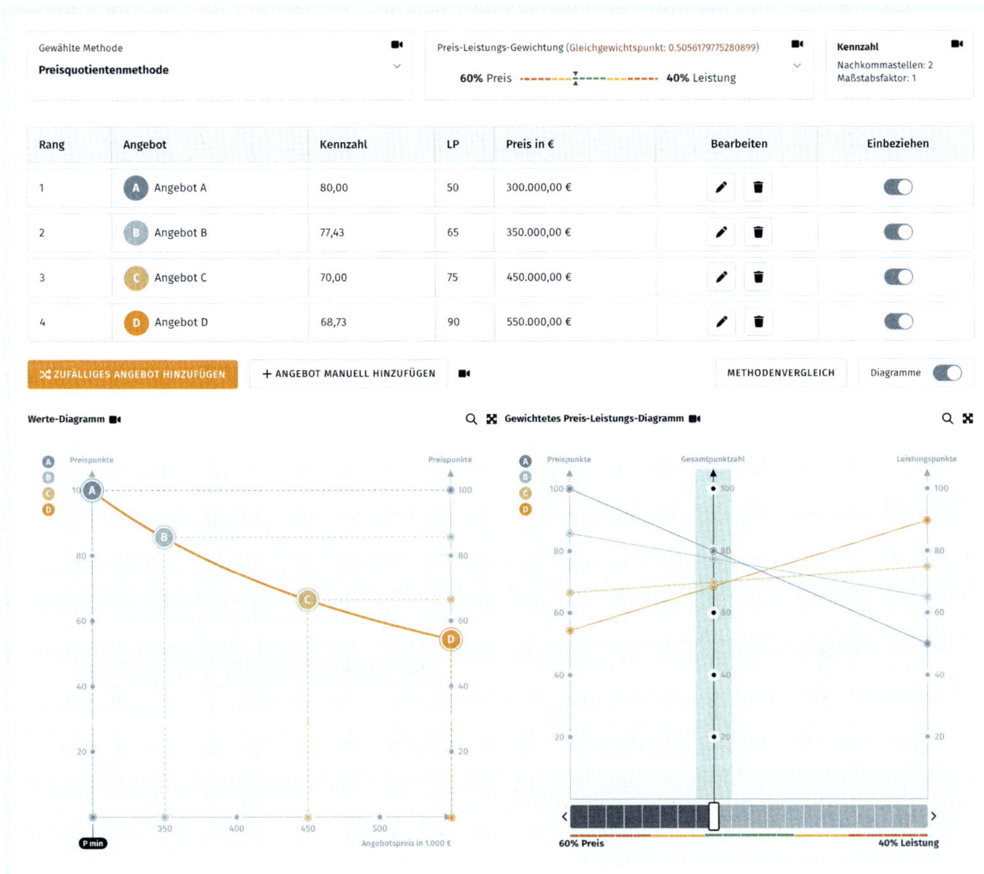

Abbildung. Darstellung des Wertediagramms und des gewichteten Preis-Leistungs-Diagramms im VergabeCalculator PRO, Gewichtung 60 % / 40 %

Auch bei einer Gewichtung von 40 % Preis und 60 % Leistung kann man hier immer noch von einer ausgewogenen Gewichtung sprechen. Die Leistung ist allerdings im Verhältnis 3 / 2 wichtiger als der Preis.

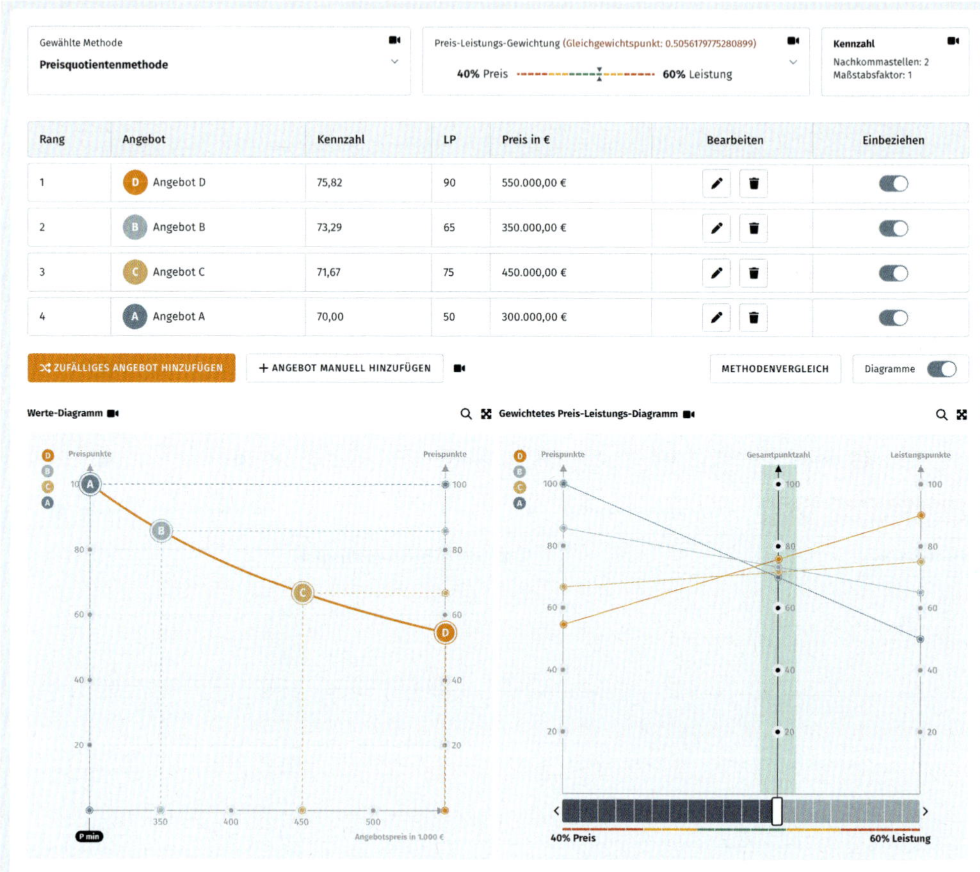

Abbildung: Darstellung des Wertediagramms und des gewichteten Preis-Leistungs-Diagramms im VergabeCalculator PRO, Gewichtung 40 % / 60 %

7.5.4 Monetäre Spannweite ist groß im Vergleich zur nichtmonetären Spannweite

Insbesondere bei der Bewertung von Konzepten kann es vorkommen, dass sich die Bewertung der Konzepte in einem kleinen Punktebereich (zum Beispiel 80-100 Punkte) bewegt, da nur gute bis sehr gute Konzepte eingereicht werden. Durch eine Markterkundung wurden die folgenden Angebotspreise ermittelt:

- Angebot A, Konzeptbewertung 80 Punkte: 100.000 Euro
- Angebot B, Konzeptbewertung 100 Punkte: 190.000 Euro

Wendet man die Preisquotientenmethode an, dann hat man eine große monetäre Spannweite (47 Preispunkte = 100 Preispunkte - 53 Preispunkte) und eine kleine nichtmonetäre Spannweite (20 Leistungspunkte = 100 Punkte - 80 Punkte). Für eine ausgewogene Gewichtung muss die Gewichtung für die nichtmonetären Zuschlagskriterien größer sein als für die monetären Zuschlagskriterien.

In der folgenden Abbildung ist dies für eine Gewichtung von 40 % Preis und 60 % Leistung im VergabeCalculator tabellarisch, durch ein Werte-Diagramm sowie durch ein gewichtetes Preis-Leistungs-Diagramm dargestellt.

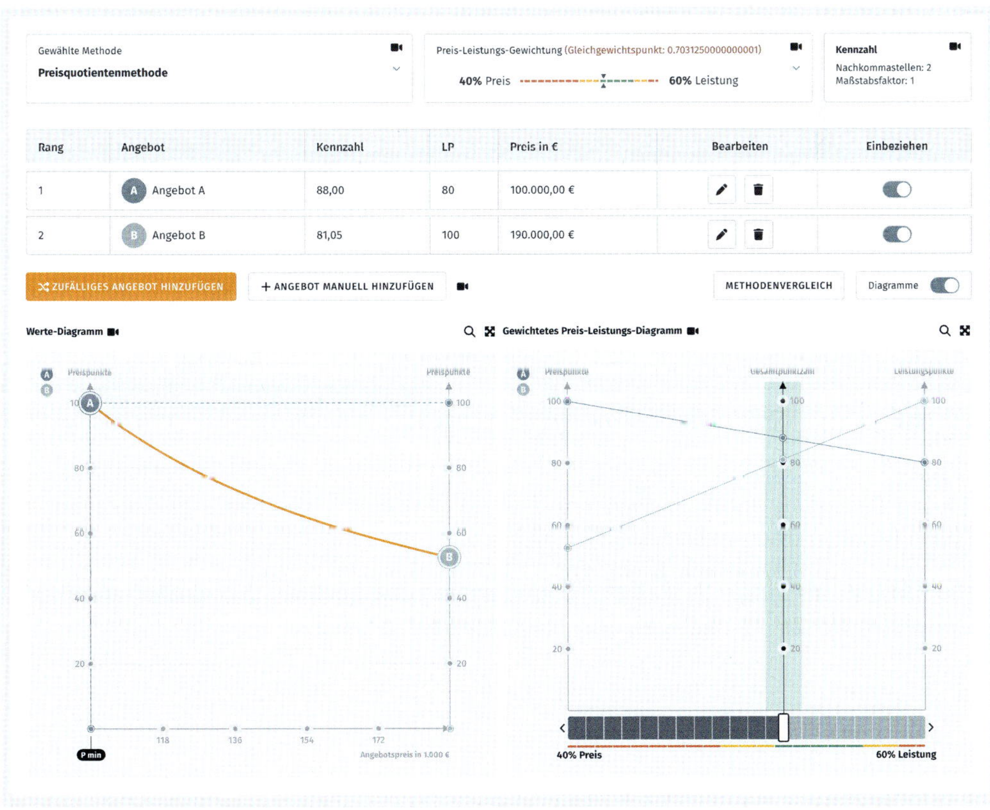

Abbildung: Darstellung des Wertediagramms und des gewichteten Preis-Leistungs-Diagramms im VergabeCalculator PRO, Gewichtung 40 % / 60 %

Wendet man die lineare Interpolation mit 100 %-Spanne an, dann vergrößert sich die monetäre Spannweite (90 Preispunkte = 100 Preispunkte - 10 Preispunkte). Für eine ausgewogene Gewichtung muss die Gewichtung für die nichtmonetären Zuschlagskriterien dann deutlich größer sein als für die monetären Zuschlagskriterien.

Wie man in der folgenden Abbildung sehen kann, reicht dann eine 60 % Gewichtung für die Leistung nicht mehr aus, um eine ausgewogene Gewichtung zu gewährleisten. Die Gewichtung befindet sich außerhalb des ausgewogenen empfohlenen Gewichtungsbereichs und es besteht mit einer nicht zu vernachlässigenden Wahrscheinlichkeit die Gefahr eines Alibikriteriums für die Leistung.

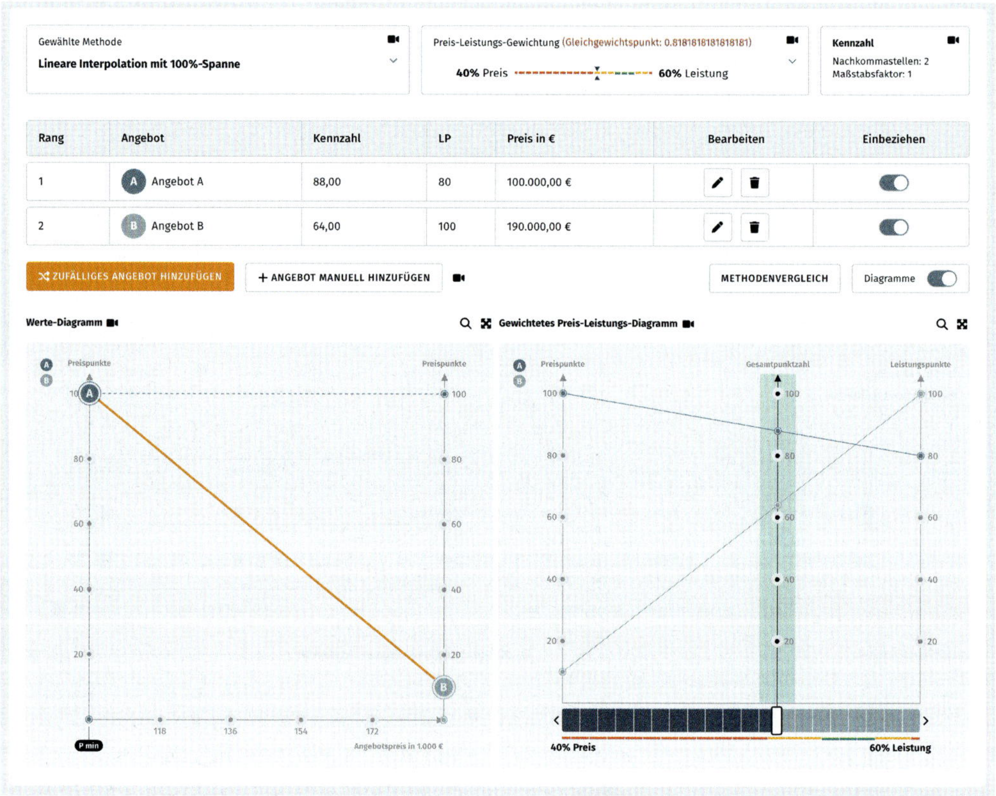

Abbildung: Darstellung des Wertediagramms und des gewichteten Preis-Leistungs-Diagramms im VergabeCalculator PRO, Gewichtung 40 % / 60 %

Diese Fälle der im Vergleich zu den nichtmonetären Spannweiten sehr großen monetären Spannweiten werden im nächsten Abschnitt detailliert behandelt.

Zurück zu dem ursprünglichen Beispielfall unter Verwendung der Preisquotientenmethode. Bei einer Gewichtung von 30 % Preis und 70 % Leistung entspricht die scheinbare Gewichtung der wahren Gewichtung und die Gewichtung befindet sich im ausgewogenen Bereich.

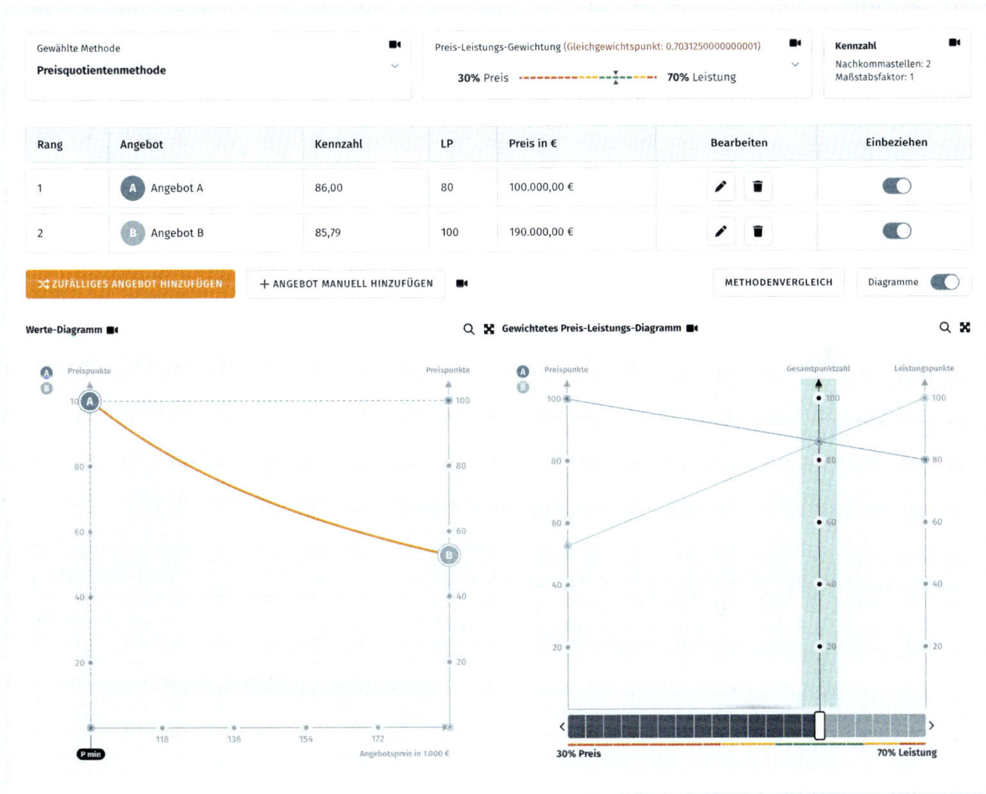

Abbildung: Darstellung des Wertediagramms und des gewichteten Preis-Leistungs-Diagramms im VergabeCalculator PRO, Gewichtung 30 % / 70 %

Auch bei einer Gewichtung von 20 % Preis und 80 % Leistung befindet sich die Gewichtung im ausgewogenen Bereich.

Abbildung: Darstellung des Wertediagramms und des gewichteten Preis-Leistungs-Diagramms im VergabeCalculator PRO, Gewichtung 20 % / 80 %

Ist die monetäre Spannweite groß im Vergleich zu der nichtmonetären Spannweite, führt die Anwendung der einfachen Richtwertmethode zu einem Alibi-Kriterium für die Leistung, da bei der einfachen Richtwertmethode keine Gewichtung einstellbar ist. Die scheinbare Gewichtung liegt immer bei 50 % für die monetären Zuschlagskriterien und 50 % für die nichtmonetären Zuschlagskriterien.

Da man bei der einfachen Richtwertmethode keine Gewichtung einstellen kann, empfiehlt es sich für die Auftraggeberinnen und Auftraggeber, hier eine andere Bewertungsmethode zu wählen, bei der eine Gewichtung eingestellt werden kann und/oder das Verhältnis der Spannweiten durch eine andere Punktevergabe anzupassen.

Die wahre Gewichtung kann stark von der scheinbaren Gewichtung abweichen. Im betrachteten Beispiel wurde dies durch die unterschiedlichen Spannweiten bei Preis und Leistung verursacht.

Abbildung: Darstellung des Wertediagramms und des gewichteten logarithmischen Preis-Leistungs-Diagramms im VergabeCalculator PRO, Anwendung der einfachen Richtwertmethode

7.5.5 Monetäre Spannweite ist sehr groß im Vergleich zu der nichtmonetären Spannweite

Insbesondere bei der Bewertung von Konzepten kann es vorkommen, dass sich die Bewertung der Konzepte in einem kleinen Punktebereich (zum Beispiel 90 100 Punkte) bewegt, da nur gute bis sehr gute Konzepte eingereicht werden. Im Folgenden wird ein Beispiel betrachtet, bei dem durch eine Markterkundung die folgenden Angebotspreise ermittelt wurden:

- Angebot A, Konzeptbewertung 90 Punkte: 100.000 Euro
- Angebot B, Konzeptbewertung 100 Punkte: 200.000 Euro

Wendet man die Lineare Interpolation mit 100 %-Spanne an, dann hat man eine große monetäre Spannweite (100 Preispunkte = 100 Preispunkte - 0 Preispunkte) und eine kleine nichtmonetäre Spannweite (10 Leistungspunkte = 100 Punkte - 90 Punkte). Für eine ausgewogene Gewichtung muss die Gewichtung für die nichtmonetären Zuschlagskriterien sehr viel größer sein als für die monetären Zuschlagskriterien.

In der folgenden Abbildung ist dies für eine Gewichtung von 15 % Preis und 85 % Leistung im VergabeCalculator tabellarisch, durch ein Werte-Diagramm sowie ein gewichtetes Preis-Leistungs-Diagramm dargestellt.

Abbildung: Darstellung des Wertediagramms und des gewichteten Preis-Leistungs-Diagramms im VergabeCalculator PRO, Gewichtung 15 % / 85 %

Bei einer Gewichtung von 15 % Preis und 85 % Leistung befindet sich die Gewichtung im ausgewogenen Bereich mit einer Tendenz stärker zum Preis.

Bei einer Gewichtung von 10 % Preis und 90 % Leistung entspricht die scheinbare Gewichtung ungefähr der wahren Gewichtung und die Gewichtung befindet sich im ausgewogenen Bereich.

Abbildung: Darstellung des Wertediagramms und des gewichteten Preis-Leistungs-Diagramms im VergabeCalculator PRO, Gewichtung 10 % / 90 %

Bei einer Gewichtung von 5 % Preis und 95 % Leistung befindet sich die Gewichtung im ausgewogenen Bereich mit einer Tendenz stärker zur Leistung.

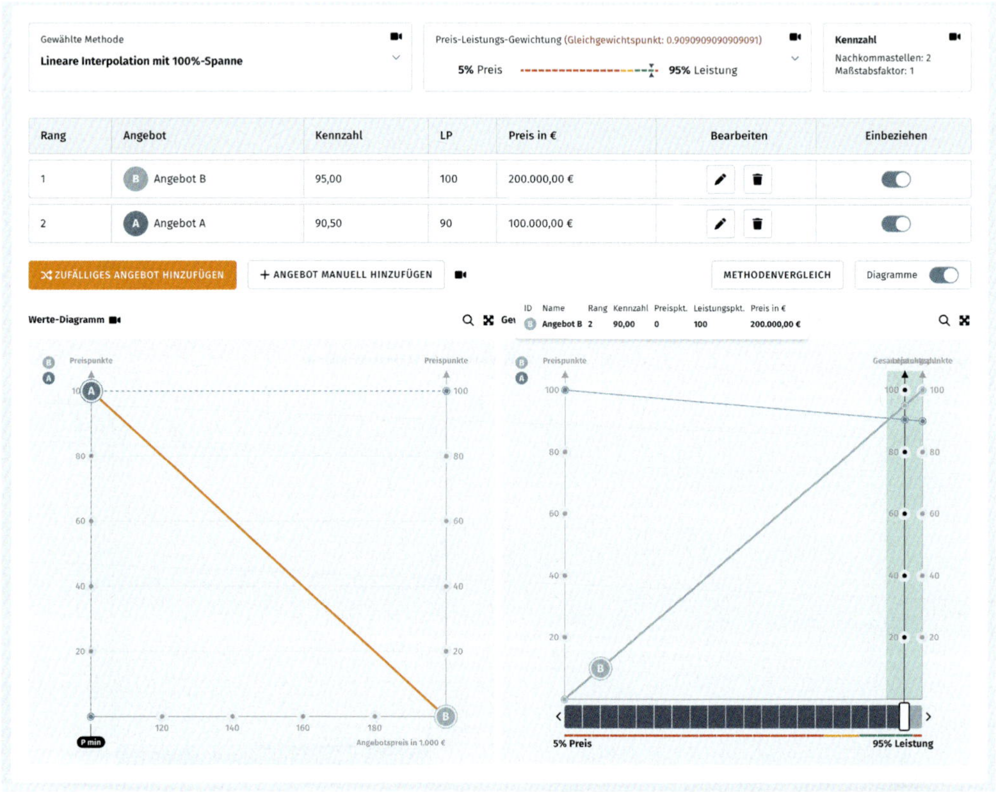

Abbildung: Darstellung des Wertediagramms und des gewichteten Preis-Leistungs-Diagramms im VergabeCalculator PRO, Gewichtung 5 % / 95 %

Ist die monetäre Spannweite sehr groß im Vergleich zur nichtmonetären Spannweite, führt die Anwendung der einfachen Richtwertmethode zu einem Alibi-Kriterium für die Leistung, da bei der einfachen Richtwertmethode keine Gewichtung einstellbar ist. Die scheinbare Gewichtung liegt immer bei 50 % für die monetären Zuschlagskriterien und 50 % für die nichtmonetären Zuschlagskriterien.

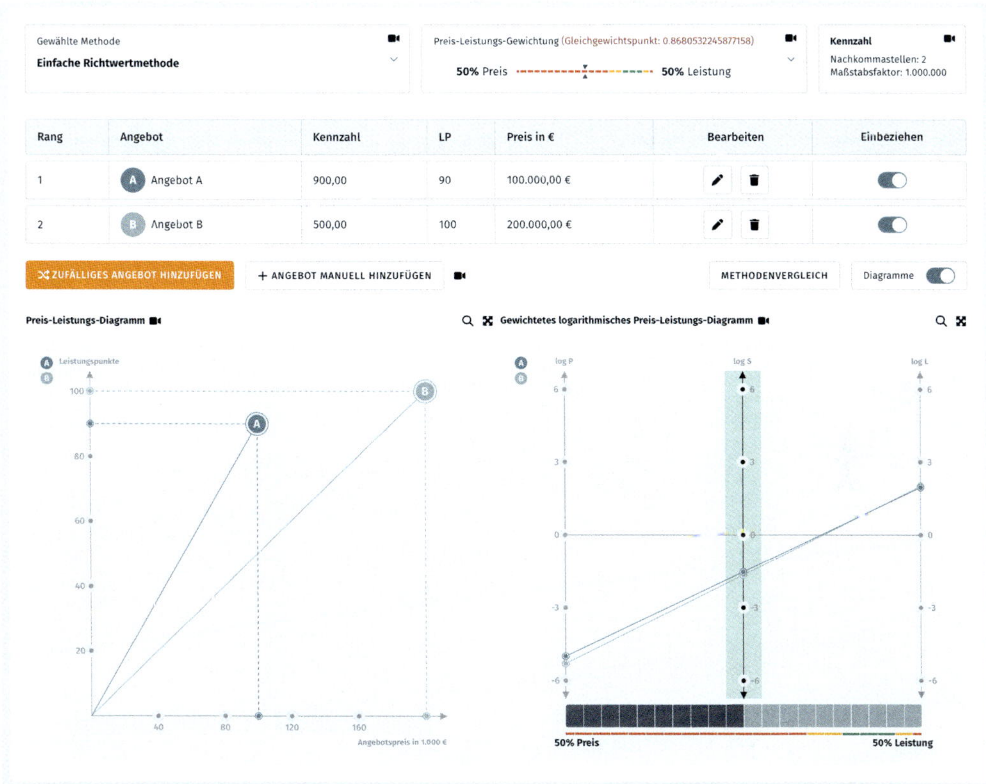

Abbildung: Darstellung des Wertediagramms und des gewichteten logarithmischen Preis-Leistungs-Diagramms im VergabeCalculator PRO, Anwendung der einfachen Richtwertmethode

Da man bei der einfachen Richtwertmethode keine Gewichtung einstellen kann, empfiehlt es sich für die Auftraggeberinnen und Auftraggeber, hier eine andere Bewertungsmethode zu wählen, bei der eine Gewichtung eingestellt werden kann und/oder das Verhältnis der Spannweiten durch eine andere Punktevergabe anzupassen.

Die wahre Gewichtung kann stark von der scheinbaren Gewichtung abweichen. Im betrachteten Beispiel wurde dies durch die unterschiedlichen Spannweiten bei Preis und Leistung verursacht.

Ist die monetäre Spannweite sehr groß im Vergleich zur nichtmonetären Spannweite, dann führt eine stärkere Gewichtung der monetären Zuschlagskriterien zu einer Marginalisierung der nichtmonetären Zuschlagskriterien und die Leistung wird zum Alibi-Kriterium degradiert.

Abbildung: Darstellung des Wertediagramms und des gewichteten Preis-Leistungs-Diagramms im VergabeCalculator PRO, Gewichtung 55 % / 45 %

7.5.6 Zusammenfassende Aussagen zur Gewichtung von monetären und nichtmonetären Zuschlagskriterien

- Eine pauschale Aussage, dass eine bestimmte Gewichtung immer passt, ist nicht möglich. Eine ausgewogene Gewichtung von monetären und nichtmonetären Kriterien hängt auch von den Spannweiten der monetären und nichtmonetären Kriterien ab.
- Die Aussage 50 % monetäre Kriterien und 50 % nichtmonetäre Kriterien **passt immer**, ist **falsch!**
- Bei sehr unterschiedlichen Spannweiten der monetären und nichtmonetären Kriterien muss man für eine ausgewogene Gewichtung von 50 % / 50 % deutlich abweichen. Hier kann auch 90 % / 10 % oder 95 % / 5 % eine ausgewogene Gewichtung sein.
- Die pauschale Aussage, dass die einfache Richtwertmethode immer passt, ist falsch. Die einfache Richtwertmethode sollte nur dann Anwendung finden, wenn die zu erwartenden Spannweiten der monetären und nichtmonetären Kriterien in etwa gleich sind. Bei deutlich unterschiedlichen Spannweiten weicht die wahre Gewichtung bei der einfachen Richtwertmethode von der scheinbaren Gewichtung von 50 % zu 50 % deutlich ab und kann zu Alibi-Kriterien führen.

- Ist die nichtmonetäre Spannweite sehr viel größer als die monetäre Spannweite, dann müssen die monetären Zuschlagskriterien (zum Beispiel der Preis) deutlich stärker gewichtet werden.
- Ist die nichtmonetäre Spannweite moderat größer als die monetäre Spannweite, dann müssen die monetären Zuschlagskriterien (zum Beispiel der Preis) etwas stärker gewichtet werden.
- Ist die monetäre Spannweite in etwa gleich groß wie die nichtmonetäre Spannweite, dann ist eine Gewichtung im Bereich 60 % monetär / 40 % nichtmonetär bis zu 40 % monetär / 60 % nichtmonetär in der Regel eine ausgewogene Gewichtung ohne die Gefahr von Alibi-Kriterien.
- Ist die monetäre Spannweite moderat größer als die nichtmonetäre Spannweite, dann müssen die nichtmonetären Zuschlagskriterien etwas stärker gewichtet werden.
- Ist die monetäre Spannweite sehr viel größer als die nichtmonetäre Spannweite, dann müssen die nichtmonetären Zuschlagskriterien deutlich stärker gewichtet werden.

8. Bewertung und Punkteskalen

Autor: Dipl.-Math. Thomas Ferber, LL.M.

8.1 Zusammenfassung

Punkteskalen/Notenskalen sind in der Regel für die Zuschlagsentscheidung bedeutender als gedacht. Die Wahl einer konkreten Punkte- bzw. Notenskala ist in der Regel kein neutraler Vorgang, sondern hat Einfluss auf die Wirtschaftlichkeitsbetrachtung, und letztendlich kann sich dadurch entscheiden, welches Angebot den Zuschlag erhält.[1]

Zwischen Zuschlagsformel, Notenskala und Gewichtung bestehen Wechselwirkungen, sodass eine isolierte Betrachtung der Gewichtung von Preis und Leistung nicht der wahren Gewichtung entspricht.[2]

8.2 Bewertung der Angebote

Bei der Bewertung der Angebote wird der Zielerfüllungsgrad der Angebote bezüglich der Zuschlagskriterien ermittelt. Dabei kann man zwischen den folgenden drei Bewertungsarten unterscheiden:

- Rating (Scoring),
- Relative Bewertung,
- Ranking.

Jede der drei Bewertungen kann jeweils wiederum in objektive und subjektive Bewertungen differenziert werden.

8.2.1 Rating (Scoring)

Beim Rating findet die Bewertung durch eine Zuordnung von Punkten mittels eines unabhängigen Maßstabs unabhängig von den anderen Angeboten statt.

Definition

Rating: *Unter einem Rating versteht man die Zuordnung von Punkten mittels eines unabhängigen Maßstabs.*[3]

Beim Rating besteht keine Abhängigkeit zu anderen zu bewertenden Angeboten, die die Bewertung beeinflussen können.

1 *Ferber*, VergabeNavigator 5/2018, 5 (9 f.).
2 *Ferber*, VergabeNavigator 5/2018, 5 (9 f.).
3 *Kladroba*, Statistische Methoden zur Erstellung und Interpretation von Rankings und Ratings, S. 11; *Schneeweiß*, Planung Bd. 1, S. 44.

8.2.2 Relative Bewertung

Bei einer relativen Bewertung wird die Bewertung eines Angebots relativ zu einem Angebot, relativ zu mehreren Angeboten oder relativ zu einer Aggregation (zum Beispiel einem Mittelwert) aus allen Angeboten vorgenommen. Durch die relative Bewertung besteht immer eine Abhängigkeit zu anderen zu bewertenden Angeboten, die zu Bewertungsverzerrungen führen kann.

Liegt zum Beispiel eine Auswahl von nur sehr guten Alternativen (Angeboten) vor, wird es unter diesen sehr guten Alternativen eine schlechteste Alternative (ein schlechtestes Angebot) geben. Dies kann dann zu einer Bewertungsverzerrung zu Ungunsten der schlechtesten der sehr guten Alternativen führen.

Liegt dagegen eine Auswahl von nur schlechten Alternativen (Angeboten) vor, wird es auch hier eine beste Alternative (ein bestes Angebot) geben. Dies kann dann zu einer Bewertungsverzerrung zum Vorteil der besten der schlechten Alternativen führen.

Beispiele für eine relative Bewertung sind:

- Aus allen Alternativen (Angeboten) wird die beste Alternative (Angebot) bestimmt und erhält die maximale Punktzahl. Alle anderen Alternativen (Angebote) werden relativ zur besten Alternative (Angebot) bewertet.
- Aus allen Alternativen (Angeboten) wird die beste Alternative (Angebot) bestimmt und erhält die maximale Punktzahl. Aus allen Alternativen (Angeboten) wird die schlechteste Alternative (Angebot) bestimmt und erhält die minimale Punktzahl. Alle anderen Alternativen (Angebote) werden relativ zur besten und zur schlechtesten Alternative (Angebot) bewertet.

8.2.3 Ranking

Beim Ranking werden die Angebote in eine Rangfolge gebracht und auf Basis des Rangplatzes bewertet. Dies kann durch die folgenden beiden Methoden vorgenommen werden:

- Direktes Ranking
- Ranking durch paarweisen Vergleich.

Beim **direkten Ranking** werden die Angebote in eine Rangfolge gebracht. Dies kann man zum Beispiel vornehmen, indem man zuerst das beste Angebot auswählt und danach das zweitbeste usw.

Beim **paarweisen Vergleich** werden alle Angebote miteinander paarweise verglichen.

Der paarweise Vergleich der Alternativen (Angebote) ist nur für eine kleine Anzahl von Alternativen (Angeboten) praktikabel umsetzbar, da die Anzahl der Vergleiche quadratisch mit der Anzahl der Alternativen (Angebote) wächst. Liegen fünf Angebote vor, dann müssen zehn paarweise Vergleiche durchgeführt werden, bei zehn Angeboten bereits 45 paarweise Vergleiche, bei 15 Angeboten bereits 105 paarweise Vergleiche und bei 20 Angeboten bereits 190 paarweise Vergleiche.

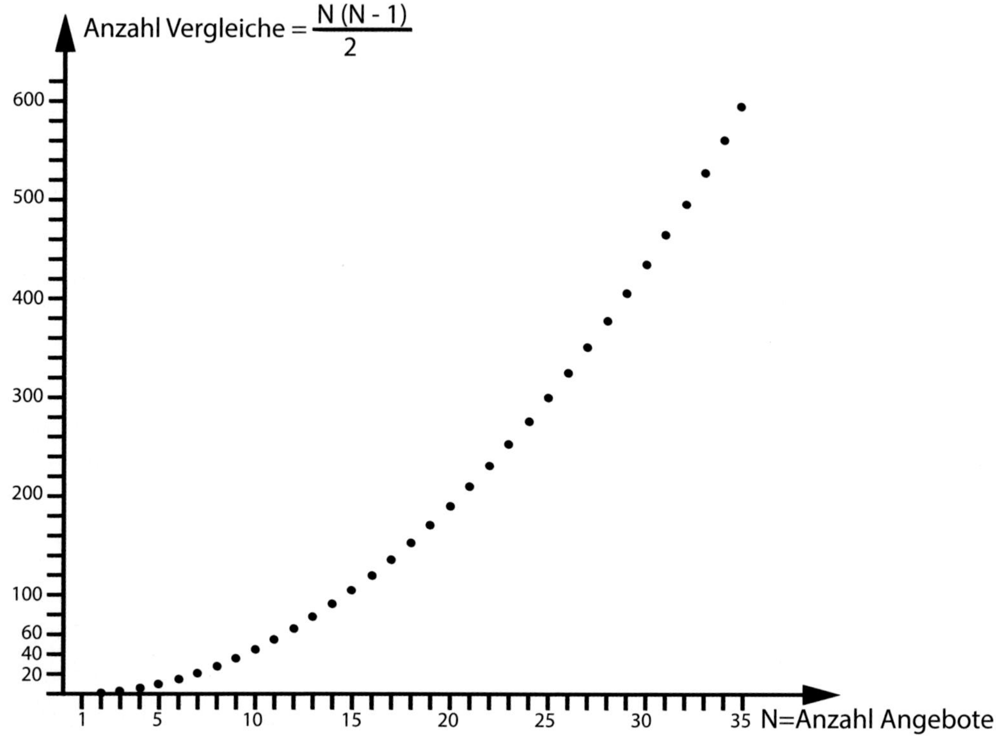

Abbildung: Anzahl der Paarvergleiche in Abhängigkeit von der Anzahl der Alternativen (Angebote)

Das quadratische Wachstum der Paarvergleiche ist in der folgenden Grafik anschaulich erklärt. Beim paarweisen Vergleich wird jedes Angebot mit jedem anderen Angebot verglichen. Liegen die vier Angebote

- Angebot 1 (dunkelblaues Quadrat mit der Nummer 1)
- Angebot 2 (dunkelblaues Quadrat mit der Nummer 2)
- Angebot 3 (dunkelblaues Quadrat mit der Nummer 3)
- Angebot 4 (dunkelblaues Quadrat mit der Nummer 4)

vor, dann führt man die folgenden Vergleiche durch:

- Angebot 1 mit dem Angebot 2 (Quadrat mit der Nummer 12)
- Angebot 1 mit dem Angebot 3 (Quadrat mit der Nummer 13)
- Angebot 1 mit dem Angebot 4 (Quadrat mit der Nummer 14)
- Angebot 2 mit dem Angebot 3 (Quadrat mit der Nummer 23)
- Angebot 2 mit dem Angebot 4 (Quadrat mit der Nummer 24)
- Angebot 3 mit dem Angebot 4 (Quadrat mit der Nummer 34)

Die Angebote werden durch die paarweisen Vergleiche in eine „Besser"-„Schlechter"-Rangfolge gebracht, z.B.:

Angebot 1 > Angebot 4 > Angebot 3 > Angebot 2

Wenn das Angebot 1 bereits mit dem Angebot 2 verglichen wurde, muss Angebot 2 nicht mehr mit Angebot 1 verglichen werden und so weiter. Ebenfalls vergleicht man die Angebote nicht mit sich selbst.

Liegt eine beliebige Anzahl von N Angeboten zum paarweisen Vergleich vor und vergleicht man jedes Angebot mit jedem, dann hat man $N \cdot N$ Vergleiche durchzuführen. Da ein Vergleich der Angebote mit sich selbst keinen Sinn ergibt, muss man eine Anzahl von N Vergleichen (die Diagonale in der Abbildung) von den $N \cdot N$ Vergleichen subtrahieren. Aufgrund der Symmetrie muss aber nur die Hälfte der verbliebenen Vergleiche betrachtet werden.

Anzahl Vergleiche = $(N \cdot N - N) / 2 = N \cdot (N - 1) / 2$

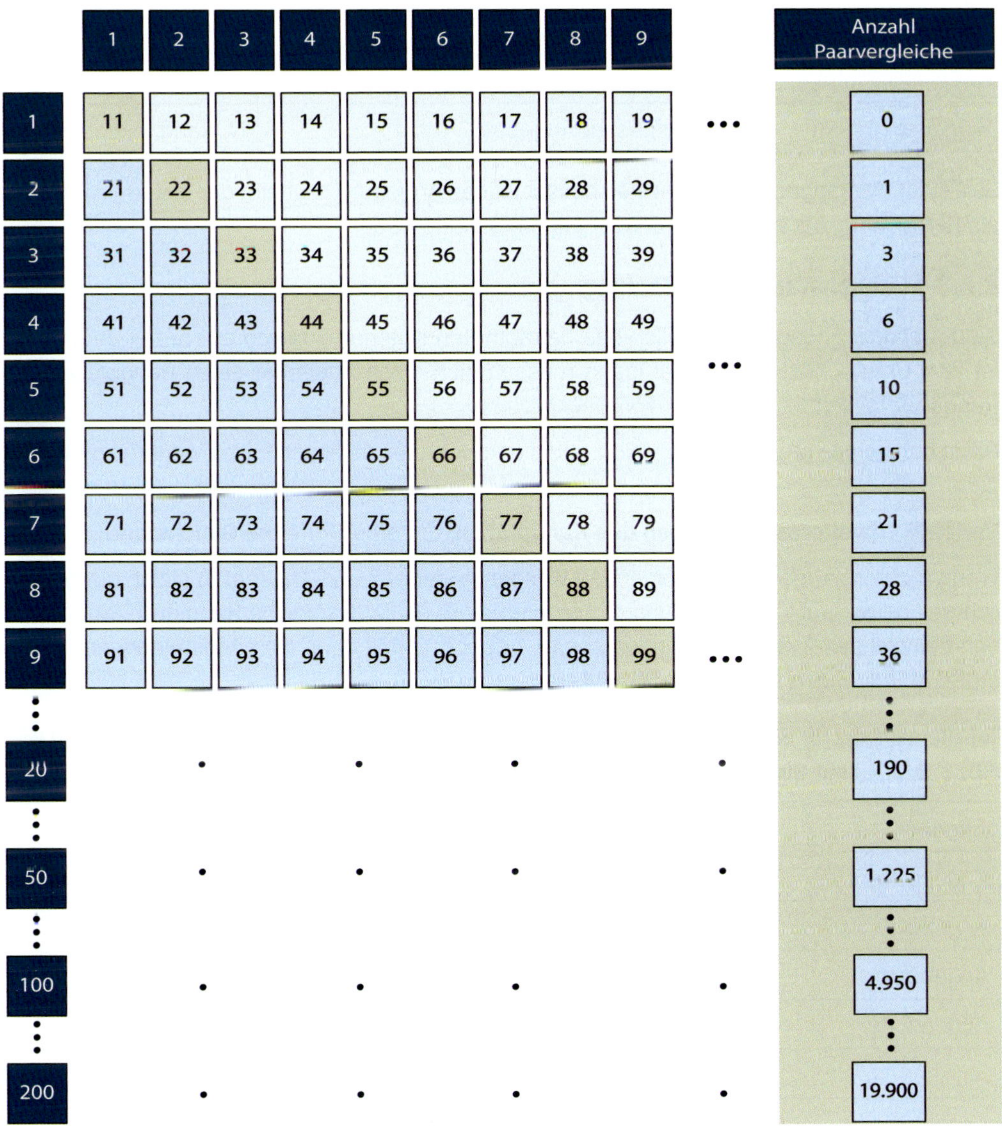

Abbildung: Anzahl der Paarvergleiche in Abhängigkeit von der Anzahl der Alternativen (Angebote)

Bei einer kleinen Anzahl von Angeboten ist die Anzahl der durchzuführenden paarweisen Vergleiche überschaubar.

Bei einem Ranking werden die Angebote durch einen paarweisen Vergleich (besser / gleich gut / schlechter) in eine Rangfolge gebracht.

Tabelle: Beispiel für eine Rangfolge von N Angeboten (N = 1, 2, 3, ...)

Angebot	Rangstufen	Rang
Angebot 1	bestes Angebot	1. Rang
Angebot 2	zweitbestes Angebot	2. Rang
Angebot 3	drittbestes Angebot	3. Rang
...	...	...
Angebot N	schlechtestes Angebot	N. Rang

Je kleiner die Rangnummer ist, umso besser ist das Angebot. Das heißt der 1. Rang ist besser als der 2. Rang, der 2. Rang ist besser als der 3. Rang usw.

8.2.3.1 Gleichstand beim Ranking

Sind mehrere Angebote bezüglich des betrachteten Kriteriums gleich gut beziehungsweise ist kein Unterschied feststellbar, dann müssen sich diese Angebote einen Rangplatz (eine Rangstufe) teilen.

Es ist dann eine Frage der Konvention, wie die Rangstufen in diesen Fällen weitergezählt werden.

Variante 1 (weiteres Reduzieren des Rangplatzes um eine Stufe bei Gleichstand)

Wenn mehrere Angebote (im folgenden Beispiel Angebot 2 und Angebot 3) gleich gut bezüglich des betrachteten Kriteriums sind, dann erhalten diese die gleiche Rangstufe (im folgenden Beispiel den 2. Rang). Das nächstbeste Angebot erhält dann die nächstniedrigere Rangstufe (im folgenden Beispiel Angebot 4 den 3. Rang).

Tabelle: Beispiel für eine Rangfolge von N Angeboten (N ist eine beliebige positive ganze Zahl wie z.B. 1, 2, 3, ...) mit Gleichstand

Angebot	Rangstufen	Rang
Angebot 1	bestes Angebot	1. Rang
Angebot 2	zweitbestes Angebot	2. Rang
Angebot 3	zweitbestes Angebot	2. Rang
Angebot 4	drittbestes Angebot	3. Rang
...	...	...
Angebot N	schlechtestes Angebot	(N-1). Rang

Variante 2 (Überspringen von Rangstufen bei Gleichstand)

Sind mehrere Angebote (im folgenden Beispiel Angebot 2 und Angebot 3) bezüglich des betrachteten Kriteriums gleich gut (nicht unterscheidbar), dann erhalten diese Angebote die gleiche Rangstufe (im folgenden Beispiel den 2. Rang). Die nächsten (n −1) Rangstufen (n = Anzahl der auf einer Rangstufe nicht unterscheidbaren Angebote) werden dann übersprungen. Das schlechteste Angebot erhält einen Punkt.

Tabelle: Beispiel für eine Rangfolge von N Angeboten (N ist eine beliebige positive ganze Zahl wie z.B. 1, 2, 3, ...) mit Gleichstand

Angebot	Rangstufen	Rang
Angebot 1	bestes Angebot	1. Rang
Angebot 2	zweitbestes Angebot	2. Rang
Angebot 3	zweitbestes Angebot	2. Rang
Angebot 4	drittbestes Angebot	4. Rang
...	...	...
Angebot N	schlechtestes Angebot	N. Rang

Tabelle: Beispiel für eine Rangfolge von N Angeboten (N = 1, 2, 3,...) mit Gleichstand

Angebot	Rangstufen	Rangstufe
Angebot 1	bestes Angebot	1. Rang
Angebot 2	zweitbestes Angebot	2. Rang
Angebot 3	zweitbestes Angebot	2. Rang
Angebot 4	zweitbestes Angebot	2. Rang
Angebot 5	drittbestes Angebot	5. Rang
...	...	...
Angebot N	schlechtestes Angebot	N. Rang

8.2.3.2 Punktzuordnung beim Ranking

Nachdem die Angebote in eine Rangfolge gebracht wurden, müssen den Rangstufen noch Punkte zugeordnet werden. Bei der Zuordnung von Punkten müssen die folgenden Anforderungen erfüllt sein:

1. Das Angebot auf der 1. Rangstufe erhält die höchste Punktzahl.
2. Ein Angebot mit einer schlechteren Rangstufe erhält eine kleinere Punktzahl als ein Angebot auf der nächstbesseren Rangstufe.
3. Angebote, die auf der gleichen Rangstufe stehen, erhalten die gleiche Punktzahl.

Im Folgenden werden einige Beispiele von Punktzuordnungen dargestellt.

Punktzuordnung Variante 1

Die Angebote auf dem 1. Rang erhalten die höchste Punktzahl, die der Anzahl der zu bewertenden Angebote entspricht. Die Angebote auf der 2. Rangstufe erhalten einen Punkt weniger usw.

Tabelle: Beispiel für eine Rangfolge und Punktwertung bei 10 Angeboten (kein Gleichstand)

Angebot	Rangstufen	Rang	Punkte
Angebot 1	bestes Angebot	1. Rang	10
Angebot 2	zweitbestes Angebot	2. Rang	9
Angebot 3	drittbestes Angebot	3. Rang	8
...	...	...	
Angebot 10	schlechtestes Angebot	10. Rang	1

Tabelle: Beispiel für eine Rangfolge und Punktwertung bei 4 Angeboten (kein Gleichstand)

Angebot	Rangstufen	Rang	Punkte
Angebot 1	bestes Angebot	1. Rang	4
Angebot 2	zweitbestes Angebot	2. Rang	3
Angebot 3	drittbestes Angebot	3. Rang	2
Angebot 4	schlechtestes Angebot	4. Rang	1

Punktzuordnung Variante 1a

Die Angebote auf dem 1. Rang erhalten die höchste Punktzahl, die der Anzahl der zu bewertenden Angebote entspricht. Die Angebote auf der 2. Rangstufe erhalten einen Punkt weniger usw.

Wenn mehrere Angebote (in den folgenden beiden Beispielen Angebot 2 und Angebot 3) gleich gut bezüglich des betrachteten Kriteriums sind, dann erhalten diese die gleiche Rangstufe (in den folgenden beiden Beispielen den 2. Rang). Das nächstbeste Angebot erhält dann die nächstniedrigere Rangstufe (in den folgenden beiden Beispielen Angebot 4 den 3. Rang).

Tabelle: Beispiel für eine Rangfolge und Punktwertung bei 10 Angeboten (Gleichstand bei Angebot 2 und 3)

Angebot	Rangstufen	Rang	Punkte
Angebot 1	bestes Angebot	1. Rang	10
Angebot 2	zweitbestes Angebot	2. Rang	9
Angebot 3	zweitbestes Angebot	2. Rang	9
Angebot 4	drittbestes Angebot	3. Rang	8

Angebot	Rangstufen	Rang	Punkte
...	...	...	
Angebot 10	schlechtestes Angebot	9. Rang	2

Tabelle: Beispiel für eine Rangfolge und Punktwertung bei 4 Angeboten (Gleichstand bei Angebot 2 und 3)

Angebot	Rangstufen	Rang	Punkte
Angebot 1	bestes Angebot	1. Rang	4
Angebot 2	zweitbestes Angebot	2. Rang	3
Angebot 3	zweitbestes Angebot	2. Rang	3
Angebot 4	schlechtestes Angebot	3. Rang	2

Punktzuordnung Variante 1b

Die Angebote auf dem 1. Rang erhalten die höchste Punktzahl, die der Anzahl der zu bewertenden Angebote entspricht. Die Angebote auf der 2. Rangstufe erhalten einen Punkt weniger usw.

Sind mehrere Angebote (in den folgenden Beispielen Angebot 2 und Angebot 3) bezüglich des betrachteten Kriteriums gleich gut (nicht unterscheidbar), dann erhalten diese Angebote die gleiche Rangstufe (in den folgenden Beispielen den 2. Rang). Die nächsten (n-1) Rangstufen (n = Anzahl der auf einer Rangstufe nicht unterscheidbaren Angebote) werden dann übersprungen. Das schlechteste Angebot erhält einen Punkt.

Tabelle: Beispiel für eine Rangfolge und Punktwertung bei 10 Angeboten (Gleichstand bei Angebot 2 und 3)

Angebot	Rangstufen	Rang	Punkte
Angebot 1	bestes Angebot	1. Rang	10
Angebot 2	zweitbestes Angebot	2. Rang	9
Angebot 3	zweitbestes Angebot	2. Rang	9
Angebot 4	drittbestes Angebot	4. Rang	7
...	...	...	
Angebot 10	schlechtestes Angebot	10. Rang	1

Tabelle: Beispiel für eine Rangfolge und Punktwertung bei 4 Angeboten (Gleichstand bei Angebot 2 und 3)

Angebot	Rangstufen	Rang	Punkte
Angebot 1	bestes Angebot	1. Rang	4
Angebot 2	zweitbestes Angebot	2. Rang	3
Angebot 3	zweitbestes Angebot	2. Rang	3
Angebot 4	schlechtestes Angebot	4. Rang	1

Punktzuordnung Variante 1c

Die Angebote auf dem 1. Rang erhalten die höchste Punktzahl, die der Anzahl der zu bewertenden Angebote entspricht. Die Angebote auf der nächstniedrigeren Rangstufe erhalten einen Punkt weniger usw.

Sind mehrere Angebote (in den folgenden Beispielen Angebot 2 und Angebot 3) bezüglich des betrachteten Kriteriums gleich gut (nicht unterscheidbar), dann erhalten diese Angebote die gleiche Rangstufe (in den folgenden Beispielen den 2. Rang). Die nächsten (n-1) Rangstufen (n = Anzahl der auf einer Rangstufe nicht unterscheidbaren Angebote) werden dann übersprungen. Bei Gleichstand wird eine mittlere Rangpunktezahl (arithmetisches Mittel) aus der eigentlichen Rangpunktezahl und der Rangpunktezahl für die übersprungenen Ränge gebildet. Im folgenden Beispiel wird die Punktzahl für den 2. Rang aufgrund des Gleichstandes wie folgt berechnet: **Rangpunktezahl für den 2. Rang =** (**9 Punkte** (eigentliche Rangpunktezahl für den 2. Rang) **+ 8 Punkte** (für den durch den Gleichstand übersprungenen 3. Rang)) **/ 2 = 8,5 Punkte.**

Das schlechteste Angebot erhält einen Punkt.

Tabelle: Beispiel für eine Rangfolge und Punktwertung bei 10 Angeboten (Gleichstand bei Angebot 2 und 3)

Angebot	Rangstufen	Rang	Punkte
Angebot 1	bestes Angebot	1. Rang	10
Angebot 2	zweitbestes Angebot	2. Rang	8,5
Angebot 3	zweitbestes Angebot	2. Rang	8,5
Angebot 4	drittbestes Angebot	4. Rang	7
...	...	...	
Angebot 10	schlechtestes Angebot	10. Rang	1

Im folgenden Beispiel wird die Punktzahl für den 2. Rang aufgrund des Gleichstandes wie folgt berechnet: **Rangpunktezahl für den 2. Rang =** (**3 Punkte** (eigentliche Rangpunktezahl für den 2. Rang) **+ 2 Punkte** (für den durch den Gleichstand übersprungenen 3. Rang)) **/ 2 = 2,5 Punkte.**

Tabelle: Beispiel für eine Rangfolge und Punktwertung bei 4 Angeboten (Gleichstand bei Angebot 2 und 3)

Angebot	Rangstufen	Rang	Punkte
Angebot 1	bestes Angebot	1. Rang	4
Angebot 2	zweitbestes Angebot	2. Rang	2,5
Angebot 3	zweitbestes Angebot	2. Rang	2,5
Angebot 4	schlechtestes Angebot	4. Rang	1

Im folgenden Beispiel wird die Punktzahl für den 2. Rang aufgrund des Gleichstandes wie folgt berechnet: **Rangpunktezahl für den 2. Rang = (9 Punkte** (eigentliche Rangpunktezahl für den 2. Rang) **+ 8 Punkte** (für den durch den Gleichstand übersprungenen 3. Rang) **+ 7 Punkte** (für den durch den Gleichstand übersprungenen 3. Rang)) **/ 3 = 8 Punkte.**

Tabelle: Beispiel für eine Rangfolge und Punktwertung bei 10 Angeboten (Gleichstand bei Angebot 2, 3 und 4)

Angebot	Rangstufen	Rangstufe	Punkte
Angebot 1	bestes Angebot	1. Rang	10
Angebot 2	zweitbestes Angebot	2. Rang	8
Angebot 3	zweitbestes Angebot	2. Rang	8
Angebot 4	zweitbestes Angebot	2. Rang	8
Angebot 5	drittbestes Angebot	5. Rang	6
...	...	...	
Angebot 10	schlechtestes Angebot	10. Rang	1

Punktzuordnung Variante 2

Die Angebote auf dem 1. Rang erhalten die höchste Punktzahl, die der Anzahl der zu bewertenden Angebote minus 1 entspricht. Die Angebote auf der 2. Rangstufe erhalten einen Punkt weniger usw.

Tabelle: Beispiel für eine Rangfolge und Punktwertung bei 10 Angeboten (kein Gleichstand)

Angebot	Rangstufen	Rangstufe	Punkte
Angebot 1	bestes Angebot	1. Rang	9
Angebot 2	zweitbestes Angebot	2. Rang	8
Angebot 3	drittbestes Angebot	3. Rang	7
...	...	...	
Angebot 10	schlechtestes Angebot	10. Rang	0

Tabelle: Beispiel für eine Rangfolge und Punktwertung bei 4 Angeboten (kein Gleichstand)

Angebot	Rangstufen	Rangstufe	Punkte
Angebot 1	bestes Angebot	1. Rang	3
Angebot 2	zweitbestes Angebot	2. Rang	2
Angebot 3	drittbestes Angebot	3. Rang	1
Angebot 4	schlechtestes Angebot	4. Rang	0

Punktzuordnung Variante 3

Die Angebote auf dem 1. Rang erhalten die höchste Punktzahl, die der doppelten Anzahl der zu bewertenden Angebote entspricht. Die Angebote auf der 2. Rangstufe erhalten zwei Punkte weniger usw.

Tabelle: Beispiel für eine Rangfolge und Punktwertung bei 10 Angeboten (kein Gleichstand)

Angebot	Rangstufen	Rangstufe	Punkte
Angebot 1	bestes Angebot	1. Rang	20
Angebot 2	zweitbestes Angebot	2. Rang	18
Angebot 3	drittbestes Angebot	3. Rang	16
...	...	...	
Angebot 10	schlechtestes Angebot	10. Rang	2

Tabelle: Beispiel für eine Rangfolge und Punktwertung bei 4 Angeboten (kein Gleichstand)

Angebot	Rangstufen	Rangstufe	Punkte
Angebot 1	bestes Angebot	1. Rang	8
Angebot 2	zweitbestes Angebot	2. Rang	6
Angebot 3	drittbestes Angebot	3. Rang	4
Angebot 4	schlechtestes Angebot	4. Rang	2

Für die Punktzuordnung zur Rangstufe sind auch andere Regeln möglich. Zwei weitere Varianten sind im Folgenden aufgeführt.

Variante 1: (Überspringen von Rangstufen bei Gleichstand)

Das Testessen mit dem besten Geschmack erhält die maximale Punktzahl (= Anzahl der Angebote), das Testessen mit dem zweitbesten Geschmack erhält einen Punkt weniger als die maximale Punktzahl usw. Sind mehrere Testessen geschmacklich gleich gut (nicht unterscheidbar), dann erhalten diese Angebote die gleiche Punktzahl. Die nächsten (N-1) Rangstufen (N = Anzahl der auf einer Rangstufe nicht unterscheidbaren Testessen) werden dann übersprungen. Das Testessen mit dem schlechtesten Geschmack erhält einen Punkt.

Tabelle: Beispiel für ein Ranking des gustatorischen Eindrucks der fünf Testessen A, B, C, D und E

Testessen	Gustatorischer Eindruck	Punktzahl aus dem Ranking
A	bester Geschmack	5 Punkte
B	zweitbester Geschmack	4 Punkte
C	zweitbester Geschmack	4 Punkte
D	viertbester Geschmack	2 Punkte
E	fünftbester Geschmack	1 Punkt

Testessen A hat den besten Geschmack der fünf Essen und erhält nach der vorliegenden Vorschrift fünf Punkte. Testessen B und Testessen C haben gleichauf den zweitbesten Geschmack und erhalten beide einen Punkt weniger als Testessen A. Testessen D hat den viertbesten Geschmack (aufgrund des Gleichstands der Testessen B und C auf dem zweiten Rang wird eine Rangstufe übersprungen) und erhält zwei Punkte weniger als die zweitbesten Testessen B und C. Testessen E hat den fünftbesten Geschmack und erhält einen Punkt weniger als das viertbeste Testessen D.

Bei einem Gleichstand von drei Testessen werden zwei Rangstufen übersprungen.

Tabelle: Beispiel für ein Ranking des gustatorischen Eindrucks der sechs Testessen A, B, C, D, E und F

Testessen	Gustatorischer Eindruck	Punktzahl aus dem Ranking
A	bester Geschmack	6 Punkte
B	zweitbester Geschmack	5 Punkte
C	drittbester Geschmack	4 Punkte
D	drittbester Geschmack	4 Punkte
E	drittbester Geschmack	4 Punkte
F	sechstbester Geschmack	1 Punkt

Testessen C, D und E haben gleichauf den drittbesten Geschmack und erhalten beide einen Punkt weniger als Testessen B mit dem zweitbesten Geschmack. Testessen F hat den sechstbesten Geschmack (aufgrund des Gleichstands der Testessen B, C und D auf dem dritten Rang werden zwei Rangstufen übersprungen) und erhält drei Punkte weniger als die drittbesten Testessen C, D und E.

Variante 2: (Mittlere Punktzahl und Überspringen von Rangstufen bei Gleichstand)

Bei Gleichstand wird eine mittlere Rangpunktezahl (arithmetisches Mittel) aus der eigentlichen Rangpunktezahl und der Rangpunktezahl für die übersprungenen Ränge gebildet. Im folgenden Beispiel wird die Punktzahl für den 2. Rang aufgrund des Gleichstandes wie folgt berechnet: **Rangpunktezahl für den 2. Rang = (4 Punkte** (eigentliche Rangpunktezahl für den 2. Rang) **+ 3 Punkte** (für den durch den Gleichstand übersprungenen 3. Rang)) **/ 2 = 3,5 Punkte.**

Tabelle: Beispiel für ein Ranking des gustatorischen Eindrucks der fünf Testessen A, B, C, D und E

Testessen	Gustatorischer Eindruck	Punktzahl aus dem Ranking
A	bester Geschmack	5 Punkte
B	zweitbester Geschmack	3,5 Punkte
C	zweitbester Geschmack	3,5 Punkte
D	viertbester Geschmack	2 Punkte
E	fünftbester Geschmack	1 Punkt

Im folgenden Beispiel wird die Punktzahl für den 3. Rang aufgrund des Gleichstandes wie folgt berechnet: **Rangpunktezahl für den 3. Rang = (4 Punkte** (eigentliche Rangpunktezahl für den 3. Rang) **+ 3 Punkte** (für den durch den Gleichstand übersprungenen 3. Rang) **+ 2 Punkte** (für den durch den Gleichstand übersprungenen 4. Rang)) **/ 3 = 3 Punkte**

Tabelle: Beispiel für ein Ranking des gustatorischen Eindrucks der sechs Testessen A, B, C, D, E und F

Testessen	Gustatorischer Eindruck	Punktzahl aus dem Ranking
A	bester Geschmack	6 Punkte
B	zweitbester Geschmack	5 Punkte
C	drittbester Geschmack	3 Punkte
D	drittbester Geschmack	3 Punkte
E	drittbester Geschmack	3 Punkte
F	sechstbester Geschmack	1 Punkt

Randomisierung

Bei der Randomisierung lässt man den Zufall die „wahre" Rangordnung bestimmen. Bei Gleichstand werden mit Hilfe von Zufallszahlen, Münzwurf, Würfelwurf oder durch Ziehen von Losen zufällige Ränge zugeteilt.

Normierung

Um die maximal erreichbare Punktzahl unabhängig von der Anzahl der zu wertenden Angebote festzusetzen, nimmt man die folgende Normierung vor: Die erreichte Punktzahl wird mit dem Faktor (maximal erreichbare Punktzahl) / (Anzahl der Angebote) multipliziert.

Pos.	Kriterien	Gewichtung G$_1$	Gewichtung G$_2$	A: Ausschlusskriterium B: Bewertungskriterium I: Information/Definition	Mindest-wertungss-punktzahl	Wertungspunkte
	...					... ...
3	**Sensorische Bewertung Testessen**	350				
3.1	Die Bewertung der Testessen wird durch ein Gremium aus sieben Personen vorgenommen. Jedes Gremiumsmitglied führt eine unabhängige Bewertung durch. Um die Einzelbewertungen zu aggregieren, wird aus den sieben unabhängigen Bewertungen das arithmetische Mittel der Punktzahl ermittelt. Dabei wird mit zwei Stellen nach dem Komma gerechnet und kaufmännisch gerundet.			I		
3.2	Gustatorischer Eindruck		150	**B**		Das Testessen mit dem besten Geschmack erhält die maximale Punktzahl (= Anzahl der Angebote), das Testessen mit dem zweitbesten Geschmack erhält einen Punkt weniger als die maximale Punktzahl usw. **Beispiel**: Liegen drei Testessen A, B und C mit Testessen A: bester Geschmack, Testessen B: zweitbester Geschmack, Testessen C: drittbester Geschmack, vor, dann erhalten die Testessen die folgenden Punktzahlen: Testessen A: 3 Punkte, Testessen B: 2 Punkte und Testessen C: 1 Punkt. Sind mehrere Testessen geschmacklich gleich gut (nicht unterscheidbar), dann erhalten diese Angebote die gleiche Punktzahl. **Beispiel**: Liegen fünf Testessen A, B, C, D und E mit Testessen A: bester Geschmack, Testessen B: zweitbester Geschmack, Testessen C: zweitbester Geschmack, Testessen D: drittbester Geschmack, Testessen E: viertbester Geschmack, vor, dann erhalten die Testessen die folgenden Punktzahlen: Testessen A: 5 Punkte, Testessen B: 4 Punkte, Testessen C: 4 Punkte, Testessen D: 2 Punkte, Testessen E: 1 Punkt. Die erreichte Punktzahl wird mit dem Faktor 12/(Anzahl der Angebote) multipliziert um die maximal erreichbare Punktzahl unabhängig von der Anzahl der zur wertenden Angebote auf 12 Punkte zu normieren.
3.3	Visueller Eindruck		50	**B**		...
3.4	Olfaktorischer Eindruck		100	**B**		...
3.5	Haptischer Eindruck		50	**B**		...
	...			...		...

Abbildung: Ranking mit Normierung auf 12 Punkte

Da die Spielregeln für die Ranking-Bewertungen sehr unterschiedlich sein können, müssen diese zwingend mit den Ausschreibungsunterlagen mitgeteilt werden.

8.3 Metrische, nichtmetrische und quasimetrische Skalen

Für die Bewertung der Zuschlagskriterien bedient man sich (je nach Situation) verschiedener Messskalen. Diese sind für die nichtmetrischen Skalen (topologische Skala) unterteilt in:

- Nominalskala und
- Ordinalskala

sowie für die die metrischen Skalen (Kardinalskala) unterteilt in:

- Intervallskala,
- Verhältnisskala (Ratioskala oder Proportionalskala) und
- Absolutskala.

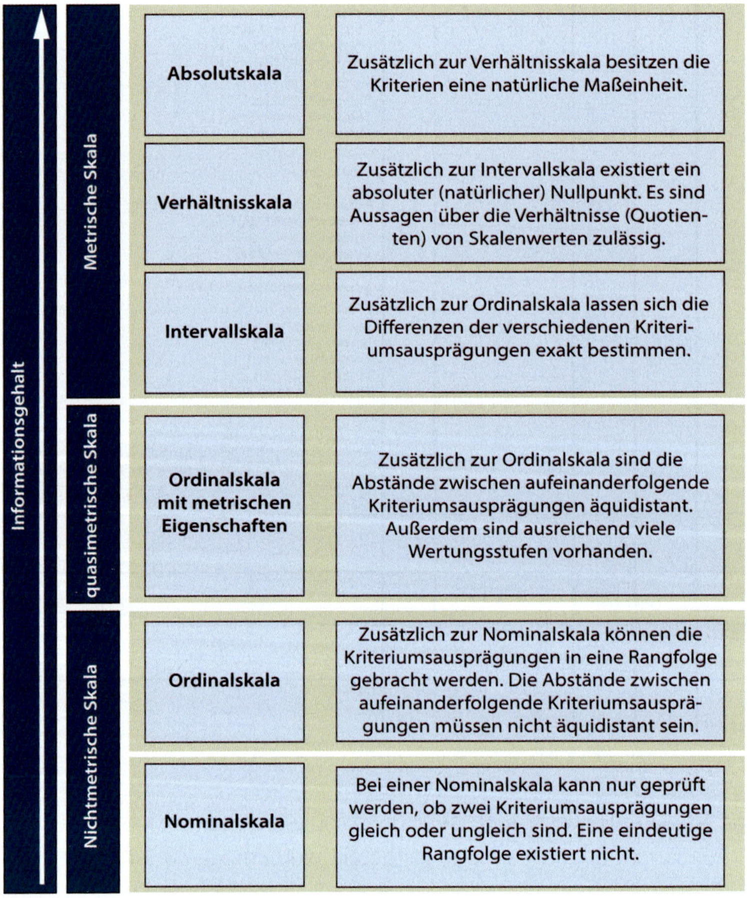

Abbildung: Klassifizierung der Messskalen

Grundsätzlich ist der Informationsgehalt bei der Verwendung von metrischen Skalen (Kardinalskalen) höher als bei der Verwendung von nichtmetrischen Skalen (topologischen Skalen). Aus diesem Grund sollten Kriterien, die als metrische Skalen darstellbar sind, auch in metrischen Skalen dargestellt werden. Eine Umwandlung (Transformation) von einer metrischen

Skala in eine nichtmetrische Skala bedeutet immer einen deutlichen Informationsverlust, der in der Regel zu Bewertungsverzerrungen führt.

Mit den Zuschlagskriterien sollen Merkmalsunterschiede der Angebote hervorgehoben und bewertet werden. Beispielhaft sei das nichtmonetäre Zuschlagskriterium *Anteil recycelter Kunststoff* betrachtet. Vergleicht man zwei Angebote A und B bezüglich dieses Zuschlagskriteriums, dann haben die folgenden vier Aussagen einen sehr unterschiedlichen Informationsgehalt.

1. Angebot A und Angebot B haben beim Zuschlagskriterium *Anteil recycelter Kunststoff* einen unterschiedlichen Anteil an recyceltem Kunststoff.
2. Angebot A hat beim Zuschlagskriterium *Anteil recycelter Kunststoff* einen höheren Anteil an recyceltem Kunststoff als Angebot B.
3. Angebot A hat beim Zuschlagskriterium *Anteil recycelter Kunststoff* einen um 20 Prozentpunkte höheren Anteil an recyceltem Kunststoff als Angebot B.
4. Angebot A hat beim Zuschlagskriterium *Anteil recycelter Kunststoff* einen um 40 Prozent höheren Anteil an recyceltem Kunststoff als Angebot B.

Diese vier Aussagen enthalten zunehmend ein Mehr an Information über den Unterschied beim Zuschlagskriterium *Anteil recycelter Kunststoff* der beiden Angebote A und B.

Haben die beiden Angebote A und B beim Zuschlagskriterium *Anteil recycelter Kunststoff* einen unterschiedlichen Anteil an recyceltem Kunststoff, dann ist die Aussage *„Angebot A und Angebot B haben einen unterschiedlichen Anteil an recyceltem Kunststoff"* eine Aussage, die einen nur sehr geringen Informationsgehalt hat. Auf Grundlage dieser Information könnte man nicht entscheiden, welches der beiden Angebote einen höheren Anteil an recyceltem Kunststoff hat. Ebenso liegt keinerlei Information vor, wie groß der Unterschied der Anteile an recyceltem Kunststoff zwischen den beiden Angeboten ist.

Würde man das Zuschlagskriterium *Anteil recycelter Kunststoff* derart verwenden, hätte man das Zuschlagskriterium auf Basis einer Nominalskala bewertet. Bei einer Nominalskala (Kategorialskala[4]) kann nur festgestellt werden, ob Ausprägungen von Kriterien gleich oder ungleich sind. Eine natürliche Rangfolge gibt es bei der Nominalskala nicht.[5] Nominale Kriterien erlauben lediglich eine Klassifikation der Angebote.[6]

Hat Angebot A beim Zuschlagskriterium *Anteil recycelter Kunststoff* einen höheren Anteil an recyceltem Kunststoff als Angebot B, dann ist die Aussage „Angebot A hat beim Zuschlagskriterium *Anteil recycelter Kunststoff* einen höheren Anteil an recyceltem Kunststoff als Angebot B" eine Aussage, die einen höheren Informationsgehalt als die erste Aussage besitzt. Auf Grundlage dieser Information könnte man entscheiden, welches der beiden Angebote einen höheren Anteil an recyceltem Kunststoff hat.

Es liegt aber keinerlei Information vor, wie groß der Unterschied der Anteile an recyceltem Kunststoff zwischen den beiden Angeboten ist. Der Unterschied kann sehr klein oder auch sehr groß sein.

4 *Bortz*, Lehrbuch der Statistik für Sozialwissenschaftler, S. 26.
5 *Eckey/Kosfeld/Türck*, Deskriptive Statistik, S. 6; *Opitz*, Numerische Taxonomie in der Marktforschung, S. 12.
6 *Schneeweiß*, Planung, Bd. 1, S. 41.

Würde man das Zuschlagskriterium *Anteil recycelter Kunststoff* derart verwenden, hätte man das Zuschlagskriterium auf Basis einer Ordinalskala bewertet. Bei der Ordinalskala (Rangskala) liegt eine (natürliche) Rangfolge der Ausprägungen der Kriterien vor. Über die Abstände zwischen den Rangplätzen kann aber keine Aussage getroffen werden.

Bei der Bewertung der Kriterien mit einer Ordinalskala kann man mit Hilfe der Relationen „GRÖSSER", „GLEICH", „KLEINER" oder auch „BESSER", „GLEICH", „SCHLECHTER" die Rangfolge bestimmen.

Hat das Angebot A beim Zuschlagskriterium *Anteil recycelter Kunststoff* einen um 20 Prozentpunkte höheren Anteil an recyceltem Kunststoff als Angebot B, dann ist die Aussage *„Angebot A hat einen um 20 Prozentpunkte höheren Anteil an recyceltem Kunststoff als Angebot B"* eine Aussage, die einen höheren Informationsgehalt als die zweite Aussage hat. Auf Grundlage dieser Information könnte man jetzt nicht nur entscheiden, welches der beiden Angebote den höheren Anteil an recyceltem Kunststoff hat. Man kennt jetzt beim Zuschlagskriterium *Anteil recycelter Kunststoff* auch den Abstand zwischen den beiden Angeboten und kann entscheiden, ob der um 20 Prozentpunkte höhere Anteil unter Umständen einen höheren Angebotspreis rechtfertigt.

Würde man das Zuschlagskriterium *Anteil recycelter Kunststoff* derart verwenden, hätte man das Zuschlagskriterium auf Basis einer Intervallskala bewertet. Bei der Intervallskala liegt eine metrische Skala vor und es können Aussagen über die Abstände der Kriterienausprägungen getroffen werden.

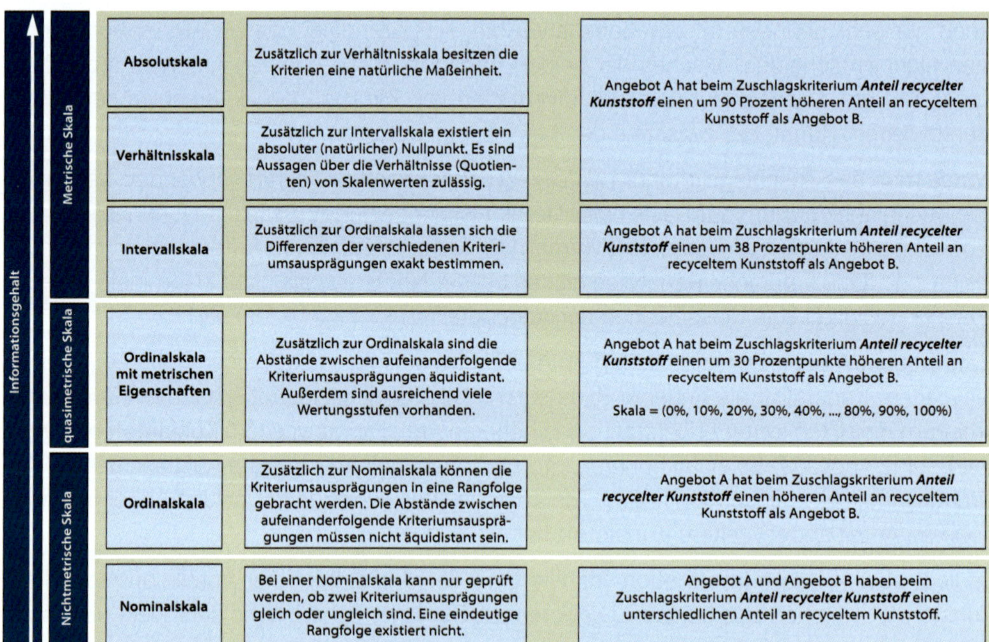

Abbildung: Informationsgehalt der Messskalen

Eine Information über das Verhältnis der Ausprägungen des Zuschlagskriteriums *Anteil recycelter Kunststoff* zueinander wäre eine höherwertige Information.

Hat das Angebot A einen um 40 % höheren Anteil an recyceltem Kunststoff als Angebot B, dann ist die Aussage *„Angebot A hat beim Zuschlagskriterium Anteil recycelter Kunststoff einen um 40 % höheren Anteil an recyceltem Kunststoff als Angebot B"* eine Aussage, die einen höheren Informationsgehalt als die dritte Aussage hat.

Würde man das Zuschlagskriterium Angebotspreis derart verwenden, hätte man das Zuschlagskriterium auf Basis einer Verhältnisskala bewertet. Bei der Verhältnisskala werden Aussagen über das Verhältnis der Merkmalsausprägungen getroffen.

Zuschlagskriterien mit Nominalskalen oder Ordinalskalen werden als nichtmetrische Zuschlagskriterien bezeichnet. Zuschlagskriterien mit nichtmetrischen Skalen können auch als qualitative oder homograde oder topologische Zuschlagskriterien bezeichnet werden.

Zuschlagskriterien mit Intervallskalen oder Verhältnisskalen werden als metrische Zuschlagskriterien bezeichnet. Zuschlagskriterien mit metrischen Skalen können auch als quantitative oder heterograde oder kardinale Zuschlagskriterien bezeichnet werden.

Der Informationsgehalt ist bei der Verwendung von metrischen Skalen höher als bei der Verwendung von nichtmetrischen Skalen. Innerhalb der nichtmetrischen Skalen ist der Informationsgehalt einer Ordinalskala höher als der Informationsgehalt einer Nominalskala. Innerhalb der metrischen Skalen ist der Informationsgehalt einer Verhältnisskala höher als der Informationsgehalt einer Intervallskala und der Informationsgehalt einer Absolutskala höher als der einer Verhältnisskala.

Im Folgenden wird nicht zwischen Nominalskalen und Ordinalskalen differenziert, sondern von einer nichtmetrischen Skala gesprochen. Ebenfalls wird nicht zwischen Intervallskalen und Verhältnisskalen differenziert, sondern von metrischen Skalen gesprochen.

Zusätzlich wird aber noch die quasimetrische Skala zwischen der nichtmetrischen Skala und der metrischen Skala eingeführt.

Bei der quasimetrischen Skala handelt es sich um eine Ordinalskala.

Stetige Wertungsfunktionen sind zum Beispiel[7]:

- Linear steigende Wertungsfunktion
- Linear fallende Wertungsfunktion
- Degressiv steigende Wertungsfunktion
- Progressiv steigende Wertungsfunktion
- Degressiv fallende Wertungsfunktion
- Progressiv fallende Wertungsfunktion
- Degressiv steigende Sättigungsfunktion
- Progressiv steigende Sättigungsfunktion
- Degressiv fallende Sättigungsfunktion
- Progressiv fallende Sättigungsfunktion

7 Ausführlich behandelt in: *Ferber*, Das wirtschaftlichste Angebot im Vergaberecht.

- Steigende S-Funktion
- Fallende S-Funktion
- Lineare Maximumfunktion
- Lineare Minimumfunktion
- Nichtlineare Maximumfunktion
- Nichtlineare Minimumfunktion

8.4 Die Kombination von Bewertung und Skalen

Im Folgenden werden die möglichen Kombinationen der drei Bewertungen

- Rating/Scoring,
- Relative Bewertung und
- Ranking

mit den drei Skalen

- nichtmetrisch,
- quasimetrisch und
- metrisch

gezeigt. Die drei Bewertungen gibt es dabei jeweils in einer objektiven und in einer subjektiven Variante.

Skala / Bewertung	nichtmetrisch	quasimetrisch	metrisch
Rating/Scoring - objektiv	nichtmetrische Skala Rating/Scoring - objektiv	quasimetrische Skala Rating/Scoring - objektiv	metrische Skala Rating/Scoring - objektiv
Rating/Scoring - subjektiv	nichtmetrische Skala Rating/Scoring - subjektiv	quasimetrische Skala Rating/Scoring - subjektiv	
Relativ - objektiv	nichtmetrische Skala Relativ - objektiv	quasimetrische Skala Relativ - objektiv	metrische Skala Relativ - objektiv
Relativ - subjektiv	nichtmetrische Skala Relativ - subjektiv	quasimetrische Skala Relativ - subjektiv	
Ranking - objektiv	nichtmetrische Skala Ranking - objektiv		
Ranking - subjektiv	nichtmetrische Skala Ranking - subjektiv		

Abbildung: Bewertungs-Skalen-Kombinationen

Ein objektives Rating/Scoring kann mit den Skalen nichtmetrisch, quasimetrisch und metrisch kombiniert werden. Ein subjektives Rating/Scoring macht in der Kombination mit einer metrischen Skala keinen Sinn beziehungsweise ist nicht wirklich möglich.

Eine objektive relative Bewertung kann mit den Skalen nichtmetrisch, quasimetrisch und metrisch kombiniert werden. Eine subjektive relative Bewertung macht in der Kombination mit einer metrischen Skala keinen Sinn beziehungsweise ist nicht wirklich möglich.

Ein Ranking macht nur in der Kombination mit einer nichtmetrischen Skala Sinn und ist mit einer metrischen beziehungsweise quasimetrischen Skala nicht wirklich möglich.

8.4.1 Objektives Rating (Scoring) mit einer nichtmetrischen Skala

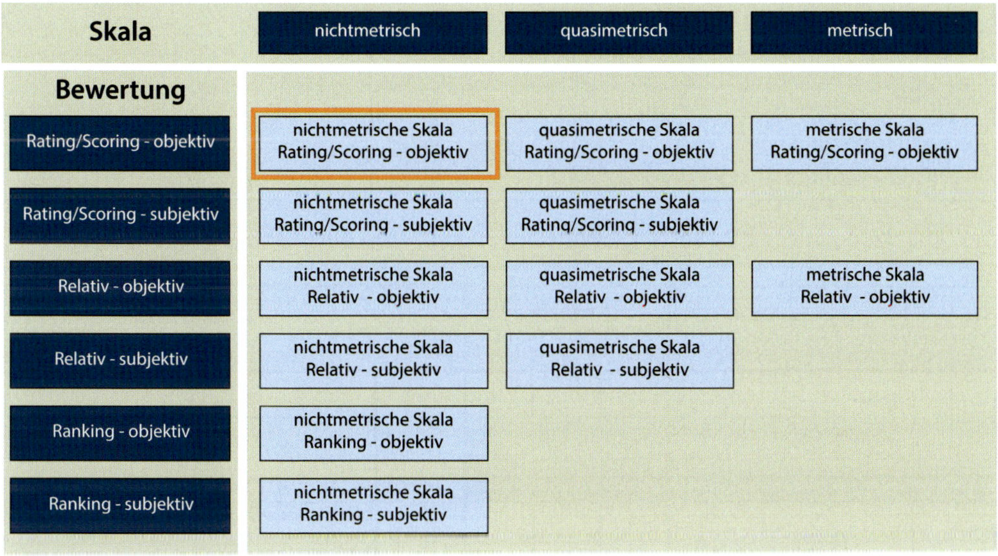

Abbildung: Objektives Rating (Scoring) mit einer nichtmetrischen Skala

Beispiel: Bewertung der Berufserfahrung eines Projektleiters / einer Projektleiterin durch Zertifikate

Im folgenden Beispiel wird die Berufserfahrung eines Projektleiters / einer Projektleiterin nicht direkt durch die Zeitdauer der Berufserfahrung, sondern durch den Nachweis vorhandener Zertifizierungen bewertet.

Bei der Bewertung der Projektmanagementzertifikate wird die Berufserfahrung indirekt mitgewertet, da man zur Erlangung dieser Zertifikate unter anderem einschlägige Erfahrung in leitender Funktion im Projektmanagement nachweisen muss.

Bei der Bewertung von Zertifizierungen können nur Ordinalskalen Anwendung finden, da erstens eine Kategorisierung in

- kein Projektmanagementzertifikat,
- ein Projektmanagementzertifikat erster Stufe und
- ein Projektmanagementzertifikat zweiter Stufe

vorhanden ist und zweitens eine Rangordnung zwischen den drei Kategorien besteht: Ein Projektmanagementzertifikat zweiter Stufe ist besser als ein Projektmanagementzertifikat erster Stufe und dieses wiederum ist besser als kein Projektmanagementzertifikat. Zwischenkategorien machen offensichtlich keinen Sinn, man kann ein Zertifikat vorweisen oder nicht, ein bisschen Projektmanagementzertifikat existiert in der Realität nicht.

Tabelle: Zahlenzuordnung für das ordinale Kriterium Projektmanagementzertifikat

Kriteriumsausprägung	Zugeordnete Zahl
Keine Zertifizierung nach PMI oder IPMA® oder PRINCE2 oder vergleichbar.	0
Zertifizierung als CAPM® (PMI), PMI-ACP® oder IPMA®Level D oder PRINCE2 Foundation oder vergleichbar.	1
Zertifizierung als PMP® (PMI) oder IPMA® Level C oder PRINCE2 Practitioner oder vergleichbar.[8]	2

Die Umsetzung in einer Bewertungsmatrix kann dann zum Beispiel wie folgt aussehen.

Pos.	Bewertungskriterien	Gewichtung			Wertungspunkte	
		G_1	G_2	G_3		
	...					...
2.	Qualifikation des Personals	300				
2.1	Projektleiter / Projektleiterin		90			
2.1.1	Projektmanagement-Zertifizierung			30	0 Punkte	Keine Zertifizierung nach PMI oder IPMA® oder PRINCE2 oder vergleichbar. **Das Angebot wird ausgeschlossen.**
					1 Punkt	Zertifizierung als CAPM® (PMI), PMI-ACP® oder IPMA®Level D oder PRINCE2 Foundation oder vergleichbar
					2 Punkte	Zertifizierung als PMP® (PMI) oder IPMA® Level C oder PRINCE2 Practitioner vergleichbar.

... ...

Abbildung: Bewertung der Berufserfahrung eines Projektleiters / einer Projektleiterin durch Zertifikate und Wertungspunkte 0-1-2

Die zugeordneten Zahlen spiegeln die Rangordnung wider. Jede getroffene Zahlenzuordnung kann durch eine streng monoton steigende Transformation in eine andere Zahlenzuordnung überführt werden.[9] Das heißt, egal wie die neuen Zahlen aussehen, es muss nur die Rang-

8 Das Project Management Institute (PMI) zertifiziert die folgenden Projektmanagement-Grade: Ein CAPM® – Certified Associate in Project Management verfügt über Basiskenntnisse im Projektmanagement und stellt die erste Stufe in der Projektmanagement-Zertifizierung dar; PMI-ACP® – Agile Certified Practitioner ist eine Zertifizierung für die Anwendung agiler Methoden im Projektmanagement; PMP® – Project Management Professional stellt die zweite und wichtigste Zertifizierungsstufe des Project Management Institute (PMI) dar und wird nur Personen mit einer abgeschlossenen Ausbildung, einer einschlägigen Berufserfahrung im Bereich Projektmanagement sowie mit geprüften Kenntnissen der Projektmanagementmethodik gewährt. Die International Project Management Association (IPMA) unterscheidet die Zertifizierungsgrade: IPMA Level D – Certified Project Management Associate; IPMA Level C – Certified Project Manager; IPMA Level B – Certified Senior Project Manager; IPMA Level A – Certified Projects Director. PRINCE2 unterscheidet die zwei Zertifizierungsstufen Foundation und Practitioner.

9 *Assenmacher,* Deskriptive Statistik, S. 19.

folge eingehalten werden. Im Folgenden werden die Punktwerte mit dem Faktor 5 multipliziert.

Tabelle: Zahlenzuordnung für das ordinale Kriterium Projektmanagementzertifikat

Kriteriumsausprägung	Zugeordnete Zahl
Keine Zertifizierung nach PMI oder IPMA® oder PRINCE2 oder vergleichbar.	0
Zertifizierung als CAPM® (PMI), PMI-ACP® oder IPMA®Level D oder PRINCE2 Foundation oder vergleichbar.	5
Zertifizierung als PMP® (PMI) oder IPMA® Level C oder PRINCE2 Practitioner vergleichbar.[10]	10

Die Umsetzung in einer Bewertungsmatrix kann dann zum Beispiel wie folgt aussehen.

Pos.	Bewertungskriterien	Gewichtung G_1	G_2	G_3	Wertungspunkte	
	...					...
2.	Qualifikation des Personals	300				
2.1	Projektleiter / Projektleiterin		90			
2.1.1	Projektmanagement-Zertifizierung			30	0 Punkte	Keine Zertifizierung nach PMI oder IPMA® oder PRINCE2 oder vergleichbar. **Das Angebot wird ausgeschlossen**
					5 Punkte	Zertifizierung als CAPM® (PMI), PMI-ACP® oder IPMA®Level D oder PRINCE2 Foundation oder vergleichbar
					10 Punkte	Zertifizierung als PMP® (PMI) oder IPMA® Level C oder PRINCE2 Practitioner vergleichbar.
	...				...	...

Abbildung: Bewertung der Berufserfahrung eines Projektleiters / einer Projektleiterin durch Zertifikate und Wertungspunkte 0-5-10

10 Das Project Management Institute (PMI) zertifiziert die folgenden Projektmanagement-Grade: Ein CAPM® – Certified Associate in Project Management verfügt über Basiskenntnisse im Projektmanagement und stellt die erste Stufe in der Projektmanagement-Zertifizierung dar; PMI-ACP® – Agile Certified Practitioner ist eine Zertifizierung für die Anwendung agiler Methoden im Projektmanagement; PMP® – Project Management Professional stellt die zweite und wichtigste Zertifizierungsstufe des Project Management Institute (PMI) dar und wird nur Personen mit einer abgeschlossenen Ausbildung, einer einschlägigen Berufserfahrung im Bereich Projektmanagement sowie mit geprüften Kenntnissen der Projektmanagementmethodik gewährt. Die International Project Management Association (IPMA) unterscheidet die Zertifizierungsgrade: IPMA Level D – Certified Project Management Associate; IPMA Level C – Certified Project Manager; IPMA Level B – Certified Senior Project Manager; IPMA Level A – Certified Projects Director. PRINCE2 unterscheidet die zwei Zertifizierungsstufen Foundation und Practitioner.

Die Punktezuordnung muss bei einer Ordinalskala nicht äquidistant (mit gleichen Abständen) vorgenommen werden. Möchte man den Schwierigkeitsgrad zur Erlangung der verschiedenen Stufen der Projektmanagementzertifikate und letztendlich auch den unterschiedlichen Nutzen durch eine höhere Qualifizierung berücksichtigen, macht es in der Realität sehr oft Sinn, keine äquidistante Zahlenzuordnung vorzunehmen.

Tabelle: Nicht äquidistante Zahlenzuordnung für das ordinale Kriterium Projektmanagementzertifikat

Kriteriumsausprägung	Zugeordnete Zahl
Keine Zertifizierung nach PMI oder IPMA® oder PRINCE2 oder vergleichbar.	0
Zertifizierung als CAPM® (PMI), PMI-ACP® oder IPMA®Level D oder PRINCE2 Foundation oder vergleichbar.	3
Zertifizierung als PMP® (PMI) oder IPMA® Level C oder PRINCE2 Practitioner oder vergleichbar.	10

Die Umsetzung in einer Bewertungsmatrix kann dann zum Beispiel wie folgt aussehen.

Pos.	Bewertungskriterien	Gewichtung			Wertungspunkte	
		G_1	G_2	G_3		
	...					...
2.	Qualifikation des Personals	300				
2.1	Projektleiter / Projektleiterin		90			
2.1.1	Projektmanagement-Zertifizierung			30	0 Punkte	Keine Zertifizierung nach PMI oder IPMA® oder PRINCE2 oder vergleichbar. **Das Angebot wird ausgeschlossen.**
					3 Punkte	Zertifizierung als CAPM® (PMI), PMI-ACP® oder IPMA®Level D oder PRINCE2 Foundation oder vergleichbar
					10 Punkte	Zertifizierung als PMP® (PMI) oder IPMA® Level C oder PRINCE2 Practitioner vergleichbar.
	...				...	...

Abbildung: Bewertung der Berufserfahrung eines Projektleiters / einer Projektleiterin durch Zertifikate und Wertungspunkte 0-3-10

Man sollte sich aber immer bewusst machen, welchen Einfluss die Punkteverteilung auf die Bewertung und letztendlich auf die Zuschlagsentscheidung haben kann.

Beispiel: Bewertung der Wartbarkeit

Im folgenden Beispiel soll die Wartbarkeit eines technischen Gerätes anhand der Austauschbarkeit des Akkumulators bewertet werden. Eine mögliche Ordinalskala könnte aus den Kategorien

- der Akkumulator des Geräts ist nicht austauschbar,
- der Akkumulator des Geräts ist austauschbar

bestehen, die eine natürliche Rangfolge besitzen, da ein austauschbarer Akkumulator besser ist als ein nicht austauschbarer Akkumulator.

Tabelle: Zahlenzuordnung für das ordinale Kriterium Wartbarkeit

Kriteriumsausprägung	Zugeordnete Zahl
Der Akkumulator des Geräts ist nicht austauschbar.	0
Der Akkumulator des Geräts ist austauschbar.	1

Die Umsetzung in einer Bewertungsmatrix kann dann zum Beispiel wie folgt aussehen.

Pos.	Bewertungskriterien	Gewichtung	Wertungspunkte	
1	Wartbarkeit	30%	0 Punkte	Der Akkumulator des Geräts ist nicht austauschbar.
			1 Punkt	Der Akkumulator des Geräts ist austauschbar.
	...	...	...	...

Abbildung: Bewertung der Wartbarkeit bzgl. Tausch des Akkumulators und Wertungspunkte 0-1

Die zugeordneten Zahlen spiegeln die Rangordnung wider. Jede getroffene Zahlenzuordnung kann durch eine streng monoton steigende Transformation in eine andere Zahlenzuordnung überführt werden.[11] Das heißt, egal wie die neuen Zahlen aussehen, es muss nur die Rangfolge eingehalten werden. Im Folgenden werden die Punktwerte mit dem Faktor 10 multipliziert.

Tabelle: Zahlenzuordnung für das ordinale Kriterium Projektmanagementzertifikat

Kriteriumsausprägung	Ursprünglich zugeordnete Zahl	Zugeordnete Zahl
Der Akkumulator des Geräts ist nicht austauschbar.	0	0
Der Akkumulator des Geräts ist austauschbar.	1	10

11 *Assenmacher*, Deskriptive Statistik, S. 19.

Die Umsetzung in einer Bewertungsmatrix kann dann zum Beispiel wie folgt aussehen.

Pos.	Bewertungskriterien	Gewichtung	Wertungspunkte	
1	Wartbarkeit	30%	0 Punkte	Der Akkumulator des Geräts ist nicht austauschbar.
			10 Punkte	Der Akkumulator des Geräts ist austauschbar.
	...	...	...	...

Abbildung: Bewertung der Wartbarkeit bzgl. Tausch des Akkumulators und Wertungspunkte 0-10

Die angewendete Ordinalskala kann aber auch differenzierender gestaltet werden und die Austauschbarkeit des Akkumulators in externen Austausch sowie Vor-Ort-Austausch differenzieren.

Die neue Ordinalskala könnte aus den Kategorien

- der Akkumulator des Geräts ist nicht austauschbar,
- der Akkumulator des Geräts ist nur extern austauschbar,
- der Akkumulator des Geräts ist vor Ort austauschbar

bestehen, die eine natürliche Rangfolge besitzen, da ein austauschbarer Akkumulator besser ist als ein nicht austauschbarer Akkumulator und ein vor Ort Austausch besser ist als ein externer Austausch.

Tabelle: Zahlenzuordnung für das ordinale Kriterium Wartbarkeit

Kriteriumsausprägung	Zugeordnete Zahl
Der Akkumulator des Geräts ist nicht austauschbar.	0
Der Akkumulator des Geräts ist nur extern austauschbar.	5
Der Akkumulator des Geräts ist vor Ort austauschbar.	10

Die Umsetzung in einer Bewertungsmatrix kann dann zum Beispiel wie folgt aussehen.

Pos.	Bewertungskriterien	Gewichtung	Wertungspunkte	
1	Wartbarkeit	30%	0 Punkte	Der Akkumulator des Geräts ist nicht austauschbar.
			5 Punkte	Der Akkumulator des Geräts ist nur extern austauschbar.
			10 Punkte	Der Akkumulator des Geräts ist vor Ort austauschbar.
	...	...	...	...

Abbildung: Bewertung der Wartbarkeit bzgl. Tausch des Akkumulators und Wertungspunkte 0-5-10

Beschäftigt man sich tiefergehend mit der Möglichkeit des Austauschs eines Akkumulators, dann stellt man fest, dass es auch bei einem Vor-Ort-Austausch deutliche Unterschiede der

Geräte bzgl. der Wartbarkeit gibt. Benötigt man für das Öffnen des Gerätes Spezialwerkzeug und ist der Akkumulator fest verlötet, dann entsteht ein deutlich größerer Wartungsaufwand als bei einem Gerät, das sich ohne Spezialwerkzeug öffnen lässt und bei dem der Akkumulator nicht verlötet ist.

Unter Berücksichtigung dieser Unterschiede entsteht eine deutlich stärker differenzierende Ordinalskala mit den Kategorien:

- Der Akkumulator des Geräts ist nicht austauschbar.
- Der Akkumulator des Geräts ist nur extern austauschbar.
- Der Akkumulator des Geräts ist vor Ort austauschbar. Zum Öffnen des Geräts ist Spezialwerkzeug notwendig und der Akkumulator ist verlötet.
- Der Akkumulator des Geräts ist vor Ort austauschbar. Zum Öffnen des Geräts ist kein Spezialwerkzeug notwendig und der Akkumulator ist verlötet.
- Der Akkumulator des Geräts ist vor Ort austauschbar. Zum Öffnen des Geräts ist Spezialwerkzeug notwendig und der Akkumulator ist nicht verlötet.
- Der Akkumulator des Geräts ist vor Ort austauschbar. Zum Öffnen des Geräts ist kein Spezialwerkzeug notwendig und der Akkumulator ist nicht verlötet.

Tabelle: Wertungszuordnung für das ordinale Kriterium Wartbarkeit

Kriteriumsausprägung	**Zugeordnete Zahl**
Der Akkumulator des Geräts ist nicht austauschbar.	0
Der Akkumulator des Geräts ist nur extern austauschbar.	1
Der Akkumulator des Geräts ist vor Ort austauschbar. Zum Öffnen des Geräts ist Spezialwerkzeug notwendig und der Akkumulator ist verlötet.	2
Der Akkumulator des Geräts ist vor Ort austauschbar. Zum Öffnen des Geräts ist kein Spezialwerkzeug notwendig und der Akkumulator ist verlötet.	3
Der Akkumulator des Geräts ist vor Ort austauschbar. Zum Öffnen des Geräts ist Spezialwerkzeug notwendig und der Akkumulator ist nicht verlötet.	4
Der Akkumulator des Geräts ist vor Ort austauschbar. Zum Öffnen des Geräts ist kein Spezialwerkzeug notwendig und der Akkumulator ist nicht verlötet.	5

Die Umsetzung in einer Bewertungsmatrix kann dann zum Beispiel wie folgt aussehen.

Pos.	Kriterien	Gewichtung	Wertungspunkte	
1	Wartbarkeit	30%	0 Punkte	Der Akkumulator des Geräts ist nicht austauschbar.
			1 Punkt	Der Akkumulator des Geräts ist nur extern austauschbar.
			2 Punkte	Der Akkumulator des Geräts ist vor Ort austauschbar. Zum Öffnen des Geräts ist Spezialwerkzeug notwendig und der Akkumulator ist verlötet.
			3 Punkte	Der Akkumulator des Geräts ist vor Ort austauschbar. Zum Öffnen des Geräts ist kein Spezialwerkzeug notwendig und der Akkumulator ist verlötet.
			4 Punkte	Der Akkumulator des Geräts ist vor Ort austauschbar. Zum Öffnen des Geräts ist Spezialwerkzeug notwendig und der Akkumulator ist nicht verlötet, sondern gesteckt.
			5 Punkte	Der Akkumulator des Geräts ist vor Ort austauschbar. Zum Öffnen des Geräts ist kein Spezialwerkzeug notwendig und der Akkumulator ist nicht verlötet, sondern gesteckt.
	...	...	...	...

Abbildung: Bewertung der Wartbarkeit bzgl. Tausch des Akkumulators und Wertungspunkte 0-1-2-3-4-5

Die zugeordneten Zahlen der Wertungszuordnung spiegeln die Rangordnung wider. Jede getroffene Zahlenzuordnung kann durch eine streng monoton steigende Transformation in eine andere Zahlenzuordnung überführt werden.[12] Das heißt, egal wie die neuen Zahlen aussehen, es muss nur die Rangfolge eingehalten werden. Im Folgenden werden die Punktwerte mit dem Faktor 2 multipliziert.

Tabelle: Wertungszuordnung für das ordinale Kriterium Wartbarkeit

Kriteriumsausprägung	Ursprünglich zugeordnete Zahl	Neu zugeordnete Zahl
Der Akkumulator des Geräts ist nicht austauschbar.	0	0
Der Akkumulator des Geräts ist nur extern austauschbar.	1	2
Der Akkumulator des Geräts ist vor Ort austauschbar. Zum Öffnen des Geräts ist Spezialwerkzeug notwendig und der Akkumulator ist verlötet.	2	4

12 *Assenmacher,* Deskriptive Statistik, S. 19.

Kriteriumsausprägung	Ursprünglich zugeordnete Zahl	Neu zugeordnete Zahl
Der Akkumulator des Geräts ist vor Ort austauschbar. Zum Öffnen des Geräts ist kein Spezialwerkzeug notwendig und der Akkumulator ist verlötet.	3	6
Der Akkumulator des Geräts ist vor Ort austauschbar. Zum Öffnen des Geräts ist Spezialwerkzeug notwendig und der Akkumulator ist nicht verlötet.	4	8
Der Akkumulator des Geräts ist vor Ort austauschbar. Zum Öffnen des Geräts ist kein Spezialwerkzeug notwendig und der Akkumulator ist nicht verlötet.	5	10

Die Umsetzung in einer Bewertungsmatrix sieht dann wie folgt aus.

Pos.	Kriterien	Gewichtung	Wertungspunkte	
1	Wartbarkeit	30%	**0 Punkte**	Der Akkumulator des Geräts ist nicht austauschbar.
			2 Punkt	Der Akkumulator des Geräts ist nur extern austauschbar.
			4 Punkte	Der Akkumulator des Geräts ist vor Ort austauschbar. Zum Öffnen des Geräts ist Spezialwerkzeug notwendig und der Akkumulator ist verlötet.
			6 Punkte	Der Akkumulator des Geräts ist vor Ort austauschbar. Zum Öffnen des Geräts ist kein Spezialwerkzeug notwendig und der Akkumulator ist verlötet.
			8 Punkte	Der Akkumulator des Geräts ist vor Ort austauschbar. Zum Öffnen des Geräts ist Spezialwerkzeug notwendig und der Akkumulator ist nicht verlötet, sondern gesteckt.
			10 Punkte	Der Akkumulator des Geräts ist vor Ort austauschbar. Zum Öffnen des Geräts ist kein Spezialwerkzeug notwendig und der Akkumulator ist nicht verlötet, sondern gesteckt.
	...	...	...	...

Abbildung: Bewertung der Wartbarkeit bzgl. Tausch des Akkumulators und Wertungspunkte 0-2-4-6-8-10

Die Punktezuordnung muss bei einer Ordinalskala nicht äquidistant vorgenommen werden. Möchte man den unterschiedlichen Nutzen durch einen einfacheren Austausch der Akkumulatoren berücksichtigen, macht es in der Realität sehr oft Sinn, keine äquidistante Zahlenzuordnung vorzunehmen.

Tabelle: Wertungszuordnung für das ordinale Kriterium Wartbarkeit

Kriteriumsausprägung	Nicht äquidistant zugeordnete Zahlen
Der Akkumulator des Geräts ist nicht austauschbar.	0
Der Akkumulator des Geräts ist nur extern austauschbar.	2
Der Akkumulator des Geräts ist vor Ort austauschbar. Zum Öffnen des Geräts ist Spezialwerkzeug notwendig und der Akkumulator ist verlötet.	4
Der Akkumulator des Geräts ist vor Ort austauschbar. Zum Öffnen des Geräts ist kein Spezialwerkzeug notwendig und der Akkumulator ist verlötet.	5
Der Akkumulator des Geräts ist vor Ort austauschbar. Zum Öffnen des Geräts ist Spezialwerkzeug notwendig und der Akkumulator ist nicht verlötet.	8
Der Akkumulator des Geräts ist vor Ort austauschbar. Zum Öffnen des Geräts ist kein Spezialwerkzeug notwendig und der Akkumulator ist nicht verlötet.	10

Die Umsetzung in einer Bewertungsmatrix sieht dann wie folgt aus.

Pos.	Kriterien	Gewichtung	Wertungspunkte	
1	Wartbarkeit	30%	0 Punkte	Der Akkumulator des Geräts ist nicht austauschbar.
			2 Punkt	Der Akkumulator des Geräts ist nur extern austauschbar.
			4 Punkte	Der Akkumulator des Geräts ist vor Ort austauschbar. Zum Öffnen des Geräts ist Spezialwerkzeug notwendig und der Akkumulator ist verlötet.
			5 Punkte	Der Akkumulator des Geräts ist vor Ort austauschbar. Zum Öffnen des Geräts ist kein Spezialwerkzeug notwendig und der Akkumulator ist verlötet.
			8 Punkte	Der Akkumulator des Geräts ist vor Ort austauschbar. Zum Öffnen des Geräts ist Spezialwerkzeug notwendig und der Akkumulator ist nicht verlötet, sondern gesteckt.
			10 Punkte	Der Akkumulator des Geräts ist vor Ort austauschbar. Zum Öffnen des Geräts ist kein Spezialwerkzeug notwendig und der Akkumulator ist nicht verlötet, sondern gesteckt.
	...	...	...	...

Abbildung: Bewertung der Wartbarkeit bzgl. Tausch des Akkumulators und Wertungspunkte 0-2-4-5-8-10

In dem betrachteten Beispiel handelt es sich bei dem Kriterium um ein objektives ordinales Kriterium. Ob und wie der Akkumulator getauscht werden kann, kann ohne jegliche Subjektivität bestimmt werden.

Bei dem Kriterium sollte man aber die kritische Frage stellen, ob ein Gerät ohne austauschbaren Akkumulator überhaupt sinnvoll ist. Wenn dies nicht der Fall ist, müsste man noch eine Mindestanforderung aufnehmen. Im Folgenden wird dies durch den Ausschluss des Angebots bei nicht austauschbarem Akkumulator erreicht.

Pos.	Kriterien	Gewichtung	Wertungspunkte	
1	Wartbarkeit	30%	0 Punkte	**AUSSCHLUSS:** Der Akkumulator des Geräts ist nicht austauschbar.
			2 Punkt	**MINDESTANFORDERUNG:** Der Akkumulator des Geräts ist nur extern austauschbar.
			4 Punkte	Der Akkumulator des Geräts ist vor Ort austauschbar. Zum Öffnen des Geräts ist Spezialwerkzeug notwendig und der Akkumulator ist verlötet.
			5 Punkte	Der Akkumulator des Geräts ist vor Ort austauschbar. Zum Öffnen des Geräts ist kein Spezialwerkzeug notwendig und der Akkumulator ist verlötet.
			8 Punkte	Der Akkumulator des Geräts ist vor Ort austauschbar. Zum Öffnen des Geräts ist Spezialwerkzeug notwendig und der Akkumulator ist nicht verlötet, sondern gesteckt.
			10 Punkte	Der Akkumulator des Geräts ist vor Ort austauschbar. Zum Öffnen des Geräts ist kein Spezialwerkzeug notwendig und der Akkumulator ist nicht verlötet, sondern gesteckt.
	...	...	...	...

Abbildung: Bewertung der Wartbarkeit bzgl. Tausch des Akkumulators mit Mindestanforderung

Beispiel: Bewertung von optionalen Funktionen („nice to have")

Ein Kriterium, bei dem geprüft, wird, ob es erfüllt ist oder nicht (dichotomes – binäres Kriterium), ist nicht zwangsweise ein Ausschlusskriterium. Mit solchen Kriterien kann bewertet werden, ob Zusatzfunktionalitäten, „*nice to have*"-Anforderungen erfüllt werden. Diese Anforderungen sind nicht zwingend zu erfüllen, wären aber schön und haben für den Ausschreibenden einen Nutzen. Das heißt, der oder die Ausschreibende ist bereit, mehr zu bezahlen, wenn solche „*nice to have*"-Anforderungen mit angeboten werden.

Die folgende Bewertungsmatrix zeigt, dass auch Kriterien, die nur zwei verschiedene Werte annehmen können, ein sinnvolles Bewertungskriterium sein können.

Pos.	Bewertungskriterien	Gewichtung			Wertungspunkte	
		G_1	G_2	G_3		
	...				...	
8	Optionen	300				
8.1	Funktion		90			
8.1.1	ABC			30	0 Punkte	Die Funktion ABC ist **nicht** enthalten.
					10 Punkte	Die Funktion ABC ist enthalten.
	...		...		...	...

Abbildung: „nice to have"-Kriterium

Mit solch nominal skalierten dichotomen (binären) Bewertungskriterien kann man nicht zwingend notwendige, aber durchaus gewünschte Eigenschaften (*„nice to have“*) bewerten.

Ein Bewertungskriterium liegt mithin vor, wenn ein Kriterium mindestens zwei verschiedene Kriteriumsausprägungen hat und somit mit zwei verschiedenen Werten bewertet werden kann und beide Kriteriumsausprägungen nicht zum Ausschluss führen.

Definition

*Ein **Bewertungskriterium** ist ein Kriterium, das*

a) mit mindestens zwei verschiedenen Werten bewertet werden kann und

b) bei dem mindestens zwei verschiedene Werte nicht zum Ausschluss führen.

Bewertungsmatrizen können bei den nichtmonetären Zuschlagskriterien komplett aus nichtmetrisch skalierten dichotomen (binären) Bewertungskriterien bestehen, wenn alle zwingend notwendigen Eigenschaften (*„mandatory“* = MUSS-Kriterien oder auch Ausschlusskriterien oder auch K.o.-Kriterien) der anzubietenden Leistungen durch Ausschlusskriterien in einem Leistungsverzeichnis beschrieben werden. Durch die Bewertungsmatrix werden dann alle nicht zwingend notwendigen, aber durchaus gewünschten Eigenschaften (*„nice to have“*) bewertet.

Pos.	Bewertungskriterien	Gewichtung	Wertungspunkte	
1	„nice to have“-Kriterium 1	10%	**0 Punkte**	Das „nice to have“-Kriterium 1 ist im Angebot **nicht enthalten**
			10 Punkte	Das „nice to have“-Kriterium 1 ist im Angebot **enthalten**
2	„nice to have“-Kriterium 2	15%	**0 Punkte**	Das „nice to have“-Kriterium 2 ist im Angebot **nicht enthalten**
			10 Punkte	Das „nice to have“-Kriterium 2 ist im Angebot **enthalten**
3	„nice to have“-Kriterium 3	20%	**0 Punkte**	Das „nice to have“-Kriterium 3 ist im Angebot **nicht enthalten**
			10 Punkte	Das „nice to have“-Kriterium 3 ist im Angebot **enthalten**
4	Angebotspreis	55%	Der Angebotspreis (P) wird mit dem günstigsten Angebotspreis ($P_{billigst}$) ins Verhältnis gesetzt und mit 10 Punkten muliplіziert. Angebotspunkte = ($P_{billigst}$ / P) • 10 Punkte Gerechnet wird mit zwei Stellen hinter dem Komma, es findet das kaufmännische Runden Anwendung. **Beispiel:** Angebot A: 100.000 Euro Angebotspreis Angebot B: 150.000 Euro Angebotspreis $Angebotspunkte_A$ = (100.000 € / 100.000 €) • 10 Punkte = 10 Punkte $Angebotspunkte_B$ = (100.000 € / 150.000 €) • 10 Punkte = 6,66 Punkte	

Abbildung: Bewertungsmatrix zur Bewertung von ausschließlich „nice to have“-Kriterien neben dem Angebotspreis

8.4.2 Objektives Rating (Scoring) mit einer quasimetrischen Skala

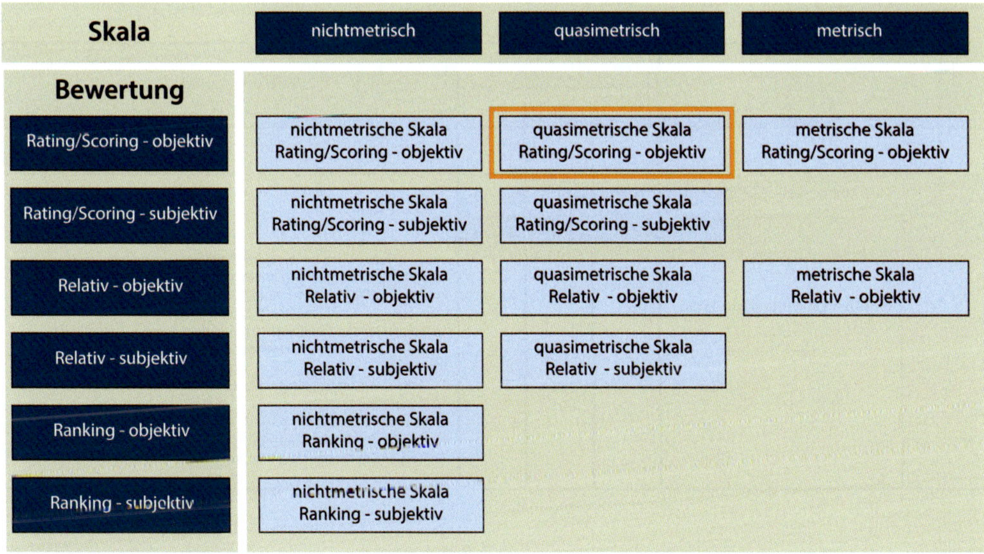

Abbildung: Objektives Rating (Scoring) mit einer quasimetrischen Skala

Beispiel

In der folgenden Bewertungsmatrix findet sich unter der Position 2.1.1 das Zuschlagskriterium *„Berufserfahrung in Monaten“*. Die für das Zuschlagskriterium benutzte Skala ist keine metrische Skala, sondern eine Ordinalskala. Aufgrund der feingranularen Abstufung (jede Stufe entspricht einem Monat) kann man aber von einer quasi-metrischen Skala sprechen. Solche quasi-metrischen Skalen reichen in vielen Fällen vollkommen aus, da eine größere Genauigkeit in der Realität nicht benötigt wird.

Bei der Bewertung der Berufserfahrung ist eine sinnvolle Bewertungsgröße die Zeiteinheit eines Monats. Eine noch feinere Bewertung auf Wochen-, Tages-, Stunden-, Minuten- oder sogar Sekundenbasis ist offensichtlich realitätsfern und nicht notwendig.

Ein Monat Berufserfahrung entspricht 1/5 Punkt. Bei einer Berufserfahrung von mindestens 60 Monaten werden 12 Punkte vergeben. Gerechnet wird mit zwei Stellen hinter dem Komma. Es findet das kaufmännische Runden Anwendung.

Beispiel

*6 Monate Berufserfahrung = 6 * 1/5 Punkte = 1,2 Punkte*

*12 Monate Berufserfahrung = 12 * 1/5 Punkte = 2,4 Punkte*

*22 Monate Berufserfahrung = 22 * 1/5 Punkte = 4,4 Punkte*

*60 Monate Berufserfahrung = 60 * 1/5 Punkte = 12 Punkte*

72 Monate Berufserfahrung = 12 Punkte

Es handelt sich um eine objektive Bewertung, und es wird ein Rating (Scoring) vorgenommen, das unabhängig von anderen Angeboten ist.

Pos.	Bewertungskriterien	Gewichtungspunkte			Wertungspunkte
		G_1	G_2	G_3	
	...				... ...
2	Qualifikation des Personals	300			
2.1	Projektleiter / Projektleiterin		90		
2.1.1	Berufserfahrung in Monaten			30	Ein Monat Berufserfahrung entspricht 1/5 Punkt. Maximal sind 12 Punkte möglich (Berufserfahrung von mindestens 60 Monaten). Gerechnet wird mit zwei Stellen hinter dem Komma. Es findet das kaufmännische Runden Anwendung. **Beispiele:** 6 Monate Berufserfahrung = 6 * 1/5 Punkte = 1,2 Punkte 12 Monate Berufserfahrung = 12 * 1/5 Punkte = 2,4 Punkte 22 Monate Berufserfahrung = 22 * 1/5 Punkte = 4,4 Punkte 60 Monate Berufserfahrung = 60 * 1/5 Punkte = 12 Punkte 72 Monate Berufserfahrung = 12 Punkte
	...				... ...

Abbildung: Bewertungsmatrix mit der Bewertung der Berufserfahrung

Im folgenden Wertediagramm kann man die kleinen Stufen sehr gut erkennen.

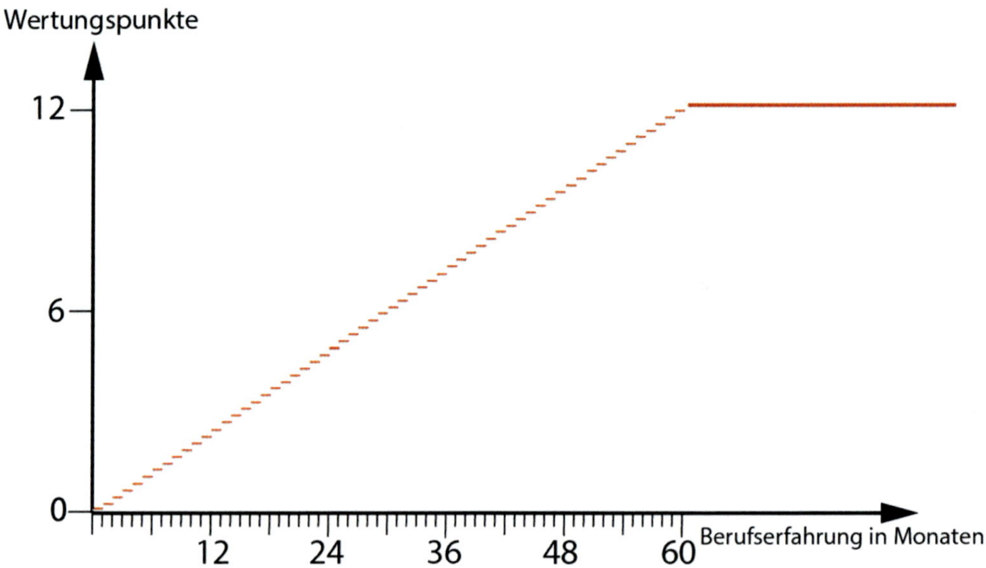

Abbildung: Bewertung der Berufserfahrung durch eine quasi-kontinuierliche Skala

Sollen die eingesetzten Projektleiterinnen / Projektleiter mindestens zwölf Monate Berufserfahrung mitbringen, dann muss das Kriterium in der Bewertungsmatrix noch mit einer Mindestanforderung versehen werden.

Pos.	Bewertungskriterien	Gewichtungspunkte			Wertungspunkte
		G_1	G_2	G_3	
	...				... ...
2	Qualifikation des Personals	300			
2.1	Projektleiter / Projektleiterin		90		
2.1.1	Berufserfahrung in Monaten			30	Ein Monat Berufserfahrung entspricht 1/5 Punkt. Maximal sind 12 Punkte möglich (Berufserfahrung von mindestens 60 Monaten). **Mindestanforderung**: 12 Monate Berufserfahrung, Angebote mit Projektleiterinnen/Projektleitern mit weniger als 12 Monaten Berufserfahrung werden zwingend von der weiteren Wertung ausgeschlossen. Gerechnet wird mit zwei Stellen hinter dem Komma. Es findet das kaufmännische Runden Anwendung. **Beispiele**: 12 Monate Berufserfahrung = 12 * 1/5 Punkte = 2,4 Punkte 22 Monate Berufserfahrung = 22 * 1/5 Punkte = 4,4 Punkte 60 Monate Berufserfahrung = 60 * 1/5 Punkte = 12 Punkte 72 Monate Berufserfahrung = 12 Punkte
	...				... ...

Abbildung: Bewertungsmatrix mit der Bewertung der Berufserfahrung mit Mindestanforderung

Beispiel

In der folgenden Bewertungsmatrix findet sich unter der Position 2.1.1 das Zuschlagskriterium *„CO2-Neutralität"*. Die für das Zuschlagskriterium benutzte Skala ist keine metrische Skala, sondern eine Ordinalskala. Aufgrund der feingranularen Abstufung (pro 1 % CO_2-neutral hergestellter Geräte im Verhältnis zur Gesamtzahl der angebotenen Geräte gibt es 0,10 Wertungspunkte) kann man aber von einer quasi-metrischen Skala sprechen. Solche quasi-metrischen Skalen reichen in vielen Fällen vollkommen aus, da eine größere Genauigkeit in der Realität nicht benötigt wird.

Pro 1 % CO_2-neutral hergestellter Geräte im Verhältnis zur Gesamtzahl der angebotenen Geräte gibt es 0,10 Wertungspunkte. Gerechnet wird mit zwei Dezimalstellen hinter dem Komma. Es findet das kaufmännische Runden Anwendung.

Beispiel

0 % CO_2-neutrale Geräte = 0 Wertungspunkte

25,5 % CO_2-neutrale Geräte = 2,55 Wertungspunkte

50,8 % CO_2-neutrale Geräte = 5,08 Wertungspunkte

100 % CO_2-neutrale Geräte = 10,00 Wertungspunkte

Da mit zwei Dezimalstellen hinter dem Komma gerechnet wird, gibt es insgesamt 1.001 Wertungsstufen:0,00; 0,01; 0,02; ..., 9,97; 9,98; 9,99; 1,00.

Es handelt sich um eine objektive Bewertung, und es wird ein Rating (Scoring) vorgenommen, das unabhängig von anderen Angeboten ist.

Pos.	Bewertungskriterien	Gewichtung G_1	Gewichtung G_2	Gewichtung G_3	Wertungspunkte
	...				... ...
2.	Nachhaltigkeit	300			
2.1	Umweltschutz		180		
2.1.1	CO_2-Neutralität			100	Pro 1% CO_2-neutral hergestellter Geräte im Verhältnis zur Gesamtzahl der angebotenen Geräte gibt es 0,10 Wertungspunkte. Gerechnet wird mit zwei Dezimalstellen hinter dem Komma. Es findet das kaufmännische Runden Anwendung. **Beispiel:** 0 % CO_2-neutrale Geräte = 0 Wertungspunkte 25,5 % CO_2-neutrale Geräte = 2,55 Wertungspunkte 50,8 % CO_2-neutrale Geräte = 5,08 Wertungspunkte 100 % CO_2-neutrale Geräte = 10 Wertungspunkte
	...				... ...

Abbildung: Bewertungsmatrix mit einer Bewertung der CO_2-neutralen Geräte mit einer quasimetrischen Skala mit maximal 10 Wertungspunkten

Sollen maximal 12 Punkte möglich sein, dann gestaltet sich die Bewertung wie folgt:

Pro 1 % CO_2-neutral hergestellter Geräte im Verhältnis zur Gesamtzahl der angebotenen Geräte gibt es 0,12 Wertungspunkte. Gerechnet wird mit zwei Dezimalstellen hinter dem Komma. Es findet das kaufmännische Runden Anwendung.

Beispiel

0 % CO_2-neutrale Geräte = 0 Wertungspunkte

25,5 % CO_2-neutrale Geräte = 3,06 Wertungspunkte

50,8 % CO_2-neutrale Geräte = 6,10 Wertungspunkte

100 % CO_2-neutrale Geräte = 12 Wertungspunkte

Pos.	Bewertungskriterien	Gewichtung G_1	Gewichtung G_2	Gewichtung G_3	Wertungspunkte
	...				... ...
2.	Nachhaltigkeit	300			
2.1	Umweltschutz		180		
2.1.1	CO_2-Neutralität			100	Pro 1% CO_2-neutral hergestellter Geräte im Verhältnis zur Gesamtzahl der angebotenen Geräte gibt es 0,12 Wertungspunkte. Gerechnet wird mit zwei Dezimalstellen hinter dem Komma. Es findet das kaufmännische Runden Anwendung. **Beispiel:** 0 % CO_2-neutrale Geräte = 0 Wertungspunkte 25,5 % CO_2-neutrale Geräte = 3,06 Wertungspunkte 50,8 % CO_2-neutrale Geräte = 6,10 Wertungspunkte 100 % CO_2-neutrale Geräte = 12 Wertungspunkte
	...				... ...

Abbildung: Bewertungsmatrix mit einer Bewertung der CO_2-neutralen Geräte mit einer quasimetrischen Skala mit maximal 12 Wertungspunkten

8.4.3 Objektives Rating (Scoring) mit einer metrischen Skala

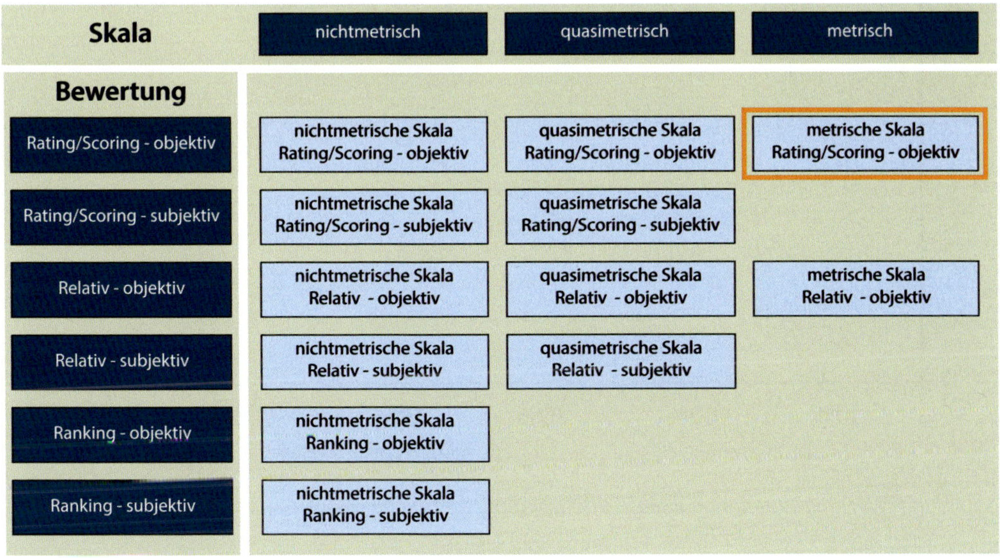

Abbildung: Objektives Rating (Scoring) mit einer metrischen Skala

Beispiel 1: Bewertung von Anteilen – Anteil an recyceltem Kunststoff

In der folgenden Bewertungsmatrix findet sich unter der Position 1 das Zuschlagskriterium „*Anteil an recyceltem Kunststoff*". Die für das Zuschlagskriterium benutzte Skala ist eine metrische Skala.

Produkte, deren verbauter Kunststoff zu 100 % recycelt ist, sollen die volle Wertungspunktzahl von zehn Punkten erhalten. Als Mindestanforderung muss der Anteil an recyceltem Kunststoff 50 % betragen. Angebote mit Produkten, deren Anteil an recyceltem Kunststoff weniger als 50 % beträgt, erhalten 0 Wertungspunkte, erfüllen nicht die Mindestanforderungen und werden ausgeschlossen. Angebote mit Produkten, deren Anteil an recyceltem Kunststoff 50 % beträgt, erhalten 1 Wertungspunkt.

Angebote mit Produkten, deren Anteil an recyceltem Kunststoff mehr als 50 %, aber weniger als 100 % beträgt, werden mittels einer linearen Interpolation mit den Stützstellen (50 %, 1 Punkt) und (100 %, 10 Punkte) berechnet.

Es handelt sich um eine objektive Bewertung, und es wird ein Rating (Scoring) vorgenommen, das unabhängig von anderen Angeboten ist.

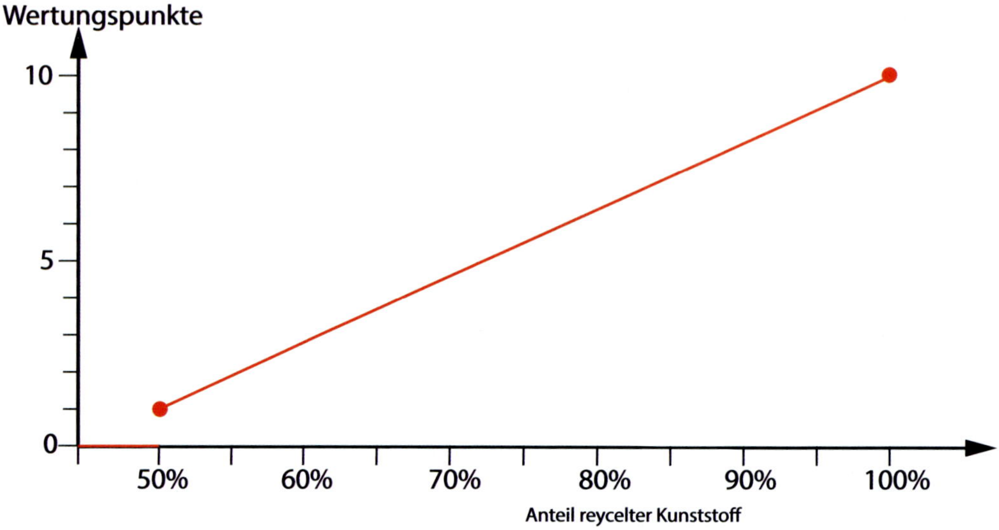

Abbildung: Wertung durch eine lineare Interpolation, metrische Skala

Umgesetzt in eine Bewertungsmatrix sieht das Ganze folgendermaßen aus.

Pos.	Bewertungskriterien	Gewichtung	Wertungspunkte
1	Anteil recycelter Kunststoff	40%	Angebote mit Produkten, deren Anteil an recyceltem Kunststoff 100% beträgt ,erhalten 10 Wertungspunkte. Angebote mit Produkten, deren Anteil an recyceltem Kunststoff 50% beträgt, erhalten 1 Wertungspunkt. Angebote mit Produkten, deren Anteil an recyceltem Kunststoff weniger als 50% beträgt, erhalten 0 Wertungspunkte, erfüllen nicht die Mindestanforderungen und werden ausgeschlossen. Angebote mit Produkten, deren Anteil an recyceltem Kunststoff mehr als 50% aber weniger als 100% beträgt, werden mittels einer linearen Interpolation mit den Stützstellen (50%, 1 Punkt) und (100%, 10 Punkte) berechnet.
2	Angebotspreis	60%	Der Angebotspreis (P) wird mit dem günstigsten Angebotspreis ($P_{billigst}$) ins Verhältnis gesetzt und mit 10 Punkten muliplíziert. Angebotspunkte = ($P_{billigst}$ / P) • 10 Punkte Gerechnet wird mit zwei Stellen hinter dem Komma, es findet das kaufmännische Runden Anwendung. **Beispiel:** Angebot A: 100.000 Euro Angebotspreis Angebot B: 150.000 Euro Angebotspreis $Angebotspunkte_A$ = (100.000 € / 100.000 €) • 10 Punkte = 10 Punkte $Angebotspunkte_B$ = (100.000 € / 150.000 €) • 10 Punkte = 6,67 Punkte

Abbildung: Bewertungsmatrix zur Bewertung des Anteils an recyceltem Kunststoff, Mindestanforderung von 50 % erhält 5 Wertungspunkte

Die Auftraggeberinnen und Auftraggeber haben das Recht, die Bewertung individuell zu gestalten und zum Beispiel bei der Mindestanforderung von 50 % Anteil an recyceltem Kunststoff nicht nur einen Wertungspunkt, sondern fünf Wertungspunkte zu vergeben.

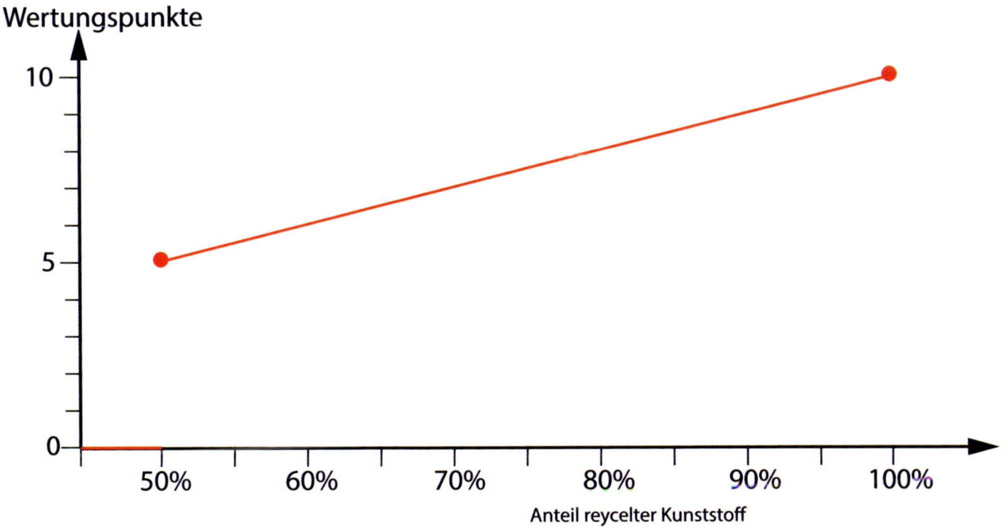

Abbildung: Wertung durch eine lineare Interpolation, metrische Skala, Mindestanforderung 5 Punkte

Umgesetzt in eine Bewertungsmatrix sieht das Ganze folgendermaßen aus.

Pos.	Bewertungskriterien	Gewichtung	Wertungspunkte
1	Anteil recycelter Kunststoff	40%	Angebote mit Produkten, deren Anteil an recyceltem Kunststoff 100% beträgt ,erhalten 10 Wertungspunkte. Angebote mit Produkten, deren Anteil an recyceltem Kunststoff 50% beträgt, erhalten 5 Wertungspunkte. Angebote mit Produkten, deren Anteil an recyceltem Kunststoff weniger als 50% beträgt, erhalten 0 Wertungspunkte, erfüllen nicht die Mindestanforderungen und werden ausgeschlossen. Angebote mit Produkten, deren Anteil an recyceltem Kunststoff mehr als 50% aber weniger als 100% beträgt, werden mittels einer linearen Interpolation mit den Stützstellen (50%, 1 Punkt) und (100%, 10 Punkte) berechnet.
2	Angebotspreis	60%	Der Angebotspreis (P) wird mit dem günstigsten Angebotspreis ($P_{billigst}$) ins Verhältnis gesetzt und mit 10 Punkten mulipliziert. Angebotspunkte = ($P_{billigst}$ / P) • 10 Punkte Gerechnet wird mit zwei Stellen hinter dem Komma, es findet das kaufmännische Runden Anwendung. **Beispiel:** Angebot A: 100.000 Euro Angebotspreis Angebot B: 150.000 Euro Angebotspreis $Angebotspunkte_A$ = (100.000 € / 100.000 €) • 10 Punkte = 10 Punkte $Angebotspunkte_B$ = (100.000 € / 150.000 €) • 10 Punkte = 6,67 Punkte

Abbildung: Bewertungsmatrix zur Bewertung des Anteils an recyceltem Kunststoff, Mindestanforderung von 50 % erhält 5 Wertungspunkte

Beispiel 2: Bewertung von Anteilen – Anteil an CO_2-neutralen Geräten

In der folgenden Bewertungsmatrix findet sich unter der Position 2.1.1 das Zuschlagskriterium *„CO2-Neutralität"*. Die für das Zuschlagskriterium benutzte Skala ist eine metrische Skala.

Angebote, bei denen 100 % der angebotenen Geräte CO_2-neutral hergestellt werden, erhalten 12 Wertungspunkte. Angebote, bei denen keines der angebotenen Geräte CO_2-neutral hergestellt wird, erhalten 0 Wertungspunkte.

Dazwischen wird linear interpoliert.

Es handelt sich um eine objektive Bewertung, und es wird ein Rating (Scoring) vorgenommen, das unabhängig von anderen Angeboten ist.

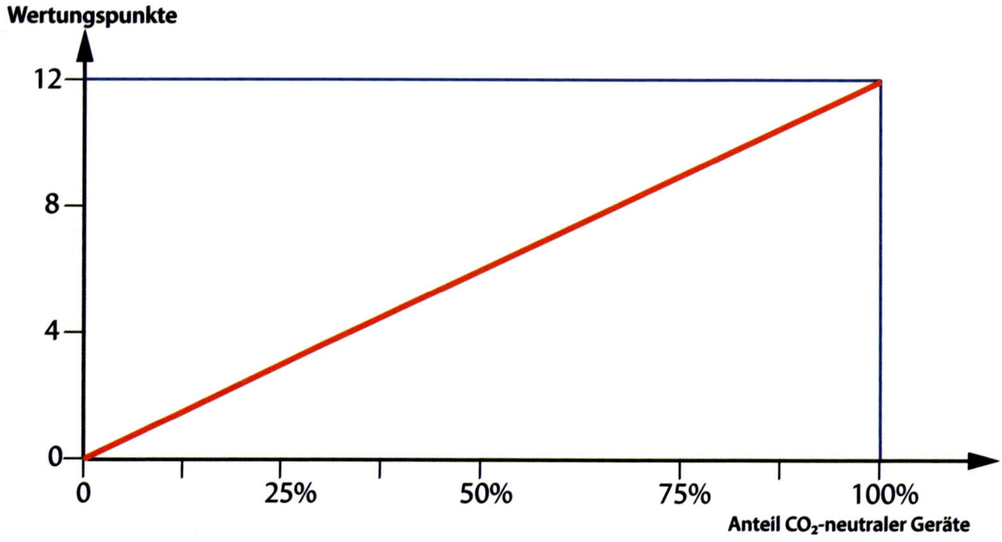

Abbildung: Wertung durch eine lineare Interpolation, metrische Skala

Umgesetzt in eine Bewertungsmatrix sieht das Ganze folgendermaßen aus.

Pos.	Bewertungskriterien	Gewichtung			Wertungspunkte
		G_1	G_2	G_3	
	…				… … …
2.	Nachhaltigkeit	300			
2.1	Umweltschutz		180		
2.1.1	CO_2-Neutralität			100	0% CO_2-neutral hergestellte Geräte erhalten 0 Punkte. 100% CO_2-neutral hergestellte Geräte erhalten 12 Punkte. Dazwischen wird linear interpoliert. Gerechnet wird mit zwei Stellen hinter dem Komma. Es findet das kaufmännische Runden Anwendung. **Beispiel:** 0 % CO_2-neutrale Geräte = 0 Wertungspunkte 25,5 % CO_2-neutrale Geräte = 3,06 Wertungspunkte 50,8 % CO_2-neutrale Geräte = 6,10 Wertungspunkte 100 % CO_2-neutrale Geräte = 12 Wertungspunkte
	…				… … …

Abbildung: Bewertungsmatrix zur Bewertung des Anteils an CO2-neutral hergestellten Geräten

Beispiel 3: Bewertung von Anteilen – Bewertung der Qualität von Reinigungsdienstleistungen in Form von Leistungsstunden

In der folgenden Bewertungsmatrix findet sich unter der Position 1 das Zuschlagskriterium „*Gesamtleistungsstunden der Reinigungsleistungen*". Hier liegt die Annahme zugrunde, dass eine kleine Gesamtleistungsstundenzahl einer schlechteren Qualität entspricht als eine größere Gesamtleistungsstundenzahl. In den Ausschreibungsunterlagen wird ein realistischer Referenzwert *R* für die Gesamtleistungsstunden vorgegeben.

Angebote mit Gesamtleistungsstunden, die größer oder gleich dem angegebenen Referenzwert R sind, erhalten 10 Punkte.

Eine fiktive Gesamtleistungsstundenzahl von 0,775 * Referenzwert (eine um 22,5 % kleinere Gesamtleistungsstundenzahl als der Referenzwert) ist die Mindestanforderung und erhält einen Punkt.

Die Leistungsstundenzahlen der dazwischenliegenden Angebote werden mittels einer linearen Interpolation bewertet und in Punkte umgewandelt.

Angebote, die eine kleinere Leistungsstundenzahl als 0,775 * Referenzwert (eine mehr als 22,5 % kleinere Leistungsstundenzahl als der Referenzwert) haben, erhalten null Punkte und werden von der Wertung ausgeschlossen.

Die für das Zuschlagskriterium benutzte Skala ist eine metrische Skala.

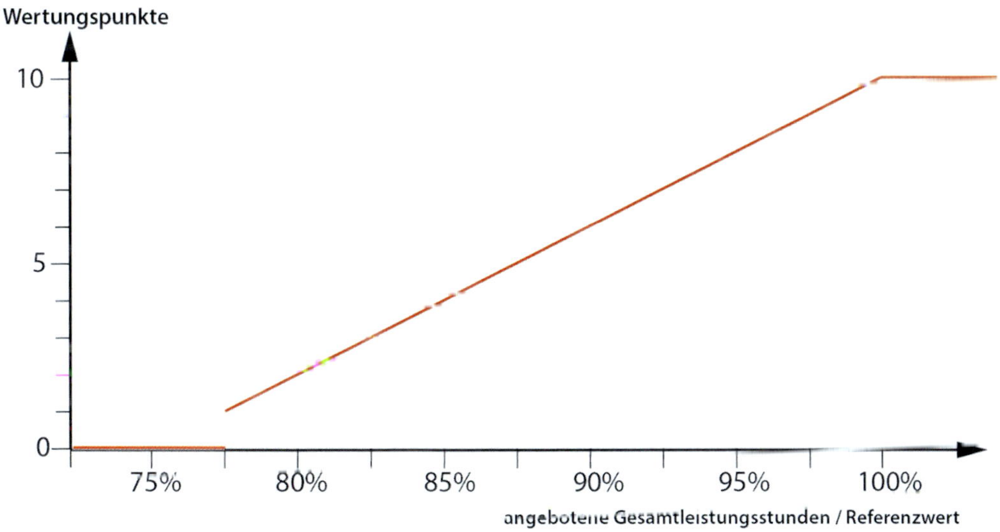

Abbildung: Bewertung der Gesamtleistungsstunden durch lineare Interpolation und eine metrische Skala

Die Umsetzung in eine Bewertungsmatrix gestaltet sich dann ebenfalls einfach.

Pos.	Bewertungskriterien	Gewichtung	Wertungspunkte
1	Gesamtleistungsstunden der Reinigungsleistungen	40%	Angebote mit Gesamtleistungsstunden die größer oder gleich dem angegebenen Referenzwert R sind, erhalten 10 Punkte, **MINDESTANFORDERUNG:** Eine fiktive Gesamtleistungsstundenzahl von 0,775 * Referenzwert (eine um 22,5% kleinere Gesamtleistungsstundenzahl als der Referenzwert) erhält einen Punkt. Die Leistungsstundenzahlen der dazwischenliegenden Angebote werden mittels einer linearen Interpolation bewertet und in Punkte umgewandelt. **AUSSCHLUSS:** Angebote, die eine kleinere Leistungsstundenzahl als 0,775 * Referenzwert (eine mehr als 22,5% kleinere Leistungsstundenzahl als der Referenzwert) haben, erhalten null Punkte und werden von der Wertung ausgeschlossen.
2	Angebotspreis	60%	Der Angebotspreis (P) wird mit dem günstigsten Angebotspreis ($P_{billigst}$) ins Verhältnis gesetzt und mit 10 Punkten mulipliziert. Angebotspunkte = ($P_{billigst}$ / P) • 10 Punkte Gerechnet wird mit zwei Stellen hinter dem Komma, es findet das kaufmännische Runden Anwendung. **Beispiel:** Angebot A: 100.000 Euro Angebotspreis Angebot B: 150.000 Euro Angebotspreis $Angebotspunkte_A$ = (100.000 € / 100.000 €) • 10 Punkte = 10 Punkte $Angebotspunkte_B$ = (100.000 € / 150.000 €) • 10 Punkte = 6,67 Punkte

Abbildung: Bewertungsmatrix mit der Bewertung der Qualität von Reinigungsdienstleistungen in Form von Leistungsstunden als metrische Skala

8.4.4 Subjektives Rating (Scoring) mit einer nichtmetrischen Skala

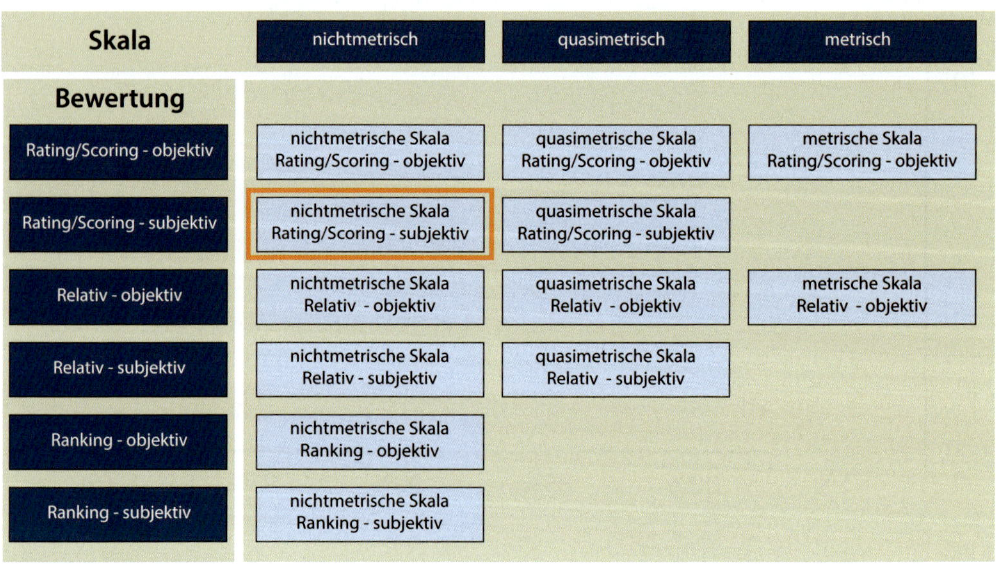

Abbildung: Subjektives Rating (Scoring) mit einer nichtmetrischen Skala

Beispiel: Bewertung eines Konzepts mit einem Rating mit subjektiver Bewertung

Im folgenden Beispiel soll ein Konzept mit einem Rating (Scoring) mit subjektiver Bewertung bewertet werden. Für die Ordinalskala werden dazu die folgenden Kategorien (Kriteriumsausprägungen) unterschieden und Zahlen zugeordnet.

Zahlenzuordnung für das ordinale Kriterium Schulungskonzept

Kriteriumsausprägung	**Zugeordnete Zahl**
Das Konzept ist inhaltlich schlüssig dargestellt und ist der Zielerreichung in besonderer Weise (überdurchschnittlich) dienlich.	3
Das Konzept ist inhaltlich schlüssig dargestellt und verspricht im Hinblick auf die Zielsetzung Erfolg.	2
Das Konzept weist inhaltliche Unschärfen auf, aber lässt noch eine erfolgreiche Durchführung erwarten.	1
Das Konzept ist inhaltlich nicht schlüssig dargestellt oder die Anforderungen werden ohne weitere konzeptionelle Ausführungen lediglich stichpunktartig wiederholt oder das Konzept verspricht im Hinblick auf die Zielsetzung keinen Erfolg.	0

Die Umsetzung in einer Bewertungsmatrix sieht dann wie folgt aus.

Pos.	Bewertungskriterien	Gewichtung	Mindestleistungs-punktzahl	Wertungspunkte	
1	Schulungskonzept	50%		**Punkte**	**Beschreibung**
				3	Das Schulungskonzept ist inhaltlich schlüssig dargestellt und ist der Zielerreichung in besonderer Weise (überdurchschnittlich) dienlich.
		...		2	Das Schulungskonzept ist inhaltlich schlüssig dargestellt ist und verspricht im Hinblick auf die Zielsetzung Erfolg.
				1	Das Schulungskonzept weist inhaltliche Unschärfen auf, aber lässt noch eine erfolgreiche Durchführung erwarten.
				0	Das Schulungskonzept ist inhaltlich nicht schlüssig dargestellt oder die Anforderungen werden ohne weitere konzeptionelle Ausführungen lediglich stichpunktartig wiederholt oder das Schulungskonzept verspricht im Hinblick auf die Zielsetzung keinen Erfolg.
	...			...	...

Abbildung: Schlechtes Beispiel für die Bewertung eines Konzeptes

In diesem Beispiel ergeben sich die folgenden Probleme.

- **Problem 1:** Ein Bieter kann im betrachteten Beispiel überhaupt nicht erkennen, was der Auftraggeber erwartet. Die Beschreibung ist völlig ungenau und intransparent. Ein Bieter hat vor Abgabe seines Angebotes keine Chancen, den Zuschlag realistisch einzuschätzen zu können und sein Angebot entsprechend den Wünschen des Auftraggebers zu gestalten.
- **Problem 2:** Die Punkteskala mit nur drei Punkten besitzt nicht genügend Differenzierungsmöglichkeiten und führt zu einer starken Wertungsverzerrung, wenn die zu wertenden Angebote sich in der realen Leistungsstärke nicht stark unterscheiden.

Problem 1 ist lösbar, wenn das Ziel beschrieben wird und klar vermittelt wird, worauf es bei der Bewertung ankommt. Im nächsten Beispiel geht es um ein Konzept für zum Rollout einer Software. Dabei wird das Ziel beschrieben und vermittelt, worauf es bei der Bewertung ankommt.

Beispiel

„Bewertet wird ein Konzept zum Rollout einer Software (Details zur Software und Version finden sich in Anlage S) auf 12.800 Clients. Eine Liste der unterschiedlichen Hardware und der unterschiedlichen Betriebssysteme inklusive Versionsstände und Patch-Stände finden sich in Anlage S. Das Ziel ist, den Rollout mit einer hohen Zuverlässigkeit innerhalb des vorgegebenen Zeitrahmens (Fr. 18:00 Uhr bis Mo. 06:30 Uhr) durchzuführen. Die Rollout-Konzepte werden im Hinblick auf

- *Zuverlässigkeit,*
- *Fehleranfälligkeit/Fehlertoleranz,*
- *Sicherheit und*
- *Notfallkonzepte*

bewertet."

Die Umsetzung in einer Bewertungsmatrix sieht dann wie folgt aus.

<table>
<tr><th>Pos.</th><th>Bewertungskriterien</th><th>Gewichtung</th><th colspan="2">Wertungspunkte</th></tr>
<tr><td rowspan="6">1</td><td rowspan="6">Konzept</td><td rowspan="6">50%</td><td colspan="2">Bewertet wird ein Konzept zum Rollout einer Software (Details zur Software und Version finden sich in Anlage S) auf 12.800 Clients. Eine Liste der unterschiedlichen Hardware und der unterschiedlichen Betriebssysteme inklusive Versionsstände und Patchstände finden sich in Anlage S. Das Ziel ist den Rollout mit einer hohen Zuverlässigkeit innerhalb des vorgegebenen Zeitrahmens (Fr. 18:00 Uhr bis Mo. 06:30 Uhr) durchzuführen. Die Rollout-Konzepte werden im Hinblick auf
- Zuverlässigkeit,
- Fehleranfälligkeit/Fehlertoleranz,
- Sicherheit und
- Notfallkonzepte
bewertet.</td></tr>
<tr><td>Punkte</td><td>Beschreibung</td></tr>
<tr><td>3</td><td>Das Konzept ist inhaltlich schlüssig dargestellt und ist der Zielerreichung in besonderer Weise (überdurchschnittlich) dienlich.</td></tr>
<tr><td>2</td><td>Das Konzept ist inhaltlich schlüssig dargestellt ist und verspricht im Hinblick auf die Zielsetzung Erfolg.</td></tr>
<tr><td>1</td><td>Das Konzept weist inhaltliche Unschärfen auf, aber lässt noch eine erfolgreiche Durchführung erwarten.</td></tr>
<tr><td>0</td><td>Das Konzept ist inhaltlich nicht schlüssig dargestellt oder die Anforderungen werden ohne weitere konzeptionelle Ausführungen lediglich stichpunktartig wiederholt oder das Konzept verspricht im Hinblick auf die Zielsetzung keinen Erfolg.</td></tr>
<tr><td></td><td>...</td><td></td><td>...</td><td>...</td></tr>
</table>

Abbildung: Konzeptbewertung inklusive Zielbeschreibung

Praxistipp

▶ *Bei Konzeptbewertungen in Bewertungsmatrizen müssen auch die Ziele, die mit dem Konzept erreicht werden sollen, beschrieben werden. Außerdem muss auf die Aspekte der Bewertung eingegangen werden.*

VK Bund, Beschluss vom 21.1.2022 – VK 2-131/21: *„Dabei ist zu berücksichtigen, dass ein Auftraggeber nicht sämtliche denkbaren konzeptionellen Lösungsansätze der Bieter vorhersehen und abstrakt vorab bewerten kann.*

Entsprechend sind das Wertungssystem bzw. die Vorgaben, unter welchen konkreten Bedingungen ein Konzept mit welcher Note zu bewerten ist, zwangsweise nicht abschließend bestimmt und kann ein Bieter auch seine Benotung nicht unbedingt konkret vorhersagen, was angesichts der umfassenden Information der Ag darüber, was sie für eine gute Leistungserbringung erwartet, den Vorgaben der ober- und höchstgerichtlichen Rechtsprechung entspricht."

Es bleibt das Problem der nicht differenzierenden Bewertung, das im Folgenden genauer betrachtet werden soll.

Fall 1: Angebot A und Angebot B unterscheiden sich geringfügig in der Leistungsstärke des Konzepts, aber deutlich im Angebotspreis.

Im ersten Fall unterscheiden sich Angebot A und Angebot B nur geringfügig in der Leistungsstärke ihrer Konzepte. Beides sind gute Konzepte, die sich nur minimal unterscheiden. Im Angebotspreis unterscheiden sich die beiden Angebote aber deutlich. Angebot A ist ca. 43 % teurer als Angebot B.

Tabelle: Angebotsbeispiel

	Angebot A	**Angebot B**
Angebotspreis:	300.000 Euro	210.000 Euro
Leistungsstärke:	Gutes Konzept, objektiv ein klein wenig besser als das Konzept von Angebot B	Gutes Konzept, objektiv ein klein wenig schlechter als das Konzept von Angebot A

Das wirtschaftlichste Angebot soll dabei mit der einfachen Richtwertmethode mittels der Formel

Kennzahl = Leistungspunktzahl / Angebotspreis

berechnet werden. Das Angebot mit der höchsten Kennzahl gewinnt. Bei der einfachen Richtwertmethode ist keine Gewichtung für Angebotspreis und Leistungspunktzahl einstellbar. Die Gewichtung ist fix bei 50 % Leistung und 50 % Preis. Zur besseren Veranschaulichung kann die Kennzahl der einfachen Richtwertmethode in einem Preis-Leistungs-Diagramm grafisch dargestellt werden. In einem Preis-Leistungs-Diagramm befinden sich auf der horizontalen Achse die Angebotspreise in Euro und auf der vertikalen Achse die Leistungspunkte der Angebote. Jedes Angebot besteht aus einem Angebotspreis und einer Leistungspunktzahl und kann als Punkt in das Preis-Leistungs-Diagramm eingezeichnet werden.

Werden die Angebote als Punkte in ein Preis-Leistungs-Diagramm eingezeichnet und jeder Angebotspunkt mit einer Geraden durch den Nullpunkt verbunden, gewinnt das Angebot, dessen Gerade im Preis-Leistungs-Diagramm die größte Steigung aufweist. In der folgenden Abbildung sind die beiden Angebote A und B in ein Preis-Leistungs-Diagramm eingezeichnet worden. Die beiden Angebotspreise sind auf der horizontalen Achse (Angebotspreisachse) gut messbar, die Leistungsstärken der beiden Konzepte befinden sich im oberen Bereich. Da das Konzept von Angebot A objektiv ein klein wenig besser ist als das Konzept von Angebot B, befindet sich Angebot A auf der vertikalen Achse etwas oberhalb von Angebot B.

Wie man in der folgenden Abbildung sehen kann, besitzt das Angebot B die größte Steigung und damit die größte Kennzahl und wäre damit das Gewinnerangebot. Dies erscheint auch plausibel, da Angebot A etwa 43 % teurer ist als Angebot B und das Konzept von Angebot A objektiv nur ein klein wenig besser ist als das Konzept von Angebot B.

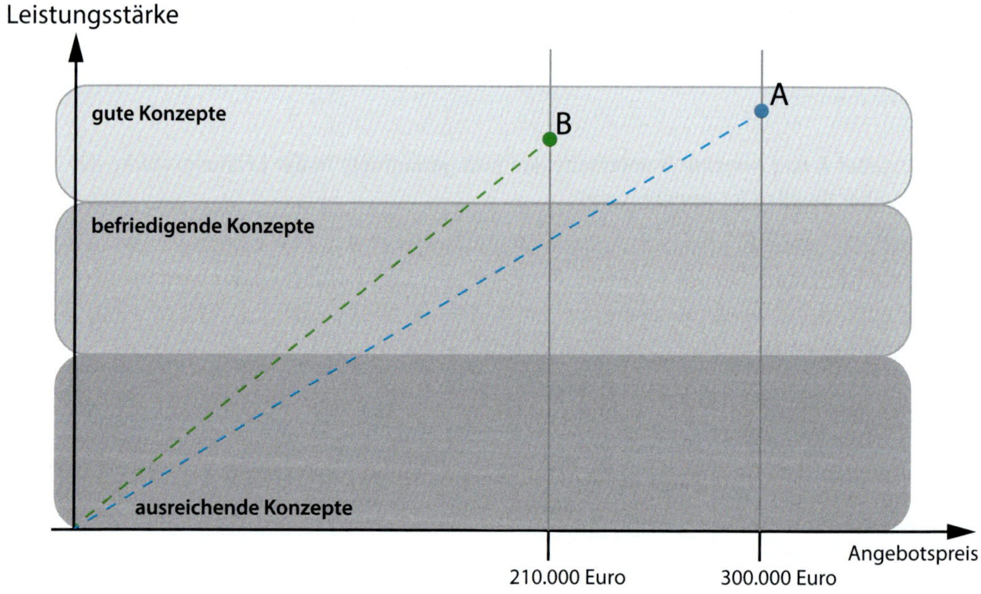

Abbildung: Preis-Leistungs-Diagramm

Obwohl das Konzept von Angebot A nur ein klein wenig besser ist als das Konzept von Angebot B, soll im Folgenden der Abstand der Leistungsstärke der beiden Konzepte bewusst größer dargestellt werden. Wie man in der folgenden Abbildung sehen kann, behält das Angebot B die größte Steigung und damit die größte Kennzahl und wäre damit das Gewinnerangebot.

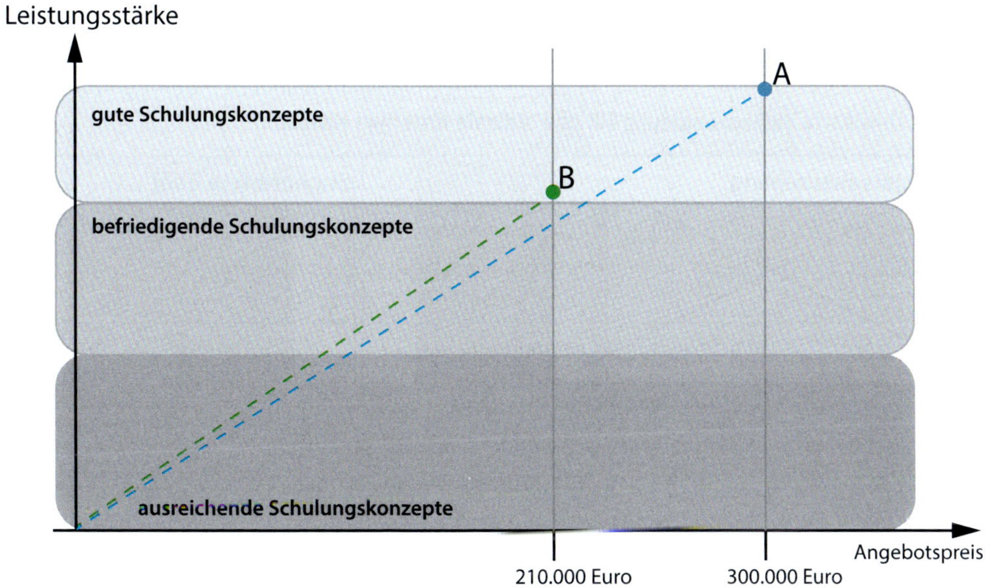

Abbildung: Preis-Leistungs-Diagramm

Zurück zum ursprünglichen Abstand der Leistungsstärke der beiden Konzepte. Beim vorliegenden Beispiel gibt es jedoch eine Punkteskala mit nur vier Punktestufen: 0 Punkte, 1 Punkt, 2 Punkte, 3 Punkte, ohne dass Zwischenpunktzahlen zur Verfügung stehen. Für die beiden Angebote A und B stehen nur die genannten Punktewerte zur Verfügung. Da es sich bei beiden Angeboten um gute Konzepte handelt, bleibt die Frage, ob die beiden Angebote zwei oder drei Punkte erhalten.

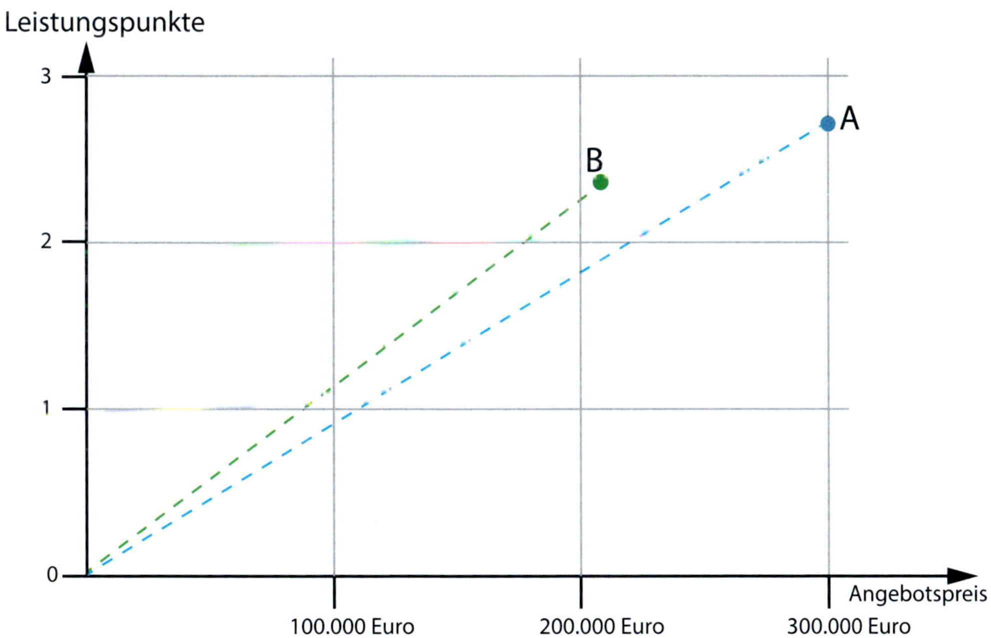

Abbildung: Preis-Leistungs-Diagramm mit Leistungspunkten

Bei einer objektiven Bewertung wäre die Punktezuordnung streng deterministisch. Im vorliegenden Fall liegt allerdings eine subjektive Bewertung vor.

Tabelle: Unscharfe Zahlenzuordnung für das ordinale Kriterium Konzept

Kriteriumsausprägung	Zugeordnete Zahl
Das Konzept ist inhaltlich schlüssig dargestellt und ist der Zielerreichung in besonderer Weise (überdurchschnittlich) dienlich.	3
Das Konzept ist inhaltlich schlüssig dargestellt ist und verspricht im Hinblick auf die Zielsetzung Erfolg.	2

Durch die unscharfe (weiche) Beschreibung der Kriteriumsausprägung wird das Konzept von Angebot A vertretbar auf drei Punkte aufgerundet und das Konzept von Angebot B vertretbar abgerundet.

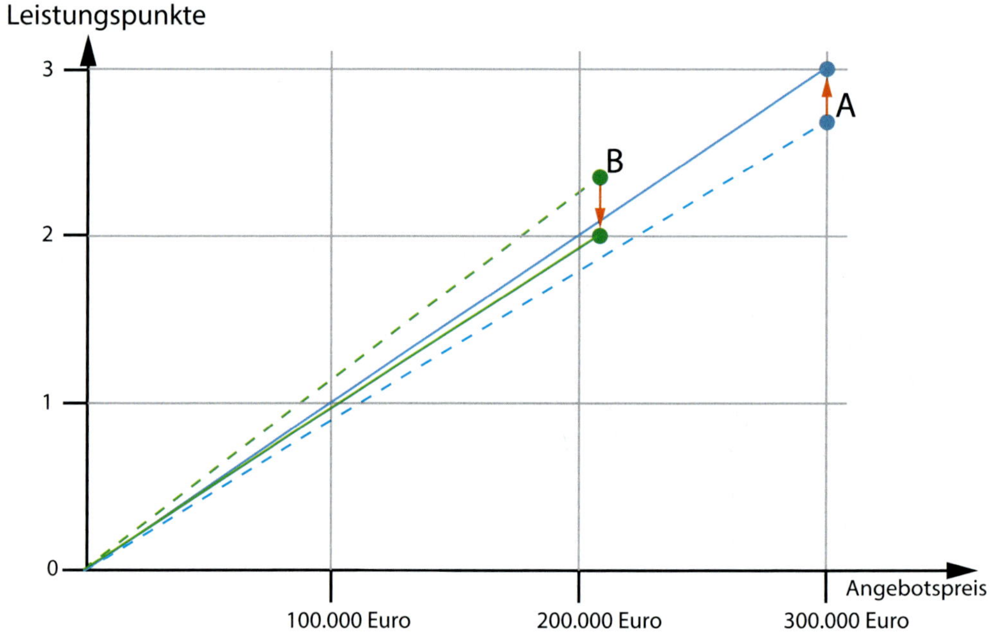

Abbildung: Preis-Leistungs-Diagramm

Durch die mangelnde Differenzierungsmöglichkeit bei der Punktebewertung wird Angebot A bei der Leistungsbewertung angehoben und erhält eine höhere Kennzahl (Steigung der durchgezogenen Linie) als real (Steigung der gestrichelten Linie) vorhanden. Angebot B wird bei der Leistungsbewertung abgewertet und erhält eine niedrigere Kennzahl (Steigung der durchgezogenen Linie) als real (Steigung der gestrichelten Linie) vorhanden.

Durch die zu grobe Notenskala entsteht eine Verzerrung, die im vorliegenden Beispiel zu einer Vertauschung der Rangfolge im Zuschlagsergebnis führt: Angebot A erhält den Zuschlag, obwohl das Angebot ca. 43 % teurer ist als Angebot B und B nur wenig leistungsschwächer ist.

Mithin hat die Notenskala in diesem Beispiel einen sehr starken Einfluss auf die Zuschlagsentscheidung. Im konkreten Fall wird die Leistung letztendlich wesentlich stärker gewichtet als der Preis.

Fall 2: Angebot A und Angebot B unterscheiden sich geringfügig in der Leistungsstärke des Konzepts und auch geringfügig im Angebotspreis.

Tabelle: Beispielangebote

	Angebot A	**Angebot B**
Angebotspreis:	300.000 Euro	290.000 Euro
Leistungsstärke:	Gutes Konzept, objektiv ein klein wenig besser als das Konzept von Angebot B	Gutes Konzept, objektiv minimalst schlechter als das Konzept von Angebot A

Das wirtschaftlichste Angebot soll wie im Fall 1 mit der einfachen Richtwertmethode mittels der Formel

Kennzahl = Leistungspunktzahl / Angebotspreis

berechnet werden.

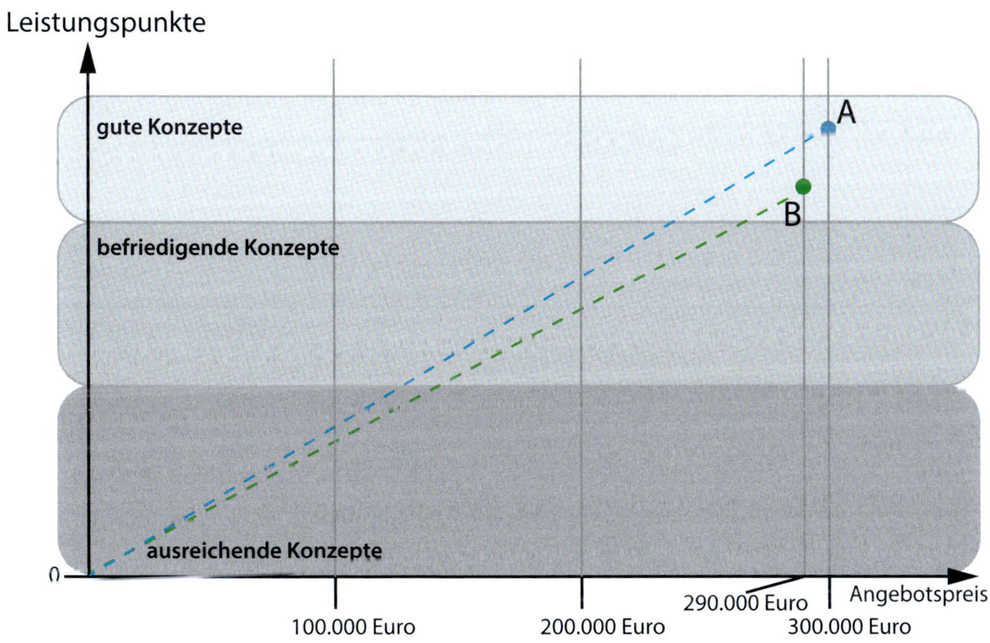

Abbildung: Preis-Leistungs-Diagramm

In der vorstehenden Abbildung sind die beiden Angebote A und B in ein Preis-Leistungs-Diagramm eingezeichnet worden. Die beiden Angebotspreise sind auf der horizontalen Achse (Angebotspreisachse) gut messbar, die Leistungsstärken der beiden Konzepte befinden sich im oberen Bereich. Da das Konzept von Angebot A objektiv ein klein wenig besser ist als das

Konzept von Angebot B, befindet sich Angebot A auf der vertikalen Achse etwas oberhalb von Angebot B.

Wie man in der vorstehenden Abbildung sehen kann, besitzt das Angebot A die größte Steigung und damit die größte Kennzahl und wäre damit das Siegerangebot. Dies erscheint auch plausibel, da Angebot A nur etwa 3,5 % teurer ist als Angebot B und das Konzept von Angebot A objektiv besser ist als das Konzept von Angebot B.

Da im vorliegenden Beispiel aber nur eine Punkteskala mit den vier Punktestufen 0 Punkte, 1 Punkt, 2 Punkte, 3 Punkte ohne Zwischenpunktzahlen zur Verfügung steht, können die Angebote A und B nur die zur Verfügung stehenden Punktzahlen erhalten. Da es sich bei beiden Angeboten um gute Konzepte handelt, bleibt die Frage, ob die beiden Angebote zwei oder drei Punkte erhalten.

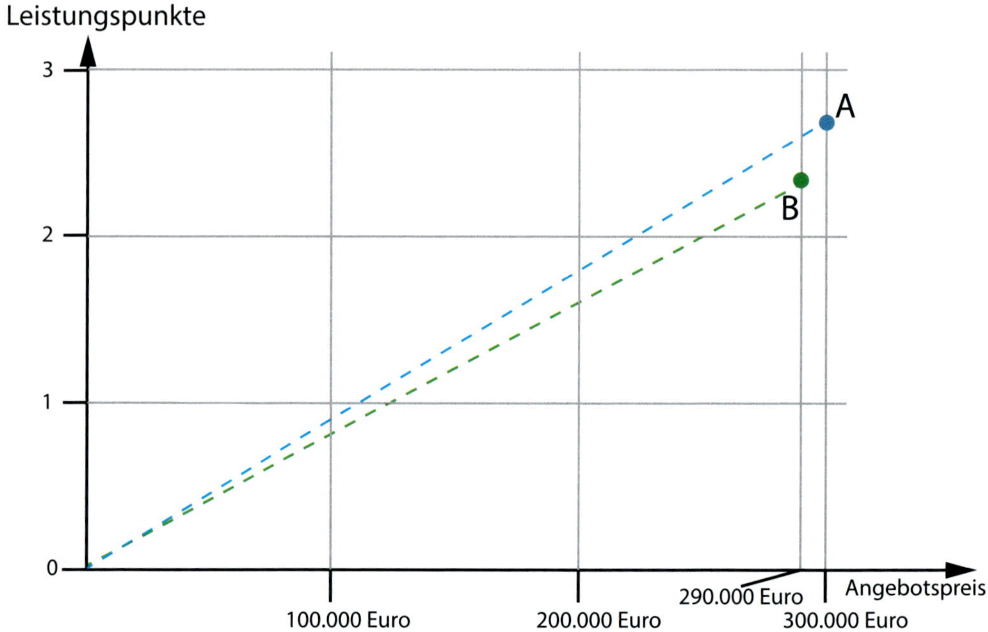

Abbildung: Preis-Leistungs-Diagramm mit Leistungspunkten

Bei einer objektiven Bewertung wäre die Punktezuordnung streng deterministisch. Im vorliegenden Fall liegt allerdings eine subjektive (weiche) Bewertung vor.

Tabelle: Unscharfe Zahlenzuordnung für das ordinale Kriterium Konzept

Kriteriumsausprägung	**Zugeordnete Zahl**
Das Konzept ist inhaltlich schlüssig dargestellt und ist der Zielerreichung in besonderer Weise (überdurchschnittlich) dienlich.	3
Das Konzept ist inhaltlich schlüssig dargestellt und verspricht im Hinblick auf die Zielsetzung Erfolg.	2

Durch die unscharfe (weiche) Beschreibung der Kriteriumsausprägung werden die beiden Konzepte von Angebot A und Angebot B vertretbar auf drei Punkte aufgerundet.

Durch die mangelnde Differenzierungsmöglichkeit bei der Punktebewertung werden die beiden Angebote bei der Leistungsbewertung aber unterschiedlich angehoben.

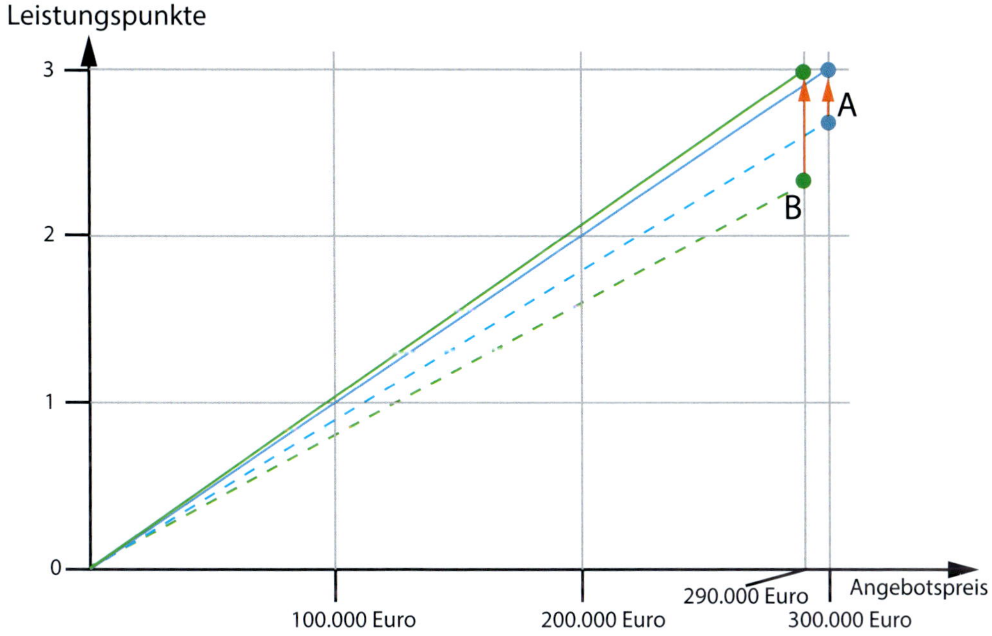

Abbildung: Preis-Leistungs-Diagramm

Angebot A wird bei der Leistungsbewertung weniger stark angehoben als Angebot B. Auch in diesem betrachteten Fall hat die gewählte Notenskala einen Einfluss auf die Gewichtung der Zuschlagskriterien: Im betrachteten Fall wird das Kriterium des Preises stärker gewichtet als die Leistung.

Durch die zu grobe Notenskala entsteht eine Verzerrung, die im vorliegenden Beispiel zu einer Vertauschung der Rangfolge im Zuschlagsergebnis führt.

Praxistipp

▶ *Eine zu enge Notenskala mit zum Beispiel nur vier Skalenpunkten (0 Punkte, 1 Punkt, 2 Punkte, 3 Punkte), mit nur fünf Skalenpunkten (0 Punkte, 1 Punkt, 2 Punkte, 3 Punkte, 4 Punkte) oder nur sechs Skalenpunkten (0 Punkte, 1 Punkt, 2 Punkte, 3 Punkte, 4 Punkte, 5 Punkte), ermöglicht keine vernünftige Differenzierung bei der Bewertung und führt in der Regel zu Verzerrungen. Auftraggeber sollten deshalb eine geeignete Notenskala wählen, die auch ein Mehr an Leistung honoriert und unterschiedliche Leistungen differenziert darstellen kann. In der Praxis haben sich hierzu Notenskalen mit 0, ..., 10 Punkten, 0, ..., 12 Punkten bzw. 0, ..., 15 Punkten bewährt. Diese Punkteskalen können als quasimetrische Skalen angesehen werden.*

8.4.5 Die toxische Kombination aus subjektiven Kriterien und einer groben Punkteskala

Die Notenskala mit der Anzahl der Bewertungsstufen spielt bei der Bewertung eine nicht zu vernachlässigende Rolle. Eine sehr grobe Notenskala mit nur wenigen Notenstufen kann den sich unterscheidenden Kriterienerfüllungsgrad der Angebote nur sehr ungenau wiedergeben. Wichtige Differenzierungsmerkmale verschwinden dadurch, und es kommt in der Regel insbesondere bei subjektiven Bewertungen zu signifikanten Bewertungsverzerrungen. Die folgenden beiden Beispiele sollen dies verdeutlichen.

Beispiel 1

Es werden die folgenden drei Angebote betrachtet.

Beispiel

Angebot A

Angebotspreis: 240.000 Euro

Leistungsstärke: gutes Konzept

Angebot B

Angebotspreis: 300.000 Euro

Leistungsstärke: sehr gutes Konzept

Angebot C

Angebotspreis: 200.000 Euro

Leistungsstärke: befriedigendes Konzept

Gewertet werden sechs verschiedene Kriterien (Kriterium 1, ..., Kriterium 6). Die drei Angebote A, B, C werden durch die Formen Kreis (blau), Quadrat (grün) und Dreieck (rot) im Diagramm symbolisiert und werden je nach Erfüllungsgrad der Kriterien mit Punkten bewertet.

Angebot B (Quadrat) ist das leistungsstärkste Angebot und erreicht in allen bis auf das letzte Kriterium den maximalen Kriteriumserfüllungsgrad. Angebot A (Kreis) ist auch leistungsstark, bis auf das letzte Kriterium ist das Angebot aber immer ein wenig leistungsschwächer als das Angebot B. Das Angebot C (Dreieck) erreicht bei allen Kriterien einen befriedigenden Erfüllungsgrad.

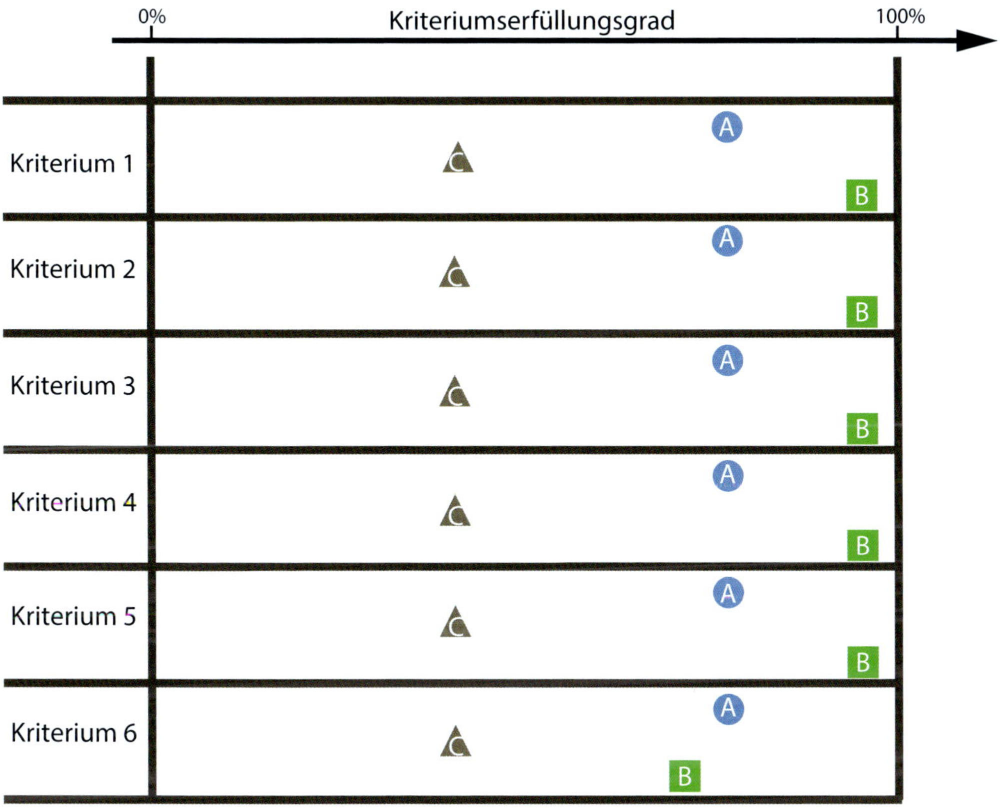

Abbildung: Kriterienerfüllungsgrad bei sechs Bewertungskriterien und drei Angeboten

In der folgenden Abbildung wird eine Notenskala (Punkteskala) von 0 bis 3 Punkten verwendet. Es gibt somit vier verschiedene Bewertungsstufen.

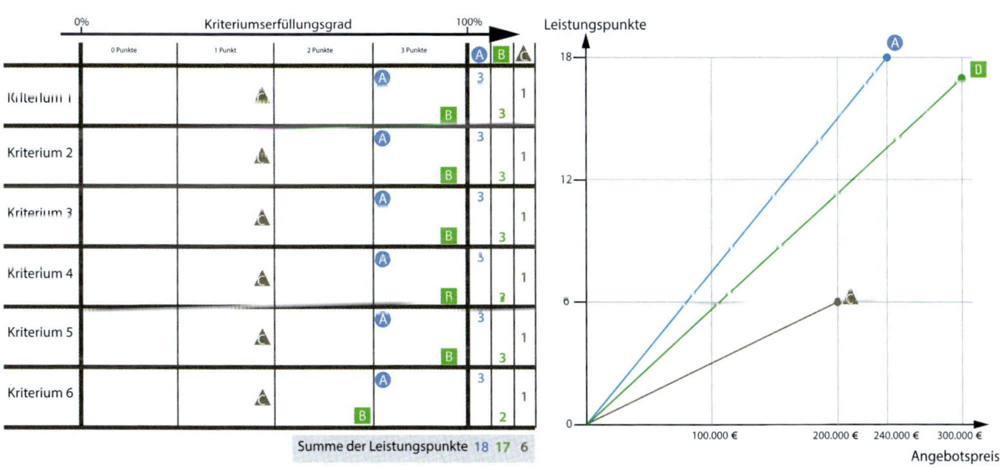

Abbildung: Notenskala mit 0 bis 3 Punkten

Angebot B (Quadrat) erhält in den Kriterien 1 bis 5 die Maximalpunktzahl von 3 Punkten. Nur bei Kriterium 6 erhält Angebot B eine schlechtere Punktzahl von 2 Punkten. Insgesamt erhält das Angebot 17 Punkte. 17 von maximal 18 möglichen Punkten (= 94 %) entspricht einem sehr guten Ergebnis.

Angebot A (Kreis) erhält bei allen Kriterien die Maximalpunktzahl von 3 Punkten. Dies ergibt am Ende eine Punktzahl von 18 Punkten. 18 von maximal 18 möglichen Punkten (= 100 %) ist das Maximalergebnis. Besser geht es nicht.

Angebot C erhält bei allen Kriterien aufgrund eines befriedigenden/ausreichenden Erfüllungsgrades 1 Punkt. In Summe erreicht das Angebot C eine Gesamtpunktzahl von 6 Punkten. 6 von 18 maximal möglichen Punkten entsprechen 33 %.

Die grobe Punkteskala mit 0-3 Punkten erkennt die Leistungsunterschiede zwischen dem Angebot A und dem Angebot B bei den Kriterien 1-5 nicht. Beide Angebote werden bei diesen Kriterien mit der gleichen Punktzahl bewertet. Beim Kriterium 6 liegen die beiden Angebote in ihrem Erfüllungsgrad jeweils an der Grenze. Angebot A bekommt hier einen Punkt mehr als Angebot B.

Eine zu grobe Notenskala mit zum Beispiel nur vier Skalenpunkten (0-3 Punkte) ermöglicht im betrachteten Beispiel keine vernünftige Differenzierung bei der Bewertung. Im Zusammenspiel mit einer subjektiven Bewertung liegt fast jedes Zuschlagsergebnis im Ermessen der Auswertung.

Eine ungenaue und intransparente Notenskala erlaubt bei der Auswertung große Spielräume. Ist nicht klar festgelegt, wo die Grenze zwischen zwei und drei Wertungspunkten liegt, besteht bei der Auswertung ein sehr großer Ermessens- und Gestaltungsspielraum.

In der folgenden Abbildung wird der Effekt des Verschiebens der Grenze zwischen zwei und drei Punkten demonstriert. Das Verschieben der Grenze führt dazu, dass Angebot B deutlich vor Angebot A bei den Leistungspunkten liegt.

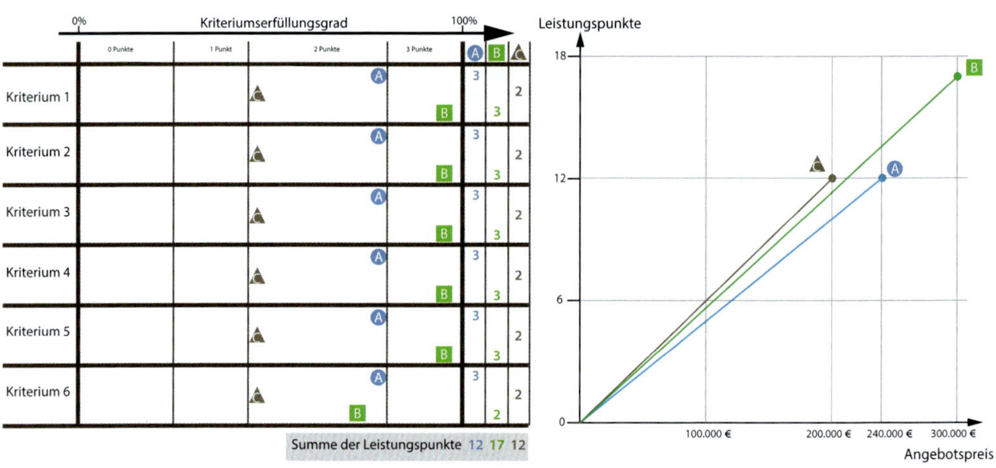

Abbildung: Verschieben der Punktegrenze

Eine ungenaue und intransparente Notenskala erlaubt bei der Auswertung große Spielräume, die dazu führen können, dass die Bieter überhaupt nicht nachvollziehen können, wie die Angebote bewertet werden und was der Auftraggeber wirklich erwartet.

Eine zu grobe Notenskala mit zum Beispiel nur vier Skalenpunkten (0, 1, 2, 3 Punkte) ermöglicht bei subjektiven Bewertungen keine vernünftige Differenzierung bei der Bewertung.[13]

Beispiel: Bewertung eines Schulungskonzepts

Pos.	Bewertungskriterien	Gewichtungspunkte			Mindestleistungspunktzahl	Wertungspunkte		
		G_1	G_2	G_3				
	...		...				...	...
2.	Qualität	400						
2.1	Schulungskonzept		250					
						Note	Punkte	Beschreibung
2.1.1	Einbindung von Praxisbeispielen			90		ungenügend	0	Es sind keine Beispiele im Schulungskonzept erkennbar.
						mangelhaft	1, 2, 3	Es sind zwar Beispiele im Schulungskonzept vorgesehen, diese sind aber nicht praxisrelevant.
						ausreichend	4, 5, 6	Es ist mindestens ein praxisrelevantes Beispiel vorgesehen. Die Beispiele werden aber nur präsentiert, die Teilnehmer werden nicht in die Beispiele interaktiv eingebunden. Ein praxisrelevantes Beispiel liegt vor, wenn typische Problemstellungen mit typischen Fehlern behandelt werden.
						befriedigend	7, 8, 9	Es ist mindestens ein praxisrelevantes Beispiel vorgesehen. Die Teilnehmer werden in die Beispiele interaktiv eingebunden.
						gut	10, 11, 12	Zu jedem Hauptthema wird ein einfaches und ein komplexeres Praxisbeispiel interaktiv mit den Teilnehmern behandelt. Die Teilnehmer bringen eigene Ideen ein und erarbeiten unter Hilfestellung des Trainers gemeinsam oder in Gruppen mögliche Lösungen
						sehr gut	13, 14, 15	Zusätzlich können die Teilnehmer eigene Praxisbeispiele einbringen, die zusammen besprochen und zusammen ausgearbeitet werden.

... ...

Abbildung: Schulungskonzept

Beispiel: Bewertung der Angebotspreise mittels eines subjektiven Ratings

Gleich vorweg, Angebotspreise liegen natürlicherweise bereits in einer metrischen Skala mit einem hohen Informationsgehalt vor. Wird statt der metrischen Skala eine Ordinalskala als Bewertungsmaßstab angesetzt, findet ein deutlicher Informationsverlust statt, der in der Regel zu einer deutlichen Verzerrung bei der Bewertung führt. In der Vergabepraxis findet man leider immer wieder solche unsinnigen und unnötigen Bewertungen. Das folgende Beispiel gehört damit zu der Kategorie „**So macht man es bitte auf keinen Fall**".

In der folgenden Bewertungsmatrix wird der Angebotspreis mittels eines Ratings mit subjektiver Bewertung in Preispunkte umgewandelt.

13 Eine ausführliche mathematische Behandlung zum Thema subjektive Bewertung und Punkteskalen findet sich in: *Ferber*, Das wirtschaftlichste Angebot im Vergaberecht.

Pos.	Bewertungskriterien	Gewichtung	Wertungspunkte
1	Angebotspreis	60%	0 Punkte: Preis liegt über dem Budget = Ausschluss 2 Punkte: Sehr hoher Preis 4 Punkte: hoher Preis 6 Punkte: mittlerer Preis 8 Punkte: niedriger Preis 10 Punkte: sehr niedriger Preis
...	...	...	...

Abbildung: Bewertung des Angebotspreises mittels eines subjektiven Ratings

Ein unscharfes Rating liegt hierbei vor, da in diesem Beispiel völlig offenbleibt, was unter *„Preis liegt über dem Budget"*, *„sehr hoher Preis"*, *„hoher Preis"*, *„mittlerer Preis"*, *„niedriger Preis"*, *„sehr niedriger Preis"* zu verstehen ist und wann ein Angebot welche Punktzahl erhält.

Die folgende Abbildung zeigt grafisch die Umwandlung des Angebotspreises in Preispunkte. Auf der horizontalen Achse ist der Angebotspreis in Euro eingetragen, auf der vertikalen Achse die Preispunkte.

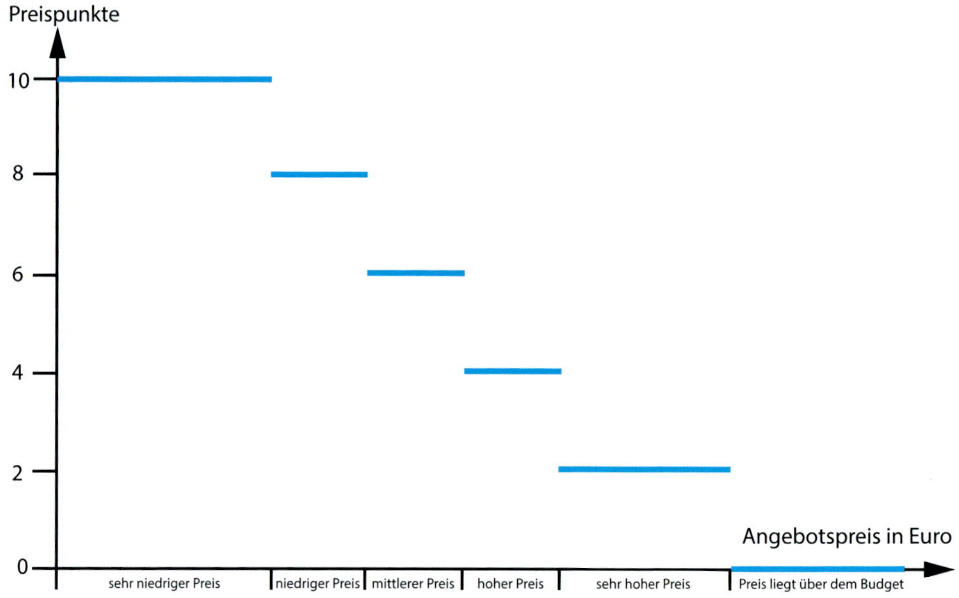

Abbildung: Umwandlung des Angebotspreises in Preispunkte mittels eines subjektiven Ratings

Angebotspreise liegen natürlicherweise in einer metrischen Skala mit einem hohen Informationsgehalt vor. Wird statt der metrischen Skala eine Ordinalskala als Bewertungsmaßstab angesetzt, findet ein deutlicher **Informationsverlust** statt, der in der Regel zu einer Verzerrung bei der Bewertung führt.[14] Die Information der wirklichen Abstände zwischen den Angebotspreisen geht durch das Verwenden der Ordinalskala verloren. Dadurch kommt es dann beispielsweise zu den folgenden Effekten:

- Zwei Angebote mit einem deutlich unterschiedlichen Angebotspreis können die gleiche Punktzahl erhalten.
- Zwei Angebote mit einem sehr kleinen Preisunterschied können eine unterschiedliche Punktzahl erhalten. In realen Situationen kann ein Preisunterschied von weniger als einem Promille einen Unterschied bei der Preispunktzahl von z.B. 25 % ausmachen (8 Punkte vs. 10 Punkte).

Die Anwendung von Ordinalskalen auf die Angebotspreise führt zur Bildung von Preisstufen, die in der Regel zu einem **untauglichen Wertungssystem** führen.[15] Generell lässt sich feststellen, dass Methoden, die den Angebotspreis durch eine Ordinalskala in Preispunkte transformieren, keine Anwendung finden sollten.[16]

8.4.6 Subjektives Rating (Scoring) mit einer quasimetrischen Skala

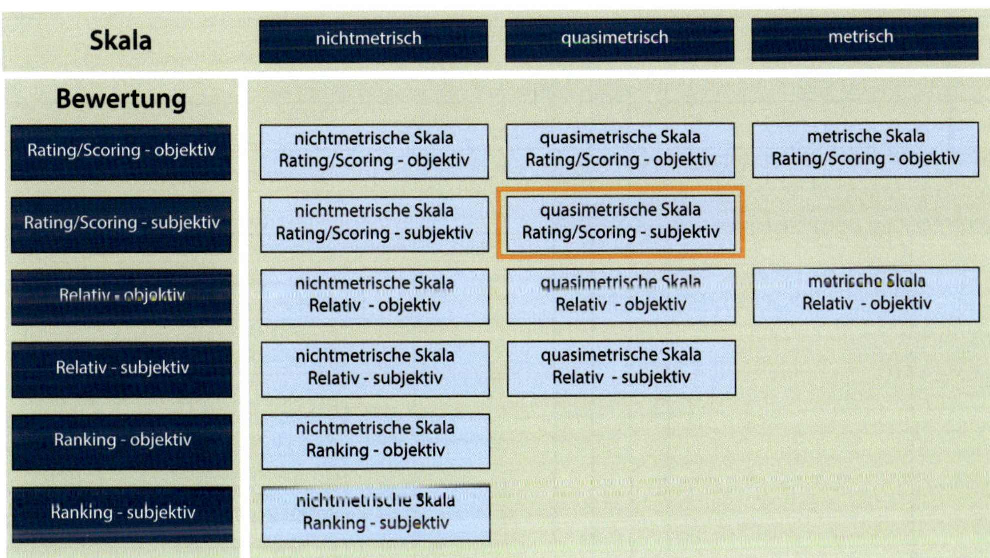

Abbildung: Subjektives Rating (Scoring) mit einer quasimetrischen Skala

Bei einer subjektiven Rating(Scoring)-Bewertung mit einer quasimetrischen Skala liegen die folgenden Eigenschaften vor:

- Bei einer subjektiven Bewertung kann das zu bewertende Kriterium nicht objektiv bewertet werden. Unterschiedliche Bewertungspersonen können zu unterschiedlichen Bewertungen kommen.

14 *Ferber*, VergabeNavigator 6/2016, 10 (11).
15 VK Südbayern, Beschluss vom 24.7.2015 – Z3-3-3194-1-28-04/15; *Steck*, VergabeR 2017, 240 (243).
16 *Ferber*, VergabeNavigator, 4/2017, 5 (6); *Steck*, VergabeR 2017, 240 (243); *Ferber*, VergabeNavigator 6/2016, 10 (14).

- Bei einem Rating (Scoring) wird die Bewertung eines Angebots unabhängig zu allen anderen Angeboten vorgenommen und es besteht keine Abhängigkeit zu anderen zu bewertenden Angeboten.
- Bei einer quasimetrischen Skala liegen ausreichend viele Wertungsstufen vor, sodass man die eigentliche Rangstufenskala näherungsweise auch als metrische Skala betrachten darf.

Beispiel: Schulungskonzept

Im Folgenden wird das Beispiel für eine Konzeptbewertung betrachtet. Konkret soll in Position 2.1.1 das Einbinden von Praxisbeispielen für ein Schulungskonzept bewertet werden. Bei dieser Konzeptbewertung handelt es sich um eine subjektive Bewertung.

Trotzdem wird versucht die Erwartungshaltung an die unterschiedlichen Notenstufen *sehr gut, gut, befriedigend, ..., ungenügend* konkret zu beschreiben. Für die Notenstufen *sehr gut, gut, befriedigend, ausreichend* und *mangelhaft* stehen jeweils drei verschiedene Punktestufen für eine differenzierte Bewertung zur Verfügung.

Pos.	Bewertungskriterien	Gewichtungspunkte			Mindestleistungspunktzahl	Wertungspunkte		
		G_1	G_2	G_3				
	...		...			...		...
2.	Qualität	400						
2.1	Schulungskonzept		250					
						Note	**Punkte**	**Beschreibung**
2.1.1	Einbindung von Praxisbeispielen			90		ungenügend	0	Es sind keine Beispiele im Schulungskonzept erkennbar.
						mangelhaft	1, 2, 3	Es sind zwar Beispiele im Schulungskonzept vorgesehen, diese sind aber nicht praxisrelevant.
						ausreichend	4, 5, 6	Es ist mindestens ein praxisrelevantes Beispiel vorgesehen. Die Beispiele werden aber nur präsentiert, die Teilnehmer werden nicht in die Beispiele interaktiv eingebunden. Ein praxisrelevantes Beispiel liegt vor, wenn typische Problemstellungen mit typischen Fehlern behandelt werden.
						befriedigend	7, 8, 9	Es ist mindestens ein praxisrelevantes Beispiel vorgesehen. Die Teilnehmer werden in die Beispiele interaktiv eingebunden.
						gut	10, 11, 12	Zu jedem Hauptthema wird ein einfaches und ein komplexeres Praxisbeispiel interaktiv mit den Teilnehmern behandelt. Die Teilnehmer bringen eigene Ideen ein und erarbeiten unter Hilfestellung des Trainers gemeinsam oder in Gruppen mögliche Lösungen
						sehr gut	13, 14, 15	Zusätzlich können die Teilnehmer eigene Praxisbeispiele einbringen, die zusammen besprochen und zusammen ausgearbeitet werden.

... ...

Abbildung: Bewertungsmatrix für ein subjektives Rating (Scoring) mit einer quasimetrischen Skala

8.4.7 Objektive relative Bewertung mit einer nichtmetrischen Skala

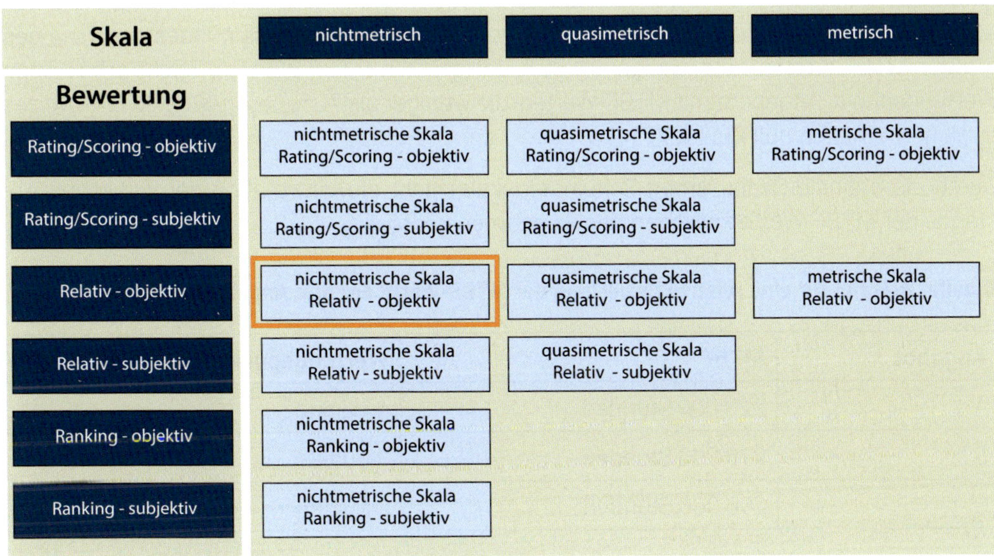

Abbildung: Objektive relative Bewertung mit einer nichtmetrischen Skala

Objektive relative Bewertungen liegen zum Beispiel vor, wenn das betrachtete Kriterium von Natur aus metrisch bewertbar ist.

Dazu wird im Folgenden als Beispiel das Kriterium „MTBF = Mean Time Between Failure" betrachtet. Bewertet werden soll die mittlere Zeit zwischen zwei Ausfällen eines technischen Gerätes mittels einer relativen Bewertung.

Pos.	Bewertungskriterien	Gewichtung	Mindest-wertungs-punktzahl	Wertungspunkte	
1	MTBF	20%	1 Punkt	4 Punkte	Das Angebot mit dem größten MTBF-Wert.
				3 Punkte	Angebote mit MTBF-Werten, die mindestens 90% des größten MTBF-Wertes aber weniger als der größte MTBF-Wert erreichen.
				2 Punkte	Angebote mit MTBF-Werten, die mindestens 80% des größten MTBF-Wertes aber weniger als 90% des größten MTBF-Wertes erreichen.
				1 Punkt	Angebote mit MTBF-Werten, die mindestens 70% des größten MTBF-Wertes aber weniger als 80% des größten MTBF-Wertes erreichen.
				0 Punkte	Angebote mit MTBF-Werten, die weniger als 70% des größten MTBF-Wertes erreichen.
	...	...	...	...	...

Abbildung: Bewertungsmatrix mit einer objektiven relativen Bewertung des Kriteriums MTBF

Das Angebot mit dem größten MTBF-Wert erhält die maximale Punktzahl. Die maximale Punktzahl ist dabei nicht abhängig von der Anzahl der Angebote (wie dies beim Ranking der Fall wäre), sondern wird vorab fest vorgegeben (z.B. 4 Punkte). In der folgenden Bewertungsmatrix erhält das Angebot mit dem größten MTBF-Wert vier Wertungspunkte. Ein Angebot, das mindestens 90 % des größten MTBF-Wertes erreicht, erhält drei Wertungspunkte. Ein Angebot, das mindestens 80 % des größten MTBF-Wertes, aber weniger als 90 % des größten MTBF-Wertes erreicht, erhält zwei Wertungspunkte. Ein Angebot, das mindestens 70 % des größten MTBF-Wertes, aber weniger als 80 % des größten MTBF-Wertes erreicht, erhält einen Wertungspunkt. Angebote mit MTBF-Werten, die weniger als 70 % des größten MTBF-Wertes erreichen, erhalten null Punkte.

Durch die ordinale Skala (grobe Schulnotenskala) geht die Information der wirklichen Abstände der MTBF-Werte zwischen den Angeboten verloren.

Tabelle: Beispiel für eine relative Bewertung der MTBF-Werte der drei Angebote A, B und C

Angebot	MTBF	Wertungspunkte
A	220.000 Stunden	4 Punkte
B	210.000 Stunden	3 Punkte
C	200.000 Stunden	3 Punkte

Angebot A ist das Angebot mit dem größten MTBF-Wert und erhält nach der vorliegenden Vorschrift vier Punkte. Angebot B erreicht 95,45 % des größten MTBF-Wertes aus Angebot A und erhält damit drei Wertungspunkte. Angebot C erreicht 90,91 % des größten MTBF-Wertes aus Angebot A und erhält damit ebenfalls drei Wertungspunkte.

Die Differenz der MTBF-Werte zwischen den beiden Angeboten A und B beträgt 10.000 Stunden und führt für das Angebot A zu vier Wertungspunkten und für das Angebot B zu drei Wertungspunkten. Die Differenz der MTBF-Werte zwischen den beiden Angeboten B und C beträgt 10.000 Stunden und führt für das Angebot B zu drei Wertungspunkten und für das Angebot C zu ebenfalls drei Wertungspunkten.

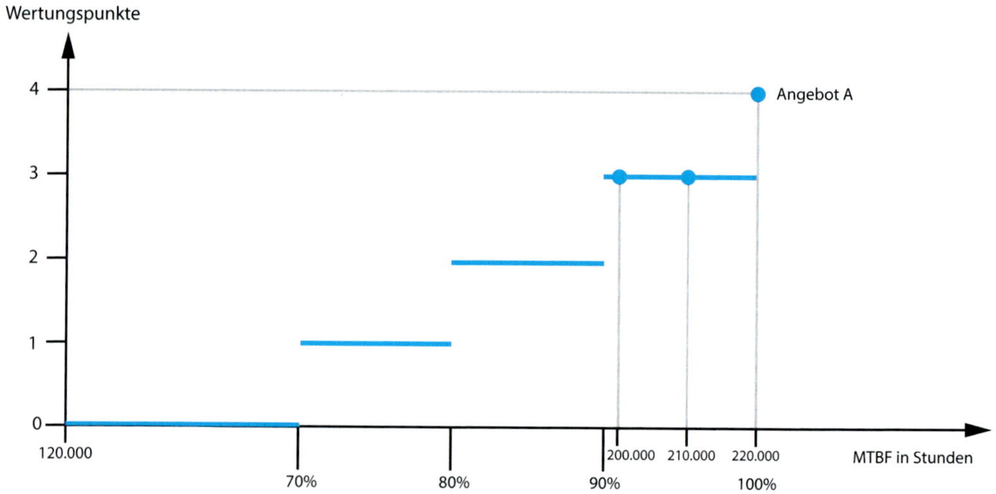

Abbildung: Transformation der MTBF-Werte in Wertungspunkte mit Hilfe einer objektiven relativen Bewertung

Auch sehr kleine Unterschiede der MTBF-Werte zwischen dem besten MTBF-Wert (Angebot A) und dem zweitbesten MTBF-Wert (Angebot B) führen zu ungleichen Punktbewertungen. Dies sei mit dem folgenden drei Angeboten demonstriert.

Tabelle: Beispiel für eine relative Bewertung der MTBF-Werte der drei Angebote A, B und C – kleine Unterschiede

Angebot	Angebotspreis	Wertungspunkte
A	220.000 Stunden	4 Punkte
B	219.500 Stunden	3 Punkte
C	198.000 Stunden	3 Punkte

Der MTBF-Wert von Angebot A wird mit vier Wertungspunkten und der MTBF-Wert von Angebot B mit drei Wertungspunkten bewertet. Dies führt zu einer deutlichen Bewertungsverzerrung. Ein 2,3 Promille größerer MTBF-Wert (MTBF-Wert von Angebot B im Vergleich zum MTBF-Wert von Angebot A) führt zu einem Wertungsunterschied von 33 % (Wertungspunkte von Angebot B im Vergleich zu den Wertungspunkten von Angebot A). Der Unterschied der MTBF-Werte der beiden Angebote B und C (der MTBF-Wert von Angebot C ist ca. 10 % schlechter als der MTBF-Wert von Angebot B) führt dagegen zu keiner unterschiedlichen Bewertung – beide Angebote erhalten drei Wertungspunkte – und führt damit hier zu einer deutlichen Bewertungsverzerrung.

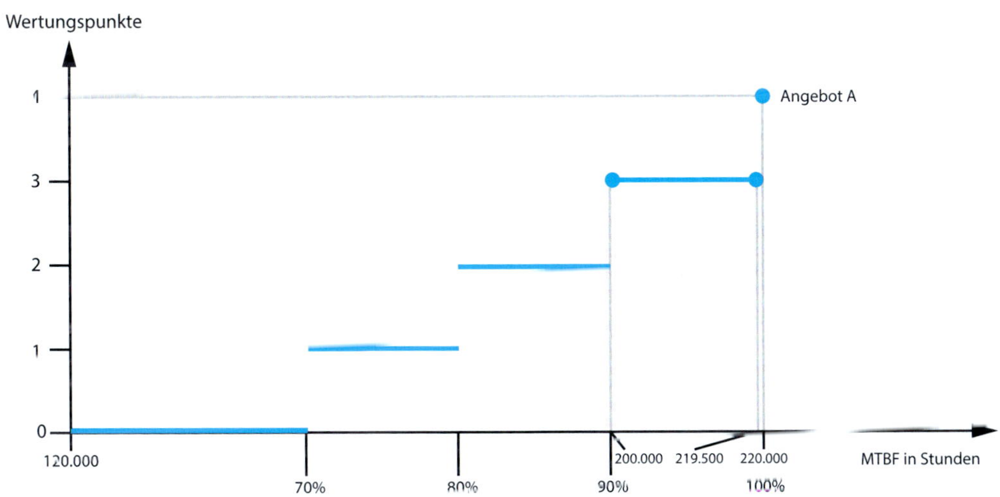

Abbildung: Transformation der MTBF-Werte in Wertungspunkte mit Hilfe einer trennscharfen relativen Bewertung

Man könnte nun auf die Idee kommen, die relative Bewertung ein klein wenig zu modifizieren, damit kleine Unterschiede der MTBF-Werte zwischen dem besten MTBF-Wert und dem zweitbesten MTBF-Wert nicht zu ungleichen Punktbewertungen führen.

In der folgenden Bewertungsmatrix erhält das Angebot, das mindestens 90 % des größten MTBF-Wertes erreicht, drei Wertungspunkte. Ein Angebot, das mindestens 80 % des größten

MTBF-Wertes, aber weniger als 90 % des größten MTBF-Wertes erreicht, erhält zwei Wertungspunkte. Ein Angebot, das mindestens 70 % des größten MTBF-Wertes, aber weniger als 80 % des größten MTBF-Wertes erreicht, erhält einen Wertungspunkt. Angebote mit MTBF-Werten, die weniger als 70 % des größten MTBF-Wertes erreichen, erhalten null Punkte.

Pos.	Bewertungskriterien	Gewichtung	Mindest-wertungs-punktzahl	Wertungspunkte	
1	MTBF	20%	1 Punkt	3 Punkte	Angebote mit MTBF-Werten, die mindestens 90% des größten MTBF-Wertes erreichen.
				2 Punkte	Angebote mit MTBF-Werten, die mindestens 80% des größten MTBF-Wertes aber weniger als 90% des größten MTBF-Wertes erreichen.
				1 Punkt	Angebote mit MTBF-Werten, die mindestens 70% des größten MTBF-Wertes aber weniger als 80% des größten MTBF-Wertes erreichen.
				0 Punkte	Angebote mit MTBF-Werten, die weniger als 70% des größten MTBF-Wertes erreichen.
	...	...	...	...	...

Abbildung: Bewertungsmatrix mit einer trennscharfen relativen Bewertung des Kriteriums MTBF

Tabelle: Beispiel für eine relative Bewertung der MTBF-Werte der drei Angebote A, B und C

Angebot	Angebotspreis	Wertungspunkte
A	220.000 Stunden	3 Punkte
B	219.500 Stunden	3 Punkte
C	198.000 Stunden	3 Punkte

Die MTBF-Werte der drei Angebote A, B und C werden alle gleich mit drei Wertungspunkten bewertet, da alle drei Angebote mindestens 90 % des größten MTBF-Wertes erreichen.

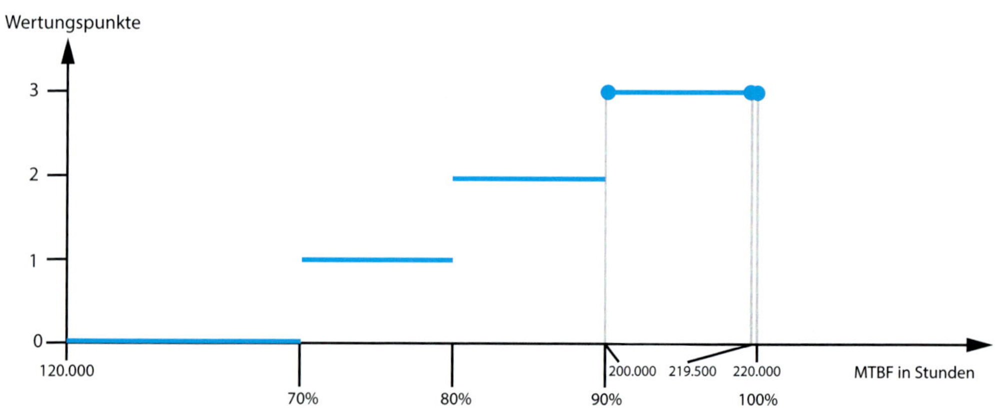

Abbildung: Transformation der MTBF-Werte in Wertungspunkte mit Hilfe einer trennscharfen relativen Bewertung

Das wirkliche Problem ist die zu geringe Anzahl von Wertungsstufen. Eine größere Anzahl von Wertungsstufen mildert den Effekt der Bewertungsverzerrung ab. Dies wird im Abschnitt *„Objektive relative Bewertung mit einer quasimetrischen Skala"* behandelt.[17]

8.4.8 Der Median als relative Bezugsgröße

Auch die Verwendung des Medians stellt eine relative Bezugsgröße für die Bewertung dar. Im folgenden Beispiel soll die Qualität der angebotenen Reinigungsdienstleistung in Form von Gesamtleistungsstunden bewertet werden. Hier liegt die Annahme zugrunde, dass eine kleine Gesamtleistungsstundenzahl einer schlechteren Qualität entspricht als eine größere Gesamtleistungsstundenzahl.

In der folgenden Bewertungsmatrix wird der Median der Gesamtleistungsstunden aus allen wertungsfähigen Angeboten verwendet. Dazu werden die Angebote bzgl. der angebotenen Gesamtleistungsstunden aufsteigend in eine Rangfolge gebracht. Der Median der Gesamtleistungsstunden ist die Gesamtleistungsstundenzahl, die dann in der Mitte steht. Bei einer ungeraden Anzahl von zu wertenden Angeboten ist der Median das Angebot, das dann genau in der Mitte steht, bei einer geraden Anzahl von Angeboten wird der Median durch das arithmetische Mittel der beiden mittleren Werte bestimmt.

Beispiel (ungerade Anzahl von Angeboten)

Angebot A = 800 Gesamtleistungsstunden

Angebot B = 900 Gesamtleistungsstunden

Angebot C = 1.000 Gesamtleistungsstunden

Angebot D = 1.050 Gesamtleistungsstunden

Angebot E = 1.100 Gesamtleistungsstunden

Median der Gesamtleistungsstunden = Angebot C = 1.000 Gesamtleistungsstunden

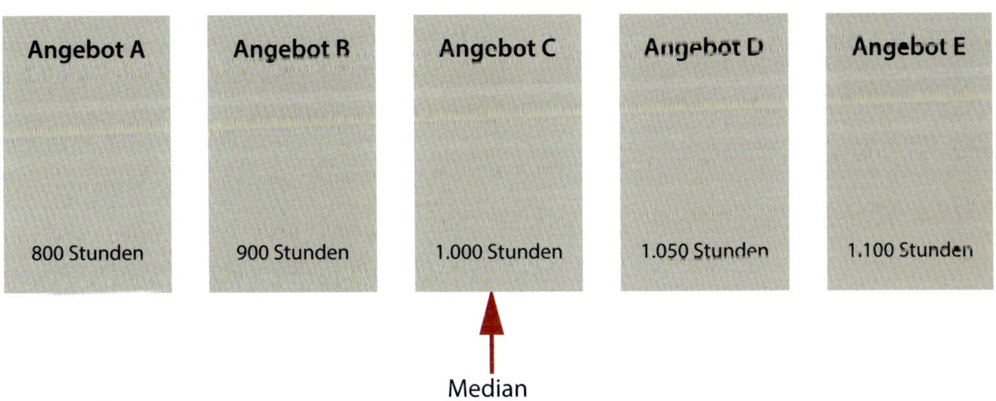

Abbildung: Median bei einer ungeraden Anzahl von Angeboten

17 Siehe S. 332.

Beispiel (Gerade Anzahl von Angeboten)

Angebot A = 800 Gesamtleistungsstunden

Angebot B = 900 Gesamtleistungsstunden

Angebot C = 1.000 Gesamtleistungsstunden

Angebot D = 1.050 Gesamtleistungsstunden

Angebot E = 1.100 Gesamtleistungsstunden

Angebot F = 1.100 Gesamtleistungsstunden

Median der Gesamtleistungsstunden = 1.000 Gesamtleistungsstunden + 1.050 Gesamtleistungsstunden) / 2 = 1.025 Gesamtleistungsstunden

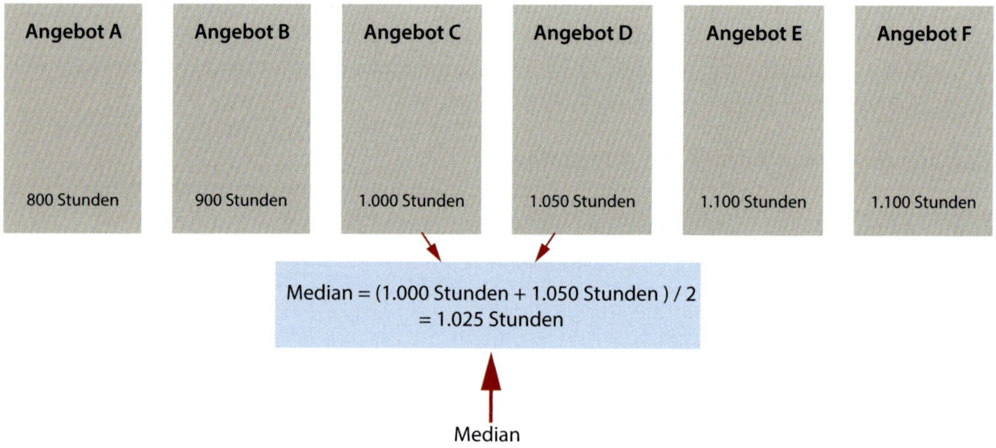

Abbildung: Median bei einer geraden Anzahl von Angeboten

Angebote mit einer Gesamtleistungsstundenzahl, die mindestens 25 % höher ist als der Median der Gesamtleistungsstunden, erhalten sechs Wertungspunkte. Angebote mit einer Gesamtleistungsstundenzahl, die mindestens 15 %, aber weniger als 25 % höher ist als der Median der Gesamtleistungsstunden, erhalten fünf Wertungspunkte. Angebote mit einer Gesamtleistungsstundenzahl, die mindestens 5 %, aber weniger als 15 % höher ist als der Median der Gesamtleistungsstunden, erhalten vier Wertungspunkte.

Angebote mit einer Gesamtleistungsstundenzahl, die mindestens 95 %, aber weniger als 105 % des Medians der Gesamtleistungsstunden erreicht, erhalten drei Wertungspunkte.

Angebote mit einer Gesamtleistungsstundenzahl, die mindestens 85 %, aber weniger als 95 % des Medians der Gesamtleistungsstunden erreicht, erhalten zwei Wertungspunkte.

Angebote mit einer Gesamtleistungsstundenzahl, die mindestens 75 %, aber weniger als 85 % des Medians der Gesamtleistungsstunden erreicht, erhalten einen Wertungspunkt.

Angebote mit einer Gesamtleistungsstundenzahl, die weniger als 75 % des Medians der Gesamtleistungsstunden erreicht, erhalten null Wertungspunkte.

Als Mindestanforderung sollen die Angebote 75 % des Medians der Gesamtleistungsstunden erreichen. Ein Nichterfüllen der Mindestanforderung soll zum Ausschluss führen.

In einer Bewertungsmatrix umgesetzt, sieht das Ganze folgendermaßen aus.

Pos.	Bewertungskriterien	Gewichtung	Mindest-wertungs-punktzahl	Wertungspunkte	
1	Gesamtleistungsstunden der Reinigungsleistungen	40%	1 Punkt	6 Punkte	Gesamtleistungsstunden ≥ 125% • Median der Gesamtleistungsstunden aller Angebote (Median$_G$).
				5 Punkte	115% • Median$_G$ ≤ Gesamtleistungsstunden < 125% • Median$_G$
				4 Punkte	105% • Median$_G$ ≤ Gesamtleistungsstunden < 115% • Median$_G$
				3 Punkte	95% • Median$_G$ ≤ Gesamtleistungsstunden < 105% • Median$_G$
				2 Punkte	85% • Median$_G$ ≤ Gesamtleistungsstunden < 95% • Median$_G$
				1 Punkt	75% • Median$_G$ ≤ Gesamtleistungsstunden < 85% • Median$_G$
				0 Punkte	Gesamtleistungsstunden < 75% • Median$_G$
	…	…	…	…	…

Abbildung: Bewertungsmatrix mit der ordinalen Bewertung der Gesamtleistungsstunden relativ zum Median

Durch die ordinale Skala geht die Information der wirklichen Abstände der Gesamtleistungsstunden zwischen den Angeboten verloren.

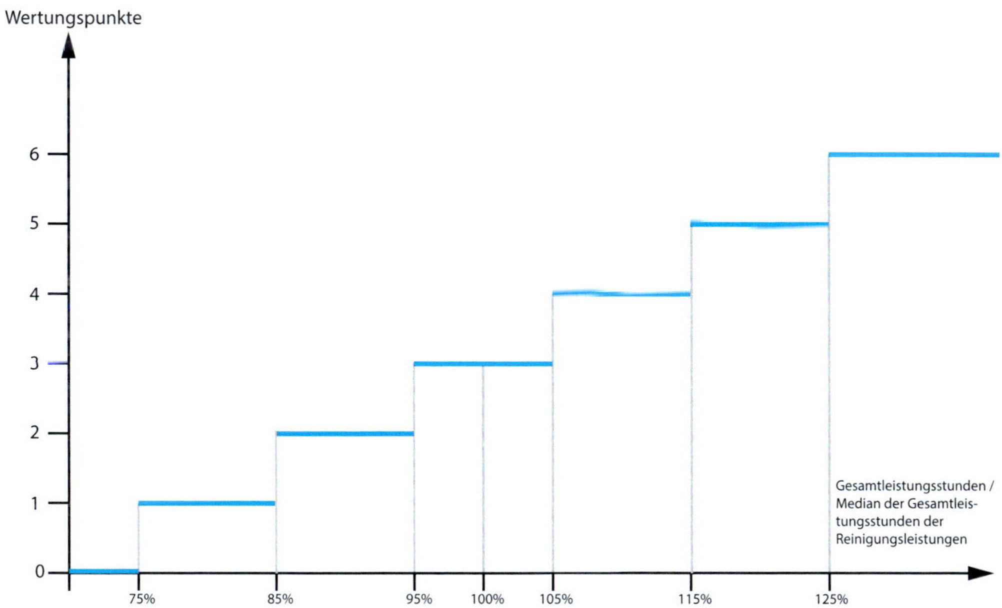

Abbildung: Bewertung der Gesamtleistungsstunden mittels einer ordinalen Skala

Betrachtet man das folgende Beispiel mit den fünf Angeboten A, ..., E und die Gesamtleistungsstunden von 850 Stunden bis 1.140 Stunden, dann ergeben sich die folgenden Wertungspunkte.

Tabelle: Median der Gesamtleistungsstunden = Angebot C = 1.000 Leistungsstunden

Angebot	Gesamtleistungsstunden	Relativ zum Median	Wertungspunkte
A	850	85 %	2
B	940	94 %	2
C	1.000	100 %	3
D	1.050	105 %	4
E	1.140	114 %	4

Die beiden Angebote A und B haben einen absoluten Unterschied bei den Gesamtleistungsstunden von 90 Stunden. Relativ betrachtet hat das Angebot B 10,59 % mehr Gesamtleistungsstunden als A. Beide erhalten aber die gleiche Wertungspunktzahl von zwei Punkten. Die beiden Angebote B und C haben einen absoluten Unterschied bei den Gesamtleistungsstunden von 60 Stunden. Relativ betrachtet hat das Angebot C 6,38 % mehr Gesamtleistungsstunden als B. Ein kleinerer Unterschied führt hier zu einer unterschiedlichen Wertungspunktzahl.

Die beiden Angebote C und D haben einen absoluten Unterschied bei den Gesamtleistungsstunden von 50 Stunden. Relativ betrachtet hat das Angebot D 5 % mehr Gesamtleistungsstunden als C. Ein kleinerer Unterschied führt hier zu einer unterschiedlichen Wertungspunktzahl. Betrachtet man dagegen die beiden Angebote D und E mit einem absoluten Unterschied bei den Gesamtleistungsstunden von 90 Stunden, hat das Angebot E relativ betrachtet 8,57 % mehr Gesamtleistungsstunden als D. Beide erhalten aber die gleiche Wertungspunktzahl von vier Punkten.

Da der Median als ein Mittelwert eine Aggregation aller Werte darstellt, wird dieser auch durch die Gesamtheit der vorliegenden Werte beeinflusst. Kommen weitere Angebote zur Wertung dazu, die nicht dem Median entsprechen, dann verändern diese zusätzlichen Angebote den Median. Im folgenden Beispiel wird durch die zusätzlichen Angebote F und G der Median und damit auch die Bewertung der Angebote verändert.

Tabelle: Median der Gesamtleistungsstunden = Angebot B = 940 Leistungsstunden

Angebot	Gesamtleistungsstunden	Relativ zum Median	Wertungspunkte
F	790	84,04 %	1
G	800	85,11 %	2
A	850	90,43 %	2
B	940	100 %	3
C	1.000	106,38 %	4
D	1.050	111,70 %	4
E	1.100	117,02 %	5

Kommen weitere Angebote ins Spiel, verändert dies nicht nur den Median, sondern auch die Wertung insgesamt.

Tabelle: Median der Gesamtleistungsstunden = Angebot A = 850 Leistungsstunden

Angebot	Gesamtleistungsstunden	Relativ zum Median	Wertungspunkte
H	725	85,29 %	2
I	750	88,24 %	2
F	790	92,94 %	2
G	800	94,12 %	2
A	850	100 %	3
B	940	110,59 %	4
C	1.000	117,65 %	5
D	1.050	123,53 %	5
E	1.100	129,41 %	6

In den betrachteten Beispielen entstehen die Bewertungsverzerrungen durch zwei unabhängige Effekte, die sich in der Verzerrung verstärken können. Der erste Verzerrungseffekt entsteht durch die Verwendung des Medians als Referenzwert. Der zweite Verzerrungseffekt wird durch die sehr grobe Punkteskala verursacht.

Um den zweiten Verzerrungseffekt auszuschließen, bietet es sich an, eine metrische Skala zu verwenden. Alternativ dazu kann die Anzahl der Wertungsstufen deutlich erhöht werden (quasi-metrische Skala), um den Effekt der Bewertungsverzerrung deutlich zu reduzieren.

8.4.9 Objektive relative Bewertung mit einer quasimetrischen Skala

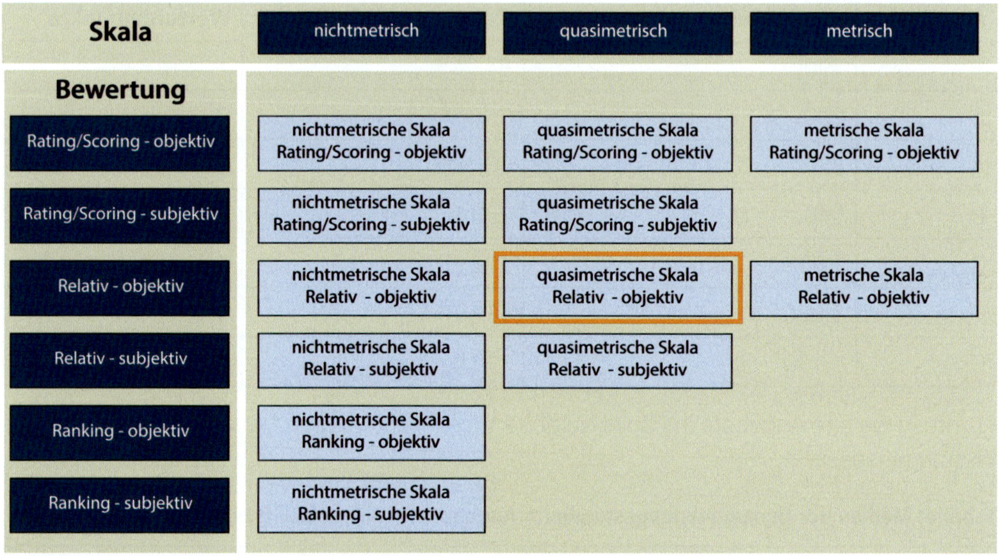

Abbildung: Objektive relative Bewertung mit einer quasimetrischen Skala

Bei einer objektiven relativen Bewertung mit einer quasimetrischen Skala liegen die folgenden Eigenschaften vor:

- Bei einer objektiven Bewertung ist die Bewertung unabhängig von der Bewertungsperson.
- Bei einer relativen Bewertung wird die Bewertung eines Angebots immer in Abhängigkeit von den anderen Angeboten vorgenommen.
- Bei einer quasimetrischen Skala liegen ausreichend viele Wertungsstufen vor, sodass man die eigentliche Rangstufenskala näherungsweise auch als metrische Skala betrachten darf.

Dies sei am Beispiel einer relativen Bewertung mit den Wertungspunkten (0; 1; 2; ...; 9; 10) in der folgenden Bewertungsmatrix gezeigt.

Pos.	Bewertungskriterien	Gewichtung	Mindest-wertungs-punktzahl	Wertungspunkte	
1	MTBF	20%	1 Punkt	10 Punkte	Das Angebot mit dem größten MTBF-Wert.
				9 Punkte	Angebote mit MTBF-Werten, die mindestens 97% des größten MTBF-Wertes aber weniger als der größte MTBF-Wert erreichen.
				8 Punkte	Angebote mit MTBF-Werten, die mindestens 94% des größten MTBF-Wertes aber weniger als 97% des größten MTBF-Wertes erreichen.
				7 Punkte	Angebote mit MTBF-Werten, die mindestens 91% des größten MTBF-Wertes aber weniger als 94% des größten MTBF-Wertes erreichen.
				6 Punkte	Angebote mit MTBF-Werten, die mindestens 88% des größten MTBF-Wertes aber weniger als 91% des größten MTBF-Wertes erreichen.
				5 Punkte	Angebote mit MTBF-Werten, die mindestens 85% des größten MTBF-Wertes aber weniger als 88% des größten MTBF-Wertes erreichen.
				4 Punkte	Angebote mit MTBF-Werten, die mindestens 82% des größten MTBF-Wertes aber weniger als 85% des größten MTBF-Wertes erreichen.
				3 Punkte	Angebote mit MTBF-Werten, die mindestens 78% des größten MTBF-Wertes aber weniger als 82% des größten MTBF-Wertes erreichen.
				2 Punkte	Angebote mit MTBF-Werten, die mindestens 74% des größten MTBF-Wertes aber weniger als 78% des größten MTBF-Wertes erreichen.
				1 Punkt	Angebote mit MTBF-Werten, die mindestens 70% des größten MTBF-Wertes aber weniger als 74% des größten MTBF-Wertes erreichen.
				0 Punkte	Angebote mit MTBF-Werten, die weniger als 70% des größten MTBF-Wertes erreichen.
	...	...	...	...	...

Abbildung: Bewertungsmatrix mit einer objektiven relativen Bewertung des Kriteriums MTBF

Tabelle: Beispiel für eine relative Bewertung der MTBF-Werte der drei Angebote A, B und C

Angebot	Angebotspreis	Wertungspunkte
A	220.000 Stunden	10 Punkte
B	210.000 Stunden	8 Punkte
C	200.000 Stunden	6 Punkte

Angebot A ist das Angebot mit dem größten MTBF Wert und erhält nach der vorliegenden Vorschrift zehn Wertungspunkte. Angebot B erreicht 95,45 % des größten MTBF-Wertes aus Angebot A und erhält damit acht Wertungspunkte. Angebot C erreicht 90,91 % des größten MTBF-Wertes aus Angebot A und erhält damit sechs Wertungspunkte. Die Unterschiede der MTBF-Werte der drei Angebote werden nunmehr durch die feinere Granularität der Punkteskala auch bei den Wertungspunkten abgebildet.

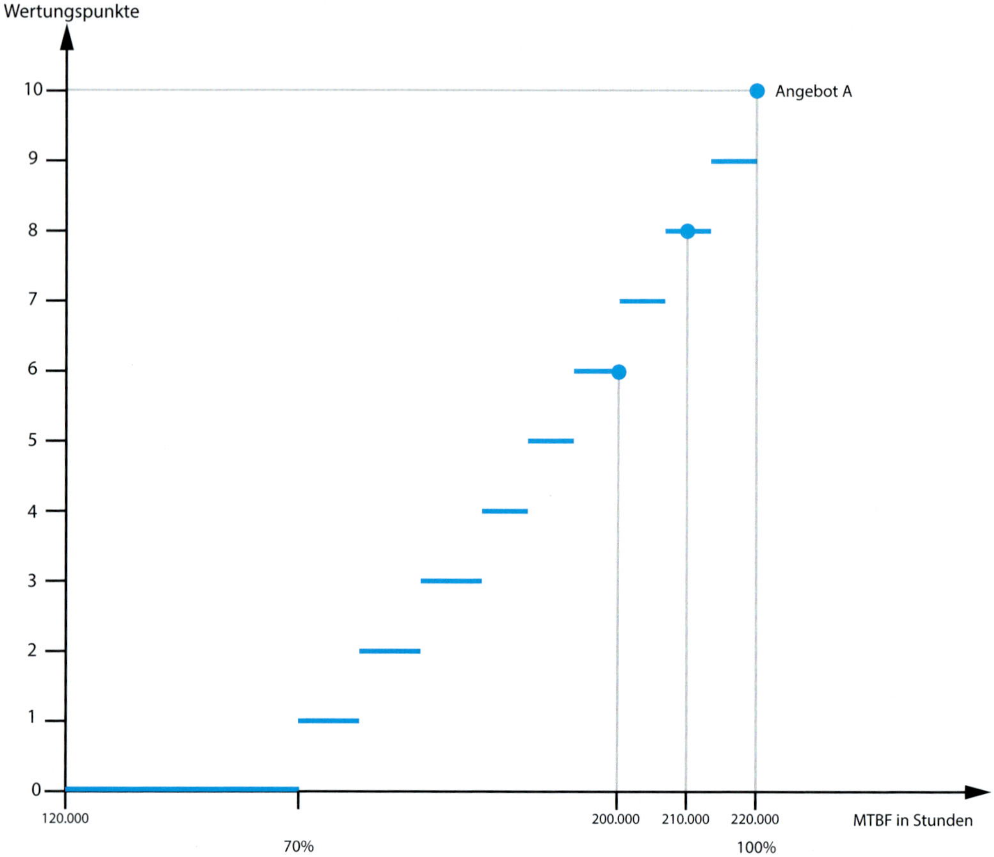

Abbildung: Transformation der MTBF-Werte in Wertungspunkte mit Hilfe einer objektiven relativen Bewertung

Der Effekt der Bewertungsverzerrungen ist allerdings nicht vollständig verschwunden und kann leicht an dem folgenden Beispiel demonstriert werden.

Tabelle: Beispiel für eine relative Bewertung der MTBF-Werte der acht Angebote A, B, C, ..., H

Angebot	Angebotspreis	Wertungspunkte
A	220.000 Stunden	10 Punkte
B	210.000 Stunden	8 Punkte
C	200.000 Stunden	6 Punkte
D	187.000 Stunden	5 Punkte
E	186.000 Stunden	4 Punkte
F	180.500 Stunden	4 Punkte
G	163.000 Stunden	2 Punkte
H	162.000 Stunden	1 Punkt

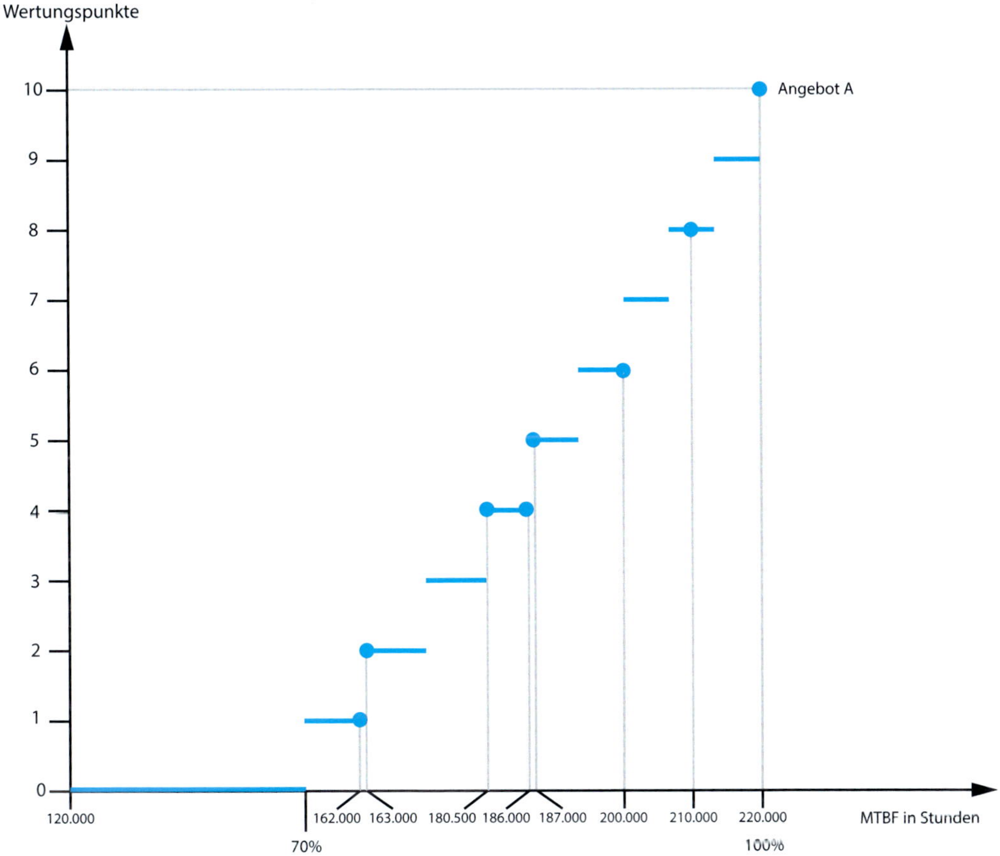

Abbildung: Transformation der MTBF-Werte in Wertungspunkte mit Hilfe einer objektiven relativen Bewertung

Vergleicht man die MTBF-Werte der Angebote D und E, dann stellt man fest, dass ein 5,4 Promille größerer MTBF-Wert (187.000 Stunden bei Angebot D und 186.000 Stunden bei Angebot E) zu einer 25 % größeren Wertungspunktzahl führt. Vergleicht man dagegen die Angebote E und F, dann stellt man fest, dass ein 3 % größerer MTBF-Wert (186.000 Stunden bei Angebot E und 180.500 Stunden bei Angebot F) zur gleichen Wertungspunktzahl führt. In dem einen Fall führt ein Unterschied der MTBF-Werte von 5,4 Promille zu einer 25 % größeren Wertungspunktzahl, in dem anderen Fall führt ein mehr als fünfmal größerer Unterschied (3 %) der MTBF-Werte zur gleichen Wertungspunktzahl. Dies stellt eine Wertungsverzerrung dar.

Um Wertungsverzerrungen auszuschließen, bietet es sich an, eine metrische Skala zu verwenden. Alternativ dazu kann die Anzahl der Wertungsstufen nochmals deutlich erhöht werden, um den Effekt der Bewertungsverzerrung weiter zu reduzieren.

Dies sei am folgenden Beispiel gezeigt.

Das Angebot mit dem größten MTBF-Wert erhält zehn Wertungspunkte. Ein Angebot, das 70 % des größten MTBF-Wertes erreicht, erhält einen Wertungspunkt. Pro 3 Promille des größten MTBF-Wertes erhält man 0,09 Wertungspunkte mehr.

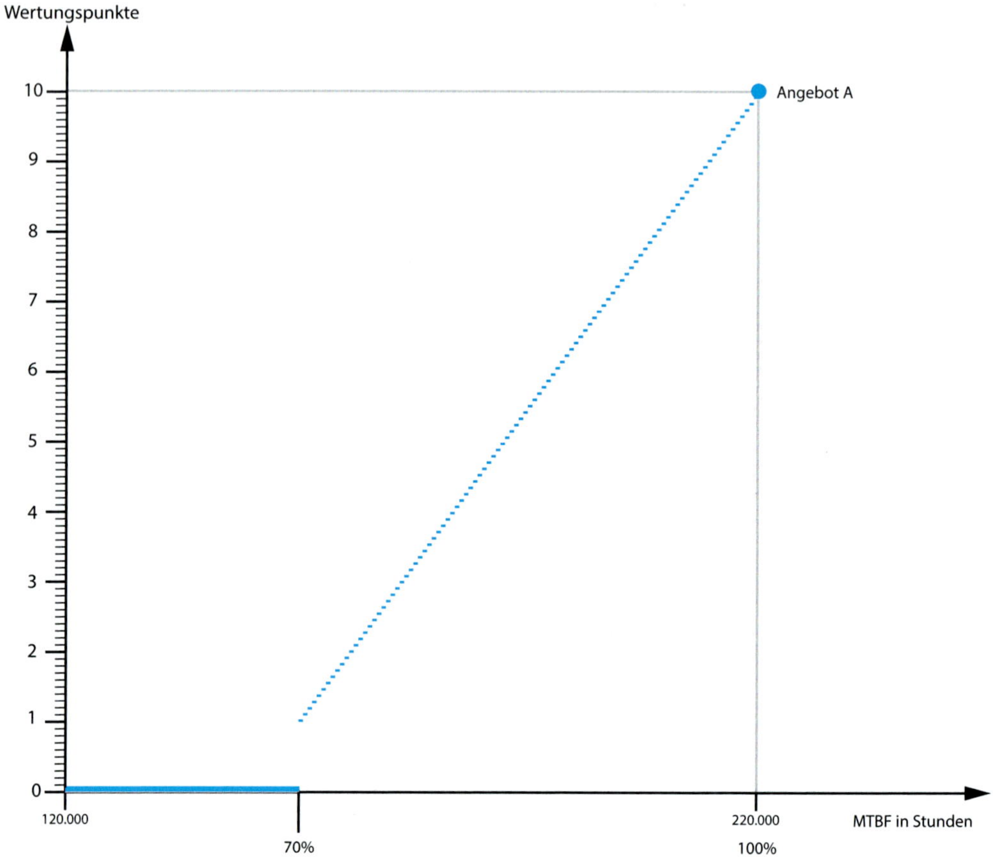

Abbildung: Transformation der MTBF-Werte in Wertungspunkte mit Hilfe einer objektiven relativen Bewertung

Es sei $MTBF_{Max}$ = größter MTBF-Wert aller Angebote, dann erhalten die Angebote gemäß der oben formulierten Vorschrift die folgenden Wertungspunkte für ihre MTBF-Werte:

Tabelle: Berechnung der Wertungspunkte für 73 % von $MTBF_{Max}$

73 % $MTBF_{Max}$	= 70 % $MTBF_{Max}$ + 3 % $MTBF_{Max}$
	= 70 % $MTBF_{Max}$ + 10 · 3 ‰ $MTBF_{Max}$
	= 1 *Wertungspunkt* + 10 · 0,09 *Wertungspunkte*
	= 1 *Wertungspunkt* + 0,9 *Wertungspunkte*
	= 1,9 *Wertungspunkte*

Tabelle: Berechnung der Wertungspunkte für 79 % von $MTBF_{Max}$

79 % $MTBF_{Max}$	= 70 % $MTBF_{Max}$ + 9 % $MTBF_{Max}$
	= 70 % $MTBF_{Max}$ + 30 · 3 ‰ $MTBF_{Max}$
	= 1 *Wertungspunkt* + 30 · 0,09 *Wertungspunkte*
	= 1 *Wertungspunkt* + 2,7 *Wertungspunkte*
	= 3,7 *Wertungspunkte*

Tabelle: Berechnung der Wertungspunkte für 91 % von $MTBF_{Max}$

91 % $MTBF_{Max}$	= 70 % $MTBF_{Max}$ + 21 % $MTBF_{Max}$
	= 70 % $MTBF_{Max}$ + 70 · 3 ‰ $MTBF_{Max}$
	= 1 *Wertungspunkt* + 70 · 0,09 *Wertungspunkte*
	= 1 *Wertungspunkt* + 6,3 *Wertungspunkte*
	= 7,3 *Wertungspunkte*

Tabelle: Berechnung der Wertungspunkte für 100 % von $MTBF_{Max}$

100 % $MTBF_{Max}$	= 70 % $MTBF_{Max}$ + 30 % $MTBF_{Max}$
	= 70 % $MTBF_{Max}$ + 100 · 3 ‰ $MTBF_{Max}$
	= 1 *Wertungspunkt* + 100 · 0,09 *Wertungspunkte*
	= 1 *Wertungspunkt* + 9 *Wertungspunkte*
	= 10 *Wertungspunkte*

Durch die feingranulare Punkteskala stehen nunmehr 101 verschiedene Wertungsstufen zur Verfügung:

70,0 %; 70,3 %; 70,6 %, 70,9 %; 71,2 %; ...; 99,1 %; 99,4 %; 99,7; 100 %

Betrachtet man wieder den bereits oben angewendeten Angebotsmix, so ergeben sich nun die folgenden Wertungspunkte für die MTBF-Werte der acht Angebote A, B, ..., H.

Tabelle: Beispiel für eine relative Bewertung der MTBF-Werte der acht Angebote A, B, C, ..., H

Angebot	Angebotspreis	Wertungspunkte
A	220.000 Stunden	10 Punkte
B	210.000 Stunden	8,56 Punkte
C	200.000 Stunden	7,21 Punkte
D	187.000 Stunden	5,50 Punkte
E	186.000 Stunden	5,32 Punkte

Angebot	Angebotspreis	Wertungspunkte
F	180.500 Stunden	4,60 Punkte
G	163.000 Stunden	2,17 Punkte
H	162.000 Stunden	2,08 Punkte

Vergleicht man die MTBF-Werte der Angebote D und E, dann stellt man fest, dass ein 5,4 Promille größerer MTBF-Wert (187.000 Stunden bei Angebot D und 186.000 Stunden bei Angebot E) zu einer 3,4 % größeren Wertungspunktzahl führt. Vergleicht man die Angebote E und F, dann stellt man fest, dass ein 3 % größerer MTBF-Wert (186.000 Stunden bei Angebot E und 180.500 Stunden bei Angebot F) zu einer 16 % größeren Wertungspunktzahl führt. Die Wertungsverzerrung wurde signifikant reduziert.

Doch stellt sich die Frage, wie man dies in einer Bewertungsmatrix praktisch umsetzen kann. Die tabellarische Auflistung aller 101 verschiedenen MTBF-Werte und deren Punktwerte stellt sicherlich keine praktische Umsetzung dar und ist auch nicht notwendig. Die Vorschrift zur Bewertung der MTBF-Werte kann auch allgemein in der Bewertungsmatrix formuliert und durch Beispiele veranschaulicht werden.

<table>
<tr><th>Pos.</th><th>Bewertungskriterien</th><th>Gewichtung</th><th>Mindest-wertungs-punktzahl</th><th colspan="2">Wertungspunkte</th></tr>
<tr><td rowspan="2">1</td><td rowspan="2">MTBF</td><td rowspan="2">20%</td><td rowspan="2">1 Punkt</td><td>1 - 10 Punkte</td><td>Das Angebot mit dem größten MTBF-Wert ($MTBF_{Max}$) erhält zehn Wertungspunkte.
Ein Angebot, das 70 Prozent des größten MTBF-Wertes erreicht, erhält einen Wertungspunkt.
Pro 3 Promille des größten MTBF-Wertes erhält man 0,09 Wertungspunkte mehr.
Beispiel:
$73\ \%\ MTBF_{Max} = 70\ \%\ MTBF_{Max} + 3\ \%\ MTBF_{Max}$
$= 70\ \%\ MTBF_{Max} + 10 \cdot 3\ ‰\ MTBF_{Max}$
= 1 Wertungspunkt + 10 • 0,09 Wertungspunkte
= 1 Wertungspunkt + 0,9 Wertungspunkte
= 1,9 Wertungspunkte
$79\ \%\ MTBF_{Max} = 70\ \%\ MTBF_{Max} + 9\ \%\ MTBF_{Max}$
$= 70\ \%\ MTBF_{Max} + 30 \cdot 3\ ‰\ MTBF_{Max}$
= 1 Wertungspunkt + 30 • 0,09 Wertungspunkte
= 1 Wertungspunkt + 2,7 Wertungspunkte
= 3,7 Wertungspunkte
$91\ \%\ MTBF_{Max} = 70\ \%\ MTBF_{Max} + 21\ \%\ MTBF_{Max}$
$= 70\ \%\ MTBF_{Max} + 70 \cdot 3\ ‰\ MTBF_{Max}$
= 1 Wertungspunkt + 70 • 0,09 Wertungspunkte
= 1 Wertungspunkt + 6,3 Wertungspunkte
= 7,3 Wertungspunkte</td></tr>
<tr><td>0 Punkte</td><td>Angebote mit MTBF-Werten, die weniger als 70% des größten MTBF-Wertes erreichen.</td></tr>
<tr><td></td><td>...</td><td>...</td><td>...</td><td>...</td><td>...</td></tr>
</table>

Abbildung: Bewertungsmatrix mit einer objektiven relativen Bewertung des Kriteriums MTBF

Eine weitere Erhöhung der Anzahl der Wertungsstufen stellt damit kein Problem dar. 301 Wertungsstufen erreicht man durch die Bewertungsvorschrift: *„Ein Angebot, das 70 % des größten MTBF-Wertes erreicht, erhält einen Wertungspunkt. Pro 1 Promille des größten MTBF-Wertes erhält man 0,03 Wertungspunkte mehr."*

Pos.	Bewertungskriterien	Gewichtung	Mindest-wertungs-punktzahl	Wertungspunkte	
1	MTBF	20%	1 Punkt	1 - 10 Punkte	Das Angebot mit dem größten MTBF-Wert ($MTBF_{Max}$) erhält zehn Wertungspunkte. Ein Angebot, das 70 Prozent des größten MTBF-Wertes erreicht, erhält einen Wertungspunkt. Pro 1 Promille des größten MTBF-Wertes erhält man 0,03 Wertungspunkte mehr. **Beispiel:** 73 % $MTBF_{Max}$ = 70 % $MTBF_{Max}$ + 3 % $MTBF_{Max}$ = 70 % $MTBF_{Max}$ + 30 • 1 ‰ $MTBF_{Max}$ = 1 Wertungspunkt + 30 • 0,03 Wertungspunkte = 1 Wertungspunkt + 0,9 Wertungspunkte = 1,9 Wertungspunkte 79 % $MTBF_{Max}$ = 70 % $MTBF_{Max}$ + 9 % $MTBF_{Max}$ = 70 % $MTBF_{Max}$ + 90 • 1 ‰ $MTBF_{Max}$ = 1 Wertungspunkt + 90 • 0,03 Wertungspunkte = 1 Wertungspunkt + 2,7 Wertungspunkte = 3,7 Wertungspunkte 91 % $MTBF_{Max}$ = 70 % $MTBF_{Max}$ + 21 % $MTBF_{Max}$ = 70 % $MTBF_{Max}$ + 210 • 1 ‰ $MTBF_{Max}$ = 1 Wertungspunkt + 210 • 0,03 Wertungspunkte = 1 Wertungspunkt + 6,3 Wertungspunkte = 7,3 Wertungspunkte
				0 Punkte	Angebote mit MTBF-Werten, die weniger als 70% des größten MTBF-Wertes erreichen.
	...	...	...	...	...

Abbildung: Bewertungsmatrix mit einer objektiven relativen Bewertung des Kriteriums MTBF

Aber auch eine Veränderung der unteren Grenze für zulässige Werte ist ohne Probleme in der Bewertungsmatrix umsetzbar. Im Folgenden durch die Bewertungsvorschrift beschrieben:

- Das Angebot mit dem größten MTBF Wert ($MTBF_{Max}$) erhält zehn Wertungspunkte.
- Ein Angebot, das 80 % des größten MTBF-Wertes erreicht, erhält einen Wertungspunkt.
- Pro 1 Promille des größten MTBF-Wertes erhält man 0,045 Wertungspunkte mehr.

Pos.	Bewertungskriterien	Gewichtung	Mindest-wertungs-punktzahl	Wertungspunkte	
1	MTBF	20%	1 Punkt	1 - 10 Punkte	Das Angebot mit dem größten MTBF-Wert ($MTBF_{Max}$) erhält zehn Wertungspunkte. Ein Angebot, das 80 Prozent des größten MTBF-Wertes erreicht, erhält einen Wertungspunkt. Pro 1 Promille des größten MTBF-Wertes erhält man 0,045 Wertungspunkte mehr. **Beispiel:** 83 % $MTBF_{Max}$ = 80 % $MTBF_{Max}$ + 3 % $MTBF_{Max}$ = 80 % $MTBF_{Max}$ + 30 • 1 ‰ $MTBF_{Max}$ = 1 Wertungspunkt + 30 • 0,045 Wertungspunkte = 1 Wertungspunkt + 1,35 Wertungspunkte = 2,35 Wertungspunkte 89 % $MTBF_{Max}$ = 80 % $MTBF_{Max}$ + 9 % $MTBF_{Max}$ = 80 % $MTBF_{Max}$ + 90 • 1 ‰ $MTBF_{Max}$ = 1 Wertungspunkt + 90 • 0,045 Wertungspunkte = 1 Wertungspunkt + 4,05 Wertungspunkte = 5,05 Wertungspunkte 98 % $MTBF_{Max}$ = 80 % $MTBF_{Max}$ + 18 % $MTBF_{Max}$ = 80 % $MTBF_{Max}$ + 180 • 1 ‰ $MTBF_{Max}$ = 1 Wertungspunkt + 180 • 0,045 Wertungspkt. = 1 Wertungspunkt + 8,1 Wertungspunkte = 9,1 Wertungspunkte
				0 Punkte	Angebote mit MTBF-Werten, die weniger als 80% des größten MTBF-Wertes erreichen.
	...	...	...	...	...

Abbildung: Bewertungsmatrix mit einer objektiven relativen Bewertung des Kriteriums MTBF

8.4.10 Objektive relative Bewertung mit einer metrischen Skala

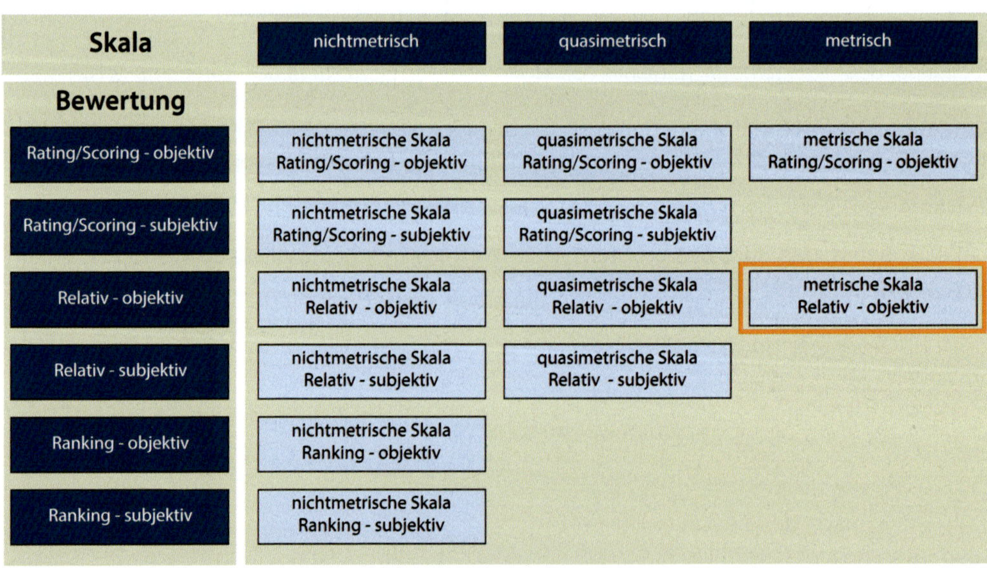

Abbildung: Objektive relative Bewertung mit einer metrischen Skala

Bei einer objektiven relativen Bewertung mit einer metrischen Skala liegen die folgenden Eigenschaften vor:

- Bei einer objektiven Bewertung ist das zu bewertende Kriterium unabhängig von den Bewertungspersonen. Fehlerhafte Bewertungen ausgenommen, sollte jede Bewertungsperson zur gleichen Bewertung kommen.
- Bei einer relativen Bewertung wird die Bewertung eines Angebots relativ zu einem Angebot, relativ zu mehreren Angeboten oder relativ zu einer Aggregation aus allen Angeboten vorgenommen. Durch die relative Bewertung besteht immer eine Abhängigkeit zu anderen zu bewertenden Angeboten, die zu Bewertungsverzerrungen führen kann.
- Bei einer metrischen Skala kann ausreichend differenziert bewertet werden.

In der folgenden Bewertungsmatrix wird der Median der Gesamtleistungsstunden aus allen wertungsfähigen Angeboten statt des Referenzwerts für die Wertung verwendet. Dazu werden die Angebote bzgl. der angebotenen Gesamtleistungsstunden aufsteigend in eine Rangfolge gebracht. Der Median der Gesamtleistungsstunden ist die Gesamtleistungsstundenzahl, die dann in der Mitte steht. Bei einer ungeraden Anzahl von zu wertenden Angeboten ist der Median das Angebot, das dann genau in der Mitte steht, bei einer geraden Anzahl von Angeboten wird der Median durch das arithmetische Mittel der beiden mittleren Werte bestimmt.

Beispiel (ungerade Anzahl von Angeboten)

Angebot A = 800 Gesamtleistungsstunden

Angebot B = 900 Gesamtleistungsstunden

Angebot C = 1.000 Gesamtleistungsstunden

Angebot D = 1.050 Gesamtleistungsstunden

Angebot E = 1.100 Gesamtleistungsstunden

Median der Gesamtleistungsstunden = Angebot C = 1.000 Gesamtleistungsstunden

Beispiel (gerade Anzahl von Angeboten)

Angebot A = 800 Gesamtleistungsstunden

Angebot B = 900 Gesamtleistungsstunden

Angebot C = 1.000 Gesamtleistungsstunden

Angebot D = 1.050 Gesamtleistungsstunden

Angebot E = 1.100 Gesamtleistungsstunden

Angebot F = 1.100 Gesamtleistungsstunden

Median der Gesamtleistungsstunden = 1.000 Gesamtleistungsstunden + 1.050 Gesamtleistungsstunden) / 2 = 1.025 Gesamtleistungsstunden

Durch die metrische Bewertungsskala bleiben die Informationen über die wahren Abstände der Angebote bzgl. der Gesamtleistungsstunden erhalten.

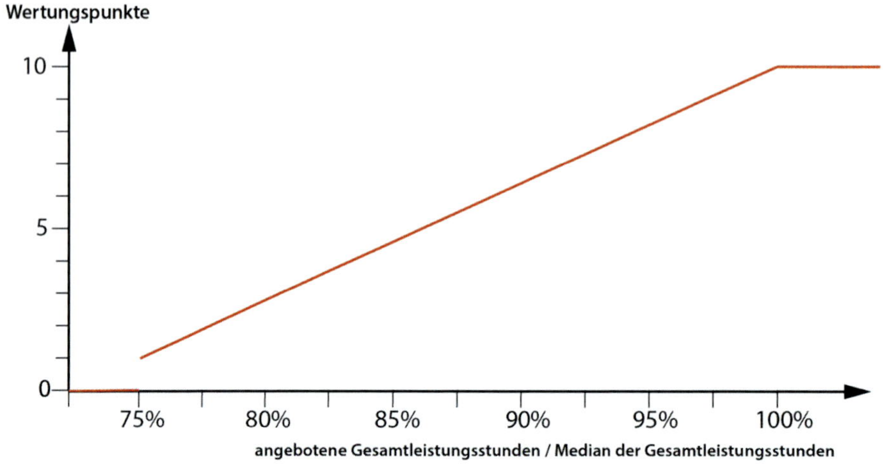

Abbildung: Bewertung der Gesamtleistungsstunden mittels einer metrischen Skala

Pos.	Bewertungskriterien	Gewichtung	Wertungspunkte
1	Gesamtleistungsstunden der Reinigungsleistungen	40%	Aus der Menge der wertungsfähigen Angebote wird der Median der Gesamtleistungsstunden bestimmt. Dieser so bestimmte Median erhält die volle Punktzahl von 10 Punkten. Angebote, die eine höhere Gesamtleistungsstundenzahl als der Median haben, erhalten ebenfalls 10 Punkte. **MINDESTANFORDERUNG:** Eine fiktive Gesamtleistungsstundenzahl von 0,75 * Median (eine um 25% kleinere Gesamtleistungsstundenzahl als der Median) erhält einen Punkt. Die Gesamtleistungsstundenzahlen der dazwischenliegenden Angebote werden mittels einer linearen Interpolation bewertet und in Punkte umgewandelt. Gerechnet wird mit zwei Stellen hinter dem Komma, es findet das kaufmännische Runden Anwendung. **AUSSCHLUSS:** Angebote, die eine kleinere Gesamtleistungsstundenzahl als 0,75 * Median (eine mehr als 25% kleinere Gesamtleistungsstundenzahl als der Median) haben, erhalten null Punkte und werden von der Wertung ausgeschlossen. Zur Bestimmung des Medians der Gesamtleistungsstunden werden die Angebote bzgl. der angebotenen Gesamtleistungsstunden aufsteigend in eine Rangfolge gebracht. Der Median der Gesamtleistungsstunden ist die Gesamtleistungspunktzahl, die dann in der Mitte steht. Bei einer ungeraden Anzahl von zu wertenden Angeboten ist der Median das Angebot, das dann genau in der Mitte steht, bei einer geraden Anzahl von Angeboten wird der Median durch das arithmetische Mittel der beiden mittleren Werte bestimmt. **Beispiel:** Angebot A = 800 Leistungsstunden = 2,80 Punkte Angebot B = 900 Leistungsstunden = 6,40 Punkte Angebot C = 1.000 Leistungsstunden = 10,00 Punkte **(Median)** Angebot D = 1.050 Leistungsstunden = 10,00 Punkte Angebot E = 1.100 Leistungsstunden = 10,00 Punkte
2	Angebotspreis	60%	Der Angebotspreis (P) wird mit dem günstigsten Angebotspreis ($P_{billigst}$) ins Verhältnis gesetzt und mit 10 Punkten mulipliziert. Angebotspunkte = ($P_{billigst}$ / P) • 10 Punkte Gerechnet wird mit zwei Stellen hinter dem Komma, es findet das kaufmännische Runden Anwendung. **Beispiel:** Angebot A: 100.000 Euro Angebotspreis Angebot B: 150.000 Euro Angebotspreis $Angebotspunkte_A$ = (100.000 € / 100.000 €) • 10 Punkte = 10 Punkte $Angebotspunkte_B$ = (100.000 € / 150.000 €) • 10 Punkte = 6,67 Punkte **Preisobergrenze:** Es wird eine Preisobergrenze von 255.000 Euro (inkl. MWSt.) festgesetzt. Angebote deren Angebotspreis über dieser Preisobergrenze liegen, werden von der Wertung ausgeschlossen.

Abbildung: Bewertungsmatrix mit der metrischen Bewertung der Gesamtleistungsstunden im Verhältnis zum Median

Um sich vor zu leistungsschwachen Angeboten zu schützen, wurde in der obigen Bewertungsmatrix eine Mindestanforderung an die Gesamtleistungsstunden der Reinigungsleistungen in Form einer Mindestleistungspunktzahl gestellt.

Angebote, die eine mehr als 25 % kleinere Gesamtleistungsstundenzahl als der Median der Gesamtleistungsstunden haben, werden von der Wertung ausgeschlossen.

Um sich vor zu teuren Angeboten zu schützen, wurde in der Bewertungsmatrix außerdem eine Preisobergrenze vorgegeben. Angebote, deren Angebotspreis über der Preisobergrenze liegen, werden von der Wertung ausgeschlossen.

Durch die metrische Bewertungsskala liegt eigentlich eine optimale Bewertung des Bewertungskriteriums Gesamtleistungsstunden vor. Im Gegensatz zu einem vorgegebenen Referenzwert können die Bieter beim Median aber nicht realistisch einschätzen, wo der Median bei der Auswertung der Angebote liegen wird. In der betrachteten Bewertungsmatrix erhalten Angebote mit einer Gesamtleistungsstundenzahl, die größer oder gleich dem Median der Gesamtleistungsstundenzahl ist, die maximale Wertungspunktzahl von zehn Punkten. Eine höhere Qualität in Form einer höheren Gesamtleistungsstundenzahl wird sich unter Umständen für den Bieter überhaupt nicht lohnen, da er hier keine höhere Punktzahl erreichen kann.

Tabelle: Median der Gesamtleistungsstunden = Angebot C = 1.000 Leistungsstunden

Angebot	Gesamtleistungsstunden	Wertungspunkte
A	800	2,80
B	900	6,40
C	1.000	10,00
D	1.050	10,00
E	1.100	10,00

Tabelle: Median der Gesamtleistungsstunden = Angebot C = 1.000 Leistungsstunden

Angebot	Gesamtleistungsstunden	Wertungspunkte
E	790	
F	800	
A	800	
B	900	10,00
C	1.000	10,00
D	1.050	10,00
E	1.100	10,00

Pos.	Bewertungskriterien	Gewichtung	Mindestwertungs-punktzahl	Wertungspunkte
1	Gesamtleistungsstunden der Reinigungsleistungen	40%	1	Aus der Menge der wertungsfähigen Angebote wird das Angebot mit der größten Gesamtleistungsstundenzahl bestimmt. Dieses Angebot erhält die volle Punktzahl von 10 Punkten. Wertungspunkte = Gesamtleistungsstunden / (größte Gesamtleistungsstundenanzahl) * 10 Punkte Gerechnet wird mit zwei Stellen hinter dem Komma, es findet das kaufmännische Runden Anwendung. **Beispiel:** Angebot A = 800 Gesamtleistungsstunden / 1.100 Gesamtleistungsstunden = 7,27 Punkte Angebot B = 900 Gesamtleistungsstunden / 1.100 Gesamtleistungsstunden = 8,18 Punkte Angebot C = 1.000 Gesamtleistungsstunden / 1.100 Gesamtleistungsstunden = 9,09 Punkte Angebot D = 1.050 Gesamtleistungsstunden / 1.100 Gesamtleistungsstunden = 9,55 Punkte Angebot E = 1.100 Gesamtleistungsstunden / 1.100 Gesamtleistungsstunden = 10,00 Punkte
2	Angebotspreis	60%		Der Angebotspreis (P) wird mit dem günstigsten Angebotspreis ($P_{billigst}$) ins Verhältnis gesetzt und mit 10 Punkten muliplizient. Angebotspunkte = ($P_{billigst}$ / P) • 10 Punkte Gerechnet wird mit zwei Stellen hinter dem Komma, es findet das kaufmännische Runden Anwendung. **Beispiel:** Angebot A: 100.000 Euro Angebotspreis Angebot B: 150.000 Euro Angebotspreis $Angebotspunkte_A$ = (100.000 € / 100.000 €) • 10 Punkte = 10 Punkte $Angebotspunkte_B$ = (100.000 € / 150.000 €) • 10 Punkte = 6,67 Punkte **Preisobergrenze:** Es wird eine Preisobergrenze von 255.000 Euro (inkl. MWSt.) festgesetzt. Angebote deren Angebotspreis über dieser Preisobergrenze liegen, werden von der Wertung ausgeschlossen.

Abbildung: Bewertungsmatrix mit der metrischen Bewertung der Gesamtleistungsstunden im Verhältnis zur höchsten Gesamtleistungsstundenzahl

8.4.11 Subjektive relative Bewertung mit einer nichtmetrischen Skala

Bei einer subjektiven relativen Bewertung mit einer nicht-metrischen Skala liegen die folgenden Eigenschaften vor:

- Bei einer subjektiven Bewertung kann das zu bewertende Kriterium nicht objektiv bewertet werden. Unterschiedliche Bewertungspersonen können zu unterschiedlichen Bewertungen kommen.
- Bei einer relativen Bewertung wird die Bewertung eines Angebots relativ zu einem Angebot, relativ zu mehreren Angeboten oder relativ zu einer Aggregation aus allen Angeboten vorgenommen. Durch die relative Bewertung besteht immer eine Abhängigkeit zu anderen zu bewertenden Angeboten, die zu Bewertungsverzerrungen führen kann.
- Bei einer nichtmetrischen Skala liegen nur wenige Wertungsstufen vor, sodass es zu deutlichen Bewertungsverzerrungen kommen kann.

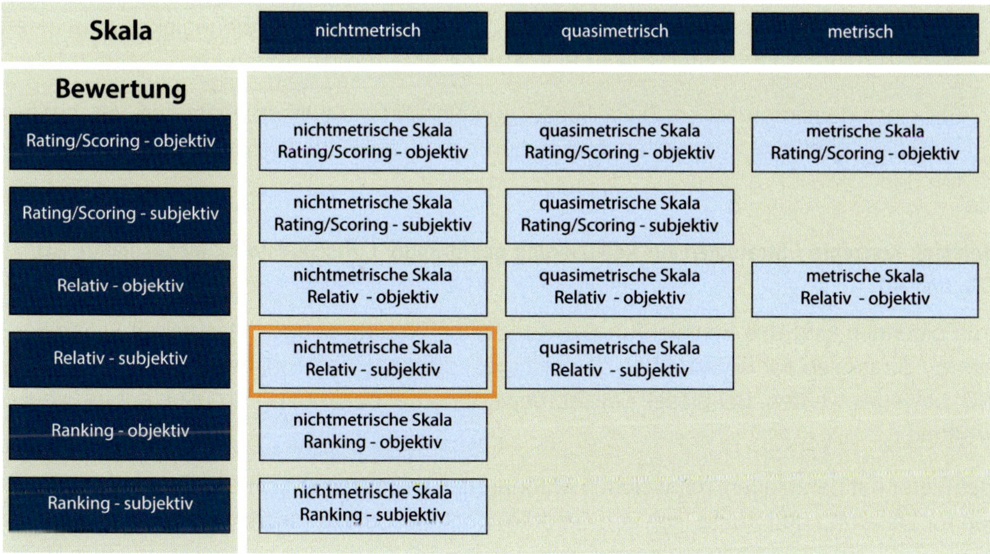

Abbildung: Subjektive relative Bewertung mit einer nichtmetrischen Skala

8.4.12 Subjektive relative Bewertung mit einer quasimetrischen Skala

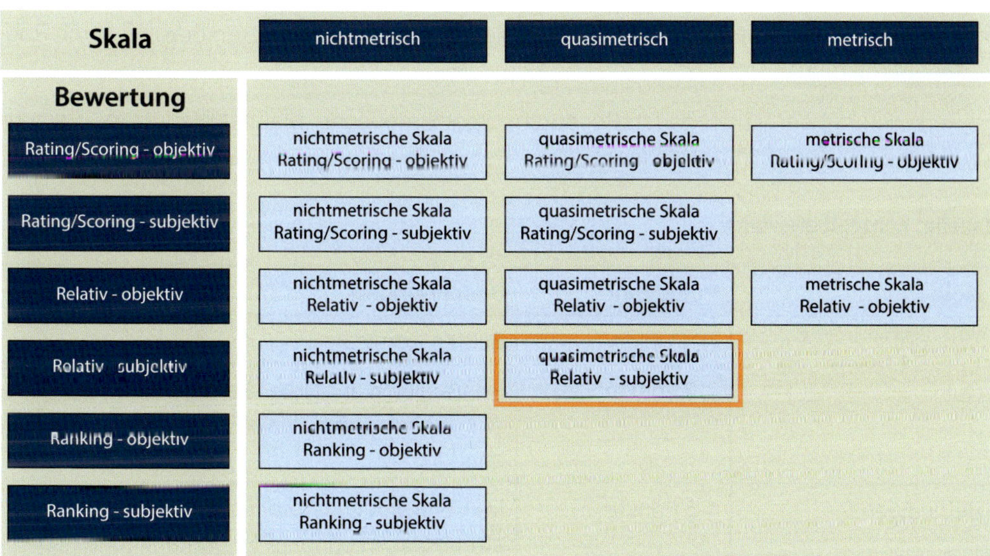

Abbildung: Subjektive relative Bewertung mit einer quasimetrischen Skala

Bei einer subjektiven relativen Bewertung mit einer quasimetrischen Skala liegen die folgenden Eigenschaften vor:

- Bei einer subjektiven Bewertung kann das zu bewertende Kriterium nicht objektiv bewertet werden. Unterschiedliche Bewertungspersonen können zu unterschiedlichen Bewertungen kommen.
- Bei einer relativen Bewertung wird die Bewertung eines Angebots relativ zu einem Angebot, relativ zu mehreren Angeboten oder relativ zu einer Aggregation aus allen Angeboten

vorgenommen. Durch die relative Bewertung besteht immer eine Abhängigkeit zu anderen zu bewertenden Angeboten, die zu Bewertungsverzerrungen führen kann.

- Bei einer quasimetrischen Skala liegen ausreichend viele Wertungsstufen vor, sodass man die eigentliche Rangstufenskala näherungsweise auch als metrische Skala betrachten darf.

Beispiel: Konzepte / Strategien zur Reduzierung gasförmiger Luftschadstoffe, insbesondere CO, CO_2 und NO_x

Im Folgenden wird das Beispiel für eine Konzeptbewertung betrachtet. Konkret sollen Konzepte / Strategien zur Reduzierung gasförmiger Luftschadstoffe, insbesondere CO, CO_2 und NO_x bewertet werden. Bei dieser Konzeptbewertung handelt es sich um eine subjektive Bewertung.

Der Bieter hat darzulegen, mit welchen Maßnahmen er bei seiner Leistungserbringung (Fahrten für Lieferung und Austausch von Geräten) gasförmige Luftschadstoffe reduziert.

Er hat dabei auf die folgenden Themen einzugehen:

- Reduzierung der Luftschadstoffe durch technische Maßnahmen (zum Beispiel emissionsarme oder emissionsfreie Fahrzeuge),
- Reduzierung der Luftschadstoffe durch logistische Maßnahmen (zum Beispiel durch Routenoptimierung),
- Reduzierung der Luftschadstoffe durch organisatorische Maßnahmen (zum Beispiel durch Kompensationszertifikate).

Tabelle: Konzeptbewertung

Note	Punktzahl	Beschreibung
Sehr gut	10 Punkte	Bestes Konzept
Gut	7-9 Punkte	Im Vergleich zur Note „Sehr gut" sind in Abstufungen nur minimale Einschränkungen vorhanden.
Befriedigend	4-6 Punkte	Im Vergleich zur Note „Sehr gut" sind in Abstufungen erkennbare Einschränkungen vorhanden
Ausreichend	1-3 Punkte	Im Vergleich zur Note „Sehr gut" sind in Abstufungen deutliche Einschränkungen vorhanden
Ungenügend	0	Es ist kein wirkliches Konzept, keine wirkliche Strategie zur Reduzierung gasförmiger Luftschadstoffe erkennbar. Dies führt zum Ausschluss.

Pos.	Kriterien	Gewichtung	Wertungspunkte
1	**Konzepte / Strategien zur Reduzierung gasförmiger Luftschadstoffe, insbesondere CO, CO_2 und NO_x**	40 %	Der Bieter hat darzulegen, mit welchen Maßnahmen er bei seiner Leistungserbringung (Fahrten für Lieferung und Austausch von Geräten) gasförmige Luftschadstoffe reduziert. Er hat dabei auf die folgenden Themen einzugehen: Reduzierung der Luftschadstoffe durch technische Maßnahmen (zum Beispiel emissionsarme oder emissionsfreie Fahrzeuge). Reduzierung der Luftschadstoffe durch logistische Maßnahmen (zum Beispiel durch Routenoptimierung). Reduzierung der Luftschadstoffe durch organisatorische Maßnahmen (zum Beispiel durch Kompensationszertifikate). **Sehr gut:** 10 Punkte Bestes Konzept **Gut:** 7 - 9 Punkte Im Vergleich zur Note "Sehr gut" sind in Abstufungen nur minimale Einschränkungen vorhanden. **Befriedigend:** 4 - 6 Punkte Im Vergleich zur Note "Sehr gut" sind in Abstufungen erkennbare Einschränkungen vorhanden **Ausreichend:** 1 - 3 Punkte Im Vergleich zur Note "Sehr gut" sind in Abstufungen deutliche Einschränkungen vorhanden **ungenügend:** 0 Punkte Es ist kein wirkliches Konzept, keine wirkliche Strategie zur Reduzierung gasförmiger Luftschadstoffe erkennbar **Dies führt zum Ausschluss.**
	. . .	. . .	. . .

Abbildung: Subjektive relative Bewertung mit einer quasimetrischen Skala

8.4.13 Objektives Ranking mit einer nichtmetrischen Skala

Skala / Bewertung	nichtmetrisch	quasimetrisch	metrisch
Rating/Scoring - objektiv	nichtmetrische Skala Rating/Scoring - objektiv	quasimetrische Skala Rating/Scoring - objektiv	metrische Skala Rating/Scoring - objektiv
Rating/Scoring - subjektiv	nichtmetrische Skala Rating/Scoring - subjektiv	quasimetrische Skala Rating/Scoring - subjektiv	
Relativ - objektiv	nichtmetrische Skala Relativ - objektiv	quasimetrische Skala Relativ - objektiv	metrische Skala Relativ - objektiv
Relativ - subjektiv	nichtmetrische Skala Relativ - subjektiv	quasimetrische Skala Relativ - subjektiv	
Ranking - objektiv	**nichtmetrische Skala Ranking - objektiv**		
Ranking - subjektiv	nichtmetrische Skala Ranking - subjektiv		

Abbildung: Objektives Ranking mit einer nichtmetrischen Skala

Bei einem Ranking mit einer objektiven Bewertung können die Angebote eindeutig und objektiv einer Rangkategorie zugeordnet werden. Ein Beispiel für ein Ranking mit objektiver Bewertung ist das Ranking des Angebotspreises.

Gleich vorweg, Angebotspreise liegen natürlicherweise bereits in einer metrischen Skala mit einem hohen Informationsgehalt vor. Wird statt der metrischen Skala eine Ordinalskala als Bewertungsmaßstab angesetzt, findet ein deutlicher Informationsverlust statt, der in der Regel zu einer deutlichen Verzerrung bei der Bewertung führt. In der Vergabepraxis findet man leider immer wieder solche unsinnigen und unnötigen Bewertungen. Das folgende Beispiel gehört damit zu der Kategorie *„So macht man es bitte auf keinen Fall"*.

Beispiel: Bewertung der Angebotspreise mittels eines objektiven Rankings

In der folgenden Bewertungsmatrix wird der Angebotspreis mittels eines Rankings in Preispunkte umgewandelt.

Pos.	Bewertungskriterien	Gewichtung	Wertungspunkte
1	Angebotspreis	60%	Das Angebot mit dem billigsten Angebotspreis erhält die maximale Punktzahl (= Anzahl der Angebote), das Angebot mit dem zweitbilligsten Angebotspreis erhält einen Punkt weniger als die maximale Punktzahl usw. **Beispiel**: Liegen drei Angebote A, B und C mit $\text{Angebotspreis}_A < \text{Angebotspreis}_B < \text{Angebotspreis}_C$ vor, dann erhalten die Angebote die folgenden Punktzahlen: Angebot A: 3 Punkte, Angebot B: 2 Punkte und Angebot C: 1 Punkt. Die erreichte Punktzahl wird mit dem Faktor 12 / (Anzahl der Angebote) multipliziert um die maximal erreichbare Punktzahl unabhängig von der Anzahl der zur wertenden Angebote auf 12 Punkte zu normieren. **Beispiel**: Angebot A: 3 Punkte • 12 / 3 = 12 Punkte, Angebot B: 2 Punkte • 12 / 3 = 8 Punkte, und Angebot C: 1 Punkt • 12 / 3 = 4 Punkte.
	...	...	...

Abbildung: Bewertungsmatrix mit Angebotspreis-Ranking mit objektiver Bewertung

Das Angebot mit dem günstigsten Angebotspreis erhält die maximale Punktzahl (= Anzahl der Angebote), das Angebot mit dem zweitgünstigsten Angebot erhält einen Punkt weniger als die maximale Punktzahl usw. Haben mehrere Angebote den gleichen Angebotspreis, dann erhalten diese Angebote die gleiche Punktzahl.

Die erreichte Punktzahl wird mit dem Faktor 12 / (Anzahl der Angebote) multipliziert, um die maximal erreichbare Punktzahl unabhängig von der Anzahl der zu wertenden Angebote auf 12 Punkte zu normieren.

Beispiel:

- Angebot A: 3 Punkte · 12 / 3 = 12 Punkte,
- Angebot B: 2 Punkte · 12 / 3 = 8 Punkte und
- Angebot C: 1 Punkt · 12 / 3 = 4 Punkte.

Durch die Ranking-Bewertung spielen die Preisabstände zwischen den Angeboten keinerlei Rolle. Die Information über die wirklichen Abstände zwischen den Angebotspreisen der verschiedenen Angebote wird durch die Anwendung der Ranking-Bewertung eliminiert.

Tabelle: Beispiel für ein Ranking der drei Angebote A, B und C

Angebot	Angebotspreis	Punktzahl aus dem Ranking	Normierung auf 12 Punkte
A	100.000 Euro	3 Punkte	12 Punkte
B	120.000 Euro	2 Punkte	8 Punkte
C	125.000 Euro	1 Punkt	4 Punkte

Angebot A ist das billigste Angebot der drei Angebote A, B, C und erhält nach der vorliegenden Vorschrift drei Punkte. Angebot B ist das zweitbilligste Angebot und erhält einen Punkt weniger als Angebot A. Angebot C ist das drittbilligste Angebot und erhält einen Punkt weniger als das zweitbilligste Angebot B.

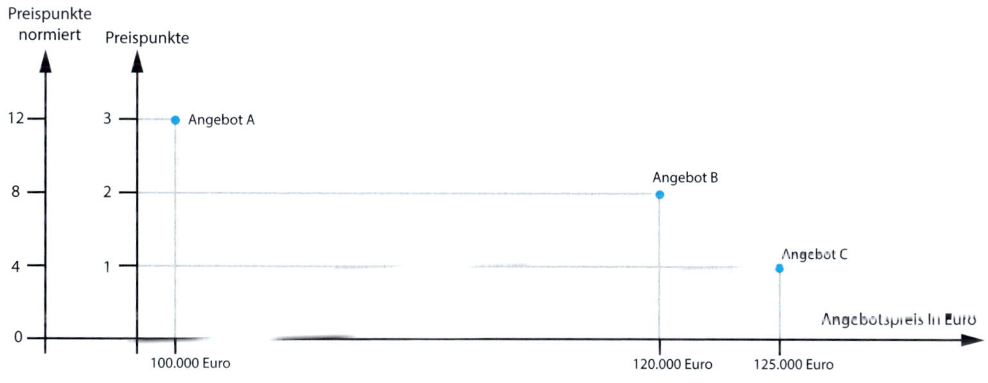

Abbildung: Wertungsdiagramm – Transformation der Euro-Angebotspreise (3 Angebote) in Preispunkte mittels Rankings mit objektiver Bewertung

Die Preisabstände zwischen den Angeboten spielen keinerlei Rolle. Auch sehr kleine Preisunterschiede zwischen den Angeboten führen zu den gleichen Punktbewertungen.

Tabelle: Beispiel für ein Ranking der drei Angebote A, B und C mit sehr kleinen Preisunterschieden

Angebot	Angebotspreis	Punktzahl aus dem Ranking	Normierung auf 12 Punkte
A	99.990 Euro	3 Punkte	12 Punkte
B	100.000 Euro	2 Punkte	8 Punkte
C	100.500 Euro	1 Punkt	4 Punkte

Darüber hinaus ist das relative Punkteverhältnis der Angebote von der Anzahl der wertbaren Angebote abhängig. Liegen nur zwei wertbare Angebote A und B vor und A ist das billigere Angebot von beiden, dann ergibt sich unabhängig von den Preisabständen zwischen den beiden Angeboten A und B die folgende Bewertung:

Tabelle: Beispiel für ein Ranking der zwei Angebote A und B mit einem sehr kleinen Preisunterschied

Angebot	Angebotspreis	Punktzahl aus dem Ranking	Normierung auf 12 Punkte
A	99.999 Euro	2 Punkte	12 Punkte
B	100.000 Euro	1 Punkt	6 Punkte

Obwohl der Angebotspreisunterschied zwischen den beiden Angeboten A und B nur einen Euro beträgt, beziehungsweise Angebot A im Vergleich zu Angebot B nur 0,01 Promille billiger ist, erhält das billigste Angebot A 100 % mehr Preispunkte als das zweitbilligste Angebot B. Auch bei sehr großen Angebotspreisunterschieden ergibt sich für die Angebotspreise die gleiche Punktzahl.

Tabelle: Beispiel für ein Ranking der zwei Angebote A, und B mit einem großen Preisunterschied

Angebot	Angebotspreis	Punktzahl aus dem Ranking	Normierung auf 12 Punkte
A	100.000 Euro	2 Punkte	12 Punkte
B	400.000 Euro	1 Punkt	6 Punkte

Bei sechs Angeboten erhält das billigste Angebot unabhängig vom Angebotspreisunterschied 20 % mehr Preispunkte als das zweitbilligste Angebot.

Tabelle: Beispiel für ein Ranking der sechs Angebote A, B, C, D, E und F

Angebot	Angebotspreis	Punktzahl aus dem Ranking	Normierung auf 12 Punkte
A	100.000 Euro	6 Punkte	12 Punkte
B	102.000 Euro	5 Punkte	10 Punkte

Angebot	**Angebotspreis**	**Punktzahl aus dem Ranking**	**Normierung auf 12 Punkte**
C	102.000 Euro	5 Punkte	10 Punkte
D	110.000 Euro	3 Punkte	6 Punkte
E	120.000 Euro	2 Punkte	4 Punkte
F	125.000 Euro	1 Punkt	2 Punkte

Angebot A ist das billigste Angebot der sechs Angebote A, B, C, D, E und F und erhält nach der vorliegenden Vorschrift sechs Punkte (normiert zwölf Punkte). Angebot B und Angebot C haben den gleichen zweitbilligsten Angebotspreis und erhalten beide als zweitbilligste Angebote einen Punkt weniger als Angebot A (normiert 10 Punkte). Angebot D ist das drittbilligste Angebot und erhält, da der zweite Rang durch zwei Angebote belegt wird, zwei Punkte weniger (3 Punkte – normiert 6 Punkte) als die zweitbilligsten Angebote B und C. Angebot E ist das viertbilligste Angebot und erhält einen Punkt weniger (2 Punkte – normiert 4 Punkte) als das drittbilligste Angebot D. Angebot F ist das teuerste Angebot und erhält damit einen Punkt (normiert 2 Punkte).

Die Preisabstände zwischen den Angeboten spielen keinerlei Rolle.

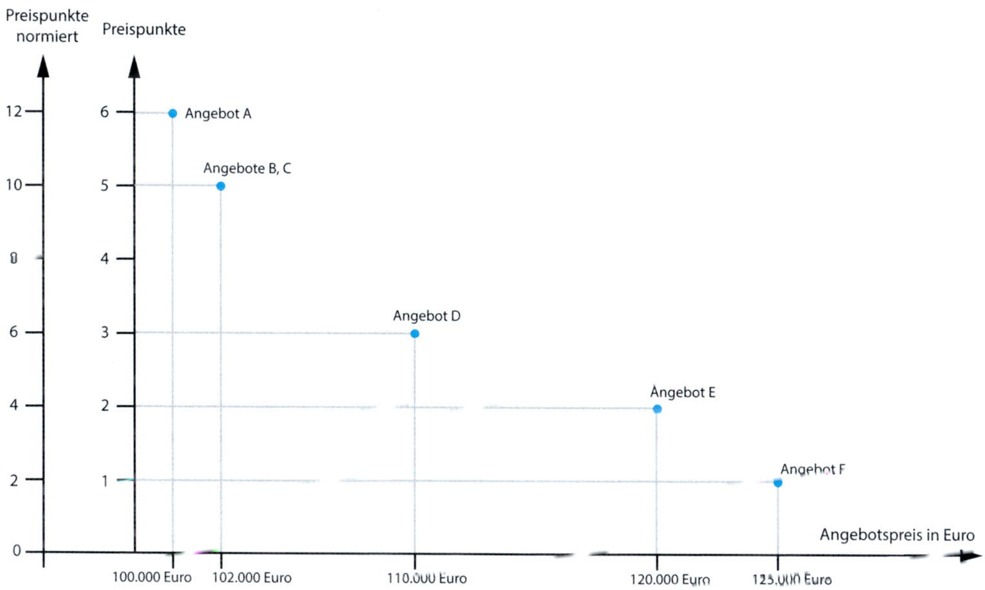

Abbildung: Transformation der Euro-Angebotspreise (5 Angebote) in Preispunkte mittels Rankings mit objektiver Bewertung

Betrachtet man die verschiedenen Anzahlen von wertbaren Angeboten, dann stellt man Folgendes fest: Der absolute Punkteabstand zwischen dem zweitbilligsten Angebot und dem billigsten Angebot beträgt zwar immer genau einen Punkt, betrachtet man allerdings das Verhältnis der Punktzahlen des billigsten Angebots zum zweitbilligsten Angebot, dann erkennt man die Abhängigkeit von der Anzahl der Angebote.

Tabelle: Verhältnis der Punktzahlen des billigsten Angebots zum zweitbilligsten Angebot

Anzahl Angebote	Verhältnis der Punktzahlen des billigsten Angebots zum zweitbilligsten Angebot	Billigstes Angebot erhält x% mehr Preispunkte als zweitbilligstes Angebot
2	2 / 1	100 %
3	3 / 2	50 %
4	4 / 3	33 %
5	5 / 4	25 %
6	6 / 5	20 %
7	7 / 6	17 %
8	8 / 7	14 %
9	9 / 8	12 %
10	10 / 9	11 %
...	...	...
21	21/20	5 %

Existieren nur zwei wertbare Angebote, erhält das billigste Angebot zwei Punkte und das zweitbilligste einen Punkt. Das billigste Angebot erhält also 100 % mehr Punkte als das zweitbilligste Angebot. Existieren dagegen zehn wertbare Angebote, erhält das billigste Angebot zehn Punkte und das zweitbilligste Angebot neun Punkte. Das billigste Angebot erhält also 11 % mehr Punkte als das zweitbilligste Angebot. Existieren 21 wertbare Angebote, erhält das billigste Angebot 21 Punkte und das zweitbilligste 20 Punkte. Das billigste Angebot erhält also 5 % mehr Punkte als das zweitbilligste Angebot.

In realen Situationen kann ein Preisunterschied von 0,01 Promille (99.999 Euro vs. 100.000 Euro) einen Unterschied bei der Preispunktzahl von 25 % ausmachen (4 Punkte versus 5 Punkte bei fünf Angeboten). Existieren nur zwei wertbare Angebote, vergrößert sich der Unterschied bei der Preispunktzahl auf 100 % (1 Punkt versus 2 Punkte bei zwei Angeboten).

Obwohl das Ranking des Angebotspreises eine objektive Bewertung darstellt, bei der die Angebotspreise eindeutig und objektiv einer Rangkategorie und damit einer Punktzahl zugeordnet werden, entstehen durch die Eliminierung der wahren Abstände der Angebotspreise sowie durch die Abhängigkeit von der Anzahl der Angebote bei der Bewertung erhebliche Bewertungsverzerrungen. Bei einer reinen Preisbewertung spielen diese Bewertungsverzerrungen keine Rolle. Bei Preis-Leistungs-Bewertungen spielen diese Bewertungsverzerrungen allerdings eine große Rolle und führen in der Regel zu einer deutlichen Gewichtungsverzerrung.

Generell lässt sich feststellen, dass Methoden, die den Angebotspreis durch ein Ranking in Preispunkte transformieren, bei Preis-Leistungs-Bewertungen keine Anwendung finden dürfen. Man kann dies auch verallgemeinern: Ein Kriterium, das von Natur aus metrisch bewertbar ist, ist immer auch mittels eines objektiven Rankings bewertbar. Durch die Bewertung mittels eines Rankings gehen aber wichtige Informationen über die Abstände und die Verhältnisse verloren und führen in der Regel zu Bewertungsverzerrungen.

Ein Zuschlagskriterium, das durch eine metrische Skala darstellbar ist, sollte nicht durch ein Ranking bewertet werden. Die einzige Ausnahme stellt das Ranking der Angebotskennzahlen oder Angebotsgesamtpunktzahlen dar. Denn an dieser Stelle interessiert die Rangstufe der Angebote, und es spielt keine Rolle, wie knapp das Angebot auf dem ersten Rang vom Zweitplatzierten entfernt ist.

8.4.14 Objektives Ranking mit einer quasimetrischen Skala

Ein objektives Ranking mit einer quasimetrischen Skala spielt in der Realität keine Rolle.

8.4.15 Objektives Ranking mit einer metrischen Skala

Ein Ranking mit einer metrischen Skala existiert nicht. Durch ein Ranking entsteht eine Ordinalskala (nichtmetrische Skala).

8.4.16 Subjektives Ranking mit einer nichtmetrischen Skala

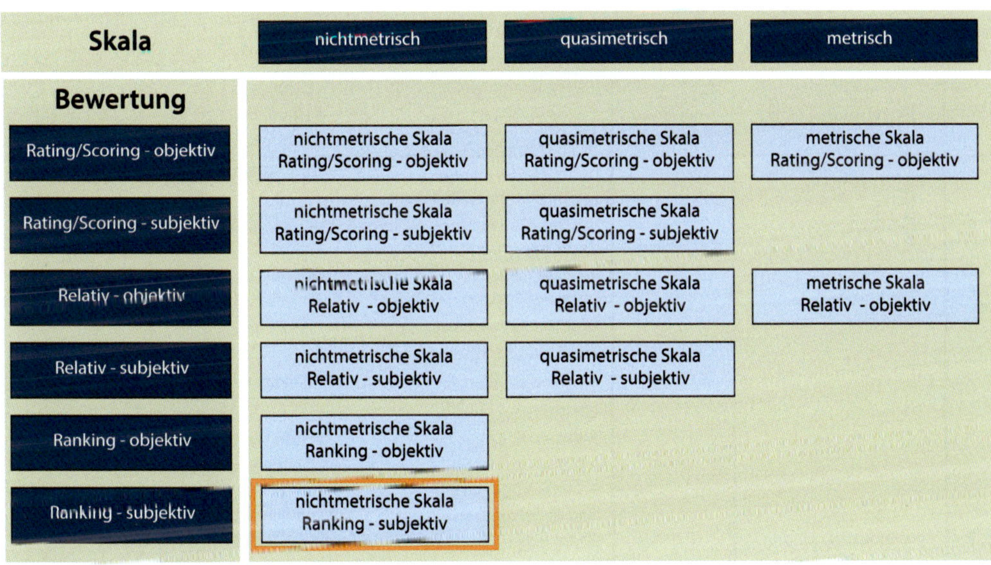

Abbildung: Subjektives Ranking mit einer nichtmetrischen Skala

Bei einem Ranking mit subjektiver Bewertung ist keine objektive Bewertung möglich. Die Angebote können nicht eindeutig einer Rangkategorie zugeordnet werden. Die Bewertung ist subjektiv und abhängig von der bewertenden Person.

Beispiel: Sensorische Bewertung von Lebensmitteln

Ein Beispiel für ein Ranking mit subjektiver Bewertung ist die sensorische Prüfung von Lebensmitteln basierend auf den Eindrücken der menschlichen Sinnesorgane wie zum Beispiel visuelle Eindrücke durch das Auge, olfaktorische Eindrücke durch die Nase, gustatorische Eindrücke durch Mund, Zunge, Gaumen und Rachen sowie haptische Eindrücke durch Berühren und Drücken.

Tabelle: Sensorische Bewertung von Lebensmitteln basierend auf den Eindrücken der menschlichen Sinnesorgane

Visuelle Eindrücke	Farbe, Form, Gestalt
Olfaktorische Eindrücke	Anfangsgeruch (erster Eindruck), Hauptgeruch (Grundgeruch), Nachgeruch (Ausklang)
Gustatorische Eindrücke	Geschmack
Haptische Eindrücke	Festigkeit

Im Folgenden soll bei einer Ausschreibung von Cateringleistungen das Essen einem Test unterzogen werden. Da es sich bei der sensorischen Bewertung des Essens basierend auf den Eindrücken der menschlichen Sinnesorgane um subjektive Bewertungen handelt, wird zur Objektivierung eine Gremienentscheidung vorgenommen. Die Bewertung der Testessen wird durch ein Gremium aus sieben Personen vorgenommen. Jedes Gremienmitglied führt eine unabhängige Bewertung der visuellen, olfaktorischen, gustatorischen sowie haptischen Eindrücke durch. Um die Einzelbewertungen zu aggregieren, wird aus den sieben unabhängigen Bewertungen das arithmetische Mittel der Punktzahl ermittelt.

Pos.	Bewertungskriterien	Gewichtung	Wertungspunkte
1	gustatorischer Eindruck	20%	Das Testessen mit dem besten Geschmack erhält die maximale Punktzahl (= Anzahl der Angebote), das Testessen mit dem zweitbesten Geschmack erhält einen Punkt weniger als die maximale Punktzahl usw. **Beispiel**: Liegen drei Testessen A, B und C mit Testessen A: bester Geschmack, Testessen B: zweitbester Geschmack, Testessen C: drittbester Geschmack, vor, dann erhalten die Testessen die folgenden Punktzahlen: Testessen A: 3 Punkte, Testessen B: 2 Punkte und Testessen C: 1 Punkt. Sind mehrere Testessen geschmacklich gleich gut (nicht unterscheidbar), dann erhalten diese Angebote die gleiche Punktzahl. **Beispiel**: Liegen fünf Testessen A, B, C, D und E mit Testessen A: bester Geschmack, Testessen B: zweitbester Geschmack, Testessen C: zweitbester Geschmack, Testessen D: drittbester Geschmack, Testessen E: viertbester Geschmack, vor, dann erhalten die Testessen die folgenden Punktzahlen: Testessen A: 5 Punkte, Testessen B: 4 Punkte, Testessen C: 4 Punkte, Testessen D: 3 Punkte, Testessen E: 2 Punkte.

Abbildung: Bewertungsmatrix mit subjektivem Ranking des Kriteriums Testessen

Betrachtet man das Unterkriterium gustatorischer Eindruck, dann erhält das Testessen mit dem besten Geschmack die maximale Punktzahl (= Anzahl der Angebote), das Testessen mit dem zweitbesten Geschmack erhält einen Punkt weniger als die maximale Punktzahl usw. Sind mehrere Testessen geschmacklich gleich gut (nicht unterscheidbar), dann erhalten diese Angebote die gleiche Punktzahl.

Tabelle: Beispiel für ein Ranking des gustatorischen Eindrucks der fünf Testessen A, B, C, D und E

Testessen	Gustatorischer Eindruck	Punktzahl aus dem Ranking	Normierung auf 12 Punkte
A	bester Geschmack	5 Punkte	12 Punkte
B	zweitbester Geschmack	4 Punkte	9,6 Punkte
C	zweitbester Geschmack	4 Punkte	9,6 Punkte
D	drittbester Geschmack	2 Punkte	4,8 Punkte
E	viertbester Geschmack	1 Punkt	2,4 Punkte

Testessen A hat den besten Geschmack der fünf Essen und erhält nach der vorliegenden Vorschrift fünf Punkte (normiert 12 Punkte). Testessen B und Testessen C haben den gleichen zweitbesten Geschmack und erhalten beide einen Punkt weniger als Testessen A (4 Punkte – normiert 9,6 Punkte). Sind mehrere Testessen geschmacklich gleich gut (nicht unterscheidbar), dann erhalten diese Angebote die gleiche Punktzahl. Die nächsten (N-1) Rangstufen (N = Anzahl der auf einer Rangstufe nicht unterscheidbaren Testessen) werden dann übersprungen. Das Testessen mit dem schlechtesten Geschmack erhält einen Punkt.

Testessen D erhält deshalb zwei Punkte weniger als die zweitbesten Testessen B und C (normiert 4,8 Punkte). Das Testessen E mit dem schlechtesten Geschmack erhält einen Punkt (normiert 2,4 Punkte).

8.4.17 Subjektives Ranking mit einer quasimetrischen Skala

Ein Ranking mit einer quasimetrischen Skala existiert nicht. Durch ein Ranking entsteht eine Ordinalskala (nichtmetrische Skala).

8.4.18 Subjektives Ranking mit einer metrischen Skala

Ein Ranking mit einer metrischen Skala existiert nicht. Durch ein Ranking entsteht eine Ordinalskala (nichtmetrische Skala).

8.5 Notenskalen mit ganzzahligen Werten

Möchte man Notenskalen mit ganzzahligen Werten verwenden, dann stellt sich die Frage, welche maximale Punktzahl ausgewählt werden sollte.

8.5.1 Punkteskalen mit ganzzahligen Wertungsstufen bis 3 Punkte

Wird die Zahl 3 als maximale Wertungspunktzahl ausgewählt, dann existieren nur zwei ganzzahlige Teiler, die Zahl 1 und die Zahl 3. Damit sind die folgenden ganzzahligen Wertungsstufen möglich.

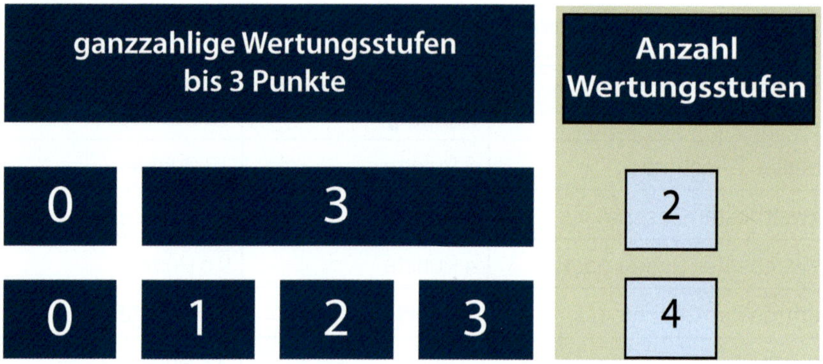

Abbildung: Punkteskalen mit ganzzahligen Wertungsstufen bis 3 Punkte

In einer Wertungsmatrix stellt sich das Ganze zum Beispiel wie folgt dar.

Pos.	Bewertungskriterien	Gewichtung	Wertungspunkte	
1	A	20%	**3 Punkte**	xxxx
			2 Punkte	xxxx
			1 Punkt	xxxx
			0 Punkte	xxxx
2	B	10%	**3 Punkt**	xxxx
			0 Punkte	xxxx
	. . .	. . .		. . .

Abbildung: Bewertungsmatrix mit Punkteskalen mit ganzzahligen Wertungsstufen bis 3 Punkte

Das Bewertungskriterium A kann vier verschiedene Wertungsstufen (3 Punkte, 2 Punkte, 1 Punkt, 0 Punkte) annehmen.

Das Bewertungskriterium B kann zwei verschiedene Wertungsstufen (3 Punkte, 0 Punkte) annehmen.

8.5.2 Punkteskalen mit ganzzahligen Wertungsstufen bis 4 Punkte

Wird die Zahl 4 als maximale Wertungspunktzahl ausgewählt, dann existieren drei ganzzahlige Teiler, die Zahl 1, die Zahl 2 und die Zahl 4. Damit sind die folgenden ganzzahligen Wertungsstufen möglich.

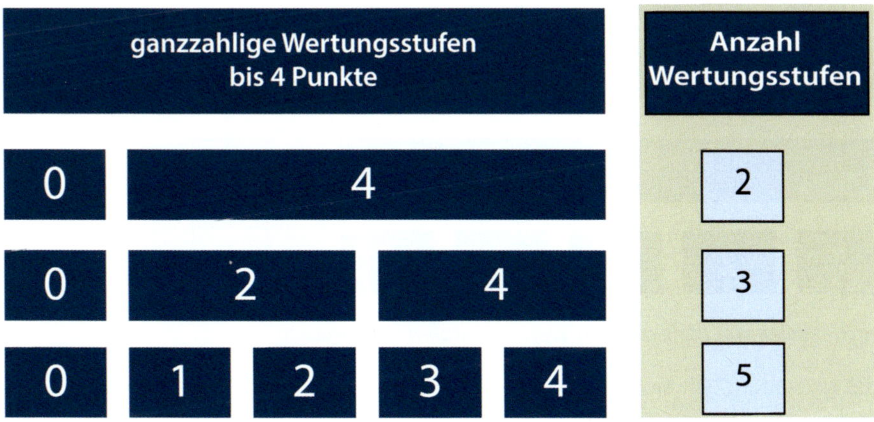

Abbildung: Punkteskalen mit ganzzahligen Wertungsstufen bis 4 Punkte

In einer Wertungsmatrix stellt sich das Ganze zum Beispiel wie folgt dar.

Pos.	Bewertungskriterien	Gewichtung	Wertungspunkte	
1	A	20%	**4 Punkte**	xxxx
			3 Punkte	xxxx
			2 Punkte	xxxx
			1 Punkte	xxxx
			0 Punkte	xxxx
2	B	10%	**4 Punkte**	xxxx
			2 Punkte	xxxx
			0 Punkte	xxxx
3	C	15%	**4 Punkte**	xxxx
			0 Punkte	xxxx
	. . .	. . .		. . .

Abbildung: Bewertungsmatrix mit Punkteskalen mit ganzzahligen Wertungsstufen bis 4 Punkte

Bewertungskriterium A kann fünf verschiedene Wertungsstufen (4 Punkte, 3 Punkte, 2 Punkte, 1 Punkt, 0 Punkte) annehmen.

Bewertungskriterium B kann drei verschiedene Wertungsstufen (4 Punkte, 2 Punkte, 0 Punkte) annehmen.

Bewertungskriterium C kann zwei verschiedene Wertungsstufen (4 Punkte, 0 Punkte) annehmen.

8.5.3 Punkteskalen mit ganzzahligen Wertungsstufen bis 5 Punkte

Wird die Zahl 5 als maximale Wertungspunktzahl ausgewählt, dann existieren nur zwei ganzzahlige Teiler, die Zahl 1 und die Zahl 5. Damit sind die folgenden ganzzahligen Wertungsstufen möglich.

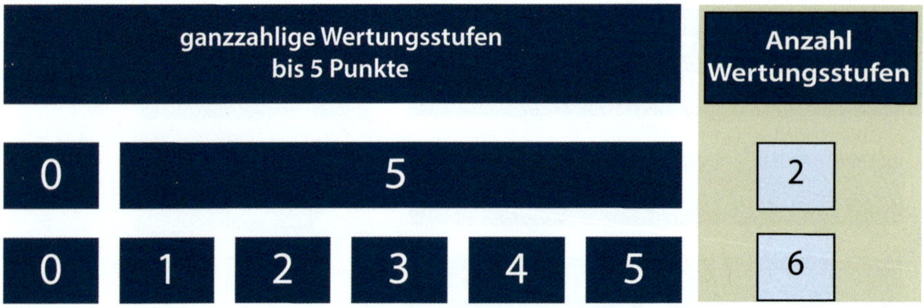

Abbildung: Punkteskalen mit ganzzahligen Wertungsstufen bis 5 Punkte

In einer Wertungsmatrix stellt sich das Ganze zum Beispiel wie folgt dar.

Pos.	Bewertungskriterien	Gewichtung	Wertungspunkte	
1	A	20%	5 Punkte	xxxx
			4 Punkte	xxxx
			3 Punkte	xxxx
			2 Punkte	xxxx
			1 Punkt	xxxx
			0 Punkte	xxxx
2	B	10%	5 Punkte	xxxx
			0 Punkte	xxxx
	. . .	. . .		. . .

Abbildung: Bewertungsmatrix mit Punkteskalen mit ganzzahligen Wertungsstufen bis 5 Punkte

Bewertungskriterium A kann sechs verschiedene Wertungsstufen (5 Punkte, 4 Punkte, 3 Punkte, 2 Punkte, 1 Punkt, 0 Punkte) annehmen.

Bewertungskriterium B kann zwei verschiedene Wertungsstufen (5 Punkte, 0 Punkte) annehmen.

8.5.4 Punkteskalen mit ganzzahligen Wertungsstufen bis 6 Punkte

Wird die Zahl 6 als maximale Wertungspunktzahl ausgewählt, dann existieren vier ganzzahlige Teiler, die Zahl 1, die Zahl 2, die Zahl 3 und die Zahl 6. Damit sind die folgenden ganzzahligen Wertungsstufen möglich.

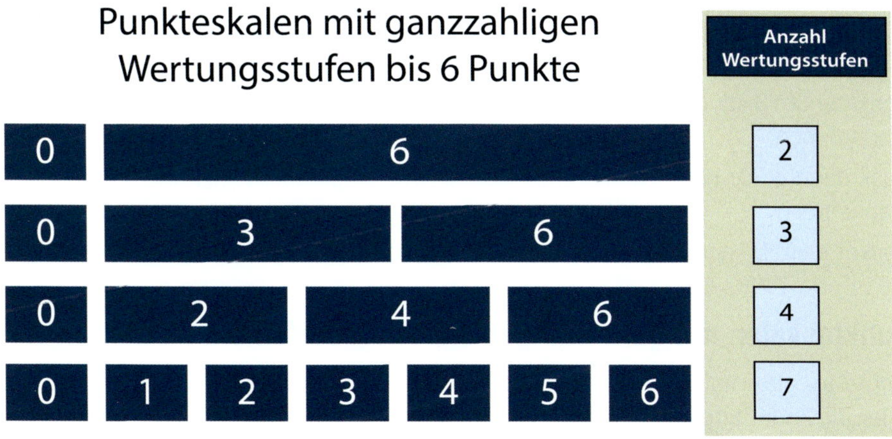

Abbildung: Punkteskalen mit ganzzahligen Wertungsstufen bis 6 Punkte

In einer Wertungsmatrix stellt sich das Ganze zum Beispiel wie folgt dar.

Pos.	Bewertungskriterien	Gewichtung	Wertungspunkte	
1	A	20%	**6 Punkte**	xxxx
			5 Punkte	xxxx
			4 Punkte	xxxx
			3 Punkte	xxxx
			2 Punkte	xxxx
			1 Punkt	xxxx
			0 Punkte	xxxx
2	B	10%	**6 Punkte**	xxxx
			4 Punkte	xxxx
			2 Punkte	xxxx
			0 Punkte	xxxx
3	C	25%	**6 Punkte**	xxxx
			3 Punkte	xxxx
			0 Punkte	xxxx
4	D	15%	**6 Punkte**	xxxx
			0 Punkte	xxxx
	. . .	. . .	. . .	

Abbildung: Bewertungsmatrix mit Punkteskalen mit ganzzahligen Wertungsstufen bis 6 Punkte

Bewertungskriterium A kann sieben verschiedene Wertungsstufen (6 Punkte, 5 Punkte, 4 Punkte, 3 Punkte, 2 Punkte, 1 Punkt, 0 Punkte) annehmen.

Bewertungskriterium B kann vier verschiedene Wertungsstufen (6 Punkte, 4 Punkte, 2 Punkte, 0 Punkte) annehmen.

Bewertungskriterium C kann drei verschiedene Wertungsstufen (6 Punkte, 3 Punkte, 0 Punkte) annehmen.

Bewertungskriterium D kann zwei verschiedene Wertungsstufen (6 Punkte, 0 Punkte) annehmen.

8.5.5 Punkteskalen mit ganzzahligen Wertungsstufen bis 7 Punkte

Wird die Zahl 7 als maximale Wertungspunktzahl ausgewählt, dann existieren nur zwei ganzzahlige Teiler, die Zahl 1 und die Zahl 7. Damit sind die folgenden ganzzahligen Wertungsstufen möglich.

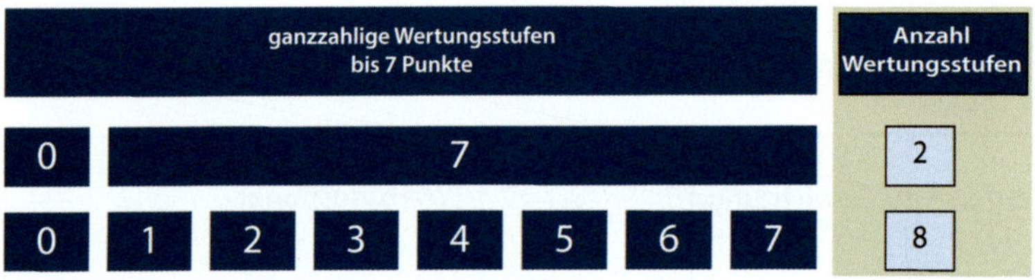

Abbildung: Punkteskalen mit ganzzahligen Wertungsstufen bis 7 Punkte

In einer Wertungsmatrix stellt sich das Ganze zum Beispiel wie folgt dar.

Pos.	Bewertungskriterien	Gewichtung	Wertungspunkte	
1	A	20%	**7 Punkte**	xxxx
			6 Punkte	xxxx
			5 Punkte	xxxx
			4 Punkte	xxxx
			3 Punkte	xxxx
			2 Punkte	xxxx
			1 Punkt	xxxx
			0 Punkte	xxxx
2	B	10%	**7 Punkte**	xxxx
			0 Punkte	xxxx
	. . .	. . .		. . .

Abbildung: Bewertungsmatrix mit Punkteskalen mit ganzzahligen Wertungsstufen bis 7 Punkte

Bewertungskriterium A kann acht verschiedene Wertungsstufen (7 Punkte, 6 Punkte, 5 Punkte, 4 Punkte, 3 Punkte, 2 Punkte, 1 Punkt, 0 Punkte) annehmen.

Bewertungskriterium B kann zwei verschiedene Wertungsstufen (7 Punkte, 0 Punkte) annehmen.

8.5.6 Punkteskalen mit ganzzahligen Wertungsstufen bis 8 Punkte

Wird die Zahl 8 als maximale Wertungspunktzahl ausgewählt, dann existieren vier ganzzahlige Teiler, die Zahl 1, die Zahl 2, die Zahl 4 und die Zahl 8. Damit sind die folgenden ganzzahligen Wertungsstufen möglich.

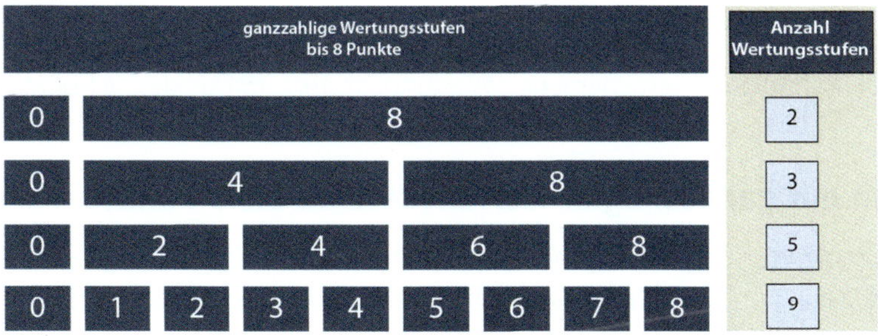

Abbildung: Punkteskalen mit ganzzahligen Wertungsstufen bis 8 Punkte

In einer Wertungsmatrix stellt sich das Ganze zum Beispiel wie folgt dar.

Pos.	Bewertungskriterien	Gewichtung	Wertungspunkte	
1	A	20%	8 Punkte	xxxx
			7 Punkte	xxxx
			6 Punkte	xxxx
			5 Punkte	xxxx
			4 Punkte	xxxx
			3 Punkte	xxxx
			2 Punkte	xxxx
			1 Punkt	xxxx
			0 Punkte	xxxx
2	B	10%	8 Punkte	xxxx
			6 Punkte	xxxx
			4 Punkte	xxxx
			2 Punkte	xxxx
			0 Punkte	xxxx
3	C	15%	8 Punkte	xxxx
			0 Punkte	xxxx
4	D	25%	8 Punkte	xxxx
			4 Punkte	xxxx
			0 Punkte	xxxx
	. . .	. . .		. . .

Abbildung: Bewertungsmatrix mit Punkteskalen mit ganzzahligen Wertungsstufen bis 8 Punkte

Bewertungskriterium A kann neun verschiedene Wertungsstufen (8 Punkte, 7 Punkte, 6 Punkte, 5 Punkte, 4 Punkte, 3 Punkte, 2 Punkte, 1 Punkt, 0 Punkte) annehmen.

Bewertungskriterium B kann fünf verschiedene Wertungsstufen (8 Punkte, 6 Punkte, 4 Punkte, 2 Punkte, 0 Punkte) annehmen.

Bewertungskriterium C kann zwei verschiedene Wertungsstufen (8 Punkte, 0 Punkte) annehmen.

Bewertungskriterium D kann drei verschiedene Wertungsstufen (8 Punkte, 4 Punkte, 0 Punkte) annehmen.

8.5.7 Punkteskalen mit ganzzahligen Wertungsstufen bis 9 Punkte

Wird die Zahl 9 als maximale Wertungspunktzahl ausgewählt, dann existieren drei ganzzahlige Teiler, die Zahl 1, die Zahl 3 und die Zahl 9. Damit sind die folgenden ganzzahligen Wertungsstufen möglich.

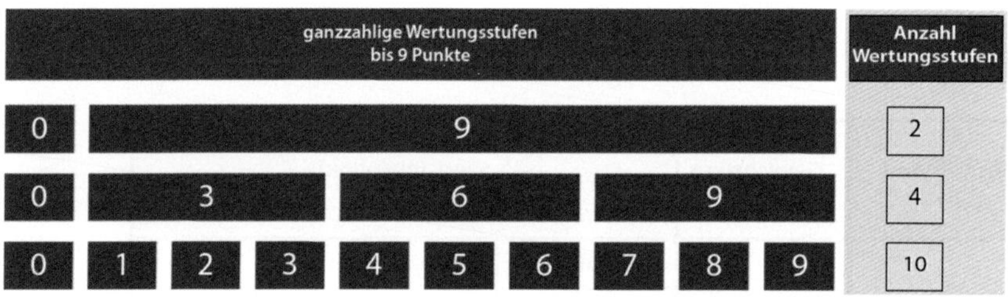

Abbildung: Punkteskalen mit ganzzahligen Wertungsstufen bis 9 Punkte

Pos.	Bewertungskriterien	Gewichtung	Wertungspunkte	
1	A	20%	9 Punkte	xxxx
			8 Punkte	xxxx
			7 Punkte	xxxx
			6 Punkte	xxxx
			5 Punkte	xxxx
			4 Punkte	xxxx
			3 Punkte	xxxx
			2 Punkte	xxxx
			1 Punkt	xxxx
			0 Punkte	xxxx
2	B	10%	9 Punkte	xxxx
			6 Punkte	xxxx
			3 Punkte	xxxx
			0 Punkte	xxxx
3	C	15%	9 Punkte	xxxx
			0 Punkte	xxxx
	• • •	• • •	• • •	

Abbildung: Bewertungsmatrix mit Punkteskalen mit ganzzahligen Wertungsstufen bis 9 Punkte

Bewertungskriterium A kann zehn verschiedene Wertungsstufen (9 Punkte, 8 Punkte, 7 Punkte, 6 Punkte, 5 Punkte, 4 Punkte, 3 Punkte, 2 Punkte, 1 Punkt, 0 Punkte) annehmen.

Bewertungskriterium B kann vier verschiedene Wertungsstufen (9 Punkte, 6 Punkte, 3 Punkte, 0 Punkte) annehmen.

Bewertungskriterium C kann zwei verschiedene Wertungsstufen (9 Punkte, 0 Punkte) annehmen.

8.5.8 Punkteskalen mit ganzzahligen Wertungsstufen bis 10 Punkte

Wird die Zahl 10 als maximale Wertungspunktzahl ausgewählt, dann existieren vier ganzzahlige Teiler, die Zahl 1, die Zahl 2, die Zahl 5 und die Zahl 10. Damit sind die folgenden ganzzahligen Wertungsstufen möglich.

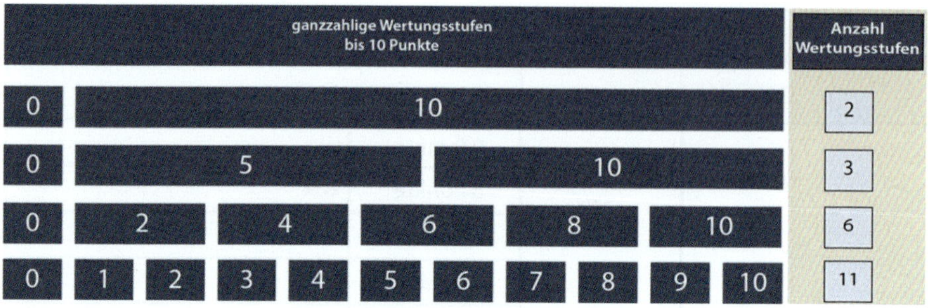

Abbildung: Punkteskalen mit ganzzahligen Wertungsstufen bis 10 Punkte

In einer Wertungsmatrix stellt sich das Ganze zum Beispiel wie folgt dar.

Pos.	Bewertungskriterien	Gewichtung	Wertungspunkte	
1	A	20%	10 Punkte	xxxx
			9 Punkte	xxxx
			8 Punkte	xxxx
			7 Punkte	xxxx
			6 Punkte	xxxx
			5 Punkte	xxxx
			4 Punkte	xxxx
			3 Punkte	xxxx
			2 Punkte	xxxx
			1 Punkt	xxxx
			0 Punkte	xxxx
2	B	10%	10 Punkte	xxxx
			5 Punkte	xxxx
			0 Punkte	xxxx
3	C	15%	10 Punkte	xxxx
			0 Punkte	xxxx
4	D	25%	10 Punkte	xxxx
			8 Punkte	xxxx
			6 Punkte	xxxx
			4 Punkte	xxxx
			2 Punkte	xxxx
			0 Punkte	xxxx
	• • •	• • •		• • •

Abbildung: Bewertungsmatrix mit Punkteskalen mit ganzzahligen Wertungsstufen bis 10 Punkte

Bewertungskriterium A kann elf verschiedene Wertungsstufen (10 Punkte, 9 Punkte, 8 Punkte, 7 Punkte, 6 Punkte, 5 Punkte, 4 Punkte, 3 Punkte, 2 Punkte, 1 Punkt, 0 Punkte) annehmen.

Bewertungskriterium B kann drei verschiedene Wertungsstufen (10 Punkte, 5 Punkte, 0 Punkte) annehmen.

Bewertungskriterium C kann zwei verschiedene Wertungsstufen (10 Punkte, 0 Punkte) annehmen.

Bewertungskriterium D kann sechs verschiedene Wertungsstufen (10 Punkte, 8 Punkte, 6 Punkte, 4 Punkte, 2 Punkte, 0 Punkte) annehmen.

8.5.9 Punkteskalen mit ganzzahligen Wertungsstufen bis 12 Punkte

Wird die Zahl 12 als maximale Wertungspunktzahl ausgewählt, dann existieren sechs ganzzahlige Teiler, die Zahl 1, die Zahl 2, die Zahl 3, die Zahl 4, die Zahl 6 und die Zahl 12. Damit sind die folgenden ganzzahligen Wertungsstufen möglich

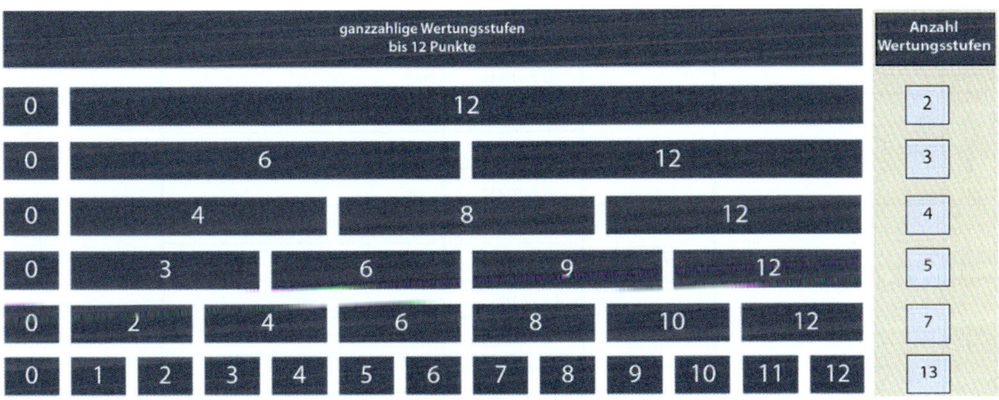

Abbildung: Punkteskalen mit ganzzahligen Wertungsstufen bis 12 Punkte

In einer Wertungsmatrix stellt sich das Ganze zum Beispiel wie folgt dar.

Pos.	Bewertungskriterien	Gewichtung	Wertungspunkte	
1	A	15%	12 Punkte	xxxx
			11 Punkte	xxxx
			10 Punkte	xxxx
			9 Punkte	xxxx
			8 Punkte	xxxx
			7 Punkte	xxxx
			6 Punkte	xxxx
			5 Punkte	xxxx
			4 Punkte	xxxx
			3 Punkte	xxxx
			2 Punkte	xxxx
			1 Punkt	xxxx
			0 Punkte	xxxx
2	B	5%	12 Punkte	xxxx
			6 Punkte	xxxx
			0 Punkte	xxxx
3	C	10%	12 Punkte	xxxx
			0 Punkte	xxxx
4	D	10%	12 Punkte	xxxx
			8 Punkte	xxxx
			4 Punkte	xxxx
			0 Punkte	xxxx
5	E	10%	12 Punkte	xxxx
			10 Punkte	xxxx
			8 Punkte	xxxx
			6 Punkte	xxxx
			4 Punkte	xxxx
			2 Punkte	xxxx
			0 Punkte	xxxx
6	F	10%	12 Punkte	xxxx
			9 Punkte	xxxx
			6 Punkte	xxxx
			3 Punkte	xxxx
			0 Punkte	xxxx
	. . .	. . .		. . .

Abbildung: Bewertungsmatrix mit Punkteskalen mit ganzzahligen Wertungsstufen bis 12 Punkte

Bewertungskriterium A kann dreizehn verschiedene Wertungsstufen (12 Punkte, 11 Punkte, 10 Punkte, 9 Punkte, 8 Punkte, 7 Punkte, 6 Punkte, 5 Punkte, 4 Punkte, 3 Punkte, 2 Punkte, 1 Punkt, 0 Punkte) annehmen.

Bewertungskriterium B kann drei verschiedene Wertungsstufen (12 Punkte, 6 Punkte, 0 Punkte) annehmen.

Bewertungskriterium C kann zwei verschiedene Wertungsstufen (12 Punkte, 0 Punkte) annehmen.

Bewertungskriterium D kann vier verschiedene Wertungsstufen (12 Punkte, 8 Punkte, 4 Punkte, 0 Punkte) annehmen.

Bewertungskriterium E kann sieben verschiedene Wertungsstufen (12 Punkte, 10 Punkte, 8 Punkte, 6 Punkte, 4 Punkte, 2 Punkte, 0 Punkte) annehmen.

Bewertungskriterium F kann fünf verschiedene Wertungsstufen (12 Punkte, 9 Punkte, 6 Punkte, 3 Punkte, 0 Punkte) annehmen.

8.5.10 Punkteskalen mit ganzzahligen Wertungsstufen bis 15 Punkte

Wird die Zahl 15 als maximale Wertungspunktzahl ausgewählt, dann existieren vier ganzzahlige Teiler, die Zahl 1, die Zahl 3, die Zahl 5 und die Zahl 15. Damit sind die folgenden ganzzahligen Wertungsstufen möglich.

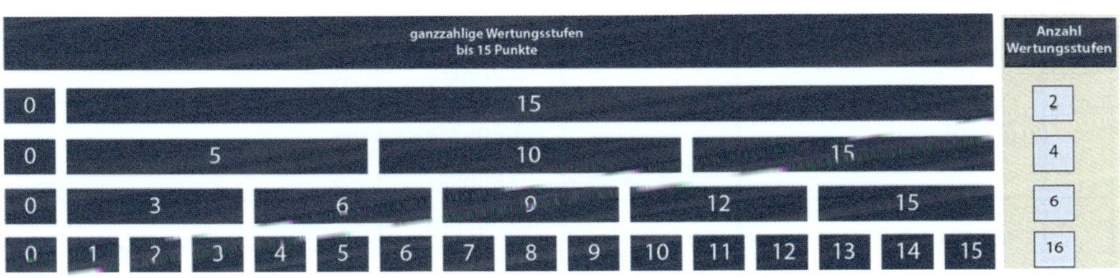

Abbildung: Punkteskalen mit ganzzahligen Wertungsstufen bis 15 Punkte

In einer Wertungsmatrix stellt sich das Ganze zum Beispiel wie folgt dar.

Pos.	Bewertungskriterien	Gewichtung	Wertungspunkte	
1	A	15%	15 Punkte	xxxx
			14 Punkte	xxxx
			13 Punkte	xxxx
			12 Punkte	xxxx
			11 Punkte	xxxx
			10 Punkte	xxxx
			9 Punkte	xxxx
			8 Punkte	xxxx
			7 Punkte	xxxx
			6 Punkte	xxxx
			5 Punkte	xxxx
			4 Punkt	xxxx
			3 Punkte	xxxx
			2 Punkte	xxxx
			1 Punkte	xxxx
			0 Punkte	xxxx
2	B	10%	15 Punkte	xxxx
			0 Punkte	xxxx
3	C	10%	15 Punkte	xxxx
			10 Punkte	xxxx
			5 Punkte	xxxx
			0 Punkte	xxxx
4	D	10%	15 Punkte	xxxx
			12 Punkte	xxxx
			9 Punkte	xxxx
			6 Punkte	xxxx
			3 Punkte	xxxx
			0 Punkte	xxxx
	. . .	. . .		. . .

Abbildung: Bewertungsmatrix mit Punkteskalen mit ganzzahligen Wertungsstufen bis 15 Punkte

Bewertungskriterium A kann sechzehn verschiedene Wertungsstufen (15 Punkte, 14 Punkte, 13 Punkte,12 Punkte, 11 Punkte, 10 Punkte, 9 Punkte, 8 Punkte, 7 Punkte, 6 Punkte, 5 Punkte, 4 Punkte, 3 Punkte, 2 Punkte, 1 Punkt, 0 Punkte) annehmen.

Bewertungskriterium B kann zwei verschiedene Wertungsstufen (15 Punkte, 0 Punkte) annehmen.

Bewertungskriterium C kann vier verschiedene Wertungsstufen (15 Punkte, 10 Punkte, 5 Punkte, 0 Punkte) annehmen.

Bewertungskriterium D kann sechs verschiedene Wertungsstufen (15 Punkte, 12 Punkte, 9 Punkte, 6 Punkte, 3 Punkte, 0 Punkte) annehmen.

8.5.11 Punkteskalen mit ganzzahligen Wertungsstufen bis 60 Punkte

Wird die Zahl 60 als maximale Wertungspunktzahl ausgewählt, dann existieren zwölf ganzzahlige Teiler, die Zahl 1, die Zahl 2, die Zahl 3, die Zahl 4, die Zahl 5, die Zahl 6, die Zahl 10, die Zahl 12, die Zahl 15, die Zahl 20, die Zahl 30 und die Zahl 60. Damit sind die folgenden ganzzahligen Wertungsstufen möglich.

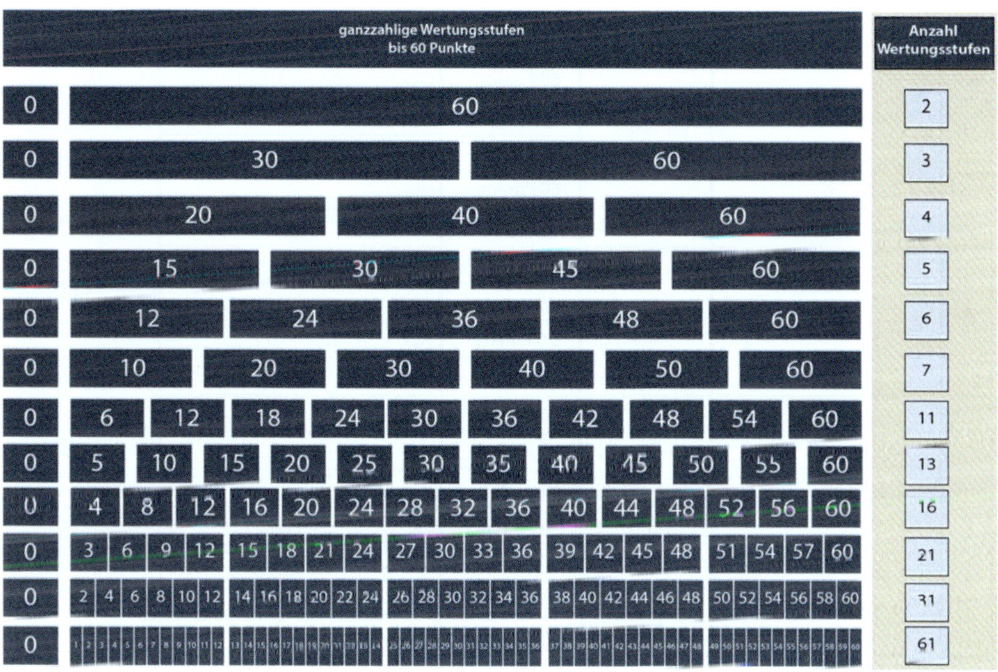

Abbildung: Punkteskalen mit ganzzahligen Wertungsstufen bis 60 Punkte

In einer Wertungsmatrix stellt sich das Ganze zum Beispiel wie folgt dar.

Pos.	Bewertungskriterien	Gewichtung	Wertungspunkte	
1	A	20%	60 Punkte	xxxx
			55 Punkte	xxxx
			50 Punkte	xxxx
			45 Punkte	xxxx
			40 Punkte	xxxx
			35 Punkte	xxxx
			30 Punkte	xxxx
			25 Punkte	xxxx
			20 Punkte	xxxx
			15 Punkte	xxxx
			10 Punkte	xxxx
			5 Punkt	xxxx
			0 Punkte	xxxx
2	B	5%	60 Punkte	xxxx
			30 Punkte	xxxx
			0 Punkte	xxxx
3	C	5%	60 Punkte	xxxx
			0 Punkte	xxxx
4	D	5%	60 Punkte	xxxx
			40 Punkte	xxxx
			20 Punkte	xxxx
			0 Punkte	xxxx
5	E	5%	60 Punkte	xxxx
			50 Punkte	xxxx
			40 Punkte	xxxx
			30 Punkte	xxxx
			20 Punkte	xxxx
			10 Punkte	xxxx
			0 Punkte	xxxx
6	F	5%	60 Punkte	xxxx
			45 Punkte	xxxx
			30 Punkte	xxxx
			15 Punkte	xxxx
			0 Punkte	xxxx
	. . .	. . .		. . .

Abbildung: Bewertungsmatrix mit Punkteskalen mit ganzzahligen Wertungsstufen bis 60 Punkte, Teil I

Bewertungskriterium A kann dreizehn verschiedene Wertungsstufen (60 Punkte, 55 Punkte, 50 Punkte, 45 Punkte, 45 Punkte, 40 Punkte, ..., 5 Punkte, 0 Punkte) annehmen.

Bewertungskriterium B kann drei verschiedene Wertungsstufen (60 Punkte, 30 Punkte, 0 Punkte) annehmen.

Bewertungskriterium C kann zwei verschiedene Wertungsstufen (60 Punkte, 0 Punkte) annehmen.

Bewertungskriterium D kann vier verschiedene Wertungsstufen (60 Punkte, 40 Punkte, 20 Punkte, 0 Punkte) annehmen.

Bewertungskriterium E kann sieben verschiedene Wertungsstufen (60 Punkte, 50 Punkte, 40 Punkte, 30 Punkte, 20 Punkte, 10 Punkte, 0 Punkte) annehmen.

Bewertungskriterium F kann sechs verschiedene Wertungsstufen (60 Punkte, 45 Punkte, 30 Punkte, 15 Punkte, 0 Punkte) annehmen.

Pos.	**Bewertungskriterien**	**Gewichtung**	**Wertungspunkte**	
7	G	15%	**60 Punkte**	xxxx
			56 Punkte	xxxx
			52 Punkte	xxxx
			48 Punkte	xxxx
			44 Punkte	xxxx
			40 Punkte	xxxx
			36 Punkte	xxxx
			32 Punkte	xxxx
			28 Punkte	xxxx
			24 Punkte	xxxx
			20 Punkte	xxxx
			16 Punkte	xxxx
			12 Punkte	xxxx
			8 Punkte	xxxx
			4 Punkte	xxxx
			0 Punkte	xxxx
8	H	10%	**60 Punkte**	xxxx
			48 Punkte	xxxx
			36 Punkte	xxxx
			24 Punkte	xxxx
			12 Punkte	xxxx
			0 Punkte	xxxx
	• • •	• • •		• • •

Abbildung: Bewertungsmatrix mit Punkteskalen mit ganzzahligen Wertungsstufen bis 60 Punkte, Teil II

Bewertungskriterium G kann sechzehn verschiedene Wertungsstufen (60 Punkte, 56 Punkte, 52 Punkte, 48 Punkte, 44 Punkte, 40 Punkte, 36 Punkte, 32 Punkte, 28 Punkte, 24 Punkte, 20 Punkte, 16 Punkte, 12 Punkte, 8 Punkte, 4 Punkt, 0 Punkte) annehmen.

Bewertungskriterium H kann sechs verschiedene Wertungsstufen (60 Punkte, 48 Punkte, 36 Punkte, 24 Punkte, 12 Punkte, 0 Punkte) annehmen.

Pos.	Bewertungskriterien	Gewichtung	Wertungspunkte	
9	I	5%	60 Punkte	xxxx
			54 Punkte	xxxx
			48 Punkte	xxxx
			42 Punkte	xxxx
			36 Punkte	xxxx
			30 Punkte	xxxx
			24 Punkte	xxxx
			18 Punkte	xxxx
			12 Punkte	xxxx
			6 Punkt	xxxx
			0 Punkte	xxxx
10	J	10%	60 Punkte	xxxx
			57 Punkte	xxxx
			54 Punkte	xxxx
			51 Punkte	xxxx
			...	...
			15 Punkte	xxxx
			12 Punkte	xxxx
			9 Punkte	xxxx
			6 Punkte	xxxx
			3 Punkte	xxxx
			0 Punkte	xxxx
	...	...		...

Abbildung: Bewertungsmatrix mit Punkteskalen mit ganzzahligen Wertungsstufen bis 60 Punkte, Teil III

Bewertungskriterium I kann elf verschiedene Wertungsstufen (60 Punkte, 54 Punkte, 48 Punkte, 42 Punkte, 36 Punkte, 30 Punkte, 24 Punkte, 18 Punkte, 12 Punkte, 6 Punkte, 0 Punkte) annehmen.

Bewertungskriterium J kann 21 verschiedene Wertungsstufen (60 Punkte, 57 Punkte, 54 Punkte, ..., 6 Punkte, 3 Punkte, 0 Punkte) annehmen.

Pos.	Bewertungskriterien	Gewichtung	Wertungspunkte	
11	K	5%	60 Punkte	xxxx
			58 Punkte	xxxx
			56 Punkte	xxxx
			54 Punkte	xxxx
			...	...
			10 Punkte	xxxx
			8 Punkte	xxxx
			6 Punkte	xxxx
			4 Punkte	xxxx
			2 Punkt	xxxx
			0 Punkte	xxxx
12	L	10%	60 Punkte	xxxx
			59 Punkte	xxxx
			58 Punkte	xxxx
			57 Punkte	xxxx
			...	...
			5 Punkte	xxxx
			4 Punkte	xxxx
			3 Punkte	xxxx
			2 Punkte	xxxx
			1 Punkte	xxxx
			0 Punkte	xxxx
	...	...	...	

Abbildung: Bewertungsmatrix mit Punkteskalen mit ganzzahligen Wertungsstufen bis 60 Punkte, Teil IV

Bewertungskriterium K kann 31 verschiedene Wertungsstufen (60 Punkte, 58 Punkte, 56 Punkte, ..., 4 Punkte, 2 Punkte, 0 Punkte) annehmen.

Bewertungskriterium L kann 61 verschiedene Wertungsstufen (60 Punkte, 59 Punkte, 58 Punkte, ..., 3 Punkte, 2 Punkte, 1 Punkt, 0 Punkte) annehmen.

8.5.12 Punkteskalen mit ganzzahligen Wertungsstufen bis 100 Punkte

Wird die Zahl 100 als maximale Wertungspunktzahl ausgewählt, dann existieren neun ganzzahlige Teiler, die Zahl 1, die Zahl 2, die Zahl 4, die Zahl 5, die Zahl 10, die Zahl die Zahl 20, die Zahl 25, die Zahl 50 und die Zahl 100. Damit sind die folgenden ganzzahligen Wertungsstufen möglich.

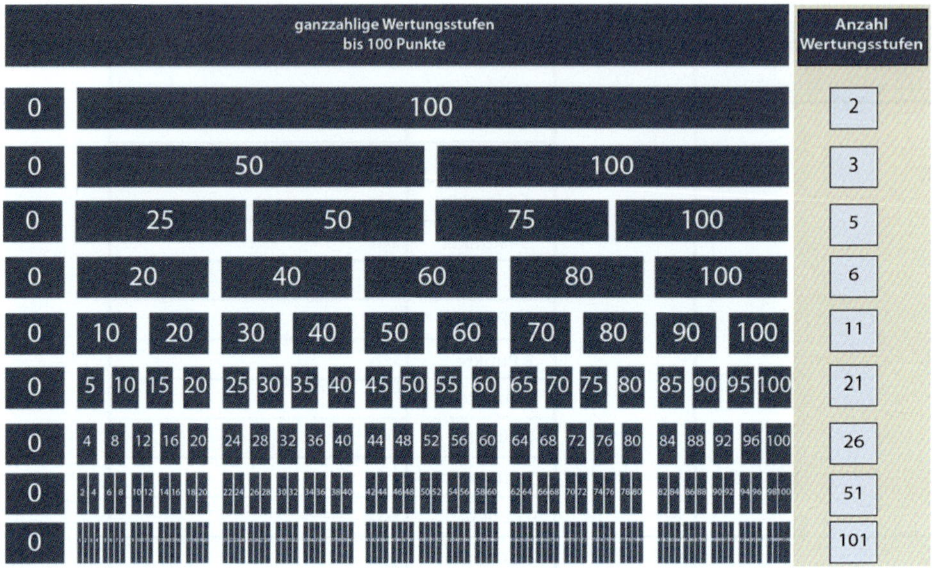

Abbildung: Punkteskalen mit ganzzahligen Wertungsstufen bis 100 Punkte

8.6 Punkteskalen mit rationalen Wertungsstufen bis 1 Punkt

Bei rationalen Wertungsstufen können alle Bruchzahlen Anwendung finden. Dieses Punktesystem stellt die flexibelste Form dar, um eine beliebige Anzahl von Wertungsstufen zu kombinieren. Im Folgenden ist die Zahl 1 als maximale Wertungspunktzahl ausgewählt worden.

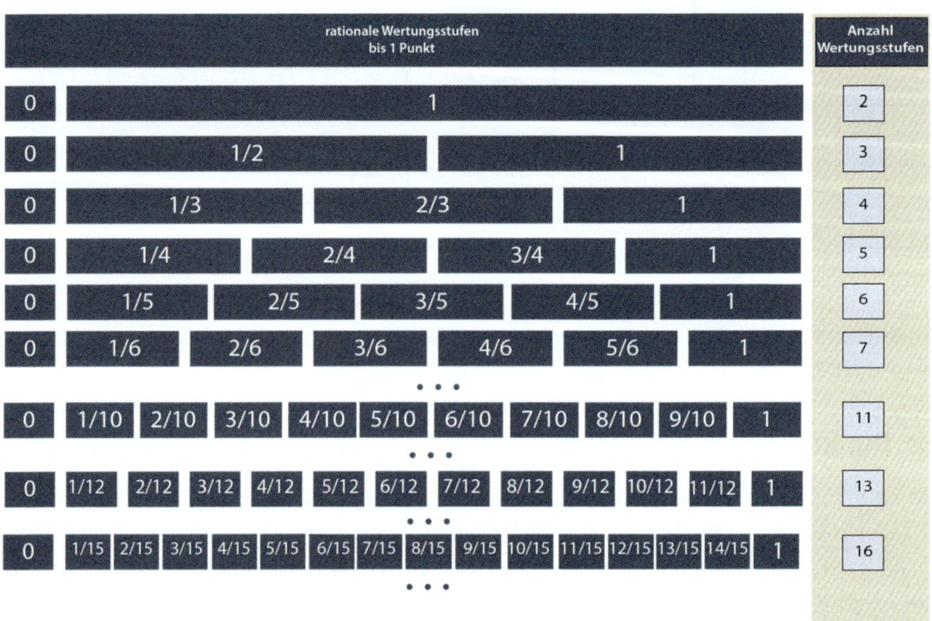

Abbildung: Punkteskalen mit rationalen Wertungsstufen bis 1 Punkt

In einer Wertungsmatrix stellt sich das Ganze zum Beispiel wie folgt dar.

Pos.	Bewertungskriterien	Gewichtung	Wertungspunkte	
1	A	15%	**1 Punkt**	xxxx
			11/12 Punkte	xxxx
			10/12 Punkte	xxxx
			9/12 Punkte	xxxx
			8/12 Punkte	xxxx
			7/12 Punkte	xxxx
			6/12 Punkte	xxxx
			5/12 Punkte	xxxx
			4/12 Punkte	xxxx
			3/12 Punkte	xxxx
			2/12 Punkte	xxxx
			1/12 Punkt	xxxx
			0 Punkte	xxxx
2	B	5%	**1 Punkt**	xxxx
			1/2 Punkte	xxxx
			0 Punkte	xxxx
3	C	10%	**1 Punkt**	xxxx
			0 Punkte	xxxx
4	D	10%	**1 Punkt**	xxxx
			2/3 Punkte	xxxx
			1/3 Punkte	xxxx
			0 Punkte	xxxx
5	E	10%	**1 Punkt**	xxxx
			5/6 Punkte	xxxx
			4/6 Punkte	xxxx
			3/6 Punkte	xxxx
			2/6 Punkte	xxxx
			1/6 Punkte	xxxx
			0 Punkte	xxxx
6	F	10%	**1 Punkt**	xxxx
			3/4 Punkte	xxxx
			2/4 Punkte	xxxx
			1/4 Punkte	xxxx
			0 Punkte	xxxx
	. . .	. . .		. . .

Abbildung: Bewertungsmatrix mit Punkteskalen mit rationalen Wertungsstufen bis 1 Punkt

Bewertungskriterium A kann dreizehn verschiedene Wertungsstufen (1 Punkt, 11/12 Punkte, 10/12 Punkte, 9/12 Punkte, 8/12 Punkte, 7/12 Punkte, 6/12 Punkte, 5/12 Punkte, 4/12 Punkte, 3/12 Punkte, 2/12 Punkte, 1/12 Punkt, 0 Punkte) annehmen.

Bewertungskriterium B kann drei verschiedene Wertungsstufen (1 Punkt, 1/2 Punkt, 0 Punkte) annehmen.

Bewertungskriterium C kann zwei verschiedene Wertungsstufen (1 Punkt, 0 Punkte) annehmen.

Bewertungskriterium D kann vier verschiedene Wertungsstufen (1 Punkt, 2/3 Punkte, 1/3 Punkt, 0 Punkte) annehmen.

Bewertungskriterium E kann sieben verschiedene Wertungsstufen (1 Punkt, 5/6 Punkte, 4/6 Punkte, 3/6 Punkte, 2/6 Punkte, 1/6 Punkt, 0 Punkte) annehmen.

Bewertungskriterium F kann fünf verschiedene Wertungsstufen (1 Punkt, 3/4 Punkte, 2/4 Punkte, 1/4 Punkt, 0 Punkte) annehmen.

9. Schulnotenrechtsprechung

Autor: Prof. Dr. Christopher Zeiss

9.1 Wie detailliert müssen die Bieter über den Wertungsvorgang unterrichtet werden?

Seien wir ehrlich: Viele Auftraggeber würden gerne lieber erst einmal sehen, welche Angebote eingegangen sind – und dann die zum gewünschten Ergebnis passenden Zuschlagskriterien formulieren. So alt wie das moderne Vergaberecht ist daher der Streit darüber, wie detailliert die Bieter über den Wertungsvorgang unterrichtet werden müssen. Eindeutig ist dabei die Rechtslage zur Angabe der Zuschlagskriterien und deren Gewichtung (dazu **9.1.1**). Heftig umstritten war aber in den vergangenen Jahren die Frage, ob und inwieweit den Bietern das Zustandekommen der Wertung (die „Bewertungsmethode") transparent gemacht werden muss (dazu **9.1.2**). Dieser Streit wird dabei unter dem Stichwort **Schulnotenrechtsprechung** behandelt.

9.1.1 Angabe der Zuschlagskriterien und ihrer Gewichtung

Soll die Angebotswertung allein nach dem niedrigsten Preis erfolgen, braucht keine Gewichtung angegeben zu werden. Auch genauere Angaben zum Zustandekommen der Wertung erübrigen sich. Sobald aber neben dem Preis noch andere Wertungskriterien berücksichtigt werden sollen, muss eine Gewichtung der Zuschlagskriterien vorgenommen werden. So hat der BGH bereits vor fast 30 Jahren klargestellt, dass die Zuschlagskriterien dem Bieter bereits bei der Formulierung und Kalkulation des Angebots bekannt sein müssen, damit er nicht der Willkür der Vergabestelle ausgeliefert ist.[1] Dies ist daher heute auch ausdrücklich vielfach im Vergaberecht verankert (§ 127 Abs. 5 GWB; § 58 Abs. 3 Satz 1 VgV; § 16d EU Abs. 2 Nr. 2 Satz 1 VOB/A).

Scheinbar gilt diese Vorgabe nicht für **Bauleistungen unterhalb der Schwellenwerte**, da dort nur *„gegebenenfalls"* die Angabe der Gewichtung gefordert wird (§ 12 Abs. 1 Nr. 2 lit. r VOB/A; § 16d Abs. 1 Nr. 5 Satz 1 VOB/A). Jedoch gelten auch unterhalb der Schwellenwerte Transparenzgebot, Diskriminierungsverbot und Wettbewerbsprinzip. Ohne Festlegung einer Gewichtung wären die Bieter der Willkür des Auftraggebers ausgeliefert.[2] Daher muss auch bei Bauleistungen unterhalb der Schwellenwerte die Gewichtung der Zuschlagskriterien definiert werden.[3] Bevor jetzt der Einwand kommt, dass die Vergabestellen durch diese rechtliche Anforderung überlastet werden: Wenn nur nach dem niedrigsten Preis gewertet wird – was im Bereich der Bauleistungen unterhalb der EU-Schwellenwerte das übliche Vorgehen ist – braucht keine Gewichtung vorgenommen zu werden.

Scheinbar gibt es auch im Bereich der Liefer- und Dienstleistungen Fälle, in denen auf eine Gewichtung der Zuschlagskriterien verzichtet werden darf. Gemäß § 58 Abs. 3 Satz 2 VgV

1 BGH, Urteil vom 8.9.1998 – X ZR 109/96 – Rohbauarbeiten Klärwerk.
2 BGH, Urteil vom 8.9.1998 – X ZR 109/96 – Rohbauarbeiten Klärwerk.
3 *Zeiss*, Sichere Vergabe unterhalb der Schwellenwerte, S. 348 f.

(§ 43 Abs. 6 Satz 2 UVgO) soll es auch zulässig sein, die Gewichtung *„mittels einer Spanne"* anzugeben. Dies ist aber im Hinblick auf das Transparenzprinzip nur in Ausnahmefällen zulässig, in denen die Definition einer konkreten Gewichtung im Vorfeld der Beschaffung objektiv (noch) nicht möglich ist. Ein solcher Ausnahmefall liegt jedoch allenfalls vor:

- oberhalb der Schwellenwerte im Bereich des wettbewerblichen Dialogs (§ 14 Abs. 3 VgV, § 18 VgV) oder
- unterhalb der Schwellenwerte in den eng mit § 14 Abs. 3 Nr. 1-3 VgV verwandten Tatbeständen des Verhandlungsvergabeverfahrens (§ 8 Abs. 4 Nr. 1-3 UVgO).

Bis zum Final Call (der abschließenden Angebotsrunde) muss aber auch in diesen Fällen eine verbindliche Gewichtung definiert werden.

Daneben nennen § 58 Abs. 3 Satz 3 VgV / § 43 Abs. 6 Satz 3 UVgO auch die Möglichkeit, ausnahmsweise nach **Prioritäten** (Nennung der Zuschlagskriterien in absteigender Rangfolge) zu werten. Diese Methode ist mit Blick auf Transparenz, Wettbewerb und Nichtdiskriminierung nicht rechtlich zulässig.[4] Außerdem ist diese Methode nicht praktikabel, da erst bei einem Gleichstand mehrerer Angebote bei einem Wertungskriterium das in der Rangfolge folgende Kriterium in den Blick genommen würde.[5] Da auf Rang 1 in der Regel der niedrigste Preis steht, verkommen die weiteren Kriterien daher zu reinen „pro forma" -Kriterien, die für die Vergabeentscheidung keine Rolle mehr spielen.[6]

Praxistipp

Daher sind die nachträgliche Änderung von Zuschlagskriterien oder die Änderung der Gewichtung unzulässig.[7] Selbst die nachträgliche Einführung von Unterkriterien oder Änderung der Gewichtung von Unterkriterien ist grundsätzlich unzulässig.[8] Zulässig ist aber die Subsumtion eines Zuschlagskriteriums.[9]

9.1.2 Ob und inwieweit muss den Bietern das Zustandekommen der Wertung transparent gemacht werden?

So klar die Rechtslage hinsichtlich der Angabe der Wertungskriterien und ihrer Gewichtung ist – heftig umstritten aber war in den vergangenen Jahren die Frage, ob und inwieweit den Bietern das Zustandekommen der Wertung transparent gemacht werden muss. Das Zustandekommen der Wertung wird dabei auch inhaltlich missverständlich und verkürzend als **„Bewertungsmethode"** bezeichnet. Dieser Streit wurde dabei besonders in der Beschaffungs-

4 *Zeiss*, Sichere Vergabe unterhalb der Schwellenwerte, S. 360 f.

5 *Zeiss*, Sichere Vergabe unterhalb der Schwellenwerte, S. 360 f.

6 *Zeiss*, Sichere Vergabe unterhalb der Schwellenwerte, S. 361.

7 EuGH, Urteil vom 14.7.2016 – C-6/15 – TNS Dimarso NV ./. Vlaams *Gewest* – „Feldarbeit"-Stichproben.

8 EuGH, Urteil vom 20.12.2017 – C-677/15 P – Externe IT-Dienstleistungen für das Amt der Europäischen Union für geistiges Eigentum – EUIPO; VK Westfalen, Beschluss vom 17.5.2024 – VK 3-9/24 – Wertung der persönlichen Erfahrung des Projektteams für Erstellung eines Softwareprototypen Hochschulzulassungssoftware.

9 VK Westfalen, Beschluss vom 17.5.2024 – VK 3-9/24 – Wertung der persönlichen Erfahrung des Projektteams für Erstellung eines Softwareprototypen Hochschulzulassungssoftware.

praxis ausgefochten: Reicht es, wenn die Angebote mit Schulnoten oder vergleichbaren Systemen bewertet werden (dazu 9.1.2.1)? Oder muss eine Matrix formuliert werden (dazu 9.1.2.2)? Anschließend soll das (vermeintliche) Ende der sog. Schulnotenrechtsprechung dargestellt werden (9.2). Abschließend sollen Handlungsempfehlungen unterbreitet werden (9.3).

9.1.2.1 Bewertung mit Schulnoten oder vergleichbaren Systemen

In der Beschaffungspraxis sind häufig Bewertungen mit Schulnoten oder vergleichbaren Systemen anzutreffen.

Beispiel

Schulnoten: z.B. 5 = sehr gut, 4 = gut, 3 = befriedigend, 2 = ausreichend, 1 = schlecht

Vergleichbares System – Zielerfüllungsgrade: hoher Zielerfüllungsgrad = 5 Punkte, mittlerer Zielerfüllungsgrad – 3 Punkte, geringer Zielerfüllungsgrad = 0 Punkte[10]

Bei der Bewertung mit Schulnoten besteht aber das strukturelle Problem, dass der Bieter ohne ergänzende Informationen (z.B. aus einer detaillierten Leistungsbeschreibung) nicht ersehen kann, was er tun muss, um die Bestnote bzw. die Höchstpunktzahl zu erreichen.

Beispiel

Beispiel – Krankenhauswäsche: *Es sollen u.a. OP-Hemden und Kinderschlüpfer beschafft werden. Als Zuschlagskriterien sind z.B. „Optik" und „Maßigkeit" sowie „Faltsystematik" vorgesehen. Die Bewertung erfolgt nach einem Schulnotensystem. Weitere Angaben enthalten die Vergabeunterlagen nicht. In diesem Fall weiß ein Bieter nicht, wie „Optik" und „Maßigkeit" eines OP-Hemdchens oder die „Faltsystematik" eines Kinderschlüpfers bewertet werden.*[11]

Im Ergebnis ist ein Bieter der Willkür der Vergabestelle ausgeliefert, wenn er nicht weiß, was er tun muss, um die Höchstpunktzahl zu erreichen. Vor diesem Hintergrund entstand die **Schulnotenrechtsprechung**. Danach muss der Bieter erkennen können, was er tun muss, um die Höchstpunktzahl zu erreichen.[12]

9.1.2.2 Formulierung einer Matrix

Aus der Schulnotenrechtsprechung wurde für die Beschaffungspraxis abgeleitet, dass eine Matrix formuliert werden muss. Mit **Matrix** ist gemeint, dass die Vergabeunterlagen konkretisierende Angaben oder Umschreibungen dazu enthalten müssen, wovon die jeweils zu errei-

10 Beispiel: OLG Düsseldorf, Beschluss vom 21.10.2015 – VII-Verg 28/14 – Virenschutzsoftware VSVgV.
11 VK Südbayern, Beschluss vom 4.7.2017 – Z3-3-3194-1-17-04/17 – Mietwäsche / Lohnwäsche.
12 OLG Düsseldorf, Beschluss vom 16.12.2015 – VII-Verg 25/15 – Postdienstleistungen; OLG Düsseldorf, Beschluss vom 21.10.2015 – VII-Verg 28/14 – Virenschutzsoftware VSVgV; OLG Düsseldorf, Beschluss vom 2.11.2016 – VII-Verg 25/16 – „Assistierte Ausbildung" nach SGB II und III; VK Südbayern, Beschluss vom 4.7.2017 – Z3-3-3194-1-17-04/17 – Mietwäsche/Lohnwäsche.

chende Punktzahl konkret abhängen soll. Dies gewährleistet, dass der Bieter erkennen kann, was er tun muss, um die Höchstpunktzahl zu erreichen.

Beispiel: Auszug Ausschreibung Spielgeräte Außenbereich – Materialqualität

Bewertungskriterium: Materialqualität	
0-3 Punkte	Geringe Korrosionsbeständigkeit: keine oder fast keine Verwendung korrosionsbeständiger Materialien (Edelstahl, Titan o.ä.) oder korrosionsbeständiger und korrosionshemmender Beschichtungen (verzinkter Stahl, anodisiertes Aluminium o.Ä.).
4-7 Punkte	Durchschnittliche Korrosions-beständigkeit: Teilweise Verwendung korrosionsbeständiger Materialien (Edelstahl, Titan o.Ä.) und/oder korrosionsbeständiger und korrosionshemmender Beschichtungen (verzinkter Stahl, anodisiertes Aluminium o.Ä.).
8-10 Punkte	Hohe Korrosionsbeständigkeit: Durchgängige oder weitestgehende Verwendung korrosionsbeständiger Materialien (Edelstahl, Titan o.Ä.). Wenn vereinzelt keine korrosions-beständigen Materialien Verwendung finden, werden jedenfalls korrosionsbeständige und korrosionshemmende Beschichtungen (verzinkter Stahl, anodisiertes Aluminium o.Ä.) eingesetzt.

Eine vergleichbare Umschreibung (Matrix) ist für jedes Wertungskriterium bzw. Unterkriterium zu formulieren. Dies bedeutet, dass die Vergabeunterlagen in Bezug auf die Wertung sehr umfangreich werden können.

9.2 Das (vermeintliche) Ende der Schulnotenrechtsprechung

9.2.1 Die Kritikpunkte an der Schulnotenrechtsprechung

Die Schulnotenrechtsprechung wurde vielfach kritisiert. Besonders die Beschaffungspraktiker kritisierten den **erheblichen Arbeitsaufwand**, der mit der Formulierung der Matrix verbunden ist.

Daneben wurde gegen die strenge Rechtsprechung auch eingewendet, dass es zwar bei technischen Eigenschaften (z.B. Materialqualität) durchaus machbar sei, eine Matrix zu formulieren und bei der Wertung eine realistische Abbildung des Wettbewerbsstandes zu erreichen. Aber was ist bei der **Bewertung von Konzepten**? Werden die Erwartungen an die Bieter in Gestalt einer Wertungsmatrix konkret formuliert, besteht die Gefahr, dass den Bietern mit dem Bewertungsmaßstab für die Höchstpunktzahl ein Lösungsweg vorgegeben wird. Die Bieter würden diesen aufgreifen, um in der Angebotswertung erfolgreich zu sein.[13]

13 BGH, Beschluss vom 4.4.2017 – X ZB 3/17 – Postdienstleistungen – Rn. 46.

Beispiel

Es soll ein Personalkonzept bewertet werden. Der Wertungsmatrix ist zu entnehmen, dass die Höchstpunktzahl zu erreichen ist, wenn „Vorsorge für Krankheit, Urlaubs- und Elternzeit durch Ersatzpersonal getroffen ist und für Fälle von Bedarfsspitzen Zusatzpersonal verfügbar ist". Ein intelligenter Bieter wird dies in seinem Konzept aufgreifen und führt in seinem Personalkonzept dann aus: „Vorsorge für Krankheit, Urlaubs- und Elternzeit durch Ersatzpersonal ist getroffen und für Fälle von Bedarfsspitzen ist Zusatzpersonal verfügbar."

Zudem kann es gerade auch bei **funktionalen Leistungsbeschreibungen** oder im Rahmen **innovativer Leistungen** für den Auftraggeber schlicht nicht möglich sein, die möglichen Lösungsansätze bereits in der Wertungsmatrix zu beschreiben.[14]

Ferner wird gegen die Schulnotenrechtsprechung eingewendet, dass der Vergabestelle so der notwendige **Bewertungsspielraum** – und damit ein entscheidendes Element des Leistungsbestimmungsrechts – **genommen** würde.

9.2.2 Die Rechtsprechung

Vor dem Hintergrund der zahlreichen Kritikpunkte war die Freude in der Beschaffungspraxis groß, als sich mit einer Reihe von obergerichtlichen Entscheidungen[15] eine Relativierung der Schulnotenrechtsprechung abzeichnete.

Eine genauere Analyse der Entscheidungen zeigt jedoch, dass die grundlegenden Transparenzerfordernisse nicht aufgegeben wurden. Von einem „Ende" der Schulnotenrechtsprechung kann also nicht die Rede sein. Dazu im Einzelnen:

9.2.2.1 Keine Pflicht zur Bekanntmachung – EuGH „TNS Dimarso"-Entscheidung

So gibt es zwar nach der EuGH-Entscheidung „TNS Dimarso" **keine Pflicht** des öffentlichen Auftraggebers die **Bewertungsmatrix bekannt zu machen**. So führt der EuGH aus, dass keine Pflicht bestehe, *„den potenziellen Bietern durch Veröffentlichung in der Bekanntmachung oder den Verdingungsunterlagen die Bewertungsmethode zur Kenntnis zu bringen, anhand deren er eine konkrete Bewertung der Angebote hinsichtlich der zuvor in den Auftragsdokumenten festgelegten Zuschlagskriterien und ihrer Gewichtung vornimmt und eine Rangfolge für sie erstellt"*.[16] Im Klartext bedeutet dies, dass nicht in jedem Fall eine Bewertungsmatrix in der Bekanntmachung oder den Vergabeunterlagen veröffentlicht werden muss.

Daraus ist jedoch nicht abzuleiten, dass dieser Bewertungsmaßstab nicht notwendig wäre. Das Transparenzprinzip (§ 97 Abs. 1 Satz 1 GWB; § 2 Abs. 1 Satz 1 UVgO; § 2 EU Abs. 1 Satz 1 VOB/A; § 2 Abs. 1 Satz 1 VOB/A) und der Grundsatz der Nichtdiskriminierung (§ 97 Abs. 2 GWB; § 2 Abs. 1 Satz 1 UVgO; § 2 EU Abs. 2 VOB/A; § 2 Abs. 2 VOB/A) erfordern, dass die Be-

14 BGH, Beschluss vom 4.4.2017 – X ZB 3/17 – Postdienstleistungen – Rn. 41 und 46.

15 EuGH, Urteil vom 14.7.2016 – C-6/15 – TNS Dimarso NV ./. Vlaams *Gewest* – „Feldarbeit"-Stichproben; BGH, Beschluss vom 4.4.2017 – X ZB 3/17 – Postdienstleistungen; vgl. auch OLG Düsseldorf, Beschluss vom 8.3.2017 – Verg 39/16 – Gerätekraftwagen THW.

16 EuGH, Urteil vom 14.7.2016 – C-6/15 – TNS Dimarso NV ./. Vlaams *Gewest* – „Feldarbeit"-Stichproben – Rn. 27.

wertungsmatrix jedenfalls in der Vergabeakte dokumentiert sein muss. So formuliert der EuGH:

> „Im Sinne der (...) Grundsätze für die Vergabe von Aufträgen und zur Vermeidung jeder Gefahr von Parteilichkeit darf die Bewertungsmethode, anhand deren der öffentliche Auftraggeber die Angebote konkret bewertet und einstuft, grundsätzlich nicht nach der Öffnung der Angebote durch den öffentlichen Auftraggeber festgelegt werden."[17]

Der Hauptkritikpunkt gegen die Schulnotenrechtsprechung (der hohe Arbeitsaufwand durch das Erfordernis, eine Wertungsmatrix formulieren zu müssen), wird so nicht ausgeräumt. Für die Vergabestelle ist der Aufwand identisch, ob die Wertungsmatrix nun mit den Vergabeunterlagen herausgeben wird oder „nur" in der Akte dokumentiert ist.

Immerhin – das Problem bei der Bewertung von Konzepten kann gelöst werden: Wenn die Gefahr besteht, dass die Konzepte sich im Wesentlichen darin erschöpfen, die Umschreibung der Höchstpunktzahl aus der Matrix abzuschreiben, kann darauf verzichtet werden, die Matrix bereits den Vergabeunterlagen beizulegen.

9.2.2.2 Schulnoten zulässig bei eindeutig definierter Leistung – BGH „Postdienstleistungs"-Entscheidung

Aus einer BGH-Entscheidung zu Postdienstleistungen[18] wurde dann aber das Ende der Schulnotenrechtsprechung herausgelesen.[19] Der BGH hat nämlich für detailliert beschriebene Postdienstleistungen eine Bewertung nach **Schulnoten akzeptiert**.[20] So führt der BGH dazu aus, dass es einer transparenten und wettbewerbskonformen Auftragsvergabe regelmäßig nicht entgegenstehe, wenn der öffentliche Auftraggeber für die Erfüllung qualitativer Wertungskriterien Noten mit zugeordneten Punktwerten vergibt:[21]

> „Auch die vorgesehene Methode der Qualitätsbewertung ist (...) nicht zu beanstanden. Im Streitfall steht es einer transparenten und wettbewerbskonformen Auftragsvergabe (§ 97 Abs. 1 Satz 1 GWB) nicht entgegen, dass die von den Bietern vorgelegten Konzepte für die Kompensation von Schwankungen im Sendungsaufkommen/Auftragsspitzen und zur Sicherstellung einer effektiven Leistungserbringung im Rahmen der Angebotswertung benotet werden und einen der jeweiligen Note zugeordneten Punktwert erhalten, ohne dass die Vergabeunterlagen weitere konkretisierende Angaben dazu enthalten, wovon die jeweils zu erreichende Punktzahl für das Konzept konkret abhängen soll."

In der allgemeinen Begeisterung über die Entscheidung wird allerdings übersehen, dass die Bewertungsmethode mit Schulnoten hier wegen der **Besonderheiten des Einzelfalls** zugelassen wurde:

- Es handelt sich um eindeutig und erschöpfend beschriebene standardisierte Dienstleistungen.[22]

---

17 EuGH, Urteil vom 14.7.2016 – C-6/15 – TNS Dimarso NV ./. Vlaams *Gewest* – „Feldarbeit"-Stichproben – Rn. 31.
18 BGH, Beschluss vom 4.4.2017 – X ZB 3/17 – Postdienstleistungen.
19 *Schustereit*, Vergabeblog.de vom 28.5.2017, Nr. 31668.
20 BGH, Beschluss vom 4.4.2017 – X ZB 3/17 – Postdienstleistungen.
21 BGH, Beschluss vom 4.4.2017 – X ZB 3/17 – Postdienstleistungen – Rn. 39.
22 BGH, Beschluss vom 4.4.2017 – X ZB 3/17 – Postdienstleistungen – Rn. 36 und 40.

- Hinsichtlich der Unterkriterien, z.B. *„Schwankungen im Sendungsaufkommen/Auftragsspitzen“* verstehen sich die weiteren Anforderungen für die Bieter, z.B. *„Sicherstellung einer möglichst rückstaufreien Bewältigung der angefallenen Post auch in Spitzenlastzeiten“* für die Bieter von selbst.[23] Zudem werden die Anforderungen durch detaillierte Informationen in den Vergabeunterlagen ergänzt.[24] Mit diesen Informationen *„können die Bieter sich ein Bild davon machen, wofür ihr Konzept eine taugliche Lösung anbieten muss.“*[25]
- Hinsichtlich der eingereichten Konzepte trägt die Leistungsbeschreibung Elemente einer funktionalen Leistungsbeschreibung.[26]
- Zudem muss der Auftraggeber im Rahmen der Bewertung der eingereichten Konzepte eine Prognoseentscheidung treffen.[27]

Die vorstehend dargestellten besonderen Umstände zeigen, dass ein Bieter aus den Vergabeunterlagen sehr genau erkennen kann, was er tun muss, um die Höchstpunktzahl zu erreichen. Soweit darüber hinaus noch offene Punkte für den Bieter bestehen, kann dies durch eine **vergleichende Bewertung** kompensiert werden.

9.2.2.3 Schulnoten zulässig bei detaillierter Leistungsbeschreibung – OLG Düsseldorf „THW Gerätekraftwagen“-Entscheidung

Allerdings hat auch das OLG Düsseldorf, das zuvor maßgeblicher Treiber der Schulnotenrechtsprechung war, diese in einer Entscheidung zur Beschaffung von Gerätekraftwagen auch relativiert.[28] Als Zuschlagskriterium waren u.a. sieben konkret beschriebene Anforderungsblöcke vorgesehen, die zusammen den Nutzwert der Fahrzeuge darstellen sollten. Der Zuschlag war auf das Angebot zu erteilen, das das beste Nutzwert-Preis-Verhältnis aufwies. Der Nutzwert in den Anforderungsblöcken wurde nach einem Schulnoten-System bewertet:[29]

Beispiel

1 = nicht akzeptabel (Abweichungen, aufgrund dessen der Verwendungszweck nicht mehr erfüllt werden kann)

2 = erhebliche Beanstandungen (Abweichungen, die den Verwendungszweck stark beeinflussen)

3 = noch akzeptabel (Abweichungen, die den Verwendungszweck nicht maßgeblich beeinflussen)

4 = leichte Mängel (Abweichungen, die den Verwendungszweck nicht beeinflussen)

5 = ohne Mängel.

23 BGH, Beschluss vom 4.4.2017 – X ZB 3/17 – Postdienstleistungen – Rn. 44.
24 BGH, Beschluss vom 4.4.2017 – X ZB 3/17 – Postdienstleistungen – Rn. 45 f.
25 BGH, Beschluss vom 4.4.2017 – X ZB 3/17 – Postdienstleistungen – Rn. 44.
26 BGH, Beschluss vom 4.4.2017 – X ZB 3/17 – Postdienstleistungen – Rn. 41.
27 BGH, Beschluss vom 4.4.2017 – X ZB 3/17 – Postdienstleistungen – Rn. 42.
28 OLG Düsseldorf, Beschluss vom 8.3.2017 – VII-Verg 39/16 – Gerätekraftwagen THW – Rn. 7-19.
29 OLG Düsseldorf, Beschluss vom 8.3.2017 – VII-Verg 39/16 – Gerätekraftwagen THW – Rn. 63.

Ähnlich wie bei dem vom EuGH entschiedenen Fall war aus den Vergabeunterlagen erkennbar, was die Bieter anbieten müssen, um die Höchstpunkzahl zu erreichen, z.B. ein flächendeckendes Service-Netz für die Fahrzeuge.[30]

Damit lässt sich die neue Rechtsprechung so zusammenfassen, dass die Transparenz der Wertung nicht allein vom Vorhandensein einer Wertungsmatrix abhängig ist, sondern davon, dass die Bieter jedenfalls aus den Vergabeunterlagen die Informationen darüber entnehmen können, was zu tun ist, um die Höchstpunktzahl zu erreichen.[31] Ob die notwendige Information aus einer detaillierten Wertungsmatrix zu entnehmen sind – oder aus einer knapper formulierten Matrix in Zusammenschau mit der Leistungsbeschreibung – ist nicht relevant.

9.3 Handlungsempfehlungen

Im folgenden Abschnitt soll zunächst skizziert werden, welche Zusammenhänge bei der Entscheidung über die richtige Bewertungsmethode eine Rolle spielen (9.3.1). Anschließend soll dies anhand von Beispielen veranschaulicht werden (9.3.2).

9.3.1 Grundsätzliche Überlegungen zur Wahl der richtigen Bewertungsmethode

Man sollte meinen, dass die Rechtslage im neuen Vergaberecht klar ist. So wird ja deutlich formuliert (§ 127 Abs. 4 Satz 1 GWB, § 16d Abs. 1 VOB/A, § 16d EU Abs. 2 Nr. 3 VOB/A, § 43 Abs. 5 UVgO, § 52 Satz 1 SektVO):

> „Die Zuschlagskriterien müssen so festgelegt und bestimmt sein, dass die Möglichkeit eines wirksamen Wettbewerbs gewährleistet wird, der Zuschlag nicht willkürlich erteilt werden kann und eine wirksame Überprüfung möglich ist, ob und inwieweit die Angebote die Zuschlagskriterien erfüllen."

Dies bedeutet, dass der Gesetzgeber die **Transparenz der Wertung** zusätzlich betont hat. Zwar ist daraus nicht zwingend abzuleiten, dass eine Bewertungsmatrix verwendet werden muss. Es muss aber eben eine *„wirksame Überprüfung"* des Wertungsvorgangs möglich sein. Dies erfordert nicht zwingend die Verwendung einer Matrix. Auch ist nicht automatisch die Verwendung eines Schulnotensystems ausgeschlossen. **Welche Bewertungsmethode rechtlich angemessen ist, hängt vom konkreten Beschaffungsgegenstand, den gewählten Zuschlagskriterien und dem Detaillierungsgrad der Leistungsbeschreibung ab.**

Dabei besteht insbesondere ein Zusammenhang zwischen der **Detailtiefe von Leistungsbeschreibung und Zuschlagskriterien** einerseits sowie den notwendigen Angaben zum Wertungsvorgang (zur Bewertungsmethode) andererseits. Sind Leistungsbeschreibung und Zuschlagskriterien detailliert, so brauchen die Angaben zur Bewertungsmethode nicht so weit vertieft zu sein. Ein Schulnotensystem kann ausreichen, weil die Bewertung mit Schulnoten aus der Gesamtschau von Leistungsbeschreibung und Zuschlagskriterien nachvollziehbar wird. Sind aber die Angaben zu Leistungsbeschreibung und/oder Zuschlagskriterien lückenhaft oder offen formuliert, so muss dies durch detaillierte Angaben zur Bewertungsmethode kompensiert werden. In diesen Fällen kann die Verwendung einer Matrix angezeigt sein, um

30 OLG Düsseldorf, Beschluss vom 8.3.2017 – VII-Verg 39/16 – Gerätekraftwagen THW – Rn. 71.
31 Vgl. OLG Düsseldorf, Beschluss vom 8.3.2017 – VII-Verg 39/16 – Gerätekraftwagen THW – Rn. 103.

so eine wirksame Überprüfung der Bewertung i.S. der § 127 Abs. 4 Satz 1 GWB, § 16d Abs. 1 VOB/A, § 16d EU Abs. 2 Nr. 3 VOB/A, § 43 Abs. 5 UVgO, § 52 Satz 1 SektVO zu ermöglichen.

Ein weiterer Faktor, der sich auf die erforderliche Transparenz der Zuschlagskriterien auswirkt, ist die Frage, ob die **Bewertung vergleichend** oder anhand eines objektiven Maßstabes erfolgen soll. Ist die Bewertung eher vergleichend geplant (es sollen die eingereichten Angebote verglichen werden), so kann die die Bewertung grundsätzlich mit Evaluationsbögen auf der Grundlage von Schulnoten erfolgen. Jedoch gelten auch bei einer solchen Evaluation die Grundsätze der Transparenz und Gleichbehandlung: Die Wertungsentscheidung muss begründet werden. Dabei reichen bloße Punkte- oder Notenvergaben nicht aus. Die Begründung muss mehr Substanz haben als nur die abgegebene Wertung zu wiederholen[32] (z.B. 9 Punkte – eine in den gestellten Anforderungen voll gerecht werdende Leistung). Auch wenn die Bewertung anhand eines objektiven Maßstabs erfolgen soll (es sollen die Angebote im Hinblick auf die Umsetzung der in den Vergabeunterlagen definierten Ziele bewertet werden), so muss die notwendige Transparenz mit entsprechend klaren Informationen gewahrt werden. Ob die notwendigen Informationen aus einer detaillierten Wertungsmatrix zu entnehmen sind – oder aus einer knapp formulierten Matrix in Zusammenschau mit der Leistungsbeschreibung – ist nicht relevant.

9.3.2 Beispiele zur Wahl der richtigen Bewertungsmethode

Der Zusammenhang zwischen Detaillierungsgrad von Leistungsbeschreibung und Wertungskriterien einerseits und der Beschreibung des Wertungsvorgangs („Bewertungsmethode") andererseits soll im Folgenden mit Beispielen dargestellt werden. Dabei wird jeweils auch eine Empfehlung für eine geeignete Bewertungsmethode unterbreitet:

9.3.2.1 Bürostühle, Notebooks, Nutzfahrzeuge etc.: Leistungsbeschreibung mit hohem Detaillierungsgrad und Zuschlagskriterien am Nutzwert orientiert

Bei einem **hohen Detaillierungsgrad der** (meist konstruktiven) **Leistungsbeschreibung** und wenn die **Zuschlagskriterien auf den Nutzwert zielen**, z.B. bei Bürostühlen, Notebook-Computern, Bildschirmen, Kopierern oder Nutzfahrzeugen[33], kann es grundsätzlich ausreichen, wenn Schulnoten vergeben werden. Der angestrebte Nutzwert ist entweder wegen der Art der Leistung selbstverständlich und daher für die Bieter ohne zusätzliche Bewertungsmatrix transparent[34] oder wird in den Vergabeunterlagen (insbesondere in der Leistungsbeschreibung) im Einzelnen definiert[35].

Die Bewertung ist in diesem Fall **vergleichender Natur**, d.h. es werden die Nutzwerte der einzelnen Angebote anhand der Vorgaben der Leistungsbeschreibung sowie der gewählten Zuschlagskriterien und Unterkriterien verglichen. Die dabei gefundene Abstufung kann sinnvoll mit Schulnoten ausgedrückt werden. Die Punktevergabe wird dabei insbesondere auf Bewer-

32 VK Sachsen, Beschl. v. 27.6.2023 – 1/SVK/012-23 – Rahmenvertrag über Dienstleistungskonzession Schulverpflegungsleistung
33 OLG Düsseldorf, Beschluss vom 8.3.2017 – VII-Verg 39/16 – Gerätekraftwagen THW.
34 BGH, Beschluss vom 4.4.2017 – X ZB 3/17 – Postdienstleistungen – Rn. 44.
35 BGH, Beschluss vom 4.4.2017 – X ZB 3/17 – Postdienstleistungen – Rn. 45 f.

tungs-/Evaluationsbögen beruhen. In diesen Evaluationsbögen können dabei typischerweise die Ergebnisse einer Teststellung formuliert werden.

Beispiel – Auszug aus einem Evaluationsbogen für Bürostühle

Bewertungskriterien	**Bewertung (10 Punkte ist die beste Bewertung)**
Sitzfläche (Auflagefläche für Oberschenkel, Winkel, Polsterung, Maße, Form, Verstellbarkeit)	① ② ③ ④ ⑤ ⑥ ⑦ ⑧ ⑨ ⑩
Rückenlehne (Auflagefläche für Rücken, Unterstützung für Rücken, Winkel, Polsterung, Form)	① ② ③ ④ ⑤ ⑥ ⑦ ⑧ ⑨ ⑩
Lordosenstütze (Position, Maße, Form, Verstellbarkeit)	① ② ③ ④ ⑤ ⑥ ⑦ ⑧ ⑨ ⑩
Wipp-/Schwenkmechanismus von Sitz und Rückenlehne (Verschiedene Arbeitspositionen, also z.B. Arbeit mit Formularen auf Schreibtisch, Arbeit am PC, Gespräch mit Kunden und Kollegen werden unterstützt, Synchronisation)	① ② ③ ④ ⑤ ⑥ ⑦ ⑧ ⑨ ⑩
Standfestigkeit (kein unerwünschtes Kippen oder Kippeln, Möglichkeit der Arretierung)	① ② ③ ④ ⑤ ⑥ ⑦ ⑧ ⑨ ⑩

Übrigens – wer bei derartigen Evaluationsbögen leichtfertig oder gar willkürlich vergebene Noten befürchtet, kann beruhigt werden. Diese Bewertungsbögen müssen nämlich von mindestens zwei Personen ausgefüllt werden (vgl. § 58 Abs. 5 VgV, § 43 Abs. 8 UVgO, § 20 KorruptionsbG NRW). Bei derartigen Teststellungen sind aber noch größere Personenkreise zur Bewertung sinnvoll, um Ausreißer zu identifizieren und eine höhere Akzeptanz bei den Bedarfsträgern zu erreichen. Bei Bürostühlen hat es sich beispielsweise bewährt, den Personalrat in die Bewertung einzubinden. Die gesammelten Evaluationsbögen dokumentieren den Bewertungsvorgang und stellen eine wirksame Überprüfung (§ 127 Abs. 4 Satz 1 GWB, § 16d Abs. 1 VOB/A, § 16d EU Abs. 2 Nr. 3 VOB/A, § 43 Abs. 5 UVgO, § 52 Satz 1 SektVO) der Wertungsergebnisse sicher.

Praxistipp

▶ *Bei Bewertung durch ein Gremium müssen Auswahl und Zusammensetzung des Gremiums / der Jury dokumentiert sein.[36] Auch müssen alle Mitglieder des Gremiums eine Erklärung über das Nichtvorliegen von Interessenkonflikten abgeben (§ 6 VgV, § 4 UVgO, § 5 KonzVgV).*

9.3.2.2 Funktionale Leistungsbeschreibung und Zuschlagskriterien an der Qualität eines Konzepts orientiert

Ist die Leistungsbeschreibung eher funktional angelegt und sind die Zuschlagskriterien an der Qualität des Konzepts im Hinblick auf den Nutzwert orientiert, so gibt es zwei mögliche Bewertungsmethoden. Beispiele für derartige Beschaffungen bieten etwa der Kauf von Verwaltungs- und Virenschutzsoftware[37], Schulverpflegung oder Postdienstleistungen[38]. Es kann – wie soeben dargestellt – mittels Schulnoten gearbeitet werden.[39] Der Vergabe der Schulnoten wird dabei letztlich eine vergleichende Bewertung zu Grunde liegen. Alternativ kann mittels einer zuvor definierten Wertungsmatrix gearbeitet werden.[40]

Beispiel: Auszug Schulverpflegung – Qualität des Speiseplans / Menüzyklus

Bewertungskriterium: Qualität des Speisenplans/Menüzyklus	
0-3 Punkte	Der Speisenplan/Menüzyklus ist nicht überzeugend, bleibt schematisch und bietet keine oder kaum Abwechslung. Dabei sind die Menüs nicht oder fast nicht zielgruppen-/altersgerecht ausgestaltet. Der Aspekt der Saisonalität ist nicht oder kaum erkennbar.
4-7 Punkte	Der Speisenplan/Menüzyklus ist teilweise überzeugend und bietet nachvollziehbar regelmäßig Abwechslung. Dabei sind die Menüs überwiegend zielgruppen-/altersgerecht ausgestaltet. Der Aspekt der Saisonalität ist erkennbar.
8-10 Punkte	Der Speisenplan/Menüzyklus ist überzeugend und bietet immer nachvollziehbar vielfältige Abwechslung. Dabei sind die Menüs immer/weit überwiegend plausibel zielgruppen-/altersgerecht ausgestaltet. Der Aspekt der Saisonalität ist erkennbar ein Leitmotiv der Gestaltung der Speisepläne.

9.3.2.3 Bewertung von Kriterien, welche nicht unmittelbar den Nutzwert betreffen

Sollen Kriterien bewertet werden, welche nicht unmittelbar den Nutzwert betreffen (z.B. Ästhetik, Haptik) so ist die Verwendung einer Wertungsmatrix zu empfehlen. Erst die Bewer-

36 VK Sachsen, Beschluss vom 27.6.2023 – 1/SVK/012-23 – Rahmenvertrag über Dienstleistungskonzession Schulverpflegungsleistung.
37 OLG Düsseldorf, Beschluss vom 21.10.2015–VII-Verg 28/14 – Virenschutzsoftware VSVgV.
38 BGH, Beschluss vom 4.4.2017 – X ZB 3/17 – Postdienstleistungen.
39 BGH, Beschluss vom 4.4.2017 – X ZB 3/17 – Postdienstleistungen.
40 OLG Düsseldorf, Beschluss vom 21.10.2015–VII-Verg 28/14 – Virenschutzsoftware VSVgV.

tungsmatrix gewährleistet bei diesen Kriterien, dass der Bieter erkennen kann, was er tun muss, um die Höchstpunktzahl zu erreichen.

Anders als bei Nutzwert bezogenen Zuschlagskriterien kann sich der Bieter bei den nicht nutzwertbezogenen Zuschlagskriterien (wie z.B. Ästhetik) auch nicht etwa Bewertungsmaßstäbe durch die Zusammenschau von Wertungskriterien und Leistungsbeschreibung selbst erschließen. Damit hier eine wirksame Überprüfung der Wertung möglich ist, muss eine Wertungsmatrix angegeben werden.

Beispiel: Auszug Bau- und Planungsprojekt – Innengestaltung und Ästhetik

Bewertungskriterium: Zeitlosigkeit; ästhetischer Gesamteindruck; stimmiges Gesamtkonzept in Bezug auf Baukörper und Ausstattungselemente	
0-3 Punkte	Das eingereichte Konzept ist nicht oder nur sehr eingeschränkt als überzeugend und zeitlos zu charakterisieren: Funktion und Formengestaltung stehen gar nicht oder nur eingeschränkt in einem ausgewogenen Verhältnis zueinander; gänzlich oder großteils einseitiges In-den-Vordergrund-Treten von Funktion oder Formengestaltung. Der Gesamteindruck des Konzepts zeichnet sich in keiner Weise oder nur sehr eingeschränkt durch schlichtes Design aus. Die verwendete Formsprache ist nicht oder nur bedingt universell und damit kulturübergreifend. Die funktionale Ästhetik kommt nicht oder nur sehr eingeschränkt ohne stylische Elemente aus. Baukörper und Ausstattungselemente ergänzen sich nicht oder nur in geringem Maße. Keine oder nur vereinzelt Einbindung verschiedener Lichtquellen. Insgesamt düstere und/oder extrem grelle Gestaltung der Lichtverhältnisse.
4-7 Punkte	Es handelt sich um ein in durchschnittlichem Maße überzeugendes und zeitloses Konzept, in dem Funktion und Formengestaltung teilweise in einem ausgewogenen Verhältnis zueinander stehen. Teilweise treten Funktion oder Formengestaltung in den Vordergrund. Der Gesamteindruck des Konzepts zeichnet sich teilweise, aber nicht durchgehend durch schlichtes Design aus. Die verwendete Formsprache ist teilweise universell und damit kulturübergreifend. Die funktionale Ästhetik kommt nur teilweise ohne stylische Elemente aus. Baukörper und Ausstattungselemente ergänzen sich teilweise widerspruchsfrei. Das Beleuchtungskonzept bindet teilweise verschiedene Lichtquellen ein, d.h. Einbindung von Tageslicht, funktionalem Licht und indirekter Beleuchtung; übermäßiger Kontrast auf der einen oder Kontrastarmut auf der anderen Seite in geringem Maße.

Bewertungskriterium: Zeitlosigkeit; ästhetischer Gesamteindruck; stimmiges Gesamtkonzept in Bezug auf Baukörper und Ausstattungselemente	
8-10 Punkte	Es handelt sich um ein in hohem Maße überzeugendes zeitloses Konzept, in dem Funktion und Formengestaltung gänzlich oder überwiegend in einem ausgewogenen Verhältnis zueinander stehen. Der Gesamteindruck des Konzeptes zeichnet sich durch zurückhaltende Eleganz aus und weist eine universelle und damit kulturübergreifende Formensprache aus. Die funktionale Ästhetik kommt gänzlich oder überwiegend ohne stylische Elemente aus. Baukörper und Ausstattungselemente ergänzen sich gänzlich oder überwiegend widerspruchsfrei. In hohem Maße innovatives und attraktives Beleuchtungskonzept durch Einbindung verschiedener Lichtquellen, d.h. Einbindung von Tageslicht, funktionalem Licht und indirekter Beleuchtung; kein übermäßiger Kontrast auf der einen oder Kontrastarmut auf der anderen Seite; ausgewogene Nutzung von Lichteffekten.

Erst die (umfangreichen) Formulierungen aus der Matrix verdeutlichen dem Bieter, was die Vergabestelle unter „Ästhetik" versteht. Gleichzeitig wahrt die Wertungsmatrix dabei die notwendigen Entscheidungsspielräume für den Auftraggeber, da die in der Matrix verwendeten unbestimmten Rechtsbegriffe wie z.B. *„überzeugend"*, *„plausibel"*, *„fügt sich in die Umgebung ein"*, *„zeitlos"*, *„ausgewogen"* und *„nachvollziehbar"* juristisch nur eingeschränkt überprüfbar sind. Allerdings darf sich eine Begründung einer Wertungsentscheidung nicht in einer bloßen Aneinanderreihung pauschaler Formulierungen und formelhafter Aussagen erschöpfen. Es müssen vielmehr konkrete Entscheidungsgründe anhand des jeweils zu bewertenden Angebots unter Rückgriff auf die anwendbaren Kriterien im Einzelnen dargelegt werden.[41]

9.3.2.4 Vergabeunterlagen/Leistungsbeschreibung ergänzungsbedürftig

Sind die Vergabeunterlagen, insbesondere die Leistungsbeschreibung, ausfüllungsbedürftig, so müssen die Transparenzlücken durch eine Bewertungsmatrix geschlossen werden. Derartige ergänzungsbedürftige Vergabeunterlagen sind typischerweise in Fällen des Verhandlungsverfahrens, der Verhandlungsvergabe, der Freihändigen Vergabe und des Wettbewerblichen Dialogs anzutreffen. Den vorgenannten Verfahren ist dabei gemeinsam, dass auch über den Inhalt der Leistungsbeschreibung verhandelt werden kann. Die Angaben in der Wertungsmatrix ergänzen dabei die verhandelbaren oder offenen Punkte der Leistungsbeschreibung und geben die Richtung der Verhandlungen vor.

41 OLG Düsseldorf, Beschluss vom 24.3.2021 – Verg 34/20 – Planungsleistung Erweiterung Deponie – Bewertung Bietergespräch; VK Baden-Württemberg, Beschluss vom 5.8.2021 – 1 VK 37/21 – IT-Dienstleistungen – Bewertung Bietergespräch; VK Sachsen-Anhalt, Beschluss vom 22.3.2021.

Beispiel: Auszug Bau- und Planungsprojekt – Wartungs- und Reinigungsfreundlichkeit einer Toilettenanlage

Bewertungskriterium: Wartungsfreiheit bzw. Wartungs- und Reinigungsfreundlichkeit der verwendeten Ausstattung und Technik	
0-3 Punkte	Keine oder nur beschränkte Verwendung von wartungsfreier oder wartungsfreundlicher Technik (z.B. Waschbecken ohne Drehgriffe/Einhebelgriffe und Urinale ohne Tasten); Versorgung mit Ersatzteilen – nicht oder nur beschränkt gesichert; Wartungs-freundlichkeit, z.B. offen zugängliche Wartungs-/Revisionsöffnungen in Bezug auf keine oder nur einen geringen Teil der verwendeten Technik bzw. Bau- und Ausstattungselemente sichergestellt; Reinigungsfreundlichkeit z.B. durch glatte (ggf. auch besonders beschichtete) Oberflächen (z.B. mit hydrophoben Oberflächen) in Bezug auf die verwendeten Ausstattungselemente nicht oder nur in geringem Umfang sichergestellt.
4-7 Punkte	Teilweise Verwendung von wartungsfreier oder wartungsfreundlicher Technik (z.B. Waschbecken ohne Drehgriffe/Einhebelgriffe und Urinale ohne Tasten); Versorgung mit Ersatzteilen – teilweise gesichert; Wartungsfreundlichkeit, z.B. durch offen zugängliche Wartungs-/Revisionsöffnungen in Bezug auf die verwendeten Bau- und Ausstattungselemente (sowie die verwendete Technik) teilweise sichergestellt; Reinigungsfreundlichkeit z.B. durch glatte (ggf. auch besonders beschichtete) Oberflächen (z.B. mit hydrophoben Oberflächen) in Bezug auf die verwendeten Ausstattungselemente teilweise sichergestellt.
8-10 Punkte	Durchgehende oder überwiegende Verwendung von wartungsfreier oder wartungsfreundlicher Technik (z.B. Waschbecken ohne Drehgriffe/Einhebelgriffe und Urinale ohne Tasten); Versorgung mit Ersatzteilen – gänzlich oder überwiegend dauerhaft gesichert; Wartungs-freundlichkeit, z.B. durch offen zugängliche Wartungs-/Revisionsöffnungen in Bezug auf die Mehrzahl oder sämtliche Bau- und Ausstattungselemente (sowie die verwendete Technik) sichergestellt; Reinigungsfreundlichkeit z.B. durch glatte (ggf. auch besonders beschichtete) Oberflächen (z.B. mit hydrophoben Oberflächen) in Bezug auf die Mehrzahl oder sämtliche verwendete Ausstattungselemente sichergestellt.

10. Bewertungsmatrizen

Autor: Dipl.-Math. Thomas Ferber, LL.M.

Eine Bewertungsmatrix ist ein Schema, mit dem die

- Kriterien,
- Gewichtung der Kriterien,
- Benotung der Kriterien sowie
- Mindestanforderungen an die Kriterien

in einer strukturierten Form dargestellt werden.

Die Bewertungsmatrix dient dem Auftraggeber zur Strukturierung eines aufgestellten Kriterienkatalogs, zum Gewichten der einzelnen Kriterien und zum Aufstellen des Notenschemas. Durch die Übersichtlichkeit der Bewertungsmatrix kann der Auftraggeber bereits in einem frühen Stadium inkonsistente Gewichtsverteilungen erkennen und korrigieren. Liegen die Angebote zur Auswertung vor, dient die aufgestellte Bewertungsmatrix dem Auftraggeber zur Bewertung der Angebote.

Den Bietern vermitteln die Bewertungsmatrizen in strukturierter Form die wesentlichen Informationen, um zu verstehen, worauf es dem Auftraggeber ankommt. Aufgrund der Informationen aus den Bewertungsmatrizen können die Bieter ihre Angebote optimieren.

Aus Gründen des besseren Verständnisses sollten Auftraggeber immer die tabellarisch schematische Darstellung der Bewertungsmatrizen nutzen. Ein vergaberechtlicher Zwang besteht allerdings nicht, wenn die Informationen, die sich in einer Bewertungsmatrix finden, in einer anderen Form dargestellt werden.

VK Brandenburg, Beschluss vom 12.11.2008 – VK 35/08: *„Bei der Aufstellung einer Bewertungs- oder Entscheidungsmatrix werden aus einer Höchstpunktzahl je Kriterium nach dem Grad der Erfüllung an die zu bewertenden Bewerber Punkte vergeben. Durch einen zusätzlichen Faktor kann die Gewichtung vorgenommen werden. Die für die Anwendung einer Matrix entscheidungserheblichen Voraussetzungen – Kriterien, Punkte und Gewichtung – wurden dem Antragsteller vor der Durchführung der Verhandlungsgespräche mitgeteilt. Es wurde lediglich auf die tabellarische Darstellung verzichtet. Das ist vergaberechtlich jedoch nicht zu beanstanden, weil das vom Auftraggeber angewandte Bewertungsschema einfach und erfahrungsgemäß problemlos nachvollziehbar ist."*

10.1 Gewichtung der Kriterien

Mit der Gewichtung der Kriterien wird deren Priorisierung ausgedrückt und kann grundsätzlich auch mittels Symbolen wie z.B. (*, **, ***, ***) oder (+, ++, +++, ++++) oder Buchstaben (A, B, C, D) erfolgen. Um eine Berechenbarkeit und damit auch eine Vergleichbarkeit der Angebote zu erreichen, empfiehlt es sich aber, numerische Werte wie z.B. ganze positive Zahlen (1, 2, 3, ...), Bruchzahlen (1/2, 1/3, 1/4, ..., 2/3, 2/5, ...) oder Prozentzahlen zu verwenden.

Bei einer prozentualen Gewichtung wird das Gewicht im Verhältnis zu einem Grundwert in Hundertstel ausgedrückt. 25 % bedeutet damit 25 Hundertstel und dies entspricht der Bruchzahl 25/100 bzw. 1/4. Da mit einer Prozentangabe ein Verhältnis zu einem Grundwert ausgedrückt wird, muss klar angegeben werden, um welchen Grundwert es sich handelt. Bei der prozentualen Gewichtung in Bewertungsmatrizen kann man deshalb zwei verschiedene Formen unterscheiden:

- Prozentuale relative Gewichtung mit der nächsthöheren Kriterienebene als Grundwert
- Prozentuale absolute Gewichtung mit der höchsten Kriterienebene als Grundwert.

10.1.1 Prozentuale relative Gewichtung mit der nächsthöheren Kriterienebene als Grundwert

Bei der prozentualen relativen Gewichtung werden die Gewichte mit einem Prozentwert versehen (z.B. 40 % für die Kriterienhauptgruppe A und jeweils 30 % für die Kriterienhauptgruppen B und C). Bei jedem Schritt auf die nächste Kriterienebene und der Detaillierung durch Unterkriterien wird die Gewichtung wieder auf der Basis von 100 % verteilt (z.B. kann die Kriterienhauptgruppe C (30 %) in die Kriteriengruppen C1 und C2 untergliedert werden, welche mit 80 % und 20 % gewichtet werden). Die Prozentwerte für die Kriteriengruppen (2. Kriterienebene) und die Prozentwerte für die Kriterien sind nur als relative Werte zu verstehen und entsprechen nicht dem absoluten Gewicht in Bezug zum Gesamtgewicht.

In der nächsten Abbildung findet sich ein Beispiel für eine Bewertungsmatrix mit prozentualer relativer Gewichtung. Beispielsweise ergibt sich das absolute Gewicht des Kriteriums C.2.1 (Pos. 3.2.1) aus der Multiplikation der relativen Gewichte von 30 % der Kriterienhauptgruppe C mit 20 % der Kriteriengruppe C2 und 50 % des Kriteriums C.2.1 zu 30 % · 20 % · 50 % = 3 %.

Pos.	Kriterien	Gewichtung			
		G_1	G_2	G_3	G
1.	Kriterienhauptgruppe A	40%			
1.1	Kriteriengruppe A.1		50%		
1.1.1	Kriterium A.1.1			60%	12%
1.1.2	Kriterium A.1.2			20%	4%
1.1.3	Kriterium A.1.3			20%	4%
1.2	Kriteriengruppe A.2		50%		
1.2.1	Kriterium A.2.1			40%	8%
1.2.2	Kriterium A.2.2			30%	6%
1.2.3	Kriterium A.2.3			30%	6%
2.	Kriterienhauptgruppe B	30%			
2.1	Kriteriengruppe B.1		60%		
2.1.1	Kriterium B.1.1			60%	10,8%
2.1.2	Kriterium B.1.2			20%	3,6%
2.1.3	Kriterium B.1.3			20%	3,6%
2.2	Kriteriengruppe B.2		40%		
2.2.1	Kriterium B.2.1			80%	9,6%
2.2.2	Kriterium B.2.2			10%	1,2%
2.2.3	Kriterium B.2.3			10%	1,2%
3.	Kriterienhauptgruppe C	30%			
3.1	Kriteriengruppe C.1		80%		
3.1.1	Kriterium C.1.1			60%	14,4%
3.1.2	Kriterium C.1.2			40%	9,6%
3.2	Kriteriengruppe C.2		20%		
3.2.1	Kriterium C.2.1			50%	3%
3.2.2	Kriterium C.2.2			50%	3%
		100%			100%

30%

20%

50%

$30\% \cdot 20\% \cdot 50\% = 3\%$

Abbildung: Bewertungsmatrix mit prozentualer relativer Gewichtung, Kriterium C.2.1

Das absolute Gewicht des Kriteriums B.1.3 (Pos. 2.1.3) berechnet sich aus der Multiplikation der relativen Gewichte von 30 % der Kriterienhauptgruppe B mit 60 % der Kriteriengruppe B.1 und 20 % des Kriteriums B.1.3 zu 30 %...60 %...20 % = 3,6 %.

Pos.	Kriterien	Gewichtung			
		G_1	G_2	G_3	G
1.	Kriterienhauptgruppe A	40%			
1.1	Kriteriengruppe A.1		50%		
1.1.1	Kriterium A.1.1			60%	12%
1.1.2	Kriterium A.1.2			20%	4%
1.1.3	Kriterium A.1.3			20%	4%
1.2	Kriteriengruppe A.2		50%		
1.2.1	Kriterium A.2.1			40%	8%
1.2.2	Kriterium A.2.2			30%	6%
1.2.3	Kriterium A.2.3			30%	6%
2.	Kriterienhauptgruppe B	30%			
2.1	Kriteriengruppe B.1		60%		
2.1.1	Kriterium B.1.1			60%	10,8%
2.1.2	Kriterium B.1.2			20%	3,6%
2.1.3	Kriterium B.1.3			20%	3,6%
2.2	Kriteriengruppe B.2		40%		
2.2.1	Kriterium B.2.1			80%	9,6%
2.2.2	Kriterium B.2.2			10%	1,2%
2.2.3	Kriterium B.2.3			10%	1,2%
3.	Kriterienhauptgruppe C	30%			
3.1	Kriteriengruppe C.1		80%		
3.1.1	Kriterium C.1.1			60%	14,4%
3.1.2	Kriterium C.1.2			40%	9,6%
3.2	Kriteriengruppe C.2		20%		
3.2.1	Kriterium C.2.1			50%	3%
3.2.2	Kriterium C.2.2			50%	3%
		100%			100%

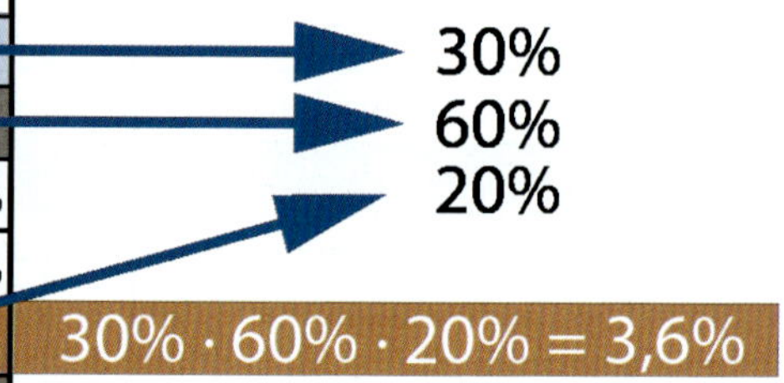

Abbildung: Bewertungsmatrix mit prozentualer relativer Gewichtung, Kriterium B.1.3

Die Summe der Gewichtungen der Kriterienhauptgruppen ergibt 100 %. In der Bewertungsmatrix in der folgenden Abbildung ergeben die drei Kriterienhauptgruppen A (40 %), B (30 %) und C (30 %) in Summe 100 %.

Pos.	Kriterien	Gewichtung			
		G_1	G_2	G_3	G
1.	Kriterienhauptgruppe A	40%			
1.1	Kriteriengruppe A.1		50%		
1.1.1	Kriterium A.1.1			60%	
1.1.2	Kriterium A.1.2			20%	
1.1.3	Kriterium A.1.3			20%	
1.2	Kriteriengruppe A.2		50%		
1.2.1	Kriterium A.2.1			40%	
1.2.2	Kriterium A.2.2			30%	
1.2.3	Kriterium A.2.3			30%	
2.	Kriterienhauptgruppe B	30%			
2.1	Kriteriengruppe B.1		60%		
2.1.1	Kriterium B.1.1			60%	
2.1.2	Kriterium B.1.2			20%	
2.1.3	Kriterium B.1.3			20%	
2.2	Kriteriengruppe B.2		40%		
2.2.1	Kriterium B.2.1			80%	
2.2.2	Kriterium B.2.2			10%	
2.2.3	Kriterium B.2.3			10%	
3.	Kriterienhauptgruppe C	30%			
3.1	Kriteriengruppe C.1		80%		
3.1.1	Kriterium C.1.1			60%	
3.1.2	Kriterium C.1.2			40%	
3.2	Kriteriengruppe C.2		20%		
3.2.1	Kriterium C.2.1			50%	
3.2.2	Kriterium C.2.2			50%	
		100%			

100%

Abbildung: Gewichtung der Kriterienhauptgruppen

Bei jedem Schritt auf die nächste Kriterienebene und der Detaillierung durch Unterkriterien wird die Gewichtung wieder auf der Basis von 100 % verteilt (z.B. kann die Kriterienhauptgruppe C (30 %) in die Kriteriengruppen C1 und C2 untergliedert werden, welche mit 80 % und 20 % gewichtet werden).

Pos.	Kriterien	Gewichtung				
		G_1	G_2	G_3	G	
1.	Kriterienhauptgruppe A	40%				
1.1	Kriteriengruppe A.1		50%			
1.1.1	Kriterium A.1.1			60%		
1.1.2	Kriterium A.1.2			20%		100%
1.1.3	Kriterium A.1.3			20%		
1.2	Kriteriengruppe A.2		50%			
1.2.1	Kriterium A.2.1			40%		
1.2.2	Kriterium A.2.2			30%		
1.2.3	Kriterium A.2.3			30%		
2.	Kriterienhauptgruppe B	30%				
2.1	Kriteriengruppe B.1		60%			
2.1.1	Kriterium B.1.1			50%		
2.1.2	Kriterium B.1.2			30%		100%
2.1.3	Kriterium B.1.3			20%		
2.2	Kriteriengruppe B.2		40%			
2.2.1	Kriterium B.2.1			80%		
2.2.2	Kriterium B.2.2			10%		
2.2.3	Kriterium B.2.3			10%		
3.	Kriterienhauptgruppe C	30%				
3.1	Kriteriengruppe C.1		80%			
3.1.1	Kriterium C.1.1			60%		
3.1.2	Kriterium C.1.2			40%		100%
3.2	Kriteriengruppe C.2		20%			
3.2.1	Kriterium C.2.1			50%		
3.2.2	Kriterium C.2.2			50%		
		100%				

Abbildung: Gewichtung der Kriteriengruppen

Bei jedem Schritt auf die nächste Kriterienebene und der Detaillierung durch Unterkriterien wird die Gewichtung wieder auf der Basis von 100 % verteilt (z.B. kann die Kriterienhauptgruppe C.1 in die Kriteriengruppen C.1.1 und C.1.2 untergliedert werden, welche mit 60 % und 40 % gewichtet werden).

Pos.	Kriterien	Gewichtung				
		G_1	G_2	G_3	G	
1.	Kriterienhauptgruppe A	40%				
1.1	Kriteriengruppe A.1		50%			
1.1.1	Kriterium A.1.1			60%		
1.1.2	Kriterium A.1.2			20%		} = 100%
1.1.3	Kriterium A.1.3			20%		
1.2	Kriteriengruppe A.2		50%			
1.2.1	Kriterium A.2.1			40%		
1.2.2	Kriterium A.2.2			30%		} = 100%
1.2.3	Kriterium A.2.3			30%		
2.	Kriterienhauptgruppe B	30%				
2.1	Kriteriengruppe B.1		60%			
2.1.1	Kriterium B.1.1			60%		
2.1.2	Kriterium B.1.2			20%		} = 100%
2.1.3	Kriterium B.1.3			20%		
2.2	Kriteriengruppe B.2		40%			
2.2.1	Kriterium B.2.1			80%		
2.2.2	Kriterium B.2.2			10%		} = 100%
2.2.3	Kriterium B.2.3			10%		
3.	Kriterienhauptgruppe C	30%				
3.1	Kriteriengruppe C.1		80%			
3.1.1	Kriterium C.1.1			60%		} = 100%
3.1.2	Kriterium C.1.2			40%		
3.2	Kriteriengruppe C.2		20%			
3.2.1	Kriterium C.2.1			50%		} = 100%
3.2.2	Kriterium C.2.2			50%		
		100%				

Abbildung: Gewichtung der Kriterien

10.1.2 Prozentuale absolute Gewichtung mit der höchsten Kriterienebene als Grundwert

Pos.	Kriterien	Gewichtung		
		G_1	G_2	G_3
1.	Kriterienhauptgruppe A	40%		
1.1	Kriteriengruppe A.1		20%	
1.1.1	Kriterium A.1.1			12%
1.1.2	Kriterium A.1.2			4%
1.1.3	Kriterium A.1.3			4%
1.2	Kriteriengruppe A.2		20%	
1.2.1	Kriterium A.2.1			8%
1.2.2	Kriterium A.2.2			6%
1.2.3	Kriterium A.2.3			6%
2.	Kriterienhauptgruppe B	30%		
2.1	Kriteriengruppe B.1		18%	
2.1.1	Kriterium B.1.1			10,8%
2.1.2	Kriterium B.1.2			3,6%
2.1.3	Kriterium B.1.3			3,6%
2.2	Kriteriengruppe B.2		12%	
2.2.1	Kriterium B.2.1			9,6%
2.2.2	Kriterium B.2.2			1,2%
2.2.3	Kriterium B.2.3			1,2%
3.	Kriterienhauptgruppe C	30%		
3.1	Kriteriengruppe C.1		24%	
3.1.1	Kriterium C.1.1			14,4%
3.1.2	Kriterium C.1.2			9,6%
3.2	Kriteriengruppe C.2		6%	
3.2.1	Kriterium C.2.1			3%
3.2.2	Kriterium C.2.2			3%
		100%	100%	100%

Abbildung: Bewertungsmatrix mit prozentualer absoluter Gewichtung

Bei der prozentualen absoluten Gewichtung werden die Gewichte mit einem Prozentwert versehen (z.B. 40 % für die Kriterienhauptgruppe A und jeweils 30 % für die Kriterienhauptgruppen B und C). Bei jedem Schritt auf die nächste Kriterienebene und bei der Detaillierung durch Unterkriterien werden die Prozentpunkte verteilt (z.B. kann die Kriterienhauptgruppe C (30 %) in die Kriteriengruppen C1 und C2 untergliedert werden, welche mit 24 % und 6 % gewichtet werden). Die Prozentwerte für die Kriteriengruppen (2. Kriterienebene) und die Prozentwerte für die Kriterien entsprechen dem absoluten Gewicht in Bezug zum Gesamtgewicht. Streng genommen handelt es sich hier um die Anwendung von Prozentpunkten.[1]

10.1.3 Gewichtung mittels Gewichtungspunkten

Bei der Gewichtung mit Gewichtungspunkten wird eine vorgegebene Anzahl Gewichtungspunkte auf die einzelnen Kriterien verteilt. Die Gewichtungspunkte kann man sich sehr gut als Grammgewicht vorstellen. Grundsätzlich kann hierzu jede Zahl verwendet werden, und Bruchteile davon können auf die einzelnen Kriterien verteilt werden. Bewährt, aber nicht zwingend, ist die Verwendung der Zehnerpotenzen 100, 1.000, 10.000, 100.000 ... als Gewichtungspunkte.

In der nächsten Abbildung findet sich ein Beispiel für eine Bewertungsmatrix mit Gewichtungspunkten. Die Gesamt-Gewichtungspunktzahl ist im Beispiel auf 1.000 Gewichtungspunkte festgesetzt. Diese insgesamt 1.000 Gewichtungspunkte verteilen sich auf 400 Gewichtungspunkte für die Kriterienhauptgruppe A, 300 Gewichtungspunkte für die Kriterienhauptgruppe B und 300 Gewichtungspunkte für die Kriterienhauptgruppe C. Die 300 Gewichtungspunkte der Kriterienhauptgruppe C verteilen sich dann auf 240 Gewichtungspunkte für die Kriteriengruppe C.1 und 60 Gewichtungspunkte für die Kriteriengruppe C.2. Die 240 Gewichtungspunkte der Kriteriengruppe C.1 verteilen sich auf 144 Gewichtungspunkte für das Kriterium C.1.1 und 96 Gewichtungspunkte für das Kriterium C.1.2.

1 Mit Prozentpunkten bezeichnet man den absoluten Unterschied zwischen zwei Prozentangaben. Die Angabe von Prozent bezeichnet dagegen einen relativen Vergleich. Ausführlich behandelt wird dies in *Ferber/Ferber*, Iudex (non) calculat – Mathematik für Juristinnen und Juristen.

Pos.	Kriterien	Gewichtung		
		G_1	G_2	G_3
1.	Kriterienhauptgruppe A	400		
1.1	Kriteriengruppe A.1		200	
1.1.1	Kriterium A.1.1			120
1.1.2	Kriterium A.1.2			40
1.1.3	Kriterium A.1.3			40
1.2	Kriteriengruppe A.2		200	
1.2.1	Kriterium A.2.1			80
1.2.2	Kriterium A.2.2			60
1.2.3	Kriterium A.2.3			60
2.	Kriterienhauptgruppe B	300		
2.1	Kriteriengruppe B.1		180	
2.1.1	Kriterium B.1.1			108
2.1.2	Kriterium B.1.2			36
2.1.3	Kriterium B.1.3			36
2.2	Kriteriengruppe B.2		120	
2.2.1	Kriterium B.2.1			96
2.2.2	Kriterium B.2.2			12
2.2.3	Kriterium B.2.3			12
3.	Kriterienhauptgruppe C	300		
3.1	Kriteriengruppe C.1		240	
3.1.1	Kriterium C.1.1			144
3.1.2	Kriterium C.1.2			96
3.2	Kriteriengruppe C.2		60	
3.2.1	Kriterium C.2.1			30
3.2.2	Kriterium C.2.2			30
		1.000	1.000	1.000

Abbildung: Bewertungsmatrix mit Gewichtungspunkten

In der nächsten Abbildung findet sich ein Beispiel für eine Bewertungsmatrix mit Gewichtungspunkten. Die Gesamt-Gewichtungspunktzahl ist im Beispiel auf 694 Gewichtungspunkte festgesetzt. Diese insgesamt 694 Gewichtungspunkte verteilen sich auf 350 Gewichtungspunkte für die Kriterienhauptgruppe A, 220 Gewichtungspunkte für die Kriterienhauptgruppe B und 124 Gewichtungspunkte für die Kriterienhauptgruppe C. Die 124 Gewichtungspunkte der Kriterienhauptgruppe C verteilen sich dann auf 100 Gewichtungspunkte für die Kriteriengruppe C.1 und 24 Gewichtungspunkte für die Kriteriengruppe

C.2. Die 100 Gewichtungspunkte der Kriteriengruppe C.1 verteilen sich auf 65 Gewichtungspunkte für das Kriterium C.1.1 und 35 Gewichtungspunkte für das Kriterium C.1.2.

Pos.	Kriterien	Gewichtung		
		G_1	G_2	G_3
1.	Kriterienhauptgruppe A	350		
1.1	Kriteriengruppe A.1		200	
1.1.1	Kriterium A.1.1			120
1.1.2	Kriterium A.1.2			40
1.1.3	Kriterium A.1.3			40
1.2	Kriteriengruppe A.2		150	
1.2.1	Kriterium A.2.1			60
1.2.2	Kriterium A.2.2			60
1.2.3	Kriterium A.2.3			30
2.	Kriterienhauptgruppe B	220		
2.1	Kriteriengruppe B.1		180	
2.1.1	Kriterium B.1.1			108
2.1.2	Kriterium B.1.2			36
2.1.3	Kriterium B.1.3			36
2.2	Kriteriengruppe B.2		40	
2.2.1	Kriterium B.2.1			10
2.2.2	Kriterium B.2.2			20
2.2.3	Kriterium B.2.3			10
3.	Kriterienhauptgruppe C	124		
3.1	Kriteriengruppe C.1		100	
3.1.1	Kriterium C.1.1			65
3.1.2	Kriterium C.1.2			35
3.2	Kriteriengruppe C.2		24	
3.2.1	Kriterium C.2.1			12
3.2.2	Kriterium C.2.2			12
		694	694	694

Abbildung: Bewertungsmatrix mit Gewichtungspunkten

Entscheidend ist immer die Verhältniszahl der Gewichte zueinander.

Tabelle: Verhältnis der Gewichte zueinander

Gewicht von Kriterium A	Gewicht von Kriterium B	Verhältniszahl der beiden Gewichte
40 %	20 %	2
40	20	2
80	40	2
74	37	2
102	51	2
146	73	2
1/3	1/6	2

Die Gewichte müssen in einer vernünftigen Relation zueinanderstehen und die Bedeutung der Kriterien widerspiegeln.

10.2 Struktur der Bewertungsmatrix

Im Folgenden wird der Inhalt von Bewertungsmatrizen anhand der Punkte

- Gliederung der Kriterien und Nummerierung,
- Gewichtung der Kriterien,
- Mindestanforderungen an die Kriterien sowie
- Benotung der Kriterien

im Einzelnen besprochen.

10.2.1 Gliederung und Nummerierung der Kriterien

Die Kriterien werden in der Bewertungsmatrix strukturiert mit Positionsnummer dargestellt. Je nach Komplexität der Bewertungsmatrix sind dabei auch mehrstufige Nummerierungen notwendig. Es empfiehlt sich hierbei eine Gliederung und Nummerierung nach DIN 5008.

Pos.	Gliederungsebenen
	... ...
1	**1. Gliederungsebene**
1.1	2. Gliederungsebene
1.2	2. Gliederungsebene
	...
2	**1. Gliederungsebene**
2.1	2. Gliederungsebene
2.2	2. Gliederungsebene
2.2.1	3. Gliederungsebene
2.2.2	3. Gliederungsebene
2.3	2. Gliederungsebene
	...
3	**1. Gliederungsebene**
3.1	2. Gliederungsebene

...

Abbildung: Gliederung und Nummerierung nach DIN 5008

In der folgenden Abbildung ist ein Ausschnitt aus einer Bewertungsmatrix mit drei Hierarchiestufen gezeigt, die eine Gliederung und Nummerierung nach DIN 5008 umsetzt.

Pos.	Bewertungskriterien	Gewichtung			Wertungspunkte	
		G_1	G_2	G_3		
	...					...
2.	Qualifikation des Personals	300				
2.1	Projektleiter / Projektleiterin		90			
2.1.1	Projektmanagement-Zertifizierung			30	0 Punkte	Keine Zertifizierung nach PMI oder IPMA® oder PRINCE2 oder vergleichbar. **Das Angebot wird ausgeschlossen.**
					3 Punkte	Zertifizierung als CAPM® (PMI), PMI-ACP® oder IPMA®Level D oder PRINCE2 Foundation oder vergleichbar
					10 Punkte	Zertifizierung als PMP® (PMI) oder IPMA® Level C oder PRINCE2 Practitioner oder vergleichbar.
	...				...	...

Abbildung: Bewertungsmatrix – Gliederung und Nummerierung der Kriterien

Durch die vorgenommene Gliederung wird die Übersichtlichkeit erhöht und durch die eindeutige Nummerierung der Kriterien kann bei Fragen einfacher Bezug genommen werden.

10.2.2 Gewichtung der Kriterien

Jedes Kriterium wird mit einer Gewichtung aufgeführt. Die Gewichtung kann dabei mittels einer absoluten Gewichtungspunktzahl oder einer prozentualen Gewichtung vorgenommen werden.

Pos.	Bewertungskriterien	Gewichtung			Wertungspunkte	
		G_1	G_2	G_3		
	...					...
2.	Qualifikation des Personals	300				
2.1	Projektleiter / Projektleiterin		90			
2.1.1	Projektmanagement-Zertifizierung			30	0 Punkte	Keine Zertifizierung nach PMI oder IPMA® oder PRINCE2 oder vergleichbar. **Das Angebot wird ausgeschlossen.**
					3 Punkte	Zertifizierung als CAPM® (PMI), PMI-ACP® oder IPMA®Level D oder PRINCE2 Foundation oder vergleichbar
					10 Punkte	Zertifizierung als PMP® (PMI) oder IPMA® Level C oder PRINCE2 Practitioner oder vergleichbar.
	...				...	...

Abbildung: Bewertungsmatrix – Gewichtung der Kriterien mittels Gewichtungspunkten

Pos.	Bewertungskriterien	Gewichtung G1	Gewichtung G2	Gewichtung G3	Wertungspunkte	
	…					…
2.	Qualifikation des Personals	30%				
2.1	Projektleiter / Projektleiterin		30%			
2.1.1	Projektmanagement-Zertifizierung			33 1/3 %	0 Punkte	Keine Zertifizierung nach PMI oder IPMA® oder PRINCE2 oder vergleichbar. **Das Angebot wird ausgeschlossen.**
					3 Punkte	Zertifizierung als CAPM® (PMI), PMI-ACP® oder IPMA®Level D oder PRINCE2 Foundation oder vergleichbar
					10 Punkte	Zertifizierung als PMP® (PMI) oder IPMA® Level C oder PRINCE2 Practitioner oder vergleichbar.
	…				…	…

Abbildung: Bewertungsmatrix – prozentuale relative Gewichtung der Kriterien

Pos.	Bewertungskriterien	Gewichtung G1	Gewichtung G2	Gewichtung G3	Wertungspunkte	
	…					…
2.	Qualifikation des Personals	30%				
2.1	Projektleiter / Projektleiterin		9%			
2.1.1	Projektmanagement-Zertifizierung			3 %	0 Punkte	Keine Zertifizierung nach PMI oder IPMA® oder PRINCE2 oder vergleichbar. **Das Angebot wird ausgeschlossen.**
					3 Punkte	Zertifizierung als CAPM® (PMI), PMI-ACP® oder IPMA®Level D oder PRINCE2 Foundation oder vergleichbar.
					10 Punkte	Zertifizierung als PMP® (PMI) oder IPMA® Level C oder PRINCE2 Practitioner oder vergleichbar.
	…				…	…

Abbildung: Bewertungsmatrix – prozentuale absolute Gewichtung der Kriterien

10.2.3 Mindestanforderungen an die Kriterien

Zu jedem Kriterium kann vom Auftraggeber auch eine Mindestanforderung vorgegeben werden, die durch

- eine Mindestwertungspunktzahl oder
- eine Mindestleistungspunktzahl

umgesetzt wird und die dann wie ein Ausschlusskriterium wirkt.

Wird die Mindestwertungspunktzahl eines Kriteriums bei der Bewertung eines Angebots nicht erreicht, führt dies zum zwingenden Ausschluss des Angebots. In der folgenden Abbildung ist die Mindestanforderung an das Kriterium *Projektmanagement-Zertifizierung* durch eine zu erreichende Mindestwertungspunktzahl von fünf Punkten ausgedrückt. Ein Angebot, das für den Projektleiter oder die Projektleiterin keine Zertifizierung nach PMI oder IPMA® oder PRINCE2 oder vergleichbar vorweisen kann, wird mit null Punkten bewertet, erfüllt damit die Mindestanforderungen nicht und wird ausgeschlossen.

Pos.	Bewertungskriterien	Gewichtung			Wertungspunkte	
		G_1	G_2	G_3		
	...					...
2.	Qualifikation des Personals	300				
2.1	Projektleiter / Projektleiterin		90			
2.1.1	Projektmanagement-Zertifizierung			30	0 Punkte	**AUSSCHLUSS:** Keine Zertifizierung nach PMI oder IPMA® oder PRINCE2 oder vergleichbar. **Das Angebot wird ausgeschlossen.**
					3 Punkte	**MINDESTANFORDERUNG:** Zertifizierung als CAPM® (PMI), PMI-ACP® oder IPMA® Level D oder PRINCE2 Foundation oder vergleichbar.
					10 Punkte	Zertifizierung als PMP® (PMI) oder IPMA® Level C oder PRINCE2 Practitioner oder vergleichbar.
	...				...	...

Abbildung: Bewertungsmatrix mit Mindestanforderung

10.2.4 Wertungspunkte für die Kriterien

In einer vollständigen Bewertungsmatrix finden sich außerdem noch die Angaben zur Benotung (Bewertung) der einzelnen Kriterien durch Wertungspunkte.

In der folgenden Abbildung wird das Kriterium Projektmanagement-Zertifzierung wie folgt bewertet:

- Liegt keine Zertifizierung als Projektleiter/Projektleiterin nach PMI oder IPMA® oder Prince2 oder vergleichbar vor, wird das Kriterium Projektmanagement-Zertifizierung mit null Punkten bewertet,
- liegt eine Zertifzierung als CAPM® (PMI), PMI-ACP® oder IPMA® Level D oder Prince2 Foundation oder vergleichbar vor, wird das Kriterium Projektmanagement-Zertifzierung mit drei Punkten bewertet,
- liegt eine Zertifzierung als PMPSM (PMI) oder IPMA® Level C oder PRINCE2 Practitioner oder vergleichbar vor, wird das Kriterium Projektmanagement-Zertifzierung mit 10 Punkten bewertet.

Pos.	Bewertungskriterien	Gewichtung			Wertungspunkte	
		G_1	G_2	G_3		
	...					...
2.	Qualifikation des Personals	300				
2.1	Projektleiter / Projektleiterin		90			
2.1.1	Projektmanagement-Zertifizierung			30	0 Punkte	**AUSSCHLUSS:** Keine Zertifizierung nach PMI oder IPMA® oder PRINCE2 oder vergleichbar. **Das Angebot wird ausgeschlossen.**
					3 Punkte	**MINDESTANFORDERUNG:** Zertifizierung als CAPM® (PMI), PMI-ACP® oder IPMA® Level D oder PRINCE2 Foundation oder vergleichbar.
					10 Punkte	Zertifizierung als PMP® (PMI) oder IPMA® Level C oder PRINCE2 Practitioner oder vergleichbar.
	...				...	...

Abbildung: Bewertungsmatrix – Benotung durch Wertungspunkte

10.3 Arithmetik der Bewertungsmatrizen

Die Leistungspunkte berechnen sich aus der Multiplikation von Wertungspunkten mit der entsprechenden Gewichtung. In der folgenden Abbildung besitzt das Kriterium Projektmanagement-Zertifizierung ein Gewicht von 30 Gewichtungspunkten.

Pos.	Bewertungskriterien	Gewichtung			Wertungspunkte	
		G_1	G_2	G_3		
	...					...
2.	Qualifikation des Personals	300				
2.1	Projektleiter / Projektleiterin		90			
2.1.1	Projektmanagement-Zertifizierung			30	0 Punkte	**AUSSCHLUSS:** Keine Zertifizierung nach PMI oder IPMA® oder PRINCE2 oder vergleichbar. **Das Angebot wird ausgeschlossen.**
					3 Punkte	**MINDESTANFORDERUNG:** Zertifizierung als CAPM® (PMI), PMI-ACP® oder IPMA® Level D oder PRINCE2 Foundation oder vergleichbar.
					10 Punkte	Zertifizierung als PMP® (PMI) oder IPMA® Level C oder PRINCE2 Practitioner oder vergleichbar.
	...				...	...

Abbildung: Bewertungsmatrix – Bewertung

Ein Angebot, das bei der Bewertung dieses Kriteriums drei Wertungspunkte erhält, erreicht 90 Leistungspunkte.

Leistungspunkte
= Gewicht · Wertungspunkte
= 30 Gewichtungspunkte · 3 Wertungspunkte
= 90 Leistungspunkte

Tabelle: Berechnung der Leistungspunkte bei 3 Wertungspunkten und einer Gewichtung von 30 für das Zuschlagskriterium Projektmanagement-Zertifizierung

Kriterium	Gewicht	Wertungspunkte	Leistungspunkte
Projektmanagement-Zertifizierung	30	3	90

Ein Angebot, das bei der Bewertung dieses Kriteriums 10 Wertungspunkte erhält, erreicht 300 Leistungspunkte.

Leistungspunkte
= Gewicht · Wertungspunkte
= 30 Gewichtungspunkte · 10 Wertungspunkte
= 300 Leistungspunkte

Tabelle: Berechnung der Leistungspunkte bei 10 Wertungspunkten und einer Gewichtung von 30 für das Zuschlagskriterium Projektmanagement-Zertifizierung

Kriterium	**Gewicht**	**Wertungspunkte**	**Leistungspunkte**
Projektmanagement-Zertifizierung	30	10	300

Wird die Gewichtung mittels einer prozentualen absoluten Gewichtung vorgenommen, besitzt das Kriterium Projektmanagement-Zertifizierung ein Gewicht von 3 %.

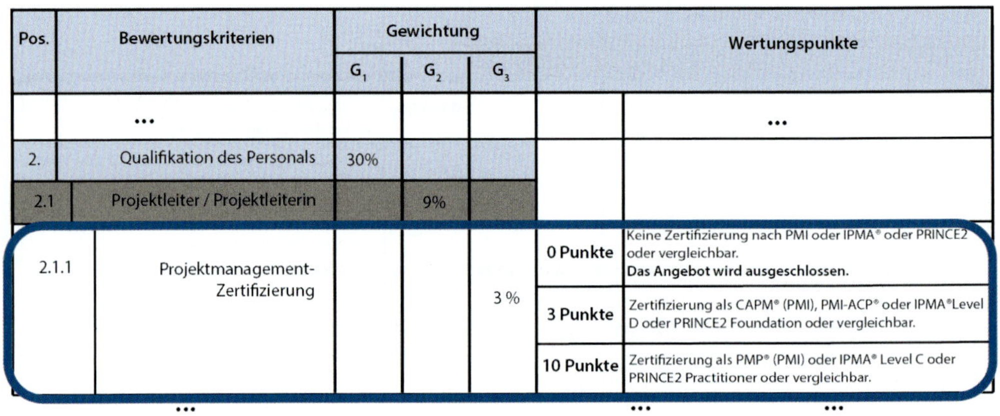

Pos.	Bewertungskriterien	Gewichtung G1	G2	G3	Wertungspunkte	
	...					...
2.	Qualifikation des Personals	30%				
2.1	Projektleiter / Projektleiterin		9%			
2.1.1	Projektmanagement-Zertifizierung			3 %	**0 Punkte**	Keine Zertifizierung nach PMI oder IPMA® oder PRINCE2 oder vergleichbar. **Das Angebot wird ausgeschlossen.**
					3 Punkte	Zertifizierung als CAPM® (PMI), PMI-ACP® oder IPMA® Level D oder PRINCE2 Foundation oder vergleichbar.
					10 Punkte	Zertifizierung als PMP® (PMI) oder IPMA® Level C oder PRINCE2 Practitioner oder vergleichbar.
	...				...	...

Abbildung: Bewertungsmatrix – Bewertung

Die erreichte Wertungspunktzahl zu jedem Bewertungskriterium wird mit dem prozentualen Gewicht des Kriteriums multipliziert.

Ein Angebot, das bei der Bewertung dieses Kriteriums drei Wertungspunkte erhält, erreicht 0,09 Leistungspunkte.

Leistungspunkte

= Gewicht · Wertungspunkte

= 3 % · 3 Wertungspunkte

= 0,09 Leistungspunkte

Tabelle: Berechnung der Leistungspunkte bei 3 Wertungspunkten und einer Gewichtung von 3 % für das Zuschlagskriterium Projektmanagement-Zertifizierung

Kriterium	**Gewicht**	**Wertungspunkte**	**Leistungspunkte**
Projektmanagement-Zertifizierung	3 %	3	0,09

Ein Angebot, das bei der Bewertung dieses Kriteriums 10 Wertungspunkte erhält, erreicht 0,3 Leistungspunkte.

Leistungspunkte
= Gewicht · Wertungspunkte
= 3 % · 10 Wertungspunkte
= 0,3 Leistungspunkte

Tabelle: Berechnung der Leistungspunkte bei 10 Wertungspunkten und einer Gewichtung von 3 % für das Zuschlagskriterium Projektmanagement-Zertifizierung

Kriterium	Gewicht	Wertungspunkte	Leistungspunkte
Projektmanagement-Zertifizierung	3 %	10	0,3

10.4 Mindestanforderungen

Mindestanforderungen durch Mindestwertungspunktzahlen wirken als Ausschlusskriterien. Wird die Mindestpunktzahl eines Kriteriums bei der Bewertung eines Angebots nicht erreicht, führt dies zum zwingenden Ausschluss des Angebots. Ein Angebot, das auch nur eine einzige Mindestanforderung nicht erfüllt, wird zwingend von der weiteren Wertung ausgeschlossen.

10.4.1 Mindestpunktanforderungen bei Einzelkriterien

Wird die Mindestwertungspunktzahl eines Kriteriums bei der Bewertung eines Angebots nicht erreicht, führt dies zum zwingenden Ausschluss des Angebots. Diese Mindestanforderung muss aber in der Bewertungsmatrix transparent veröffentlicht werden.

Im folgenden Beispiel wird für das Kriterium Projektmanagementzertifizierung als Mindestanforderung eine Zertifizierung CAPM® (PMI), PMI-ACP® oder IPMA®Level D oder PRINCE2 Foundation oder vergleichbar verlangt. Wird die Mindestanforderung nicht erreicht, führt dies zum zwingenden Ausschluss des Angebots. Wird die Mindestanforderung erfüllt, erhält das betrachtete Angebot drei Wertungspunkte. Wird die Mindestanforderung durch eine Zertifizierung als PMP® (PMI) oder IPMA® Level C oder PRINCE2 Practitioner oder vergleichbar übererfüllt, erhalt das betrachtete Angebot zehn Wertungspunkte.

Pos.	Bewertungskriterien	Gewichtung			Wertungspunkte	
		G_1	G_2	G_3		
	...					...
2.	Qualifikation des Personals	30%				
2.1	Projektleiter / Projektleiterin		9%			
2.1.1	Projektmanagement-Zertifizierung			3 %	0 Punkte	**AUSSCHLUSS:** Keine Zertifizierung nach PMI oder IPMA® oder PRINCE2 oder vergleichbar. **Das Angebot wird ausgeschlossen.**
					3 Punkte	**MINDESTANFORDERUNG:** Zertifizierung als CAPM® (PMI), PMI-ACP® oder IPMA®Level D oder PRINCE2 Foundation .oder vergleichbar.
					10 Punkte	Zertifizierung als PMP® (PMI) oder IPMA® Level C oder PRINCE2 Practitioner oder vergleichbar.
	...				...	...

Abbildung: Mindestwertungspunktzahl bei einem Kriterium

10.4.2 Mindestpunktanforderung bei der Gesamtleistungspunktzahl

Das Fordern einer Mindestleistungspunktzahl setzt für die Leistungsanforderung der Angebote eine untere Schranke. Angebote, die unter der Mindestleistungspunktzahl liegen, werden ausgeschlossen. Mit diesem Instrument filtert der Auftraggeber leistungsschwache Angebote aus.

In der folgenden Abbildung sind die fünf Angebote A, B, C, D und E in einem Preis-Leistungsdiagramm eingezeichnet. Da jedes Angebot einen eindeutigen Angebotspreis hat sowie eine eindeutig bestimmbare Leistungspunktzahl, kann jedes Angebot durch einen Punkt im Preis-Leistungsdiagramm dargestellt werden. Je weiter links die Angebotspunkte im Preis-Leistungsdiagramm eingetragen sind, umso geringer, je weiter rechts, umso höher ist der Angebotspreis.

Je weiter oben die Angebotspunkte im Preis-Leistungsdiagramm eingetragen sind, umso höher, je weiter unten, umso geringer ist die Leistungspunktzahl.

Welches der fünf aufgeführten Angebote das wirtschaftlichste Angebot darstellt, ist abhängig von der gewählten Gewichtung von Angebotspreis und Leistungspunkten sowie der gewählten Zuschlagsformel. Durch die Vorgabe einer Mindestleistungspunktzahl für die Gesamtleistungspunktzahl werden die Angebote, die diese Mindestanforderung nicht erfüllen, von der weiteren Wertung ausgeschlossen und damit herausgefiltert. In der folgenden Abbildung erreichen die beiden Angebote A und B nicht die notwendige Mindestleistungspunktzahl.

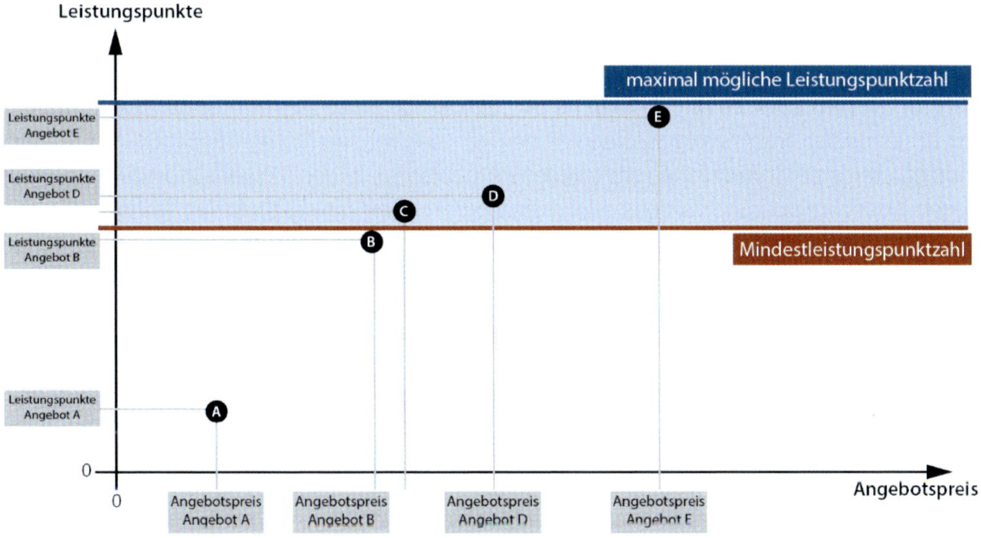

Abbildung: Anforderung an die Leistungsfähigkeit der Angebote durch eine Gesamt-Mindestleistungspunktzahl

Gibt man keine Mindestleistungspunktzahl vor, dann sind auch Angebote mit einer sehr kleinen Leistungspunktzahl beziehungsweise auch mit null Leistungspunkten erlaubt. Dies kann durchaus Sinn machen, wenn zum Beispiel die Mindestanforderungen ausschließlich durch Ausschlusskriterien vorgegeben sind und durch die Bewertungskriterien ausschließlich Zusatzpunkte vergeben werden. In solchen Fällen heißt null Leistungspunkte nichts anderes, als dass die Mindestanforderungen erfüllt sind und das Angebot generell zuschlagswürdig wäre. In diesen Fällen ist aber zu berücksichtigen, dass dann nicht jede Zuschlagsformel Anwendung finden kann, da einige Zuschlagsformeln, wie z.B. die einfache und erweiterte Richtwertmethode, mit null Leistungspunkten nicht sinnvoll funktionieren.

Werden die Mindestanforderungen nicht ausschließlich durch Ausschlusskriterien vorgegeben, dann müssen die nichtmonetären Bewertungskriterien auf Mindestanforderungen geprüft werden und die Mindestanforderungen in Form von Mindestwertungspunkten und/oder Mindestleistungspunktzahlen vorgegeben werden.

10.4.3 Vergaberechtliche Betrachtung

Das Fordern von Mindestpunktzahlen, Mindestanforderungen für Kriterien, Kriteriengruppen, Kriterienhauptgruppen bzw. das Fordern einer Mindestleistungspunktzahl ist von der Rechtsprechung akzeptiert.

EuGH, Urteil vom 20.9.2018 – C-546/16: *„Die Richtlinie 2014/24/EU des Europäischen Parlaments und des Rates vom 26.02.2014 über die öffentliche Auftragsvergabe und zur Aufhebung der Richtlinie 2004/18/EG ist dahin auszulegen, dass sie nationalen Rechtsvorschriften wie den im Ausgangsverfahren fraglichen nicht entgegensteht, die es den öffentlichen Auftraggebern gestatten, in den Vergabebedingungen eines offenen Ausschreibungsverfahrens Mindestanforderungen hinsichtlich der technischen Bewertung festzulegen, so dass die abgegebenen Angebote, die nach abgeschlossener technischer Bewertung eine vorab festgelegte Mindest-*

punktzahl nicht erreichen, von der weiteren Bewertung, die sowohl auf technischen als auch auf preislichen Kriterien beruht, ausgeschlossen werden."

EuGH, Urteil vom 20.9.2018 – C-546/16: *„Art. 66 der Richtlinie 2014/24 ist dahin auszulegen, dass er nationalen Rechtsvorschriften wie den im Ausgangsverfahren fraglichen nicht entgegensteht, die es den öffentlichen Auftraggebern gestatten, in den Vergabebedingungen eines offenen Ausschreibungsverfahrens Mindestanforderungen hinsichtlich der technischen Bewertung festzulegen, so dass die abgegebenen Angebote, die nach abgeschlossener technischer Bewertung eine vorab festgelegte Mindestpunktzahl nicht erreichen, von den weiteren Phasen der Zuschlagserteilung ausgeschlossen werden, und zwar unabhängig davon, wie viele Bieter noch übrig sind."*

OLG Düsseldorf, Beschluss vom 25.5.2005 – VII-Verg 08/05: *„Die Festsetzung der 80 %-Mindestquote bei den Leistungspunkten ist vergaberechtlich nicht zu beanstanden.*

(...)

Daran gemessen ist nicht zu beanstanden, dass die Antragsgegnerin die leistungsbildenden Kriterien auf die Gruppen „Lehrgangs-/Schulungsunterlagen", „Qualifikation der Dozenten" und „Feinkonzepte" focussierte und für jede Gruppe das Erreichen der Mindestpunktzahl verlangte. Dieses Vorgehen war vertretbar und verhielt sich innerhalb ihrer Kompetenz, auf allen ihr wichtig erscheinenden Feldern eine gleich hohe Mindestqualität von den Angeboten zu fordern. Soweit die Antragstellerin meint, dass eine solche hoch angesetzte Mindestquote nur für Kriterien zulässig sei, denen im Rahmen der Vergabe „überragende Bedeutung" zukomme, ist dem nicht zuzustimmen. Eine solche Sicht engt den Beurteilungsspielraum des Auftraggebers unzulässig ein. Dass der Antragsgegnerin bei der Auswahl der maßgebenden Kriterien ein sachlicher Fehlgriff unterlaufen wäre, macht die Antragstellerin nicht geltend und ist auch nicht ersichtlich."

Die Mindestanforderungen wirken als Filterfunktion, um Mindestanforderungen an die Qualität zu erreichen.

OLG Düsseldorf, Beschluss vom 25.5.2005 – VII-Verg 08/05: *„Der Angebotspreis hat im Wertungssystem der Antragsgegnerin keine nur am Rande der Wertung bleibende Bedeutung. Zwar kann der Preis eines konkreten Angebotes bei einem Scheitern an der Mindestquote keine Rolle mehr spielen. Soweit es aber zu einer Endwertung des Angebotes kommt, hat er mit einem Anteil von 50 % ein entscheidendes Gewicht. Es ist nicht zu beanstanden, wenn der öffentliche Auftraggeber in diesem Rahmen seinen Qualitätsansprüchen eine gewisse Filterfunktion zumisst."*

10.5 Die optimale Bewertungsmatrix

10.5.1 Bewertungskriterien vs. Ausschlusskriterien

Ein Ausschlusskriterium ist eine dichotome Bewertung mit den Bewertungsmöglichkeiten **„erfüllt"** oder **„nicht erfüllt"** bei dem ein **„nicht erfüllt"** zum zwingenden Ausschluss des Angebots führt. Eine differenzierende Bewertung findet bei einem Ausschlusskriterium nicht statt.

Werden Ausschlusskriterien in Bewertungsmatrizen aufgenommen, sollten diese unbedingt als solche kenntlich gemacht werden. Ausschlusskriterien machen in einer Bewertungsmatrix aber nicht wirklich Sinn und gehören in die Leistungsbeschreibung oder die Ausführungsbestimmungen oder gerne auch in eine separate Liste, die als Ausschlusskriterien kenntlich gemacht ist. Ausschlusskriterien in Bewertungsmatrizen erhöhen unnötig die Komplexität.

Dazu im Folgenden einige Beispiele. Im ersten Beispiel geht es um eine IT-Software-Ausschreibung, bei der sich in der Bewertungsmatrix das Kriterium Spracheinstellung der Benutzeroberfläche findet. Ein zu bewertendes Angebot erhält bei diesem Kriterium zehn Wertungspunkte, wenn die Benutzeroberfläche für die Sprachen Deutsch und Englisch für jeden Benutzer frei einstellbar ist und null Wertungspunkte, wenn dies nicht der Fall ist. Null Wertungspunkte sollen bei diesem Kriterium außerdem zum zwingenden Ausschluss führen.

Pos.	Bewertungskriterien	Gewichtung			Wertungspunkte	
		G_1	G_2	G_3		
	...				...	...
4	**Funktionalität**	300				
4.1	Benutzeroberfläche		120			
4.1.1	Spracheinstellung der Benutzeroberfläche			60	**0 Punkte**	**AUSSCHLUSS:** Die Benutzeroberfläche ist **nicht** für die Sprachen Deutsch und Englisch für jeden Benutzer frei einstellbar.
					10 Punkte	**MINDESTANFORDERUNG:** Die Benutzeroberfläche ist für die Sprachen Deutsch und Englisch für jeden Benutzer frei einstellbar.
	...				...	... ...

Abbildung: Beispiel für ein Ausschlusskriterium bei einer IT-Software-Ausschreibung

Das Kriterium *„Spracheinstellung der Benutzeroberfläche"* mit der Notenskala (0, 10)-Punkte und der Bedingung, dass null Punkte zum zwingenden Ausschluss führen, die zehn Punkte mithin die Mindestanforderungen sind, ist kein Bewertungskriterium, sondern ein Ausschlusskriterium.

Im zweiten Beispiel geht es um die Beschaffung eines technischen Gerätes, bei der sich in der Bewertungsmatrix das Kriterium Wirkungsgrad findet. Ein zu bewertendes Angebot erhält bei diesem Kriterium zehn Wertungspunkte, wenn der Wirkungsgrad mindestens 85 % beträgt und null Wertungspunkte, wenn der Wirkungsgrad kleiner als 85 % ist. Null Wertungspunkte sollen bei diesem Kriterium außerdem zum zwingenden Ausschluss führen.

Pos.	Bewertungskriterien	Gewichtung			Wertungspunkte	
		G_1	G_2	G_3		
	...				...	...
4	Qualität	500				
4.1	technische Werte		400			
4.1.1	Wirkungsgrad			90	0 Punkte	Wirkungsgrad < 85% **führt zum zwingenden Ausschluss**
					10 Punkte	Wirkungsgrad ≥ 85%
	...				...	... ...

Abbildung: Beispiel für ein Ausschlusskriterium bei einer Ausschreibung eines technischen Gerätes

Das Kriterium „Wirkungsgrad" mit der Notenskala (0, 10)-Punkte und der Bedingung, dass null Punkte zum zwingenden Ausschluss führen, die zehn Punkte mithin die Mindestanforderungen sind, ist kein Bewertungskriterium, sondern ein Ausschlusskriterium. Eine differenzierende Bewertung des Wirkungsgrades findet so nicht statt.

Definition

*Ein **Ausschlusskriterium** ist ein Kriterium, das*

*a) nur mit den Werten **„erfüllt"** oder **„nicht erfüllt"** bewertet werden kann (binäre / dichotome Bewertung) und*

b) bei dem der Wert „nicht erfüllt" zum Ausschluss führt.

Praxistipp

Ausschlusskriterien sollten in einer Bewertungsmatrix nur mit Vorsicht Anwendung finden, da diese die Komplexität erhöhen und Bewertungsmatrizen mit Ausschlusskriterien sehr schnell zur Unübersichtlichkeit neigen.

Wo immer möglich, sollten Ausschlusskriterien in der Leistungsbeschreibung oder in den Ausführungsbestimmungen oder in einer separaten Liste von Ausschlusskriterien Aufnahme finden.

Sollen Ausschlusskriterien in eine Bewertungsmatrix aufgenommen werden, muss man darauf achten, dass die Übersichtlichkeit gewahrt bleibt.

Soll das Kriterium Wirkungsgrad wirklich als Bewertungskriterium Anwendung finden, könnte die entsprechende Umsetzung in einer Bewertungsmatrix wie folgt aussehen:

Ein Wirkungsgrad von weniger als 85 % führt zum Ausschluss. Ein Wirkungsgrad von 85 % wird mit null Punkten bewertet. Ein Wirkungsgrad von 95 % oder besser (ein Wirkungsgrad von mindestens 95 %) wird mit 10 Punkten bewertet. Bei einem Wirkungsgrad zwischen 85 % und 95 % wird linear interpoliert.

Pos.	Bewertungskriterien	Gewichtung			Wertungspunkte	
		G_1	G_2	G_3		
	...				...	...
4	Qualität	500				
4.1	technische Werte		400			
4.1.1	Wirkungsgrad			90	**AUSSCHLUSS:** Ein Wirkungsgrad von weniger als 85% führt zum Ausschluss. **MINDESTANFORDERUNG:** Ein Wirkungsgrad von 85% wird mit 0 Punkten bewertet. Ein Wirkungsgrad von mindestens 95% wird mit 10 Punkten bewertet. Bei einem Wirkungsgrad zwischen 85% und 95% wird linear interpoliert. Gerechnet wird mit zwei Stellen hinter dem Komma, es findet das kaufmännische Runden Anwendung. **Beispiele:** 86% Wirkungsgrad = 1 Punkt 90% Wirkungsgrad = 5 Punkte 92,55% Wirkungsgrad = 7,55 Punkte 96% Wirkungsgrad = 10 Punkte	
	...				... ...	...

Abbildung: Beispiel für die Bewertung des Wirkungsgrades bei einem technischen Gerät

Bewertungskriterien dürfen auch mit Mindestanforderungen kombiniert werden, sodass das Bewertungskriterium dann auch als Ausschlusskriterium wirken kann, wenn die Mindestanforderungen nicht erfüllt sind. Von der Definition her bleibt es allerdings ein Bewertungskriterium, da hier eine differenzierte Bewertung vorgenommen werden kann.

Sollen Ausschlusskriterien in einer Bewertungsmatrix Anwendung finden, dann müssen diese kenntlich gemacht werden. Es empfiehlt sich, dazu eine eigene Spalte zur Kennzeichnung hinzuzufügen. In der folgenden Abbildung werden die verschiedenen Kriterienarten (Ausschlusskriterien, Bewertungskriterien, Information/Definition) durch eine eigene Spalte mit den Buchstaben A, B, I kenntlich gemacht.

- A: Ausschlusskriterium
- B: Bewertungskriterium
- I: Information/Definition

Packt man all diese Informationen in eine Bewertungsmatrix, muss man darauf achten, dass die Übersichtlichkeit gewahrt bleibt. In der folgenden Abbildung wird durch die grau hinterlegten und durchgestrichenen Matrizenfelder kenntlich gemacht, dass die Informations-/Definitionskriterien und die Ausschlusskriterien keinen Einfluss auf die Gesamtleistungspunktzahl haben.

Pos.	Kriterien	Gewichtung G1	Gewichtung G2	A: Ausschlusskriterium B: Bewertungskriterium I: Information/Definition	Wertungspunkte	
	...				...	...
8	Service- und Wiederherstellungszeiten	150				
8.1	Die **Servicezeit** ist definiert als die Zeit, innerhalb derer der Auftraggeber Anspruch auf vertraglich geschuldete Leistungen durch den Auftragnehmer hat.			I		
8.2	Die **Servicezeit** umfasst mindestens die folgenden Zeiten: arbeitstäglich Montag - Freitag: 09:00 - 17:00 Uhr.			A		
8.3	Die **Wiederherstellungszeit** ist definiert als der Zeitraum, innerhalb dessen der Auftragnehmer die Störungsbeseitigung erfolgreich abzuschließen hat. Der Zeitraum beginnt mit dem Zugang der entsprechenden Meldung innerhalb der vereinbarten Servicezeiten und läuft ausschließlich während der vereinbarten Servicezeiten. Geht eine Meldung außerhalb der vereinbarten Servicezeiten ein, beginnt die Wiederherstellungszeit mit Beginn der nächsten Servicezeit.			I		
8.4	Wiederherstellungszeit		100	B	0 Punkte	AUSSCHLUSS: Wiederherstellungszeit > 24 Stunden
					1 Punkt	22 Stunden < Wiederherstellungszeit ≤ 24 Stunden
					2 Punkte	20 Stunden < Wiederherstellungszeit ≤ 22 Stunden
					3 Punkte	18 Stunden < Wiederherstellungszeit ≤ 20 Stunden
					4 Punkte	16 Stunden < Wiederherstellungszeit ≤ 18 Stunden
					5 Punkte	14 Stunden < Wiederherstellungszeit ≤ 16 Stunden
					6 Punkte	12 Stunden < Wiederherstellungszeit ≤ 14 Stunden
					7 Punkte	10 Stunden < Wiederherstellungszeit ≤ 12 Stunden
					8 Punkte	8 Stunden < Wiederherstellungszeit ≤ 10 Stunden
					9 Punkte	6 Stunden < Wiederherstellungszeit ≤ 8 Stunden
					10 Punkte	Wiederherstellungszeit ≤ 6 Stunden
	...			...	...	...

Abbildung: Beispiel für eine Bewertungsmatrix mit Ausschlusskriterien, Bewertungskriterien sowie Informationen/Definitionen

Bei dem unter Position 8.4 aufgeführten Kriterium *Wiederherstellungszeit* handelt es sich um ein Bewertungskriterium. In Abhängigkeit von der angebotenen Wiederherstellungszeit erhält ein Bieter für sein Angebot zwischen null (Wiederherstellungszeit ist größer als 24 Stunden) und zehn Wertungspunkten (Wiederherstellungszeit beträgt maximal sechs Stunden). Eine Wiederherstellungszeit von mehr als 24 Stunden führt zum Ausschluss des Angebots. Die Mindestanforderung an die Wiederherstellungszeit beträgt damit 24 Stunden. Ein Nichterfüllen der Mindestanforderung führt zum Ausschluss.

Bei dem unter Position 8.1 aufgeführten Kriterium *Servicezeit* handelt es sich um eine reine Definition mit Informationscharakter, eine Bewertung findet hier nicht statt.

Bei dem unter Position 8.2 aufgeführten Kriterium *Servicezeit* handelt es sich um ein Ausschlusskriterium. Wird die Anforderung *„Die Servicezeit umfasst mindestens die folgenden Zeiten: Arbeitstäglich Montag-Freitag: 09:00-17:00 Uhr.“* nicht erfüllt, führt dies zum zwingenden Ausschluss des Angebots. Eine Bewertung mit Wertungspunkten sowie eine Gewichtung dieser Wertungspunkte ist somit nicht zwingend notwendig, darf aber durchaus vorgenommen werden.

In der folgenden Abbildung ist das unter Position 8.2 aufgeführte Ausschlusskriterium Servicezeit mit einer Gewichtung (acht Gewichtungspunkte) sowie mit einer Bewertung mit Wertungspunkten versehen. Umfasst die Servicezeit mindestens die Zeiten Montag-Freitag: 09:00-17:00 Uhr, dann wird das Angebot mit zehn Wertungspunkten bewertet. Die zehn Wertungspunkte werden dann mit dem Gewicht von acht Gewichtungspunkten multipliziert und ergeben somit 80 Leistungspunkte, die zur Gesamtleistungspunktzahl beitragen. Durch die vorgenommene Gewichtung der Ausschlusskriterien müssen auch die Gewichte der Bewertungskriterien berücksichtigt und stimmig und ausgewogen angepasst werden.

Umfasst die Servicezeit nicht mindestens die Zeiten Arbeitstäglich Montag-Freitag: 09:00–17:00 Uhr, dann ist die Mindestanforderung des Ausschlusskriteriums Servicezeit nicht erfüllt, dies führt zum Ausschluss.

Pos.	Kriterien	Gewichtung G₁	Gewichtung G₂	A: Ausschlusskriterium B: Bewertungskriterium I: Information/Definition	Wertungspunkte	
	...				...	...
8	Service- und Wiederherstellungszeiten	150				
8.1	Die **Servicezeit** ist definiert als die Zeit, innerhalb derer der Auftraggeber Anspruch auf vertraglich geschuldete Leistungen durch den Auftragnehmer hat.	X	X	I	X	X
8.2	Die **Servicezeit** umfasst mindestens die folgenden Zeiten: Montag - Freitag (außer Feiertage am Ort des Auftraggebers): 09:00 - 17:00 Uhr.		8	A	0 Punkte	nicht erfüllt, führt zum Ausschluss
					10 Punkte	erfüllt
8.3	Die **Wiederherstellungszeit** ist definiert als der Zeitraum, innerhalb dessen der Auftragnehmer die Störungsbeseitigung erfolgreich abzuschließen hat. Der Zeitraum beginnt mit dem Zugang der entsprechenden Meldung innerhalb der vereinbarten Servicezeiten und läuft ausschließlich während der vereinbarten Servicezeiten. Geht eine Meldung außerhalb der vereinbarten Servicezeiten ein, beginnt die Wiederherstellungszeit mit Beginn der nächsten Servicezeit.	X	X	I	X	X
8.4	Wiederherstellungszeit		90	B	0 Punkte	AUSSCHLUSS: Wiederherstellungszeit > 24 Stunden
					1 Punkt	22 Stunden < Wiederherstellungszeit ≤ 24 Stunden
					2 Punkte	20 Stunden < Wiederherstellungszeit ≤ 22 Stunden
					3 Punkte	18 Stunden < Wiederherstellungszeit ≤ 20 Stunden
					4 Punkte	16 Stunden < Wiederherstellungszeit ≤ 18 Stunden
					5 Punkte	14 Stunden < Wiederherstellungszeit ≤ 16 Stunden
					6 Punkte	12 Stunden < Wiederherstellungszeit ≤ 14 Stunden
					7 Punkte	10 Stunden < Wiederherstellungszeit ≤ 12 Stunden
					8 Punkte	8 Stunden < Wiederherstellungszeit ≤ 10 Stunden
					9 Punkte	6 Stunden < Wiederherstellungszeit ≤ 8 Stunden
					10 Punkte	Wiederherstellungszeit ≤ 6 Stunden
	...			...	...	...

Abbildung: Beispiel für eine Bewertungsmatrix mit Ausschlusskriterien, die mit Wertungspunkten bewertet werden

Doch nicht jedes Kriterium, das nur zwei verschiedene Werte annehmen kann, ist automatisch ein Ausschlusskriterium. Die folgende Bewertungsmatrix zeigt, dass auch Kriterien, die nur zwei verschiedene Werte annehmen können, ein sinnvolles Bewertungskriterium sein können.

Pos.	Bewertungskriterien	Gewichtung			Wertungspunkte	
		G_1	G_2	G_3		
	...				...	...
8	Optionen	300				
8.1	Schnittstellen		120			
8.1.1	ABC			60	0 Punkte	Die Schnittstelle ABC ist nicht enthalten.
					10 Punkte	Die Schnittstelle ABC ist enthalten.
	...		...		...	...

Abbildung: Beispiel eines Bewertungskriteriums mit nur zwei Wertungsmöglichkeiten

Definition (Bewertungskriterium)

Ein Bewertungskriterium ist ein Kriterium, das

1. mit mindestens zwei verschiedenen Werten bewertet werden kann und
2. bei dem mindestens zwei verschiedene Werte nicht zum Ausschluss führen.

10.5.2 Verwenden der richtigen Bewertungsskala

Um Bewertungsverzerrungen zu vermeiden, müssen die Bewertungskriterien mit der richtigen Bewertungsskala versehen sein. Bewertungskriterien, die natürlicherweise mit einer metrischen Bewertungsskala versehen sind, sollten nicht mittels einer Ordinalskala bewertet werden.[2]

Beispiel 1: Bewertung der Berufserfahrung eines/r Projektleiters/Projektleiterin

Das folgende Beispiel, bei dem es um die Bewertung der Berufserfahrung eines Projektleiters oder einer Projektleiterin geht, soll dies verdeutlichen.

In der folgenden Bewertungsmatrix wird die Berufserfahrung eines Projektleiters / einer Projektleiterin mittels einer Ordinalskala bewertet.

Pos.	Bewertungskriterien	Gewichtung			Wertungspunkte	
		G_1	G_2	G_3		
	...				...	...
2.	Qualifikation des Personals	300				
2.1	Projektleiter/Projektleiterin		90			
2.1.1	Berufserfahrung in Jahren			30	0 Punkte	weniger als 1 Jahr Berufserfahrung
					6 Punkte	mindestens 1 Jahr und weniger als 5 Jahre Berufserfahrung
					12 Punkte	mindestens 5 Jahre Berufserfahrung
	...		...		...	...

Abbildung: Bewertungsmatrix mit der Bewertung der Berufserfahrung

2 Hierzu ausführlich Kapitel 8 Bewertung und Punkteskalen.

Eine Berufserfahrung von weniger als einem Jahr wird mit null Punkten bewertet, eine Berufserfahrung von mindestens einem Jahr und weniger als fünf Jahren wird mit sechs Punkten bewertet, ab fünf Jahren Berufserfahrung erhält man zwölf Punkte.

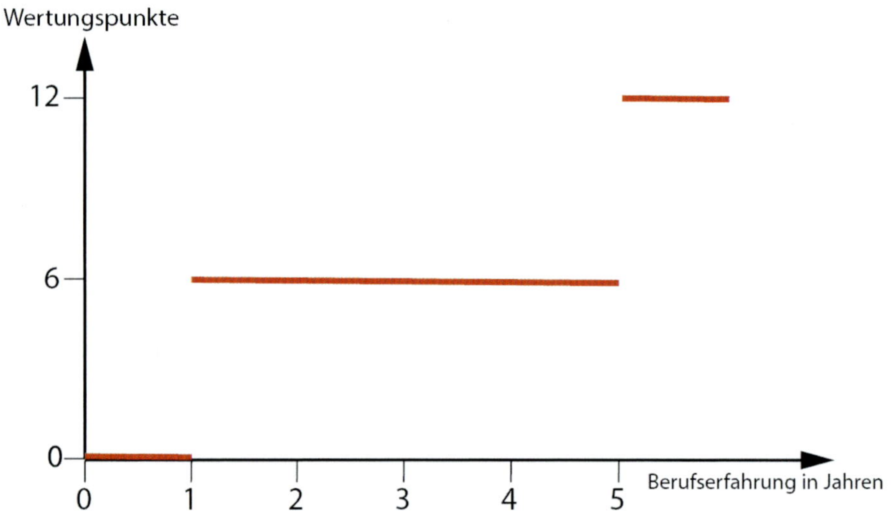

Abbildung: Bewertung der Berufserfahrung durch eine Ordinalskala

Dass man eine Berufserfahrung von weniger als einem Jahr mit null Punkten bewertet, ist sicherlich vertretbar, dass aber im Bereich zwischen mindestens einem Jahr und weniger als fünf Jahren Berufserfahrung mit konstanten sechs Wertungspunkten keinerlei Differenzierung vorgenommen wird, verwundert. Dass dann aber mit mindestens fünf Jahren Berufserfahrung ein Sprung auf zwölf Wertungspunkte und damit eine Verdoppelung der Punktewertung stattfindet, führt zu einer deutlichen Bewertungsverzerrung.

Betrachtet man die folgenden acht Angebote mit Berufserfahrungen im Bereich von 11 bis 60 Monaten, so wird die Bewertungsverzerrung offensichtlich.

Tabelle: Berufserfahrung in Monaten und Wertungspunkte

Angebot	Berufserfahrung	Wertungspunkte
A	11 Monate	0
B	12 Monate	6
C	24 Monate	6
D	35 Monate	6
E	36 Monate	6
F	48 Monate	6
G	59 Monate	6
H	60 Monate	12

Die beiden Angebote G und H unterscheiden sich in der Berufserfahrung nur um einen Monat oder relativ gesehen um 1,7 %. Das Mehr an Wertungspunkten beträgt allerdings 100 %.

Das Verwenden einer differenzierenderen Punkteskala ist grundsätzlich die richtige Richtung, eliminiert allerdings auch bei der folgenden Ordinalskala mit vier Wertungsstufen (0 Punkte, 4 Punkte, 8 Punkte, 12 Punkte) die Wertungsverzerrung nicht wirklich.

Pos.	Bewertungskriterien	Gewichtung			Wertungspunkte	
		G_1	G_2	G_3		
	...				...	...
2.	Qualifikation des Personals	300				
2.1	Projektleiter/Projektleiterin		90			
2.1.1	Berufserfahrung in Jahren			30	**0 Punkte**	weniger als 1 Jahr Berufserfahrung
					4 Punkte	mindestens 1 Jahr und weniger als 3 Jahre Berufserfahrung
					8 Punkte	mindestens 3 Jahr und weniger als 5 Jahre Berufserfahrung
					12 Punkte	mindestens 5 Jahre Berufserfahrung

... ...

Abbildung: Bewertungsmatrix mit der Bewertung der Berufserfahrung

Eine Berufserfahrung

- von weniger als einem Jahr wird mit null Punkten bewertet,
- von mindestens einem Jahr und weniger als drei Jahren wird mit vier Punkten bewertet,
- von mindestens drei Jahren und weniger als fünf Jahren wird mit acht Punkten bewertet,
- von mindestens fünf Jahren wird mit zwölf Punkten bewertet.

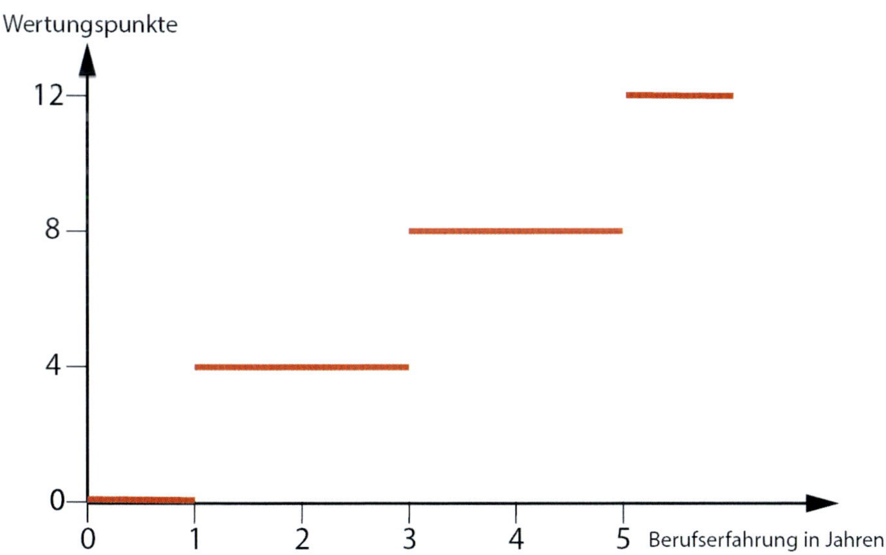

Abbildung: Bewertung der Berufserfahrung durch eine Ordinalskala

Vergleicht man die bereits oben aufgeführten acht Angebote mit Berufserfahrungen im Bereich von 11 bis 60 Monaten so wird die Bewertungsverzerrung offensichtlich.

Tabelle: Angebotsvergleich

Angebotsvergleich	Mehr an Berufserfahrung	Mehr an Wertungspunkten
Angebot C vs. Angebot B	100 %	0 %
Angebot D vs. Angebot B	190 %	0 %
Angebot E vs. Angebot B	200 %	100 %
Angebot E vs. Angebot D	3 %	100 %
Angebot G vs. Angebot B	390 %	100 %
Angebot H vs. Angebot G	1,7 %	50 %

Solche Bewertungsverzerrungen entstehen, wenn man Bewertungskriterien, die natürlicherweise mit einer metrischen Bewertungsskala versehen sind, mittels einer Ordinalskala bewertet. Das Bewertungskriterium Berufserfahrung misst die Zeit der Berufserfahrung und besitzt natürlicherweise eine metrische Skala.

Findet statt der natürlicherweise vorhandenen metrischen Bewertungsskala eine Ordinalskala Anwendung, entsteht ein Informationsverlust, der umso größer ist, je weniger Wertungsstufen die Ordinalskala besitzt. Die Information über die wirklichen Abstände zwischen den Berufserfahrungen der verschiedenen Angebote wird durch die Anwendung der Ordinalskala eliminiert und führt am Ende zu den bereits aufgezeigten Bewertungsverzerrungen.

Die Grundannahme der antiken Philosophie und Naturwissenschaft „Natura non facit saltus" (Die Natur macht keine Sprünge) sollte ihren Niederschlag nicht zwingend in einer kontinuierlichen, aber zumindest in einer quasikontinuierlichen (sehr kleine Sprünge) Skala finden.

In der folgenden Bewertungsmatrix findet streng genommen auch keine kontinuierliche Bewertungsskala ihre Anwendung, die angewendete Ordinalskala ist allerdings durch die feingranulare Abstufung (jede Stufe entspricht einem Monat) eine quasi-kontinuierliche Skala. Solche quasi-kontinuierlichen Skalen reichen in der Regel vollkommen aus, da eine größere Genauigkeit in der Realität nicht benötigt wird.

Bei der Bewertung der Berufserfahrung ist eine sinnvolle Bewertungsgröße die Zeiteinheit eines Monats. Eine noch feinere Bewertung auf Wochen-, Tages-, Stunden-, Minuten- oder sogar Sekundenbasis ist offensichtlich realitätsfern und nicht notwendig. Würde man allerdings die garantierte Wiederherstellungszeit bei einem Ausfall bewerten wollen, ist die Zeiteinheit eines Monats sicherlich keine sinnvolle Bewertungsgröße. Hier würde man eher Abstufungen von einer Stunde, Viertelstunde, zehn Minuten, einer Minute und bei Hot-Standby-Redundanzlösungen auch mit Abstufungen im Sekundenbereich ansetzen.

Ebenso wird man bei einem Lieferzeitpunkt auch weniger stunden- oder minutengenaue Bewertungen vornehmen müssen. In den üblichen Fällen reicht hier eine Genauigkeit auf Tage oder Kalenderwochen.

Pos.	Bewertungskriterien	Gewichtungspunkte G$_1$	G$_2$	G$_3$	Wertungspunkte
	...				... ...
2	Qualifikation des Personals	300			
2.1	Projektleiter / Projektleiterin		90		
2.1.1	Berufserfahrung in Monaten			30	Ein Monat Berufserfahrung entspricht 1/5 Punkt. Maximal sind 12 Punkte möglich (Berufserfahrung von mindestens 60 Monaten). Gerechnet wird mit zwei Stellen hinter dem Komma. Es findet das kaufmännische Runden Anwendung. **Beispiele**: 6 Monate Berufserfahrung = 6 * 1/5 Punkte = 1,2 Punkte 12 Monate Berufserfahrung = 12 * 1/5 Punkte = 2,4 Punkte 22 Monate Berufserfahrung = 22 * 1/5 Punkte = 4,4 Punkte 60 Monate Berufserfahrung = 60 * 1/5 Punkte = 12 Punkte 72 Monate Berufserfahrung = 12 Punkte

... ...

Abbildung: Bewertungsmatrix mit der Bewertung der Berufserfahrung

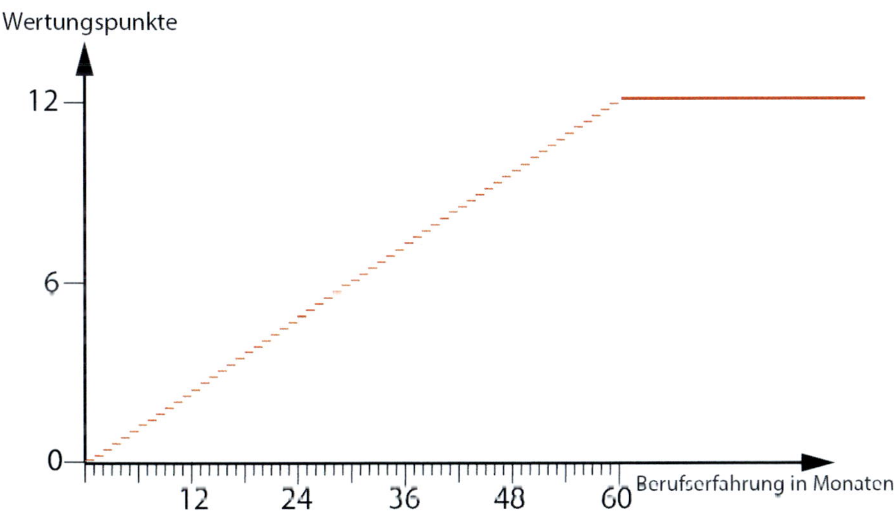

Abbildung: Bewertung der Berufserfahrung durch eine quasi-kontinuierliche Skala

Sollen die eingesetzten Projektleiter/ProjektleiterInnen mindestens zwölf Monate Berufserfahrung mitbringen, dann muss das Kriterium in der Bewertungsmatrix noch mit einer Mindestanforderung versehen werden.

Pos.	Bewertungskriterien	Gewichtungspunkte			Wertungspunkte
		G_1	G_2	G_3	
	...				... ...
2	Qualifikation des Personals	300			
2.1	Projektleiter / Projektleiterin		90		
2.1.1	Berufserfahrung in Monaten			30	Ein Monat Berufserfahrung entspricht 1/5 Punkt. Maximal sind 12 Punkte möglich (Berufserfahrung von mindestens 60 Monaten). **Mindestanforderung:** 12 Monate Berufserfahrung, Angebote mit Projektleiterinnen/Projektleitern mit weniger als 12 Monaten Berufserfahrung werden zwingend von der weiteren Wertung ausgeschlossen. Gerechnet wird mit zwei Stellen hinter dem Komma. Es findet das kaufmännische Runden Anwendung. **Beispiele:** 6 Monate Berufserfahrung = 6 * 1/5 Punkte = 1,2 Punkte 12 Monate Berufserfahrung = 12 * 1/5 Punkte = 2,4 Punkte 22 Monate Berufserfahrung = 22 * 1/5 Punkte = 4,4 Punkte 60 Monate Berufserfahrung = 60 * 1/5 Punkte = 12 Punkte 72 Monate Berufserfahrung = 12 Punkte

... ...

Abbildung: Bewertungsmatrix mit der Bewertung der Berufserfahrung

Beispiel 2: Bewertung der Berufserfahrung eines Projektleiters / einer Projektleiterin durch Zertifikate

Im folgenden Beispiel wird die Berufserfahrung eines Projektleiters / einer Projektleiterin nicht direkt durch die Zeitdauer der Berufserfahrung, sondern durch den Nachweis vorhandener Zertifizierungen bewertet.

Bei der Bewertung der Projektmanagementzertifikate wird die Berufserfahrung indirekt mitgewertet, da man zur Erlangung dieser Zertifikate unter anderem einschlägige Erfahrung in leitender Funktion im Projektmanagement nachweisen muss.

Bei der Bewertung von Zertifizierungen können nur Ordinalskalen Anwendung finden, da erstens eine Kategorisierung in

- kein Projektmanagementzertifikat,
- ein Projektmanagementzertifikat erster Stufe und
- ein Projektmanagementzertifikat zweiter Stufe

vorhanden ist und zweitens eine Rangordnung zwischen den drei Kategorien besteht: Ein Projektmanagementzertifikat zweiter Stufe ist besser als ein Projektmanagementzertifikat erster Stufe und dieses wiederum ist besser als kein Projektmanagementzertifikat. Zwischenkategorien machen offensichtlich keinen Sinn, man kann ein Zertifikat vorweisen oder nicht, ein bisschen Projektmanagementzertifikat existiert in der Realität nicht.

Tabelle: Zahlenzuordnung für das ordinale Kriterium Projektmanagementzertifikat

Kriteriumsausprägung	Zugeordnete Zahl
Keine Zertifizierung nach PMI oder IPMA® oder PRINCE2 oder vergleichbar.	0
Zertifizierung als CAPM® (PMI), PMI-ACP® oder IPMA®Level D oder PRINCE2 Foundation oder vergleichbar.	6
Zertifizierung als PMP® (PMI) oder IPMA® Level C oder PRINCE2 Practitioner oder vergleichbar.[3]	12

Die Punktezuordnung muss bei einer Ordinalskala nicht äquidistant (mit gleichen Abständen) vorgenommen werden. Möchte man den Schwierigkeitsgrad zur Erlangung der verschiedenen Stufen der Projektmanagementzertifikate und letztendlich auch den unterschiedlichen Nutzen durch eine höhere Qualifizierung berücksichtigen, macht es in der Realität sehr oft Sinn, keine äquidistante Zahlenzuordnung vorzunehmen.

Tabelle: Nicht äquidistante Zahlenzuordnung für das ordinale Kriterium Projektmanagementzertifikat

Kriteriumsausprägung	Zugeordnete Zahl
Keine Zertifizierung nach PMI oder IPMA® oder PRINCE2 oder vergleichbar.	0
Zertifizierung als CAPM® (PMI), PMI-ACP® oder IPMA®Level D oder PRINCE2 Foundation oder vergleichbar.	4
Zertifizierung als PMP® (PMI) oder IPMA® Level C oder PRINCE2 Practitioner oder vergleichbar.	12

3 Das Project Management Institute (PMI) zertifiziert die folgenden Projektmanagement-Grade: Ein CAPM® – Certified Associate in Project Management verfügt über Basiskenntnisse im Projektmanagement und stellt die erste Stufe in der Projektmanagement-Zertifizierung dar; PMI-ACP® – Agile Certified Practitioner ist eine Zertifizierung für die Anwendung agiler Methoden im Projektmanagement; PMP® – Project Management Professional stellt die zweite und wichtigste Zertifizierungsstufe des Project Management Institute (PMI) dar und wird nur Personen mit einer abgeschlossenen Ausbildung, einer einschlägigen Berufserfahrung im Bereich Projektmanagement sowie geprüften Kenntnissen der Projektmanagementmethodik gewährt. Die International Project Management Association (IPMA) unterscheidet die Zertifizierungsgrade: IPMA Level D – Certified Project Management Associate; IPMA Level C – Certified Project Manager; IPMA Level B - Certified Senior Project Manager; IPMA Level A - Certified Projects Director. PRINCE2 unterscheidet die zwei Zertifizierungsstufen Foundation und Practitioner.

Die Umsetzung in einer Bewertungsmatrix kann dann zum Beispiel wie folgt aussehen.

Pos.	Bewertungskriterien	Gewichtung			Wertungspunkte	
		G_1	G_2	G_3		
	...					...
2.	Qualifikation des Personals	300				
2.1	Projektleiter / Projektleiterin		90			
2.1.1	Projektmanagement-Zertifizierung			30	0 Punkte	Keine Zertifizierung nach PMI oder IPMA® oder PRINCE2 oder vergleichbar. **Das Angebot wird ausgeschlossen.**
					4 Punkte	**MINDESTANFORDERUNG:** Zertifizierung als CAPM® (PMI), PMI-ACP® oder IPMA® Level D oder PRINCE2 Foundation oder vergleichbar.
					12 Punkte	Zertifizierung als PMP® (PMI) oder IPMA® Level C oder PRINCE2 Practitioner oder vergleichbar.
	...				...	...

Abbildung: Bewertung der Berufserfahrung eines Projektleiters / einer Projektleiterin durch Zertifikate

Man sollte sich aber immer bewusst machen, welchen Einfluss die Punkteverteilung auf die Bewertung und letztendlich auf die Zuschlagsentscheidung haben kann.

Beispiel 3: Bewertung eines quantitativen Kriteriums

Im folgenden Beispiel soll die Nachhaltigkeit in Form der CO_2-neutralen Herstellung eines technischen Gerätes bewertet werden. Die Markterkundung zeigte, dass es Unternehmen gibt,

- die ihre gesamte Produktion CO_2-neutral zertifiziert haben,
- die bestimmte Produkte (ökologische Linie) CO_2-neutral zertifiziert haben,
- die weder ihre Produktion noch einzelne Produkte CO_2-neutral zertifiziert haben, für die Ausschreibung aber für einen Teil oder die gesamte Lieferung der Produkte CO_2-Zertifikate erwerben könnten.

Bewertet werden soll die Anzahl der im Rahmen der Ausschreibung angebotenen CO_2-neutral zertifizierten Produkte im Verhältnis zur Gesamtanzahl der im Rahmen der Ausschreibung angebotenen Produkte.

Werden im Rahmen der Ausschreibung in Summe 1.000 technische Geräte ausgeschrieben, dann ergibt sich das Verhältnis der CO_2-neutral zertifizierten technischen Geräte zur Gesamtanzahl der technischen Geräte wie folgt.

Tabelle: Bewertung der Anzahl der CO_2-neutralen Geräte

Angebot	Anzahl CO2-neutral zertifiziert	Verhältnis zur Gesamtzahl
A	0	0 %
B	240	24 %
C	250	25 %
D	490	49 %
E	500	50 %
F	740	74 %
G	750	75 %
H	900	90 %
I	1.000	100 %

In der folgenden Bewertungsmatrix wird das Bewertungskriterium CO_2-Neutralität mittels einer nichtmetrischen Skala (Ordinalskala) bewertet.

- Werden weniger als 25 % der Geräte CO_2-neutral hergestellt, bzw. konnte der Nachweis nicht erbracht werden, wird dies mit null Punkten bewertet.
- Werden mehr als 25 % der Geräte, aber weniger als 50 % der Geräte CO_2-neutral hergestellt, wird dies mit vier Punkten bewertet.
- Werden mehr als 50 % der Geräte, aber weniger als 75 % der Geräte CO_2-neutral hergestellt, wird dies mit acht Punkten bewertet.
- Werden mindestens 75 % der Geräte CO_2-neutral hergestellt, wird dies mit zwölf Punkten bewertet.

Pos.	Bewertungskriterien	Gewichtung			Wertungspunkte	
		G_1	G_2	G_3		
	...				...	... ...
2.	Nachhaltigkeit	300				
2.1	Umweltschutz		180			
2.1.1	CO_2-Neutralität			100	0 Punkte	Weniger als 25% der Geräte werden CO_2-neutral hergestellt, bzw. der Nachweis konnte nicht erbracht werden.
					4 Punkt	Mindestens 25% der Geräte aber weniger als 50% der Geräte werden CO_2-neutral hergestellt.
					8 Punkte	Mindestens 50% der Geräte aber weniger als 75% der Geräte werden CO_2-neutral hergestellt.
					12 Punkte	Mindestens 75% der Geräte werden CO_2-neutral hergestellt.
	...				...	...

Abbildung: Bewertungsmatrix mit einer Bewertung der CO_2-neutralen Geräte durch eine nichtmetrische Skala

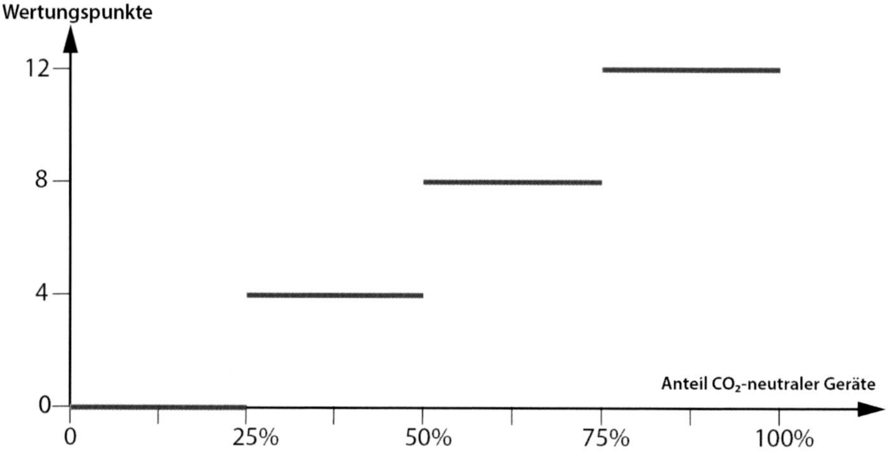

Abbildung: Bewertung des Anteils der CO_2-neutralen Geräte durch eine Ordinalskala (nichtmetrische Skala)

Tabelle: Bewertung der Angebote

Angebot	Anzahl CO2-neutral zertifiziert	Verhältnis zur Gesamtzahl	Wertungspunkte
A	0	0 %	0
B	120	12 %	0
C	240	24 %	0
D	250	25 %	4
E	490	49 %	4
F	500	50 %	8
G	740	74 %	8
H	750	75 %	12
I	900	90 %	12
J	1.000	100 %	12

Vergleicht man die aufgeführten zehn Angebote, so wird die Bewertungsverzerrung offensichtlich.

Tabelle: Angebotsvergleich

Angebotsvergleich	**Mehr an CO2-neutralen Geräten**	**Mehr an Wertungspunkten**
Angebot C vs. Angebot B	108 %	0 %
Angebot E vs. Angebot D	96 %	0 %
Angebot F vs. Angebot E	2 %	100 %
Angebot G vs. Angebot F	48 %	0 %
Angebot H vs. Angebot G	1,3 %	50 %
Angebot I vs. Angebot H	20 %	0 %
Angebot J vs. Angebot H	33 %	0 %

Auch in diesem Beispiel entstehen die Bewertungsverzerrungen durch das Anwenden einer Ordinalskala, obwohl natürlicherweise der Anteil der CO_2-neutralen Geräte eine metrische Bewertungsskala ist.

Findet statt der natürlicherweise vorhandenen metrischen Bewertungsskala eine Ordinalskala Anwendung, entsteht ein Informationsverlust, der umso größer ist, je weniger Wertungsstufen die Ordinalskala besitzt. Die Information über die wirklichen Abstände zwischen den Berufserfahrungen der verschiedenen Angebote wird durch die Anwendung der Ordinalskala eliminiert und führt am Ende zu den bereits aufgezeigten Bewertungsverzerrungen.

In der folgenden Bewertungsmatrix findet eine quasimetrische Bewertungsskala ihre Anwendung.

Pos.	Bewertungskriterien	Gewichtung G_1	Gewichtung G_2	Gewichtung G_3	Wertungspunkte
	...				... ...
2	Nachhaltigkeit	300			
2.1	Umweltschutz		180		
2.1.1	CO_2-Neutralität			100	Pro 1 % CO_2-neutral hergestellter Geräte im Verhältnis zur Gesamtzahl der angebotenen Geräte gibt es 0,12 Wertungspunkte. Gerechnet wird mit zwei Dezimalstellen hinter dem Komma. Es findet das kaufmännische Runden Anwendung. **Beispiel:** 0 % CO_2-neutrale Geräte = 0 Wertungspunkte 25,5 % CO_2-neutrale Geräte = 3,06 Wertungspunkte 50,8 % CO_2-neutrale Geräte = 6,10 Wertungspunkte 100 % CO_2-neutrale Geräte = 12 Wertungspunkte
	...				... ...

Abbildung: Bewertungsmatrix mit einer Bewertung der CO_2-neutralen Geräte mit einer quasimetrischen Skala

Pro 1 % CO_2-neutral hergestellter Geräte im Verhältnis zur Gesamtzahl der angebotenen Geräte gibt es 0,12 Wertungspunkte. Gerechnet wird mit zwei Dezimalstellen hinter dem Komma. Es findet das kaufmännische Runden Anwendung. Maximal sind zwölf Wertungspunkte möglich.

Tabelle: Bewertung

Anteil CO_2-neutral zertifiziert	Wertung	Wertungspunkte
0 %	0 · 0,12	0
5 %	5 · 0,12	0,6
25,5 %	25,5 · 0,12	3,06
50,8 %	50,8 · 0,12	6,10
77 %	77 · 0,12	9,24
87 %	100 · 0,12	10,44
100 %	100 · 0,12	12

Durch das Verwenden von zwei Nachkommastellen hat diese Bewertung insgesamt 1.201 verschiedene Wertungsstufen (0,00; 0,01; 0,02; ... 11,98; 12,99; 12,00).

Tabelle: Angebotsbewertung

Angebot	Anzahl CO2-neutral zertifiziert	Verhältnis zur Gesamtzahl	Wertungspunkte
A	0	0 %	0
B	120	12 %	1,44
C	240	24 %	2,88
D	250	25 %	3
E	490	49 %	5,88
F	500	50 %	6
G	740	74 %	8,88
H	750	75 %	9
I	900	90 %	10,8
J	1.000	100 %	12

Durch die quasimetrische Bewertungsskala sind die Bewertungsverzerrungen verschwunden.

Tabelle: Angebotsvergleich

Angebotsvergleich	**Mehr an CO2-neutralen Geräten**	**Mehr an Wertungspunkten**
Angebot C vs. Angebot B	100 %	100 %
Angebot D vs. Angebot C	4,17 %	4,17 %
Angebot E vs. Angebot D	96 %	96 %
Angebot F vs. Angebot E	2,04 %	2,04 %
Angebot G vs. Angebot F	48 %	48 %
Angebot H vs. Angebot G	1,35 %	1,35 %
Angebot I vs. Angebot H	20 %	20 %
Angebot J vs. Angebot H	33 %	33 %

Möchte man die maximale Wertungspunktzahl auf zehn Punkte festsetzen, dann sieht die Bewertungsmatrix wie folgt aus:

Pos.	Bewertungskriterien	Gewichtung			Wertungspunkte
		G_1	G_2	G_3	
	...				... ...
2.	Nachhaltigkeit	300			
2.1	Umweltschutz		180		
2.1.1	CO_2-Neutralität			100	Pro 1% CO_2-neutral hergestellter Geräte im Verhältnis zur Gesamtzahl der angebotenen Geräte gibt es 0,10 Wertungspunkte. Gerechnet wird mit zwei Dezimalstellen hinter dem Komma. Es findet das kaufmännische Runden Anwendung. **Beispiel:** 0 % CO_2-neutrale Geräte = 0 Wertungspunkte 25,5 % CO_2-neutrale Geräte = 2,55 Wertungspunkte 50,8 % CO_2-neutrale Geräte = 5,08 Wertungspunkte 100 % CO_2-neutrale Geräte = 10 Wertungspunkte
	...				... ...

Abbildung: Bewertungsmatrix mit einer Bewertung der CO_2-neutralen Geräte mit einer quasimetrischen Skala

Möchte man das Bewertungskriterium CO_2-Neutralität mit einer metrischen Bewertungsskala betrachten, dann sieht das Ganze wie folgt aus:

Pos.	Bewertungskriterien	Gewichtung			Wertungspunkte
		G1	G2	G3	
	...				... ...
2.	Nachhaltigkeit	300			
2.1	Umweltschutz		180		
2.1.1	CO_2-Neutralität			100	0% CO_2-neutral hergestellte Geräte erhalten 0 Punkte. 100% CO_2-neutral hergestellte Geräte erhalten 12 Punkte. Dazwischen wird linear interpoliert. Gerechnet wird mit zwei Stellen hinter dem Komma. Es findet das kaufmännische Runden Anwendung. **Beispiel:** 0 % CO_2-neutrale Geräte = 0 Wertungspunkte 25,5 % CO_2-neutrale Geräte = 3,06 Wertungspunkte 50,8 % CO_2-neutrale Geräte = 6,10 Wertungspunkte 100 % CO_2-neutrale Geräte = 12 Wertungspunkte
	...				... ...

Abbildung: Bewertungsmatrix mit einer Bewertung der CO_2-neutralen Geräte mit einer metrischen Skala

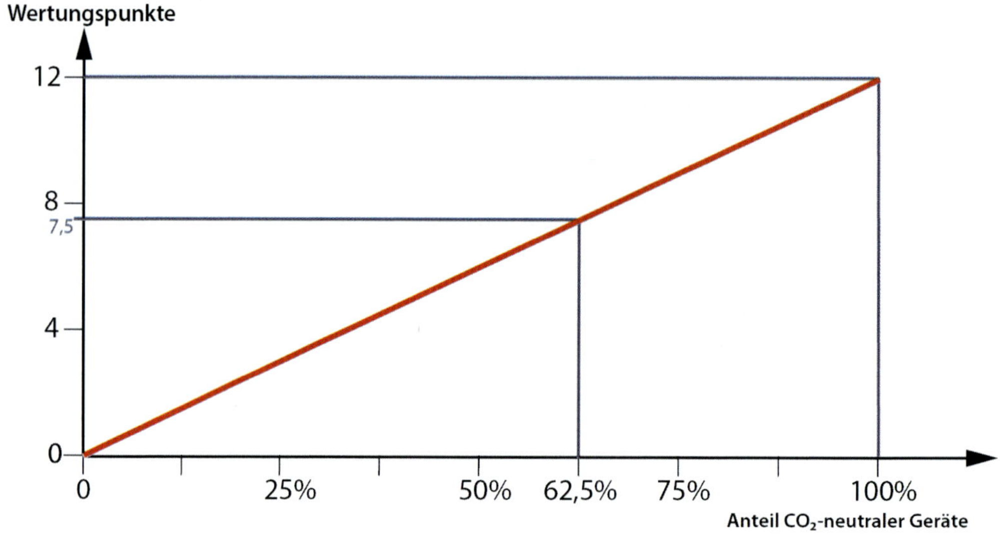

Abbildung: Bewertung des Anteils der CO_2-neutralen Geräte mittels einer metrischen Skala

Praxistipp

Bei der Bewertung von Anteilen in Bezug zu einer Gesamtheit, wie zum Beispiel einem prozentualen Anteil, liegt immer eine metrische Skala vor. Aus diesem Grund sollte hier immer eine metrische Bewertungsskala Anwendung finden. Nur so lassen sich unnötige Bewertungsverzerrungen vermeiden. Ebenso ist eine quasimetrische Bewertungsskala mit genügend feinen Abstufungen anwendbar.

Beispiel 4: Bewertung der Qualität von Reinigungsdienstleistungen in Form von Leistungsstunden

Im folgenden Beispiel soll die Qualität der angebotenen Reinigungsdienstleistung in Form von Gesamtleistungsstunden bewertet werden. Hier liegt die Annahme zugrunde, dass eine kleine Gesamtleistungsstundenzahl einer schlechteren Qualität entspricht als eine größere Gesamtleistungsstundenzahl. In den Ausschreibungsunterlagen wird ein realistischer Referenzwert *R* für die Gesamtleistungsstunden vorgegeben.

Angebote mit Gesamtleistungsstunden,

- die größer oder gleich dem angegebenen Referenzwert R sind, erhalten 10 Punkte,
- die mindestens 97,5 % des Referenzwertes R entsprechen, erhalten 9 Punkte,
- die mindestens 95,0 % des Referenzwertes R entsprechen, erhalten 8 Punkte,
- die mindestens 92,5 % des Referenzwertes R entsprechen, erhalten 7 Punkte,
- die mindestens 90,0 % des Referenzwertes R entsprechen, erhalten 6 Punkte,
- die mindestens 87,5 % des Referenzwertes R entsprechen, erhalten 5 Punkte,
- die mindestens 85,0 % des Referenzwertes R entsprechen, erhalten 4 Punkte,
- die mindestens 82,5 % des Referenzwertes R entsprechen, erhalten 3 Punkte,
- die mindestens 80,0 % des Referenzwertes R entsprechen, erhalten 2 Punkte,
- die mindestens 77,5 % des Referenzwertes R entsprechen, erhalten 1 Punkte,
- die weniger als 77,5 % des Referenzwertes R entsprechen, erhalten 0 Punkte.

Die Umsetzung in die Bewertungsmatrix sieht wie folgt aus:

Pos.	Bewertungskriterien	Gewichtung	Wertungspunkte
1	Gesamtleistungsstunden der Reinigungsleistungen	40%	**Angebote mit Gesamtleistungsstunden** die größer oder gleich dem angegebenen Referenzwert R sind, erhalten 10 Punkte, die mindestens 97,5% des Referenzwertes R entsprechen, erhalten 9 Punkte, die mindestens 95,0% des Referenzwertes R entsprechen, erhalten 8 Punkte, die mindestens 92,5% des Referenzwertes R entsprechen, erhalten 7 Punkte, die mindestens 90,0% des Referenzwertes R entsprechen, erhalten 6 Punkte, die mindestens 87,5% des Referenzwertes R entsprechen, erhalten 5 Punkte, die mindestens 85,0% des Referenzwertes R entsprechen, erhalten 4 Punkte, die mindestens 82,5% des Referenzwertes R entsprechen, erhalten 3 Punkte, die mindestens 80,0% des Referenzwertes R entsprechen, erhalten 2 Punkte, die mindestens 77,5% des Referenzwertes R entsprechen, erhalten 1 Punkte, **die weniger als 77,5% des Referenzwertes R entsprechen, erfüllen nicht die Mindestanforderungen, erhalten 0 Punkte und werden ausgeschlossen.**
2	Angebotspreis	60%	Der Angebotspreis (P) wird mit dem günstigsten Angebotspreis ($P_{billigst}$) ins Verhältnis gesetzt und mit 10 Punkten muliplizert. Angebotspunkte = ($P_{billigst}$ / P) • 10 Punkte Gerechnet wird mit zwei Stellen hinter dem Komma, es findet das kaufmännische Runden Anwendung. **Beispiel:** Angebot A: 100.000 Euro Angebotspreis Angebot B: 150.000 Euro Angebotspreis $Angebotspunkte_A$ = (100.000 € / 100.000 €) • 10 Punkte = 10 Punkte $Angebotspunkte_B$ = (100.000 € / 150.000 €) • 10 Punkte = 6,67 Punkte

Abbildung: Bewertungsmatrix mit der Bewertung der Qualität von Reinigungsdienstleistungen in Form von Leistungsstunden als Ordinalskala

Betrachtet man die Bewertung der angebotenen Gesamtleistungsstunden im Verhältnis zum vorgegebenen Referenzwert, so erkennt man die eigentlich unnötigen Treppenstufen.

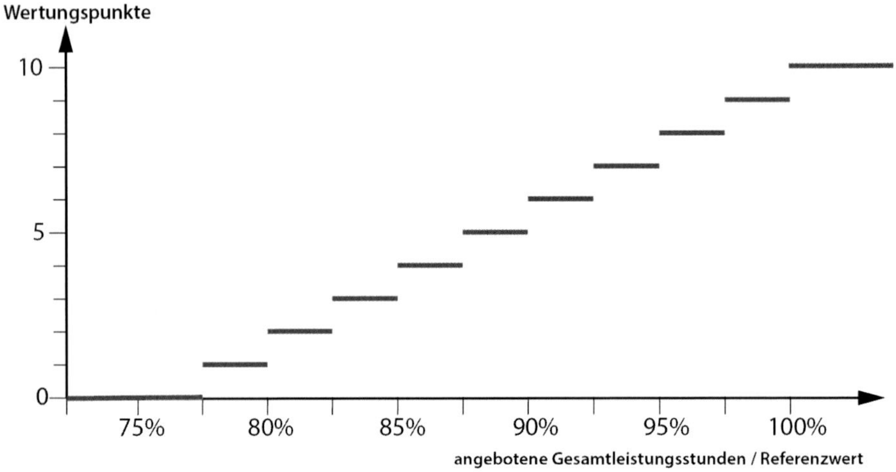

Abbildung: Bewertung der Gesamtleistungsstunden mittels einer Ordinalskala

Bei den Gesamtleistungsstunden und auch dem Verhältnis der Gesamtleistungsstunden zu dem vorgegebenen Referenzwert handelt es sich natürlicherweise um eine metrische Bewertungsskala. Die Anwendung einer Ordinalskala für dieses Bewertungskriterium ist unnötig, sorgt für einen Informationsverlust bei der Bewertung und birgt die Gefahr der Wertungsverzerrung.

Aufgrund der Kategorisierung in elf Wertungsstufen sowie der Veröffentlichung des Referenzwertes in den Vergabeunterlagen haben die Bieter zumindest keinen Nachteil, da diese ex ante die Bewertungsspielregeln kennen und ihre Angebote darauf ausrichten können. Kein Bieter wird mithin mehr Leistungsstunden anbieten, als durch den Referenzwert vorgegeben wird.

Jeder Bieter wird Leistungsstunden anbieten, die entweder ziemlich genau den Sprungstellen (77,5 %; 80 %; 82,5 %; ...; 97,5 %; 100 % des Referenzwertes) entsprechen oder unterhalb von 77,5 % des Referenzwertes liegen.

Die Umsetzung der Bewertung durch eine metrische Skala gestaltet sich im Übrigen sehr einfach.

Dazu betrachtet man im ersten Schritt die Bewertung der angebotenen Gesamtleistungsstunden im Verhältnis zum vorgegebenen Referenzwert mittels eines proportionalen Ansatzes.

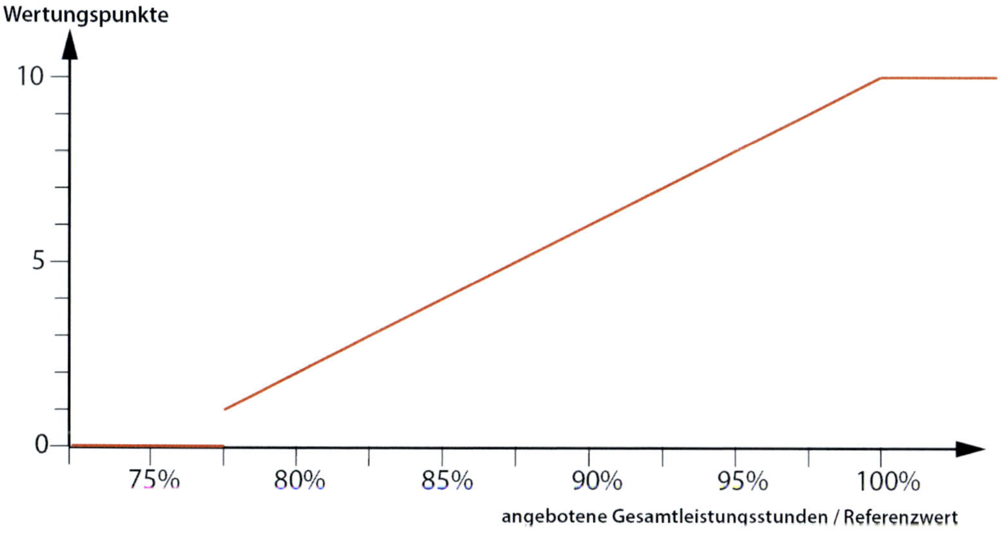

Abbildung: Bewertung der Gesamtleistungsstunden mittels einer metrischen Skala

Die Umsetzung in eine Bewertungsmatrix gestaltet sich dann ebenfalls einfach.

Pos.	Bewertungskriterien	Gewichtung	Wertungspunkte
1	Gesamtleistungsstunden der Reinigungsleistungen	40%	Angebote mit Gesamtleistungsstunden die größer oder gleich dem angegebenen Referenzwert R sind, erhalten 10 Punkte, **MINDESTANFORDERUNG:** Eine fiktive Gesamtleistungsstundenzahl von 0,775 * Referenzwert (eine um 22,5% kleinere Gesamtleistungsstundenzahl als der Referenzwert) erhält einen Punkt. Die Leistungsstundenzahlen der dazwischenliegenden Angebote werden mittels einer linearen Interpolation bewertet und in Punkte umgewandelt. **AUSSCHLUSS:** Angebote, die eine kleinere Leistungsstundenzahl als 0,775 * Referenzwert (eine mehr als 22,5% kleinere Leistungsstundenzahl als der Referenzwert) haben, erhalten null Punkte und werden von der Wertung ausgeschlossen.
2	Angebotspreis	60%	Der Angebotspreis (P) wird mit dem günstigsten Angebotspreis ($P_{billigst}$) ins Verhältnis gesetzt und mit 10 Punkten mulipliziert. Angebotspunkte = ($P_{billigst}$ / P) · 10 Punkte Gerechnet wird mit zwei Stellen hinter dem Komma, es findet das kaufmännische Runden Anwendung. **Beispiel:** Angebot A: 100.000 Euro Angebotspreis Angebot B: 150.000 Euro Angebotspreis $Angebotspunkte_A$ = (100.000 € / 100.000 €) · 10 Punkte = 10 Punkte $Angebotspunkte_B$ = (100.000 € / 150.000 €) · 10 Punkte = 6,67 Punkte

Abbildung: Bewertungsmatrix mit der Bewertung der Qualität von Reinigungsdienstleistungen in Form von Leistungsstunden als metrische Skala

Insbesondere wenn die Wertung der Leistungsstunden nicht mittels eines Referenzwertes vorgenommen wird, besteht bei der Verwendung von Ordinalskalen die Gefahr von Bewertungsverzerrungen. Um diese Bewertungsverzerrungen auszuschließen, empfiehlt sich unbedingt die Verwendung von metrischen Bewertungsskalen. Alternative Bewertungen der Gesamtleistungsstunden könnten z.B. sein:

- Die Verwendung des Medians der Gesamtleistungsstunden aus allen wertungsfähigen Angeboten statt des Referenzwertes.
- Die zu wertenden Gesamtleistungsstunden im Verhältnis zu der höchsten Gesamtleistungsstundenzahl aus allen wertungsfähigen Angeboten.

In der folgenden Bewertungsmatrix wird der Median der Gesamtleistungsstunden aus allen wertungsfähigen Angeboten statt des Referenzwerts für die Wertung verwendet. Dazu werden die Angebote bzgl. der angebotenen Gesamtleistungsstunden aufsteigend in eine Rangfolge gebracht. Der Median der Gesamtleistungsstunden ist die Gesamtleistungsstundenzahl, die dann in der Mitte steht. Bei einer ungeraden Anzahl von zu wertenden Angeboten ist der Median das Angebot, das dann genau in der Mitte steht, bei einer geraden Anzahl von Angeboten wird der Median durch das arithmetische Mittel der beiden mittleren Werte bestimmt.

Beispiel (ungerade Anzahl von Angeboten)

Angebot A = 800 Gesamtleistungsstunden

Angebot B = 900 Gesamtleistungsstunden

Angebot C = 1.000 Gesamtleistungsstunden

Angebot D = 1.050 Gesamtleistungsstunden

Angebot E = 1.100 Gesamtleistungsstunden

Median der Gesamtleistungsstunden = Angebot C = 1.000 Gesamtleistungsstunden

Beispiel (gerade Anzahl von Angeboten)

Angebot A = 800 Gesamtleistungsstunden

Angebot B = 900 Gesamtleistungsstunden

Angebot C = 1.000 Gesamtleistungsstunden

Angebot D = 1.050 Gesamtleistungsstunden

Angebot E = 1.100 Gesamtleistungsstunden

Angebot F = 1.100 Gesamtleistungsstunden

Median der Gesamtleistungsstunden = 1.000 Gesamtleistungsstunden + 1.050 Gesamtleistungsstunden) / 2 = 1.025 Gesamtleistungsstunden

Durch die metrische Bewertungsskala bleiben die Informationen über die wahren Abstände der Angebote bzgl. der Gesamtleistungsstunden erhalten.

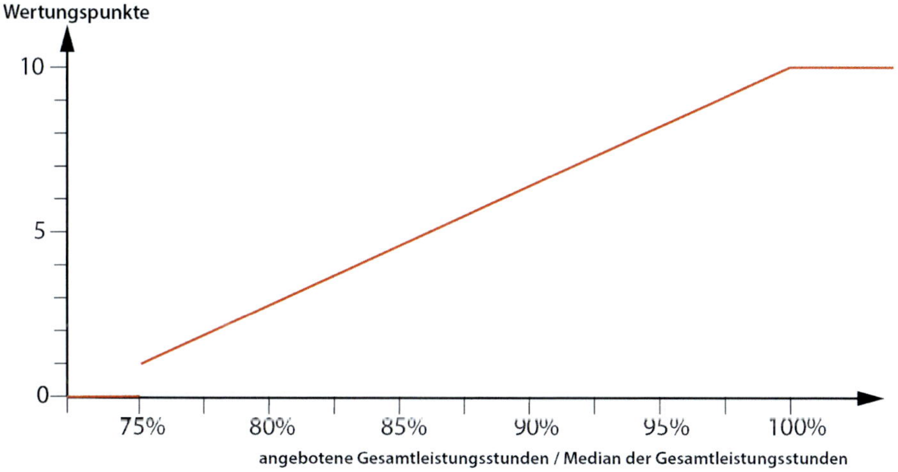

Abbildung: Bewertung der Gesamtleistungsstunden mittels einer metrischen Skala

Pos.	Bewertungskriterien	Gewichtung	Wertungspunkte
1	Gesamtleistungsstunden der Reinigungsleistungen	40%	Aus der Menge der wertungsfähigen Angebote wird der Median der Gesamtleistungsstunden bestimmt. Dieser so bestimmte Median erhält die volle Punktzahl von 10 Punkten. Angebote, die eine höhere Gesamtleistungsstundenzahl als der Median haben, erhalten ebenfalls 10 Punkte. **MINDESTANFORDERUNG:** Eine fiktive Gesamtleistungsstundenzahl von 0,75 * Median (eine um 25% kleinere Gesamtleistungsstundenzahl als der Median) erhält einen Punkt. Die Gesamtleistungsstundenzahlen der dazwischenliegenden Angebote werden mittels einer linearen Interpolation bewertet und in Punkte umgewandelt. Gerechnet wird mit zwei Stellen hinter dem Komma, es findet das kaufmännische Runden Anwendung. **AUSSCHLUSS:** Angebote, die eine kleinere Gesamtleistungsstundenzahl als 0,75 * Median (eine mehr als 25% kleinere Gesamtleistungsstundenzahl als der Median) haben, erhalten null Punkte und werden von der Wertung ausgeschlossen. Zur Bestimmung des Medians der Gesamtleistungsstunden werden die Angebote bzgl. der angebotenen Gesamtleistungsstunden aufsteigend in eine Rangfolge gebracht. Der Median der Gesamtleistungsstunden ist die Gesamtleistungspunktzahl, die dann in der Mitte steht. Bei einer ungeraden Anzahl von zu wertenden Angeboten ist der Median das Angebot, das dann genau in der Mitte steht, bei einer geraden Anzahl von Angeboten wird der Median durch das arithmetische Mittel der beiden mittleren Werte bestimmt. **Beispiel:** Angebot A = 800 Leistungsstunden = 2,80 Punkte Angebot B = 900 Leistungsstunden = 6,40 Punkte Angebot C = 1.000 Leistungsstunden = 10,00 Punkte **(Median)** Angebot D = 1.050 Leistungsstunden = 10,00 Punkte Angebot E = 1.100 Leistungsstunden = 10,00 Punkte
2	Angebotspreis	60%	Der Angebotspreis (P) wird mit dem günstigsten Angebotspreis ($P_{billigst}$) ins Verhältnis gesetzt und mit 10 Punkten muliplizert. Angebotspunkte = ($P_{billigst}$ / P) • 10 Punkte Gerechnet wird mit zwei Stellen hinter dem Komma, es findet das kaufmännische Runden Anwendung. **Beispiel:** Angebot A: 100.000 Euro Angebotspreis Angebot B: 150.000 Euro Angebotspreis $Angebotspunkte_A$ = (100.000 € / 100.000 €) • 10 Punkte = 10 Punkte $Angebotspunkte_B$ = (100.000 € / 150.000 €) • 10 Punkte = 6,67 Punkte **Preisobergrenze:** Es wird eine Preisobergrenze von 255.000 Euro (inkl. MWSt.) festgesetzt. Angebote deren Angebotspreis über dieser Preisobergrenze liegen, werden von der Wertung ausgeschlossen.

Abbildung: Bewertungsmatrix mit der metrischen Bewertung der Gesamtleistungsstunden im Verhältnis zum Median

Um sich vor zu leistungsschwachen Angeboten zu schützen, wurde in der obigen Bewertungsmatrix eine Mindestanforderung an die Gesamtleistungsstunden der Reinigungsleistungen in Form einer Mindestleistungspunktzahl gestellt.

Angebote, die eine mehr als 25 % kleinere Gesamtleistungsstundenzahl als der Median der Gesamtleistungsstunden haben, werden von der Wertung ausgeschlossen.

Um sich vor zu teuren Angeboten zu schützen, wurde in der Bewertungsmatrix außerdem eine Preisobergrenze vorgegeben. Angebote, deren Angebotspreis über der Preisobergrenze liegt, werden von der Wertung ausgeschlossen.

Durch die metrische Bewertungsskala liegt eigentlich eine optimale Bewertung des Bewertungskriteriums Gesamtleistungsstunden vor. Im Gegensatz zu einem vorgegebenen Referenzwert können die Bieter beim Median aber nicht realistisch einschätzen, wo der Median bei der Auswertung der Angebote liegen wird. In der betrachteten Bewertungsmatrix erhalten

Angebote mit einer Gesamtleistungsstundenzahl, die größer oder gleich dem Median der Gesamtleistungsstundenzahl ist, die maximale Wertungspunktzahl von zehn Punkten. Eine höhere Qualität in Form einer höheren Gesamtleistungsstundenzahl wird sich unter Umständen für den Bieter überhaupt nicht lohnen, da er hier keine höhere Punktzahl erreichen kann.

Tabelle: Median der Gesamtleistungsstunden = Angebot C = 1.000 Leistungsstunden

Angebot	Gesamtleistungsstunden	Wertungspunkte
A	800	2,80
B	900	6,40
C	1.000	10,00
D	1.050	10,00
E	1.100	10,00

Tabelle: Median der Gesamtleistungsstunden = Angebot C = 1.000 Leistungsstunden

Angebot	Gesamtleistungsstunden	Wertungspunkte
E	790	
F	800	
A	800	
B	900	10,00
C	1.000	10,00
D	1.050	10,00
E	1.100	10,00

Pos.	Bewertungskriterien	Gewichtung	Mindestwertungs-punktzahl	Wertungspunkte
1	Gesamtleistungsstunden der Reinigungsleistungen	40%	1	Aus der Menge der wertungsfähigen Angebote wird das Angebot mit der größten Gesamtleistungsstundenzahl bestimmt. Dieses Angebot erhält die volle Punktzahl von 10 Punkten. Wertungspunkte = Gesamtleistungsstunden / (größte Gesamtleistungsstundenanzahl) * 10 Punkte Gerechnet wird mit zwei Stellen hinter dem Komma, es findet das kaufmännische Runden Anwendung. **Beispiel:** Angebot A = 800 Gesamtleistungsstunden / 1.100 Gesamtleistungsstunden = 7,27 Punkte Angebot B = 900 Gesamtleistungsstunden / 1.100 Gesamtleistungsstunden = 8,18 Punkte Angebot C = 1.000 Gesamtleistungsstunden / 1.100 Gesamtleistungsstunden = 9,09 Punkte Angebot D = 1.050 Gesamtleistungsstunden / 1.100 Gesamtleistungsstunden = 9,55 Punkte Angebot E = 1.100 Gesamtleistungsstunden / 1.100 Gesamtleistungsstunden = 10,00 Punkte
2	Angebotspreis	60%		Der Angebotspreis (P) wird mit dem günstigsten Angebotspreis ($P_{billigst}$) ins Verhältnis gesetzt und mit 10 Punkten muliplíziert. Angebotspunkte = ($P_{billigst}$ / P) • 10 Punkte Gerechnet wird mit zwei Stellen hinter dem Komma, es findet das kaufmännische Runden Anwendung. **Beispiel:** Angebot A: 100.000 Euro Angebotspreis Angebot B: 150.000 Euro Angebotspreis $Angebotspunkte_A$ = (100.000 € / 100.000 €) • 10 Punkte = 10 Punkte $Angebotspunkte_B$ = (100.000 € / 150.000 €) • 10 Punkte = 6,67 Punkte **Preisobergrenze:** Es wird eine Preisobergrenze von 255.000 Euro (inkl. MWSt.) festgesetzt. Angebote deren Angebotspreis über dieser Preisobergrenze liegen, werden von der Wertung ausgeschlossen.

Abbildung: Bewertungsmatrix mit der metrischen Bewertung der Gesamtleistungsstunden im Verhältnis zur höchsten Gesamtleistungsstundenzahl

11. Bewertungsmethoden im Überblick

Autor: Dipl.-Math. Thomas Ferber, LL.M.

Zur Bestimmung des wirtschaftlich günstigsten Angebots können fünf verschiedene Varianten unterschieden werden (siehe Kapitel Preis-Leistungs-Verhältnis):

- **Nur Preis**: Das Angebot mit dem niedrigsten Angebotspreis erhält den Zuschlag.
- **Nur Kosten**: Das Angebot mit den niedrigsten Gesamtkosten erhält den Zuschlag.
- **Nur Leistung**: Unter Vorgabe eines Festpreises bzw. von Festkosten erhält das Angebot mit der höchsten Leistungspunktzahl den Zuschlag.
- **Preis-Leistungs-Bewertung**: Preis und Leistung werden in einem gewichteten Verhältnis zueinander betrachtet.
- **Kosten-Leistungs-Bewertung**: Kosten und Leistung werden in einem gewichteten Verhältnis zueinander betrachtet.

Werden zur Bestimmung des wirtschaftlichsten Angebots monetäre und nichtmonetäre Zuschlagskriterien angewendet, dann ist die Bestimmung des wirtschaftlichsten Angebots nicht trivial. Die monetären Zuschlagskriterien werden in Euro und die nichtmonetären Zuschlagskriterien in Leistungspunkten gemessen.

Es stellt sich die Frage, welches Mehr an Leistung welches Mehr an Preis rechtfertigt. Um dies objektiv beantworten zu können, muss das Preis-Leistungs-Verhältnis durch eine mathematische Formel, die Zuschlagsformel (Bewertungsmethode), dargestellt werden. Die Zuschlagsformel berücksichtigt die Angebotspreise beziehungsweise eine Angebotsgesamtkostenbetrachtung in Euro sowie die Leistungsstärke (Qualität, Nachhaltigkeit, Innovation etc.) der Angebote in Leistungspunkten und ermittelt daraus eine Kennzahl/Gesamtpunktzahl, die die Wirtschaftlichkeit (Preis-Leistungs-Verhältnis) des Angebots repräsentiert. Mit der Zuschlagsformel wird letztendlich das wirtschaftlichste Angebot ermittelt.

Bei der Entscheidung für eine Bewertungsmethode (Zuschlagsformel) hat der öffentliche Auftraggeber ebenso wie bei der Festlegung der Zuschlagskriterien und deren Gewichtung grundsätzlich ein Bestimmungsrecht.[1] Die in der Vergangenheit verschiedentlich geäußerte Auffassung, dass Preisumrechnungsformeln, bei denen die Abstufung der Preispunkte nicht exakt äquivalent zu den Preisabständen erfolgt (Quasi-Linearität), fehlerhaft und unzulässig seien,[2] konnte sich in der weiteren höheren Rechtsprechung nicht durchsetzen.[3] Damit sind neben linearen Zusammenhängen zum Beispiel auch degressive und progressive Funktionen, S-Funktionen (erst progressiv, dann degressiv) sowie Sättigungsfunktionen vergaberechtlich zulässig.[4]

---

1 BGH, Beschluss vom 4.4.2017 – X ZB 3/17, Rn. 33; OLG Düsseldorf, Beschluss vom 2.5.2018 – Verg 3/18.

2 VK Südbayern, Beschluss vom 30.8.2016 – Z3-3-3194-1-28-07/16; VK Lüneburg, Beschluss vom 7.2.2014 – VgK 51/2013; VK Baden-Württemberg, Beschluss vom 18.10.2016 – 1 VK 41/16.

3 BGH, Beschluss vom 4.4.2017 – X ZB 3/17; OLG Düsseldorf, Beschluss vom 2.5.2018 – Verg 3/18.

4 *Ferber*, Das wirtschaftlichste Angebot im Vergaberecht.

Der Gesetzgeber hat im Vergaberecht keine Vorgabe für bestimmte Bewertungsmethoden vorgenommen. Die im Vergabehandbuch des Bundes (VHB) angewendete Interpolationsmethode[5] und die in der Unterlage für Ausschreibung und Bewertung von IT-Leistungen (UfAB) angewendete Einfache Richtwertmethode[6] und Erweiterte Richtwertmethode[7] sind als Empfehlungen zu verstehen und enthalten keine bindenden vergaberechtlichen Regelungen.[8]

OLG Düsseldorf, Beschluss vom 2.5.2018 – Verg 3/18: *„Bei der Wahl der Preisumrechnungsmethode kommt dem öffentlichen Auftraggeber ebenso wie bei der Festlegung der Zuschlagskriterien und deren Gewichtung im Rahmen der gemeinschaftsrechtlichen Vorgaben (vgl. EuGH, Urteil v. 04.12.2003, C-448/01 - EVN und Wienstrom, juris Rn. 37 ff.) grundsätzlich ein Bestimmungsrecht zu.*

Die Wahl einer bestimmten Preisumrechnungsmethode kann vergaberechtlich nur beanstandet werden, wenn sich gerade ihre Heranziehung im Einzelfall aufgrund besonderer Umstände als mit dem gesetzlichen Leitbild des Vergabewettbewerbs unvereinbar erweist (BGH, Beschluss v. 04.04.2017, X ZB 3/17 - Postdienstleistungen, juris Leitsatz 1b)."

Um den Überblick über die mannigfaltig möglichen Zuschlagsformeln zu erhalten, werden diese im Folgenden ihrem mathematischen Aufbau entsprechend in vier verschiedene Bewertungsklassen kategorisiert.

11.1 Anforderungen an die Zuschlagsformeln

Die Wahl einer bestimmten Bewertungsmethode (Zuschlagsformel) kann vergaberechtlich nur dann beanstandet werden, wenn diese eine Verletzung der Grundprinzipien des Vergaberechts, insbesondere eine Verletzung des Wirtschaftlichkeitsgrundsatzes gemäß § 97 Abs. 1 Satz 2 GWB, implizieren würde.[9]

Um die Grundprinzipien der Wirtschaftlichkeit und des rationalen Entscheidens zu beachten, müssen die Bewertungsmethoden (Zuschlagsformeln) die folgenden notwendigen aber nicht hinreichenden Anforderungen,[10] die als evident betrachtet werden können, erfüllen.[11]

5 VHB Bund, Formblatt 227, Hinweis 1 und Hinweis 4.1.

6 Unterlage für Ausschreibung und Bewertung von IT-Leistungen (UfAB) 2018, S. 581-582.

7 Unterlage für Ausschreibung und Bewertung von IT-Leistungen (UfAB) 2018, S. 582-584.

8 VK Thüringen, Beschluss v. 9.10.2020 – 250-4003-3711/2020-E-008-GTH: *„Die UfAB enthält dabei keine bindenden vergaberechtlichen Regelungen, sondern Empfehlungen, Formblätter und Werkzeuge zur Erstellung von Bewertungsmatrizen."*

9 BGH, Beschluss vom 4.4.2017 – X ZB 3/17, Rn. 33, S. 1: *„Unter diesen Umständen kann die Wahl einer bestimmten Preisumrechnungsmethode vergaberechtlich vielmehr nur beanstandet werden, wenn sich gerade ihre Heranziehung im Einzelfall aufgrund besonderer Umstände als mit dem gesetzlichen Leitbild des Vergabewettbewerbs unvereinbar erwiese."*

10 Die Anforderungen können auch als Axiome bezeichnet werden. Lexikon der Mathematik, S. 146: *„(Ein) Axiom (ist eine) Aussage, die wegen ihres Inhalts grundlegend ist und als evident gilt und daher keines Beweises bedarf"*.

11 *Ferber*, Das wirtschaftlichste Angebot im Vergaberecht.

Wirtschaftlichkeits-Anforderung 1 (Pareto-Kriterium)[12]

Bei zwei gleich leistungsstarken Angeboten ist das billigere von beiden das wirtschaftlichste.[13]

Wirtschaftlichkeits-Anforderung 2 (Pareto-Kriterium)[14]

Bei zwei gleich teuren Angeboten ist das leistungsstärkere der beiden das wirtschaftlichste.

Wirtschaftlichkeits-Anforderung 3

Ein Angebot, das sowohl billiger als auch leistungsstärker ist als ein anderes Angebot, ist das wirtschaftlichere von beiden Angeboten.

Wirtschaftlichkeits-Anforderung 4 (Transitivität)

Ist in einem direkten Vergleich ein Angebot A mindestens so wirtschaftlich wie ein Angebot B und ist das Angebot B mindestens so wirtschaftlich wie ein Angebot C, dann ist Angebot A mindestens so wirtschaftlich wie Angebot C. Ohne die Möglichkeit des Gleichstands lautet die Anforderung: Ist in einem direkten Vergleich ein Angebot A wirtschaftlicher als ein Angebot B und ist das Angebot B wirtschaftlicher als ein Angebot C, dann ist Angebot A wirtschaftlicher als Angebot C. Diese Anforderung wird als Transitivität bezeichnet.[15]

Wirtschaftlichkeits-Anforderung 5 (Kontinuität bei Preisumrechnungsformeln)

Bei Preisumrechnungsformeln darf ein kleiner Unterschied bei den Angebotspreisen zweier Angebote nur zu einem kleinen Unterschied bei den Angebotspreispunkten der beiden Angebote führen.[16]

Wirtschaftlichkeits-Anforderung 6 (Unabhängigkeit von der Anzahl der Angebote bei Preisumrechnungsformeln)

Die Angebotspunktzahl der Angebote darf nicht von der Anzahl der wertbaren Angebote abhängen.[17]

12 Nach dem Pareto-Kriterium ist ein Angebot (Alternative) besser als ein anderes, wenn dieses in mindestens einem Kriterium besser und in keinem schlechter ist. *Towfigh*, in: Towfigh/Petersen, Ökonomische Methoden im Recht, Rn. 90.

13 BGH, Beschluss vom 4.4.2017 – X ZB 3/17, Rn. 35: *„Sind zwei Angebote qualitativ in jeder Hinsicht gleichwertig, ist der Zuschlag zwingend auf das Angebot mit dem niedrigsten Preis zu erteilen."*

14 Nach dem Pareto-Kriterium ist ein Angebot (Alternative) besser als ein anderes, wenn dieses in mindestens einem Kriterium besser und in keinem schlechter ist. *Towfigh*, in: Towfigh/Petersen, Ökonomische Methoden im Recht, Rn. 90.

15 *Saliger*, Betriebswirtschaftliche Entscheidungstheorie, S. 22; *Gäfgen*, Theorie der wirtschaftlichen Entscheidung, S. 146.

16 Diese Anforderung ist sofort einleuchtend. Ein kleiner Preisunterschied darf nicht zu einem großen Unterschied bei der Punktzahl führen, um Bewertungsverzerrungen zu vermeiden. Die Grundannahme der antiken Philosophie und Naturwissenschaft „Natura non facit saltus" (Die Natur macht keine Sprünge) sollte ihren Niederschlag nicht zwingend in einer kontinuierlichen (stetigen), aber zumindest in einer quasikontinuierlichen (sehr kleine Sprünge) Transformation finden; *Ferber*, Das wirtschaftlichste Angebot im Vergaberecht.

17 Diese Anforderung ist sofort einleuchtend, da eine Abhängigkeit von der Anzahl der Angebote gegen jede Rationalität spricht.

Wirtschaftlichkeits-Anforderung 7 (Determinismus)

Die Zuschlagsentscheidung durch eine Bewertungsmethode (Zuschlagsformel) sollte überwiegend deterministisch und nicht vom Zufall dominiert erfolgen.

Aus diesen Wirtschaftlichkeitsanforderungen können weitere Anforderungen gefolgert werden.[18]

Folgerung 1 zur Wirtschaftlichkeit

Ein zusätzliches Angebot zu einer bestehenden Menge von Angeboten, welches leistungsschwächer ist, das heißt, bei den nichtmonetären Zuschlagskriterien einen kleineren Wert erreicht und gleichzeitig nicht billiger ist, also bei den monetären Zuschlagskriterien mindestens den Euro-Betrag aufweist, den das bisherige wirtschaftlichste Angebot aufweist, kann das bisherige wirtschaftlichste Angebot nicht von seinem ersten Rang verdrängen.

Folgerung 2 zur Wirtschaftlichkeit

Ein zusätzliches Angebot zu einer bestehenden Menge von Angeboten, das mehr kostet als das bisher wirtschaftlichste Angebot, das aber maximal so leistungsstark ist wie das bisher wirtschaftlichste Angebot, kann das bisher wirtschaftlichste Angebot nicht von seinem ersten Rang verdrängen.

Verletzung der Wirtschaftlichkeits-Anforderungen bzw. deren Folgerungen

Bewertungsmethoden (Zuschlagsformeln), die diese Wirtschaftlichkeits-Anforderungen bzw. deren Folgerungen verletzen, verstoßen gegen die Grundprinzipien der Wirtschaftlichkeit und des rationalen Entscheidens. Das Bestimmungsrecht des öffentlichen Auftraggebers zur Auswahl der Bewertungsmethode findet hier seine Grenzen und kann im Einzelfall beanstandet werden.[19]

Eine Verletzung der Wirtschaftlichkeits-Anforderung 1 findet zum Beispiel bei den Mittelwertmethoden statt.[20] Eine Verletzung der Wirtschaftlichkeits-Anforderung 5 findet zum Beispiel bei den Preis-Ranking-Methoden statt.[21]

Anerkannte Bewertungsmethoden verletzen die Wirtschaftlichkeitsanforderungen in der Regel nicht. Aus diesem Grund ist es von der Rechtsprechung anerkannt,[22] dass es die Anforderungen an die Auftraggeber überspannen würde, die jeweiligen (mathematischen) Vor- und Nachteile der verschiedenen Bewertungsmethoden abzuwägen.

Bei der Auswahl der Bewertungsmethode ist aber darauf zu achten, dass diese den notwendigen Definitionsbereich abdeckt.[23] Insbesondere wenn Angebotspreise von null Euro oder negative Angebotspreise oder null Leistungspunkte möglich sind, sind einige der gängigen

18 *Ferber*, Das wirtschaftlichste Angebot im Vergaberecht.

19 BGH, Beschluss vom 4.4.2017 – X ZB 3/17, Rn. 33, S. 1; *Ferber*, Das wirtschaftlichste Angebot im Vergaberecht.

20 Ausführlich in *Ferber*, Das wirtschaftlichste Angebot im Vergaberecht.

21 Ausführlich in *Ferber*, Das wirtschaftlichste Angebot im Vergaberecht.

22 OLG Celle, Beschluss vom 7.7.2022 – 13 Verg 4/22.

23 Die Bewertungsmethoden (Zuschlagsformeln) sind mathematische Funktionen, die jedem Element ihres Definitionsbereichs (Definitionsmenge) ein Element der Zielmenge zuweisen.

Bewertungsmethoden nicht sinnvoll anwendbar.[24] Ebenso kann es notwendig sein, eine von 50 % monetäre Zuschlagskriterien / 50 % nichtmonetäre Zuschlagskriterien abweichende Gewichtung vorzunehmen, um Alibi-Kriterien (Feigenblatt-Kriterien) zu vermeiden.[25] Bei manchen Bewertungsmethoden (zum Beispiel der einfachen Richtwertmethode) ist eine Einstellung der Gewichtung aber nicht möglich.

11.2 Zuschlagsformeln der Bewertungsklasse I

Bei den Zuschlagsformeln der Bewertungsklasse I werden die Angebote entweder ausschließlich nach monetären Zuschlagskriterien, wie zum Beispiel den Angebotspreisen oder den Kosten in Euro, oder ausschließlich nach nichtmonetären Zuschlagskriterien in Punkten verglichen.

11.2.1 Zuschlagsformeln der Bewertungsklasse Ia

Bei der Bewertungsklasse Ia ist der Preis das einzige Zuschlagskriterium. Die Mindestanforderungen werden als Ausschlusskriterien formuliert. Die zu wertenden Angebote müssen alle Ausschlusskriterien erfüllen. Wird nur ein Ausschlusskriterium nicht erfüllt, führt dies zum zwingenden Ausschluss des betreffenden Angebots. Ein Mehr an Leistung wird dagegen nicht honoriert, da dies bei reinen Ausschlusskriterien nicht bewertet werden kann.

Den Zuschlag erhält das Angebot mit dem niedrigsten Angebotspreis.

11.2.2 Zuschlagsformeln der Bewertungsklasse Ib

Bei der Bewertungsklasse Ib finden neben dem Preis weitere monetäre Zuschlagskriterien ihre Anwendung. Die Mindestanforderungen werden als Ausschlusskriterien formuliert. Die zu wertenden Angebote müssen alle Ausschlusskriterien erfüllen. Wird nur ein Ausschlusskriterium nicht erfüllt, führt dies zum zwingenden Ausschluss des betreffenden Angebots. Ein Mehr an Leistung wird dagegen nicht honoriert, da dies bei reinen Ausschlusskriterien nicht bewertet werden kann.

Im Gegensatz zur reinen Bewertung der Anschaffungskosten (Preisbewertung) können bei einer Kostenbetrachtung auch die Folgekosten mitberücksichtigt werden. Diese Kostenbetrachtungen sind unter den Begriffen Lebenszykluskosten, Vollkostenbetrachtung, Total Cost of Ownership (TCO) bekannt.

Den Zuschlag erhält das Angebot mit den niedrigsten Gesamtkosten.

24 *Ferber*, Das wirtschaftlichste Angebot im Vergaberecht.
25 Ein Alibi-Kriterium (in Österreich spricht man auch von Feigenblatt-Kriterien, dazu: *Dillinger/Oppel*, Das neue BVergG 2018, S. 269.) liegt vor, wenn ein Zuschlagskriterium für die Zuschlagsentscheidung aufgeführt ist, aber letztendlich keine Rolle spielt. Ausführlich in: *Ferber*, VergabeNavigator, 6/2017, 11 ff.; *Ferber*, Das wirtschaftlichste Angebot im Vergaberecht.

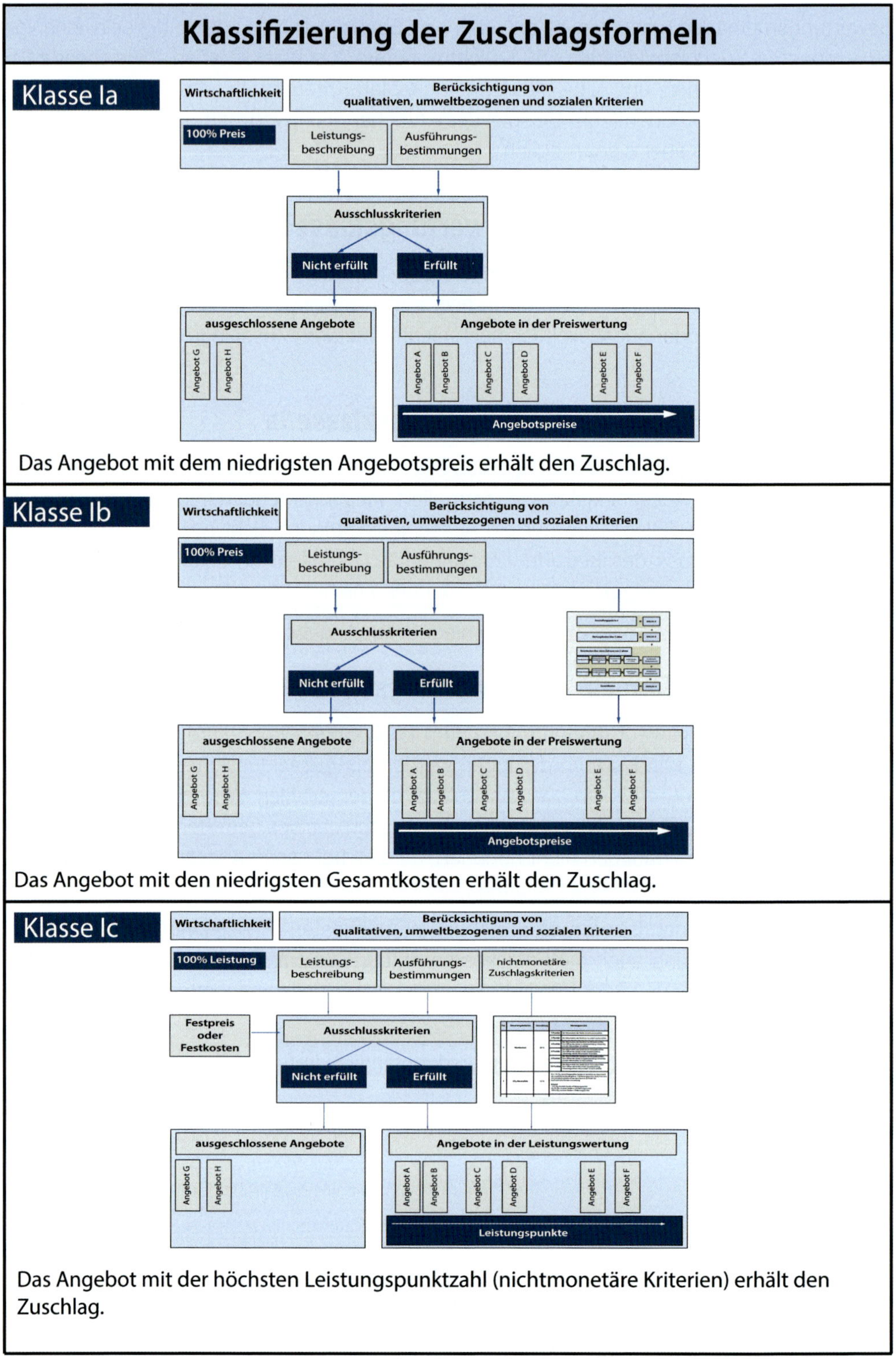

Abbildung: Bewertungsklasse I

11.2.3 Zuschlagsformeln der Bewertungsklasse Ic

Bei den Zuschlagsformeln der Bewertungsklasse Ic sind die nichtmonetären Zuschlagskriterien die einzigen Zuschlagskriterien. Die Mindestanforderungen werden als Ausschlusskriterien formuliert. Der Angebotspreis oder die Kosten werden als Festpreis oder Festkosten vorgegeben. Die zu wertenden Angebote müssen alle Ausschlusskriterien (Mindestanforderungen und Festpreis oder Festkosten) erfüllen. Wird nur ein Ausschlusskriterium nicht erfüllt, führt dies zum zwingenden Ausschluss des betreffenden Angebots. Ein Mehr an Leistung wird aber honoriert, da dies bei den nichtmonetären Kriterien zu einer höheren Punktzahl führt.

Den Zuschlag erhält das Angebot mit der höchsten Punktzahl bei den nichtmonetären Kriterien.

11.3 Zuschlagsformeln der Bewertungsklasse II

Bei den Zuschlagsformeln der Bewertungsklasse II wird das wirtschaftlichste Angebot aus dem Quotienten eines monetären Terms und eines nichtmonetären Terms bestimmt. Im monetären Term sind alle monetären Zuschlagskriterien, im nichtmonetären Term alle nichtmonetären Zuschlagskriterien enthalten. Zur Bestimmung des wirtschaftlichsten Angebots sind

- die monetären Zuschlagskriterien zu minimieren, da es sich hierbei um Non-Benefit-Kriterien handelt und
- die nichtmonetären Zuschlagskriterien zu maximieren, da es sich hierbei um Benefit-Kriterien handelt.

Zur besseren Veranschaulichung können bei der Bewertungsklasse II die Angebote und deren Wirtschaftlichkeit sehr gut in einem Preis-Leistungs-Diagramm oder in einem gewichteten logarithmischen Preis-Leistungs-Diagramm grafisch dargestellt werden.

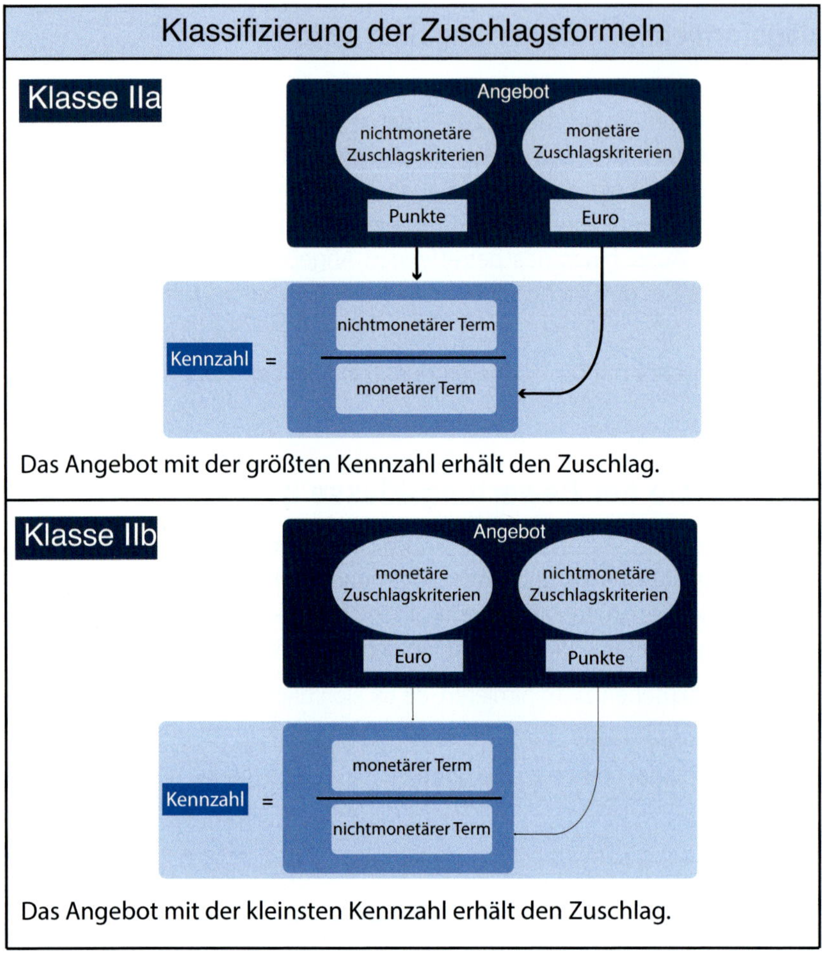

Abbildung: Bewertungsklasse II – Übersicht

11.3.1 Zuschlagsformeln der Bewertungsklasse IIa

Bei den Zuschlagsformeln der Bewertungsklasse IIa wird das wirtschaftlichste Angebot aus dem Quotienten eines monetären Terms und eines nichtmonetären Terms bestimmt. Der monetäre Term steht im Nenner und enthält alle monetären Zuschlagskriterien. Der nichtmonetäre Term steht im Zähler und enthält alle nichtmonetären Zuschlagskriterien.

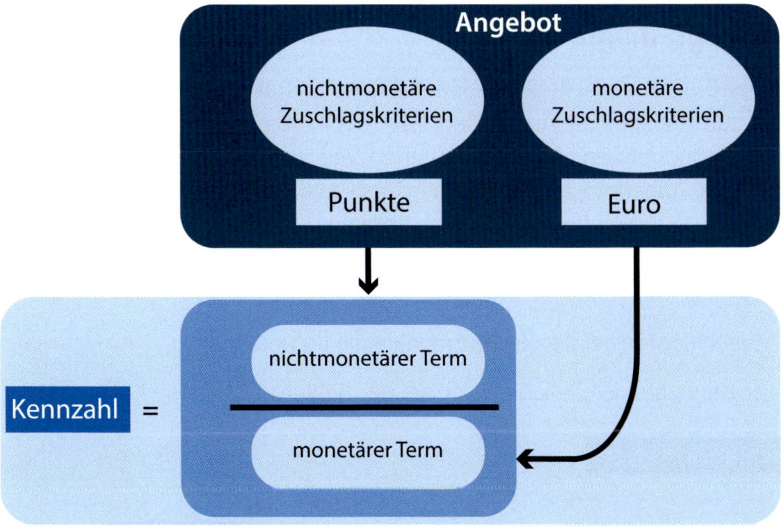

Abbildung: Bewertungsklasse IIa

Das Angebot mit der größten Kennzahl erhält den Zuschlag.

11.3.2 Zuschlagsformeln der Bewertungsklasse IIb

Bei den Zuschlagsformeln der Bewertungsklasse IIb wird das wirtschaftlichste Angebot aus dem Quotienten eines monetären Terms und eines nichtmonetären Terms bestimmt. Der monetäre Term steht im Zähler und enthält alle monetären Zuschlagskriterien. Der nichtmonetäre Term steht im Nenner und enthält alle nichtmonetären Zuschlagskriterien.

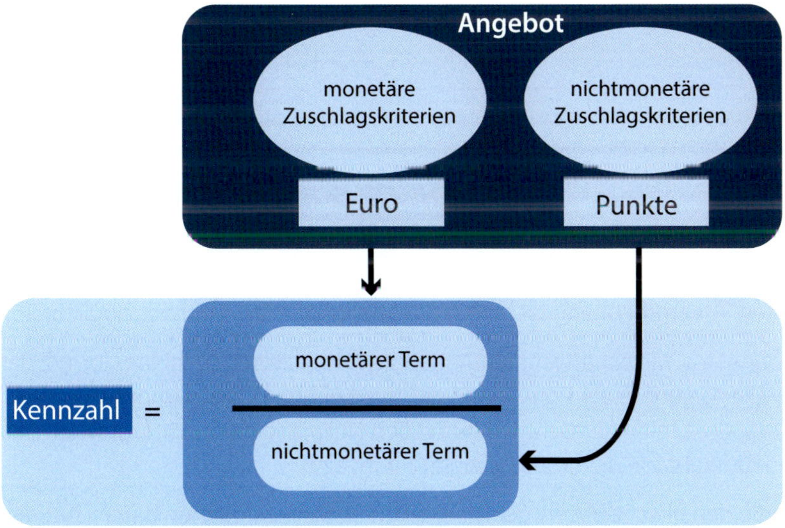

Abbildung: Bewertungsklasse IIb

Das Angebot mit der kleinsten Kennzahl erhält den Zuschlag.

11.3.3 Preis-Leistungs-Diagramm

In einem Preis-Leistungs-Diagramm befinden sich auf der horizontalen Achse die monetären Zuschlagskriterien wie zum Beispiel die Angebotspreise (oder Angebotskosten) und auf der vertikalen Achse die nichtmonetären Zuschlagskriterien wie zum Beispiel die Leistungspunkte der Angebote. Jedes Angebot kann als Punkt in das Preis-Leistungs-Diagramm eingezeichnet werden. Wird der Angebotspunkt mit einer Geraden (Angebotsgerade) durch den Nullpunkt des Preis-Leistungs-Diagramms verbunden, dann entspricht die Steigung der Angebotsgeraden

- der Kennzahl der Zuschlagsformel der Bewertungsklasse IIa und
- dem Reziproken der Kennzahl der Zuschlagsformel der Bewertungsklasse IIb.

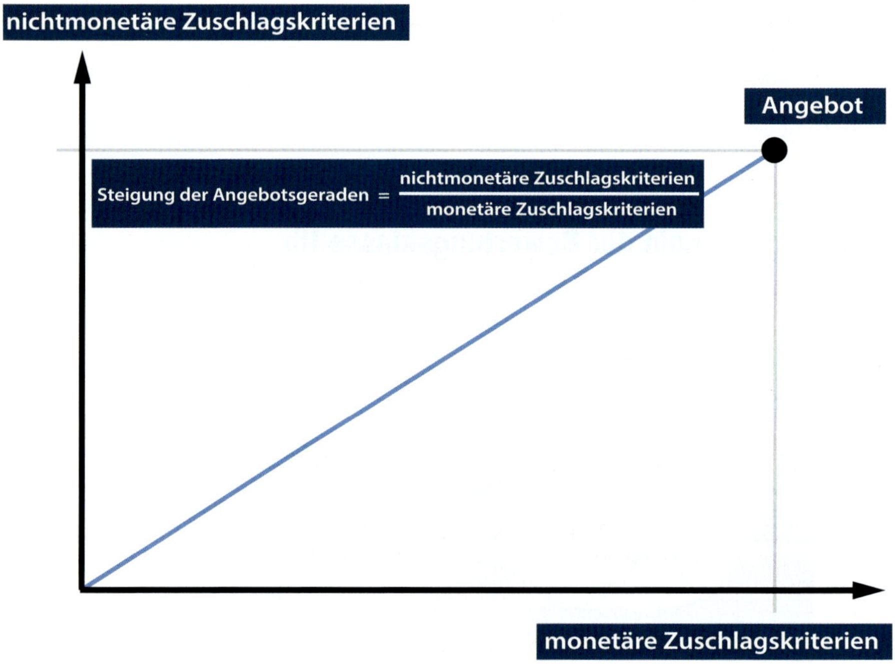

Abbildung: Preis-Leistungs-Diagramm – Kennzahl als Geradensteigung

Durch diesen einfachen Zusammenhang ist eine grafische Veranschaulichung möglich.

Werden zur Bestimmung des wirtschaftlichsten Angebots mittels einer Zuschlagsformel der Bewertungsklasse II alle Angebote als Punkte in das Preis-Leistungs-Diagramm eingezeichnet und jeder Angebotspunkt mit einer Geraden durch den Nullpunkt verbunden, gewinnt das Angebot, dessen Angebotsgerade die größte Steigung aufweist.

Bei zwei Angeboten, die den gleichen Wert der monetären Zuschlagskriterien haben, hat das Angebot mit dem größeren Wert der nichtmonetären Zuschlagskriterien die größere Kennzahl. Im folgenden Diagramm haben Angebot B und Angebot C den gleichen Wert der monetären Zuschlagskriterien. Angebot B hat aber im Vergleich zu Angebot C einen größeren Wert der nichtmonetären Zuschlagskriterien. Im Preis-Leistungsdiagramm hat die Angebotsgerade von Angebot B eine größere Steigung als die Angebotsgerade von Angebot C.

Bei zwei Angeboten mit gleichen Werten der nichtmonetären Zuschlagskriterien hat das Angebot mit dem kleineren Wert der monetären Zuschlagskriterien die größere Kennzahl. Im folgenden Diagramm haben Angebot A und Angebot B den gleichen Wert bei den nichtmonetären Zuschlagskriterien. Angebot B hat aber im Vergleich zu Angebot A einen größeren Wert bei den monetären Zuschlagskriterien. Im Preis-Leistungsdiagramm hat die Angebotsgerade von Angebot A eine größere Steigung als die Angebotsgerade von Angebot B.

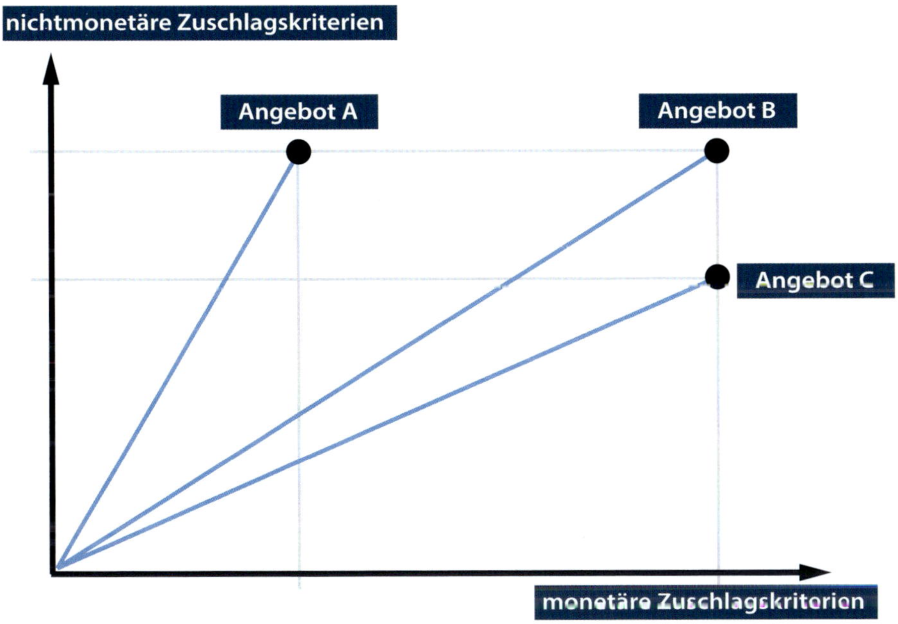

Abbildung: Beispiel Preis-Leistungs-Diagramm

11.3.4 Gewichtetes logarithmisches Preis-Leistungs-Diagramm

Beim gewichteten logarithmischen Preis-Leistungs-Diagramm nutzt man die mathematische Logarithmus-Funktion,[26] um eine Division durch eine Subtraktion auszudrücken.

Logarithmen erlangten ihre historische Bedeutung durch den mathematischen Zusammenhang

$log (x \cdot y) = log\ x + log\ y$

$log(x / y) = log\ x - log\ y$

Durch den Logarithmus kann man

- die Multiplikation zweier Werte durch eine Addition und
- die Division zweier Werte durch eine Subtraktion

ausdrücken.

26 *Naas/Schmid*, Mathematisches Wörterbuch, Bd. II, S. 91.

- Der Logarithmus eines Produkts ist die Summe der Logarithmen der Faktoren.
- Der Logarithmus eines Quotienten ist die Differenz der Logarithmen von Zähler und Nenner.

Bei einem gewichteten logarithmischen Preis-Leistungsdiagramm wird jedes Angebot durch eine Gerade dargestellt. Jedes Angebot hat einen Angebotspreis und erhält durch eine Bewertung auch eine Leistungspunktzahl. Die logarithmische Leistungspunktzahl wird in die rechte senkrechte Achse (Leistungsterm) im gewichteten Preis-Leistungsdiagramm eingetragen. Der logarithmische Angebotspreis wird in der linken vertikalen Achse (Preisterm) eingetragen. Die beiden Punkte werden durch eine Gerade verbunden und stellen das Angebot dar.

Für die Bestimmung der Kennzahl (Scoring) besteht ein sehr anschaulicher geometrischer Zusammenhang: Bewegt man den Gewichtungsregler auf der horizontalen Achse, kann man die Gesamtpunktzahl direkt am Schnittpunkt der Messskala mit den Angebotsgeraden ablesen.

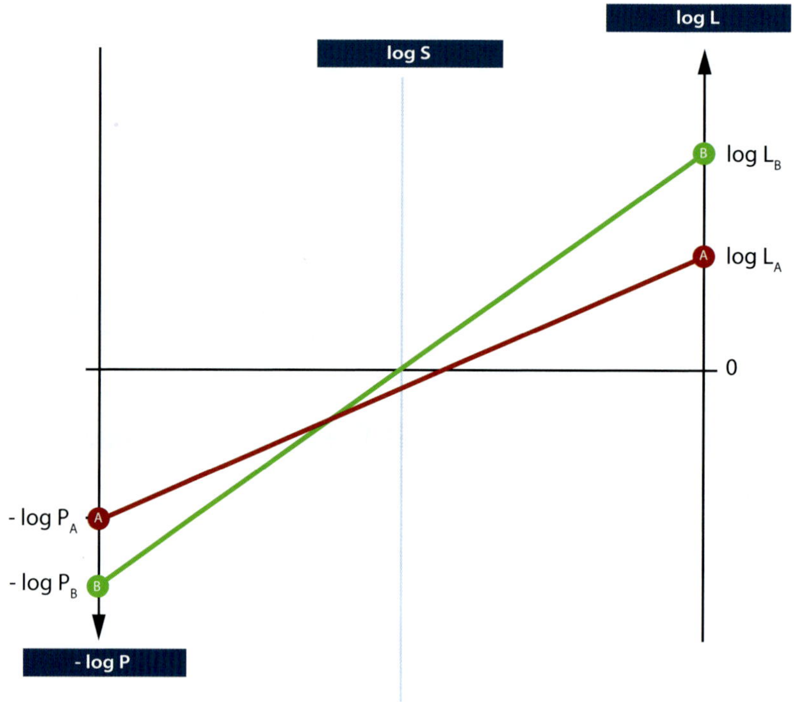

Abbildung: Gewichtetes logarithmisches Preis-Leistungs-Diagramm

Mit den gewichteten logarithmischen Preis-Leistungs-Diagrammen kann man den Zusammenhang zwischen monetären und nichtmonetären Zuschlagskriterien sowie deren Gewichtung anschaulich grafisch darstellen.

11.4 Zuschlagsformeln der Bewertungsklasse III

Bei den Zuschlagsformeln der Bewertungsklasse III wird das wirtschaftlichste Angebot aus der Summe eines gewichteten nichtmonetären Terms und eines gewichteten monetären Terms bestimmt. Im monetären Term sind alle monetären Zuschlagskriterien, im nichtmonetären Term alle nichtmonetären Zuschlagskriterien enthalten. Zur Bestimmung des wirtschaftlichsten Angebots sind

- die monetären Zuschlagskriterien zu minimieren, da es sich hierbei um Non-Benefit-Kriterien handelt und
- die nichtmonetären Zuschlagskriterien zu maximieren, da es sich hierbei um Benefit-Kriterien handelt.

Damit die gewichtete Summe aus dem nichtmonetären und dem monetären Term zu einem sinnvollen Ergebnis führt, müssen die beiden Terme auf die gleiche Dimension[27] gebracht werden. Dies kann auf dreierlei Arten durchgeführt werden:

- Transformation der monetären Kriterien in nichtmonetäre Kriterien (zum Beispiel die Transformation von Euro-Angebotspreisen in Preispunkte).
- Transformation der nichtmonetären Kriterien in monetäre Kriterien (zum Beispiel die Transformation von Leistungspunkten in fiktive Kosten).
- Transformation der monetären Kriterien in nichtmonetäre Kriterien (zum Beispiel die Transformation von Euro-Angebotspreisen in Preispunkte) **und** Transformation der nichtmonetären Kriterien in andere nichtmonetäre Kriterien.

Zur besseren Veranschaulichung der Zusammenhänge zwischen Preisterm, Leistungsterm und deren Gewichtung kann die Angebotsbewertung bei den Bewertungsmethoden der Bewertungsklasse III durch ein gewichtetes Preis-Leistungs-Diagramm dargestellt werden.

27 Dimension ist hier im Sinne eines Größensystems wie z.B. Zeit, Länge oder Masse zu verstehen. Im betrachteten Fall wird die Dimension der monetären Zuschlagskriterien in Euro ausgedrückt und die Dimension der nichtmonetären Zuschlagskriterien in Punkten.

Klassifizierung der Zuschlagsformeln

Klasse IIIa

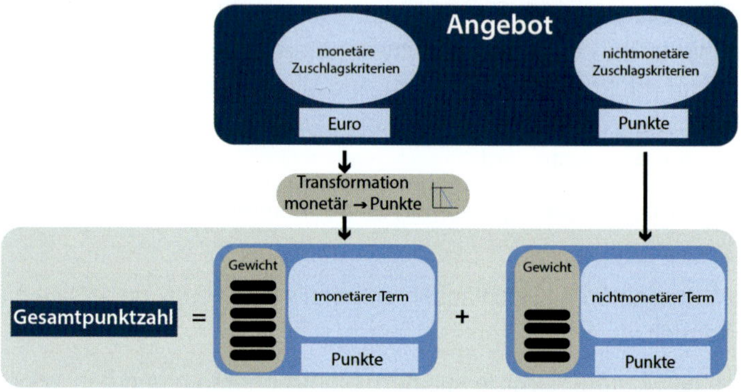

Den Zuschlag erhält das Angebot, das die höchste Gesamtpunktzahl, die sich aus der Summe der gewichteten Leistungspunkte und der gewichteten Preispunkte/Kostenpunkte ergibt, erreicht hat.

Klasse IIIb

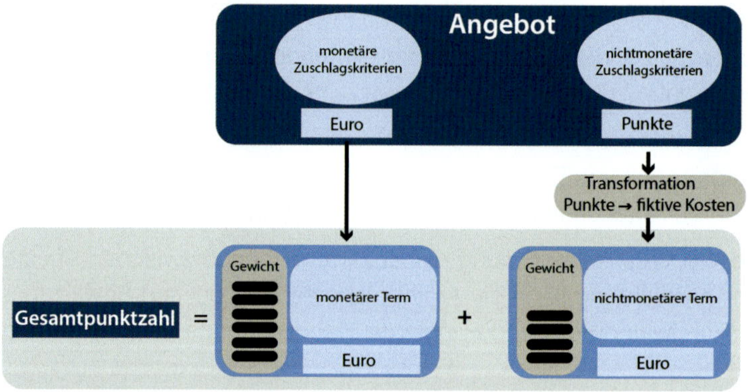

Den Zuschlag erhält das Angebot, das die geringsten Gesamtkosten, die sich aus der Summe des gewichteten Leistungsterms und des gewichteten Preisterms ergibt, erreicht hat.

Klasse IIIc

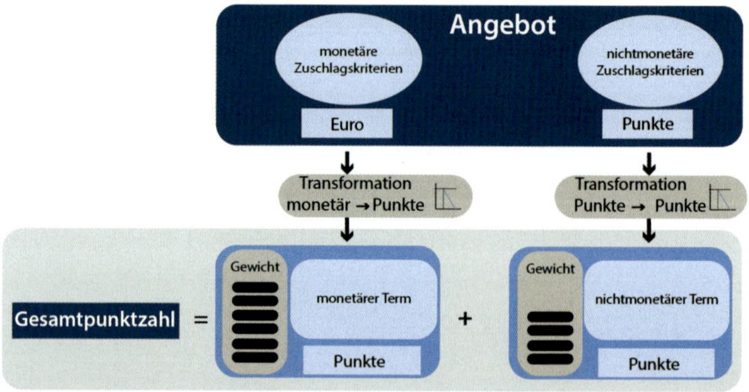

Den Zuschlag erhält das Angebot, das die geringsten Gesamtkosten, die sich aus der Summe des gewichteten Leistungsterms und des gewichteten Preisterms ergibt, erreicht hat.

Abbildung: Bewertungsklasse III – Übersicht

11.4.1 Zuschlagsformeln der Bewertungsklasse IIIa

Bei den Zuschlagsformeln der Bewertungsklasse IIIa werden die monetären Zuschlagskriterien (Angebotspreis, Gesamtkosten, Lebenszykluskosten, etc.), die in Euro vorliegen, in Punkte (sogenannte Preispunkte oder Kostenpunkte) transformiert. Die Transformationsformeln müssen dabei den folgenden Anforderungen an die Wirtschaftlichkeit genügen.

11.4.1.1 Anforderungen

Anforderung 1

Besitzt ein Angebot A im Vergleich zu einem Angebot B den günstigeren Angebotspreis, dann erhält Angebot A eine höhere Angebotspunktzahl.

Diese Anforderung ist sofort einleuchtend. Bei dem Vergleich von zwei Angeboten erhält das billigere der beiden die größere Punktzahl bei den Preispunkten.[28]

Anforderung 2

Besitzt ein Angebot A den gleichen Angebotspreis wie ein Angebot B, dann erhalten beide Angebote die gleiche Angebotspunktzahl.

Diese Anforderung ist sofort einleuchtend. Bei dem Vergleich von zwei Angeboten müssen zwei gleich teure Angebote die gleiche Punktzahl erhalten.[29]

Anforderung 3

Besitzt ein Angebot A im Vergleich zu einem Angebot B den günstigeren Angebotspreis und besitzt das Angebot B im Vergleich zu einem Angebot C den günstigeren Angebotspreis, dann erhält Angebot A eine höhere Angebotspunktzahl als Angebot B und Angebot B eine höhere Angebotspunktzahl als Angebot C.

Diese Anforderung ist sofort einleuchtend und wird in der Mathematik als Transitivität bezeichnet.[30]

Anforderung 4

Ein kleiner Unterschied bei den Angebotspreisen zweier Angebote A und B führt auch zu einem kleinen Unterschied bei den Angebotspreispunkten der Angebote A und B.

Diese Anforderung ist sofort einleuchtend. Ein kleiner Preisunterschied darf nicht zu einem großen Unterschied bei der Punktzahl führen, um Bewertungsverzerrungen zu vermeiden.[31]

---

28 *Ferber*, Mehr Schein als Sein – Die Gewichtung von Preis und Leistung – Teil II, VergabeNavigator 2/2018, 9 ff.

29 *Ferber*, Mehr Schein als Sein – Die Gewichtung von Preis und Leistung – Teil II, VergabeNavigator 2/2018, 9 ff.

30 *Ferber*, Mehr Schein als Sein – Die Gewichtung von Preis und Leistung – Teil II, Vergabe Navigator 2/2018, 9 ff.

31 Die Grundannahme der antiken Philosophie und Naturwissenschaft „Natura non facit saltus" (Die Natur macht keine Sprünge) sollte ihren Niederschlag nicht zwingend in einer kontinuierlichen (stetigen), aber zumindest in einer quasikontinuierlichen (sehr kleine Sprünge) Transformation finden; *Ferber*, Das wirtschaftlichste Angebot im Vergaberecht; *Ferber*, Mehr Schein als Sein – Die Gewichtung von Preis und Leistung – Teil II, Vergabe Navigator 2/2018, 9 ff.

Anforderung 5

Die Angebotspunktzahl der Angebote darf nicht von der Anzahl der wertbaren Angebote abhängen. Diese Anforderung ist sofort einleuchtend, da eine Abhängigkeit von der Anzahl der Angebote gegen jede Rationalität spricht.

11.4.1.2 Formelstruktur der Bewertungsklasse IIIa

Da sowohl der monetäre Term als auch der nichtmonetäre Term mit Gewichtungsfaktoren versehen sind, können monetäre und nichtmonetäre Zuschlagskriterien durch die Addition von monetärem und nichtmonetärem Term mit unterschiedlichen Gewichten in die Bewertung einfließen.

Dabei muss beachtet werden, dass die beiden Skalen für die nichtmonetären und die monetären Terme gleich sind. Das heißt, gibt es maximal 100 mögliche Punkte für den nichtmonetären Term, dann muss auch der monetäre Term auf 100 Punkte skaliert werden. Unterschiedliche Skalen für den nichtmonetären und den monetären Term bewirken eine zusätzliche Gewichtung.[32]

Bei diesen Zuschlagsformeln wird für die Zuschlagsentscheidung eine Gesamtpunktzahl aus der Summe der gewichteten nichtmonetären Zuschlagskriterien und der gewichteten monetären Zuschlagskriterien betrachtet. Den Zuschlag erhält das Angebot, das die höchste Gesamtpunktzahl erreicht hat.

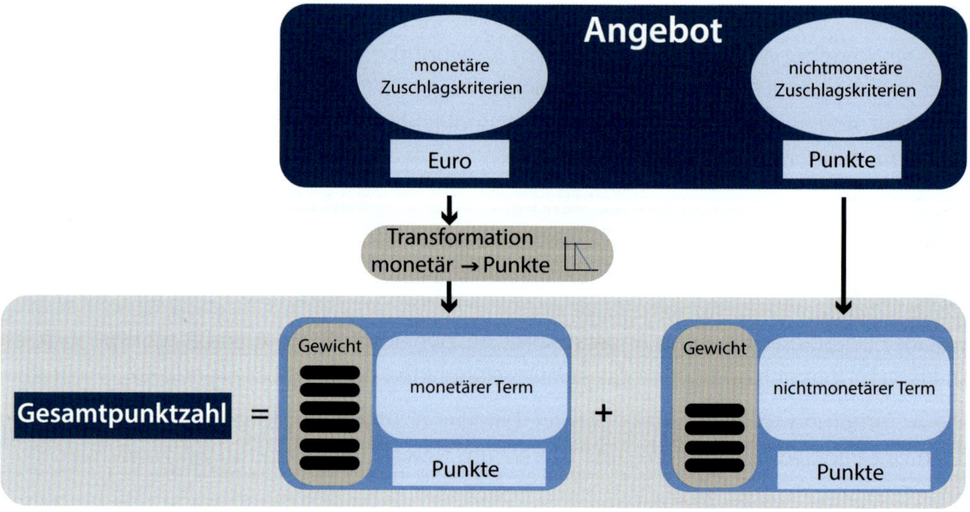

Abbildung: Bewertungsklasse IIIa

32 *Ferber*, Mehr Schein als Sein – Die Gewichtung von Preis und Leistung – Teil II, Vergabe Navigator 2/2018, 9 ff.

11.4.1.3 Gewichtetes Preis-Leistungs-Diagramm

Zur besseren Veranschaulichung der Zusammenhänge zwischen Preisterm, Leistungsterm und deren Gewichtung kann die Angebotsbewertung bei den Bewertungsmethoden der Bewertungsklasse III durch ein gewichtetes Preis-Leistungs-Diagramm dargestellt werden.

Bei einem gewichteten Preis-Leistungsdiagramm wird jedes Angebot durch eine Gerade dargestellt. Jedes Angebot hat einen Angebotspreis und erhält durch eine Bewertung auch eine Leistungspunktzahl. Die Leistungspunktzahl wird in die rechte senkrechte Achse (Leistungsterm) im gewichteten Preis-Leistungsdiagramm eingetragen. Der Angebotspreis wird gemäß der durch die Bewertungsmethode vorgegebenen Transformationsformel in Preispunkte umgerechnet. Die so ermittelte Preispunktzahl wird in der linken vertikalen Achse (Preisterm) eingetragen. Die beiden Punkte werden durch eine Gerade verbunden und stellen das Angebot dar.

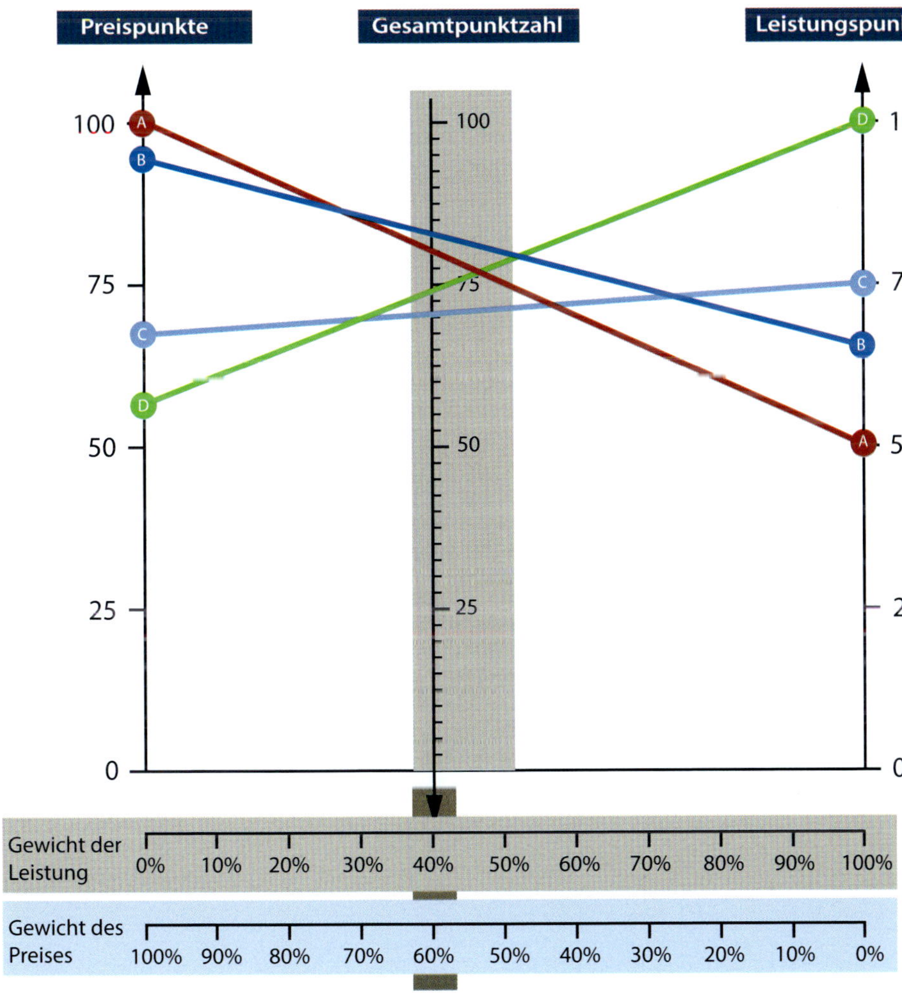

Abbildung: Gewichtetes Preis-Leistungs-Diagramm bei einer Gewichtung von 60 % Preis und 40 % Leistung

Für die Bestimmung der Gesamtpunktzahl besteht ein sehr anschaulicher geometrischer Zusammenhang: Bewegt man den Gewichtungsregler auf der horizontalen Achse, kann man die Gesamtpunktzahl direkt am Schnittpunkt der Messskala mit den Angebotsgeraden ablesen. Bei einer Gewichtung von 60 % Preis und 40 % Leistung erreicht das Angebot B die größte Gesamtpunktzahl und ist damit das wirtschaftlichste Angebot.

Bei einer Gewichtung von 40 % Preis und 60 % Leistung erreicht das Angebot D die größte Gesamtpunktzahl und ist damit das wirtschaftlichste Angebot.

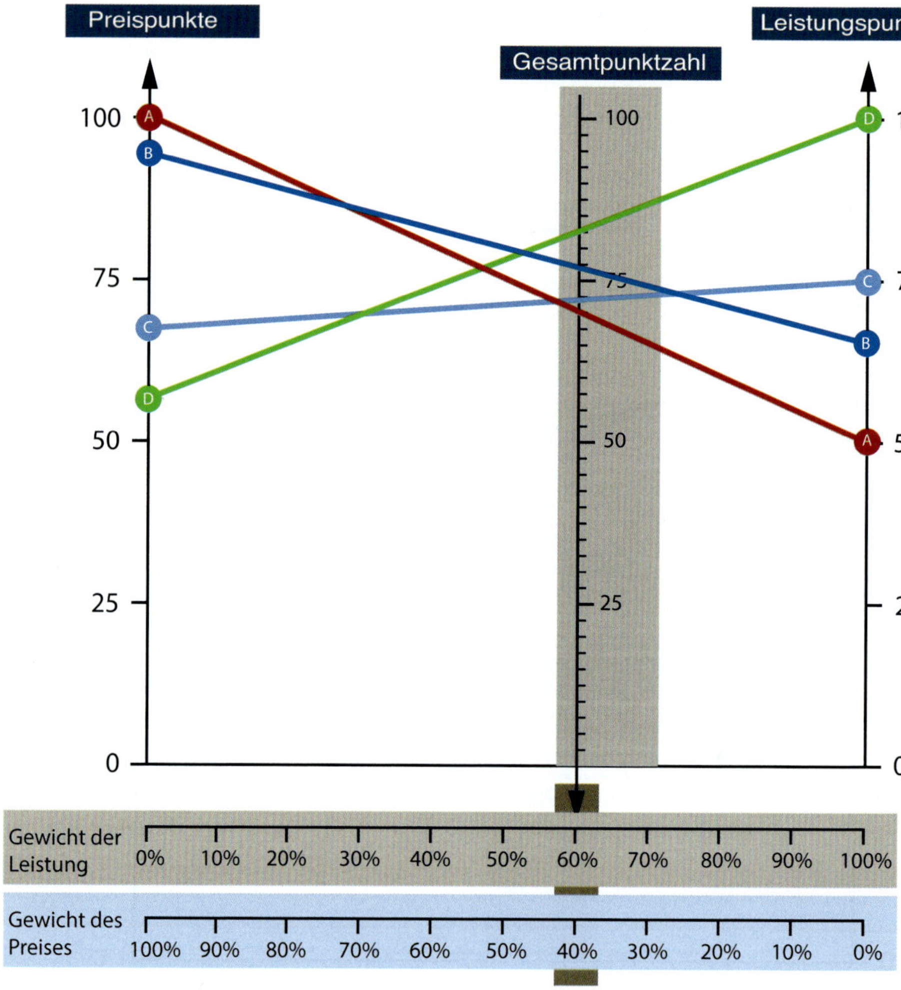

Abbildung: Gewichtetes Preis-Leistungs-Diagramm bei einer Gewichtung von 40 % Preis und 60 % Leistung

Bei einer Gewichtung von 80 % Preis und 20 % Leistung erreicht das Angebot A die größte Gesamtpunktzahl und ist damit das wirtschaftlichste Angebot.

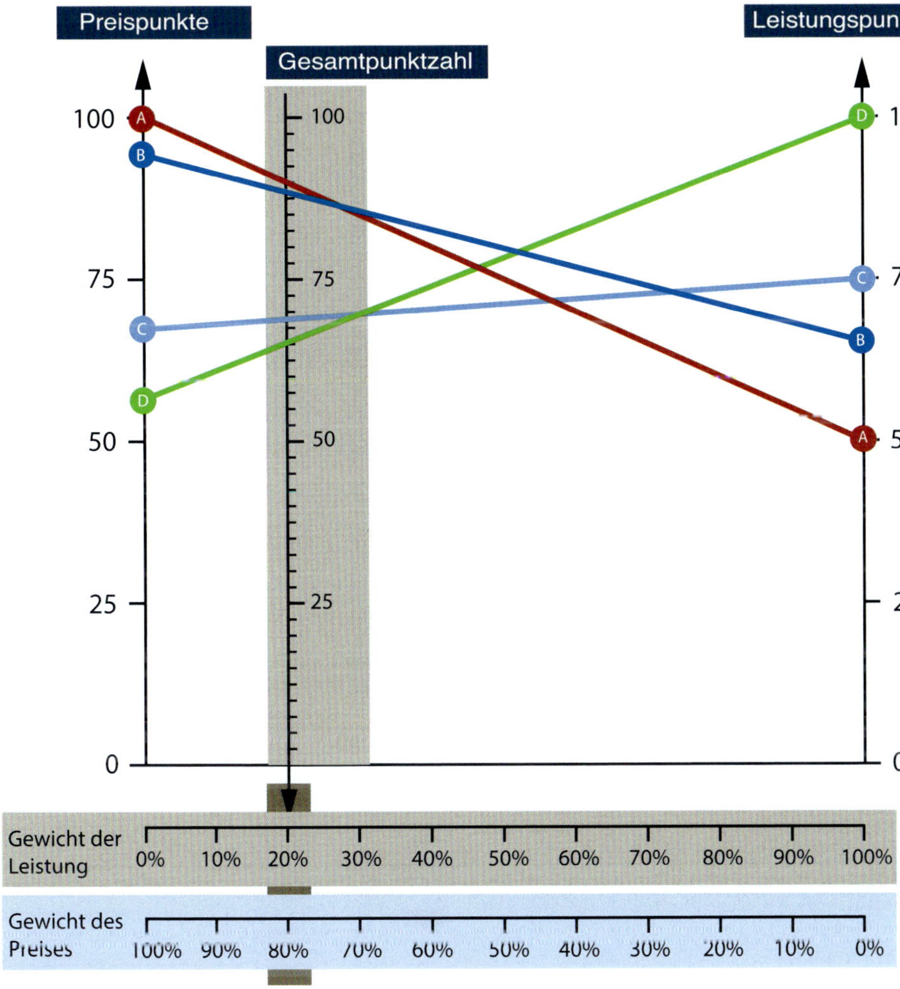

Abbildung: Gewichtetes Preis-Leistungs-Diagramm bei einer Gewichtung von 80 % Preis und 20 % Leistung

Für alle, die gerne die Äquivalenz des gewichteten Preis-Leistungsdiagramms zu den Bewertungsformeln der Bewertungsklasse IIIa nachvollziehen möchten, ist im Folgenden der mathematische Beweis dafür ausgeführt.[33] Für alle, die die gewichteten Preis-Leistungsdiagramme einfach nur anwenden möchten, kann der Beweis auch gerne übersprungen werden.

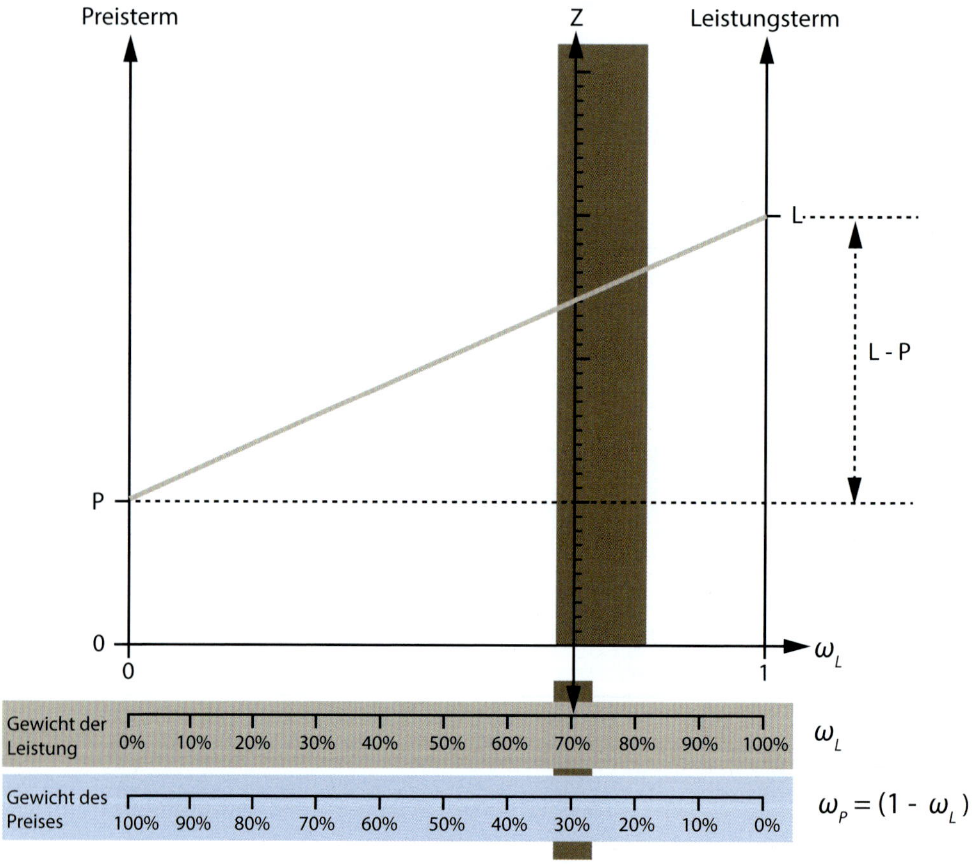

$$S = P + \frac{L - P}{1}\,\omega_L \quad \text{(Geradengleichung)}$$
$$= P + \omega_L (L - P)$$
$$= P + \omega_L L - \omega_L P$$
$$= \omega_L L + (1 - \omega_L) P \qquad \omega_P = (1 - \omega_L)$$
$$= \omega_L L + \omega_P P \quad \text{(Grundform der Bewertungsformel der Bewertungsklasse III)}$$

Abbildung: Beweis der Äquivalenz des gewichteten Preis-Leistungsdiagramms zu den Bewertungsformeln der Bewertungsklasse IIIa – Variante 1

33 Im Detail dazu: *Ferber*, Das wirtschaftlichste Angebot im Vergaberecht.

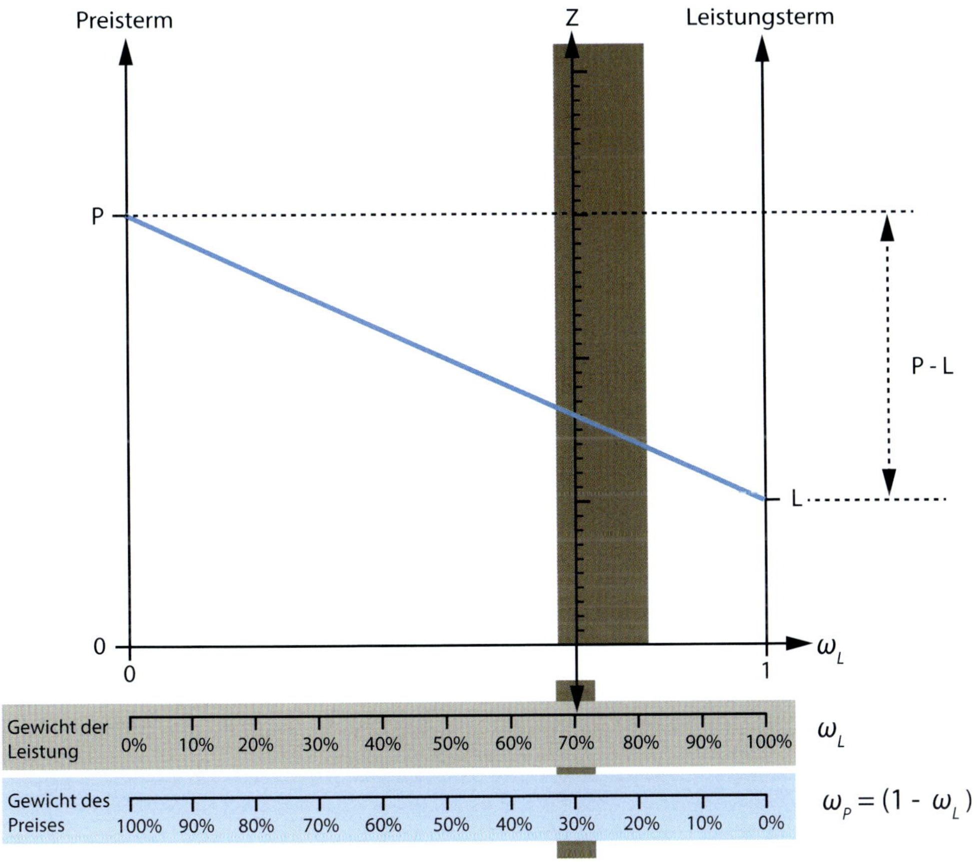

$$S = P - \frac{P - L}{1}\,\omega_L \quad \text{(Geradengleichung)}$$
$$= P - \omega_L (P - L)$$
$$= P - \omega_L P + \omega_L L$$
$$= \omega_L L + (1 - \omega_L) P, \qquad \omega_P = (1 - \omega_L)$$
$$= \omega_L L + \omega_P P, \quad \text{(Grundform der Bewertungsformel der Bewertungsklasse III)}$$

Abbildung: Beweis der Äquivalenz des gewichteten Preis-Leistungsdiagramms zu den Bewertungsformeln der Bewertungsklasse IIIa – Variante 2

11.4.2 Zuschlagsformeln der Bewertungsklasse IIIb

Bei den Zuschlagsformeln der Bewertungsklasse IIIb werden die nichtmonetären Zuschlagskriterien, die in Punkten vorliegen, in fiktive Kosten, die in Euro gemessen werden, transformiert. Die Transformation muss dabei den folgenden Anforderungen genügen.

11.4.2.1 Anforderungen

Anforderung 1

Besitzt ein Angebot A im Vergleich zu einem Angebot B die höhere Punktzahl bei den nichtmonetären Kriterien, dann erhält Angebot A durch die Transformation niedrigere fiktive Kosten.

Diese Anforderung ist sofort einleuchtend. Bei dem Vergleich von zwei Angeboten erhält das leistungsstärkere der beiden die geringeren fiktiven Kosten.

Anforderung 2

Besitzt ein Angebot A im Vergleich zu einem Angebot B die gleiche Punktzahl bei den nichtmonetären Kriterien, dann erhalten beide Angebote durch die Transformation die gleichen fiktiven Kosten.

Diese Anforderung ist sofort einleuchtend. Bei dem Vergleich von zwei Angeboten müssen zwei gleich leistungsstarke Angebote durch die Transformation die gleichen fiktiven Kosten erhalten.

Anforderung 3

Besitzt ein Angebot A im Vergleich zu einem Angebot B die höhere Punktzahl bei den nichtmonetären Kriterien und besitzt das Angebot B im Vergleich zu einem Angebot C die höhere Punktzahl bei den nichtmonetären Kriterien, dann erhält Angebot A durch die Transformation niedrigere fiktive Kosten als Angebot B und Angebot B durch die Transformation niedrigere fiktive Kosten als Angebot C.

Diese Anforderung ist sofort einleuchtend und wird in der Mathematik als Transitivität bezeichnet.

Anforderung 4

Ein kleiner Unterschied bei der Punktzahl bei den nichtmonetären Kriterien zweier Angebote A und B führt auch zu einem kleinen Unterschied bei den fiktiven Kosten durch die Transformation der Angebote A und B.

Diese Anforderung ist sofort einleuchtend. Ein kleiner Unterschied der Leistungspunkte darf nicht zu einem großen Unterschied bei den fiktiven Kosten führen, um Bewertungsverzerrungen zu vermeiden.[34]

---

34 Die Grundannahme der antiken Philosophie und Naturwissenschaft „Natura non facit saltus" (Die Natur macht keine Sprünge) sollte ihren Niederschlag nicht zwingend in einer kontinuierlichen (stetigen), aber zumindest in einer quasikontinuierlichen (sehr kleine Sprünge) Transformation finden; *Ferber*, Das wirtschaftlichste Angebot im Vergaberecht.

Anforderung 5

Die fiktiven Kosten der Angebote dürfen nicht von der Anzahl der wertbaren Angebote abhängen. Diese Anforderung ist sofort einleuchtend, da eine Abhängigkeit von der Anzahl der Angebote gegen jede Rationalität spricht.

11.4.2.2 Formelstruktur der Bewertungsklasse IIIb

Bei diesen Zuschlagsformeln werden für die Zuschlagsentscheidung Gesamtkosten aus der Summe des gewichteten monetären Terms und des gewichteten nichtmonetären Terms betrachtet. Den Zuschlag erhält das Angebot, das die geringsten Gesamtkosten erreicht hat.

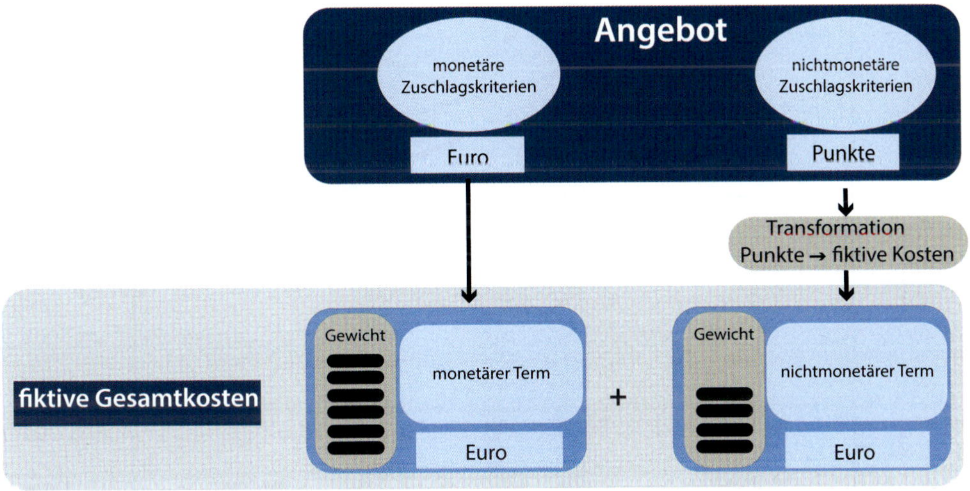

Abbildung: Bewertungsklasse IIIb

Da sowohl der monetäre Term als auch der nichtmonetäre Term mit Gewichtungsfaktoren versehen sind, können Preis und Leistung durch die Addition von monetärem und nichtmonetärem Term mit unterschiedlichen Gewichten in die Bewertung einfließen. Soll zum Beispiel dem Preis eine deutlich größere Bedeutung bei der Wertung zukommen, so könnte eine Gewichtung des Preises mit 70 % und eine Gewichtung der Leistung mit 30 % festgelegt werden. Natürlich ist auch der umgekehrte Fall denkbar, bei dem die Leistung stärkere Berücksichtigung finden soll und der Preis mit 30 % und die Leistung mit 70 % gewichtet werden soll.

Zur besseren Veranschaulichung der Zusammenhänge zwischen Preisterm, Leistungsterm und deren Gewichtung kann die Angebotsbewertung bei den Bewertungsmethoden der Bewertungsklasse IIIb wie in der Bewertungsklasse IIIa durch ein gewichtetes Preis-Leistungs-Diagramm dargestellt werden.

Für die Bestimmung der fiktiven Gesamtkosten besteht ein sehr anschaulicher geometrischer Zusammenhang: Bewegt man den Gewichtungsregler auf der horizontalen Achse, kann man die Gesamtpunktzahl direkt am Schnittpunkt der Messskala mit den Angebotsgeraden ablesen. Bei einer Gewichtung von 60 % Preis und 40 % fiktive Kosten hat das Angebot C die geringsten Gesamtkosten und ist damit das wirtschaftlichste Angebot.

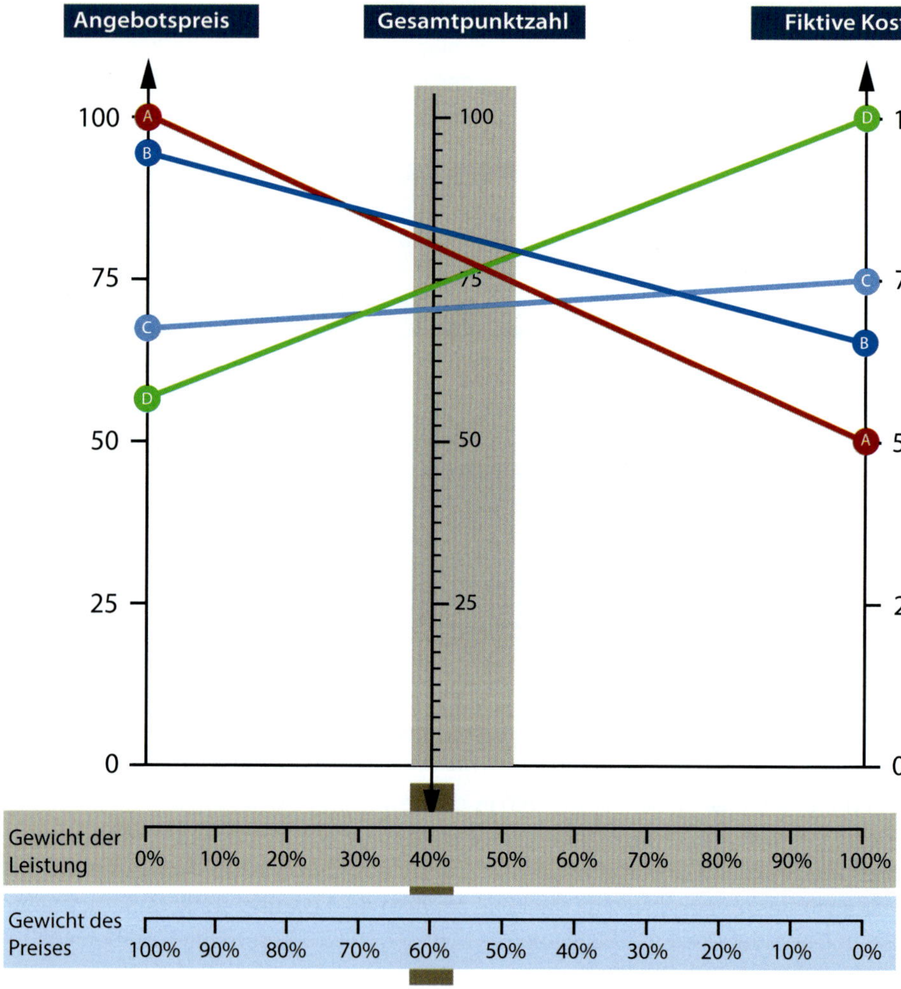

Abbildung: Gewichtetes Preis-Leistungs-Diagramm bei einer Gewichtung von 60 % Preis und 40 % fiktive Kosten

Bei einer Gewichtung von 40 % Preis und 60 % fiktive Kosten hat das Angebot A die geringsten Gesamtkosten und ist damit das wirtschaftlichste Angebot.

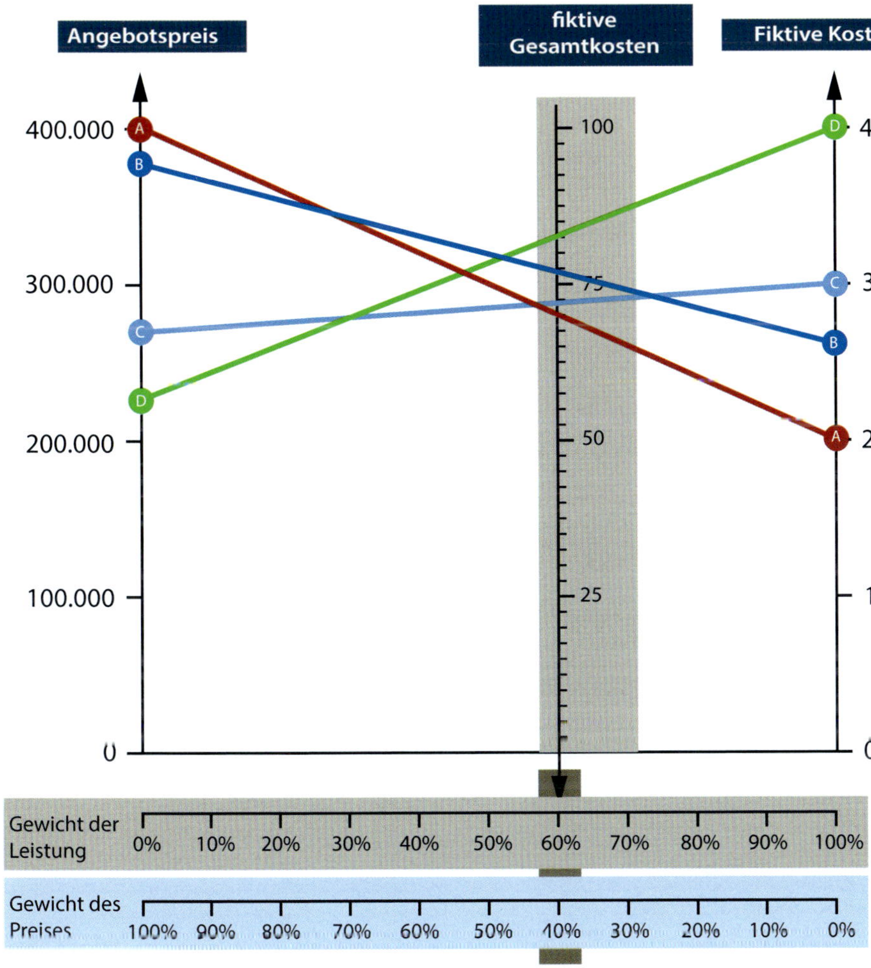

Abbildung: Gewichtetes Preis-Leistungs-Diagramm bei einer Gewichtung von 40 % Preis und 60 % fiktive Kosten

Bei einer Gewichtung von 80 % Preis und 20 % fiktive Kosten hat das Angebot D die geringsten Gesamtkosten und ist damit das wirtschaftlichste Angebot.

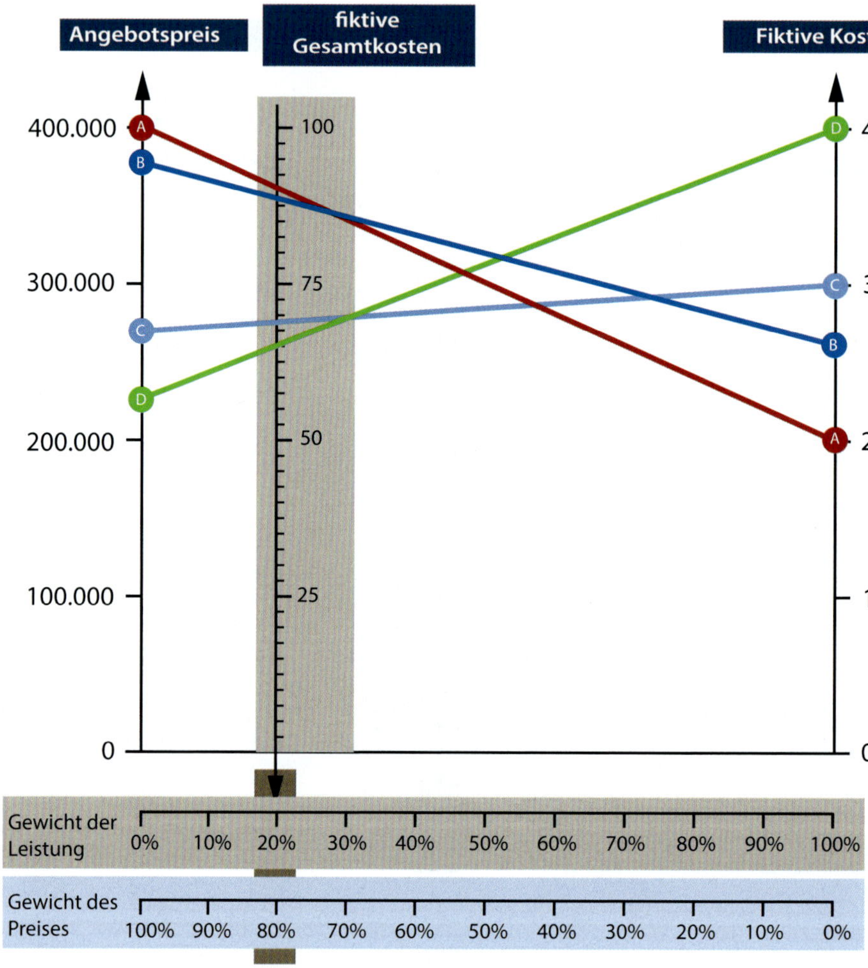

Abbildung: Gewichtetes Preis-Leistungs-Diagramm bei einer Gewichtung von 80 % Preis und 20 % fiktive Kosten

Die Bewertungsklasse IIIb ist der Vollständigkeit halber aufgeführt worden, führt aber nicht wirklich zu neuen Erkenntnissen und wird aus diesem Grund im Folgenden nicht weiter betrachtet.[35]

35 Die Bewertungsklasse IIIb wird ausführlich behandelt in: *Ferber*, Das wirtschaftlichste Angebot im Vergaberecht.

11.4.3 Zuschlagsformeln der Bewertungsklasse IIIc

Bei den Zuschlagsformeln der Bewertungsklasse IIIc werden die monetären Zuschlagskriterien (Angebotspreis, Gesamtkosten, Lebenszykluskosten, etc.), die in Euro vorliegen, in Punkte (sogenannte Preispunkte oder Kostenpunkte) transformiert.

Die nichtmonetären Zuschlagskriterien werden in eine andere Punkteskala transformiert.

Bei diesen Zuschlagsformeln wird für die Zuschlagsentscheidung eine Gesamtpunktzahl aus der Summe der gewichteten Leistungspunkte und der gewichteten Preispunkte/Kostenpunkte betrachtet. Den Zuschlag erhält das Angebot, das die höchste Gesamtpunktzahl, die sich aus der Summe der gewichteten Leistungspunkte und der gewichteten Preispunkte/Kostenpunkte ergibt, erreicht hat.

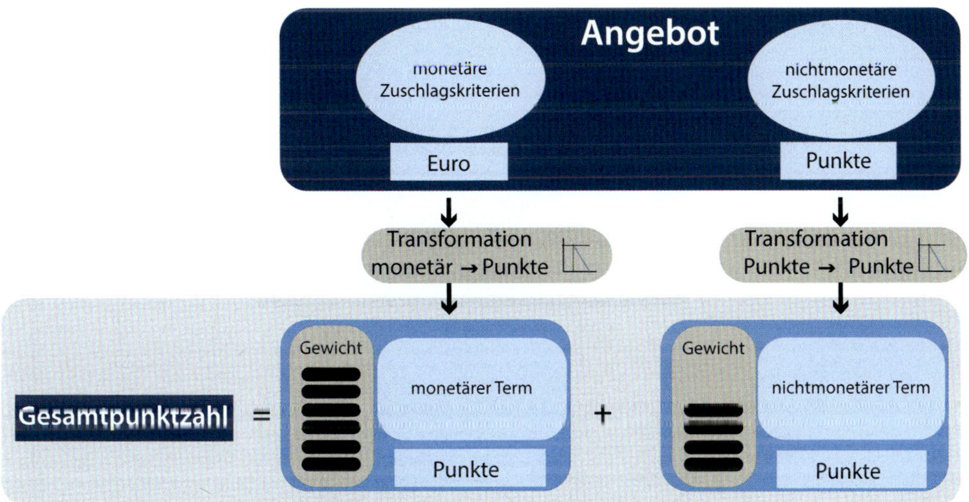

Abbildung: Bewertungsklasse IIIc

Die Bewertungsklasse IIIc entspricht in den meisten Punkten der Bewertungsklasse IIIa und kann ebenfalls mit einem gewichteten Preis-Leistungs-Diagramm visualisiert werden. Die Bewertungsklasse IIIc ist der Vollständigkeit halber aufgeführt worden, führt aber nicht wirklich zu neuen Erkenntnissen und wird aus diesem Grund im Folgenden nicht weiter betrachtet.[36]

11.5 Zuschlagsformeln der Bewertungsklasse IV

Bei den Zuschlagsformeln der Bewertungsklasse IV wird das wirtschaftlichste Angebot aus der Differenz eines gewichteten normierten Leistungsterms und eines gewichteten normierten Preisterms bestimmt.

36 Die Bewertungsklasse IIIb wird ausführlich behandelt in: *Ferber*, Das wirtschaftlichste Angebot im Vergaberecht; Die Transformation der nichtmonetären Zuschlagskriterien in eine andere Punkteskala birgt die Gefahr einer unnötigen Komplexität mit unbeabsichtigten Bewertungsverzerrungen, einige Beispiele dazu finden sich in: *Ferber/Einmahl*, Die Ermittlung des qualitativ besten Angebots – keep it simple!, Vergabe-Fokus 3/2025, 22 ff.

Im monetären Term sind alle monetären Zuschlagskriterien, im nichtmonetären Term alle nichtmonetären Zuschlagskriterien enthalten. Zur Bestimmung des wirtschaftlichsten Angebots sind die monetären Zuschlagskriterien zu minimieren und die nichtmonetären Zuschlagskriterien zu maximieren. Das heißt,

- je günstiger der Angebotspreis oder die Gesamtkosten sind, um so vorteilhafter und wirtschaftlicher ist das Angebot und
- je leistungsstärker das Angebot ist und mithin je mehr Leistungspunkte das Angebot erhält, um so wirtschaftlicher ist das Angebot.

Die Idee der Zuschlagsformeln der Bewertungsklasse IV ist es, dies durch eine Differenz aus dem normierten monetären Term und dem normierten nichtmonetären Term umzusetzen.[37]

Zur besseren Veranschaulichung können bei der Bewertungsklasse IV die Angebote und deren Wirtschaftlichkeit sehr gut in einem gewichteten Preis-Leistungs-Diagramm grafisch dargestellt werden.

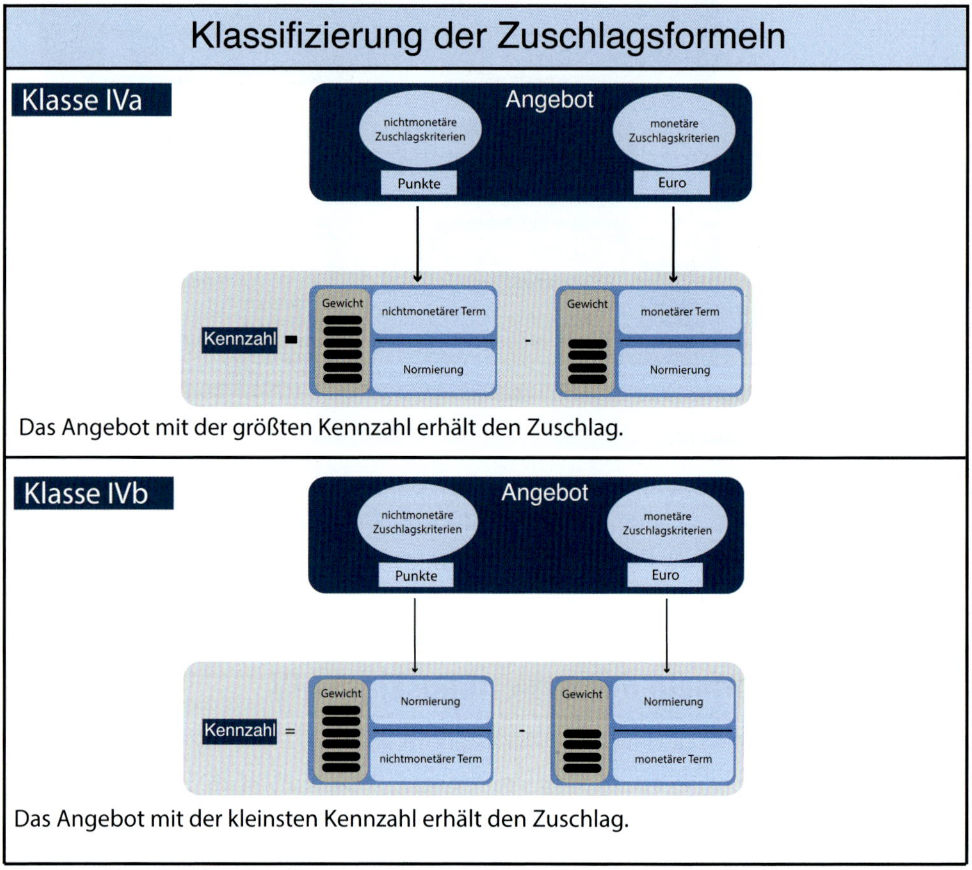

Abbildung: Bewertungsklasse IV – Übersicht

37 Der Term, von dem etwas abgezogen wird, wird als Minuend bezeichnet, der Term, der abgezogen wird, wird als Subtrahend bezeichnet. Die Subtraktion zweier Terme wird als Differenz bezeichnet.

11.5.1 Zuschlagsformeln der Bewertungsklasse IVa

Bei den Zuschlagsformeln der Bewertungsklasse IVa wird das wirtschaftlichste Angebot aus der Subtraktion eines gewichteten normierten monetären Terms (Subtrahend) von einem gewichteten normierten nichtmonetären Term (Minuend) bestimmt.

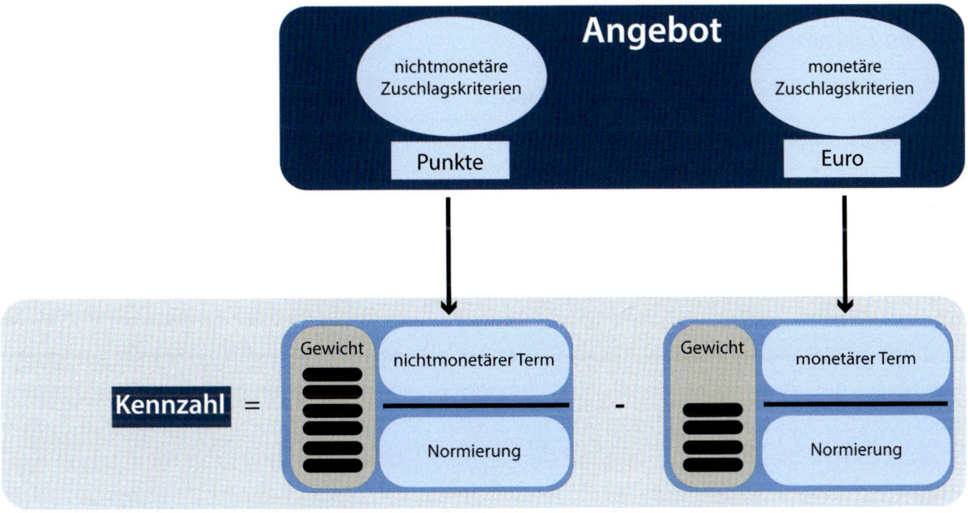

Abbildung: Bewertungsklasse IVa

Das Angebot mit der größten Kennzahl erhält den Zuschlag.

Man kann dies ganz gut durch eine Analogie veranschaulichen. Betrachtet wird ein Wettbewerb von Motorbooten, die flussaufwärts fahren müssen. Sieger ist das Boot, das innerhalb einer festgelegten Zeit am weitesten gefahren ist. Neben der Vorwärtsbewegung des Bootes durch den Motor kann es auch zu einer Rückwärtsbewegung aufgrund der Flussströmung kommen, wenn der Motor ausfällt oder nicht stark genug läuft.

Wird die Vorwärtsbewegung in Seemeilen[38] gemessen und die Rückwärtsbewegung in Metern und wird zur Ermittlung des Siegers nur die Differenz der reinen Zahlenwerte vorgenommen, ergibt sich kein sinnvoller Wert.

Tabelle: Subtraktion von Vorwärts- und Rückwärtsbewegung ohne Berücksichtigung der Skalen – Differenz der reinen Zahlenwerte

	Boot 1	**Boot 2**	**Boot 3**
Vorwärtsbewegung in Seemeilen	1	2	3
Rückwärtsbewegung in m	1.000	1.500	2.000
Differenz	-999	-1.498	-1.997
Rang	1	2	3

38 Eine Seemeile ist mit 1.852,0 Metern definiert und entspricht 1/60 Längengrad (Bogenminute) am Äquator.

Ohne eine Anpassung der beiden Skalen gewinnt in diesem Beispiel das Boot 1, da -999 größer ist als -1.498 und -1.997.

Werden die beiden Skalen angepasst (hier im Beispiel auf Meter), dann ergibt die Subtraktion der Zahlen der beiden Strecken einen Sinn.

Tabelle: Subtraktion von normierten Vorwärts- und Rückwärtsbewegungen – Differenz der normierten Zahlenwerte

	Boot 1	**Boot 2**	**Boot 3**
Vorwärtsbewegung in m	1.852	3.704	5.556
Rückwärtsbewegung in m	1.000	1.500	2.000
Differenz	852	2.204	3.556
Rang	3	2	1

Boot 3 hat es mit einer Gesamtstrecke (Differenz aus Vorwärts- und Rückwärtsbewegung) am weitesten geschafft. Die Erkenntnisse aus dem Beispiel kann man analog auf das Berechnen der Kennzahl aus der Differenz von Preis- und Leistungsterm anwenden. Beide Terme müssen in einem gleichen bzw. annährend gleichen Skalenbereich vorkommen, um zu vernünftigen Ergebnissen zu führen.

Typische Wertebereiche der Leistungspunkte sind:

[0, ..., 10],

[0, ..., 100],

[0, ..., 1.000],

[0, ..., 10.000].

Der Wertebereich der Leistungspunkte wird durch den Auftraggeber aufgrund der Wahl einer Notenskala sowie der Gewichtungsfaktoren vorgegeben. Der Angebotspreis dagegen hängt sehr stark vom Auftragsgegenstand ab und ist zunächst nicht nach oben limitiert.

Mögliche Normierungen sind z.B.:

- Mittelwert für Leistungspunkte, Mittelwert für Angebotspreise
- Median für Leistungspunkte, Median für Angebotspreise
- Gestutztes Mittel für Leistungspunkte, Gestutztes Mittel für Angebotspreise
- Referenzwert für Leistungspunkte, Referenzwert für Angebotspreise
- Mindestpunktzahl für Leistungspunkte, Preisobergrenze für Angebote
- Maximalpunktzahl für Leistungspunkte, Preisobergrenze für Angebote.

Durch diese Normierungen werden die Skalen von Preis- und Leistungsterm angepasst.

11.5.2 Zuschlagsformeln der Bewertungsklasse IVb

Bei den Zuschlagsformeln der Bewertungsklasse IVb wird das wirtschaftlichste Angebot aus der Subtraktion eines gewichteten normierten nichtmonetären Terms (Subtrahend) von einem gewichteten normierten monetären Term (Minuend) bestimmt.

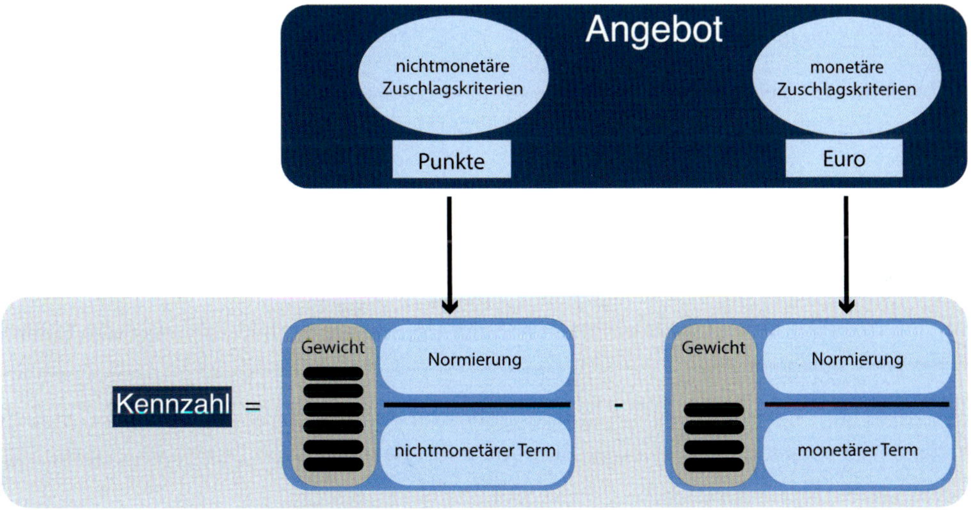

Abbildung: Bewertungsklasse IVb

Das Angebot mit der kleinsten Kennzahl erhält den Zuschlag.

11.6 Anforderungen an die Rechengenauigkeit

Mit wie vielen Nachkommastellen sollte oder muss man die Berechnungen durchführen? Je mehr, umso besser? Die Anzahl der Nachkommastellen sollte auf jeden Fall ausreichend sein, damit keine Bewertungsverzerrungen entstehen. Auf der anderen Seite sollte aber nicht eine zu große Anzahl von Nachkommastellen verwendet werden, die mathematisch gar keinen Sinn ergeben und am Ende nur eine Scheingenauigkeit darstellen, die in Wirklichkeit gar nicht existiert. Solche Scheingenauigkeiten suggerieren eine Exaktheit, die es so dann gar nicht gibt.

Carl Friedrich Gauß wird das folgende Zitat zugeschrieben: *„Der Mangel an mathematischer Bildung gibt sich durch nichts so auffallend zu erkennen, wie durch maßlose Schärfe im Zahlenrechnen."*

Und bereits vor mehr als 2.300 Jahren schrieb Aristoteles im 1. Buch der Nikomachischen Ethik, 1094b: *„Denn es zeugt von einem gebildeten Menschen, auf jedem Gebiet nur so viel Genauigkeit zu verlangen, wie die Natur der Sache gestattet."*

Und darum soll es im Folgenden gehen: Wie viel Genauigkeit gestattet die Natur der Sache? Welcher Grad an Genauigkeit ist notwendig? Welcher Grad an Genauigkeit ist empfehlenswert? Welcher Grad an Genauigkeit macht Sinn und welcher Grad an Genauigkeit ist sinnlos und kann als Scheingenauigkeit angesehen werden? Diese Fragen sollen im Folgenden beantwortet werden.

Zuerst einmal muss man sich bewusst machen, dass die Genauigkeit von Berechnungen mit einem Computer begrenzt ist. Betrachtet man beispielhaft das Programm Excel von der Firma Microsoft, so kann man zwar Zahlen mit bis zu 30 Dezimalstellen anzeigen lassen, die Genauigkeit ist aber gemäß der IEEE 754-Spezifikation für Gleitkommazahlen mit doppelter Genauigkeit auf 15 signifikante Stellen beschränkt. 15 signifikante Stellen klingt erst einmal sehr genau, doch kann sich die Genauigkeit der Nachkommastellen sehr schnell auf deutlich weniger als 15 Stellen beschränken.

Das folgende Beispiel mit Excel zeigt dies anhand einer einfachen Rechnung, bei der trotz Einstellung „Zahlen mit 30 Dezimalstellen" das Ergebnis der Rechnung nur bis zur 7. Dezimalstellen genau ist.

Die Ziffern mit dem grünen Hintergrund sind für alle 30 Nachkommastellen exakt berechnet und angegeben. Die Ziffern mit dem blauen Hintergrund sind gemäß der IEEE 754-Spezifikation für Gleitkommazahlen mit doppelter Genauigkeit auf 15 signifikante Stellen beschränkt.

Nach der 15. signifikanten Stelle werden nach der Computerarithmetik alle weiteren Stellen auf den Wert Null gesetzt.

Wie man an dem Beispiel erkennen kann, suggerieren 30 Nachkommastellen eine Genauigkeit, die in der Anwendung der in der Computerarithmetik üblichen Gleitkommazahlen der IEEE 754-Spezifikation bei Weitem nicht erreicht wird.

Rechengenauigkeit	
Berechnung	**Darstellung mit 30 Nachkommastellen**
x = 1 / 90.000.000	30 Nachkommastellen 0,000000011111111111111111111111 0,000000011111111111111100000000 15 signifikante Stellen
y = 20.000.000 + x	30 Nachkommastellen 20.000.000,000000011111111111111111111111 20.000.000,000000000000000000000000000000 15 signifikante Stellen
z = y -20.000.000	30 Nachkommastellen 0,000000011111111111111111111111 0,000000000000000000000000000000 15 signifikante Stellen

Abbildung: Beispielrechnung, die trotz Einstellung auf 30 Nachkommastellen bei Excel nur bis zur 7. Nachkommastelle genau ist

Das folgende Beispiel mit Excel zeigt dies anhand einer einfachen Rechnung bei der trotz Einstellung „Zahlen mit 30 Dezimalstellen" das Ergebnis der Rechnung nur bis zur sechsten Nachkommastelle exakt ist.

Rechengenauigkeit	
Berechnung	**Darstellung mit 30 Nachkommastellen**
x = 1 / 30.000.000	30 Nachkommastellen 0,000000033333333333333333333333 0,000000033333333333333300000000 15 signifikante Stellen
y = 1.000.000.000 / 3	30 Nachkommastellen 333 333 333,333333333333333333333333333333 333 333 333,333333000000000000000000000000 15 signifikante Stellen
z = x + y	30 Nachkommastellen 333 333 333,333333366666666666666666666667 333 333 333,333333000000000000000000000000 15 signifikante Stellen

Abbildung: Beispielrechnung, die trotz Einstellung auf 30 Nachkommastellen bei Excel nur bis zur 6. Nachkommastelle genau ist

Die Genauigkeit von Berechnungen kann durch die binäre Speicherung von Dezimalzahlen im Computer sowie die Akkumulation von Rundungsfehlern weiter verringert werden.

Darüber hinaus ist eine Kette nur so stark wie ihr schwächstes Glied. Werden in einer Bewertungsmatrix Zuschlagskriterien mit einer nichtmetrischen Punkteskala, einer quasimetrischen Punkteskala oder einer metrischen Punkteskala mit beschränkter Genauigkeit verwendet, dann ist die maximal mögliche Genauigkeit durch die Genauigkeit der ungenauesten Werte vorgegeben.

Beispiel

Wird der Durchmesser eines Kreises millimetergenau mit 100 mm gemessen, dann suggeriert die Angabe des Umfangs

Umfang = Durchmesser · π = 100 mm · 3,1415926 = 314,15926 mm

eine Genauigkeit, die so nicht existiert. Der Durchmesser wurde mit einer Genauigkeit von einem Millimeter gemessen und nicht mit einer Genauigkeit von 0,00001 Millimeter.

Praxistipp

Bei den Rechenschritten sollte man mit der größtmöglichen Genauigkeit rechnen, um die Akkumulation von Rundungsfehlern zu minimieren.

Bei der Darstellung der Ergebnisse der Kennzahlen oder der Gesamtpunktzahlen der Zuschlagsformeln sollte man aber die maximal mögliche Genauigkeit berücksichtigen und nicht mehr Ziffern darstellen als wirklich gesichert sind.

Für die Darstellung der Ergebnisse der Kennzahlen oder der Gesamtpunktzahlen der Zuschlagsformeln reichen in der Regel zwei bis vier Nachkommastellen aus.

In den folgenden Kapiteln wird die notwendige und hinreichende Genauigkeit bei einigen Zuschlagsformeln ausführlich an Beispielen dargestellt.[39]

Üblicherweise findet in Deutschland das kaufmännische Runden gemäß DIN 1333 Anwendung.

Beim kaufmännischen Runden gemäß DIN 1333 wird abgerundet, wenn die Ziffer der ersten wegfallenden Dezimalstelle eine 0, 1, 2, 3 oder 4 ist. Ist die Ziffer der ersten wegfallenden Dezimalstelle eine 5, 6, 7, 8 oder 9, dann wird beim kaufmännischen Runden aufgerundet.

Beispiel für kaufmännisches Runden

Kaufmännisches Runden auf zwei Nachkommastellen

12.62499 ≈ 12,62

12.62500 ≈ 12,63

12.62501 ≈ 12,63

12.63500 ≈ 12,64

Es gibt allerdings auch andere Rundungsregeln.

Beim mathematischen/naturwissenschaftlichen Runden wird abgerundet, wenn die Ziffer der ersten wegfallenden Dezimalstelle eine 0, 1, 2, 3 oder 4 ist. Ist die Ziffer der ersten wegfallenden Dezimalstelle eine 6, 7, 8 oder 9, dann wird aufgerundet. Ist die Ziffer der ersten wegfallenden Dezimalstelle eine 5, dann wird aufgerundet, wenn die folgenden weiteren Ziffern nicht alle null sind. Ist die Ziffer der ersten wegfallenden Dezimalstelle eine 5 und sind alle folgenden Ziffern gleich Null, dann wird so gerundet, dass die letzte Ziffer gerade ist.

Beispiel für mathematisch/naturwissenschaftliches Runden

Mathematisch/naturwissenschaftliches Runden auf zwei Nachkommastellen

12.62499 ≈ 12,62

12.62500 ≈ 12,62

12.62501 ≈ 12,63

12.63500 ≈ 12,64

12.64500 ≈ 12,64

39 Die ausführliche mathematische Betrachtung findet sich in: *Ferber*, Das wirtschaftlichste Angebot im Vergaberecht.

Beim Runden durch Abschneiden werden die restlichen Stellen nicht berücksichtigt.

Runden durch Abschneiden auf zwei Nachkommastellen

12.62500 ≈ 12,62

12.63500 ≈ 12,63

12.62501 ≈ 12,62

12.62499 ≈ 12,62

11.7 Mindestleistungspunktzahlen und Preisobergrenzen

Grundsätzlich hat jede Zuschlagsformel ihre **Schwächen** und führt in manchen Fällen nicht zum wirtschaftlich sinnvollsten Angebot. Problematisch sind hierbei in vielen Fällen sehr billige und leistungsschwache Angebote bzw. sehr leistungsstarke, aber sehr teure und damit über dem Budget liegende Angebote.[40] Zum Beispiel kann ein leistungsschwaches, aber sehr billiges Angebot am Ende die beste Kennzahl (Scoring-Wert) aufweisen. In anderen Fällen wird durch ein untaugliches leistungsschwaches, aber sehr billiges Angebot das Zuschlagsergebnis beeinflusst.

Mindestleistungspunktzahlen: Durch geeignete Randbedingungen können solche Effekte vermieden werden. Die Angabe von **Mindestleistungspunktzahlen** schützt vor leistungsschwachen Angeboten und ist von der Rechtsprechung akzeptiert.[41] Die Mindestleistungspunktzahl wirkt wie eine Filterfunktion, um Mindestanforderungen an die Leistungsstärke der Angebote vorzugeben und muss aus Gründen der Transparenz auch zwingend veröffentlicht werden.

Preisobergrenze: Um sich vor zu „teuren" Angeboten zu schützen, die zwar ein gutes Preis-Leistungs-Verhältnis haben können, aber am Ende den Budgetrahmen sprengen, kann der öffentliche Auftraggeber auch eine zweite Begrenzung bei der Ausschreibung vorgeben: die sog. **Preisobergrenze**. Alle Angebote, die über der Preisobergrenze liegen, sind dann zwingend auszuschließen, da die Preisobergrenze ein Ausschlusskriterium darstellt.[42] Die Preisobergrenze wird auch als Kostenobergrenze, Budgetgrenze oder Budgetrahmen bezeichnet und muss aus Gründen der Transparenz auch zwingend veröffentlicht werden.

Durch die Begrenzungen wird durch den öffentlichen Auftraggeber ein Bereich vorgegeben, in dem jedes Angebot, das in diesem Bereich liegt, ein wirtschaftlich sinnvolles Angebot darstellt. Betrachtet man die Schulmathematik, würde man sagen, man schränkt den Definitions- und Wertebereich ein, da die betrachtete Funktion nur in diesem beschränkten Bereich das erwartete Verhalten aufweist. Analog ist dies auf die Zuschlagsformeln anzuwenden:

40 *Ferber*, VergabeNavigator 3/2016, 5 (10).
41 Vgl. EuGH, Urteil vom 20.9.2018 – C-546/16; OLG Düsseldorf, Beschluss vom 25.5.2005 – VII-Verg 08/05.
42 Vgl. EuG, Urteil vom 13.9.2011 – T-8/09; OLG Düsseldorf, Beschluss vom 16.5.2018 – Verg 24/17; OLG Koblenz, Beschluss vom 4.2.2014 – 1 Verg 7/13; VK Rheinland, Beschluss vom 26.3.2019 – VK 5/19-L.

durch geeignete Randbedingungen schränkt man den Bereich so ein, dass das gewünschte und erwartete Verhalten erreicht werden kann.[43]

11.7.1 Rechtsprechung zu Mindestpunktzahlen

EuGH, Urteil vom 20.9.2018 – C-546/16: *„Die Richtlinie 2014/24/EU des Europäischen Parlaments und des Rates vom 26.02.2014 über die öffentliche Auftragsvergabe und zur Aufhebung der Richtlinie 2004/18/EG ist dahin auszulegen, dass sie nationalen Rechtsvorschriften wie den im Ausgangsverfahren fraglichen nicht entgegensteht, die es den öffentlichen Auftraggebern gestatten, in den Vergabebedingungen eines offenen Ausschreibungsverfahrens Mindestanforderungen hinsichtlich der technischen Bewertung festzulegen, so dass die abgegebenen Angebote, die nach abgeschlossener technischer Bewertung eine vorab festgelegte Mindestpunktzahl nicht erreichen, von der weiteren Bewertung, die sowohl auf technischen als auch auf preislichen Kriterien beruht, ausgeschlossen werden.*

(...)

Art. 66 der Richtlinie 2014/24 ist dahin auszulegen, dass er nationalen Rechtsvorschriften wie den im Ausgangsverfahren fraglichen nicht entgegensteht, die es den öffentlichen Auftraggebern gestatten, in den Vergabebedingungen eines offenen Ausschreibungsverfahrens Mindestanforderungen hinsichtlich der technischen Bewertung festzulegen, so dass die abgegebenen Angebote, die nach abgeschlossener technischer Bewertung eine vorab festgelegte Mindestpunktzahl nicht erreichen, von den weiteren Phasen der Zuschlagserteilung ausgeschlossen werden, und zwar unabhängig davon, wie viele Bieter noch übrig sind."

11.7.2 Rechtsprechung zur Preisobergrenze

Im Folgenden eine Sammlung von Rechtsprechung zur Preisobergrenze.

EuGH, Urteil vom 13.9.2011 – T-8/09, Rn. 88: *„Außerdem muss der öffentliche Auftraggeber, wie in RandNr. 68 des vorliegenden Urteils festgestellt, den Auftragsgegenstand in jedem Fall frei bestimmen und folglich die Voraussetzungen wählen können, die die abgegebenen Angebote erfüllen müssen. So kann er in Übereinstimmung mit seinen finanziellen Möglichkeiten insbesondere die Dauer des abzuschließenden Vertrags bestimmen und finanzielle Obergrenzen festlegen, denen die Angebote entsprechen müssen. Er ist insoweit nicht verpflichtet, die möglichen Bieter zur Angemessenheit der Voraussetzungen, die er aufstellt, anzuhören."*

EuGH, Urteil vom 13.9.2011 – T-8/09, Rn. 89: *„Legt der öffentliche Auftraggeber tatsächlich eine übermäßig niedrige finanzielle Obergrenze fest, setzt er sich dem Risiko aus, dass kein befriedigendes Angebot abgegeben wird, so dass das Vergabeverfahren mit geänderten Voraussetzungen wiederholt werden müsste. Dies bedeutet allerdings nicht, dass er verpflichtet wäre, die Stellungnahmen der Bieter zu berücksichtigen, und erst recht nicht, deren Vorschlägen zu folgen."*

EuGH, Urteil vom 13.9.2011 – T-8/09, Rn. 87: *„Auch der Umstand, dass drei von vier ursprünglich abgegebenen Angeboten, die für das Los Nr. 2 vorgesehene finanzielle Obergrenze nicht einhielten, belegt für sich genommen nicht, dass diese Obergrenze übermäßig niedrig ge-*

43 *Ferber*, VergabeNavigator Sonderheft 2016, 23 (28).

wesen wäre oder dass das einzige ihr entsprechende Angebot nicht alle von der EMSA gestellten Anforderungen erfüllt hätte. Denn es ist ebenso gut möglich, dass dieses letztgenannte Angebot das einzige war, das sowohl die finanzielle Obergrenze als auch die anderen vorgesehenen Anforderungen erfüllt hat."

OLG Düsseldorf, Beschluss vom 16.5.2018 – Verg 24 / 17: *„Darüber hinaus hat der öffentliche Auftraggeber grundsätzlich die Möglichkeit eine finanzielle Obergrenze festzulegen, denen die Angebote entsprechen müssen (EuGH, Urteil v. 13.09.2011, T-8/09, Rn. 88; OLG Koblenz, Beschluss v. 04.02.2014, 1 Verg 7/13, juris Rn. 65, VergabeR2014, 409; Müller-Wrede in Müller-Wrede, GWB, § 127 Rn. 200). Da der Zweck des Vergabeverfahrens darin besteht, die Bedürfnisse des öffentlichen Auftraggebers zu den bestmöglichen Konditionen zu befriedigen, kann der öffentliche Auftraggeber nicht nur den Gegenstand eines öffentlichen Auftrags frei bestimmen, sondern auch die Voraussetzungen festlegen, die die Angebote erfüllen müssen (EuGH, Urteil v. 13.09.2011, T-8/09, Rn. 68, 88)."*

OLG Koblenz, Beschluss vom 4.2.2014 – 1 Verg 7/13: *„Die Festlegung einer Kostenobergrenze – auch wie hier als Ausschlusskriterium – ist grundsätzlich zulässig (...), auch weil der Auftraggeber damit offenlegt, wo die Grenze der Machbarkeit der Beschaffung erreicht ist.*

Etwas anderes mag gelten, wenn auf einem Markt mit nur wenigen potenziellen Nachfragern ein Auftraggeber seine Stellung missbraucht, um eine Ware oder Leistung unter Marktpreis einzukaufen, oder wenn die Kostenobergrenze bei Beschaffungen, auf die der Auftraggeber nicht verzichten kann, so niedrig angesetzt ist, dass ein Großteil der potentiellen Leistungserbringer als Bieter ausscheidet (siehe auch OLG Düsseldorf v. 19.10.2011 - VII-Verg 54/11 - juris Rn. 32)."

VK Rheinland, Beschluss vom 26.3.2019 – VK 5/19-L: *„Ein öffentlicher Auftraggeber hat grundsätzlich die Möglichkeit, eine finanzielle Obergrenze festzulegen, denen die Angebote entsprechen müssen, da der Zweck des Vergabeverfahrens darin besteht, die Bedürfnisse des Auftraggebers zu den bestmöglichen Konditionen zu befriedigen, s. EuG, Urt.v. 13.09.2011 – T-8/09 – („Dredging International und Ondernemingen Jan de Nul / EMSA"), juris, Rdnr. 68, 88; OLG Düsseldorf, Beschl.v. 16.05.2018 – VII-Verg 24/17 –, juris, Rdnr. 50.*

(...)

Die Obergrenze kann als Ausschlusskriterium ausgestaltet werden, s. EuG, Urt.v. 13.09.2011, a.a.O., Rdnr. 72; OLG Düsseldorf, Beschl.v. 16.05.2018, a.a.O., Rdnr. 47.

Rechtsgrundlage für einen entsprechenden Ausschluss ist § 57 Abs. 1 Nr. 4 VgV, wonach Angebote von der Wertung ausgeschlossen werden, bei denen Änderungen an den Vergabeunterlagen vorgenommen worden sind.

Die Bestimmung einer finanziellen Obergrenze präzisiert im Rahmen des Leistungsbestimmungsrechts des Auftraggebers den Auftragsgegenstand, s. EuG, Urt.v. 13.09.2011, a.a.O., Rdnr. 65, 67; OLG Düsseldorf, Beschl.v. 16.05.2018, a.a.O., Rdnr. 57.

(...)

Ob die Höhe der Obergrenze angemessen ist, ist für ihre Rechtmäßigkeit ohne Bedeutung, s. EuG, Urt.v. 13.09.2011, a.a.O., Rdnr. 90; OLG Düsseldorf, Beschl.v. 16.05.2018, a.a.O., Rdnr. 56.

Sie darf allerdings nicht willkürlich gewählt werden, s. OLG Düsseldorf, Beschl.v. 16.05.2018, a.a.O., Rdnr. 52.

Der Auftraggeber ist vergaberechtlich ferner nicht gehindert, dabei auch in seine Zuschlagskriterien eine Preiskomponente einzubeziehen, s. OLG Düsseldorf, Beschl.v. 16.05.2018, a.a.O., Rdnr. 51, 55.

§ 58 Abs. 2 Satz 3 VgV gilt insoweit nicht."

VK Sachsen, Beschluss vom 10.9.2015 – 1/SVK/022-15: *„Dabei gehören nach Auffassung der Vergabekammer bspw. verbindliche Baukostenobergrenzen durchaus zur Definition des Auftragsgegenstands, d.h. des bekannt gemachten Standards, denn sie betreffen die Voraussetzungen, die ein Angebot erfüllen muss, um den Anforderungen des öffentlichen Auftraggebers zu entsprechen (...)."*

VK Bund, Beschluss vom 30.10.2009 – VK 2-180/09: *„Darüber hinaus vermeidet der Auftraggeber nach der Entscheidung der Vergabekammer Lüneburg durch eine bekannt gemachte Obergrenze, dass er sich Schadensersatzansprüchen der Bieter für den Fall ausgesetzt sieht, dass er die Ausschreibung aufheben muss, weil ihm etwa die erforderlichen Haushaltsmittel für die Entgeltung der eingereichten Angebote nicht zur Verfügung stehen."*

12. Preis- und Kostenbewertung

Autor: Dipl.-Math. Thomas Ferber, LL.M.

Preise und Kosten sind gut bewertbare metrische Daten. Ist der Preis das alleinige Zuschlagskriterium, dann werden am Ende die Angebotspreise verglichen. Die Bestimmung des wirtschaftlichsten Angebots stellt hierbei keine großen Herausforderungen dar.[1] Der geringste (minimalste) Angebotspreis erhält den Zuschlag.

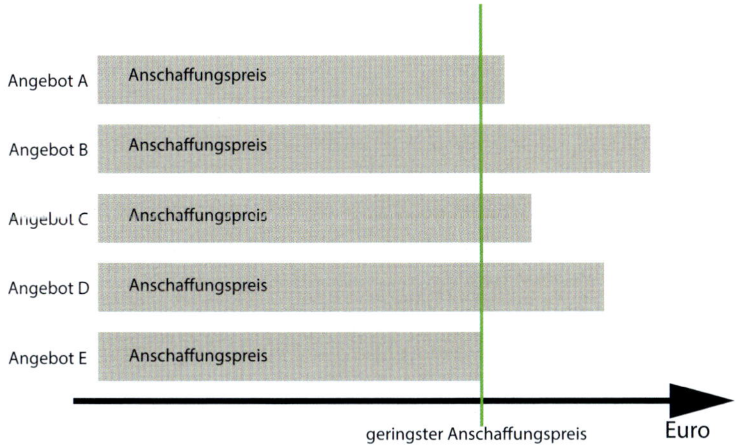

Abbildung: Angebotspreise als gut bewertbare metrische Daten

Auch eine Kostenbetrachtung mit Anschaffungskosten (Angebotspreisen), Transportkosten, Betriebskosten usw. führt zu gut vergleichbaren Angeboten.

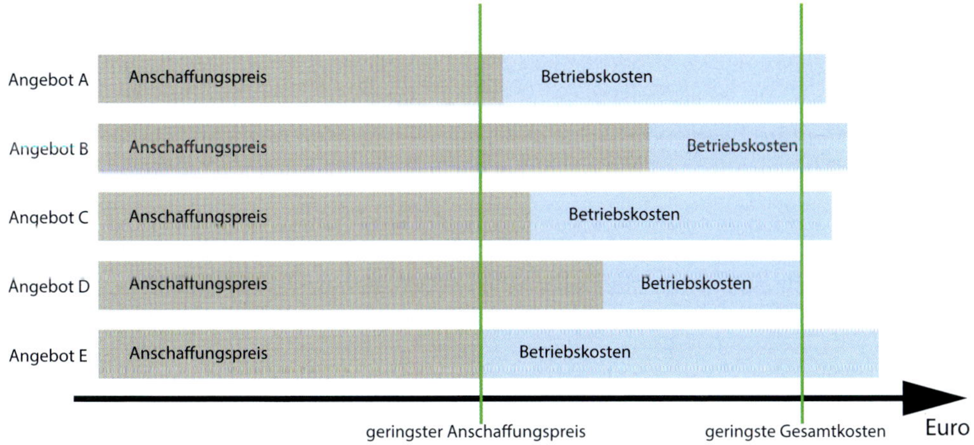

Abbildung: Gesamtkosten als gut bewertbare metrische Daten

1 *Roth*, Methodik und Bekanntgabe von Wertungsverfahren zur Ermittlung des wirtschaftlichsten Angebots, NZBau 2011, S. 75 ff.

Dieses Kapitel beschäftigt sich mit den Möglichkeiten zur Preis- und Kostenbewertung, um zum wirtschaftlichsten Angebot zu kommen.

12.1 Alleiniges Zuschlagskriterium Preis

Auch nach der Vergaberechtsreform 2016 darf weiterhin allein auf der Grundlage des billigsten Angebotspreises das wirtschaftlichste Angebot bestimmt werden.[2]

VK Lüneburg, Beschluss vom 27.4.2020 – VgK-04/2020: *„Auch dem Erwägungsgrund (90), Satz 5, der Richtlinie 2014/24/EU ist zu entnehmen, dass es den Mitgliedstaaten gestattet sein sollte, die Anwendung des alleinigen Preiskriteriums zur Bestimmung des wirtschaftlich günstigsten Angebots zu untersagen oder einzuschränken, sofern sie dies für zweckmäßig halten, um eine stärkere Ausrichtung der öffentlichen Auftragsvergabe auf die Qualität zu fördern. Der Gesetz-Neuordnungsgeber hat in Deutschland von dieser Ermächtigung nur in wenigen Fällen Gebrauch gemacht. So sind in den §§ 19 Abs. 7 Satz 2, 35 Abs. 2 Satz 3 und 76 Abs. 1 Satz 1 VgV sowie in den §§ 3b EU Abs. 5 Nr. 6 Satz 2, 8 EU Abs. 2 Nr. 3 Satz 6 VOB/A ausdrücklich Festlegungen getroffen worden, in welchen Fällen eine Zuschlagsentscheidung allein nach dem niedrigsten Preis ausgeschlossen oder zulässig ist. Auch diese (Richtlinien-) Bestimmungen zeigen im Umkehrschluss die grundsätzliche Zulässigkeit des Preises als alleiniges Zuschlagskriterium."*

Der Preis ist dann das einzige Zuschlagskriterium, sodass die Bestimmung des wirtschaftlichsten Angebots keine großen Herausforderungen stellt: Den Zuschlag erhält das Angebot mit dem niedrigsten Angebotspreis.[3] Die Leistung der Angebote wird in diesen Fällen durch die Leistungsbeschreibung sowie die Ausführungsbestimmungen vorgegeben und letztendlich durch Ausschlusskriterien beschrieben und gesteuert.

Bei der Ausschreibung von standardisierten Produkten bzw. bei Ausschreibungen, bei denen die zu beschaffende Leistung sehr detailliert beschrieben werden kann, kann der Preis als alleiniges Zuschlagskriterium ausreichend sein.[4]

Die Mindestanforderungen werden dann als Ausschlusskriterien formuliert. Die zu wertenden Angebote müssen alle Ausschlusskriterien erfüllen. Wird nur ein Ausschlusskriterium nicht erfüllt, führt dies zum zwingenden Ausschluss des betreffenden Angebots. Ein Mehr an Leistung wird dagegen nicht honoriert, da dies bei reinen Ausschlusskriterien nicht bewertet werden kann.

Die Zuschlagsentscheidung nur nach dem Angebotspreis (Billigstbieterprinzip[5]) ist anwendbar bei der Ausschreibung von standardisierten Leistungen bzw. wenn die zu beschaffende Leistung sehr detailliert beschrieben werden kann, sodass vergleichbare Angebote zu erwarten sind.[6]

---

2 Erwägungsgrund 89 RL2014/24/EU; Verordnungsbegründung BR-Drs. 87/16; *Wiedemann*, in: Röwekamp/Kus/Portz/Prieß, Kommentar zum GWB-Vergaberecht, § 127 GWB, Rn. 27.

3 In der vierten Wertungsstufe (Wirtschaftlichkeitsbetrachtung) werden allerdings nur die Angebote gewertet, die nicht in den ersten drei Wertungsstufen (formale Prüfung, Prüfung der Eignung, Prüfung der Angemessenheit des Preises) ausgeschieden sind.

4 *Gnittke/Hattig*, in: Müller-Wrede, VOL/A Kommentar, § 9 EG, Rn. 15.

5 In Österreich wird dies als Billigstbieterprinzip bezeichnet.

6 OLG Düsseldorf, Beschluss vom 2.5.2007 – VII-Verg 1/07.

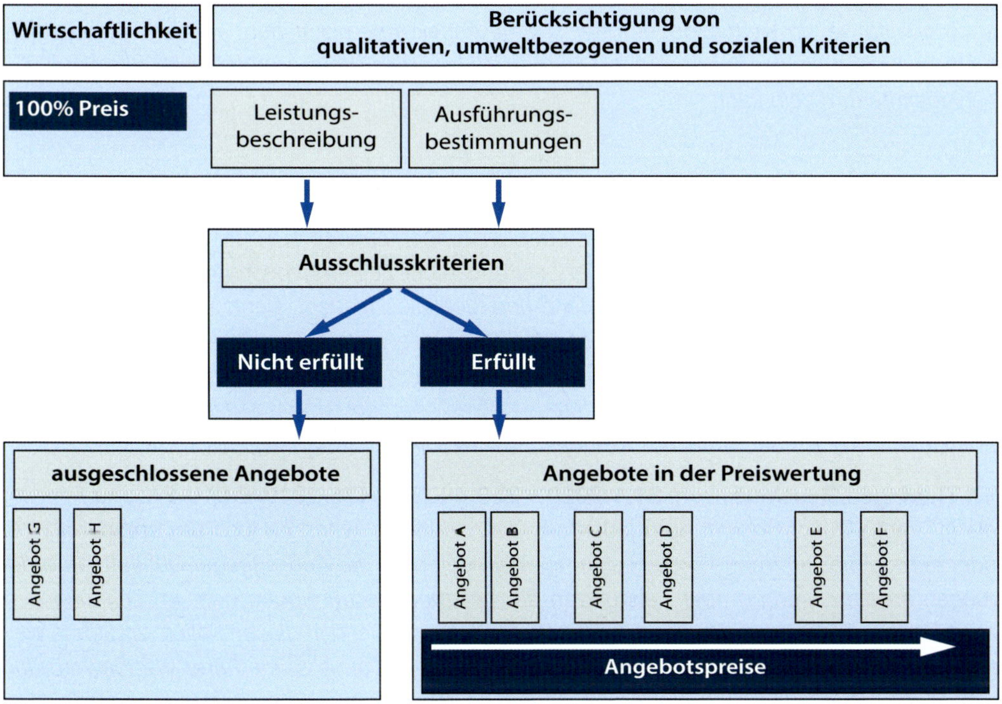

Abbildung: Mindestanforderungen als Ausschlusskriterien, Preis als alleiniges Zuschlagskriterium

Die Zuschlagsentscheidung nur nach dem Angebotspreis entspricht dem haushaltsrechtlichen Sparsamkeitsprinzip[7], bei dem unter möglichst geringem Ressourcenverbrauch ein vorab festgelegter Nutzen erreicht werden soll.[8]

OLG Düsseldorf, Beschluss vom 2.5.2007 – VII-Verg 1/07: *„Die Vergabestelle hat auch die Wirtschaftlichkeitsprüfung korrekt vorgenommen. Einziges Zuschlagskriterium war nach der Vergabebekanntmachung der Preis. Die Vergabestelle hat den Leistungsinhalt in den Verdingungsunterlagen sehr detailliert geregelt. Die ausgeschriebenen Leistungen waren infolgedessen homogen. Bei dieser Sachlage ist die Auswahl des Preises als einziges Zuschlagskriterium ausnahmsweise hinnehmbar."*

Bei der Ausschreibung von standardisierten Produkten kann der Preis als alleiniges Zuschlagskriterium ausreichend sein.[9]

VK Lüneburg, Beschluss vom 27.4.2020 – VgK-04/2020: *„Nach den §§ 127 Abs. 1 Satz 1 GWB, 58 Abs. 1 VgV ist der Zuschlag auf das wirtschaftlichste Angebot zu erteilen. Nach den §§ 127 Abs. 1 Satz 3 GWB, 58 Abs. 2 Satz 1 VgV bestimmt sich das wirtschaftlichste Angebot nach dem besten Preis-Leistungs-Verhältnis. Nach den §§ 127 Abs. 1 Satz 4 GWB, 58 Abs. 2 Sätze 2 und 3 VgV können zu dessen Ermittlung neben dem Preis auch qualitative, umweltbezogene oder soziale Aspekte berücksichtigt werden. Die Formulierung, dass neben dem Preis*

7 Auch als Minimum-, Minimal- bzw. Kostenminimierungsprinzip bezeichnet.
8 *Gröpl*, in: Gröpl, BHO/LHO, § 7 Rn. 6.
9 *Völlink*, Auswahl, Bekanntmachung und Gewichtung von Zuschlagskriterien im Lichte aktueller Rechtsprechung, VergabeR 2009, (2a), S. 352-362.

auch qualitative, umweltbezogene oder soziale Aspekte berücksichtigt werden können, aber nicht zwingend müssen, bringt zum Ausdruck, dass der Preis grundsätzlich alleiniges Zuschlagskriterium sein kann.

(...)

Der Preis ist als alleiniges Zuschlagskriterium jedenfalls dann zulässig, wenn es sich um standardisierte oder homogene Lieferungen oder Leistungen handelt oder der Auftraggeber Qualitätsanforderungen an die Lieferung oder Leistung in der Leistungsbeschreibung oder im Leistungsverzeichnis detailgenau, erschöpfend und lückenlos festlegt. Denn in diesen Fällen sind ohne weiteres zu vergleichende Angebote der Bieter zu erwarten. Damit sind ein fairer Wettbewerb und eine Gleichbehandlung der Bieter grundsätzlich gewährleistet, und der Auftraggeber kann dann im haushaltsrechtlichen Interesse eines sparsamen und effizienten Einsatzes öffentlicher Mittel auf den Preis als alleiniges Zuschlagskriterium abstellen."

VK Thüringen, Beschluss vom 31.1.2020 – 250-4003-15476/2019-E-010-EA: *„Der Preis ist als alleiniges Zuschlagskriterium jedenfalls dann zulässig, wenn es sich um standardisierte oder homogene Lieferungen oder Leistungen handelt oder der Auftraggeber Qualitätsanforderungen an die Lieferung oder Leistung in der Leistungsbeschreibung oder im Leistungsverzeichnis detailgenau, erschöpfend und lückenlos festlegt. Denn in diesen Fällen sind ohne weiteres zu vergleichende Angebote der Bieter zu erwarten. Damit ist ein fairer Wettbewerb und eine Gleichbehandlung der Bieter grundsätzlich gewährleistet und der Auftraggeber kann dann im haushaltsrechtlichen Interesse eines sparsamen und effizienten Einsatzes öffentlicher Mittel auf den Preis als alleiniges Zuschlagskriterium abstellen."*

OLG Düsseldorf, Beschluss vom 8.10.2003 – VII – Verg 48/03: *„Nur ausnahmsweise kann der Preis/das Honorar ausschließliche Berücksichtigung finden, wie namentlich dann, wenn es um standardisierte Produkte geht, zu denen freiberufliche Leistungen regelmäßig nicht gehören (...)."*

Der BGH sieht in der Verwendung des Preises als Zuschlagskriterium einen neutralen Gesichtspunkt.

BGH, Urteil vom 15.4.2008 – X ZR 129/06, Rn. 20: *„(...) Der Preis ist ein neutraler Gesichtspunkt, der sich in jedem Fall, unabhängig vom Gegenstand des einzelnen Vergabeverfahrens, eignet, um das wirtschaftlichste Angebot zu ermitteln, und mit dessen Maßgeblichkeit jeder Bieter immer dann rechnen muss, wenn keine anderen Kriterien angegeben sind."*

OLG Naumburg, Beschluss vom 5.12.2008 – 1 Verg 9/08: *„Einzelwirtschaftlichkeit kann erreicht werden, wenn für eine genau definierte Leistung die Gegenleistung in Form von Entgelt möglichst gering ist, d.h. wenn der vom Auftraggeber zu leistende Aufwand so gering, so minimal, wie möglich, ist (daher auch: Minimalprinzip)."*

OLG Düsseldorf, Beschluss vom 9.2.2009 – VII-Verg 66/08: *„Indes darf der öffentliche Auftraggeber bei richtlinienkonformer Auslegung des § 97 Abs. 5 GWB sowie von § 25 Nr. 3 Satz 1 VOL/A, jedenfalls aber bei einer verneinendenfalls unmittelbaren Anwendung des Art. 53 Abs. 1 b der Richtlinie 2004/18/EG, auch den Preis als ausschließliches Zuschlagskriterium bestimmen [...]. Dies ist jedenfalls dann hinzunehmen, wenn – wie im Streitfall – die auszuführenden Leistungen in allen für die Zuschlagsentscheidung in Betracht kommenden Punkten in der Leis-*

tungsbeschreibung und/oder in den übrigen Ausschreibungsunterlagen vom Auftraggeber hinreichend genau definiert worden sind."

VK Bund, Beschluss vom 16.12.2008 – VK 1-156/08: *„Der öffentliche Auftraggeber darf im Rahmen der Bestimmung des wirtschaftlichsten Angebots gemäß § 97 Abs. 5 GWB, § 25 Nr. 3 VOL/A auch allein auf den Preis abstellen [...]. Der Preis ist ein neutraler Gesichtspunkt, der sich in jedem Fall – unabhängig vom Gegenstand des einzelnen Vergabeverfahrens – eignet, um das wirtschaftlichste Angebot zu ermitteln (BGH, Urteil vom 15. April 2008, X ZR 129/06). Nach EU-Vergaberecht (siehe Art. 53 Abs. 1 der Richtlinie 2004/18/EG) ist zudem das Kriterium des niedrigsten Preises als ausschließliches Kriterium ausdrücklich zugelassen."*

EuGH, Urteil vom 7.10.2004 – C-247/02, Rn. 38: *„Artikel 30 der Richtlinie sieht daher in Absatz 1 die Kriterien vor, die der öffentliche Auftraggeber bei der Erteilung des Zuschlags anwendet, nämlich entweder ausschließlich das Kriterium des niedrigsten Preises oder, wenn der Zuschlag auf das wirtschaftlich günstigste Angebot erfolgt, verschiedene auf den jeweiligen Auftrag bezogene Kriterien, wie Preis, Ausführungsfrist, Betriebskosten, Rentabilität oder technischer Wert."*

Praxistipp

Bei der Ausschreibung von standardisierten Produkten bzw. bei Ausschreibungen, bei denen die zu beschaffende Leistung sehr detailliert beschrieben werden kann, sollte der Auftraggeber prüfen, ob das alleinige Zuschlagskriterium Preis sinnvoll und anwendbar ist, da somit der Bearbeitungsaufwand stark reduziert werden kann.

12.1.1 Nichtzulässigkeit des Angebotspreises als alleiniges Zuschlagskriterium

Im Folgenden werden die Fälle aufgeführt, in denen der Angebotspreis als alleiniges Zuschlagskriterium nicht zulässig ist.

12.1.1.1 Funktionale Leistungsbeschreibungen

Eine funktionale Leistungsbeschreibung beschreibt das Ziel (die zu lösende Aufgabe), das mit der zu beschaffenden Leistung erreicht werden soll; der Lösungsweg dorthin ist aber nicht festgelegt und wird den Bietern freigestellt.

§ 121 Abs. 1 Satz 2, 2. Alt. GWB: *„Die Leistungsbeschreibung enthält die Funktions- oder Leistungsanforderungen oder eine Beschreibung der zu lösenden Aufgabe, deren Kenntnis für die Erstellung des Angebots erforderlich ist, sowie die Umstände und Bedingungen der Leistungserbringung."*

§ 31 Abs. 2 Nr. 1, 2. Alt. VgV: *„In der Leistungsbeschreibung sind die Merkmale des Auftragsgegenstands zu beschreiben: in einer Beschreibung der zu lösenden Aufgabe, die so genau wie möglich zu fassen sind, dass sie ein klares Bild vom Auftragsgegenstand vermitteln und hinreichend vergleichbare Angebote erwarten lassen, die dem öffentlichen Auftraggeber die Erteilung des Zuschlags ermöglichen."*

§ 28 Abs. 2 Nr. 1, 2. Alt. SektVO: *„In der Leistungsbeschreibung sind die Merkmale des Auftragsgegenstands zu beschreiben: in Form einer Beschreibung der zu lösenden Aufgabe, die so genau wie möglich zu fassen sind, dass sie ein klares Bild vom Auftragsgegenstand vermitteln und hinreichend vergleichbare Angebote erwarten lassen, die dem Auftraggeber die Erteilung des Zuschlags ermöglichen."*

Für Bauvergaben wird die funktionale Leistungsbeschreibung mit der Begrifflichkeit Leistungsprogramm bezeichnet.

§ 7c VOB/A-EU: *„Das Leistungsprogramm umfasst eine Beschreibung der Bauaufgabe, aus der die Unternehmen alle für die Entwurfsbearbeitung und ihr Angebot maßgebenden Bedingungen und Umstände erkennen können und in der sowohl der Zweck der fertigen Leistung als auch die an sie gestellten technischen, wirtschaftlichen, gestalterischen und funktionsbedingten Anforderungen angegeben sind, sowie gegebenenfalls ein Musterleistungsverzeichnis, in dem die Mengenangaben ganz oder teilweise offengelassen sind."*

Wortgleich findet sich diese Regelung ebenfalls in § 7c VOB/A-VS für den Bereich Verteidigung und § 7c VOB/A für den Unterschwellenbereich.

§ 23 Abs. 1 Satz 2, 2. Alt. UVgO: *„Die Leistungsbeschreibung enthält die Funktions- oder Leistungsanforderungen oder eine Beschreibung der zu lösenden Aufgabe, deren Kenntnis für die Erstellung des Angebots erforderlich ist, sowie Umstände und Bedingungen der Leistungserbringung."*

Gerade bei komplexen Beschaffungsleistungen sowie komplexen und dynamischen Marktgegebenheiten kann der Leistungsgegenstand oftmals nicht hinreichend genau mittels einer konventionellen Leistungsbeschreibung beschrieben werden.

VK Baden-Württemberg Urteil vom 16.8.2005 – 1 VK 48/05: *„Mit der Zulassung von funktionalen Leistungsbeschreibungen in § 8 Nr. 2 Abs. 1 a) VOL/A wird praktischen Bedürfnissen im Vergabewesen Rechnung getragen. Bei immer komplexer werdenden Beschaffungsvorgängen ist es dem Auftraggeber mangels ausreichender Marktkenntnis oftmals nicht möglich, den Leistungsgegenstand nach Art, Beschaffenheit und Umfang hinreichend zu beschreiben. In solchen Fällen kann der Auftraggeber den Zweck und die Funktion des Beschaffungsvorgangs beschreiben und hinsichtlich der Umsetzung auf die technische Vielfalt der Anbieter vertrauen."*

Funktionale Leistungsbeschreibungen sind inhaltlich offener und bieten einen großen Spielraum für die Angebotserstellung der Bieter.

VK Sachsen, Beschluss vom 29.8.2018 – 1/SVK/027-18: *„Funktionale Ausschreibungen sind inhaltlich offener als konventionelle."*

Im Gegensatz zur konventionellen Leistungsbeschreibung können die Bieter bei einer funktionalen Leistungsbeschreibung kreative Lösungen erarbeiten und ihr Know-how verstärkt in die Angebotserstellung einbringen.

VK Sachsen, Beschluss vom 29.8.2018 – 1/SVK/027-8: *„Solche funktionalen Ausschreibungen sind gerade dadurch gekennzeichnet, dass den Bietern ermöglicht wird, den Weg zu dem beschriebenen Zielen und Zwecken eigenständig zu beschreiten. Sie haben – gerade bei konzeptionellen Leistungen – wegen der inhaltlichen Offenheit Vorteile gegenüber konventionellen deskriptiven Ausschreibungen, da bei Vertragsgegenständen mit einem hohen geistig-schöpfe-*

rischen Anteil eine vorherige Leistungsbeschreibung durch die Auftraggeber nicht hinreichend genau möglich ist."

OLG Düsseldorf, Beschluss vom 16.8.2019 – Verg 56/18: *„Bei funktionalen Leistungsbeschreibungen geht es dem Auftraggeber darum, die technisch, gestalterisch, ökologisch oder wirtschaftlich beste Lösung dadurch zu finden, dass er den Bietern die konkrete Art und Weise der Lösung eines gestellten Problems zu ihrer kreativen Beurteilung überlässt."*

Bei funktionalen Leistungsbeschreibungen gilt der Grundsatz der eindeutigen und erschöpfenden Leistungsbeschreibung nur eingeschränkt,[10] da eine funktionale Leistungsbeschreibung den Auftragsgegenstand nicht so detailliert festlegen möchte, um den Bietern kreative und innovative Lösungen zu ermöglichen.[11]

OLG Düsseldorf, Beschluss vom 16.8.2019 – Verg 56/18: *„Der jeweilige Anbieter erhält die Möglichkeit, den Weg dorthin eigenständig zu beschreiten. Insoweit gilt in solchen Fällen der Bestimmtheitsgrundsatz, dass die Leistung eindeutig und erschöpfend zu beschreiben ist, eingeschränkt, da eine funktionale Leistungsbeschreibung den Auftragsgegenstand per se nicht gleichermaßen detailliert festlegen kann wie eine konventionelle Beschreibung."*

VK Sachsen, Beschluss vom 29.8.2018 – 1/SVK/027-18: *„Bei funktionalen Ausschreibungen gilt der Bestimmtheitsgrundsatz eingeschränkt, da eine funktionale Leistungsbeschreibung den Auftragsgegenstand per se nicht so detailliert festlegen kann wie eine konventionelle Leistungsbeschreibung."*

VK Arnsberg Beschluss vom 20.7.2010 – VK 09/10: *„Eine behauptete Unklarheit der Leistungsbeschreibung mit Leistungsprogramm ist dieser Ausschreibungsart bis zu einem gewissen Grade immanent. Bei einer funktionalen Ausschreibung gibt es gerade kein detailliertes Leistungsverzeichnis. Einiges in der Leistungsgestaltung wird dem Wettbewerb überlassen."*

Die Bieter erhalten dadurch einen Gestaltungsspielraum. Um die Vergleichbarkeit der Angebote trotzdem zu gewährleisten, muss die zu lösende Aufgabe in der funktionalen Leistungsbeschreibung so genau wie möglich beschrieben werden, dass sie ein klares Bild vom Auftragsgegenstand vermittelt.

VK Bund, Beschluss vom 19.10.2018 – VK 1-93/18: *„(...) vor allem ist die Leistungsbeschreibung hinreichend bestimmt, wenn der Auftraggeber die zu lösende Aufgabe so genau wie möglich fasst, dass sie ein klares Bild vom Auftragsgegenstand vermittelt und hinreichend vergleichbare Angebote erwarten lässt, die ihm die Erteilung des Zuschlags ermöglichen (vgl. § 31 Abs. 2 Nr. 1, 2. Alt. VgV)."*

Neben der rein funktionalen Leistungsbeschreibung gibt es auch die teilfunktionalen Leistungsbeschreibungen, die neben einer funktionalen Beschreibung auch Elemente einer konventionellen Leistungsbeschreibung enthalten. Die teilfunktionalen Leistungsbeschreibungen werden auch als konstruktive Leistungsbeschreibungen bezeichnet.[12]

10 *Wagner-Cardenal*, in: Dieckmann/Scharf/Wagner-Cardenal, VgV, UVgO 2. Aufl. 2019, § 31 VgV Rn. 59.

11 OLG Düsseldorf, Beschluss vom 16.8.2019 – Verg 56/18; VK Sachsen, Beschluss vom 29.8.2018 – 1/SVK/027-18; OLG Düsseldorf, Beschluss vom 22.1.2014 – VII-Verg 26/13; VK Arnsberg, Beschluss vom 20.7.2010 – VK 9/10; VK Brandenburg, Beschluss vom 17.8.2010 – VK 39/10.

12 *Traupel*, in: Müller-Wrede, VgV/UVgO, § 31 VgV, Rn. 18 ff.

Im Folgenden sind fünf Beispiele von funktionalen Leistungsbeschreibungen aufgeführt.

Beispiel

Konzeption, Organisation, Durchführung und Nachbereitung eines Medienkongresses

Bewertung des von den Bietern zu erstellenden Veranstaltungskonzepts mit Vorschlägen für ein zweitägiges Programmschema inklusive innovativer Kongressformate, benennen von Schwerpunktthemen und Darstellung der geplanten Kommunikation, Werbung, Öffentlichkeitsarbeit, Pressearbeit sowie des Direktmarketings.[13]

Beispiel

Rollout einer Software innerhalb des Zeitraums Fr. 18:00 Uhr bis Mo. 06:00 Uhr auf 20.000 Clients (unterschiedliche Hardware, unterschiedliche Betriebssysteme)

Bewertung der unterschiedlichen Rollout-Konzepte der Bieterangebote im Hinblick auf Zuverlässigkeit, Fehleranfälligkeit/Fehlertoleranz, Sicherheit und Notfallkonzepten des Rollouts.

Beispiel

Migration von 10 Petabyte Archivierungsdaten von einem alten Archivierungs-Filesystem mit einer alten Tape-Library auf ein neues Archivierungs-Filesystem mit einer neuen Tape-Library

Bewertung der unterschiedlichen Migrationskonzepte der Bieterangebote im Hinblick auf Zuverlässigkeit und Dauer der Migration.

Beispiel

Maßnahmen zur Reduktion von gasförmigen Luftschadstoffen bei Fahrten für Lieferung und Austausch von Geräten

Bewertung durch eine Bewertungsmatrix. Insbesondere werden die Konzepte im Hinblick auf:

Reduzierung der Luftschadstoffe durch technische Maßnahmen (zum Beispiel emissionsarme oder emissionsfreie Fahrzeuge)

Reduzierung der Luftschadstoffe durch logistische Maßnahmen (zum Beispiel durch Routenoptimierung)

Reduzierung der Luftschadstoffe durch organisatorische Maßnahmen (zum Beispiel durch Kompensationszertifikate)

bewertet.

13 VK Sachsen, Beschluss vom 29.8.2018 – 1/SVK/027-18.

Pos.	Kriterien	Gewichtung	Wertungspunkte
1	**Angebotspreis**	60 %	Der Angebotspreis (P) wird mit dem günstigsten Angebotspreis ($P_{billigst}$) ins Verhältnis gesetzt und mit 10 Punkten muliplizíert. Angebotspunkte = ($P_{billigst}$ / P) • 10 Punkte Gerechnet wird mit zwei Stellen hinter dem Komma, es findet das kaufmännische Runden Anwendung. **Beispiel:** Angebot A: 100.000 Euro Angebotspreis Angebot B: 125.000 Euro Angebotspreis Angebot C: 150.000 Euro Angebotspreis $Angebotspunkte_A$ = (100.000 € / 100.000 €) • 10 Punkte = 10 Punkte $Angebotspunkte_B$ = (100.000 € / 125.000 €) • 10 Punkte = 8 Punkte $Angebotspunkte_C$ = (100.000 € / 150.000 €) • 10 Punkte = 6,67 Punkte
2	**Konzepte / Strategien zur Reduzierung gasförmiger Luftschadstoffe, insbesondere CO, CO_2 und NO_x**	40 %	Der Bieter hat darzulegen, mit welchen Maßnahmen er bei seiner Leistungserbringung (Fahrten für Lieferung und Austausch von Geräten) gasförmige Luftschadstoffe reduziert. Er hat dabei auf die folgenden Themen einzugehen: Reduzierung der Luftschadstoffe durch technische Maßnahmen (zum Beispiel emissionsarme oder emissionsfreie Fahrzeuge). Reduzierung der Luftschadstoffe durch logistische Maßnahmen (zum Beispiel durch Routenoptimierung). Reduzierung der Luftschadstoffe durch organisatorische Maßnahmen (zum Beispiel durch Kompensationszertifikate). **Sehr gut:** 10 Punkte – Ohne jegliche Einschränkung. Perfekt! **Gut:** 7 - 9 Punkte – Im Vergleich zur Note "Sehr gut" sind in Abstufungen nur minimale Einschränk-ungen vorhanden. **Befriedigend:** 4 - 6 Punkte – Im Vergleich zur Note "Sehr gut" sind in Abstufungen erkennbare Einschränkun gen vorhanden **Ausreichend:** 1 - 3 Punkte – Im Vergleich zur Note "Sehr gut" sind in Abstufungen deutliche Einschränkun gen vorhanden **ungenügend:** 0 Punkte – Es ist kein wirkliches Konzept, keine wirkliche Strategie zur Reduzierung gasförmiger Luftschadstoffe erkennbar **Dies führt zum Ausschluss.**

Abbildung: Funktionale Leistungsbeschreibung – Maßnahmen zur Reduktion von gasförmigen Luftschadstoffen bei Fahrten für Lieferung und Austausch von Geräten

Beispiel

Biodiversitäts-Gründach

Bewertung der Gesamtkosten, Konzept zur Biodiversität des Gründachs und technisches Konzept (Aufbau des Gründachs) inklusive Konzept für Pflege und Wartung des Gründachs.

Pos.	Kriterien	Gewichtung	Wertungspunkte
1	**Kosten**	50 %	Die Gesamtkosten setzen sich zusammen aus: Preis für das Biodiversitätsgründach (Anlage A) + Kosten für 5 Jahre Pflege (inkl. eventl. Bewässerung) + Wartung (Anlage B) Die Gesamtkosten (P) werden mit den niedrigsten Gesamtkosten ($P_{billigst}$) ins Verhältnis gesetzt und mit 10 Punkten muliplíziert. Angebotspunkte = ($P_{billigst}$ / P) • 10 Punkte Gerechnet wird mit zwei Stellen hinter dem Komma, es findet das kaufmännische Runden Anwendung. **Beispiel:** Angebot A: 100.000 Euro Gesamtkosten Angebot B: 125.000 Euro Gesamtkosten Angebot C: 150.000 Euro Gesamtkosten $Angebotspunkte_A$ = (100.000 € / 100.000 €) • 10 Punkte = 10 Punkte $Angebotspunkte_B$ = (100.000 € / 125.000 €) • 10 Punkte = 8 Punkte $Angebotspunkte_C$ = (100.000 € / 150.000 €) • 10 Punkte = 6,67 Punkte
2	**Konzept zur Biodiversität des Gründachs**	30 %	Bewertet wird das Bieterkonzept zur Biodiversität des Gründachs. Dabei werden die folgenden Aspekte bewertet: • Artenvielfalt insbesondere seltene Pflanzen. • Blühzeiten (Ziel: Anfang April - Ende Oktober). • Lebensraum und Nahrungsgrundlage für heimische Schmetterline und Wildbienen und weitere Insekten. • Rückzugsbereiche für frost- und trockenheitsempfindliche Bodentiere. • Struktur des Gründachs und Habitatsvielfalt z.B. durch Anhügelungen, Verwendung von Steinhaufen, Sandlinsen, Tothölzer, Nisthilfen, temporäre Regenwasserflächen etc. Die Bewertung der Konzepte wird durch ein Gremium aus drei bis fünf Personen vorgenommen. Jedes Gremiumsmitglied führt eine unabhängige Bewertung durch. Um die Einzelbewertungen zu objektivieren wird eine Aggregation mit Hilfe des arithmetischen Mittels durchgeführt. Dabei wird mit zwei Stellen nach dem Komma gerechnet und kaufmännisch gerundet. **Sehr gut:** 10 Punkte – Das beste Konzept erhält die volle Punktzahl. Gibt es mehrere Konzepte die gleichwertig am besten sind, erhalten alle diese Konzepte die volle Punktzahl. **Gut:** 7 - 9 Punkte – Im Vergleich zur Note "Sehr gut" sind in Abstufungen nur minimale Einschränk-ungen vorhanden. **Befriedigend:** 4 - 6 Punkte – Im Vergleich zur Note "Sehr gut" sind in Abstufungen erkennbare Einschränkun gen vorhanden **Ausreichend:** 1 - 3 Punkte – Im Vergleich zur Note "Sehr gut" sind in Abstufungen deutliche Einschränkun gen vorhanden **ungenügend:** 0 Punkte – Es ist kein wirkliches Konzept zur Biodiversität erkennbar **Dies führt zum Ausschluss.**
3	**technisches Konzept (Aufbau des Gründachs) inklusive Konzept für Pflege und Wartung des Gründachs**	20 %	Bewertet wird das technische Konzept (Schutzschicht, Dränschicht, Filterschicht, Vegetationsschicht)des Gründachs. Dabei werden die folgenden Aspekte bewertet: • Pflege (inkl. Bewässerung) + Wartbarkeit • Haltbarkeit • Positive physikalische Effekte auf das Gebäude wie z.B. Regenwasserrückhalt, Kühleffekte durch Verdunstungskühlung, Hitze- und Kälteschutz sowie Lärmminderung Die Bewertung der Konzepte wird durch ein Gremium aus drei bis fünf Personen vorgenommen. Jedes Gremiumsmitglied führt eine unabhängige Bewertung durch. Um die Einzelbewertungen zu objektivieren wird eine Aggregation mit Hilfe des arithmetischen Mittels durchgeführt. Dabei wird mit zwei Stellen nach dem Komma gerechnet und kaufmännisch gerundet. **Sehr gut:** 10 Punkte – Das beste Konzept erhält die volle Punktzahl. Gibt es mehrere Konzepte die gleichwertig am besten sind, erhalten alle diese Konzepte die volle Punktzahl. **Gut:** 7 - 9 Punkte – Im Vergleich zur Note "Sehr gut" sind in Abstufungen nur minimale Einschränk-ungen vorhanden. **Befriedigend:** 4 - 6 Punkte – Im Vergleich zur Note "Sehr gut" sind in Abstufungen erkennbare Einschränkun gen vorhanden **Ausreichend:** 1 - 3 Punkte – Im Vergleich zur Note "Sehr gut" sind in Abstufungen deutliche Einschränkun gen vorhanden **ungenügend:** 0 Punkte – Das technische Konzept enthält erhebliche / schwerwiegende Mängel. **Dies führt zum Ausschluss.**

Abbildung: Funktionale Leistungsbeschreibung – biodiverses Gründach

Es stellt sich die Frage, ob bei einer funktionalen oder teilfunktionalen Leistungsbeschreibung der Preis als alleiniges Zuschlagskriterium zulässig ist.

Für eine Zulässigkeit des Preises als alleiniges Zuschlagskriterium spricht, dass weder in § 127 GWB noch in der zugrundeliegenden EU-Richtlinie RL 2014/24/EU eine Einschränkung bezüglich der funktionalen Leistungsbeschreibungen getroffen wurde.[14] Zum Teil wird auch argumentiert, dass bei funktionalen Leistungsbeschreibungen die Qualität der Angebote durch die Zielbeschreibung festgelegt wäre und die Angebote sich dadurch nicht in der Qualität, sondern nur in der Methode zur Erbringung der Leistung unterscheiden würden.[15] Dieses Argument kann aber nicht überzeugen, da insbesondere die Methode zur Erbringung der Leistung, also der Lösungsweg, qualitative Merkmale aufweist und letztendlich auch keine homogenen per se vergleichbaren Angebote zu erwarten sind.

Funktionale Leistungsbeschreibungen sind inhaltlich offener als konventionelle Leistungsbeschreibungen,[16] lassen den Bietern einen Gestaltungsspielraum und fördern innovative und nachhaltige Lösungen. Es liegt in der Natur der Sache, dass aufgrund dieser Gestaltungsmöglichkeiten der Bieter keine homogenen vergleichbaren Angebote zu erwarten sind und die Angebote sich insbesondere in der Leistungsstärke der gewählten Lösungen unterscheiden.

Eine reine Zuschlagsentscheidung nach dem Angebotspreis scheitert bei einer funktionalen Leistungsbeschreibung mithin an der vorhersehbaren Nichtvergleichbarkeit der nichthomogenen Angebote.

VK Thüringen, Beschluss vom 31.1.2020 – 250-4003-15476/2019-E-010-EA: *„Die (teil-) funktionale Ausschreibung kann sehr verschiedene Angebote der Bieter zur Folge haben, deren Bewertung allein anhand des Preiskriteriums ggf. nicht sachgerecht erscheint. So kann beispielsweise ein niedriger Angebotspreis mit einer niedrigen Qualität der angebotenen Leistung und umgekehrt ein hoher Angebotspreis mit einer hohen Qualität der angebotenen Leistung einhergehen, wenngleich auch vorstellbar ist, dass ein niedriger Angebotspreis mit einer hohen Qualität der angebotenen Leistung und ein hoher Angebotspreis mit einer niedrigen Qualität der angebotenen Leistung einhergehen kann. Jedenfalls kann sich unter Preis-Leistungs-Gesichtspunkten ein preislich höheres Angebot für einen Auftraggeber durchaus als wirtschaftlicher darstellen als ein preislich niedrigeres Angebot, wenn beispielsweise das preislich höhere Angebot eine Leistung zum Gegenstand hat, die eine längere Lebensdauer, einen geringeren Energieverbrauch, einen geringeren Betriebs-, Wartungs- und Reparaturaufwand oder geringere Umweltauswirkungen aufweist und dann ggf. keine oder nur geringe gesetzliche/behördliche Umweltauflagen zu erwarten sind. Der reine Preiswettbewerb begründet daher bei (teil-) funktionalen Ausschreibungen Gefahren für einen fairen Wettbewerb und eine Gleichbehandlung der Bieter, er benachteiligt vor allem die teureren Qualitätsanbieter."*

---

14 *Hövelberndt*, in: Reidt/Stickler/Glahs, Vergaberecht, 4. Aufl. 2018, § 127, Rn. 33; *Müller-Wrede*, in: Müller-Wrede, GWB, § 127, Rn. 53.

15 *Hövelberndt* in: Reidt/Stickler/Glahs, Vergaberecht, 4. Aufl. 2018, § 127, Rn. 33; *Stoye/Platinko*, Der reine Preiswettbewerb – wann ist er sinnvoll, wann verboten? VergabeR 2a 2015, 309-313.

16 VK Sachsen, Beschluss vom 29.8.2018 – 1/SVK/027-18.

Auch wenn im Vergaberecht keine Regelung zu finden ist, die explizit die Zuschlagsentscheidung nur nach dem Angebotspreis ausschließt, ergibt sich dies aus dem Wettbewerbsprinzip und dem Grundsatz der Wirtschaftlichkeit gemäß § 97 Abs. 1 GWB.

Wird statt einer klassischen Leistungsbeschreibung eine funktionale oder teilfunktionale Leistungsbeschreibung in einer Ausschreibung verwendet, dann darf eine Zuschlagsentscheidung nur nach dem Angebotspreis nicht angewendet werden.[17]

OLG Düsseldorf, Beschluss vom 11.12.2013 – VII-Verg 22/13: *„Bei einer funktionalen oder nur teilweise funktionalen Ausschreibung von Bauleistungen ist der Preis als alleiniges Zuschlagskriterium wegen der qualitativen Elemente von Planungsleistungen unzulässig."*

VK Thüringen, Beschluss vom 31.1.2020 – 250-4003-15476/2019-E-010-EA: *„Die Vergabekammer geht daher davon aus, dass der Preis als alleiniges Zuschlagskriterium bei der vorliegenden (teil-) funktionalen Ausschreibung nicht ermessensgerecht ist (so im Ergebnis auch Steck in Ziekow/Völlink, a.a.O., § 58 VgV, Rdn. 10; Dicks, VergabeR 2016, 309, 311 ff.; Kulartz/Kus/Portz/Prieß, Kommentar zum GWB-Vergaberecht, 4. Aufl., 2016, § 127, Rdn. 30; Burgi, Vergaberecht, 2016, § 17, Rdn. 7; jurisPK-Vergaberecht, 5. Aufl., 2016, § 127 GWB, Rdn. 28; Willenbruch/Wieddekind, Vergaberecht, 4. Aufl., 2017, § 16 d VOB/A-EU, Rdn. 26 a.E.)."*

VK Bund, Beschluss vom 10.11.2014 – VK 2-89/1: *„Allerdings kommt der Preis als alleiniges Zuschlagskriterium nicht in Betracht, wenn die Bieter nach den Vorgaben des Auftraggebers zulässigerweise Unterschiedliches anbieten dürfen. (...)*

Zu denken ist insbesondere an Fallkonstellationen, in denen die Vorgaben an die anzubietende Leistung keine homogenen Angebote erwarten lassen. Lassen also die Vorgaben den Bietern einen vergleichsweise großen Spielraum für die Gestaltung ausschreibungskonformer Angebote, kann es vorkommen, dass Angebote, die geringfügig billiger sind als das günstigste Angebot, zwar die (Mindest-) Anforderungen der Leistungsbeschreibung erfüllen, aber überproportional hinter der Qualität des teureren Angebots zurückbleiben. Würde alleine auf den Preis abgestellt, wäre dem vermeintlich billigeren Angebot der Zuschlag zu erteilen, obwohl es bei wirtschaftlicher Betrachtung gerade nicht das günstigste Angebot ist. Eine wettbewerbskonforme Wertung wäre auf diese Weise nicht möglich. Dies ist insbesondere (...) bei funktionalen Ausschreibungen, die dadurch gekennzeichnet sind, dass der Auftraggeber nur "Leistungs- und Funktionsanforderungen" vorgeben muss, (...) welche von den Bietern in unterschiedlicher Weise ausgefüllt bzw. erreicht werden können. Konsequent kommt auch bei funktionalen Ausschreibungen der Preis als alleiniges Wertungskriterium nicht in Betracht, da auch die qualitativen Aspekte unterschiedlicher Angebote der Erfassung im Rahmen der Wertung bedürfen (vgl. OLG Düsseldorf, Beschluss vom 11. Dezember 2013 - Verg 22/13)."

Konventionelle Leistungsbeschreibungen beschränken sich bei den Leistungsverzeichnissen auf Ausschlusskriterien, bei denen eine reine dichotome (binäre) Wertung nach *„erfüllt"* und *„nicht erfüllt"* vorgenommen wird. Die Leistungsanforderungen müssen eindeutig und erschöpfend mittels Ausschlusskriterien beschrieben werden. Durch die dadurch erreichte Ho-

17 OLG Düsseldorf, Beschluss vom 11.12.2013 – VII-Verg 22/13; *Wiedemann*, in: Röwekamp/Kus/Portz/Prieß, Kommentar zum GWB-Vergaberecht, § 127 GWB, Rn. 29; *Steck*, in: Ziekow/Völlink, Vergaberecht, 4. Auflage 2020, § 58 Rn. 10.

mogenität der Angebote kann eine reine Zuschlagsentscheidung nur nach dem Angebotspreis vorgenommen werden.

Bei funktionalen und teilfunktionalen Leistungsbeschreibungen sind allerdings keine homogenen Angebote zu erwarten, da die Bieter Gestaltungsmöglichkeiten für die Lösungswege erhalten. Um die Unterschiede der Angebote bezüglich der qualitativen, innovativen und nachhaltigen Aspekte der angebotenen Lösungen zu bewerten, werden nichtpreisliche Zuschlagskriterien benötigt.

Würde man bei funktionalen und teilfunktionalen Leistungsbeschreibungen eine reine Zuschlagsentscheidung nach dem Preis vornehmen, würde man die Unterschiede in den qualitativen, innovativen und nachhaltigen Aspekten der angebotenen Lösungen völlig ignorieren.

Funktionale und teilfunktionale Leistungsbeschreibungen benötigen zur Bewertung der qualitativen, innovativen und nachhaltigen Aspekte der angebotenen Lösungen nichtpreisliche Zuschlagskriterien. Die nichtpreislichen Zuschlagskriterien können dabei Kostenkriterien, Qualitätskriterien, Innovationskriterien sowie Nachhaltigkeitskriterien (Umweltschutzkriterien, soziale Kriterien) umfassen. Grundsätzlich kann bereits ein nichtpreisliches Kriterium ausreichen.

Funktionale und teilfunktionale Leistungsbeschreibungen benötigen deshalb zur Bestimmung der Wirtschaftlichkeit reguläre Bewertungskriterien. Eine reine Zuschlagsentscheidung nur nach dem Angebotspreis ist deshalb den konventionellen Leistungsbeschreibungen vorbehalten und macht dort auch Sinn.

Es stellt sich die Frage, ob es im Vergaberecht Zulassungsvoraussetzungen für die Anwendbarkeit von funktionalen Leistungsbeschreibungen gibt.

Bei Vergaben gemäß den Vergabeordnungen VgV, SektVO, VSVgV, UVgO und der VOL/A stehen dem Auftraggeber die konventionelle und die funktionale Leistungsbeschreibung gleichrangig zur Verfügung.[18] Dem Auftraggeber steht es somit frei, ob er sich für eine funktionale oder eine konventionelle Leistungsbeschreibung entscheidet.

Bei VOB-Vergaben ist die Leistungsbeschreibung mit Leistungsverzeichnis vorrangig.

§ 7b Abs. 1 VOB/A-EU: *„Die Leistung ist in der Regel durch eine allgemeine Darstellung der Bauaufgabe (Baubeschreibung) und ein in Teilleistungen gegliedertes Leistungsverzeichnis zu beschreiben."*

§ 7c Abs. 1 VOB/A-EU: *„Wenn es nach Abwägen aller Umstände zweckmäßig ist, abweichend von § 7b EU Absatz 1 zusammen mit der Bauausführung auch den Entwurf für die Leistung dem Wettbewerb zu unterstellen, um die technisch, wirtschaftlich und gestalterisch beste sowie funktionsgerechteste Lösung der Bauaufgabe zu ermitteln, kann die Leistung durch ein Leistungsprogramm dargestellt werden."*

18 *Krohn*, in: Gabriel/Krohn/Neun, Handbuch des Vergaberechts, 2. Auflage 2017, § 19 Leistungsbeschreibung, Rn. 16.

Die wortgleiche Vorgabe findet sich in § 7b Abs.1 VOB/A, § 7c Abs. 1 VOB/A sowie in § 7b Abs.1 VOB/A-VS, § 7c Abs. 1 VOB/A-VS.

Tabelle: Zulässigkeit von funktionalen Leistungsbeschreibungen

	Konventionelle Leistungsbeschreibung hat Vorrang	**Konventionelle und funktionale Leistungsbeschreibung stehen gleichrangig zur Verfügung**
UVgO		x
VOL/A		x
VOB/A	X	
VgV		x
VOB/A-EU	X	
VOB/A-VS	X	
SektVO		x
VSVgV		X

12.1.1.2 Innovationspartnerschaft

Die Innovationspartnerschaft ist ein mit der Vergaberechtsreform 2016 eingeführtes Verfahren, das es Auftraggebern ermöglicht, eine langfristige Innovationspartnerschaft für die Entwicklung und den anschließenden Erwerb neuer innovativer Geräte, Ausrüstungen, Waren und Dienstleistungen einzugehen.[19]

Durch das Vergabeverfahren der Innovationspartnerschaft kann im Rahmen eines einzigen Vergabeverfahrens sowohl die Entwicklung einer Innovation als auch zugleich der anschließende Erwerb geregelt werden. Die Innovationspartnerschaft stützt sich dabei auf die Verfahrensregeln des Verhandlungsverfahrens.[20]

§ 119 Abs. 7 GWB: *„Die Innovationspartnerschaft ist ein Verfahren zur Entwicklung innovativer, noch nicht auf dem Markt verfügbarer Liefer-, Bau- oder Dienstleistungen und zum anschließenden Erwerb der daraus hervorgehenden Leistungen. Nach einem Teilnahmewettbewerb verhandelt der öffentliche Auftraggeber in mehreren Phasen mit den ausgewählten Unternehmen über die Erst- und Folgeangebote."*

Gemäß Artikel 2 Abs. 1 Nr. 22 RL 2014/24/EU ist eine „Innovation" die Realisierung von neuen oder deutlich verbesserten Waren, Dienstleistungen oder Verfahren, einschließlich – aber nicht beschränkt auf – Produktions-, Bau- oder Konstruktionsverfahren, eine neue Vermarktungsmethode oder ein neues Organisationsverfahren in Bezug auf Geschäftspraxis, Abläufe

19 Erwägungsgrund 49 der Richtlinie 2014/24/EU.
20 Begründungstext zur Vergaberechtsmodernisierungsverordnung zu § 19 VgV.

am Arbeitsplatz oder externe Beziehungen, u.a. mit dem Ziel, zur Bewältigung gesellschaftlicher Herausforderungen beizutragen oder die Strategie Europa 2020 für intelligentes, nachhaltiges und integratives Wachstum zu unterstützen.

Eine Innovationspartnerschaft ist nur dann möglich, wenn es um die Entwicklung innovativer, noch nicht auf dem Markt verfügbarer Liefer-, Bau- oder Dienstleistungen geht und kann in die folgenden Phasen unterteilt werden:

1. Phase 1: Ausschreibungsphase
2. Phase 2: Forschungs- und Entwicklungsphase
3. Phase 3: Leistungsphase (Beschaffungsphase)

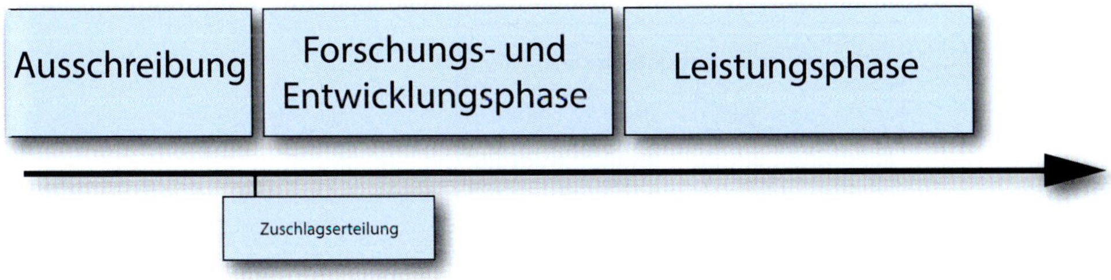

Abbildung: Die drei Phasen bei der Innovationspartnerschaft

Bei der Ausschreibung einer Innovationspartnerschaft ist eine Zuschlagsentscheidung auf Grundlage des niedrigsten Preises oder der niedrigsten Kosten nicht zulässig.

§ 19 Abs. 7 Satz 1 und 2 VgV: *„Die Innovationspartnerschaft wird durch Zuschlag auf Angebote eines oder mehrerer Bieter eingegangen. Eine Erteilung des Zuschlags allein auf der Grundlage des niedrigsten Preises oder der niedrigsten Kosten ist ausgeschlossen."*

Wortgleich findet sich diese Regelung auch in § 3b EU Abs. 5 Nr. 6 Satz 1 und 2 VOB/A und § 18 Abs. 7 SektVO.

12.1.2 Ausschlusskriterien

Ausschlusskriterien, auch K.-o.-Kriterien oder MUSS-Kriterien genannt, sind Kriterien, deren Nichterfüllung zum Ausschluss des Angebots führt.

Definition

*Ein **Ausschlusskriterium** ist ein Kriterium, das*

*a) nur mit den Werten „**erfüllt**" oder „**nicht erfüllt**" bewertet werden kann (binäre / dichotome Bewertung) und*

b) beim Wert „nicht erfüllt" führt zum Ausschluss führt.

Ein Ausschlusskriterium ist eine dichotome Bewertung mit den Bewertungsmöglichkeiten **„erfüllt"** oder **„nicht erfüllt"** bei dem ein **„nicht erfüllt"** zum zwingenden Ausschluss des Angebots führt. Eine differenzierende Bewertung findet bei einem Ausschlusskriterium nicht statt. Erfüllt ein Angebot bei der Bewertung nur ein einziges Ausschlusskriterium nicht, so muss dieses ausgeschlossen werden.

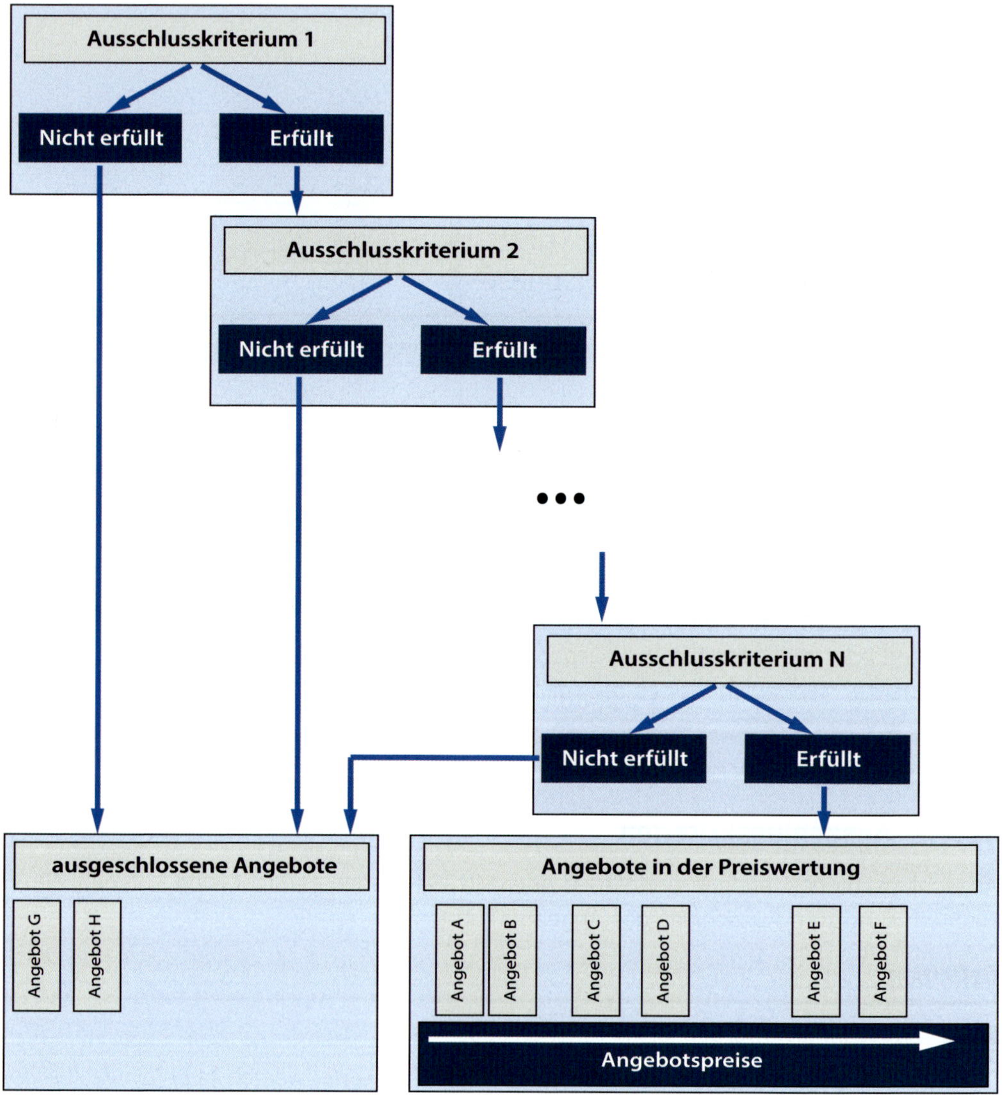

Abbildung: Erfüllt ein Angebot bei der Bewertung nur ein einziges Ausschlusskriterium nicht, so muss dieses ausgeschlossen werden

Die folgende Abbildung zeigt ein Beispiel für Ausschlusskriterien bei einer Büromöbelausschreibung. Ausschlusskriterien können sich dabei auch auf Zertifikate beziehen. Im Folgenden wird die Vorgabe, dass das verwendete Holz aus legaler und nachhaltiger Waldbewirtschaftung stammt, mittels eines Zertifikats von FSC (Forest Stewardship Council) oder PEFC (Programme for the Endorsement of Forest Certification Schemes) geprüft. Gemäß § 34 Abs. 1 VgV kann der öffentliche Auftraggeber als Beleg dafür, dass eine Liefer- oder Dienstleistung bestimmten, in der Leistungsbeschreibung geforderten Merkmalen entspricht, die Vorlage von Gütezeichen verlangen.

Zum Beispiel kann bei der Beschaffung von Holzprodukten die Vorlage eines Zertifikats von FSC, PEFC verlangt werden.[21]

Ebenso wird man bei der Beschaffung von Büromöbeln auf die Arbeitsplatzergonomie achten und dies mittels Ausschlusskriterien für Höhenverstellbarkeit, Tischgröße, etc. fest vorgeben.

Pos.	Anforderungen	Erfüllt ja/nein + Erläuterung		
		Ja	Nein	Erläuterung
1	Das verwendete Holz ist aus legaler und nachhaltiger Waldbewirtschaftung und es liegt ein Zertifikat von FSC oder PEFC vor.			Zertifiziert nach:__________
2	Die verwendete Holzart ist Rotbuche oder Hainbuche			Holzart:__________
3	Die Breite ist mindestens 2.200 mm.			Breite:__________
4	Die Breite ist maximal 2.300 mm.			
5	Die Tiefe ist mindestens 900 mm.			Tiefe:__________
6	Die Tiefe ist maximal 920 mm.			
7	Der Tisch ist mindestens höhenverstellbar zwischen 650 mm - 850 mm.			Höhenverstellbar von ______ mm bis ______ mm
8	Die Stärke der Tischplatte beträgt mindestens 25 mm			Stärke:______ mm
...	...	...		...

Abbildung: Beispiel für Ausschlusskriterien bei einer Büromöbelausschreibung

Im folgenden Beispiel möchte man bei der Beschaffung eines technischen Geräts das maximale Gewicht, die maximalen Abmessungen, den problemlosen Austausch des Akkumulators sowie die Kapazität des Akkumulators als Mindestanforderungen fest vorgeben.

21 Mit dem gemeinsamen Erlass zur Beschaffung von Holzprodukten ist die Bundesverwaltung verpflichtet nur Holzprodukte aus legaler und nachhaltiger Waldbewirtschaftung zu beschaffen. Seit dem 17.1.2011 gültiger Gemeinsamer Erlass zur Beschaffung von Holzprodukten, online abrufbar unter https://www.bmel.de/DE/Wald-Fischerei/Waldpolitik/_texte/HolzbeschaffungErlass.html, Stand: 3.1.2019).

Pos.	Anforderungen	Erfüllt ja/nein + Erläuterung		
		Ja	Nein	Erläuterung
1	Der Akkumulator des Geräts ist vor Ort selbst austauschbar.			
2	Zum Öffnen des Geräts ist kein Werkzeug notwendig.			
3	Der Akkumulator ist gesteckt.			
4	Der Akkumulator hat eine Kapazität von mindestens 10,000 Ah (Amperestunden).			Kapazität: ____,___ Ah
5	Die Länge ist kleiner oder gleich 1.240 mm.			Länge: ______ mm
6	Die Breite ist kleiner oder gleich 780 mm.			Breite: ______ mm
7	Die Höhe ist kleiner oder gleich 142 mm.			Höhe: ______ mm
8	Das Gerät wiegt maximal 10,000 kg.			Gewicht: ______,___kg
...	...	...		...

Abbildung: Beispiel für Ausschlusskriterien bei einem technischen Gerät

Die folgende Abbildung zeigt eine Leistungsbeschreibung mit Ausschlusskriterien für eine produktneutrale Ausschreibung von Computermonitoren.[22] Durch die detaillierte Vorgabe wird der zu beschaffende Gegenstand sehr genau beschrieben. Durch die mehrstufige Strukturierung können die Anforderungen nach Themengruppen zusammengefasst werden.

Wichtig ist dabei, dass die für die Beschaffung notwendigen Kriterien auch als Ausschlusskriterien klar formuliert werden.

22 Monitore produktneutral ausschreiben – Leitfaden für den öffentlichen IT-Einkauf, Bitkom 2019.

Pos.	Anforderungen	ERFÜLLT? JA	NEIN
	... ...		
1.	**Display**		
1.1	Bildschirmdiagonale = 27"		
1.2	Bildschirmauflösung = 5120 x 2880 Pixel		
1.3	Bildschirmhelligkeit mindestens 600 cd/m²		
1.4	Seitenverhältnis: 16:9		
1.5	Statisches Kontrastverhältnis mindestens 1200:1		
1.6	Entspiegelt nach DIN EN ISO 9241-3xx		
1.7	Pixelfehlerklasse II nach Standard DIN EN ISO 9241-3xx oder besser		
	...		
2.	**Ergonomie**		
2.1	Höhenverstellbarkeit mindestens 100 mm		
2.2	Neigbarkeit von mindestens -5° bis +15°		
	...		
3.	**Anschlüsse und Schnittstellen**		
3.1	USB-C 3.0		
3.2	Integrierter USB-Hub, USB 3.0		
	...		

Abbildung: Beispiel für Ausschlusskriterien bei einer Ausschreibung von Computermonitoren

Das folgende Beispiel zeigt einen Auszug der Ausschlusskriterien für eine Software-IT-Ausschreibung.

Wird die Leistung nicht sehr detailliert beschrieben oder werden unbestimmte Begriffe verwendet, dann besteht die Gefahr, dass nicht vergleichbare Angebote abgegeben werden oder dass die Bieterangebote nur eine minimale Leistung enthalten, um den günstigsten Angebotspreis zu erreichen.

Pos.	Anforderungen
	... ...
3.	**Systemarchitektur**
3.1	Die Architektur basiert auf einem Client-Server-Modell.
3.2	Die Server-Software ist unter Solaris 11.4 lauffähig und supported.
3.3	Die Server-Software stellt eine Schnittstelle zur zentralen Datenbank (Oracle 18c Datenbankserver) zur Verfügung.
3.4	Der Client-basierte Zugriff auf die zentrale Anwendung erfolgt ohne zusätzliche Client-Software ausschließlich über HTML5 im Browser (Firefox, Chrome, Safari).
3.5	Die Server-Software ist clusterfähig (Hochverfügbarkeit durch hot-Standby).
	...
4.	**Ergonomie**
4.1	Die Client-Software erfüllt die Anforderungen nach DIN EN ISO 9241.
4.2	Die Client-Software erfüllt die Anforderungen nach BITV 2.0 (Barrierefreie-Informationstechnik-Verordnung).
	...

Abbildung: Beispiel für Ausschlusskriterien bei einer IT-Ausschreibung

Die Zuschlagsentscheidung nur nach dem Preis erfordert eine detaillierte Beschreibung des zu beschaffenden Gegenstands. Die Qualität des Beschaffungsobjekts wird durch die Leistungsbeschreibung vom Auftraggeber vorgegeben und wirkt als Ausschlusskriterium. Je weniger detailliert die Leistungsbeschreibung ist, umso stärker sind die zu erwartenden Qualitätsunterschiede der Angebote und umso weniger sind die Angebote sinnvoll vergleichbar. Am Ende besteht die Gefahr, dass der Auftraggeber den Zuschlag auf ein qualitativ schlechtes Angebot erteilen muss.

Praxistipp

▶ *Die Zuschlagsentscheidung nur nach dem Preis erfordert eine detaillierte Beschreibung des zu beschaffenden Gegenstands.*

Auf der anderen Seite muss der Auftraggeber aber auch berücksichtigen, dass zu hohe Anforderungen bei der Leistungsbeschreibung die Angebotspreise nach oben treiben.

12.2 Optionen

Neben den verbindlichen Positionen in einer Leistungsbeschreibung können unter bestimmten Umständen auch der Bedarf und die Notwendigkeit für Leistungspositionen unter Vorbehalt bestehen. Dabei finden die Begrifflichkeiten Optionen, Eventualpositionen, Bedarfspositionen, Wahlpositionen und Alternativpositionen Verwendung.

Zu unterscheiden ist außerdem, zu welchem Zeitpunkt die Entscheidung für den Abruf solcher Leistungspositionen unter Vorbehalt erfolgt.

Im Zivilrecht ist eine Option die rechtlich begründete Anwartschaft, ein Recht durch eine einseitige Erklärung zu erwerben.[23] Ein Optionsrecht ist das Recht, durch einseitige Erklärung einen Vertrag zustande zu bringen.[24]

Bei Vergabeverfahren kommt dies in der Form vor, dass

- Vertragslaufzeiten optional verlängert werden können (Verlängerungsoption),
- Leistungen optional erweitert werden können (Erweiterungsoption),
- im Bedarfs-/Eventualfall besondere Leistungen optional abgerufen werden können,
- Alternativen ausgewählt werden können.

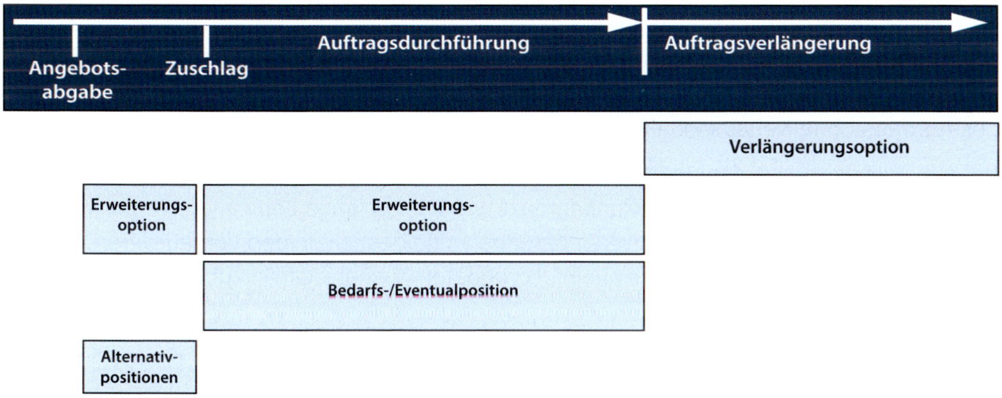

Abbildung: Optionen in verschiedenen Ausprägungen

Bei Optionen kann der Auftraggeber durch eine einseitige Erklärung die vereinbarte Option nutzen und den Vertrag entsprechend der Vereinbarung anpassen.

Wird die Option in der Ausgangsausschreibung mit aufgeführt und mit ausgeschrieben, ist die Option Bestandteil des Vergabewettbewerbs und des bei Zuschlag erfolgten Auftrags. Gemäß § 132 Abs. 2 Satz 1 Nr. 1 GWB ist dann die Änderung des Auftrags ohne Neuausschreibung möglich.[25]

§ 132 Abs. 2 Nr. 1 GWB: *„Unbeschadet des Absatzes 1 ist die Änderung eines öffentlichen Auftrags ohne Durchführung eines neuen Vergabeverfahrens zulässig, wenn in den ursprünglichen Vergabeunterlagen klare, genaue und eindeutig formulierte Überprüfungsklauseln oder Optionen vorgesehen sind, die Angaben zu Art, Umfang und Voraussetzungen möglicher Auftrags-*

23 *Creifelds*, Rechtswörterbuch, 2011, S. 879; BayObLG, Beschluss vom 18.6.2002 – Verg 08/02.
24 Vgl. *Heinrichs*, in: Palandt, BGB, 61. Aufl., Einf. vor § 145, Rn, 23.
25 *Frenz*, Ausschreibungspflicht wesentlicher Vertragsverlängerungen und -änderungen, VergabeR 2017, 323-334.

änderungen enthalten, und sich aufgrund der Änderung der Gesamtcharakter des Auftrags nicht verändert, (...).“

Die Optionen müssen bei der Schätzung des Auftragswertes Berücksichtigung finden.

§ 3 Abs. 1 Satz 1 und 2 VgV: *„Bei der Schätzung des Auftragswerts ist vom voraussichtlichen Gesamtwert der vorgesehenen Leistung ohne Umsatzsteuer auszugehen. Zudem sind etwaige Optionen oder Vertragsverlängerungen zu berücksichtigen.“*

12.2.1 Verlängerungsoption

Verlängerungsoptionen finden sich zum Beispiel bei der Ausschreibung von Rahmenverträgen und Dienstleistungsverträgen, bei denen die Vertragslaufzeit eine wesentliche Rolle spielt. Diese Verträge können in einen garantiert beauftragten Zeitraum und einen optional beauftragten Zeitraum aufgeteilt werden. Die Verlängerungsoptionen müssen bereits in dem Ausgangsauftrag aufgeführt werden und finden ihre Berücksichtigung auch in der Schätzung des Auftragswertes.

Wird die Verlängerungsoption in der Ausgangsausschreibung mit aufgeführt und mit ausgeschrieben, ist die Verlängerungsoption Bestandteil des Vergabewettbewerbs und des bei Zuschlag erfolgten Auftrags. Gemäß § 132 Abs. 2 Satz 1 Nr. 1 GWB ist dann die Verlängerung des Auftrags ohne Neuausschreibung möglich.[26]

Bei der Ausgestaltung der Verlängerungsoptionen darf allerdings die daraus resultierende Gesamtlaufzeit der Verträge nicht unbegrenzt werden, da lange Laufzeiten wettbewerbsbeschränkend wirken.[27] Für Rahmenvereinbarungen sind deshalb in den Vergabeverordnungen Maximallaufzeiten vorgegeben, die nur in begründeten Ausnahmefällen überschritten werden dürfen.

Beispiel

Rahmenvertrag mit einer Laufzeit von zwei Jahren mit der Option, diesen Vertrag zweimal um jeweils ein Jahr zu verlängern.

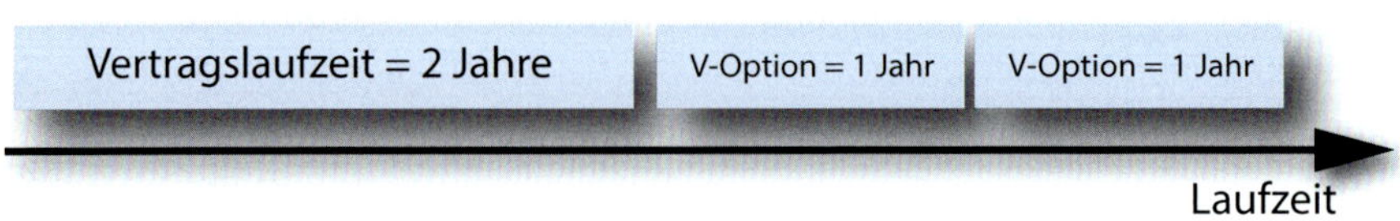

Abbildung: Rahmenvertrag mit einer Laufzeit von zwei Jahren mit der Option, diesen Vertrag zweimal um jeweils ein Jahr zu verlängern

26 *Frenz*, Ausschreibungspflicht wesentlicher Vertragsverlängerungen und -änderungen, VergabeR 2017, 323-334.

27 *Geitel/Jansen*, in: Röwekamp/Kus/Portz/Prieß, Kommentar zum GWB-Vergaberecht, § 132, Rn. 84; *Engelhardt/Kaelble*, in: Müller-Wrede, GWB, § 132, Rn. 38.

Beispiel

Wartungsvertrag mit einer Laufzeit von einem Jahr mit der Option, diesen Vertrag um ein weiteres Jahr zu verlängern.

12.2.2 Erweiterungsoptionen

Erweiterungsoptionen bieten dem Auftraggeber die Möglichkeit, durch eine einseitige Erklärung die vereinbarte Option zu nutzen und den Vertrag entsprechend der Vereinbarung zu erweitern.

Beispiel

Lieferleistung zur Lieferung von 1.000 Laptops mit der Option zur Lieferung von weiteren 500 Laptops zum gleichen Preis innerhalb von zwei Jahren.

Beispiel

Ausschreibung zum Kauf von 150 PKW mit der Option zum Kauf von weiteren 100 PKW zum gleichen Preis innerhalb von zwei Jahren.

12.2.3 Eventualpositionen/Bedarfspositionen

Bei Eventualpositionen/Bedarfspositionen handelt es sich um Positionen in der Leistungsbeschreibung, bei denen es sowohl zum Zeitpunkt der Erstellung der Leistungsbeschreibung als auch bei Zuschlagserteilung noch nicht feststeht, ob und gegebenenfalls in welchem Umfang diese Positionen notwendig sind. Die Inanspruchnahme dieser Eventualpositionen/Bedarfspositionen entscheidet sich erst im Bedarfsfall während der Auftragsdurchführung.

OLG Düsseldorf, Beschluss vom 13.4.2011– VII-Verg 58/10: *„(...) handelt es sich bei Bedarfs- oder Eventualpositionen um Leistungen, bei denen zum Zeitpunkt der Erstellung der Leistungsbeschreibung noch nicht feststeht, ob und ggf. in welchem Umfang sie tatsächlich zur Ausführung kommen werden. Solche Positionen enthalten nur eine im Bedarfsfall erforderliche Leistung, über deren Ausführung erst nach Auftragserteilung und nicht bereits bei Erteilung des Zuschlags entschieden wird."*

OLG Saarbrücken, Urteil vom 24.6.2008 – 4 U 478/07-162: *„Eventualpositionen liegen vor, wenn bei der Ausschreibung bzw. beim Beginn der Vertragsverhandlungen noch nicht feststeht, ob zum bisher Vorgesehenen nicht noch eine zusätzliche Leistung erforderlich ist."*

Wichtig ist insbesondere die Abgrenzung zu den Alternativpositionen.

VK Düsseldorf, Beschluss vom 13.5.2002 – VK-7/2002-L: *„Eventualpositionen kommen in Betracht, wenn bei Fertigstellung der Ausschreibungsunterlagen noch nicht abschließend feststeht, ob und in welchem Umfang die Position zur Ausführung gelangt. Es geht daher immer um die Frage, ob die Position zusätzlich, nicht alternativ zur Ausführung gelangt."*

Letztendlich handelt es sich bei den Eventualpositionen/Bedarfspositionen auch um den rechtlichen Begriff einer Option. Der Auftraggeber kann durch eine einseitige Erklärung die angebotenen Eventualpositionen/Bedarfspositionen nutzen und den Vertrag entsprechend der Vereinbarung erweitern.

VK Bund, Beschluss vom 14.7.2005 – VK 1-50/05: *„Aufgrund der vorgenannten Unwägbarkeiten, die bei Bedarfspositionen sowohl bei Angebotserstellung als auch bei Angebotswertung entstehen, ist es sachgerecht, die vergaberechtliche Zulässigkeit der Aufnahme von Bedarfspositionen einzuschränken, um im Interesse einer transparenten und wettbewerblichen Vergabe Risiken für die Bieter und Manipulationsspielräume für den Auftraggeber weitgehend auszuschließen. Unabhängig davon, ob man die Zulässigkeitsgrenze für Bedarfspositionen nun bei in der Regel 10 % des geschätzten Auftragsvolumens ansetzt (so die allgemein verbreitete Auffassung, [...] wird eine absolute, keine Ausnahme mehr zulassende Obergrenze jedenfalls bei 15 % anzusetzen sein."*

Für den Einsatz von Eventualpositionen/Bedarfspositionen muss es aber auch eine zwingende Notwendigkeit geben. Eventualpositionen/Bedarfspositionen sind kein Ersatz für eine fehlende oder mangelhafte Vergabereife.

VK Mecklenburg-Vorpommern, Beschluss vom 27.11.2001 – 2 VK 15/01: *„Eine Position wird jedoch nicht allein dadurch zu einer Bedarfsposition, dass der Auftragnehmer sich über den wahren Bedarf nicht im Klaren ist. Eine Aufnahme von Bedarfspositionen in die Leistungsbeschreibung ist nur dann zulässig, wenn dafür eine zwingende Notwendigkeit besteht."*

Beispiel

Ausschreibung zum Kauf von 150 Software-Lizenzen mit der Option zur Installation der Software

Praxistipp

Eventualpositionen/Bedarfspositionen sollten nur äußerst zurückhaltend Verwendung finden. Wo möglich, sollte darauf verzichtet werden.

Praxistipp

Werden Eventualpositionen/Bedarfspositionen in den Ausschreibungsunterlagen verwendet, müssen diese bei der Angebotswertung auch voll gewertet werden. Eine Nichtberücksichtigung der Eventualpositionen/Bedarfspositionen bei der Wertung könnte die Bieter dazu animieren, diese Positionen überteuert anzubieten.

Wertung von Eventualpositionen/Bedarfspositionen

Zum Zeitpunkt der Erstellung und Veröffentlichung der Ausschreibung ist noch nicht bekannt, ob die aufgeführten Eventualpositionen/Bedarfspositionen in Anspruch genommen werden sollen. Dies ist letztendlich ja auch der Grund, warum Eventualpositionen/Bedarfspositionen in Ausschreibungen Anwendung finden. Bei der Verwendung von Optionen in Ausschreibungen stellt sich dann aber die Frage, ob die Wertung der Angebote mit oder ohne Optionen vorgenommen werden soll.

Da die Inanspruchnahme der Optionen nicht sicher erfolgt, argumentieren einige, dass die Optionen bei Angebotswertung unberücksichtigt bleiben sollten. Dagegen spricht allerdings, dass dann die Optionen beliebig teuer angeboten werden könnten, ohne dass dies einen Einfluss auf die Angebotswertung hätte.[28]

Andere argumentieren, dass die Optionen im Verhältnis zu den garantierten Leistungspositionen mit einem geringeren Gewicht versehen werden müssten, da zum Zeitpunkt der Erstellung und Veröffentlichung der Ausschreibung ungeklärt ist, ob diese Leistungen überhaupt in Anspruch genommen werden. Dagegen spricht allerdings, dass dann die Optionen spekulativ teuer angeboten werden könnten, da die geringere Gewichtung einen höheren Preis für die Optionen kompensiert.

Um das Problem zu verdeutlichen, werden im Folgenden einige Beispiele betrachtet.

Das erste Beispiel soll die Wertungsproblematik bei der Verwendung von Eventualpositionen verdeutlichen.

Tabelle: Ausschreibungsbeispiel mit Preisen für Normalpositionen und Eventualpositionen

Angebot	**A**	**B**	**C**
Preis für Normalpositionen	50.000 Euro	49.500 Euro	50.500 Euro
Preis für Eventualpositionen	5.000 Euro	8.000 Euro	4.000 Euro
Gesamtpreis	55.000 Euro	57.500 Euro	54.500 Euro

Welches der drei Angebote soll den Zuschlag erhalten, wenn der Preis das alleinige Zuschlagskriterium ist? Findet eine Preiswertung nur der Normalpositionen ohne Berücksichtigung der Eventualpositionen statt, ergibt sich die folgende Rangfolge:

Tabelle: Ausschreibungsbeispiel mit Preisen für Normalpositionen und Eventualpositionen, gewertet wird aber nur der Preis der Normalpositionen

Angebot	**A**	**B**	**C**
Preis für Normalpositionen	50.000 Euro	49.500 Euro	50.500 Euro
Preis für Eventualpositionen	5.000 Euro	8.000 Euro	4.000 Euro
Gesamtpreis	55.000 Euro	57.500 Euro	54.500 Euro
Gewerteter Preis	50.000 Euro	49.500 Euro	50.500 Euro
Rang	2	1	3

Angebot B gewinnt deutlich vor den Angeboten A und C. Die Preise für die Eventualpositionen bleiben hierbei völlig unberücksichtigt. Werden die Eventualpositionen mit beauftragt, dann hat im vorliegenden Beispiel das unwirtschaftlichste Angebot den Zuschlag erhalten.

28 VK Nordbayern, Beschluss vom 4.10.2005 – 320.VK-3194-30/05; VK Schleswig-Holstein, Beschluss vom 12.7.2005 – VK-SH 14/05.

Werden die Eventualpositionen mit in der Preiswertung berücksichtigt, ergibt sich die folgende Rangfolge:

Tabelle: Ausschreibungsbeispiel mit Preisen für Normalpositionen und Optionen, gewertet wird die Summe aus Normalpositionen und Optionen

Angebot	A	B	C
Preis für Normalpositionen	50.000 Euro	49.500 Euro	50.500 Euro
Preis für Eventualpositionen	5.000 Euro	8.000 Euro	4.000 Euro
Gesamtpreis	55.000 Euro	57.500 Euro	54.500 Euro
Gewerteter Preis	55.000 Euro	57.500 Euro	54.500 Euro
Rang	2	3	1

Angebot C gewinnt vor den Angeboten A und B, da die Preise für die Eventualpositionen berücksichtigt wurden. Werden die Eventualpositionen nicht beauftragt, dann hat im vorliegenden Beispiel das unwirtschaftlichste Angebot den Zuschlag erhalten.

Die Idee, die Optionen (Eventualpositionen), von denen man ja zum Zeitpunkt der Erstellung und Veröffentlichung der Ausschreibung noch nicht weiß, ob diese überhaupt abgerufen werden, mit einem geringeren Gewicht zu versehen, klingt erst einmal nach der Umsetzung einer Wahrscheinlichkeit für das Eintreten des Abrufs der Optionen. Dies klingt im ersten Ansatz plausibel und gut und geht dann doch völlig an der Realität vorbei. Werden die Optionen im Verhältnis zu den garantierten Leistungspositionen mit einem geringeren Gewicht versehen, dann können die Optionen spekulativ teuer angeboten werden, da die geringere Gewichtung einen höheren Preis für die Optionen kompensiert.

Beispiel

Normalpositionen werden mit einem Gewichtungsfaktor von 90 % multipliziert, Eventualpositionen werden mit einem Gewichtungsfaktor von 10 % multipliziert.

Tabelle: Ausschreibungsbeispiel mit einem Gewichtungsfaktor von 90 % für die Preise von Normalpositionen und 10 % für die Preise von Eventualpositionen

Angebot	A	B	C
Preis für Normalpositionen	50.000 Euro	49.500 Euro	50.500 Euro
Preis für Eventualpositionen	5.000 Euro	8.000 Euro	4.000 Euro
Gesamtpreis	55.000 Euro	57.500 Euro	54.500 Euro
gewichteter Preis = 90 % Normalpositionen + 10 % Eventualpositionen	45.500Euro	45.300Euro	45.950Euro
Rang	2	1	3

Durch die Gewichtung wird das Ergebnis stark verzerrt. Im Beispiel gewinnt Angebot B durch den geringeren Preis bei den Normalpositionen, die mit 90 % gewichtet wurden. Die Eventualpositionen mit einem Gewichtungsfaktor von 10 % fallen dagegen kaum ins Gewicht.

Bei der Verwendung von Eventualpositionen und Bedarfspositionen ist es empfehlenswert, auch diese Positionen zu 100 % zu werten. Werden diese in der Wertung nicht berücksichtigt oder nur mit einer Gewichtung berücksichtigt, animiert man die Bieter dazu, diese Positionen künstlich zu verteuern und spekulative Angebote zu erstellen.

VK Nordbayern, Beschluss vom 4.10.2005 – 320.VK-3194-30/05: *„Die Wirtschaftlichkeit eines Angebots ist auch durch die Bedarfspositionen bestimmt. Wären Bedarfspositionen bei der Angebotswertung generell zu ignorieren, könnte man sie beliebig teuer anbieten, ohne dass sich dadurch die Auftragschance verringerte."*

VK Schleswig-Holstein, Beschluss vom 12.7.2005 – VK-SH 14/05: *„Es ist nicht nur zulässig, Bedarfspositionen zu werten, sondern deren Wertung ist aus Gründen der Transparenz und der Wettbewerbsgerechtigkeit zwingend geboten (vgl. erkennende Kammer, Beschluss vom 03.11.2004 – VK-SH 28/04). Denn ohne deren Berücksichtigung könnten sie beispielsweise von Bietern preislich beliebig hoch angesetzt werden, ohne dass dies Auswirkungen auf die Auftragschancen hätte. Dies könnte in der Kalkulation eine erhebliche Rolle spielen und diejenigen Bieter benachteiligen, die ein realistisches, sorgfältig kalkuliertes Angebot auf die Bedarfspositionen abgeben. Aber auch der Auftraggeber könnte gezwungen sein, den Zuschlag auf das nur ohne Berücksichtigung der Bedarfspositionen wirtschaftlichste Angebot zu erteilen. Sollte es dann zur Ausführung der Leistungen kommen, wäre der Auftraggeber auch an in Bedarfspositionen überteuerte Angebote gebunden."*

Praxistipp

▶ *Werden Eventualpositionen/Bedarfspositionen in den Ausschreibungsunterlagen verwendet, müssen diese bei der Angebotswertung auch voll gewertet werden. Eine Nichtberücksichtigung der Eventualpositionen/Bedarfspositionen bei der Wertung könnte die Bieter dazu animieren, diese Positionen überteuert anzubieten.*

Auch bei Vergaben nach VOB/A sind in Ausnahmefällen Bedarfspositionen möglich. Seit 2009 sind Bedarfspositionen bei Bauvergaben zwar grundsätzlich nicht in die Leistungsbeschreibung aufzunehmen.

§ 7 Abs. 1 Nr. 4 Satz 1 VOB/A: *„Bedarfspositionen sind grundsätzlich nicht in die Leistungsbeschreibung aufzunehmen."*

Das Wort „grundsätzlich" ist aber juristisch in dem Sinne zu verstehen, dass es Ausnahmen dazu gibt.

***Iking/Gröschler* schreiben dazu:** *„Im allgemeinen Sprachgebrauch wird das Adjektiv »grundsätzlich« überwiegend mit der Bedeutung »immer« oder »stets« verwendet. Das Wort meint hier so viel wie »kategorisch« oder »prinzipiell« – im Sinne von »aus Prinzip«. Im Gegensatz zu »im Prinzip« oder »im Grundsatz« bringt der Sprecher damit nicht etwa eine Abschwächung oder Einschränkung zum Ausdruck, sondern eine Verstärkung. (...) Demgegenüber dient »grundsätzlich« im juristischen Sprachgebrauch dazu, einen Grundsatz zu kennzeichnen, der*

Ausnahmen zulässt – und geradezu erwarten lässt. Das Adjektiv bedeutet hier also gerade nicht »immer« oder »stets«. Stattdessen wird die betreffende Aussage mit »grundsätzlich« dergestalt eingeschränkt, dass sie (nur) »im Grundsatz« oder aber »als Grundsatz« gilt – das heißt: soweit keine Ausnahmen vorliegen."[29]

Trautner: *„Die Aufnahme des Wortes „grundsätzlich" in der Bestimmung lässt aber Ausnahmen zu. Vorliegen muss eine objektive zwingende Notwendigkeit (…)."*[30]

Leinemann/Büdenbender/Offermann: *„(…) sind Bedarfs- bzw. Eventualpositionen nur in begründeten Ausnahmefällen zulässig. Nur solche Positionen, bei denen trotz Ausschöpfung aller örtlichen und technischen Erkenntnismöglichkeiten im Zeitpunkt der Ausschreibung objektiv nicht feststellbar ist, ob und in welchem Umfang Leistungen zur Ausführung gelangen, dürfen als Bedarfs- bzw. Eventualpositionen ausgeschrieben werden. Hierzu ist eine schriftliche Begründung im Vergabevermerk zu fordern."*[31]

OLG Düsseldorf, Beschluss vom 10.2.2010 – VII-Verg 36/09, amtliche Leitsätze: *„1. Die Aufnahme einer Bedarfsposition in die Vergabeunterlagen ist nicht zu beanstanden, wenn im Zeitpunkt der Versendung der Vergabeunterlagen für den Auftraggeber nicht voraussehbar und zumutbar aufzuklären ist, ob und unter welchen Voraussetzungen solche Leistungen bei der Auftragsausführung erforderlich sein werden, daran ein anzuerkennendes Bedürfnis besteht und Bedarfspositionen in den Vergabeunterlagen hinreichend deutlich als solche gekennzeichnet sowie bei verständiger Sicht der Dinge für einen fachkundigen Bieter als solche unzweideutig zu erkennen sind.*

(…)

3. Die für Bedarfspositionen abgefragten und angegebenen Preise sind vom Auftraggeber grundsätzlich in die Angebotswertung einzustellen. Dies hat jedenfalls dann zu gelten, wenn ein Bedarf im Zeitpunkt der Angebotswertung weiterhin nicht voraussehbar ist und die Notwendigkeit einer Beschaffung auch bei sorgsamer Ausschöpfung der dem Auftraggeber bis dahin zumutbaren Erkenntnismöglichkeiten nicht ausgeschlossen werden kann."

12.2.4 Wahlpositionen/Alternativpositionen

Bei Wahlpositionen/Alternativpositionen schreibt der Auftraggeber für einzelne Leistungspositionen Alternativen aus und entscheidet sich bei der Zuschlagserteilung für eine der Alternativen.

OLG Düsseldorf, Beschluss vom 13.4.2011 – VII – Verg 58/10: *„Wahlpositionen sind Leistungspositionen, in denen sich der Auftraggeber noch nicht festgelegt hat, sondern mehrere Alternativen der Leistungserbringung ausschreibt, von denen er nach Kenntnisnahme der Angebotsinhalte, eine Alternative für den Zuschlag auswählt."*

Grundsätzlich ist die Verwendung von Wahlpositionen vergaberechtlich zulässig, diese sollten aber nur sehr sparsam und gut begründet Verwendung finden, da dadurch die Eindeutig-

29 *Iking/Gröschler*, Deutsch für Juristen, https://groeschler.jura.uni-mainz.de/files/2020/05/DfJ-02-Grundsatzliches.pdf, abgerufen am 17.5.2024.

30 *Trautner*, in: Heiermann/Zeiss/Summa, jurisPK-Vergaberecht, § 7 VOB/A, Stand: 15.9.2022, Rn. 52.

31 *Leinemann/Büdenbender/Offermann*, in Leinemann: Die Vergabe öffentlicher Aufträge, Rn. 1098.

keit der Leistungsbeschreibung und auch die Transparenz des Vergabeverfahrens beeinträchtigt werden.

OLG Düsseldorf, Beschluss vom 13.4.2011 – VII-Verg 58/10: *„Die Aufnahme von Wahlpositionen in das Leistungsverzeichnis ist nicht grundsätzlich vergaberechtlich unstatthaft. (...) Er kommt in Betracht, wenn und soweit ein berechtigtes Bedürfnis des öffentlichen Auftraggebers besteht, die zur beauftragende Leistung in den betreffenden Punkten einstweiligen offen zu halten (...).“*

OLG Saarbrücken, Beschluss vom 22.10.1999 – 5 Verg 2/99: *„So sind Wahl- oder Alternativpositionen üblich, die an Stelle der alternativ im Leistungsverzeichnis aufgeführten Grundpositionen zur Ausführung kommen, diese also verdrängen. Solche Positionen werden im Leistungsverzeichnis vorgesehen, wenn sich der Auftraggeber noch nicht darüber im Klaren ist, ob er eine bestimmte Leistung gemäß einer Grundposition oder aber in geänderter Form haben will, sei es, weil er dies von den anfallenden Kosten abhängig machen will, also beispielsweise alternative Materialien oder Ausführungsarten dem Wettbewerb unterwerfen will, sei es, weil er aus anderen Gründen die Ausschreibung hinausschieben will. Die Entscheidung hierüber trifft der Auftraggeber allerdings grundsätzlich bei der Auftragserteilung.“*

Um das Gebot der Eindeutigkeit der Leistungsbeschreibungen zu wahren und ebenfalls den Anschein von willkürlichen Zuschlagsentscheidungen zu vermeiden, dürfen Wahlpositionen/Alternativpositionen nur äußerst zurückhaltend Verwendung finden und sollten nicht mehr als 10 % des geschätzten Auftragsvolumens betragen.[32]

VK Lüneburg, Beschluss vom 3.2.2004 – 203-VgK-41/2003: *„(...) Wahl- oder Alternativpositionen verstoßen nicht generell gegen das Gebot der Eindeutigkeit von Leistungsbeschreibungen, solange sie sich in einem bestimmten Ausmaß bewegen. (...) Nach der Rechtsprechung liegt die zulässige Grenze der Aufnahme von Wahl- oder Alternativpositionen im Verhältnis zu den Grundpositionen bei 10 % des Gesamtauftrages (...).“*

OLG Saarbrücken, Beschluss vom 22.10.1999 – 5 Verg 2/99: *„Von der Ausschreibung von Wahl- oder Alternativposition soll daher nur in sachlich gerechtfertigten, nachprüfbaren Ausnahmefällen Gebrauch gemacht werden. Zum Teil wird gefordert, dass sie nur Teilleistungen betreffen dürfen und ihr Wert im Verhältnis zum Wert der Grundpositionen in der Regel nur geringfügig sein darf. Als Anhaltspunkt wird insoweit gelegentlich eine Relation von bis zu 10 % der geschätzten Auftragssumme genannt.“*

12.2.5 Zusammenfassung

Bei

- Bedarfs-/Eventualpositionen sowie bei
- Alternativpositionen

wird die Eindeutigkeit der Leistungsbeschreibung deutlich verwässert. Aus diesem Grund begrenzt die Rechtsprechung die Anwendung dieser optionalen Varianten auf maximal 10 % des Gesamtauftragswerts.

32 *Prieß*, in: Kulartz/Marx/Portz/Prieß, Kommentar zur VOL/A, § 8 EG, Rn. 77.

Bei

- Verlängerungsoptionen von Vertragslaufzeiten sowie bei
- optionalen Leistungserweiterungen

findet dagegen keine Verwässerung der Eindeutigkeit der Leistungsbeschreibung statt. Im ersten Fall geht es um die zeitliche Verlängerung der eindeutig vereinbarten Leistung und im zweiten Fall um eine Vergrößerung des Volumens der eindeutig vereinbarten Leistung. Aus diesem Grund sind bei diesen Varianten der Optionen keine Begrenzungen notwendig.

12.3 Preiskatalogbewertung

Wird die Lieferung von verschiedenen Produkten (z.B. Medikamente, Büroartikel, IT-Komponenten) über einen definierten Zeitraum ausgeschrieben, dann stellt sich die Frage, wie die Wertung der Produktpreise vorgenommen werden soll.

In der folgenden Tabelle wird eine Beispielausschreibung mit fünf Produkten und den drei Angeboten A, B und C betrachtet.

Tabelle: Beispiel Preiskatalogbewertung

Angebot	A	B	C
Produkt 1	20 Euro	40 Euro	18 Euro
Produkt 2	2.000 Euro	1.500 Euro	2.100 Euro
Produkt 3	150 Euro	140 Euro	160 Euro
Produkt 4	400 Euro	340 Euro	380 Euro
Produkt 5	2 Euro	8 Euro	1,80 Euro

Werden die Einzelpreise der fünf verschiedenen Produkte addiert, ergibt sich die folgende Rangfolge der Angebote.

Tabelle: Beispiel Preiskatalogbewertung – Einzelpreise

Angebot	A	B	C
Produkt 1	20 Euro	40 Euro	18 Euro
Produkt 2	2.000 Euro	1.500 Euro	2.100 Euro
Produkt 3	150 Euro	140 Euro	160 Euro
Produkt 4	400 Euro	340 Euro	380 Euro
Produkt 5	2 Euro	8 Euro	1,80 Euro
Summe	2.572 Euro	2.028 Euro	2.659,80 Euro
Rang	2	1	3

Die Methode wird aber nur in den seltensten Fällen zum wirtschaftlichsten Angebot führen, da nur eine Einzelpreisbetrachtung ohne Berücksichtigung von realistischen Mengenangaben der verschiedenen Produkte zu einer Bewertungsverzerrung führen wird.

Um zu einer wirtschaftlichen Betrachtungsweise zu kommen, müssen für den betrachteten Zeitraum realistische Mengenangaben geschätzt werden. Die geschätzten Mengenangaben sind dann die Basis für die Wertung der Angebote.

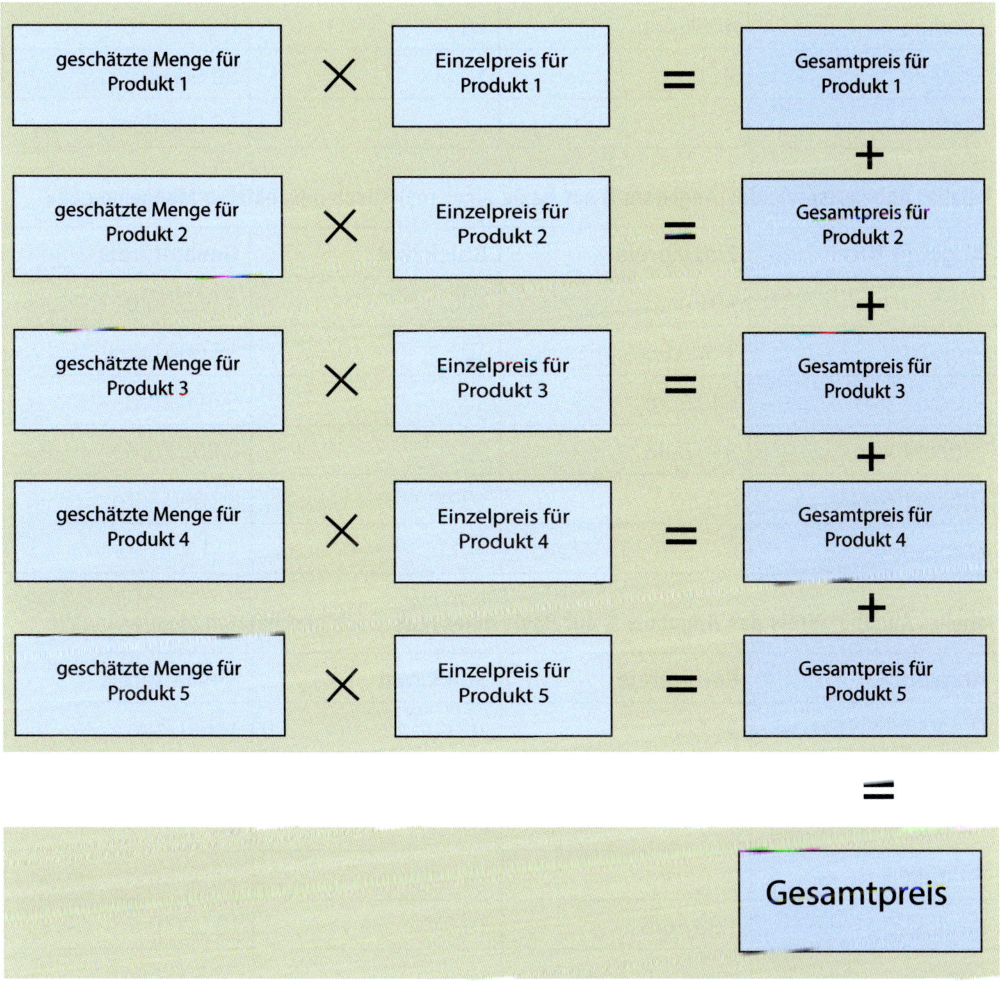

Abbildung: Berücksichtigung von realistischen Mengen der unterschiedlichen Produkte

Die vom Auftraggeber geschätzten und in den Ausschreibungsunterlagen veröffentlichten Mengenangaben werden mit den Einzelpreisen multipliziert und ergeben so einen Gesamtpreis für jedes Produkt und einen Gesamtpreis über alle Produkte unter Berücksichtigung der geschätzten Mengenangaben.

Tabelle: Angebotspreis des Angebots A auf Basis einer realistisch geschätzten Mengenangabe

Angebot A	Einzelpreis	Stückzahl	Gesamtpreis
Produkt 1	20 Euro	100	2.000 Euro
Produkt 2	2.000 Euro	10	20.000 Euro
Produkt 3	150 Euro	40	6.000 Euro
Produkt 4	400 Euro	20	8.000 Euro
Produkt 5	2 Euro	10.000	20.000 Euro
Summe			56.000 Euro

Tabelle: Angebotspreis des Angebots B auf Basis einer realistisch geschätzten Mengenangabe

Angebot B	Einzelpreis	Stückzahl	Gesamtpreis
Produkt 1	40 Euro	100	4.000 Euro
Produkt 2	1.500 Euro	10	15.000 Euro
Produkt 3	140 Euro	40	5.600 Euro
Produkt 4	340 Euro	20	6.800 Euro
Produkt 5	8 Euro	10.000	80.000 Euro
Summe			111.400 Euro

Tabelle: Angebotspreis des Angebots C auf Basis einer realistisch geschätzten Mengenangabe

Angebot C	Einzelpreis	Stückzahl	Gesamtpreis
Produkt 1	18 Euro	100	1.800 Euro
Produkt 2	2.100 Euro	10	21.000 Euro
Produkt 3	160 Euro	40	6.400 Euro
Produkt 4	380 Euro	20	7.600 Euro
Produkt 5	1,80 Euro	10.000	18.000 Euro
Summe			54.800 Euro

Aufgrund der geschätzten Mengenangaben ergibt sich im betrachteten Beispiel eine ganz andere Angebotsrangfolge. Angebot B, das bei der Einzelpreisbetrachtung den Zuschlag als bestes Angebot erhalten hat, steht jetzt auf dem letzten Rang.

Tabelle: Beispiel Preiskatalogbewertung – realistische Mengenangaben

Angebot	A	B	C
Gesamtpreis	56.000 Euro	111.400 Euro	54.800 Euro
Rang	2	3	1

Wichtig ist die realistische Schätzung der Mengenangaben. Eine andere geschätzte Mengenangabe kann zu einem völlig anderen Ergebnis führen.

Tabelle: Angebotspreis des Angebots A auf Basis einer modifizierten Mengenangabe

Angebot A	Einzelpreis	Stückzahl	Gesamtpreis
Produkt 1	20 Euro	50	1.000 Euro
Produkt 2	2.000 Euro	20	40.000 Euro
Produkt 3	150 Euro	100	15.000 Euro
Produkt 4	400 Euro	20	8.000 Euro
Produkt 5	2 Euro	10.000	20.000 Euro
Summe			84.000 Euro

Tabelle: Angebotspreis des Angebots B auf Basis einer modifizierten Mengenangabe

Angebot B	Einzelpreis	Stückzahl	Gesamtpreis
Produkt 1	40 Euro	50	2.000 Euro
Produkt 2	1.500 Euro	20	30.000 Euro
Produkt 3	140 Euro	100	14.000 Euro
Produkt 4	340 Euro	20	6.800 Euro
Produkt 5	8 Euro	10.000	80.000 Euro
Summe			132.800 Euro

Tabelle: Angebotspreis des Angebots C auf Basis einer modifizierten Mengenangabe

Angebot C	Einzelpreis	Stückzahl	Gesamtpreis
Produkt 1	18 Euro	50	900 Euro
Produkt 2	2.100 Euro	20	42.000 Euro
Produkt 3	160 Euro	100	16.000 Euro
Produkt 4	380 Euro	20	7.600 Euro
Produkt 5	1,80 Euro	10.000	18.000 Euro
Summe			84.500 Euro

Tabelle: Beispiel Preiskatalogbewertung – modifizierte Mengenangabe

Angebot	A	B	C
Gesamtpreis	84.000 Euro	132.800 Euro	84.500 Euro
Rang	1	3	2

Wie man an den Beispielen sieht, können die Mengenangaben einen entscheidenden Einfluss auf die Rangfolge der Angebote und damit auf die Zuschlagsentscheidung haben. Die Mengenangaben müssen deshalb so realistisch wie nur möglich geschätzt, in der Vergabedokumentation dokumentiert und in den Vergabeunterlagen bekannt gemacht werden.

Beispiel

Bei Preiskatalogbewertungen müssen immer auch die Mengen der einzelnen Produkte berücksichtigt werden.

Beispiel

Die Mengen müssen so realistisch wie nur möglich geschätzt werden. Die Voraussetzungen und Annahmen für diese Schätzung müssen dokumentiert werden. Die Mengenangaben müssen außerdem in den Vergabeunterlagen bekannt gemacht werden.

Beispiel

Erkennt ein Bieter anhand der Ausschreibungsunterlagen völlig unrealistische und wettbewerbsverzerrende Mengenangaben und sieht sich aus diesem Grund wettbewerblich benachteiligt, sollte hierzu unverzüglich eine Bieterfrage gestellt werden und unter Umständen auch gerügt werden.

12.4 Bewertung von Stundenkontingenten

Eine Einzelpreisbetrachtung ohne Berücksichtigung von realistischen Mengenangaben wird in der Regel zu einer Bewertungsverzerrung und nur in den seltensten Fällen zum wirtschaftlichsten Angebot führen. Im folgenden Beispiel werden Dienstleistungen ausgeschrieben, bei denen die Bieter die Stundensätze für drei verschiedene Qualifikationsstufen angeben sollen. Gewertet wird dann die Summe der Stundensätze der drei Qualifikationsstufen.

Tabelle: Beispiel Einzelpreise von Dienstleistungen

Qualifikation	Stundensatz Angebot A	Stundensatz Angebot B	Stundensatz Angebot C
Qualifikation 1	160 Euro	120 Euro	125 Euro
Qualifikation 2	120 Euro	119 Euro	105 Euro
Qualifikation 3	80 Euro	95 Euro	105 Euro
Summe	360 Euro	334 Euro	335 Euro
Rang	3	1	2

Die Methode wird aber nur in den seltensten Fällen zum wirtschaftlichsten Angebot führen, da nur eine Einzelpreisbetrachtung ohne Berücksichtigung eines realistischen Umfangs der verschiedenen Qualifikationen zu einer Bewertungsverzerrung führen wird.

Um zu einer wirtschaftlichen Betrachtungsweise zu kommen, müssen für den betrachteten Zeitraum realistische Mengenangaben geschätzt werden. Die geschätzten Mengenangaben sind dann die Basis für die Wertung der Angebote. Wichtig ist die realistische Schätzung der Mengenangaben.

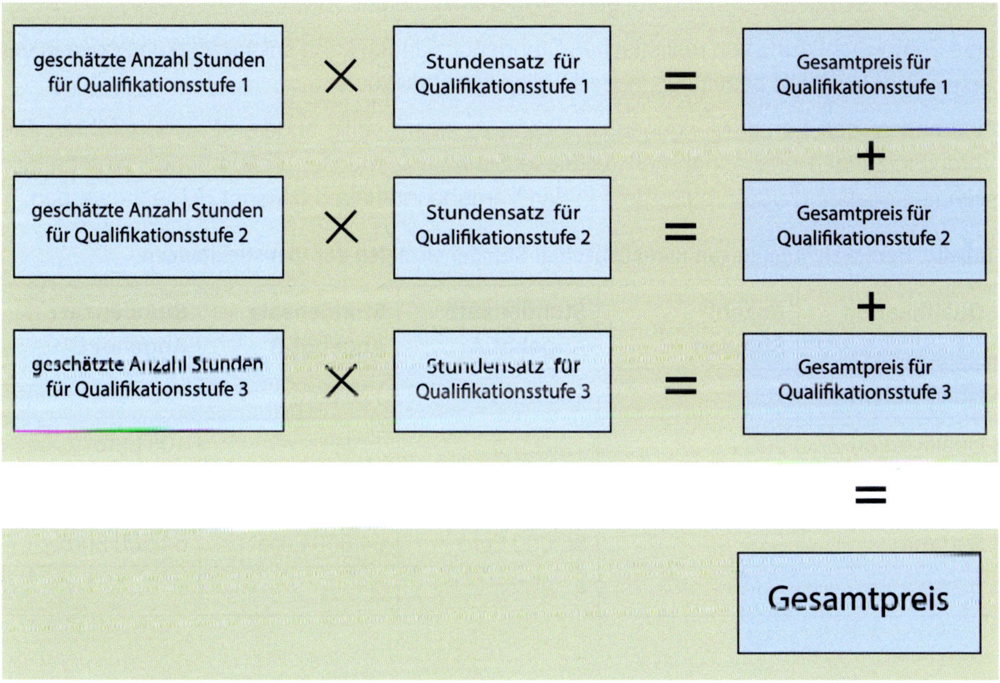

Abbildung: Berücksichtigung von realistischen Anzahlen der unterschiedlichen Qualifikationen

Im folgenden Beispiel ist eine realistische Schätzung der Stunden der unterschiedlichen Qualifikationsstufen vorgenommen worden.

Tabelle: Beispiel Berücksichtigung von realistischen Stundenanzahlen der Dienstleistungen

Qualifikation	Anzahl Stunden	Stundensatz Angebot A	Stundensatz Angebot B	Stundensatz Angebot C
Qualifikation 1	100	160 Euro	120 Euro	125 Euro
Qualifikation 2	200	120 Euro	119 Euro	105 Euro
Qualifikation 3	1.000	80 Euro	95 Euro	105 Euro
Summe		120.000 Euro	130.800 Euro	138.500 Euro
Rang		1	2	3

Die Nichtberücksichtigung von realistischen Stundenumfängen der verschiedenen Qualifikationen führt in dem aufgeführten Beispiel und auch in der Realität der Vergabeverfahren zu unwirtschaftlichen Entscheidungen. Eine Nichtberücksichtigung von realistischen Stundenumfängen animiert die Bieter dazu, Stundensätze, die aus Bietersicht in einem größeren Umfang benötigt werden, teurer anzubieten und Stundensätze, bei denen man aus Bietersicht von einem geringeren Umfang ausgeht, billiger anzubieten.

Eine Berücksichtigung von realistischen Stundenumfängen kann solche Spekulationen in der Regel nicht komplett beseitigen, aber deutlich beschränken.

Eine andere geschätzte Mengenangabe kann zu einem völlig anderen Ergebnis führen. Die Voraussetzungen und Annahmen für diese Schätzung müssen dokumentiert werden. Die Mengenangaben müssen außerdem in den Vergabeunterlagen bekannt gemacht werden.

Tabelle: Berücksichtigung von unrealistischen Stundenanzahlen der Dienstleistungen

Qualifikation	Anzahl Stunden	Stundensatz Angebot A	Stundensatz Angebot B	Stundensatz Angebot C
Qualifikation 1	100	160 Euro	120 Euro	125 Euro
Qualifikation 2	200	120 Euro	119 Euro	105 Euro
Qualifikation 3	200	80 Euro	95 Euro	105 Euro
Summe		56.000 Euro	54.800 Euro	54.500 Euro
Rang		3	2	1

Da es sich bei den betrachteten Mengenansätzen (Stunden oder Tage) nur um eine Schätzung/Prognose für eine Wirtschaftlichkeitsrechnung handelt, sollte man dies in den Ausschreibungsunterlagen auch klar und deutlich schreiben.

Beispielformulierung: *„Die folgenden Mengenansätze basieren auf einer aktuell realistischen Prognose und dienen als Grundlage für die Berechnung und Bestimmung des wirtschaftlichsten Angebots. Die während der Vertragslaufzeit abgerufenen Stunden/Tage der einzelnen Positionen können davon abweichen."*

Im Folgenden ein weiteres Beispiel für unwirtschaftliche Bewertungen.

Beispiel

Bewertet werden soll neben dem Preis für die in der Leistungsbeschreibung beschriebenen Leistungen auch die Stundenverrechnungssätze für eventuell anfallende Dienstleistungen in Notfällen sowie die Grundreinigung.

Gesamtpreis = Angebotspreis für Grundleistungen + Stundenverrechnungssatz für Notfälle + Stundenverrechnungssatz für Grundreinigung

Die im Beispiel vorgenommene Berechnung geht völlig an der Realität vorbei und verzerrt die Bewertung unnötig. Da die Stundenverrechnungssätze im Vergleich zum Angebotspreis fast vernachlässigbar sind, wirkt sich ein hoher oder sogar sehr hoher Stundenverrechnungssatz hier nicht besonders negativ auf den Gesamtpreis des Bieters aus.

Die im Beispiel ignorierte Mengenanzahl der Leistungen animiert die Bieter, bei den Preisangaben zu spekulieren und höhere Stundenverrechnungssätze für die Dienstleistung in Notfällen sowie die Grundreinigung anzusetzen. Eine Einzelpreisbetrachtung ohne Berücksichtigung von realistischen Mengenangaben der verschiedenen Dienstleistungen wird in der Regel zu einer Bewertungsverzerrung und nur in den seltensten Fällen zum wirtschaftlichsten Angebot führen.

Um zu einer wirtschaftlichen Betrachtungsweise zu kommen, müssen für den betrachteten Zeitraum realistische Mengenangaben geschätzt werden. Die geschätzten Mengenangaben sind dann die Basis für die Wertung der Angebote. Wichtig ist die realistische Schätzung der Mengenangaben. Eine andere geschätzte Mengenangabe kann zu einem völlig anderen Ergebnis führen. Die Voraussetzungen und Annahmen für diese Schätzung müssen dokumentiert werden. Die Mengenangaben müssen außerdem in den Vergabeunterlagen bekannt gemacht werden.

Statt dem Preis und den beiden Stundenverrechnungssätzen würde man mit einem fiktiven Kostenmodell (Gesamtpreis) rechnen:

Gesamtpreis = Angebotspreis

+ (prognostizierte Stunden für Dienstleistung in Notfällen * Stundenverrechnungssatz für Dienstleistung in Notfällen)

+ (prognostizierte Stunden für Grundreinigung * Stundenverrechnungssatz für Grundreinigung)

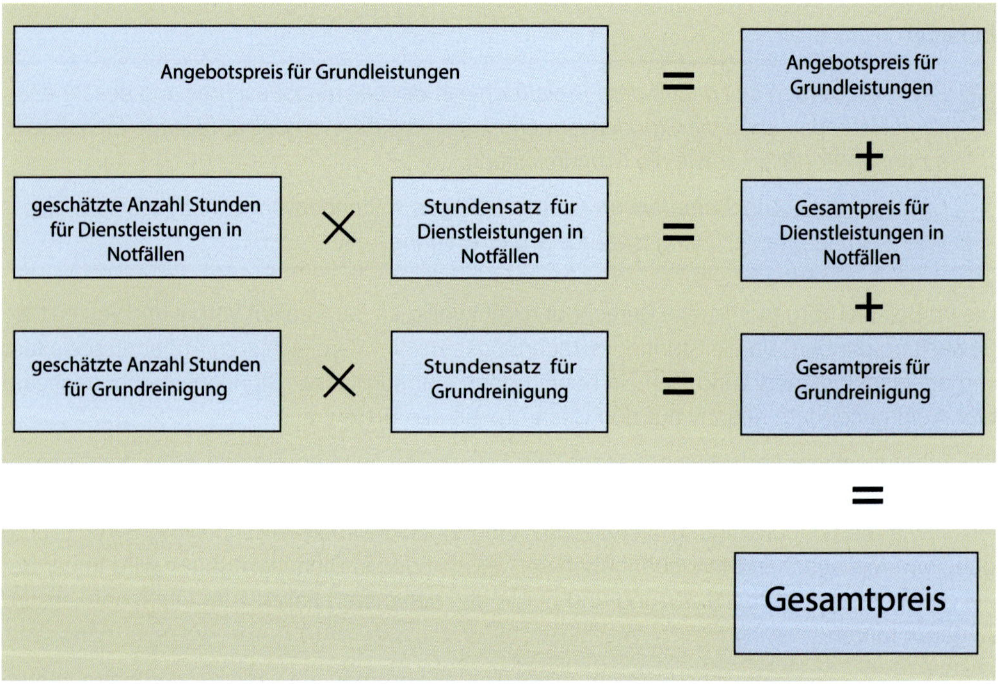

Abbildung: Berücksichtigung von realistischen Umfängen der zusätzlichen Leistungen

Da die Dienstleistungen in Notfällen realistischerweise nicht nur während der üblichen Arbeitszeiten benötigt werden, lohnt es sich, eine weitere Differenzierung vorzunehmen.

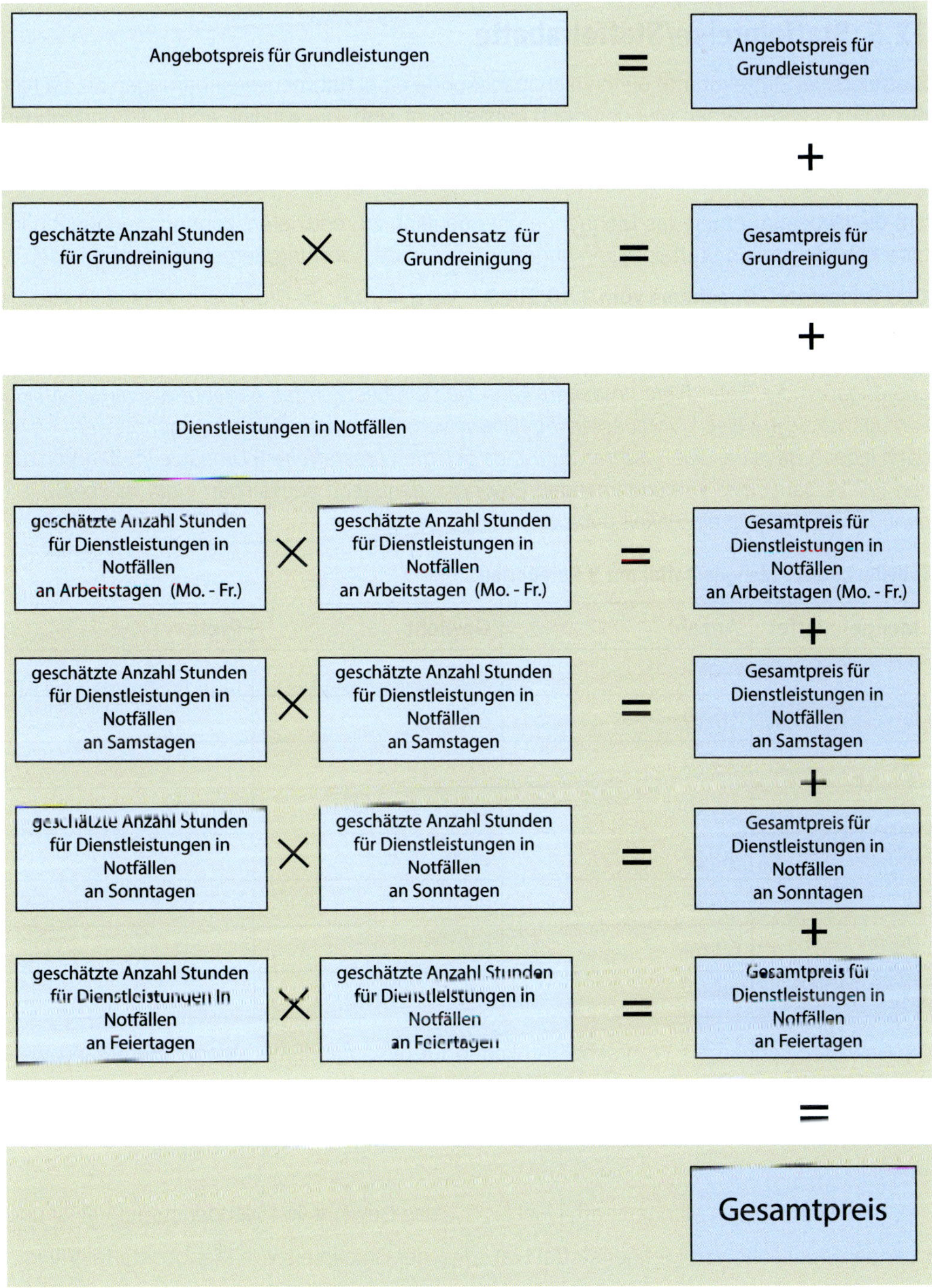

Abbildung: Berücksichtigung von realistischen Umfängen der zusätzlichen Leistungen mit einer weiteren Differenzierungsstufe der Arbeitszeiten

Eine weitere Differenzierungsstufe wäre die Differenzierung der Tage in verschiedene Zeitbereiche wie z.B. 08:00-20:00 Uhr und 20:00-22:00 Uhr und 06:00-08:00 Uhr vorzunehmen.

12.5 Staffelpreise/Staffelrabatte

Staffelpreise/Staffelrabatte bieten sich insbesondere bei Rahmenvereinbarungen an, da hier die wirklich abgerufenen Mengen noch unbestimmt sind. Die wirklich abgerufenen Mengen haben aber einen signifikanten Einfluss auf die Preiskalkulation. Ist die später real abgerufene Menge völlig unbestimmt, stellt dies für die Bieterunternehmen ein großes Risiko dar.

Um die Unbestimmtheit des Mengengerüsts deutlich zu reduzieren, können mengenabhängige Rabatte mittels Staffelpreisen abgefragt und in der Wertung Berücksichtigung finden.[33]

OLG Düsseldorf, Beschluss vom 1.10.2003 – Verg 45/03: *„Im Grundsatz ist es sachgerecht und nicht zu beanstanden, dass die Antragsgegnerin Umsatzrabatte - wie geschehen - nach bestimmten Jahresumsatzzahlen gestaffelt bei den Bietern abfragt. Je nachdem, ob und welche Angaben die Bieter hierzu machen, kann sich ein bestimmtes Angebot als wirtschaftlich vorzugswürdig erweisen. Voraussetzung für eine vergaberechtskonforme Angebotswertung ist dann jedoch, dass die den Rabatten zugrunde gelegten (gestaffelten) Umsätze im Rahmen der von der Vergabestelle vorzunehmenden Prognose genügend abgesichert sind, das heißt, mit genügender Wahrscheinlichkeit auch erreicht werden können."*

Tabelle: Lineare Mengenstaffel mit 8 Kategorien

Mengenstaffel	Anzahl	Gewicht	Preis
I	0-9	3 %	
II	10-19	6 %	
III	20-29	12 %	
IV	30-39	18 %	
V	40-49	30 %	
VI	50-59	20 %	
VII	60-69	8 %	
VIII	70-	3 %	

Die Gewichte können als Wahrscheinlichkeiten für die abgerufene Menge interpretiert werden. Für die Zuschlagsentscheidung wird die gewichtete Summe S_G betrachtet:

$$S_0 = G_I \cdot P_I + G_{II} \cdot P_{II} + G_{III} \cdot P_{III} + G_{IV} \cdot P_{IV} + G_V \cdot P_V + G_{VI} \cdot P_{VI} + G_{VII} \cdot P_{VII} + G_{VIII} \cdot P_{VIII}$$

wobei

- G_I das Gewicht von Mengenstaffel I ist, ..., G_{VIII} das Gewicht von Mengenstaffel VIII ist und
- P_I der Stückpreis von Mengenstaffel I ist..., P_{VIII} der Stückpreis von Mengenstaffel VIII ist.

Das Angebot mit der geringsten gewichteten Summe S_G gewinnt.

33 *Opitz*, in: Burgi/Dreher/Opitz, Vergaberecht, 3. Auflage 2017, § 127 GWB, Rn. 59-66.

Tabelle: Lineare Mengenstaffel mit 3 Kategorien

Mengenstaffel	Anzahl	Gewicht	Preis
I	0-99	10 %	
II	100-199	70 %	
III	200-	20 %	

Die Gewichte können als Wahrscheinlichkeiten für die abgerufene Menge interpretiert werden. Für die Zuschlagsentscheidung wird die gewichtete Summe S_G betrachtet:

$S_G = G_I \cdot P_I + G_{II} \cdot P_{II} + G_{III} \cdot P_{III}$

wobei

- G_I das Gewicht von Mengenstaffel I ist, ..., G_{VIII} das Gewicht von Mengenstaffel III ist und
- P_I der Stückpreis von Mengenstaffel I ist..., P_{VIII} der Stückpreis von Mengenstaffel III ist.

Das Angebot mit der geringsten gewichteten Summe S_G gewinnt.

Tabelle: Logarithmische Mengenstaffel

Mengenstaffel	Anzahl	Gewicht	Preis
I	0-99	5 %	
II	100-999	70 %	
III	1.000-9.999	20 %	
IV	10.000-	5 %	

Die Gewichte können als Wahrscheinlichkeiten für die abgerufene Menge interpretiert werden. Für die Zuschlagsentscheidung wird die gewichtete Summe S_G betrachtet:

$S_G = G_I \cdot P_I + G_{II} \cdot P_{II} + G_{III} \cdot P_{III} + G_{IV} \cdot P_{IV}$

wobei

- G_I das Gewicht von Mengenstaffel I ist, ..., G_{VIII} das Gewicht von Mengenstaffel III ist und
- P_I der Stückpreis von Mengenstaffel I ist..., P_{VIII} der Stückpreis von Mengenstaffel III ist.

Das Angebot mit der geringsten gewichteten Summe S_G gewinnt.

Um die Wahrscheinlichkeit von Spekulationsangeboten zu minimieren, ist es notwendig

- eine realistische marktorientierte Aufteilung der Staffelkategorien vorzunehmen,
- eine realistische Abschätzung der Wahrscheinlichkeiten der Staffelkategorien vorzunehmen und
- eine Regel aufzunehmen, die höhere Preise für höhere Staffeln verbietet. Eine größere Abnahmemenge darf pro Einheit nicht teurer sein. Ein gleicher Preis über mehrere beziehungsweise alle Staffeln muss dagegen zulässig sein.

VK Bund, Beschluss vom 26.6.2018 – VK 2-46/18: *„Gegen die Vorgabe sinkender Staffelpreise in den sechs Rabattstufen a – f als Kalkulationsvorgabe ist nichts zu erinnern. Grundsätzlich beschränken Kalkulationsvorgaben zwar die Kalkulationsfreiheit der Bieter und lenken in gewissem Umfang auch den Preiswettbewerb, beruhen jedoch auf der Bestimmungsfreiheit des Auftraggebers hinsichtlich der Regularien des Vergabeverfahrens und sind daher vergaberechtlich zulässig (OLG Düsseldorf, Beschluss vom 28. Juni 2017, VII-Verg 24/17). Zudem begrenzen sie Spekulationsmöglichkeiten der Bieter gerade bei Rabattstaffeln und fördern insoweit die Chancengleichheit bei der Bewerbung um den Auftrag. Wie sonstige Festlegungen des Auftraggebers in den Vergabeunterlagen auch unterliegen sie nur dem Gebot der Eindeutigkeit und Bestimmtheit (OLG Düsseldorf, Beschluss vom 14. November 2012, VII-Verg 42/12.). Zudem darf die Forderung nach der Einhaltung bestimmter Kalkulationsvorgaben bei den Preisangaben den Bieter nicht unzumutbar belasten (OLG Frankfurt, Beschluss vom 11. Oktober 2016, 11 Verg 13/16). Diese Vorgaben sind vorliegend erfüllt, da die Vorgabe schon die ursprüngliche Intention der Ag transparent machte und die Bieter auch nicht über Gebühr einschränkt. Die Klarstellung, dass mit den ansteigenden Staffeln die Preise zu sinken haben, dient somit als eine Komponente der Ermöglichung eines echten Wirtschaftlichkeitsvergleichs und ist – wie die zweite Angebotsrunde auch belegt – offenbar hierfür geeignet."*

12.6 Preisnachlässe

Preisnachlässe (Rabatte) können auf einzelne Angebotspositionen oder auf den Gesamtpreis gewährt werden. Dies geschieht mittels eines relativen Preisnachlasses, der in Prozent angegeben wird oder mittels eines absoluten Preisnachlasses, der durch einen Eurobetrag angegeben wird. Preisnachlässe sind kein gesondertes Zuschlagskriterium, sondern sind unter dem Zuschlagskriterium Preis zu subsumieren.[34]

Die Preisnachlässe müssen eindeutig beschrieben sein und dürfen keinen Interpretationsspielraum zulassen. Bei absoluten Preisnachlässen ist es deshalb wichtig, dass klar beschrieben wird, ob sich der durch einen Eurobetrag angegebene Preisnachlass

- auf den Netto- oder Bruttopreis,
- auf den Angebotspreis oder den Abrechnungspreis

bezieht.[35]

Das folgende Beispiel soll den Einfluss der Netto- oder Bruttobetrachtung bei einem absoluten Preisnachlass verdeutlichen. Bezieht sich der absolute Preisnachlass auf den Nettobetrag, gewinnt im betrachteten Beispiel Angebot B, bezieht sich der absolute Preisnachlass dagegen auf den Bruttobetrag, gewinnt im betrachteten Beispiel Angebot A.

34 *Opitz*, in: Burgi/Dreher/Opitz, Vergaberecht, 3. Auflage 2017, § 127 GWB, Rn. 61.

35 Ausführlich behandelt wird dies in *Ferber/Ferber*, Iudex (non) calculat – Mathematik für Juristinnen und Juristen.

Tabelle: Angebotspreis abzgl. eines absoluten Preisnachlasses (Nettopreisbetrachtung)

Angebot	A	B
Angebotspreis ohne MwSt.	100.000 Euro	104.500 Euro
Preisnachlass (absolut)	0 Euro	5.000 Euro
Angebotspreis ohne MwSt. abzgl. Preisnachlass	100.000 Euro	99.500 Euro
Rang	2	1

Tabelle: Angebotspreis abzgl. eines absoluten Preisnachlasses (Bruttopreisbetrachtung)

Angebot	A	B
Angebotspreis ohne MwSt.	100.000 Euro	104.500 Euro
zzgl. 19 % MwSt.	19.000 Euro	19.855 Euro
Angebotspreis inklusive MwSt.	119.000 Euro	124.355 Euro
Preisnachlass (absolut)	0 Euro	5.000 Euro
Angebotspreis mit MwSt. abzgl. Preisnachlass	119.000 Euro	119.355 Euro
Rang	1	2

Ein wichtiges Unterscheidungsmerkmal von Preisnachlässen ist, ob diese an eine Bedingung geknüpft sind (bedingter Preisnachlass) oder ohne Bedingung gewährt werden (unbedingter Preisnachlass). Bedingte Preisnachlässe können weiter differenziert werden in

- Preisnachlässe, bei denen die festgelegte Bedingung für den Preisnachlass im Einflussbereich des Bieters oder
- Preisnachlässe, bei denen die festgelegte Bedingung für den Preisnachlass im Einflussbereich des Auftraggebers

liegt. Bedingte Preisnachlässe, bei denen die festgelegte Bedingung für den Preisnachlass im Einflussbereich des Bieters liegt, sind nicht zulässig.[36] Bedingte Preisnachlässe, bei denen die festgelegte Bedingung für den Preisnachlass im Einflussbereich des Auftraggebers liegt, sind z.B.

- **Skonto:** Preisnachlass unter der Bedingung, dass innerhalb einer vorgegebenen Frist der Rechnungsbetrag gezahlt wird
- **Preisnachlass bei Loskombination**: Preisnachlass bei Zuschlag auf mehrere Lose
- **Preisnachlass bis zu einem bestimmten Termin**: Preisnachlass bei Beauftragung bis zu einem bestimmten Termin vor Ablauf der Bindefrist

36 *Opitz*, in: Burgi/Dreher/Opitz, Vergaberecht, 3. Auflage 2017, § 127 GWB, Rn. 63 m.w.N.

- **Koppelungsangebote:** Preisnachlass unter der Bedingung, dass der Zuschlag auch auf ein Angebot aus einer anderen Ausschreibung erteilt wird
- **Preisnachlass bei Vorauszahlung:** Preisnachlass unter der Bedingung, dass vom Auftraggeber eine Vorauszahlung geleistet wird
- **Mengenrabatt**

Tabelle: Übersicht Bedingte Preisnachlässe

Preisnachlass	Bedingung	Zulässigkeit
Skonto	Preisnachlass unter der Bedingung, dass innerhalb einer vorgegebenen Frist der Rechnungsbetrag gezahlt wird	JA
Loskombination	Preisnachlass bei Zuschlag auf mehrere Lose	JA
Terminierung	Preisnachlass bei Beauftragung bis zu einem bestimmten Termin vor Ablauf der Zuschlagsfrist	JA
Koppelungsangebote	Preisnachlass unter der Bedingung, dass der Zuschlag auch auf ein Angebot aus einer anderen Ausschreibung erteilt wird	In Ausnahmefällen zulässig, ansonsten NEIN
Vorauszahlung	Preisnachlass unter der Bedingung, dass vom Auftraggeber eine Vorauszahlung geleistet wird	NEIN
Mengenrabatt	Preisnachlass unter der Bedingung, dass vom Auftraggeber eine bestimmte Menge an Leistungen abgerufen wird (z.B. in einer Rahmenvereinbarung)	JA

Ein weiteres wichtiges Unterscheidungsmerkmal der Preisnachlässe ist, ob diese vom Auftraggeber in den Ausschreibungsunterlagen gefordert und damit zugelassen wurden oder ob in den Ausschreibungsunterlagen keine Preisnachlässe gefordert worden sind.

OLG Jena, Beschluss vom 21.9.2009 – 9 Verg 7/09: *„Schließt der öffentliche Auftraggeber in den Ausschreibungsunterlagen die Wertung bedingter Preisnachlässe aus, so ist er daran gebunden. Daran ändert der Umstand nichts, dass der Bieter den Preisnachlass als Nebenangebot bezeichnet."*

12.6.1 Skonto

Skonti gehören zu den bedingten Preisnachlässen, d. h. der Preisnachlass wird nur dann gewährt, wenn eine Bedingung erfüllt ist.

Skonto ist definiert als ein in Prozentsätzen ausgedrückter vertraglich vereinbarter Preisnachlass, der einem Käufer gewährt wird, wenn dieser innerhalb einer bestimmten Frist zahlt.[37]

Als Bedingung zur Gewährung des Skontos muss der Rechnungsbetrag innerhalb einer bestimmten Frist gezahlt werden. Zahlt der Auftraggeber innerhalb der Zahlungsfrist (z.B. 14 Tage nach Rechnungsstellung), darf der Skontosatz abgezogen werden.

VK Baden-Württemberg, Beschluss vom 7.3.2003 – 1 VK 6/03 u. 1 VK 11/03: *„Skonto bedeutet einen prozentualen Abzug vom Rechnungsbetrag, der bei sofortiger oder kurzfristiger (hinsichtlich des Zeitraums im Einzelnen festgelegter) Zahlung gewährt wird."*

VK Sachsen-Anhalt, Beschluss vom 26.1.2015 – 3 VK LSA 105-106/14: *„Bei der Gewährung eines Skontos handelt es sich nicht um einen Preisnachlass, sondern vielmehr um den aufschiebend bedingten Teilerlass der Forderung für den Fall fristgerechter Zahlung. Der Skonto ist die Inaussichtstellung einer Prämie für zügige bzw. fristgerechte Zahlung, also eine Zahlungsmodalität, [...]."*

Der Umgang mit Skonti stellt sowohl die Vergabestellen als auch die Bieter immer wieder vor einige Fragen:

- Kann ein eingeräumter Skontosatz in die Wertung einfließen?
- Müssen eingeräumte Skontosätze bei der Wertung Berücksichtigung finden?

Grundsätzlich dürfen Skonti nur dann gewertet werden, wenn dies in der Vergabebekanntmachung bzw. in den Vergabeunterlagen auch mitgeteilt wurde. Unaufgefordert angebotene Skonti dürfen bei der Wertung nicht berücksichtigt werden.[38]

§ 16d Abs. 4 Satz 2 VOB/A: *„Unaufgefordert angebotene Preisnachlässe mit Bedingungen für die Zahlungsfrist (Skonti) werden bei der Wertung der Angebote nicht berücksichtigt."*

§ 16d EU Abs. 4 Satz 2 VOB/A: *„Unaufgefordert angebotene Preisnachlässe mit Bedingungen für die Zahlungsfrist (Skonti) werden bei der Wertung der Angebote nicht berücksichtigt."*

BGH, Urteil vom 11.3.2008 – X ZR 134/05: *„Zu den wirtschaftlichen Umständen des Angebots, die in die Wertung einzubeziehen sind, können jedenfalls dann, wenn die Bieter in der Ausschreibung aufgefordert worden sind, solche anzubieten, wie dies hier der Fall war, auch Skontoabzüge gehören. Es ist dann nämlich für jeden Bieter erkennbar, dass die angebotenen Skontoabzüge in die Wertung einbezogen und als weiteres Kriterium im Rahmen der Wirtschaftlichkeitsprüfung herangezogen werden sollen. Dies verlangt jedoch zur Wahrung der Transparenz und zur Vermeidung von Manipulationen eine Bekanntgabe der Vergabebedingungen, die die Voraussetzungen für die Berücksichtigung des Skontos klar und eindeutig umschreibt."*

37 *Hahn*, Der Skonto in der Wirtschaftspraxis, S. 10.
38 *Summa*, in: jurisPK-Vergaberecht, 4. Auflage 2013, § 26 SektVO, Rn. 77; § 16 VOB/A 2012, Rn. 510.

Praxistipp

Ein unaufgefordert angebotener Skonto darf bei der Angebotswertung nicht berücksichtigt werden. Der unaufgefordert angebotene Skonto führt aber nicht zum Ausschluss des Angebots.

Praxistipp

Ein unaufgefordert angebotener Skonto darf zwar bei der Angebotswertung nicht berücksichtigt werden. Erhält aber ein Angebot den Zuschlag, das einen Skonto angeboten hat, dann darf dieser Skonto bei der Rechnungszahlung berücksichtigt werden.

Sollen Skonti bei der Wertung berücksichtigt werden, dann müssen aus Sicht der Auftraggeber die folgenden Punkte berücksichtigt werden:

- Die Bedingung zur Gewährung des Skontos, die Zahlungsfrist, muss angemessen und auch realistisch erfüllbar sein.
- Aus den Ausschreibungsunterlagen muss klar hervorgehen, dass der skontierte Preis gewertet wird.

BGH, Urteil vom 11.3.2008 – X ZR 134/05: *„Die Aufforderung, Skontoabzüge anzubieten, ist in der Regel dahingehend auszulegen, dass die Bedingungen, namentlich die Fristen, für die Gewährung des Skontoabzugs so beschaffen sein müssen, dass der Ausschreibende sie realistischerweise erfüllen kann.*

(...)

Die Prüfung, ob er die Bedingungen für die Gewährung des Skontos erfüllen kann, ist vom Ausschreibenden vorzunehmen; sie kann im Schadensersatzprozess des übergangenen Bieters nur auf ihre Vertretbarkeit überprüft werden."

Beispiel

Falls ein Skonto eingeräumt wird, bitte die folgenden Felder ausfüllen (entfällt, falls kein Skonto gewährt wird).

Skontosatz	_____ %
Bei Zahlung innerhalb von (mindestens 14 Tage)	_____ Tage

Beispiel

„Ein vom Bieter gewährter Skontoabzug wird bei der Angebotswertung nur berücksichtigt, wenn die Skontofrist mindestens 10 Tage beträgt."

Produktbezeichnung	Anzahl	Einzelpreis (netto) *)	Gesamtpreis (netto) *)
AAAAA	- 10 -		
BBBBB	- 10 -		
+ Fracht- und Verpackungskosten			
= Zwischensumme 1 *)			
Zahlungsbedingungen : % Skonto bei Zahlung innerhalb Tagen nach Waren- und Rechnungseingang			
= Zwischensumme 2 *)			
+ % Mehrwertsteuer *)			
Gesamtpreis			

Ich gebe diese Kostendarstellung zu den von mir eingesetzten Preisen und dem gewährten Skonto ab. Mir ist bewusst, dass das angebotene Skonto bei der Wertung des Angebotes nur dann berücksichtigt wird, wenn eine Skontofrist von mindestens 10 Tagen eingeräumt wird.

Abbildung: Beispiel eines Preisblatts mit Skonto

Im folgenden Beispiel werden vier Angebote betrachtet. Alle Angebote haben unterschiedliche Angebotspreise und gewähren einen unterschiedlichen Skontosatz.

Tabelle: Zuschlagskriterium ist der Preis ohne Berücksichtigung von Skonto

Angebot	**A**	**B**	**C**	**D**
Preis	100.000 Euro	102.000 Euro	101.000 Euro	103.000 Euro
Skonto in %	0 %	3 %	2 %	4 %
Rang	1	3	2	4

Wird nur der Preis ohne Berücksichtigung von Skonti betrachtet, erhält Angebot A aufgrund des niedrigsten Angebotspreises den Zuschlag.

Ein anderes Ergebnis ergibt sich unter Berücksichtigung der gewährten Skonti der einzelnen Angebote. Im Beispiel gewinnt Angebot D trotz des höchsten Angebotspreises durch einen hohen Skontosatz von 4 %.

Tabelle: Zuschlagskriterium ist der Preis mit Berücksichtigung von Skonto

Angebot	**A**	**B**	**C**	**D**
Preis	100.000 Euro	102.000 Euro	101.000 Euro	103.000 Euro
Skonto in %	0 %	3 %	2 %	4 %
Preis - Skonto	100.000 Euro	98.940 Euro	98.980 Euro	98.880 Euro
Rang	4	2	3	1

12.6.1.1 Realistische Zahlungsfristen

Die Bedingung zur Gewährung des Skontos, die Zahlungsfrist, muss aber auch realistisch erfüllbar sein.[39] Ist die Frist vom Auftraggeber unrealistisch kurz angesetzt und ist es für die Bieter offensichtlich, dass dies nicht erfüllt werden kann, kann dies zu spekulativen Angeboten führen.

Beispiel

Ein Auftraggeber verlangt bei einer Ausschreibung eine Skontofrist von mindestens 10 Tagen. Der Zuschlag soll auf Basis des skontierten Gesamtbetrags erfolgen. Einer der Bieter weiß aber aus Erfahrungen mit dem Auftraggeber, dass dies für den Auftraggeber aus organisatorischen Gründen nicht umsetzbar ist. Der Bieter nutzt diesen Informationsvorsprung für ein spekulatives Angebot aus, erhöht seinen Gesamtpreis und gewährt im Gegenzug einen hohen Skontosatz. Der Bieter geht allerdings durch seinen Informationsvorsprung davon aus, dass die Bedingung zum Gewähren des Skontos nicht eintritt und der Skonto somit nicht gewährt werden muss.

Tabelle: Spekulatives Skonto-Angebot

Angebot	**A**	**B**	**C**	**D**	**E**
Preis	100.000 Euro	102.000 Euro	101.000 Euro	103.000 Euro	105.000 Euro
Skonto in %	0 %	3 %	2 %	4 %	6 %
Preis - Skonto	100.000 Euro	98.940 Euro	98.980 Euro	98.880 Euro	98.700 Euro

39 Eine Zahlungsfrist ist dann als realistisch einzustufen, wenn es für den Auftraggeber generell möglich wäre, nach Erhalt der Rechnung innerhalb dieser Frist inklusive Rechnungsprüfung die Zahlung vorzunehmen. Eine Zahlungsfrist ist als unrealistisch einzustufen, wenn der Auftraggeber weiß, dass er in der Regel nach Erhalt der Rechnung für den Prozess der Zahlungsanweisung inklusive Rechnungsprüfung mehr Zeit benötigt als in der Zahlungsfrist vorgegeben ist.

Praxistipp

Sollen Skonti Berücksichtigung finden, muss der Auftraggeber eine realistische Zahlungsfrist (z.B. 14 Tage, 21 Tage, 30 Tage) für die Gewährung des Skontos fordern, um spekulative Angebote zu verhindern.

Praxistipp

Generell sollte man als Auftraggeber die Sinnhaftigkeit von Skonti hinterfragen.

12.6.1.2 Gewichtete Wertung von Skonti

Werden Skonti nur gewichtet gewertet, kann der Einfluss des Skontos auf die Zuschlagswertung marginalisiert werden und am Ende keine Rolle mehr spielen.

Beispiel

Zuschlagskriterium ist mit 95 % der Preis und mit 5 % der Preis unter Einrechnung des Skontos.

Tabelle: Beispiel 1 für einen gewichteten Skontoabzug

Angebot	A	B	C	D
Preis	100.000 Euro	102.000 Euro	101.000 Euro	103.000 Euro
Skonto in %	0 %	3 %	2 %	4 %
Preis - Skonto	100.000 Euro	98.940 Euro	98.980 Euro	98.880 Euro
95 % Preis + 5 % (Preis - Skonto)	100.000 Euro	101.847 Euro	100.899 Euro	102.794 Euro
Rang	1	3	2	4

Praxistipp

Wird der Preisabzug durch Skonto nur gewichtet gewertet, verliert der Skonto für die Zuschlagswertung an Bedeutung. Bieter sollten stattdessen prüfen, ob sie statt der Gewährung eines Skontos einen generellen (unbedingten) Preisabzug vom Angebotspreis vornehmen.

Beispiel

Zuschlagskriterium ist mit 95 % der Preis und mit 5 % der Preis unter Einrechnung des Skontos. Anbieter D verzichtet auf die Gewährung eines Skontos in Höhe von 4 % und reduziert stattdessen seinen Angebotspreis um 2,96 % auf 99.950 Euro.

Tabelle: Beispiel 2 für einen gewichteten Skontoabzug

Angebot	A	B	C	D
Preis	100.000 Euro	102.000 Euro	101.000 Euro	99.950 Euro
Skonto in %	0 %	3 %	2 %	0 %
Preis - Skonto	100.000 Euro	98.940 Euro	98.980 Euro	99.950 Euro
95 % Preis + 5 % (Preis - Skonto)	100.000 Euro	101.847 Euro	100.899 Euro	99.950 Euro
Rang	2	4	3	1

Da in dem Beispiel durch die geringe Gewichtung des skontierten Angebotspreises der Einfluss des Skontos vernachlässigt werden kann, gewinnt Angebot D, bei dem sich der Bieter voll und ganz auf den Angebotspreis ohne Skonto konzentriert.

Am Ende führt die Gewichtung zu einer Verzerrung, bei der nicht das wirtschaftlichste Angebot gewinnt. Liegen die Fristen zur Gewährung des Skontos in einem realistischen Rahmen, dann ist Angebot B mit einem Endpreis von 102.000 Euro - 3 % Skonto = 98.940 Euro das wirtschaftlichste. Durch die gewählte Zuschlagsregel 95 % Preis + 5 % skontierter Preis spielt der Skontosatz nur noch eine marginale Rolle.

12.6.2 Bedingter Rabatt bei Beauftragung mehrerer Lose (Loskombinationen)

Gemäß § 97 Abs. 4 GWB sind mittelständische Interessen bei der Vergabe öffentlicher Aufträge durch die Aufteilung der Leistungen in Lose zu berücksichtigen. Werden die Leistungen in der Menge aufgeteilt, spricht man von Teillosen. Werden die Leistungen nach Art oder Fachgebiet aufgeteilt, so spricht man von Fachlosen.

Bei der Wertung der Angebote stellt sich die Frage, ob Rabatte für Loskombinationen zulässig sind. Mit dieser Fragestellung hat sich der Vergabesenat des OLG Frankfurt im Mai 2017 beschäftigt und die Gewährung von Rabatten für Loskombinationen für zulässig erklärt. Als wichtige Bedingung hat der Vergabesenat des OLG Frankfurt gefordert, dass die Angebote des betreffenden Bieters in allen Einzellosen der Loskombination die jeweils günstigsten sind.

OLG Frankfurt, Beschluss vom 9.5.2017 – 11 Verg 5/17: *„(...) bestehen nach Auffassung des Senats keine Bedenken, den von einem Bieter für den Fall des Zuschlags von Loskombinationen eingeräumten Rabatt bei der Wertung von Einzellosen zu berücksichtigen und den Zuschlag für das konkrete Los auch dann auf das rabattierte Angebot zu erteilen, wenn der Rabatt davon abhängig ist, dass auch weitere Lose beauftragt werden - vorausgesetzt, dass die - ggf. rabattierten - Angebote des betreffenden Bieters in allen Einzellosen der Loskombination die jeweils günstigsten sind (so auch VK Bund, Beschluss vom 07. Februar 2008 – VK 3 - 169/07 –, juris Rdnr. 119; Vergabekammer des Saarlandes, Beschluss vom 12. Januar 2009 – 1 VK 07/2008 –, juris Rdnr. 104; noch weitergehender Müller-Wrede in: Müller-Wrede, GWB Vergaberecht, 2016, § 97 GWB Rdnr. 202.). Dies ist hier der Fall, da das rabattierte Ange-*

bot der Antragstellerin gerade für das Los 5 das günstigste Angebot darstellt und im Übrigen auch jeweils für die in Kombination angebotenen Lose 1 bis 4."

Im folgenden Beispiel ist eine Ausschreibung in drei Lose aufgeteilt. Vier Bieter geben Angebote ab.

Beispiel

Bieter A reicht für alle drei Lose ein Angebot ein und gewährt einen bedingten Rabatt von 10 %, wenn er den Zuschlag für alle drei Lose erhält.

Bieter B reicht nur für Los 2 ein Angebot ein.

Bieter C reicht nur für Los 3 ein Angebot ein.

Bieter D reicht für alle drei Lose ein Angebot ein.

Tabelle: Beispiel 1 für Loskombinationsrabatte

Los-Nr.	Bieter A unrabattiert	Bieter A abzgl. 10 % Rabatt	Bieter B	Bieter C	Bieter D
1	800.000 Euro	720.000 Euro			780.000 Euro
2	400.000 Euro	360.000 Euro	359.000 Euro		370.000 Euro
3	200.000 Euro	180.000 Euro		185.000 Euro	190.000 Euro

Erhält Bieter A den Zuschlag für alle drei Lose, dann ist der vom Bieter A gewährte bedingte Rabatt anwendbar und der Auftragswert über alle drei Lose beträgt 1.160.000 Euro = (100 % - 10 %) (800.000 Euro + 400.000 Euro + 200.000 Euro).

Zu prüfen ist allerdings noch die aufgestellte Regel, dass alle Einzellose einer rabattierten Loskombination für sich im direkten Vergleich am wirtschaftlichsten sind.

Bieter A hat eine Loskombination mit allen drei Losen angeboten.

Bei Los 1 ist Bieter A mit dem bedingten Rabatt von 10 % und einem rabattierten Preis von 720.000 Euro das wirtschaftlichste Angebot.

Bei Los 2 ist Bieter A mit dem bedingten Rabatt von 10 % und einem rabattierten Preis von 360.000 Euro nicht das wirtschaftlichste Angebot. Bieter B ist mit einem Preis von 359.000 Euro für dieses Los günstiger.

Bei Los 3 ist Bieter A mit dem bedingten Rabatt von 10 % und einem rabattierten Preis von 180.000 Euro das wirtschaftlichste Angebot.

Da Bieter A nicht in allen drei Losen am wirtschaftlichsten ist, ist der bedingte Loskombinationsrabatt nicht anwendbar.

- Los 1: Zuschlag an Bieter D mit einem Preis von 780.000 Euro.
- Los 2: Zuschlag an Bieter B mit einem Preis von 359.000 Euro.
- Los 3: Zuschlag an Bieter C mit einem Preis von 185.000 Euro.

In Summe ergibt dies einen Auftragswert von 1.324.000 Euro.

Die von der herrschenden Meinung aus den mittelstandsfördernden Vorschriften des Vergaberechts abgeleitete Regel, dass für jedes Los gesondert der jeweils günstigste Anbieter ermittelt und dieser bezuschlagt werden müsste, wird von *Dreher* in Frage gestellt und als eine Überspannung des Mittelstandschutzes angesehen.[40]

Praxistipp

▶ *Es ist zulässig, Rabatte für Loskombinationen zu berücksichtigen. Der Rabatt kommt allerdings nur dann zum Tragen, wenn alle Lose aus der Loskombination die wirtschaftlichsten sind.*

Im Folgenden sind die Angebotspreise und der gewährte Rabatt für die Loskombination etwas verändert.

Tabelle: Beispiel 2 für Loskombinationsrabatte

Los-Nr.	Bieter A unrabattiert	Bieter A abzgl. 11 % Rabatt	Bieter B	Bieter C	Bieter D
1	860.000 Euro	765.400 Euro			780.000 Euro
2	400.000 Euro	356.000 Euro	359.000 Euro		370.000 Euro
3	200.000 Euro	178.000 Euro		185.000 Euro	190.000 Euro

Erhält Bieter A den Zuschlag für alle drei Lose, dann ist der vom Bieter A gewährte bedingte Rabatt anwendbar und der Auftragswert über alle drei Lose beträgt 1.299.400 Euro = (100 % - 11 %) (860.000 Euro + 400.000 Euro + 200.000 Euro).

Zu prüfen ist allerdings noch die aufgestellte Regel, dass alle Einzellose einer rabattierten Loskombination für sich im direkten Vergleich am wirtschaftlichsten sind.

Bieter A hat eine Loskombination mit allen drei Losen angeboten.

Bei Los 1 ist Bieter A mit dem bedingten Rabatt von 11 % und einem rabattierten Preis von 765.400 Euro das wirtschaftlichste Angebot.

Bei Los 2 ist Bieter A mit dem bedingten Rabatt von 11 % und einem rabattierten Preis von 356.000 Euro das wirtschaftlichste Angebot.

Bei Los 3 ist Bieter A mit dem bedingten Rabatt von 11 % und einem rabattierten Preis von 178.000 Euro das wirtschaftlichste Angebot.

12.6.2.1 Koppelungsangebote/Koppelungsrabatte

Koppelungsrabatte sind Rabatte, die unter der Bedingung gelten sollen, dass zugleich der Zuschlag für ein im Rahmen einer anderen Ausschreibung abgegebenes Angebot erteilt wird.[41]

40 *Dreher*, Die Berücksichtigung mittelständischer Interessen bei der Vergabe öffentlicher Aufträge, NZBau 2005, 427.

41 OLG Saarbrücken, Beschluss vom 24.11.1999 – 5 Verg 1/99.

Unzulässige Koppelungen mit anderen Ausschreibungen liegen vor, wenn für diese bereits die Eröffnung stattgefunden hat.[42]

VK Nordbayern, Beschluss vom 30.9.2010 – 21.VK-3194-33/10 – amtlicher Leitsatz: *„2. Kopplungsangebote sind grundsätzlich zulässig, müssen sich aber im Einzelfall am vergaberechtlichen Wettbewerbsgebot messen lassen. Insbesondere muss eine Manipulationsmöglichkeit des Bieters auf einen vorangegangenen Wettbewerb ausgeschlossen sein. Dies wäre dann der Fall, wenn sich das Koppelungsangebot auch auf ein Einzellos bezieht, das bereits eröffnet ist und von dem bekannt ist, welchen Rang der Bieter einnimmt. Dann darf der Bieter seine Stellung in diesem Wettbewerb durch ein Koppelungsangebot nicht verbessern können."*

VK Sachsen, Beschluss vom 23.5.2003 – 1/SVK/030-03: *„Ausweislich der dazu relevanten Entscheidung der Vergabekammer Brandenburg (B. v. 07.05.2002, VK 14/02, Europa kompakt 2002, 122) liegt ein sog. Koppelungsangebot vor, wenn ein Angebot unter der Bedingung gelten soll, dass zugleich der Zuschlag für ein im Rahmen einer anderen Ausschreibung abgegebenes Angebot erteilt wird (Heiermann/Riedl/Rusam, Rdnr. 171 zu § 25 VOB/A). Derartige Koppelungsangebote seien nach dieser Entscheidung grundsätzlich erlaubt, sofern sie mit dem vergaberechtlichen Wettbewerbsgebot nach § 97 Abs. 1 GWB vereinbar sind. Das Vergaberecht und dessen Anwendung kann und darf nämlich kein Verhalten rechtfertigen, dass die Ausschreibung ihrer Funktion als Auswahlverfahren zur Ermittlung des wirtschaftlichsten Angebotes beraubt und die Mitbewerber um die Chance bringt, im Leistungswettbewerb um ihren Auftrag zu kämpfen. Ein solches Verhakten wäre rechtlich als eine ungesunde Begleiterscheinung bzw. wettbewerbsbeschränkende Verhaltensweise zu würdigen, der nach § 2 Nr. 1 S. 3 VOB/A zu begegnen ist. Koppelungsangebote sind dann wettbewerbswidrig, wenn versucht wird, ein vorliegendes Wettbewerbsergebnis zu unterlaufen. Dies ist z. B. dann der Fall, wenn dem Bieter bei der Angebotsabgabe für die Bauleistung x das Ergebnis der Bauleistung y bereits bekannt ist und er dort nicht Wettbewerbsgewinner ist."*

12.6.2.2 Preisnachlass bei Vorauszahlung

VK Baden-Württemberg, Beschluss vom 7.3.2003 – 1 VK 6/03 und 1 VK 11/03 – amtlicher Leitsatz: *„Ein mit einer Vorauszahlung verbundener Preisnachlass ist aus Gründen der Transparenz und des Wettbewerbs einer Wertung nicht zugänglich, da dieses Angebot hinsichtlich einer Zinseinbuße für den Auftraggeber vor dem Hintergrund einer nicht genau vorhersehbaren Bauzeit nicht abschließend bewertbar ist und ein nicht genau kalkulierbares Risiko darstellt."*

12.7 Das wirtschaftlichste Angebot auf Basis einer Kostenbewertung

Gemäß § 58 Abs. 2 Satz 2 Hs. 1 VgV bzw. § 16d Abs. 2 Nr. 1 Satz 4 VOB/A-EU bzw. § 52 Abs. 2 Satz 2 Hs. 1 SektVO kann der öffentliche Auftraggeber das wirtschaftlichste Angebot auf Basis einer Kostenbetrachtung bestimmen.

Im Gegensatz zur reinen Bewertung der Anschaffungskosten (Preisbewertung) können bei einer Kostenbetrachtung auch Folgekosten, Betriebskosten, Entsorgungskosten etc. mitbe-

42 *Opitz*, in: Burgi/Dreher/Opitz, 3. Auflage 2019, VOB/A-EU § 16d, Rn. 87.

rücksichtigt werden. Diese Kostenbetrachtungen sind unter den Begriffen Lebenszykluskosten, Vollkostenbetrachtung, Total Cost of Ownership (TCO) bekannt. Die Anforderungen an die Methode zur Berechnung der Lebenszykluskosten werden in § 59 VgV bzw. § 53 SektVO bzw.§ 16d Abs. 2 Nr. 5-7 VOB/A-EU geregelt.[43]

§ 59 Abs. 1 VgV: *„Der öffentliche Auftraggeber kann vorgeben, dass das Zuschlagskriterium „Kosten" auf der Grundlage der Lebenszykluskosten der Leistung berechnet wird."*

§ 59 Abs. 2 VgV: *„Der öffentliche Auftraggeber gibt die Methode zur Berechnung der Lebenszykluskosten und die zur Berechnung vom Unternehmen zu übermittelnden Informationen in der Auftragsbekanntmachung oder den Vergabeunterlagen an. Die Berechnungsmethode kann umfassen:*

- *die Anschaffungskosten,*
- *die Nutzungskosten, insbesondere den Verbrauch von Energie und anderen Ressourcen,*
- *die Wartungskosten,*
- *Kosten am Ende der Nutzungsdauer, insbesondere die Abholungs-, Entsorgungs- oder Recyclingkosten, oder*
- *Kosten, die durch die externen Effekte der Umweltbelastung entstehen, die mit der Leistung während ihres Lebenszyklus in Verbindung stehen, sofern ihr Geldwert nach Absatz 3 bestimmt und geprüft werden kann; solche Kosten können Kosten der Emission von Treibhausgasen und anderen Schadstoffen sowie sonstige Kosten für die Eindämmung des Klimawandels umfassen."*

§ 16d EU Abs. 2 Nr. 5 VOB/A: *„Die Lebenszykluskostenrechnung umfasst die folgenden Kosten ganz oder teilweise:*

a) von dem öffentlichen Auftraggeber oder anderen Nutzern getragene Kosten, insbesondere Anschaffungskosten, Nutzungskosten, Wartungskosten, sowie Kosten am Ende der Nutzungsdauer (wie Abholungs- und Recyclingkosten);

b) Kosten, die durch die externen Effekte der Umweltbelastung entstehen, die mit der Leistung während ihres Lebenszyklus in Verbindung stehen, sofern ihr Geldwert bestimmt und geprüft werden kann; solche Kosten können Kosten der Emission von Treibhausgasen und anderen Schadstoffen sowie sonstige Kosten für die Eindämmung des Klimawandels umfassen."

§ 53 Abs. 1 SektVO: *„Der Auftraggeber kann vorgeben, dass das Zuschlagskriterium „Kosten" auf der Grundlage der Lebenszykluskosten der Leistung berechnet wird."*

§ 34 Abs. 2 Satz 3 Nr. 5 VSVgV: *„Insbesondere können folgende Kriterien erfasst sein: Betriebskosten, Rentabilität, Lebenszykluskosten."*

§ 43 Abs. 4 UVgO: *„Der Auftraggeber kann vorgeben, dass das Zuschlagskriterium "Kosten" auf der Grundlage der Lebenszykluskosten der Leistung in entsprechender Anwendung des § 59 der Vergabeverordnung berechnet wird."*

43 Die KonzVgV und die VSVgV enthalten keine entsprechende Regelung.

Durch die Einbeziehung umweltbezogener Kostenfaktoren soll das Ziel eines intelligenten, nachhaltigen und integrativen Wachstums bei der öffentlichen Auftragsvergabe gefördert werden.[44]

Neben den internen Kosten wie den in § 59 Abs. 2 Nr. 2-4 VgV genannten Nutzungskosten, insbesondere den Verbrauchskosten für Energie und andere Ressourcen, den Wartungskosten, den Kosten am Ende der Nutzungsdauer, insbesondere den Abholungs-, Entsorgungs- oder Recyclingkosten dürfen gemäß § 59 Abs. 2 Nr. 5 VgV auch externe Kosten durch Effekte auf die Umwelt Berücksichtigung finden.

§ 59 Abs. 3 VgV: *„Die Methode zur Berechnung der Kosten, die durch die externen Effekte der Umweltbelastung entstehen, muss folgende Bedingungen erfüllen:*

1. *Sie beruht auf objektiv nachprüfbaren und nichtdiskriminierenden Kriterien; ist die Methode nicht für die wiederholte oder dauerhafte Anwendung entwickelt worden, darf sie bestimmte Unternehmen weder bevorzugen noch benachteiligen,*
2. *sie ist für alle interessierten Beteiligten zugänglich und*
3. *die zur Berechnung erforderlichen Informationen lassen sich von Unternehmen, die ihrer Sorgfaltspflicht im üblichen Maße nachkommen, einschließlich Unternehmen aus Drittstaaten, die dem Übereinkommen über das öffentliche Beschaffungswesen von 1994 (ABl. C 256 vom 3.9.1996, S. 1), geändert durch das Protokoll zur Änderung des Übereinkommens über das öffentliche Beschaffungswesen (ABl. L 68 vom 7.3.2014, S. 2) oder anderen, für die Europäische Union bindenden internationalen Übereinkommen beigetreten sind, mit angemessenem Aufwand bereitstellen."*

§ 16d EU Abs. 2 Nr. 6 VOB/A: *„Bewertet der öffentliche Auftraggeber den Lebenszykluskostenansatz, hat er in der Auftragsbekanntmachung oder in den Vergabeunterlagen die vom Unternehmer bereitzustellenden Daten und die Methode zur Ermittlung der Lebenszykluskosten zu benennen. Die Methode zur Bewertung der externen Umweltkosten muss*

a. *auf objektiv nachprüfbaren und nichtdiskriminierenden Kriterien beruhen,*
b. *für alle interessierten Parteien zugänglich sein und*
c. *gewährleisten, dass sich die geforderten Daten von den Unternehmen mit vertretbarem Aufwand bereitstellen lassen."*

Im Erwägungsgrund 96 der Richtlinie 2014/24/EU werden z.B. genannt: Umweltverschmutzung durch die Gewinnung der in der Ware verwendeten Rohstoffe oder Umweltverschmutzung durch die Ware selbst oder Umweltverschmutzung durch die Herstellung der Ware.

Diese Kosten müssen sich gemäß § 59 Abs. 3 VgV finanziell bewerten und überwachen lassen. Des Weiteren müssen diese Kostenmodelle in einer objektiven und nichtdiskriminierenden Weise im Voraus festgelegt und allen interessierten Parteien zugänglich gemacht werden.

44 Erwägungsgrund 96 der Richtlinie 2014/24/EU.

Durch den Vergleich der Lebenszykluskosten können Produkte, die bei einer alleinigen Betrachtung der Anschaffungskosten (Angebotspreis) nicht wirtschaftlich wären, dies durch die über den gesamten Lebenszyklus betrachteten Folgekosten kompensieren.[45]

Die Zuschlagsentscheidung nach den Lebenszykluskosten entspricht dem haushaltsrechtlichen Sparsamkeitsprinzip[46], bei dem unter möglichst geringem Ressourcenverbrauch ein vorab festgelegter Nutzen erreicht werden soll.[47]

12.7.1 Kostenbewertung

Kosten sind gut bewertbare metrische Daten. Eine Kostenbetrachtung mit Anschaffungskosten (Angebotspreisen), Transportkosten, Betriebskosten usw. führt zu gut vergleichbaren Angeboten.

Sind die Kosten das alleinige Zuschlagskriterium, dann werden am Ende die Kosten in Euro verglichen. Die Bestimmung des wirtschaftlichsten Angebots stellt hierbei keine großen Herausforderungen.[48] Das Angebot mit den günstigsten Kosten erhält den Zuschlag.

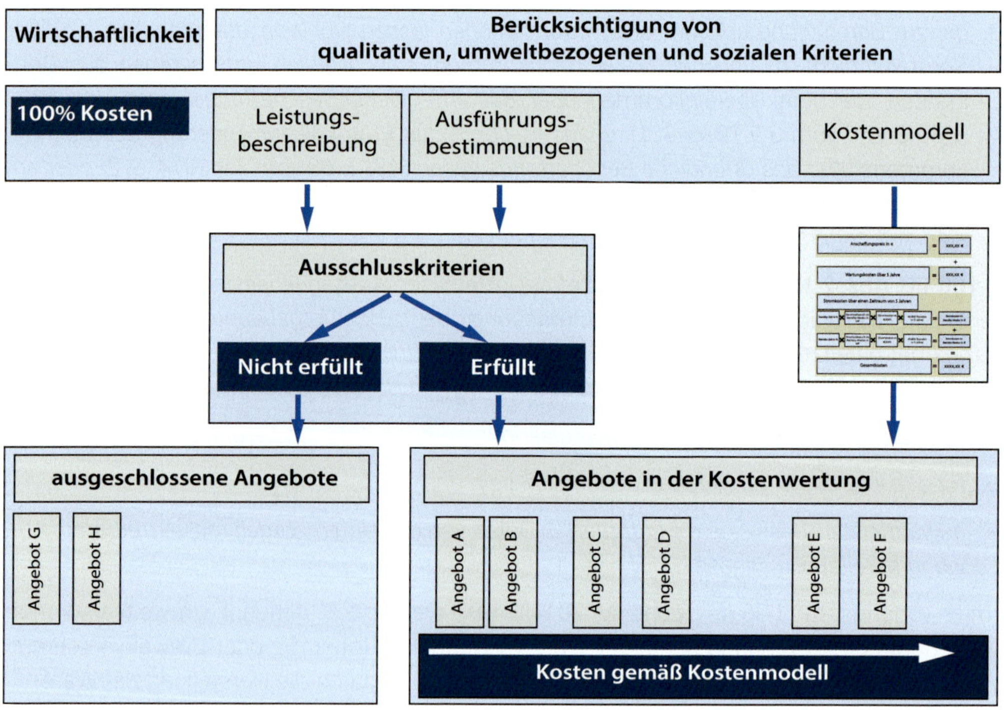

Abbildung: Bewertung der Gesamtkosten

45 *Eßig*, in: Müller-Wrede, VgV/UVgO, § 59 VgV, Rn. 20.
46 Auch als Minimum-, Minimal- bzw. Kostenminimierungsprinzip bezeichnet.
47 *Gröpl*, in: Gröpl, BHO/LHO, § 7 Rn. 6.
48 *Roth*, Methodik und Bekanntgabe von Wertungsverfahren zur Ermittlung des wirtschaftlichsten Angebots, NZBau 2011, S. 75.

Die Mindestanforderungen werden als Ausschlusskriterien formuliert. Die zu wertenden Angebote müssen alle Ausschlusskriterien erfüllen. Wird nur ein Ausschlusskriterium nicht erfüllt, führt dies zum zwingenden Ausschluss des betreffenden Angebots.

Im Gegensatz zur reinen Bewertung der Anschaffungskosten (Preisbewertung) können bei einer Kostenbetrachtung auch die Folgekosten mitberücksichtigt werden. Diese Kostenbetrachtungen sind unter den Begriffen Lebenszykluskosten, Vollkostenbetrachtung, Total Cost of Ownership (TCO) bekannt.

Bei einer Kostenbetrachtung können z.B. berücksichtigt werden:

- Anschaffungskosten (z.B. Kaufpreis)
- Transportkosten
- Installationskosten
- Wartungskosten
- Betriebskosten
- Energiekosten
- Personalkosten
- Schulungskosten
- Migrationskosten
- Entsorgungskosten.

Das folgende Beispiel zeigt eine solche Kostenbetrachtung unter Berücksichtigung von Anschaffungspreis, Installationskosten, Wartungskosten sowie Energiekosten.

Tabelle: Kostenbetrachtung über fünf Jahre

Angebot	**A**	**B**	**C**
Anschaffungspreis	50.380 Euro	28.040 Euro	38.360 Euro
Installationskosten	15.000 Euro	16.530 Euro	5.770 Euro
Wartungskosten	7.500 Euro	20.000 Euro	25.000 Euro
Energiekosten	10.000 Euro	25.000 Euro	10.000 Euro
Gesamtkosten	82.880 Euro	89.570 Euro	79.130 Euro
Gewertete Kosten	82.880 Euro	89.570 Euro	79.130 Euro
Rang	2	3	1

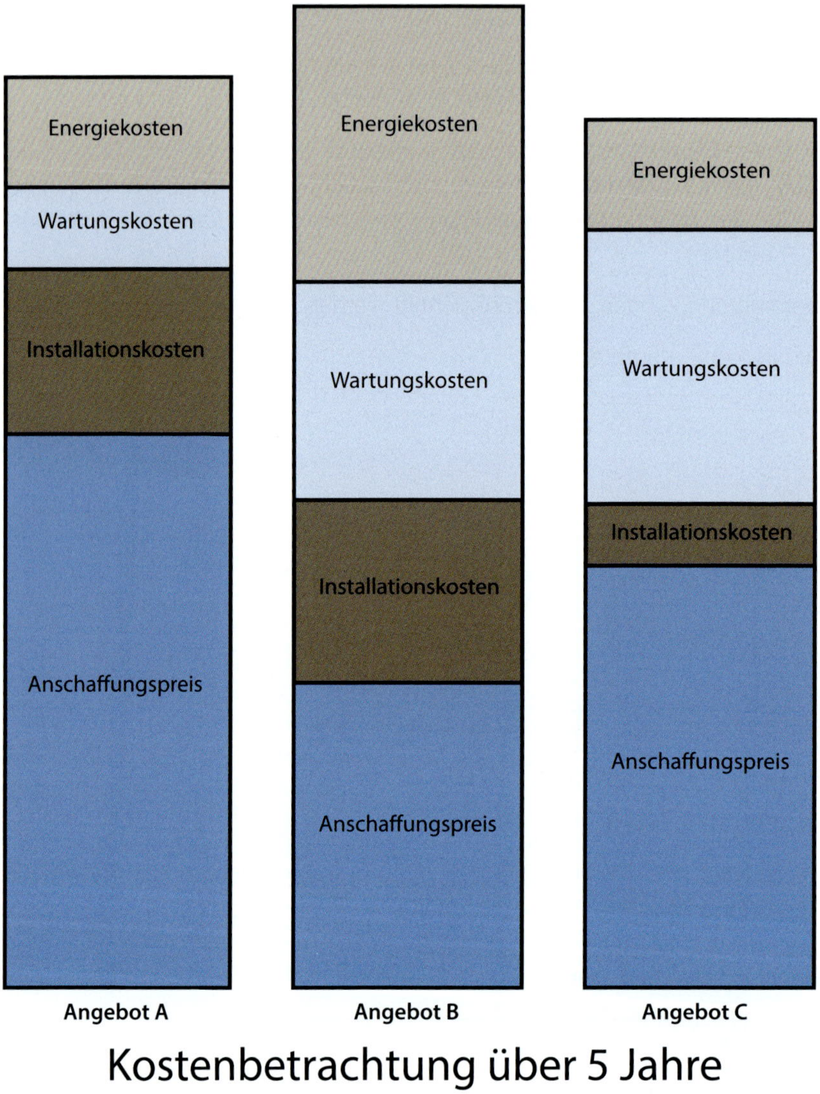

Abbildung: Kostenbetrachtung über fünf Jahre

Bei einer solchen Kostenbetrachtung erhält nicht das Angebot mit dem geringsten Anschaffungspreis (Angebot B) den Zuschlag, sondern das Angebot mit den geringsten Gesamtkosten.

Gerade bei den Kostenarten wie z.B. Energiekosten, Wartungskosten und Betriebskosten, bei denen die Laufzeit eine wichtige Rolle spielt, muss die betrachtete Laufzeit realistisch und nachvollziehbar vom Auftraggeber ausgewählt werden.

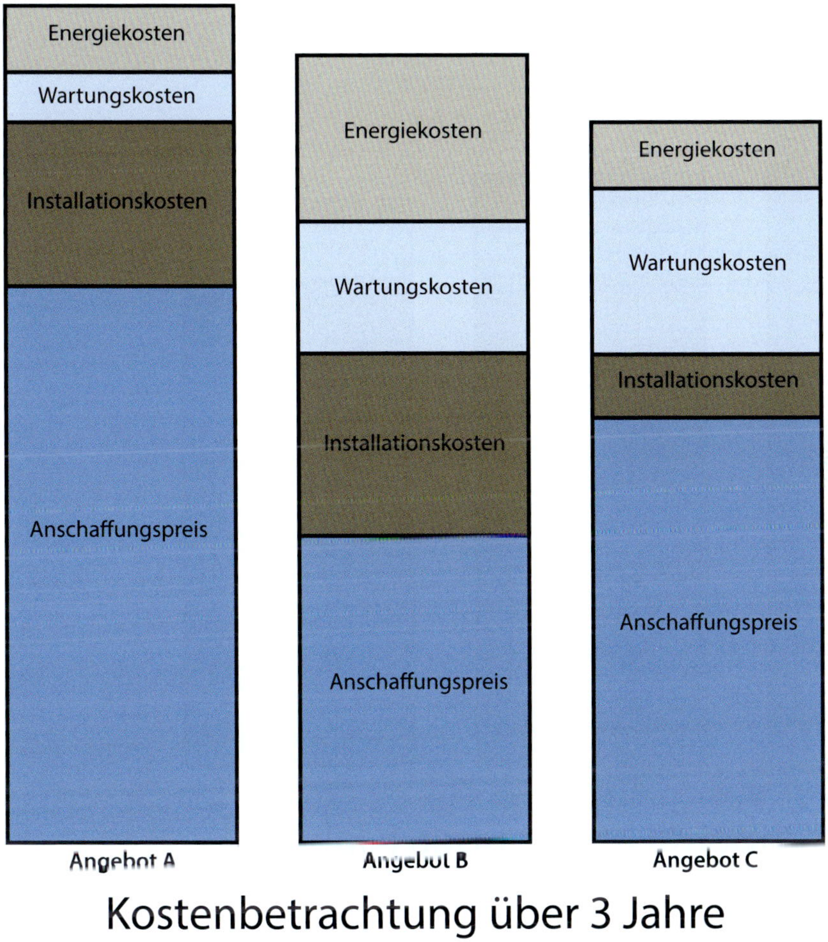

Abbildung: Kostenbetrachtung über drei Jahre

Bei dem betrachteten Beispiel ändert sich an der Rangfolge durch die Verkürzung der Laufzeitbetrachtung auf drei Jahre bzw. ein Jahr nichts. Grundsätzlich kann es hier aber zu Veränderungen bei der Rangfolge kommen.

Tabelle: Kostenbetrachtung über drei Jahre

Angebot	A	B	C
Anschaffungspreis	50.380 Euro	28.040 Euro	38.360 Euro
Installationskosten	15.000 Euro	16.530 Euro	5.770 Euro
Wartungskosten	4.500 Euro	12.000 Euro	15.000 Euro
Energiekosten	6.000 Euro	15.000 Euro	6.000 Euro
Gesamtkosten	75.880 Euro	71.570 Euro	65.130 Euro
Gewertete Kosten	75.880 Euro	71.570 Euro	65.130 Euro
Rang	3	2	1

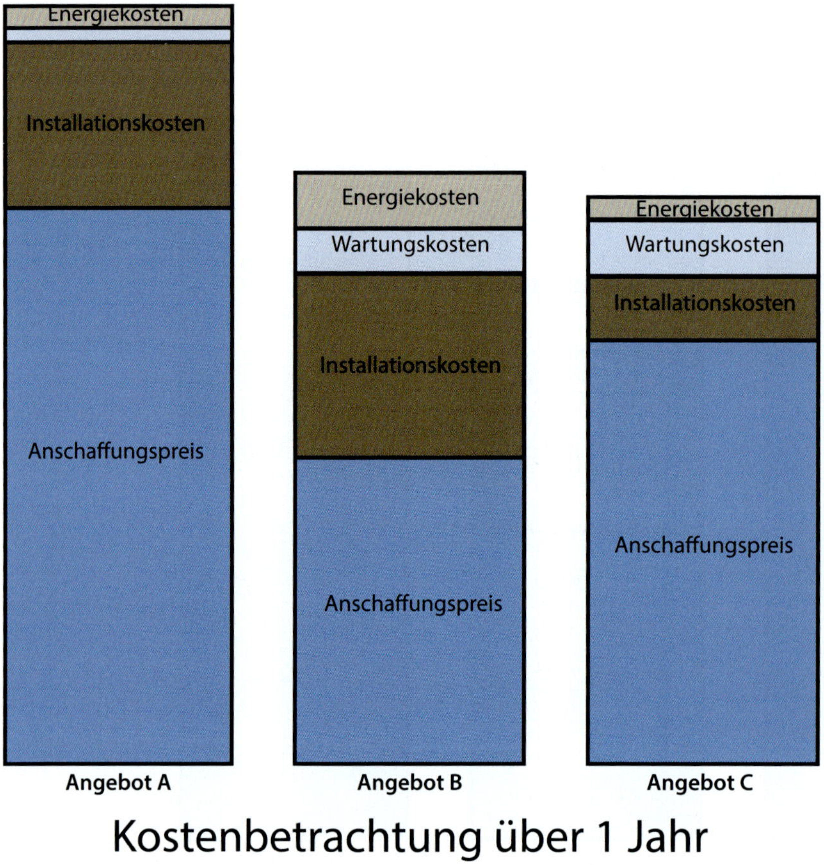

Abbildung: Kostenbetrachtung über ein Jahr

Tabelle: Kostenbetrachtung über ein Jahr

Angebot	A	B	C
Anschaffungspreis	50.380 Euro	28.040 Euro	38.360 Euro
Installationskosten	15.000 Euro	16.530 Euro	5.770 Euro
Wartungskosten	1.500 Euro	4.000 Euro	5.000 Euro
Energiekosten	2.000 Euro	5.000 Euro	2.000 Euro
Gesamtkosten	68.880 Euro	53.570 Euro	51.130 Euro
Gewertete Kosten	68.880 Euro	53.570 Euro	51.130 Euro
Rang	3	2	1

Wichtig ist auch, welche Kosten für die Zuschlagsbewertung berücksichtigt werden. Eine andere Auswahl der Kosten kann zu einem völlig anderen Ergebnis führen. Im folgenden Beispiel werden nur die Anschaffungskosten, die Wartungskosten und die Energiekosten berücksichtigt. Die Installationskosten bleiben unberücksichtigt.

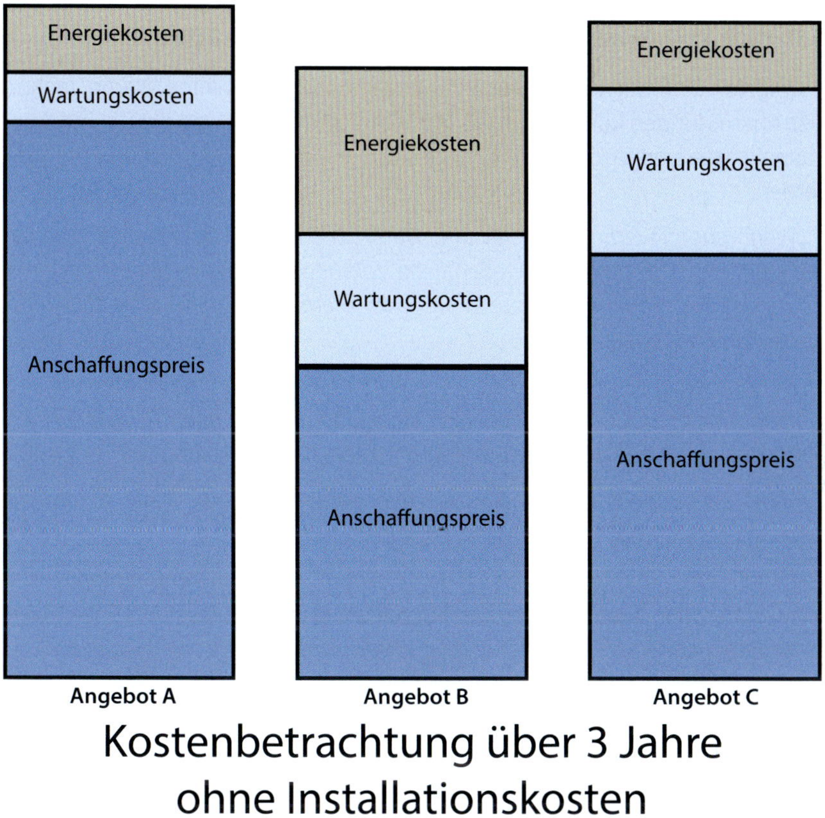

Abbildung: Kostenbetrachtung über drei Jahre, aber ohne Berücksichtigung der Installationskosten

Tabelle: Kostenbetrachtung über drei Jahre, aber ohne Berücksichtigung der Installationskosten

Angebot	**A**	**B**	**C**
Anschaffungspreis	50.380 Euro	28.040 Euro	38.360 Euro
Installationskosten	15.000 Euro	16.530 Euro	5.770 Euro
Wartungskosten	4.500 Euro	12.000 Euro	15.000 Euro
Energiekosten	6.000 Euro	15.000 Euro	6.000 Euro
Gesamtkosten	75.880 Euro	71.570 Euro	65.130 Euro
Gewertete Kosten	60.880 Euro	55.040 Euro	59.360 Euro
Rang	3	1	2

12.7.2 Beschaffung von energieverbrauchsrelevanten Waren

Bei der Ausschreibung von Lieferleistungen von energieverbrauchsrelevanten Waren, technischen Geräten oder Ausrüstungen können gemäß § 67 Abs. 3 Nr. 2 lit. a VgV die Gesamtkosten aus Anschaffungskosten und Stromkosten zur Grundlage der wirtschaftlichen Entscheidung gemacht werden.

§ 67 Abs. 1 VgV: *„Wenn energieverbrauchsrelevante Waren, technische Geräte oder Ausrüstungen Gegenstand einer Lieferleistung oder wesentliche Voraussetzung zur Ausführung einer Dienstleistung sind (energieverbrauchsrelevante Liefer- oder Dienstleistungen), sind die Anforderungen der Absätze 2 bis 5 zu beachten."*

§ 67 Abs. 5 VgV: *„Im Rahmen der Ermittlung des wirtschaftlichsten Angebotes ist die anhand der Informationen nach Absatz 3 oder der Ergebnisse einer Überprüfung nach Absatz 4 zu ermittelnde Energieeffizienz als Zuschlagskriterium angemessen zu berücksichtigen."*

§ 67 Abs. 3 VgV: *„In der Leistungsbeschreibung oder an anderer geeigneter Stelle in den Vergabeunterlagen sind von den Bietern folgende Informationen zu fordern:*

1. *konkrete Angaben zum Energieverbrauch, es sei denn, die auf dem Markt angebotenen Waren, technischen Geräte oder Ausrüstungen unterscheiden sich im zulässigen Energieverbrauch nur geringfügig, und*
2. *in geeigneten Fällen*
   a. *eine Analyse minimierter Lebenszykluskosten oder*
   b. *die Ergebnisse einer Buchstabe a vergleichbaren Methode zur Überprüfung der Wirtschaftlichkeit."*

Die einfachste Berechnungsmethode besteht darin, auf Basis der jährlichen Nutzungsdauer des Gerätes in Stunden, dem Strombedarf des Geräts in kW/h, dem Strompreis pro Kilowattstunde sowie der erwarteten Lebensdauer des Gerätes die Stromkosten über die Lebensdauer des Geräts zu bestimmen. Die Gesamtkosten, die sich dann aus der Summe der Stromkosten über die Lebensdauer des Geräts und den Anschaffungskosten ergeben, bilden die Grundlage für die wirtschaftliche Entscheidung.

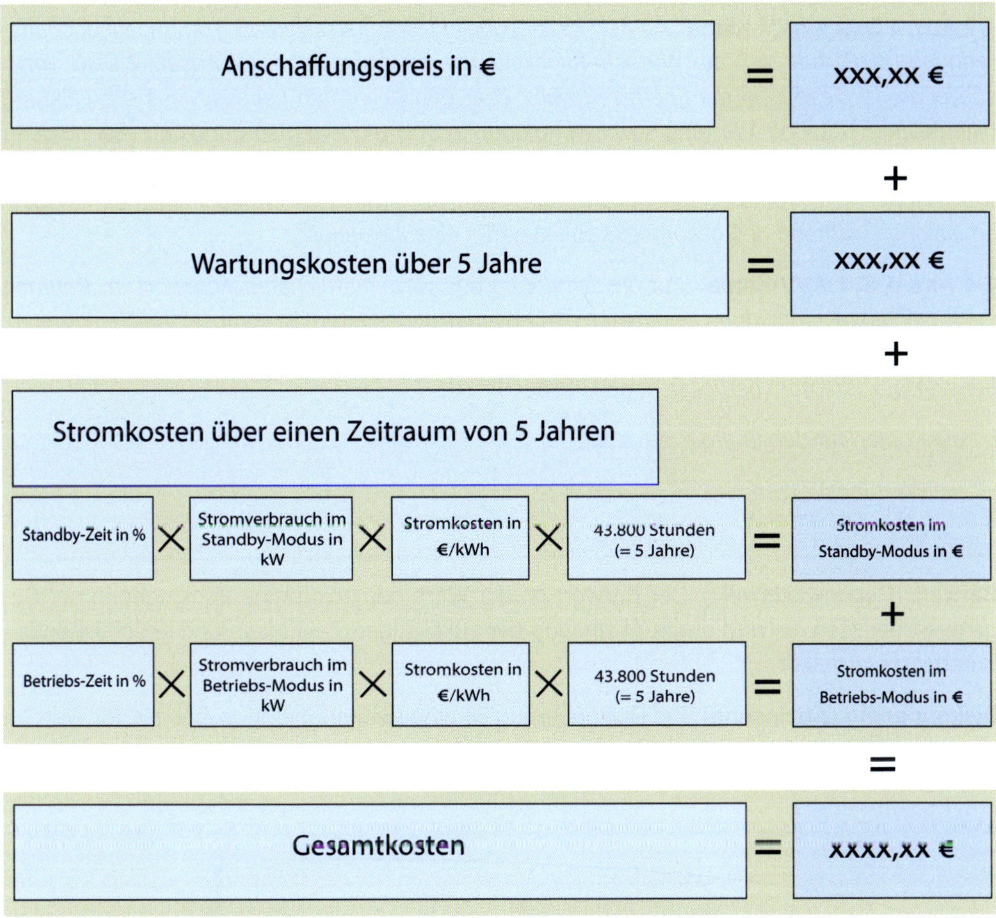

Abbildung: Gesamtkosten bei einer Beschaffung von stromverbrauchenden Geräten

Eine Variante dieser Berechnungsmethode berücksichtigt für die Berechnung der Stromkosten eine jährliche Preissteigerungsrate sowie eine Diskontierung (Abzinsung) der Stromkosten.[49]

Die vergaberechtlichen Vorschriften zu den Lebenszykluskosten in § 59 VgV bzw. § 53 SektVO, § 16d EU Abs. 5-7 VOB/A regeln nicht, wie die Berechnungsmethode[50] im Detail ausgestaltet sein muss und welche Kostenelemente[51] zu berücksichtigen sind und geben dem Auftraggeber mithin einen großen Gestaltungsspielraum. Das Transparenzgebot und der Gleichbehandlungsgrundsatz verlangen aber eine möglichst objektive am Problem ausgerichtete Berechnungsmethode, bei der auch realitätsnahe Nutzungszyklen zugrunde gelegt werden müssen.[52]

---

49 Diese Variante der Lebenszykluskostenberechnung findet sich z.B. in der Berliner Verwaltungsvorschrift Beschaffung und Umwelt – VwVBU vom 23.2.2016.

50 *Eßig*, in: Müller-Wrede, VgV/UVgO, § 59 VgV, Rn. 22.

51 *Eßig*, in: Müller-Wrede, VgV/UVgO, § 59 VgV, Rn. 35.

52 VK Mecklenburg-Vorpommern, Beschluss vom 21.2.2012 – 1 VK 07/11.

§ 2 Abs. 1 Satz 1 AVV-Klima: *„An die Feststellung eines Bedarfs gemäß § 6 Bundeshaushaltsordnung (BHO) hat sich die Wirtschaftlichkeitsuntersuchung nach § 7 Absatz 2 BHO anzuschließen. In diese sind die Energieeffizienz über den gesamten Lebenszyklus der Leistung (Herstellung, Nutzung, Wartung sowie Abholung, Recycling oder Entsorgung nach Beendigung der Nutzung) und dabei insbesondere der Aspekt der energieeffizientesten Systemlösung sowie, soweit mit vertretbarem Aufwand möglich, eine Prognose der verursachten Treibhausgasemissionen während des gesamten Lebenszyklus einzubeziehen."*

§ 4 Abs. 4 S. 1 AVV-Klima: *„Für die Ermittlung des wirtschaftlichsten Angebots im Rahmen der Zuschlagsentscheidung sind neben den Anschaffungskosten die voraussichtlichen Kosten, die mit der zu beschaffenden Leistung während ihres Lebenszyklus in Verbindung stehen (Lebenszykluskosten) zu berücksichtigen, insbesondere*

- *die Kosten für den Energieverbrauch,*
- *die Wartungskosten und*
- *die Kosten am Ende der Nutzungsdauer."*

Barwert (Gegenwartswert): Der Barwert ist der Wert, den zukünftige Zahlungen in der Gegenwart besitzen. Er wird durch Abzinsung der zukünftigen Zahlungen und anschließendes Summieren ermittelt.

Diskontierung (Abzinsung): Die Diskontierung ist eine Rechenoperation, bei der der Wert einer zukünftigen Zahlung berechnet wird. Häufig wird mittels Diskontierung der gegenwärtige Wert (Barwert) einer zukünftigen Zahlung ermittelt.

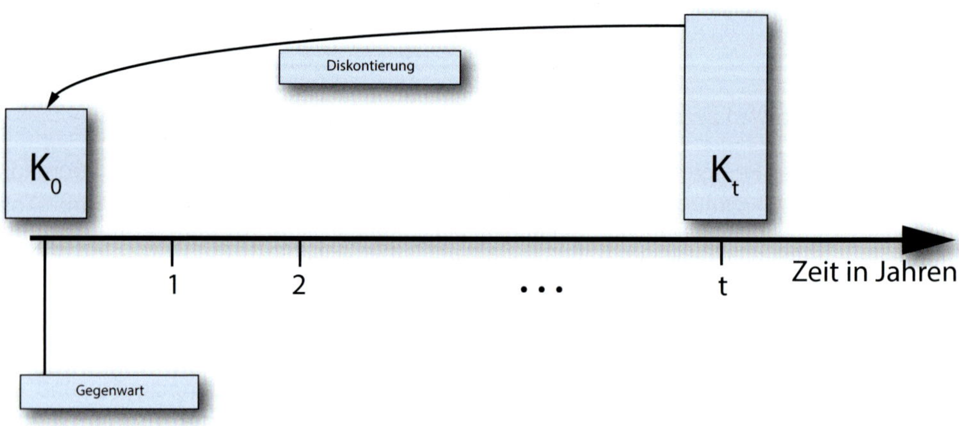

$$K_0 = \frac{1}{(1+p)^t} K_t$$

K_0: Barwert, Gegenwartswert
K_t: Wert zum Zeitpunkt t
p: Kalkulationszinssatz

Abbildung: Barwert bei zukünftiger Zahlung

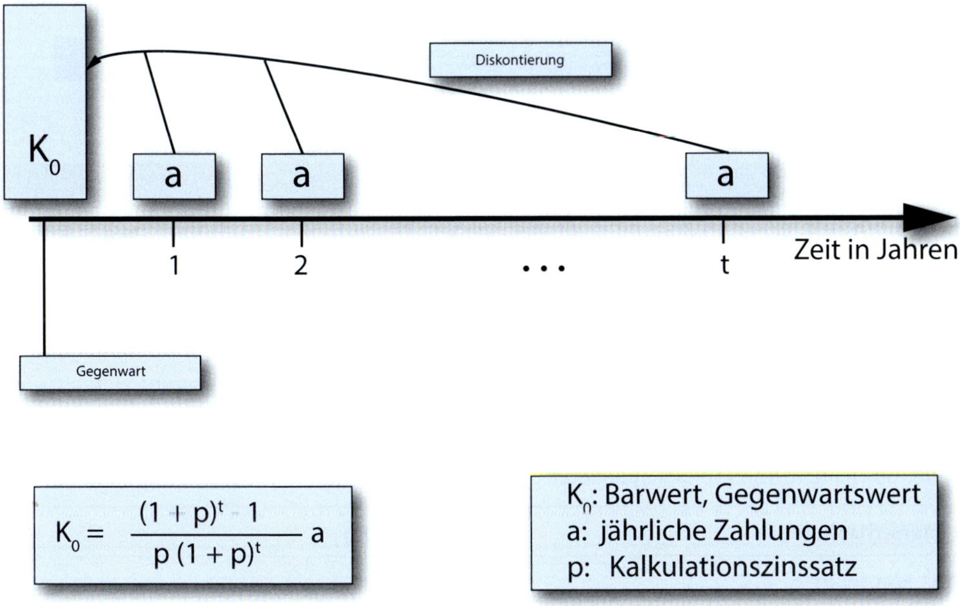

Abbildung: Barwert bei konstanten Zahlungen

12.8 Gewichtung von Preisen/Kosten

In einigen Ausschreibungen finden sich zur Ermittlung des wirtschaftlichsten Angebots Gewichtungen von Preis-/Kostenkomponenten.

Im folgenden Beispiel werden drei Angebote mit den Preiskomponenten Hardware, Software, Installation + Inbetriebnahme und Wartung für drei Jahre betrachtet.

Tabelle: Gesamtkosten aus Preisen für HW + SW + Installation + Wartung

	Angebot A	**Angebot B**	**Angebot C**
Preis Hardware	372.020 Euro	532.650 Euro	310.000 Euro
Preis Software	227.980 Euro	109.500 Euro	355.150 Euro
Preis Installation + Inbetriebnahme	170.180 Euro	65.810 Euro	234.110 Euro
Preis Wartung	283.250 Euro	185.340 Euro	237.940 Euro
Summe	1.053.430 Euro	893.300 Euro	1.137.200 Euro
Rang	2	1	3

Das wirtschaftlichste Angebot ist ohne jeden Zweifel Angebot B, da dieses die geringsten Gesamtkosten hat.

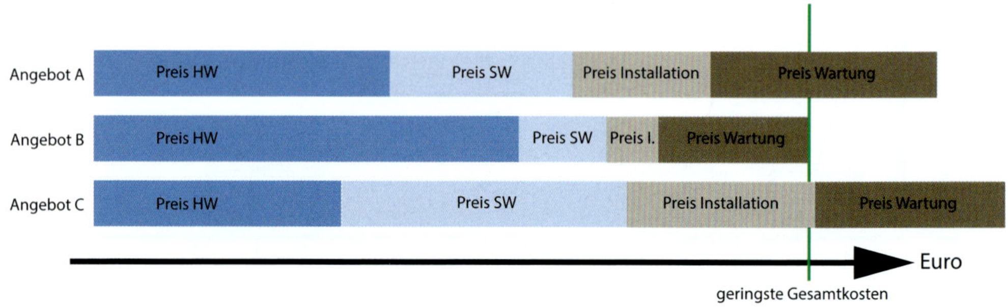

Abbildung: Gesamtkosten aus Preisen für HW + SW + Installation + Wartung

Wird aber eine Gewichtung dieser Preiskomponenten vorgenommen, so ergibt sich ein völlig anderes Bild.

Tabelle: Gewichtung von Preiskomponenten

Kostenkriterium	**Gewichtung**
Preis Hardware	45 %
Preis Software	20 %
Preis Installation + Inbetriebnahme	15 %
Preis für 3 Jahre Wartung	20 %
Summe	100 %

Tabelle: Gesamtkosten aus gewichteten Preisen für HW + SW + Installation + Wartung

	Gewicht	**Angebot A**	**Angebot B**	**Angebot C**
Preis Hardware	45 %	372.020 Euro	532.650 Euro	310.000 Euro
Preis Software	20 %	227.980 Euro	109.500 Euro	355.150 Euro
Preis Installation + Inbetriebnahme	15 %	170.180 Euro	65.810 Euro	234.110 Euro
Preis Wartung	20 %	283.250 Euro	185.340 Euro	237.940 Euro
Gewichtete Summe		295.182 Euro	308.532 Euro	293.234,50 Euro
Rang		2	3	1

Die Gewichtung führt zu einer Verzerrung, und das eigentlich offensichtlich wirtschaftlichste Angebot erhält nicht den Zuschlag. Im Beispiel erhält das Angebot mit den real höchsten Gesamtkosten aufgrund der gewichteten Kostenbetrachtung den Zuschlag.

Praxistipp

Bei der Betrachtung verschiedener Kostenkomponenten führt eine Gewichtung in der Regel zu einer Verzerrung der Bewertung. Auf eine Gewichtung sollte aus diesen Gründen immer verzichtet werden.

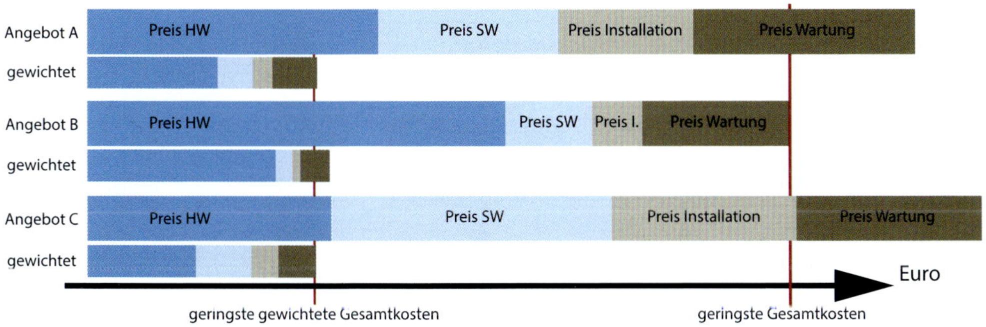

Abbildung: Gesamtkosten aus gewichteten Preisen für HW + SW + Installation + Wartung

12.9 Das wirtschaftlichste Angebot auf Basis der maximalen Leistung

Gemäß § 58 Abs 2 Satz 2 VgV, § 52 Abs. 2 Satz 2 SektVO, § 43 Abs. 2 Satz 3 UVgO kann der öffentliche Auftraggeber auch Festpreise oder Festkosten vorgeben, sodass das wirtschaftlichste Angebot ausschließlich nach qualitativen, umweltbezogenen oder sozialen Zuschlagskriterien bestimmt wird. Diese Wirtschaftlichkeitsbetrachtung entspricht dem haushaltsrechtlichen Maximumprinzip[53], zur Erzielung eines möglichst hohen Nutzens auf der Grundlage eines im Voraus feststehenden Einsatzes an Ressourcen.[54]

§ 58 Abs. 2 Satz 3 VgV: *„Der öffentliche Auftraggeber kann auch Festpreise oder Festkosten vorgeben, sodass das wirtschaftlichste Angebot ausschließlich nach qualitativen, umweltbezogenen oder sozialen Zuschlagskriterien nach Satz 1 bestimmt wird."*

§ 43 Abs. 2 Satz 3 UVgO: *„Der Auftraggeber kann auch Festpreise oder Festkosten vorgeben, sodass das wirtschaftlichste Angebot ausschließlich nach qualitativen, umweltbezogenen oder sozialen Zuschlagskriterien nach Satz 2 bestimmt wird."*

§ 43 Abs. 2 Satz 3 SektVO: *„Der Auftraggeber kann auch Festpreise oder Festkosten vorgeben, sodass das wirtschaftlichste Angebot ausschließlich nach qualitativen, umweltbezogenen oder sozialen Zuschlagskriterien nach Satz 1 bestimmt wird."*

§ 16d EU Abs. 2 Nr. 4 VOB/A: *„Es können auch Festpreise oder Festkosten vorgegeben werden, sodass der Wettbewerb nur über die Qualität stattfindet."*

53 Auch als Ergiebigkeitsprinzip bezeichnet.
54 *Gröpl*, in: Gröpl, BHO/LHO, § 7 Rn. 6.

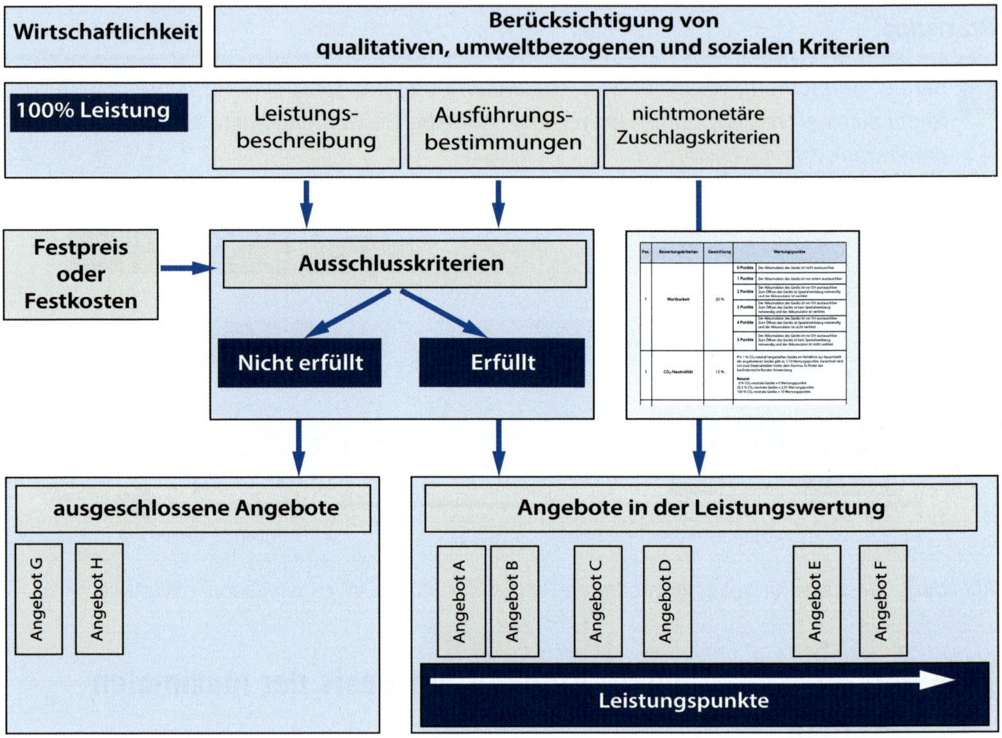

Abbildung: Wirtschaftlichkeit = 100 % Leistung

Bei dieser Wirtschaftlichkeitsbetrachtung werden die Mindestanforderungen an die qualitativen, umweltbezogenen und sozialen Kriterien durch die Leistungsbeschreibung sowie die Ausführungsbestimmungen durch Ausschlusskriterien vorgegeben. Zur Bestimmung des wirtschaftlichsten Angebots müssen verpflichtend qualitative, umweltbezogene oder soziale Zuschlagskriterien Anwendung finden, sodass die Angebote nach diesen Zuschlagskriterien und einem dazugehörenden Wertungssystem bewertet werden können.

13. Zuschlagsformeln der Bewertungsklasse II

Autor: Dipl.-Math. Thomas Ferber, LL.M.

Bei den Zuschlagsformeln der Bewertungsklasse II wird das wirtschaftlichste Angebot aus dem Quotienten eines monetären Terms und eines nichtmonetären Terms bestimmt. Im monetären Term sind alle monetären Zuschlagskriterien, im nichtmonetären Term alle nichtmonetären Zuschlagskriterien enthalten.

Die so ermittelten Kennzahlen sind die Grundlage für die Ermittlung des wirtschaftlichsten Angebots. Je nach Zuschlagsformel wird das wirtschaftlichste Angebot durch die größte oder die kleinste Kennzahl bestimmt.

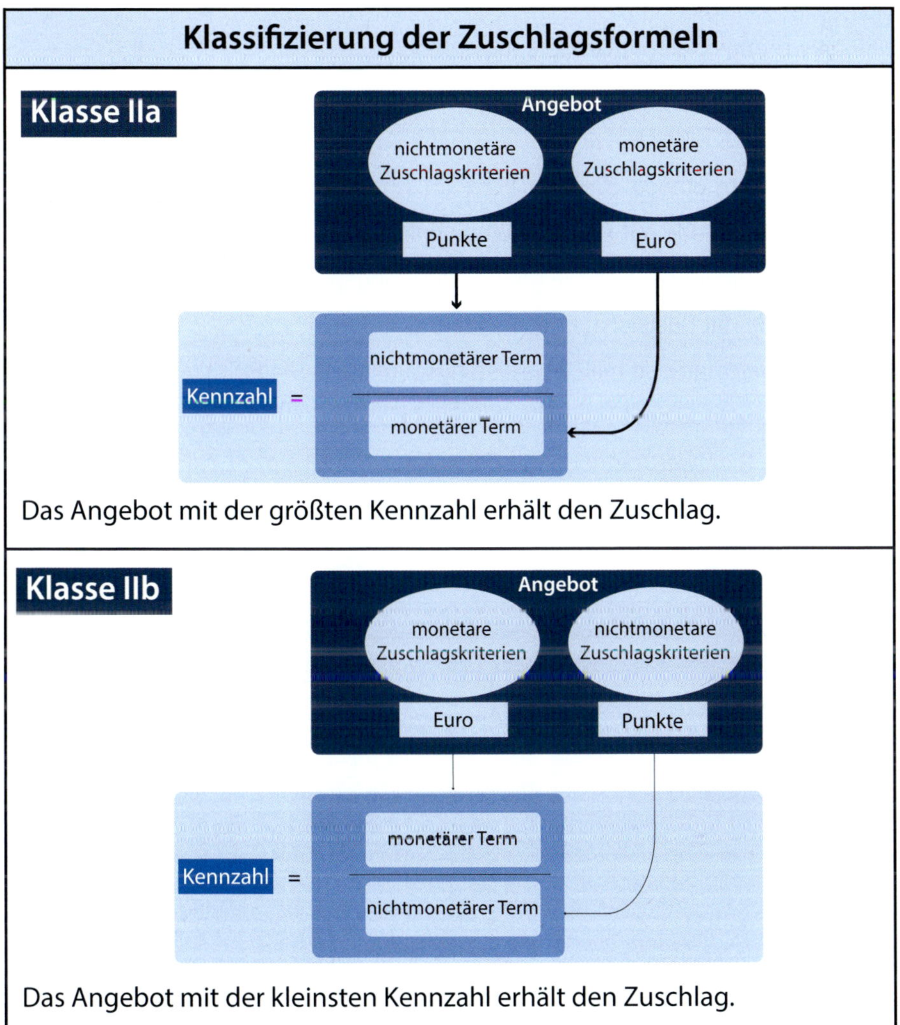

Abbildung: Bewertungsklasse II – Übersicht

Steht der monetäre Term im Nenner und der nichtmonetäre Term im Zähler, dann ist das Angebot mit der größten Kennzahl (Scoring-Wert) das wirtschaftlichste Angebot (Bewertungsklasse IIa).

Steht der monetäre Term im Zähler und der nichtmonetäre Term im Nenner, dann ist das Angebot mit der kleinsten Kennzahl (Scoring-Wert) das wirtschaftlichste Angebot (Bewertungsklasse IIb).

Durch die Struktur dieser Bewertungsklasse muss keine Umwandlung von Preisen oder Kosten in Punkte oder von Leistungspunkten in fiktive Kosten erfolgen.

In diesem Kapitel werden die folgenden Zuschlagsformeln betrachtet:

- Einfache Richtwertmethode: $S = L / P$
- Reziproke einfache Richtwertmethode $S = P / L$
- Einfache Richtwertmethode mit Gewichtungsfaktor
- Erweiterte Richtwertmethode
- Potenzwertmethode: $S = L^w / P^{(1-w)}$
- Reziproke Potenzwertmethode: $S = P^{(1-w)} / L^w$
- Einfache Richtwertmethode mit Basisleistungspunktzahl: $S = (L + b) / P$
- Reziproke einfache Richtwertmethode mit Basisleistungspunktzahl: $S = P / (L + b)$
- Potenzwertmethode mit Basisleistungspunktzahl: $S = (L + b)^w / P(^{(1-w)}$
- Reziproke Potenzwertmethode mit Basisleistungspunktzahl: $S = P(^{(1-w)} / (L + b)^w$
- Einfache Richtwertmethode mit Preisoffset: $S = L / (P + p)$
- Reziproke einfache Richtwertmethode mit Preisoffset: $S = (P + p) / L$
- Potenzwertmethode mit Preisoffset: $S = L^w / (P + p)(^{(1-w)}$
- Reziproke Potenzwertmethode mit Preisoffset: $S = (P + p)(^{(1-w)} / L^w$

Bewertungsmethoden

ID KLASSE Nr.	NAME	Abh.	GEWICHTUNG	0 P.	0 €	- €	#2	Ref.	Prinz.	MIN/MAX	Empfehlung
IIa - 01	Einfache Richtwertmethode	√		×	×	×	√	√	√	MAX	√
IIb - 01	Reziproke einfache Richtwertmethode	√		×	×	×	√	√	√	MIN	√
IIa - 02	Potenzwertmethode	√		×	×	×	√	√	√	MAX	√
IIb - 02	Reziproke Potenzwertmethode	√		×	×	×	√	√	√	MIN	√
IIa - 03	Einfache Richtwertmethode mit Basisleistungspunktzahl	√		√	×	×	√	√	√	MAX	√
IIb - 03	Reziproke einfache Richtwertmethode mit Basisleistungspunktzahl	√		√	×	×	√	√	√	MIN	√
IIa - 04	Potenzwertwertmethode mit Basisleistungspunktzahl	√		√	×	×	√	√	√	MAX	√
IIb - 04	Reziproke Potenzwertmethode mit Basisleistungspunktzahl	√		√	×	×	√	√	√	MIN	√
IIa - 05	Einfache Richtwertmethode mit Preisoffset	√		×	√	√	√	√	√	MAX	√
IIb - 05	Reziproke einfache Richtwertmethode mit Preisoffset	√		×	√	√	√	√	√	MIN	√
IIa - 06	Potenzwertwertmethode mit Preisoffset	√		×	√	√	√	√	√	MAX	√
IIb - 06	Reziproke Potenzwertmethode mit Preisoffset	√		×	√	√	√	√	√	MIN	√
IIa - 07	Erweiterte Richtwertmethode	×		×	×	×	√	√	√	MAX	○
IIa - 08	Einfache Richtwertmethode mit Gewichtungsfaktor	√		×	×	×	√	√	×	MAX	×

Abbildung: Übersicht der Bewertungsmethoden der Bewertungsklasse II und ihrer Eigenschaften

Abbildung: Legende

13.1 Einfache Richtwertmethode

13.1.1 Definition

Bei der einfachen Richtwertmethode nach UfAB[1] wird das wirtschaftlichste Angebot durch eine Kennzahl bestimmt, die sich aus dem Quotienten der ermittelten Leistungspunkte und dem Preis oder den Kosten des betrachteten Angebots berechnet.

$$S = \frac{L}{P}$$

S: Kennzahl (Scoring-Wert)
L: Leistungspunktzahl des Angebots, L>0
P: Angebotspreis oder Kosten, P>0

Abbildung: Formel zur Bestimmung der Kennzahl bei der einfachen Richtwertmethode

1 Unterlage für Ausschreibung und Bewertung von IT-Leistungen (UfAB).

Für jedes Angebot wird die Kennzahl *S* gemäß der Formel $S = L / P$ berechnet. Das Angebot mit der größten Kennzahl *S* erhält den Zuschlag.

Tabelle: Beispiel 1

Angebot	Leistungspunkte	Preis	Kennzahl S	Rang
A	800	800.000 Euro	0,001	5
B	800	780.000 Euro	0,00102564	4
C	550	440.000 Euro	0,00125	2
D	900	950.000 Euro	0,00094737	7
E	950	980.000 Euro	0,00096939	6
F	750	690.000 Euro	0,00108696	3
G	825	650.000 Euro	0,00126923	1

Bei Angebot A aus dem Beispiel 1 werden 800 Leistungspunkte durch den Angebotspreis von 800.000 Euro dividiert. Dies ergibt dann die Kennzahl *S* = 0,001.[2]

$$\textbf{Angebot A:}\ \text{Kennzahl S} = \frac{800\ \text{Leistungspunkte}}{800.000\ \text{Euro}} = 0{,}001\ \frac{\text{Leistungspunkte}}{\text{Euro}}$$

Abbildung: Berechnung der Kennzahl für das Angebot A

Beim Angebot C aus dem Beispiel 1 werden 550 Leistungspunkte durch den Angebotspreis von 440.000 Euro dividiert. Dies ergibt dann die Kennzahl S = 0,00125.

$$\textbf{Angebot C:}\ \text{Kennzahl S} = \frac{550\ \text{Leistungspunkte}}{440.000\ \text{Euro}} = 0{,}00125\ \frac{\text{Leistungspunkte}}{\text{Euro}}$$

Abbildung: Berechnung der Kennzahl für das Angebot C

Nachdem für alle Angebote aus den Leistungspunkten und den Angebotspreisen die zugehörigen Kennzahlen berechnet wurden, werden diese verglichen. Das Angebot mit der höchsten Kennzahl erhält den Zuschlag. Im Beispiel 1 hat das Angebot G die höchste Kennzahl (*S* = 0,00126923) erreicht und erhält den Zuschlag. Das Angebot C ist zwar das günstigste Angebot, hat aber bei den Kennzahlen nur den zweiten Rang erreicht. Angebot E hat die höchste Leistungspunktzahl mit 950 Punkten erreicht, landet aber nur auf dem 6. Rang.

2 Strenggenommen hat die Kennzahl der einfachen Richtwertmethode die Dimension von Leistungspunkte / Euro. Der Einfachheit halber wird auf diese Angabe verzichtet und mit dimensionslosen Zahlen gearbeitet.

Rang	Angebot	Kennzahl	LP	Preis in €
1	G Angebot G	0,00126923	825	650.000,00 €
2	C Angebot C	0,00125000	550	440.000,00 €
3	F Angebot F	0,00108696	750	690.000,00 €
4	B Angebot B	0,00102564	800	780.000,00 €
5	A Angebot A	0,00100000	800	800.000,00 €
6	E Angebot E	0,00096939	950	980.000,00 €
7	D Angebot D	0,00094737	900	950.000,00 €

Abbildung: Darstellung im BewertungsCalculator/VergabeCalculator PRO[3]

13.1.2 Nachkommastellen und Rundungsregeln

Im nächsten Beispiel (Beispiel 2) kommen die gleichen Angebote wie im Beispiel 1 zum Einsatz. Allerdings werden bei der Kennzahl *S* nur vier Nachkommastellen betrachtet und es wird das kaufmännische Runden angewendet.

Tabelle: Beispiel 2

Angebot	Leistungspunkte	Preis	Kennzahl S	Rang
A	800	800.000 Euro	0,0010	4
B	800	780.000 Euro	0,0010	4
C	550	440.000 Euro	0,0013	1
D	900	950.000 Euro	0,0009	7
E	950	980.000 Euro	0,0010	4
F	750	690.000 Euro	0,0011	3
G	825	650.000 Euro	0,0013	1

Durch die Beschränkung auf vier Nachkommastellen teilen sich Angebot C und Angebot G den ersten Rang. Die Kennzahlen beider Angebote werden auf 0,0013 aufgerundet.

3 Die in diesem Kapitel verwendeten Diagramme können mit der browserbasierten Vergabe-Software VergabeCalculator PRO erzeugt werden: https://vergabe-software.de/produkt/vergabe-calculator. Ohne Diagramme und auf die zehn wichtigsten Bewertungsmethoden beschränkt, aber mit der Ampeldarstellung für die Gewichtung und entsprechend geringerem Kostenansatz kann die browserbasierte Software BewertungsCalculator genutzt werden: https://shop.reguvis.de/online/bewertungscalculator/.

Tabelle: Beispiel Auswirkung von Rundungen

	Kennzahl und Rang vor Beschränkung auf vier Nachkommastellen		**Kennzahl und Rang nach Beschränkung auf vier Nachkommastellen**	
Angebot	Kennzahl S	Rang	Kennzahl S	Rang
C	0,00125	2	0,0013	1
G	0,00126923	1	0,0013	1

Wurde als weitere Regel aufgestellt, dass bei Gleichstand das günstigere Angebot den Zuschlag erhält, dann erhält im Beispiel 2 das Angebot C den Zuschlag.

Wurde dagegen als Regel aufgestellt, dass bei Gleichstand das leistungsstärkere Angebot den Zuschlag erhält, dann erhält in Beispiel 2 das Angebot G den Zuschlag.

Die Anzahl der Nachkommastellen, die angewendete Rundungsregel und die aufgestellte Regel im Falle eines Gleichstands können das Zuschlagsergebnis entscheidend beeinflussen.

Praxistipp

▶ *Aus Gründen der Transparenz sollte in den Ausschreibungsunterlagen bekannt gegeben werden, mit welcher Anzahl von Stellen gerechnet wird und welche Rundungsregeln angewendet werden.*

Praxistipp

▶ *In Deutschland ist im nichtwissenschaftlichen Bereich die kaufmännische Rundungsregel gemäß DIN 1333 verbreitet.[4] Diese sollte deshalb in der Berechnung der Kennzahl S auch Anwendung finden.*

13.1.3 Maßstabsfaktor

Die berechneten Kennzahlen sind mitunter nicht auf den ersten Blick vergleichbar. Denn der Vergleich von Dezimalbrüchen fällt schwerer als der Vergleich von ganzen Zahlen.

Tabelle: Beispiel 1

Angebot	**Leistungspunkte**	**Preis**	**Kennzahl S**
A	800	800.000 Euro	0,001
B	800	780.000 Euro	0,00102564...
C	550	440.000 Euro	0,00125
D	900	950.000 Euro	0,00094736...
E	950	980.000 Euro	0,00096938...

4 *Böhringer*, BWNotZ 2003, 97.

Angebot	Leistungspunkte	Preis	Kennzahl S
F	750	690.000 Euro	0,00108695...
G	825	650.000 Euro	0,00126923...

Mit Hilfe eines geeigneten Maßstabsfaktors können die berechneten Kennzahlen in einen angenehmeren Maßstab gebracht werden. Dazu werden alle berechneten Kennzahlen S_i mit dem gleichen positiven Faktor *f* multipliziert.

$$S_i^* = f \cdot S_i,\ f > 0,\ i = 1, \ldots, N$$

S_i: ursprüngliche Kennzahl (Scoring-Wert) von Angebot i

S_i^*: Kennzahl (Scoring-Wert)von Angebot i nach Maßstabsänderung

f: Maßstabsfaktor, f>0

N: Anzahl der Angebote

Abbildung: Multiplikation der Kennzahlen S_i mit dem positiven Faktor (Maßstabsfaktor) f

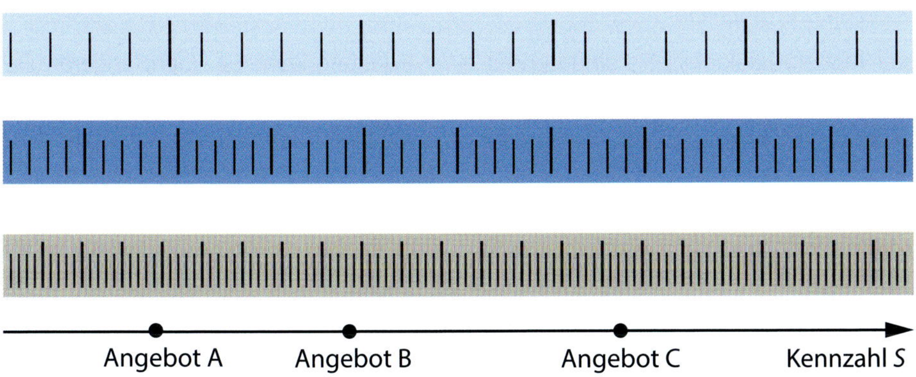

Abbildung: Maßstabsänderung durch Multiplikation mit einem Maßstabsfaktor

Die Multiplikation mit einem Maßstabsfaktor > 0 ist eine Maßstabsänderung. An der Reihenfolge und am Verhältnis der Kennzahlen zueinander ändert sich nichts. Sehr gut handhabbar als Maßstabssfaktoren sind die Zehnerpotenzen 10, 100, 1.000, 10.000, 100.000, ... Es ist aber jede positive Zahl anwendbar, z.B. auch 17,3 oder 42.

Im folgenden Beispiel wird die errechnete Kennzahl mit dem Maßstabsfaktor 100.000 multipliziert und mittels der kaufmännischen Rundungsregel auf eine ganze Zahl gerundet.

Beispiel

Bewertungsmethode: *einfache Richtwertmethode*

Skalierung: *Die aus dem Quotienten von Leistungspunkten und Angebotspreis errechnete Kennzahl S wird mit dem Maßstabsfaktor 100.000 multipliziert und mit der kaufmännischen Rundungsregel gemäß DIN 1333 auf eine ganze Zahl gerundet.*

Tabelle: Beispiel für eine Maßstabsänderung durch einen Maßstabsfaktor von 100.000

Angebot	Leistungs-punkte	Preis	Kennzahl	Skalierte Kennzahl	Angebots-rang
A	800	800.000 Euro	0,001	100	5
B	800	780.000 Euro	0,00102564	103	4
C	550	440.000 Euro	0,00125	125	2
D	900	950.000 Euro	0,00094737	95	7
E	950	980.000 Euro	0,00096939	97	6
F	750	690.000 Euro	0,00108696	109	3
G	825	650.000 Euro	0,00126923	127	1

Die so skalierten Kennzahlen sind ganze Zahlen, die gut vergleichbar sind. Außerdem werden durch den gewählten Maßstab die Unterschiede zwischen den Kennzahlen noch deutlicher. Die Angebotsplatzierung bleibt erhalten.

Ein anderer Maßstabsfaktor in Verbindung mit einer Rundung kann zu einem anderen Zuschlagsergebnis führen. Im folgenden Beispiel werden die gleichen Angebote verwendet. Der Maßstabsfaktor von 10.000 und die Regel, dass mittels der kaufmännischen Rundungsregel auf eine ganze Zahl gerundet wird, führen zu einem Gleichstand zwischen Angebot C und Angebot G.

Beispiel

***Bewertungsmethode**: einfache Richtwertmethode*

***Skalierung**: Die aus dem Quotienten von Leistungspunkten und Angebotspreis errechnete Kennzahl wird mit dem Maßstabsfaktor von 10.000 multipliziert. Die skalierte Kennzahl wird mit der kaufmännischen Rundungsregel auf eine ganze Zahl gerundet.*

Tabelle: Beispiel für eine Maßstabsänderung durch einen Maßstabsfaktor von 10.000

Angebot	Leistungs-punkte	Preis	Kennzahl	Skalierte Kennzahl	Angebots-rang
A	800	800.000 Euro	0,001	10	4
B	800	780.000 Euro	0,00102564	10	4
C	550	440.000 Euro	0,00125	13	1
D	900	950.000 Euro	0,00094736	9	7
E	950	980.000 Euro	0,00096939	10	4
F	750	690.000 Euro	0,00108696	11	3
G	825	650.000 Euro	0,00126923	13	1

Im Beispiel gehen durch die Wahl des Maßstabsfaktors 10.000 und das Runden auf eine ganze Zahl die Unterschiede zwischen den Leistungs-Preis-Quotienten verloren.

Beispiel

***Bewertungsmethode**: einfache Richtwertmethode*

***Skalierung**: Die aus dem Quotienten von Leistungspunkten und Angebotspreis errechnete Kennzahl wird mit dem Skalierungsfaktor 1.000 multipliziert. Die skalierte Kennzahl wird mit der kaufmännischen Rundungsregel auf eine ganze Zahl gerundet.*

Entscheidungskriterium bei Gleichstand: Angebotspreis

Tabelle: Beispiel für eine Maßstabsänderung durch den Maßstabsfaktor 1.000

Angebot	Leistungs-punkte	Preis	Kennzahl	Skalierte Kennzahl	Angebots-rang
A	800	800.000 Euro	0,001	1	1
B	800	780.000 Euro	0,00102564	1	1
C	550	440.000 Euro	0,00125	1	1
D	900	950.000 Euro	0,00094736	1	1
E	950	980.000 Euro	0,00096939	1	1
F	750	690.000 Euro	0,00108696	1	1
G	825	650.000 Euro	0,00126923	1	1

Im Beispiel gehen durch die Wahl des Maßstabsfaktors 1.000 und das Runden auf eine ganze Zahl die Unterschiede zwischen den eigentlichen Kennzahlen komplett verloren. Alle Angebote erhalten die gleiche skalierte gerundete Kennzahl. Durch die ungeschickte Wahl des Maßstabsfaktors wird der Zuschlag letztendlich nur aufgrund des Preises entschieden.

Praxistipp

Die skalierte Kennzahl sollte mindestens zwei Zehnerpotenzen abdecken (0..100). In vielen Fällen sind skalierte Kennzahlen (0..1.000) bzw. (0..10.000) vorzuziehen. Dazu muss mit einem geeigneten Skalierungsfaktor multipliziert werden.

Der Auftraggeber muss bei der Vorbereitung der Ausschreibungsunterlagen überlegen, in welchem Wertebereich sich die Leistungspunkte bewegen und in welcher Größenordnung die Angebotspreise zu erwarten sind.

Tabelle: Maßstabsfaktoren für die skalierte Kennzahl im Bereich 0..100

	Leistungspunkte			
Angebotspreis	0..10	0..100	0..1.000	0..10.000
≤ 1.000 Euro	10.000	1.000	100	10
≤ 10.000 Euro	100.000	10.000	1.000	100
≤ 100.000 Euro	1.000.000	100.000	10.000	1.000
≤ 1.000.000 Euro	10.000.000	1.000.000	100.000	10.000
≤ 10.000.000 Euro	100.000.000	10.000.000	1.000.000	100.000
≤ 100.000.000 Euro	1.000.000.000	100.000.000	10.000.000	1.000.000

Beispiel

In einer Ausschreibung sind maximal 1.000 Leistungspunkte erreichbar. Die Angebotspreise liegen in einer Größenordnung von kleiner 1 Million Euro.

Ein Angebot mit einer Leistungspunktzahl von 1.000 Punkten und einem Angebotspreis von 1.000.000 Euro würde die Kennzahl S = 1.000 Punkte / 1.000.000 Euro = 0,001 erhalten. Mit dem in der Tabelle vorgeschlagenen Skalierungsfaktor von 100.000 ergibt sich die skalierte Kennzahl 100.

Ein Angebot mit einer Leistungspunktzahl von 600 Punkten und einem Angebotspreis von 680.000 Euro würde die Kennzahl S = 600 Punkte / 680.000 Euro = 0,0000882353 erhalten. Mit dem in der Tabelle vorgeschlagenen Skalierungsfaktor von 100.000 ergibt sich die skalierte Kennzahl 88.

Tabelle: Maßstabsfaktoren für die skalierte Kennzahl im Bereich 0..1.000

	Leistungspunkte			
Angebotspreis	0..10	0..100	0..1.000	0..10.000
≤ 1.000 Euro	100.000	10.000	1.000	100
≤ 10.000 Euro	1.000.000	100.000	10.000	1.000
≤ 100.000 Euro	10.000.000	1.000.000	100.000	10.000
≤ 1.000.000 Euro	100.000.000	10.000.000	1.000.000	100.000
≤ 10.000.000 Euro	1.000.000.000	100.000.000	10.000.000	1.000.000
≤ 100.000.000 Euro	10.000.000.000	1.000.000.000	100.000.000	10.000.000

Beispiel

In einer Ausschreibung sind maximal 1.000 Leistungspunkte erreichbar. Die Angebotspreise liegen in einer Größenordnung von kleiner 1 Million Euro.

Ein Angebot mit einer Leistungspunktzahl von 1.000 Punkten und einem Angebotspreis von 1.000.000 Euro würde die Kennzahl S = 1.000 Punkte / 1.000.000 Euro = 0,001 erhalten. Mit dem in der Tabelle vorgeschlagenen Skalierungsfaktor von 1.000.000 ergibt sich die skalierte Kennzahl 1.000.

Ein Angebot mit einer Leistungspunktzahl von 600 Punkten und einem Angebotspreis von 680.000 Euro würde die Kennzahl S = 600 Punkte / 680.000 Euro = 0,0000882353 erhalten. Mit dem in der Tabelle vorgeschlagenen Skalierungsfaktor von 1.000.000 ergibt sich die skalierte Kennzahl 882.

13.1.4 Mindestleistungspunktzahl und Preisobergrenze

Bei der einfachen Richtwertmethode ergibt sich die Kennzahl aus dem Quotienten der Leistungspunkte und dem Angebotspreis. Auch eine geringe Leistungspunktzahl kann bei entsprechend niedrigem Angebotspreis zu einer hohen Kennzahl führen. Das folgende Beispiel soll dies verdeutlichen.

Tabelle: Beispiel – Einfache Richtwertmethode

Angebot	Leistungs-punkte	Preis in Euro	Kennzahl	Skalierte Kennzahl	Rang
A	85	3.630	0,0234	234	**1**
B	284	19.550	0,0145	145	2
C	480	68.900	0,0070	70	4
D	400	72.000	0,0056	56	5
E	580	77.700	0,0075	75	3

Im betrachteten Beispiel ist das Angebot A ein sehr leistungsschwaches Angebot mit nur 85 von maximal möglichen 600 Leistungspunkten. Der sehr niedrige Angebotspreis von 3.630 Euro führt allerdings zur größten Kennzahl. Angebot A wird in diesem Fall als das wirtschaftlichste Angebot ermittelt.

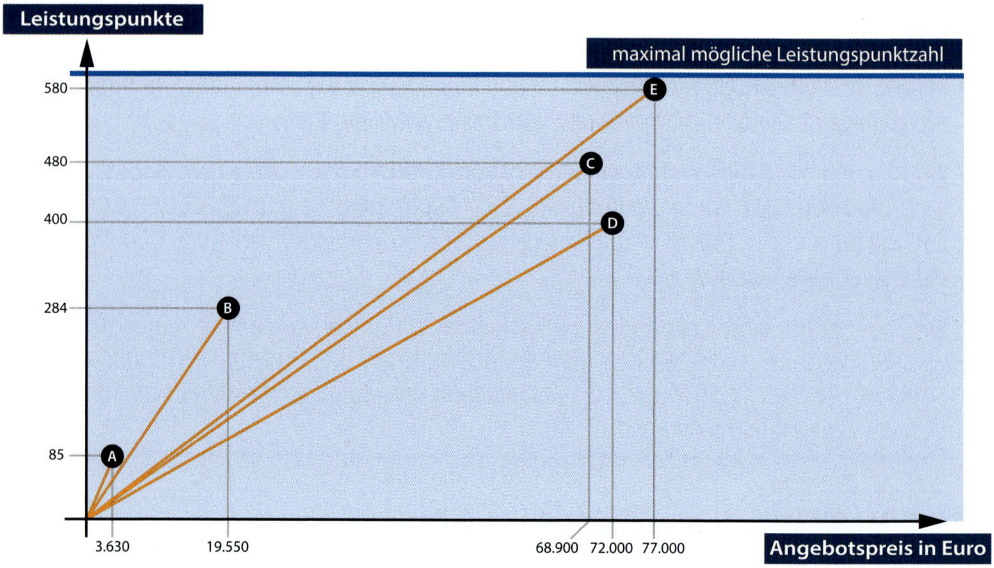

Abbildung: Beispiel Preis-Leistungs-Diagramm für die einfache Richtwertmethode

Um sich vor zu leistungsschwachen Angeboten zu schützen, empfiehlt es sich eine Mindestleistungspunktzahl vorzugeben, die als Ausschlusskriterium wirkt. Angebote, die diese Mindestanforderung nicht erfüllen, werden von der weiteren Wertung ausgeschlossen.

Im Folgenden wird eine Mindestleistungspunktzahl von 320 Leistungspunkten gefordert.

Tabelle: Beispiel – Einfache Richtwertmethode mit einer Mindestleistungspunktzahl von 320 Leistungspunkten

Angebot	Leistungspunkte	Preis in Euro	Kennzahl	Skalierte Kennzahl	Rang
A	*85*	*3.630*	*0,0234*	*234*	-
B	*284*	*19.550*	*0,0145*	*145*	-
C	480	68.900	0,0070	70	2
D	400	72.000	0,0056	56	3
E	580	77.700	0,0075	75	1

Durch die vorgegebene Mindestleistungspunktzahl von 320 Leistungspunkten werden die beiden Angebote A und B von der weiteren Wertung ausgeschlossen, da diese mit 85 Leistungspunkten (Angebot A) sowie mit 284 Leistungspunkten (Angebot B) die Mindestanforderung nicht erfüllen. Es verbleiben die Angebote C, D und E in der Wertung. Von den verbleibenden Angeboten hat das Angebot E trotz des hohen Angebotspreises aufgrund der großen Leistungspunktzahl (580 von maximal 600 möglichen Leistungspunkten) die größte Kennzahl erreicht und wird in diesem Fall als das wirtschaftlichste Angebot ermittelt.

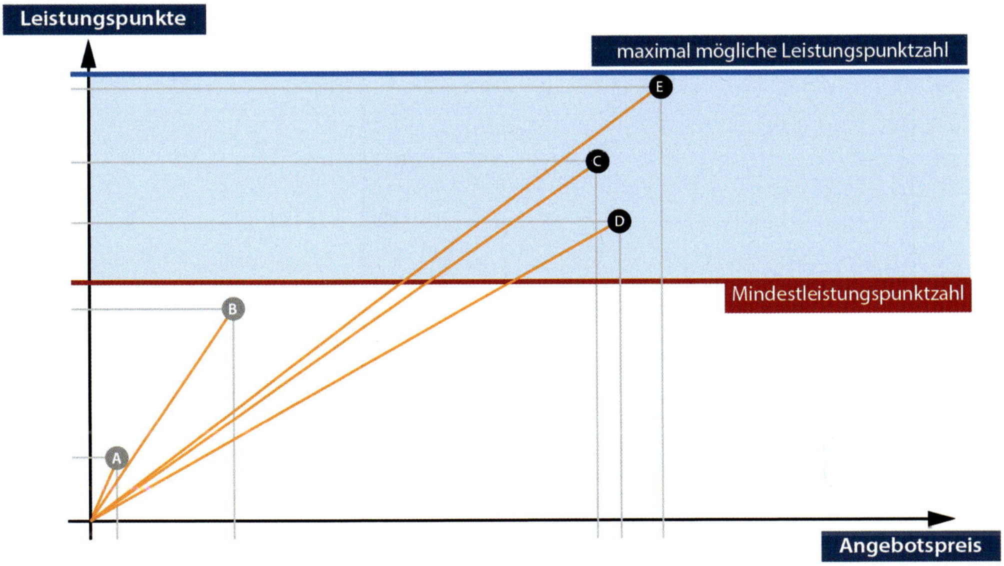

Abbildung: Beispiel Preis-Leistungs-Diagramm für die einfache Richtwertmethode mit einer Mindestleistungspunktzahl

Auch dieser Fall kann in der Realität ein Problem darstellen, wenn das leistungsstarke, aber teure Angebot den Budgetrahmen sprengt. Um sich davor zu schützen, kann der Auftraggeber auch eine zweite Begrenzung bei der Ausschreibung vorgeben, die sogenannte Preisobergrenze, die ebenfalls als Ausschlusskriterium wirkt. Alle Angebote, die über der Preisobergrenze liegen, werden von der weiteren Wertung ausgeschlossen.

Im Folgenden wird eine Preisobergrenze von 75.000 Euro vorgegeben.

Tabelle: Beispiel – Einfache Richtwertmethode mit einer Mindestleistungspunktzahl von 320 Leistungspunkten und einer Preisobergrenze von 75.000 Euro

Angebot	Leistungspunkte	Preis in Euro	Kennzahl	Skalierte Kennzahl	Rang
A	85	3.630	0,0234	234	-
B	284	19.550	0,0145	145	-
C	480	68.900	0,0070	70	1
D	400	72.000	0,0056	56	2
E	580	77.700	0,0075	75	-

Durch die vorgegebene Preisobergrenze von 75.000 Euro wird das Angebot E von der weiteren Wertung ausgeschlossen, da dieses mit 77.700 Euro über der vorgegebenen Preisobergrenze liegt. Es verbleiben die Angebote C, D in der Wertung. Von den verbleibenden Angeboten hat das Angebot C die größte Kennzahl erreicht und wird in diesem Fall als das wirtschaftlichste Angebot ermittelt.

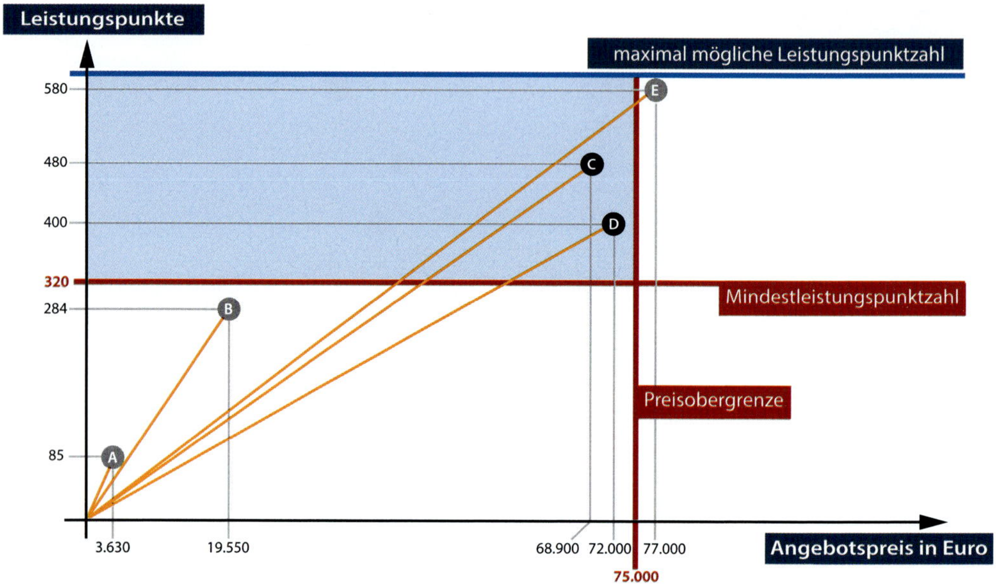

Abbildung: Beispiel Preis-Leistungs-Diagramm für die einfache Richtwertmethode mit einer Mindestleistungspunktzahl und einer Preisobergrenze

Durch die Begrenzungen der Mindestleistungspunktzahl und der Preisobergrenze wird ein Bereich vorgegeben, in dem jedes Angebot, das in diesem Bereich liegt, ein wirtschaftlich sinnvolles Angebot darstellt. Betrachtet man die Schulmathematik, würde man sagen, man schränkt den Definitionsbereich ein, da die betrachtete Funktion (Zuschlagsformel) nur in diesem beschränkten Bereich das erwartete Verhalten aufweist. Analog ist dies auf die Zuschlagsformeln anzuwenden: Durch geeignete Randbedingungen wird der Bereich so eingeschränkt, dass das gewünschte und erwartete Verhalten erreicht werden kann.

Praxistipp

▶ *Die Angabe einer Mindestleistungspunktzahl schützt vor leistungsschwachen Angeboten und sollte immer gefordert werden.*

Praxistipp

▶ *Die Angabe einer Preisobergrenze schützt vor Angeboten, die über dem Preisbudget liegen.*

13.1.5 Definitionsbereich

Die einfache Richtwertmethode ist als Bewertungsfunktion im Definitionsbereich

- Angebotspreis $P > 0$,
- Leistungspunktzahl $L > 0$

definiert.

Angebotspreise von null Euro führen bei der einfachen Richtwertmethode zu einer Division durch null, die nicht zulässig ist und eine Definitionslücke (Polstelle) für die einfache Richtwertmethode darstellt. Negative Angebotspreise sowie eine Leistungspunktzahl von null Leistungspunkten führen zu unsinnigen Ergebnissen.

13.1.5.1 Das Null-Punkte-Problem

Die einfache Richtwertmethode ist nicht sinnvoll anwendbar, wenn Leistungspunktzahlen von null Punkten möglich und erlaubt sind. Dies tritt z.B. dann auf, wenn die Erfüllung der in der Leistungsbeschreibung formulierten Ausschlusskriterien als Mindestanforderung ausreichend ist und mit null Punkten bewertet wird und alle Bewertungskriterien reine „nice-to-have"-Kriterien darstellen.

Bei null Leistungspunkten errechnet sich die Kennzahl der einfachen Richtwertmethode unabhängig vom Angebotspreis (der Angebotspreis muss aber größer als null sein) immer zu null.

$$S = \frac{L}{P} = \frac{0}{P} = 0$$

S: Kennzahl (Scoring-Wert)
L: Leistungspunktzahl des Angebots,
P: Angebotspreis oder Kosten, P>0

Abbildung: Formel zur Bestimmung der Kennzahl bei der einfachen Richtwertmethode bei null Leistungspunkten

Durch die null Leistungspunkte im folgenden Beispiel berechnet sich für die Angebote A, B und D jeweils eine Kennzahl von null. Angebot C hat einen Leistungspunkt erhalten und ist viermal so teuer wie das billigste Angebot D. Da das Angebot C aber das einzige Angebot mit einer positiven Leistungspunktzahl ist, erhält Angebot C unabhängig von der Höhe des Angebotspreises die größte Kennzahl und ist mithin das wirtschaftlichste Angebot.

Tabelle: Beispiel – Einfache Richtwertmethode mit null Leistungspunkten

Angebot	Leistungs-punkte	Preis in Euro	Kennzahl	Skalierte Kennzahl	Rang
A	0	100	0	0	2
B	0	90	0	0	2
C	1	200	0,0050	5	1
D	0	50	0	0	2

Die drei Angebote A, B und D erhalten aufgrund ihrer null Leistungspunkte trotz unterschiedlicher Angebotspreise die gleiche Kennzahl. Dadurch wird eine wichtige Wirtschaftlichkeitsanforderung an die Zuschlagsformeln verletzt. Bei mehreren Angeboten mit gleichem Angebotspreis muss das leistungsstärkere Angebot gewinnen.

Wird eine Mindestleistungspunktzahl vorgegeben, existiert das Problem mit den Null-Leistungspunkten nicht. Falls ein Erfüllen der Ausschlusskriterien als Mindestanforderung ausreichend ist und alle Bewertungskriterien nicht mit einer Mindestanforderung erfüllt werden müssen, empfiehlt es sich, die Leistungspunktzahl nicht bei null Punkten, sondern mit einer positiven Basisleistungspunktzahl zu starten.

Im Folgenden wird dies durch eine Addition um einen Leistungspunkt bzw. eine Addition um zehn Leistungspunkte erreicht.

Tabelle: Beispiel – Einfache Richtwertmethode mit einer Basisleistungspunktzahl von einem Leistungspunkt

Angebot	Leistungs-punkte	Preis in Euro	Kennzahl	Skalierte Kennzahl	Rang
A	1	100	0,01	100	3
B	1	90	0,0111	111	2
C	2	200	0,01	100	3
D	1	50	0,02	200	1

$$\textbf{Angebot A:}\ \text{Kennzahl S} = \frac{(0+1)\ \text{Leistungspunkte}}{100\ \text{Euro}} = 0{,}01\ \frac{\text{Leistungspunkte}}{\text{Euro}}$$

Abbildung: Bestimmung der Kennzahl von Angebot A mittels der einfachen Richtwertmethode und einer Basisleistungspunktzahl von 1 Leistungspunkt

Tabelle: Beispiel – Einfache Richtwertmethode mit einer Basisleistungspunktzahl von zehn Leistungspunkten

Angebot	Leistungs-punkte	Preis in Euro	Kennzahl	Skalierte Kennzahl	Rang
A	10	100	0,1	100	3
B	10	90	0,1111	111	2
C	11	200	0,0550	100	4
D	10	50	0,2	200	1

Das Verwenden einer Basisleistungspunktzahl hat allerdings einen Einfluss auf die Gewichtung. Der Preis wird damit stärker gewichtet als die Leistung.

Die Verwendung einer Basisleistungspunktzahl bei den Leistungspunkten wird als separate Zuschlagsformel *einfache Richtwertmethode mit Basisleistungspunktzahl* beschrieben.

13.1.5.2 Das Null-Euro-Problem

Die einfache Richtwertmethode ist nicht anwendbar, wenn Angebotspreise von null Euro möglich sind. Angebotspreise von null Euro führen bei der einfachen Richtwertmethode zu einer Division durch null, die nicht zulässig ist und eine Definitionslücke (Polstelle) für die einfache Richtwertmethode darstellt.

Bei der einfachen Richtwertmethode wird die Kennzahl S aus dem Quotienten der Leistungspunkte und dem Angebotspreis berechnet. Für einen festen Angebotspreis P ($P > 0$) besteht bei der einfachen Richtwertmethode ein proportionaler Zusammenhang (Gerade durch den Nullpunkt) zwischen den Leistungspunkten L und der Kennzahl *S*.

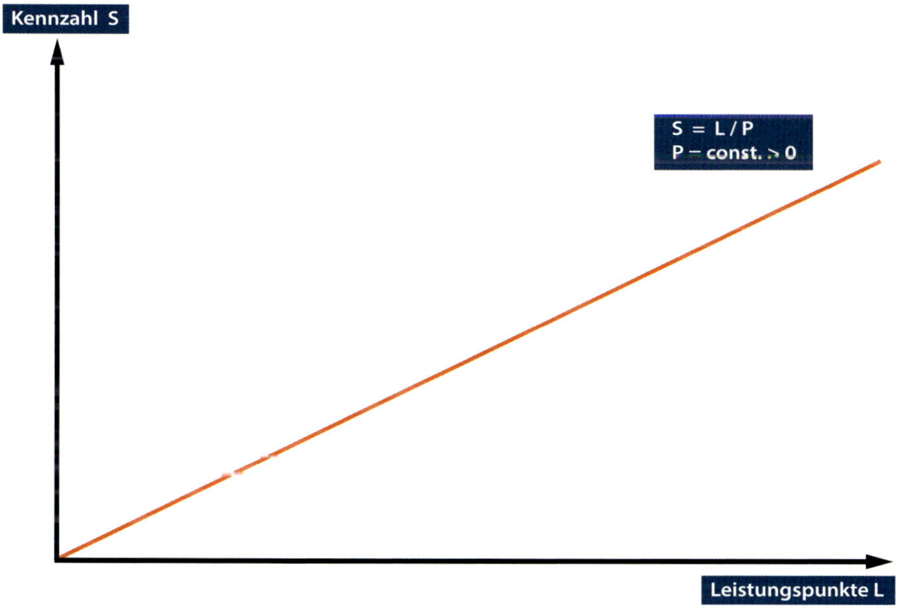

Abbildung: Einfache Richtwertmethode – Proportionaler Zusammenhang zwischen den Leistungspunkten L und der Kennzahl S

Für eine feste Leistungspunktzahl L besteht bei der einfachen Richtwertmethode ein reziproker proportionaler Zusammenhang (Hyperbel) zwischen dem Angebotspreis P und der Kennzahl *S*.

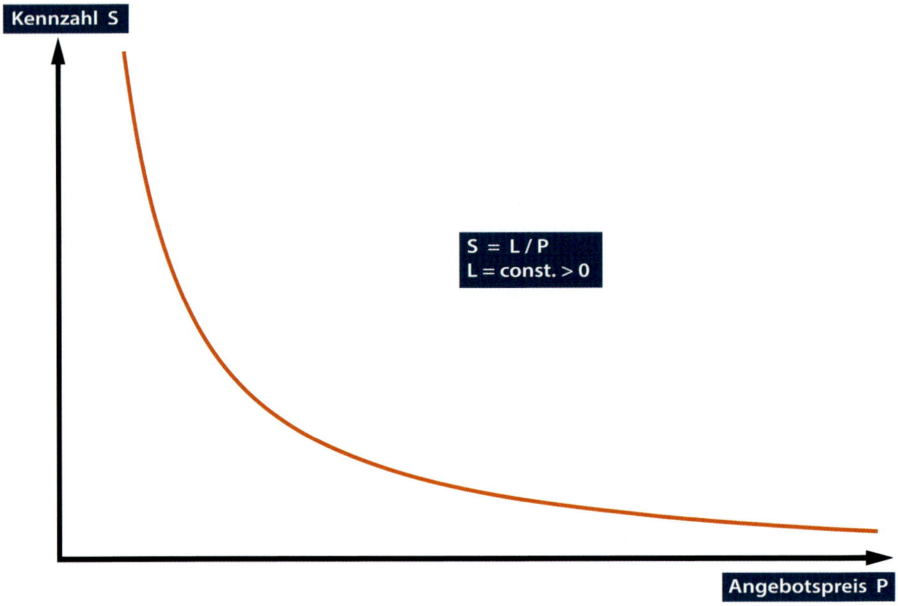

Abbildung: Einfache Richtwertmethode – Reziproker proportionaler Zusammenhang zwischen dem Angebotspreis P und der Kennzahl S

Im Folgenden wird ein Beispiel mit vier Angeboten A, B, C, D und E behandelt, bei dem das Angebot E einen Angebotspreis von null Euro besitzt. Die Kennzahl für das Angebot E ist damit nicht berechenbar, da eine Division durch null nicht zulässig ist.

Tabelle: Beispiel – Angebot mit null Euro Angebotspreis

Angebot	Leistungspunkte	Preis in Euro	Kennzahl
A	850	100	8,5
B	750	50	15
C	200	10	20
D	25	1	25
E	1	0	DIV 0!

Ein Lösungsansatz ist eine Verschiebung des Nullpunktes. Die Angebotspreise werden dann mit einem vorher definierten Preisoffset p versehen. Die Zuschlagsformel der einfachen Richtwertmethode wird dadurch aber verändert.

$$S = \frac{L}{P + p}$$

S: Kennzahl (Scoring-Wert)
L: Leistungspunktzahl des Angebots
P: Angebotspreis oder -kosten
$p > 0$: Offset des Preises oder der Kosten

Abbildung: Einfache Richtwertmethode mit Preisoffset p

Dies ist allerdings nicht ganz unproblematisch, da die Zuschlagsformel $S = L / P$ für eine feste Leistungspunktzahl (L=const.) eine Hyperbel darstellt und für $P \rightarrow 0$ gegen Unendlich strebt. Der Wert des Preisoffsets und damit die Größe der Verschiebung des Nullpunkts hat dabei einen Einfluss auf die Zuschlagsentscheidung. Eine sehr kleine Verschiebung führt zu einer Bevorzugung des Null-Euro-Angebots. Sehr große Preisoffsets führen dagegen zu einer stärkeren Gewichtung der Leistung.

Im Folgenden werden dazu fünf verschiedene Fallbeispiele mit verschiedenen Angebotspreisverschiebungen (Offsets) betrachtet:

- Angebotspreisverschiebungen (Offset) c = 0,01 Euro
- Angebotspreisverschiebungen (Offset) c = 0,10 Euro
- Angebotspreisverschiebungen (Offset) c = 1 Euro
- Angebotspreisverschiebungen (Offset) c = 5 Euro
- Angebotspreisverschiebungen (Offset) c = 10 Euro
- Angebotspreisverschiebungen (Offset) c = 1.000 Euro

Fallbeispiel 1 mit einem Preisoffset von p = 0,01 Euro

Durch die Verschiebung des Nullpunktes (Offset p = 0,01 Euro) kann auch für ein Angebot mit einem Angebotspreis von null Euro die Kennzahl berechnet werden und das Angebot E erreicht die größte Kennzahl.

Tabelle: Beispiel – Einfache Richtwertmethode mit einem Preisoffset von p = 0,01 Euro

Angebot	Leistungspunkte	Preis in Euro	Preis + Offset in Euro	Kennzahl	Rang
A	850	100	100,01	8,4992	5
B	750	50	50,01	14,9970	4
C	200	10	10,01	19,9800	3
D	25	1	1,01	24,7525	2
E	1	0	0,01	100	1

Fallbeispiel 2 mit einem Preisoffset von p = 0,10 Euro

Durch die Verschiebung des Nullpunktes (Offset p = 0,10 Euro) kann auch für ein Angebot mit einem Angebotspreis von null Euro die Kennzahl berechnet werden und das Angebot D erreicht die größte Kennzahl.

Tabelle: Beispiel – Einfache Richtwertmethode mit einem Preisoffset von p = 0,10 Euro

Angebot	Leistungs-punkte	Preis in Euro	Preis + Offset in Euro	Kennzahl	Rang
A	850	100	100,10	8,4915	5
B	750	50	50,10	14,9701	3
C	200	10	10,10	19,8020	2
D	25	1	1,10	22,7273	1
E	1	0	0,10	10	4

Fallbeispiel 3 mit einem Preisoffset von p = 1,00 Euro

Durch die Verschiebung des Nullpunktes (Offset p = 1,00 Euro) kann auch für ein Angebot mit einem Angebotspreis von null Euro die Kennzahl berechnet werden und das Angebot C erreicht die größte Kennzahl.

Tabelle: Beispiel – Einfache Richtwertmethode mit einem Preisoffset von p = 1,00 Euro

Angebot	Leistungs-punkte	Preis in Euro	Preis + Offset in Euro	Kennzahl	Rang
A	850	100	101	8,4158	4
B	750	50	51	14,7059	2
C	200	10	11	18,1818	1
D	25	1	2	12,5	3
E	1	0	1	1	5

Fallbeispiel 4 mit einem Preisoffset von p = 5,00 Euro

Durch die Verschiebung des Nullpunktes (Offset p = 5,00 Euro) kann ebenfalls für ein Angebot mit einem Angebotspreis von null Euro die Kennzahl berechnet werden und das Angebot B erreicht die größte Kennzahl.

Tabelle: Beispiel – Einfache Richtwertmethode mit Offset p = 5,00 Euro des Angebotspreises

Angebot	Leistungs-punkte	Preis in Euro	Preis + Offset in Euro	Kennzahl	Rang
A	850	100	105	8,0952	4
B	750	50	55	13,6364	1
C	200	10	15	13,3333	2
D	25	1	5	4,1667	3
E	1	0	5	0,2	5

Fallbeispiel 5 mit einem Preisoffset von p = 10,00 Euro

Durch die Verschiebung des Nullpunktes (Offset p = 10,00 Euro) kann ebenfalls für ein Angebot mit einem Angebotspreis von null Euro die Kennzahl berechnet werden und das Angebot B erreicht die größte Kennzahl. Im Vergleich zu der Verschiebung des Nullpunktes (Offset p = 5,00 Euro) vertauschen Angebot A und D die Rangplätze.

Tabelle: Beispiel – Einfache Richtwertmethode mit einem Preisoffset von p = 10,00 Euro

Angebot	Leistungs-punkte	Preis in Euro	Preis + Offset in Euro	Kennzahl	Rang
A	850	100	110	7,7273	3
B	750	50	60	12,5	1
C	200	10	20	10	2
D	25	1	11	2,2727	4
E	1	0	10	0,1	5

Fallbeispiel 6 mit einem Preisoffset von p = 1.000,00 Euro

Durch die Verschiebung des Nullpunktes (Offset p = 1.000,00 Euro) kann ebenfalls für ein Angebot mit einem Angebotspreis von null Euro die Kennzahl berechnet werden und das Angebot A erreicht die größte Kennzahl.

Tabelle: Beispiel – Einfache Richtwertmethode mit einem Preisoffset von p = 1.000,00 Euro

Angebot	Leistungs-punkte	Preis in Euro	Preis + Offset in Euro	Kennzahl	Rang
A	850	100	1.100	0,7727	1
B	750	50	1.050	0,7143	2
C	200	10	1.010	0,1980	3
D	21	1	1.001	0,0250	4
	1	0	1.000	0,001	5

Die Verwendung eines Preisoffsets wird auch als separate Zuschlagsformel *einfache Richtwertmethode mit Preisoffset* betrachtet.

13.1.5.3 Das Problem mit negativen Angebotspreisen

Negative Angebotspreise führen bei der einfachen Richtwertmethode zu unsinnigen Ergebnissen. Dazu wird im Folgenden ein Beispiel mit drei Angeboten A, B und C betrachtet, bei dem das Angebot A auf dem letzten Rang landet, obwohl es das leistungsstärkste der drei Angebote ist und den niedrigsten Angebotspreis der drei Angebote hat.

Tabelle: Beispiel – Ein Angebot mit einem negativen Angebotspreis

Angebot	Leistungspunkte	Preis	Kennzahl	Rang
A	900	-100 Euro	-9	3
B	750	50 Euro	15	1
C	850	100 Euro	8,5	2

Negative Angebotspreise führen bei der einfachen Richtwertmethode zu negativen Kennzahlen. Eine negative Kennzahl ist immer kleiner als jede noch so kleine positive Kennzahl. Sobald auch nur ein wertbares Angebot mit positivem Angebotspreis vorliegt, kann kein Angebot mit negativem Angebotspreis die größte Kennzahl besitzen.

Im betrachteten Beispiel ist das Angebot A mit 900 Leistungspunkten leistungsstärker als das Angebot B mit 750 Leistungspunkten und auch leistungsstärker als das Angebot C mit 850 Leistungspunkten. Außerdem ist das Angebot A mit einem Angebotspreis von -100 Euro billiger als das Angebot B mit einem Angebotspreis von 50 Euro und billiger als das Angebot C mit einem Angebotspreis von 100 Euro.

Dadurch wird eine wichtige Wirtschaftlichkeitsanforderung an die Zuschlagsformeln verletzt. Ein Angebot, das sowohl leistungsstärker als auch billiger als alle anderen Angebote ist, muss nach den Anforderungen an die Zuschlagsformeln das wirtschaftlichste Angebot sein. Bei negativen Angebotspreisen wird diese Anforderung durch die einfache Richtwertmethode verletzt.

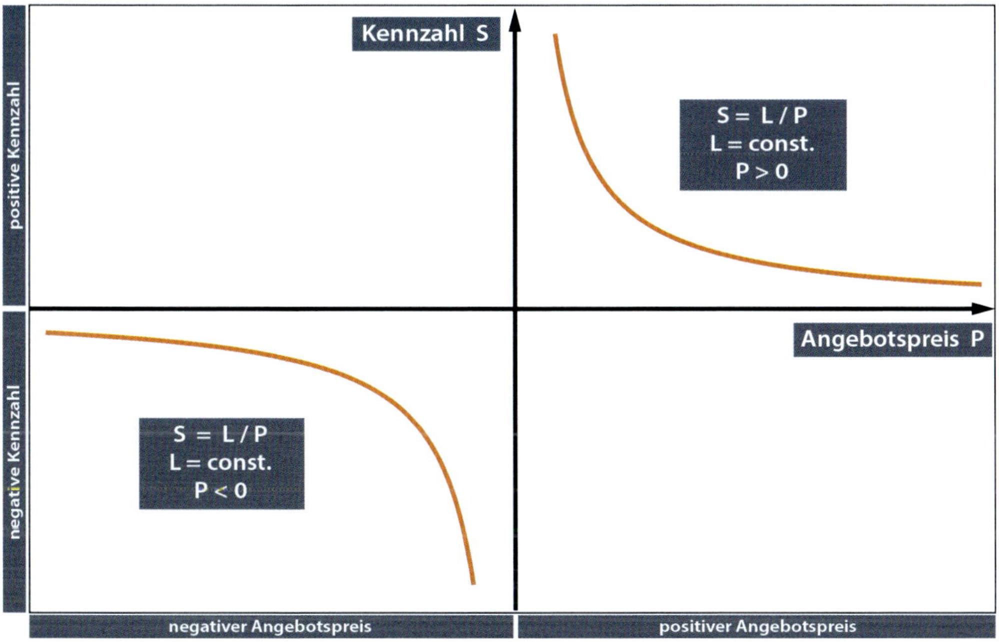

Abbildung: Einfache Richtwertmethode – Reziproker proportionaler Zusammenhang zwischen positiven und negativen Angebotspreis P und der Kennzahl S

Ein Lösungsansatz ist eine Verschiebung des Nullpunktes. Die Angebotspreise werden dann mit einem vorher definierten Preisoffset p versehen.

Die Verwendung eines Preisoffsets wird als separate Zuschlagsformel *einfache Richtwertmethode mit Preisoffset* betrachtet.

13.1.6 Gewichtung

Bei der einfachen Richtwertmethode kann keine Gewichtung von Preis und Leistung vorgenommen werden. Preis und Leistung sind stattdessen gleich gewichtet. Eine Gewichtung mit Hilfe von Gewichtungsfaktoren funktioniert nicht und wird in Abschnitt 13.3 Einfache Richtwertmethode mit Gewichtungsfaktor ausführlich gezeigt. Um eine Gewichtung anwenden zu können, ist eine geeignete Erweiterung der einfachen Richtwertmethode notwendig:

- Eine Gewichtung von Preis und Leistung ist über die Potenzwertmethode möglich.
- Eine ausschließlich stärkere Gewichtung des Preises ist über die einfache Richtwertmethode mit Basisleistungspunktzahl möglich.
- Eine ausschließlich stärkere Gewichtung der Leistungspunkte ist über die einfache Richtwertmethode mit Preisoffset möglich.

Dass die einfache Richtwertmethode eine feste Gewichtung von 50 % Leistungspunkte und 50 % Preis hat, wird im Folgenden gezeigt.

Ein Angebot B, das x % (x > 0) mehr kostet als ein Angebot A und x % mehr Leistungspunkte aufweist als ein Angebot A, besitzt bei der einfachen Richtwertmethode die gleiche Kennzahl wie das Angebot A und befindet sich deshalb auf der gleichen Angebotsgeraden (Indifferenzkurve). Ein Angebot C, das y % (y > x) mehr kostet als ein Angebot A und y % mehr Leistungspunkte aufweist als ein Angebot A, besitzt bei der einfachen Richtwertmethode die gleiche Kennzahl wie das Angebot A und befindet sich deshalb auf der gleichen Angebotsgeraden (Indifferenzkurve).

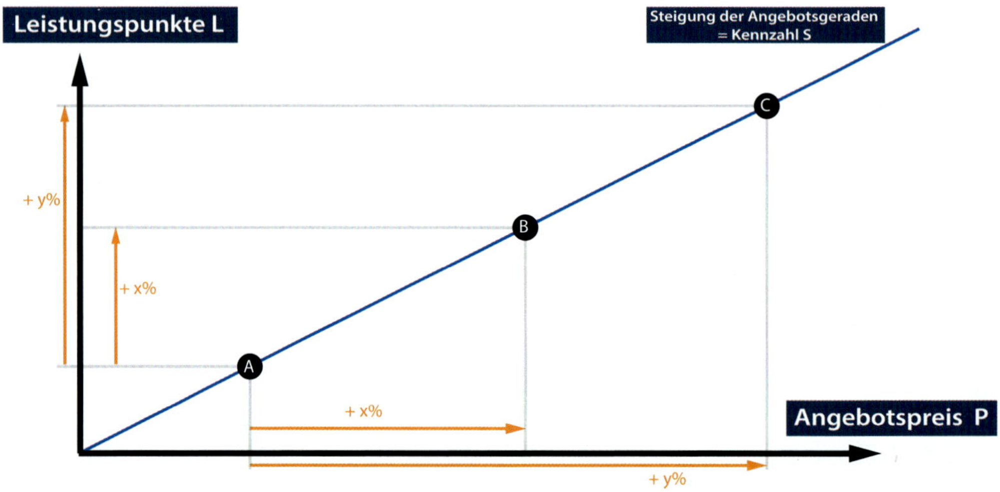

Abbildung: Indifferenzkurve für die einfache Richtwertmethode

Bei der einfachen Richtwertmethode führen x % mehr Leistungspunkte, die x % mehr kosten, zur gleichen Kennzahl.

13.1.7 Scheinbare versus wahre Gewichtung

Die pauschale Aussage, dass die einfache Richtwertmethode immer passt, ist falsch. Die einfache Richtwertmethode ist eine empfehlenswerte und von der Rechtsprechung akzeptierte Methode. Die einfache Richtwertmethode sollte aber nur dann Anwendung finden, wenn die zu erwartenden Spannweiten der monetären und nichtmonetären Kriterien ausgewogen sind. Ist dies nicht der Fall, dann muss

- eine stärkere Gewichtung der monetären Kriterien vorgenommen werden, wenn dies die deutlich kleinere Spannweite ist, oder
- eine stärkere Gewichtung der Leistung vorgenommen werden, wenn dies die deutlich kleinere Spannweite ist.

Dies wird im folgenden Beispiel gezeigt. Neben dem Preis soll auch der Lieferzeitpunkt bewertet werden. Als Bewertungsmethode (Zuschlagsformel) findet die einfache Richtwertmethode Anwendung. Bei der einfachen Richtwertmethode ist keine Gewichtung einstellbar, die scheinbare Gewichtung liegt immer bei 50 % Preis und 50 % Lieferzeitpunkt.

0 Punkte Ausschluss	Die Lieferung erfolgt nach der Kalenderwoche 44.
1 Punkt	Die Lieferung erfolgt in der Kalenderwoche 44.
2 Punkte	Die Lieferung erfolgt in der Kalenderwoche 43.
3 Punkte	Die Lieferung erfolgt in der Kalenderwoche 42.
4 Punkte	Die Lieferung erfolgt in der Kalenderwoche 41.
5 Punkte	Die Lieferung erfolgt in der Kalenderwoche 40.
6 Punkte	Die Lieferung erfolgt in der Kalenderwoche 39.
7 Punkte	Die Lieferung erfolgt in der Kalenderwoche 38.
8 Punkte	Die Lieferung erfolgt in der Kalenderwoche 37.
9 Punkte	Die Lieferung erfolgt in der Kalenderwoche 36.
10 Punkte	Die Lieferung erfolgt vor der Kalenderwoche 36.

Abbildung: Bewertung der Lieferwoche

Betrachtet werden die folgenden drei Angebote:

Angebot A. 200.000 Euro, im Angebot wird der Liefertermin KW44 genannt. Der Bieter geht nach aktuellem Stand davon aus, bereits in der KW41 liefern zu können. Da der Preis sehr knapp kalkuliert ist, geht der Bieter beim Liefertermin auf Nummer sicher, um eine Verzugsstrafe zu vermeiden.

Angebot B: 220.000 Euro, im Angebot wird der Liefertermin KW38 genannt. Der Bieter geht nach aktuellem Stand davon aus, erst in der KW41 liefern zu können. Um eine eventuelle Verzugsstrafe bezahlen zu können, hat der Bieter den Angebotspreis entsprechend erhöht.

Angebot C: 240.000 Euro, im Angebot wird der Liefertermin KW35 genannt. Der Bieter geht nach aktuellem Stand davon aus, erst in der KW41 liefern zu können. Um eine eventuelle Verzugsstrafe bezahlen zu können, hat der Bieter den Angebotspreis entsprechend erhöht.

Man erkennt am gewichteten logarithmischen Preis-Leistungs-Diagramm, dass die 50 % / 50 % Gewichtung zu einem Alibi-Kriterium für den Preis führt. Der Preis ist mit einer sehr großen Wahrscheinlichkeit ein Alibi-Kriterium. Die Zuschlagsentscheidung wird nach dem Lieferzeitpunkt getroffen.

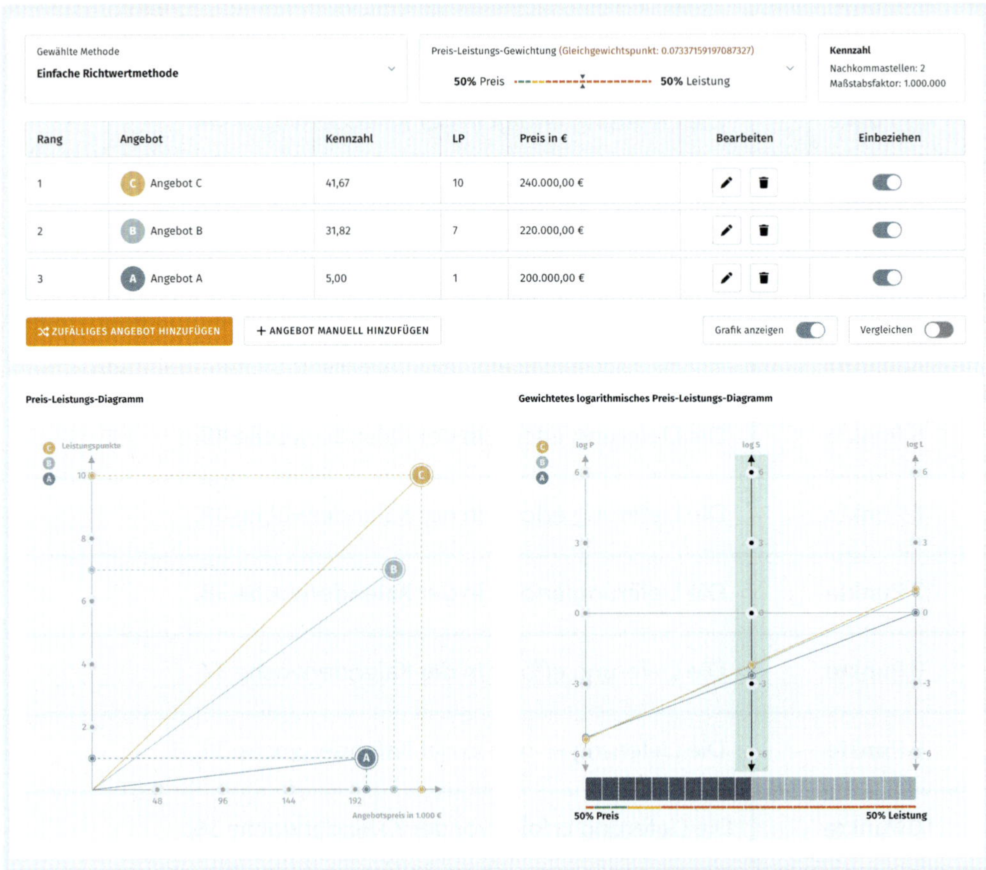

Abbildung: Beispiel – Einfache Richtwertmethode mit der Leistung als Alibikriterium

Da man bei der einfachen Richtwertmethode keine Gewichtung einstellen kann, empfiehlt es sich für die Auftraggeberinnen und Auftraggeber, hier eine andere Bewertungsmethode zu wählen, bei der eine Gewichtung eingestellt werden kann und/oder das Verhältnis der Spannweiten durch eine andere Punktevergabe anzupassen.

Die wahre Gewichtung kann stark von der scheinbaren Gewichtung abweichen. Im betrachteten Beispiel wurde dies durch die sehr unterschiedlichen Spannweiten bei Preis und Lieferzeitpunkt verursacht.

Praxistipp

Bei sehr unterschiedlichen Spannweiten bei monetären und nichtmonetären Kriterien ist die einfache Richtwertmethode eine ungeeignete Bewertungsmethode, da hier keine notwendige Korrektur der Gewichtung vorgenommen werden kann. Die pauschale Aussage, dass die einfache Richtwertmethode immer passt, ist falsch.

Praxistipp

Die einfache Richtwertmethode kann unbedenklich angewendet werden, wenn die Spannweiten bei monetären und nichtmonetären Kriterien in etwa ausgeglichen sind.

13.1.8 Abhängigkeit von anderen Angeboten

Bei der einfachen Richtwertmethode besteht keine Abhängigkeit zu anderen Angeboten.

13.1.9 Rechtsprechung

Die einfache Richtwertmethode ist nach der Rechtsprechung eine zulässige Zuschlagsformel.

- OLG Düsseldorf, Beschluss vom 25.4.2012 – VII-Verg 9/12
- OLG Rostock, Beschluss vom 18.10.2000 – 17 W 12/00
- VK Lüneburg, Beschluss vom 5.9.2023 – VgK-20/2023
- VK Bund, Beschluss vom 22.12.2009 – VK 2-204/09; Beschluss vom 4.7.2006 – VK 3-60/06
- VK Brandenburg, Beschluss vom 14.5.2007 – 2 VK 14/07

VK Lüneburg, Beschluss vom 5.9.2023 – VgK-20/2023: *„Die einfache Richtwertmethode ist ebenso wie die erweiterte Richtwertmethode eine übliche Wertungsmethode für Beschaffungen im IT-Bereich. Sie wird in der UfAB 2018 (Unterlage für Ausschreibung und Bewertung von IT-Leistungen der Koordinierungs- und Beratungsstelle der Bundesregierung für Informationstechnik in der Bundesverwaltung) empfohlen und erläutert. In der Rechtsprechung wird die einfache Richtwertmethode ausdrücklich für zulässig erachtet (OLG Dresden, Beschluss vom 05.01.2001 - WVerg 11 und 12/00; OLG Rostock, Beschluss vom 18.10.2000 - 17 W 12/00).*

Bereits im Jahre 2003 wurde mit der UfAB III die einfache Richtwertmethode (Z = L : P) eingeführt. L steht für die tatsächlich erreichten Leistungspunkte. P steht für den angebotenen Preis. In Prozent ausgedrückt enthält die einfache Richtwertmethode - immer - eine verlautbarte Gewichtung des Preises und der Leistung von je 50 % (vgl. (Opitz in: Beck`scher Vergaberechtskommentar, Bd. 1, 4. Aufl., § 127 GWB, Rn. 146). Andere Gewichtungen sind mit dieser Formel nicht umsetzbar (Delcuvé in: Müller-Wrede, GWB, 2. Aufl., § 127 GWB, Rn. 64).

(...)

Legt sich der öffentliche Auftraggeber auf die einfache Richtwertmethode fest und gibt dies gegenüber den Bietern bekannt, so ergibt sich sowohl für den Auftraggeber wie auch für die Bieter eine zwingende Gewichtung von Preis und Leistung mit jeweils 50 %. (...)

Da bei Zugrundelegung der einfachen Richtwertmethode keine andere Gewichtung möglich ist, hat der Antragsgegner mit der Festlegung dieser Wertungsmethode in den Vergabeunterlagen zugleich auch die Gewichtung von Preis und Leistung zueinander gemäß § 127 Abs. 5 GWB in den Vergabeunterlagen aufgeführt."

OLG Rostock, Beschluss vom 18.10.2000 – 17 W 12/00: *„Die bloße Angabe von Kriterien wie Qualität, technischer Wert etc. lassen, ohne dass sie zum Preis in eine Beziehung gesetzt werden, keinen Schluss auf das günstigste Angebot zu. Die Vergabestelle könnte dann lediglich feststellen, welche Qualität oder welchen technischen Wert die Leistung hat. Daher muss sie notwendigerweise in diesen Fällen immer die Leistung in ein Verhältnis zum Preis setzen. Das kann dadurch geschehen, dass die Qualitätskriterien, wie im vorliegenden Fall, ermittelt werden und die entsprechende Punktzahl durch den Preis dividiert wird."*

13.1.10 Empfehlung

Die einfache Richtwertmethode ist eine empfehlenswerte Bewertungsmethode und kann unbedenklich angewendet werden, wenn die Spannweiten bei monetären und nichtmonetären Kriterien in etwa ausgeglichen sind.

Bei deutlich unterschiedlichen Spannweiten bei monetären und nichtmonetären Kriterien ist die einfache Richtwertmethode eine ungeeignete Bewertungsmethode, da hier keine notwendige Korrektur der Gewichtung vorgenommen werden kann. Die weit verbreitete Vorstellung, dass die einfache Richtwertmethode immer passt, ist falsch.

13.1.11 Beispielformulierung für Ausschreibungen

Beispielformulierung 1: Angebotspreise inklusive MwSt.

Zur Ermittlung des wirtschaftlichsten Angebots findet die einfache Richtwertmethode Anwendung.

Dazu wird für alle wertbaren Angebote eine Kennzahl aus dem Quotienten von Leistungspunkten und Angebotspreis (inkl. MwSt.) gebildet.

FORMEL: $S = L / P$

S: Kennzahl (Score)

L: Leistungspunktzahl

P: Angebotspreis

Das Angebot mit der größten Kennzahl S gewinnt.

Preisobergrenze: Es wird eine Preisobergrenze von 750.000 Euro (inkl. MwSt.) vorgegeben. Angebote, deren Angebotspreis über der Preisobergrenze liegt, werden von der weiteren Wertung ausgeschlossen.

Mindestleistungspunktzahl: Die Angebote müssen mindestens 150 von maximal 720 möglichen Leistungspunkten erreichen. Angebote, die mit weniger als 150 Leistungspunkten bewertet werden, werden von der weiteren Wertung ausgeschlossen.

Gleichstand: Bei Gleichstand der Kennzahlen erhält das Angebot mit der größeren Leistungspunktzahl den Zuschlag. Führt dies nicht zu einem eindeutigen Zuschlagsergebnis, entscheidet das Los.

Beispielformulierung 2: Angebotspreise ohne MwSt.

Zur Ermittlung des wirtschaftlichsten Angebots findet die einfache Richtwertmethode Anwendung.

Dazu wird für alle wertbaren Angebote eine Kennzahl aus dem Quotienten von Leistungspunkten und Angebotspreis (ohne MwSt.) gebildet.

FORMEL: *S = L / P*

S: Kennzahl (Score)

L: Leistungspunktzahl

P: Angebotspreis

Das Angebot mit der größten Kennzahl *S* gewinnt.

Preisobergrenze: Es wird eine Preisobergrenze von 630.000 Euro (ohne MwSt.) vorgegeben. Angebote, deren Angebotspreis über der Preisobergrenze liegt, werden von der weiteren Wertung ausgeschlossen.

Mindestleistungspunktzahl: Die Angebote müssen mindestens 150 von maximal 720 möglichen Leistungspunkten erreichen. Angebote, die mit weniger als 150 Leistungspunkten bewertet werden, werden von der weiteren Wertung ausgeschlossen.

Gleichstand: Bei Gleichstand der Kennzahlen erhält das Angebot mit dem niedrigeren Preis den Zuschlag. Führt dies nicht zu einem eindeutigen Zuschlagsergebnis, entscheidet das Los.

13.2 Reziproke einfache Richtwertmethode – Zuschlagsformel S = P / L

Bei der **reziproken**[5] **einfachen Richtwertmethode** wird das wirtschaftlichste Angebot durch eine Kennzahl bestimmt, die sich aus dem Quotienten des Preises oder der Kosten und den ermittelten Leistungspunkten des betrachteten Angebots berechnet. Die Zuschlagsformel *S = P / L* ist das Reziproke zur einfachen Richtwertmethode, da im Quotienten zur Berechnung der Kennzahl Preis und Leistung miteinander vertauscht sind. Aus diesem Grund wird diese Bewertungsmethode auch als reziproke einfache Richtwertmethode bezeichnet.

$$S = \frac{P}{L}$$

S: Kennzahl
L: Leistungspunktzahl des Angebots, $L>0$
P: Angebotspreis oder Kosten

Abbildung: Formel zur Bestimmung der Kennzahl bei der reziproken einfachen Richtwertmethode

5 *Naas/Schmid*, Mathematisches Wörterbuch, Bd. II, S. 504: Zwei Zahlen, deren Produkt 1 ist, heißen reziprok.

Für jedes Angebot wird die Kennzahl *S* gemäß der Formel $S = P / L$ berechnet. Das Angebot mit der kleinsten Kennzahl *S* erhält den Zuschlag.

Tabelle: Beispiel 1 – 6-stellige Euro-Angebotspreise, Berechnung mit vier Nachkommastellen

Angebot	Leistungspunkte	Preis	Kennzahl S	Rang
A	800	800.000 Euro	1.000	5
B	800	780.000 Euro	975	4
C	550	440.000 Euro	800	2
D	900	950.000 Euro	1.055,5556	7
E	950	980.000 Euro	1.031,5789	6
F	750	690.000 Euro	920	3
G	825	650.000 Euro	787,8788	1

Beim Angebot A aus dem Beispiel 1 wird der Angebotspreis von 800.000 Euro durch die 800 Leistungspunkte dividiert. Dies ergibt dann die Kennzahl *S* = 1.000.[6]

$$\textbf{Angebot A:}\ \text{Kennzahl S} = \frac{800.000\ \text{Euro}}{800\ \text{Leistungspunkte}} = 1.000\ \frac{\text{Euro}}{\text{Leistungspunkte}}$$

Abbildung: Berechnung der Kennzahl für das Angebot A

Beim Angebot C aus dem Beispiel 1 wird der Angebotspreis von 440.000 Euro durch die 550 Leistungspunkte dividiert. Dies ergibt dann die Kennzahl *S* = 800.

$$\textbf{Angebot C:}\ \text{Kennzahl S} = \frac{440.000\ \text{Euro}}{550\ \text{Leistungspunkte}} = 800\ \frac{\text{Euro}}{\text{Leistungspunkte}}$$

Abbildung: Berechnung der Kennzahl für das Angebot C

Nachdem für alle Angebote aus den Leistungspunkten und den Angebotspreisen die zugehörigen Kennzahlen berechnet wurden, werden diese verglichen. Das Angebot mit der kleinsten Kennzahl erhält den Zuschlag. Im Beispiel 1 hat das Angebot G die kleinste Kennzahl (*S* = 787,8788) erreicht und erhält den Zuschlag. Das Angebot C ist zwar das günstigste Angebot, hat aber bei den Kennzahlen nur den zweiten Rang erreicht. Angebot E hat die höchste Leistungspunktzahl mit 950 Punkten erreicht, landet aber nur auf dem 6. Rang.

13.2.1 Nachkommastellen und Rundungsregeln

Damit auch kleinere Preisunterschiede in der Zuschlagsbewertung eine Rolle spielen, empfiehlt sich die Berücksichtigung von Nachkommastellen. Im Folgenden wird betrachtet, wel-

6 Strenggenommen hat die Kennzahl der Zuschlagsformel die Dimension von Euro / Leistungspunkte. Der Einfachheit halber wird auf diese Angabe verzichtet und mit dimensionslosen Zahlen gearbeitet.

che Anzahl von Nachkommastellen für die Berechnung der Kennzahl notwendig und ausreichend ist.

Im folgenden Beispiel werden 6-stellige Euro-Angebotspreise sowie Leistungspunktzahlen bis maximal 1.000 Leistungspunkte betrachtet. Im Beispiel reichen drei Nachkommastellen für die Zuschlagsbewertung völlig aus.

Tabelle: Beispiel 2 – 6-stellige Euro-Angebotspreise, Berechnung mit drei Nachkommastellen

Angebot	Leistungspunkte	Preis	Kennzahl S	Rang
A	800	800.000 Euro	1.000	7
B	800	799.999 Euro	999,999	6
C	1.000	980.000 Euro	980	3
D	999	980.000 Euro	980,981	4
E	998	980.000 Euro	981,964	5
F	825	649.999 Euro	787,878	1
G	825	650.000 Euro	787,879	2

Die beiden Angebote A und B haben die gleiche Leistungspunktzahl von 800 Leistungspunkten und unterscheiden sich nur in ihren Angebotspreisen um einen Euro. Die verwendeten drei Nachkommastellen sind ausreichend, um eine differenzierende Kennzahl zu erhalten.

Im folgenden Beispiel werden 6-stellige Euro-Angebotspreise mit zwei Nachkommastellen für Cent-Angaben sowie Leistungspunktzahlen bis maximal 1.000 Leistungspunkte betrachtet. In diesem Beispiel reichen vier Nachkommastellen für die Zuschlagsbewertung nicht aus.

Tabelle: Beispiel 3 – 6-stellige Euro-Angebotspreise mit zwei Nachkommastellen für Cent-Angaben, Berechnung mit vier Nachkommastellen

Angebot	Leistungspunkte	Preis in Euro	Kennzahl S	Rang
A	800	800.000,00	1.000	6
B	800	799.999,99	1.000,0000	6
C	1.000	980.000,00	980	3
D	999	980.000,00	980,9810	4
E	998	980.000,00	981,9639	5
F	825	649.999,99	787,8788	1
G	825	650.000,00	787,8788	1

Die beiden Angebote F und G haben die gleiche Leistungspunktzahl von 825 Leistungspunkten und unterscheiden sich nur in ihren Angebotspreisen um einen Cent. Die verwendeten vier Nachkommastellen sind nicht ausreichend, um eine differenzierende Kennzahl zu erhalten.

Wird das Ganze mit fünf Nachkommastellen gerechnet, ist die Anzahl von Nachkommastellen ausreichend, um eine differenzierende Kennzahl zu erhalten.

Tabelle: Beispiel 4 – Berechnung mit fünf Nachkommastellen

Angebot	Leistungspunkte	Preis in Euro	Kennzahl S	Rang
A	800	800.000,00	1.000	7
B	800	799.999,99	999,99999	6
C	1.000	980.000,00	980	3
D	999	980.000,00	980,98098	4
E	998	980.000,00	981,96393	5
F	825	649.999,99	787,87878	1
G	825	650.000,00	787,87879	2

Durch die Verwendung von fünf Nachkommastellen können die beiden Angebote F und G differenziert bewertet werden.

Beim nächsten Beispiel benötigt man sechs Nachkommastellen, um eine differenzierende Zuschlagsbewertung zu erreichen.

Tabelle: Beispiel 5 – Berechnung mit sechs Nachkommastellen

Angebot	Leistungspunkte	Preis in Euro	Kennzahl S	Rang
A	8000	800.000,00	100	7
B	8000	799.999,99	99,999999	6
C	10.000	980.000,00	98	3
D	9999	980.000,00	98,009801	4
E	9998	980.000,00	98,019604	5
F	8250	649.999,99	78,787878	1
G	8250	650.000,00	78,787879	2

Mit wie vielen Nachkommastellen sollte man die Berechnungen durchführen? Je mehr, umso besser? Das Verwenden einer sehr hohen Anzahl von Nachkommastellen bedeutet in der Regel eine Scheingenauigkeit der Berechnung, die weder notwendig ist noch einen Sinn ergibt.[7] Die notwendige Anzahl an Nachkommastellen ergibt sich aus der Summe der Anzahl der Nachkommastellen der betrachteten Angebotspreise sowie der Anzahl der Zehnerpotenzen der maximalen Leistungspunktzahl.

7 *Carl Friedrich Gauß* wird das folgende Zitat zugeschrieben: *„Der Mangel an mathematischer Bildung gibt sich durch nichts so auffallend zu erkennen, wie durch maßlose Schärfe im Zahlenrechnen." Aristoteles 1. Buch der Nikomachischen Ethik, 1094b: „Denn es zeugt von einem gebildeten Menschen, auf jedem Gebiet nur so viel Genauigkeit zu verlangen, wie die Natur der Sache gestattet."*

Tabelle: Leistungspunktzahlbereich und Zehnerpotenzen

Leistungspunktzahlbereich	Anzahl der Zehnerpotenzen der maximalen Leistungspunktzahl
0, ..., 10 (= 10^1)	1
0, ..., 100 (= 10^2)	2
0, ..., 1.000 (= 10^3)	3
0, ..., 20 (= $2 \cdot 10^1$)	2
0, ..., 80 (= $8 \cdot 10^1$)	2
0, ..., 10.000 (= 10^4)	4
0, ..., 750 (= $7{,}5 \cdot 10^2$)	3

Tabelle: Notwendige Nachkommastellen zur Berechnung

Anzahl der Nachkommastellen der Angebotspreise	Anzahl der Zehnerpotenzen der maximalen Leistungspunktzahl	Notwendige Anzahl Nachkommastellen
0	1	1
0	2	2
0	3	3
2	1	3
2	2	4
2	3	5
2	4	6

Im folgenden Beispiel sind nur maximal 10 Leistungspunkte möglich. Im Beispiel reicht eine Nachkommastelle für die Zuschlagsbewertung völlig aus.

Tabelle: Beispiel 6 – Berechnung mit einer Nachkommastelle

Angebot	Leistungspunkte	Preis	Kennzahl S	Rang
A	8	800.000 Euro	100.000	7
B	8	799.999 Euro	99.999,9	6
C	10	980.000 Euro	98.000	3
D	10	980.000 Euro	98.000	3
E	10	980.000 Euro	98.000	3
F	8	649.999 Euro	81.249,9	1
G	8	650.000 Euro	81.250	2

Im folgenden Beispiel sind nur maximal 10 Leistungspunkte möglich und die Angebotspreise sind maximal dreistellig.

Die beiden Angebote A und B haben die gleiche Leistungspunktzahl von 8 Leistungspunkten und unterscheiden sich nur in ihren Angebotspreisen um einen Euro. Die verwendete eine Nachkommastelle ist ausreichend, um eine differenzierende Kennzahl zu erhalten. Ebenso bei den Angeboten F und G.

Tabelle: Beispiel 7 – Berechnung mit einer Nachkommastelle

Angebot	Leistungspunkte	Preis	Kennzahl S	Rang
A	8	800 Euro	100	7
B	8	799 Euro	99.9	6
C	10	980 Euro	98	3
D	10	980 Euro	98	3
E	10	980 Euro	98	3
F	8	649 Euro	81.1	1
G	8	650 Euro	81.3	2

Die beiden Angebote A und B haben die gleiche Leistungspunktzahl von 8 Leistungspunkten und unterscheiden sich nur in ihren Angebotspreisen um einen Euro. Die verwendete eine Nachkommastelle ist ausreichend, um eine differenzierende Kennzahl zu erhalten. Ebenso bei den Angeboten F und G.

13.2.2 Skalierung

Bei dieser Zuschlagsformel ist eine Skalierung (Maßstabsänderung) in der Regel nicht notwendig, da die dezimale Größenordnung der Angebotspreise in der Regel deutlich über der dezimalen Größenordnung der Leistungspunktzahlen liegt. Damit sind die berechneten Kennzahlen gut vergleichbar.

13.2.3 Preis-Leistungs-Diagramm

In einem Preis-Leistungs-Diagramm befinden sich auf der horizontalen Achse die Angebotspreise (oder Angebotskosten) und auf der vertikalen Achse die Leistungspunkte der Angebote. Jedes Angebot besteht aus einem Angebotspreis und einer Leistungspunktzahl und kann als Punkt in das Preis-Leistungs-Diagramm eingezeichnet werden. Wird der Angebotspunkt mit einer Geraden (Angebotsgerade) durch den Nullpunkt des Preis-Leistungs-Diagramms verbunden, dann entspricht die Steigung der Angebotsgeraden dem Reziproken der Kennzahl S der Zuschlagsformel $S = P / L$.

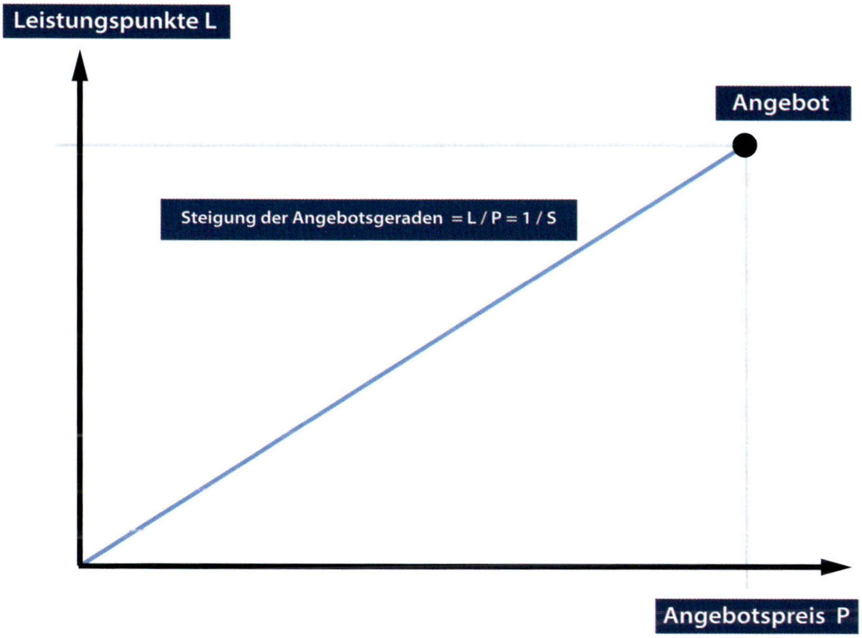

Abbildung: Preis-Leistungs-Diagramm – Kennzahl als das Reziproke der Geradensteigung

Durch diesen einfachen Zusammenhang ist eine grafische Veranschaulichung möglich.

Werden zur Bestimmung des wirtschaftlichsten Angebots mittels der Zuschlagsformel $S = P / L$ alle Angebote als Punkte in das Preis-Leistungs-Diagramm eingezeichnet und jeder Angebotspunkt mit einer Geraden durch den Nullpunkt verbunden, gewinnt das Angebot, dessen Angebotsgerade die größte Steigung, das heißt die kleinste Kennzahl *S*, aufweist.

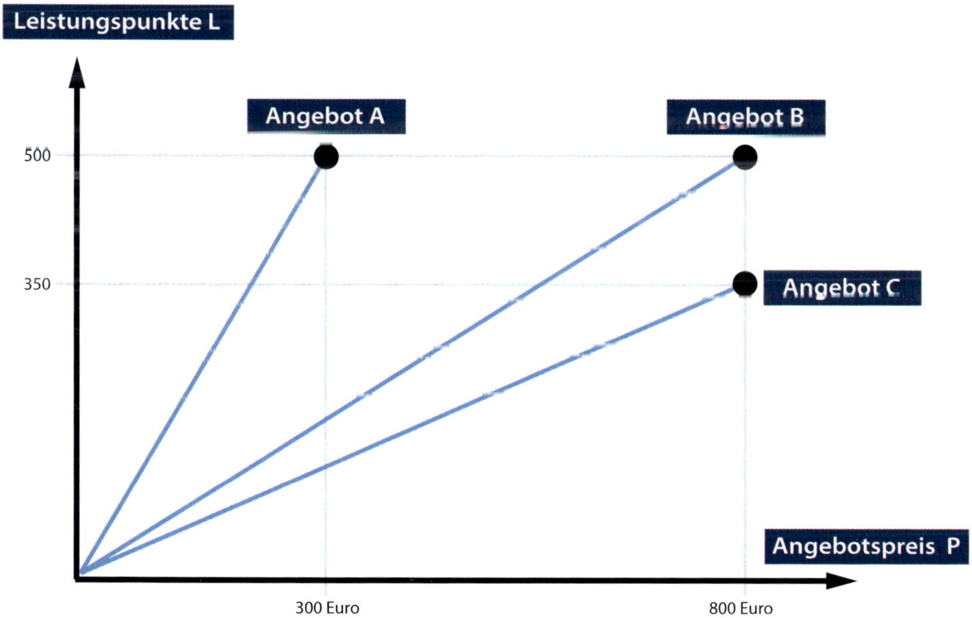

Abbildung: Beispiel Preis-Leistungs-Diagramm

Bei zwei Angeboten, die den gleichen Angebotspreis haben, hat das Angebot mit der höheren Leistungspunktzahl die kleinere Kennzahl. Im folgenden Diagramm haben Angebot B und Angebot C den gleichen Angebotspreis. Angebot B hat aber im Vergleich zu Angebot C mehr Leistungspunkte erreicht. Im Preis-Leistungsdiagramm hat die Angebotsgerade von Angebot B eine größere Steigung als die Angebotsgerade von Angebot C.

Bei zwei Angeboten mit gleichen Leistungspunktzahlen hat das Angebot mit dem geringeren Angebotspreis die kleinere Kennzahl. Im folgenden Diagramm haben Angebot A und Angebot B die gleiche Leistungspunktzahl. Angebot B hat aber im Vergleich zu Angebot A einen höheren Angebotspreis. Im Preis-Leistungsdiagramm hat die Angebotsgerade von Angebot A eine größere Steigung als die Angebotsgerade von Angebot B.

Tabelle: Beispiel – Angebote aus dem Preis-Leistungs-Diagramm

Angebot	Leistungspunkte	Preis in Euro	Kennzahl	Rang
A	500	300.000	600	1
B	500	800.000	1.600	2
C	350	800.000	2.285	3

13.2.4 Mindestleistungspunktzahl und Preisobergrenze

Bei der reziproken einfachen Richtwertmethode ergibt sich die Kennzahl aus dem Quotienten des Angebotspreises und der Leistungspunktzahl des Angebots. Auch eine geringe Leistungspunktzahl kann bei entsprechend niedrigem Angebotspreis zu einer kleinen Kennzahl führen. Das folgende Beispiel soll dies verdeutlichen.

Tabelle: Beispiel – Zuschlagsformel $S = P / L$

Angebot	Leistungspunkte	Preis in Euro	Kennzahl	Rang
A	85	3.630	42,71	**1**
B	284	19.550	68,84	2
C	480	68.900	143,54	4
D	400	72.000	180	5
E	580	77.700	133,97	3

Im betrachteten Beispiel ist das Angebot A ein sehr leistungsschwaches Angebot mit nur 85 von maximal möglichen 600 Leistungspunkten. Der sehr niedrige Angebotspreis von 3.630 Euro führt allerdings zur kleinsten Kennzahl. Angebot A wird in diesem Fall als das wirtschaftlichste Angebot ermittelt.

Um sich vor zu leistungsschwachen Angeboten zu schützen, empfiehlt es sich, eine Mindestleistungspunktzahl vorzugeben, die als Ausschlusskriterium wirkt. Angebote, die diese Mindestanforderung nicht erfüllen, werden von der weiteren Wertung ausgeschlossen.

Im Folgenden wird eine Mindestleistungspunktzahl von 320 Leistungspunkten gefordert.

Tabelle: Beispiel – Anwendung einer Mindestleistungspunktzahl von 320 Leistungspunkten

Angebot	Leistungspunkte	Preis in Euro	Kennzahl	Rang
A	*85*	*3.630*	*42,71*	-
B	*284*	*19.550*	*68,84*	-
C	480	68.900	143,54	2
D	400	72.000	180	3
E	580	77.700	133,97	1

Durch die vorgegebene Mindestleistungspunktzahl von 320 Leistungspunkten werden die beiden Angebote A und B von der weiteren Wertung ausgeschlossen, da diese mit 85 Leistungspunkten (Angebot A) sowie mit 284 Leistungspunkten (Angebot B) die Mindestanforderung nicht erfüllen. Es verbleiben die Angebote C, D und E in der Wertung. Von den verbleibenden Angeboten hat das Angebot E trotz des hohen Angebotspreises aufgrund der großen Leistungspunktzahl (580 von maximal 600 möglichen Leistungspunkten) die kleinste Kennzahl erreicht und wird in diesem Fall als das wirtschaftlichste Angebot ermittelt.

Auch dieser Fall kann in der Realität ein Problem darstellen, wenn das leistungsstarke, aber teure Angebot den Budgetrahmen sprengt. Um sich davor zu schützen, kann der Auftraggeber auch eine zweite Begrenzung bei der Ausschreibung vorgeben, die sogenannte Preisobergrenze, die ebenfalls als Ausschlusskriterium wirkt. Alle Angebote, die über der Preisobergrenze liegen, werden von der weiteren Wertung ausgeschlossen.

Im Folgenden wird eine Preisobergrenze von 75.000 Euro vorgegeben.

Tabelle: Beispiel – Anwendung einer Mindestleistungspunktzahl von 320 Leistungspunkten und einer Preisobergrenze von 75.000 Euro

Angebot	Leistungspunkte	Preis in Euro	Kennzahl	Rang
A	*85*	*3.630*	*42,71*	-
B	*284*	*19.550*	68,84	-
C	480	68.900	143,54	1
D	400	72.000	180	2
E	580	77.700	133,97	-

Durch die vorgegebene Preisobergrenze von 75.000 Euro wird das Angebot E von der weiteren Wertung ausgeschlossen, da dieses mit 77.700 Euro über der vorgegebenen Preisobergrenze liegt. Es verbleiben die Angebote C und D in der Wertung. Von den verbleibenden Angeboten hat das Angebot C die größte Kennzahl erreicht und wird in diesem Fall als das wirtschaftlichste Angebot ermittelt.

Durch die Begrenzungen der Mindestleistungspunktzahl und der Preisobergrenze wird ein Bereich vorgegeben, in dem jedes Angebot, das in diesem Bereich liegt, ein wirtschaftlich sinnvolles Angebot darstellt. Betrachtet man die Schulmathematik, würde man sagen, man schränkt den Definitionsbereich ein, da die betrachtete Funktion (Zuschlagsformel) nur in diesem beschränkten Bereich das erwartete Verhalten aufweist. Analog ist dies auf die Zuschlagsformeln anzuwenden: Durch geeignete Randbedingungen wird der Bereich so eingeschränkt, dass das gewünschte und erwartete Verhalten erreicht werden kann.

Praxistipp

▶ *Die Angabe einer Mindestleistungspunktzahl schützt vor leistungsschwachen Angeboten und sollte immer gefordert werden.*

Praxistipp

▶ *Die Angabe einer Preisobergrenze schützt vor Angeboten, die über dem Preisbudget liegen.*

13.2.5 Definitionsbereich

Die reziproke einfache Richtwertmethode mit der Zuschlagsformel $S = P / L$ ist als Bewertungsfunktion im Definitionsbereich

- Angebotspreis $P > 0$,
- Leistungspunktzahl $L > 0$

definiert.

Leistungspunktzahlen von null Punkten führen bei der Zuschlagsformel $S = P / L$ zu einer Division durch null, die nicht zulässig ist und eine Definitionslücke (Polstelle) darstellt. Negative Angebotspreise führen bei dieser Zuschlagsformel zu unsinnigen Kennzahlen.

Der Definitionsbereich für den Angebotspreis kann auf null Euro erweitert werden, wenn die folgende Spielregel bei Gleichstand eingeführt wird: Bei Gleichstand erhält das leistungsstärkere Angebot den Zuschlag.

Die Zuschlagsformel $S = P / L$ ist dann als Bewertungsfunktion im Definitionsbereich

- Angebotspreis $P \geq 0$,
- Leistungspunktzahl $L > 0$

definiert.

13.2.5.1 Das Null-Punkte-Problem

Die Zuschlagsformel $S = P / L$ ist nicht sinnvoll anwendbar, wenn Leistungspunktzahlen von null Punkten möglich und erlaubt sind. Dies tritt z.B. dann auf, wenn die Erfüllung der in der Leistungsbeschreibung formulierten Ausschlusskriterien als Mindestanforderung ausreichend ist und mit null Punkten bewertet wird und alle Bewertungskriterien reine „nice-to-have"-Kriterien darstellen.

Null Leistungspunkte führen bei der Zuschlagsformel $S = P / L$ zu einer Division durch null, die nicht zulässig ist und eine Definitionslücke (Polstelle) darstellt.

Bei der Zuschlagsformel *S = P / L* wird die Kennzahl S aus dem Quotienten des Angebotspreises und der Leistungspunktzahl des Angebots berechnet. Für eine feste Leistungspunktzahl L besteht bei der Zuschlagsformel *S = P / L* ein proportionaler Zusammenhang (Gerade durch den Nullpunkt) zwischen dem Angebotspreis P und der Kennzahl *S*.

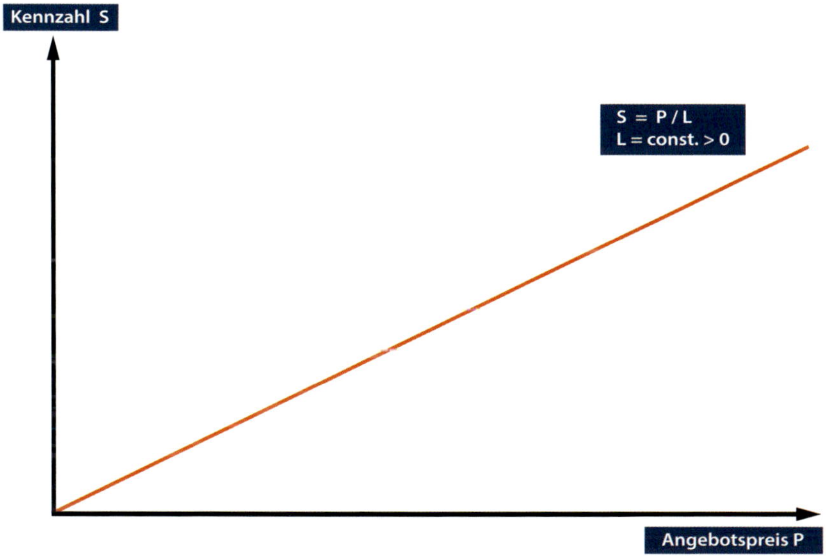

Abbildung: Zuschlagsformel S = P / L: proportionaler Zusammenhang zwischen Angebotspreis P und der Kennzahl S

Für einen festen Angebotspreis P besteht bei der einfachen Richtwertmethode ein reziproker proportionaler Zusammenhang (Hyperbel) zwischen der Leistungspunktzahl L und der Kennzahl *S*.

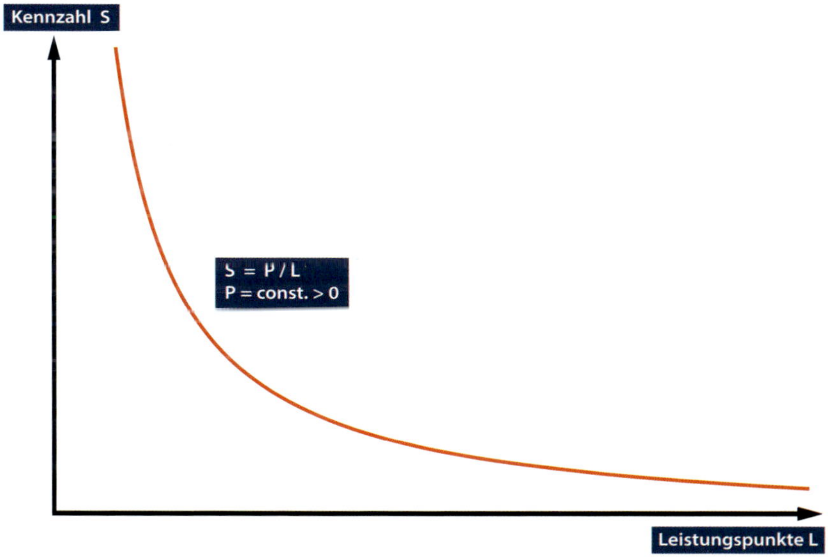

Abbildung: Zuschlagsformel S = P / L: reziproker proportionaler Zusammenhang zwischen der Leistungspunktzahl L und der Kennzahl S

Im Folgenden wird ein Beispiel mit vier Angeboten A, B, C und D behandelt, bei dem das Angebot D eine Leistungspunktzahl von null Punkten hat. Die Kennzahl für das Angebot D ist damit nicht berechenbar, da eine Division durch null nicht zulässig ist.

Tabelle: Beispiel – Angebot mit null Leistungspunkten und Zuschlagsformel *S = P / L*

Angebot	Leistungspunkte	Preis in Euro	Kennzahl
A	95	100.000	1.052,63
B	80	90.000	1.125
C	20	60.000	3.000
D	0	20.000	DIV/0!

Ein Lösungsansatz ist eine Verschiebung des Nullpunktes. Die Leistungspunkte werden dann mit einer vorher definierten Basisleistungspunktzahl b versehen. Die Zuschlagsformel wird dadurch aber verändert.

$$S = \frac{P}{L + b}$$

S: Kennzahl
L: Leistungspunktzahl des Angebots
P: Angebotspreis oder Kosten, $P > 0$
b: Basisleistungspunktzahl, $b \geq 0$

Abbildung: Zuschlagsformel mit Basisleistungspunktzahl b

Dies ist allerdings nicht ganz unproblematisch, da der Graph der Zuschlagsformel *S = P / L* für einen festen Angebotspreis (P = const. > 0) eine Hyperbel darstellt und für $L \to 0$ gegen Unendlich strebt. Die Größe der Verschiebung des Nullpunkts hat mithin einen Einfluss auf die Zuschlagsentscheidung. Eine sehr kleine Verschiebung, von z.B. nur einem Leistungspunkt, kann zu einem anderen Zuschlagsergebnis als eine deutlich größere Verschiebung, von z.B. 25 Leistungspunkten, führen.

Das Verwenden einer Basisleistungspunktzahl hat einen Einfluss auf die wahre Gewichtung. Der Preis wird damit stärker gewichtet als die Leistung.

Die Verwendung einer Basisleistungspunktzahl bei den Leistungspunkten wird als separate Zuschlagsformel **reziproke einfache Richtwertmethode mit Basisleistungspunktzahl** bezeichnet.

13.2.5.2 Das Null-Euro-Problem

Die Zuschlagsformel *S = P / L* ist nicht anwendbar, wenn Angebotspreise von null Euro möglich sind. Bei einem Angebotspreis von null Euro führt die Zuschlagsformel *S = P / L* unabhängig von der Leistungspunktzahl (die Leistungspunktzahl muss aber größer als null sein) immer zu einer Kennzahl *S* = 0.

$$S = \frac{P}{L} = \frac{0}{L} = 0$$

S: Kennzahl
L>0: Leistungspunktzahl des Angebots
P: Angebotspreis oder Kosten

Abbildung: Formel zur Bestimmung der Kennzahl bei Zuschlagsformel S = P / L bei einem Angebotspreis von null Euro

Im folgenden Beispiel haben die Angebote A und B einen Angebotspreis von null Euro und erhalten dadurch beide trotz unterschiedlicher Leistungspunktzahlen die Kennzahl *S* = 0.

Tabelle: Beispiel – Zuschlagsformel *S = P / L* mit Null-Euro-Angebotspreisen

Angebot	Leistungspunkte	Preis in Euro	Kennzahl	Rang
A	1	0	0	1
B	2	0	0	1
C	4	10	2,5	4
D	10	20	2	3

Dies ist eine Verletzung der Wirtschaftlichkeitsanforderung, die besagt, dass bei zwei gleich teuren Angeboten das leistungsstärkere der beiden Angebote das wirtschaftlichste ist.

Ein Lösungsansatz ist, dass bei Gleichstand das leistungsstärkere Angebot den Zuschlag erhält.

Ein weiterer Lösungsansatz ist eine Verschiebung des Nullpunktes. Die Angebotspreise werden dann mit einem vorher definierten Offset p versehen. Die Zuschlagsformel der Zuschlagsformel *S* = *P* / *L* wird dadurch aber verändert.

Im Folgenden wird dies durch eine Addition um einen Euro, durch eine Addition um zehn Euro und durch eine Addition um zwanzig Euro erreicht. Wie man an den gerechneten Beispielen sieht, verändert sich aber in Abhängigkeit von der Größe des Offsets das Zuschlagsergebnis.

Tabelle: Beispiel – Zuschlagsformel *S = P / L* mit Null-Euro-Angebotspreisen und einem Offset von 1 Euro

Angebot	Leistungs-punkte	Preis in Euro	Preis in Euro + Offset p = 1 Euro	Kennzahl	Rang
A	1	0	1	1	2
B	2	0	1	0,5	1
C	4	10	11	2,75	4
D	10	20	21	2,1	3

Tabelle: Beispiel – Zuschlagsformel *S = P / L* mit Null-Euro-Angebotspreisen und einem Offset von 10 Euro

Angebot	Leistungs-punkte	Preis in Euro	Preis in Euro + Offset p = 10 Euro	Kennzahl	Rang
A	1	0	10	10	4
B	2	0	10	5	2
C	4	10	20	5	2
D	10	20	30	3	1

Das Verwenden eines Preisoffsets hat einen Einfluss auf die Gewichtung. Die Leistung wird damit stärker gewichtet als der Preis.

Die Verwendung eines Preisoffsets wird als separate Zuschlagsformel **reziproke einfache Richtwertmethode mit Preisoffset** bezeichnet.

13.2.5.3 Das Problem mit negativen Angebotspreisen

Negative Angebotspreise führen bei der Zuschlagsformel *S* = *P* / *L* zu unsinnigen Ergebnissen. Dazu wird im Folgenden ein Beispiel mit drei Angeboten A, B und C betrachtet, bei dem das Angebot A einen negativen Angebotspreis hat. Die Angebote B und C haben beide einen positiven Angebotspreis.

Tabelle: Beispiel mit negativen Angebotspreisen

Angebot	Leistungspunkte	Preis	Kennzahl	Rang
A	1	-0,01 Euro	-0,01	1
B	10	0,01 Euro	0,001	3
C	100	0,09 Euro	0,0009	2

Da die Kennzahl eines Angebots mit einem negativen Angebotspreis immer zu einer negativen Kennzahl[8] führt, wird ein solches Angebot immer eine kleinere Kennzahl haben als jedes andere Angebot mit einem positiven Angebotspreis.

Sobald auch nur ein wertbares Angebot mit negativem Angebotspreis vorliegt, kann kein Angebot mit positivem Angebotspreis eine kleinere und damit bessere Kennzahl besitzen. Dies kann zu unsinnigen Resultaten führen.

Liegen nur Angebote mit negativen Angebotspreisen vor, besteht ebenfalls die Gefahr, dass das Zuschlagsergebnis gegen das Wirtschaftlichkeitsprinzip verstößt. Dies sei an dem folgenden Beispiel mit drei Angeboten A, B und C mit jeweils einem negativen Angebotspreis gezeigt.

8 Unter der Voraussetzung, dass die Leistungspunktzahl nur positive Werte annehmen kann.

Tabelle: Beispiel mit negativen Angebotspreisen

Angebot	Leistungspunkte	Preis	Kennzahl	Rang
A	1	-1 Euro	-1	1
B	2	-1 Euro	-0,5	2
C	10	-2 Euro	-0,2	3

Bei gleichem Angebotspreis müsste das Angebot mit der höheren Leistungspunktzahl den Zuschlag erhalten. Im betrachteten Beispiel haben die beiden Angebote A und B den gleichen Angebotspreis und Angebot B hat die höhere Leistungspunktzahl. Die Kennzahl von Angebot A ist aber mit einem Wert von -1 kleiner (und damit besser) als die Kennzahl von Angebot B mit einem Wert von -0,5.

Bei dem Vergleich der beiden Angebote B und C ist das Angebot B sowohl beim Preis als auch bei der Leistungspunktzahl das bessere Angebot. Angebot C hat fünfmal mehr Leistungspunkte und ist um den Faktor zwei billiger als das Angebot B und erhält die größere Kennzahl (S = -0,2) als das Angebot B (S = -0,5).

Ein Angebot, das sowohl leistungsstärker als auch billiger als alle anderen Angebote ist, muss nach dem Wirtschaftlichkeitsprinzip das wirtschaftlichste Angebot sein. Bei negativen Angebotspreisen wird das Wirtschaftlichkeitsprinzip durch die Zuschlagsformel $S = P / L$ verletzt.

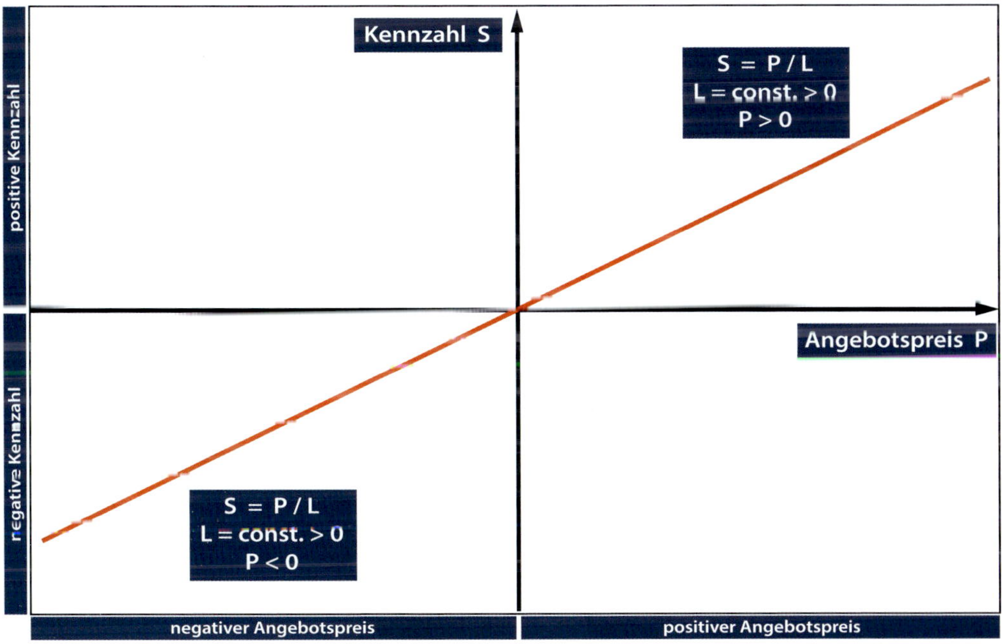

Abbildung: Zuschlagsformel S = P /L: direkter proportionaler Zusammenhang zwischen Angebotspreis P und der Kennzahl S

Ein Lösungsansatz, ist eine Verschiebung des Nullpunktes. Die Angebotspreise werden dann mit einem vorher definierten Preisoffset p versehen. Die Zuschlagsformel der einfachen Richtwertmethode wird dadurch aber verändert und hat einen Einfluss auf die Gewichtung. Die Leistung wird damit stärker gewichtet als der Preis.

Die Verwendung eines Preisoffsets wird als separate Zuschlagsformel **Reziproke einfache Richtwertmethode mit Preisoffset** bezeichnet.

13.2.6 Gewichtung

Bei der reziproken einfachen Richtwertmethode kann keine Gewichtung von Preis und Leistung vorgenommen werden. Preis und Leistung sind stattdessen gleich gewichtet. Eine Gewichtung mit Hilfe von Gewichtungsfaktoren funktioniert nicht und wird in **Abschnitt 13.3 Einfache Richtwertmethode mit Gewichtungsfaktor** ausführlich gezeigt. Um eine Gewichtung anwenden zu können, ist eine geeignete Erweiterung der reziproken einfachen Richtwertmethode notwendig:

- Eine Gewichtung von Preis und Leistung ist über die **reziproke Potenzwertmethode** möglich.
- Eine ausschließlich stärkere Gewichtung des Preises ist über die **reziproke einfache Richtwertmethode mit Basisleistungspunktzahl** möglich.
- Eine ausschließlich stärkere Gewichtung der Leistungspunkte ist über die **reziproke einfache Richtwertmethode mit Preisoffset** möglich.

13.2.7 Scheinbare versus wahre Gewichtung

Die pauschale Aussage, dass die reziproke einfache Richtwertmethode immer passt, ist falsch. Die reziproke einfache Richtwertmethode ist eine empfehlenswerte Methode. Die reziproke einfache Richtwertmethode sollte aber nur dann Anwendung finden, wenn die zu erwartenden Spannweiten der monetären und nichtmonetären Kriterien ausgewogen sind. Ist dies nicht der Fall, dann

- muss eine stärkere Gewichtung der monetären Kriterien vorgenommen werden, wenn dies die deutlich kleinere Spannweite ist oder
- muss eine stärkere Gewichtung der Leistung vorgenommen werden, wenn dies die deutlich kleinere Spannweite ist.

Ein detailliertes Beispiel dazu wird bei der einfachen Richtwertmethode betrachtet.

Da man bei der einfachen Richtwertmethode keine Gewichtung einstellen kann, empfiehlt es sich für die Auftraggeberinnen und Auftraggeber, hier eine andere Bewertungsmethode zu wählen, bei der eine Gewichtung eingestellt werden kann, und/oder das Verhältnis der Spannweiten durch eine andere Punktevergabe anzupassen.

Die wahre Gewichtung kann stark von der scheinbaren Gewichtung abweichen. Im betrachteten Beispiel wurde dies durch die sehr unterschiedlichen Spannweiten bei Preis und Lieferzeitpunkt verursacht.

Praxistipp

Bei sehr unterschiedlichen Spannweiten bei monetären und nichtmonetären Kriterien ist die reziproke einfache Richtwertmethode eine ungeeignete Bewertungsmethode, da hier keine notwendige Korrektur der Gewichtung vorgenommen werden kann. Die pauschale Aussage, dass die reziproke einfache Richtwertmethode immer passt, ist falsch.

Praxistipp

Die reziproke einfache Richtwertmethode kann unbedenklich angewendet werden, wenn die Spannweiten bei monetären und nichtmonetären Kriterien in etwa ausgeglichen sind.

13.2.8 Rechtsprechung

Da die Zuschlagsformel $S = P / L$ dem Reziproken der einfachen Richtwertmethode entspricht, kann hier auf die Rechtsprechung der einfachen Richtwertmethode zurückgegriffen werden. Mithin ist diese Zuschlagsformel eine zulässige Zuschlagsformel.

13.2.9 Empfehlung

Die reziproke einfache Richtwertmethode ist eine empfehlenswerte Zuschlagsformel.

Die reziproke einfache Richtwertmethode kann unbedenklich angewendet werden, wenn die Spannweiten bei monetären und nichtmonetären Kriterien in etwa ausgeglichen sind.

Bei sehr unterschiedlichen Spannweiten bei monetären und nichtmonetären Kriterien ist die reziproke einfache Richtwertmethode eine ungeeignete Bewertungsmethode, da hier keine notwendige Korrektur der Gewichtung vorgenommen werden kann. Die weit verbreitete Vorstellung, dass die reziproke einfache Richtwertmethode immer passt, ist falsch.

13.2.10 Beispielformulierung für Ausschreibungen

Beispielformulierung 1: Angebotspreise inklusive MwSt.

Zur Ermittlung des wirtschaftlichsten Angebots findet die reziproke einfache Richtwertmethode Anwendung.

Dazu wird für alle wertbaren Angebote eine Kennzahl aus dem Quotienten von Angebotspreis (inkl. MwSt.) und Leistungspunkten gebildet.

FORMEL: $S = P / L$

S: Kennzahl (Score)

L: Leistungspunktzahl

P: Angebotspreis

Das Angebot mit der kleinsten Kennzahl S gewinnt.

Preisobergrenze: Es wird eine Preisobergrenze von 750.000 Euro (inkl. MwSt.) vorgegeben. Angebote, deren Angebotspreis über der Preisobergrenze liegt, werden von der weiteren Wertung ausgeschlossen.

Mindestleistungspunktzahl: Die Angebote müssen mindestens 150 von maximal 720 möglichen Leistungspunkten erreichen. Angebote, die mit weniger als 150 Leistungspunkten bewertet werden, werden von der weiteren Wertung ausgeschlossen.

Gleichstand: Bei Gleichstand der Kennzahlen erhält das Angebot mit der größeren Leistungspunktzahl den Zuschlag. Führt dies nicht zu einem eindeutigen Zuschlagsergebnis, entscheidet das Los.

Beispielformulierung 2: Angebotspreise ohne MwSt.

Zur Ermittlung des wirtschaftlichsten Angebots findet die reziproke einfache Richtwertmethode Anwendung.

Dazu wird für alle wertbaren Angebote eine Kennzahl aus dem Quotienten von Angebotspreis (ohne MwSt.) und Leistungspunkten gebildet.

FORMEL: $S = P / L$

S: Kennzahl (Score)

L: Leistungspunktzahl

P: Angebotspreis

Das Angebot mit der kleinsten Kennzahl S gewinnt.

Preisobergrenze: Es wird eine Preisobergrenze von 630.000 Euro (ohne MwSt.) vorgegeben. Angebote, deren Angebotspreis über der Preisobergrenze liegt, werden von der weiteren Wertung ausgeschlossen.

Mindestleistungspunktzahl: Die Angebote müssen mindestens 150 von maximal 720 möglichen Leistungspunkten erreichen. Angebote, die mit weniger als 150 Leistungspunkten bewertet werden, werden von der weiteren Wertung ausgeschlossen.

Gleichstand: Bei Gleichstand der Kennzahlen erhält das Angebot mit dem niedrigeren Preis den Zuschlag. Führt dies nicht zu einem eindeutigen Zuschlagsergebnis, entscheidet das Los.

13.3 Einfache Richtwertmethode mit Gewichtungsfaktor

Der Versuch, die einfache Richtwertmethode mit Gewichtungsfaktoren zu kombinieren, um eine andere Gewichtung der Leistung zu Preis als 50:50 zu realisieren, ist als einfache Richtwertmethode mit Gewichtungsfaktor bekannt.[9]

Bei der einfachen Richtwertmethode mit Gewichtungsfaktor wird das wirtschaftlichste Angebot durch eine Kennzahl, die sich aus dem Quotienten der gewichteten Leistungspunkte und dem gewichteten Preis oder den gewichteten Kosten des betrachteten Angebots berechnet, ermittelt.

9 UfAB VI, S. 171-172.

$$S = \frac{\omega L}{(1-\omega)P}$$

S: Kennzahl (Scoring-Wert)
L: Leistungspunktzahl des Angebots, L>0
P: Angebotspreis oder Kosten, P>0
ω: Gewicht der Leistungspunkte, 0 < ω < 1
1- ω: Gewicht des Preises oder der Kosten

Abbildung: Formel zur Bestimmung der Kennzahl bei der einfachen Richtwertmethode mit Gewichtungsfaktor

Diese Zuschlagsformel suggeriert eine Gewichtung von Preis und Leistung, die tatsächlich nicht existiert, da die Gewichtungsfaktoren in dieser Formel nur eine Skalierung (Maßstabsänderung) bei der Kennzahl bewirken. An der Rangfolge und am Verhältnis der Angebote zueinander ändert sich nichts. Unabhängig von den gewählten Gewichtungsfaktoren für den Angebotspreis und die Leistungspunktzahl ist die Gewichtung immer gleich, 50 % Leistung und 50 % Preis. Diese Zuschlagsformel ist aus diesem Grund nicht ausschreibungstauglich und sollte keine Anwendung finden.[10]

13.3.1 Beispiel

Im folgenden Beispiel werden sieben Angebote mit unterschiedlichen Leistungspunkten und Angebotspreisen betrachtet. Bei einer stärkeren Gewichtung der Leistung sollte ein leistungsstarkes Angebot gewinnen. Bei einer stärkeren Gewichtung des Preises sollte ein billiges Angebot gewinnen. Dazu werden die folgenden Gewichtungen betrachtet:

Tabelle: Betrachtete Gewichtungen

Gewicht der Leistung	Gewicht des Preises	Bemerkung
90 %	10 %	Die Leistung ist 9-mal wichtiger als der Preis.
80 %	20 %	Die Leistung ist 4-mal wichtiger als der Preis.
50 %	50 %	Die Leistung ist gleich wichtig wie der Preis.
20 %	80 %	Der Preis ist 4-mal wichtiger als die Leistung.
10 %	90 %	Der Preis ist 9-mal wichtiger als die Leistung.

10 UfAB V, Sonderheft 2012 zur Aktualisierung der UfAB V – Version 2.0, 16.8.2012, S. 21: *„Aufgrund des aufgezeigten Verhaltens – das sich mit weiteren Beispielen belegen und auch mathematisch beweisen lässt – kann man feststellen, dass die einfache Richtwertmethode mit Gewichtungsfaktor eine Gewichtung von Leistung und Preis suggeriert, die tatsächlich nicht stattfindet. Sie ist daher ohne die erwünschte Wirkung, also irreführend, und sollte nicht angewendet werden."*

Für jedes Angebot wird die Kennzahl *S* gemäß der Formel (ω · L) / ((1 - ω) · P) berechnet. Das Angebot mit der größten Kennzahl *S* erhält den Zuschlag.

Die Kennzahlen bei einer Gewichtung von 90 % Leistung und 10 % Preis

Bei einer Gewichtung von 90 % Leistung und 10 % Preis ist die Leistung 9-mal wichtiger als der Preis. Mithin darf man erwarten, dass dann auch ein sehr leistungsstarkes Angebot zum Siegerangebot gekürt wird.

Tabelle: Berechnung der Kennzahl für eine Gewichtung von ω = 90 %

Angebot	Leistungspunkte	Preis	Kennzahl S	Rang
A	1000	2.000 Euro	4,50000	7
B	950	1.600 Euro	5,34375	6
C	900	1.300 Euro	6,23077	5
D	800	950 Euro	7,57895	2
E	750	750 Euro	9,00000	1
F	500	600 Euro	7,50000	3
G	300	400 Euro	6,75000	4

Betrachtet man beispielhaft das Angebot A, dann wird die Berechnung der Kennzahl wie folgt vorgenommen: Die 1.000 Leistungspunkte werden mit dem Gewichtungsfaktor ω = 90 % multipliziert und dann durch den mit dem Gewichtungsfaktor (1 – ω) = 10 % multiplizierten Angebotspreis von 2.000 Euro dividiert. Dies ergibt dann die Kennzahl *S* = 4,5.

$$\textbf{Angebot A:}\ \text{Kennzahl S} = \frac{90\% \cdot 1.000\ \text{Leistungspunkte}}{10\% \cdot 2.000} = \frac{900\ \text{Leistungspunkte}}{200\ \text{Euro}} = 4{,}5\ \frac{\text{Leistungspunkte}}{\text{Euro}}$$

Abbildung: Berechnung der Kennzahl bei der einfachen Richtwertmethode mit einem Gewichtungsfaktor ω = 90 %

Nachdem für alle Angebote aus den Leistungspunkten und den Angebotspreisen die zugehörigen Kennzahlen berechnet wurden, werden diese verglichen. Das Angebot mit der höchsten Kennzahl erhält den Zuschlag. Bei einer Gewichtung von 90 % Leistung und 10 % Preis hat das Angebot E mit einer Kennzahl von 9 die höchste Kennzahl erreicht und erhält den Zuschlag. Die drei leistungsstärksten Angebote A, B und C landen überraschenderweise auf den drei letzten Rängen.

Die Kennzahlen bei einer Gewichtung von 80 % Leistung und 20 % Preis

Bei einer Gewichtung von 80 % Leistung und 20 % Preis ist die Leistung 4-mal wichtiger als der Preis. Mithin darf man erwarten, dass dann auch ein sehr leistungsstarkes Angebot zum Siegerangebot gekürt wird.

Tabelle: Berechnung der Kennzahl für eine Gewichtung von ω = 80 %

Angebot	Leistungspunkte	Preis	Kennzahl S	Rang
A	1000	2.000 Euro	2,00000	7
B	950	1.600 Euro	2,37500	6
C	900	1.300 Euro	2,76923	5
D	800	950 Euro	3,36842	2
E	750	750 Euro	4,00000	1
F	500	600 Euro	3,33333	3
G	300	400 Euro	3,00000	4

Betrachtet man beispielhaft das Angebot A, dann wird die Berechnung der Kennzahl wie folgt vorgenommen. Die 1.000 Leistungspunkte werden mit dem Gewichtungsfaktor ω = 80 % multipliziert und dann durch den mit dem Gewichtungsfaktor $(1 - \omega)$ = 20 % multiplizierten Angebotspreis von 2.000 Euro dividiert. Dies ergibt dann die Kennzahl $S = 2$.

$$\textbf{Angebot A: } \text{Kennzahl S} = \frac{80\% \cdot 1.000 \text{ Leistungspunkte}}{20\% \cdot 2.000 \text{ Euro}} = \frac{800 \text{ Leistungspunkte}}{400 \text{ Euro}} = 2 \, \frac{\text{Leistungspunkte}}{\text{Euro}}$$

Abbildung: Berechnung der Kennzahl bei der einfachen Richtwertmethode mit einem Gewichtungsfaktor ω = 80 %

Nachdem für alle Angebote aus den Leistungspunkten und den Angebotspreisen die zugehörigen Kennzahlen berechnet wurden, werden diese verglichen. Das Angebot mit der höchsten Kennzahl erhält den Zuschlag. Bei einer Gewichtung von 80 % Leistung und 20 % Preis hat das Angebot E mit einer Kennzahl von 4 die höchste Kennzahl erreicht und erhält den Zuschlag. Die drei leistungsstärksten Angebote A, B und C landen überraschenderweise auf den drei letzten Rängen

Die Kennzahlen bei einer Gewichtung von 50 % Leistung und 50 % Preis

Bei einer Gewichtung von 50 % Leistung und 50 % sind der Preis und die Leistung gleich wichtig. Mithin darf man erwarten, dass dann auch ein bei Preis und Leistung ausgewogenes Angebot zum Siegerangebot gekürt wird.

Tabelle: Berechnung der Kennzahl für eine Gewichtung von ω = 50 %

Angebot	Leistungspunkte	Preis	Kennzahl S	Rang
A	1000	2.000 Euro	0,50000	7
B	950	1.600 Euro	0,59375	6
C	900	1.300 Euro	0,69231	5

Angebot	Leistungspunkte	Preis	Kennzahl S	Rang
D	800	950 Euro	0,84211	2
E	750	750 Euro	1,00000	1
F	500	600 Euro	0,83333	3
G	300	400 Euro	0,75000	4

Betrachtet man beispielhaft das Angebot A, dann wird die Berechnung der Kennzahl wie folgt vorgenommen: Die 1.000 Leistungspunkte werden mit dem Gewichtungsfaktor ω = 50 % multipliziert und dann durch den mit dem Gewichtungsfaktor $(1 - \omega)$ = 50 % multiplizierten Angebotspreis von 2.000 Euro dividiert. Dies ergibt dann die Kennzahl S = 0,5.

$$\textbf{Angebot A:}\ \text{Kennzahl S} = \frac{50\% \cdot 1.000\ \text{Leistungspunkte}}{50\% \cdot 2.000\ \text{Euro}}$$

$$= \frac{500\ \text{Leistungspunkte}}{1.000\ \text{Euro}} = 0{,}5\ \frac{\text{Leistungspunkte}}{\text{Euro}}$$

Abbildung: Berechnung der Kennzahl bei der einfachen Richtwertmethode mit einem Gewichtungsfaktor ω = 50 %

Nachdem für alle Angebote aus den Leistungspunkten und den Angebotspreisen die zugehörigen Kennzahlen berechnet wurden, werden diese verglichen. Das Angebot mit der höchsten Kennzahl erhält den Zuschlag. Bei einer Gewichtung von 50 % Leistung und 50 % Preis hat das Angebot E mit einer Kennzahl von 1 die höchste Kennzahl erreicht und erhält den Zuschlag. Aufgrund des ausgeglichenen Verhältnisses zwischen Leistungspunktzahl und Angebotspreis erscheint dies angemessen und nachvollziehbar.

Die Kennzahlen bei einer Gewichtung von 20 % Leistung und 80 % Preis

Bei einer Gewichtung von 20 % Leistung und 80 % Preis ist der Preis 4-mal wichtiger als die Leistung. Mithin darf man erwarten, dass dann auch ein sehr billiges Angebot zum Siegerangebot gekürt wird.

Tabelle: Berechnung der Kennzahl für eine Gewichtung von ω = 20 %

Angebot	Leistungspunkte	Preis	Kennzahl S	Rang
A	1000	2.000 Euro	0,12500	7
B	950	1.600 Euro	0,14844	6
C	900	1.300 Euro	0,17308	5
D	800	950 Euro	0,21053	2
E	750	750 Euro	0,25000	1
F	500	600 Euro	0,20833	3
G	300	400 Euro	0,18750	4

Betrachtet man beispielhaft das Angebot A, dann wird die Berechnung der Kennzahl wie folgt vorgenommen: Die 1.000 Leistungspunkte werden mit dem Gewichtungsfaktor ω = 20 % multipliziert und dann durch den mit dem Gewichtungsfaktor (1 − ω) = 80 % multiplizierten Angebotspreis von 2.000 Euro dividiert. Dies ergibt dann die Kennzahl S = 0,25.

$$\textbf{Angebot A: } \text{Kennzahl } S = \frac{20\% \cdot 1.000 \text{ Leistungspunkte}}{80\% \cdot 2.000 \text{ Euro}} = \frac{200 \text{ Leistungspunkte}}{1.600 \text{ Euro}} = 0{,}125 \frac{\text{Leistungspunkte}}{\text{Euro}}$$

Abbildung: Berechnung der Kennzahl bei der einfachen Richtwertmethode mit einem Gewichtungsfaktor ω = 20 %

Nachdem für alle Angebote aus den Leistungspunkten und den Angebotspreisen die zugehörigen Kennzahlen berechnet wurden, werden diese verglichen. Das Angebot mit der höchsten Kennzahl erhalt den Zuschlag. Bei einer Gewichtung von 20 % Leistung und 80 % Preis hat das Angebot E mit einer Kennzahl von 0,25 die höchste Kennzahl erreicht und erhält den Zuschlag. Die beiden billigsten Angebote F und G landen überraschenderweise auf den Rängen drei und vier.

Die Kennzahlen bei einer Gewichtung von 10 % Leistung und 90 % Preis

Bei einer Gewichtung von 10 % Leistung und 90 % Preis ist der Preis 9-mal wichtiger als die Leistung. Mithin darf man erwarten, dass dann auch ein sehr billiges Angebot zum Siegerangebot gekürt wird.

Tabelle: Berechnung der Kennzahl für eine Gewichtung von *ω* = 10 %

Angebot	Leistungspunkte	Preis	Kennzahl S	Rang
A	1000	2.000 Euro	0,05556	7
B	950	1.600 Euro	0,06597	6
C	900	1.300 Euro	0,07692	5
D	800	950 Euro	0,09357	2
F	750	750 Euro	0,11111	1
F	500	600 Euro	0,09259	3
G	300	400 Euro	0,08333	4

Betrachtet man beispielhaft das Angebot A, dann wird die Berechnung der Kennzahl wie folgt vorgenommen: Die 1.000 Leistungspunkte werden mit dem Gewichtungsfaktor ω = 10 % multipliziert und dann durch den mit dem Gewichtungsfaktor (1 − ω) = 90 % multiplizierten Angebotspreis von 2.000 Euro dividiert. Dies ergibt dann die Kennzahl S = 0,05556.

$$\textbf{Angebot A:}\ \text{Kennzahl } S = \frac{10\,\% \cdot 1.000 \text{ Leistungspunkte}}{90\,\% \cdot 2.000 \text{ Euro}}$$

$$= \frac{100 \text{ Leistungspunkte}}{1.800 \text{ Euro}} = 0{,}05556 \frac{\text{Leistungspunkte}}{\text{Euro}}$$

Abbildung: Berechnung der Kennzahl bei der einfachen Richtwertmethode mit einem Gewichtungsfaktor ω = 10 %

Nachdem für alle Angebote aus den Leistungspunkten und den Angebotspreisen die zugehörigen Kennzahlen berechnet wurden, werden diese verglichen. Das Angebot mit der höchsten Kennzahl erhält den Zuschlag. Bei einer Gewichtung von 10 % Leistung und 90 % Preis hat das Angebot E mit einer Kennzahl von 0,11111 die höchste Kennzahl erreicht und erhält den Zuschlag. Die beiden billigsten Angebote F und G landen überraschenderweise auf den Rängen drei und vier.

Zusammenfassung

Trotz der sehr unterschiedlichen Gewichtung von Leistung und Preis (90 % / 10 %; 80 % / 20 %, 50 % / 50 %, 20 % / 80 %, 10 % / 90 %) im betrachteten Beispiel ergibt sich immer die gleiche Rangfolge der Angebote. Die Kennzahlen werden zwar durch die geänderten Gewichtungen verändert, eine Änderung der Rangfolge tritt aber nicht ein. Dieses Resultat wird sofort verständlich, wenn man die Formel für die einfache Richtwertmethode mit Gewichtungsfaktor ein wenig umschreibt.

$$S = \frac{\omega}{(1-\omega)} \frac{L}{P}$$

S: Kennzahl (Scoring-Wert)
L: Leistungspunktzahl des Angebots, L>0
P: Angebotspreis oder Kosten, P>0
ω: Gewicht der Leistungspunkte, $0 < \omega < 1$
1- ω: Gewicht des Preises oder der Kosten

Abbildung: Berechnung der Kennzahl bei der einfachen Richtwertmethode mit einem Gewichtungsfaktor ω = 1 %

Der Faktor $\omega / (1 - \omega)$ ist nichts anderes als ein Skalierungsfaktor für die Kennzahl und wirkt als Maßstabsänderung. An der Rangfolge und am Verhältnis der Kennzahlen zueinander ändert sich nichts.[11]

13.3.2 Empfehlung

Die einfache Richtwertmethode mit Gewichtungsfaktor suggeriert eine Gewichtung von Preis und Leistung, die tatsächlich nicht existiert, da die Gewichtungsfaktoren in dieser Formel nur eine Skalierung (Maßstabsänderung) bei der Kennzahl bewirken. An der Rangfolge und am Verhältnis der Angebote zueinander ändert sich nichts. Die einfache Richtwertmethode mit

11 *Bartsch/v. Gehlen/Hirsch*, Mit Preisgewichtung vorbei am wirtschaftlichsten Angebot? NZBau 2012, 393.

Gewichtungsfaktor ist aus diesem Grund **nicht ausschreibungstauglich**. Die Anwendung dieser Zuschlagsformel macht die Ausschreibung angreifbar.

Die Bewertungsmethode ist nicht zu empfehlen und nicht ausschreibungstauglich.

13.4 Erweiterte Richtwertmethode

Die erweiterte Richtwertmethode basiert auf der einfachen Richtwertmethode. Das Angebot mit der größten Kennzahl dient hier als Ausgangswert, um innerhalb eines vom Auftraggeber definierten Schwankungsbereichs das wirtschaftlichste Angebot zu ermitteln. Neben dem Schwankungsbereich in Prozent muss ein Entscheidungskriterium (z.B. bester Preis, größte Leistungsstärke) vom Auftraggeber vorgegeben werden. Bei der erweiterten Richtwertmethode werden für die Zuschlagsentscheidung alle Angebote betrachtet, die innerhalb des Schwankungsbereichs liegen. Durch das Entscheidungskriterium (z.B. bester Preis, größte Leistungsstärke) wird entschieden, welches Angebot den Zuschlag erhält.

Das Vorgehen ist dabei wie folgt:

- Aus allen wertbaren Angeboten wird eine Kennzahl *S* aus dem Quotienten von Leistungspunkten L und Angebotspreis P gebildet: *S* = *L* / *P*.
- Das Angebot mit der höchsten Kennzahl wird zum führenden Angebot.
- Aus allen Angeboten mit einer Kennzahl, die innerhalb des Schwankungsbereichs (x % kleinere Kennzahl als die Kennzahl des führenden Angebots) liegen und dem führenden Angebot (Angebot mit der höchsten Kennzahl) wird das wirtschaftlichste Angebot mittels des vorgegebenen Entscheidungskriteriums bestimmt. Den Zuschlag erhält das Angebot, das innerhalb des Schwankungsbereichs den besten Wert des Entscheidungskriteriums hat. Wurde das Entscheidungskriterium Leistungspunktzahl gewählt, dann wird das Angebot aus dem Schwankungsbereich mit der höchsten Leistungspunktzahl das Siegerangebot. Wurde das Entscheidungskriterium Preis gewählt, dann wird das Angebot aus dem Schwankungsbereich mit dem niedrigsten Angebotspreis das Siegerangebot.

13.4.1 Beispiele

Beispiel 1: Erweiterte Richtwertmethode mit einem Schwankungsbereich von 5 % und dem Entscheidungskriterium Leistungspunkte

Im Folgenden werden sechs Angebote A, B, C, D, E und F mit unterschiedlichen Angebotspreisen (von 80 Euro bis 140 Euro) und unterschiedlichen Leistungspunktzahlen (50 Leistungspunkte bis 90 Leistungspunkte) betrachtet.

Für diese sechs Angebote wird die Kennzahl nach der einfachen Richtwertmethode berechnet. Dazu wird die Kennzahl S aus dem Quotienten von Leistungspunkten L und Angebotspreis P gebildet: *S* = *L* / *P*. Das Angebot mit der höchsten Kennzahl wird zum führenden Angebot.

Tabelle: Beispiel 1 – Bestimmung der Kennzahlen

Angebot	Leistungspunkte	Preis in Euro	Kennzahl in Leistungspunkte / Euro
A	70	100	0,7
B	75	110	0,682
C	80	120	0,667
D	60	90	0,667
E	90	140	0,643
F	50	80	0,625

Angebot A hat mit einer Kennzahl von *S* = (70 *Punkte*) / (100 Euro) = 0,7 die größte Kennzahl, ist damit das führende Angebot.

Als nächstes werden die Angebote ermittelt, die mit ihrer Kennzahl innerhalb des vorgegebenen Schwankungsbereichs liegen. Bei einem Schwankungsbereich von 5 % kommen alle Angebote mit einer Kennzahl größer oder gleich (100 % – 5 %)· 0,7 = 95 % · 0,7 = 0,665 in die finale Wertung.

Tabelle: Beispiel 1 – Ermittlung der Angebote innerhalb des Schwankungsbereichs

Angebot	Leistungspunkte	Preis in Euro	Kennzahl in Leistungspunkte / Euro	Innerhalb des Schwankungsbereichs von 5 %
A	70	100	0,7	JA
B	75	110	0,682	JA
C	80	120	0,667	JA
D	60	90	0,667	JA
E	90	140	0,643	NEIN
F	50	80	0,625	NEIN

Im nächsten Schritt wird aus den Angeboten, die innerhalb des Schwankungsbereichs liegen, das Siegerangebot auf Basis des vorgegebenen Entscheidungskriteriums ermittelt. Wurde das Entscheidungskriterium Leistungspunktzahl gewählt, dann wird das Angebot aus dem Schwankungsbereich mit der höchsten Leistungspunktzahl das Siegerangebot.

Im vorliegenden Beispiel ist Angebot C das Siegerangebot, da Angebot C sich im Schwankungsbereich befindet und dort die höchste Leistungspunktzahl (80 Punkte) hat.

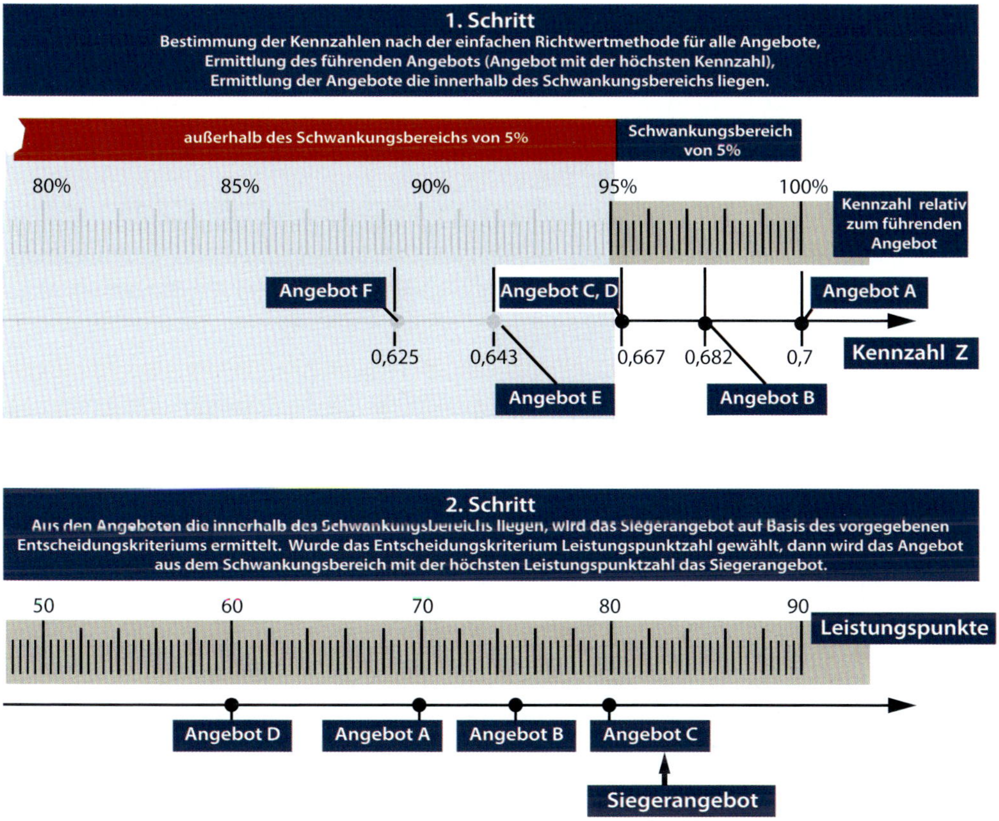

Abbildung: Bestimmung des wirtschaftlichsten Angebots mit der erweiterten Richtwertmethode – Beispiel 1

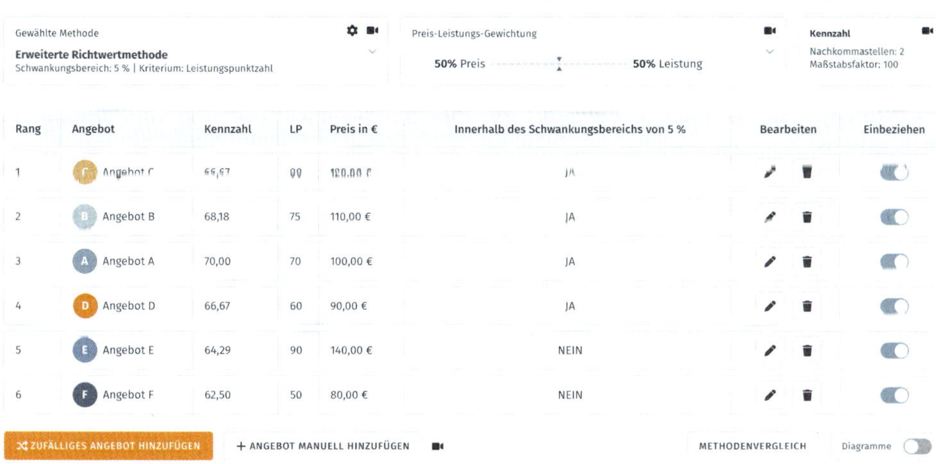

Gewählte Methode
Erweiterte Richtwertmethode
Schwankungsbereich: 5 % | Kriterium: Leistungspunktzahl

Preis-Leistungs-Gewichtung
50% Preis **50%** Leistung

Kennzahl
Nachkommastellen: 2
Maßstabsfaktor: 100

Rang	Angebot	Kennzahl	LP	Preis in €	Innerhalb des Schwankungsbereichs von 5 %	Bearbeiten	Einbeziehen
1	Angebot C	66,67	80	120,00 €	JA		
2	Angebot B	68,18	75	110,00 €	JA		
3	Angebot A	70,00	70	100,00 €	JA		
4	Angebot D	66,67	60	90,00 €	JA		
5	Angebot E	64,29	90	140,00 €	NEIN		
6	Angebot F	62,50	50	80,00 €	NEIN		

ZUFÄLLIGES ANGEBOT HINZUFÜGEN + ANGEBOT MANUELL HINZUFÜGEN METHODENVERGLEICH Diagramme

Abbildung: Tabellarische Darstellung im BewertungsCalculator und VergabeCalculator PRO – Beispiel 1

Beispiel 2: Erweiterte Richtwertmethode mit einem Schwankungsbereich von 5 % und dem Entscheidungskriterium Preis

Im Folgenden werden sechs Angebote A, B, C, D, E und F mit unterschiedlichen Angebotspreisen (von 80 Euro bis 140 Euro) und unterschiedlichen Leistungspunktzahlen (50 Leistungspunkte bis 90 Leistungspunkte) betrachtet.

Für diese sechs Angebote wird die Kennzahl nach der einfachen Richtwertmethode berechnet. Dazu wird die Kennzahl S aus dem Quotienten von Leistungspunkten L und Angebotspreis P gebildet: $S = L / P$. Das Angebot mit der höchsten Kennzahl wird zum führenden Angebot.

Tabelle: Beispiel 2 – Bestimmung der Kennzahlen

Angebot	Leistungspunkte	Preis in Euro	Kennzahl in Leistungspunkte / Euro
A	70	100	0,7
B	75	110	0,682
C	80	120	0,667
D	60	90	0,667
E	90	140	0,643
F	50	80	0,625

Angebot A hat mit einer Kennzahl von $S = (70\ Punkte) / (100\ \text{Euro}) = 0{,}7$ die größte Kennzahl, ist damit das führende Angebot.

Als nächstes werden die Angebote ermittelt, die mit ihrer Kennzahl innerhalb des vorgegebenen Schwankungsbereichs liegen. Bei einem Schwankungsbereich von 5 % kommen alle Angebote mit einer Kennzahl größer oder gleich (100 % – 5 %) · 0,7 = 95 % · 0,7 = 0,665 in die finale Wertung.

Tabelle: Beispiel 2 – Ermittlung der Angebote innerhalb des Schwankungsbereichs

Angebot	Leistungspunkte	Preis in Euro	Kennzahl in Leistungspunkte / Euro	Innerhalb des Schwankungsbereichs von 5 %
A	70	100	0,7	JA
B	75	110	0,682	JA
C	80	120	0,667	JA
D	60	90	0,667	JA
E	90	140	0,643	NEIN
F	50	80	0,625	NEIN

Im nächsten Schritt wird aus den Angeboten, die innerhalb des Schwankungsbereichs liegen, das Siegerangebot auf Basis des vorgegebenen Entscheidungskriteriums ermittelt. Wurde das Entscheidungskriterium Preis gewählt, dann wird das Angebot aus dem Schwankungsbereich mit dem kleinsten Angebotspreis das Siegerangebot.

Im vorliegenden Beispiel ist Angebot D das Siegerangebot, da Angebot D sich im Schwankungsbereich befindet und dort den kleinsten Angebotspreis (90 Euro) hat.

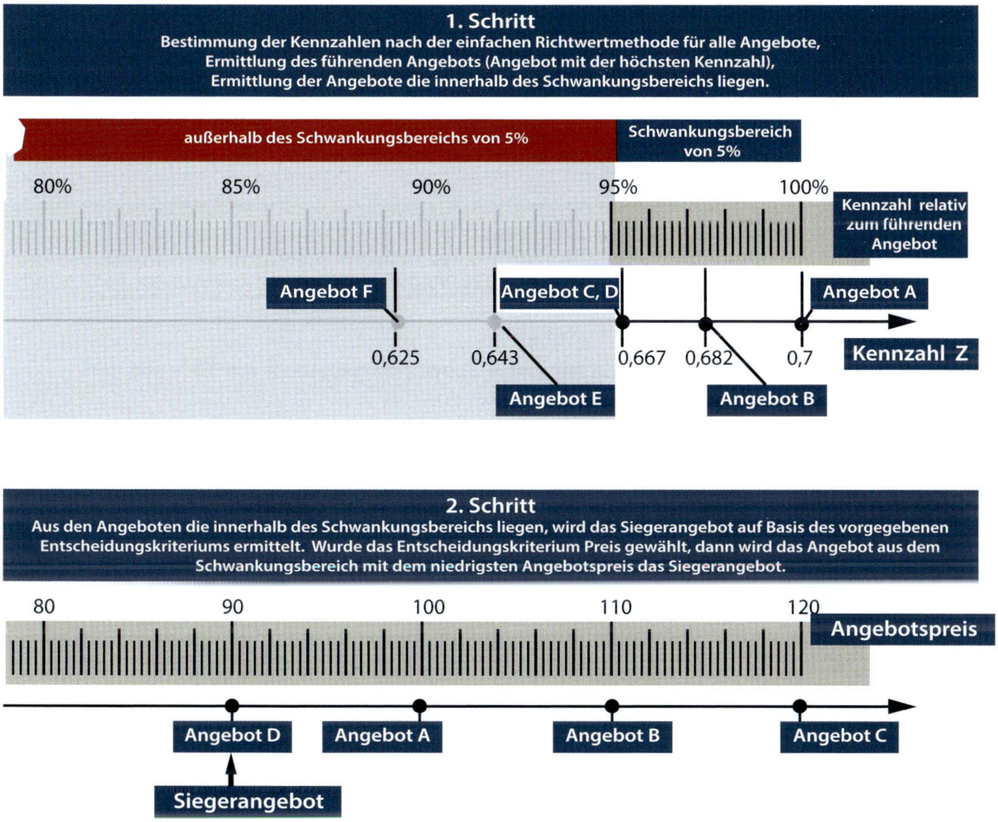

Abbildung: Bestimmung des wirtschaftlichsten Angebots mit der erweiterten Richtwertmethode – Beispiel 2

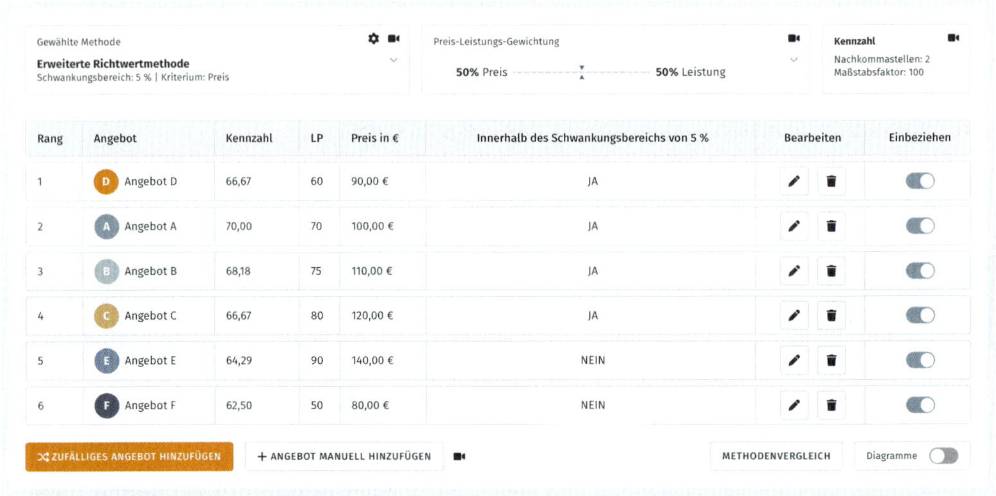

Abbildung: Tabellarische Darstellung im BewertungsCalculator und VergabeCalculator PRO – Beispiel 2

Beispiel 3: Erweiterte Richtwertmethode mit einem Schwankungsbereich von 10 % und dem Entscheidungskriterium Leistungspunkte

Im Folgenden werden sechs Angebote A, B, C, D, E und F mit unterschiedlichen Angebotspreisen (von 80 Euro bis 140 Euro) und unterschiedlichen Leistungspunktzahlen (50 Leistungspunkte bis 90 Leistungspunkte) betrachtet.

Für diese sechs Angebote wird die Kennzahl nach der einfachen Richtwertmethode berechnet. Dazu wird die Kennzahl S aus dem Quotienten von Leistungspunkten L und Angebotspreis P gebildet: $S = L / P$. Das Angebot mit der höchsten Kennzahl wird zum führenden Angebot.

Tabelle: Beispiel 3 – Bestimmung der Kennzahlen

Angebot	Leistungspunkte	Preis in Euro	Kennzahl in Leistungspunkte / Euro
A	70	100	0,7
B	75	110	0,682
C	80	120	0,667
D	60	90	0,667
E	90	140	0,643
F	50	80	0,625

Angebot A hat mit einer Kennzahl von $S = (70\ \mathit{Punkte}) / (100\ \text{Euro}) = 0{,}7$ die größte Kennzahl, ist damit das führende Angebot.

Als nächstes werden die Angebote ermittelt, die mit ihrer Kennzahl innerhalb des vorgegebenen Schwankungsbereichs liegen. Bei einem Schwankungsbereich von 10 % kommen alle

Angebote mit einer Kennzahl größer oder gleich (100 % – 10 %) · 0,7 = 90 % · 0,7 = 0,63 in die finale Wertung.

Tabelle: Beispiel 3 – Ermittlung der Angebote innerhalb des Schwankungsbereichs

Angebot	Leistungspunkte	Preis in Euro	Kennzahl in Leistungspunkte / Euro	Innerhalb des Schwankungsbereichs von 10 %
A	70	100	0,7	JA
B	75	110	0,682	JA
C	80	120	0,667	JA
D	60	90	0,667	JA
E	90	140	0,643	JA
F	50	80	0,625	NEIN

Im nächsten Schritt wird aus den Angeboten, die innerhalb des Schwankungsbereichs liegen, das Siegerangebot auf Basis des vorgegebenen Entscheidungskriteriums ermittelt. Wurde das Entscheidungskriterium Leistungspunktzahl gewählt, dann wird das Angebot aus dem Schwankungsbereich mit der höchsten Leistungspunktzahl das Siegerangebot.

Im vorliegenden Beispiel ist Angebot E das Siegerangebot, da Angebot E sich im Schwankungsbereich befindet und dort die höchste Leistungspunktzahl (90 Punkte) hat.

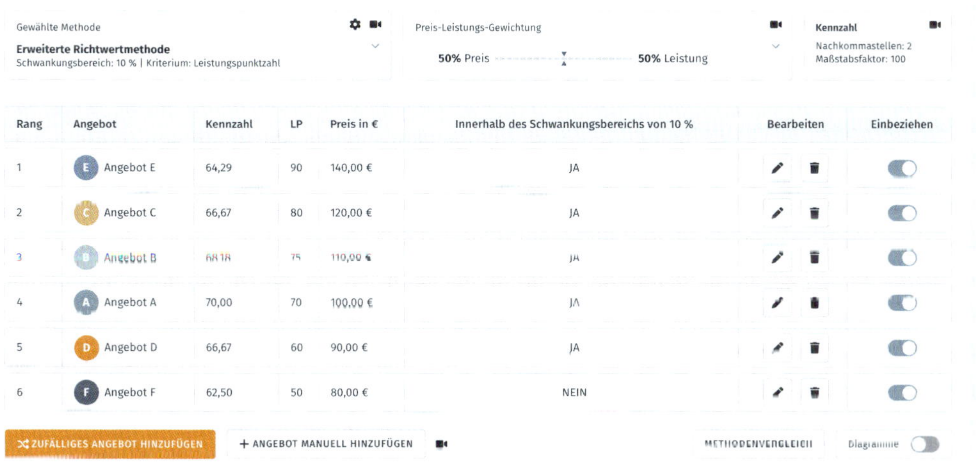

Abbildung: Tabellarische Darstellung im BewertungsCalculator und VergabeCalculator PRO – Beispiel 3

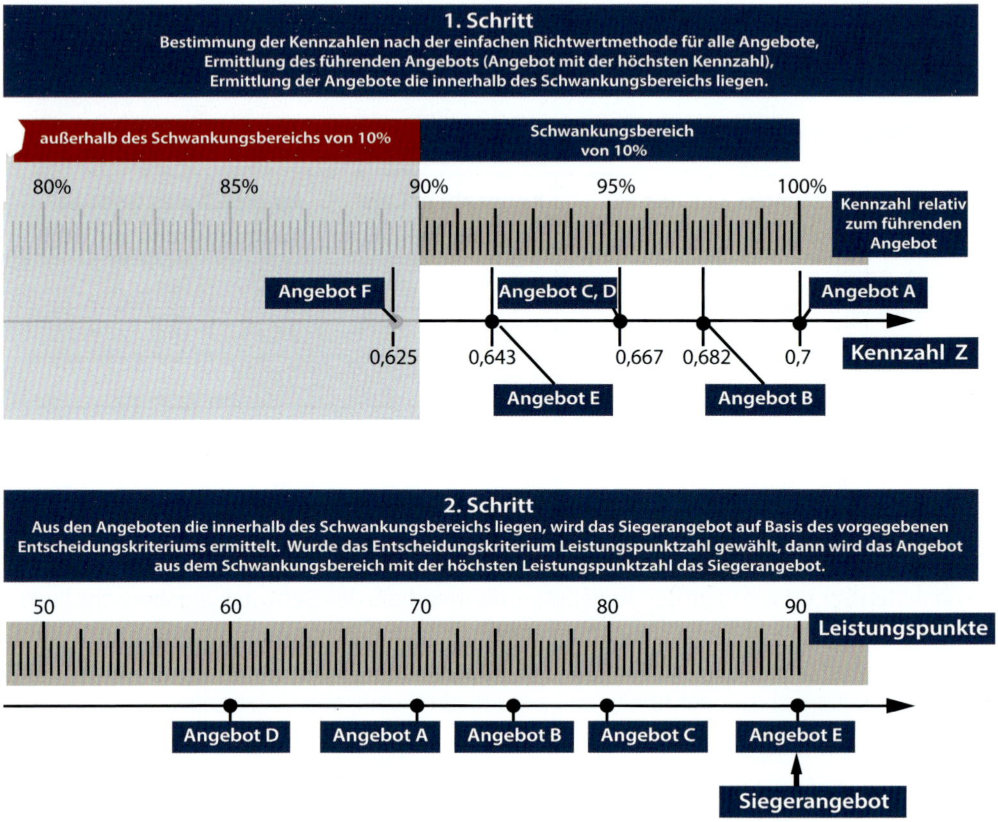

Abbildung: Bestimmung des wirtschaftlichsten Angebots mit der erweiterten Richtwertmethode – Beispiel 3

Beispiel 4: Erweiterte Richtwertmethode mit einem Schwankungsbereich von 10 % und dem Entscheidungskriterium Preis

Im Folgenden werden sechs Angebote A, B, C, D, E und F mit unterschiedlichen Angebotspreisen (von 80 Euro bis 140 Euro) und unterschiedlichen Leistungspunktzahlen (50 Leistungspunkte bis 90 Leistungspunkte) betrachtet.

Für diese sechs Angebote wird die Kennzahl nach der einfachen Richtwertmethode berechnet. Dazu wird die Kennzahl S aus dem Quotienten von Leistungspunkten L und Angebotspreis P gebildet: $S = L / P$. Das Angebot mit der höchsten Kennzahl wird zum führenden Angebot.

Tabelle: Beispiel 4 – Bestimmung der Kennzahlen

Angebot	Leistungspunkte	Preis in Euro	Kennzahl in Leistungspunkte / Euro
A	70	100	0,7
B	75	110	0,682
C	80	120	0,667
D	60	90	0,667
E	90	140	0,643
F	50	80	0,625

Angebot A hat mit einer Kennzahl von S = (70 *Punkte*) / (100 Euro) = 0,7 die größte Kennzahl, ist damit das führende Angebot.

Als nächstes werden die Angebote ermittelt, die mit ihrer Kennzahl innerhalb des vorgegebenen Schwankungsbereichs liegen. Bei einem Schwankungsbereich von 10 % kommen alle Angebote mit einer Kennzahl größer oder gleich (100 % − 10 %) · 0,7 = 90 % · 0,7 = 0,63 in die finale Wertung.

Tabelle: Beispiel 4 – Ermittlung der Angebote innerhalb des Schwankungsbereichs

Angebot	Leistungspunkte	Preis in Euro	Kennzahl in Leistungspunkte / Euro	Innerhalb des Schwankungsbereichs von 10 %
A	70	100	0,7	JA
B	75	110	0,682	JA
C	80	120	0,667	JA
D	60	90	0,667	JA
E	90	140	0,643	Ja
F	50	80	0,625	NEIN

Im nächsten Schritt wird aus den Angeboten, die innerhalb des Schwankungsbereichs liegen, das Siegerangebot auf Basis des vorgegebenen Entscheidungskriteriums ermittelt. Wurde das Entscheidungskriterium Preis gewählt, dann wird das Angebot aus dem Schwankungsbereich mit dem kleinsten Angebotspreis das Siegerangebot.

Im vorliegenden Beispiel ist Angebot D das Siegerangebot, da Angebot D sich im Schwankungsbereich befindet und dort den kleinsten Angebotspreis (90 Euro) hat.

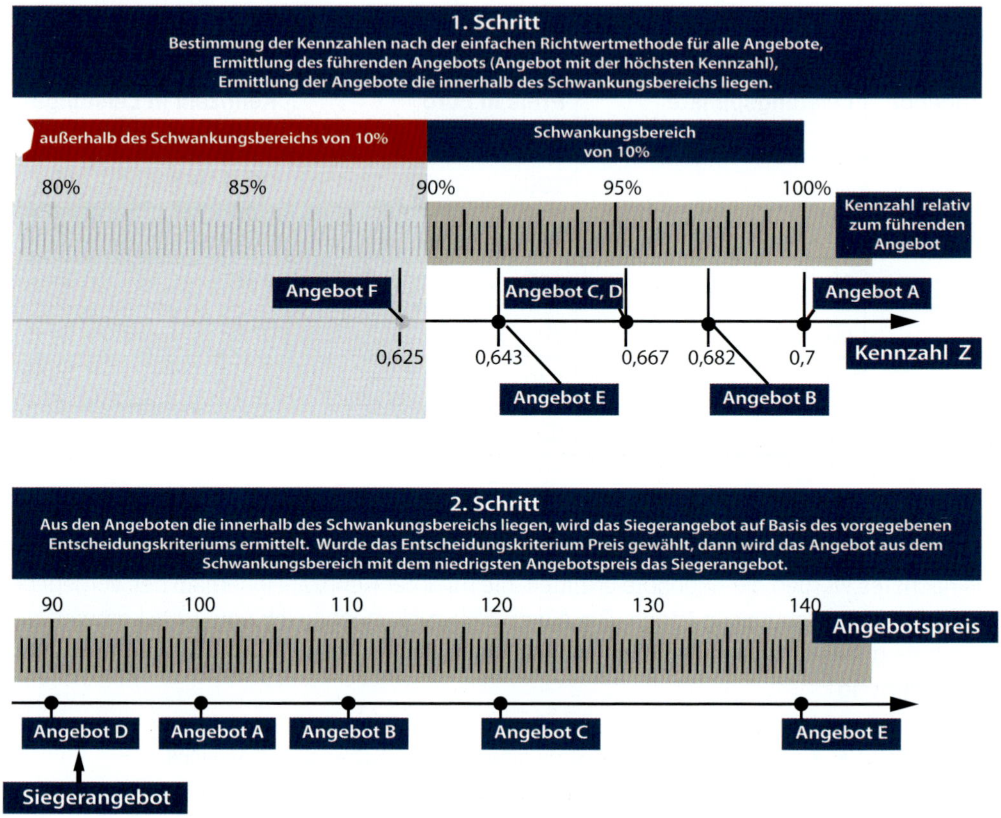

Abbildung: Bestimmung des wirtschaftlichsten Angebots mit der erweiterten Richtwertmethode – Beispiel 4

Gewählte Methode
Erweiterte Richtwertmethode
Schwankungsbereich: 10 % | Kriterium: Preis

Preis-Leistungs-Gewichtung
50% Preis **50%** Leistung

Kennzahl
Nachkommastellen: 2
Maßstabsfaktor: 100

Rang	Angebot	Kennzahl	LP	Preis in €	Innerhalb des Schwankungsbereichs von 10 %	Bearbeiten	Einbeziehen
1	D Angebot D	66,67	60	90,00 €	JA		
2	A Angebot A	70,00	70	100,00 €	JA		
3	B Angebot B	68,18	75	110,00 €	JA		
4	C Angebot C	66,67	80	120,00 €	JA		
5	E Angebot E	64,29	90	140,00 €	JA		
6	F Angebot F	62,50	50	80,00 €	NEIN		

ZUFÄLLIGES ANGEBOT HINZUFÜGEN | + ANGEBOT MANUELL HINZUFÜGEN | METHODENVERGLEICH | Diagramme

Abbildung: Tabellarische Darstellung im BewertungsCalculator und VergabeCalculator PRO – Beispiel 4

Beispiel 5: Erweiterte Richtwertmethode mit einem Schwankungsbereich von 12 % und dem Entscheidungskriterium Leistungspunkte

Im Folgenden werden sechs Angebote A, B, C, D, E und F mit unterschiedlichen Angebotspreisen (von 80 Euro bis 140 Euro) und unterschiedlichen Leistungspunktzahlen (50 Leistungspunkte bis 90 Leistungspunkte) betrachtet.

Für diese sechs Angebote wird die Kennzahl nach der einfachen Richtwertmethode berechnet. Dazu wird die Kennzahl S aus dem Quotienten von Leistungspunkten L und Angebotspreis P gebildet: *S = L / P*. Das Angebot mit der höchsten Kennzahl wird zum führenden Angebot.

Tabelle: Beispiel 5 – Bestimmung der Kennzahlen

Angebot	Leistungspunkte	Preis in Euro	Kennzahl in Leistungspunkte / Euro
A	70	100	0,7
B	75	110	0,682
C	80	120	0,667
D	60	90	0,667
E	90	140	0,643
F	50	80	0,625

Angebot A hat mit einer Kennzahl von *S* = (*70 Punkte*) / (100 Euro) = 0,7 die größte Kennzahl, ist damit das führende Angebot.

Als nächstes werden die Angebote ermittelt, die mit ihrer Kennzahl innerhalb des vorgegebenen Schwankungsbereichs liegen. Bei einem Schwankungsbereich von 12 % kommen alle Angebote mit einer Kennzahl größer oder gleich (100 % – 12 %) · 0,7 = 88 % · 0,7 = 0,616 in die finale Wertung.

Tabelle: Beispiel 5 – Ermittlung der Angebote innerhalb des Schwankungsbereichs

Angebot	Leistungspunkte	Preis in Euro	Kennzahl in Leistungspunkte / Euro	Innerhalb des Schwankungsbereichs von 12 %
A	70	100	0,7	JA
B	75	110	0,682	JA
C	80	120	0,667	JA
D	60	90	0,667	JA
E	90	140	0,643	JA
F	50	80	0,625	JA

Im nächsten Schritt wird aus den Angeboten, die innerhalb des Schwankungsbereichs liegen, das Siegerangebot auf Basis des vorgegebenen Entscheidungskriteriums ermittelt. Wurde das Entscheidungskriterium Leistungspunktzahl gewählt, dann wird das Angebot aus dem Schwankungsbereich mit der höchsten Leistungspunktzahl das Siegerangebot.

Im vorliegenden Beispiel ist Angebot E das Siegerangebot, da Angebot E sich im Schwankungsbereich befindet und dort die höchste Leistungspunktzahl (90 Punkte) hat.

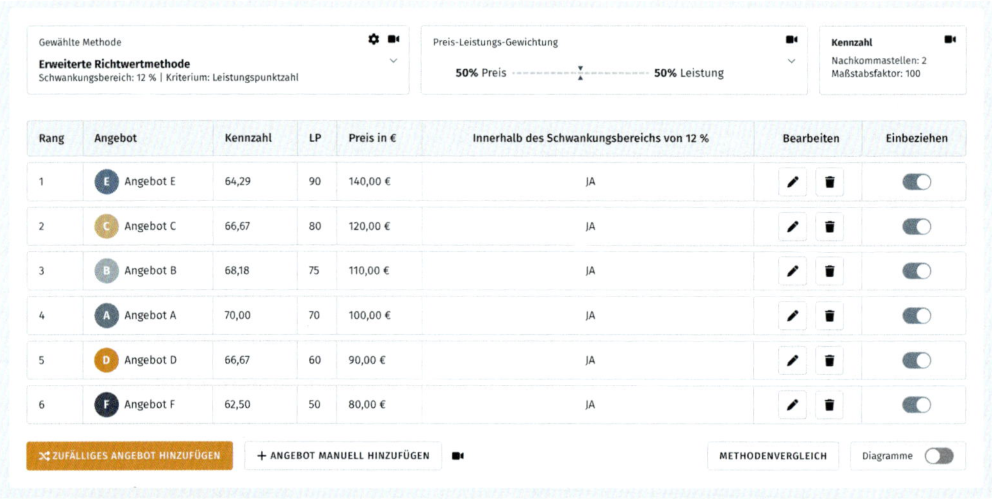

Abbildung: Tabellarische Darstellung im BewertungsCalculator und VergabeCalculator PRO – Beispiel 5

Beispiel 6: Erweiterte Richtwertmethode mit einem Schwankungsbereich von 12 % und dem Entscheidungskriterium Preis

Im Folgenden werden sechs Angebote A, B, C, D, E und F mit unterschiedlichen Angebotspreisen (von 80 Euro bis 140 Euro) und unterschiedlichen Leistungspunktzahlen (50 Leistungspunkte bis 90 Leistungspunkte) betrachtet.

Für diese sechs Angebote wird die Kennzahl nach der einfachen Richtwertmethode berechnet. Dazu wird die Kennzahl S aus dem Quotienten von Leistungspunkten L und Angebotspreis P gebildet: $S = L / P$. Das Angebot mit der höchsten Kennzahl wird zum führenden Angebot.

Tabelle: Beispiel 6 – Bestimmung der Kennzahlen

Angebot	Leistungspunkte	Preis in Euro	Kennzahl in Leistungspunkte / Euro
A	70	100	0,7
B	75	110	0,682
C	80	120	0,667
D	60	90	0,667
E	90	140	0,643
F	50	80	0,625

Angebot A hat mit einer Kennzahl von *S* = (70 *Punkte*) / (100 Euro) = 0,7 die größte Kennzahl, ist damit das führende Angebot.

Als nächstes werden die Angebote ermittelt, die mit ihrer Kennzahl innerhalb des vorgegebenen Schwankungsbereichs liegen. Bei einem Schwankungsbereich von 12 % kommen alle Angebote mit einer Kennzahl größer oder gleich (100 % – 12 %) · 0,7 = 88 % · 0,7 = 0,616 in die finale Wertung.

Tabelle: Beispiel 6 – Ermittlung der Angebote innerhalb des Schwankungsbereichs

Angebot	Leistungspunkte	Preis in Euro	Kennzahl in Leistungspunkte / Euro	Innerhalb des Schwankungsbereichs von 12 %
A	70	100	0,7	JA
B	75	110	0,682	JA
C	80	120	0,667	JA
D	60	90	0,667	JA
E	90	140	0,643	JA
F	50	80	0,625	JA

Im nächsten Schritt wird aus den Angeboten, die innerhalb des Schwankungsbereichs liegen, das Siegerangebot auf Basis des vorgegebenen Entscheidungskriteriums ermittelt. Wurde das Entscheidungskriterium Preis gewählt, dann wird das Angebot aus dem Schwankungsbereich mit dem kleinsten Angebotspreis das Siegerangebot.

Im vorliegenden Beispiel ist Angebot F das Siegerangebot, da Angebot F sich im Schwankungsbereich befindet und dort den kleinsten Angebotspreis (80 Euro) hat.

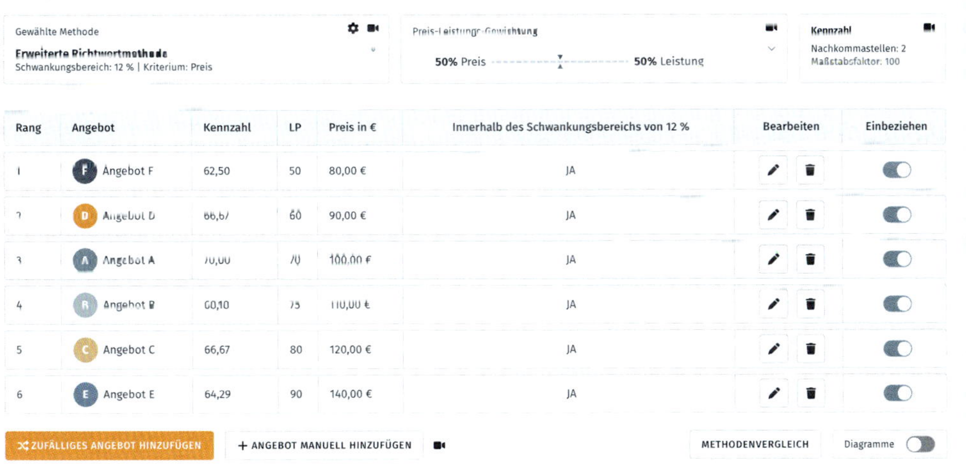

Abbildung: Tabellarische Darstellung im BewertungsCalculator und VergabeCalculator PRO – Beispiel 6

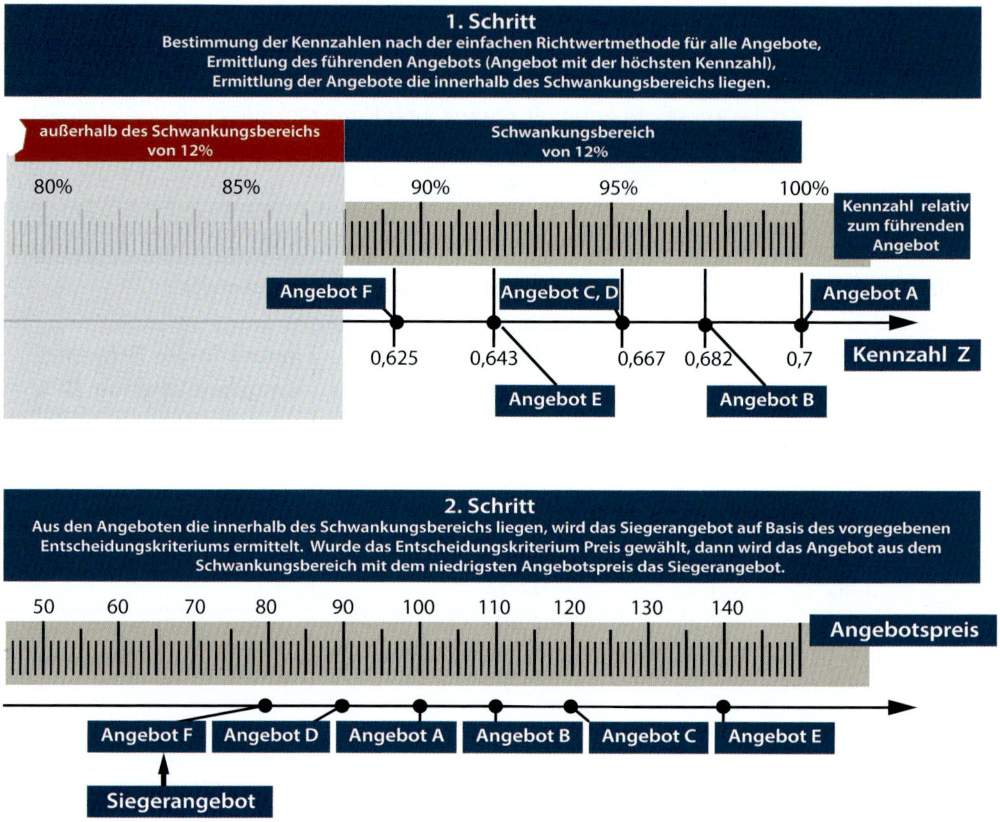

Abbildung: Bestimmung des wirtschaftlichsten Angebots mit der erweiterten Richtwertmethode – Beispiel 6

13.4.2 Grafische Darstellung in einem Preis-Leistungs-Diagramm

In einem Preis-Leistungs-Diagramm befinden sich auf der horizontalen Achse die Angebotspreise (oder Angebotskosten) und auf der vertikalen Achse die Leistungspunkte der Angebote. Jedes Angebot besteht aus einem Angebotspreis und einer Leistungspunktzahl und kann als Punkt in das Preis-Leistungs-Diagramm eingezeichnet werden. Wird der Angebotspunkt mit einer Geraden (Angebotsgerade) durch den Nullpunkt des Preis-Leistungs-Diagramms verbunden, dann entspricht die Steigung der Angebotsgeraden der Kennzahl S der einfachen Richtwertmethode.

Da die erweiterte Richtwertmethode auf der einfachen Richtwertmethode basiert, kann die erweiterte Richtwertmethode ebenfalls durch ein Preis-Leistungsdiagramm grafisch dargestellt werden.

Im folgenden Preis-Leistungs-Diagramm werden die fünf Angebote A, B, C, D und E betrachtet. Angebot A ist das billigste Angebot und Angebot E ist das teuerste Angebot. Das Angebot mit der größten Kennzahl, die mittels der einfachen Richtwertmethode ermittelt wurde, besitzt im Preis-Leistungs-Diagramm die größte Geradensteigung und wird bei der erweiterten

Richtwertmethode als führendes Angebot bezeichnet. Im folgenden Preis-Leistungs-Diagramm ist Angebot B das führende Angebot. Zur Bestimmung des wirtschaftlichsten Angebots werden alle Angebote betrachtet, die innerhalb eines vorgegebenen Schwankungsbereichs (x % kleinere Kennzahl als die Kennzahl des führenden Angebots) liegen. Im Preis-Leistungs-Diagramm wird dies durch eine um x % kleinere Geradensteigung (orangefarbene Gerade) dargestellt. Der Schwankungsbereich wird mithin von der blauen und der orangefarbenen Geraden eingeschlossen und als hellblaue Fläche dargestellt.

Zur Bestimmung des wirtschaftlichsten Angebots werden im folgenden Preis-Leistungs-Diagramm nur die Angebote B, C und D betrachtet, da die Angebote A und E außerhalb des Schwankungsbereichs liegen.

Den Zuschlag erhält das Angebot, das innerhalb des Schwankungsbereichs den besten Wert des Entscheidungskriteriums hat. Wurde das Entscheidungskriterium Leistungspunktzahl gewählt, dann wird das Angebot aus dem Schwankungsbereich mit der höchsten Leistungspunktzahl das Siegerangebot. Im folgenden Preis-Leistungs-Diagramm wäre dann Angebot D das Siegerangebot.

Wurde das Entscheidungskriterium Preis gewählt, dann wird das Angebot aus dem Schwankungsbereich mit dem niedrigsten Angebotspreis das Siegerangebot. Im folgenden Preis-Leistungs-Diagramm wäre dann Angebot B das Siegerangebot.

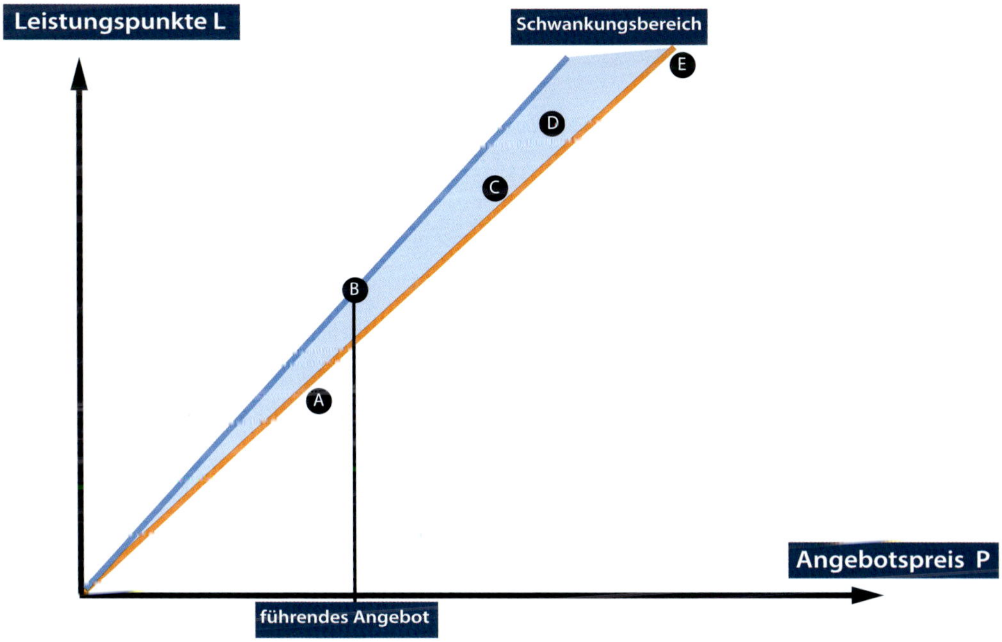

Abbildung: Preis-Leistungs-Diagramm bei der erweiterten Richtwertmethode

Ein größerer Schwankungsbereich kann zu einem völlig anderen Zuschlagsergebnis führen. Durch den größeren Schwankungsbereich im folgenden Preis-Leistungs-Diagramm sind alle Angebote A, B, C, D und E im Schwankungsbereich.

Den Zuschlag erhält das Angebot, das innerhalb des Schwankungsbereichs den besten Wert des Entscheidungskriteriums hat. Wurde das Entscheidungskriterium Leistungspunktzahl gewählt, dann wird das Angebot aus dem Schwankungsbereich mit der höchsten Leistungspunktzahl das Siegerangebot. Im folgenden Preis-Leistungs-Diagramm wäre dann Angebot E das Siegerangebot. Durch den großen Schwankungsbereich hat man hier ein 100 %-Zuschlagskriterium Leistungspunktzahl.

Wurde das Entscheidungskriterium Preis gewählt, dann wird das Angebot aus dem Schwankungsbereich mit dem niedrigsten Angebotspreis das Siegerangebot. Im folgenden Preis-Leistungs-Diagramm wäre dann Angebot A das Siegerangebot. Durch den großen Schwankungsbereich hat man hier ein 100 %-Zuschlagskriterium Preis.

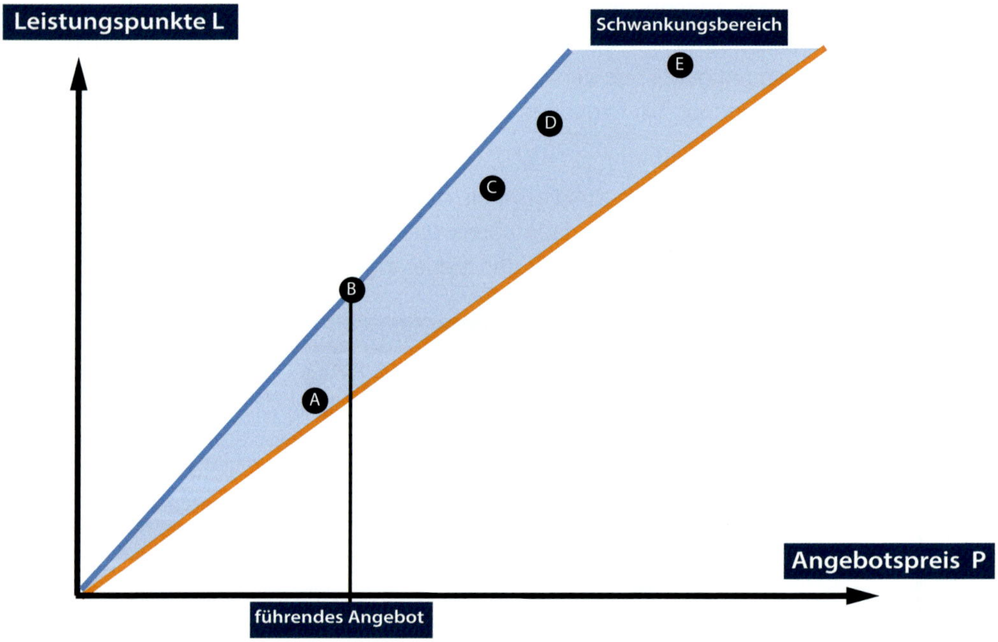

Abbildung: Preis-Leistungs-Diagramm bei der erweiterten Richtwertmethode

Ein kleinerer Schwankungsbereich kann ebenfalls zu einem völlig anderen Zuschlagsergebnis führen. Durch den kleineren Schwankungsbereich im folgenden Preis-Leistungs-Diagramm ist nur das Angebote B im Schwankungsbereich und die Angebote A, C, D und E sind außerhalb des Schwankungsbereichs.

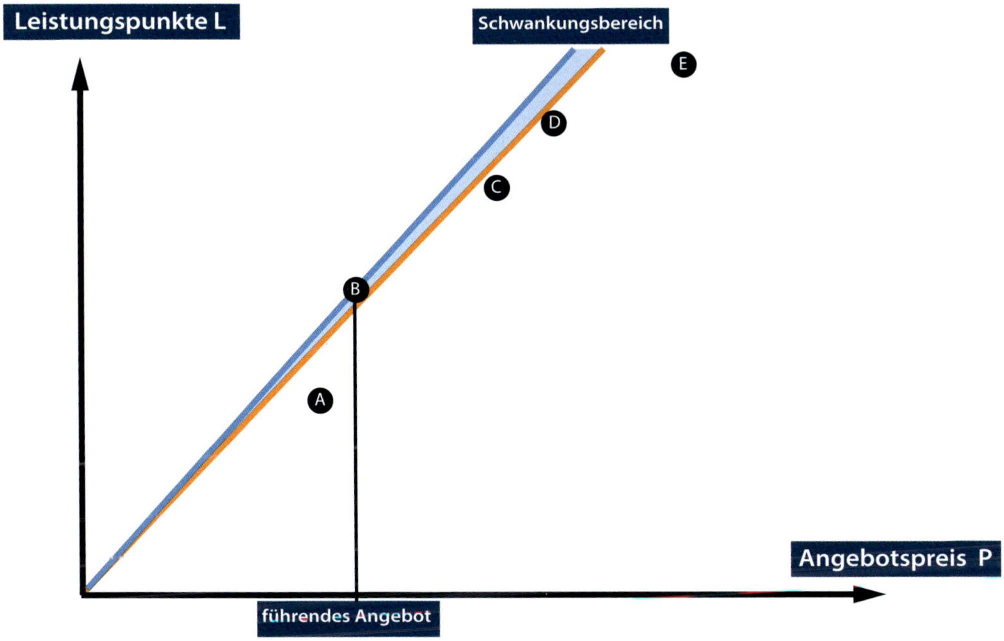

Abbildung: Preis-Leistungs-Diagramm bei der erweiterten Richtwertmethode

Da sich in diesem Fall nur das Angebot B als führendes Angebot im Schwankungsbereich befindet, ist dieses unabhängig vom gewählten Entscheidungskriterium das Siegerangebot. In diesem Fall kommt die erweiterte Richtwertmethode zum gleichen Ergebnis wie die einfache Richtwertmethode. Mithin entspricht die vorliegende Gewichtung einer reinen Wertung von 50 % Preis und 50 % Leistung.

Die Zuschlagsbewertung kann durch weitere Angebote maßgeblich beeinflusst werden. Dies wird im folgenden Preis-Leistungs-Diagramm anschaulich durch das zusätzliche Angebot F gezeigt. Im betrachteten Beispiel wird das zusätzliche Angebot F zum führenden Angebot und verändert dadurch den Schwankungsbereich. Im Extremfall liegen alle anderen Angebote A, B, C, D und E außerhalb des Schwankungsbereichs. Angebot F wird dadurch unabhängig vom Entscheidungskriterium zum Siegerangebot.

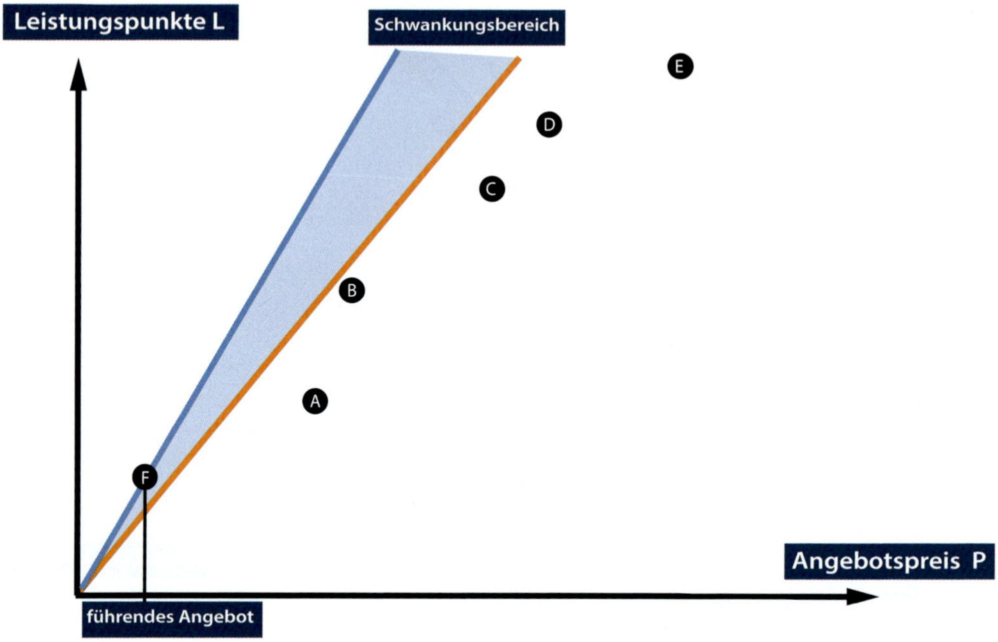

Abbildung: Preis-Leistungs-Diagramm bei der erweiterten Richtwertmethode

In anderen Fällen verbleiben durch ein zusätzliches Angebot und die Veränderung des Schwankungsbereichs nur ein Teil der Angebote im Schwankungsbereich. Im folgenden Beispiel verbleibt nur das Angebot B im Schwankungsbereich.

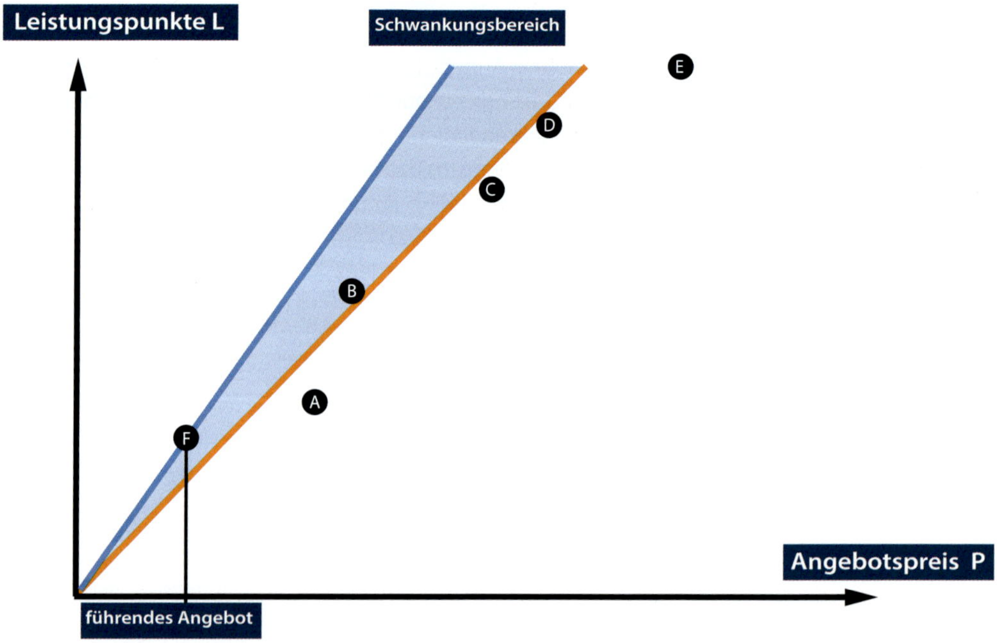

Abbildung: Preis-Leistungs-Diagramm bei der erweiterten Richtwertmethode

Wurde das Entscheidungskriterium Preis gewählt, dann wäre Angebot F das Siegerangebot. Wurde das Entscheidungskriterium Leistungspunkte gewählt, dann wäre Angebot B das Siegerangebot.

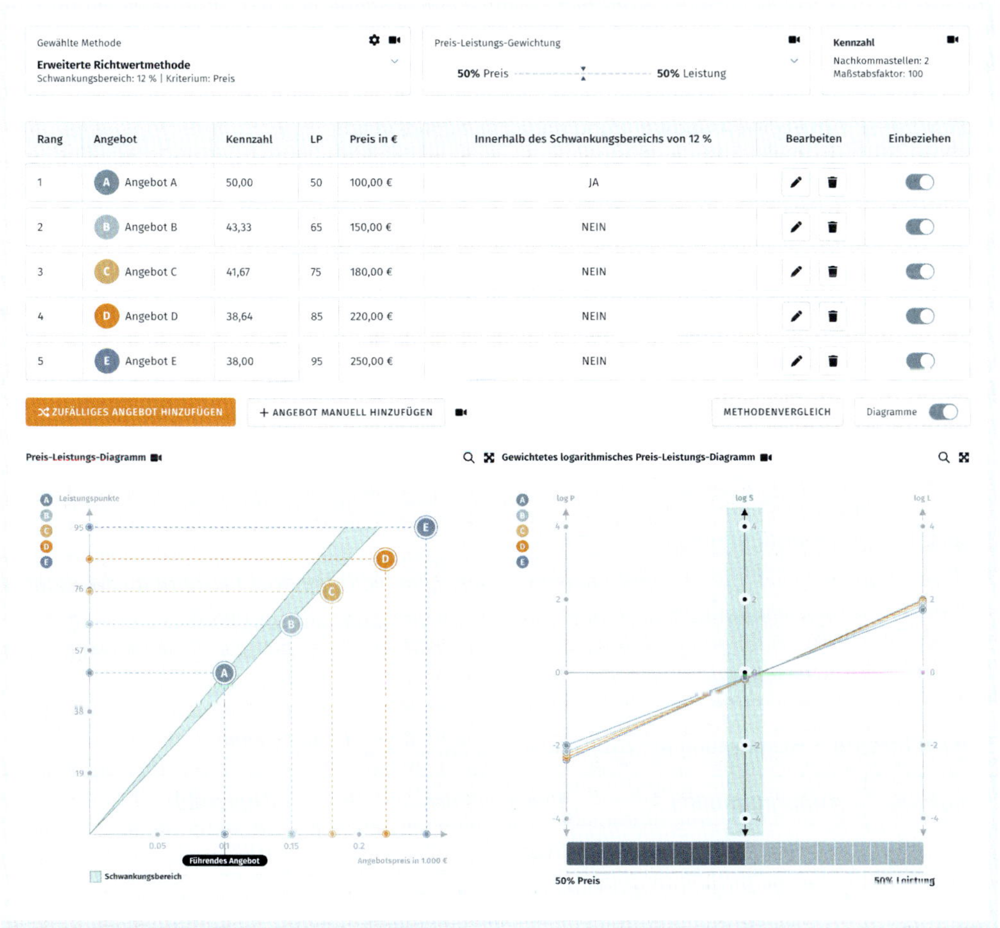

Abbildung: Tabellarische und grafische Darstellung im VergabeCalculator PRO

13.4.3 Schwankungsbereich und Gewichtung

Ein zu klein gewählter Schwankungsbereich führt zu einer Bewertung nach der einfachen Richtwertmethode und bleibt damit bei der Gewichtung von 50 % / 50 %. Ein zu groß gewählter Schwankungsbereich führt je nach gewähltem Entscheidungskriterium zu einer 100 %-Preisentscheidung oder zu einer 100 %-Leistungsentscheidung. Die Wahl eines geeigneten Schwankungsbereichs ist für jede Ausschreibung deshalb mit Bedacht zu wählen. Als Richtgröße empfiehlt die UfAB für den Schwankungsbereich einen Wert von 6 % und gibt einen maximalen Wert von 10 % an.[12] In Einzelfällen sind aber auch größere Werte für den Schwan-

12 UfAB VI, Fn. 69.

kungsbereich nach der Rechtsprechung des OLG Düsseldorf zulässig.[13] Die Wahl des Schwankungsbereichs bei der erweiterten Richtwertmethode ist daher nicht von trivialer Natur. Auch ein eigentlich moderat gewählter Schwankungsbereich von z.B. 5 % kann in nicht seltenen Fällen zu einer 100 %-Preis- bzw. 100 %-Leistungsentscheidung führen, wenn sich alle Angebote im Schwankungsbereich befinden. Im Gegensatz dazu gibt es aber auch genügend Ausschreibungsbeispiele, bei denen ein eher großzügig gewählter Schwankungsbereich von 8 % oder 10 % zu einer reinen Wertung von 50 % Preis und 50 % Leistung führt, wenn kein weiteres Angebot im Schwankungsbereich vertreten ist.

VK Lüneburg, Beschluss vom 19.9.2019 – VgK-33/2019: *„Die vom Antragsgegner gewählte erweiterte Richtwertmethode in Anlehnung an die UfAB 2018 ist zwar auch für den verfahrensgegenständlichen Auftrag grundsätzlich geeignet. Der festgelegte, unüblich hohe Schwankungsbereich von 20 % zugunsten des Entscheidungskriteriums Qualität gewährleistet jedoch nicht die von § 127 Abs. 4 GWB vorausgesetzte willkürfreie und überprüfbare Zuschlagsentscheidung (...).“*

Beispiel 1: Erweiterte Richtwertmethode mit einem Schwankungsbereich von 35 % und dem Entscheidungskriterium Angebotspreis

Im Folgenden werden sechs Angebote A, B, C, D, E und F mit unterschiedlichen Angebotspreisen (von 100 Euro bis 150 Euro) und unterschiedlichen Leistungspunktzahlen (1 Leistungspunkte bis 91 Leistungspunkte) betrachtet.

Für diese sechs Angebote wird die Kennzahl nach der einfachen Richtwertmethode berechnet. Dazu wird die Kennzahl S aus dem Quotienten von Leistungspunkten L und Angebotspreis P gebildet: $S = (L) / P$. Das Angebot mit der höchsten Kennzahl wird zum führenden Angebot.

Tabelle: Beispiel – Bestimmung der Kennzahlen mit Skalierungsfaktor 10.000

Angebot	Leistungspunkte L	Preis in Euro	Kennzahl
A	1	100	100
B	6	110	545
C	11	120	917
D	21	130	1.615
E	51	140	3.643
F	91	150	6.067

Angebot F hat mit einer Kennzahl von $S = 10.000 \cdot (91\ \textit{Punkte}) / (150\ \text{Euro}) = 6.067$ die größte Kennzahl und ist damit das führende Angebot.

13 Für 15 %: OLG Düsseldorf, Beschluss vom 25.4.2012 – VII-Verg 9/12.

Als nächstes werden die Angebote ermittelt, die mit ihrer Kennzahl innerhalb des vorgegebenen Schwankungsbereichs liegen. Bei einem Schwankungsbereich von 35 % kommen alle Angebote mit einer Kennzahl größer oder gleich (100 % – 35 %) · 6.067 = 65 % · 6.067 = 3.944 in die finale Wertung.

Tabelle: Beispiel – Ermittlung der Angebote innerhalb des Schwankungsbereichs

Angebot	Leistungspunkte	Preis in Euro	Kennzahl in Leistungspunkte / Euro	Innerhalb des Schwankungsbereichs von 35 %
A	1	100	100	NEIN
B	6	110	545	NEIN
C	11	120	917	NEIN
D	21	130	1.615	NEIN
E	51	140	3.643	NEIN
F	91	150	6.067	JA

Im nächsten Schritt wird aus den Angeboten, die innerhalb des Schwankungsbereichs liegen, das Siegerangebot auf Basis des vorgegebenen Entscheidungskriteriums ermittelt. Wurde das Entscheidungskriterium Angebotspreis gewählt, dann wird das Angebot aus dem Schwankungsbereich mit dem niedrigsten Angebotspreis das Siegerangebot.

Im vorliegenden Beispiel ist Angebot F das Siegerangebot, da sich Angebot F als einziges Angebot im Schwankungsbereich befindet.

Das Ergebnis überrascht zunächst. Bei einem Schwankungsbereich von 35 % und dem Entscheidungskriterium Angebotspreis erwartet man ein preisgünstiges Angebot als Siegerangebot. Das Ergebnis wird erklärbar, wenn man sich die unterschiedlichen relativen Spannen von Leistungspunkten und Angebotspreisen anschaut.

Gewählte Methode
Erweiterte Richtwertmethode
Schwankungsbereich: 35 % | Kriterium: Preis

Preis-Leistungs-Gewichtung
50% Preis — 50% Leistung

Kennzahl
Nachkommastellen: 2
Maßstabsfaktor: 100

Rang	Angebot	Kennzahl	LP	Preis in €	Innerhalb des Schwankungsbereichs von 35 %	Bearbeiten	Einbeziehen
1	F Angebot F	60,67	91	150,00 €	JA		
2	A Angebot A	1,00	1	100,00 €	NEIN		
3	B Angebot B	5,45	6	110,00 €	NEIN		
4	C Angebot C	9,17	11	120,00 €	NEIN		
5	D Angebot D	16,15	21	130,00 €	NEIN		
6	E Angebot E	36,43	51	140,00 €	NEIN		

ZUFÄLLIGES ANGEBOT HINZUFÜGEN | + ANGEBOT MANUELL HINZUFÜGEN | METHODENVERGLEICH | Diagramme

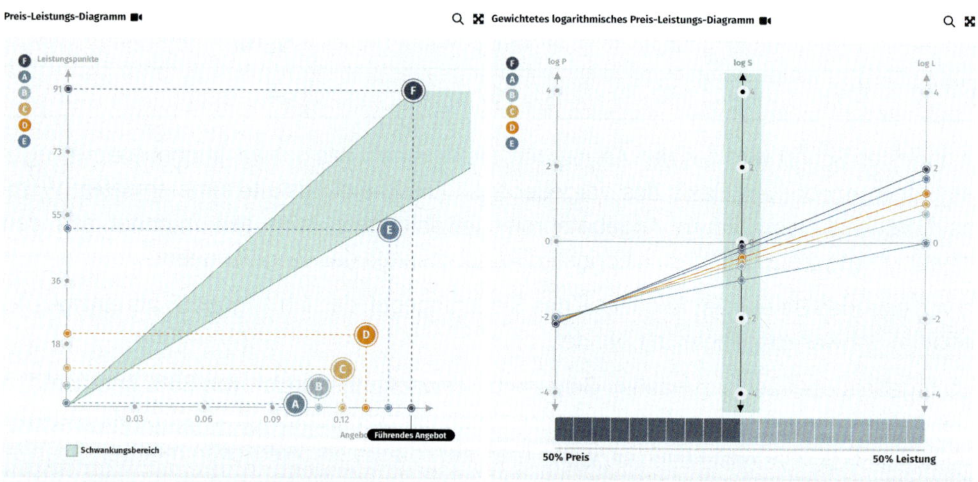

Abbildung: Tabellarische und grafische Darstellung im VergabeCalculator PRO

13.4.4 Definitionsbereich

Die erweiterte Richtwertmethode ist als Bewertungsfunktion im Definitionsbereich

- Angebotspreis $P > 0$,
- Leistungspunktzahl $L > 0$ definiert.

Angebotspreise von null Euro führen bei der erweiterten Richtwertmethode zu einer Division durch null, die nicht zulässig ist und eine Definitionslücke (Polstelle) darstellt. Negative Angebotspreise sowie eine Leistungspunktzahl von null Leistungspunkten führen zu unsinnigen Kennzahlen.

13.4.5 Abhängigkeit von anderen Angeboten

Bei der erweiterten Richtwertmethode besteht eine Abhängigkeit zu anderen Angeboten. Das Angebot mit der größten Kennzahl ist der Referenzwert für den zu betrachtenden Schwankungsbereich.

13.4.6 Schwächen der erweiterten Richtwertmethode

Bei der erweiterten Richtwertmethode besteht bei der Bestimmung des wirtschaftlichsten Angebots immer eine Abhängigkeit zum führenden Angebot, d.h. zu dem Angebot, welches nach der einfachen Richtwertmethode die höchste Kennzahl von allen zu wertenden Angeboten erreicht hat.

Ein weiteres Angebot mit einer besseren Kennzahl führt zu einer gänzlich anderen Ausrichtung des Schwankungsbereichs, da dann ein anderes Angebot die Rolle des führenden Angebots übernimmt.

Bei der einfachen Richtwertmethode ergibt sich die Kennzahl aus dem Quotienten der Leistungspunkte und dem Angebotspreis. Auch eine geringe Leistungspunktzahl kann bei entsprechend niedrigem Angebotspreis zu einer hohen Kennzahl führen.

Um sich vor zu leistungsschwachen Angeboten zu schützen, empfiehlt es sich, eine Mindestleistungspunktzahl vorzugeben, die als Ausschlusskriterium wirkt. Angebote, die diese Mindestanforderung nicht erfüllen, werden von der weiteren Wertung ausgeschlossen.

Die Angabe einer Preisobergrenze schützt vor Angeboten, die über dem Preisbudget liegen.

Die erweiterte Richtwertmethode kann von der Gewichtung 50 % Preis zu 50 % Leistung abweichen. Dies ist allerdings nicht deterministisch und kann abhängig vom führenden Angebot zu einer 100 %-Preis-, 100 %-Leistungs- oder 50 %-Preis-/50 %-Leistungsentscheidung führen. Ein Angebot mehr oder weniger kann hierfür den Ausschlag geben. Eine Aussage, dass die erweiterte Richtwertmethode mit einem Schwankungsbereich von 10 % und der Leistungspunktzahl als Entscheidungskriterium einer Gewichtung von 60 % Leistung und 40 % Preis entspricht, ist falsch, da der Prozentsatz des Schwankungsbereichs nicht so einfach auf die Gewichtung einwirkt.

13.4.7 Empfehlung

Auch wenn in der letzten Wertungsstufe (Bestimmung des wirtschaftlichsten Angebots) eine Interdependenz mit den anderen Angeboten in der Natur der Sache liegt,[12] ist das Zuschlagsergebnis bei der erweiterten Richtwertmethode in einem deutlich größeren Maße vom Zufall abhängig, als dies bei anderen Bewertungsmethoden auftritt.

Für die Bieterseite lässt sich überhaupt nicht abschätzen, mit welcher Angebotsstrategie man erfolgreich sein könnte. Ein Angebot mehr oder weniger kann darüber entscheiden, ob man sich überhaupt im Schwankungsbereich befindet, um vom Entscheidungskriterium erfasst zu sein.

Für die Auftraggeberseite ist die Wahl des Schwankungsbereichs bei der erweiterten Richtwertmethode von nicht trivialer Natur und führt bei der Auswertung der Angebote nicht selten zu Überraschungen.

Auch wenn die Rechtsprechung diese Bewertungsmethode als zulässig erachtet, empfiehlt sich diese Methode aufgrund der extremen Zufallseigenschaften bei der Entscheidung für das wirtschaftlichste Angebot grundsätzlich nicht.

12 Siehe hierzu VK Bund, Beschluss vom 26.6.2018 – VK 2-46/18.

Es gibt viele andere Bewertungsmethoden, die ein wesentlich stabileres und deterministisches Verhalten bei der Bewertung und der Zuschlagsentscheidung haben. Genannt seien hier z.B.: Lineare Interpolation mit einer 100 %-Preisspanne, Preisquotientenmethode, Potenzwertmethode, Proportionalitätsmethode.

Für alle, die die erweiterte Richtwertmethode gerne und erfolgreich einsetzen,

- stabilisieren Sie die Bewertungsmethode unbedingt durch die Vorgabe einer Mindestleistungspunktzahl und einer Preisobergrenze und
- beachten Sie, dass Angebotspreise von null Euro bei der erweiterten Richtwertmethode zu einer Division durch null führen, die mathematisch nicht zulässig ist und eine Definitionslücke (Polstelle) darstellt. Ebenfalls führen negative Angebotspreise sowie eine Leistungspunktzahl von null Leistungspunkten zu unsinnigen Kennzahlen.

13.4.8 Rechtsprechung

Die Erweiterte Richtwertmethode ist nach der Rechtsprechung eine zulässige Zuschlagsformel.

OLG Karlsruhe, Beschluss vom 11.11.2020 – 15 Verg 6/20: *„Kein Verstoß gegen § 97 Abs. 1 GWB liegt in der Gewichtung von Preis und Leistung durch Anwendung der erweiterten Richtwertmethode nach UfAB."*

VK Thüringen, Beschluss vom 22.7.2020 – 250-4003-3277-2020-E-003-SON: *„Die einfache und erweiterte Richtwertmethode haben in Deutschland durch die vom Beschaffungsamt des Bundesministeriums des Innern herausgegebene Unterlage für Ausschreibung und Bewertung von IT-Leistungen (UfAB 2018.04, April 2018) erhebliche Verbreitung gefunden. Die für IT-Beschaffungen entwickelten Formeln können auch für die Vergabe anderer Leistungen angewendet werden. Die UfAB enthält dabei keine bindenden vergaberechtlichen Regelungen, sondern Empfehlungen, Formblätter und Werkzeuge zur Erstellung von Bewertungsmatrizen (Kulartz/Kus/Marx/Portz/Prieß, Kommentar zur VgV, 2017, § 58, Rdn. 71; Müller-Wrede, a.a.O., § 127, Rdn. 27)."*

VK Thüringen, Beschluss vom 22.7.2020 – 250-4003-3277-2020-E-003-SON: *„Die Nachprüfungsinstanzen haben gegen die vom AG gewählte erweiterte Richtwertmethode in der Vergangenheit keine grundsätzlichen Bedenken erhoben (OLG Düsseldorf, Beschluss vom 25.04.2012, Az.: VII-Verg 9/12; Vergabekammer Südbayern, Beschluss vom 19.05.2014, Az.: Z3-3-3194-1-08-03/14; Vergabekammer Lüneburg, Beschluss vom 19.09.2019, Az.: VgK-33/2019; auch Burgi/Dreher, a.a.O., § 127, Rdn. 133 ff.; kritisch aber Krohn, NZBau 2013, 79, 86 f.; Ferber, Bewertungskriterien und -matrizen im Vergabeverfahren, 1. Aufl., 2015, Nr. 8.2.9). Die vorab bekannt gemachte Anwendung der erweiterten Richtwertmethode verstößt insbesondere nicht gegen den Transparenzgrundsatz und eröffnet dem Auftraggeber im Wertungsvorgang keine dem Gleichbehandlungsgrundsatz widersprechenden Manipulationsmöglichkeiten (Vergabekammer Düsseldorf, Beschluss vom 19.03.2012, Az.: VK-32/2011-B)."*

VK Thüringen, Beschluss vom 22.7.2020 – 250-4003-3277-2020-E-003-SON: *„Die Nachprüfungsinstanzen haben im Rahmen der erweiterten Richtwertmethode einen Schwankungsbereich von 15 % bislang noch als vergaberechtskonform angesehen (OLG Düsseldorf, Beschluss vom 25.04.2012, Az.: VII-Verg 9/12; Vergabekammer Bund, Beschluss vom*

09.09.2011, Az.: VK 1-114/11; Vergabekammer Lüneburg, Beschluss vom 19.09.2019, Az.: VgK-33/2019)."

VK Lüneburg, Beschluss vom 19.9.2019 – VgK-33/2019: *„Die vom Antragsgegner gewählte erweiterte Richtwertmethode in Anlehnung an die UfAB 2018 ist zwar auch für den verfahrensgegenständlichen Auftrag grundsätzlich geeignet. Der festgelegte, unüblich hohe Schwankungsbereich von 20 % zugunsten des Entscheidungskriteriums Qualität gewährleistet jedoch nicht die von § 127 Abs. 4 GWB vorausgesetzte willkürfreie und überprüfbare Zuschlagsentscheidung (...)."*

13.4.9 Beispielformulierung für Ausschreibungen

Beispielformulierung mit Entscheidungskriterium Leistungspunktzahl

Als Zuschlagsformel findet die erweiterte Richtwertmethode mit

- einem Schwankungsbereich von x % und
- dem Entscheidungskriterium Leistung

Anwendung.

Für alle wertbaren Angebote wird eine Kennzahl *S* aus dem Quotienten der Leistungspunkte L und dem Angebotspreis P des betrachteten Angebots gebildet:

FORMEL: $S = L / P$

S: Kennzahl (Score)

L: Leistungspunktzahl

P: Angebotspreis

Das Angebot mit der höchsten Kennzahl *S* wird zum führenden Angebot. Aus allen Angeboten mit einer Kennzahl, die innerhalb des Schwankungsbereichs (x % kleinere Kennzahl als die Kennzahl des führenden Angebots) und dem führenden Angebot (Angebot mit der höchsten Kennzahl) liegen, wird das wirtschaftlichste Angebot mittels des vorgegebenen Entscheidungskriteriums Leistung bestimmt.

Zuschlag: Das Angebot aus dem Schwankungsbereich mit der höchsten Leistungspunktzahl erhält den Zuschlag.

Preisobergrenze: Es wird eine Preisobergrenze von 750.000 Euro (inkl. MwSt.) vorgegeben. Angebote, deren Angebotspreis über der Preisobergrenze liegt, werden von der weiteren Wertung ausgeschlossen.

Mindestleistungspunktzahl: Die Angebote müssen mindestens 150 von maximal 720 möglichen Leistungspunkten erreichen. Angebote, die mit weniger als 150 Leistungspunkten bewertet werden, werden von der weiteren Wertung ausgeschlossen.

Gleichstand: Bei Gleichstand der Kennzahlen erhält das Angebot mit der größeren Leistungspunktzahl den Zuschlag. Führt dies nicht zu einem eindeutigen Zuschlagsergebnis, entscheidet das Los.

Beispielformulierung mit Entscheidungskriterium Angebotspreis

Als Zuschlagsformel findet die erweiterte Richtwertmethode mit

- einem Schwankungsbereich von x % und
- dem Entscheidungskriterium Preis

Anwendung.

Für alle wertbaren Angebote wird eine Kennzahl *S* aus dem Quotienten der Leistungspunkte L und dem Angebotspreis P des betrachteten Angebots gebildet:

FORMEL: $S = L / P$

S: Kennzahl (Score)

L: Leistungspunktzahl

P: Angebotspreis

Das Angebot mit der höchsten Kennzahl *S* wird zum führenden Angebot. Aus allen Angeboten mit einer Kennzahl, die innerhalb des Schwankungsbereichs (x % kleinere Kennzahl als die Kennzahl des führenden Angebots) und dem führenden Angebot (Angebot mit der höchsten Kennzahl) liegen, wird das wirtschaftlichste Angebot mittels des vorgegebenen Entscheidungskriteriums Preis bestimmt.

Zuschlag: Das Angebot aus dem Schwankungsbereich mit dem niedrigsten Angebotspreis erhält den Zuschlag.

Preisobergrenze: Es wird eine Preisobergrenze von 750.000 Euro (inkl. MwSt.) vorgegeben. Angebote, deren Angebotspreis über der Preisobergrenze liegt, werden von der weiteren Wertung ausgeschlossen.

Mindestleistungspunktzahl: Die Angebote müssen mindestens 150 von maximal 720 möglichen Leistungspunkten erreichen. Angebote, die mit weniger als 150 Leistungspunkten bewertet werden, werden von der weiteren Wertung ausgeschlossen.

Gleichstand: Bei Gleichstand der Kennzahlen erhält das Angebot mit der größeren Leistungspunktzahl den Zuschlag. Führt dies nicht zu einem eindeutigen Zuschlagsergebnis, entscheidet das Los.

13.5 Potenzwertmethode

Die Potenzwertmethode basiert auf der einfachen Richtwertmethode. Im Unterschied zur einfachen Richtwertmethode werden hier die Leistungspunkte sowie der Angebotspreis mit einem Gewicht potenziert.[13] Dabei wird die Summe des Gewichts für die Leistung w_L und des Gewichts für den Angebotspreis w_P auf eins normiert, das heißt: $w_L + w_P = 1$. Zur Vereinfachung werden im Folgenden die Gewichte wie folgt betrachtet: $w_L = w$ *und* $w_P = (1 - w)$, wobei $0 \leq w \leq 1$.

13 *Naas/Schmid*, Mathematisches Wörterbuch, Bd. II, S. 368. Beim Potenzieren wird eine Zahl wiederholt multipliziert. Die Zahl, die zu multiplizieren ist, wird als Basis bezeichnet. Die Anzahl, wie oft diese Basis als Faktor auftritt, wird als Exponent bezeichnet. Der Potenzwert ist der Wert, der durch die wiederholte Multiplikation der Basis entsteht.

$$S = \frac{L^w}{P^{(1-w)}}$$

S: Kennzahl (Scoring-Wert)
L: Leistungspunktzahl des Angebots, L>0
P: Angebotspreis oder Kosten, P>0
ω: Gewicht der Leistungspunkte, 0 < ω < 1
1- ω: Gewicht des Preises oder der Kosten

Abbildung: Formel zur Bestimmung der Kennzahl bei der Potenzwertmethode mit dem Gewicht w

Für jedes Angebot wird die Kennzahl *S* gemäß der Formel $S = L^W / P^{(1-W)}$ berechnet. Dazu wird die Leistungspunktzahl mit dem Gewicht w potenziert und der Angebotspreis mit dem Gewicht (1–w) potenziert. Danach wird die Kennzahl aus dem Quotienten der potenzierten Leistungspunktzahlen und der potenzierten Angebotspreise gebildet.

Das Angebot mit der größten Kennzahl *S* erhält den Zuschlag.

13.5.1 Beispiele

Beispiel 1

Im Folgenden werden die drei Angebote A, B und C, die nach der einfachen Richtwertmethode die gleiche Kennzahl erhalten haben, betrachtet.

Tabelle: Beispiel – Einfache Richtwertmethode, Skalierungsfaktor = 1.000

Angebot	Leistungspunkte L	Preis P	Skalierte Kennzahl	Rang
A	100	200	500	1
B	200	400	500	1
C	400	800	500	1

Werden die drei Angebote in einem Preis-Leistungsdiagramm dargestellt, dann entspricht die Steigung der Angebotsgeraden der Kennzahl S der einfachen Richtwertmethode. Das Angebot mit der größten Kennzahl, das heißt das Angebot, dessen Angebotsgerade die größte Steigung aufweist, gewinnt. Im betrachteten Beispiel befinden sich die drei Angebote aufgrund der gleichen Kennzahl auf der gleichen Angebotsgeraden.

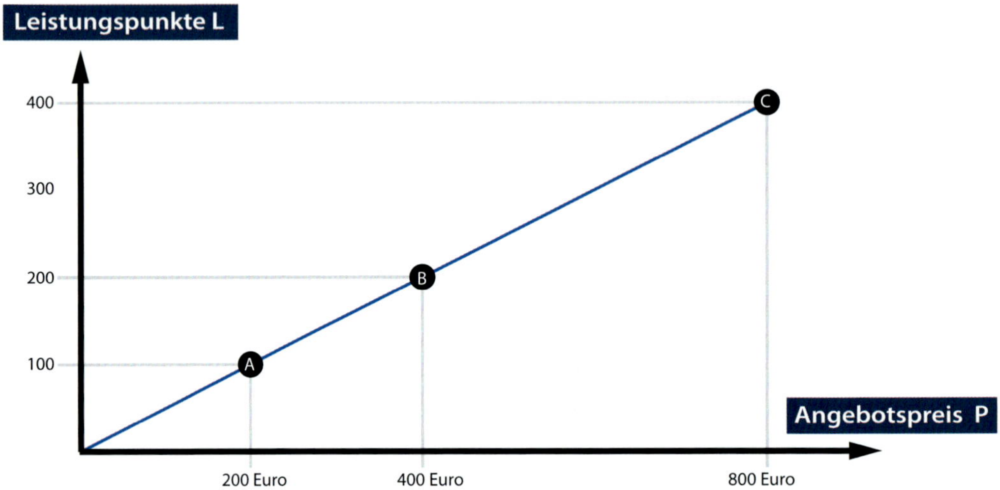

Abbildung: Preis-Leistungs-Diagramm für betrachtetes Beispiel

Findet statt der einfachen Richtwertmethode die Potenzwertmethode mit den gleichen Gewichten $w = 1/2$ und $(1 - w) = 1/2$ Anwendung, dann ergeben sich die folgenden Kennzahlen:

Tabelle: Beispiel – Potenzwertmethode mit den gleichen Gewichten $w = 1/2$ und $(1-w) = 1/2$, Skalierungsfaktor = 1.000

Angebot	Leistungs-punkte L	$L^{1/2}$	Angebots-preis P	$P^{1/2}$	Skalierte Kennzahl	Rang
A	100	10	200	14,14	707	1
B	200	14,14	400	20	707	1
C	400	20	800	28,28	707	1

Für alle drei Angebote wird die Leistungspunktzahl mit dem Gewicht w = 0,5 (50 %) potenziert und der Angebotspreis mit dem Gewicht $(1-w) = 0{,}5$ (50 %) potenziert. Danach wird die Kennzahl aus dem Quotienten aus potenzierten Leistungspunktzahlen und potenzierten Angebotspreisen gebildet. Eine Potenzierung mit dem gleichen Gewicht verändert die Rangfolge der Angebote nicht.

Rang	Angebot	Kennzahl	LP	Preis in €	Bearbeiten	Einbeziehen
1	Angebot A	70,71	100	200,00 €		
1	Angebot B	70,71	200	400,00 €		
1	Angebot C	70,71	400	800,00 €		

Abbildung: Tabellarische Darstellung mit dem BewertungsCalculator/VergabeCalculator PRO – Beispiel 1

Diesen Effekt kann man sich sehr anschaulich im folgenden Preis-Leistungs-Diagramm verdeutlichen.

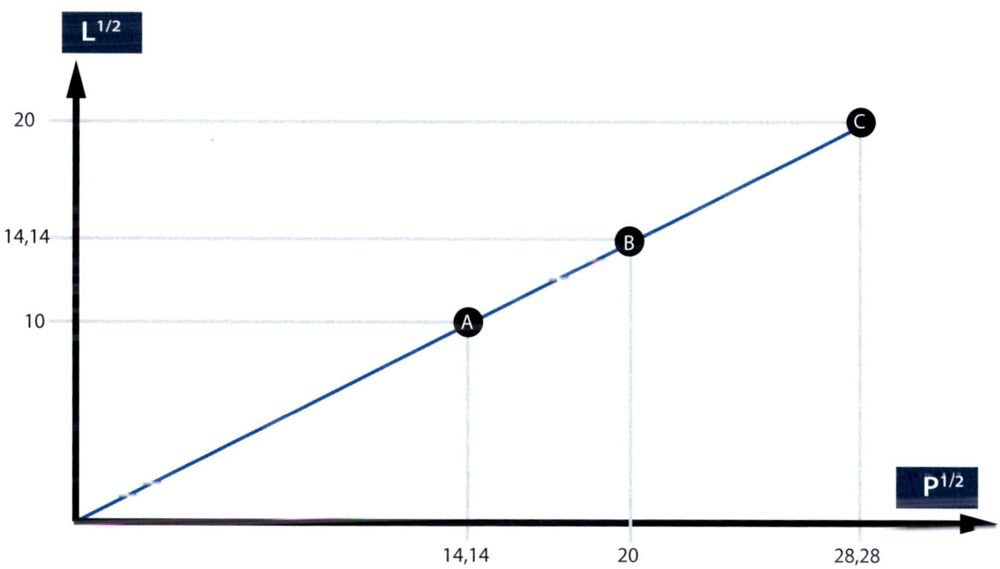

Abbildung: Preis-Leistungs-Diagramm für die Potenzwertmethode

Beispiel 2. Stärkere Gewichtung der Leistungspunkte: w = 0,6

Im Folgenden werden die drei Angebote A, B und C aus Beispiel 1 betrachtet, die nach der einfachen Richtwertmethode die gleiche Kennzahl erhalten haben. Wird die Potenzwertmethode mit einer Gewichtung von w = 0,6 angewendet, verändert sich die Rangfolge der Angebote.

Tabelle: Beispiel – Potenzwertmethode mit dem Gewicht w = 0,6, Skalierungsfaktor = 1.000

Angebot	Leistungs-punkte L	$L^{0,6}$	Angebots-preis P	$P^{0,4}$	Skalierte Kennzahl	Rang
A	100	15,85	200	8,33	1.904	3
B	200	24,02	400	10,99	2.187	2
C	400	36,41	800	14,50	2.512	1

Für alle drei Angebote wird die Leistungspunktzahl mit dem Gewicht w = 0,6 (60 %) potenziert und der Angebotspreis mit dem Gewicht (1−w) = 0,4 (40 %) potenziert. Danach wird die Kennzahl aus dem Quotienten aus potenzierten Leistungspunktzahlen und potenzierten Angebotspreisen gebildet. Eine Potenzierung mit einem stärkeren Gewicht bezüglich der Leistungspunktzahl verändert die Rangfolge der Angebote zugunsten leistungsstärkerer Angebote.

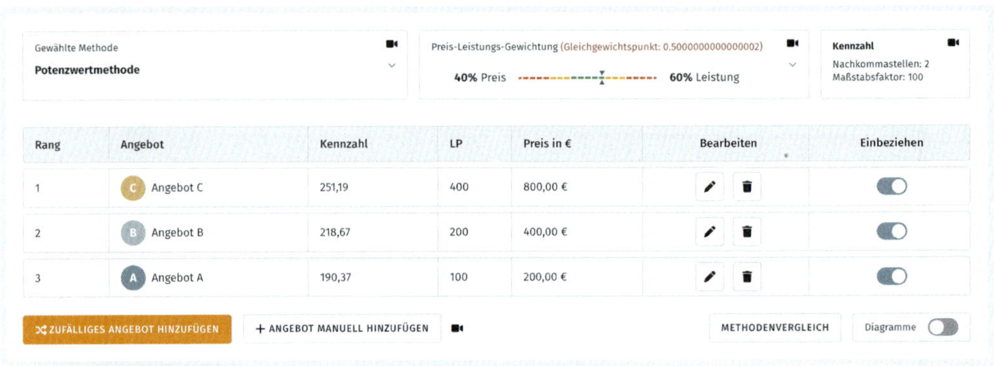

Abbildung: Tabellarische Darstellung mit dem BewertungsCalculator/VergabeCalculator PRO – Beispiel 2

Betrachtet man zwei Angebote A und B, die nach der Potenzwertmethode mit gleicher Gewichtung von Preis und Leistung die gleiche Kennzahl haben ($Z_A = Z_B$) und bei denen das Angebot B sowohl einen größeren Angebotspreis als auch eine größere Leistungspunktzahl hat ($P_B > P_A$; $L_B > L_A$), dann wird bei einer stärkeren Gewichtung der Leistung, das Angebot B die größere Kennzahl erhalten.

Beispiel 3: Stärkere Gewichtung des Preises – w = 0,4

Im Folgenden werden die gleichen drei Angebote A, B und C aus Beispiel 1 betrachtet, die nach der einfachen Richtwertmethode die gleiche Kennzahl erhalten haben. Wird die Potenzwertmethode mit einer Gewichtung von w = 0,4 angewendet, verändert sich die Rangfolge der Angebote.

Beispiel: Potenzwertmethode mit dem Gewicht w = 0,4, Skalierungsfaktor = 1.000

Angebot	Leistungs-punkte L	$L^{0,4}$	Angebots-preis P	$P^{0,6}$	Skalierte Kennzahl	Rang
A	100	6,31	200	24,02	263	1
B	200	8,33	400	36,41	229	2
C	400	10,99	800	55,19	199	3

Für alle drei Angebote wird die Leistungspunktzahl mit dem Gewicht $w = 0{,}4$ (40 %) potenziert und der Angebotspreis mit dem Gewicht $(1-w) = 0{,}6$ (40 %) potenziert. Danach wird die Kennzahl aus dem Quotienten aus potenzierten Leistungspunktzahlen und potenzierten Angebotspreisen gebildet. Eine Potenzierung mit einem stärkeren Gewicht bezüglich des Angebotspreises verändert die Rangfolge der Angebote zugunsten preisgünstigerer Angebote.

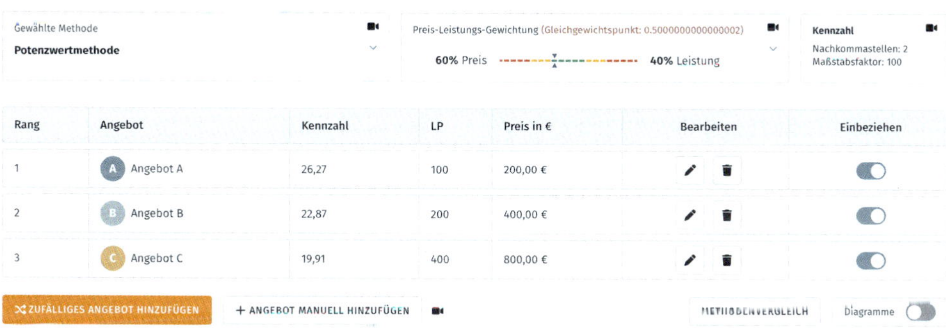

Abbildung: Tabellarische Darstellung mit dem BewertungsCalculator/VergabeCalculator PRO – Beispiel 3

Betrachtet man zwei Angebote A und B, die nach der Potenzwertmethode mit gleicher Gewichtung von Preis und Leistung die gleiche Kennzahl haben (Z_A – Z_B) und bei denen das Angebot B sowohl einen größeren Angebotspreis als auch eine größere Leistungspunktzahl hat ($P_B > P_A$; $L_B > L_A$), dann wird bei einer stärkeren Gewichtung des Preises, das Angebot A die größere Kennzahl erhalten.[14]

Beispiel 4

Im Folgenden werden die sechs Angebote A, B C, D, E und F betrachtet, die unter Anwendung der Potenzwertmethode bei einer Gewichtung von 50 % Leistung und 50 % Preis unterschiedliche Kennzahlen haben

14 Der mathematische Beweis dieser These findet sich in *Ferber*, Das wirtschaftlichste Angebot im Vergaberecht.

Tabelle: Beispiel – Potenzwertmethode mit den gleichen Gewichten w = 0,5, (1-w) = 0,5 und einem Skalierungsfaktor = 1.000

Angebot	Leistungs-punkte L	$L^{0,5}$	Angebots-preis P	$P^{0,5}$	Skalierte Kennzahl	Rang
A	300	17,32	670	25,88	669,15	5
B	340	18,44	700	26,46	696,93	3
C	380	19,49	750	27,39	711,81	1
D	400	20	800	28,28	707,11	2
E	420	20,49	880	29,66	690,85	4
F	450	21,21	1.150	33,91	625,54	6

Für alle sechs Angebote wird die Leistungspunktzahl mit dem Gewicht w = 0,5 (50 %) potenziert und der Angebotspreis mit dem Gewicht (1 – *w*) = 0,5 (50 %) potenziert. Danach wird die Kennzahl aus dem Quotienten aus potenzierten Leistungspunktzahlen und potenzierten Angebotspreisen gebildet. Das Angebot mit der größten Kennzahl gewinnt. Dies ist bei der betrachteten Gewichtung das Angebot C.

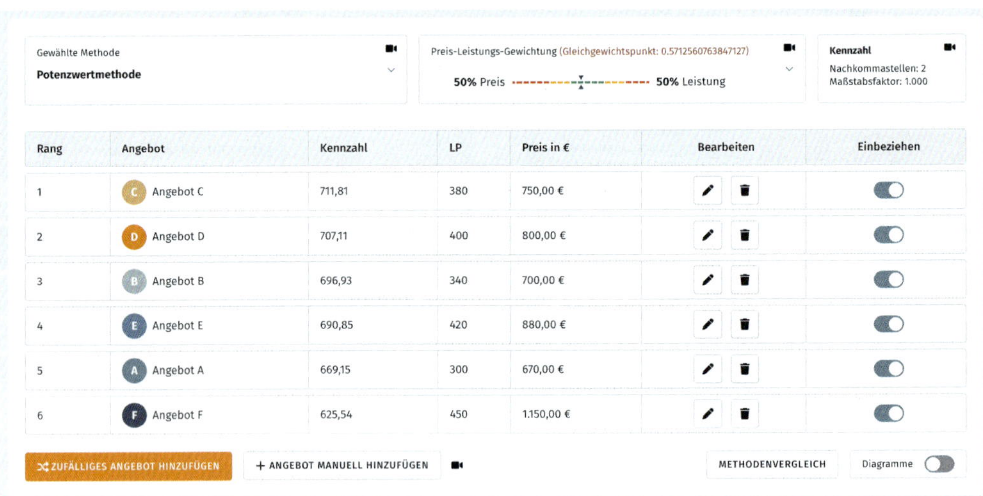

Abbildung: Tabellarische Darstellung mit dem BewertungsCalculator/VergabeCalculator PRO – Beispiel 4, Gewichtung 50 % Leistung, 50 % Preis

Tabelle: Beispiel – Potenzwertmethode mit dem Gewicht w = 0,6 und einem Skalierungsfaktor = 1.000

Angebot	Leistungs-punkte L	$L^{0,6}$	Angebots-preis P	$P^{0,4}$	Skalierte Kennzahl	Rang
A	300	30,64	670	13,50	2.269,04	6
B	340	33,03	700	13,74	2.403,52	4
C	380	35,31	750	14,13	2.499,46	2
D	400	36,41	800	14,50	2.511,89	1
E	420	37,49	880	15,06	2.489,75	3
F	450	39,08	1.150	16,76	2.331,57	5

Für alle sechs Angebote wird die Leistungspunktzahl mit dem Gewicht w = 0,6 (60 %) potenziert und der Angebotspreis mit dem Gewicht (1 – *w*) = 0,4 (40 %) potenziert. Danach wird die Kennzahl aus dem Quotienten aus potenzierten Leistungspunktzahlen und potenzierten Angebotspreisen gebildet. Das Angebot mit der größten Kennzahl gewinnt. Dies ist bei der betrachteten Gewichtung von 60 % Leistung und 40 % Preis das Angebot D.

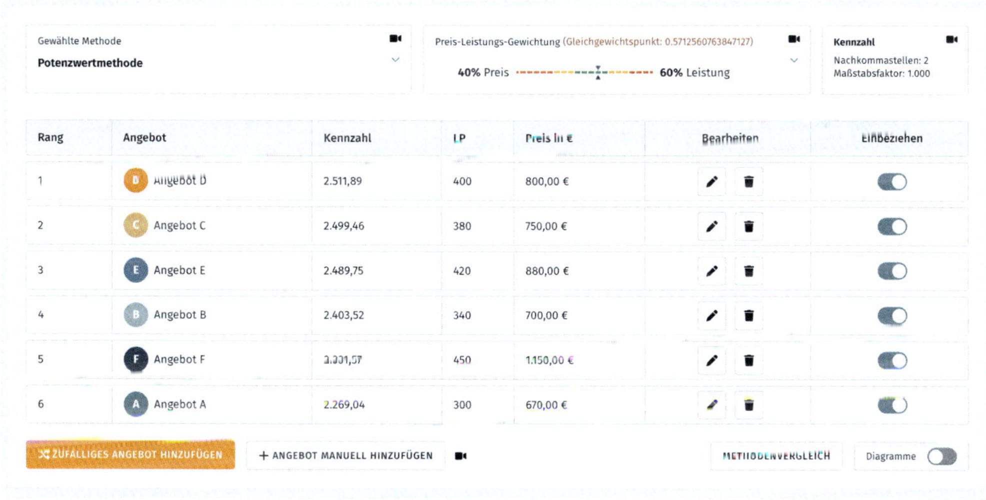

Abbildung: Tabellarische Darstellung mit dem BewertungsCalculator/VergabeCalculator PRO – Beispiel 4, Gewichtung 60 % Leistung, 40 % Preis

Tabelle: Beispiel – Potenzwertmethode mit dem Gewicht w = 0,7 und einem Skalierungsfaktor = 1.000

Angebot	Leistungs-punkte L	$L^{0,7}$	Angebots-preis P	$P^{0,3}$	Skalierte Kennzahl	Rang
A	300	54,20	670	7,04	7.694,18	6
B	340	59,16	700	7,14	8.289,07	5

Angebot	Leistungs-punkte L	$L^{0,7}$	Angebots-preis P	$P^{0,3}$	Skalierte Kennzahl	Rang
C	380	63,95	750	7,29	8.776,68	3
D	400	66,29	800	7,43	8.923,08	2
E	420	68,59	880	7,64	8.972,84	1
F	450	71,99	1.150	8,28	8.690,39	4

Für alle sechs Angebote wird die Leistungspunktzahl mit dem Gewicht w = 0,7 (70 %) potenziert und der Angebotspreis mit dem Gewicht (1 − *w*) = 0,3 (30 %) potenziert. Danach wird die Kennzahl aus dem Quotienten aus potenzierten Leistungspunktzahlen und potenzierten Angebotspreisen gebildet. Das Angebot mit der größten Kennzahl gewinnt. Dies ist bei der betrachteten Gewichtung von 70 % Leistung und 30 % Preis das Angebot E.

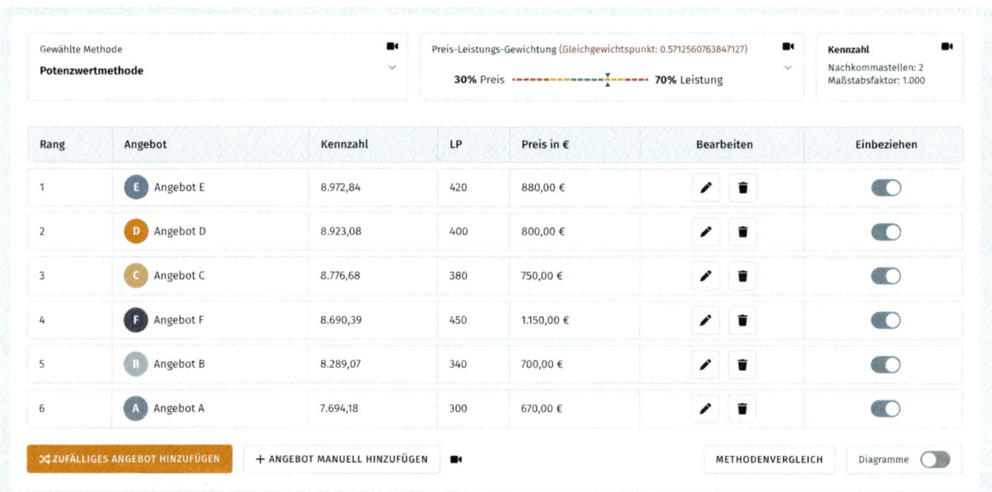

Abbildung: Tabellarische Darstellung mit dem BewertungsCalculator/VergabeCalculator PRO – Beispiel 4, Gewichtung 70 % Leistung, 30 % Preis

Tabelle: Beispiel – Potenzwertmethode mit dem Gewicht w = 0,8 und einem Skalierungsfaktor = 100

Angebot	Leistungs-punkte L	$L^{0,8}$	Angebots-preis P	$P^{0,2}$	Skalierte Kennzahl	Rang
A	300	95,87	670	3,67	2.609,05	6
B	340	105,97	700	3,71	2.858,67	5
C	380	115,83	750	3,76	3.081.87	4
D	400	120,68	800	3,81	3.169,79	3
E	420	125,49	880	3,88	3.233,72	2
F	450	132,61	1.150	4,09	3.239,15	1

Für alle sechs Angebote wird die Leistungspunktzahl mit dem Gewicht w = 0,8 (80 %) potenziert und der Angebotspreis mit dem Gewicht (1 – *w*) = 0,2 (20 %) potenziert. Danach wird die Kennzahl aus dem Quotienten aus potenzierten Leistungspunktzahlen und potenzierten Angebotspreisen gebildet. Das Angebot mit der größten Kennzahl gewinnt. Dies ist bei der betrachteten Gewichtung von 80 % Leistung und 20 % Preis das Angebot F.

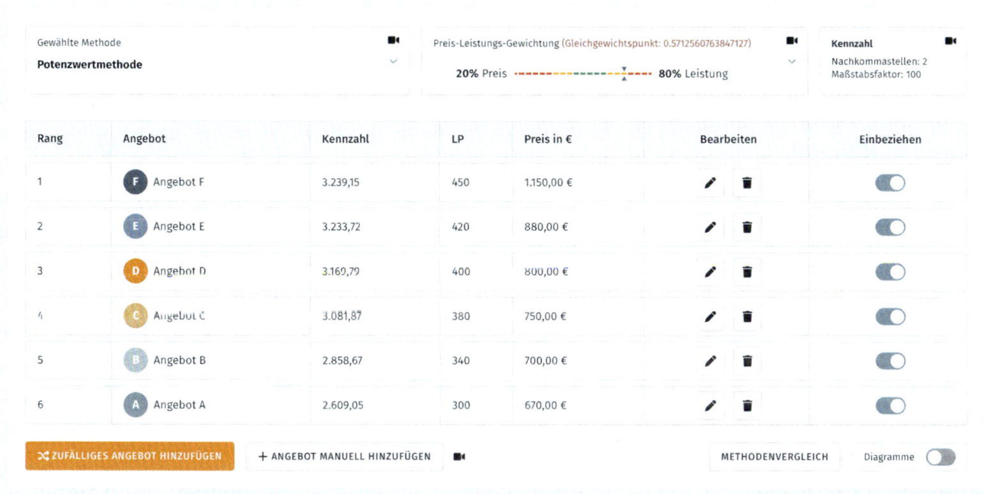

Abbildung: Tabellarische Darstellung mit dem BewertungsCalculator/VergabeCalculator PRO – Beispiel 4, Gewichtung 80 % Leistung, 20 % Preis

Tabelle: Beispiel – Potenzwertmethode mit dem Gewicht w = 0,4 und einem Skalierungsfaktor = 1.000

Angebot	Leistungspunkte L	$L^{0,4}$	Angebotspreis P	$P^{0,6}$	Skalierte Kennzahl	Rang
A	300	9,79	670	49,62	197,3	4
B	340	10,29	700	50,94	202,1	2
C	380	10,76	750	53,09	202,7	1
D	400	10,99	800	55,19	199,1	3
E	420	11,20	880	58,44	191,7	5
F	450	11,52	1.150	68,61	167,8	6

Für alle sechs Angebote wird die Leistungspunktzahl mit dem Gewicht w = 0,4 (40 %) potenziert und der Angebotspreis mit dem Gewicht (1 – *w*) = 0,6 (60 %) potenziert. Danach wird die Kennzahl aus dem Quotienten aus potenzierten Leistungspunktzahlen und potenzierten Angebotspreisen gebildet. Das Angebot mit der größten Kennzahl gewinnt. Dies ist bei der betrachteten Gewichtung von 40 % Leistung und 60 % Preis das Angebot C.

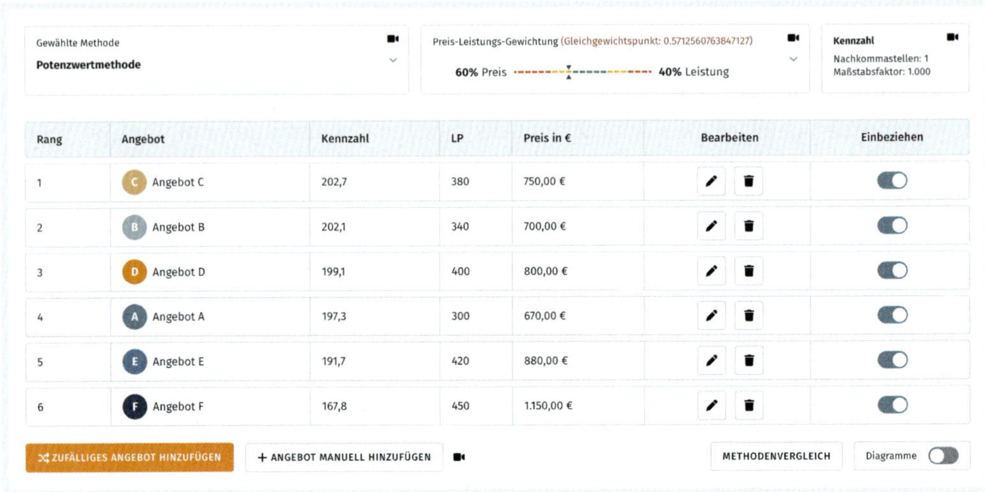

Rang	Angebot	Kennzahl	LP	Preis in €	Bearbeiten	Einbeziehen
1	Angebot C	202,7	380	750,00 €		
2	Angebot B	202,1	340	700,00 €		
3	Angebot D	199,1	400	800,00 €		
4	Angebot A	197,3	300	670,00 €		
5	Angebot E	191,7	420	880,00 €		
6	Angebot F	167,8	450	1.150,00 €		

Abbildung: Tabellarische Darstellung mit dem BewertungsCalculator/VergabeCalculator PRO – Beispiel 4, Gewichtung 40 % Leistung, 60 % Preis

Tabelle: Beispiel – Potenzwertmethode mit dem Gewicht w = 0,3 Skalierungsfaktor = 10.000

Angebot	Leistungs-punkte L	$L^{0,3}$	Angebots-preis P	$P^{0,7}$	Skalierte Kennzahl	Rang
A	300	5,54	670	95,12	581,9	2
B	340	5,75	700	98,08	586,0	1
C	380	5,94	750	102,93	577,3	3
D	400	6,03	800	107,69	560,3	4
E	420	6,12	880	115,12	531,9	5
F	450	6,25	1.150	138,83	450,3	6

Für alle sechs Angebote wird die Leistungspunktzahl mit dem Gewicht w = 0,3 (30 %) potenziert und der Angebotspreis mit dem Gewicht (1 – *w*) = 0,7 (70 %) potenziert. Danach wird die Kennzahl aus dem Quotienten aus potenzierten Leistungspunktzahlen und potenzierten Angebotspreisen gebildet. Das Angebot mit der größten Kennzahl gewinnt. Dies ist bei der betrachteten Gewichtung von 30 % Leistung und 70 % Preis das Angebot B.

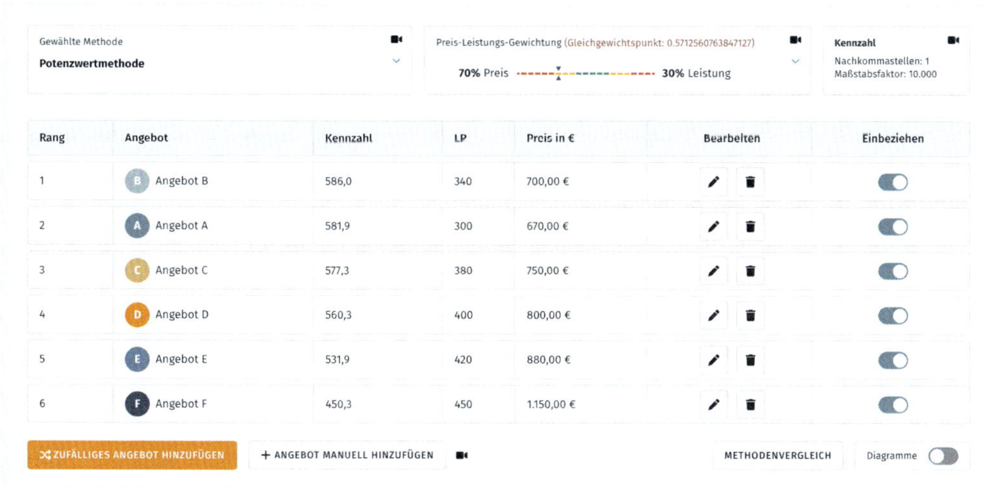

Abbildung: Tabellarische Darstellung mit dem BewertungsCalculator/VergabeCalculator PRO – Beispiel 4, Gewichtung 30 % Leistung, 70 % Preis

Tabelle: Beispiel – Potenzwertmethode mit dem Gewicht w = 0,2 Skalierungsfaktor = 10.000

Angebot	Leistungs-punkte L	$L^{0,2}$	Angebots-preis P	$P^{0,8}$	Skalierte Kennzahl	Rang
A	300	3,13	670	182,33	171,6	1
B	340	3,21	700	188,83	169,9	2
C	380	3,28	750	199,55	164,4	3
D	400	3,31	800	210,12	157,7	4
E	420	3,35	880	226,77	147,6	5
F	450	3,39	1.150	280,90	120,8	6

Für alle sechs Angebote wird die Leistungspunktzahl mit dem Gewicht w = 0,2 (20 %) potenziert und der Angebotspreis mit dem Gewicht (1 − *w*) = 0,8 (80 %) potenziert. Danach wird die Kennzahl aus dem Quotienten aus potenzierten Leistungspunktzahlen und potenzierten Angebotspreisen gebildet. Das Angebot mit der größten Kennzahl gewinnt. Dies ist bei der betrachteten Gewichtung von 20 % Leistung und 80 % Preis das Angebot A.

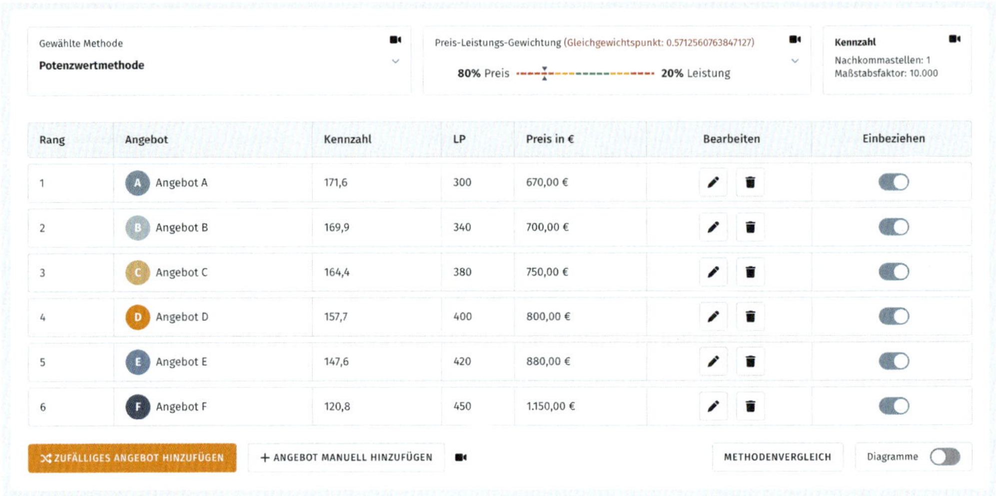

Rang	Angebot	Kennzahl	LP	Preis in €	Bearbeiten	Einbeziehen
1	Angebot A	171,6	300	670,00 €		
2	Angebot B	169,9	340	700,00 €		
3	Angebot C	164,4	380	750,00 €		
4	Angebot D	157,7	400	800,00 €		
5	Angebot E	147,6	420	880,00 €		
6	Angebot F	120,8	450	1.150,00 €		

Abbildung: Tabellarische Darstellung mit dem BewertungsCalculator/VergabeCalculator PRO – Beispiel 4, Gewichtung 20 % Leistung, 80 % Preis

Preis-Leistungs-Diagramm

In einem Preis-Leistungs-Diagramm befinden sich auf der horizontalen Achse die Angebotspreise (oder Angebotskosten) und auf der vertikalen Achse die Leistungspunkte der Angebote. Jedes Angebot besteht aus einem Angebotspreis und einer Leistungspunktzahl und kann als Punkt in das Preis-Leistungs-Diagramm eingezeichnet werden. Auch die Potenzwertmethode kann mithilfe eines Preis-Leistungs-Diagramms visualisiert dargestellt werden. Die Achsen des Preis-Leistungs-Diagramms sind bei der Potenzwertmethode allerdings einer Maßstabsänderung unterworfen.

Wird der Angebotspunkt mit einer Geraden (Angebotsgerade) durch den Nullpunkt des Preis-Leistungs-Diagramms verbunden, dann entspricht die Steigung der Angebotsgeraden der Kennzahl S der Potenzwertmethode.

Durch diesen einfachen Zusammenhang ist eine grafische Veranschaulichung möglich.

Werden zur Bestimmung des wirtschaftlichsten Angebots mittels der Potenzwertmethode alle Angebote als Punkte in das Preis-Leistungs-Diagramm eingezeichnet und jeder Angebotspunkt mit einer Geraden durch den Nullpunkt verbunden, gewinnt das Angebot, dessen Angebotsgerade die größte Steigung aufweist.

Bei zwei Angeboten, die den gleichen Angebotspreis haben, hat das Angebot mit der höheren Leistungspunktzahl die größere Kennzahl. Im Preis-Leistungs-Diagramm auf Seite 638 haben Angebot B und Angebot C den gleichen Angebotspreis. Angebot B hat aber im Vergleich zu Angebot C mehr Leistungspunkte erreicht. Im Preis-Leistungsdiagramm hat die Angebotsgerade von Angebot B eine größere Steigung als die Angebotsgerade von Angebot C.

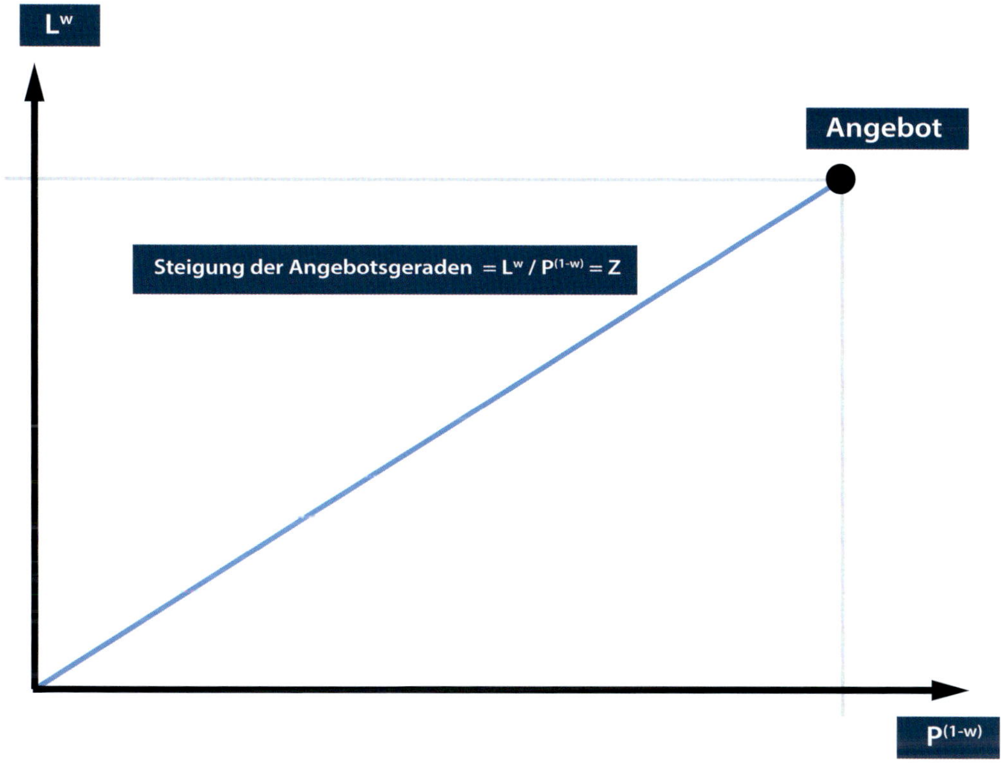

Abbildung: Preis-Leistungs-Diagramm – Kennzahl als Geradensteigung bei der Potenzwertmethode

Bei zwei Angeboten mit gleichen Leistungspunktzahlen hat das Angebot mit dem geringeren Angebotspreis die größere Kennzahl. Im folgenden Diagramm haben Angebot A und Angebot B die gleiche Leistungspunktzahl. Angebot B hat aber im Vergleich zu Angebot A einen höheren Angebotspreis. Im Preis-Leistungsdiagramm hat die Angebotsgerade von Angebot A eine größere Steigung als die Angebotsgerade von Angebot B.

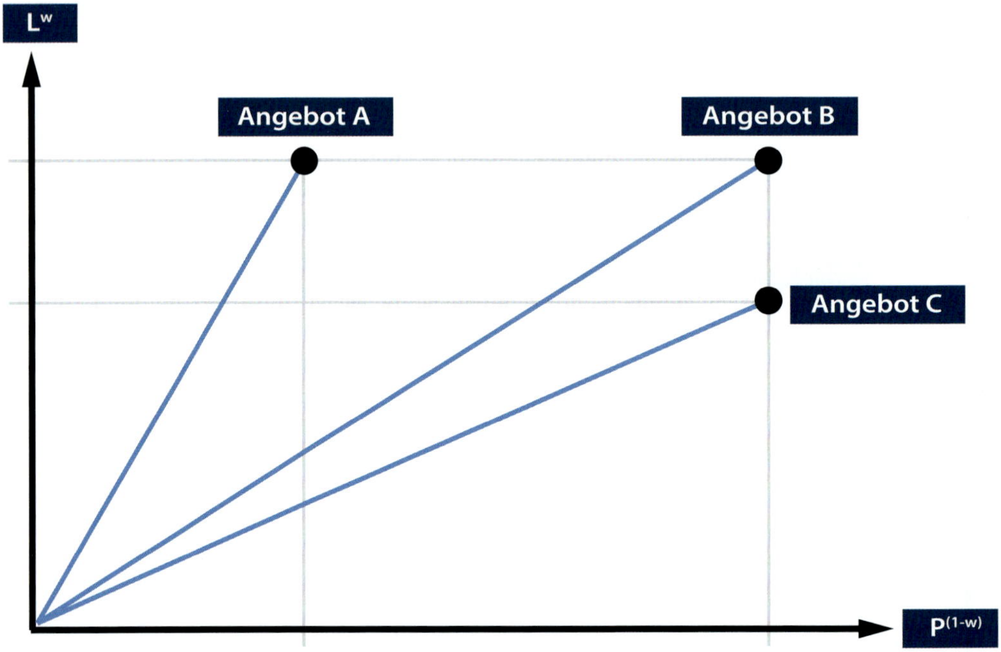

Abbildung: Beispiel Preis-Leistungs-Diagramm bei der Potenzwertmethode

Beispiel 5: Grafische Darstellung der Potenzwertmethode durch Preis-Leistungs-Diagramme

Im folgenden Beispiel findet die Potenzwertmethode Anwendung. Gegeben seien die drei Angebote:

- Angebot A mit 300 Leistungspunkten und einem Angebotspreis von 670 Euro,
- Angebot B mit 400 Leistungspunkten und einem Angebotspreis von 800 Euro und
- Angebot C mit 450 Leistungspunkten und einem Angebotspreis von 1.150 Euro.

Bei einer Gewichtung von 50 % Preis und 50 % Leistung ist Angebot B das Gewinnerangebot. Im Preis-Leistungs-Diagramm hat Angebot B die steilste Angebotsgerade. Im gewichteten logarithmischen Preis-Leistungs-Diagramm hat Angebot C bei einer Gewichtung von 50 % Leistung und 50 % Preis die größte Kennzahl (Scoring-Wert).

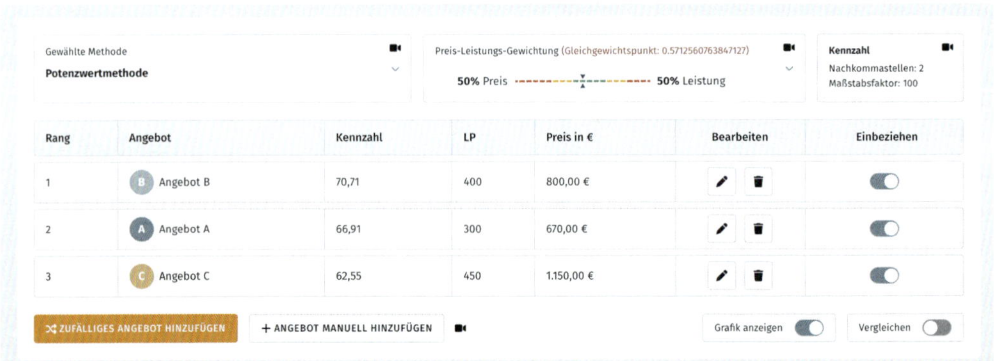

Rang	Angebot	Kennzahl	LP	Preis in €	Bearbeiten	Einbeziehen
1	Angebot B	70,71	400	800,00 €		
2	Angebot A	66,91	300	670,00 €		
3	Angebot C	62,55	450	1.150,00 €		

Abbildung: Potenzwertmethode mit einer Gewichtung von 50 % Preis und 50 % Leistung

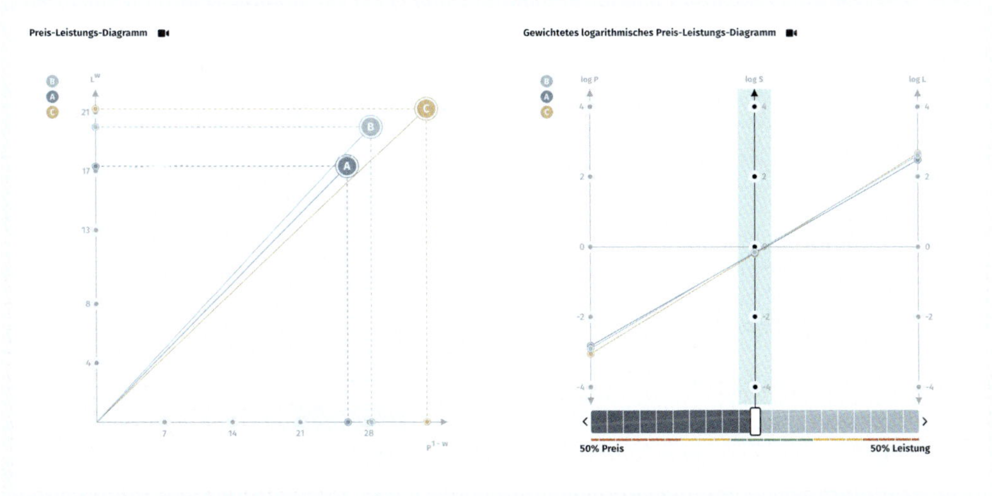

Abbildung: Preis-Leistungs-Diagramm und gewichtetes logarithmisches Preis-Leistungs-Diagramm, Gewichtung von 50 % Preis und 50 % Leistung

Bei einer Gewichtung von 65 % Preis und 35 % Leistung ist Angebot A das Gewinnerangebot. Im Preis-Leistungs-Diagramm hat Angebot A die steilste Angebotsgerade. Im gewichteten logarithmischen Preis-Leistungs-Diagramm hat Angebot C bei der Gewichtung von 35 % Leistung und 65 % Preis die größte Kennzahl (Scoring-Wert).

Rang	Angebot	Kennzahl	LP	Preis in €	Bearbeiten	Einbeziehen
1	Angebot A	10,72	300	670,00 €		
2	Angebot B	10,56	400	800,00 €		
3	Angebot C	8,69	450	1.160,00 €		

Abbildung: Potenzwertmethode mit einer Gewichtung von 65 % Preis und 35 % Leistung

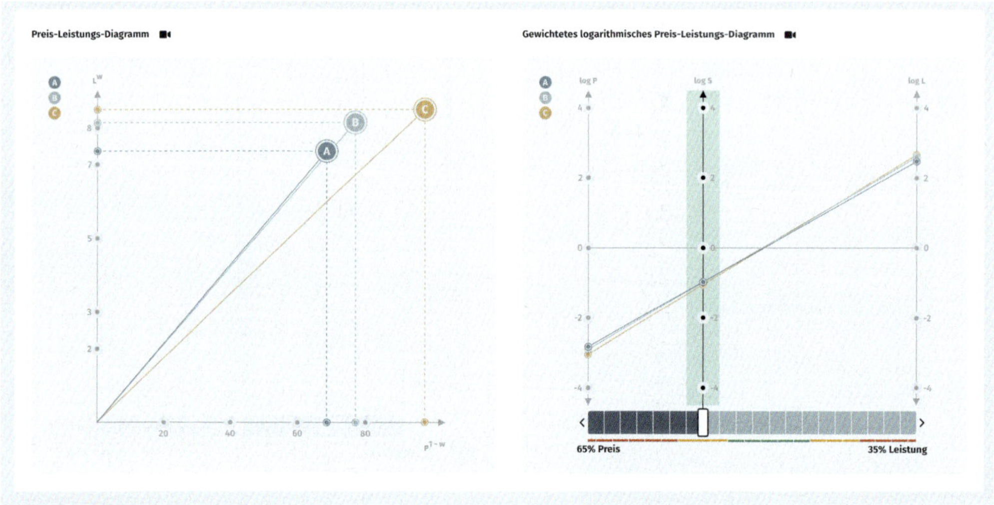

Abbildung: Preis-Leistungs-Diagramm und gewichtetes logarithmisches Preis-Leistungs-Diagramm, Gewichtung von 65 % Preis und 35 % Leistung

Bei einer Gewichtung von 20 % Preis und 80 % Leistung ist Angebot C das Gewinnerangebot. Im Preis-Leistungs-Diagramm hat Angebot C die steilste Angebotsgerade. Im gewichteten logarithmischen Preis-Leistungs-Diagramm hat Angebot C bei einer Gewichtung von 80 % Leistung und 20 % Preis die größte Kennzahl (Scoring-Wert).

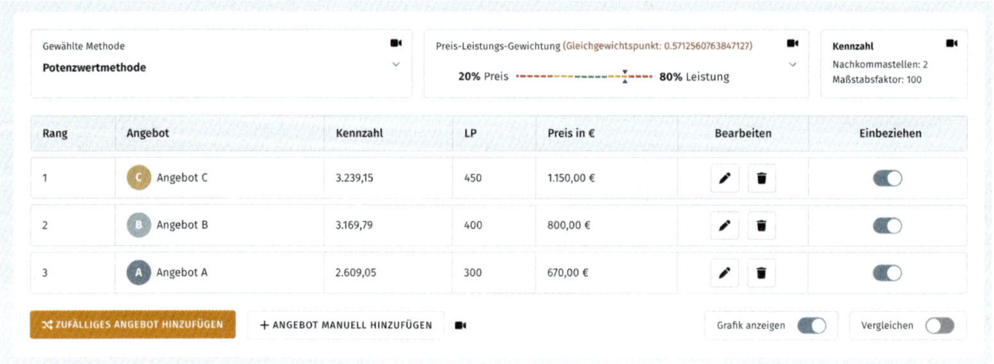

Abbildung: Potenzwertmethode mit einer Gewichtung von 20 % Preis und 80 % Leistung

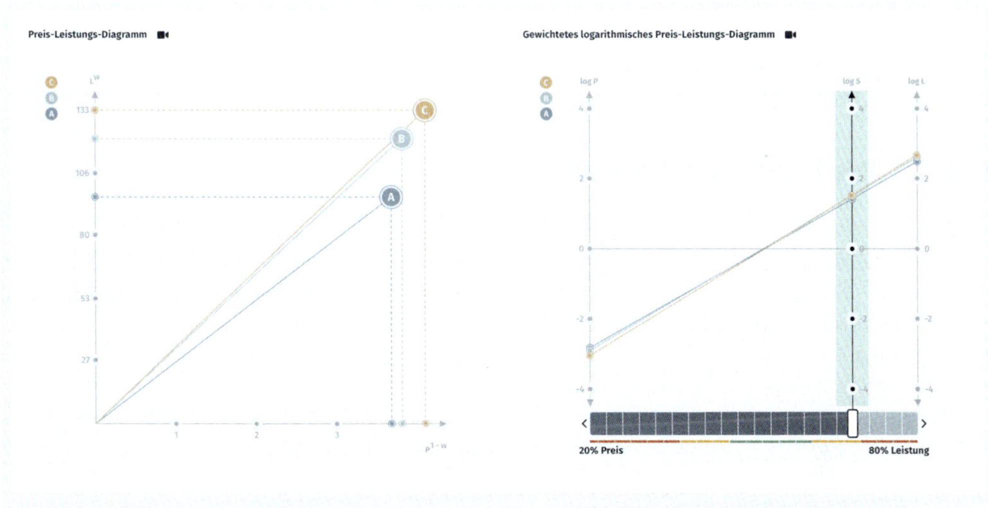

Abbildung: Preis-Leistungs-Diagramm und gewichtetes logarithmisches Preis-Leistungs-Diagramm, Gewichtung von 20 % Preis und 80 % Leistung

13.5.2 Mindestleistungspunktzahl und Preisobergrenze

Bei der Potenzwertmethode wird die Leistungspunktzahl mit dem Gewicht w potenziert und der Angebotspreis mit dem Gewicht *(1-w)* potenziert. Danach wird die Kennzahl aus dem Quotienten der potenzierten Leistungspunktzahlen und der potenzierten Angebotspreise gebildet.

Auch eine geringe Leistungspunktzahl kann bei entsprechend niedrigem Angebotspreis zu einer hohen Kennzahl führen.

Um sich vor zu leistungsschwachen Angeboten zu schützen, empfiehlt es sich, eine Mindestleistungspunktzahl vorzugeben, die als Ausschlusskriterium wirkt. Angebote, die diese Mindestanforderung nicht erfüllen, werden von der weiteren Wertung ausgeschlossen.

Ein weiteres Problem können leistungsstarke, aber den Budgetrahmen sprengende Angebote sein. Insbesondere bei einer stärkeren Gewichtung der Leistungspunkte kann dieses Problem auftreten. Um sich davor zu schützen, kann der Auftraggeber auch eine zweite Begrenzung bei der Ausschreibung vorgeben, die sogenannte Preisobergrenze, die ebenfalls als Ausschlusskriterium wirkt. Alle Angebote, die über der Preisobergrenze liegen, werden von der weiteren Wertung ausgeschlossen.

13.5.3 Definitionsbereich

Die Potenzwertmethode ist als Bewertungsfunktion im Definitionsbereich

- Angebotspreis $P > 0$,
- Leistungspunktzahl $L > 0$

definiert.

Angebotspreise von null Euro führen bei der Potenzwertmethode zu einer Division durch null, die nicht zulässig ist und eine Definitionslücke (Polstelle) darstellt. Negative Angebotspreise sowie eine Leistungspunktzahl von null Leistungspunkten führen zu unsinnigen Kennzahlen.

13.5.3.1 Das Null-Punkte-Problem

Die Potenzwertmethode ist nicht sinnvoll anwendbar, wenn Leistungspunktzahlen von null Punkten möglich und erlaubt sind. Dies tritt z.B. dann auf, wenn die Erfüllung der in der Leistungsbeschreibung formulierten Ausschlusskriterien als Mindestanforderung ausreichend ist und mit null Punkten bewertet wird und alle Bewertungskriterien reine „nice-to-have"-Kriterien darstellen.

Bei null Leistungspunkten errechnet sich die Kennzahl der Potenzwertmethode unabhängig vom Angebotspreis (der Angebotspreis muss aber größer als null sein) immer zu null. Dies führt in der Regel zu unsinnigen Ergebnissen, wie im folgenden Beispiel gezeigt wird.

Tabelle: Beispiel – Potenzwertmethode mit dem Gewicht w = 0,4 Skalierungsfaktor = 100.000

Angebot	Leistungs-punkte L	$L^{0,4}$	Angebots-preis P	$P^{0,6}$	Skalierte Kennzahl	Rang
A	0	0	400	36,41	0	2
B	0	0	700	50,94	0	2
C	1	1	7.000	202,80	493	1

Für alle drei Angebote wird die Leistungspunktzahl mit dem Gewicht w = 0,4 (40 %) potenziert und der Angebotspreis mit dem Gewicht (1 - *w*) = 0,6 (60 %) potenziert. Danach wird die Kennzahl aus dem Quotienten aus potenzierten Leistungspunktzahlen und potenzierten Angebotspreisen gebildet. Das Angebot mit der größten Kennzahl gewinnt.

Dies ist bei der betrachteten Gewichtung von 40 % Leistung und 60 % Preis das Angebot C. Da die beiden Angebote A und B null Leistungspunkte haben, ist auch die potenzierte Leistungspunktzahl gleich null und mithin auch die Kennzahl unabhängig vom Angebotspreis gleich null. Dies führt zu dem unsinnigen Ergebnis, dass das Angebot C mit nur einem Leistungspunkt, aber einem zehnmal so hohen Angebotspreis wie Angebot B und einem 17,5-mal so hohen Angebotspreis wie Angebot A, aber der größten Kennzahl zum Siegerangebot würde.

Wird eine Mindestleistungspunktzahl vorgegeben, existiert das Problem mit null Leistungspunkten nicht. Falls ein Erfüllen der Ausschlusskriterien als Mindestanforderung ausreichend ist und alle Bewertungskriterien nicht mit einer Mindestanforderung erfüllt werden müssen, empfiehlt es sich, die Leistungspunktzahl nicht bei null Punkten, sondern mit einer positiven Leistungspunktzahl als Offset zu starten. Dies wird näher im Abschnitt Potenzwertmethode mit Basisleistungspunktzahl beschrieben.

13.5.3.2 Das Null-Euro-Problem

Die Potenzwertmethode ist nicht anwendbar, wenn Angebotspreise von null Euro möglich sind. Angebotspreise von null Euro führen bei der Potenzwertmethode zu einer Division durch null, die nicht zulässig ist und eine Definitionslücke (Polstelle) darstellt.

13.5.3.3 Das Problem mit negativen Angebotspreisen

Negative Angebotspreise führen bei der einfachen Potenzwertmethode zu unsinnigen Ergebnissen.

13.5.4 Abhängigkeit von anderen Angeboten

Bei der Potenzwertmethode besteht keine Abhängigkeit zu anderen Angeboten.

13.5.5 Rechtsprechung

Für die Potenzwertmethode ist bisher keine Rechtsprechung bekannt.

13.5.6 Empfehlung

Die Potenzwertmethode ist eine empfehlenswerte Bewertungsmethode, die die Wirtschaftlichkeitsanforderungen an Bewertungsmethoden erfüllt und bei der eine Gewichtung von Preis und Leistung vorgenommen werden kann.

Die Potenzwertmethode ist nicht anwendbar, wenn

- Leistungspunktzahlen von null Punkten möglich und erlaubt sind oder
- Angebotspreise von null Euro oder negative Angebotspreise möglich sind.

Beispielformulierung für Ausschreibungen

Zur Ermittlung des wirtschaftlichsten Angebots findet die Potenzwertmethode Anwendung. Für jedes Angebot wird die Kennzahl *S* gemäß der folgenden Formel berechnet:

FORMEL: $S = L^{w} / P^{(1-w)}$

S: Kennzahl (Score)

L: Leistungspunktzahl

P: Angebotspreis

w: Gewicht der Leistung = 60 %

$(1 - w)$: Gewicht des Angebotspreises = 40 %

Dazu wird die Leistungspunktzahl mit dem Gewicht w potenziert und der Angebotspreis mit dem Gewicht (1-w) potenziert. Danach wird die Kennzahl aus dem Quotienten der potenzierten Leistungspunktzahlen und der potenzierten Angebotspreise gebildet.

Das Angebot mit der größten Kennzahl *S* gewinnt.

Preisobergrenze: Es wird eine Preisobergrenze von 750.000 Euro (inkl. MwSt.) vorgegeben. Angebote, deren Angebotspreis über der Preisobergrenze liegt, werden von der weiteren Wertung ausgeschlossen.

Mindestleistungspunktzahl: Die Angebote müssen mindestens 150 von maximal 720 möglichen Leistungspunkten erreichen. Angebote, die mit weniger als 150 Leistungspunkten bewertet werden, werden von der weiteren Wertung ausgeschlossen.

Gleichstand: Bei Gleichstand der Kennzahlen erhält das Angebot mit der größeren Leistungspunktzahl den Zuschlag. Führt dies nicht zu einem eindeutigen Zuschlagsergebnis, entscheidet das Los.

13.6 Reziproke Potenzwertmethode

Die reziproke Potenzwertmethode basiert auf der reziproken einfachen Richtwertmethode. Im Unterschied zur reziproken einfachen Richtwertmethode werden hier die Leistungspunkte sowie der Angebotspreis mit einem Gewicht potenziert.[14] Dabei wird die Summe des Gewichts für die Leistung w_L und des Gewichts für den Angebotspreis w_P auf eins normiert, das heißt: $w_l + w_p = 1$. Zur Vereinfachung werden im Folgenden die Gewichte wie folgt betrachtet: $w_L = w$ und $w_p = (1 - w)$, wobei $0 \leq w \leq 1$.

$$S = \frac{P^{(1-w)}}{L^w}$$

S: Kennzahl (Scoring-Wert)
L: Leistungspunktzahl der Bewertungskriterien, L > 0
P: Angebotspreis oder Kosten, P > 0
w: Gewicht der Leistung, 0 < w < 1
1 - w: Gewicht des Angebotspreises oder der Kosten

Abbildung: Formel zur Bestimmung der Kennzahl bei der reziproken Potenzwertmethode

Für jedes Angebot wird die Kennzahl S gemäß der Formel $S = P^{(1-w)} / L^w$ berechnet. Dazu wird die Leistungspunktzahl mit dem Gewicht w potenziert und der Angebotspreis mit dem Gewicht $(1 - w)$ potenziert. Danach wird die Kennzahl aus dem Quotienten der potenzierten Angebotspreise und der potenzierten Leistungspunktzahlen gebildet.

Das Angebot mit der kleinsten Kennzahl S erhält den Zuschlag.

Die Zuschlagsformel $S = S = P^{(1-w)} / L^w$ ist das Reziproke zur Potenzwertmethode, da im Quotienten zur Berechnung der Kennzahl, Preis und Leistung miteinander vertauscht sind.

13.6.1 Beispiele

Im Folgenden werden die sechs Angebote A, B C, D, E und F betrachtet, die unter Anwendung der Potenzwertmethode mit unterschiedlichen Gewichtungen bewertet werden. Im ersten Fall wird eine Gewichtung von 50 % Leistung und 50 % Preis betrachtet.

14 *Naas/Schmid*, Mathematisches Wörterbuch, Bd. II, S. 368. Beim Potenzieren wird eine Zahl wiederholt multipliziert. Die Zahl, die zu multiplizieren ist, wird als Basis bezeichnet. Die Anzahl, wie oft diese Basis als Faktor auftritt, wird als Exponent bezeichnet. Der Potenzwert ist der Wert, der durch die wiederholte Multiplikation der Basis entsteht.

Tabelle: Beispiel – Reziproke Potenzwertmethode mit den gleichen Gewichten w = 0,5, (1-w) = 0,5 Skalierungsfaktor = 1.000

Angebot	Leistungs-punkte L	$L^{0,5}$	Angebots-preis P	$P^{0,5}$	Skalierte Kennzahl	Rang
A	300	17,32	670	25,88	1.494,43	5
B	340	18,44	700	26,46	1.434,86	3
C	380	19,49	750	27,39	1.404,88	1
D	400	20	800	28,28	1.414,21	2
E	420	20,49	880	29,66	1.447,49	4
F	450	21,21	1.150	33,91	1.598,61	6

Für alle sechs Angebote wird die Leistungspunktzahl mit dem Gewicht w = 0,5 (50 %) potenziert und der Angebotspreis mit dem Gewicht (1 – *w*) = 0,5 (50 %) potenziert. Danach wird die Kennzahl aus dem Quotienten aus potenzierten Angebotspreisen und potenzierten Leistungspunktzahlen gebildet. Das Angebot mit der kleinsten Kennzahl gewinnt. Dies ist bei der betrachteten Gewichtung das Angebot C.

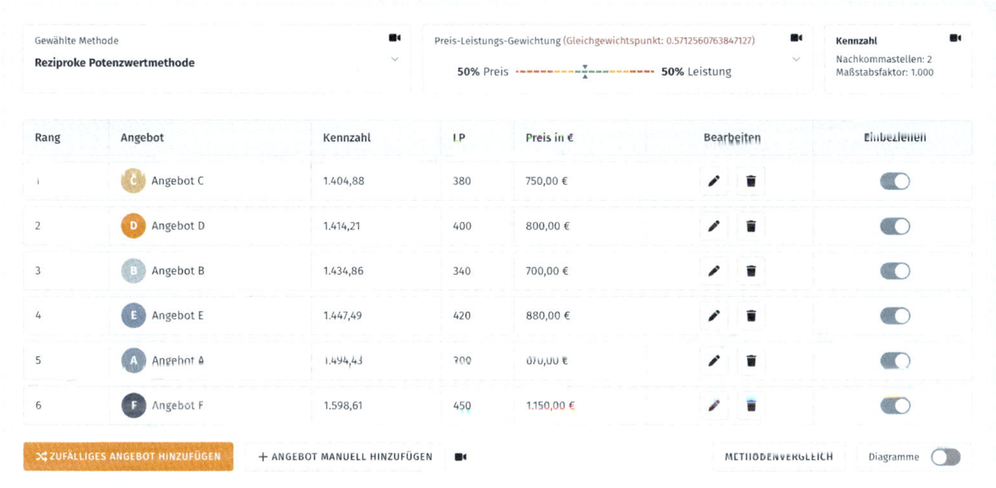

Abbildung: Tabellarische Darstellung mit dem BewertungsCalculator/VergabeCalculator PRO, Beispiel mit einer Gewichtung 50 % Leistung, 50 % Preis

Im nächsten Fall wird eine Gewichtung von 60 % Leistung und 40 % Preis betrachtet.

Tabelle: Beispiel – Reziproke Potenzwertmethode mit dem Gewicht w = 0,6 Skalierungsfaktor = 1.000

Angebot	Leistungs-punkte L	$L^{0,6}$	Angebots-preis P	$P^{0,4}$	Skalierte Kennzahl	Rang
A	300	30,64	670	13,50	440,71	6
B	340	33,03	700	13,74	416,06	4
C	380	35,31	750	14,13	400,09	2
D	400	36,41	800	14,50	398,11	1
E	420	37,49	880	15,06	401,65	3
F	450	39,08	1.150	16,76	428,90	5

Für alle sechs Angebote wird die Leistungspunktzahl mit dem Gewicht w = 0,6 (60 %) potenziert und der Angebotspreis mit dem Gewicht (1 – *w*) = 0,4 (40 %) potenziert. Danach wird die Kennzahl aus dem Quotienten aus potenzierten Angebotspreisen und potenzierten Leistungspunktzahlen gebildet. Das Angebot mit der kleinsten Kennzahl gewinnt. Dies ist bei der betrachteten Gewichtung von 60 % Leistung und 40 % Preis das Angebot D.

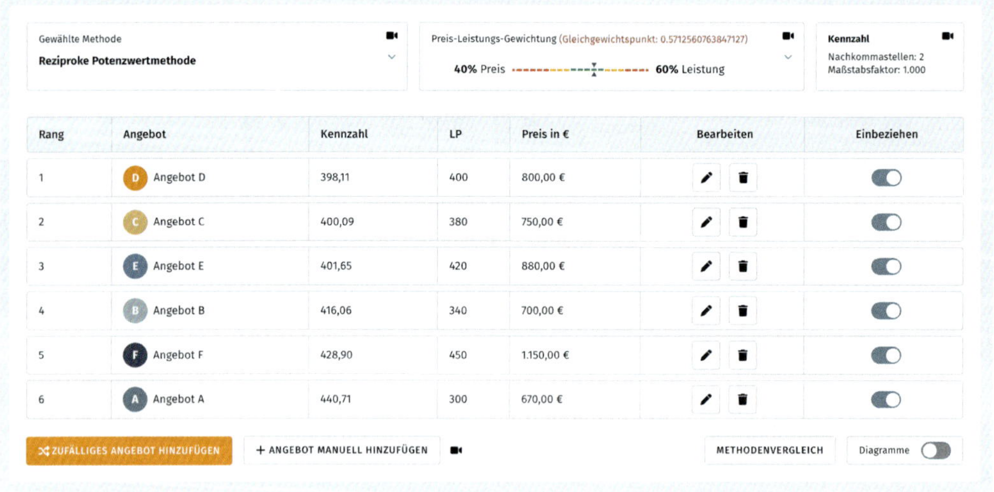

Abbildung: Tabellarische Darstellung mit dem BewertungsCalculator/VergabeCalculator PRO, Beispiel mit einer Gewichtung 60 % Leistung, 40 % Preis

Im nächsten Fall wird eine Gewichtung von 70 % Leistung und 30 % Preis betrachtet.

Tabelle: Beispiel – Reziproke Potenzwertmethode mit dem Gewicht w = 0,7 Skalierungsfaktor = 1.000

Angebot	Leistungs-punkte L	$L^{0,7}$	Angebots-preis P	$P^{0,3}$	Skalierte Kennzahl	Rang
A	300	54,20	670	7,04	129,97	6
B	340	59,16	700	7,14	120,64	5
C	380	63,95	750	7,29	113,94	3
D	400	66,29	800	7,43	112,07	2
E	420	68,59	880	7,64	111,45	1
F	450	71,99	1.150	8,28	115,07	4

Für alle sechs Angebote wird die Leistungspunktzahl mit dem Gewicht w = 0,7 (70 %) potenziert und der Angebotspreis mit dem Gewicht (1 – *w*) = 0,3 (30 %) potenziert. Danach wird die Kennzahl aus dem Quotienten aus potenzierten Angebotspreisen und potenzierten Leistungspunktzahlen gebildet. Das Angebot mit der kleinsten Kennzahl gewinnt, dies ist bei der betrachteten Gewichtung von 70 % Leistung und 30 % Preis das Angebot E.

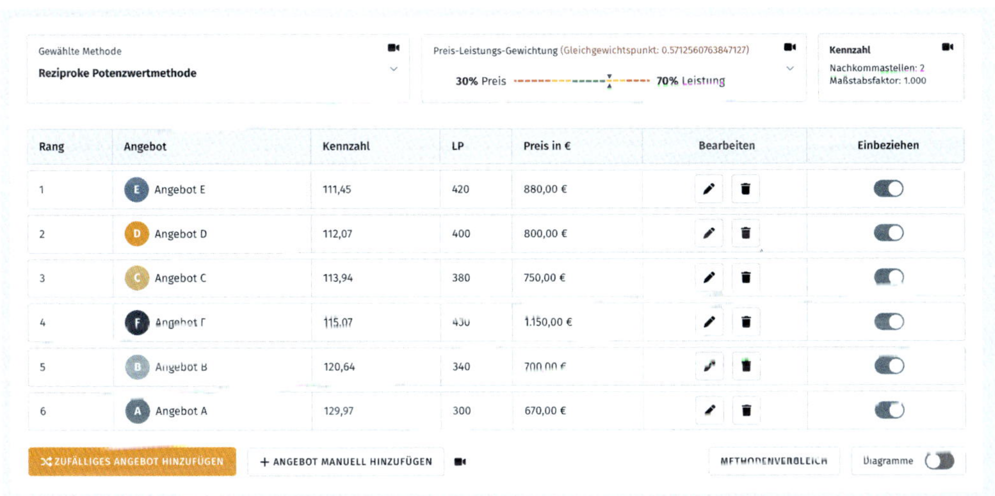

Abbildung: Tabellarische Darstellung mit dem BewertungsCalculator/VergabeCalculator PRO, Beispiel mit einer Gewichtung 70 % Leistung, 30 % Preis

Im nächsten Fall wird eine Gewichtung von 80 % Leistung und 20 % Preis betrachtet.

Tabelle: Beispiel – Reziproke Potenzwertmethode mit dem Gewicht w = 0,8 Skalierungsfaktor = 10.000

Angebot	Leistungs-punkte L	$L^{0,8}$	Angebots-preis P	$P^{0,2}$	Skalierte Kennzahl	Rang
A	300	95,87	670	3,67	383,28	6
B	340	105,97	700	3,71	349,81	5
C	380	115,83	750	3,76	324,48	4
D	400	120,68	800	3,81	315,48	3
E	420	125,49	880	3,88	309,24	2
F	450	132,61	1.150	4,09	308,72	1

Für alle sechs Angebote wird die Leistungspunktzahl mit dem Gewicht w = 0,8 (80 %) potenziert und der Angebotspreis mit dem Gewicht (1 – *w*) = 0,2 (20 %) potenziert. Danach wird die Kennzahl aus dem Quotienten aus potenzierten Angebotspreisen und potenzierten Leistungspunktzahlen gebildet. Das Angebot mit der kleinsten Kennzahl gewinnt, dies ist bei der betrachteten Gewichtung von 80 % Leistung und 20 % Preis das Angebot F.

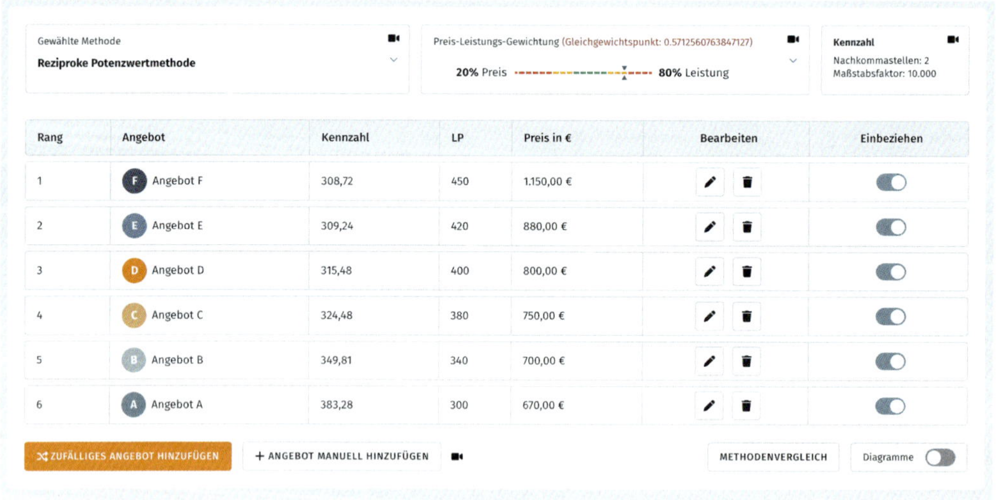

Abbildung: Tabellarische Darstellung mit dem BewertungsCalculator/VergabeCalculator PRO, Beispiel mit einer Gewichtung 80 % Leistung, 20 % Preis

Im nächsten Fall wird eine Gewichtung von 40 % Leistung und 60 % Preis betrachtet.

Beispiel: Reziproke Potenzwertmethode mit dem Gewicht w = 0,4 Skalierungsfaktor = 100

Angebot	Leistungs-punkte L	$L^{0,4}$	Angebots-preis P	$P^{0,6}$	Skalierte Kennzahl	Rang
A	300	9,79	670	49,62	506,75	4
B	340	10,29	700	50,94	494,84	2
C	380	10,76	750	53,09	493,31	1
D	400	10,99	800	55,19	502,38	3
E	420	11,20	880	58,44	521,66	5
F	450	11,52	1.150	68,61	595,85	6

Für alle sechs Angebote wird die Leistungspunktzahl mit dem Gewicht w = 0,4 (40 %) potenziert und der Angebotspreis mit dem Gewicht (1 – *w*) = 0,6 (60 %) potenziert. Danach wird die Kennzahl aus dem Quotienten aus potenzierten Angebotspreisen und potenzierten Leistungspunktzahlen gebildet. Das Angebot mit der kleinsten Kennzahl gewinnt, dies ist bei der betrachteten Gewichtung von 40 % Leistung und 60 % Preis das Angebot C.

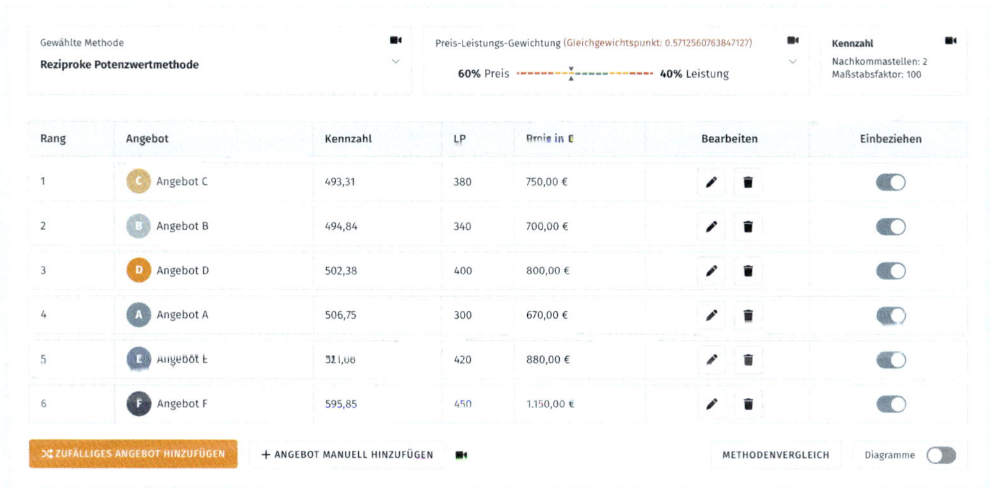

Abbildung: Tabellarische Darstellung mit dem BewertungsCalculator/VergabeCalculator PRO, Beispiel mit einer Gewichtung 40 % Leistung, 60 % Preis

Im nächsten Fall wird eine Gewichtung von 30 % Leistung und 70 % Preis betrachtet.

Tabelle: Beispiel – Reziproke Potenzwertmethode mit dem Gewicht w = 0,3 Skalierungsfaktor = 100

Angebot	Leistungs-punkte L	$L^{0,3}$	Angebots-preis P	$P^{0,7}$	Skalierte Kennzahl	Rang
A	300	5,54	670	95,12	1.718,37	2
B	340	5,75	700	98,08	1.706,57	1
C	380	5,94	750	102,93	1.732,24	3
D	400	6,03	800	107,69	1.784,62	4
E	420	6,12	880	115,12	1.880,02	5
F	450	6,25	1.150	138,83	2.220,88	6

Für alle sechs Angebote wird die Leistungspunktzahl mit dem Gewicht w = 0,3 (30 %) potenziert und der Angebotspreis mit dem Gewicht (1 – *w*) = 0,7 (70 %) potenziert. Danach wird die Kennzahl aus dem Quotienten aus potenzierten Angebotspreisen und potenzierten Leistungspunktzahlen gebildet. Das Angebot mit der kleinsten Kennzahl gewinnt, dies ist bei der betrachteten Gewichtung von 30 % Leistung und 70 % Preis das Angebot B.

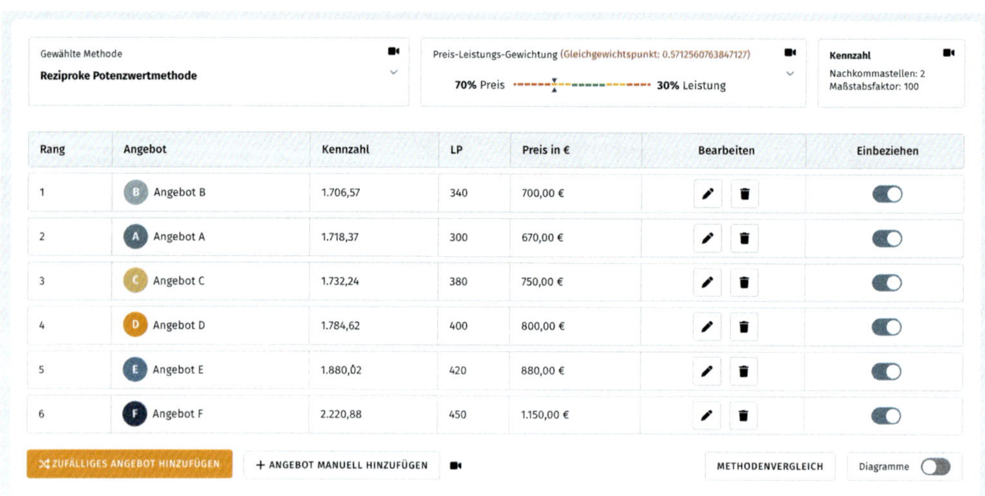

Abbildung: Tabellarische Darstellung mit dem BewertungsCalculator/VergabeCalculator PRO, Beispiel mit einer Gewichtung 30 % Leistung, 70 % Preis

Im letzten Fall wird eine Gewichtung von 20 % Leistung und 80 % Preis betrachtet.

Tabelle: Beispiel – Potenzwertmethode mit dem Gewicht w = 0,2 Skalierungsfaktor = 10

Angebot	Leistungs-punkte L	$L^{0,2}$	Angebots-preis P	$P^{0,8}$	Skalierte Kennzahl	Rang
A	300	3,13	670	182,33	582,69	1
B	340	3,21	700	188,83	588,55	2
C	380	3,28	750	199,55	608,26	3
D	400	3,31	800	210,12	633,96	4
E	420	3,35	880	226,77	677,54	5
F	450	3,39	1.150	280,90	827,78	6

Für alle sechs Angebote wird die Leistungspunktzahl mit dem Gewicht w = 0,2 (20 %) potenziert und der Angebotspreis mit dem Gewicht (1 – *w*) = 0,8 (80 %) potenziert. Danach wird die Kennzahl aus dem Quotienten aus potenzierten Angebotspreisen und potenzierten Leistungspunktzahlen gebildet. Das Angebot mit der kleinsten Kennzahl gewinnt, dies ist bei der betrachteten Gewichtung von 20 % Leistung und 80 % Preis das Angebot A.

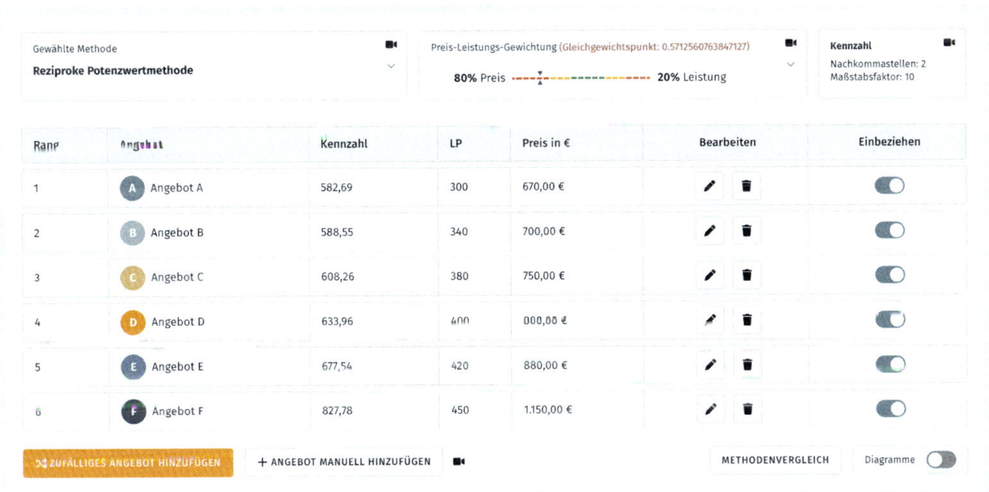

Abbildung: Tabellarische Darstellung mit dem BewertungsCalculator/VergabeCalculator PRO, Beispiel mit einer Gewichtung 20 % Leistung, 80 % Preis

13.6.2 Preis-Leistungs-Diagramm

In einem Preis-Leistungs-Diagramm befinden sich auf der horizontalen Achse die Angebotspreise (oder Angebotskosten) und auf der vertikalen Achse die Leistungspunkte der Angebote. Jedes Angebot besteht aus einem Angebotspreis und einer Leistungspunktzahl und kann als Punkt in das Preis-Leistungs-Diagramm eingezeichnet werden. Auch die reziproke Potenzwertmethode kann mithilfe eines Preis-Leistungs-Diagramms visualisiert dargestellt werden. Die Achsen des Preis-Leistungs-Diagramms sind bei der Potenzwertmethode allerdings einer Maßstabsänderung unterworfen.

Wird der Angebotspunkt mit einer Geraden (Angebotsgerade) durch den Nullpunkt des Preis-Leistungs-Diagramms verbunden, dann entspricht die Steigung der Angebotsgeraden dem Reziproken der Kennzahl *S* der reziproken Potenzwertmethode.

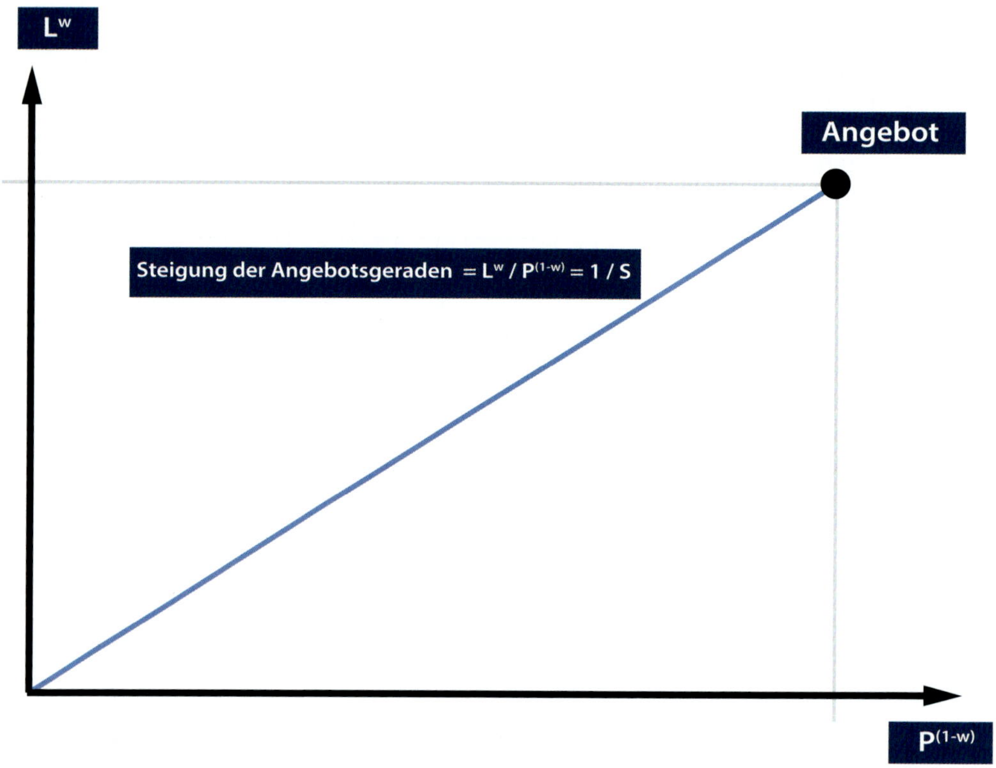

Abbildung: Preis-Leistungs-Diagramm – Kennzahl als Geradensteigung bei der reziproken Potenzwertmethode

Durch diesen einfachen Zusammenhang ist eine grafische Veranschaulichung möglich.

Werden zur Bestimmung des wirtschaftlichsten Angebots mittels der reziproken Potenzwertmethode alle Angebote als Punkte in das Preis-Leistungs-Diagramm eingezeichnet und jeder Angebotspunkt mit einer Geraden durch den Nullpunkt verbunden, gewinnt das Angebot, dessen Angebotsgerade die größte Steigung aufweist.

Beispiel

Im folgenden Beispiel findet die reziproke Potenzwertmethode Anwendung. Gegeben seien die drei Angebote:

Angebot A mit 300 Leistungspunkten und einem Angebotspreis von 670 Euro,

Angebot B mit 400 Leistungspunkten und einem Angebotspreis von 800 Euro und

Angebot C mit 450 Leistungspunkten und einem Angebotspreis von 1.150 Euro.

Bei einer Gewichtung von 50 % Preis und 50 % Leistung ist Angebot B das Gewinnerangebot. Im Preis-Leistungs-Diagramm hat Angebot B die steilste Angebotsgerade. Im gewichteten logarithmischen Preis-Leistungs-Diagramm hat Angebot B bei einer Gewichtung von 50 % Leistung und 50 % Preis die größte Kennzahl (Scoring-Wert).

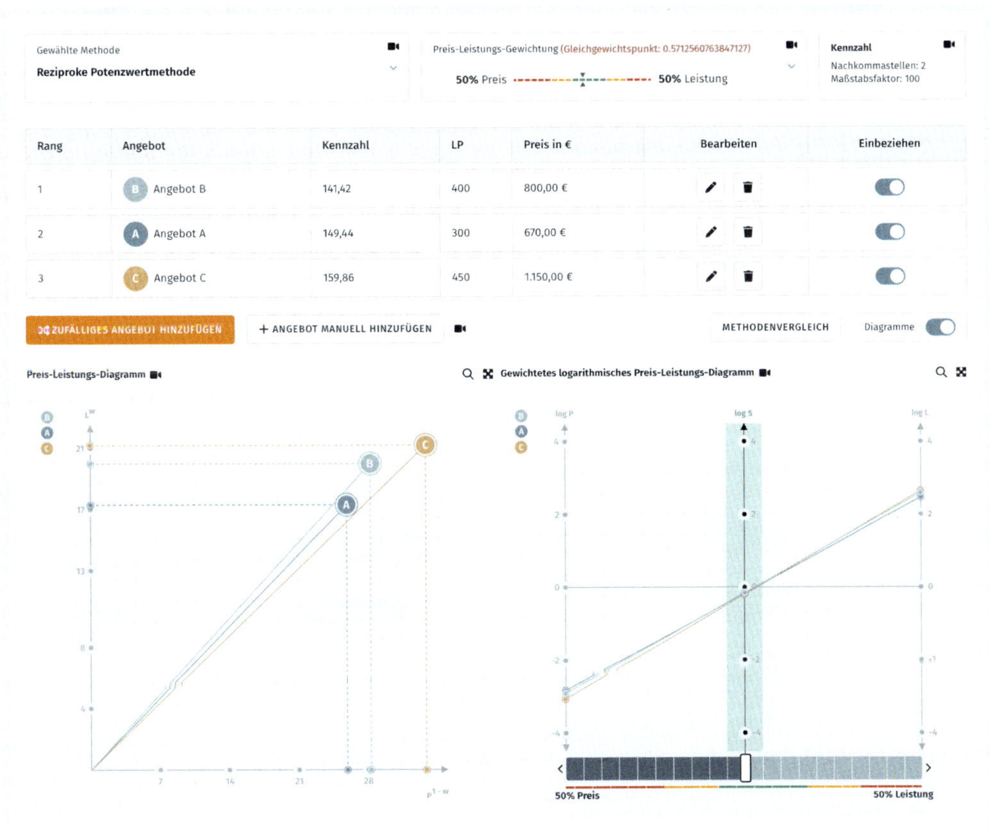

Abbildung: Reziproke Potenzwertmethode, Gewichtung von 50 % Preis und 50 % Leistung

Bei einer Gewichtung von 65 % Preis und 35 % Leistung ist Angebot A das Gewinnerangebot. Im Preis-Leistungs-Diagramm hat Angebot A die steilste Angebotsgerade. Im gewichteten logarithmischen Preis-Leistungs-Diagramm hat Angebot A bei einer Gewichtung von 35 % Leistung und 65 % Preis die größte Kennzahl (Scoring-Wert).

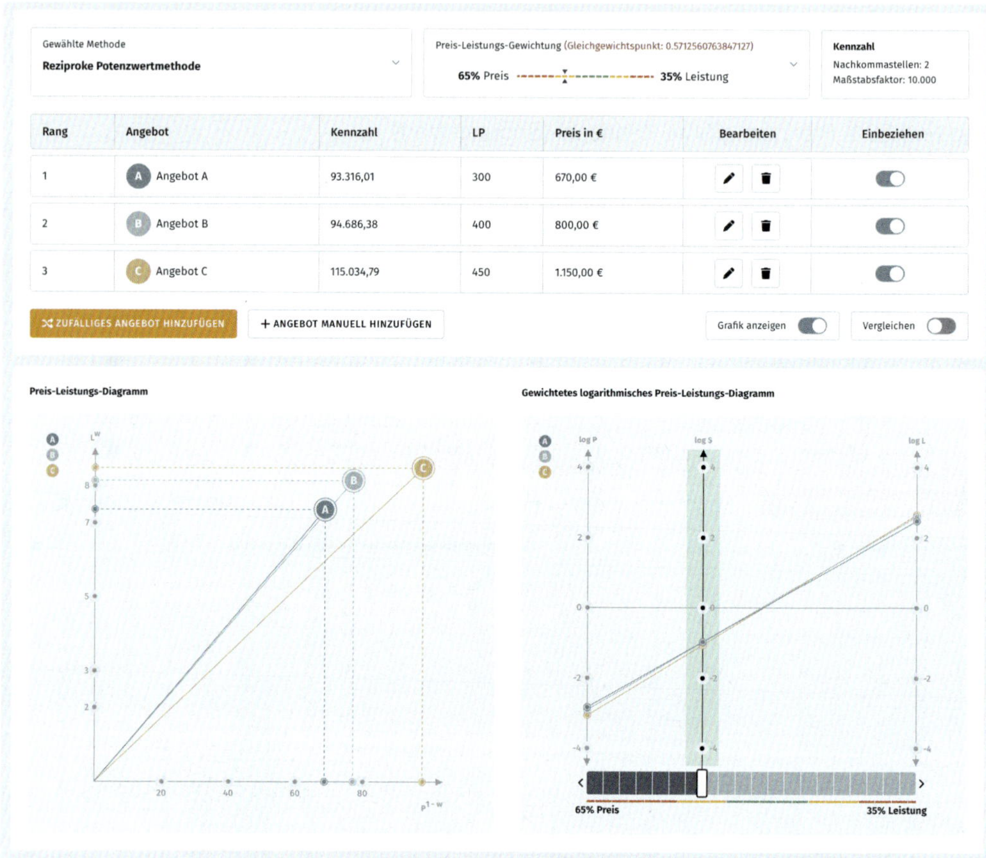

Abbildung: Gewichtung von 65 % Preis und 35 % Leistung bei der reziproken Potenzwertmethode

Bei einer Gewichtung von 20 % Preis und 80 % Leistung ist Angebot C das Gewinnerangebot. Im Preis-Leistungs-Diagramm hat Angebot C die steilste Angebotsgerade. Im gewichteten logarithmischen Preis-Leistungs-Diagramm hat Angebot C bei einer Gewichtung von 80 % Leistung und 20 % Preis die größte Kennzahl (Scoring-Wert).

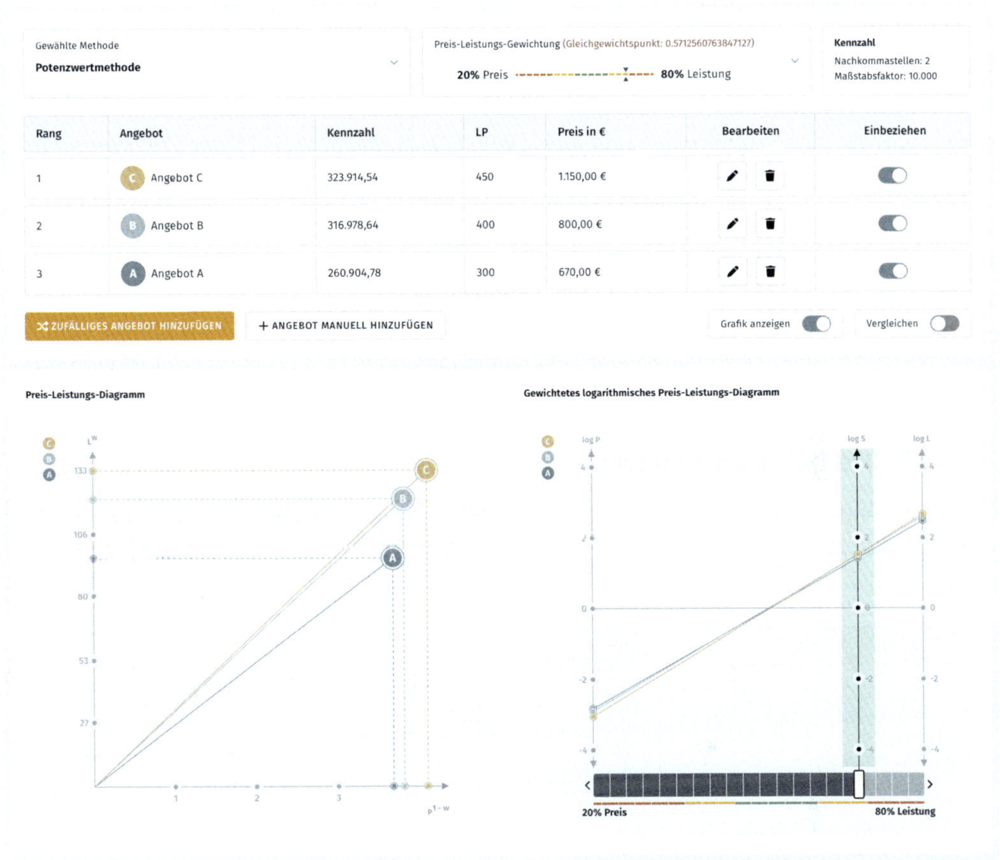

Abbildung: Gewichtung von 20 % Preis und 80 % Leistung bei der reziproken Potenzwertmethode

13.6.3 Definitionsbereich

Die reziproke Potenzwertmethode ist als Bewertungsfunktion im Definitionsbereich

- Angebotspreis $P > 0$,
- Leistungspunktzahl $L > 0$

definiert.

Leistungspunktzahlen von null Punkten führen bei der reziproken Potenzwertmethode zu einer Division durch null, die nicht zulässig ist, und eine Definitionslücke (Polstelle) für diese Zuschlagsformel darstellt. Negative Angebotspreise können durch die reziproke Potenzwertmethode nicht bewertet werden, da die Zuschlagsformel für negative Zahlen im reellwertigen Wertebereich nicht wohldefiniert ist. Angebotspreise von null Euro können zu unsinnigen Ergebnissen führen.

13.6.3.1 Das Null-Punkte-Problem

Die reziproke Potenzwertmethode ist nicht sinnvoll anwendbar, wenn Leistungspunktzahlen von null Punkten möglich und erlaubt sind. Dies tritt z.B. dann auf, wenn die Erfüllung der in der Leistungsbeschreibung formulierten Ausschlusskriterien als Mindestanforderung ausreichend ist und mit null Punkten bewertet wird und alle Bewertungskriterien reine „nice-to-have"-Kriterien darstellen.

Null Leistungspunkte führen bei der reziproken Potenzwertmethode zu einer Division durch null, die nicht zulässig ist und eine Definitionslücke (Polstelle) der Zuschlagsformel $S = P^{(1-w)} / L^w$ darstellt.

Wird eine Mindestleistungspunktzahl vorgegeben, existiert das Problem mit null Leistungspunkten nicht. Falls dagegen ein Erfüllen der Ausschlusskriterien als Mindestanforderung ausreichend ist und alle Bewertungskriterien nicht mit einer Mindestanforderung erfüllt werden müssen, empfiehlt es sich, die Leistungspunktzahl nicht bei null Punkten, sondern mit einer positiven Leistungspunktzahl als Basisleistungspunktzahl zu starten. Dies wird näher im Abschnitt 13.10 Reziproke Potenzwertmethode mit Basisleistungspunktzahl beschrieben.

13.6.3.2 Das Null-Euro-Problem

Bei einem Angebotspreis von null Euro errechnet sich die Kennzahl der reziproken Potenzwertmethode unabhängig von der Leistungspunktzahl (die Leistungspunktzahl muss aber größer als null sein) immer zu null.

$$S = \frac{P^{(1-w)}}{L^w} = \frac{0^{(1-w)}}{L^w} = 0$$

S: Kennzahl
L>0: Gesamtleistungspunktzahl des Angebots
P: Angebotspreis oder Kosten
w: Gewicht der Leistung, 0 < w < 1

Abbildung: Formel zur Bestimmung der Kennzahl bei Zuschlagsformel $S = P^{(1-w)} / L^w$ bei einem Angebotspreis von null Euro

Dies führt in der Regel zu unsinnigen Ergebnissen, wie im folgenden Beispiel gezeigt wird. Die Angebote A und B haben beide einen Angebotspreis von null Euro und erhalten dadurch beide trotz unterschiedlicher Leistungspunktzahlen die Kennzahl $S = 0$.

Tabelle: Beispiel – Reziproke Potenzwertmethode mit dem Gewicht w = 0,4 Skalierungsfaktor = 1.000

Angebot	Leistungs-punkte L	$L^{0,4}$	Angebots-preis P	$P^{0,6}$	Skalierte Kennzahl	Rang
A	200	8,33	0	0	0	1
B	250	9,10	0	0	0	1
C	300	9,79	10	3,98	407	2

Für alle drei Angebote wird die Leistungspunktzahl mit dem Gewicht w = 0,4 (40 %) potenziert und der Angebotspreis mit dem Gewicht $(1 - w) = 0,6$ (60 %) potenziert. Danach wird die Kennzahl aus dem Quotienten aus potenzierten Angebotspreisen und potenzierten Leistungspunktzahlen gebildet. Das Angebot mit der kleinsten Kennzahl gewinnt.

Im betrachteten Beispiel haben die beiden Angebote A und B einen Angebotspreis von null Euro und erhalten dadurch beide trotz unterschiedlicher Leistungspunktzahlen die Kennzahl $S = 0$. Dadurch wird eine wichtige Anforderung an die Zuschlagsformeln verletzt. Bei zwei Angeboten mit gleichem Angebotspreis muss das leistungsstärkere Angebot gewinnen. Diese Anforderung wird hier verletzt.

Die reziproke Potenzwertmethode ist für Angebotspreise von null Euro nicht anwendbar.

13.6.3.3 Das Problem mit negativen Angebotspreisen

Negative Angebotspreise können mit der reziproken Potenzwertmethode mathematisch nicht bewertet werden.[15]

13.6.4 Abhängigkeit von anderen Angeboten

Bei der reziproken Potenzwertmethode besteht keine Abhängigkeit zu anderen Angeboten.

13.6.5 Rechtsprechung

Für die reziproke Potenzwertmethode ist bisher keine Rechtsprechung bekannt.

13.6.6 Empfehlung

Die reziproke Potenzwertmethode ist eine empfehlenswerte Bewertungsmethode, die die Wirtschaftlichkeitsanforderungen an Bewertungsmethoden erfüllt und bei der eine Gewichtung von Preis und Leistung vorgenommen werden kann.

Die reziproke Potenzwertmethode ist nicht anwendbar, wenn

- Leistungspunktzahlen von null Punkten möglich und erlaubt sind oder
- Angebotspreise von null Euro oder negative Angebotspreise möglich sind.

13.6.7 Beispielformulierung für Ausschreibungen

Zur Ermittlung des wirtschaftlichsten Angebots findet die reziproke Potenzwertmethode Anwendung. Für jedes Angebot wird die Kennzahl S gemäß der folgenden Formel berechnet:

FORMEL: $S = P^{(1-w)} / L^{w}$

S: Kennzahl (Score)

L: Leistungspunktzahl

P: Angebotspreis

w: Gewicht der Leistung = 60 %

(1-w): Gewicht des Angebotspreises = 40 %

Dazu wird die Leistungspunktzahl mit dem Gewicht w potenziert und der Angebotspreis mit dem Gewicht (1-w) potenziert. Danach wird die Kennzahl aus dem Quotienten der potenzierten Angebotspreise und der potenzierten Leistungspunktzahlen gebildet.

15 Die Potenzrechnung mit rationalen Exponenten und einer negativen Basis ist nur für den Wertebereich der komplexen Zahlen wohldefiniert.

Das Angebot mit der kleinsten Kennzahl *S* gewinnt.

Preisobergrenze: Es wird eine Preisobergrenze von 750.000 Euro (inkl. MwSt.) vorgegeben. Angebote, deren Angebotspreis über der Preisobergrenze liegt, werden von der weiteren Wertung ausgeschlossen.

Mindestleistungspunktzahl: Die Angebote müssen mindestens 150 von maximal 720 möglichen Leistungspunkten erreichen. Angebote, die mit weniger als 150 Leistungspunkten bewertet werden, werden von der weiteren Wertung ausgeschlossen.

Gleichstand: Bei Gleichstand der Kennzahlen erhält das Angebot mit der größeren Leistungspunktzahl den Zuschlag. Führt dies nicht zu einem eindeutigen Zuschlagsergebnis, entscheidet das Los.

13.7 Einfache Richtwertmethode mit Basisleistungspunktzahl: S = (L + b) / P

Die einfache Richtwertmethode mit Basisleistungspunktzahl basiert auf der einfachen Richtwertmethode. Ein Angebot, das alle Mindestanforderungen erfüllt, erhält hier eine Basisleistungspunktzahl b > 0. Weitere zusätzliche Leistungspunkte L können die Angebote über die Bewertungskriterien erhalten.

Die Zuschlagsformel für die einfache Richtwertmethode mit Basisleistungspunktzahl sieht damit wie folgt aus.

$$S = \frac{L + b}{P}$$

S: Kennzahl (scoring-Wert)
L: Leistungspunktzahl der Bewertungskriterien
P: Angebotspreis oder Kosten, $P > 0$
b: Basisleistungspunktzahl, $b \geq 0$

Abbildung: Formel zur Bestimmung der Kennzahl bei der einfachen Richtwertmethode mit Basisleistungspunktzahl

Für jedes Angebot wird die Kennzahl *S* gemäß der Formel (*L* + *b*) / *P* berechnet. Das Angebot mit der größten Kennzahl *S* erhält den Zuschlag.

Ein Angebot, das nur die Mindestanforderungen erfüllt, erhält mithin die Basisleistungspunktzahl. In der folgenden Abbildung wird ein Beispiel betrachtet, bei dem ein Angebot, das die Mindestanforderungen erfüllt, eine Basisleistungspunktzahl von 40 Leistungspunkten erhält. Über die Bewertungskriterien können zusätzlich weitere maximal 60 Leistungspunkte erreicht werden. Die maximal mögliche Gesamtleistungspunktzahl beträgt in diesem Fall 100 Leistungspunkte.

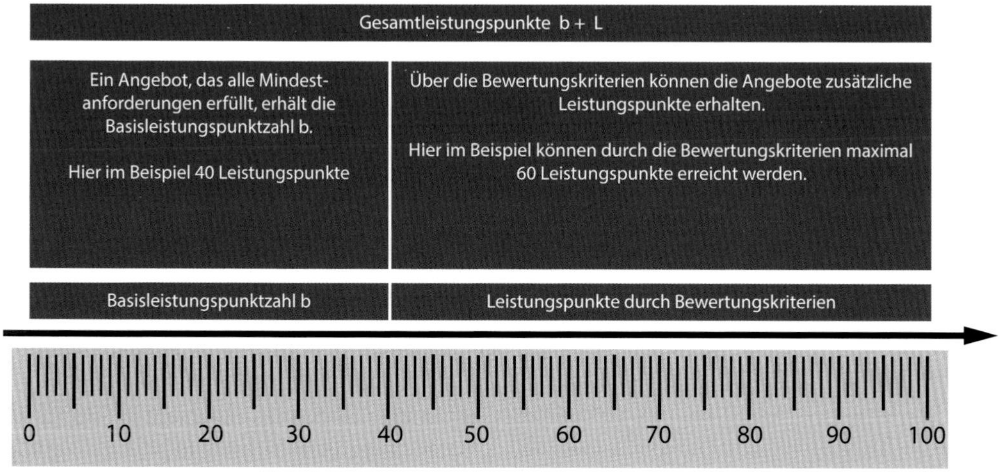

Abbildung: Aufteilung der Leistungspunkte in eine Basisleistungspunktzahl (40) und eine Leistungspunktzahl durch Bewertungskriterien (60)

Die Gesamtleistungspunktzahl muss dabei keine 100 Punkte betragen. In der folgenden Abbildung können durch eine Basisleistungspunktzahl von 34 Leistungspunkten und die maximal möglichen 52 Leistungspunkte durch die Bewertungskriterien maximal 86 Gesamtleistungspunkte erreicht werden.

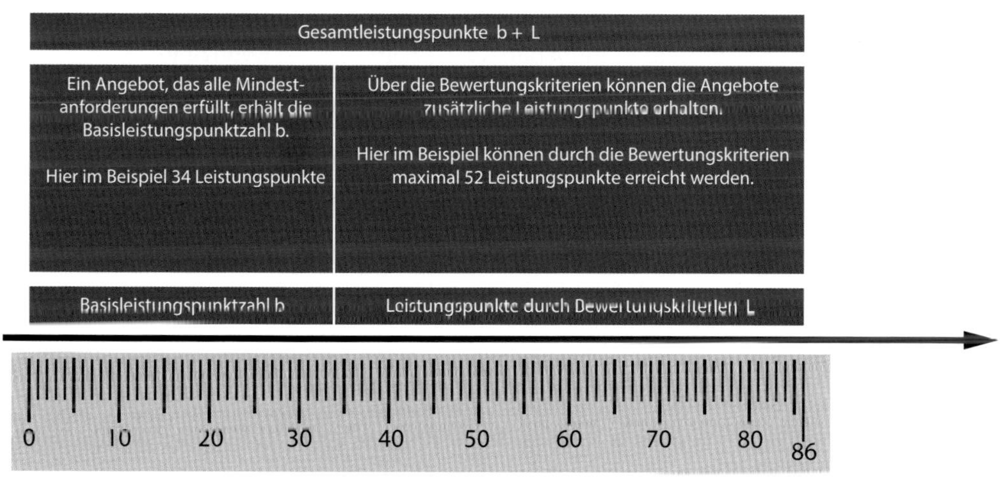

Abbildung: Aufteilung der Leistungspunkte in eine Basisleistungspunktzahl (34) und eine Leistungspunktzahl durch Bewertungskriterien (52)

Die Anwendung der einfachen Richtwertmethode mit Basisleistungspunktzahl bietet sich an, wenn die Erfüllung der in der Leistungsbeschreibung formulierten Ausschlusskriterien als Mindestanforderung ausreichend ist und alle Bewertungskriterien reine „nice-to-have"-Kriterien darstellen.

Mit der Verwendung der Basisleistungspunkte vermeidet man das Null-Punkte-Problem bei der einfachen Richtwertmethode.[16]

Durch das Verwenden einer Basisleistungspunktzahl entsteht darüber hinaus eine stärkere Gewichtung des Angebotspreises.[17] Je größer die Basisleistungspunktzahl ist, umso stärker ist die Gewichtung des Angebotspreises. Bei einer Basisleistungspunktzahl von null Punkten entspricht die einfache Richtwertmethode mit Basisleistungspunktzahl der einfachen Richtwertmethode und damit einer Gewichtung von 50 % Preis und 50 % Leistung.

13.7.1 Beispiele

Beispiel 1

Im Folgenden wird die stärkere Gewichtung des Preises anhand eines Beispiels mit verschiedenen Basisleistungspunktzahlen demonstriert. Dazu werden fünf Angebote A, B, C, D und E mit einer Spanne der Leistungspunkte von null bis 20 Leistungspunkten sowie einer Spanne der Angebotspreise von 100 Euro bis 250 Euro betrachtet.

In der ersten Berechnung wird eine Basisleistungspunktzahl von null Punkten angewendet, das heißt die Zuschlagsformel entspricht der einfachen Richtwertmethode.

Tabelle: Beispiel – Einfache Richtwertmethode mit Basisleistungspunktzahl 0 entspricht der einfachen Richtwertmethode, Skalierungsfaktor = 10.000

Angebot	Leistungspunkte aus der Bewertung	Gesamtleistungspunkte	Preis in Euro	Skalierte Kennzahl	Rang
A	0	0	100	0	5
B	1	1	105	95,24	4
C	8	8	140	571,43	3
D	10	10	150	666,67	2
E	20	20	250	800	1

Mit einer Basisleistungspunktzahl von null Punkten erreicht Angebot E die höchste Kennzahl und ist damit das Siegerangebot.

Mit einer Basisleistungspunktzahl von einem Punkt ändert sich im betrachteten Beispiel der Rang der Angebote nicht.

16 Wird eine Mindestleistungspunktzahl vorgegeben, existiert das Problem mit null Leistungspunkten nicht.

17 *Kaden*, Vorteil Aufschlag-Methode – Neue Wege zur Gewichtung von Preis und Leistung, Vergabe Navigator 6/2013, S. 18 (22); *Kiiver/Kodym*, Die Ermittlung des Preis-Leistungs-Verhältnisses von Angeboten, NZBau 2/2015, 59 (63); *Kiiver/Kodym*, The Practice of Public Procurement, S. 81 ff.

Tabelle: Beispiel – Einfache Richtwertmethode mit Basisleistungspunktzahl 1, Skalierungsfaktor = 10.000

Angebot	Leistungpunkte aus der Bewertung	Gesamtleis-tungspunkte	Preis in Euro	Skalierte Kennzahl	Rang
A	0	1	100	100,00	5
B	1	2	105	190,48	4
C	8	9	140	642,86	3
D	10	11	150	733,33	2
E	20	21	250	840	1

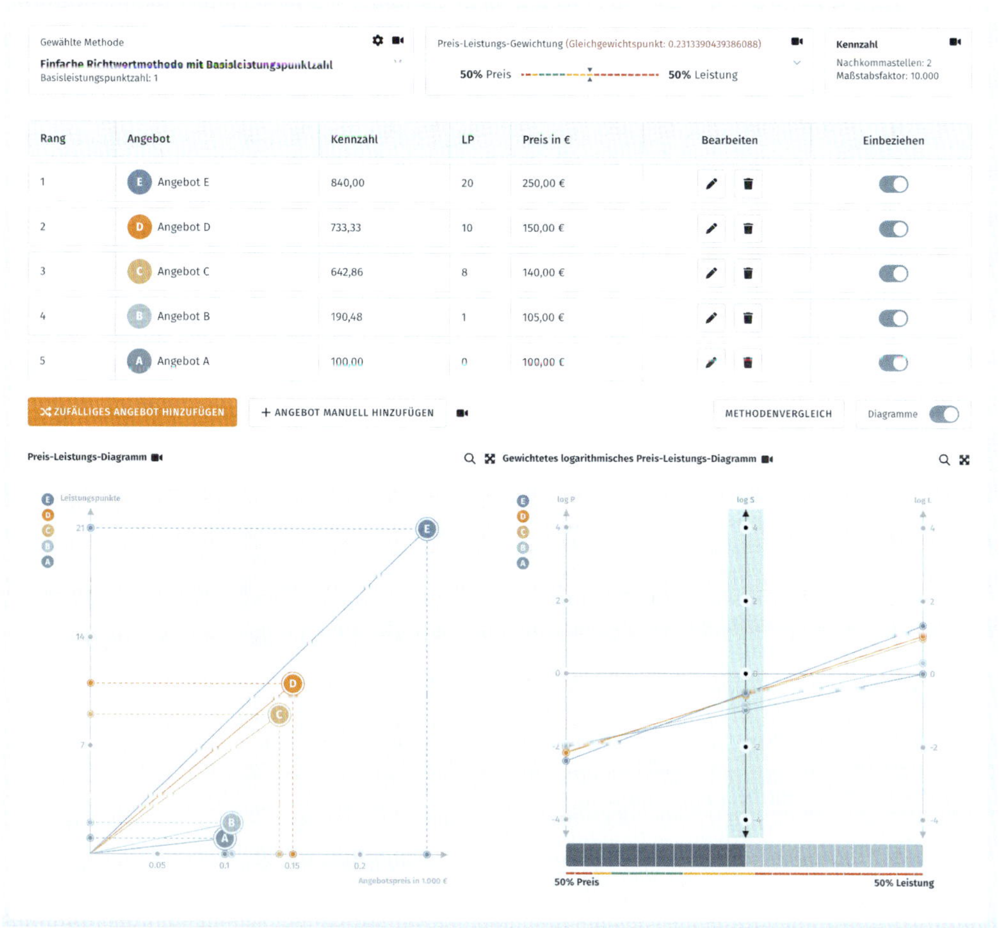

Abbildung: Rangfolge der Angebote + grafische Darstellung bei Anwendung der einfachen Richtwertmethode mit einer Basisleistungspunktzahl von 1

Mit einer Basisleistungspunktzahl von fünf Punkten erhalten Angebot D und Angebot E die gleiche Kennzahl und beide Angebote teilen sich den ersten Rang.

Tabelle: Beispiel – Einfache Richtwertmethode mit Basisleistungspunktzahl 5, Skalierungsfaktor = 10.000

Angebot	Leistungspunkte aus der Bewertung	Gesamtleis-tungspunkte	Preis in Euro	Skalierte Kennzahl	Rang
A	0	5	100	500,00	5
B	1	6	105	571,43	4
C	8	13	140	928,57	3
D	10	15	150	1.000	1
E	20	25	250	1.000	1

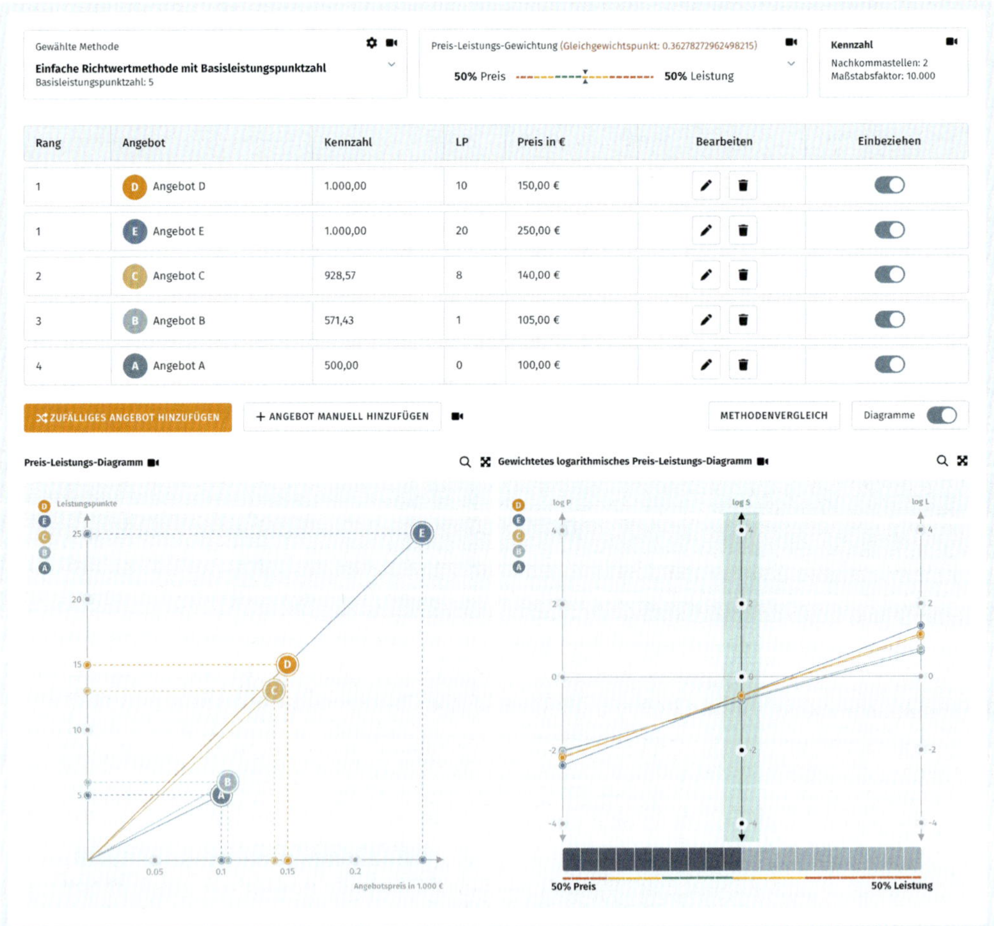

Abbildung: Rangfolge der Angebote + grafische Darstellung bei Anwendung der einfachen Richtwertmethode mit einer Basisleistungspunktzahl von 5

Mit einer Basisleistungspunktzahl von sechs Punkten erhält Angebot D die größte Kennzahl und Angebot E rutscht mit der zweitgrößten Kennzahl auf den zweiten Rang.

Tabelle: Beispiel – Einfache Richtwertmethode mit Basisleistungspunktzahl 6, Skalierungsfaktor = 10.000

Angebot	Leistungspunkte aus der Bewertung	Gesamtleis-tungspunkte	Preis in Euro	Skalierte Kennzahl	Rang
A	0	6	100	600,00	5
B	1	7	105	666,67	4
C	8	14	140	1.000	3
D	10	16	150	1.066,67	1
E	20	26	250	1.040	2

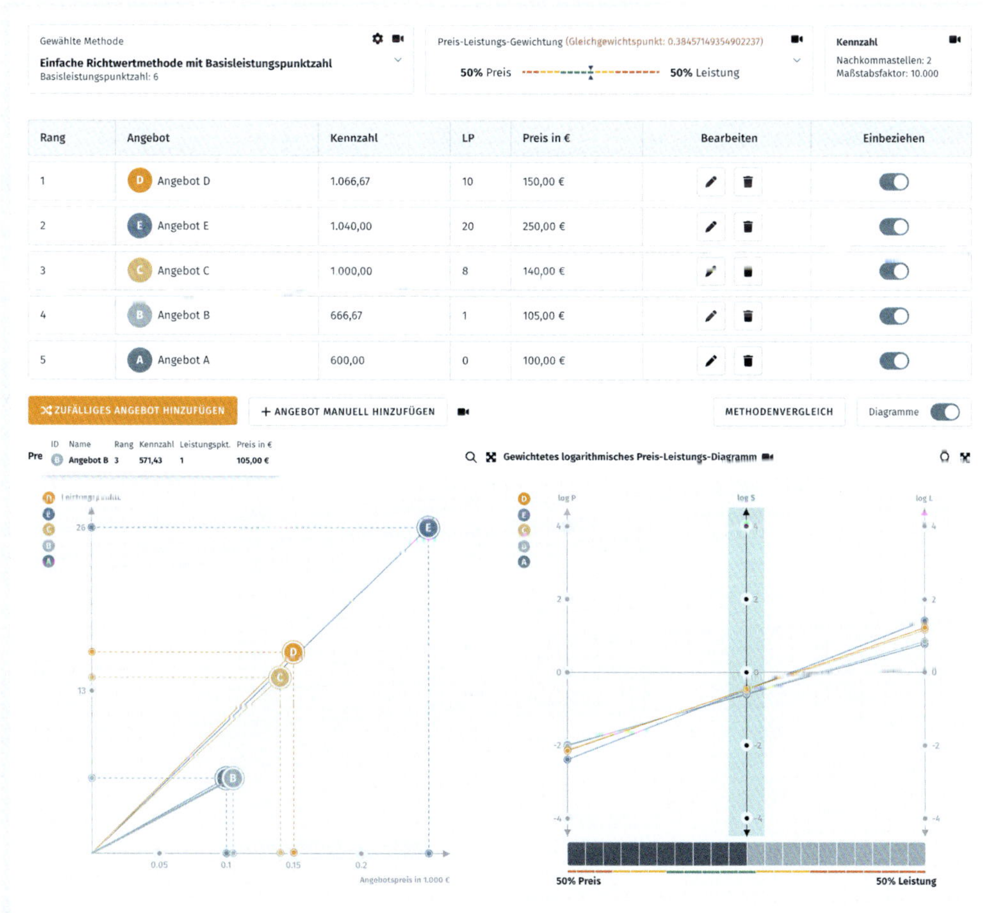

Abbildung: Rangfolge der Angebote + grafische Darstellung bei Anwendung der einfachen Richtwertmethode mit einer Basisleistungspunktzahl von 6

Mit einer Basisleistungspunktzahl von zwölf Punkten erhält Angebot D die größte Kennzahl und Angebot E rutscht mit der drittgrößten Kennzahl auf den dritten Rang.

Tabelle: Beispiel – Einfache Richtwertmethode mit Basisleistungspunktzahl 12, Skalierungsfaktor = 10.000

Angebot	Leistungspunkte aus der Bewertung	Gesamtleistungspunkte	Preis in Euro	Skalierte Kennzahl	Rang
A	0	12	100	1.200	5
B	1	13	105	1.238,10	4
C	8	20	140	1.428,57	2
D	10	22	150	1.466,67	1
E	20	32	250	1.280	3

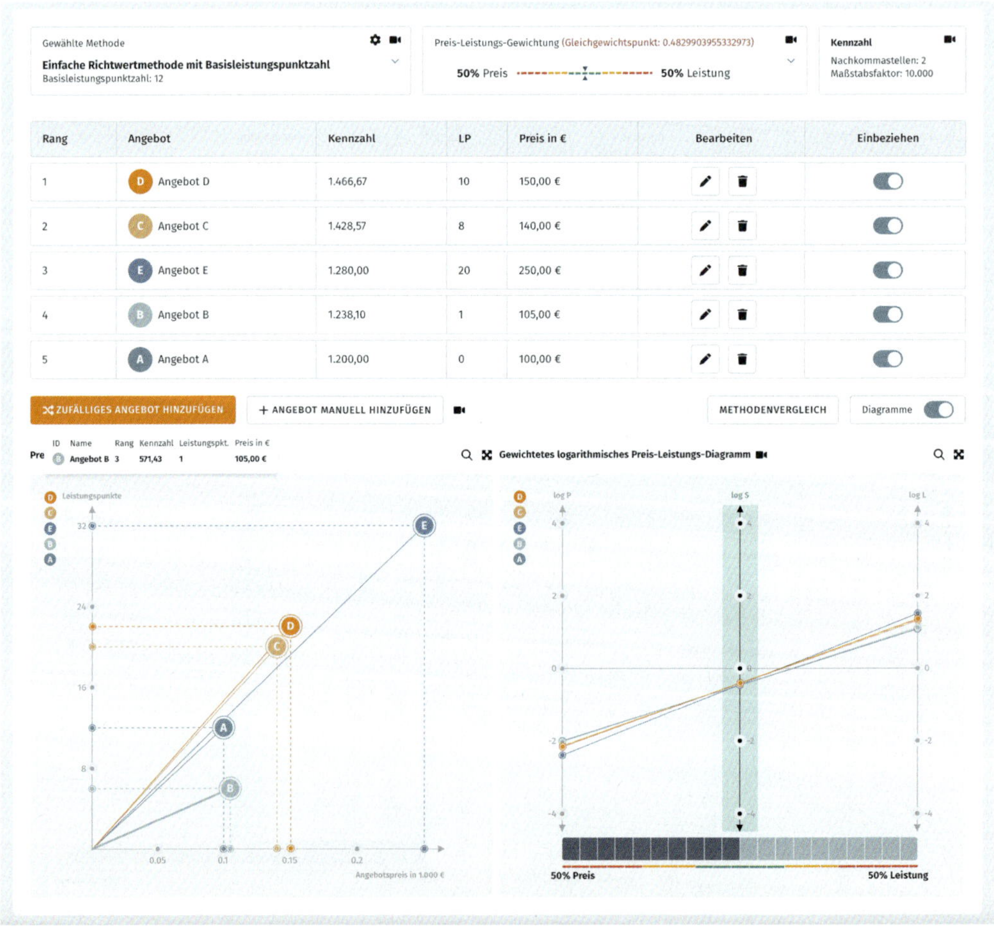

Abbildung: Rangfolge der Angebote + grafische Darstellung bei Anwendung der einfachen Richtwertmethode mit einer Basisleistungspunktzahl von 12

Mit einer Basisleistungspunktzahl von 20 Punkten erhalten die Angebote A, B, C und D die gleiche Kennzahl und teilen sich den ersten Rang. Angebot E rutscht mit der kleinsten Kennzahl auf den fünften Rang.

Tabelle: Beispiel – Einfache Richtwertmethode mit Basisleistungspunktzahl 20, Skalierungsfaktor = 10.000

Angebot	Leistungpunkte aus der Bewertung	Gesamtleistungspunkte	Preis in Euro	Skalierte Kennzahl	Rang
A	0	20	100	2.000	1
B	1	21	105	2.000	1
C	8	28	140	2.000	1
D	10	30	150	2.000	1
E	20	40	250	1.600	5

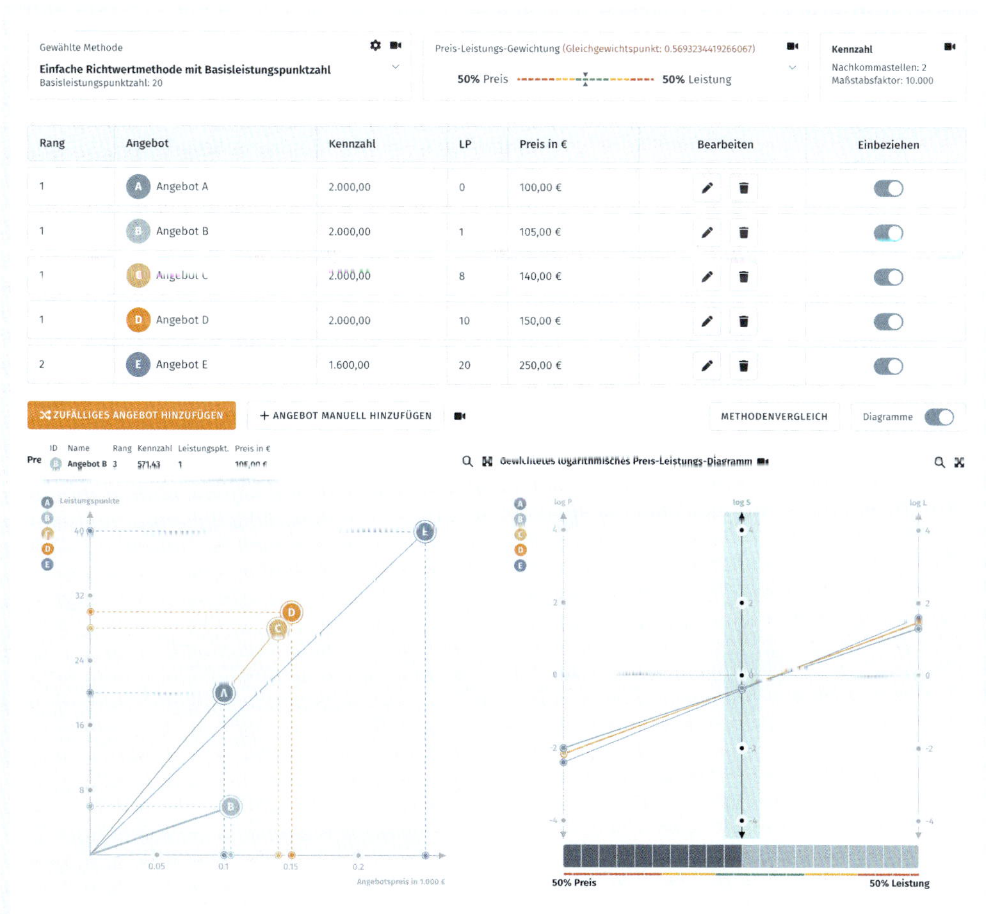

Abbildung: Rangfolge der Angebote + grafische Darstellung bei Anwendung der einfachen Richtwertmethode mit einer Basisleistungspunktzahl von 20

Mit einer Basisleistungspunktzahl von 25 Punkten erhält Angebot A die größte Kennzahl und belegt den ersten Rang.

Tabelle: Beispiel – Einfache Richtwertmethode mit Basisleistungspunktzahl 25, Skalierungsfaktor = 10.000

Angebot	Leistungspunkte aus der Bewertung	Gesamtleis-tungspunkte	Preis in Euro	Skalierte Kennzahl	Rang
A	0	25	100	2.500	1
B	1	26	105	2.476,19	2
C	8	33	140	2.357,14	3
D	10	35	150	2.333,33	4
E	20	45	250	1.800	5

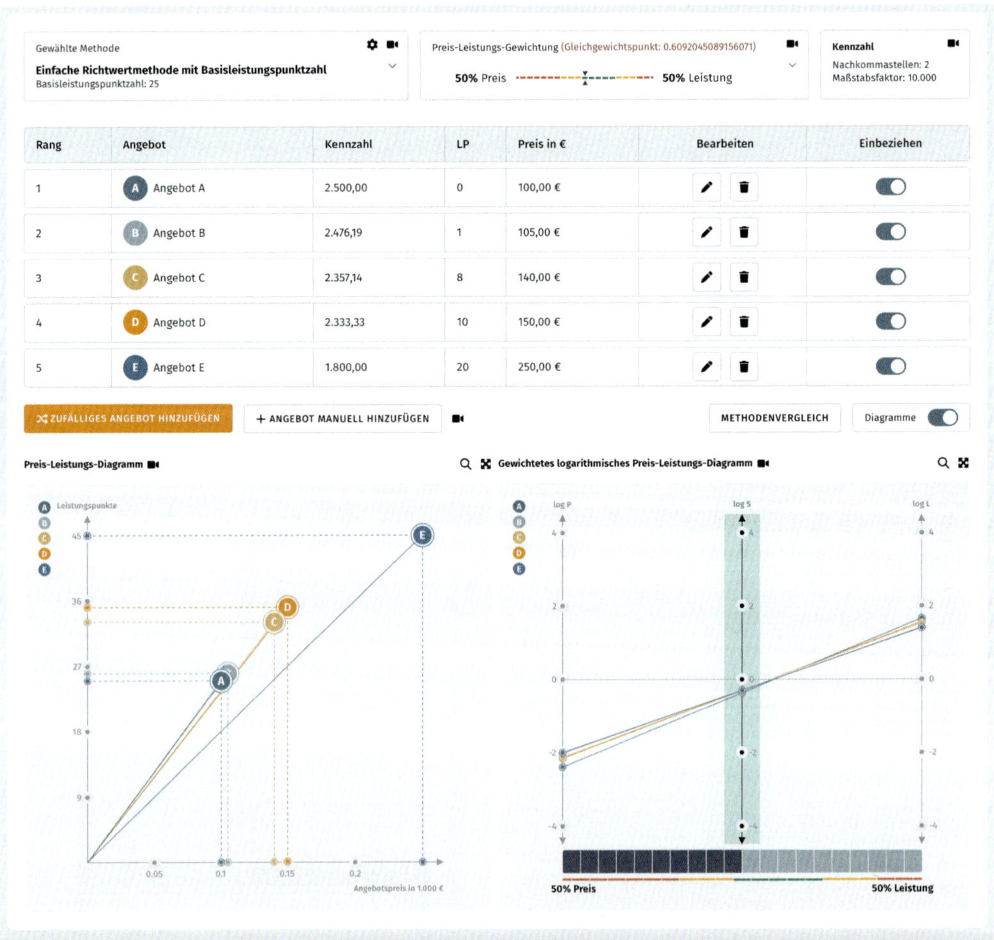

Abbildung: Rangfolge der Angebote + grafische Darstellung bei Anwendung der einfachen Richtwertmethode mit einer Basisleistungspunktzahl von 25

Am Beispiel kann man erkennen, dass umso größer die Basisleistungspunktzahl im Verhältnis zur maximalen Gesamtleistungspunktzahl ist, desto stärker der Angebotspreis gewichtet wird.

Beispiel 2

Im Folgenden werden die drei Angebote A, B und C, die nach der einfachen Richtwertmethode die gleiche Kennzahl erhalten haben, betrachtet.

Tabelle: Beispiel – Einfache Richtwertmethode, Skalierungsfaktor = 1.000

Angebot	Leistungspunkte aus der Bewertung	Preis in Euro	Skalierte Kennzahl	Rang
A	100	200	500	1
B	200	400	500	1
C	400	800	500	1

Werden die drei Angebote in einem Preis-Leistungsdiagramm dargestellt, dann entspricht die Steigung der Angebotsgeraden der Kennzahl S der einfachen Richtwertmethode. Das Angebot mit der größten Kennzahl, das heißt das Angebot, dessen Angebotsgerade die größte Steigung aufweist, gewinnt. Im betrachteten Beispiel befinden sich die drei Angebote aufgrund der gleichen Kennzahl auf der gleichen Angebotsgeraden.

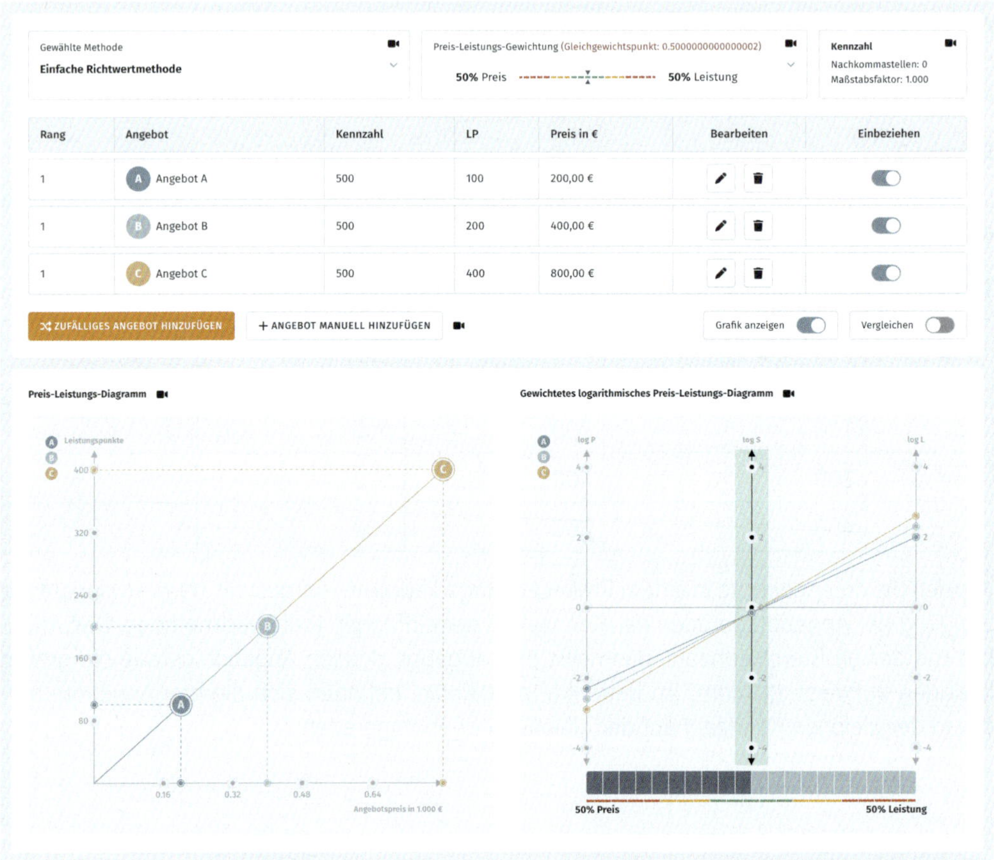

Abbildung: Preis-Leistungs-Diagramm und gewichtetes logarithmischen Preis-Leistungs-Diagramm

Findet statt der einfachen Richtwertmethode die einfache Richtwertmethode mit Basisleistungspunktzahl Anwendung, dann ergeben sich die folgenden Kennzahlen:

Tabelle: Beispiel – Einfache Richtwertmethode mit Basisleistungspunktzahl 100, Skalierungsfaktor = 1.000

Angebot	Leistungspunkte aus der Bewertung	Gesamtleistungspunkte	Preis in Euro	Skalierte Kennzahl	Rang
A	100	200	200	1.000	1
B	200	300	400	750	2
C	400	500	800	625	3

Für alle drei Angebote wird die Basisleistungspunktzahl von 100 Punkten zu den Leistungspunkten aus der Bewertung addiert. Für das billigste der drei Angebote hat dies den größten Effekt für die Neuberechnung der Kennzahl. Angebot A erreicht bei der einfachen Richtwertmethode mit einer Basisleistungspunktzahl von 100 Punkten die größte Kennzahl.

Diesen Effekt kann man sehr anschaulich im folgenden Preis-Leistungs-Diagramm erkennen.

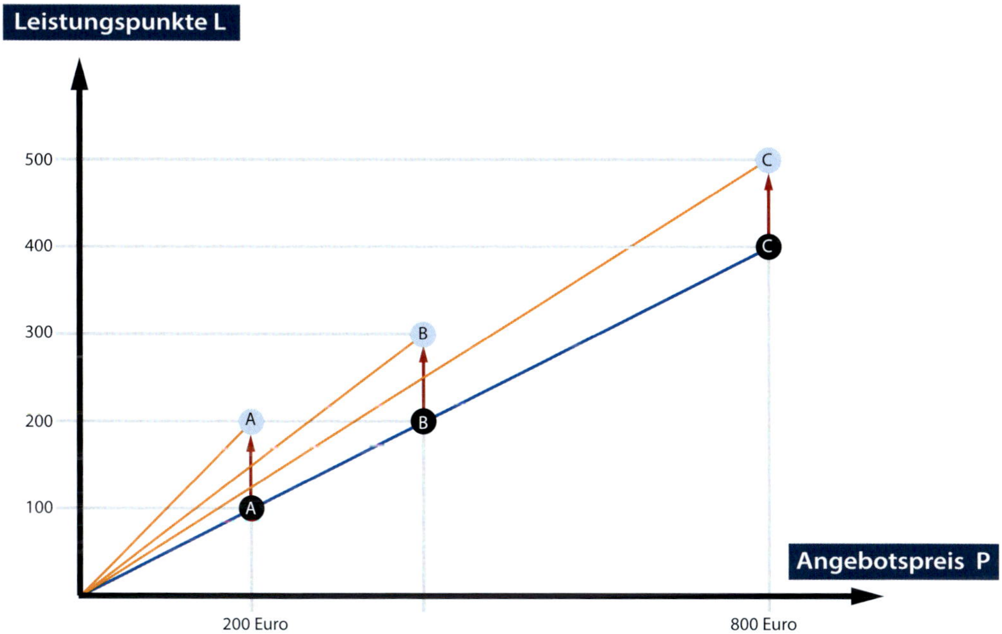

Abbildung: Preis-Leistungs-Diagramm, einfache Richtwertmethode mit Basisleistungspunktzahl 100

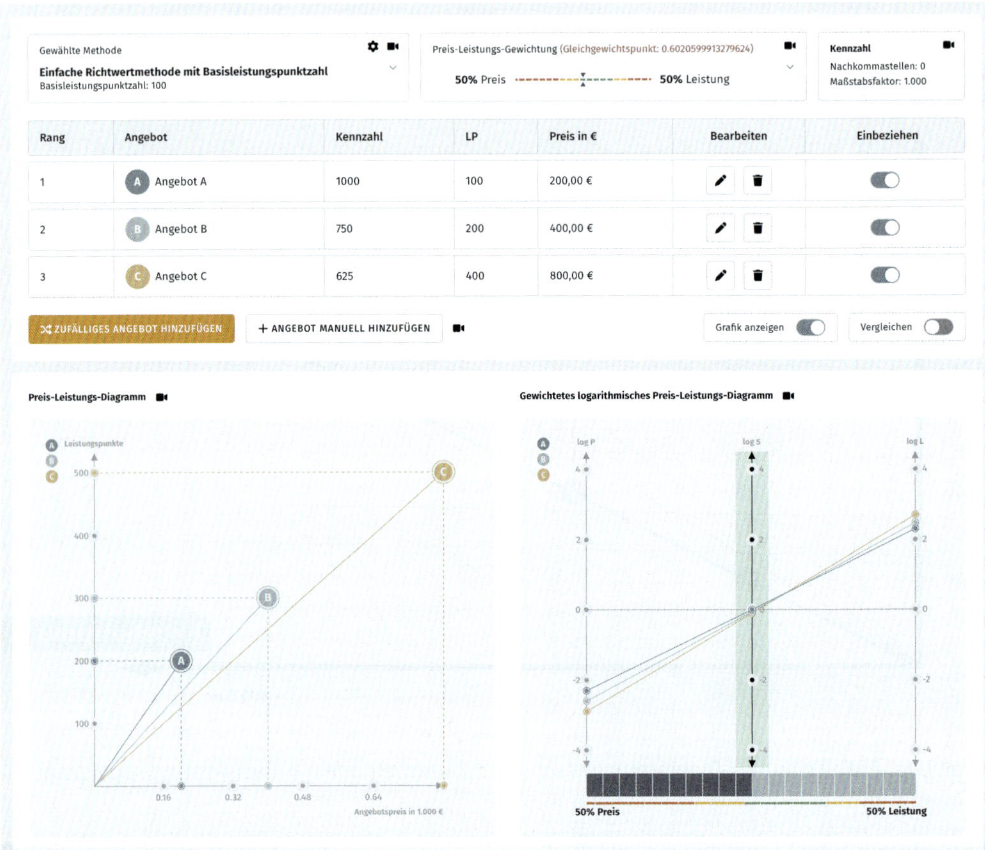

Abbildung: Darstellung im BewertungsCalculator/VergabeCalculator, einfache Richtwertmethode mit Basisleistungspunktzahl 100

Die Beispiele helfen Zusammenhänge zu erkennen, stellen allerdings noch keinen mathematischen Beweis dar. Man kann aber auch mathematisch streng formal den Gewichtungseffekt beweisen.[18]

Beispiel 3

Im Folgenden werden die drei Angebote A, B und C betrachtet. Die erste Bewertung erfolgt mittels der einfachen Richtwertmethode.

18 Der Beweis dazu findet sich in *Ferber*, Das wirtschaftlichste Angebot im Vergaberecht – Eine mathematische und vergaberechtliche Betrachtung.

Tabelle: Beispiel – Einfache Richtwertmethode, Skalierungsfaktor = 1.000

Angebot	Leistungspunkte aus der Bewertung	Preis in Euro	Skalierte Kennzahl	Rang
A	110	400	275	3
B	280	600	467	2
C	400	800	500	1

Werden die drei Angebote in einem Preis-Leistungsdiagramm dargestellt, dann entspricht die Steigung der Angebotsgeraden der Kennzahl S der einfachen Richtwertmethode. Das Angebot mit der größten Kennzahl, das heißt das Angebot, dessen Angebotsgerade die größte Steigung aufweist, gewinnt. Im betrachteten Beispiel mit einer Bewertung nach der einfachen Richtwertmethode hat Angebot C die größte Kennzahl (die größte Angebotsgeradensteigung).

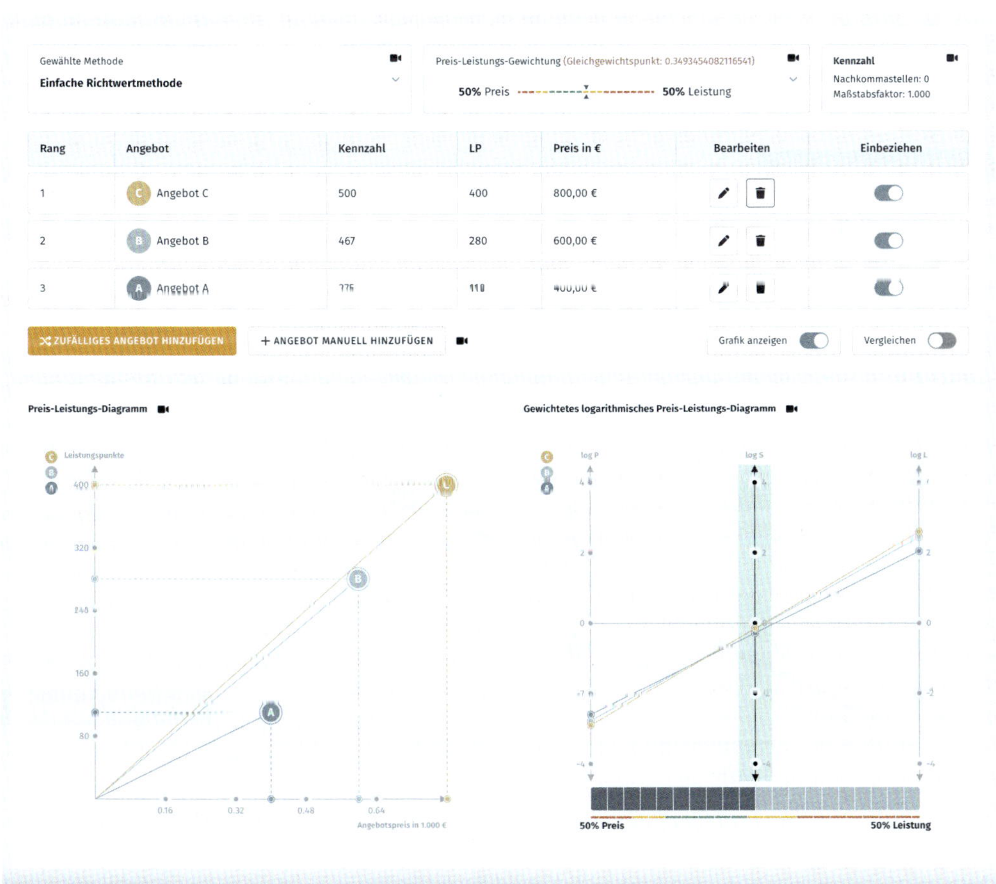

Abbildung: Einfache Richtwertmethode (ohne Basisleistungspunktzahl)

Findet statt der einfachen Richtwertmethode die einfache Richtwertmethode mit Basisleistungspunktzahl Anwendung, dann ergeben sich für eine Basisleistungspunktzahl von 150 Punkten die folgenden Kennzahlen:

Tabelle: Beispiel – Einfache Richtwertmethode mit Basisleistungspunktzahl 150, Skalierungsfaktor = 1.000

Angebot	Leistungspunkte aus der Bewertung	Gesamtleistungspunkte	Preis in Euro	Skalierte Kennzahl	Rang
A	110	260	400	650	3
B	280	430	600	717	1
C	400	550	800	688	2

Für alle drei Angebote wird die Basisleistungspunktzahl von 150 Punkten zu den Leistungspunkten aus der Bewertung addiert und die daraus entstandene Gesamtleistungspunktzahl mit dem Skalierungsfaktor von 1.000 multipliziert und dann durch den Angebotspreis dividiert. Durch die Basisleistungspunktzahl von 150 Punkten erfolgt eine stärkere Gewichtung des Angebotspreises und die beiden Angebote B und C vertauschen ihre Ränge.

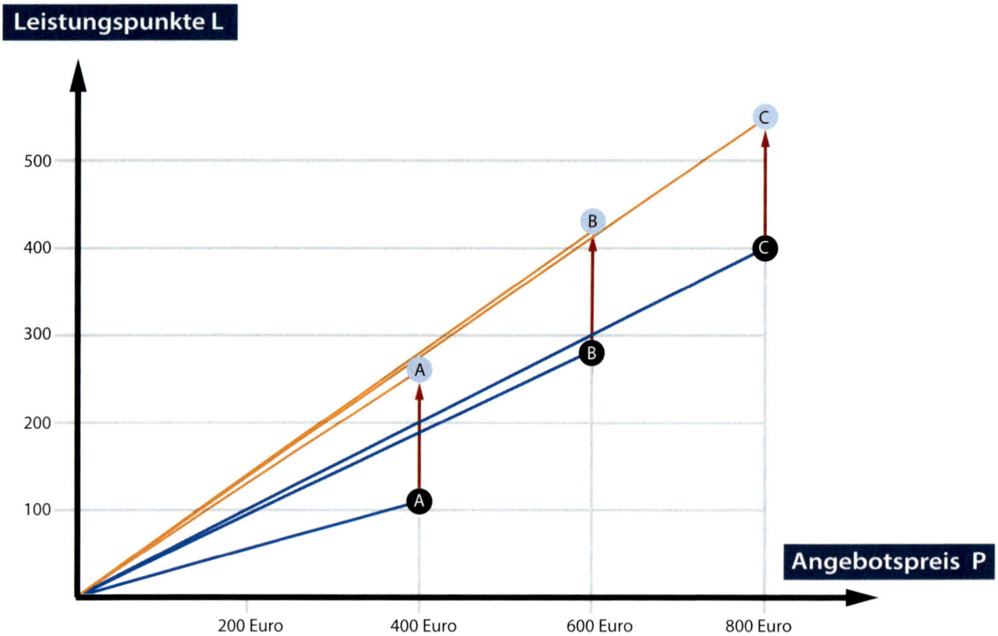

Abbildung: Preis-Leistungs-Diagramm – Einfache Richtwertmethode mit einer Basisleistungspunktzahl von 150

Abbildung: Einfache Richtwertmethode mit Basisleistungspunktzahl 150

Bei einer Basisleistungspunktzahl von 350 Punkten ergeben sich die folgenden Kennzahlen:

Tabelle: Beispiel – Einfache Richtwertmethode mit Basisleistungspunktzahl 350, Skalierungsfaktor = 1.000

Angebot	Leistungpunkte aus der Bewertung	Gesamtleis-tungspunkte	Preis in Euro	Skalierte Kennzahl	Rang
A	110	460	400	1.150	1
B	280	630	600	1.050	2
C	400	750	800	938	3

Für alle drei Angebote wird die Basisleistungspunktzahl von 350 Punkten zu den Leistungspunkten aus der Bewertung addiert und die daraus entstandene Gesamtleistungspunktzahl mit dem Skalierungsfaktor von 1.000 multipliziert und dann durch den Angebotspreis dividiert. Durch die Basisleistungspunktzahl von 350 Punkten erfolgt eine deutlich stärkere Gewichtung des Angebotspreises und die beiden Angebote A, B und C vertauschen ihre Ränge. Im betrachteten Beispiel mit einer Bewertung nach der einfachen Richtwertmethode mit einer Basisleistungspunktzahl von 350 Punkten hat Angebot A die größte Kennzahl (die größte Angebotsgeradensteigung).

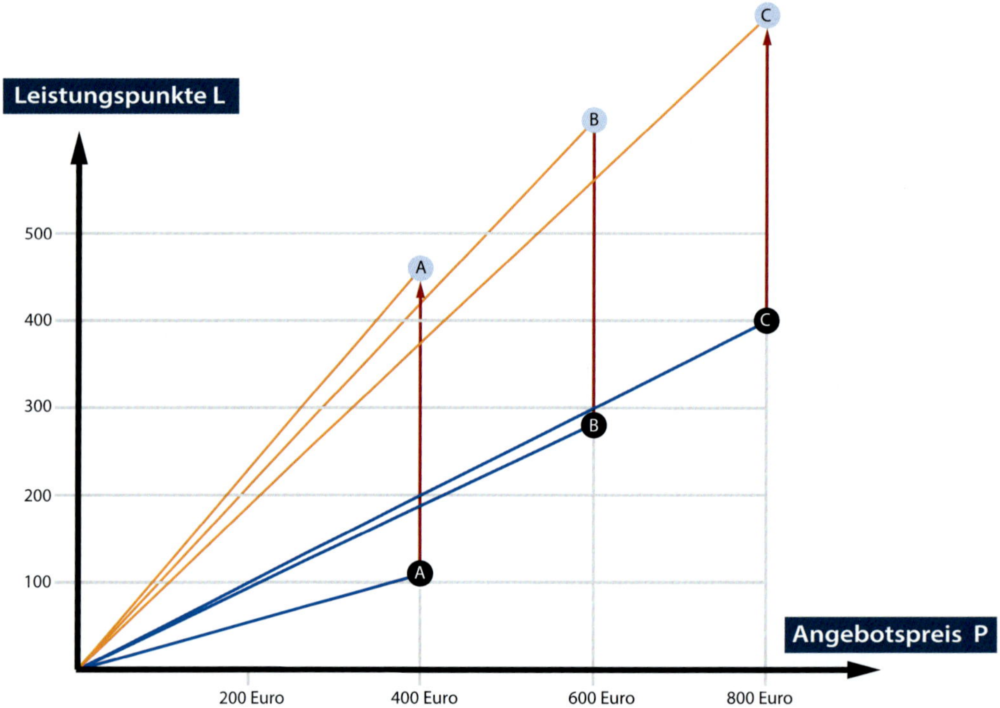

Abbildung: Preis-Leistungs-Diagramm für die einfache Richtwertmethode mit einer Basisleistungspunktzahl von 350

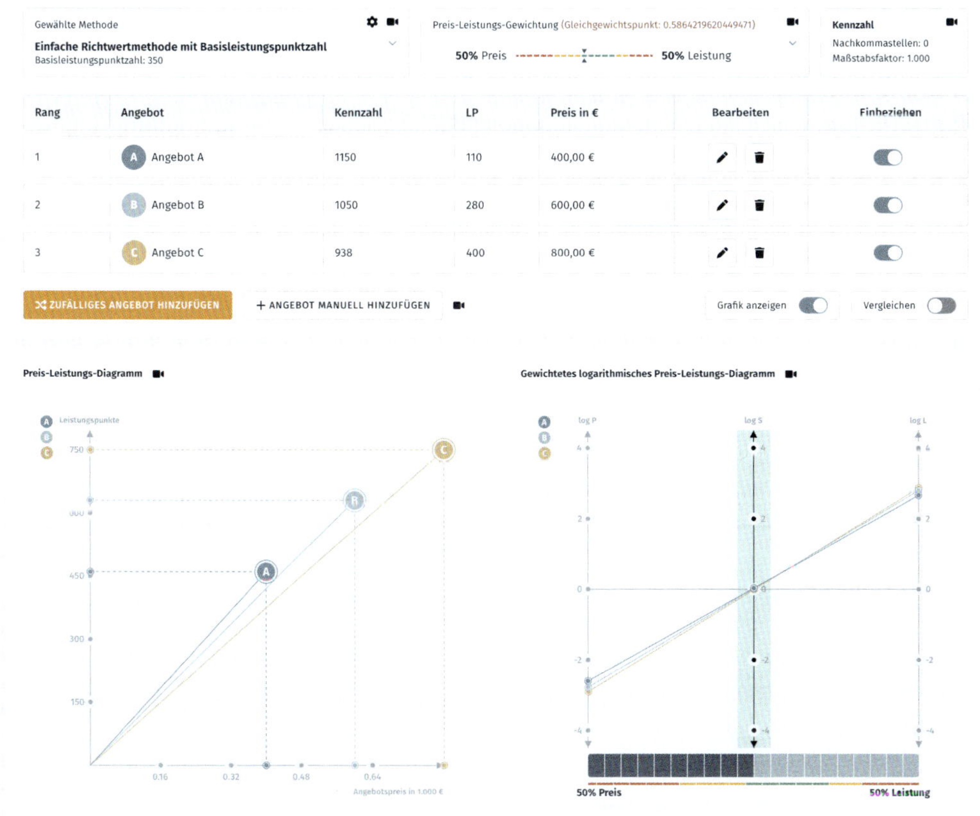

Abbildung: Einfache Richtwertmethode mit einer Basisleistungspunktzahl von 350

13.7.2 Gewichtung

Durch das Verwenden einer Basisleistungspunktzahl kann eine stärkere Gewichtung des Angebotspreises und eine schwächere Gewichtung der Leistungspunktzahl umgesetzt werden. Um diesen Gewichtungseffekt näher zu beschreiben, wird im Folgenden das Verhältnis der Basisleistungspunktzahl b zur Gesamtleistungspunktzahl ($b + L$) betrachtet und dazu die Verhältniszahl $\rho = b / (L + b)$ eingeführt.

Tabelle: Verhältnis der Basisleistungspunktzahl b zur Gesamtleistungspunktzahl ($b + L$), $\rho = b / (L + b)$

Verhältniszahl ρ	Anmerkung	Gewichtung von Preis und Leistung
0	b = 0	50 % Preis und 50 % Leistung
1	L = 0	100 % Preis und 0 % Leistung
<≈ 1 (kleiner, aber in der Nähe von 1)	$b >> L$ (b sehr viel größer als L)	Fast 100 % Preis und 0 % Leistung

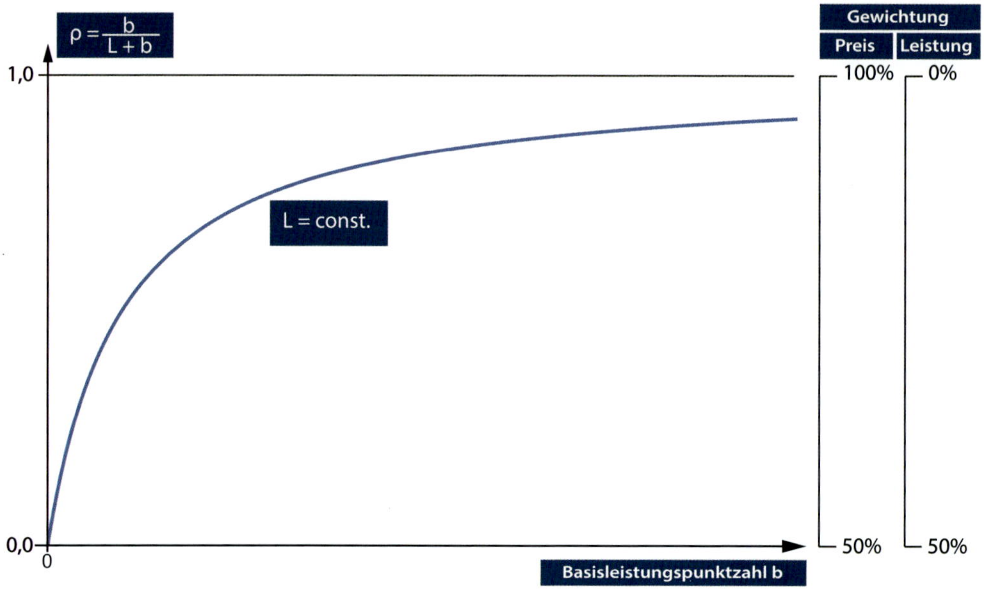

Abbildung: Verhältnis der Basisleistungspunktzahl b zur Gesamtleistungspunktzahl (b + L)

Durch das Verwenden einer Basisleistungspunktzahl entsteht eine stärkere Gewichtung des Angebotspreises. Je größer die Basisleistungspunktzahl ist, umso stärker ist die Gewichtung des Angebotspreises.

- Hat die eingeführte Verhältniszahl $\rho = b / (L + b)$ den Wert null, dann folgt daraus, dass auch die Basisleistungspunktzahl b null Punkte haben muss. Eine Basisleistungspunktzahl von null Punkten entspricht der einfachen Richtwertmethode und damit einer Gewichtung von 50 % Preis und 50 % Leistung.
- Hat die eingeführte Verhältniszahl $\rho = b / (L + b)$ den Wert eins, dann folgt daraus, dass auch die Leistungspunktzahl aus den Bewertungskriterien L null Punkte haben muss. Wenn aber durch die Bewertungskriterien keine Punktzahl erreicht werden kann, dann wird die Zuschlagsentscheidung zu 100 % nach dem Preis getroffen. Daraus folgt eine Gewichtung 100 % Preis und 0 % Leistungspunkte.
- Hat die eingeführte Verhältniszahl $\rho = b / (L + b)$ einen Wert kleiner aber in der Nähe von eins, dann folgt daraus, dass die Basisleistungspunktzahl b im Vergleich zur Leistungspunktzahl aus den Bewertungskriterien L sehr viel größer ist, $b >> L$.

Durch die Basisleistungspunktzahl kann die Gewichtung des Angebotspreises verstärkt und die Gewichtung der Leistungspunkte abgeschwächt werden. Eine Verstärkung der Gewichtung der Leistungspunkte ist hiermit nicht möglich. Die Gewichtung kann nur in dem Bereich zwischen (50 % Preis und 50 % Leistung) und (100 % Preis und 0 % Leistung) über die Basisleistungspunktzahl beeinflusst werden.[19]

19 Im Detail dazu: *Ferber*, Das wirtschaftlichste Angebot im Vergaberecht – Eine mathematische und vergaberechtliche Betrachtung.

Die Anwendung der Basisleistungspunktzahl ist mit Bedacht vorzunehmen, da man hier sehr schnell über das eigentliche Ziel hinausschießen kann und der Angebotspreis derart übergewichtig und dominant wird, dass die Leistung keinerlei Rolle mehr spielt (Alibikriterium).

13.7.3 Abhängigkeit von anderen Angeboten

Bei der einfachen Richtwertmethode mit Basisleistungspunktzahl besteht keine Abhängigkeit zu anderen Angeboten.

13.7.4 Rechtsprechung

Für die einfache Richtwertmethode mit Basisleistungspunktzahl ist bisher keine Rechtsprechung bekannt. Da die einfache Richtwertmethode mit Basisleistungspunktzahl auf der einfachen Richtwertmethode basiert, erscheint der Verweis auf die Rechtsprechung der einfachen Richtwertmethode angemessen.

13.7.5 Empfehlung

Die einfache Richtwertmethode mit Basisleistungspunktzahl ist eine empfehlenswerte Bewertungsmethode, die die Wirtschaftlichkeitsanforderungen an Bewertungsmethoden erfüllt.

Die einfache Richtwertmethode mit Basisleistungspunktzahl ist nicht anwendbar, wenn Angebotspreise von null Euro oder negative Angebotspreise möglich sind.

Die Anwendung der Basisleistungspunktzahl ist mit Bedacht vorzunehmen, da man hier sehr schnell über das eigentliche Ziel hinausschießen kann und der Angebotspreis derart übergewichtig und dominant wird, dass die Leistung keinerlei Rolle mehr spielt (Alibikriterium).

Die einfache Richtwertmethode mit Basisleistungspunktzahl sollte ebenfalls keine Anwendung finden, wenn man eine stärkere Gewichtung der Leistung vornehmen müsste, um zu einer ausgewogenen Gewichtung zu kommen. Dies ist zum Beispiel der Fall, wenn die Preisspanne deutlich größer ist als die Leistungsspanne.

13.7.6 Beispielformulierung für Ausschreibungen

Zur Ermittlung des wirtschaftlichsten Angebots findet die einfache Richtwertmethode mit einer Basisleistungspunktzahl von 350 Anwendung.

Für jedes wertbare Angebot wird die Kennzahl (Score) S gemäß der Formel

$S = (L + b) / P$

berechnet. Das Angebot mit der größten Kennzahl S erhält den Zuschlag.

S: Kennzahl (Score)

L: Leistungspunktzahl

P: Angebotspreis

b = 350: Basisleistungspunktzahl

Preisobergrenze: Es wird eine Preisobergrenze von 750.000 Euro (inkl. MwSt.) vorgegeben. Angebote, deren Angebotspreis über der Preisobergrenze liegt, werden von der weiteren Wertung ausgeschlossen.

Mindestleistungspunktzahl: Die Angebote müssen mindestens 150 von maximal 720 möglichen Leistungspunkten erreichen. Angebote, die mit weniger als 150 Leistungspunkten bewertet werden, werden von der weiteren Wertung ausgeschlossen.

Gleichstand: Bei Gleichstand der Kennzahlen erhält das Angebot mit der größeren Leistungspunktzahl den Zuschlag. Führt dies nicht zu einem eindeutigen Zuschlagsergebnis, entscheidet das Los.

13.8 Reziproke einfache Richtwertmethode mit Basisleistungspunktzahl: *S* = *P* / (*L* + *b*)

13.8.1 Definition

Bei der reziproken[20] einfachen Richtwertmethode mit der Zuschlagsformel $S = P / (L + b)$ wird das wirtschaftlichste Angebot durch eine Kennzahl ermittelt, die sich aus dem Quotienten des Preises oder der Kosten und der Summe aus den ermittelten Leistungspunkten der Bewertungskriterien L des betrachteten Angebots und einer Basisleistungspunktzahl b berechnet. Die Zuschlagsformel $S = P / (L + b)$ ist das Reziproke zur einfachen Richtwertmethode mit Basisleistungspunktzahl, da im Quotienten zur Berechnung der Kennzahl Preis und Leistung miteinander vertauscht sind.

$$S = \frac{P}{L + b}$$

S: Kennzahl (Scoring-Wert)
L: Leistungspunktzahl der Bewertungskriterien
P: Angebotspreis oder Kosten, $P > 0$
b: Basisleistungspunktzahl, $b \geq 0$

Abbildung: Formel der reziproken einfachen Richtwertmethode mit Basisleistungspunktzahl zur Bestimmung der Kennzahl

Für jedes Angebot wird die Kennzahl *S* gemäß der Formel $S = P / (L + b)$ berechnet. Das Angebot mit der kleinsten Kennzahl *S* erhält den Zuschlag.

Die Anwendung der reziproken einfachen Richtwertmethode mit Basisleistungspunktzahl bietet sich an, wenn die Erfüllung der in der Leistungsbeschreibung formulierten Ausschlusskriterien als Mindestanforderung ausreichend ist und alle Bewertungskriterien reine „nice-to-have"-Kriterien darstellen.

20 *Naas/Schmid*, Mathematisches Wörterbuch, Bd. II, S. 504: Zwei Zahlen, deren Produkt 1 ist, heißen reziprok.

Mit der Verwendung der Basisleistungspunkte vermeidet man das Null-Punkte-Problem bei der reziproken einfachen Richtwertmethode.[21]

Durch das Verwenden einer Basisleistungspunktzahl entsteht darüber hinaus eine stärkere Gewichtung des Angebotspreises.[22] Je größer die Basisleistungspunktzahl ist, umso stärker ist die Gewichtung des Angebotspreises. Bei einer Basisleistungspunktzahl von null Punkten entspricht die reziproke einfache Richtwertmethode mit Basisleistungspunktzahl der reziproken einfachen Richtwertmethode und damit einer Gewichtung von 50 % Preis und 50 % Leistung.

13.8.2 Beispiel

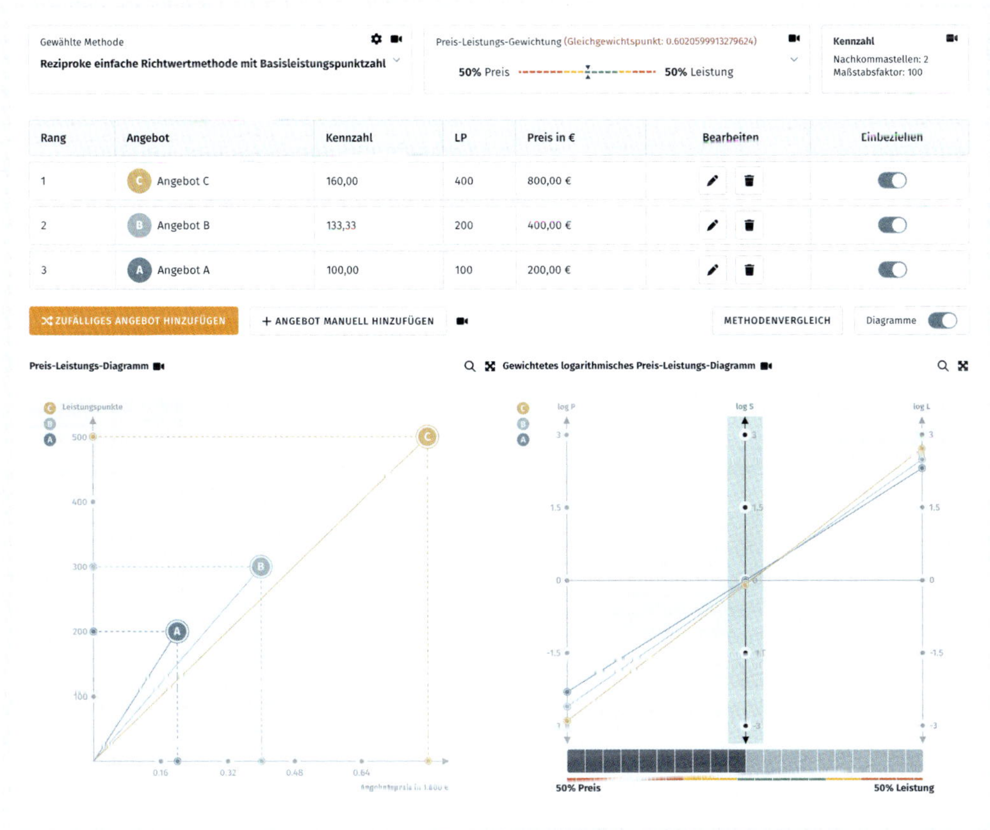

Abbildung: Beispiel für die reziproke einfache Richtwertmethode mit einer Basisleistungspunktzahl von 100

21 Wird eine Mindestleistungspunktzahl vorgegeben, existiert das Problem mit null Leistungspunkten nicht.

22 *Kaden*, Vorteil Aufschlag-Methode – Neue Wege zur Gewichtung von Preis und Leistung, Vergabe Navigator 6/2013, S. 18 (22); *Kiiver/Kodym*, Die Ermittlung des Preis-Leistungs-Verhältnisses von Angeboten, NZBau 2/2015, 59 (63); *Kiiver/Kodym*, The Practice of Public Procurement, S. 81 ff.

Durch das Verwenden einer Basisleistungspunktzahl entsteht eine stärkere Gewichtung des Angebotspreises. Je größer die Basisleistungspunktzahl ist, umso stärker ist die Gewichtung des Angebotspreises.

13.8.3 Gewichtung

Durch das Verwenden einer Basisleistungspunktzahl kann eine stärkere Gewichtung des Angebotspreises und eine schwächere Gewichtung der Leistungspunktzahl umgesetzt werden. Um diesen Gewichtungseffekt näher zu beschreiben, wird im Folgenden das Verhältnis der Basisleistungspunktzahl b zur Gesamtleistungspunktzahl $(b + L)$ betrachtet und dazu die Verhältniszahl $\rho = b / (L + b)$ eingeführt.

Tabelle: Verhältnis der Basisleistungspunktzahl b zur Gesamtleistungspunktzahl $(b + L)$, $\rho = b / (L + b)$

Verhältniszahl ρ	Anmerkung	Gewichtung von Preis und Leistung
0	b = 0	50 % Preis und 50 % Leistung
1	L = 0	100 % Preis und 0 % Leistung
<≈ 1 (kleiner aber in der Nähe von 1)	$b >> L$ (b sehr viel größer als L)	Fast 100 % Preis und 0 % Leistung

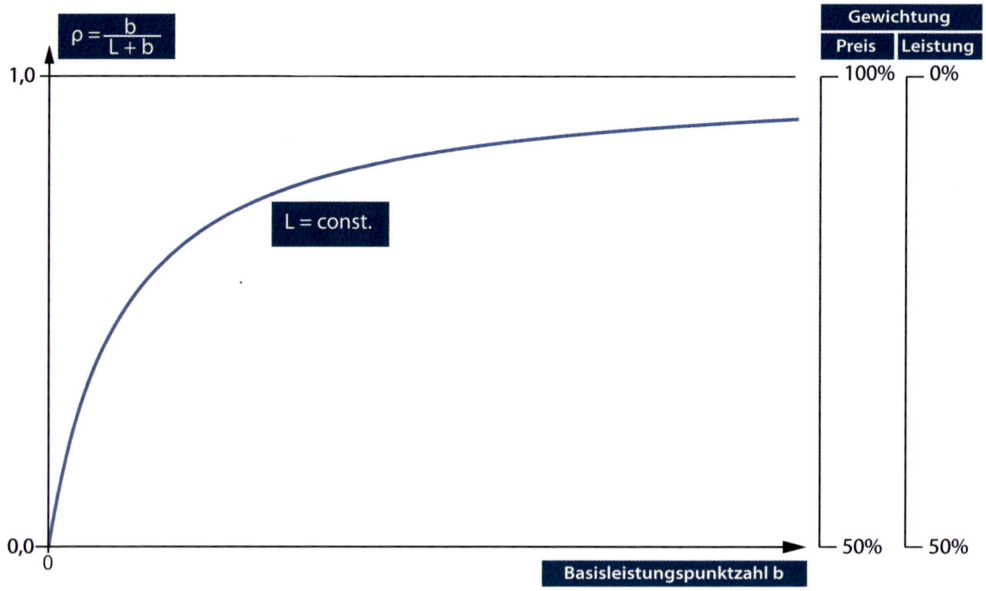

Abbildung: Verhältnis der Basisleistungspunktzahl b zur Gesamtleistungspunktzahl (b + L)

Durch das Verwenden einer Basisleistungspunktzahl entsteht eine stärkere Gewichtung des Angebotspreises. Je größer die Basisleistungspunktzahl ist, umso stärker ist die Gewichtung des Angebotspreises.

- Hat die eingeführte Verhältniszahl $\rho = b / (L + b)$ den Wert null, dann folgt daraus, dass auch die Basisleistungspunktzahl b null Punkte haben muss. Eine Basisleistungspunktzahl von null Punkten entspricht der einfachen Richtwertmethode und damit einer Gewichtung von 50 % Preis und 50 % Leistung.
- Hat die eingeführte Verhältniszahl $\rho = b / (L + b)$ den Wert eins, dann folgt daraus, dass auch die Leistungspunktzahl aus den Bewertungskriterien L null Punkte haben muss. Wenn aber durch die Bewertungskriterien keine Punktzahl erreicht werden kann, dann wird die Zuschlagsentscheidung zu 100 % nach dem Preis getroffen. Daraus folgt eine Gewichtung 100 % Preis und 0 % Leistungspunkte.
- Hat die eingeführte Verhältniszahl $\rho = b / (L + b)$ einen Wert kleiner, aber in der Nähe von eins, dann folgt daraus, dass die Basisleistungspunktzahl b im Vergleich zur Leistungspunktzahl aus den Bewertungskriterien L sehr viel größer ist, $b >> L$.

Durch die Basisleistungspunktzahl kann die Gewichtung des Angebotspreises verstärkt und die Gewichtung der Leistungspunkte abgeschwächt werden. Eine Verstärkung der Gewichtung der Leistungspunkte ist hiermit nicht möglich. Die Gewichtung kann nur in dem Bereich zwischen (50 %Preis und 50 %Leistung) und (100 % Preis und 0 % Leistung) über die Basisleistungspunktzahl beeinflusst werden.

Die Anwendung der Basisleistungspunktzahl ist mit Bedacht vorzunehmen, da man hier sehr schnell über das eigentliche Ziel hinausschießen kann und der Angebotspreis derart übergewichtig und dominant wird, dass die Leistung keinerlei Rolle mehr spielt (Alibikriterium).

13.8.4 Abhängigkeit von anderen Angeboten

Bei der reziproken einfachen Richtwertmethode mit Basisleistungspunktzahl besteht keine Abhängigkeit zu anderen Angeboten.

13.8.5 Rechtsprechung

Für die reziproke einfache Richtwertmethode mit Basisleistungspunktzahl ist bisher keine Rechtsprechung bekannt. Da die reziproke einfache Richtwertmethode mit Basisleistungspunktzahl auf der einfachen Richtwertmethode basiert, erscheint der Verweis auf die Rechtsprechung der einfachen Richtwertmethode angemessen.

13.8.6 Empfehlung

Die reziproke einfache Richtwertmethode mit Basisleistungspunktzahl ist eine empfehlenswerte Bewertungsmethode, die die Wirtschaftlichkeitsanforderungen an Bewertungsmethoden erfüllt.

Die reziproke einfache Richtwertmethode mit Basisleistungspunktzahl ist nicht anwendbar, wenn Angebotspreise von null Euro oder negative Angebotspreise möglich sind.

Die Anwendung der Basisleistungspunktzahl ist mit Bedacht vorzunehmen, da man hier sehr schnell über das eigentliche Ziel hinausschießen kann und der Angebotspreis derart übergewichtig und dominant wird, dass die Leistung keinerlei Rolle mehr spielt (Alibikriterium).

Die reziproke einfache Richtwertmethode mit Basisleistungspunktzahl sollte ebenfalls keine Anwendung finden, wenn man eine stärkere Gewichtung der Leistung vornehmen müsste, um zu einer ausgewogenen Gewichtung zu kommen. Dies ist zum Beispiel der Fall, wenn die Preisspanne deutlich größer ist als die Leistungsspanne.

13.8.7 Beispielformulierung für Ausschreibungen

Zur Ermittlung des wirtschaftlichsten Angebots findet die reziproke einfache Richtwertmethode mit einer Basisleistungspunktzahl von 350 Anwendung.

Für jedes wertbare Angebot wird die Kennzahl (Score) *S* gemäß der Formel

$S = P / (L + b)$

berechnet. Das Angebot mit der kleinsten Kennzahl *S* erhält den Zuschlag.

S: Kennzahl (Score)

L: Leistungspunktzahl

P: Angebotspreis

b = 350: Basisleistungspunktzahl

Preisobergrenze: Es wird eine Preisobergrenze von 750.000 Euro (inkl. MwSt.) vorgegeben. Angebote, deren Angebotspreis über der Preisobergrenze liegt, werden von der weiteren Wertung ausgeschlossen.

Mindestleistungspunktzahl: Die Angebote müssen mindestens 150 von maximal 720 möglichen Leistungspunkten erreichen. Angebote, die mit weniger als 150 Leistungspunkten bewertet werden, werden von der weiteren Wertung ausgeschlossen.

13.9 Potenzwertmethode mit Basisleistungspunktzahl

Die Potenzwertmethode mit Basisleistungspunktzahl basiert auf der Potenzwertmethode. Ein Angebot, das alle Mindestanforderungen erfüllt, erhält hier eine Basisleistungspunktzahl b > 0. Weitere zusätzliche Leistungspunkte L können die Angebote über die Bewertungskriterien erhalten.

Die Zuschlagsformel für die Potenzwertmethode mit Basisleistungspunktzahl sieht damit wie folgt aus.

$$S = \frac{(L+b)^{w}}{P^{(1-w)}}$$

S: Kennzahl
L: Leistungspunktzahl der Bewertungskriterien, $L > 0$
P: Angebotspreis oder Kosten, $P > 0$
w: Gewicht, $0 < w < 1$
b: Basisleistungspunktzahl, $b \geq 0$

Abbildung: Formel zur Bestimmung der Kennzahl bei der Potenzwertmethode mit Basisleistungspunktzahl und dem Gewicht w > 0

Die Anwendung der Potenzwertmethode mit Basisleistungspunktzahl bietet sich an, wenn die Erfüllung der in der Leistungsbeschreibung formulierten Ausschlusskriterien als Mindestanforderung ausreichend ist und alle Bewertungskriterien reine „nice-to-have"-Kriterien darstellen.

Mit der Verwendung der Basisleistungspunkte vermeidet man das Null-Punkte-Problem bei der Potenzwertmethode.[23]

Durch das Verwenden einer Basisleistungspunktzahl entsteht darüber hinaus eine stärkere Gewichtung des Angebotspreises. Je größer die Basisleistungspunktzahl ist, umso stärker ist die Gewichtung des Angebotspreises. Bei der Potenzwertmethode erfolgt bereits eine Gewichtung von Preis und Leistungspunkten über die Exponenten der Potenz des Angebotspreises und der Potenz der Leistungspunktzahl. Um hier zusätzliche Effekte bei der Gewichtung zu vermeiden, empfiehlt es sich, eine nur sehr kleine Basisleistungspunktzahl, zum Beispiel eins, zu verwenden.

Betrachtet man das Extrembeispiel, das bei der Potenzwertmethode aufgrund von null Leistungspunkten zu einem unsinnigen Ergebnis geführt hat (Abschnitt 13.5 Potenzwertmethode), so führt die Potenzwertmethode mit einer Basisleistungspunktzahl von einem Punkt zu einem vernünftigen Ergebnis.

Tabelle: Beispiel – Potenzwertmethode mit Basisleistungspunktzahl 1 und dem Gewicht w = 0,4 Skalierungsfaktor = 10.000

Angebot	Leistungspunkte L	$L + 1$	$L^{0,4}$	Angebotspreis P	$P^{0,6}$	Skalierte Kennzahl	Rang
A	0	1	1	400	36,41	274,6	1
B	0	1	1	700	50,94	196	2
C	1	2	1,32	7.000	202,80	65	3

Für alle drei Angebote wird die aus den Bewertungskriterien ermittelte Leistungspunktzahl mit der Basisleistungspunktzahl von 1 addiert. Dieser Wert wird dann mit dem Gewicht w = 0,4 (40 %) potenziert und der Angebotspreis mit dem Gewicht $(1 - w) - 0,6$ (60 %) potenziert. Danach wird die Kennzahl aus dem Quotienten aus potenzierten Leistungspunktzahlen und potenzierten Angebotspreisen gebildet. Das Angebot mit der größten Kennzahl gewinnt. Im betrachteten Beispiel ist dies Angebot A.

23 Wird eine Mindestleistungspunktzahl vorgegeben, existiert das Problem mit null Leistungspunkten nicht.

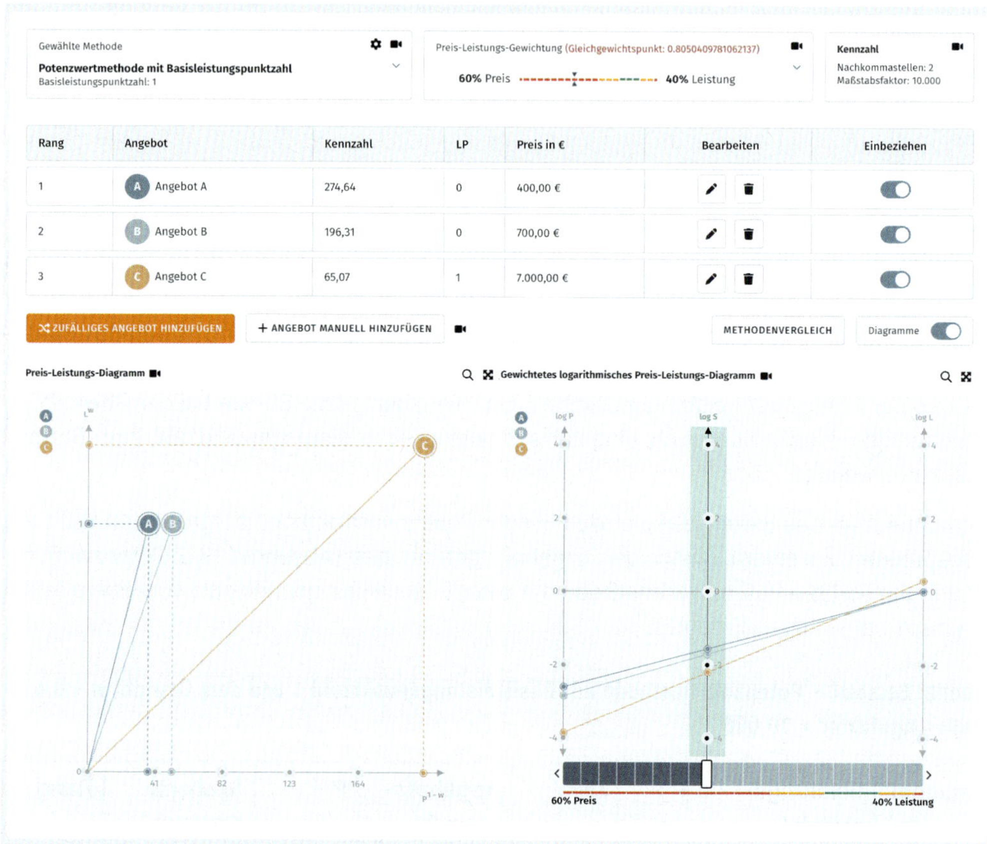

Abbildung: Beispiel – Potenzwertmethode ohne Basisleistungspunktzahl und einer Gewichtung von 60 % Preis und 40 % Leistung

13.9.1 Beispiele

Im Folgenden wird ein Beispiel mit drei Angeboten unter Anwendung der Potenzwertmethode mit einer Gewichtung von 50 % Preis und 50 % Leistung betrachtet. Mit einem Angebotspreis von 700 Euro und 380 Leistungspunkten ist Angebot C das Gewinnerangebot.

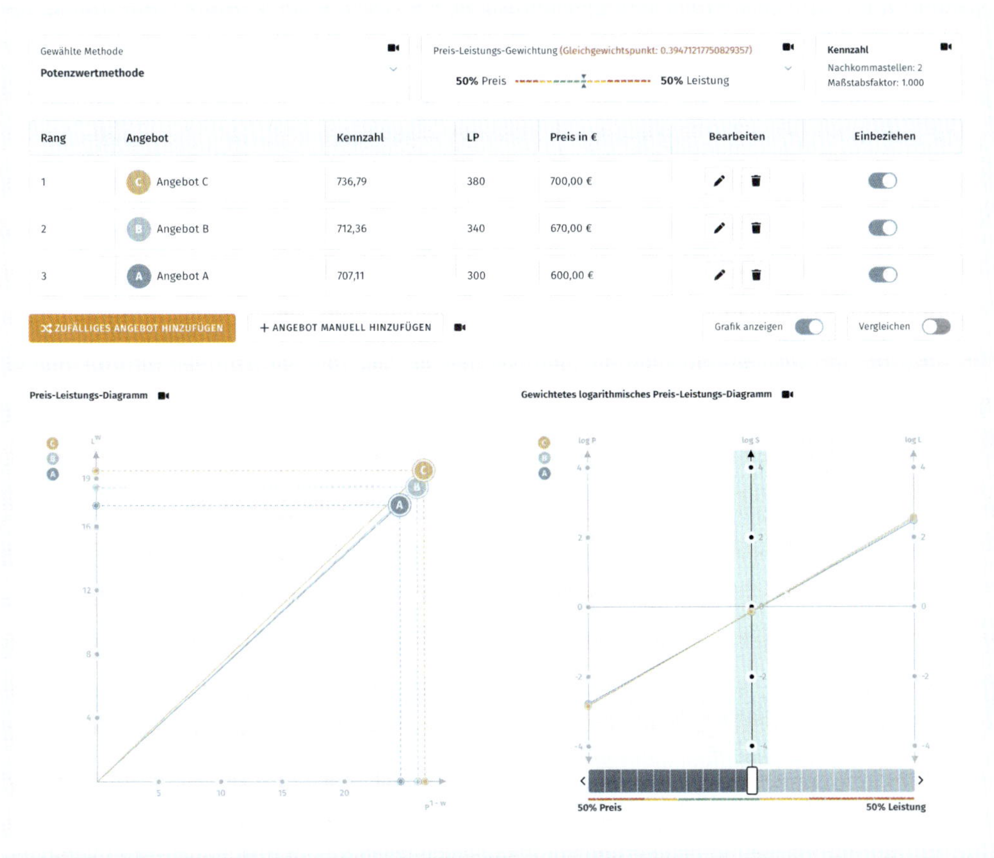

Abbildung: Beispiel – Potenzwertmethode ohne Basisleistungspunktzahl mit einer Gewichtung von 50 % Preis und 50 % Leistung

Im Folgenden wird eine Basisleistungspunktzahl von 250 Punkten angewendet. Das heißt, die Angebote erhalten für die Erfüllung der in der Leistungsbeschreibung formulierten Ausschlusskriterien eine Punktzahl von 250 Leistungspunkten.

Durch das Verwenden der Basisleistungspunktzahl von 250 Punkten entsteht aber eine stärkere Gewichtung des Angebotspreises. Durch die stärkere Gewichtung des Angebotspreises gewinnt nun Angebot A als billigstes Angebot.

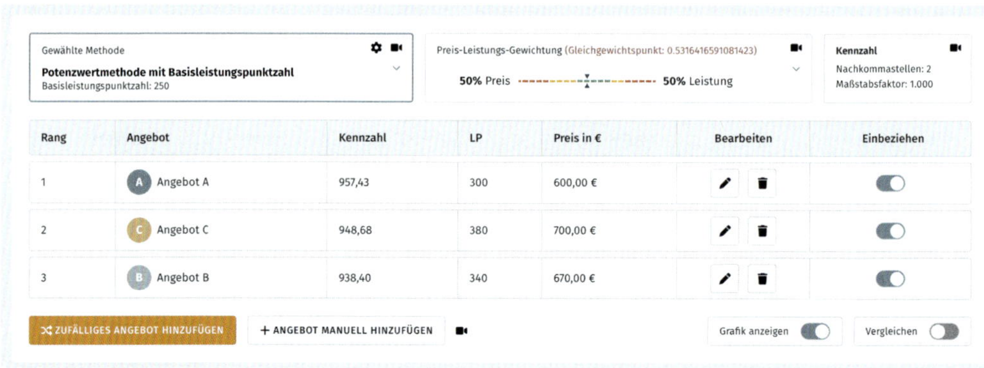

Abbildung: Beispiel – Potenzwertmethode mit einer Basisleistungspunktzahl von 250 Punkten und einer Gewichtung von 50 % Preis und 50 % Leistung

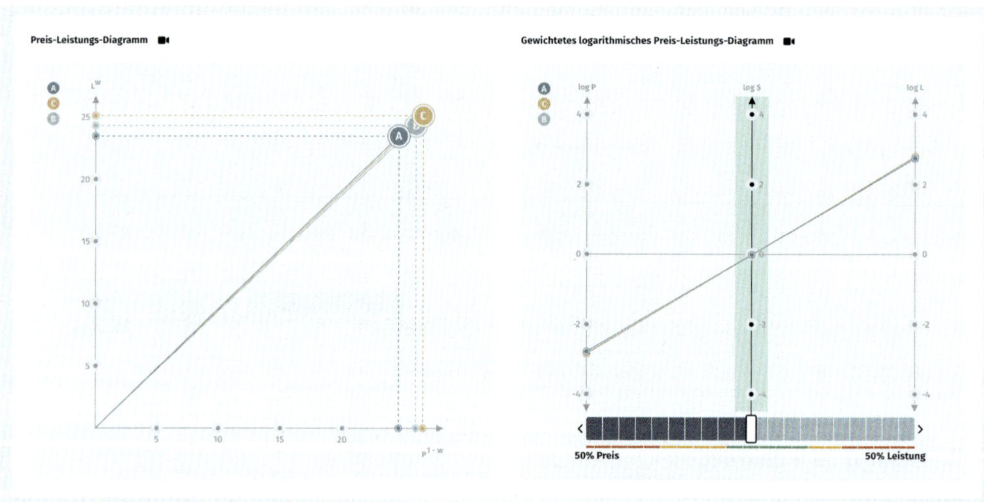

Abbildung: Beispiel – Diagramme zur Potenzwertmethode mit einer Basisleistungspunktzahl von 250 Punkten und einer Gewichtung von 50 % Preis und 50 % Leistung

Die Anwendung der Potenzwertmethode mit Basisleistungspunktzahl bietet sich an, wenn die Erfüllung der in der Leistungsbeschreibung formulierten Ausschlusskriterien als Mindestanforderung ausreichend ist und alle Bewertungskriterien reine „nice-to-have"-Kriterien darstellen. Um hier zusätzliche Effekte bei der Gewichtung zu vermeiden, empfiehlt es sich, eine nur sehr kleine Basisleistungspunktzahl, zum Beispiel eins, zu verwenden.

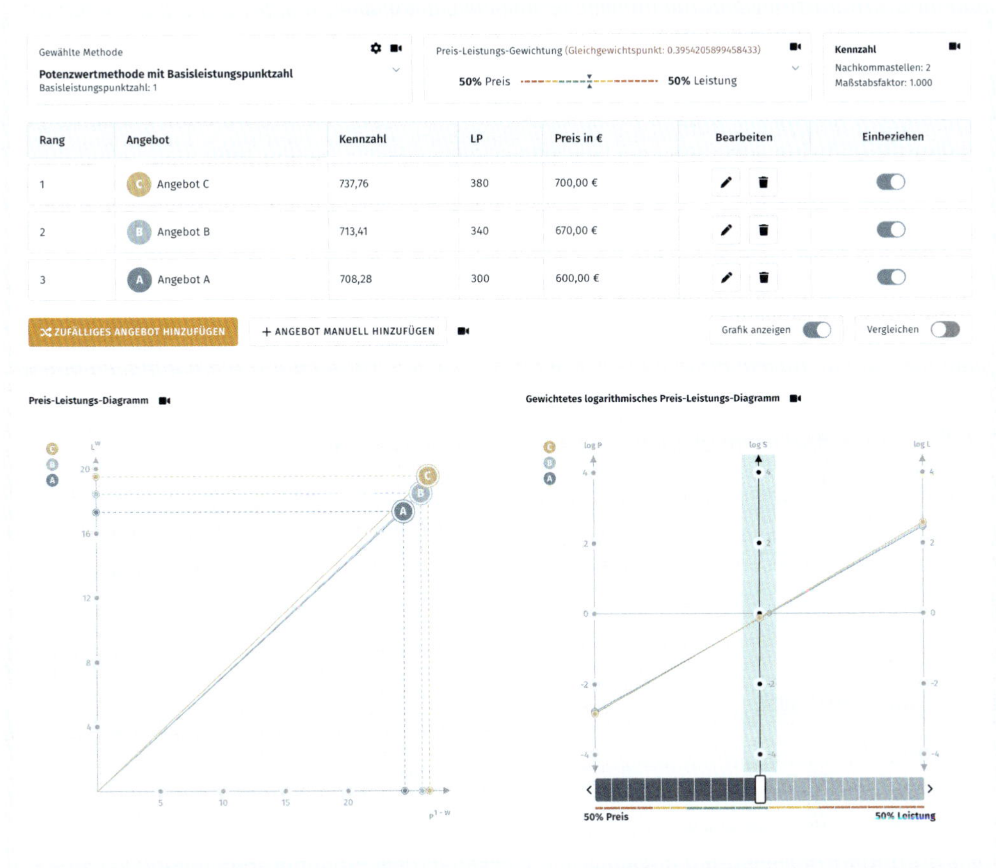

Abbildung: Beispiel – Potenzwertmethode mit einer Basisleistungspunktzahl von 1 Punkt und einer Gewichtung von 50 % Preis und 50 % Leistung

Durch die sehr kleine Basisleistungspunktzahl von 1 Punkt (hier ist die Relation zur Gesamtpunktzahl von Bedeutung, 1/300 bei Angebot A, 1/240 bei Angebot B und 1/380 bei Angebot C) ist der Effekt auf die Gewichtung vernachlässigbar. Im betrachteten Beispiel bleibt die Rangfolge der Angebote auch unverändert

13.9.2 Abhängigkeit von anderen Angeboten

Bei der Potenzwertmethode mit Basisleistungspunktzahl besteht keine Abhängigkeit zu anderen Angeboten.

13.9.3 Rechtsprechung

Für die Potenzwertmethode mit Basisleistungspunktzahl ist bisher keine Rechtsprechung bekannt.

13.9.4 Empfehlung

Die Potenzwertmethode mit Basisleistungspunktzahl ist eine empfehlenswerte Bewertungsmethode, die die Wirtschaftlichkeitsanforderungen an Bewertungsmethoden erfüllt und bei der eine Gewichtung von Preis und Leistung vorgenommen werden kann.

Die Potenzwertmethode ist nicht anwendbar, wenn Angebotspreise von null Euro oder negative Angebotspreise möglich sind.

Die Anwendung der Basisleistungspunktzahl ist mit Bedacht vorzunehmen, da man hier sehr schnell über das eigentliche Ziel hinausschießen kann und der Angebotspreis derart übergewichtig und dominant wird, dass die Leistung keinerlei Rolle mehr spielt (Alibikriterium). Ebenfalls gilt es, eine ausgewogene Gewichtung vorzunehmen.

13.9.5 Beispielformulierung für Ausschreibungen

Zur Ermittlung des wirtschaftlichsten Angebots findet die Potenzwertmethode mit einer Basisleistungspunktzahl von 1 Punkt Anwendung. Für jedes Angebot wird die Kennzahl *S* gemäß der folgenden Formel berechnet:

FORMEL: $S = (L + b)^{w} / P^{(1-w)}$

S: Kennzahl (Score)

L: Leistungspunktzahl

P: Angebotspreis

w: Gewicht der Leistung = 60 %

(1 – *w*): Gewicht des Angebotspreises = 40 %

b = 1: Basisleistungspunktzahl

Dazu wird die Summe aus Leistungspunktzahl und Basisleistungspunktzahl mit dem Gewicht w potenziert und der Angebotspreis mit dem Gewicht (1-w) potenziert. Danach wird die Kennzahl aus dem Quotienten der potenzierten Leistungspunktzahlen und der potenzierten Angebotspreise gebildet.

Das Angebot mit der größten Kennzahl *S* gewinnt.

Preisobergrenze: Es wird eine Preisobergrenze von 750.000 Euro (inkl. MwSt.) vorgegeben. Angebote, deren Angebotspreis über der Preisobergrenze liegt, werden von der weiteren Wertung ausgeschlossen.

Mindestleistungspunktzahl: Die Angebote müssen mindestens 150 von maximal 720 möglichen Leistungspunkten erreichen. Angebote, die mit weniger als 150 Leistungspunkten bewertet werden, werden von der weiteren Wertung ausgeschlossen.

Gleichstand: Bei Gleichstand der Kennzahlen erhält das Angebot mit der größeren Leistungspunktzahl den Zuschlag. Führt dies nicht zu einem eindeutigen Zuschlagsergebnis, entscheidet das Los.

13.10 Reziproke Potenzwertmethode mit Basisleistungspunktzahl

Die reziproke[24] Potenzwertmethode mit Basisleistungspunktzahl basiert auf der reziproken Potenzwertmethode. Ein Angebot, das alle Mindestanforderungen erfüllt, erhält hier eine Basisleistungspunktzahl b > 0. Weitere zusätzliche Leistungspunkte L können die Angebote über die Bewertungskriterien erhalten.

Die Zuschlagsformel für die reziproke Potenzwertmethode mit Basisleistungspunktzahl sieht damit wie folgt aus.

$$S = \frac{P^{(1-w)}}{(L+b)^{w}}$$

S: Kennzahl
L: Leistungspunktzahl der Bewertungskriterien, $L > 0$
P: Angebotspreis oder Kosten, $P > 0$
w: Gewicht, $0 < w < 1$
b: Basisleistungspunktzahl, $b \geq 0$

Abbildung: Formel zur Bestimmung der Kennzahl bei der reziproken Potenzwertmethode mit Basisleistungspunktzahl und dem Gewicht w > 0

Die Anwendung der reziproken Potenzwertmethode mit Basisleistungspunktzahl bietet sich an, wenn die Erfüllung der in der Leistungsbeschreibung formulierten Ausschlusskriterien als Mindestanforderung ausreichend ist und alle Bewertungskriterien reine „nice-to-have"-Kriterien darstellen.

Mit der Verwendung der Basisleistungspunkte vermeidet man das Null-Punkte Problem bei der reziproken Potenzwertmethode.[25]

Durch das Verwenden einer Basisleistungspunktzahl entsteht darüber hinaus eine stärkere Gewichtung des Angebotspreises. Je größer die Basisleistungspunktzahl ist, umso stärker ist die Gewichtung des Angebotspreises. Bei der reziproken Potenzwertmethode erfolgt bereits eine Gewichtung von Preis und Leistungspunkten über die Exponenten der Potenz des Angebotspreises und der Potenz der Leistungspunktzahl. Um hier zusätzliche Effekte bei der Gewichtung zu vermeiden, empfiehlt es sich, eine nur sehr kleine Basisleistungspunktzahl, zum Beispiel eins, zu verwenden.

13.10.1 Beispiele

Im Folgenden wird ein Beispiel mit drei Angeboten unter Anwendung der reziproken Potenzwertmethode mit einer Gewichtung von 50 % Preis und 50 % Leistung betrachtet. Mit einem Angebotspreis von 700 Euro und 380 Leistungspunkten ist Angebot C das Gewinnerangebot.

24 *Naas/Schmid*, Mathematisches Wörterbuch, Bd. II, S. 504: Zwei Zahlen, deren Produkt 1 ist, heißen reziprok.

25 Wird eine Mindestleistungspunktzahl vorgegeben, existiert das Problem mit den Null-Leistungspunkten nicht.

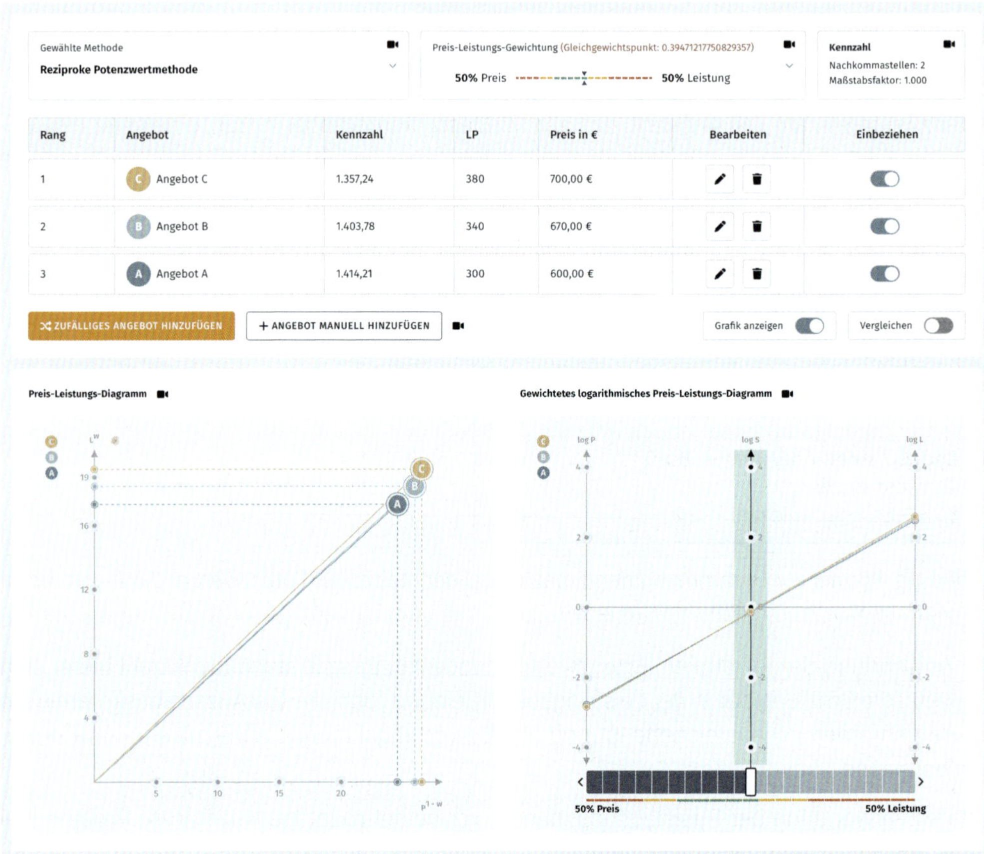

Rang	Angebot	Kennzahl	LP	Preis in €	Bearbeiten	Einbeziehen
1	Angebot C	1.357,24	380	700,00 €		
2	Angebot B	1.403,78	340	670,00 €		
3	Angebot A	1.414,21	300	600,00 €		

Abbildung: Beispiel – Reziproke Potenzwertmethode ohne Basisleistungspunktzahl mit einer Gewichtung von 50 % Preis und 50 % Leistung

Im Folgenden wird eine Basisleistungspunktzahl von 250 Punkten angewendet. Das heißt, die Angebote erhalten für die Erfüllung der in der Leistungsbeschreibung formulierten Ausschlusskriterien eine Punktzahl von 250 Leistungspunkten.

Durch das Verwenden der Basisleistungspunktzahl von 250 Punkten entsteht aber eine stärkere Gewichtung des Angebotspreises. Durch die stärkere Gewichtung des Angebotspreises gewinnt nun Angebot A als billigstes Angebot.

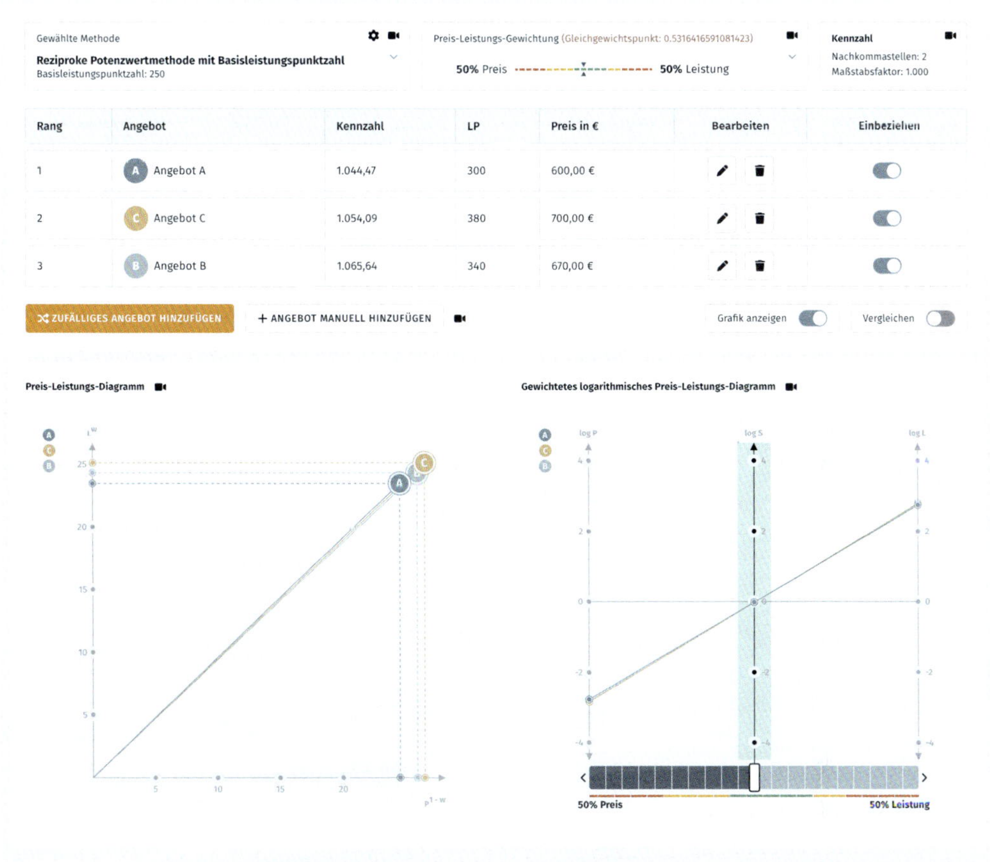

Abbildung: Beispiel – Reziproke Potenzwertmethode mit einer Basisleistungspunktzahl von 250 Punkten und einer Gewichtung von 50 % Preis und 50 % Leistung

Die Anwendung der reziproken Potenzwertmethode mit Basisleistungspunktzahl bietet sich an, wenn die Erfüllung der in der Leistungsbeschreibung formulierten Ausschlusskriterien als Mindestanforderung ausreichend ist und alle Bewertungskriterien reine „nice-to have"-Kriterien darstellen. Um hier zusätzliche Effekte bei der Gewichtung zu vermeiden, empfiehlt es sich, eine nur sehr kleine Basisleistungspunktzahl, zum Beispiel eins, zu verwenden.

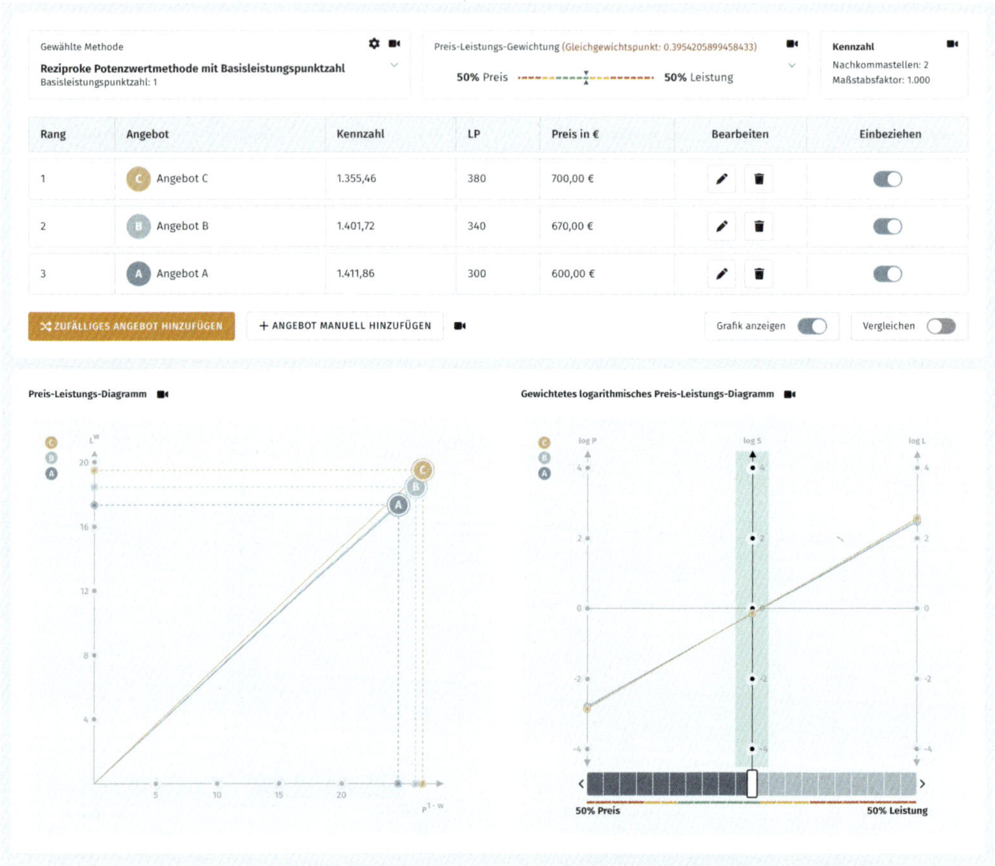

Abbildung: Beispiel – Reziproke Potenzwertmethode mit einer Basisleistungspunktzahl von 1 Punkt und einer Gewichtung von 50 % Preis und 50 % Leistung

Durch die sehr kleine Basisleistungspunktzahl von 1 Punkt (hier ist die Relation zur Gesamtpunktzahl von Bedeutung, 1/300 bei Angebot A, 1/240 bei Angebot B und 1/380 bei Angebot C) ist der Effekt auf die Gewichtung vernachlässigbar. Im betrachteten Beispiel bleibt die Rangfolge der Angebote auch unverändert.

13.10.2 Abhängigkeit von anderen Angeboten

Bei der reziproken Potenzwertmethode mit Basisleistungspunktzahl besteht keine Abhängigkeit zu anderen Angeboten.

13.10.3 Rechtsprechung

Für die reziproke Potenzwertmethode mit Basisleistungspunktzahl ist bisher keine Rechtsprechung bekannt.

13.10.4 Empfehlung

Die reziproke Potenzwertmethode mit Basisleistungspunktzahl ist eine empfehlenswerte Bewertungsmethode, die die Wirtschaftlichkeitsanforderungen an Bewertungsmethoden erfüllt und bei der eine Gewichtung von Preis und Leistung vorgenommen werden kann.

Die reziproke Potenzwertmethode mit Basisleistungspunktzahl ist nicht anwendbar, wenn Angebotspreise von null Euro oder negative Angebotspreise möglich sind.

Die Anwendung der Basisleistungspunktzahl ist mit Bedacht vorzunehmen, da man hier sehr schnell über das eigentliche Ziel hinausschießen kann und der Angebotspreis derart übergewichtig und dominant wird, dass die Leistung keinerlei Rolle mehr spielt (Alibikriterium). Ebenfalls gilt es, eine ausgewogene Gewichtung vorzunehmen.

13.10.5 Beispielformulierung für Ausschreibungen

Zur Ermittlung des wirtschaftlichsten Angebots findet die reziproke Potenzwertmethode mit einer Basisleistungspunktzahl von 1 Punkt Anwendung. Für jedes Angebot wird die Kennzahl S gemäß der folgenden Formel berechnet:

FORMEL: $S = L^{(1-w)} / (L + b)^{w}$

S: Kennzahl (Score)

L: Leistungspunktzahl

P: Angebotspreis

w: Gewicht der Leistung = 60 %

(1-w): Gewicht des Angebotspreises = 40 %

b = 1: Basisleistungspunktzahl

Dazu wird die Summe aus Leistungspunktzahl und Basisleistungspunktzahl mit dem Gewicht w potenziert und der Angebotspreis mit dem Gewicht (1-w) potenziert. Danach wird die Kennzahl aus dem Quotienten der potenzierten Leistungspunktzahlen und der potenzierten Angebotspreise gebildet.

Das Angebot mit der kleinsten Kennzahl S gewinnt.

Preisobergrenze: Es wird eine Preisobergrenze von 750.000 Euro (inkl. MwSt.) vorgegeben. Angebote, deren Angebotspreis über der Preisobergrenze liegt, werden von der weiteren Wertung ausgeschlossen.

Mindestleistungspunktzahl: Die Angebote müssen mindestens 150 von maximal 720 möglichen Leistungspunkten erreichen. Angebote, die mit weniger als 150 Leistungspunkten bewertet werden, werden von der weiteren Wertung ausgeschlossen.

Gleichstand: Bei Gleichstand der Kennzahlen erhält das Angebot mit der größeren Leistungspunktzahl den Zuschlag. Führt dies nicht zu einem eindeutigen Zuschlagsergebnis, entscheidet das Los.

13.11 einfache Richtwertmethode mit Preisoffset: *S = L / (P + p)*

Die einfache Richtwertmethode mit Preisoffset basiert auf der einfachen Richtwertmethode, bei der die Angebotspreise P mit einem vorher definierten Offset p addiert werden.

$$S = \frac{L}{P + p}$$

S: Kennzahl
L: Gesamtleistungspunktzahl des Angebots, L > 0
P: Angebotspreis oder Kosten
p: Offset des Preises oder der Kosten, p > 0

Abbildung: Formel zur Bestimmung der Kennzahl bei der einfachen Richtwertmethode mit Preisoffset

Je nach Wahl des Offsets p kann damit das Null-Euro-Problem und auch das Problem mit negativen Angebotspreisen vermieden werden.

Die Größe der Verschiebung des Nullpunkts hat dabei einen Einfluss auf die Zuschlagsentscheidung. Ein sehr kleiner Preisoffset führt zu einer Bevorzugung des Null-Euro-Angebots. Ansonsten gilt, je größer der Preisoffset, desto stärker wird die Leistung gewichtet.

Im Folgenden werden dazu fünf verschiedene Fallbeispiele mit verschiedenen Angebotspreisverschiebungen (Offsets) betrachtet:

- Preisoffset von 0,01 Euro
- Preisoffset von 0,10 Euro
- Preisoffset von 1,00 Euro
- Preisoffset von 4,00 Euro
- Preisoffset von 5,00 Euro
- Preisoffset von 10,00 Euro
- Preisoffset von 700,00 Euro.

13.11.1 Beispiele

Fallbeispiel 1 mit einem Preisoffset von 0,01 Euro

Durch die Verschiebung des Nullpunktes (Offset p = 0,01 Euro) kann auch für ein Angebot mit einem Angebotspreis von null Euro die Kennzahl berechnet werden und das Angebot E erreicht die größte Kennzahl.

Tabelle: Beispiel – Einfache Richtwertmethode mit Offset p = 0,01 Euro des Angebotspreises und einem Maßstabsfaktor von 100 und zwei Nachkommastellen

Angebot	Leistungs-punkte	Preis in Euro	Preis + p in Euro	Kennzahl	Rang
A	850	100	100,01	849,92	5
B	750	50	50,01	1.499,70	4

Angebot	Leistungs-punkte	Preis in Euro	Preis + p in Euro	Kennzahl	Rang
C	200	10	10,01	1.998,00	3
D	50	1	1,01	4.950,50	2
E	1	0	0,01	10.000	1

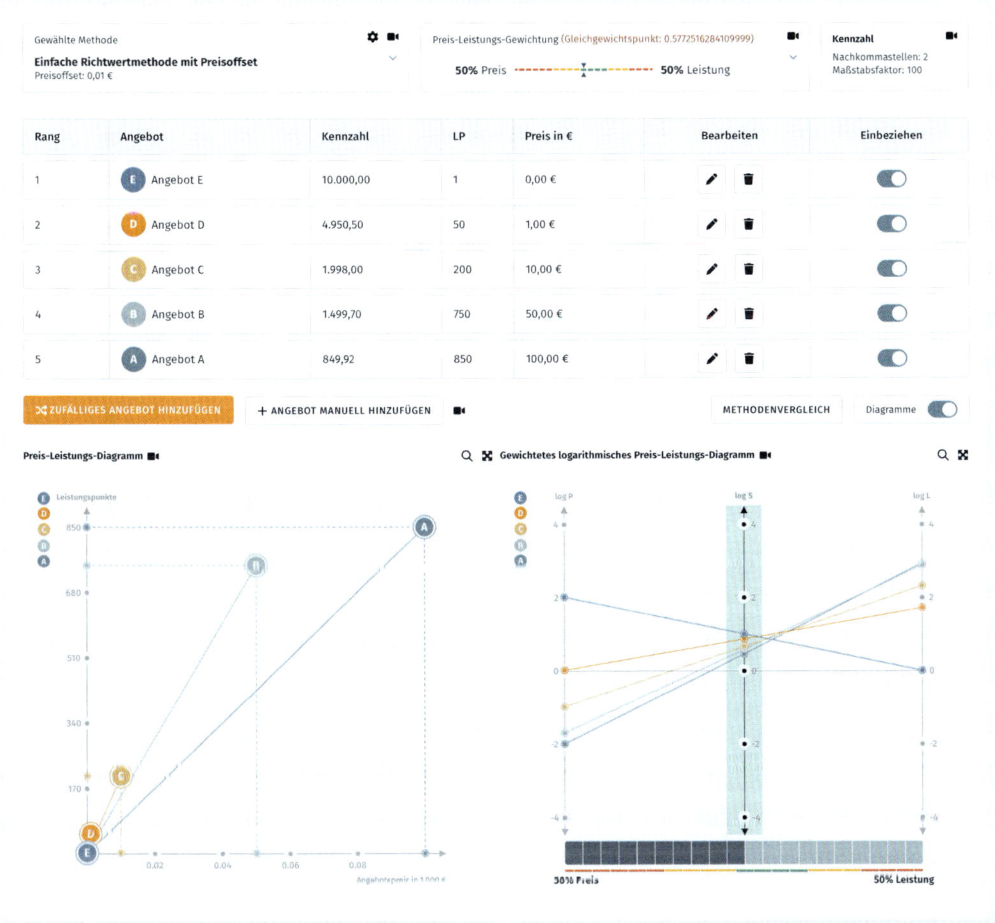

Abbildung: Einfache Richtwertmethode mit Preisoffset p = 0,01 Euro des Angebotspreises und einem Maßstabsfaktor von 100 und zwei Nachkommastellen

Fallbeispiel 2 mit einem Preisoffset von 0,10 Euro

Durch die Verschiebung des Nullpunktes (Offset p = 0,10 Euro) kann auch für ein Angebot mit einem Angebotspreis von null Euro die Kennzahl berechnet werden und das Angebot D erreicht die größte Kennzahl.

Tabelle: Beispiel – Einfache Richtwertmethode mit Offset p = 0,10 Euro des Angebotspreises und einem Maßstabsfaktor von 100 und zwei Nachkommastellen

Angebot	Leistungs-punkte	Preis in Euro	Preis + p in Euro	Kennzahl	Rang
A	850	100	100,10	849,15	5
B	750	50	50,10	1.497,01	3
C	200	10	10,10	1.980,20	2
D	50	1	1,10	4.545,45	1
E	1	0	0,10	1.000	5

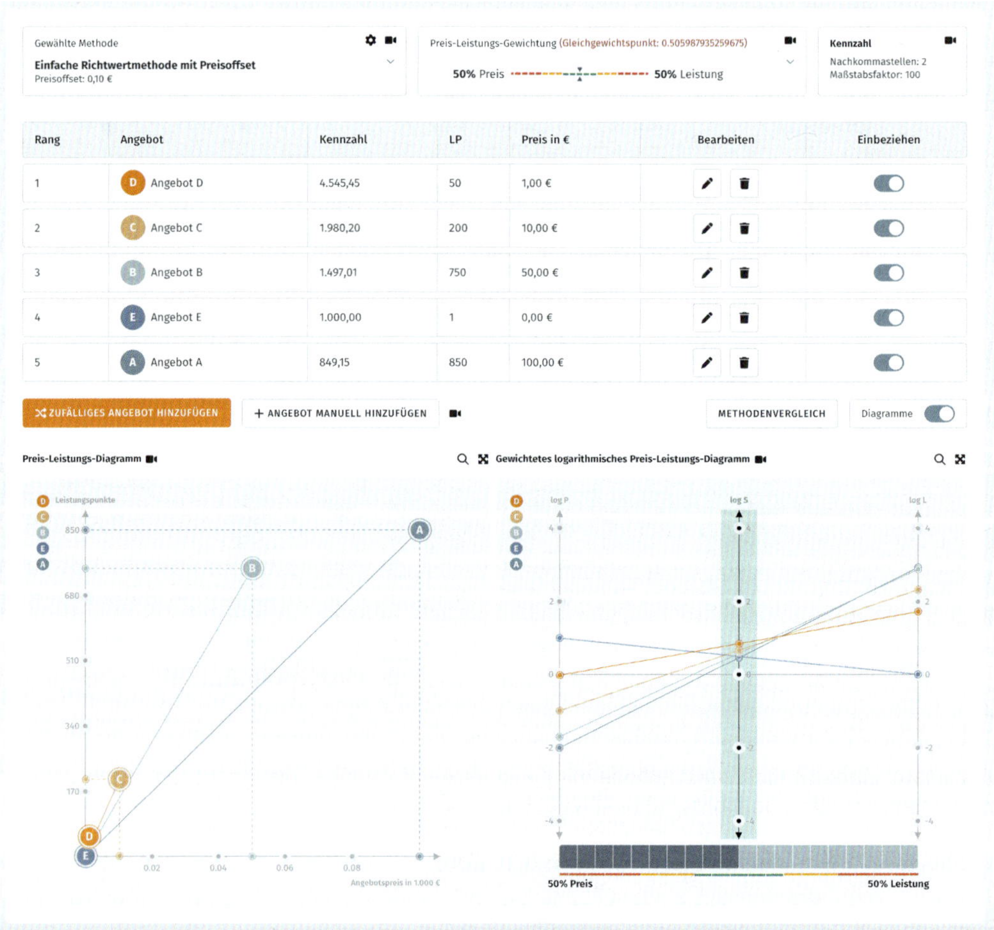

Abbildung: Einfache Richtwertmethode mit Preisoffset p = 0,10 Euro des Angebotspreises und einem Maßstabsfaktor von 100 und zwei Nachkommastellen

Fallbeispiel 3 mit einem Preisoffset von 1,00 Euro

Durch die Verschiebung des Nullpunktes (Offset p = 1 Euro) kann auch für ein Angebot mit einem Angebotspreis von null Euro die Kennzahl berechnet werden und das Angebot D erreicht die größte Kennzahl.

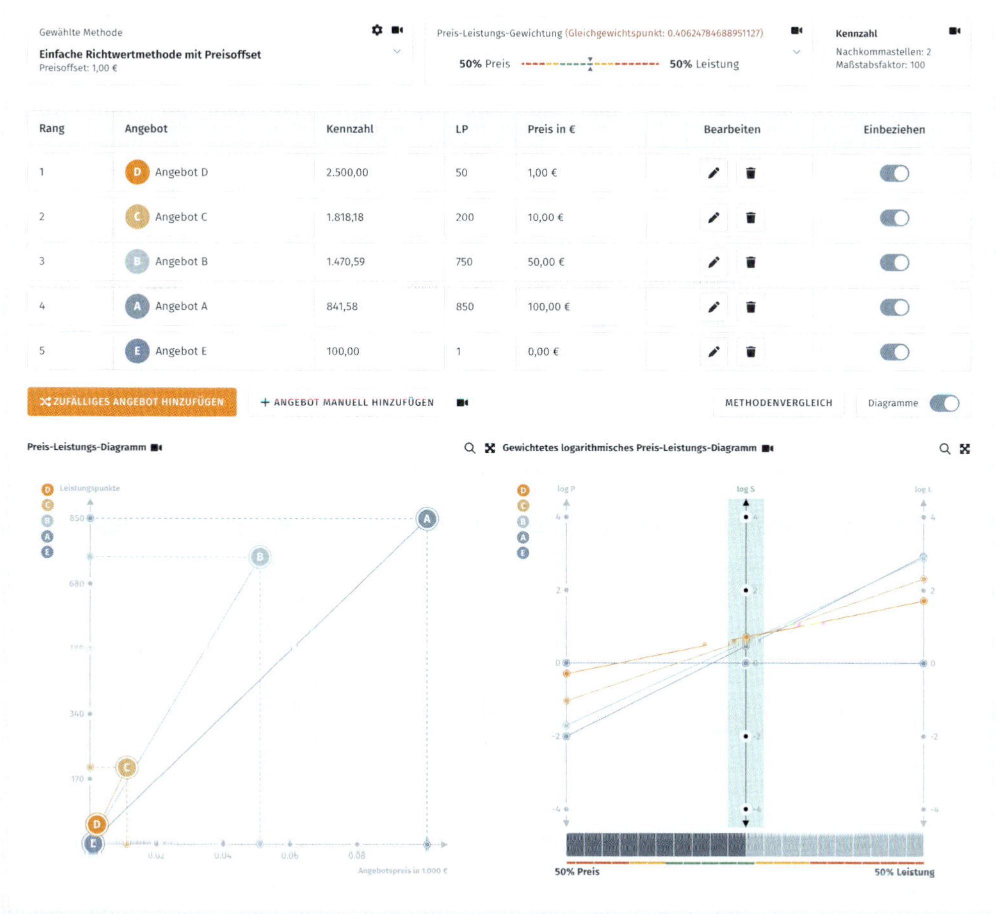

Abbildung: Einfache Richtwertmethode mit Preisoffset p = 1,00 Euro des Angebotspreises und einem Maßstabsfaktor von 100 und zwei Nachkommastellen

Tabelle: Beispiel – Einfache Richtwertmethode mit Offset p = 1 Euro des Angebotspreises und einem Maßstabsfaktor von 100 und zwei Nachkommastellen

Angebot	Leistungs-punkte	Preis in Euro	Preis + p in Euro	Kennzahl	Rang
A	850	100	101	841,58	4
B	750	50	51	1.470,59	3
C	200	10	11	1.818,18	2
D	50	1	2,00	2.500,00	1
E	1	0	1,00	100	5

Fallbeispiel 4 mit einem Preisoffset von 4,00 Euro

Durch die Verschiebung des Nullpunktes (Offset p = 4 Euro) kann ebenfalls für ein Angebot mit einem Angebotspreis von null Euro die Kennzahl berechnet werden und das Angebot C erreicht die größte Kennzahl.

Tabelle: Beispiel – Einfache Richtwertmethode mit Offset p = 4 Euro des Angebotspreises und einem Maßstabsfaktor von 100 und zwei Nachkommastellen

Angebot	Leistungs-punkte	Preis in Euro	Preis + p in Euro	Kennzahl	Rang
A	850	100	104	817,31	4
B	750	50	54	1.388,89	2
C	200	10	14	1.428,57	1
D	50	1	5,00	1.000	3
E	1	0	4,00	25	5

Abbildung: Einfache Richtwertmethode mit Preisoffset p = 4,00 Euro des Angebotspreises und einem Maßstabsfaktor von 100 und zwei Nachkommastellen

Fallbeispiel 5 mit einem Preisoffset von 5,00 Euro

Durch die Verschiebung des Nullpunktes (Offset p = 5 Euro) kann ebenfalls für ein Angebot mit einem Angebotspreis von null Euro die Kennzahl berechnet werden und das Angebot B erreicht die größte Kennzahl.

Tabelle: Beispiel – Einfache Richtwertmethode mit Offset p = 5 Euro des Angebotspreises und einem Maßstabsfaktor von 100 und zwei Nachkommastellen

Angebot	Leistungs-punkte	Preis in Euro	Preis + p in Euro	Kennzahl	Rang
A	850	100	105	809,52	4
B	750	50	55	1.363,64	1
C	200	10	15	1.333,33	2

Angebot	Leistungs-punkte	Preis in Euro	Preis + p in Euro	Kennzahl	Rang
D	50	1	6,00	833,33	3
E	1	0	5,00	20	5

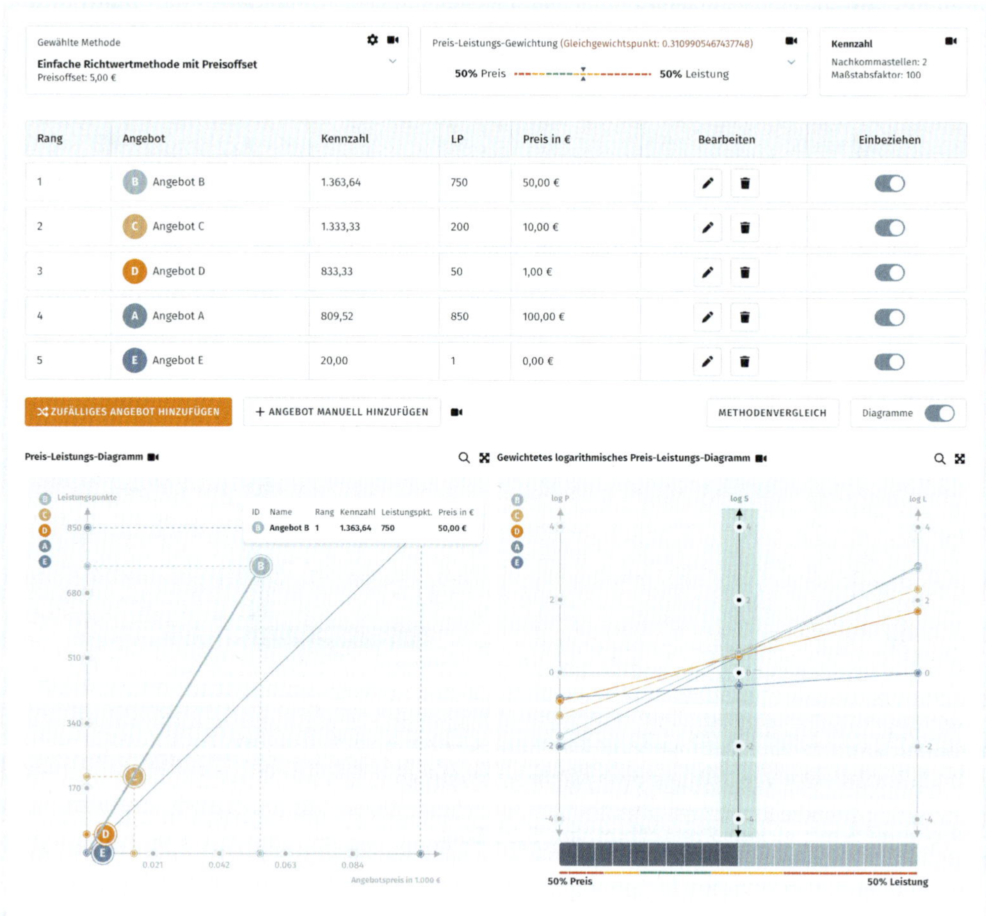

Abbildung: Einfache Richtwertmethode mit Preisoffset p = 5,00 Euro des Angebotspreises und einem Maßstabsfaktor von 100 und zwei Nachkommastellen

Fallbeispiel 6 mit einem Preisoffset von 10,00 Euro

Durch die Verschiebung des Nullpunktes (Offset p = 10 Euro) kann ebenfalls für ein Angebot mit einem Angebotspreis von null Euro die Kennzahl berechnet werden und das Angebot B erreicht die größte Kennzahl. Im Vergleich zu der Verschiebung des Nullpunktes (Offset p = 5 Euro) vertauschen Angebot A und D die Rangplätze.

Tabelle: Beispiel – Einfache Richtwertmethode mit Offset p = 10 Euro des Angebotspreises und einem Maßstabsfaktor von 100 und zwei Nachkommastellen

Angebot	Leistungs-punkte	Preis in Euro	Preis + p in Euro	Kennzahl	Rang
A	850	100	110	772,73	3
B	750	50	60	1.250	1
C	200	10	20	1.000	2
D	50	1	11	454,55	4
E	1	0	10,00	10	5

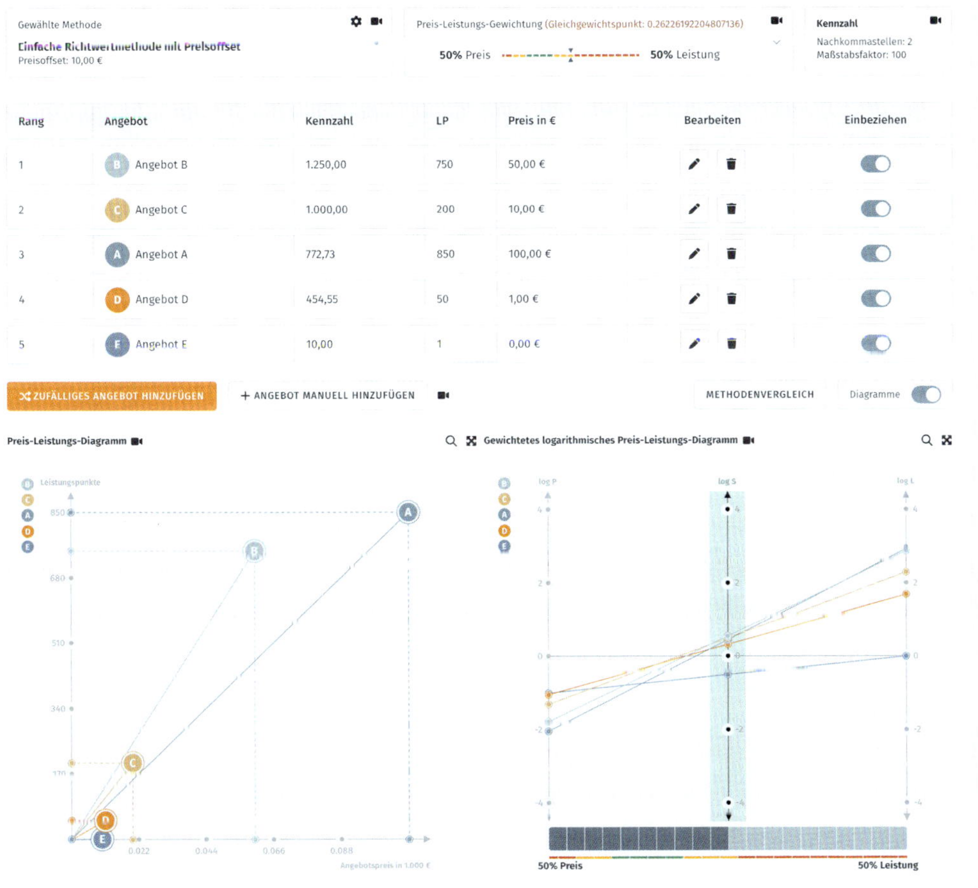

Abbildung: Einfache Richtwertmethode mit Preisoffset p = 10,00 Euro des Angebotspreises und einem Maßstabsfaktor von 100 und zwei Nachkommastellen

Fallbeispiel 7 mit einem Preisoffset von 700,00 Euro

Durch die Verschiebung des Nullpunktes (Offset p = 700 Euro) kann ebenfalls für ein Angebot mit einem Angebotspreis von null Euro die Kennzahl berechnet werden und das Angebot A erreicht die größte Kennzahl.

Tabelle: Beispiel – Einfache Richtwertmethode mit Offset p = 700 Euro des Angebotspreises und einem Maßstabsfaktor von 100 und zwei Nachkommastellen

Angebot	Leistungs-punkte	Preis in Euro	Preis + p in Euro	Kennzahl	Rang
A	850	100	800	106,25	1
B	750	50	750	100	2
C	200	10	710	28,17	3
D	50	1	701	7,13	4
E	1	0	700	0,14	5

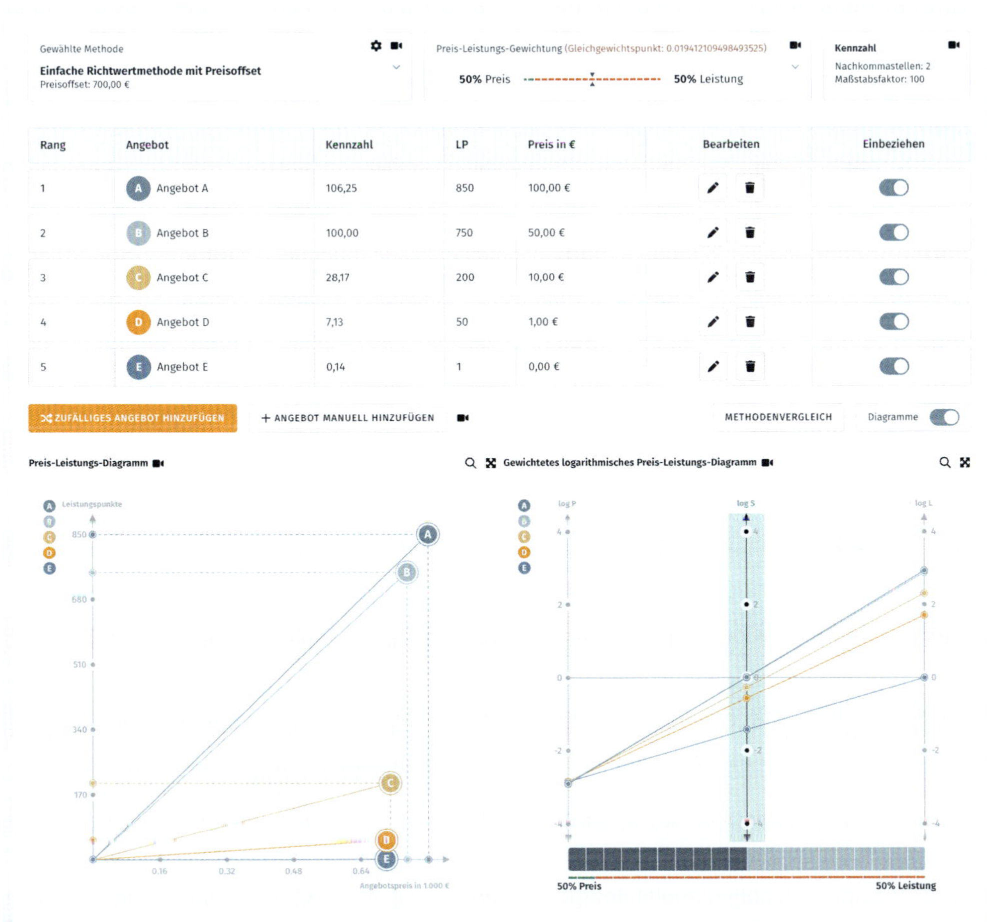

Abbildung: Einfache Richtwertmethode mit Preisoffset p = 700,00 Euro des Angebotspreises und einem Maßstabsfaktor von 100 und zwei Nachkommastellen

Zusammenfassung der Fallbeispiele

Die Größe der Verschiebung des Nullpunkts hat einen Einfluss auf die Zuschlagsentscheidung. Je größer der Preisoffset, umso stärker wird die Leistung gewichtet.

Beispiel

Im Folgenden werden die drei Angebote A, B und C, die nach der einfachen Richtwertmethode die gleiche Kennzahl erhalten haben, betrachtet.

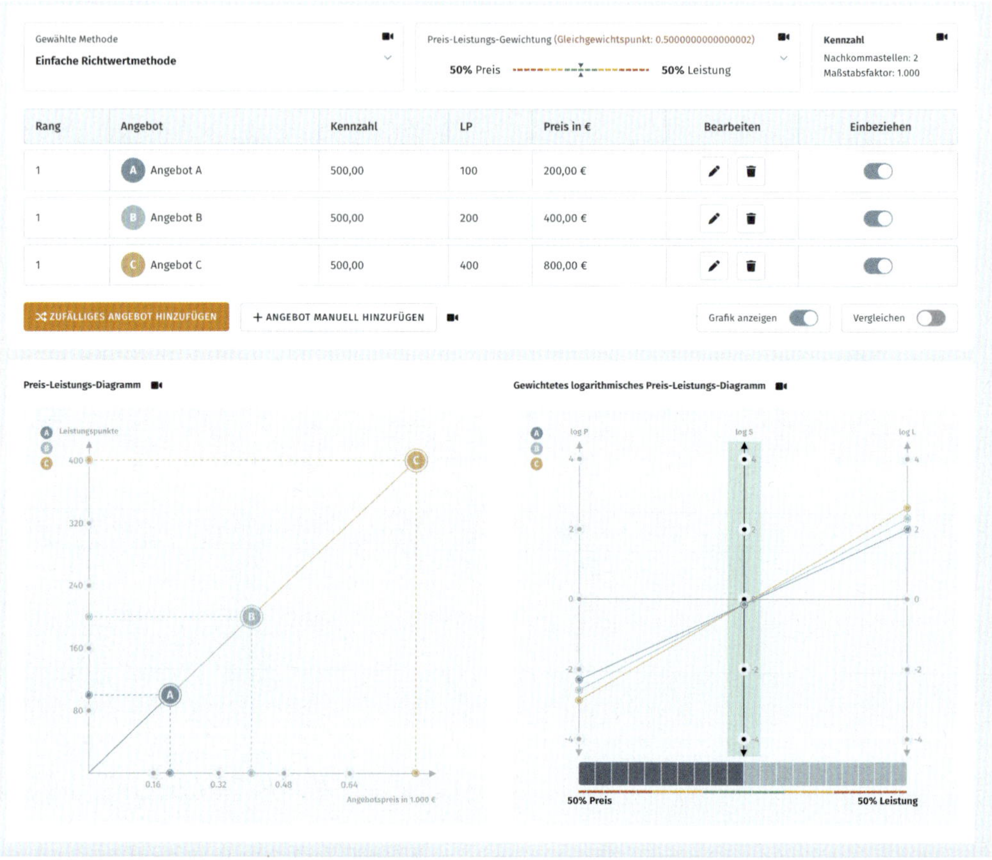

Abbildung: Einfache Richtwertmethode ohne Preisoffset mit einem Maßstabsfaktor von 1.000 und zwei Nachkommastellen

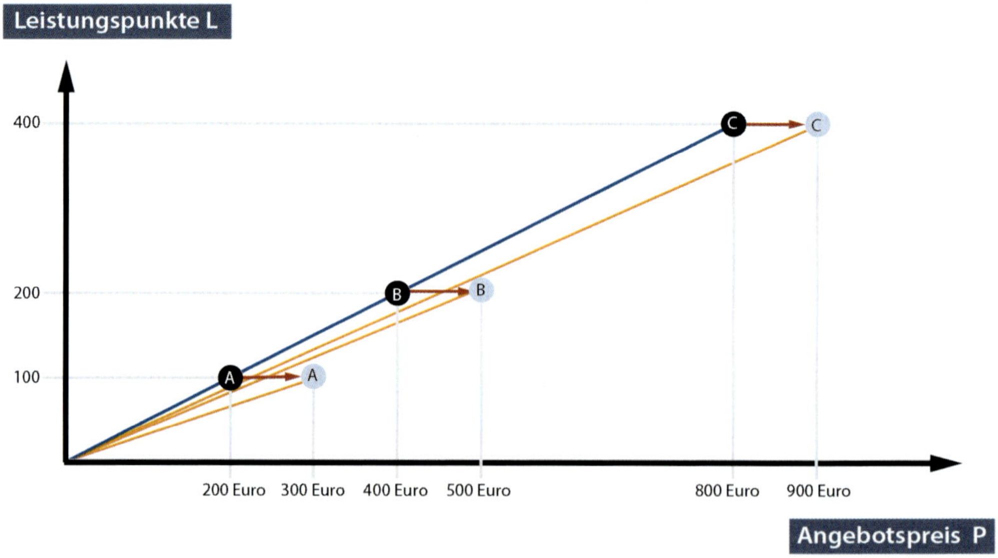

Abbildung: Preis-Leistungs-Diagramm für die einfache Richtwertmethode mit Preisoffset

Findet statt der einfachen Richtwertmethode die einfache Richtwertmethode mit Preisoffset Anwendung, dann wird für alle drei Angebote der Preisoffset von 100 Euro zu den Angebotspreisen addiert.

Durch den Preisoffset kommt es zu einer stärkeren Gewichtung der Leistung und das leistungsstärkste Angebot C erhält den Zuschlag.

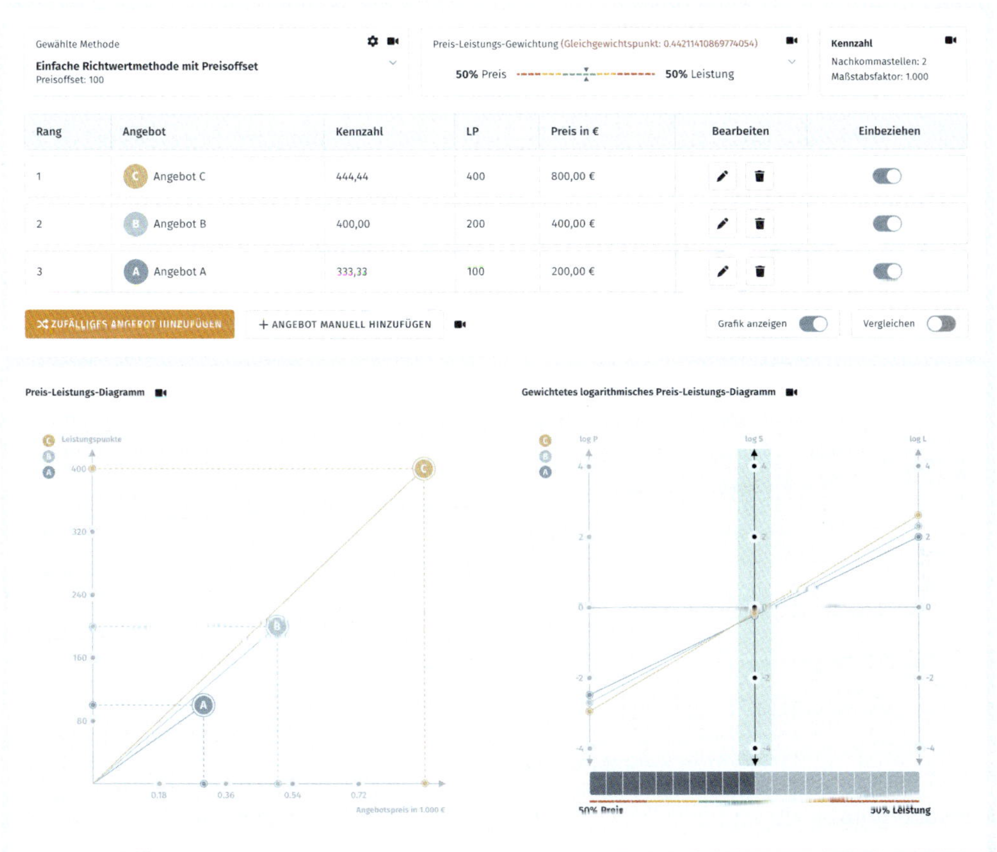

Abbildung: Darstellung einfachen Richtwertmethode mit einem Preisoffset von 100 Euro im BewertungsCalculator/VergabeCalculator

13.11.2 Abhängigkeit von anderen Angeboten

Bei der einfachen Richtwertmethode mit Preisoffset besteht keine Abhängigkeit zu anderen Angeboten.

13.11.3 Rechtsprechung

Für die einfache Richtwertmethode mit Preisoffset ist keine Rechtsprechung bekannt.

13.11.4 Empfehlung

Die einfache Richtwertmethode mit Preisoffset ist eine empfehlenswerte Bewertungsmethode, die die Wirtschaftlichkeitsanforderungen an Bewertungsmethoden erfüllt und bei der eine Gewichtung von Preis und Leistung vorgenommen werden kann.

Die einfache Richtwertmethode mit Preisoffset ist nicht anwendbar, wenn null Leistungspunkte möglich sind.

Die Anwendung des Preisoffsets ist mit Bedacht vorzunehmen, da man hier sehr schnell über das eigentliche Ziel hinausschießen kann und die Leistungsstärke derart übergewichtig und dominant wird, dass der Preis keinerlei Rolle mehr spielt (Alibikriterium). Ebenfalls gilt es, eine ausgewogene Gewichtung vorzunehmen.

13.11.5 Beispielformulierung für Ausschreibungen

Zur Ermittlung des wirtschaftlichsten Angebots findet die einfache Richtwertmethode mit Preisoffset Anwendung.

Dazu wird für alle wertbaren Angebote eine Kennzahl aus dem Quotienten von Leistungspunkten und der Summe des Angebotspreises (inkl. MwSt.) und eines Preisoffsets von 100 Euro gebildet.

FORMEL: $S = L / (P + p)$

S: Kennzahl (Score)

L: Leistungspunktzahl

P: Angebotspreis

P = 1 Euro: Preisoffset

Das Angebot mit der größten Kennzahl *S* gewinnt.

Preisobergrenze: Es wird eine Preisobergrenze von 750.000 Euro (inkl. MwSt.) vorgegeben. Angebote, deren Angebotspreis über der Preisobergrenze liegt, werden von der weiteren Wertung ausgeschlossen.

Mindestleistungspunktzahl: Die Angebote müssen mindestens 150 von maximal 720 möglichen Leistungspunkten erreichen. Angebote, die mit weniger als 150 Leistungspunkten bewertet werden, werden von der weiteren Wertung ausgeschlossen.

Gleichstand: Bei Gleichstand der Kennzahlen erhält das Angebot mit der größeren Leistungspunktzahl den Zuschlag. Führt dies nicht zu einem eindeutigen Zuschlagsergebnis, entscheidet das Los.

13.12 Reziproke einfache Richtwertmethode mit Preisoffset

Die reziproke[26] einfache Richtwertmethode mit Preisoffset basiert auf der reziproken einfachen Richtwertmethode bei der die Angebotspreise P mit einem vorher definierten Offset p addiert werden.

$$S = \frac{P + p}{L}$$

S: Kennzahl
L: Gesamtleistungspunktzahl des Angebots, L > 0
P: Angebotspreis oder Kosten
p: Preis-Offset, p > 0

Abbildung: Formel zur Bestimmung der Kennzahl bei der reziproken einfachen Richtwertmethode mit Preisoffset

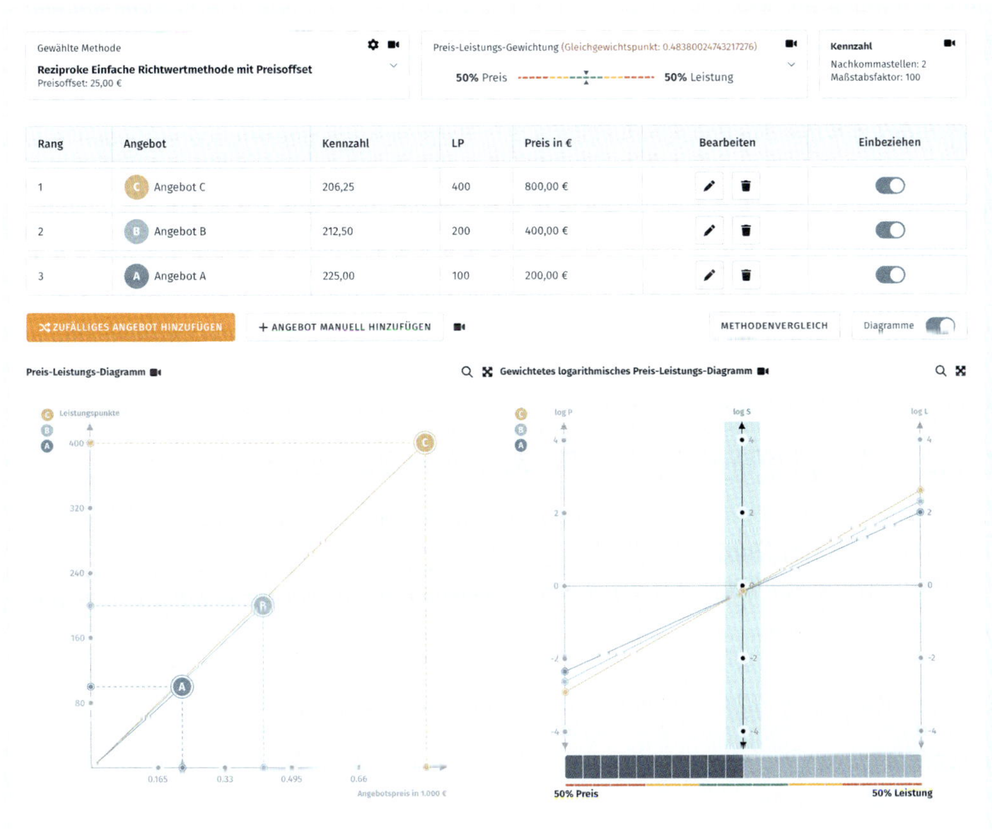

Abbildung: Darstellung der reziproken einfachen Richtwertmethode mit Preisoffset im VergabeCalculator PRO

26 *Naas/Schmid*, Mathematisches Wörterbuch, Bd. II, S. 504: Zwei Zahlen, deren Produkt 1 ist, heißen reziprok.

Je nach Wahl des Offsets p kann damit das Null-Euro-Problem und auch das Problem mit negativen Angebotspreisen vermieden werden.

Die Größe der Verschiebung des Nullpunkts hat dabei einen Einfluss auf die Zuschlagsentscheidung. Eine sehr kleiner Preisoffset führt zu einer Bevorzugung des Null-Euro-Angebots. Ansonsten gilt, je größer der Preisoffset, umso stärker wird die Leistung gewichtet.

13.12.1 Abhängigkeit von anderen Angeboten

Bei der reziproken einfachen Richtwertmethode mit Preisoffset besteht keine Abhängigkeit zu anderen Angeboten.

13.12.2 Rechtsprechung

Für die reziproke einfache Richtwertmethode mit Preisoffset ist keine Rechtsprechung bekannt.

13.12.3 Empfehlung

Die reziproke einfache Richtwertmethode mit Preisoffset ist eine empfehlenswerte Bewertungsmethode, die die Wirtschaftlichkeitsanforderungen an Bewertungsmethoden erfüllt und bei der eine Gewichtung von Preis und Leistung vorgenommen werden kann.

Die reziproke einfache Richtwertmethode mit Preisoffset ist nicht anwendbar, wenn null Leistungspunkte möglich sind.

Die Anwendung des Preisoffsets ist mit Bedacht vorzunehmen, da man hier sehr schnell über das eigentliche Ziel hinausschießen kann und die Leistungsstärke derart übergewichtig und dominant wird, dass der Preis keinerlei Rolle mehr spielt (Alibikriterium). Ebenfalls gilt es, eine ausgewogene Gewichtung vorzunehmen.

13.12.4 Beispielformulierung für Ausschreibungen

Zur Ermittlung des wirtschaftlichsten Angebots findet die reziproke einfache Richtwertmethode mit Preisoffset Anwendung.

Dazu wird für alle wertbaren Angebote eine Kennzahl aus dem Quotienten von Leistungspunkten und der Summe des Angebotspreises (inkl. MwSt.) und eines Preisoffsets von 100 Euro gebildet.

FORMEL: $S = (P + p) / L$

S: Kennzahl (Score)

L: Leistungspunktzahl

P: Angebotspreis

P = 100 Euro: Preisoffset

Das Angebot mit der kleinsten Kennzahl *S* gewinnt.

Preisobergrenze: Es wird eine Preisobergrenze von 750.000 Euro (inkl. MwSt.) vorgegeben. Angebote, deren Angebotspreis über der Preisobergrenze liegt, werden von der weiteren Wertung ausgeschlossen.

Mindestleistungspunktzahl: Die Angebote müssen mindestens 150 von maximal 720 möglichen Leistungspunkten erreichen. Angebote, die mit weniger als 150 Leistungspunkten bewertet werden, werden von der weiteren Wertung ausgeschlossen.

Gleichstand: Bei Gleichstand der Kennzahlen erhält das Angebot mit der größeren Leistungspunktzahl den Zuschlag. Führt dies nicht zu einem eindeutigen Zuschlagsergebnis, entscheidet das Los.

13.13 Potenzwertmethode mit Preisoffset

Die Potenzwertmethode mit Preisoffset basiert auf der Potenzwertmethode, bei der die Angebotspreise P mit einem vorher definierten Preisoffset p addiert werden.

$$S = \frac{L^{w}}{(P+p)^{(1-w)}}$$

S: Kennzahl (Scoring-Wert)
L: Leistungspunktzahl des Angebots, L>0
P: Angebotspreis oder Kosten, P>0
p: Preis-Offset, p > 0
ω: Gewicht der Leistungspunkte, 0 < ω < 1
1- ω: Gewicht des Preises oder der Kosten

Abbildung: Formel zur Bestimmung der Kennzahl bei der Potenzwertmethode mit Preisoffset

Je nach Wahl des Offsets p kann damit das Null-Euro-Problem und auch das Problem mit negativen Angebotspreisen vermieden werden.

Die Größe der Verschiebung des Nullpunkts hat dabei einen Einfluss auf die Zuschlagsentscheidung. Je größer der Preisoffset, umso stärker wird die Leistung gewichtet.

13.13.1 Beispiele

Im Folgenden werden die vier Angebote A, B, C und D betrachtet. Durch einen Preisoffset kann auch der Angebotspreis von null Euro von Angebot D berücksichtigt werden. Bei einem Preisoffset von 0,01 Euro erhält Angebot D den Zuschlag.

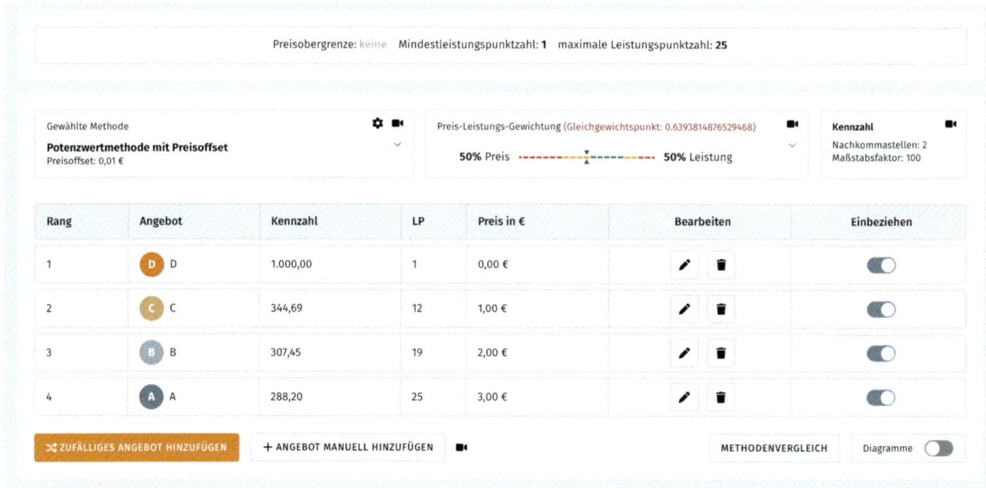

Abbildung: Potenzwertmethode mit einem Preisoffset von 0,01 Euro mit einem Maßstabsfaktor von 100 und zwei Nachkommastellen

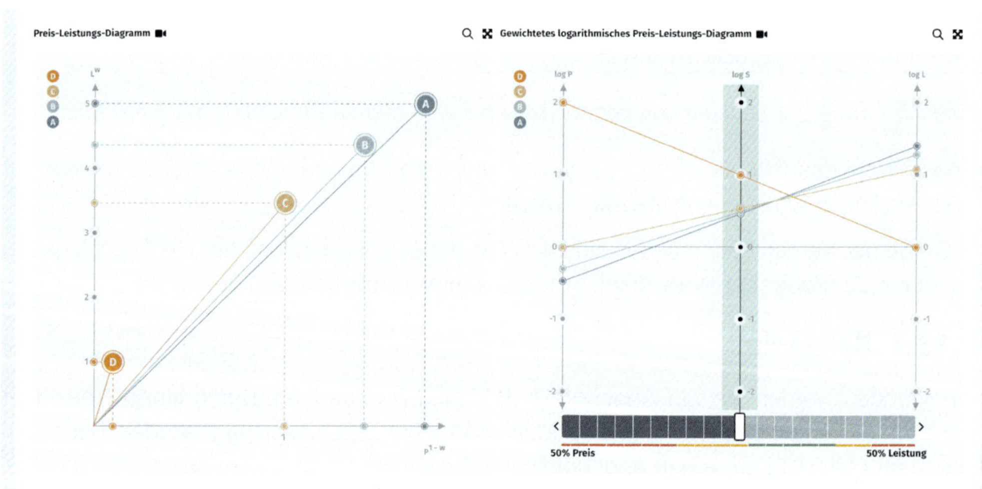

Abbildung: Diagramme zur Potenzwertmethode mit einem Preisoffset von 0,01 Euro

Bei einem Preisoffset von 0,10 Euro erhält Angebot C den Zuschlag.

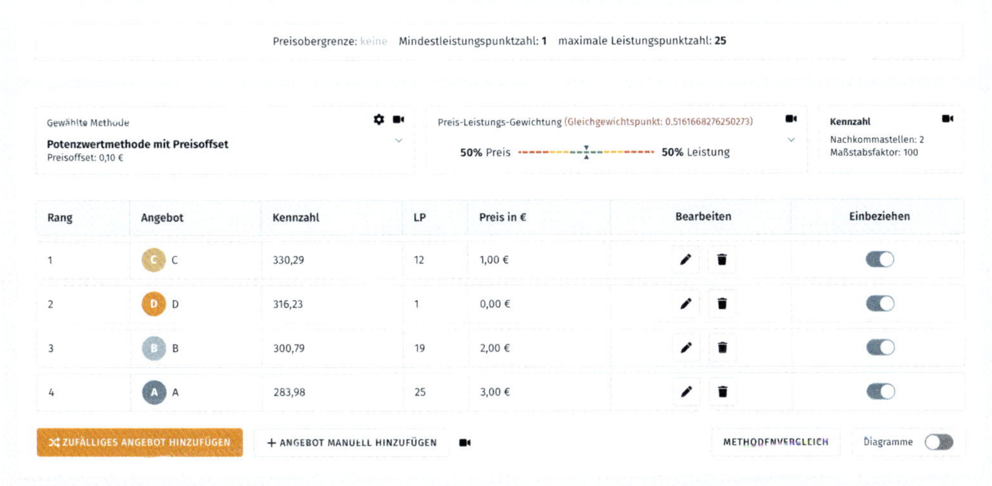

Rang	Angebot	Kennzahl	LP	Preis in €	Bearbeiten	Einbeziehen
1	C	330,29	12	1,00 €		
2	D	316,23	1	0,00 €		
3	B	300,79	19	2,00 €		
4	A	283,98	25	3,00 €		

Abbildung: Potenzwertmethode mit einem Preisoffset von 0,10 Euro mit einem Maßstabsfaktor von 100 und zwei Nachkommastellen

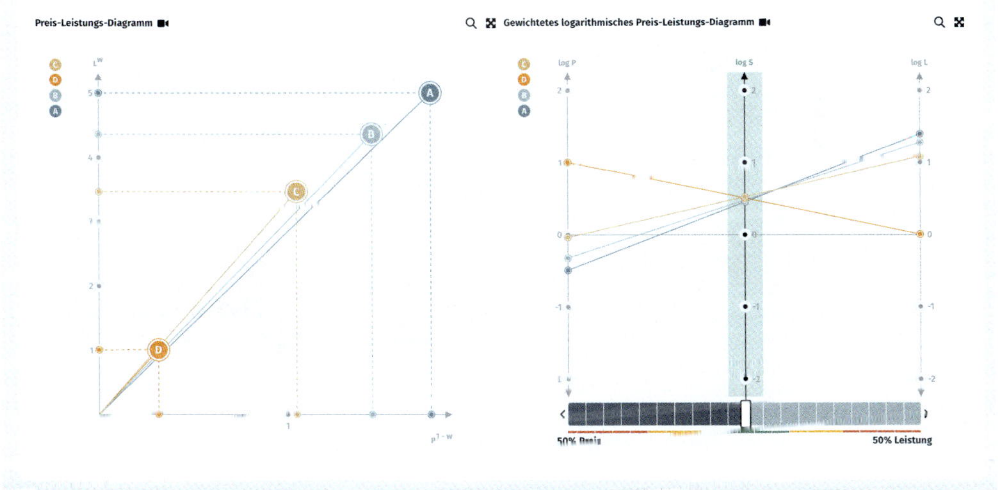

Abbildung: Diagramme zur Potenzwertmethode mit einem Preisoffset von 0,10 Euro

Bei einem Preisoffset von 1,00 Euro erhält Angebot B den Zuschlag.

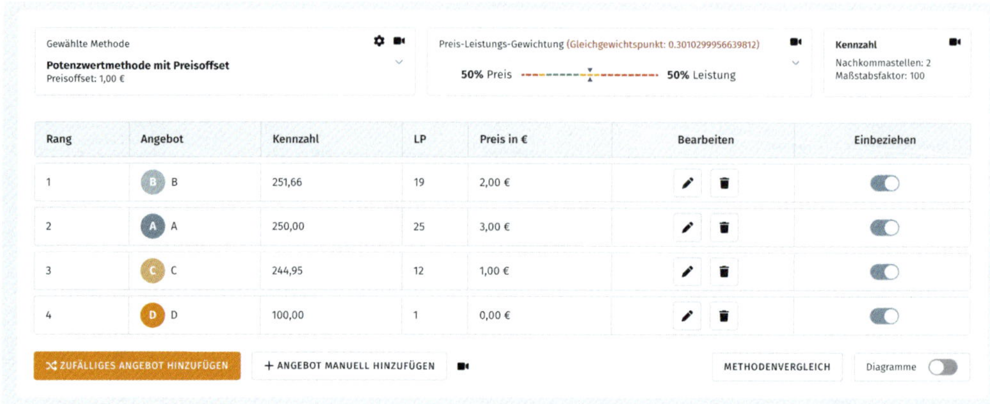

Abbildung: Potenzwertmethode mit einem Preisoffset von 1,00 Euro mit einem Maßstabsfaktor von 100 und zwei Nachkommastellen

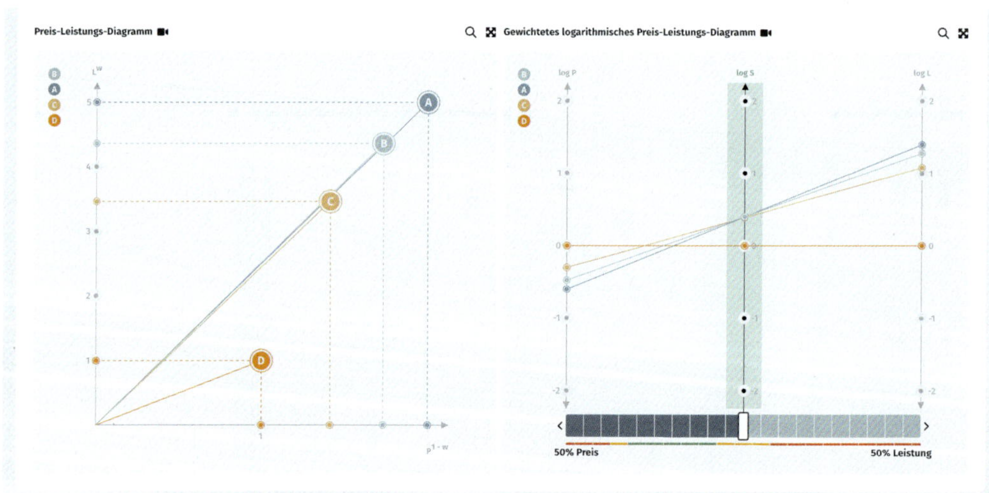

Abbildung: Diagramme zur Potenzwertmethode mit einem Preisoffset von 1,00 Euro

Bei einem Preisoffset von 2,00 Euro erhält Angebot A den Zuschlag.

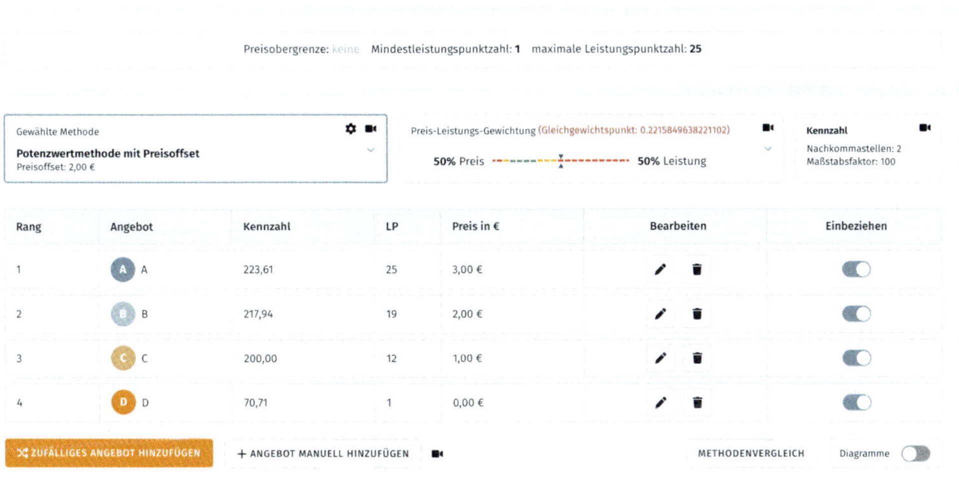

Rang	Angebot	Kennzahl	LP	Preis in €	Bearbeiten	Einbeziehen
1	A	223,61	25	3,00 €		
2	B	217,94	19	2,00 €		
3	C	200,00	12	1,00 €		
4	D	70,71	1	0,00 €		

Abbildung: Potenzwertmethode mit einem Preisoffset von 2,00 Euro mit einem Maßstabsfaktor von 100 und zwei Nachkommastellen

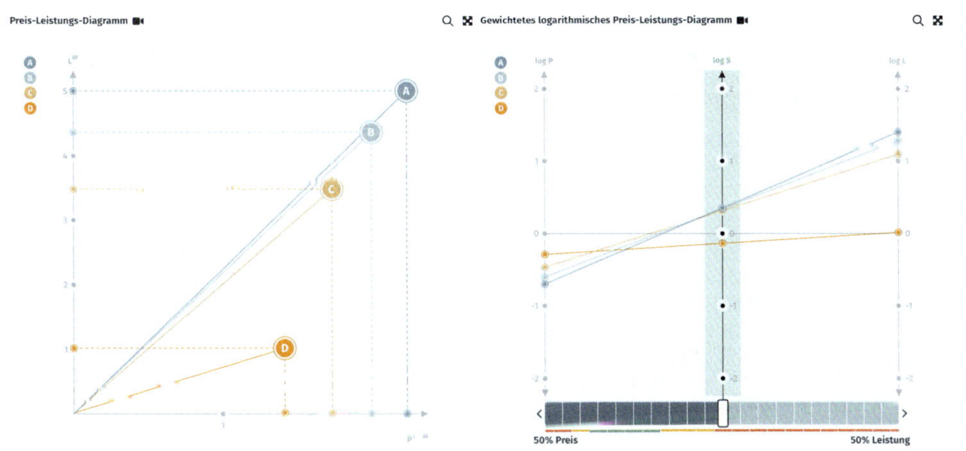

Abbildung: Diagramme zur Potenzwertmethode mit einem Preisoffset von 2,00 Euro

Wie man an den Beispielen sehen kann, wird durch den Preisoffset ein stärkeres Gewicht der Leistung verursacht. Je größer der Preisoffset, umso stärker ist das Gewicht der Leistung.

13.13.2 Abhängigkeit von anderen Angeboten

Bei der Potenzwertmethode mit Preisoffset besteht keine Abhängigkeit zu anderen Angeboten.

13.13.3 Rechtsprechung

Für die Potenzwertmethode mit Preisoffset ist keine Rechtsprechung bekannt.

13.13.4 Empfehlung

Die Potenzwertmethode mit Preisoffset ist eine empfehlenswerte Bewertungsmethode, die die Wirtschaftlichkeitsanforderungen an Bewertungsmethoden erfüllt und bei der eine Gewichtung von Preis und Leistung vorgenommen werden kann.

Die Potenzwertmethode mit Preisoffset ist nicht anwendbar, wenn null Leistungspunkte möglich sind.

Die Anwendung des Preisoffsets ist mit Bedacht vorzunehmen, da man hier sehr schnell über das eigentliche Ziel hinausschießen kann und die Leistungsstärke derart übergewichtig und dominant wird, dass der Preis keinerlei Rolle mehr spielt (Alibikriterium). Ebenfalls gilt es, eine ausgewogene Gewichtung vorzunehmen.

13.13.5 Beispielformulierung für Ausschreibungen

Zur Ermittlung des wirtschaftlichsten Angebots findet die Potenzwertmethode mit Preisoffset Anwendung.

Für jedes Angebot wird die Kennzahl S gemäß der folgenden Formel berechnet:

FORMEL: $S = L^w / (P + p)^{(1-w)}$

S: Kennzahl (Score)

L: Leistungspunktzahl

P: Angebotspreis

p = 100 Euro: Preisoffset

w: Gewicht der Leistung = 60 %

$(1 - w)$: Gewicht des Angebotspreises = 40 %

Das Angebot mit der größten Kennzahl S gewinnt.

Preisobergrenze: Es wird eine Preisobergrenze von 750.000 Euro (inkl. MwSt.) vorgegeben. Angebote, deren Angebotspreis über der Preisobergrenze liegt, werden von der weiteren Wertung ausgeschlossen.

Mindestleistungspunktzahl: Die Angebote müssen mindestens 150 von maximal 720 möglichen Leistungspunkten erreichen. Angebote, die mit weniger als 150 Leistungspunkten bewertet werden, werden von der weiteren Wertung ausgeschlossen.

Gleichstand: Bei Gleichstand der Kennzahlen erhält das Angebot mit der größeren Leistungspunktzahl den Zuschlag. Führt dies nicht zu einem eindeutigen Zuschlagsergebnis, entscheidet das Los.

13.14 Reziproke Potenzwertmethode mit Preisoffset

Die reziproke[27] Potenzwertmethode mit Preisoffset basiert auf der reziproken Potenzwertmethode, bei der die Angebotspreise P mit einem vorher definierten Preisoffset p addiert werden.

$$S = \frac{(P+p)^{(1-w)}}{L^{w}}$$

S: Kennzahl (Scoring-Wert)
L: Leistungspunktzahl des Angebots, L>0
P: Angebotspreis oder Kosten, P>0
p: Preis-Offset, p > 0
ω: Gewicht der Leistungspunkte, 0 < ω < 1
1- ω: Gewicht des Preises oder der Kosten

Abbildung: Formel zur Bestimmung der Kennzahl bei der reziproken Potenzwertmethode mit Preisoffset

Je nach Wahl des Offsets p kann damit das Null-Euro-Problem und auch das Problem mit negativen Angebotspreisen vermieden werden.

Die Größe der Verschiebung des Nullpunkts hat dabei einen Einfluss auf die Zuschlagsentscheidung. Ein sehr kleiner Preisoffset führt zu einer Bevorzugung des Null-Euro-Angebots. Ansonsten gilt, je größer der Preisoffset, umso stärker wird die Leistung gewichtet.

13.14.1 Beispiele

Im Folgenden werden die vier Angebote A, B, C und D betrachtet. Durch einen Preisoffset kann auch der Angebotspreis von null Euro von Angebot D berücksichtigt werden. Bei einem Preisoffset von 0,01 Euro erhält Angebot D den Zuschlag.

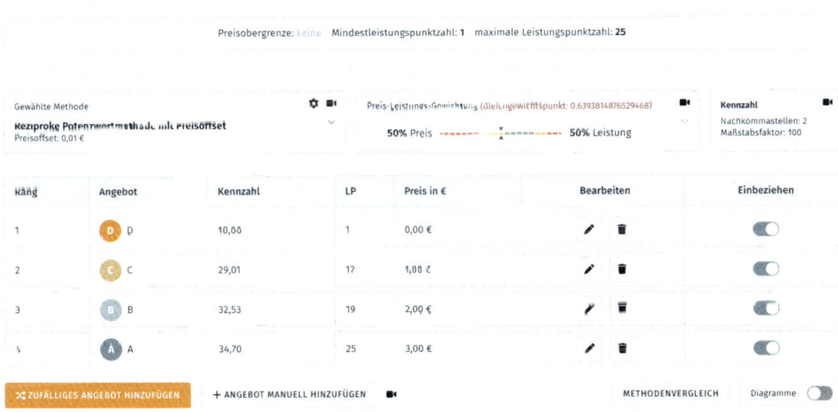

Abbildung: Reziproke Potenzwertmethode mit einem Preisoffset von 0,01 Euro, mit einem Maßstabsfaktor von 100 und zwei Nachkommastellen

27 *Naas/Schmid*, Mathematisches Wörterbuch, Bd. II, S. 504: Zwei Zahlen, deren Produkt 1 ist, heißen reziprok.

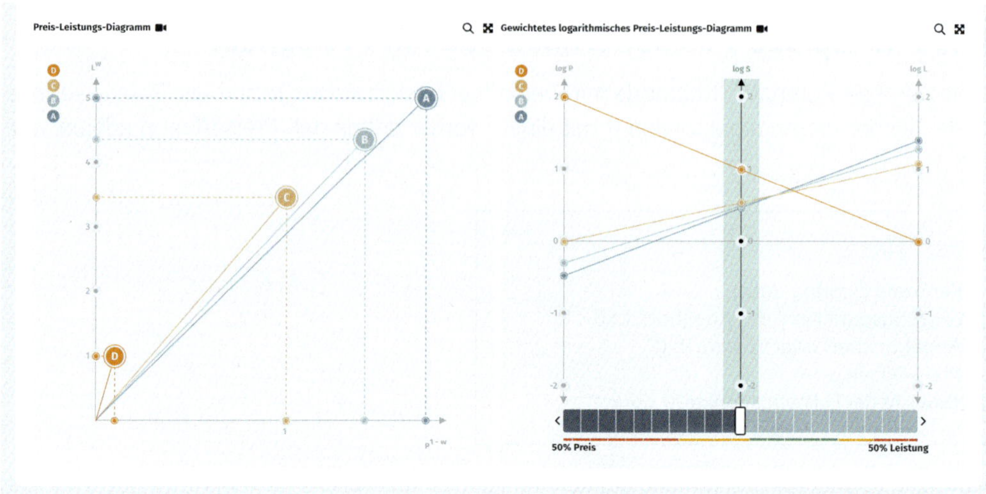

Abbildung: Diagramme zur reziproken Potenzwertmethode mit einem Preisoffset von 0,01 Euro

Bei einem Preisoffset von 0,10 Euro erhält Angebot C den Zuschlag.

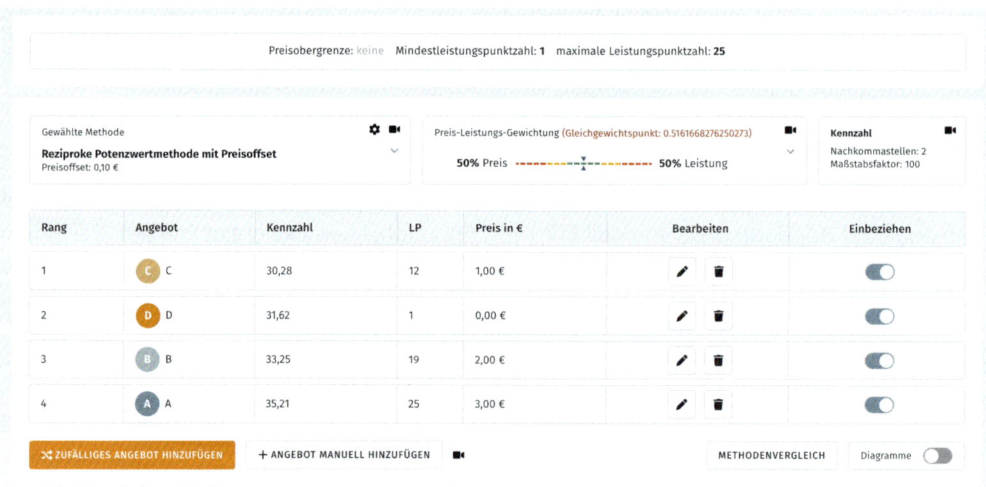
Preisobergrenze: keine Mindestleistungspunktzahl: 1 maximale Leistungspunktzahl: 25

Gewählte Methode
Reziproke Potenzwertmethode mit Preisoffset
Preisoffset: 0,10 €

Preis-Leistungs-Gewichtung (Gleichgewichtspunkt: 0.5161668276250273)
50% Preis 50% Leistung

Kennzahl
Nachkommastellen: 2
Maßstabsfaktor: 100

Rang	Angebot	Kennzahl	LP	Preis in €	Bearbeiten	Einbeziehen
1	C	30,28	12	1,00 €		
2	D	31,62	1	0,00 €		
3	B	33,25	19	2,00 €		
4	A	35,21	25	3,00 €		

ZUFÄLLIGES ANGEBOT HINZUFÜGEN + ANGEBOT MANUELL HINZUFÜGEN METHODENVERGLEICH Diagramme

Abbildung: Reziproke Potenzwertmethode mit einem Preisoffset von 0,10 Euro, mit einem Maßstabsfaktor von 100 und zwei Nachkommastellen

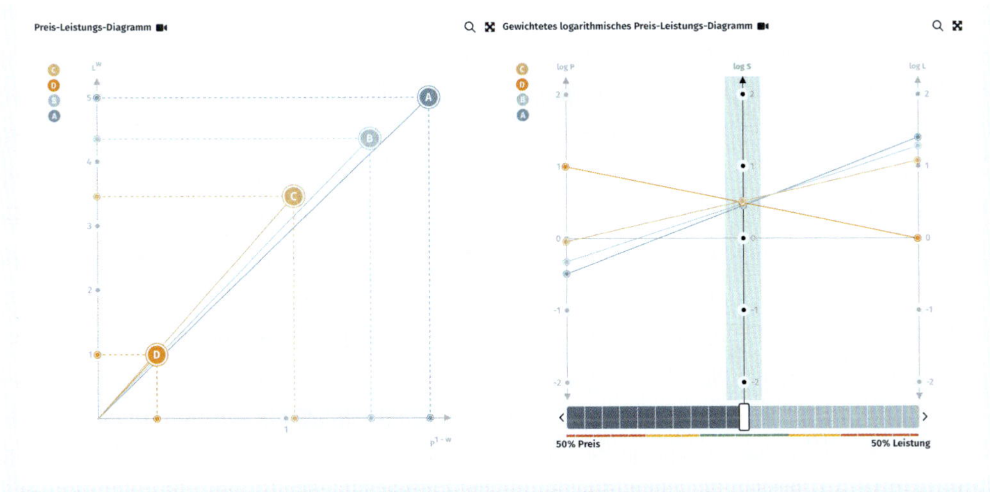

Abbildung: Diagramme zur reziproken Potenzwertmethode mit einem Preisoffset von 0,10 Euro

Bei einem Preisoffset von 1,00 Euro erhält Angebot B den Zuschlag.

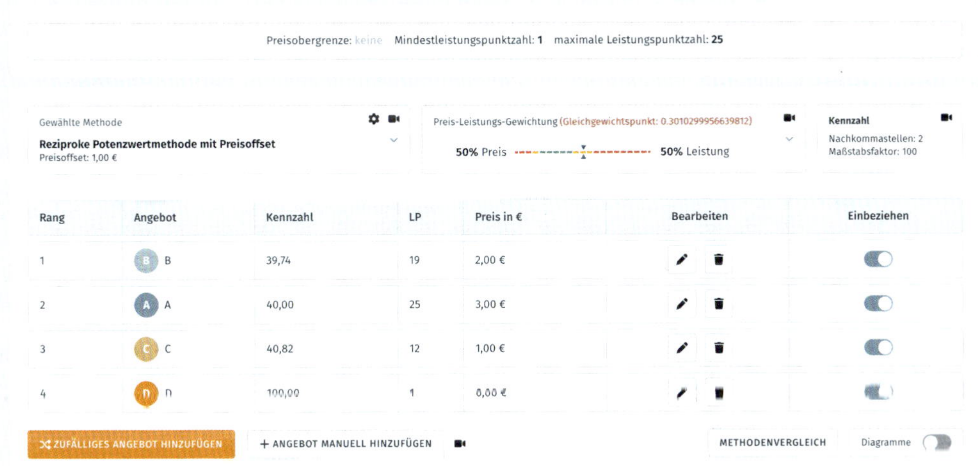

Rang	Angebot	Kennzahl	LP	Preis in €	Bearbeiten	Einbeziehen
1	B	39,74	19	2,00 €		
2	A	40,00	25	3,00 €		
3	C	40,82	12	1,00 €		
4	D	100,00	1	0,00 €		

Abbildung: Reziproke Potenzwertmethode mit einem Preisoffset von 1,00 Euro, mit einem Maßstabsfaktor von 100 und zwei Nachkommastellen

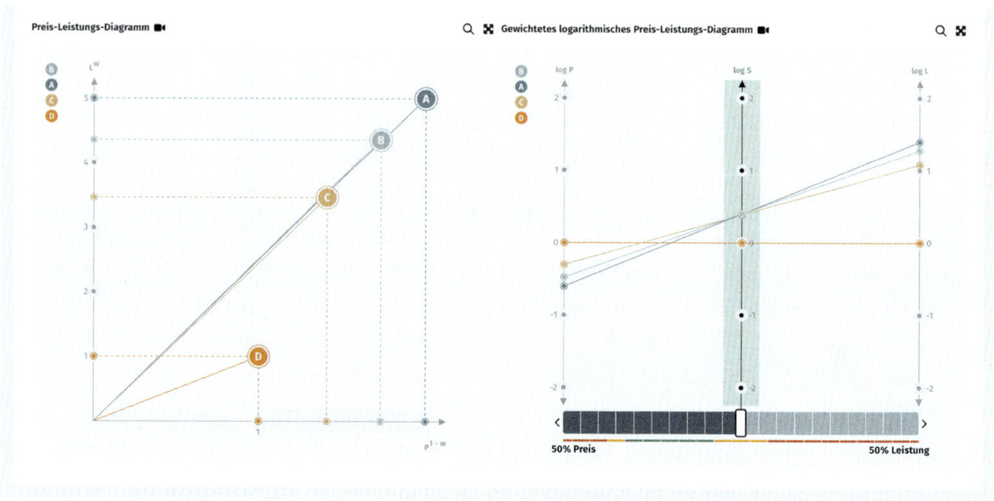

Abbildung: Diagramme zur reziproken Potenzwertmethode mit einem Preisoffset von 1,00 Euro

Bei einem Preisoffset von 2,00 Euro erhält Angebot A den Zuschlag.

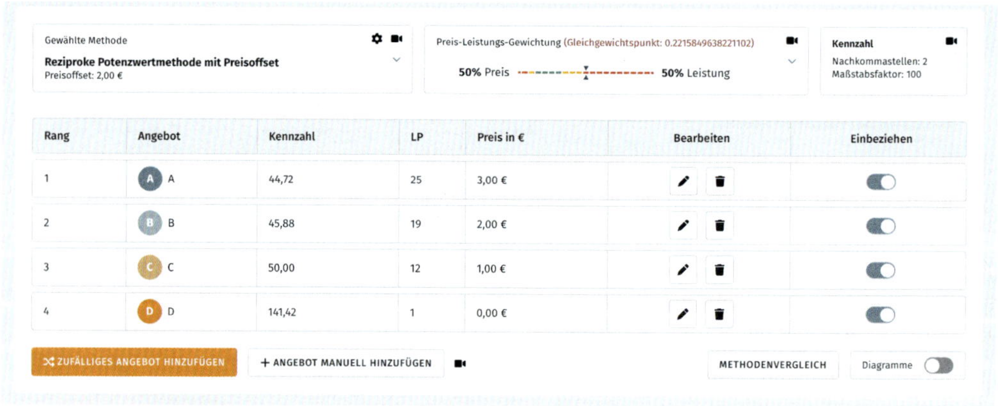

Rang	Angebot	Kennzahl	LP	Preis in €	Bearbeiten	Einbeziehen
1	A	44,72	25	3,00 €		
2	B	45,88	19	2,00 €		
3	C	50,00	12	1,00 €		
4	D	141,42	1	0,00 €		

Abbildung: Reziproke Potenzwertmethode mit einem Preisoffset von 2,00 Euro, mit einem Maßstabsfaktor von 100 und zwei Nachkommastellen

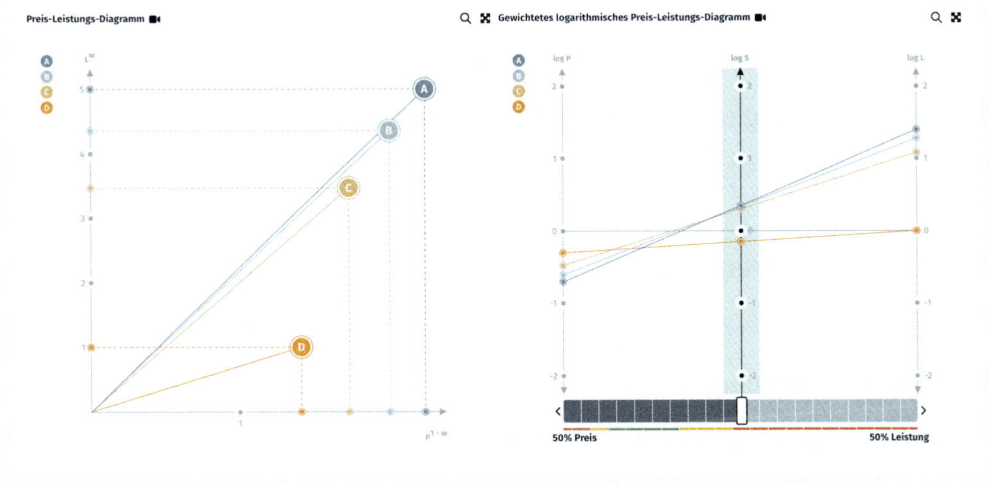

Abbildung: Diagramme zur reziproken Potenzwertmethode mit einem Preisoffset von 2,00 Euro

Gewählte Methode
Reziproke Potenzwertmethode mit Preisoffset
Preisoffset: 1,00 €

Preis-Leistungs-Gewichtung (Gleichgewichtspunkt: 0.4993249324502271)
50% Preis **50%** Leistung

Kennzahl
Nachkommastellen: 2
Maßstabsfaktor: 1.000

Rang	Angebot	Kennzahl	LP	Preis in €	Bearbeiten	Einbeziehen
1	Angebot C	1.415,10	400	800,00 €		
2	Angebot B	1.415,98	200	400,00 €		
3	Angebot A	1.417,74	100	200,00 €		

ZUFÄLLIGES ANGEBOT HINZUFÜGEN | + ANGEBOT MANUELL HINZUFÜGEN | METHODENVERGLEICH | Diagramme

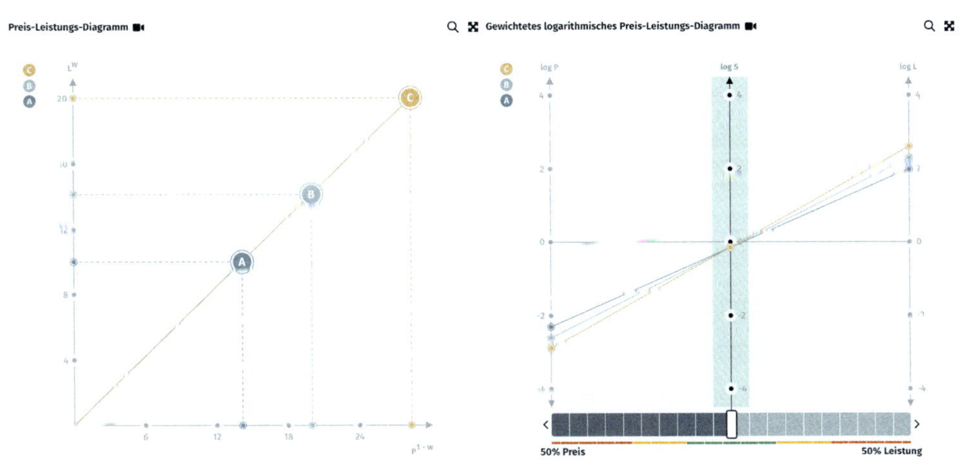

Abbildung: Darstellung der reziproken Potenzwertmethode mit Preisoffset im VergabeCalculator PRO

Wie man an den Beispielen sehen kann, wird durch den Preisoffset ein stärkeres Gewicht der Leistung verursacht. Je größer der Preisoffset, umso stärker ist das Gewicht der Leistung.

13.14.2 Abhängigkeit von anderen Angeboten

Bei der reziproken Potenzwertmethode mit Preisoffset besteht keine Abhängigkeit zu anderen Angeboten.

13.14.3 Rechtsprechung

Für die reziproke Potenzwertmethode mit Preisoffset ist keine Rechtsprechung bekannt.

13.14.4 Empfehlung

Die reziproke Potenzwertmethode mit Preisoffset ist eine empfehlenswerte Bewertungsmethode, die die Wirtschaftlichkeitsanforderungen an Bewertungsmethoden erfüllt und bei der eine Gewichtung von Preis und Leistung vorgenommen werden kann.

Die reziproke Potenzwertmethode mit Preisoffset ist nicht anwendbar, wenn null Leistungspunkte möglich sind.

Die Anwendung des Preisoffsets ist mit Bedacht vorzunehmen, da man hier sehr schnell über das eigentliche Ziel hinausschießen kann und die Leistungsstärke derart übergewichtig und dominant wird, dass der Preis keinerlei Rolle mehr spielt (Alibikriterium). Ebenfalls gilt es, eine ausgewogene Gewichtung vorzunehmen.

13.14.5 Beispielformulierung für Ausschreibungen

Zur Ermittlung des wirtschaftlichsten Angebots findet die reziproke Potenzwertmethode mit Preisoffset Anwendung.

Für jedes Angebot wird die Kennzahl S gemäß der folgenden Formel berechnet:

FORMEL: $S = (P + p)^{(1-w)} / L^{w}$

S: Kennzahl (Score)

L: Leistungspunktzahl

P: Angebotspreis

p = 100 Euro: Preisoffset

w: Gewicht der Leistung = 60 %

(1-w): Gewicht des Angebotspreises = 40 %

Das Angebot mit der kleinsten Kennzahl S gewinnt.

Preisobergrenze: Es wird eine Preisobergrenze von 750.000 Euro (inkl. MwSt.) vorgegeben. Angebote, deren Angebotspreis über der Preisobergrenze liegt, werden von der weiteren Wertung ausgeschlossen.

Mindestleistungspunktzahl: Die Angebote müssen mindestens 150 von maximal 720 möglichen Leistungspunkten erreichen. Angebote, die mit weniger als 150 Leistungspunkten bewertet werden, werden von der weiteren Wertung ausgeschlossen.

Gleichstand: Bei Gleichstand der Kennzahlen erhält das Angebot mit der größeren Leistungspunktzahl den Zuschlag. Führt dies nicht zu einem eindeutigen Zuschlagsergebnis, entscheidet das Los.

14. Zuschlagsformeln der Bewertungsklasse IIIa

Autor: Dipl.-Math. Thomas Ferber, LL.M.

Die Zuschlagsformeln der Bewertungsklasse IIIa transformieren die Angebotspreise, die in Euro vorliegen, in Punkte (sogenannte Preispunkte). Bei diesen Zuschlagsformeln wird für die Zuschlagsentscheidung eine Gesamtpunktzahl aus der Summe der gewichteten Leistungspunkte und der gewichteten Preispunkte betrachtet. Den Zuschlag erhält das Angebot, das die höchste Gesamtpunktzahl, die sich aus der Summe der gewichteten Leistungspunkte und der gewichteten Preispunkte ergibt, erreicht hat.

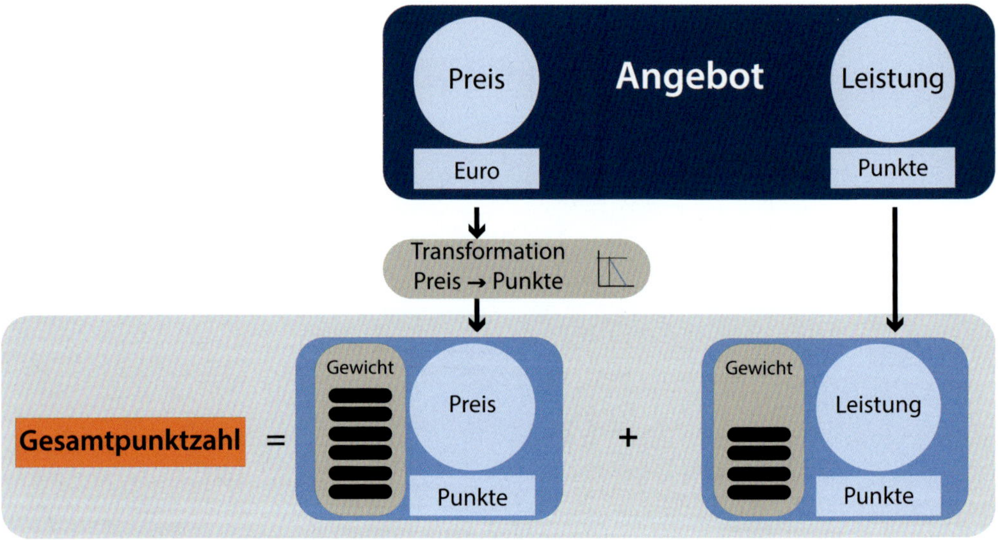

Abbildung: Bewertungsklasse III – Zuschlagsformeln, die den Euro-Angebotspreis in Preispunkte transformieren

Da sowohl der Preis- als auch der Leistungsterm mit Gewichtungsfaktoren versehen sind, können Preis und Leistung durch die Addition von Preis- und Leistungsterm mit unterschiedlichen Gewichten in die Bewertung einfließen. Soll zum Beispiel dem Preis eine deutlich größere Bedeutung bei der Wertung zukommen, so könnte eine Gewichtung des Preises mit 70 % und eine Gewichtung der Leistung mit 30 % festgelegt werden. Natürlich ist auch der umgekehrte Fall denkbar, bei dem die Leistung stärker Berücksichtigung finden soll und der Preis mit 30 % und die Leistung mit 70 % gewichtet wird.

Dabei muss beachtet werden, dass die beiden Skalen für die Leistungspunkte und die Preispunkte gleich sind. Das heißt, gibt es maximal 100 mögliche Leistungspunkte, dann muss auch die Preispunktzahl auf 100 Preispunkte skaliert werden. Unterschiedliche Skalen für die Leistungspunktzahl und die Preispunktzahl bewirken eine zusätzliche Gewichtung.[1]

1 *Ferber*, Mehr Schein als Sein – Die Gewichtung von Preis und Leistung – Teil II, Vergabe Navigator 2/2018, 9 ff.

Zur besseren Veranschaulichung der Zusammenhänge zwischen Preisterm, Leistungsterm und deren Gewichtung kann die Angebotsbewertung bei den Bewertungsmethoden der Bewertungsklasse III durch ein gewichtetes Preis-Leistungs-Diagramm dargestellt werden.

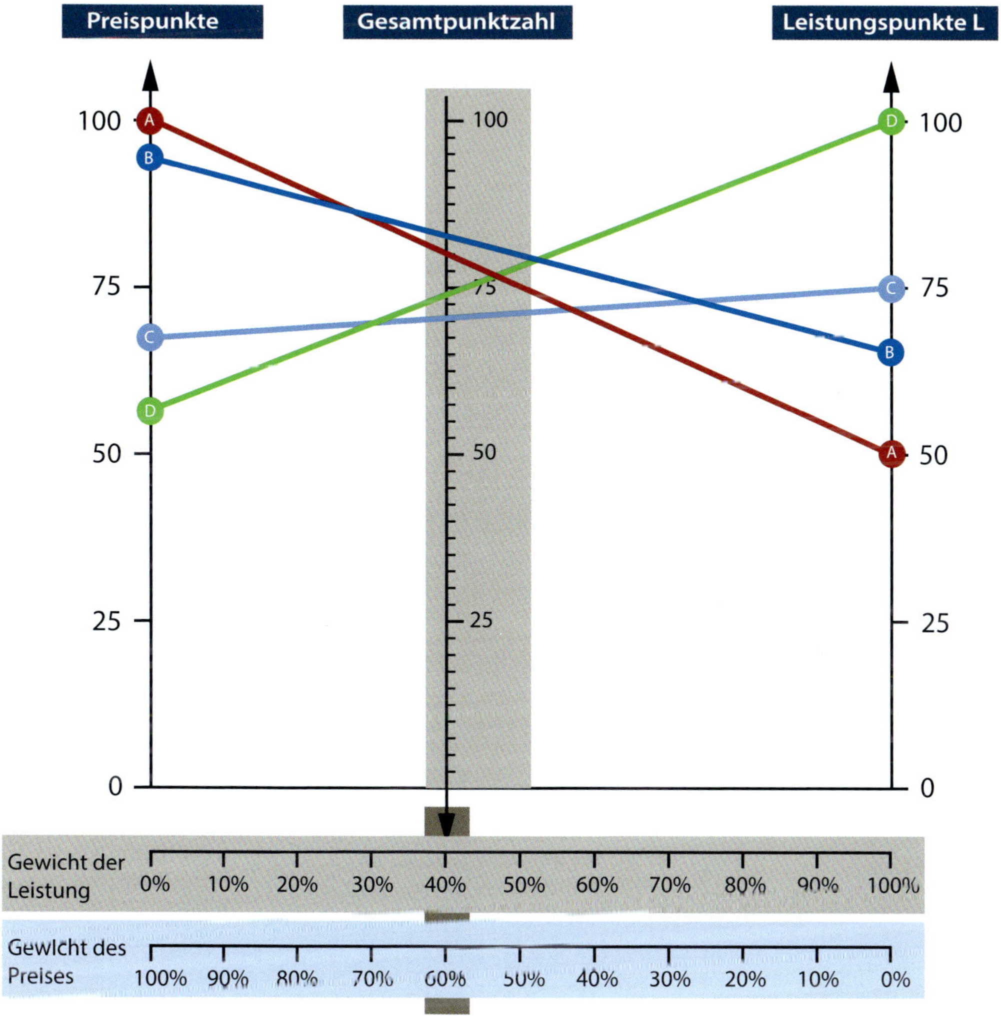

Abbildung. Gewichtetes Preis-Leistungs-Diagramm mit einem Gewicht von 40 % Leistung und 60 % Preis

Bei einem gewichteten Preis-Leistungsdiagramm wird jedes Angebot durch eine Gerade dargestellt. Jedes Angebot hat einen Angebotspreis und erhält durch eine Bewertung auch eine Leistungspunktzahl. Die Leistungspunktzahl wird in die rechte senkrechte Achse (Leistungsterm) im gewichteten Preis-Leistungsdiagramm eingetragen. Der Angebotspreis wird gemäß der durch die Bewertungsmethode vorgegeben Transformationsformel in Preispunkte umgerechnet. Die so ermittelte Preispunktzahl wird in der linken vertikalen Achse (Preisterm) eingetragen. Die beiden Punkte werden durch eine Gerade verbunden und stellen das Angebot dar.

Für die Bestimmung der Gesamtpunktzahl besteht ein sehr anschaulicher grafischer Zusammenhang: Bewegt man den Gewichtungsregler auf der horizontalen Achse, kann man die Gesamtpunktzahl direkt am Schnittpunkt der Messskala mit den Angebotsgeraden ablesen.

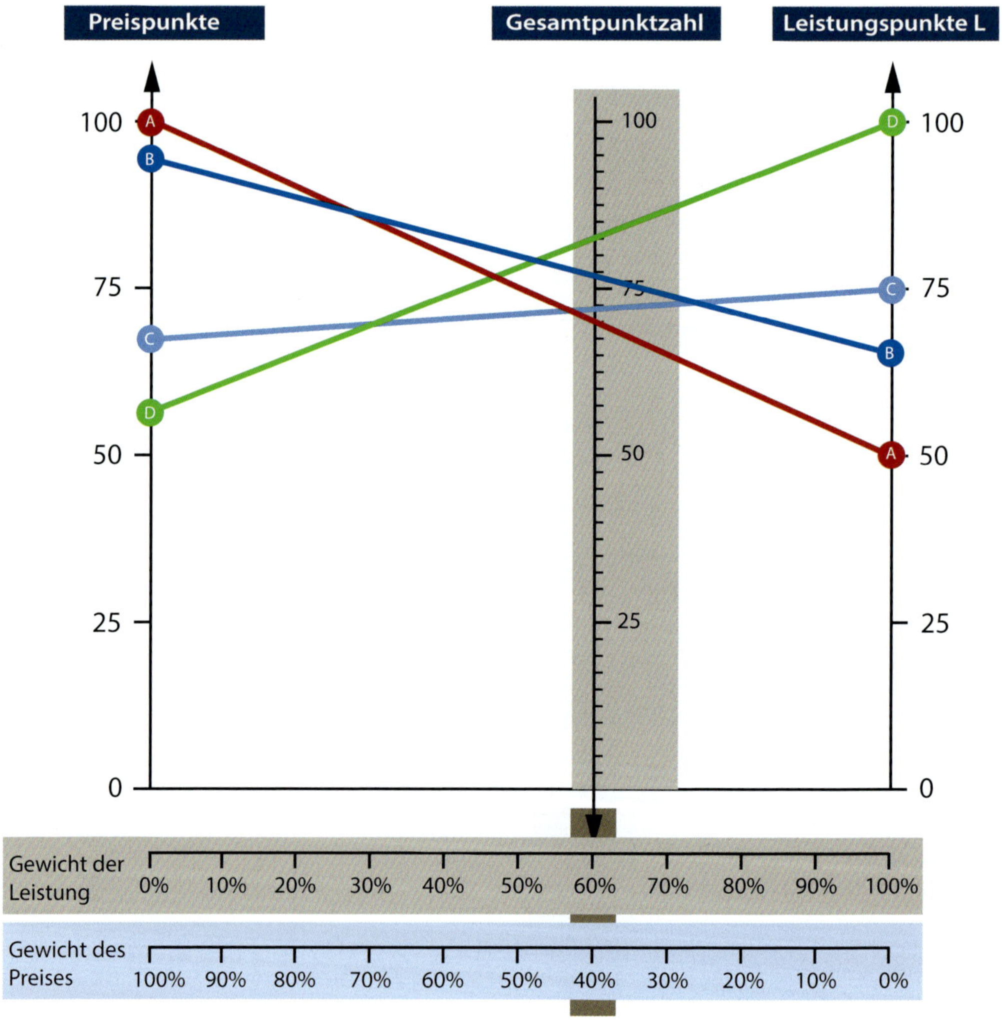

Abbildung: Gewichtetes Preis-Leistungs-Diagramm mit einem Gewicht von 60 % Leistung und 40 % Preis

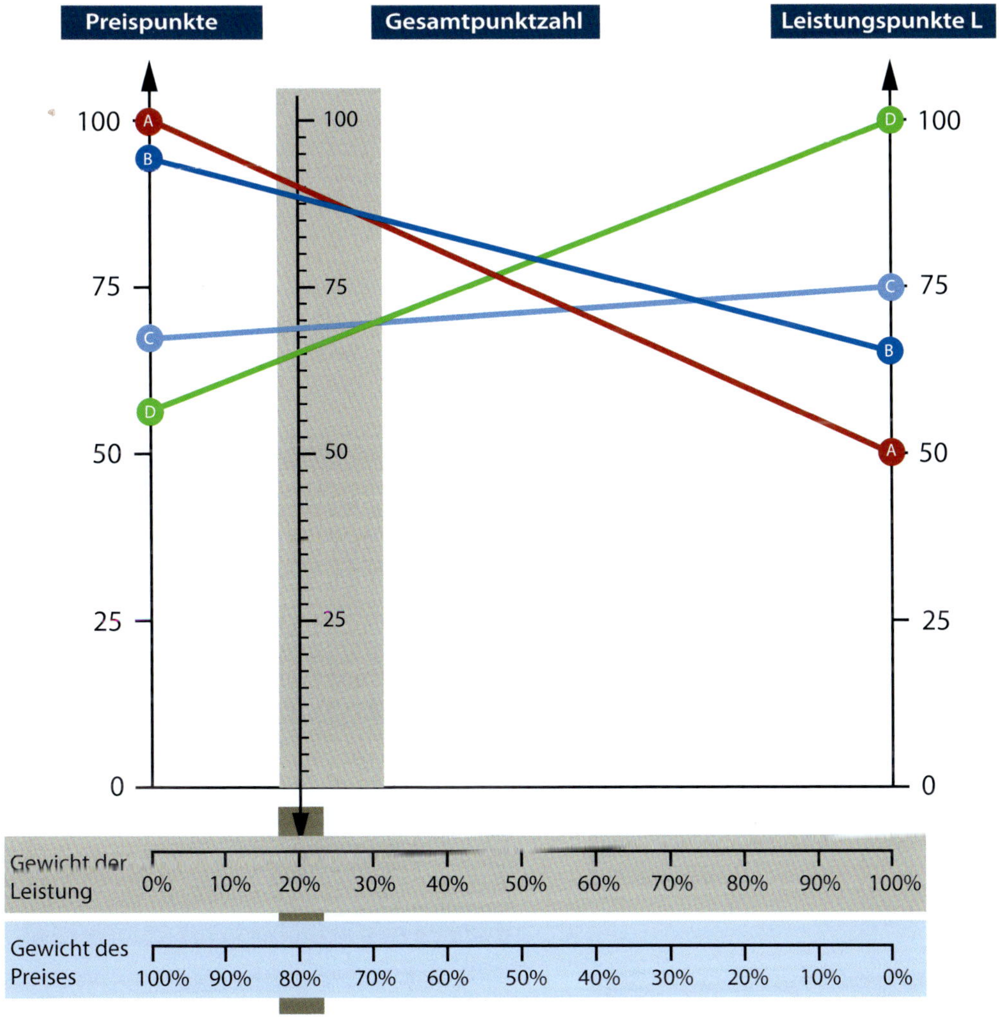

Abbildung: Gewichtetes Preis-Leistungs-Diagramm mit einem Gewicht von 20 % Leistung und 80 % Preis

Als problematisch können sich sehr billige Angebote mit einer geringen Leistungspunktzahl erweisen, weil viele dieser Transformationsformeln eine Abhängigkeit vom billigsten Angebot aufweisen. Die Angabe von Mindestleistungspunktzahlen schützt vor zu leistungsschwachen Angeboten und ist nach der Rechtsprechung des EuGH zulässig.[2] Sehr billige, aber zu leistungsschwache Angebote werden so erfolgreich herausgefiltert. Alle verbleibenden Angebote erfüllen dann die Mindestanforderungen an die Leistungsstärke. Das billigste Angebot daraus ist dann auch ein solider Referenzwert für die Transformationsformeln.

Im Folgenden werden mehrere Zuschlagsformeln mit verschiedenen Transformationsformeln betrachtet und besprochen. Insbesondere werden die Anwendbarkeit beziehungsweise

2 EuGH, Urteil vom 20.9.2018 – C-546/16.

Nichtanwendbarkeit, der Definitionsbereich sowie die besonderen Eigenschaften der Zuschlagsformeln, behandelt.

- Preisquotientenmethode
- UfAB-II-Methode
- Proportionalitätsmethode mit Preisobergrenze
- Lineare Interpolation mit 100 %-Spanne
- Lineare Interpolation mit Interpolationsfaktor
- Lineare Interpolation mit Preisspanne
- Rangstufenmethode

Bewertungsmethoden											
ID KLASSE Nr.	NAME	Abh.	GEWICHTUNG	0 P.	0 €	- €	#	Ref.	Prinz.	MIN/MAX	Empfehlung
IIIa - 01	Preisquotientenmethode	✗		✓	✗	✗	✓	✓	✓	MAX	✓
IIIa - 02	UfAB-II-Methode	✗		✓	✗	✗	✓	✓	✓	MAX	✓
IIIa - 03	Proportionalitätsmethode mit Preisobergrenze	✓		✓	✓	✓	✓	✓	✓	MAX	✓
IIIa - 04	Lineare Interpolation mit 100%-Spanne	✗		✓	✗	✗	✓	✓	✓	MAX	✓
IIIa - 05	Lineare Interpolation mit Interpolationsfaktor	✗		✓	✗	✗	✓	✓	✓	MAX	✓
IIIa - 06	Lineare Interpolation mit Preisspanne	✗		✓	✗	✗	✓	✓	✗	MAX	✗
IIIa - 07	Rangstufenmethode	✗		✓	✓	✓	✓	✓	✗	MAX	✗

Abbildung: Übersicht der Bewertungsmethoden der Bewertungsklasse IIIa und ihrer Eigenschaften

Abh. = Abhängigkeit zu anderen Angeboten	
✓	Keine Abhängigkeit zu anderen Angeboten
✗	Abhängigkeit zu anderen Angeboten

GEWICHTUNG	
	50% Preis / 50% Leistung fix
	100% Preis / 0 % Leistung - 50% Preis / 50% Leistung
	50% Preis / 50% Leistung - 0% Preis / 100 % Leistung
	100% Preis / 0% Leistung - 0% Preis / 100% Leistung

0 P. = 0 Leistungspunkte	
✓	Formel kann mit 0 Leistungspunkte rechnen.
✗	Formel kann **nicht** mit 0 Leistungspunkte rechnen.

0 € = Angebotspreise von 0 €	
✓	Formel kann mit Angebotspreisen von 0 € rechnen.
✗	Formel kann **nicht** mit Angebotspreisen von 0 € rechnen..

- € = negative Angebotspreise	
✓	Formel kann mit negativen Angebotspreisen rechnen.
✗	Formel kann **nicht** mit negativen Angebotspreisen rechnen.

#2 = Zwei Angebote	
✓	Formel kommt auch mit 2 Angeboten zu sinnvollen Bewertungen
✗	Formel benötigt für sinnvolle Bewertungen mehr als zwei Angebote

Ref. = Referenzwerte für Preis und Leistung	
✓	Formel benötigt keine Referenzwerte.
✗	Formel benötigt sehr realistische Referenzwerte.

Prinz. = Prinzipien der Wirtschaftlichkeit und Rationalität	
✓	Prinzipien der Wirtschaftlichkeit und Wirtschaftlichkeit sind erfüllt.
✗	Prinzipien der Wirtschaftlichkeit und Wirtschaftlichkeit sind nicht vollständig erfüllt.

MIN/MAX = Optimierung der Scoring-Werte	
MIN	Das Angebot mit dem kleinsten Scoring-Wert gewinnt.
MAX	Das Angebot mit dem größten Scoring-Wert gewinnt.

Empfehlung	
✓	Die Anwendung der Bewertungsmethode wird empfohlen
○	Die Anwendung der Bewertungsmethode wird nur eingeschränkt empfohlen
✗	Die Anwendung der Bewertungsmethode wird **nicht** empfohlen

Abbildung: Legende

14.1 Preisquotientenmethode

14.1.1 Transformationsformel

Bei der Preisquotientenmethode[3] wird der billigste Angebotspreis der zu wertenden Angebote als Referenzwert im Zähler des Preisquotienten verwendet. Der zu wertende Angebotspreis steht im Nenner des Preisquotienten.

$$\text{Preispunkte} = \frac{P_{min}}{P}$$

P	Angebotspreis in Euro, $P > 0$
P_{min}	Niedrigster Angebotspreis, $P_{min} > 0$

Abbildung: Transformationsformel bei der Preisquotientenmethode

Zwischen den Preispunkten und dem Angebotspreis in Euro besteht eine umgekehrte (reziproke) Proportionalität. Eine Verdopplung des Angebotspreises führt zu einer Halbierung der Preispunktzahl, eine Verdreifachung des Angebotspreises führt zu einer Drittelung der Preispunktzahl und so weiter. Das Angebot mit dem niedrigsten Angebotspreis P_{min} erhält die Preispunktzahl 1, ein Angebot mit einem doppelt so hohen Angebotspreis erhält die Preispunktzahl 1/2.

Um die Preispunkteskala mit der Leistungspunkteskala vergleichbar zu machen, bietet sich eine Normierung durch Multiplikation mit der maximal möglichen Leistungspunktzahl L_{Max} an.

$$\text{Preispunkte} = \frac{P_{min}}{P} L_{Max}$$

L_{Max}	Maximal mögliche Leistungspunktzahl, $L > 1$
P	Angebotspreis in Euro, $P > 0$
P_{min}	Niedrigster Angebotspreis, $P_{min} > 0$

Abbildung: Transformationsformel mit Normierung durch Multiplikation mit L_{Max} bei der Preisquotientenmethode

In der folgenden Abbildung ist der Zusammenhang zwischen dem Angebotspreis in Euro und den Preispunkten grafisch durch ein Wertediagramm dargestellt. Auf der horizontalen Achse befindet sich der Angebotspreis in Euro und auf der vertikalen Achse befinden sich die zugeordneten Preispunkte.

3 Die Preisquotientenmethode wird auch unter dem Begriff Lowest Bid Scoring benutzt und findet sich in *Dimitri/Piga/Spagnolo*, Handbook of Procurement, S. 309; *Stilger/Siderius/Van Raaij*, Journal of Public Procurement, 2017, 89 (120).

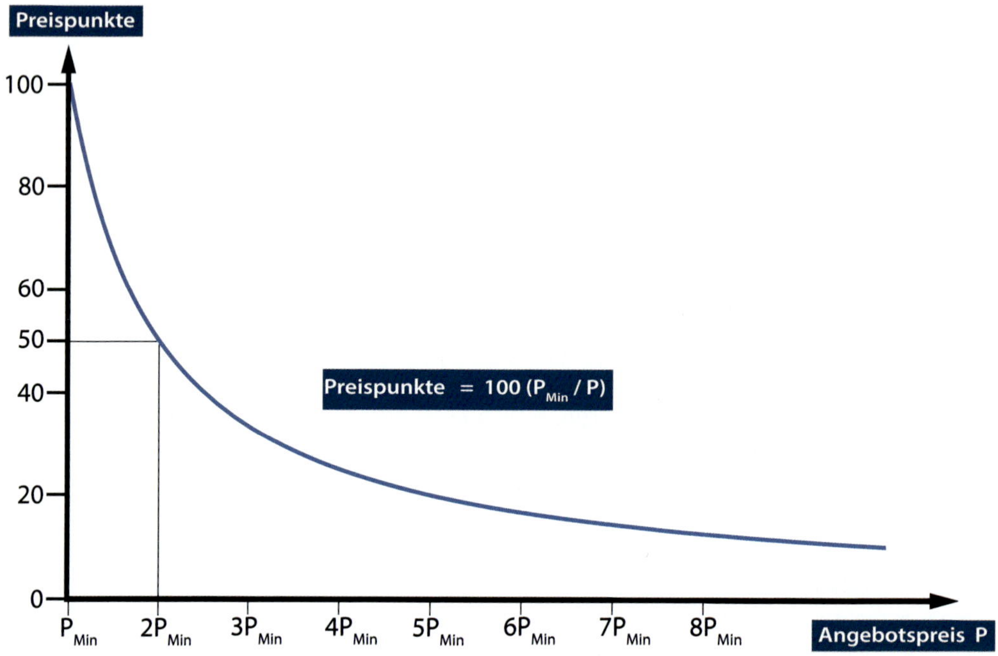

Abbildung: Funktionaler Zusammenhang zwischen Angebotspreis und Preispunkten bei der Preisquotientenmethode

Der Funktionsgraph[4] ist eine Hyperbel, die sich bei wachsendem Angebotspreis der horizontalen Achse (Angebotspreis) asymptotisch annähert. Das heißt, auch bei einem sehr großen Angebotspreis wird die Preispunktzahl niemals null. In realen Ausschreibungssituationen, bei denen die Spanne der Angebotspreise deutlich begrenzt ist, kann der Funktionsgraph näherungsweise als linear betrachtet werden. Je kleiner die Spanne der Angebotspreise, umso mehr nähert sich der Funktionsgraph einer Geraden an.

Dies wird im Folgenden durch verschiedene Preisspannen gezeigt.

14.1.1.1 Preisspanne = 3 · P_{min}

In der folgenden Abbildung wird der Funktionsgraph der Transformationsformel bei der Preisquotientenmethode mit einer Preisspanne von $3 \cdot P_{min}$ dargestellt.

Preisspanne = $(4 \cdot P_{Min} - P_{Min}) = 3 \cdot P_{Min}$

Das Angebot mit dem niedrigsten Angebotspreis P_{min} erhält 100 Preispunkte, ein Angebot mit einem doppelt so hohen Angebotspreis erhält 50 Preispunkte und ein Angebot mit einem vierfach so hohen Angebotspreis erhält 25 Preispunkte.

4 Ein Funktionsgraph ist die Menge aller geordneten Paare (Angebotspreis, Preispunkte), die in einem Wertediagramm grafisch dargestellt werden.

Werte-Diagramm

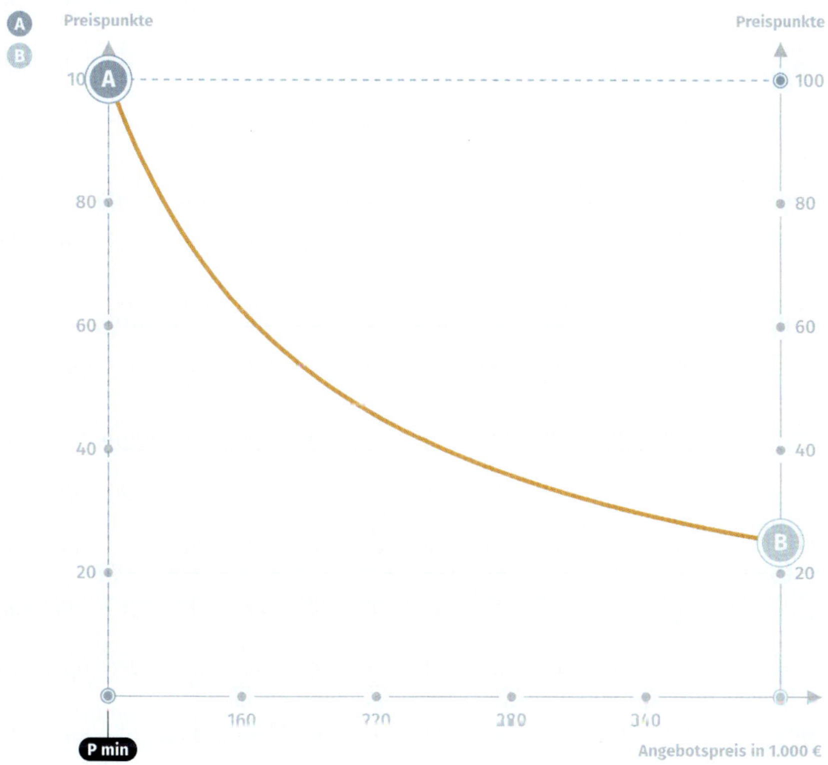

Abbildung: Funktionsgraph der Transformationsformel bei der Preisquotientenmethode mit einer Preisspanne von 3 · P_{min}

14.1.1.2 Preisspanne = 2 · P_{min}

In der folgenden Abbildung wird der Funktionsgraph der Transformationsformel bei der Preisquotientenmethode mit einer Preisspanne von 2 · P_{Min} dargestellt.

Preisspanne = $(3 \cdot P_{Min} - P_{Min}) = 2 \cdot P_{Min}$

Das Angebot mit dem niedrigsten Angebotspreis P_{min} erhält 100 Preispunkte, ein Angebot mit einem doppelt so hohen Angebotspreis erhält 50 Preispunkte und ein Angebot mit einem dreifach so hohen Angebotspreis erhält 33 1/3 Preispunkte.

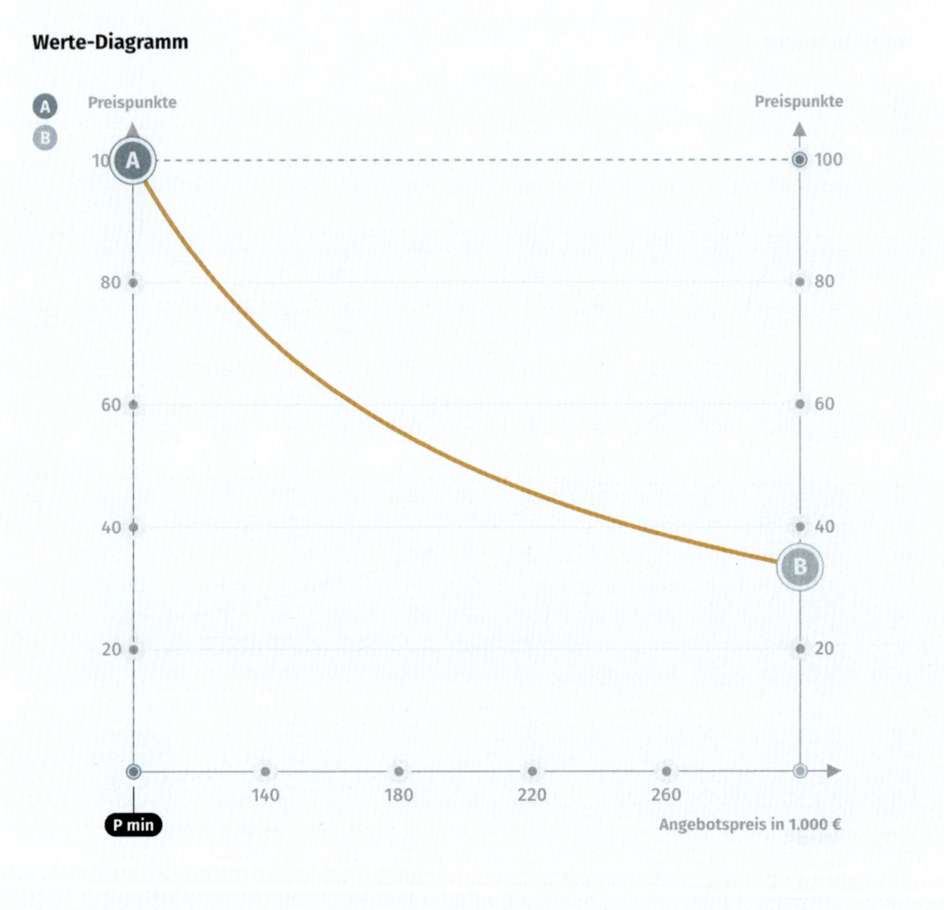

Abbildung: Funktionsgraph der Transformationsformel bei der Preisquotientenmethode mit einer Preisspanne von 2 · P_{min}

14.1.1.3 Preisspanne = P_{min}

In der folgenden Abbildung wird der Funktionsgraph der Transformationsformel bei der Preisquotientenmethode mit einer Preisspanne von P_{Min} dargestellt.

Preisspanne = $(2 \cdot P_{Min} - P_{Min}) = P_{Min}$

Das Angebot mit dem niedrigsten Angebotspreis P_{min} erhält 100 Preispunkte, ein Angebot mit einem doppelt so hohen Angebotspreis erhält 50 Preispunkte.

Werte-Diagramm

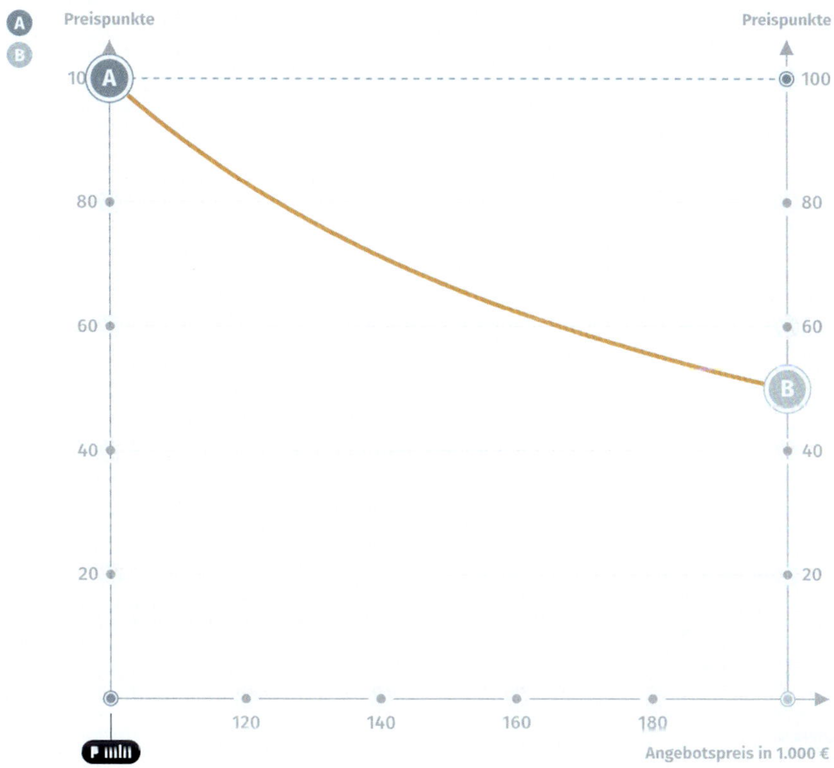

Abbildung: Funktionsgraph der Transformationsformel bei der Preisquotientenmethode mit einer Preisspanne von P_{min}

14.1.1.4 Preisspanne = 1/2 · P_{min}

In der folgenden Abbildung wird der Funktionsgraph der Transformationsformel bei der Preisquotientenmethode mit einer Preisspanne von 1/2 · P_{Min} dargestellt.

Preisspanne = (1,5 · P_{Min} − P_{Min}) − 0,5 · P_{Min}

Das Angebot mit dem niedrigsten Angebotspreis P_{Min} erhält 100 Preispunkte und ein Angebot mit einem 1,5-fach so hohen Angebotspreis erhält 66 2/3 Preispunkte. Bei einer Preisspanne von 1/2 · P_{min} nähert sich der Funktionsgraph schon erkennbar einer Geraden an.

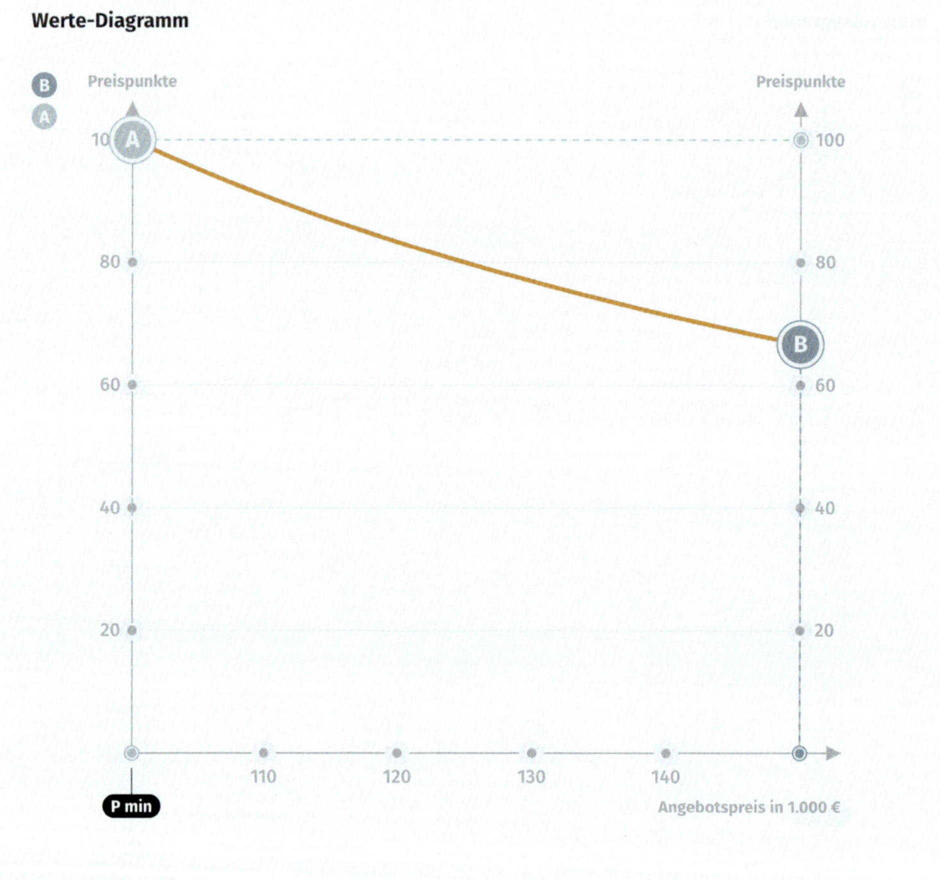

Abbildung: Funktionsgraph der Transformationsformel bei der Preisquotientenmethode mit einer Preisspanne von 0,5 · P_{min}

14.1.1.5 Preisspanne 0,3 · P_{min}

In der folgenden Abbildung wird der Funktionsgraph der Transformationsformel bei der Preisquotientenmethode mit einer Preisspanne von 0,3 · P_{Min} dargestellt.

Preisspanne = $(1{,}3 \cdot P_{Min} - P_{Min}) = 0{,}3 \cdot P_{Min}$

Das Angebot mit dem niedrigsten Angebotspreis P_{Min} erhält 100 Preispunkte und ein Angebot mit einem 1,3-fach so hohen Angebotspreis erhält 77 Preispunkte. Bei einer Preisspanne von 0,3 · P_{min} nähert sich der Funktionsgraph schon erkennbar einer Geraden an.

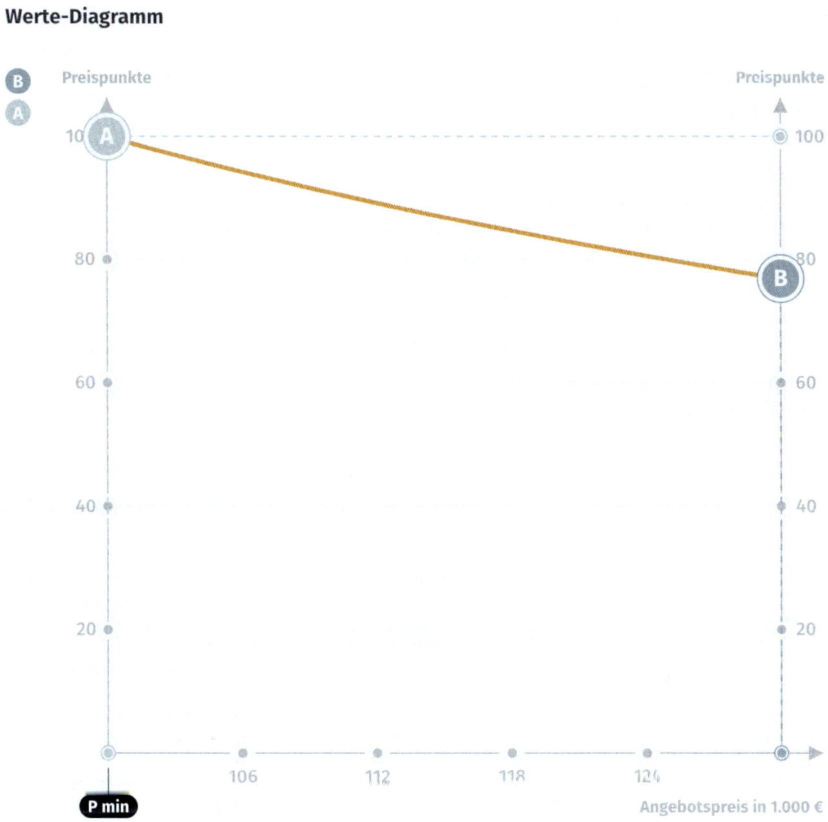

Abbildung: Funktionsgraph der Transformationsformel bei der Preisquotientenmethode mit einer Preisspanne von 0,3 · P_{min}

14.1.2 Formel zur Bestimmung der Gesamtpunktzahl

Bei der Preisquotientenmethode wird für die Zuschlagsentscheidung eine Gesamtpunktzahl aus der Summe der gewichteten Leistungspunkte und der gewichteten Preispunkte betrachtet. Den Zuschlag erhält das Angebot, das die höchste Gesamtpunktzahl erreicht hat. Diese ergibt sich aus der Summe der gewichteten Leistungspunkte und der gewichteten Preispunkte.

$$S = \omega L + (1\text{-}\omega)\left(\frac{P_{min}}{P}\right)L_{Max}$$

S	Gesamtpunktzahl (Score)
L	Leistungspunktzahl, $L \geq 0$
L_{Max}	Maximal mögliche Leistungspunktzahl, $L > 0$
P	Angebotspreis in Euro, $P > 0$
P_{min}	Niedrigster Angebotspreis, $P_{min} > 0$
ω	Gewichtungsfaktor für den Leistungsterm, $0 \leq \omega \leq 1$
$(1\text{-}\omega)$	Gewichtungsfaktor für den Preisterm

Abbildung: Berechnung der Gesamtpunktzahl nach der Preisquotientenmethode

14.1.3 Beispielrechnungen

Beispiel 1

Im folgenden Beispiel werden die vier Angebote A, B, C und D betrachtet, bei denen das Angebot A mit einem Angebotspreis von 300.000 Euro das billigste, aber auch gleichzeitig mit 50 Leistungspunkten das leistungsschwächste Angebot ist. Angebot D ist mit einem Angebotspreis von 550.000 Euro das teuerste, aber gleichzeitig mit 90 Leistungspunkten das leistungsstärkste Angebot. Gerechnet wird mit zwei Dezimalstellen hinter dem Komma und es findet das kaufmännische Runden Anwendung.

Tabelle: Beispiel 1

Angebot	Leistungspunkte	Preis
A	50	300.000 Euro
B	65	350.000 Euro
C	75	450.000 Euro
D	90	550.000 Euro

Mit der Preisquotientenmethode erhält Angebot A aufgrund des niedrigsten Angebotspreises die maximale Preispunktzahl von 100 Punkten.

$$\begin{aligned}\text{Preispunkte} &= \frac{P_{min}}{P} L_{Max}\\ &= \frac{300.000 \text{ Euro}}{300.000 \text{ Euro}} 100\\ &= 100\end{aligned}$$

Abbildung: Berechnung der Preispunktzahl für Angebot A nach der Preisquotientenmethode

Mit der Preisquotientenmethode erhält Angebot B mit einem Angebotspreis von 350.000 Euro 85,71 Preispunkte.

$$\text{Preispunkte} = \frac{P_{min}}{P} L_{Max}$$
$$= \frac{300.000 \text{ Euro}}{350.000 \text{ Euro}} 100$$
$$= 85{,}71$$

Abbildung: Berechnung der Preispunktzahl für Angebot B nach der Preisquotientenmethode

Mit der Preisquotientenmethode erhält Angebot C mit einem Angebotspreis von 450.000 Euro 66,67 Punkte.

$$\text{Preispunkte} = \frac{P_{min}}{P} L_{Max}$$
$$= \frac{300.000 \text{ Euro}}{450.000 \text{ Euro}} 100$$
$$= 66{,}67$$

Abbildung: Berechnung der Preispunktzahl für Angebot C nach der Preisquotientenmethode

Mit der Preisquotientenmethode erhält Angebot D mit einem Angebotspreis von 550.000 Euro 54,55 Punkte.

$$\text{Preispunkte} = \frac{P_{min}}{P} L_{Max}$$
$$= \frac{300.000 \text{ Euro}}{550.000 \text{ Euro}} 100$$
$$= 54{,}55$$

Abbildung: Berechnung der Preispunktzahl für Angebot D nach der Preisquotientenmethode

Tabelle: Beispiel 1 – Gewichtung von 60 % Leistung und 40 % Preis

Angebot	Leistungs-punkte	Preis	Preispunkte	Gesamtpunktzahl	Rang
A	50	300.000 Euro	100	70	4
B	65	350.000 Euro	85,71	73,29	2
C	75	450.000 Euro	66,67	71,67	3
D	90	550.000 Euro	54,55	75,82	1

Angebot D ist bei einer Gewichtung von 60 % Leistung und 40 % Preis mit einer Gesamtpunktzahl von 75,82 das Gewinnerangebot.

$$
\begin{aligned}
S &= \omega L + (1-\omega)\frac{P_{min}}{P} L_{Max} \\
&= 60\% \cdot 90 + 40\% \cdot \frac{300.000}{550.000} \cdot 100 \\
&= 54 + 40\% \cdot 54{,}55 \\
&= 54 + 21{,}82 \\
&= 75{,}82
\end{aligned}
$$

Abbildung: Berechnung der Gesamtpunktzahl von Angebot D

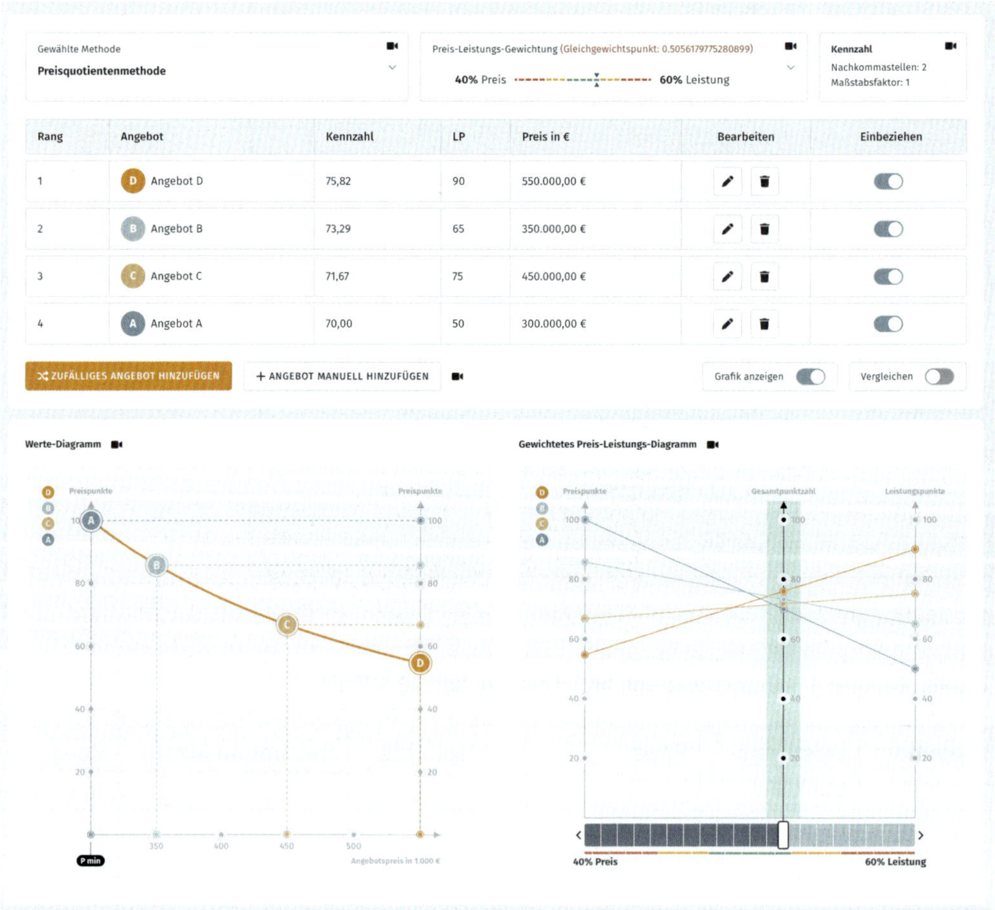

Abbildung: Tabellarische und grafische Darstellung von Beispiel 1

In der folgenden Abbildung wird im linken Diagramm (Wertediagramm mit Funktionsgraph der Preisquotientenmethode) die Transformation der Angebotspreise in Preispunkte grafisch dargestellt. Im rechten Diagramm (gewichtetes Preis-Leistungs-Diagramm) sind auf der linken vertikalen Achse (Preisterm) die Preispunkte der vier Angebote eingetragen.

Die Leistungspunktzahl der vier Angebote wird in die rechte vertikale Achse (Leistungsterm) im gewichteten Preis-Leistungsdiagramm eingetragen. Die beiden Punkte werden durch eine Gerade verbunden und stellen das Angebot dar.

Für die Bestimmung der Gesamtpunktzahl besteht ein sehr anschaulicher grafischer Zusammenhang: Bewegt man den Gewichtungsregler auf der horizontalen Achse, kann man die Gesamtpunktzahl direkt am Schnittpunkt der Messskala mit den Angebotsgeraden ablesen.

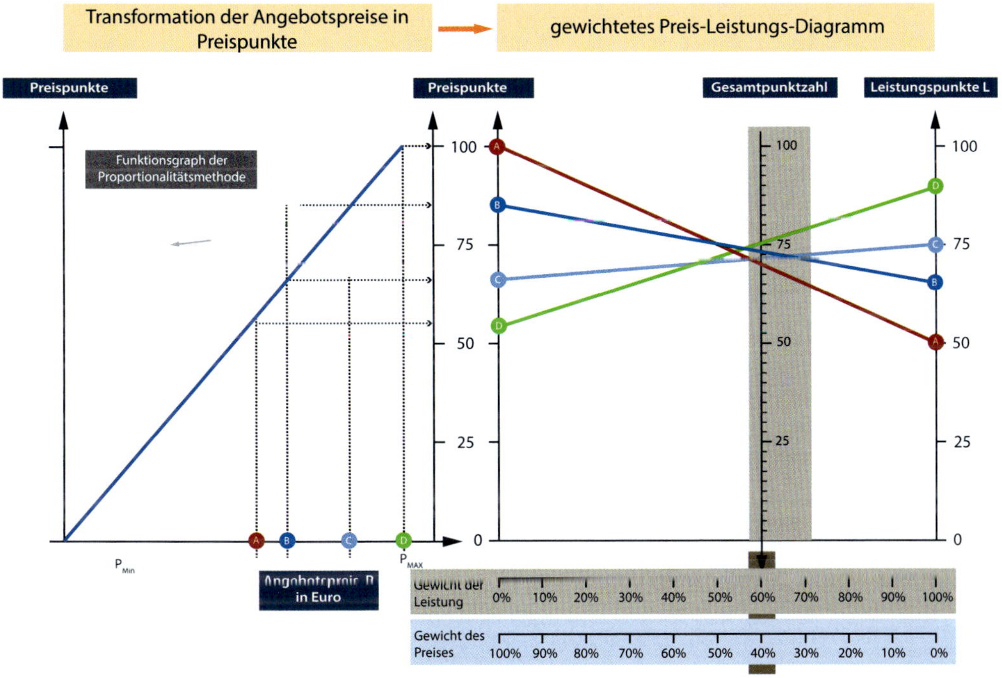

Abbildung: Transformation der Angebotspreise in Preispunkte + Darstellung des Zusammenhangs von Preispunkten, Leistungspunkten und Gewichtung

Tabelle: Beispiel 1 – Gewichtung von 50 % Leistung und 50 % Preis

Angebot	Leistungs-punkte	Preis	Preispunkte	Gesamtpunktzahl	Rang
A	50	300.000 Euro	100	75	2
B	65	350.000 Euro	85,71	75,36	1
C	75	450.000 Euro	66,67	70,83	4
D	90	550.000 Euro	54,55	72,27	3

Angebot B ist bei einer Gewichtung von 50 % Leistung und 50 % Preis mit einer Gesamtpunktzahl von 75,36 das Gewinnerangebot.

$$
\begin{aligned}
S &= \omega L + (1-\omega)\frac{P_{min}}{P} L_{Max} \\
&= 50\% \cdot 65 + 50\% \cdot \frac{300.000}{350.000} \cdot 100 \\
&= 32{,}5 + 50\% \cdot 85{,}71 \\
&= 32{,}5 + 42{,}86 \\
&= 75{,}36
\end{aligned}
$$

Abbildung: Berechnung der Gesamtpunktzahl von Angebot B

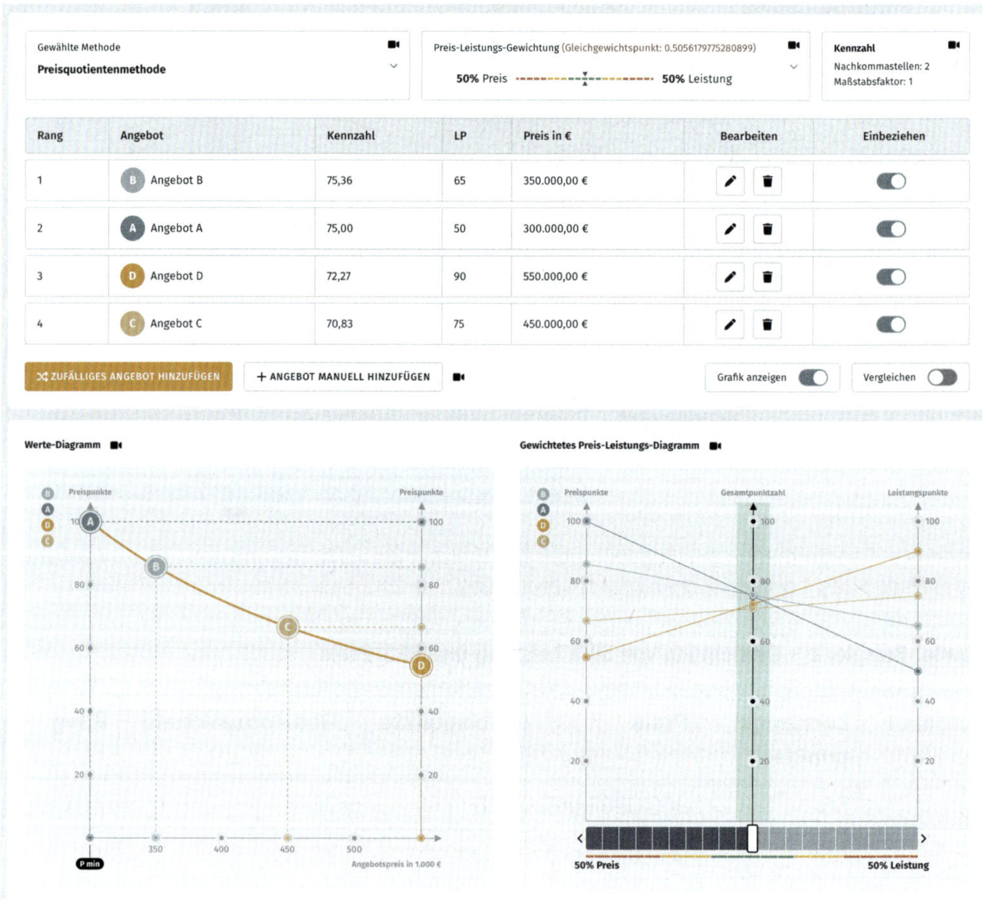

Rang	Angebot	Kennzahl	LP	Preis in €	Bearbeiten	Einbeziehen
1	Angebot B	75,36	65	350.000,00 €		
2	Angebot A	75,00	50	300.000,00 €		
3	Angebot D	72,27	90	550.000,00 €		
4	Angebot C	70,83	75	450.000,00 €		

Abbildung: Transformation der Angebotspreise in Preispunkte + Darstellung des Zusammenhangs von Preispunkten, Leistungspunkten und Gewichtung

Tabelle: Beispiel 1 – Gewichtung von 40 % Leistung und 60 % Preis

Angebot	Leistungs-punkte	Preis	Preispunkte	Gesamtpunktzahl	Rang
A	50	300.000 Euro	100	80	1
B	65	350.000 Euro	85,71	77,43	2
C	75	450.000 Euro	66,67	70	3
D	90	550.000 Euro	54,55	68,73	4

Angebot A ist bei einer Gewichtung von 40 % Leistung und 60 % Preis mit einer Gesamtpunktzahl von 80 Punkten das Gewinnerangebot.

$$\begin{aligned} S &= \omega L + (1-\omega)\frac{P_{min}}{P} L_{Max} \\ &= 40\% \cdot 50 + 60\% \cdot \frac{300.000}{300.000} \cdot 100 \\ &= 20 + 60 \\ &= 80 \end{aligned}$$

Abbildung: Berechnung der Gesamtpunktzahl von Angebot A

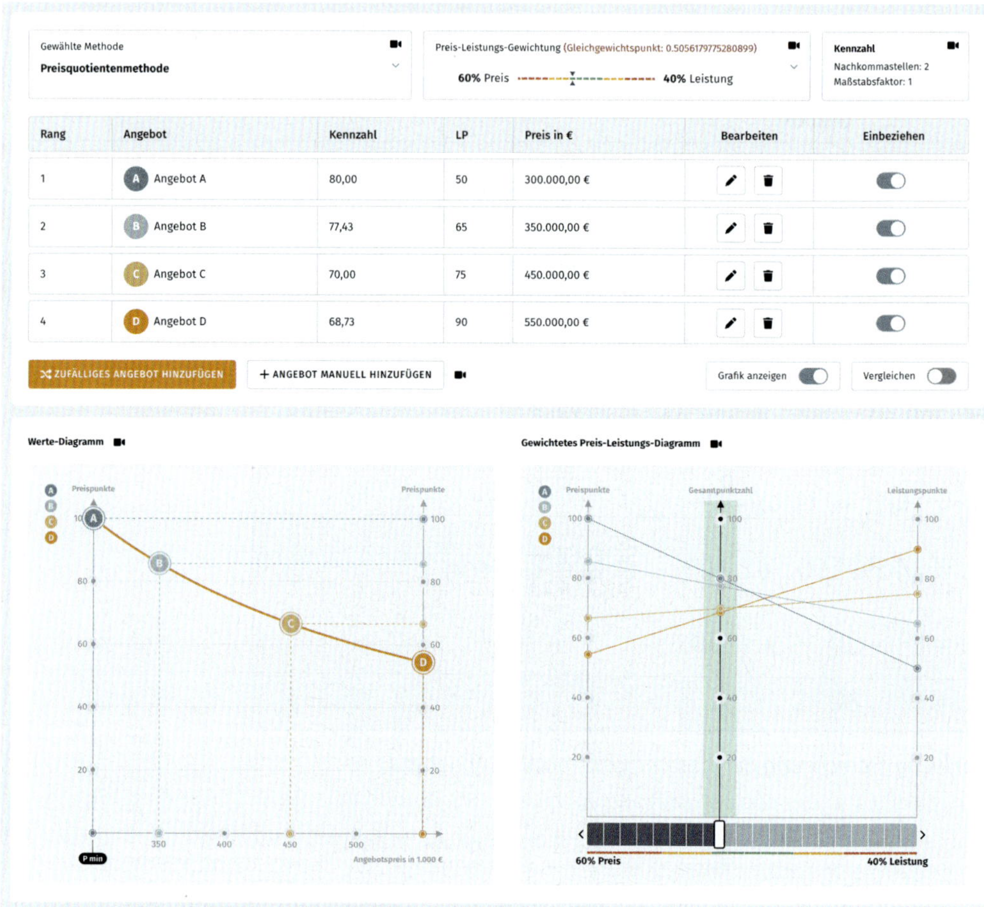

Abbildung: Transformation der Angebotspreise in Preispunkte + Darstellung des Zusammenhangs von Preispunkten, Leistungspunkten und Gewichtung

14.1.4 Abhängigkeit von anderen Angeboten

Bei der Preisquotientenmethode besteht eine Abhängigkeit zum billigsten Angebotspreis, da dieser Wert als Referenzwert zur Berechnung der Preispunkte Anwendung findet. Aus diesem Grund kann ein zusätzliches billiges Angebot oder der Wegfall eines billigen Angebots einen Einfluss auf die Zuschlagsentscheidung haben.

Im Folgenden werden die vier Angebote A, B, C und D betrachtet, bei denen unter Anwendung der Preisquotientenmethode und einer Gewichtung von 50 % Leistung und 50 % Preis Angebot B das Siegerangebot ist.

Tabelle: Beispiel 1 – Gewichtung von 50 % Leistung und 50 % Preis

Angebot	Leistungs-punkte	Preis	Preispunkte	Gesamtpunktzahl	Rang
A	50	300.000 Euro	100	75	2
B	65	350.000 Euro	85,71	75,36	1
C	75	450.000 Euro	66,67	70,83	4
D	90	550.000 Euro	54,55	72,27	3

Angebot B ist bei einer Gewichtung von 50 % Leistung und 50 % Preis mit einer Gesamtpunktzahl von 75,36 Punkten das Gewinnerangebot knapp vor Angebot A mit einer Gesamtleistungspunktzahl von 75 Punkten.

Das folgende Beispiel 2 entspricht Beispiel 1 mit dem Unterschied, dass ein sehr billiges, aber leistungsschwaches Angebot E hinzukommt.

Tabelle: Beispiel 2 – Gewichtung von 50 % Leistung und 50 % Preis

Angebot	Leistungs-punkte	Preis	Preispunkte	Gesamtpunktzahl	Rang
A	50	300.000 Euro	66,67	58,34	4
B	65	350.000 Euro	57,11	61,06	2
C	75	450.000 Euro	44,44	59,72	3
D	90	550.000 Euro	36,36	63,18	1
E	10	200.000 Euro	100	55	5

Angebot D ist bei einer Gewichtung von 50 % Leistung und 50 % Preis mit einer Gesamtpunktzahl von 63,18 Punkten das Gewinnerangebot. Das sehr leistungsschwache und damit abgeschlagene (letzter Rang), aber sehr billige Angebot E verändert die Rangfolge der Angebote. Bei der Preisquotientenmethode wird der billigste Angebotspreis der zu wertenden Angebote als Referenzwert im Zähler des Preisquotienten verwendet.

$$
\begin{aligned}
S &= \omega L + (1-\omega)\frac{P_{min}}{P} L_{Max} \\
&= 50\% \cdot 90 + 50\% \cdot \frac{200.000}{550.000} \cdot 100 \\
&= 45 + 50\% \cdot 36{,}36 \\
&= 45 + 18{,}18 \\
&= 63{,}18
\end{aligned}
$$

Abbildung: Berechnung der Gesamtpunktzahl von Angebot D

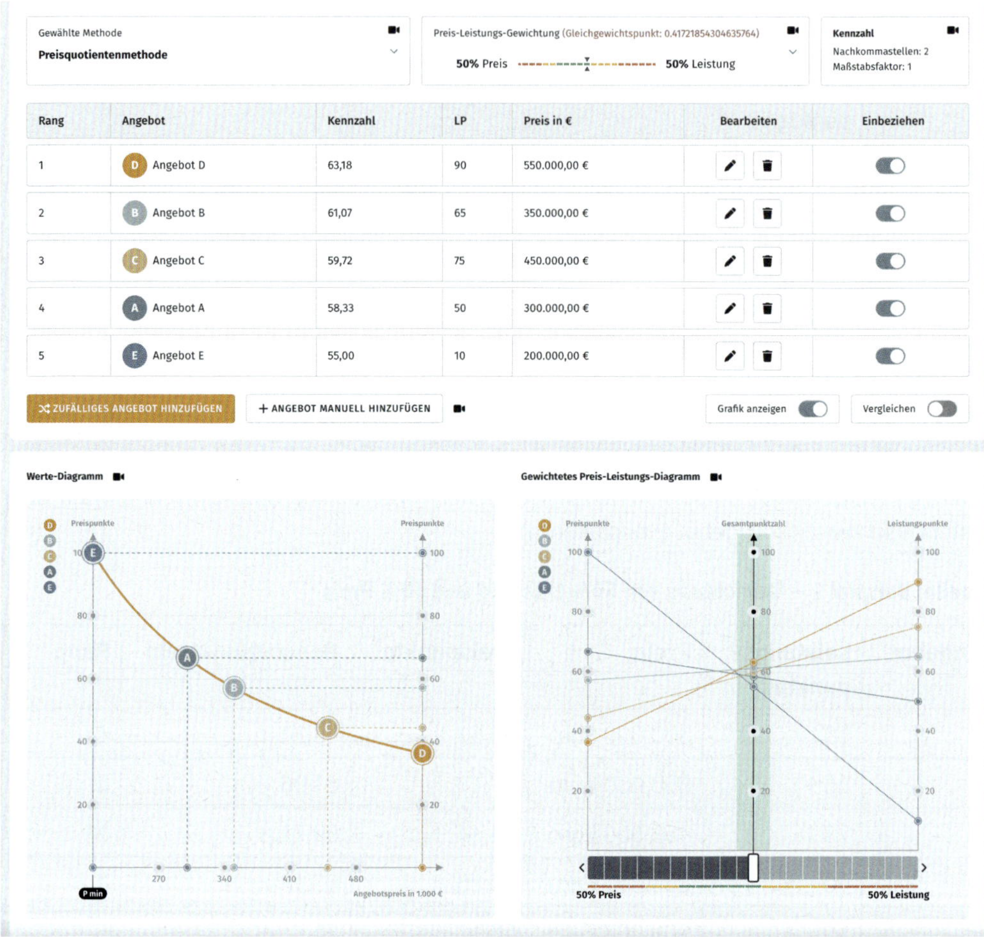

Abbildung: Transformation der Angebotspreise in Preispunkte + Darstellung des Zusammenhangs von Preispunkten, Leistungspunkten und Gewichtung

14.1.5 Definitionsbereich

14.1.5.1 Null Leistungspunkte

Die Preisquotientenmethode ist auch für Leistungspunktzahlen von null Punkten sinnvoll anwendbar. Null Leistungspunkte führen im Leistungspunkteterm zu null Punkten, dies hat aber keinerlei Einfluss auf den Angebotspreisterm, der unabhängig vom Leistungspunkteterm ist.

14.1.5.2 Angebotspreise von null Euro

Die Preisquotientenmethode ist nicht anwendbar, wenn Angebotspreise von null Euro möglich sind. Angebotspreise von null Euro führen bei der Preisquotientenmethode zu einer Division durch null, die nicht zulässig ist und eine Definitionslücke (Polstelle) für die Preisquotientenmethode darstellt.

14.1.5.3 Negative Angebotspreise

Negative Angebotspreise können bei der Preisquotientenmethode zu unsinnigen Ergebnissen führen. Dazu wird im Folgenden ein Beispiel mit fünf Angeboten betrachtet. Die Angebote A, B und C haben einen negativen Angebotspreis, die Angebote D und E haben einen positiven Angebotspreis.

Tabelle: Beispiel negative und positive Angebotspreise

Angebot	Leistungspunkte	Preis
A	50	-2,00 Euro
B	50	-0,50 Euro
C	50	-0,10 Euro
D	70	0,20 Euro
E	70	1,00 Euro

Mit einem Angebotspreis von -2,00 Euro hat Angebot A den niedrigsten Angebotspreis und wird als Referenzwert im Zähler des Preisquotienten verwendet.

Um die Preispunkteskala mit der Leistungspunkteskala vergleichbar zu machen, wird eine Normierung durch Multiplikation mit der maximal möglichen Leistungspunktzahl L_{Max} (in diesem Beispiel 100 Punkte) vorgenommen. Mit der Preisquotientenmethode erhält Angebot A mit einem Angebotspreis von -2 Euro 100 Preispunkte.

$$\text{Preispunkte} = \frac{P_{min}}{P} \cdot L_{Max} = \frac{-2{,}00\ \text{Euro}}{-2{,}00\ \text{Euro}} \cdot 100 = 100$$

Abbildung: Berechnung der Preispunktzahl für Angebot A nach der Preisquotientenmethode

Mit der Preisquotientenmethode erhält Angebot B mit einem Angebotspreis von -0,50 Euro 400 Preispunkte.

$$\text{Preispunkte} = \frac{P_{min}}{P} \cdot L_{Max} = \frac{-2{,}00\ \text{Euro}}{-0{,}50\ \text{Euro}} \cdot 100 = 400$$

Abbildung: Berechnung der Preispunktzahl für Angebot B nach der Preisquotientenmethode

Mit der Preisquotientenmethode erhält Angebot C mit einem Angebotspreis von -0,10 Euro 2.000 Preispunkte.

$$\text{Preispunkte} = \frac{P_{min}}{P} \cdot L_{Max} = \frac{-2{,}00 \text{ Euro}}{-0{,}10 \text{ Euro}} \cdot 100 = 2.000$$

Abbildung: Berechnung der Preispunktzahl für Angebot C nach der Preisquotientenmethode

Mit der Preisquotientenmethode erhält Angebot D mit einem Angebotspreis von 0,20 Euro -1.000 Preispunkte.

$$\text{Preispunkte} = \frac{P_{min}}{P} \cdot L_{Max} = \frac{-2{,}00 \text{ Euro}}{0{,}20 \text{ Euro}} \cdot 100 = -1.000$$

Abbildung: Berechnung der Preispunktzahl für Angebot D nach der Preisquotientenmethode

Mit der Preisquotientenmethode erhält Angebot E mit einem Angebotspreis von 1,00 Euro -200 Preispunkte.

$$\text{Preispunkte} = \frac{P_{min}}{P} \cdot L_{Max} = \frac{-2{,}00 \text{ Euro}}{1{,}00 \text{ Euro}} \cdot 100 = -200$$

Abbildung: Berechnung der Preispunktzahl für Angebot E nach der Preisquotientenmethode

Tabelle: Beispiel – Gewichtung von 50 % Leistung und 50 % Preis und negative Angebotspreise

Angebot	Leistungs-punkte	Preis	Preispunkte	Gesamtpunktzahl	Rang
A	50	-2,00 Euro	100	75	3
B	50	-0,50 Euro	400	225	2
C	50	-0,10 Euro	2.000	1.025	1
D	70	0,20 Euro	-1.000	-465	5
E	70	1,00 Euro	-200	-65	4

Angebot C ist bei einer Gewichtung von 50 % Leistung und 50 % Preis mit einer Gesamtpunktzahl von 1.025 Punkten das Gewinnerangebot.

$$
\begin{aligned}
S &= \omega L + (1-\omega)\frac{P_{min}}{P} L_{Max} \\
&= 50\% \cdot 50 + 50\% \cdot \frac{-2{,}00}{-0{,}10} \cdot 100 \\
&= 25 + 50\% \cdot 2.000 \\
&= 25 + 1.000 \\
&= 1.025
\end{aligned}
$$

Abbildung: Berechnung der Gesamtpunktzahl von Angebot C

Dadurch wird eine wichtige Anforderung an die Zuschlagsformeln verletzt. Bei mehreren Angeboten mit gleicher Leistungspunktzahl muss das Angebot mit dem niedrigeren Angebotspreis gewinnen, beziehungsweise im betrachteten Fall muss das Angebot mit dem niedrigeren Angebotspreis die höhere Gesamtpunktzahl erreichen.

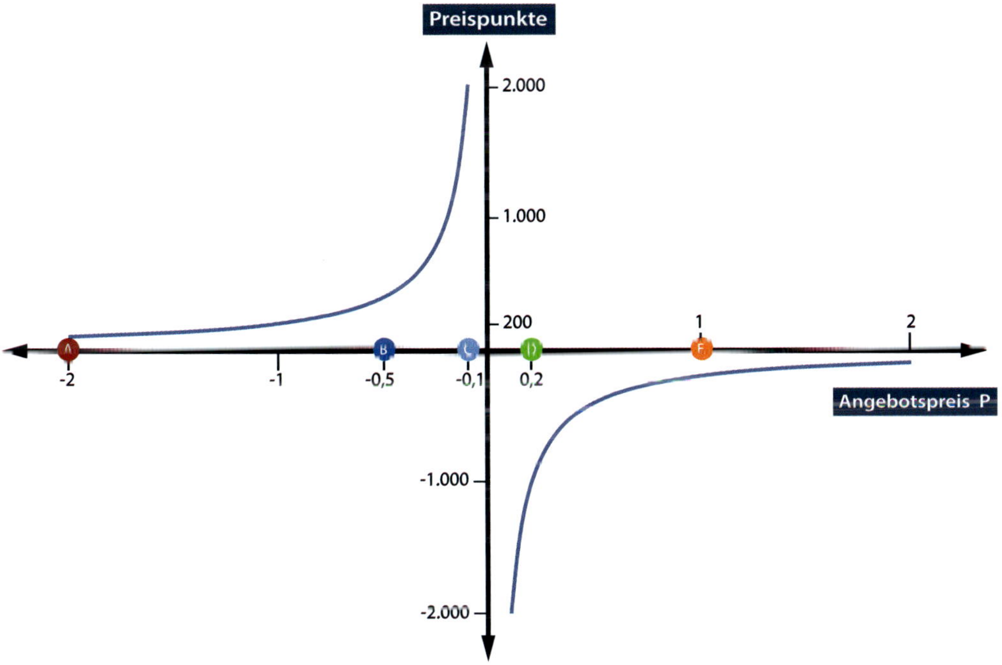

Abbildung: Funktionsgraph der Transformationsformel bei der Preisquotientenmethode mit negativen Angebotspreisen

Im betrachteten Beispiel haben die Angebote A, B und C die gleiche Leistungsstärke von 50 Leistungspunkten. Angebot A ist mit einem Angebotspreis von -2,00 Euro billiger als Angebot B mit einem Angebotspreis von -0,50 Euro und Angebot B ist mit einem Angebotspreis von

-0,50 Euro billiger als Angebot C mit einem Angebotspreis von -0,10 Euro. Obwohl Angebot C von den drei Angeboten das teuerste Angebot ist, erhält Angebot C die größte Gesamtpunktzahl und wird zum Gewinnerangebot.

Den gleichen Effekt kann man auch bei den Angeboten D und E feststellen, die beide die gleiche Leistungsstärke von 70 Leistungspunkten haben. Angebot D ist mit einem Angebotspreis von 0,20 Euro billiger als Angebot E mit einem Angebotspreis von -1,00 Euro. Und auch hier erhält das teurere Angebot E die höhere Gesamtpunktzahl.

Betrachtet man den Funktionsgraphen der Transformationsformel bei der Preisquotientenmethode mit negativen Angebotspreisen, dann erkennt man das Problem. Ein negativer Angebotspreis führt sowohl im negativen als auch im positiven Definitionsbereich des Angebotspreises zu einer streng monoton wachenden Funktion, wie man in der folgenden Abbildung des Funktionsgraphen sehen kann.

Im positiven Definitionsbereich des Angebotspreises gilt dann: Je höher der Angebotspreis, umso größer ist die Preispunktzahl, die immer negativ ist und sich der Null annähert.

Im negativen Definitionsbereich des Angebotspreises gilt dann: Je höher der Angebotspreis, umso größer ist die Preispunktzahl. Je näher sich der Angebotspreis null Euro annähert, umso größer wird die Preispunktzahl.

Ein Lösungsansatz ist eine Verschiebung des Nullpunktes. Die Angebotspreise werden dann mit einem vorher definierten Offset p versehen. Die Zuschlagsformel der Preisquotientenmethode wird dadurch aber verändert.

$$S = \omega L + (1-\omega)\frac{P_{min} + p}{P + p} L_{Max}$$

S	Gesamtpunktzahl (Score)
L	Leistungspunktzahl, $L \geq 0$
L_{Max}	Maximal mögliche Leistungspunktzahl, $L > 1$
P	Angebotspreis in Euro, $P > 0$
P_{min}	Niedrigster Angebotspreis, $P_{min} > 0$
ω	Gewichtungsfaktor für den Leistungsterm, $0 \leq \omega \leq 1$
$(1-\omega)$	Gewichtungsfaktor für den Preisterm
p	Offset des Angebotspreises, $p > 0$

Abbildung: Preisquotientenmethode mit Offset der Angebotspreise

Tabelle: Beispiel – Preisquotientenmethode mit einem Offset der Angebotspreise von 3 Euro, Gewichtung von 50 % Leistung und 50 % Preis und negative Angebotspreise

Angebot	Leistungspunkte	Preis	Preis + Offset	Preispunkte	Gesamtpunktzahl	Rang
A	50	-2,00 Euro	1,00 Euro	100	75	1
B	50	-0,50 Euro	2,50 Euro	40	45	4
C	50	-0,10 Euro	2,90 Euro	34,48	42,24	5
D	70	0,20 Euro	3,20 Euro	31,25	50,63	2
E	70	1,00 Euro	4,00 Euro	25	47,50	3

Ein größerer Preisoffset kann aber zu einem anderen Zuschlagsergebnis führen. Im folgenden Beispiel führt ein Preisoffset von 11 Euro statt 3 Euro zu einem anderen Zuschlagsergebnis.

Tabelle: Beispiel – Preisquotientenmethode mit einem Offset der Angebotspreise von 11 Euro, Gewichtung von 50 % Leistung und 50 % Preis und negative Angebotspreise

Angebot	Leistungspunkte	Preis	Preis + Offset	Preispunkte	Gesamtpunktzahl	Rang
A	50	-2,00 Euro	9,00 Euro	100	75	2
B	50	-0,50 Euro	10,50 Euro	85,71	67,86	4
C	50	-0,10 Euro	10,90 Euro	82,57	66,28	5
D	70	0,20 Euro	11,20 Euro	80,36	75,18	1
E	70	1,00 Euro	12,00 Euro	75	72,50	3

14.1.5.4 Definitionsbereich

Die Preisquotientenmethode ist als Bewertungsfunktion im Definitionsbereich

- Angebotspreis $P > 0$,
- Leistungspunktzahl $L \geq 0$

definiert.

Angebotspreise von null Euro führen bei der Preisquotientenmethode zu einer Division durch null, die nicht zulässig ist und eine Definitionslücke (Polstelle) für die Preisquotientenmethode darstellt. Negative Angebotspreise führen zu unsinnigen Ergebnissen.

14.1.6 Gewichtung

Da sowohl der Preis- als auch der Leistungsterm mit Gewichtungsfaktoren versehen sind, können Preis und Leistung durch die Addition von Preis- und Leistungsterm mit unterschiedlichen Gewichten in die Bewertung einfließen.

14.1.7 Rechtsprechung

Die Preisquotientenmethode ist eine von der Rechtsprechung anerkannte Bewertungsmethode.

BGH, Beschluss vom 4.4.2017 – X ZB 3/17: *„Unter diesen Umständen kann die Wahl einer bestimmten Preisumrechnungsmethode vergaberechtlich vielmehr nur beanstandet werden, wenn sich gerade ihre Heranziehung im Einzelfall aufgrund besonderer Umstände als mit dem gesetzlichen Leitbild des Vergabewettbewerbs unvereinbar erwiese. Das lässt sich im Streitfall indes nicht feststellen. Die Preisbewertungsmethode begegnet auch in der Gesamtschau unter Einschluss der Qualitätskriterien nicht solchen vergaberechtlichen Bedenken, dass die Verwendung des vorgesehenen Wertungsschemas zur Vermeidung von Rechtsverletzungen einzelner Bieter und Schädigung ihrer geschützten Interessen (vgl. § 168 Abs. 1 Satz 1 GWB) untersagt werden müsste."*

OLG Celle, Beschluss vom 7.7.2022 – 13 Verg 4/22: *„Die verwendete Formel ist eine durchaus gängige und anerkannte Methode (vgl. BGH, Beschluss vom 4. April 2017 – X ZB 3/17, Rn. 32, juris)."*

OLG Düsseldorf, Beschluss vom 2.5.2018 – Verg 3/18: *„Bei der Wahl der Preisumrechnungsmethode kommt dem öffentlichen Auftraggeber ebenso wie bei der Festlegung der Zuschlagskriterien und deren Gewichtung im Rahmen der gemeinschaftsrechtlichen Vorgaben (vgl. EuGH, Urteil v. 04.12.2003, C-448/01 - EVN und Wienstrom, juris Rn. 37 ff.) grundsätzlich ein Bestimmungsrecht zu.*

Die Wahl einer bestimmten Preisumrechnungsmethode kann vergaberechtlich nur beanstandet werden, wenn sich gerade ihre Heranziehung im Einzelfall aufgrund besonderer Umstände als mit dem gesetzlichen Leitbild des Vergabewettbewerbs unvereinbar erweist (BGH, Beschluss v. 04.04.2017, X ZB 3/17 - Postdienstleistungen, juris Leitsatz 1b).

Dies ist beim umgekehrten Dreisatz ausgehend vom günstigsten Bieterpreis nicht der Fall. Entgegen der Auffassung der Antragstellerin führt die Verwendung der vorgenannten Formel insbesondere nicht zu einem Verstoß gegen das in §§ 127 GWB, 58 VgV normierte Gebot, den Zuschlag auf das wirtschaftlichste Angebot zu erteilen.

(...)

Der Auffassung, eine Umrechnung von Preisen in Preispunkte, bei der die Abstufung der Preispunkte nicht exakt äquivalent zu den Preisabständen erfolgt, sei in jedem Fall fehlerhaft (VK Südbayern, Beschluss v. 30.08.2016, Z3-3-3194-1-28-07/16, juris Rn. 116; VK Lüneburg, Beschluss v. 07.02.2014, VgK 51/2013, juris Rn. 84 f.; einschränkend VK Baden-Württemberg, Beschluss v. 18.10.2016, 1 VK 41/16, juris Rn. 130), ist nicht zu folgen.

(...)

So hat auch der Bundesgerichtshof, dessen Entscheidung vom 04.04.2017 - abgesehen von der Gewichtung von Preis und Leistung, die im dort entschiedenen Fall 50 %% zu 50 % betrug - zu derselben Umrechnungsformel erging (vgl. BGH aaO juris Rn. 29), die Bewertungsmethode nicht beanstandet und ausgeführt, es handle sich um eine durchaus gängige Methode, die nicht per se als vergaberechtswidrig bewertet werden könne.

Dies gelte umso mehr, als in der Fachliteratur nachvollziehbar aufgezeigt werde, dass auch andere Bewertungsmethoden unter Umständen zu als unbillig oder widersprüchlich empfundenen Ergebnissen führen können und dem Auftraggeber insoweit nicht ohne Weiteres angesonnen werden könne, sich für oder gegen eine alternative Berechnungsmethode zu entscheiden (BGH aaO Rn. 32 mwN).

(...)

Bei der Wahl der Preisumrechnungsmethode kommt dem öffentlichen Auftraggeber ebenso wie bei der Festlegung der Zuschlagskriterien und deren Gewichtung im Rahmen der gemeinschaftsrechtlichen Vorgaben (vgl. EuGH, Urteil v. 04.12.2003, C-448/01 - EVN und Wienstrom, juris Rn. 37 ff.) grundsätzlich ein Bestimmungsrecht zu.

Die Wahl einer bestimmten Preisumrechnungsmethode kann vergaberechtlich nur beanstandet werden, wenn sich gerade ihre Heranziehung im Einzelfall aufgrund besonderer Umstände als mit dem gesetzlichen Leitbild des Vergabewettbewerbs unvereinbar erweist (BGH, Beschluss v. 04.04.2017, X ZB 3/17 - Postdienstleistungen, juris Leitsatz 1b).

Dies ist beim umgekehrten Dreisatz ausgehend vom günstigsten Bieterpreis nicht der Fall. Entgegen der Auffassung der Antragstellerin führt die Verwendung der vorgenannten Formel insbesondere nicht zu einem Verstoß gegen das in §§ 127 GWB, 58 VgV normierte Gebot, den Zuschlag auf das wirtschaftlichste Angebot zu erteilen.

(...)

Der Auffassung, eine Umrechnung von Preisen in Preispunkte, bei der die Abstufung der Preispunkte nicht exakt äquivalent zu den Preisabständen erfolgt, sei in jedem Fall fehlerhaft (VK Südbayern, Beschluss v. 30.08.2016, Z3-3-3194 1 28-07/16, juris Rn. 116; VK Lüneburg, Beschluss v. 07.02.2014, VgK 51/2013, juris Rn. 84 f.; einschränkend VK Baden-Württemberg, Beschluss v. 18.10.2016, 1 VK 41/16, juris Rn. 130), ist nicht zu folgen.

(...)

So hat auch der Bundesgerichtshof, dessen Entscheidung vom 04.04.2017 - abgesehen von der Gewichtung von Preis und Leistung, die im dort entschiedenen Fall 50 % zu 50 % betrug - zu derselben Umrechnungsformel erging (vgl. BGH aaO juris Rn. 29), die Bewertungsmethode nicht beanstandet und ausgeführt, es handle sich um eine durchaus gängige Methode, die nicht per se als vergaberechtswidrig bewertet werden könne.

Dies gelte umso mehr, als in der Fachliteratur nachvollziehbar aufgezeigt werde, dass auch andere Bewertungsmethoden unter Umständen zu als unbillig oder widersprüchlich empfundenen Ergebnissen führen können und dem Auftraggeber insoweit nicht ohne Weiteres angesonnen werden könne, sich für oder gegen eine alternative Berechnungsmethode zu entscheiden (BGH aaO Rn. 32 mwN).“

14.1.8 Empfehlung

Die Preisquotientenmethode ist eine empfehlenswerte, einfache und intuitive Methode, die eine hohe Akzeptanz besitzt, aber eine Abhängigkeit zum billigsten Angebot aufweist. Auf eine ausgewogene Gewichtung ist zu achten.

Teilweise wird diese Methode für unzulässig gehalten, weil die Wertungsmaßstäbe in Abhängigkeit zu den eingereichten Angeboten stünden und die Methode anfällig für eine Rangvertauschung (rank reversal) sei.[5] Dies stehe dem Wirtschaftlichkeits- und dem Gleichbehandlungsgrundsatz entgegen. Diese Betrachtungsweise überzeugt nicht. Denn sie lässt außer Betracht, dass diese Effekte durch das Eingrenzen des Preis- und Leistungsbereichs abgemildert beziehungsweise ausgeschlossen werden können und die Wahl der Notenskala in der Regel einen wesentlich stärkeren Einfluss auf das Zuschlagsergebnis hat und auch durch die Notenskalen Rangvertauschungen möglich und deutlich wahrscheinlicher sind. Nicht durchgreifend ist auch der Einwand, diese Methode weise ein nicht lineares (hyperbolisches) Verhalten auf, spiegele also gleiche Preisunterschiede nicht in gleichen Bepunktungsunterschieden.

Dies übersieht, dass der Begriff der Wirtschaftlichkeit ein weiter Begriff ist und der Zusammenhang zwischen Leistung und Preis nicht immer proportional beziehungsweise linear ist. Je nach Zusammenhang kann es gerade sinnvoll sein, von einer linearen Betrachtungsweise bewusst abzuweichen, um die Wirtschaftlichkeit zu bestimmen. Durch das Eingrenzen des Preis- und Leistungsbereichs nähert man sich im Übrigen wieder der Linearität bei einer isolierten Betrachtung der Zuschlagsformel an. Für die Zuschlagsbewertung müssen Notenskala und Bewertungsmethode aber immer zusammen betrachtet werden. Eine Nichtlinearität bei den Notenskalen durch die Verwendung von Ordinalskalen führt mithin auch zu einer Nichtlinearität bei der Zuschlagsbewertung. Auch die einfache Richtwertmethode weist in solchen Fällen ein nichtlineares Verhalten auf. Die Preisquotientenmethode ist unter Vorgabe von Mindestleistungspunktzahlen und Preisobergrenzen im Allgemeinen eine stabile und anwendungstaugliche Bewertungsmethode und steht nicht im Widerspruch zum Begriff des Preis-Leistungs-Verhältnisses.

Eine Anforderung, dass bei der Umrechnung von Angebotspreisen in Preispunkte die Abstufung der Preispunkte exakt äquivalent zu den Preisabständen erfolgen müsste,[6] ist von der höheren Rechtsprechung als nicht notwendig erachtet worden.[7]

Beispielformulierung für Ausschreibungen

Zur Ermittlung des wirtschaftlichsten Angebots findet die Preisquotientenmethode Anwendung, bei der die Euro-Angebotspreise in Preispunkte umgerechnet werden.

Transformationsformel (Umwandlung Euro-Angebotspreise in Preispunkte): Das Angebot mit dem niedrigsten Angebotspreis (P_{min}) aller wertbaren Angebote dient als Bezugspunkt für die Berechnung der Preispunkte. Dazu wird der Quotient aus dem niedrigsten Angebotspreis aller wertbaren Angebote und dem betrachteten Angebotspreis (P) berechnet und danach mit der maximalen Leistungspunktzahl 100 Punkten multipliziert. Das Angebot mit dem niedrigsten Angebotspreis erhält die volle Preispunktzahl von 100.

Preispunkte = $100 \cdot P_{min}/P$

5 *Steck*, Ermittlung des besten Preis-Leistungs-Verhältnisses, VergabeR 2017, 240 (244); *Bartsch/von Gehlen/Hirsch*, Mit Preisgewichtung vorbei am wirtschaftlichsten Angebot?, NZBau 2012, 393 (396); *Schneider*, Die Rechtswidrigkeit der UfAB-II-Formeln im Vergabeverfahren, NZBau 2002, 555 (557).

6 VK Südbayern, Beschluss vom 30.8.2016 – Z3-3-3194-1-28-07/16; VK Lüneburg, Beschluss vom 7.2.2014 – VgK 51/2013; VK Baden-Württemberg, Beschluss vom 18.10.2016 – 1 VK 41/16.

7 OLG Düsseldorf, Beschluss vom 2.5.2018 – Verg 3/18.

Gewichtung von Preis und Leistung:

- Gewicht für die Leistung: 60 %
- Gewicht für den Preis: 40 %

Zuschlagsentscheidung: Für die Zuschlagsentscheidung wird für jedes Angebot eine Gesamtpunktzahl (Score) aus der Summe der gewichteten Leistungspunkte und der gewichteten Preispunkte berechnet. Das Angebot mit der höchsten Gesamtpunktzahl (Score) *S* erhält den Zuschlag.

- Die gewichteten Leistungspunkte ergeben sich aus der Multiplikation des Gewichts für die Leistungspunktzahl und der vom Angebot erreichten Leistungspunktzahl.
- Die gewichteten Preispunkte ergeben sich aus der Multiplikation des Gewichts für den Preis und der vom Angebot erreichten Preispunkte.

Formel zur Berechnung der Gesamtpunktzahl (Score) S:

$$S = \omega L + (1\text{-}\omega)\left(\frac{P_{min}}{P}\right) L_{Max}$$

S	Gesamtpunktzahl (Score)
L	Leistungspunktzahl, $L \geq 0$
L_{Max}	Maximal mögliche Leistungspunktzahl, $L > 0$
P	Angebotspreis in Euro, $P > 0$
P_{min}	Niedrigster Angebotspreis, $P_{min} > 0$
ω	Gewichtungsfaktor für den Leistungsterm, $0 \leq \omega \leq 1$
$(1-\omega)$	Gewichtungsfaktor für den Preisterm

Abbildung: Berechnung der Gesamtpunktzahl nach der Preisquotientenmethode

Preisobergrenze: Es wird eine Preisobergrenze von 750.000 Euro (inkl. MwSt.) vorgegeben. Angebote, deren Angebotspreis über der Preisobergrenze liegt, werden von der weiteren Wertung ausgeschlossen.

Mindestleistungspunktzahl: Die Angebote müssen mindestens 30 von maximal 100 möglichen Leistungspunkten erreichen. Angebote, die mit weniger als 30 Leistungspunkten bewertet werden, werden von der weiteren Wertung ausgeschlossen.

Gleichstand: Bei Gleichstand der Kennzahlen erhält das Angebot mit der größeren Leistungspunktzahl den Zuschlag. Führt dies nicht zu einem eindeutigen Zuschlagsergebnis, entscheidet das Los.

14.2 UfAB-II-Methode

14.2.1 Transformationsformel

Die UfAB-II-Methode unterscheidet sich von der Preisquotientenmethode durch die Normierung der Preispunkte. Erhält bei der Preisquotientenmethode das billigste Angebot die maximal mögliche Punktzahl der Leistungspunkte, erhält das billigste Angebot bei der UfAB-II-Methode die maximale Leistungspunktzahl aus allen Angeboten.

Bei der UfAB-II-Methode wird wie bei der Preisquotientenmethode der billigste Angebotspreis der zu wertenden Angebote als Referenzwert im Zähler des Preisquotienten verwendet. Der zu wertende Angebotspreis steht im Nenner des Preisquotienten.

$$\text{Preispunkte} = \frac{P_{min}}{P}$$

P Angebotspreis in Euro, $P > 0$
P_{min} Niedrigster Angebotspreis, $P_{min} > 0$

Abbildung: Transformationsformel bei der UfAB-II-Methode

Zwischen den Preispunkten und dem Angebotspreis in Euro besteht eine umgekehrte (reziproke) Proportionalität. Eine Verdopplung des Angebotspreises führt zu einer Halbierung der Preispunktzahl, eine Verdreifachung des Angebotspreises führt zu einer Drittelung der Preispunktzahl, und so weiter. Das Angebot mit dem niedrigsten Angebotspreis P_{min} erhält die Preispunktzahl 1, ein Angebot mit einem doppelt so hohen Angebotspreis erhält die Preispunktzahl 1/2.

Um die Preispunkteskala mit der Leistungspunkteskala vergleichbar zu machen, wird eine Normierung durch Multiplikation mit der maximalen Leistungspunktzahl aus allen Angeboten L_{max} angewendet.

$$\text{Preispunkte} = \frac{P_{min}}{P} L_{max}$$

L_{max} beste Leistungspunktzahl der Angebote, $L > 0$
P Angebotspreis in Euro, $P > 0$
P_{min} Niedrigster Angebotspreis, $P_{min} > 0$

Abbildung: Transformationsformel mit Normierung durch Multiplikation mit L_{max} bei der UfAB-II-Methode

In der folgenden Abbildung ist der Zusammenhang zwischen dem Angebotspreis in Euro und den Preispunkten grafisch durch ein Wertediagramm dargestellt. Auf der horizontalen Achse befindet sich der Angebotspreis in Euro und auf der vertikalen Achse befinden sich die zugeordneten Preispunkte.

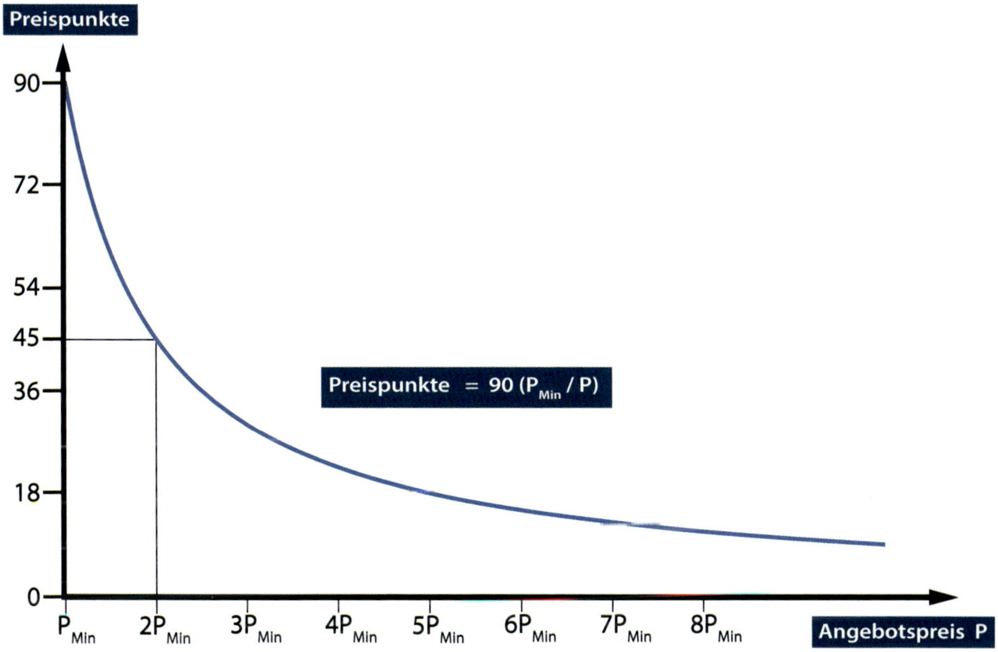

Abbildung: Funktionaler Zusammenhang zwischen Angebotspreis und Preispunkten bei der UfAB-II-Methode

Der Funktionsgraph[8] ist eine Hyperbel, die sich bei wachsendem Angebotspreis der horizontalen Achse (Angebotspreis) asymptotisch annähert. Das heißt auch bei einem sehr großen Angebotspreis wird die Preispunktzahl niemals null. In realen Ausschreibungssituationen, bei denen die Spanne der Angebotspreise deutlich begrenzt ist, kann der Funktionsgraph näherungsweise als linear betrachtet werden. Je kleiner die Spanne der Angebotspreise, umso mehr nähert sich der Funktionsgraph einer Geraden an.

14.2.2 Formel zur Bestimmung der Gesamtpunktzahl

Bei der UfAB-II-Methode wird für die Zuschlagsentscheidung eine Gesamtpunktzahl aus der Summe der gewichteten Leistungspunkte und der gewichteten Preispunkte betrachtet. Den Zuschlag erhält das Angebot, das die höchste Gesamtpunktzahl erreicht hat. Diese ergibt sich aus der Summe der gewichteten Leistungspunkte und der gewichteten Preispunkte.

8 Ein Funktionsgraph ist die Menge aller geordneten Paare (Angebotspreis, Preispunkte), die in einem Wertediagramm grafisch dargestellt werden.

$$S = \omega_L L + \omega_P \frac{P_{min}}{P} L_{max}$$

S	Gesamtpunktzahl (Score)
L	Leistungspunktzahl, L > 0
L_{max}	beste Leistungspunktzahl der Angebote, L > 0
P	Angebotspreis in Euro, P > 0
P_{min}	Niedrigster Angebotspreis, $P_{min} > 0$
ω	Gewichtungsfaktor für den Leistungsterm, 0≤ω≤1
(1-ω)	Gewichtungsfaktor für den Preisterm

Abbildung: Berechnung der Gesamtpunktzahl nach der UfAB-II-Methode

14.2.3 Beispielrechnungen

Beispiel 1

Im folgenden Beispiel werden die vier Angebote A, B, C und D betrachtet, bei denen das Angebot A mit einem Angebotspreis von 300.000 Euro das billigste, aber auch gleichzeitig mit 50 Leistungspunkten das leistungsschwächste Angebot ist. Angebot D ist mit einem Angebotspreis von 550.000 Euro das teuerste, aber gleichzeitig mit 90 Leistungspunkten das leistungsstärkste Angebot. Gerechnet wird mit zwei Dezimalstellen hinter dem Komma und es findet das kaufmännische Runden Anwendung.

Tabelle: Beispiel 1 UfAB-II-Methode

Angebot	Leistungspunkte	Preis
A	50	300.000 Euro
B	65	350.000 Euro
C	75	450.000 Euro
D	90	550.000 Euro

Mit der UfAB-II-Methode erhält Angebot A aufgrund des niedrigsten Angebotspreises die maximale Preispunktzahl von 90 Punkten. Die maximale Preispunktzahl wird mit der maximalen Leistungspunktzahl aus allen Angeboten L_{Max} = 90 Punkte normiert.

$$\text{Preispunkte} = \frac{P_{min}}{P} L_{Max} = \frac{300.000 \text{ Euro}}{300.000 \text{ Euro}} 90 = 90$$

Abbildung: Berechnung der Preispunktzahl für Angebot A nach der UfAB-II-Methode

Mit der UfAB-II-Methode erhält Angebot B mit einem Angebotspreis von 350.000 Euro 77,14 Preispunkte.

$$\text{Preispunkte} = \frac{P_{min}}{P} L_{Max} = \frac{300.000 \text{ Euro}}{350.000 \text{ Euro}} 90 = 77{,}14$$

Abbildung: Berechnung der Preispunktzahl für Angebot B nach der UfAB-II-Methode

Mit der UfAB-II-Methode erhält Angebot C mit einem Angebotspreis von 450.000 Euro 60 Punkte.

$$\text{Preispunkte} = \frac{P_{min}}{P} L_{Max} = \frac{300.000 \text{ Euro}}{450.000 \text{ Euro}} 90 = 60$$

Abbildung: Berechnung der Preispunktzahl für Angebot C nach der UfAB-II-Methode

Mit der UfAB-II-Methode erhält Angebot D mit einem Angebotspreis von 550.000 Euro 49,09 Punkte.

$$\text{Preispunkte} = \frac{P_{min}}{P} L_{Max} = \frac{300.000 \text{ Euro}}{550.000 \text{ Euro}} 90 = 49{,}09$$

Abbildung: Berechnung der Preispunktzahl für Angebot D nach der UfAB-II-Methode

Tabelle: Beispiel 1 – Gewichtung von 60 % Leistung und 40 % Preis

Angebot	Leistungs-punkte	Preis	Preispunkte	Gesamtpunktzahl	Rang
A	50	300.000 Euro	90	66	4
B	65	350.000 Euro	77,14	69,86	2
C	75	450.000 Euro	60	69	3
D	90	550.000 Euro	49,09	73,64	1

Angebot D ist bei einer Gewichtung von 60 % Leistung und 40 % Preis mit einer Gesamtpunktzahl von 73,64 das Gewinnerangebot.

$$
\begin{aligned}
S &= \omega L + (1-\omega)\frac{P_{min}}{P} L_{Max} \\
&= 60\% \cdot 90 + 40\% \cdot \frac{300.000}{550.000} \cdot 90 \\
&= 54 + 40\% \cdot 49{,}09 \\
&= 54 + 19{,}64 \\
&= 73{,}64
\end{aligned}
$$

Abbildung: Berechnung der Gesamtpunktzahl von Angebot D

In der folgenden Abbildung wird im unteren linken Diagramm (Wertediagramm mit Funktionsgraph der UfAB-II-Methode) die Transformation der Angebotspreise in Preispunkte grafisch dargestellt. Im unteren rechten Diagramm (gewichtetes Preis-Leistungs-Diagramm) sind auf der linken vertikalen Achse (Preisterm) die Preispunkte der vier Angebote eingetragen.

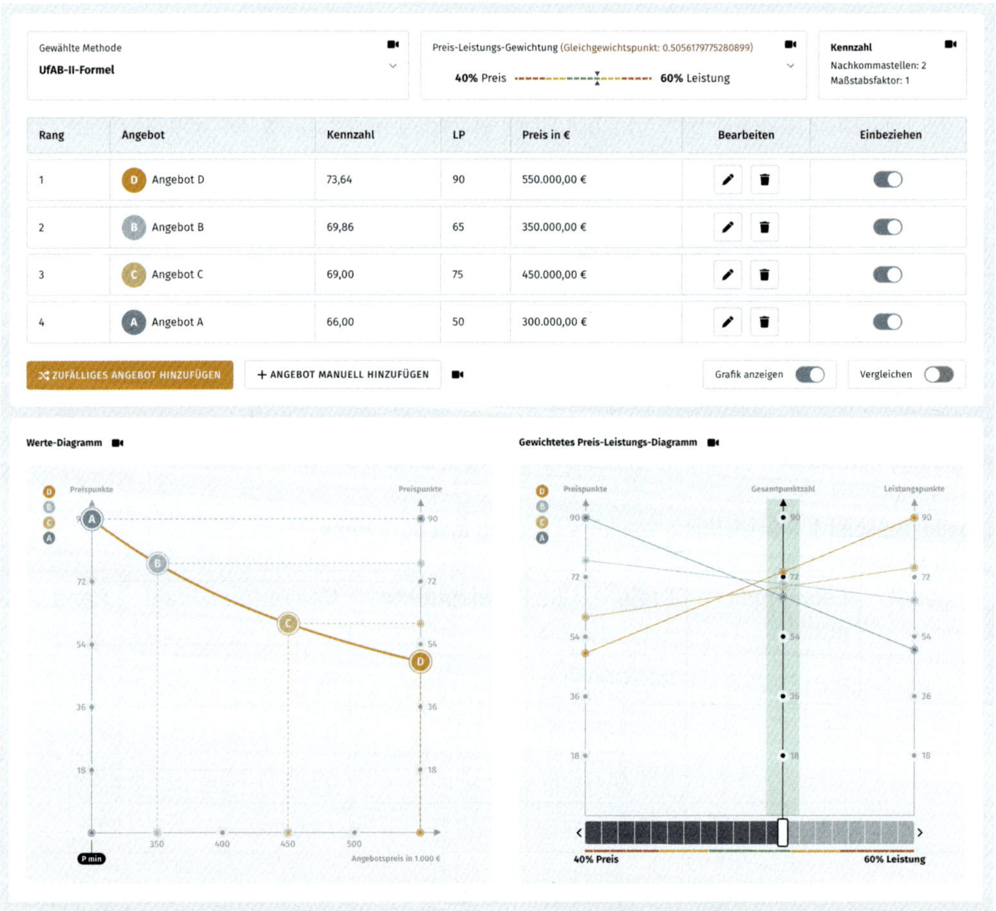

Abbildung: Transformation der Angebotspreise in Preispunkte + Darstellung des Zusammenhangs von Preispunkten, Leistungspunkten und Gewichtung bei der UfAB-II-Methode

Die Leistungspunktzahl der vier Angebote wird in die rechte vertikale Achse (Leistungsterm) im gewichteten Preis-Leistungsdiagramm eingetragen. Die beiden Punkte werden durch eine Gerade verbunden und stellen das Angebot dar.

Für die Bestimmung der Gesamtpunktzahl besteht ein sehr anschaulicher grafischer Zusammenhang: Bewegt man den Gewichtungsregler auf der horizontalen Achse, kann man die Gesamtpunktzahl direkt am Schnittpunkt der Messskala mit den Angebotsgeraden ablesen.

Verändert man die Gewichtung auf 50 % Preis und 50 % Leistung, dann erhält man das folgende Ergebnis.

Tabelle: Beispiel 1 – Gewichtung von 50 % Leistung und 50 % Preis

Angebot	Leistungs-punkte	Preis	Preispunkte	Gesamtpunktzahl	Rang
A	50	300.000 Euro	90	70	2
B	65	350.000 Euro	77,14	71,07	1
C	75	450.000 Euro	60	67,50	4
D	90	550.000 Euro	49,09	69,55	3

Angebot B ist bei einer Gewichtung von 50 % Leistung und 50 % Preis mit einer Gesamtpunktzahl von 71,07 das Gewinnerangebot.

$$
\begin{aligned}
S &= \omega L + (1-\omega)\frac{P_{min}}{P} L_{max} \\
&= 50\% \cdot 65 + 50\% \cdot \frac{300.000}{350.000} \cdot 90 \\
&= 32{,}5 + 50\% \cdot 77{,}14 \\
&= 32{,}5 + 38{,}57 \\
&= 71{,}07
\end{aligned}
$$

Abbildung: Berechnung der Gesamtpunktzahl von Angebot B

In der folgenden Abbildung wird im unteren linken Diagramm (Wertediagramm mit Funktionsgraph der UfAB-II-Methode) die Transformation der Angebotspreise in Preispunkte grafisch dargestellt. Im unteren rechten Diagramm (gewichtetes Preis-Leistungs-Diagramm) sind auf der linken vertikalen Achse (Preisterm) die Preispunkte der vier Angebote eingetragen.

Die Leistungspunktzahl der vier Angebote wird in die rechte vertikale Achse (Leistungsterm) im gewichteten Preis-Leistungsdiagramm eingetragen. Die beiden Punkte werden durch eine Gerade verbunden und stellen das Angebot dar.

Für die Bestimmung der Gesamtpunktzahl besteht ein sehr anschaulicher grafischer Zusammenhang: Bewegt man den Gewichtungsregler auf der horizontalen Achse, kann man die Gesamtpunktzahl direkt am Schnittpunkt der Messskala mit den Angebotsgeraden ablesen.

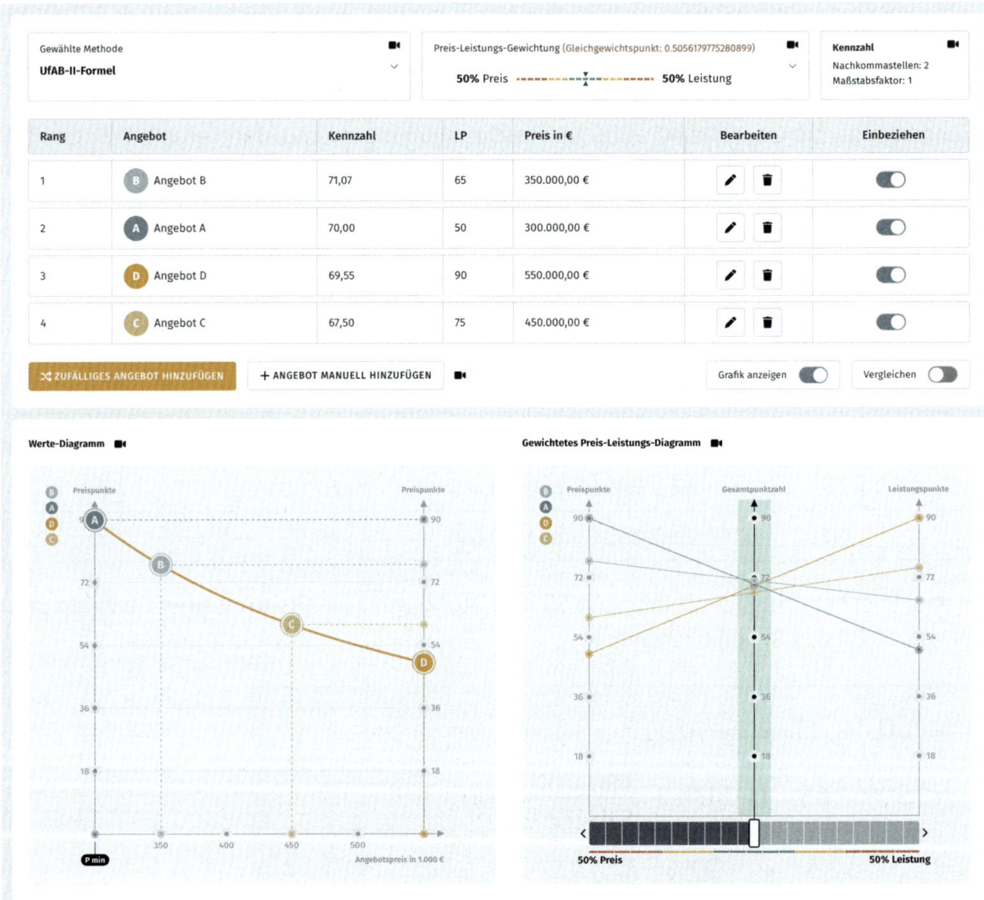

Abbildung: Transformation der Angebotspreise in Preispunkte + Darstellung des Zusammenhangs von Preispunkten, Leistungspunkten und Gewichtung bei der UfAB-II-Methode

Verändert man die Gewichtung auf 60 % Preis und 40 % Leistung, dann erhält man das folgende Ergebnis.

Tabelle: Beispiel 1 – Gewichtung von 40 % Leistung und 60 % Preis

Angebot	Leistungs-punkte	Preis	Preispunkte	Gesamtpunktzahl	Rang
A	50	300.000 Euro	90	74	1
B	65	350.000 Euro	77,14	72,29	2
C	75	450.000 Euro	60	66	3
D	90	550.000 Euro	49,09	65,45	4

Angebot A ist bei einer Gewichtung von 40 % Leistung und 60 % Preis mit einer Gesamtpunktzahl von 74 Punkten das Gewinnerangebot.

$$
\begin{aligned}
S &= \omega L + (1-\omega)\frac{P_{min}}{P} L_{Max} \\
&= 40\% \cdot 50 + 60\% \cdot \frac{300.000}{300.000} \cdot 90 \\
&= 20 + 54 \\
&= 74
\end{aligned}
$$

Abbildung: Berechnung der Gesamtpunktzahl von Angebot A

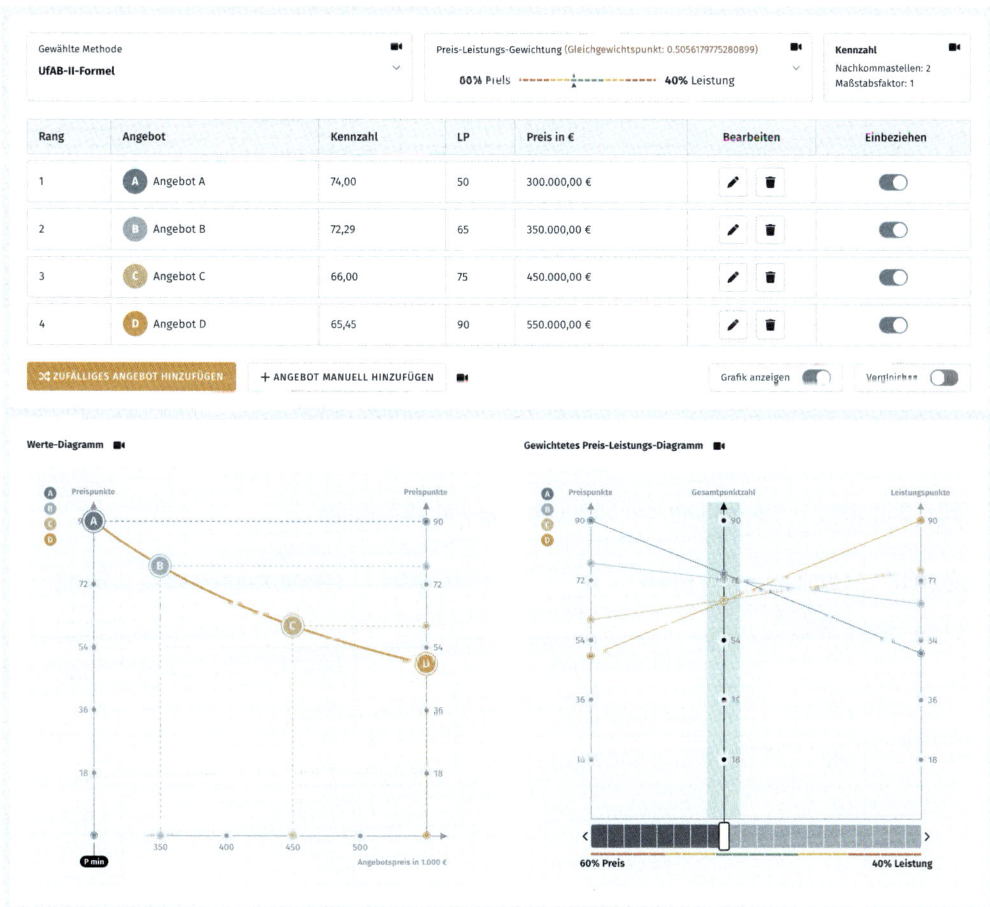

Abbildung: Transformation der Angebotspreise in Preispunkte + Darstellung des Zusammenhangs von Preispunkten, Leistungspunkten und Gewichtung bei der UfAB-II-Methode

14.2.4 Abhängigkeit von anderen Angeboten

Bei der UfAB-II-Methode besteht eine Abhängigkeit zum billigsten Angebotspreis, da dieser Wert als Referenzwert zur Berechnung der Preispunkte Anwendung findet. Aus diesem Grund kann ein zusätzliches billiges Angebot oder der Wegfall eines billigen Angebots einen Einfluss auf die Zuschlagsentscheidung haben.

Im Folgenden werden die vier Angebote A, B, C und D betrachtet, bei denen unter Anwendung der UfAB-II-Methode und einer Gewichtung von 50 % Leistung und 50 % Preis Angebot B das Siegerangebot ist.

Tabelle: Beispiel 1 – Gewichtung von 50 % Leistung und 50 % Preis

Angebot	Leistungs-punkte	Preis	Preispunkte	Gesamtpunktzahl	Rang
A	50	300.000 Euro	90	70	2
B	65	350.000 Euro	77,14	71,07	1
C	75	450.000 Euro	60	67,50	4
D	90	550.000 Euro	49,09	69,55	3

Angebot B ist bei einer Gewichtung von 50 % Leistung und 50 % Preis mit einer Gesamtpunktzahl von 71,07 Punkten das Gewinnerangebot knapp vor Angebot A mit einer Gesamtleistungspunktzahl von 70 Punkten.

Das folgende Beispiel 2 entspricht Beispiel 1 mit dem Unterschied, dass ein sehr billiges, aber leistungsschwaches Angebot E hinzukommt.

Tabelle: Beispiel 2 – Gewichtung von 50 % Leistung und 50 % Preis

Angebot	Leistungs-punkte	Preis	Preispunkte	Gesamtpunktzahl	Rang
A	50	300.000 Euro	60	55	4
B	65	350.000 Euro	51,43	58,21	2
C	75	450.000 Euro	40	57,20	3
D	90	550.000 Euro	32,73	61,36	1
E	10	200.000 Euro	90	50	5

Angebot D ist bei einer Gewichtung von 50 % Leistung und 50 % Preis mit einer Gesamtpunktzahl von 61,36 Punkten das Gewinnerangebot. Das sehr leistungsschwache und damit abgeschlagene (letzter Rang), aber sehr billige Angebot E verändert die Rangfolge der Angebote. Bei der UfAB-II-Methode wird der billigste Angebotspreis der zu wertenden Angebote als Referenzwert im Zähler des Preisquotienten verwendet.

$$
\begin{aligned}
S &= \omega L + (1-\omega)\frac{P_{min}}{P} L_{Max} \\
&= 50\% \cdot 90 + 50\% \cdot \frac{200.000}{550.000} \cdot 90 \\
&= 45 + 50\% \cdot 32,73 \\
&= 45 + 16,36 \\
&= 61,36
\end{aligned}
$$

Abbildung: Berechnung der Gesamtpunktzahl von Angebot D

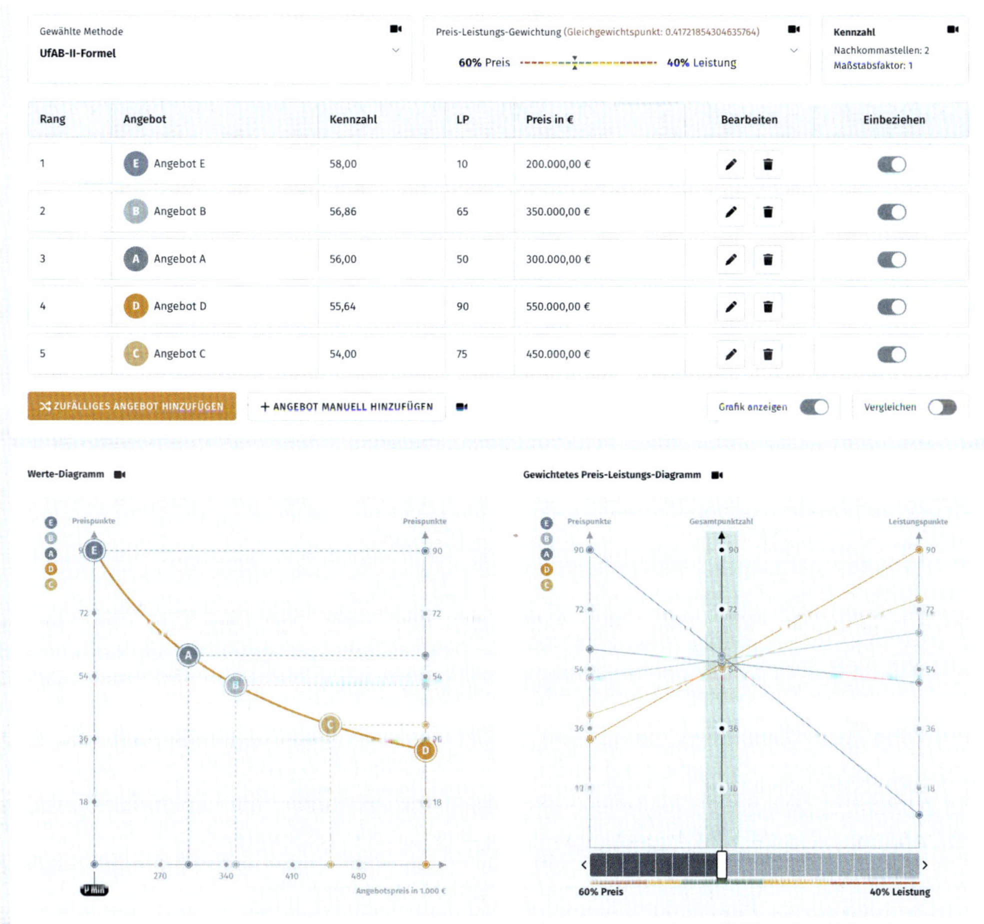

Rang	Angebot	Kennzahl	LP	Preis in €	Bearbeiten	Einbeziehen
1	Angebot E	58,00	10	200.000,00 €		
2	Angebot B	56,86	65	350.000,00 €		
3	Angebot A	56,00	50	300.000,00 €		
4	Angebot D	55,64	90	550.000,00 €		
5	Angebot C	54,00	75	450.000,00 €		

Abbildung: Transformation der Angebotspreise in Preispunkte + Darstellung des Zusammenhangs von Preispunkten, Leistungspunkten und Gewichtung bei der UfAB-II-Methode

14.2.5 Definitionsbereich

14.2.5.1 Null Leistungspunkte

Die UfAB-II-Methode ist auch für Leistungspunktzahlen von null Punkten sinnvoll anwendbar. Null Leistungspunkte führen im Leistungspunkteterm zu null Punkten, dies hat aber keinerlei Einfluss auf den Angebotspreisterm, der unabhängig vom Leistungspunkteterm ist.

14.2.5.2 Angebotspreise von null Euro

Die UfAB-II-Methode ist nicht anwendbar, wenn Angebotspreise von null Euro möglich sind. Angebotspreise von null Euro führen bei der UfAB-II-Methode zu einer Division durch null, die nicht zulässig ist und eine Definitionslücke (Polstelle) für die UfAB-II-Methode darstellt.

14.2.5.3 Negative Angebotspreise

Negative Angebotspreise können bei der UfAB-II-Methode zu unsinnigen Ergebnissen führen. Dazu wird im Folgenden ein Beispiel mit fünf Angeboten betrachtet. Die Angebote A, B und C haben einen negativen Angebotspreis, die Angebote D und E haben einen positiven Angebotspreis.

Tabelle: Beispiel – Negative und positive Angebotspreise

Angebot	Leistungspunkte	Preis
A	50	-2,00 Euro
B	50	-0,50 Euro
C	50	-0,10 Euro
D	70	0,20 Euro
E	70	1,00 Euro

Mit einem Angebotspreis von -2,00 Euro hat Angebot A den niedrigsten Angebotspreis und wird als Referenzwert im Zähler des Preisquotienten verwendet.

Um die Preispunkteskala mit der Leistungspunkteskala vergleichbar zu machen, wird eine Normierung durch Multiplikation mit der maximalen Leistungspunktzahl L_{Max} (in diesem Beispiel 70 Punkte) aus den zu wertenden Angeboten vorgenommen. Mit der UfAB-II-Methode erhält Angebot A mit einem Angebotspreis von -2 Euro 70 Preispunkte.

$$\begin{aligned}\text{Preispunkte} &= \frac{P_{min}}{P} \cdot L_{Max}\\ &= \frac{-2{,}00\ \text{Euro}}{-2{,}00\ \text{Euro}} \cdot 70\\ &= 70\end{aligned}$$

Abbildung: Berechnung der Preispunktzahl für Angebot A nach der UfAB-II-Methode

Mit der UfAB-II-Methode erhält Angebot B mit einem Angebotspreis von -0,50 Euro 280 Preispunkte.

$$\text{Preispunkte} = \frac{P_{min}}{P} \cdot L_{Max} = \frac{-2{,}00\ \text{Euro}}{-0{,}50\ \text{Euro}} \cdot 70 = 280$$

Abbildung: Berechnung der Preispunktzahl für Angebot B nach der UfAB-II-Methode

Mit der UfAB-II-Methode erhält Angebot C mit einem Angebotspreis von -0,10 Euro 1.400 Preispunkte.

$$\text{Preispunkte} = \frac{P_{min}}{P} \cdot L_{Max} = \frac{-2{,}00\ \text{Euro}}{-0{,}10\ \text{Euro}} \cdot 70 = 1.400$$

Abbildung: Berechnung der Preispunktzahl für Angebot C nach der UfAB-II-Methode

Mit der UfAB-II-Methode erhält Angebot D mit einem Angebotspreis von 0,20 Euro -700 Preispunkte.

$$\text{Preispunkte} = \frac{P_{min}}{P} \cdot L_{Max} = \frac{-2{,}00\ \text{Euro}}{0{,}20\ \text{Euro}} \cdot 70 = -700$$

Abbildung: Berechnung der Preispunktzahl für Angebot D nach der UfAB-II-Methode

Mit der UfAB-II-Methode erhält Angebot E mit einem Angebotspreis von 1,00 Euro -140 Preispunkte.

$$\text{Preispunkte} = \frac{P_{min}}{P} \cdot L_{Max} = \frac{-2{,}00\ \text{Euro}}{1{,}00\ \text{Euro}} \cdot 70 = -140$$

Abbildung: Berechnung der Preispunktzahl für Angebot E nach der UfAB-II-Methode

Tabelle: Beispiel – Gewichtung von 50 % Leistung und 50 % Preis und negative Angebotspreise

Angebot	Leistungs-punkte	Preis	Preispunkte	Gesamtpunktzahl	Rang
A	50	-2,00 Euro	70	60	3
B	50	-0,50 Euro	280	165	2
C	50	-0,10 Euro	1.400	725	1
D	70	0,20 Euro	-700	-315	5
E	70	1,00 Euro	-140	-35	4

Angebot C ist bei einer Gewichtung von 50 % Leistung und 50 % Preis mit einer Gesamtpunktzahl von 725 Punkten das Gewinnerangebot.

$$S = \omega L + (1-\omega)\frac{P_{min}}{P} L_{Max}$$
$$= 50\% \cdot 50 + 50\% \cdot \frac{-2{,}00}{-0{,}10} \cdot 70$$
$$= 25 + 50\% \cdot 1.400$$
$$= 25 + 700$$
$$= 725$$

Abbildung: Berechnung der Gesamtpunktzahl von Angebot C

Dadurch wird eine wichtige Anforderung an die Zuschlagsformeln verletzt. Bei mehreren Angeboten mit gleicher Leistungspunktzahl muss das Angebot mit dem niedrigeren Angebotspreis gewinnen, beziehungsweise im betrachteten Fall muss das Angebot mit dem niedrigeren Angebotspreis die höhere Gesamtpunktzahl erreichen.

Im betrachteten Beispiel haben die Angebote A, B und C die gleiche Leistungsstärke von 50 Leistungspunkten. Angebot A ist mit einem Angebotspreis von -2,00 Euro billiger als Angebot B mit einem Angebotspreis von -0,50 Euro und Angebot B ist mit einem Angebotspreis von -0,50 Euro billiger als Angebot C mit einem Angebotspreis von -0,10 Euro. Obwohl Angebot C von den drei Angeboten das teuerste Angebot ist, erhält Angebot C die größte Gesamtpunktzahl und wird zum Gewinnerangebot.

Den gleichen Effekt kann man auch bei den Angeboten D und E feststellen, die beide die gleiche Leistungsstärke von 70 Leistungspunkten haben. Angebot D ist mit einem Angebotspreis von 0,20 Euro billiger als Angebot E mit einem Angebotspreis von -1,00 Euro. Und auch hier erhält das teurere Angebot E die höhere Gesamtpunktzahl.

Betrachtet man den Funktionsgraphen der Transformationsformel bei der UfAB-II-Methode mit negativen Angebotspreisen, dann erkennt man das Problem. Ein negativer Angebotspreis führt sowohl im negativen als auch im positiven Definitionsbereich des Angebotspreises zu einer streng monoton wachsenden Funktion, wie man in der folgenden Abbildung des Funktionsgraphen sehen kann.

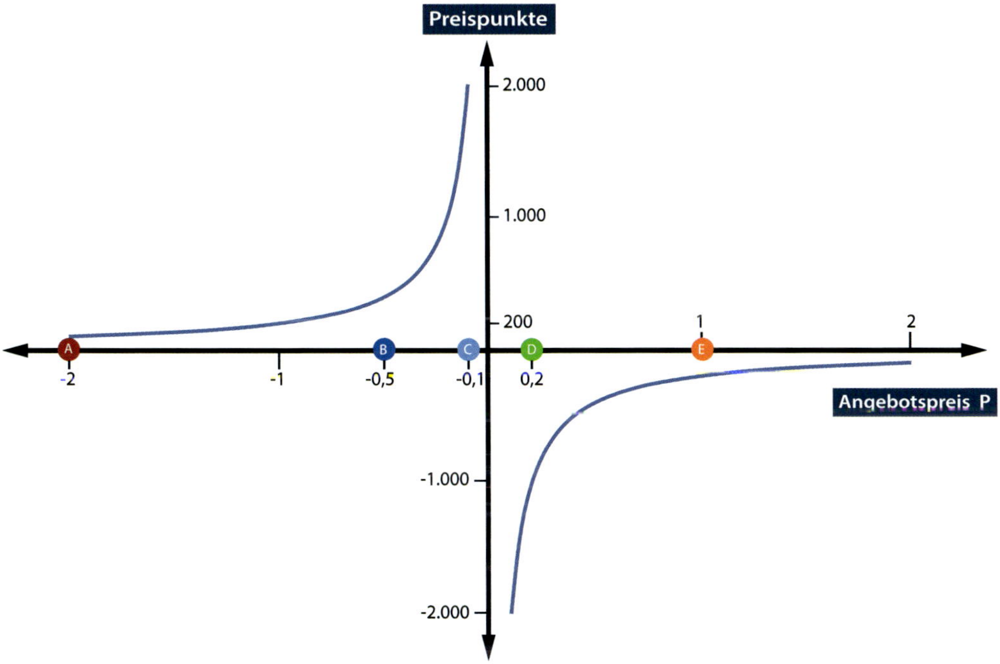

Abbildung: Funktionsgraph der Transformationsformel bei der UfAB-II-Methode mit negativen Angebotspreisen

Im positiven Definitionsbereich des Angebotspreises gilt dann: Je höher der Angebotspreis, umso größer ist die Preispunktzahl, die immer negativ ist und sich der null annähert.

Im negativen Definitionsbereich des Angebotspreises gilt dann: Je höher der Angebotspreis, umso größer ist die Preispunktzahl. Je näher sich der Angebotspreis null Euro annähert, umso größer wird die Preispunktzahl.

$$S = \omega L + (1-\omega) \frac{P_{min} + p}{P + p} L_{max}$$

S	Gesamtpunktzahl (Score)
L	Leistungspunktzahl, $L \geq 0$
L_{max}	beste Leistungspunktzahl der Angebote, $L > 0$
P	Angebotspreis in Euro, $P > 0$
P_{min}	Niedrigster Angebotspreis, $P_{min} > 0$
ω	Gewichtungsfaktor für den Leistungsterm, $0 \leq \omega \leq 1$
$(1-\omega)$	Gewichtungsfaktor für den Preisterm
p	Offset des Angebotspreises, $p > 0$

Abbildung: UfAB-II-Methode mit Offset der Angebotspreise

Ein Lösungsansatz ist eine Verschiebung des Nullpunktes. Die Angebotspreise werden dann mit einem vorher definierten Offset *p* versehen. Die Zuschlagsformel der UfAB-II-Methode wird dadurch aber verändert.

Tabelle: Beispiel – UfAB-II-Methode mit einem Offset von 3 Euro der Angebotspreise, Gewichtung von 50 % Leistung und 50 % Preis und negative Angebotspreise

Angebot	Leistungspunkte	Preis	Preis + Offset	Preispunkte	Gesamtpunktzahl	Rang
A	50	-2,00 Euro	1,00 Euro	70	60	1
B	50	-0,50 Euro	2,50 Euro	28	39	4
C	50	-0,10 Euro	2,90 Euro	24,14	37,07	5
D	70	0,20 Euro	3,20 Euro	21,88	45,94	2
E	70	1,00 Euro	4,00 Euro	17,5	43,75	3

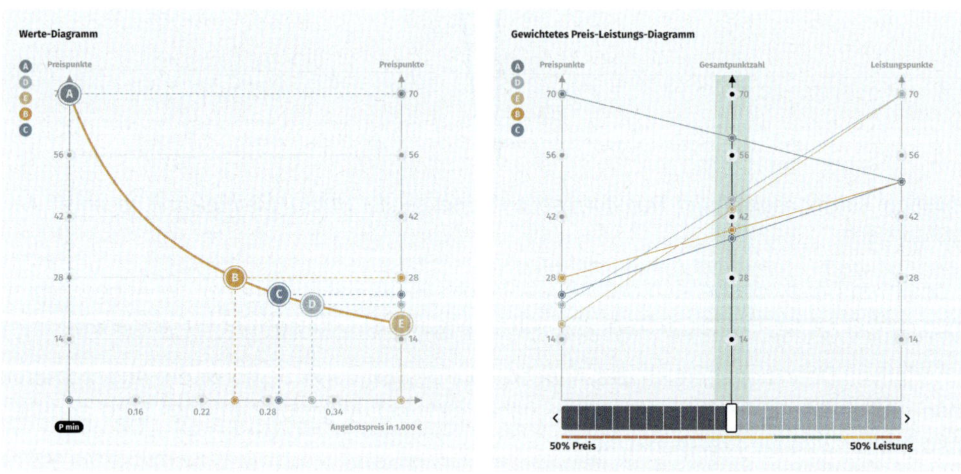

Abbildung: UfAB-II-Methode mit einem Offset der Angebotspreise von 3 Euro

Ein größerer Preisoffset kann aber zu einem anderen Zuschlagsergebnis führen. Im folgenden Beispiel führt ein Preisoffset von 11 Euro statt 3 Euro zu einem anderen Zuschlagsergebnis.

Tabelle: Beispiel – UfAB-II-Methode mit einem Offset von 11 Euro der Angebotspreise, Gewichtung von 50 % Leistung und 50 % Preis und negative Angebotspreise

Angebot	Leistungspunkte	Preis	Preis + Offset	Preispunkte	Gesamtpunktzahl	Rang
A	50	-2,00 Euro	9,00 Euro	70	60	2
B	50	-0,50 Euro	10,50 Euro	60,00	55	4

Angebot	Leistungspunkte	Preis	Preis + Offset	Preispunkte	Gesamtpunktzahl	Rang
C	50	-0,10 Euro	10,90 Euro	57,80	53,90	5
D	70	0,20 Euro	11,20 Euro	56,25	63,13	1
E	70	1,00 Euro	12,00 Euro	52,5	61,25	3

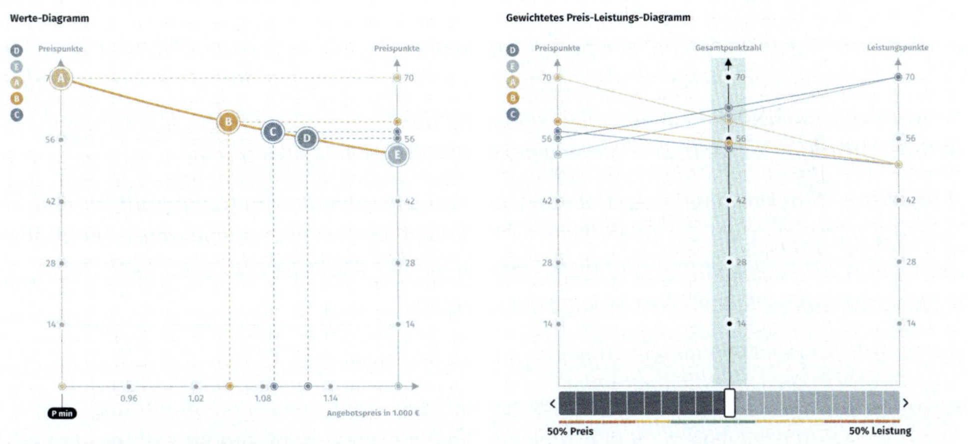

Abbildung: UfAB-II-Methode mit einem Offset der Angebotspreise von 11 Euro

14.2.5.4 Definitionsbereich

Die UfAB-II-Methode ist als Bewertungsfunktion im Definitionsbereich

- Angebotspreis $P > 0$,
- Leistungspunktzahl $L \geq 0$

definiert.

Angebotspreise von null Euro führen bei der UfAB-II-Methode zu einer Division durch null, die nicht zulässig ist und eine Definitionslücke (Polstelle) für die UfAB-II-Methode darstellt. Negative Angebotspreise führen zu unsinnigen Ergebnissen.

14.2.6 Gewichtung

Da sowohl der Preis- als auch der Leistungsterm mit Gewichtungsfaktoren versehen sind, können Preis und Leistung durch die Addition von Preis- und Leistungsterm mit unterschiedlichen Gewichten in die Bewertung einfließen.

14.2.7 Rechtsprechung

Die UfAB-II-Methode ist eine von der Rechtsprechung anerkannte Bewertungsmethode.

OLG Celle, Beschluss vom 7.7.2022 – 13 Verg 4/22: *„Die verwendete Formel ist eine durchaus gängige und anerkannte Methode (vgl. BGH, Beschluss vom 4. April 2017 – X ZB 3/17, Rn. 32, juris).*

OLG Düsseldorf, Beschluss vom 2.5.2018 – Verg 3/18: *„Bei der Wahl der Preisumrechnungsmethode kommt dem öffentlichen Auftraggeber ebenso wie bei der Festlegung der Zuschlagskriterien und deren Gewichtung im Rahmen der gemeinschaftsrechtlichen Vorgaben (vgl. EuGH, Urteil v. 04.12.2003, C-448/01 - EVN und Wienstrom, juris Rn. 37 ff.) grundsätzlich ein Bestimmungsrecht zu.*

Die Wahl einer bestimmten Preisumrechnungsmethode kann vergaberechtlich nur beanstandet werden, wenn sich gerade ihre Heranziehung im Einzelfall aufgrund besonderer Umstände als mit dem gesetzlichen Leitbild des Vergabewettbewerbs unvereinbar erweist (BGH, Beschluss v. 04.04.2017, X ZB 3/17 - Postdienstleistungen, juris Leitsatz 1b).

Dies ist beim umgekehrten Dreisatz ausgehend vom günstigsten Bieterpreis nicht der Fall. Entgegen der Auffassung der Antragstellerin führt die Verwendung der vorgenannten Formel insbesondere nicht zu einem Verstoß gegen das in §§ 127 GWB, 58 VgV normierte Gebot, den Zuschlag auf das wirtschaftlichste Angebot zu erteilen.

(...)

Der Auffassung, eine Umrechnung von Preisen in Preispunkte, bei der die Abstufung der Preispunkte nicht exakt äquivalent zu den Preisabständen erfolgt, sei in jedem Fall fehlerhaft (VK Südbayern, Beschluss v. 30.08.2016, Z3-3-3194-1-28-07/16, juris Rn. 116; VK Lüneburg, Beschluss v. 07.02.2014, VgK 51/2013, juris Rn. 84 f.; einschränkend VK Baden-Württemberg, Beschluss v. 18.10.2016, 1 VK 41/16, juris Rn. 130), ist nicht zu folgen.

(...)

So hat auch der Bundesgerichtshof, dessen Entscheidung vom 04.04.2017 - abgesehen von der Gewichtung von Preis und Leistung, die im dort entschiedenen Fall 50 %% zu 50 % betrug - zu derselben Umrechnungsformel erging (vgl. BGH aaO juris Rn. 29), die Bewertungsmethode nicht beanstandet und ausgeführt, es handle sich um eine durchaus gängige Methode, die nicht per se als vergaberechtswidrig bewertet werden könne.

Dies gelte umso mehr, als in der Fachliteratur nachvollziehbar aufgezeigt werde, dass auch andere Bewertungsmethoden unter Umständen zu als unbillig oder widersprüchlich empfundenen Ergebnissen führen können und dem Auftraggeber insoweit nicht ohne Weiteres angesonnen werden könne, sich für oder gegen eine alternative Berechnungsmethode zu entscheiden (BGH aaO Rn. 32 mwN).

(...)

Bei der Wahl der Preisumrechnungsmethode kommt dem öffentlichen Auftraggeber ebenso wie bei der Festlegung der Zuschlagskriterien und deren Gewichtung im Rahmen der gemeinschaftsrechtlichen Vorgaben (vgl. EuGH, Urteil v. 04.12.2003, C-448/01 - EVN und Wienstrom, juris Rn. 37 ff.) grundsätzlich ein Bestimmungsrecht zu.

Die Wahl einer bestimmten Preisumrechnungsmethode kann vergaberechtlich nur beanstandet werden, wenn sich gerade ihre Heranziehung im Einzelfall aufgrund besonderer Umstände als mit dem gesetzlichen Leitbild des Vergabewettbewerbs unvereinbar erweist (BGH, Beschluss v. 04.04.2017, X ZB 3/17 - Postdienstleistungen, juris Leitsatz 1b).

Dies ist beim umgekehrten Dreisatz ausgehend vom günstigsten Bieterpreis nicht der Fall. Entgegen der Auffassung der Antragstellerin führt die Verwendung der vorgenannten Formel insbesondere nicht zu einem Verstoß gegen das in §§ 127 GWB, 58 VgV normierte Gebot, den Zuschlag auf das wirtschaftlichste Angebot zu erteilen.

(...)

Der Auffassung, eine Umrechnung von Preisen in Preispunkte, bei der die Abstufung der Preispunkte nicht exakt äquivalent zu den Preisabständen erfolgt, sei in jedem Fall fehlerhaft (VK Südbayern, Beschluss v. 30.08.2016, Z3-3-3194-1-28-07/16, juris Rn. 116; VK Lüneburg, Beschluss v. 07.02.2014, VgK 51/2013, juris Rn. 84 f.; einschränkend VK Baden-Württemberg, Beschluss v. 18.10.2016, 1 VK 41/16, juris Rn. 130), ist nicht zu folgen.

(...)

So hat auch der Bundesgerichtshof, dessen Entscheidung vom 04.04.2017 - abgesehen von der Gewichtung von Preis und Leistung, die im dort entschiedenen Fall 50 %% zu 50 % betrug - zu derselben Umrechnungsformel erging (vgl. BGH aaO juris Rn. 29), die Bewertungsmethode nicht beanstandet und ausgeführt, es handle sich um eine durchaus gängige Methode, die nicht per se als vergaberechtswidrig bewertet werden könne.

Dies gelte umso mehr, als in der Fachliteratur nachvollziehbar aufgezeigt werde, dass auch andere Bewertungsmethoden unter Umständen zu als unbillig oder widersprüchlich empfundenen Ergebnissen führen können und dem Auftraggeber insoweit nicht ohne Weiteres angesonnen werden könne, sich für oder gegen eine alternative Berechnungsmethode zu entscheiden (BGH aaO Rn. 32 mwN)."

14.2.8 Empfehlung

Die UfAB-II-Methode ist eine empfehlenswerte, einfache und intuitive Methode, die eine hohe Akzeptanz besitzt, aber eine Abhängigkeit zum billigsten Angebot aufweist. Es gilt, eine ausgewogene Gewichtung vorzunehmen.

Teilweise wird diese Methode für unzulässig gehalten, weil die Wertungsmaßstäbe in Abhängigkeit zu den eingereichten Angeboten stünden und die Methode anfällig für eine Rangvertauschung (rank reversal) sei.[9] Dies stehe dem Wirtschaftlichkeits- und dem Gleichbehandlungsgrundsatz entgegen. Diese Betrachtungsweise überzeugt nicht. Denn sie lässt außer Betracht, dass diese Effekte durch das Eingrenzen des Preis- und Leistungsbereichs abgemildert beziehungsweise ausgeschlossen werden können und die Wahl der Notenskala in der Regel einen wesentlich stärkeren Einfluss auf das Zuschlagsergebnis hat und auch durch die Notenskalen Rangvertauschungen möglich und deutlich wahrscheinlicher sind.

Nicht durchgreifend ist auch der Einwand, diese Methode weise ein nicht lineares (hyperbolisches) Verhalten auf, spiegele also gleiche Preisunterschiede nicht in gleichen Bepunktungs-

9 *Steck*, Ermittlung des besten Preis-Leistungs-Verhältnisses, VergabeR 2017, 240 (244); *Bartsch/von Gehlen/Hirsch*, Mit Preisgewichtung vorbei am wirtschaftlichsten Angebot?, NZBau 2012, 393 (396); *Schneider*, Die Rechtswidrigkeit der UfAB-II-Formeln im Vergabeverfahren, NZBau 2002, 555 (557).

unterschieden. Dies übersieht, dass der Begriff der Wirtschaftlichkeit ein weiter Begriff ist und der Zusammenhang zwischen Leistung und Preis nicht immer proportional beziehungsweise linear ist. Je nach Zusammenhang kann es gerade sinnvoll sein, von einer linearen Betrachtungsweise bewusst abzuweichen, um die Wirtschaftlichkeit zu bestimmen. Durch das Eingrenzen des Preis- und Leistungsbereichs nähert man sich im Übrigen wieder der Linearität bei einer isolierten Betrachtung der Zuschlagsformel an. Für die Zuschlagsbewertung müssen Notenskala und Bewertungsmethode aber immer zusammen betrachtet werden. Eine Nichtlinearität bei den Notenskalen durch die Verwendung von Ordinalskalen führt mithin auch zu einer Nichtlinearität bei der Zuschlagsbewertung. Auch die einfache Richtwertmethode weist in solchen Fällen ein nichtlineares Verhalten auf. Die UfAB-II-Methode ist unter Vorgabe von Mindestleistungspunktzahlen und Preisobergrenzen im Allgemeinen eine stabile und anwendungstaugliche Bewertungsmethode und steht nicht im Widerspruch zum Begriff des Preis-Leistungs-Verhältnisses.

Um die möglichen Verzerrungseffekte bei der UfAB-II-Methode durch die von den zu wertenden Angeboten abhängige größte Leistungspunktzahl L_{max} deutlich zu reduzieren, empfiehlt sich die Anwendung der Preisquotientenmethode, bei der die konstante größte mögliche Leistungspunktzahl L_{max} Verwendung findet.[10]

14.2.9 Beispielformulierung für Ausschreibungen

Zur Ermittlung des wirtschaftlichsten Angebots findet die UfAB-II-Methode Anwendung, bei der die Euro-Angebotspreise in Preispunkte umgerechnet werden.

Transformationsformel (Umwandlung Euro-Angebotspreise in Preispunkte): Das Angebot mit dem niedrigsten Angebotspreis (P_{min}) aller wertbaren Angebote dient als Bezugspunkt für die Berechnung der Preispunkte. Dazu wird der Quotient aus dem niedrigsten Angebotspreis aller wertbaren Angebote und dem betrachteten Angebotspreis (P) berechnet und mit der maximalen Leistungspunktzahl L_{max} aus den zu wertenden Angeboten multipliziert.

$L_{max} = \max(L_1, L_N)$, maximale Leistungspunktzahl aus allen Angeboten, N = Anzahl der Angebote.

Preispunkte = $L_{max} \cdot P_{min}/P$

Gewichtung von Preis und Leistung:

- Gewicht für die Leistung: 60 %
- Gewicht für den Preis: 40 %

Zuschlagsentscheidung: Für die Zuschlagsentscheidung wird für jedes Angebot eine Gesamtpunktzahl (Score) aus der Summe der gewichteten Leistungspunkte und der gewichteten Preispunkte berechnet. Das Angebot mit der höchsten Gesamtpunktzahl (Score) S erhält den Zuschlag.

10 Bei der UfAB-II-Methode wird die maximal vorkommende Leistungspunktzahl der wertbaren Angebote verwendet und mit L_{max} bezeichnet. L_{max} ist vor Abgabe der Angebote mithin nicht bekannt. Die maximal mögliche Leistungspunktzahl L_{Max} dagegen wird vom Auftraggeber vor der Ausschreibung vorgegeben und hängt damit nicht von den wertbaren Angeboten ab.

- Die gewichteten Leistungspunkte ergeben sich aus der Multiplikation des Gewichts für die Leistungspunktzahl und der vom Angebot erreichten Leistungspunktzahl.
- Die gewichteten Preispunkte ergeben sich aus der Multiplikation des Gewichts für den Preis und der vom Angebot erreichten Preispunkte.

Formel zur Berechnung der Gesamtpunktzahl (Score) S:

$$S = \omega_L L + \omega_P \frac{P_{min}}{P} L_{max}$$

S	Gesamtpunktzahl (Score)
L	Leistungspunktzahl, $L > 0$
L_{max}	beste Leistungspunktzahl der Angebote, $L > 0$
P	Angebotspreis in Euro, $P > 0$
P_{min}	Niedrigster Angebotspreis, $P_{min} > 0$
ω	Gewichtungsfaktor für den Leistungsterm, $0 \leq \omega \leq 1$
$(1-\omega)$	Gewichtungsfaktor für den Preisterm

Abbildung: Berechnung der Gesamtpunktzahl nach der UfAB-II-Methode

Preisobergrenze: Es wird eine Preisobergrenze von 750.000 Euro (inkl. MwSt.) vorgegeben. Angebote, deren Angebotspreis über der Preisobergrenze liegt, werden von der weiteren Wertung ausgeschlossen.

Mindestleistungspunktzahl: Die Angebote müssen mindestens 30 von maximal 100 möglichen Leistungspunkten erreichen. Angebote, die mit weniger als 30 Leistungspunkten bewertet werden, werden von der weiteren Wertung ausgeschlossen.

Gleichstand: Bei Gleichstand der Kennzahlen erhält das Angebot mit der größeren Leistungspunktzahl den Zuschlag. Führt dies nicht zu einem eindeutigen Zuschlagsergebnis, entscheidet das Los.

14.3 Proportionalitätsmethode mit Preisobergrenze

14.3.1 Transformationsformel

Bei der Proportionalitätsmethode mit Preisobergrenze wird die von der Auftraggeberin / dem Auftraggeber vorgegebene Preisobergrenze als Referenzwert im Nenner des Preisquotienten verwendet. Der zu wertende Angebotspreis steht im Zähler des Preisquotienten.

$$\text{Preispunkte} = \frac{P}{P_{MAX}}$$

P	Angebotspreis in Euro, $P > 0$, $P \leq P_{MAX}$
P_{MAX}	Preisobergrenze, $P_{MAX} > 0$

Abbildung: Transformationsformel bei der Proportionalitätsmethode mit Preisobergrenze

Zwischen den Preispunkten und dem Angebotspreis in Euro besteht eine direkte Proportionalität. Eine Verdopplung des Angebotspreises führt zu einer Verdopplung der Preispunktzahl, eine Verdreifachung des Angebotspreises führt zu einer Verdreifachung der Preispunktzahl und so weiter. Ein fiktives Angebot mit einem Angebotspreis, der der Preisobergrenze entspricht, erhält die Preispunktzahl 1, ein Angebot mit einem Angebotspreis, der der Hälfte der Preisobergrenze entspricht, erhält die Preispunktzahl 1/2.

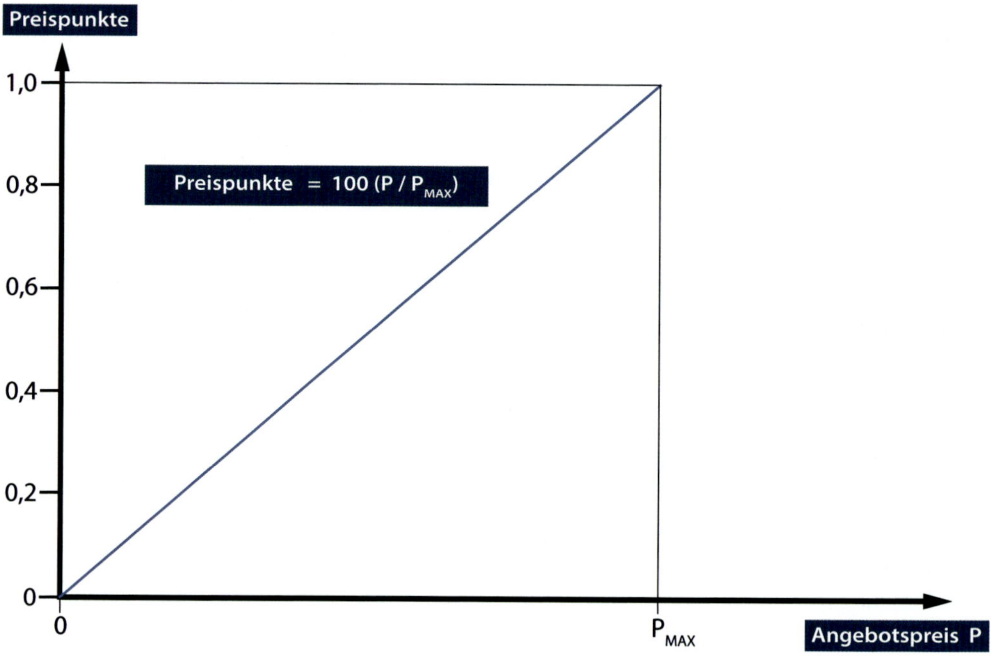

Abbildung: Proportionaler Zusammenhang zwischen Angebotspreis und Preispunkten

Damit ein kleiner Angebotspreis zu einer großen Preispunktzahl und ein hoher Angebotspreis zu einer kleinen Preispunktzahl führt, subtrahiert man den Quotienten P/P_{MAX} von 1. Um die Preispunkteskala mit der Leistungspunkteskala vergleichbar zu machen, bietet sich eine Normierung durch Multiplikation mit der maximal möglichen Leistungspunktzahl L_{Max} an.

$$\text{Preispunkte} = \left(1 - \frac{P}{P_{MAX}}\right) L_{Max}$$

P	Angebotspreis in Euro, $P > 0$, $P \leq P_{MAX}$
P_{MAX}	Preisobergrenze, $P_{MAX} > 0$
L_{Max}	Maximal mögliche Leistungspunktzahl, $L > 1$

Abbildung: Transformationsformel mit Normierung durch Multiplikation mit L_{Max} bei der Proportionalitätsmethode mit Preisobergrenze

In der folgenden Abbildung ist der Zusammenhang zwischen dem Angebotspreis in Euro und den Preispunkten grafisch durch ein Wertediagramm dargestellt. Auf der horizontalen Achse befindet sich der Angebotspreis in Euro und auf der vertikalen Achse befinden sich die zugeordneten Preispunkte.

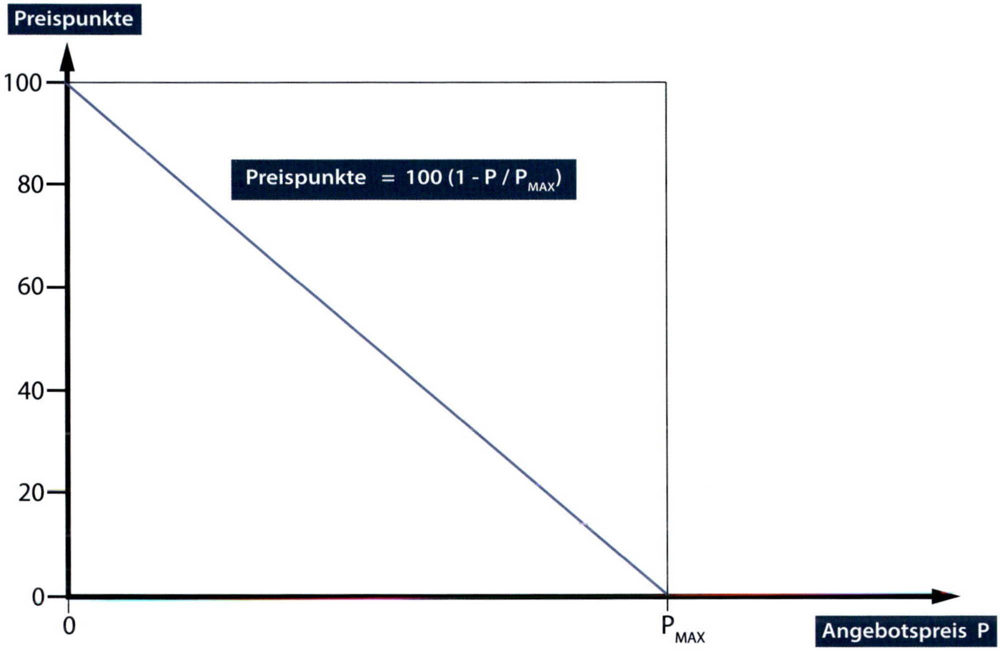

Abbildung: Funktionaler Zusammenhang zwischen Angebotspreis und Preispunkten bei der Proportionalitätsmethode mit Preisobergrenze

Der Funktionsgraph[11] ist eine fallende Gerade, die bei einem Angebotspreis von null Euro die maximale Preispunktzahl und bei einem Angebotspreis, der der Preisobergrenze entspricht, null Preispunkte erhält.

14.3.2 Formel zur Bestimmung der Gesamtpunktzahl

$$S = \omega L + (1-\omega)\left(1 - \frac{P}{P_{MAX}}\right) L_{MAX}$$

S	Gesamtpunktzahl (Score)
L	Leistungspunktzahl, $L \geq 0$
L_{MAX}	Maximal mögliche Leistungspunktzahl, $L > 1$
P	Angebotspreis in Euro, $P > 0$
P_{MAX}	Preisobergrenze, $P_{MAX} > 0$
ω	Gewichtungsfaktor für den Leistungsterm, $0 \leq \omega \leq 1$
$(1-\omega)$	Gewichtungsfaktor für den Preisterm

Abbildung: Berechnung der Gesamtpunktzahl nach der Proportionalitätsmethode mit Preisobergrenze

Bei der Proportionalitätsmethode mit Preisobergrenze wird für die Zuschlagsentscheidung eine Gesamtpunktzahl aus der Summe der gewichteten Leistungspunkte und der gewichte-

11 Ein Funktionsgraph ist die Menge aller geordneten Paare (Angebotspreis, Preispunkte), die in einem Wertediagramm grafisch dargestellt werden.

ten Preispunkte betrachtet. Den Zuschlag erhält das Angebot, das die höchste Gesamtpunktzahl erreicht hat. Diese ergibt sich aus der Summe der gewichteten Leistungspunkte und der gewichteten Preispunkte.

14.3.3 Beispielrechnungen

Beispiel 1

Im folgenden Beispiel werden die vier Angebote A, B, C und D betrachtet, bei denen das Angebot A mit einem Angebotspreis von 300.000 Euro das billigste, aber auch gleichzeitig mit 50 Leistungspunkten das leistungsschwächste Angebot ist. Angebot D ist mit einem Angebotspreis von 550.000 Euro das teuerste, aber gleichzeitig mit 90 Leistungspunkten das leistungsstärkste Angebot. Maximal möglich wären 100 Leistungspunkte. Die Preisobergrenze wird auf 550.000 Euro gesetzt. Gerechnet wird mit zwei Dezimalstellen hinter dem Komma und es findet das kaufmännische Runden Anwendung.

Tabelle: Beispiel 1 - Proportionalitätsmethode

Angebot	Leistungspunkte	Preis
A	50	300.000 Euro
B	65	350.000 Euro
C	75	450.000 Euro
D	90	550.000 Euro

Mit der Proportionalitätsmethode mit Preisobergrenze erhält Angebot A eine Preispunktzahl von 45,45 Punkten.

$$\begin{aligned}\text{Preispunkte} &= \left(1 - \frac{P}{P_{MAX}}\right) L_{Max} \\ &= \left(1 - \frac{300.000\ \text{Euro}}{550.000\ \text{Euro}}\right) \cdot 100 \\ &= 45{,}45\end{aligned}$$

Abbildung: Berechnung der Preispunktzahl für Angebot A nach der Proportionalitätsmethode mit Preisobergrenze

Mit der Proportionalitätsmethode mit Preisobergrenze erhält Angebot B mit einem Angebotspreis von 350.000 Euro 36,36 Preispunkte.

$$\text{Preispunkte} = (1 - \frac{P}{P_{MAX}})L_{Max}$$
$$= (1 - \frac{350.000 \text{ Euro}}{550.000 \text{ Euro}}) \cdot 100$$
$$= 36{,}36$$

Abbildung: Berechnung der Preispunktzahl für Angebot B nach der Proportionalitätsmethode mit Preisobergrenze

Mit der Proportionalitätsmethode mit Preisobergrenze erhält Angebot C mit einem Angebotspreis von 450.000 Euro 18,18 Punkte.

$$\text{Preispunkte} = (1 - \frac{P}{P_{MAX}})L_{Max}$$
$$= (1 - \frac{450.000 \text{ Euro}}{550.000 \text{ Euro}}) \cdot 100$$
$$= 18{,}18$$

Abbildung: Berechnung der Preispunktzahl für Angebot C nach der Proportionalitätsmethode mit Preisobergrenze

Mit der Proportionalitätsmethode mit Preisobergrenze erhält Angebot D mit einem Angebotspreis von 550.000 Euro (= Preisobergrenze) 0 Punkte.

$$\text{Preispunkte} = (1 - \frac{P}{P_{MAX}})L_{Max}$$
$$= (1 - \frac{550.000 \text{ Euro}}{550.000 \text{ Euro}}) \cdot 100$$
$$= 0$$

Abbildung: Berechnung der Preispunktzahl für Angebot D nach der Proportionalitätsmethode mit Preisobergrenze

Tabelle: Beispiel 1 – Gewichtung von 60 % Leistung und 40 % Preis

Angebot	Leistungs-punkte	Preis	Preispunkte	Gesamtpunktzahl	Rang
A	50	300.000 Euro	45,45	48,18	4
B	65	350.000 Euro	36,36	53,55	2
C	75	450.000 Euro	18,18	52,27	3
D	90	550.000 Euro	0	54	1

Angebot D ist bei einer Gewichtung von 60 % Leistung und 40 % Preis mit einer Gesamtpunktzahl von 54 das Gewinnerangebot.

$$
\begin{aligned}
S &= \omega L + (1-\omega)\left(1 - \frac{P}{P_{MAX}}\right) L_{MAX} \\
&= 60\% \cdot 90 + 40\% \cdot \left(1 - \frac{550.000}{550.000}\right) \cdot 100 \\
&= 54 + 40\% \cdot 0 \\
&= 54 + 0 \\
&= 54
\end{aligned}
$$

Abbildung: Berechnung der Gesamtpunktzahl von Angebot D

In der folgenden Abbildung wird im linken Diagramm (Wertediagramm mit Funktionsgraph der Proportionalitätsmethode mit Preisobergrenze) die Transformation der Angebotspreise in Preispunkte grafisch dargestellt. Im rechten Diagramm (gewichtetes Preis-Leistungs-Diagramm) sind auf der linken vertikalen Achse (Preisterm) die Preispunkte der vier Angebote eingetragen.

Die Leistungspunktzahl der vier Angebote wird in die rechte vertikale Achse (Leistungsterm) im gewichteten Preis-Leistungsdiagramm eingetragen. Die beiden Punkte werden durch eine Gerade verbunden und stellen das Angebot dar.

Für die Bestimmung der Gesamtpunktzahl besteht ein sehr anschaulicher grafischer Zusammenhang: Bewegt man den Gewichtungsregler auf der horizontalen Achse, kann man die Gesamtpunktzahl direkt am Schnittpunkt der Messskala mit den Angebotsgeraden ablesen.

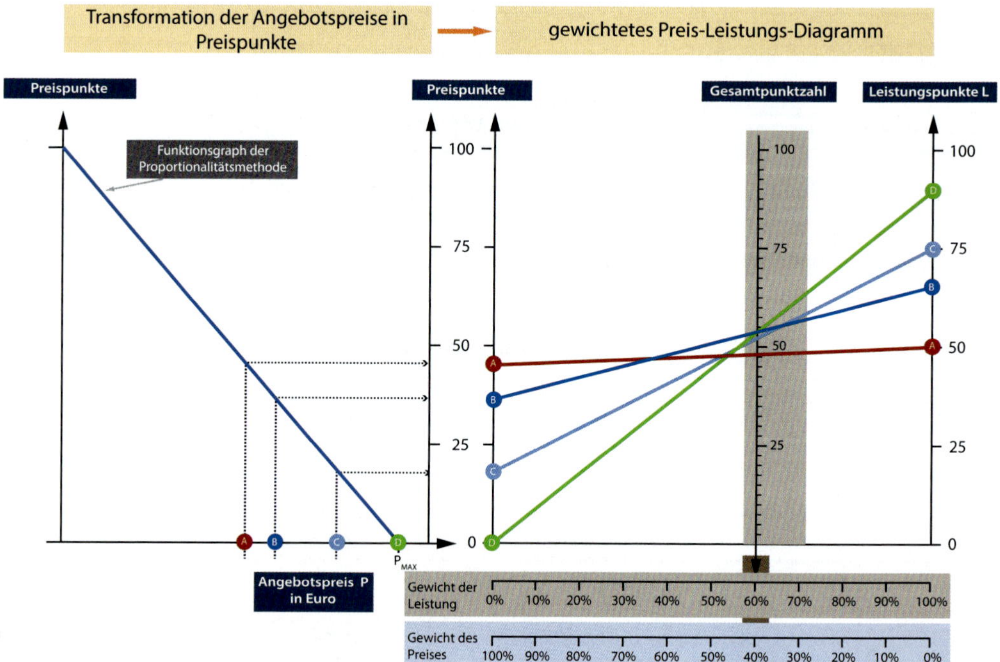

Abbildung: Transformation der Angebotspreise in Preispunkte + Darstellung des Zusammenhangs von Preispunkten, Leistungspunkten und Gewichtung

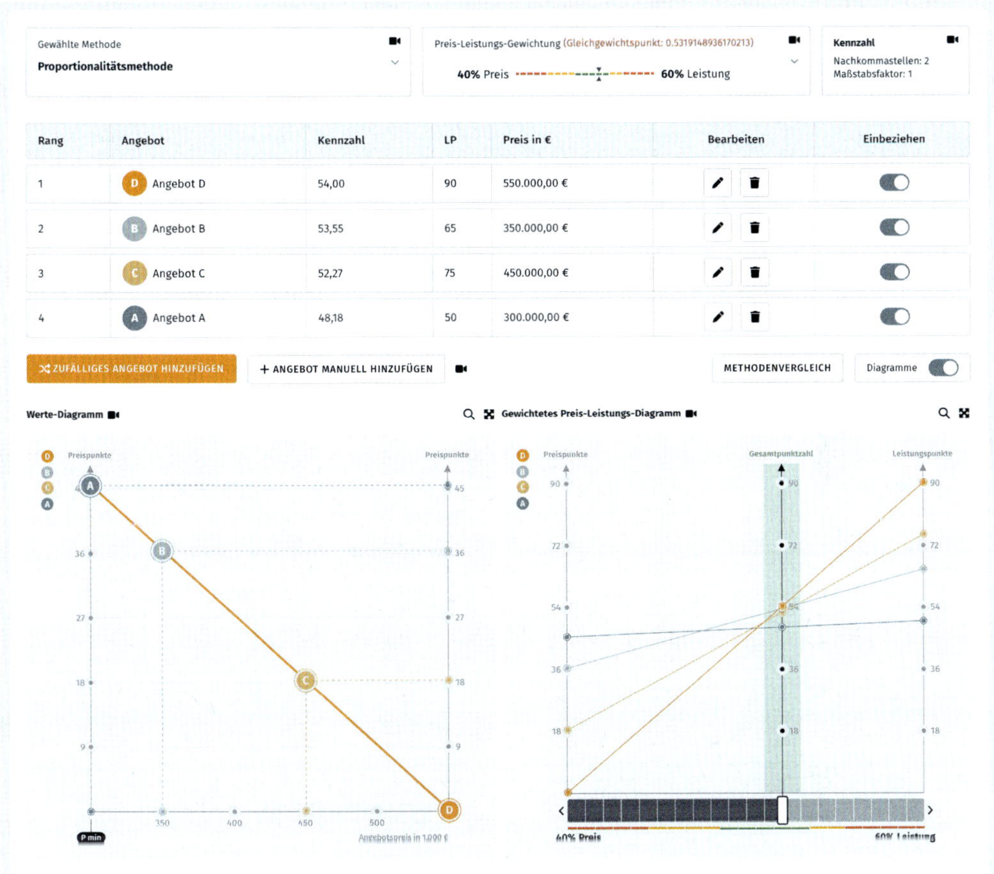

Abbildung: Tabellarische und grafische Darstellung der Proportionalitätsmethode

Tabelle: Beispiel 1 – Gewichtung von 50 % Leistung und 50 % Preis

Angebot	Leistungs-punkte	Preis	Preispunkte	Gesamtpunktzahl	Rang
A	50	300.000 Euro	45,45	47,73	2
B	65	350.000 Euro	36,36	50,68	1
C	75	450.000 Euro	18,18	46,59	3
D	90	550.000 Euro	0	45	4

Angebot B ist bei einer Gewichtung von 50 % Leistung und 50 % Preis mit einer Gesamtpunktzahl von 50,68 das Gewinnerangebot.

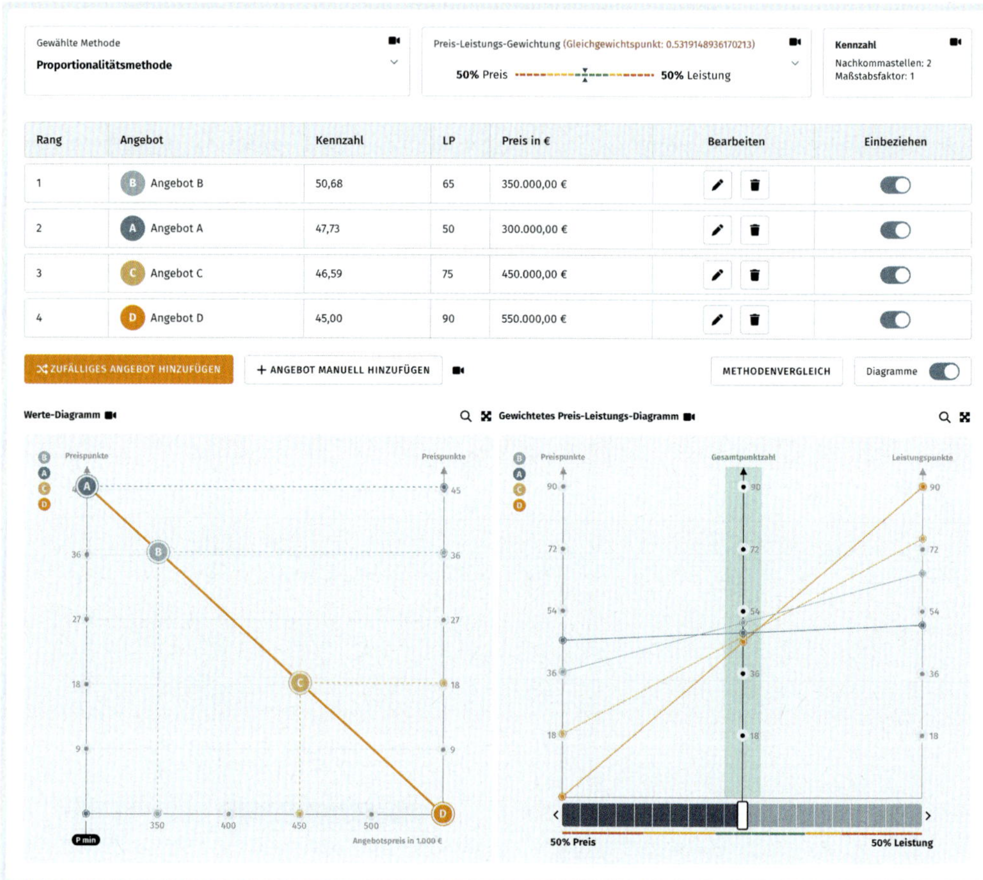

Abbildung: Tabellarische und grafische Darstellung der Proportionalitätsmethode

$$
\begin{aligned}
S &= \omega L + (1-\omega)\,(1 - \frac{P}{P_{MAX}})\,L_{MAX} \\
&= 50\% \cdot 65 + 50\% \cdot (1 - \frac{350.000}{550.000}) \cdot 100 \\
&= 32{,}5 + 50\% \cdot 36{,}36 \\
&= 32{,}5 + 18{,}18 \\
&= 50{,}68
\end{aligned}
$$

Abbildung: Berechnung der Gesamtpunktzahl von Angebot B

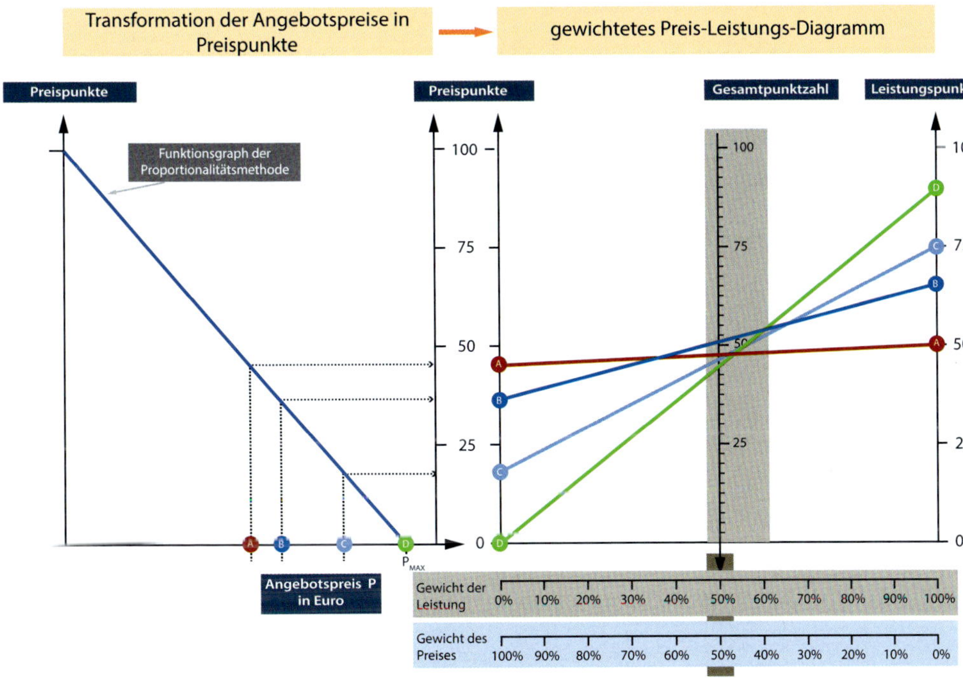

Abbildung: Transformation der Angebotspreise in Preispunkte + Darstellung des Zusammenhangs von Preispunkten, Leistungspunkten und Gewichtung

Tabelle: Beispiel 1 – Gewichtung von 35 % Leistung und 65 % Preis

Angebot	Leistungs-punkte	Preis	Preispunkte	Gesamtpunktzahl	Rang
A	50	300.000 Euro	45,45	47,05	1
B	65	350.000 Euro	36,36	46,38	2
C	75	450.000 Euro	18,18	38,07	3
D	90	550.000 Euro	0	31,5	4

Angebot A ist bei einer Gewichtung von 35 % Leistung und 65 % Preis mit einer Gesamtpunktzahl von 47,05 Punkten das Gewinnerangebot.

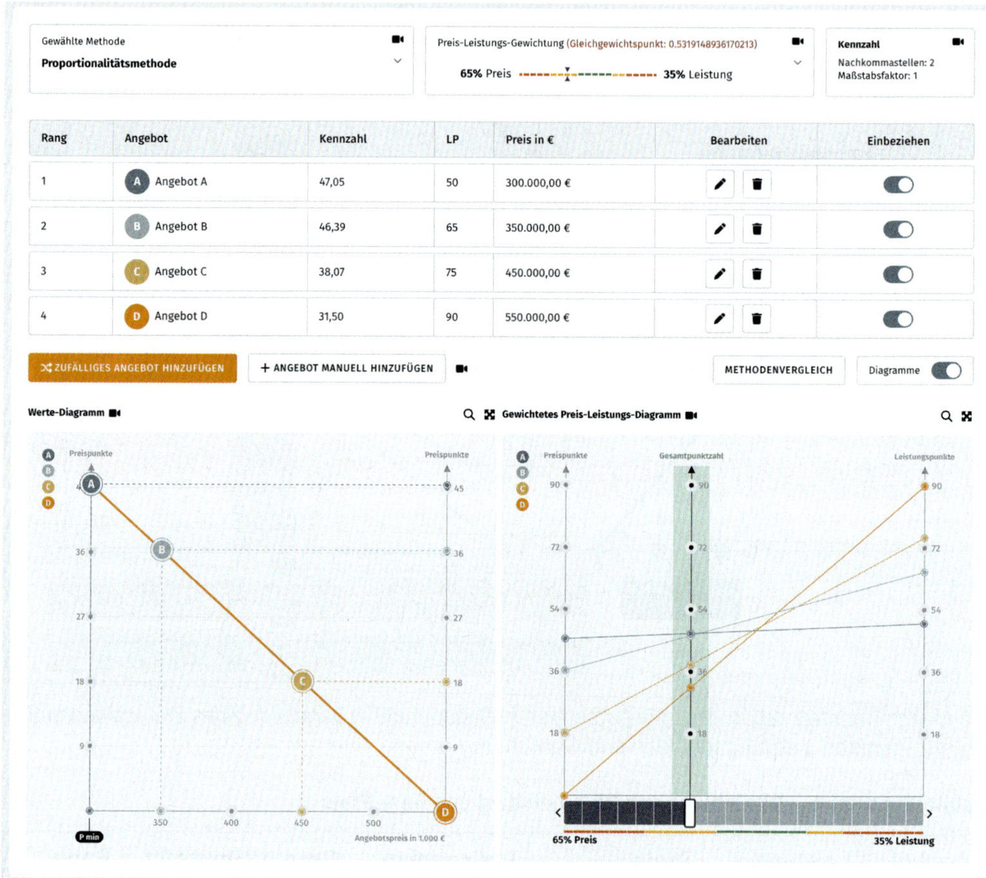

Abbildung: Tabellarische und grafische Darstellung der Proportionalitätsmethode

$$
\begin{aligned}
S &= \omega L + (1-\omega)\left(1 - \frac{P}{P_{MAX}}\right) L_{MAX} \\
&= 35\% \cdot 50 + 65\% \cdot \left(1 - \frac{300.000}{550.000}\right) \cdot 100 \\
&= 17{,}5 + 65\% \cdot 45{,}45 \\
&= 17{,}5 + 29{,}55 \\
&= 47{,}05
\end{aligned}
$$

Abbildung: Berechnung der Gesamtpunktzahl von Angebot A

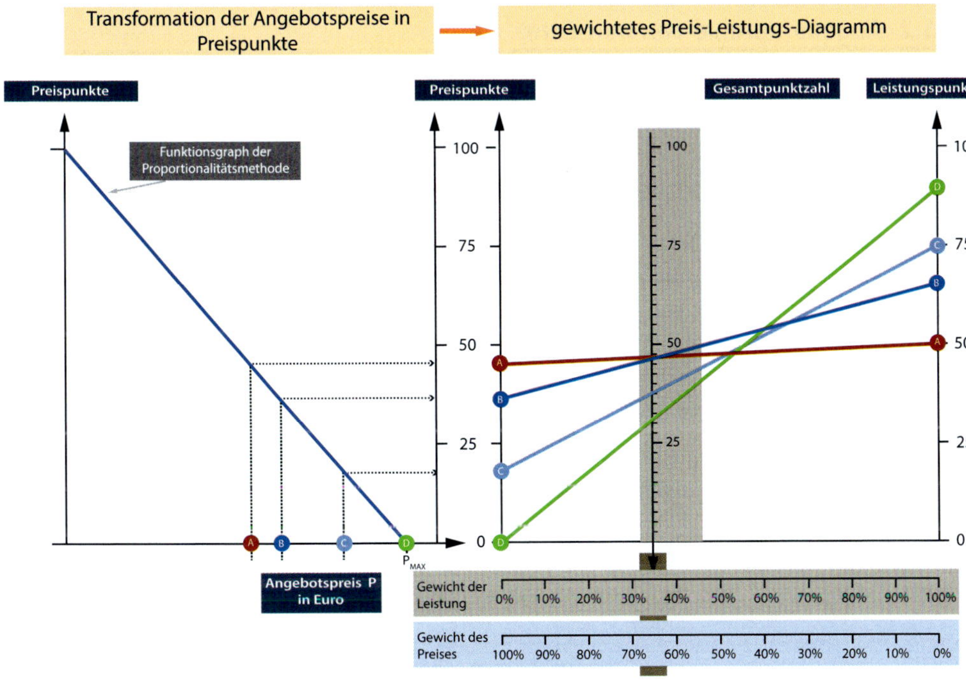

Abbildung: Transformation der Angebotspreise in Preispunkte + Darstellung des Zusammenhangs von Preispunkten, Leistungspunkten und Gewichtung

14.3.4 Abhängigkeit von anderen Angeboten

Bei der Proportionalitätsmethode mit Preisobergrenze besteht keine Abhängigkeit zu anderen Angeboten. Als Referenzwert zur Berechnung der Preispunkte findet die von der Auftraggeberin / dem Auftraggeber gesetzte Preisobergrenze Anwendung. Aus diesem Grund kann ein zusätzliches billiges Angebot oder der Wegfall eines billigen Angebots keinen Einfluss auf die Berechnung der Preispunkte der anderen Angebote haben.

14.3.5 Gewichtung

Durch die Formelstruktur einer gewichteten Summe aus Preis- und Leistungsterm ist eine Gewichtung von Preis und Leistung möglich.

14.3.6 Definitionsbereich

14.3.6.1 Null Leistungspunkte

Die Proportionalitätsmethode mit Preisobergrenze ist auch für Leistungspunktzahlen von null Punkten sinnvoll anwendbar. Null Leistungspunkte führen im Leistungspunkteterm zu null Punkten, dies hat aber keinerlei Einfluss auf den Angebotspreisterm, der unabhängig vom Leistungspunkteterm ist.

14.3.6.2 Angebotspreise von null Euro

Die Proportionalitätsmethode mit Preisobergrenze ist auch bei einem Angebotspreis von null Euro anwendbar.

14.3.6.3 Negative Angebotspreise

Die Proportionalitätsmethode mit Preisobergrenze ist auch für negative Angebotspreise anwendbar. Dazu wird im Folgenden ein Beispiel mit sechs Angeboten betrachtet. Die Angebote A, B und C haben einen negativen Angebotspreis, das Angebot D hat einen Angebotspreis von null Euro und die Angebote E und F haben einen positiven Angebotspreis.

Tabelle: Beispiel – Negative und positive Angebotspreise

Angebot	Leistungspunkte	Preis
A	50	-2,00 Euro
B	50	-0,50 Euro
C	50	-0,10 Euro
D	60	0,00 Euro
E	70	0,20 Euro
F	70	1,00 Euro

Die Preisobergrenze wird mit 2,00 Euro festgesetzt.

Um die Preispunkteskala mit der Leistungspunkteskala vergleichbar zu machen, wird eine Normierung durch Multiplikation mit der maximal möglichen Leistungspunktzahl L_{Max} (in diesem Beispiel 100 Punkte) vorgenommen. Mit der Proportionalitätsmethode mit Preisobergrenze erhält Angebot A mit einem Angebotspreis von -2 Euro 200 Preispunkte.

$$\begin{aligned}\text{Preispunkte} &= \left(1 - \frac{P}{P_{MAX}}\right)L_{Max} \\ &= \left(1 - \frac{-2{,}00\text{ Euro}}{2{,}00\text{ Euro}}\right)\cdot 100 \\ &= 200\end{aligned}$$

Abbildung: Berechnung der Preispunktzahl für Angebot A nach der Proportionalitätsmethode mit Preisobergrenze

Mit der Proportionalitätsmethode mit Preisobergrenze erhält Angebot B mit einem Angebotspreis von -0,50 Euro 125 Preispunkte.

$$\text{Preispunkte} = (1 - \frac{P}{P_{MAX}})L_{Max}$$
$$= (1 - \frac{-0{,}50 \text{ Euro}}{2{,}00 \text{ Euro}}) \cdot 100$$
$$= 125$$

Abbildung: Berechnung der Preispunktzahl für Angebot B nach der Proportionalitätsmethode mit Preisobergrenze

Mit der Proportionalitätsmethode mit Preisobergrenze erhält Angebot C mit einem Angebotspreis von -0,10 Euro 105 Preispunkte.

$$\text{Preispunkte} = (1 - \frac{P}{P_{MAX}})L_{Max}$$
$$= (1 - \frac{-0{,}10 \text{ Euro}}{2{,}00 \text{ Euro}}) \cdot 100$$
$$= 105$$

Abbildung: Berechnung der Preispunktzahl für Angebot C nach der Proportionalitätsmethode mit Preisobergrenze

Mit der Proportionalitätsmethode mit Preisobergrenze erhält Angebot D mit einem Angebotspreis von 0 Euro 100 Preispunkte.

$$\text{Preispunkte} = (1 - \frac{P}{P_{MAX}})L_{Max}$$
$$= (1 - \frac{0{,}00 \text{ Euro}}{2{,}00 \text{ Euro}}) \cdot 100$$
$$= 100$$

Abbildung: Berechnung der Preispunktzahl für Angebot D nach der Proportionalitätsmethode mit Preisobergrenze

Mit der Proportionalitätsmethode mit Preisobergrenze erhält Angebot E mit einem Angebotspreis von 0,20 Euro 90 Preispunkte.

$$\text{Preispunkte} = (1 - \frac{P}{P_{MAX}})L_{Max}$$
$$= (1 - \frac{0{,}20 \text{ Euro}}{2{,}00 \text{ Euro}}) \cdot 100$$
$$= 90$$

Abbildung: Berechnung der Preispunktzahl für Angebot E nach der Proportionalitätsmethode mit Preisobergrenze

Mit der Proportionalitätsmethode mit Preisobergrenze erhält Angebot F mit einem Angebotspreis von 1,00 Euro 50 Preispunkte.

$$\text{Preispunkte} = (1 - \frac{P}{P_{MAX}})L_{Max}$$
$$= (1 - \frac{1{,}00 \text{ Euro}}{2{,}00 \text{ Euro}}) \cdot 100$$
$$= 50$$

Abbildung: Berechnung der Preispunktzahl für Angebot F nach der Proportionalitätsmethode mit Preisobergrenze

Tabelle: Beispiel – Gewichtung von 50 % Leistung und 50 % Preis und negative Angebotspreise

Angebot	Leistungs-punkte	Preis	Preispunkte	Gesamtpunktzahl	Rang
A	50	-2,00 Euro	200	125	1
B	50	-0,50 Euro	125	87,5	2
C	50	-0,10 Euro	105	77,5	5
D	60	0,00 Euro	100	80	3
E	70	0,20 Euro	90	80	3
F	70	1,00 Euro	-50	60	6

Angebot A ist bei einer Gewichtung von 50 % Leistung und 50 % Preis mit einer Gesamtpunktzahl von 125 Punkten das Gewinnerangebot.

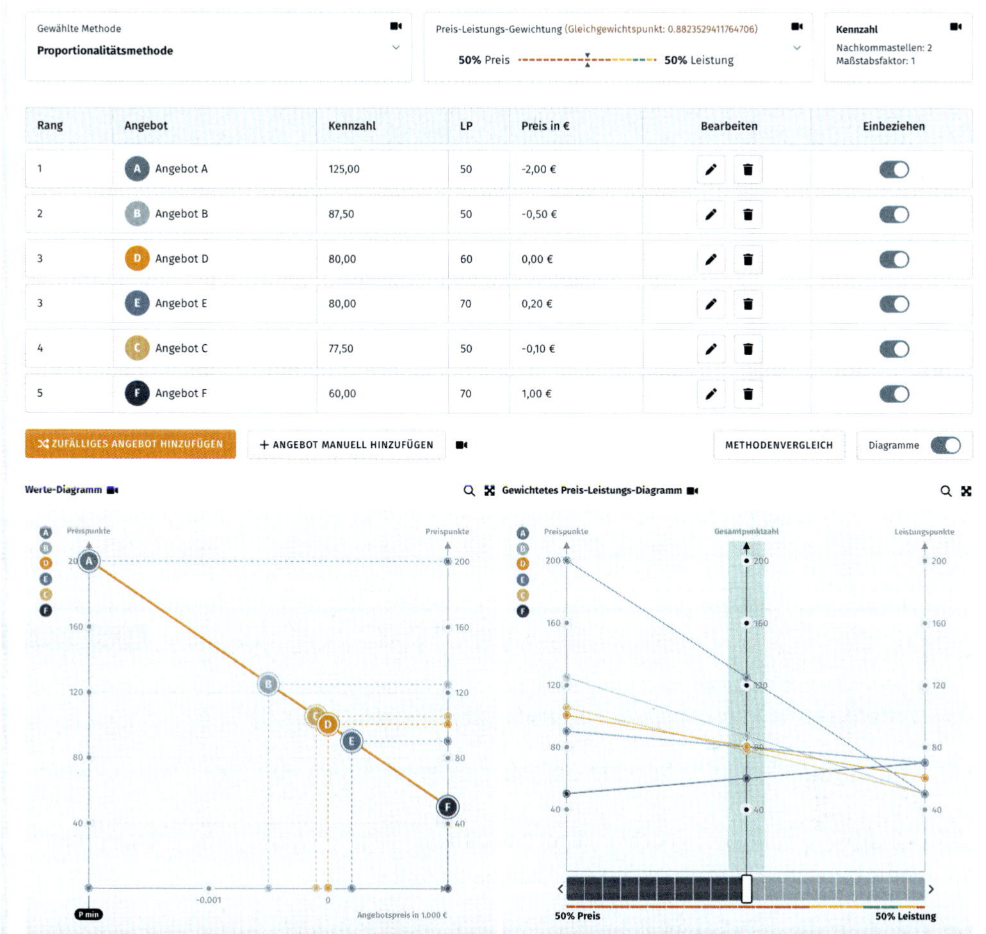

Abbildung: Tabellarische und grafische Darstellung der Proportionalitätsmethode

$$
\begin{aligned}
S &= \omega L + (1-\omega)\left(1 - \frac{P}{P_{MAX}}\right) L_{MAX} \\
&= 50\% \cdot 50 + 50\% \cdot \left(1 - \frac{-2{,}00}{2{,}00}\right) \cdot 100 \\
&= 25 + 50\% \cdot 200 \\
&= 25 + 100 \\
&= 125
\end{aligned}
$$

Abbildung: Berechnung der Gesamtpunktzahl von Angebot A

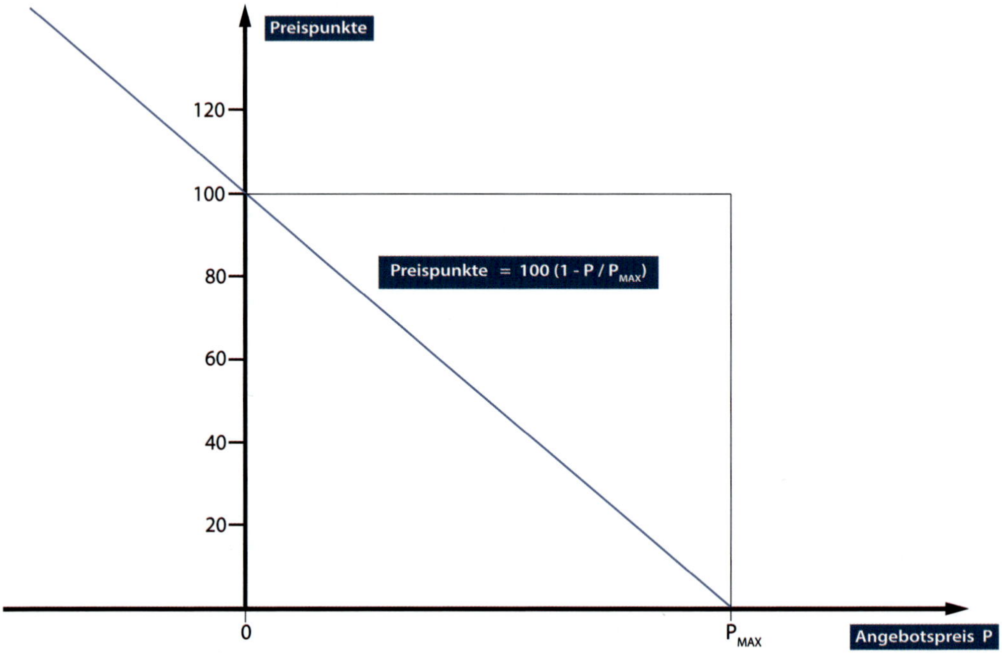

Abbildung: Funktionaler Zusammenhang zwischen Angebotspreis und Preispunkten bei der Proportionalitätsmethode mit Preisobergrenze bei negativen Angebotspreisen

Der Funktionsgraph[12] ist eine fallende Gerade, die bei einem Angebotspreis von null Euro die maximale Preispunktzahl und bei einem Angebotspreis, der der Preisobergrenze entspricht, null Preispunkte erhält. Bei negativen Angebotspreisen ergeben sich größere Preispunktzahlen als die eigentlich gesetzte maximale Preispunktzahl.

14.3.6.4 Definitionsbereich

Die Proportionalitätsmethode mit Preisobergrenze ist als Bewertungsfunktion im Definitionsbereich

- Leistungspunktzahl $L \geq 0$

definiert. Für den Angebotspreis gibt es keine Einschränkungen. Es sind auch Angebotspreise von null Euro sowie negative Angebotspreise zulässig.

Die Preisobergrenzen müssen allerdings größer als null Euro sein.

14.3.7 Rechtsprechung

Es ist aktuell keine Rechtsprechung bekannt.

12 Ein Funktionsgraph ist die Menge aller geordneten Paare (Angebotspreis, Preispunkte), die in einem Wertediagramm grafisch dargestellt werden.

14.3.8 Empfehlung

Die Proportionalitätsmethode mit Preisobergrenze erfüllt alle Anforderungen an eine Bewertungsmethode und ist eine empfehlenswerte Bewertungsmethode. Die Preisobergrenze ist realistisch vorzugeben und es gilt, eine ausgewogene Gewichtung vorzunehmen.

14.3.9 Beispielformulierung für Ausschreibungen

Zur Ermittlung des wirtschaftlichsten Angebots findet die Proportionalitätsmethode mit Preisobergrenze Anwendung, bei der die Euro-Angebotspreise in Preispunkte umgerechnet werden.

Transformationsformel (Umwandlung Euro-Angebotspreise in Preispunkte):

Ein fiktiver Angebotspreis von null Euro erhält eine Preispunktzahl von 100 Punkten und ein Angebotspreis, der der Preisobergrenze entspricht, erhält null Preispunkte. Dazwischen wird linear interpoliert.

Angebotspreise, die über der Preisobergrenze liegen, führen zum Ausschluss des Angebots.

Gewichtung von Preis und Leistung:

- Gewicht für die Leistung: 60 %
- Gewicht für den Preis: 40 %

Zuschlagsentscheidung: Für die Zuschlagsentscheidung wird für jedes Angebot eine Gesamtpunktzahl (Score) aus der Summe der gewichteten Leistungspunkte und der gewichteten Preispunkte berechnet. Das Angebot mit der höchsten Gesamtpunktzahl (Score) *S* erhält den Zuschlag.

- Die gewichteten Leistungspunkte ergeben sich aus der Multiplikation des Gewichts für die Leistungspunktzahl und der vom Angebot erreichten Leistungspunktzahl.
- Die gewichteten Preispunkte ergeben sich aus der Multiplikation des Gewichts für den Preis und der vom Angebot erreichten Preispunkte.

Formel zur Berechnung der Gesamtpunktzahl (Score) S:

$$S = \omega L + (1-\omega)\left(1 - \frac{P}{P_{MAX}}\right) L_{MAX}$$

S	Gesamtpunktzahl (Score)
L	Leistungspunktzahl, $L \geq 0$
L_{MAX}	Maximal mögliche Leistungspunktzahl, $L > 1$
P	Angebotspreis in Euro, $P > 0$
P_{MAX}	Preisobergrenze, $P_{MAX} > 0$
ω	Gewichtungsfaktor für den Leistungsterm, $0 \leq \omega \leq 1$
$(1-\omega)$	Gewichtungsfaktor für den Preisterm

Abbildung: Berechnung der Gesamtpunktzahl nach der Proportionalitätsmethode mit Preisobergrenze

Preisobergrenze: Es wird eine Preisobergrenze von 750.000 Euro (inkl. MwSt.) vorgegeben. Angebote, deren Angebotspreis über der Preisobergrenze liegt, werden von der weiteren Wertung ausgeschlossen.

Mindestleistungspunktzahl: Die Angebote müssen mindestens 30 von maximal 100 möglichen Leistungspunkten erreichen. Angebote, die mit weniger als 30 Leistungspunkten bewertet werden, werden von der weiteren Wertung ausgeschlossen.

Gleichstand: Bei Gleichstand der Kennzahlen erhält das Angebot mit der größeren Leistungspunktzahl den Zuschlag. Führt dies nicht zu einem eindeutigen Zuschlagsergebnis, entscheidet das Los.

14.4 Lineare Interpolation mit 100 %-Spanne

14.4.1 Transformationsformel

Bei der **linearen Interpolation mit 100 %-Spanne** wird der billigste Angebotspreis der zu wertenden Angebote als Referenzwert verwendet. Das Angebot mit dem niedrigsten Angebotspreis erhält die maximale Preispunktzahl. Ein fiktives Angebot mit einem Angebotspreis vom Zweifachen des niedrigsten Angebotspreises (Referenzwert) erhält null Preispunkte.

In der folgenden Abbildung ist der Zusammenhang zwischen dem Angebotspreis in Euro und den Preispunkten grafisch durch ein Wertediagramm dargestellt. Auf der horizontalen Achse befindet sich der Angebotspreis in Euro und auf der vertikalen Achse die zugeordneten Preispunkte.

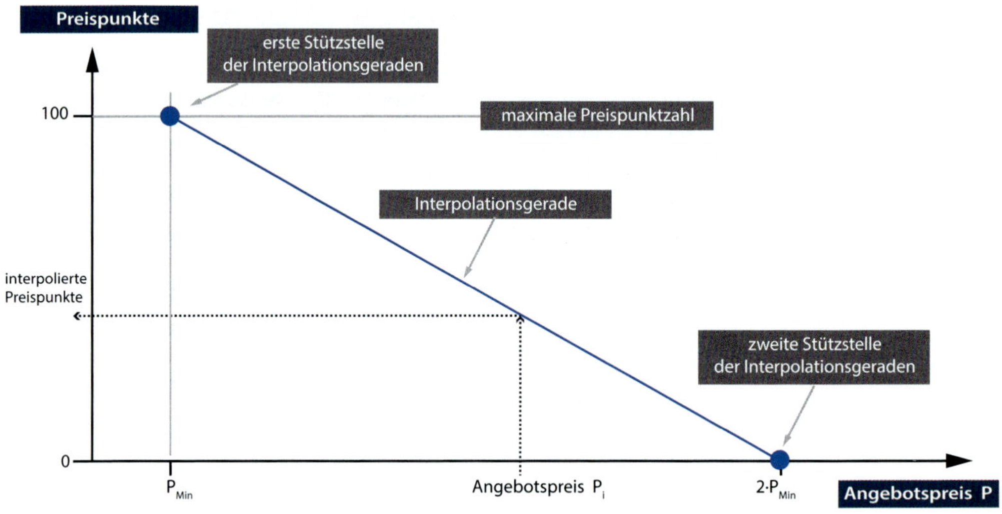

Abbildung: Funktionaler Zusammenhang zwischen Angebotspreis und Preispunkten bei der linearen Interpolation mit 100 %-Spanne

Die Transformationsformel zur Umwandlung der Angebotspreise in Preispunkte sieht dann wie folgt aus:

$$\text{Preispunkte} = 0,\ \text{für } P > 2 \cdot P_{Min}$$

$$\text{Preispunkte} = \left(\frac{2 \cdot P_{min} - P}{P_{min}}\right) L_{Max} \quad (\text{für } P \leq 2 \cdot P_{Min})$$

L_{Max}	Maximal mögliche Leistungspunktzahl, $L \geq 1$
P	Angebotspreis in Euro, $P > 0$
P_{min}	Niedrigster Angebotspreis, $P_{min} > 0$

Abbildung: Transformationsformel und Normierung durch Multiplikation mit L_{Max} bei der linearen Interpolation mit 100 %-Spanne

14.4.2 Formel zur Bestimmung der Gesamtpunktzahl

Bei der linearen Interpolation mit 100 %-Spanne wird für die Zuschlagsentscheidung eine Gesamtpunktzahl aus der Summe der gewichteten Leistungspunkte und der gewichteten Preispunkte betrachtet. Den Zuschlag erhält das Angebot, das die höchste Gesamtpunktzahl, die sich aus der Summe der gewichteten Leistungspunkte und der gewichteten Preispunkte ergibt, erreicht hat.

$$S = \omega \cdot L \quad (\text{für } P > 2 \cdot P_{Min})$$

$$S = \omega \cdot L + (1-\omega) \cdot \left(\frac{2 \cdot P_{min} - P}{P_{min}}\right) \cdot L_{Max} \quad (\text{für } P \leq 2 \cdot P_{Min})$$

S	Gesamtpunktzahl (Score)
L	Leistungspunktzahl, $L \geq 0$
L_{Max}	Maximal mögliche Leistungspunktzahl, $L \geq 1$
P	Angebotspreis in Euro, $P > 0$
P_{min}	Niedrigster Angebotspreis, $P_{min} > 0$
ω	Gewichtungsfaktor für den Leistungsterm, $0 \leq \omega \leq 1$
$(1-\omega)$	Gewichtungsfaktor für den Preisterm

Abbildung: Berechnung der Gesamtpunktzahl nach der linearen Interpolation mit 100 %-Spanne

14.4.3 Beispielrechnungen

Beispiel 1

Im folgenden Beispiel werden die vier Angebote A, B, C und D betrachtet, bei denen das Angebot A mit einem Angebotspreis von 300.000 Euro das billigste, aber auch gleichzeitig mit 50 Leistungspunkten das leistungsschwächste Angebot ist. Angebot D ist mit einem Angebotspreis von 550.000 Euro das teuerste, aber gleichzeitig mit 90 Leistungspunkten das leistungsstärkste Angebot. Gerechnet wird mit zwei Dezimalstellen hinter dem Komma und es findet das kaufmännische Runden Anwendung.

Tabelle: Beispiel 1

Angebot	Leistungspunkte	Preis
A	50	300.000 Euro
B	65	350.000 Euro
C	75	450.000 Euro
D	90	550.000 Euro

Mit der linearen Interpolation mit 100 %-Spanne erhält Angebot A aufgrund des niedrigsten Angebotspreises die maximale Preispunktzahl von 100 Punkten.

$$\text{Preispunkte} = \left(\frac{2 \cdot P_{min} - P}{P_{min}}\right) \cdot L_{Max}$$
$$= \frac{2 \cdot 300.000\,€ - 300.000\,€}{300.000\,€} \cdot 100$$
$$= \frac{300.000\,€}{300.000\,€} \cdot 100$$
$$= 100$$

Abbildung: Berechnung der Preispunktzahl für Angebot A nach der linearen Interpolation mit 100 %-Spanne

Mit der linearen Interpolation mit 100 %-Spanne erhält Angebot B mit einem Angebotspreis von 350.000 Euro 83,33 Preispunkte. Angebot B ist 1/6 teurer als das billigste Angebot A und erhält deshalb auch 1/6 weniger Preispunkte.

$$\text{Preispunkte} = \left(\frac{2 \cdot P_{min} - P}{P_{min}}\right) \cdot L_{Max}$$
$$= \frac{2 \cdot 300.000\,€ - 350.000\,€}{300.000\,€} \cdot 100$$
$$= \frac{250.000\,€}{300.000\,€} \cdot 100$$
$$= 83{,}33$$

Abbildung: Berechnung der Preispunktzahl für Angebot B nach der linearen Interpolation mit 100 %-Spanne

Mit der linearen Interpolation mit 100 %-Spanne erhält Angebot C mit einem Angebotspreis von 450.000 Euro 50 Preispunkte. Angebot C ist 50 % teurer als das billigste Angebot A und erhält deshalb auch 50 % weniger Preispunkte.

$$\text{Preispunkte} = \left(\frac{2 \cdot P_{min} - P}{P_{min}}\right) \cdot L_{Max}$$
$$= \frac{2 \cdot 300.000\,€ - 450.000\,€}{300.000\,€} \cdot 100$$
$$= \frac{150.000\,€}{300.000\,€} \cdot 100$$
$$= 50$$

Abbildung: Berechnung der Preispunktzahl für Angebot C nach der linearen Interpolation mit 100 %-Spanne

Mit der linearen Interpolation mit 100 %-Spanne erhält Angebot D mit einem Angebotspreis von 550.000 Euro 54,55 Punkte.

$$\text{Preispunkte} = \left(\frac{2 \cdot P_{min} - P}{P_{min}}\right) \cdot L_{Max}$$
$$= \frac{2 \cdot 300.000\,€ - 550.000\,€}{300.000\,€} \cdot 100$$
$$= \frac{50.000\,€}{300.000\,€} \cdot 100$$
$$= 16,67$$

Abbildung: Berechnung der Preispunktzahl für Angebot D nach der linearen Interpolation mit 100 %-Spanne

Tabelle: Beispiel 1 – Gewichtung von 60 % Leistung und 40 % Preis

Angebot	Leistungs-punkte	Preis	Preispunkte	Gesamtpunktzahl	Rang
A	50	300.000 Euro	100	70	2
B	65	350.000 Euro	83,33	72,33	1
C	75	450.000 Euro	50	65	3
D	90	550.000 Euro	16,67	60,67	4

Angebot B ist bei einer Gewichtung von 60 % Leistung und 40 % Preis mit einer Gesamtpunktzahl von 72,33 das Gewinnerangebot.

$$
\begin{aligned}
S &= \omega \cdot L + (1-\omega) \cdot \left(\frac{2 \cdot P_{min} - P}{P_{min}} \right) \cdot L_{Max} \\
&= 60\% \cdot 65 + 40\% \cdot \frac{250.000\ €}{300.000\ €} \cdot 100 \\
&= 39 + 40\% \cdot 83{,}33 \\
&= 39 + 33{,}33 \\
&= 72{,}33
\end{aligned}
$$

Abbildung: Berechnung der Gesamtpunktzahl von Angebot B

In der folgenden Abbildung wird im unteren linken Diagramm (Wertediagramm mit Funktionsgraph der linearen Interpolation mit 100 %-Spanne) die Transformation der Angebotspreise in Preispunkte grafisch dargestellt. Im unteren rechten Diagramm (gewichtetes Preis-Leistungs-Diagramm) sind auf der linken vertikalen Achse (Preisterm) die Preispunkte der vier Angebote eingetragen.

Die Leistungspunktzahl der vier Angebote wird in die rechte vertikale Achse (Leistungsterm) im gewichteten Preis-Leistungsdiagramm eingetragen. Die beiden Punkte werden durch eine Gerade verbunden und stellen das Angebot dar.

Für die Bestimmung der Gesamtpunktzahl besteht ein sehr anschaulicher grafischer Zusammenhang: Bewegt man den Gewichtungsregler auf der horizontalen Achse, kann man die Gesamtpunktzahl direkt am Schnittpunkt der Messskala mit den Angebotsgeraden ablesen.

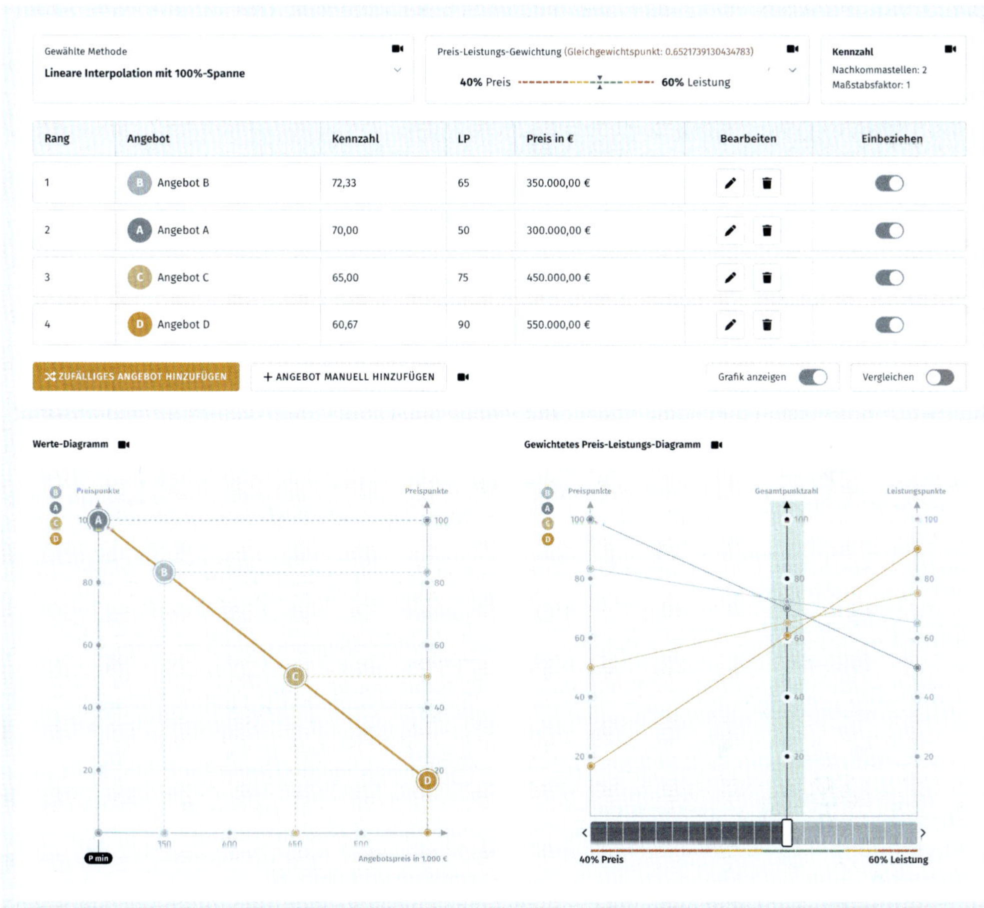

Abbildung: Transformation der Angebotspreise in Preispunkte + Darstellung des Zusammenhangs von Preispunkten, Leistungspunkten und Gewichtung

Tabelle: Beispiel 1 – Gewichtung von 50 % Leistung und 50 % Preis

Angebot	Leistungs-punkte	Preis	Preispunkte	Gesamtpunktzahl	Rang
A	50	300.000 Euro	100	75	1
B	65	350.000 Euro	83,33	74,17	2
C	75	450.000 Euro	50	62,5	3
D	90	550.000 Euro	16,67	53,33	4

Angebot A ist bei einer Gewichtung von 50 % Leistung und 50 % Preis mit einer Gesamtpunktzahl von 75 das Gewinnerangebot.

$$
\begin{aligned}
S &= \omega \cdot L + (1-\omega) \cdot \left(\frac{2 \cdot P_{min} - P}{P_{min}} \right) \cdot L_{Max} \\
&= 50\% \cdot 50 \quad + \quad 50\% \cdot \frac{300.000\ €}{300.000\ €} \cdot 100 \\
&= \quad 25 \quad + \quad 50\% \cdot 100 \\
&= \quad 25 \quad + \quad 50 \\
&= \quad 75
\end{aligned}
$$

Abbildung: Berechnung der Gesamtpunktzahl von Angebot A

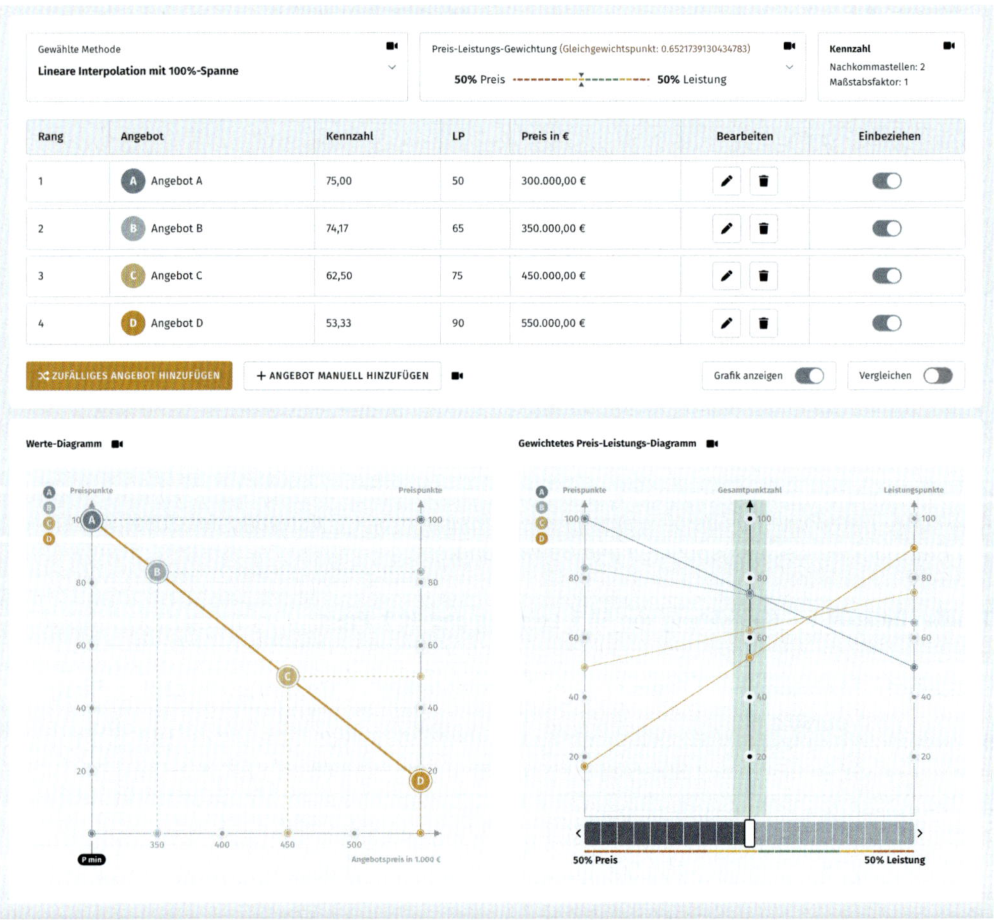

Abbildung: Transformation der Angebotspreise in Preispunkte + Darstellung des Zusammenhangs von Preispunkten, Leistungspunkten und Gewichtung

Tabelle: Beispiel 1 – Gewichtung von 75 % Leistung und 25 % Preis

Angebot	Leistungs-punkte	Preis	Preispunkte	Gesamtpunktzahl	Rang
A	50	300.000 Euro	100	62,5	4
B	65	350.000 Euro	83,33	69,58	2
C	75	450.000 Euro	50	68,75	3
D	90	550.000 Euro	16,67	71,67	1

Angebot D ist bei einer Gewichtung von 75 % Leistung und 25 % Preis mit einer Gesamtpunktzahl von 71,67 Punkten das Gewinnerangebot.

$$
\begin{aligned}
S &= \omega \cdot L + (1-\omega) \cdot \left(\frac{2 \cdot P_{min} - P}{P_{min}} \right) \cdot L_{Max} \\
&= 75\% \cdot 90 + 25\% \cdot \frac{50.000\ €}{300.000\ €} \cdot 100 \\
&= 67{,}5 + 25\% \cdot 16{,}67 \\
&= 67{,}5 + 4{,}17 \\
&= 71{,}67
\end{aligned}
$$

Abbildung: Berechnung der Gesamtpunktzahl von Angebot D

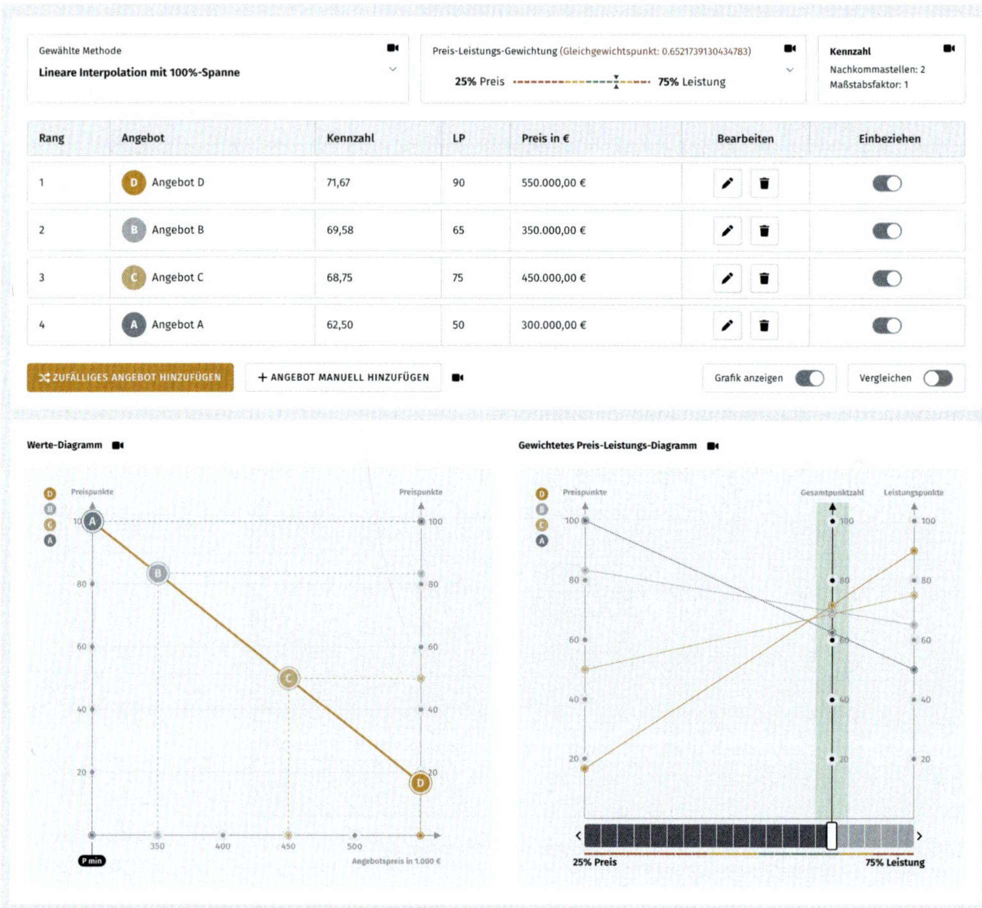

Abbildung: Transformation der Angebotspreise in Preispunkte + Darstellung des Zusammenhangs von Preispunkten, Leistungspunkten und Gewichtung

14.4.4 Abhängigkeit von anderen Angeboten

Bei der linearen Interpolation mit 100 %-Spanne besteht eine Abhängigkeit zum billigsten Angebotspreis, da dieser Wert als Referenzwert zur Berechnung der Preispunkte Anwendung findet. Aus diesem Grund kann ein zusätzliches billiges Angebot oder der Wegfall eines billigen Angebots einen Einfluss auf die Zuschlagsentscheidung haben.

Im Folgenden werden die vier Angebote A, B, C und D betrachtet, bei denen unter Anwendung der linearen Interpolation mit 100 %-Spanne und einer Gewichtung von 60 % Leistung und 60 % Preis Angebot B mit einer Gesamtpunktzahl von 72,33 das Siegerangebot ist.

Tabelle: Beispiel 1 – Gewichtung von 60 % Leistung und 40 % Preis

Angebot	Leistungs-punkte	Preis	Preispunkte	Gesamtpunktzahl	Rang
A	50	300.000 Euro	100	70	2
B	65	350.000 Euro	83,33	72,33	1
C	75	450.000 Euro	50	65	3
D	90	550.000 Euro	16,67	60,67	4

Das folgende Beispiel 2 entspricht Beispiel 1 mit dem Unterschied, dass ein sehr billiges, aber leistungsschwaches Angebot E hinzukommt.

Tabelle: Beispiel 2 – Gewichtung von 60 % Leistung und 40 % Preis

Angebot	Leistungs-punkte	Preis	Preispunkte	Gesamtpunktzahl	Rang
A	50	300.000 Euro	50	50	2
B	65	350.000 Euro	25	49	3
C	75	450.000 Euro	0	45	5
D	90	550.000 Euro	0	54	1
E	10	200.000 Euro	100	46	4

Angebot D ist bei einer Gewichtung von 60 % Leistung und 40 % Preis mit einer Gesamtpunktzahl von 54 Punkten das Gewinnerangebot. Das sehr leistungsschwache und damit abgeschlagene (vorletzter Rang), aber sehr billige Angebot E verändert die Rangfolge der Angebote. Bei der linearen Interpolation mit 100 %-Spanne wird der niedrigste Angebotspreis der zu wertenden Angebote als Referenzwert im Zähler des Preisquotienten verwendet. Der niedrigste Angebotspreis hat damit einen Einfluss auf die Berechnung der Preispunkte.

$$\begin{aligned} S &= \omega \cdot L + (1-\omega) \cdot 0 \cdot L_{Max} \\ &= 60\% \cdot 90 + 40\% \cdot 0 \cdot 100 \\ &= 54 + 0 \\ &= 54 \end{aligned}$$

Abbildung: Berechnung der Gesamtpunktzahl von Angebot D

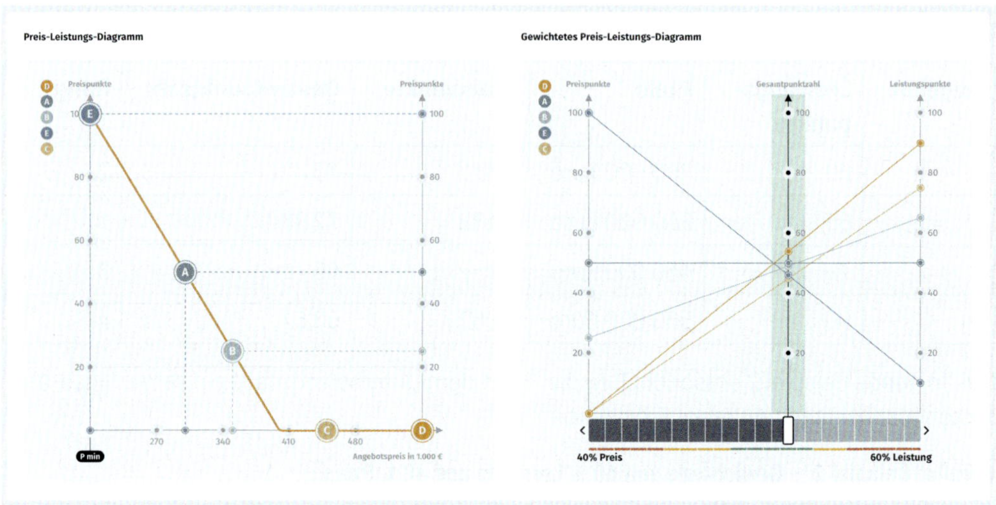

Abbildung: Transformation der Angebotspreise in Preispunkte + Darstellung des Zusammenhangs von Preispunkten, Leistungspunkten und Gewichtung

14.4.5 Definitionsbereich

14.4.5.1 Null Leistungspunkte

Die lineare Interpolation mit 100 %-Spanne ist auch für Leistungspunktzahlen von null Punkten sinnvoll anwendbar. Null Leistungspunkte führen im Leistungspunkteterm zu null Punkten, dies hat aber keinerlei Einfluss auf den Angebotspreisterm, der unabhängig vom Leistungspunkteterm ist.

14.4.5.2 Angebotspreise von null Euro

Die lineare Interpolation mit 100 %-Spanne ist nicht anwendbar, wenn ein niedrigster Angebotspreis von null Euro möglich ist. Ein niedrigster Angebotspreis von null Euro führt bei der linearen Interpolation mit 100 %-Spanne zu einer Division durch null, die nicht zulässig ist und eine Definitionslücke für die lineare Interpolation mit 100 %-Spanne darstellt. Da bei der linearen Interpolation zwei Stützstellen notwendig sind, scheitert man, wenn der niedrigste Angebotspreis null Euro entspricht. Die notwendige zweite Stützstelle mit einem 100 % höheren Angebotspreis führt dann ebenfalls zu einem Preis von null Euro.

14.4.5.3 Negative Angebotspreise

Die lineare Interpolation mit 100 %-Spanne kann auch mit negativen Angebotspreisen rechnen. Dazu wird im Folgenden ein Beispiel mit fünf Angeboten betrachtet. Die Angebote A, B und C haben einen negativen Angebotspreis, Angebot D hat einen Angebotspreis von null Euro und die Angebote E und F haben einen positiven Angebotspreis.

Tabelle: Beispiel – Negative und positive Angebotspreise sowie ein Angebotspreis von null Euro

Angebot	Leistungspunkte	Preis
A	50	-2,00 Euro
B	50	-1,00 Euro
C	50	-0,10 Euro
D	60	0 Euro
E	70	0,20 Euro
F	70	1,00 Euro

Mit einem Angebotspreis von -2,00 Euro hat Angebot A den niedrigsten Angebotspreis und wird als Referenzwert verwendet.

Um die Preispunkteskala mit der Leistungspunkteskala vergleichbar zu machen, wird eine Normierung durch Multiplikation mit der maximal möglichen Leistungspunktzahl L_{Max} (in diesem Beispiel 100 Punkte) vorgenommen.

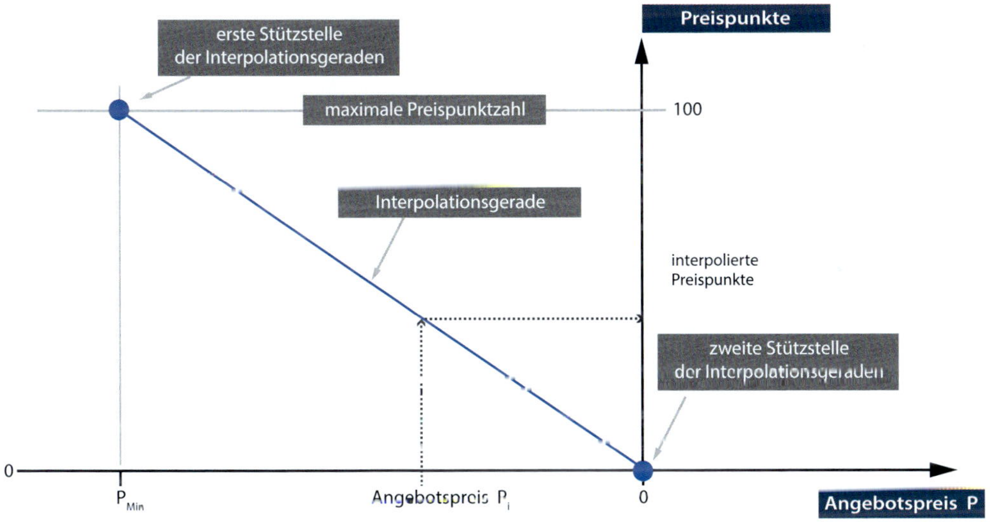

Abbildung: Funktionaler Zusammenhang zwischen Angebotspreis und Preispunkten bei negativen Angebotspreisen

Die Transformationsformel zur Umwandlung der Angebotspreise in Preispunkte mit negativen Angebotspreisen sieht dann wie folgt aus:

$$\text{Preispunkte} = 0, \text{ für } P > 0$$

$$\text{Preispunkte} = \left(\frac{P}{P_{min}}\right) \cdot L_{Max} \quad (\text{für } P \leq 0)$$

L_{Max}	Maximal mögliche Leistungspunktzahl, $L \geq 1$
P	Angebotspreis in Euro
P_{min}	Niedrigster Angebotspreis, $P_{min} < 0$

Abbildung: Transformationsformel für negative Angebotspreise und Normierung durch Multiplikation mit L_{Max} bei der linearen Interpolation mit 100 %-Spanne

Mit der linearen Interpolation mit 100 %-Spanne erhält Angebot A mit einem Angebotspreis von -2 Euro 100 Preispunkte.

$$\begin{aligned}\text{Preispunkte} &= \left(\frac{P}{P_{min}}\right) \cdot L_{Max} \\ &= \frac{(-2)\,€}{(-2)\,€} \cdot 100 \\ &= 100\end{aligned}$$

Abbildung: Berechnung der Preispunktzahl für Angebot A nach der linearen Interpolation mit 100 %-Spanne

Mit der linearen Interpolation mit 100 %-Spanne erhält Angebot B mit einem Angebotspreis von -1,00 Euro 50 Preispunkte.

$$\begin{aligned}\text{Preispunkte} &= \left(\frac{P}{P_{min}}\right) \cdot L_{Max} \\ &= \frac{(-1)\,€}{(-2)\,€} \cdot 100 \\ &= 50\end{aligned}$$

Abbildung: Berechnung der Preispunktzahl für Angebot B nach der linearen Interpolation mit 100 %-Spanne

Mit der linearen Interpolation mit 100 %-Spanne erhält Angebot C mit einem Angebotspreis von -0,10 Euro 5 Preispunkte.

$$\textbf{Preispunkte} = \left(\frac{P}{P_{min}}\right) \cdot L_{Max}$$
$$= \frac{(-0{,}10)\,€}{(-2{,}00)\,€} \cdot 100$$
$$= 5$$

Abbildung: Berechnung der Preispunktzahl für Angebot C nach der linearen Interpolation mit 100 %-Spanne

Mit der linearen Interpolation mit 100 %-Spanne erhält Angebot D mit einem Angebotspreis von 0,00 Euro 0 Preispunkte.

$$\textbf{Preispunkte} = \left(\frac{P}{P_{min}}\right) \cdot L_{Max}$$
$$= \frac{(0{,}00)\,€}{(-2{,}00)\,€} \cdot 100$$
$$= 0$$

Abbildung: Berechnung der Preispunktzahl für Angebot D nach der linearen Interpolation mit 100 %-Spanne

Mit der linearen Interpolation mit 100 %-Spanne erhalten Angebot E mit einem Angebotspreis von 0,20 Euro 0 Preispunkte und Angebot F mit einem Angebotspreis von 1,00 Euro 0 Preispunkte.

Tabelle: Beispiel – Gewichtung von 50 % Leistung und 50 % Preis und negative Angebotspreise

Angebot	Leistungs-punkte	Preis	Preispunkte	Gesamtpunktzahl	Rang
A	50	-2,00 Euro	100	75	1
B	50	-1,00 Euro	50	50	2
C	50	-0,10 Euro	5	27,5	6
D	60	0 Euro	0	30	5
E	70	0,20 Euro	0	35	3
F	70	1,00 Euro	0	35	3

Angebot A ist bei einer Gewichtung von 50 % Leistung und 50 % Preis mit einer Gesamtpunktzahl von 75 Punkten das Gewinnerangebot.

$$
\begin{aligned}
S &= \omega L + (1-\omega)\frac{P}{P_{min}} L_{Max} \\
&= 50\% \cdot 50 + 50\% \cdot \frac{-2{,}00€}{-2{,}00€} \cdot 100 \\
&= 25 + 50\% \cdot 100 \\
&= 25 + 50 \\
&= 75
\end{aligned}
$$

Abbildung: Berechnung der Gesamtpunktzahl von Angebot A

Die lineare Interpolation mit 100 %-Spanne erfüllt auch bei negativen Angebotspreisen die Wirtschaftlichkeitsanforderungen an die Zuschlagsformeln. Bei mehreren Angeboten mit gleicher Leistungspunktzahl muss das Angebot mit dem niedrigeren Angebotspreis gewinnen, beziehungsweise im betrachteten Fall muss das Angebot mit dem niedrigeren Angebotspreis die höhere Gesamtpunktzahl erreichen.

Im betrachteten Beispiel haben die Angebote A, B und C die gleiche Leistungsstärke von 50 Leistungspunkten. Angebot A ist mit einem Angebotspreis von -2,00 Euro billiger als Angebot B mit einem Angebotspreis von -1,00 Euro und Angebot B ist mit einem Angebotspreis von -1,00 Euro billiger als Angebot C mit einem Angebotspreis von -0,10 Euro. Die Wirtschaftlichkeitsanforderung ist erfüllt, da Angebot A im Vergleich zu den Angeboten B und C die höhere Gesamtpunktzahl erhält.

Das Wirtschaftlichkeitsaxiom wird dann allerdings bei den positiven Angebotspreisen verletzt. Nach der Transformationsformel für negative Angebotspreise bei der linearen Interpolation mit 100 %-Spanne erhalten alle Angebote mit einem positiven Angebotspreis (Angebotspreis größer als null) null Preispunkte.

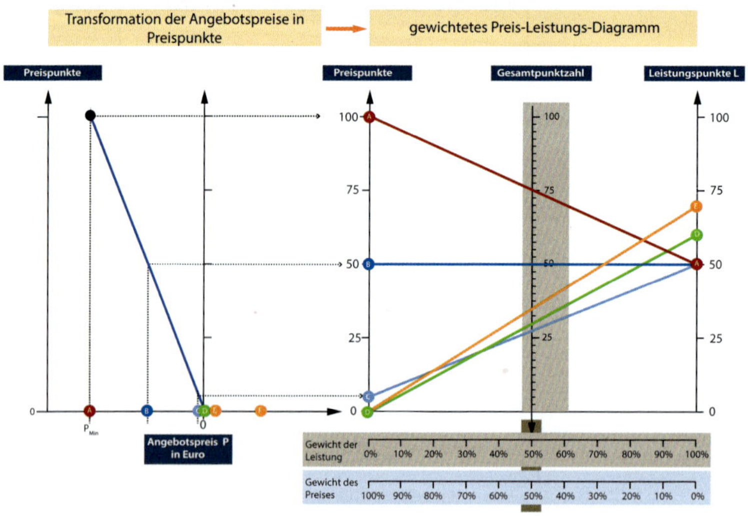

Abbildung: Berechnung der Gesamtpunktzahl von Angebot A

Im betrachteten Beispiel haben die Angebote E und F die gleiche Leistungsstärke von 70 Leistungspunkten. Angebot E ist mit einem Angebotspreis von 0,20 Euro billiger als Angebot F mit einem Angebotspreis von 1,00 Euro. Nach dem Wirtschaftlichkeitsaxiom müsste Angebot E im Vergleich zu Angebot F die höhere Gesamtpunktzahl erhalten. Dies ist hier allerdings nicht der Fall. Beide Angebote erhalten die gleiche Gesamtpunktzahl.

Noch extremer wird das Ganze bei einem sehr kleinen negativen Angebotspreis. Dieser Fall wird im folgenden Beispiel betrachtet

Tabelle: Beispiel – Ein sehr kleiner negativer Angebotspreis und mehrere positive Angebotspreise

Angebot	Leistungspunkte	Preis
A	1	-0,01 Euro
B	20	0,00 Euro
C	50	10,00 Euro
D	100	20,00 Euro

Mit einem Angebotspreis von -0,01 Euro hat Angebot A den niedrigsten Angebotspreis und wird als Referenzwert verwendet. Die Angebote B, C und D erhalten alle null Preispunkte.

Tabelle: Beispiel – Gewichtung von 50 % Leistung und 50 % Preis

Angebot	Leistungs-punkte	Preis	Preispunkte	Gesamtpunktzahl	Rang
A	1	-0,01 Euro	100	50,5	1
B	20	0,00 Euro	0	10	4
C	50	10,00 Euro	0	25	3
D	100	20,00 Euro	0	50	2

Obwohl Angebot B nur einen Cent teurer ist als Angebot A und dafür aber eine 20-fach größere Leistungsstärke hat, ist das Angebot B im Vergleich zu Angebot A abgeschlagen. Man betrachte das folgende extreme Beispiel mit den zwei Angeboten:

Tabelle: Beispiel – Gewichtung von 50 % Leistung und 50 % Preis

Angebot		Leistungspunkte	Preis
A		1	-0,01 Euro
B		100	0,00 Euro

Hier zeigt sich die Gefahr der Bewertungsverzerrung durch negative Angebotspreise bei dieser Bewertungsmethode.

Tabelle: Beispiel – Gewichtung von 50 % Leistung und 50 % Preis

Angebot	Leistungs-punkte	Preis	Preispunkte	Gesamtpunktzahl	Rang
A	1	-0,01 Euro	100	50,5	1
B	100	0,00 Euro	0	50	2

14.4.5.4 Definitionsbereich

Die lineare Interpolation mit 100 %-Spanne wird als Bewertungsfunktion im Definitionsbereich

- Angebotspreis $P > 0$,
- Leistungspunktzahl $L \geq 0$

definiert.

Ein niedrigster Angebotspreis von null Euro führt bei der linearen Interpolation mit 100 %-Spanne zu einer Division durch null, die nicht zulässig ist und eine Definitionslücke (Polstelle) für die lineare Interpolation mit 100 %-Spanne darstellt. Negative Angebotspreise sind zwar berechenbar, können aber zu Bewertungsverzerrungen führen. Ist der niedrigste Angebotspreis ein negativer Wert, dann gibt es für Angebotspreise von null Euro keine Definitionslücke und auch diese Angebotspreise sind berechenbar.

14.4.6 Gewichtung

Da sowohl der Preis- als auch der Leistungsterm mit Gewichtungsfaktoren versehen sind, können Preis und Leistung durch die Addition von Preis- und Leistungsterm mit unterschiedlichen Gewichten in die Bewertung einfließen.

14.4.7 Rechtsprechung

Die lineare Interpolation mit 100 %-Spanne ist eine von der Rechtsprechung anerkannte Bewertungsmethode und wird auch im Vergabehandbuch des Bundes verwendet.[13]

OLG Düsseldorf, Beschluss vom 29.4.2015 – VII-Verg 35/14: *„Für das weitere Verfahren ist bemerken: Einem Vergabefehler kann die Antragsgegnerin, wie auch die Vergabekammer angenommen hat, auf dem sichersten Weg dadurch begegnen, indem sie ein fiktives Angebot, das doppelt so teuer ist wie das preisgünstigste Angebot, mit null Punkten und die dazwischen liegenden Angebote im Wege einer linearen Interpolation bewertet."*

OLG Celle, Beschluss vom 19.3.2015 - 13 Verg 1/15: *„Zwar ist zutreffend, dass die Formel für die Bewertung des Zuschlagskriteriums „Preis" zu einer Bewertung eines Angebots mit „null" führen kann, wenn dieses doppelt so hoch ist wie dasjenige des günstigsten Bieters. Dieser Fall unterscheidet sich jedoch deutlich von der Verwendung eines disproportionalen Punk-*

13 OLG Düsseldorf, Beschluss vom 29.4.2015 – VII-Verg 35/14; OLG Celle, Beschluss vom 19.3.2015 - 13 Verg 1/15; VK Bund, Beschluss vom 24.10.2014 – VK2-85/14; VHB Bund, Ausgabe 2017, Stand 2019, Formblatt 227, Hinweis 1 und Hinweis 4.1.

tesystems bei der Angebotsbewertung, das der Entscheidung des Vergabesenats des Oberlandesgerichts Düsseldorf zugrunde lag (Beschluss vom 22. Januar 2014 - VII-Verg 26/13, VergR 2014, 424 ff.). Das dortige Bewertungssystem führte „holzschnittartig" dazu, dass dann, wenn nur zwei Angebote in die Wertung gelangten, stets das eine mit 100 Punkten und das andere mit 0 Punkten bewertet wurden, was wiederum bedeutete, dass der Bieter mit dem entsprechenden Kriterium (im dortigen Fall war es das Kriterium „Qualität") mit der Wertung des Angebots ausfiel und letztlich allein das Angebot mit dem günstigsten Preis ausgewählt werden konnte. Denn es blieb wegen des Ausfalls des Kriteriums „Qualität" ungewürdigt, ob der Bieter etwa einen schlechteren (hohen) Preis durch qualitative Aspekte seines Angebots oder Defizite in der Qualität durch einen guten (niedrigen) Preis hätte kompensieren können (vgl. OLG Düsseldorf, a. a. O., juris Rn. 24).

Dies ist vorliegend gerade nicht in gleicher Weise möglich. Denn Preisabweichungen bis zu 100 % führen - zu Recht - zu einer schlechteren Bewertung des Preiskriteriums, aber nicht zu dessen vollständigem „Ausfall". Der Bieter mit dem preislich ungünstigeren Angebot hat schon deswegen die Möglichkeit, durch eine höhere Qualität seiner Leistung einen Ausgleich zu schaffen, weil diese mit 60 % und daher mit einem höheren Gewicht als der Preis in die Bewertung einfließt. Zu einer gleichheitswidrigen Bewertung von Preis und Leistung kommt es mithin nicht.

Zu einer Veränderung der bekanntgegebenen Gewichtung von Preis und Leistung beim schlechteren Angebot kann es nur in Ausnahmefällen, nämlich bei Abweichungen von 100 % und mehr, kommen. Bei dem hier in Rede stehenden finanziellen Volumen der Aufträge kann dies von vornherein nur extreme Preisunterschiede betreffen, die es ohnehin als fernliegend erscheinen lassen, dass das doppelt so teure Gebot den Zuschlag erhalten könnte. Der von der Antragstellerin befürchteten Bevorzugung von Dumpingangeboten lässt sich - wie die Vergabekammer zutreffend ausgeführt hat - ausreichend gemäß § 16 Abs. 6 Satz 2 VOL/A begegnen. Denn auf Angebote, deren Preis in offenbarem Missverhältnis zur Leistung steht, darf der Zuschlag nicht erteilt werden. Vielmehr ist der Auftraggeber gehalten, ein im Vergleich zum zweitplatzierten Angebot ungewöhnlich niedrigeres Angebot gemäß § 16 Abs. 6 Satz 1 VOL/A auf seine Angemessenheit zu prüfen. Auf ein Unterkostenangebot, das nicht gemäß § 16 Abs. 6 VOL/A auszuschließen ist, darf der Auftraggeber hingegen ohne weiteres den Zuschlag erteilen."

VK Bund, Beschluss vom 19.2.2018 – VK 1-167/17: *„Die Wahl eines linearen Bewertungssystems verstößt nicht gegen das Transparenzgebot nach § 97 Abs. 1 GWB. Die Wahl einer bestimmten Preisumrechnungsmethode kann vergaberechtlich nur beanstandet werden, wenn sich ihre Heranziehung im Einzelfall aufgrund besonderer Umstände als mit dem gesetzlichen Leitbild des Vergabewettbewerbs unvereinbar erwiese (vgl. BGH, Beschluss vom 04. April 2017, X ZB 3/17). Grundsätzlich ist die von der ASt bemängelte einfache lineare Methode eine gängige Methode und kann nicht per se als vergaberechtswidrig bewertet werden (vgl. BGH aaO.). Die Grenze zur Vergaberechtswidrigkeit der Verwendung eines solchen Wertungsschemas wäre überschritten, wenn Wertungskriterien einzeln oder in ihrer Gesamtheit ein Gewicht zugemessen würde, das sachlich nicht zu rechtfertigen wäre und deshalb die Annahme nahelegt, dass die Kriterien so ausgestaltet wurden, dass nur ein oder einzelne Unternehmen realistische Aussichten auf den Zuschlag haben (BGH, aaO.). Dies ist vorliegend nicht der Fall. Die Ag hat in Anlage A5 klargestellt, dass Minuswerte bei der Preiswertung nicht berücksichtigt werden.*

Sie vergibt null Punkte bei Preisen, die mehr als doppelt so hoch sind wie der günstigste angebotene Preis (vgl. dort S. 3). Hierdurch verhindert die Ag – was vergaberechtlich nicht zu beanstanden ist –, dass die Angebotswertung sehr teurer Angebote zu Lasten der Qualitätswertung, die mit 20 % in die Angebotswertung eingehen soll, ausfällt. Sie vermeidet damit, dass bei solchen Angeboten entgegen ihrer bekanntgemachten Kriterien zur Gewichtung (80 %/20 %) allein der Preis in die Wertung einfließen würde (vgl. auch § 127 Abs. 1b Satz 2 SGB V).

(...)

Ein Verstoß gegen den Gleichbehandlungsgrundsatz gemäß § 97 Abs. 2 GWB ist auch nicht im Hinblick auf die pauschale Null-Wertung von mehr als doppelt so teuren Angeboten zu sehen. Es fehlt in diesem Zusammenhang bereits an der notwendigen Kausalität eines Rechtsverstoßes. Denn die von der Nivellierung betroffenen teuren Angebote haben ohnehin keine realistische Aussicht, in die engere Wahl für den Zuschlag zu kommen. Der 80 %-Anteil der Preisgewichtung führt bei dem notwendigen Vorhandensein günstigerer Angebote mit höchster Wahrscheinlichkeit dazu, dass die von der ASt beispielhaft angeführten Angebote mit Null-Wertung nicht in Zuschlagsnähe kämen."

VK Bund, Beschluss vom 24.10.2014 – VK2-85/14: *„Sachgerecht aus Sicht der Vergabekammer scheint beispielsweise ein System, wonach ein (fiktives) Angebot, das doppelt so teuer ist wie das günstigste, 0 Punkte erhält, und zwischen diesem und dem billigsten interpoliert wird. Auch wenn dieses System durchaus auch zur Folge haben kann, dass ein Angebot mit 0 Preispunkten zu bewerten ist, so ist danach doch über das günstigste Angebot als Anker eine Rückkopplung zum relativen Preisabstand gegeben."*

14.4.8 Empfehlung

Die lineare Interpolation mit 100 %-Spanne ist eine empfehlenswerte Bewertungsmethode. Es ist aber darauf zu achten, eine ausgewogene Gewichtung vorzunehmen.

Teilweise wird diese Methode für unzulässig gehalten, weil die Wertungsmaßstäbe in Abhängigkeit zu den eingereichten Angeboten stünden und die Methode anfällig für eine Rangvertauschung (rank reversal) sei.[14] Dies stehe dem Wirtschaftlichkeits- und dem Gleichbehandlungsgrundsatz entgegen. Diese Betrachtungsweise überzeugt nicht. Denn sie lässt außer Betracht, dass diese Effekte durch das Eingrenzen des Preis- und Leistungsbereichs abgemildert beziehungsweise ausgeschlossen werden können und die Wahl der Notenskala in der Regel einen wesentlich stärkeren Einfluss auf das Zuschlagsergebnis hat und auch durch die Notenskalen Rangvertauschungen möglich und deutlich wahrscheinlicher sind.[15]

14.4.9 Beispielformulierung für Ausschreibungen

Zur Ermittlung des wirtschaftlichsten Angebots findet die lineare Interpolation mit 100 %-Spanne Anwendung, bei der die Euro-Angebotspreise in Preispunkte umgerechnet werden.

14 *Steck*, Ermittlung des besten Preis-Leistungs-Verhältnisses, VergabeR 2017, 240 (244); *Bartsch/von Gehlen/Hirsch*, Mit Preisgewichtung vorbei am wirtschaftlichsten Angebot?, NZBau 2012, 393 (396); *Schneider*, Die Rechtswidrigkeit der UfAB-II-Formeln im Vergabeverfahren, NZBau 2002, 555 (557).

15 Das Thema Rangumkehr (Flipping-Effekt) wird ausführlich in *Ferber*, in: Müller-Wrede, VgV/UVgO, § 58 VgV, Rn. 84 sowie in *Ferber*, Das wirtschaftlichste Angebot im Vergaberecht behandelt.

Transformationsformel (Umwandlung Euro-Angebotspreise in Preispunkte): Das Angebot mit dem niedrigsten Angebotspreis (P_{min}) aller wertbaren Angebote dient als Bezugspunkt für die Berechnung der Preispunkte.

Das Angebot mit dem niedrigsten Angebotspreis erhält die volle Preispunktzahl von 100.

Ein fiktiver doppelt so teurer Angebotspreis erhält null Preispunkte. Die Angebotspreise der dazwischen liegenden Angebote werden mittels einer linearen Interpolation bewertet und in Preispunkte umgewandelt. Angebote, die teurer als das fiktive Angebot sind, erhalten ebenfalls null Preispunkte.

Gewichtung von Preis und Leistung:

- Gewicht für die Leistung: 60 %
- Gewicht für den Preis: 40 %

Zuschlagsentscheidung: Für die Zuschlagsentscheidung wird für jedes Angebot eine Gesamtpunktzahl (Score) aus der Summe der gewichteten Leistungspunkte und der gewichteten Preispunkte berechnet. Das Angebot mit der höchsten Gesamtpunktzahl (Score) *S* erhält den Zuschlag.

- Die gewichteten Leistungspunkte ergeben sich aus der Multiplikation des Gewichts für die Leistungspunktzahl und der vom Angebot erreichten Leistungspunktzahl.
- Die gewichteten Preispunkte ergeben sich aus der Multiplikation des Gewichts für den Preis und der vom Angebot erreichten Preispunkte.

Formel zur Berechnung der Gesamtpunktzahl (Score) S:

$$S = \omega \cdot L \quad (\text{für } P > 2 \cdot P_{Min})$$

$$S = \omega \cdot L + (1-\omega) \cdot \left(\frac{2 \cdot P_{min} - P}{P_{min}} \right) \cdot L_{Max} \quad (\text{für } P \leq 2 \cdot P_{Min})$$

S	Gesamtpunktzahl (Score)
L	Leistungspunktzahl, $L \geq 0$
L_{Max}	Maximal mögliche Leistungspunktzahl, $L \geq 1$
P	Angebotspreis in Euro, $P > 0$
P_{min}	Niedrigster Angebotspreis, $P_{min} > 0$
ω	Gewichtungsfaktor für den Leistungsterm, $0 \leq \omega \leq 1$
$(1-\omega)$	Gewichtungsfaktor für den Preisterm

Abbildung: Berechnung der Gesamtpunktzahl nach der linearen Interpolation mit 100 %-Spanne

Preisobergrenze: Es wird eine Preisobergrenze von 750.000 Euro (inkl. MwSt.) vorgegeben. Angebote, deren Angebotspreis über der Preisobergrenze liegt, werden von der weiteren Wertung ausgeschlossen.

Mindestleistungspunktzahl: Die Angebote müssen mindestens 30 von maximal 100 möglichen Leistungspunkten erreichen. Angebote, die mit weniger als 30 Leistungspunkten bewertet werden, werden von der weiteren Wertung ausgeschlossen.

Gleichstand: Bei Gleichstand der Kennzahlen erhält das Angebot mit der größeren Leistungspunktzahl den Zuschlag. Führt dies nicht zu einem eindeutigen Zuschlagsergebnis, entscheidet das Los.

14.5 Lineare Interpolation mit Interpolationsfaktor

14.5.1 Transformationsformel

Bei der **linearen Interpolation mit Interpolationsfaktor** wird der niedrigste Angebotspreis der zu wertenden Angebote als Referenzwert verwendet. Das Angebot mit dem niedrigsten Angebotspreis erhält die maximale Preispunktzahl. Ein fiktives Angebot mit einem Angebotspreis vom x-fachen (Interpolationsfaktor) des niedrigsten Angebotspreises (Referenzwert) erhält null Preispunkte. Angebote, die teurer als das fiktive Angebot sind, erhalten ebenfalls null Preispunkte.

Interpolationsfaktor = 2:

- 5 % teurer als das billigste Angebot → 5 % weniger Preispunkte als das billigste Angebot
- 15 % teurer als das billigste Angebot → 15 % weniger Preispunkte als das billigste Angebot
- 30 % teurer als das billigste Angebot → 30 % weniger Preispunkte als das billigste Angebot

Interpolationsfaktor = 1,5:

- 5 % teurer als das billigste Angebot → 10 % weniger Preispunkte als das billigste Angebot
- 15 % teurer als das billigste Angebot → 30 % weniger Preispunkte als das billigste Angebot
- 30 % teurer als das billigste Angebot → 60 % weniger Preispunkte als das billigste Angebot

Interpolationsfaktor = 1,2:

- 5 % teurer als das billigste Angebot → 25 % weniger Preispunkte als das billigste Angebot
- 15 % teurer als das billigste Angebot → 75 % weniger Preispunkte als das billigste Angebot
- 20 % teurer als das billigste Angebot → 100 % weniger Preispunkte als das billigste Angebot = 0 Punkte

In der folgenden Abbildung ist der Zusammenhang zwischen dem Angebotspreis in Euro und den Preispunkten grafisch durch ein Wertediagramm dargestellt. Auf der horizontalen Achse befindet sich der Angebotspreis in Euro und auf der vertikalen Achse befinden sich die zugeordneten Preispunkte.

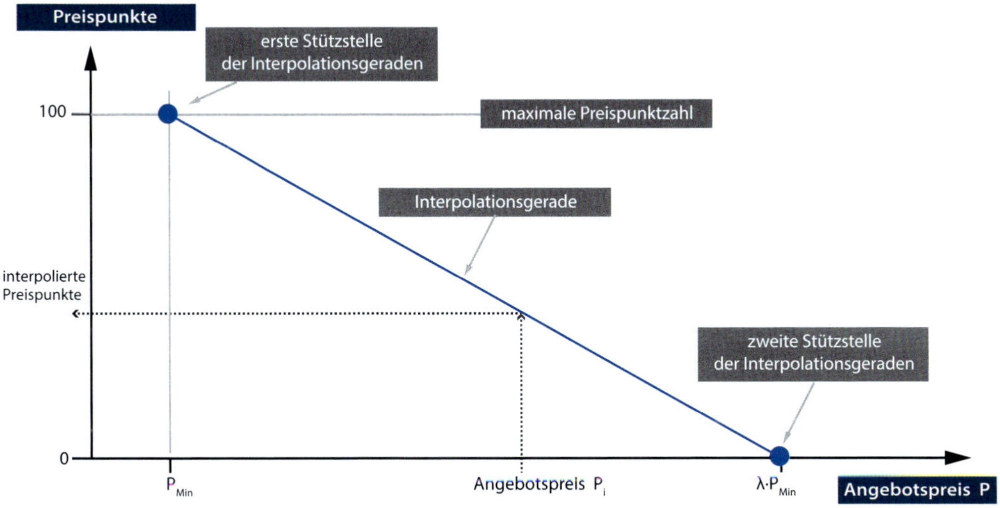

Abbildung: Funktionaler Zusammenhang zwischen Angebotspreis und Preispunkten

Die Transformationsformel zur Umwandlung der Angebotspreise in Preispunkte sieht dann wie folgt aus:

$$\text{Preispunkte} = 0, \text{ für } P > \lambda \cdot P_{Min}$$

$$\text{Preispunkte} = \left(\frac{\lambda P_{min} - P}{(\lambda - 1) P_{min}} \right) L_{Max} \quad \text{für } P \leq \lambda P_{Min}$$

L_{Max}	Maximal mögliche Leistungspunktzahl, $L \geq 1$
P	Angebotspreis in Euro, $P > 0$
P_{min}	Niedrigster Angebotspreis, $P_{min} > 0$
$\lambda > 1$	Interpolationsfaktor

Abbildung: Transformationsformel und Normierung durch Multiplikation mit L_{Max} bei der linearen Interpolation mit Interpolationsfaktor

14.5.2 Formel zur Bestimmung der Gesamtpunktzahl

Bei der linearen Interpolation mit Interpolationsfaktor wird für die Zuschlagsentscheidung eine Gesamtpunktzahl aus der Summe der gewichteten Leistungspunkte und der gewichteten Preispunkte betrachtet. Den Zuschlag erhält das Angebot, das die höchste Gesamtpunktzahl erreicht hat. Diese ergibt sich aus der Summe der gewichteten Leistungspunkte und der gewichteten Preispunkte.

$$S = \omega L \qquad (\text{für } P > \lambda P_{Min})$$

$$S = \omega L + (1\text{-}\omega)\left(\frac{\lambda P_{min} - P}{(\lambda - 1)P_{min}}\right)L_{Max} \quad (\text{für } P \leq \lambda P_{Min})$$

S	Gesamtpunktzahl (Score)
L	Leistungspunktzahl, $L \geq 0$
L_{Max}	Maximal mögliche Leistungspunktzahl, $L \geq 1$
P	Angebotspreis in Euro, $P > 0$
P_{min}	Niedrigster Angebotspreis, $P_{min} > 0$
ω	Gewichtungsfaktor für den Leistungsterm, $0 \leq \omega \leq 1$
$(1\text{-}\omega)$	Gewichtungsfaktor für den Preisterm
$\lambda > 1$	Interpolationsfaktor

Abbildung: Berechnung der Gesamtpunktzahl nach der linearen Interpolation mit Interpolationsfaktor

14.5.3 Beispielrechnungen

Beispiel 1

Im folgenden Beispiel werden die vier Angebote A, B, C und D betrachtet, bei denen das Angebot A mit einem Angebotspreis von 300.000 Euro das billigste, aber auch gleichzeitig mit 0 Leistungspunkten das leistungsschwächste Angebot ist. Angebot D ist mit einem Angebotspreis von 400.000 Euro das teuerste, aber gleichzeitig mit 92 Leistungspunkten das leistungsstärkste Angebot. Gerechnet wird mit zwei Dezimalstellen hinter dem Komma und es findet das kaufmännische Runden Anwendung.

Tabelle: Beispiel 1

Angebot	Leistungspunkte	Preis
A	0	300.000 Euro
B	60	340.000 Euro
C	80	360.000 Euro
D	92	380.000 Euro

Mit der linearen Interpolation mit 100 %-Spanne (Interpolationsfaktor von 2) erhält Angebot A aufgrund des niedrigsten Angebotspreises die maximale Preispunktzahl von 100 Punkten. Angebot D erhält noch 73,33 Preispunkte.

In der folgenden Abbildung wird im linken Diagramm (Wertediagramm mit Funktionsgraph der linearen Interpolation mit 100 %-Spanne) die Transformation der Angebotspreise in Preispunkte grafisch dargestellt.

Im rechten Diagramm (gewichtetes Preis-Leistungs-Diagramm) sind auf der linken vertikalen Achse (Preisterm) die Preispunkte der vier Angebote eingetragen. Die Leistungspunktzahl der vier Angebote wird in die rechte vertikale Achse (Leistungsterm) im gewichteten Preis-Leistungsdiagramm eingetragen. Die beiden Punkte werden durch eine Gerade verbunden und stellen das Angebot dar.

Für die Bestimmung der Gesamtpunktzahl besteht ein sehr anschaulicher grafischer Zusammenhang: Bewegt man den Gewichtungsregler auf der horizontalen Achse, kann man die Gesamtpunktzahl direkt am Schnittpunkt der Messskala mit den Angebotsgeraden ablesen.

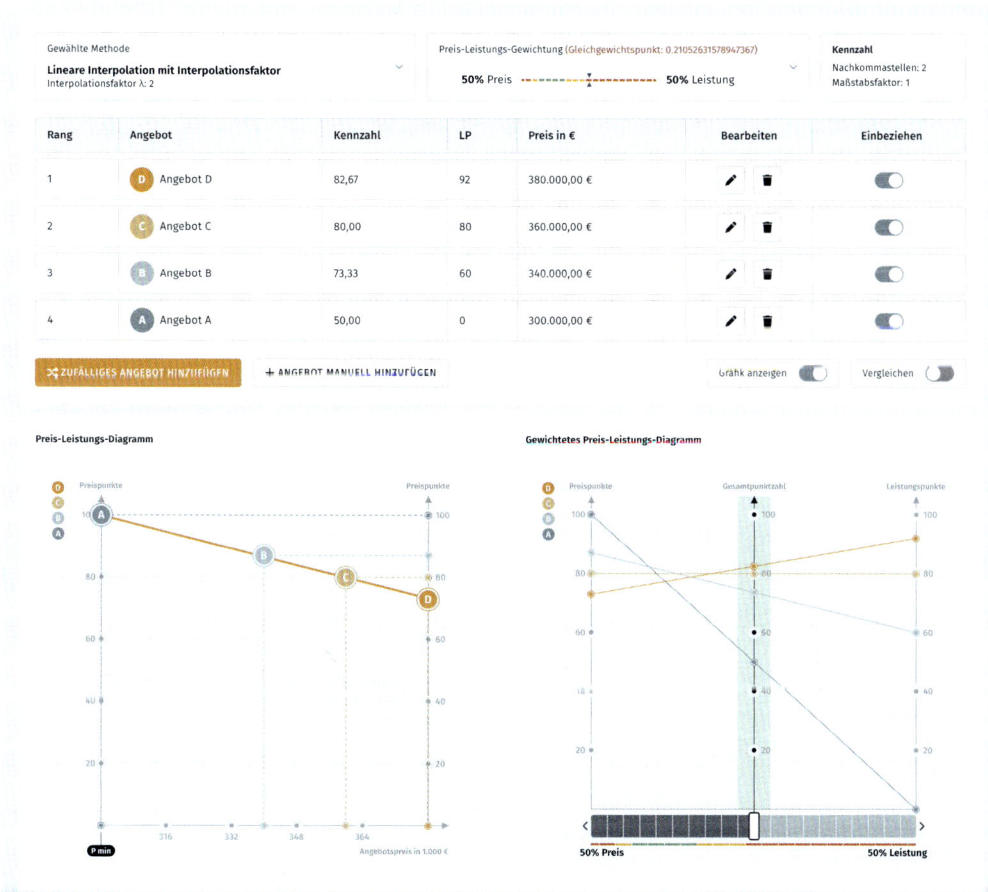

Rang	Angebot	Kennzahl	LP	Preis in €	Bearbeiten	Einbeziehen
1	Angebot D	82,67	92	380.000,00 €		
2	Angebot C	80,00	80	360.000,00 €		
3	Angebot B	73,33	60	340.000,00 €		
4	Angebot A	50,00	0	300.000,00 €		

Abbildung: Lineare Interpolation mit Interpolationsfaktor = 2 und einer Gewichtung von 50 % Preis und 50 % Leistung

Bei einer Gewichtung von 50 % Preis und 50 % Leistung gewinnt das leistungsstärkste Angebot D vor dem zweitleistungsstärksten Angebot C. Dies zuerst einmal überraschende Ergebnis erklärt sich durch eine sehr kleine Spannweite bei den Preispunkten und im Gegensatz dazu eine sehr große Spannweite bei den Leistungspunkten. Um hier zu einer ausgewogenen Gewichtung zu kommen, kann man zum einen die Gewichtung von Preis und Leistung verändern. Im Folgenden wird dies durch eine Gewichtung von 75 % Preis und 25 % Leistung umgesetzt. Bei dieser Gewichtung kommt es übrigens zu einem Gleichstand zwischen den beiden Angeboten B und C. Trotz der großen Gewichtung für den Preis gewinnt hier nicht das billigste Angebot A.

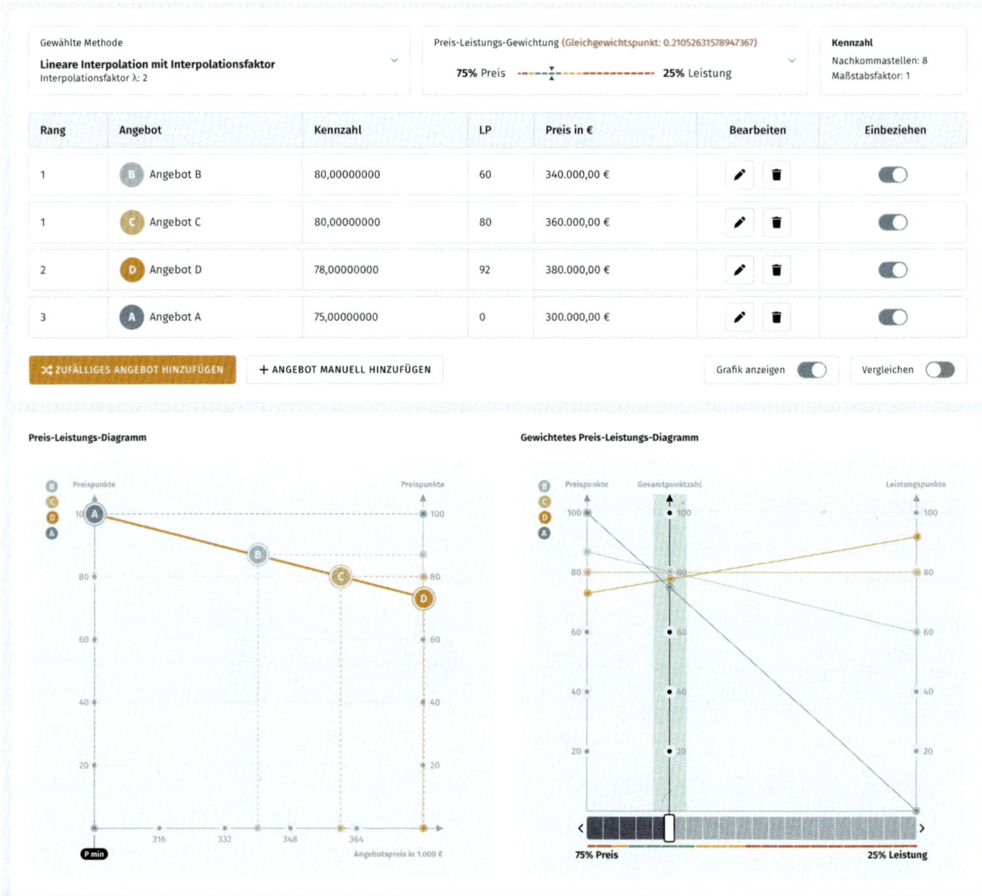

Abbildung: Lineare Interpolation mit Interpolationsfaktor = 2 und einer Gewichtung von 75 % Preis und 25 % Leistung

Um eine ausgewogene Gewichtung zu erhalten, kann alternativ auch die Spannweite für die Preispunkte angepasst werden, sodass diese in etwa der Spannweite der Leistungspunkte entspricht. Im Folgenden wird dies bei einer Gewichtung von 50 % Preis und 50 % Leistung durch einen geänderten Interpolationsfaktor von 1,5 versucht.

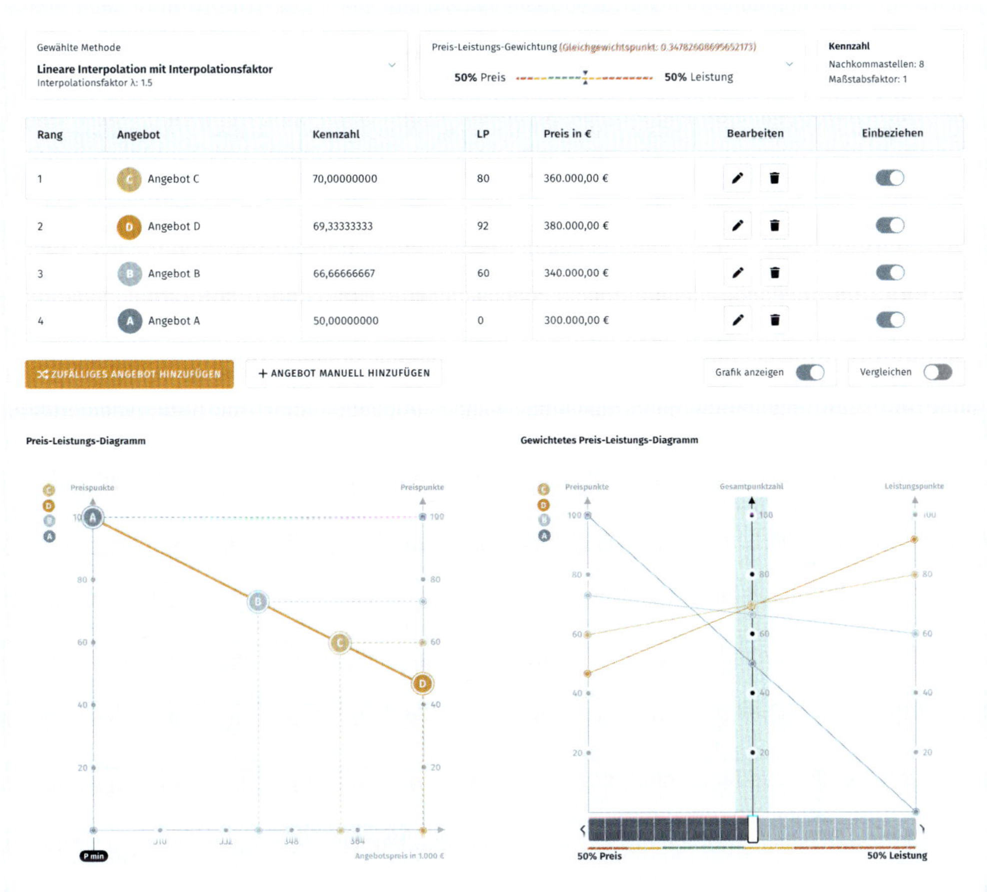

Abbildung: Lineare Interpolation mit Interpolationsfaktor = 1,5 und einer Gewichtung von 50 % Preis und 50 % Leistung

Auch bei einem Interpolationsfaktor von 1,5 ist die Spannweite der Preispunkte immer noch deutlich kleiner als die Spannweite der Leistungspunkte. Erst mit einem Interpolationsfaktor von 1,3 kommt es zu etwa gleichen Spannweiten von Preispunkten und Leistungspunkten und damit bei einer Gewichtung von 50 % Preis und 50 % Leistung zu einer ausgewogenen Gewichtung von Preis und Leistung.

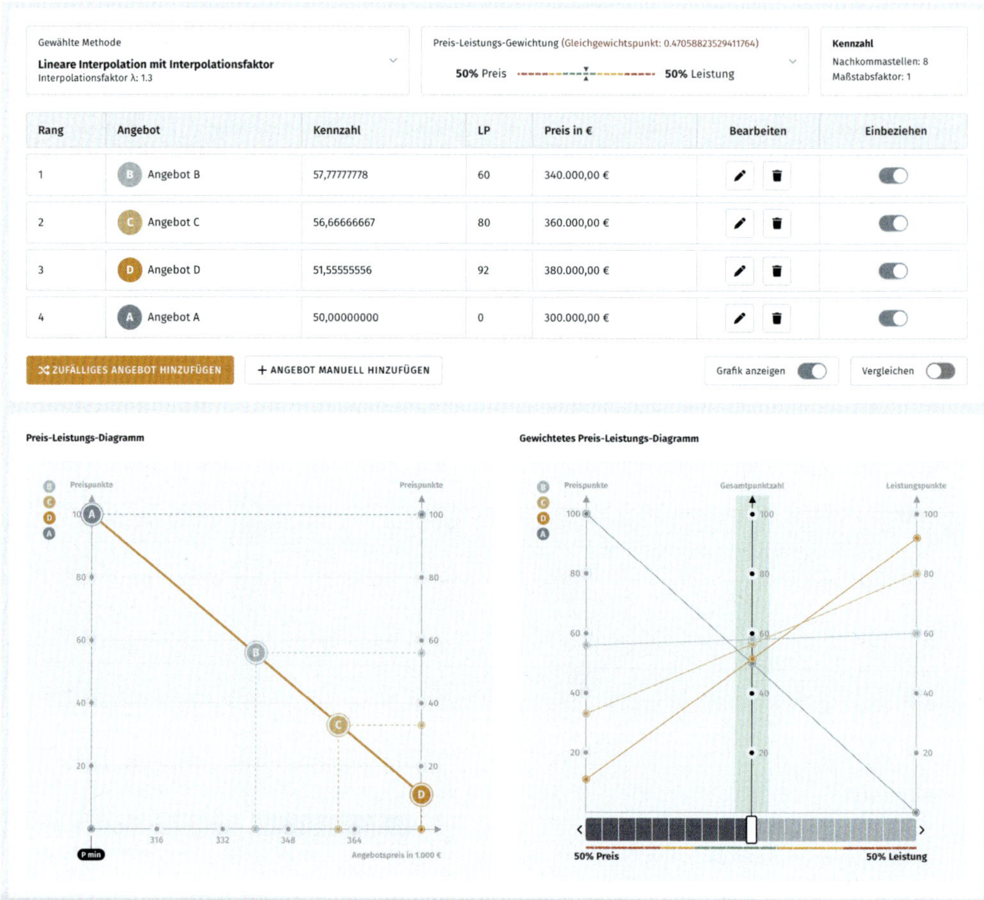

Abbildung: Lineare Interpolation mit Interpolationsfaktor = 1,3 und einer Gewichtung von 50 % Preis und 50 % Leistung

Beispiel 2

Im folgenden Beispiel werden die drei Angebote A, B und C betrachtet, bei denen das Angebot A mit einem Angebotspreis von 200.000 Euro das billigste, aber auch gleichzeitig mit 80 Leistungspunkten das leistungsschwächste Angebot ist. Angebot B ist mit einem Angebotspreis von 400.000 Euro das teuerste, aber gleichzeitig mit 95 Leistungspunkten das leistungsstärkste Angebot. Gerechnet wird mit zwei Dezimalstellen hinter dem Komma und es findet das kaufmännische Runden Anwendung.

Tabelle: Beispiel 2

Angebot	Leistungspunkte	Preis
A	80	200.000 Euro
B	95	400.000 Euro
C	90	350.000 Euro

Mit der linearen Interpolation mit 100 %-Spanne (Interpolationsfaktor von 2) erhält Angebot A aufgrund des niedrigsten Angebotspreises die maximale Preispunktzahl von 100 Punkten. Angebot B erhält 0 Preispunkte.

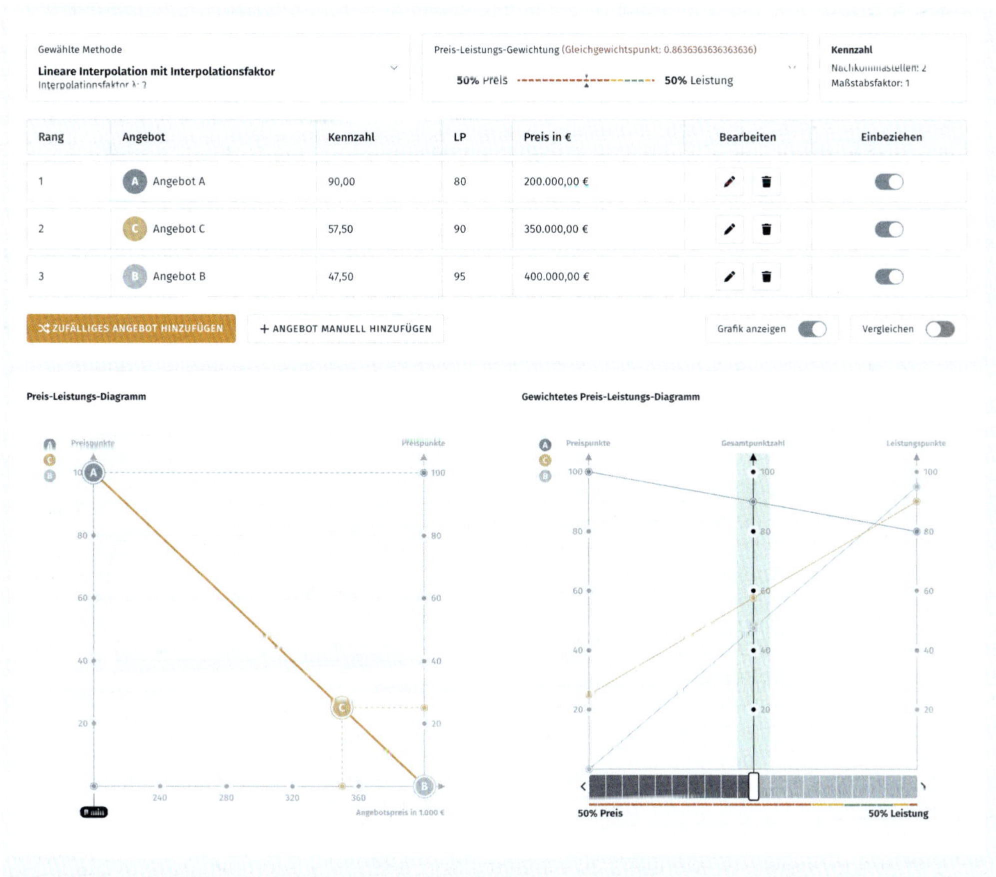

Abbildung: Lineare Interpolation mit Interpolationsfaktor = 2 und einer Gewichtung von 50 % Preis und 50 % Leistung

Bei einer Gewichtung von 50 % Preis und 50 % Leistung gewinnt das billigste Angebot A deutlich vor den beiden anderen Angeboten. Trotz einer Gewichtung von 50 % Preis und 50 % ist die Leistungsstärke zum Alibi-Kriterium geworden. Dies erklärt sich durch eine sehr große Spannweite bei den Preispunkten und im Gegensatz dazu eine sehr kleine Spannweite bei den Leistungspunkten. Um hier zu einer ausgewogenen Gewichtung zu kommen, kann man zum einen die Gewichtung von Preis und Leistung verändern. Im Folgenden wird dies durch eine Gewichtung von 10 % Preis und 90 % Leistung umgesetzt.

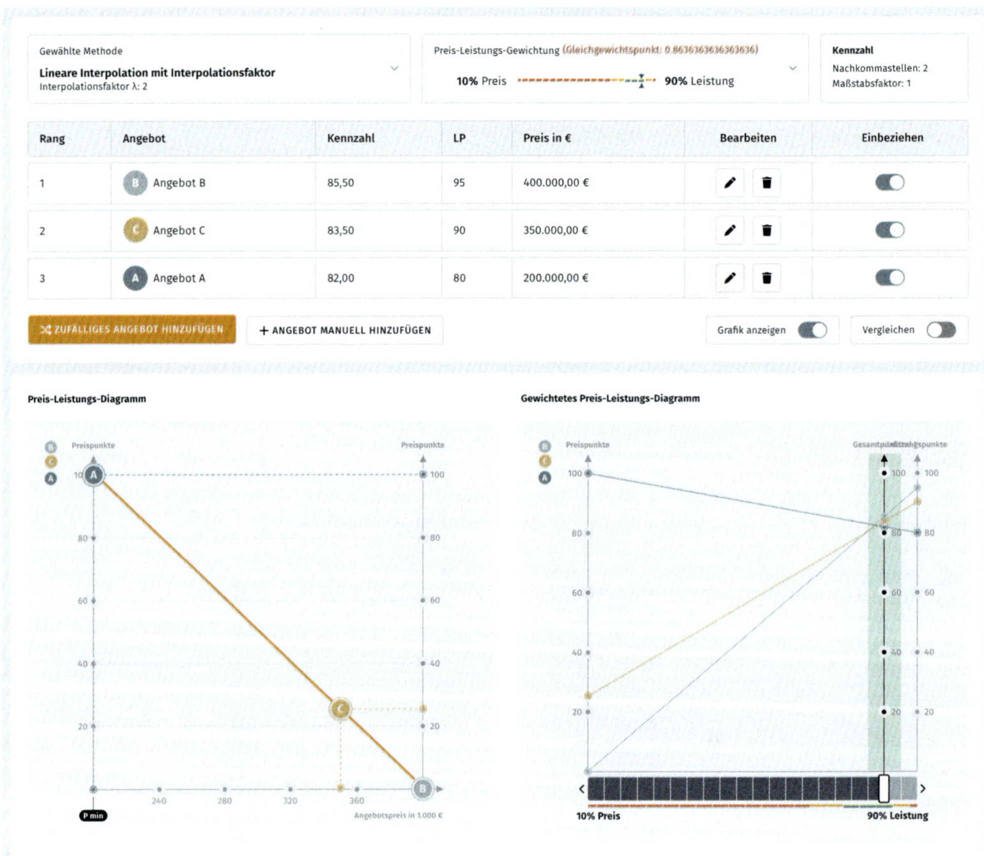

Abbildung: Lineare Interpolation mit Interpolationsfaktor = 2 und einer Gewichtung von 10 % Preis und 90 % Leistung

Um eine ausgewogene Gewichtung zu erhalten, kann alternativ auch die Spannweite für die Preispunkte angepasst werden, sodass diese in etwa der Spannweite der Leistungspunkte entspricht. Im Folgenden wird dies bei einer Gewichtung von 50 % Preis und 50 % Leistung durch einen geänderten Interpolationsfaktor von 5 umgesetzt.

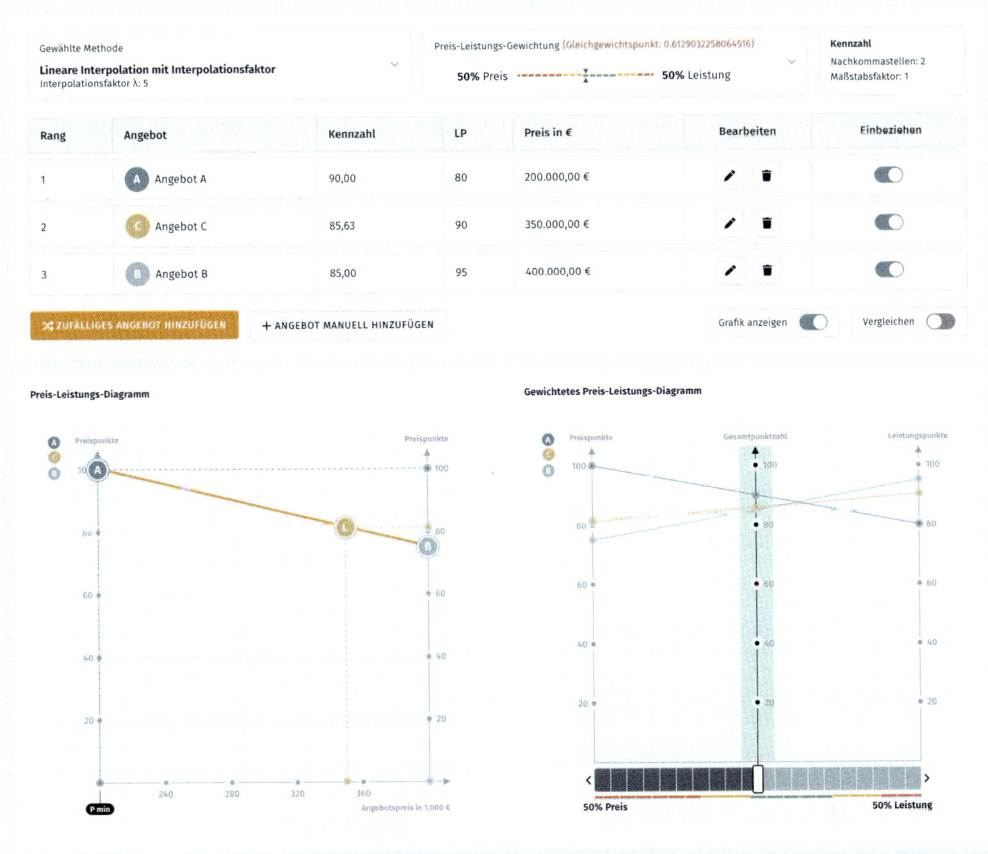

Abbildung: Lineare Interpolation mit Interpolationsfaktor = 5 und einer Gewichtung von 50 % Preis und 50 % Leistung

14.5.4 Abhängigkeit von anderen Angeboten

Bei der linearen Interpolation mit Interpolationsfaktor besteht eine Abhängigkeit zum billigsten Angebotspreis, da dieser Wert als Referenzwert zur Berechnung der Preispunkte Anwendung findet. Aus diesem Grund kann ein zusätzliches billiges Angebot oder der Wegfall eines billigen Angebots einen Einfluss auf die Zuschlagsentscheidung haben.

Im folgenden Beispiel findet die lineare Interpolation mit einem Interpolationsfaktor von 1,7 Anwendung. Bei einer Gewichtung von 50 % Preis und 50 % Leistung gewinnt Angebot B.

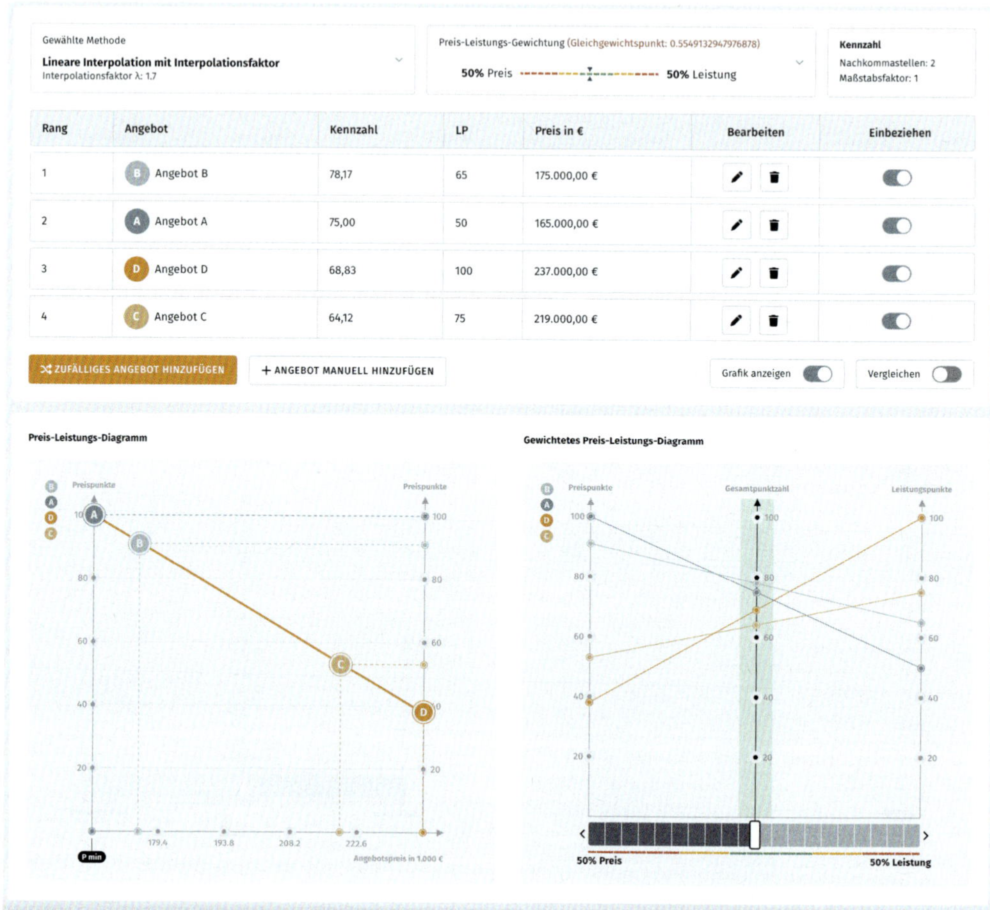

Abbildung: Lineare Interpolation mit Interpolationsfaktor = 1,7 und einer Gewichtung von 50 % Preis und 50 % Leistung

Kommt ein zusätzliches, sehr billiges, aber leistungsschwaches Angebot (hier Angebot E) dazu, wird die gesamte Bewertung verändert. Die Interpolationsgerade wird durch den neuen niedrigsten Angebotspreis verändert. Die neuen Stützstellen für die Interpolationsgerade befinden sich bei 100.000 Euro und 170.000 Euro. Ohne Angebot E befanden sich die Stützstellen bei 165.000 Euro und 280.500 Euro.

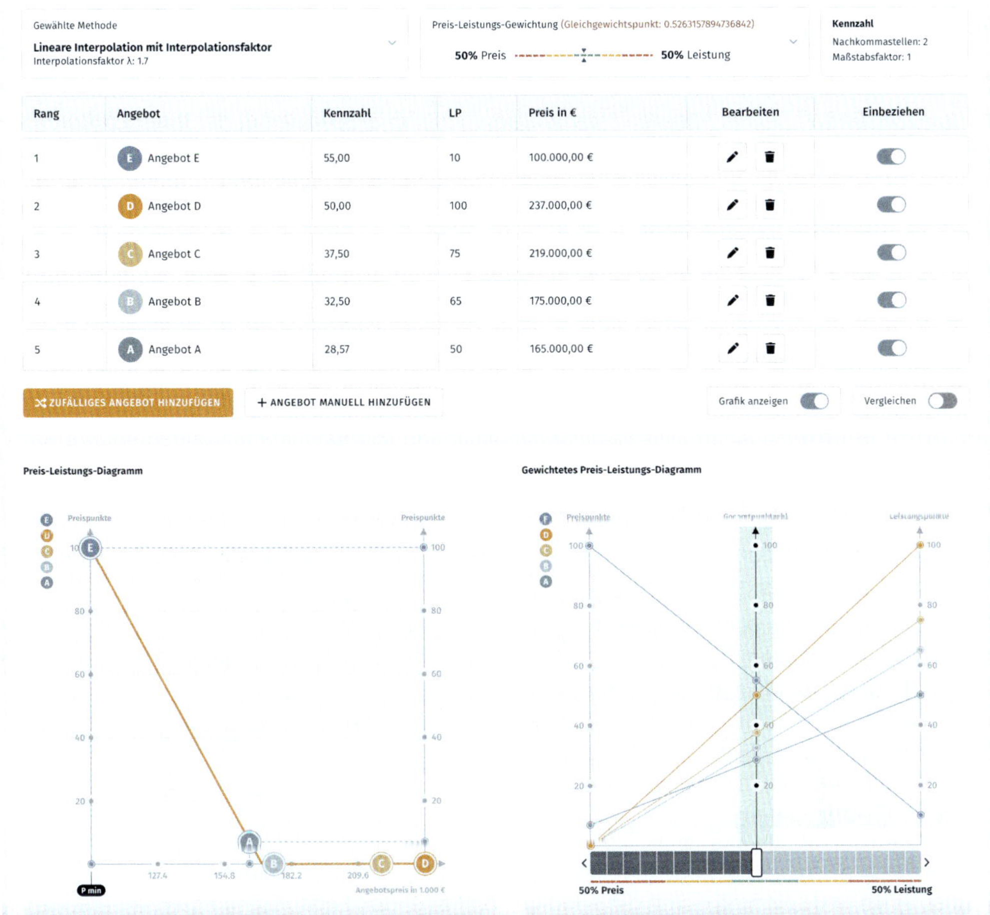

Rang	Angebot	Kennzahl	LP	Preis in €	Bearbeiten	Einbeziehen
1	Angebot E	55,00	10	100.000,00 €		
2	Angebot D	50,00	100	237.000,00 €		
3	Angebot C	37,50	75	219.000,00 €		
4	Angebot B	32,50	65	175.000,00 €		
5	Angebot A	28,57	50	165.000,00 €		

Abbildung: Lineare Interpolation mit Interpolationsfaktor = 1,7 und einer Gewichtung von 50 % Preis und 50 % Leistung

Angebot E erhält damit den Zuschlag. Durch den sehr niedrigen Angebotspreis von 100.000 Euro und den Interpolationsfaktor von 1,7 erhalten die Angebote B, C und D keine Preispunkte und können dies auch nicht durch die Leistungsstärke ausgleichen. Es stellt sich die Frage, wie dieses Ergebnis zu interpretieren ist. Ist dies ein Argument gegen die lineare Interpolation mit Interpolationsfaktor? Der Autor sieht darin kein Argument, das die Unzulässigkeit der linearen Interpolationsmethode mit Interpolationsfaktor begründen würde. Wenn das Angebot E zu leistungsschwach wäre, dann müsste man sich als Auftraggeberin/Auftraggeber überlegen, wie man leistungsschwache Angebote verhindert. Das Mittel dazu ist einfach die Vorgabe einer Mindestleistungspunktzahl. Würde man eine Mindestleistungspunktzahl von zum Beispiel 40 Punkten vorgeben, dann kann es ein Angebot E in der letzten Wertungsstufe gar nicht geben, da dieses bereits ausgeschlossen wäre. Ist dagegen eine Leistungsstärke von 10 Punkten völlig ausreichend, dann gewinnt das Angebot E die Ausschreibung auch völlig zu Recht und ist dann auch das wirtschaftlichste Angebot.

14.5.5 Bezug zur linearen Interpolation mit 100 %-Spanne

Die lineare Interpolation mit 100 %-Spanne ist ein Spezialfall der linearen Interpolation mit Interpolationsfaktor. Bei der linearen Interpolation mit 100 %-Spanne hat der Interpolationsfaktor den Wert 2.

14.5.6 Definitionsbereich

Die lineare Interpolation mit Interpolationsfaktor wird als Bewertungsfunktion im Definitionsbereich

- Angebotspreis $P > 0$,
- Leistungspunktzahl $L \geq 0$

definiert.

Ein niedrigster Angebotspreis von null Euro führt bei der linearen Interpolation mit 100 %-Spanne zu einer Division durch null, die nicht zulässig ist und eine Definitionslücke (Polstelle) für die lineare Interpolation mit 100 %-Spanne darstellt. Negative Angebotspreise sind zwar berechenbar, können aber zu Bewertungsverzerrungen führen. Ist der niedrigste Angebotspreis ein negativer Wert, dann gibt es für Angebotspreise von null Euro keine Definitionslücke und auch diese Angebotspreise sind berechenbar.

Weitere Details dazu finden sich im Kapitel 14.4 Lineare Interpolation mit 100 %-Spanne.

14.5.7 Gewichtung

Da sowohl der Preis- als auch der Leistungsterm mit Gewichtungsfaktoren versehen sind, können Preis und Leistung durch die Addition von Preis- und Leistungsterm mit unterschiedlichen Gewichten in die Bewertung einfließen.

14.5.8 Rechtsprechung

Für den Spezialfall der linearen Interpolation mit 100 %-Spanne gibt es Rechtsprechung, die die Bewertungsmethode als anerkannt ansieht. Weitere Details dazu finden sich im Kapitel 14.4 Lineare Interpolation mit 100 %-Spanne.

14.5.9 Empfehlung

Die lineare Interpolation mit Interpolationsfaktor ist eine empfehlenswerte Bewertungsmethode. Der Interpolationsfaktor muss allerdings mit Bedacht gewählt werden und die zu erwartende Preisspanne berücksichtigen. Ebenfalls gilt es, eine ausgewogene Gewichtung vorzunehmen.

14.5.10 Beispielformulierung für Ausschreibungen

Zur Ermittlung des wirtschaftlichsten Angebots findet die lineare Interpolation mit einem Interpolationsfaktor von 1,5 Anwendung, bei der die Euro-Angebotspreise in Preispunkte umgerechnet werden.

Transformationsformel (Umwandlung Euro-Angebotspreise in Preispunkte): Das Angebot mit dem niedrigsten Angebotspreis (P_{min}) aller wertbaren Angebote dient als Bezugspunkt für die Berechnung der Preispunkte.

Das Angebot mit dem niedrigsten Angebotspreis erhält die volle Preispunktzahl von 100.

Ein fiktiver 1,5-fach so teurer Angebotspreis erhält null Preispunkte. Die Angebotspreise der dazwischen liegenden Angebote werden mittels einer linearen Interpolation bewertet und in Preispunkte umgewandelt. Angebote, die teurer als das fiktive Angebot sind, erhalten ebenfalls null Preispunkte.

Gewichtung von Preis und Leistung:

- Gewicht für die Leistung: 60 %
- Gewicht für den Preis: 40 %

Zuschlagsentscheidung: Für die Zuschlagsentscheidung wird für jedes Angebot eine Gesamtpunktzahl (Score) aus der Summe der gewichteten Leistungspunkte und der gewichteten Preispunkte berechnet. Das Angebot mit der höchsten Gesamtpunktzahl (Score) *S* erhält den Zuschlag.

- Die gewichteten Leistungspunkte ergeben sich aus der Multiplikation des Gewichts für die Leistungspunktzahl und der vom Angebot erreichten Leistungspunktzahl.
- Die gewichteten Preispunkte ergeben sich aus der Multiplikation des Gewichts für den Preis und der vom Angebot erreichten Preispunkte.

Formel zur Berechnung der Gesamtpunktzahl (Score) S:

$$S = \omega L \qquad (\text{für } P > \lambda P_{Min})$$

$$S = \omega L + (1-\omega)\left(\frac{\lambda P_{min} - P}{(\lambda - 1)P_{min}}\right) L_{Max} \qquad (\text{für } P \leq \lambda P_{Min})$$

S	Gesamtpunktzahl (Score)
L	Leistungspunktzahl, $L \geq 0$
L_{Max}	Maximal mögliche Leistungspunktzahl, $L \geq 1$
P	Angebotspreis in Euro, $P > 0$
P_{min}	Niedrigster Angebotspreis, $P_{min} > 0$
ω	Gewichtungsfaktor für den Leistungsterm, $0 \leq \omega \leq 1$
$(1-\omega)$	Gewichtungsfaktor für den Preisterm
$\lambda > 1$	Interpolationsfaktor

Abbildung: Berechnung der Gesamtpunktzahl nach der linearen Interpolation mit Interpolationsfaktor

Preisobergrenze: Es wird eine Preisobergrenze von 750.000 Euro (inkl. MwSt.) vorgegeben. Angebote, deren Angebotspreis über der Preisobergrenze liegt, werden von der weiteren Wertung ausgeschlossen.

Mindestleistungspunktzahl: Die Angebote müssen mindestens 30 von maximal 100 möglichen Leistungspunkten erreichen. Angebote, die mit weniger als 30 Leistungspunkten bewertet werden, werden von der weiteren Wertung ausgeschlossen.

Gleichstand: Bei Gleichstand der Kennzahlen erhält das Angebot mit der größeren Leistungspunktzahl den Zuschlag. Führt dies nicht zu einem eindeutigen Zuschlagsergebnis, entscheidet das Los.

14.6 Lineare Interpolation mit Preisspanne

Die lineare Interpolation mit Preisspanne,[16] das heißt eine lineare Interpolation zwischen dem preisgünstigsten Angebot, das die volle Preispunktzahl erhält, und dem teuersten Angebot, das null Preispunkte erhält, führt in vielen Fällen zu Verzerrungen bei der Wertung, die zu einer Vergaberechtswidrigkeit führen können. Im Extremfall liegen nur zwei Angebote zur Wertung vor. Das preisgünstigste Angebot erhält die volle Preispunktzahl und das zweitgünstigste (hier das teuerste) Angebot erhält null Preispunkte. Bei sehr kleinen Unterschieden in den Angebotspreisen führt dies in der Regel unabhängig von der gewählten Gewichtung zu einer 100 %-Preis-Entscheidung. Aber auch bei mehr als zwei Angeboten führt eine sehr kleine Preisspanne zu starken Bewertungsverzerrungen. Die Methode ist nicht empfehlenswert und sollte keine Anwendung finden.

14.6.1 Transformationsformel

Bei der **linearen Interpolation mit Preisspanne** werden der niedrigste Angebotspreis und der höchste Angebotspreis der zu wertenden Angebote als Referenzwerte verwendet. Das Angebot mit dem niedrigsten Angebotspreis erhält die maximale Preispunktzahl. Das Angebot mit dem höchsten Angebotspreis erhält null Preispunkte.

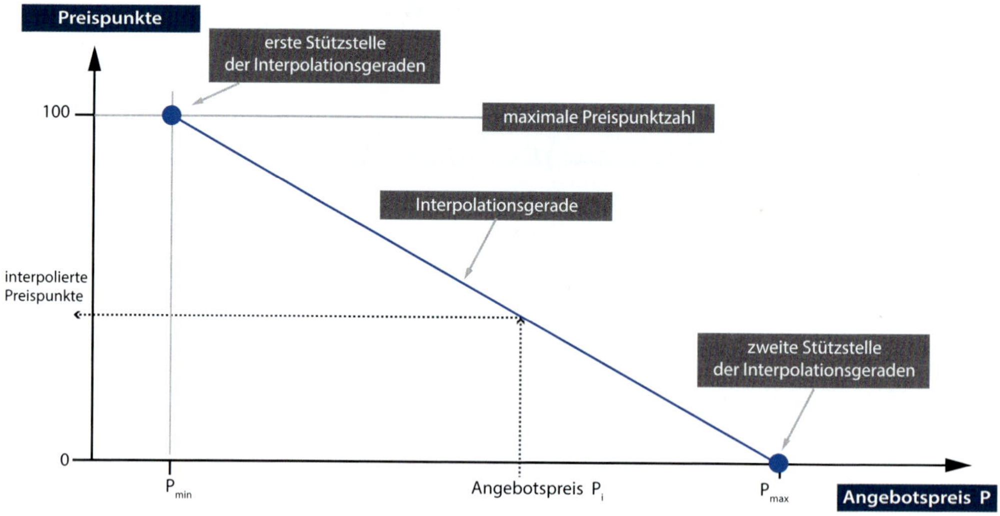

Abbildung: Funktionaler Zusammenhang zwischen Angebotspreis und Preispunkten

16 Bei *Dimitri/Piga/Spagnolo*, Handbook of Procurement, S. 309 und *Stilger/Siderius/Van Raaij*, Journal of Public Procurement, 2017, 89 (120) wird diese Bewertungsmethode als Highest Bid – Lowest Bid Scoring bezeichnet. *Bartsch/von Gehlen*, NZBau 2015, 523 (524) verwenden dafür den Begriff „beidseitige Interpolationsmethode“. Es sei angemerkt, dass es sich bei diesem Begriff um keinen in der Mathematik für eine Interpolation bekannten Begriff handelt.

In der vorstehenden Abbildung ist der Zusammenhang zwischen dem Angebotspreis in Euro und den Preispunkten grafisch durch ein Wertediagramm dargestellt. Auf der horizontalen Achse befindet sich der Angebotspreis in Euro und auf der vertikalen Achse befinden sich die zugeordneten Preispunkte.

Die Transformationsformel zur Umwandlung der Angebotspreise in Preispunkte sieht dann wie folgt aus:

$$\text{Preispunkte} = \left(\frac{P_{max} - P}{P_{max} - P_{min}}\right) L_{Max}$$

L_{Max}	Maximal mögliche Leistungspunktzahl, $L \geq 1$
P	Angebotspreis in Euro, $P > 0$
P_{min}	Niedrigster Angebotspreis, $P_{min} > 0$
P_{max}	Höchster Angebotspreis

Abbildung: Transformationsformel und Normierung durch Multiplikation mit L_{Max} bei der linearen Interpolation mit Preisspanne

14.6.2 Formel zur Bestimmung der Gesamtpunktzahl

Bei der linearen Interpolation mit Preisspanne wird für die Zuschlagsentscheidung eine Gesamtpunktzahl aus der Summe der gewichteten Leistungspunkte und der gewichteten Preispunkte betrachtet. Den Zuschlag erhält das Angebot, das die höchste Gesamtpunktzahl erreicht hat. Diese ergibt sich aus der Summe der gewichteten Leistungspunkte und der gewichteten Preispunkte.

$$S = \omega L + (1-\omega)\left(\frac{P_{max} - P}{P_{max} - P_{min}}\right) L_{Max}$$

S	Gesamtpunktzahl (Score)
L	Leistungspunktzahl, $L \geq 0$
L_{Max}	Maximal mögliche Leistungspunktzahl, $L \geq 1$
P	Angebotspreis in Euro, $P > 0$
P_{min}	Niedrigster Angebotspreis, $P_{min} > 0$
P_{max}	Höchster Angebotspreis, $P_{max} > P_{min}$
ω	Gewichtungsfaktor für den Leistungsterm, $0 \leq \omega \leq 1$
$(1-\omega)$	Gewichtungsfaktor für den Preisterm

Abbildung: Berechnung der Gesamtpunktzahl nach der linearen Interpolation mit Preisspanne

14.6.3 Beispielrechnungen

Beispiel 1

Im folgenden Beispiel werden die vier Angebote A, B, C und D betrachtet, bei denen das Angebot A mit einem Angebotspreis von 200.000 Euro das billigste, aber auch gleichzeitig mit 10 Leistungspunkten das leistungsschwächste Angebot ist. Angebot D ist mit einem Angebotspreis von 202.000 Euro das teuerste, aber gleichzeitig mit 100 Leistungspunkten das leistungsstärkste Angebot. Gerechnet wird mit zwei Dezimalstellen hinter dem Komma und es findet das kaufmännische Runden Anwendung.

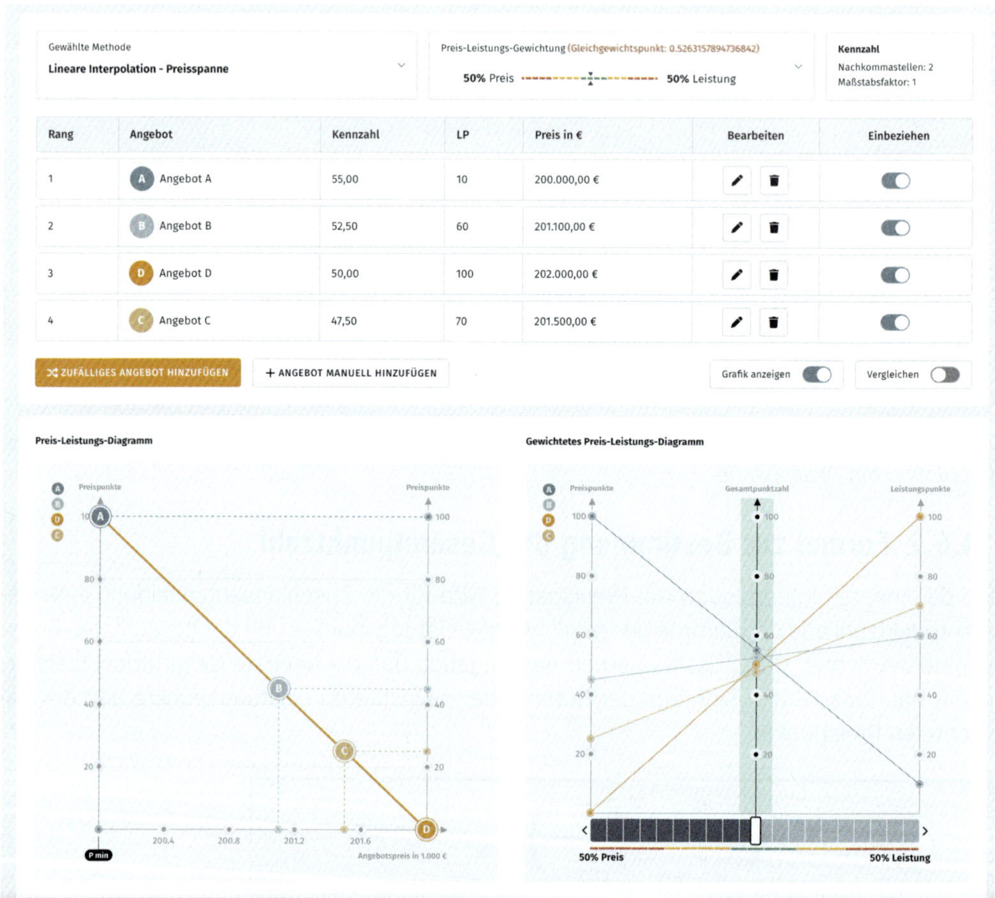

Abbildung: Lineare Interpolation mit Preisspanne und einer Gewichtung von 50 % Preis und 50 % Leistung

Mit der linearen Interpolation mit Preisspanne erhält Angebot A aufgrund des niedrigsten Angebotspreises die maximale Preispunktzahl von 100 Punkten. Obwohl das Angebot D nur 1 Prozent teurer ist als das Angebot A erhält es null Preispunkte. Angebot D ist nur 1 Prozent teurer, dafür aber 10-mal leistungsstärker (100 statt 10 Leistungspunkte) als Angebot A. Dies kann offensichtlich keine wirtschaftliche Zuschlagsentscheidung sein. Bei sehr kleinen Unterschieden in den Angebotspreisen führt dies in der Regel zu starken Bewertungsverzerrungen.

Beispiel 2

Im folgenden Beispiel werden die beiden Angebote A und B betrachtet, bei denen das Angebot A mit einem Angebotspreis von 200.000 Euro das billigste, aber auch gleichzeitig mit 35 Leistungspunkten das leistungsschwächste Angebot ist. Angebot B ist mit einem Angebotspreis von 200.001 Euro das teuerste, aber gleichzeitig mit 100 Leistungspunkten das leistungsstärkste Angebot. Gerechnet wird mit zwei Dezimalstellen hinter dem Komma und es findet das kaufmännische Runden Anwendung. Mit der linearen Interpolation mit Preisspanne erhält Angebot A aufgrund des niedrigsten Angebotspreises die maximale Preispunktzahl von 100 Punkten. Angebot B erhält 0 Preispunkte.

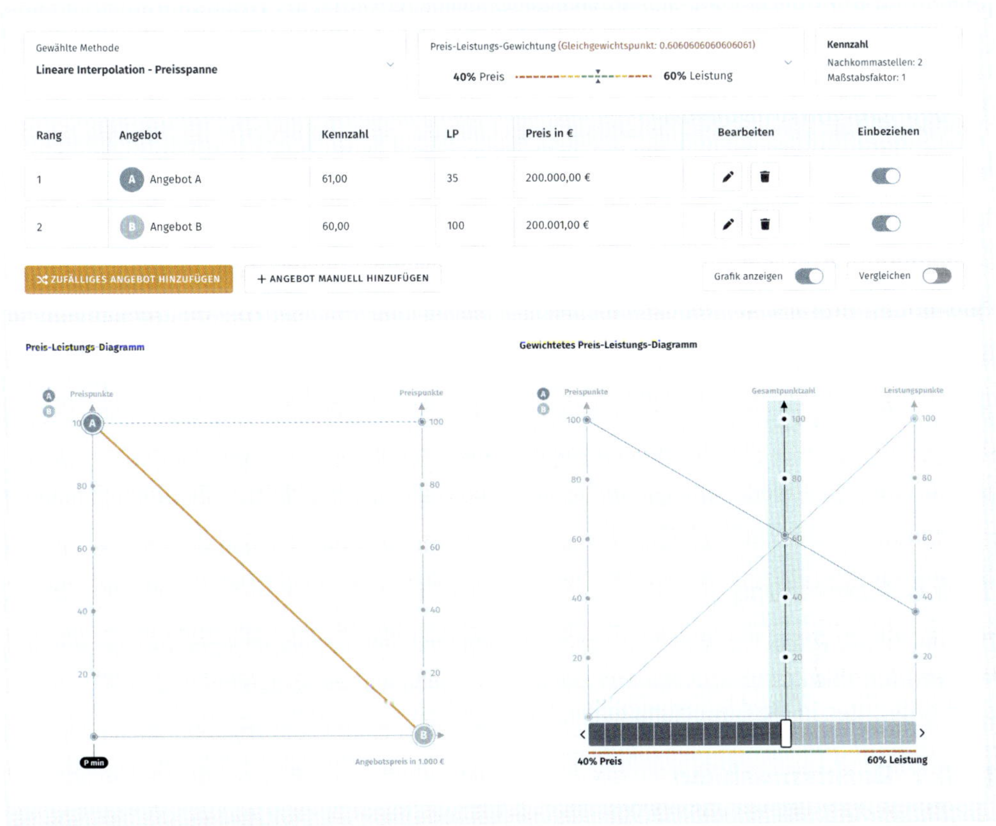

Abbildung: Lineare Interpolation mit Preisspanne und einer Gewichtung von 40 % Preis und 60 % Leistung

Das Angebot B ist nur 1 Euro teurer als das Angebot A, erhält aber null Preispunkte. Obwohl Angebot B nur fünf Tausendstel Promille teurer ist als Angebot A, dafür aber fast 3-mal leistungsstärker (100 statt 35 Leistungspunkte) als Angebot A und die Leistung mit 60 % und der Preis nur mit 40 % gewichtet wird, erhält Angebot A den Zuschlag.

Dies kann offensichtlich keine wirtschaftliche Zuschlagsentscheidung sein. Bei sehr kleinen Unterschieden in den Angebotspreisen und nur zwei Angeboten führt dies in der Regel zu sehr starken Bewertungsverzerrungen und offensichtlichen unwirtschaftlichen Ergebnissen. Nur weil man etwas rechnet, muss das Ganze noch keinen Sinn ergeben. Summa summarum ist die lineare Interpolation mit Preisspanne keine geeignete Formel zur Bestimmung des wirtschaftlichsten Angebots.

14.6.4 Abhängigkeit von anderen Angeboten

Bei der linearen Interpolation mit Preisspanne besteht eine Abhängigkeit zum niedrigsten und höchsten Angebotspreis. Aus diesem Grund kann ein zusätzliches billigeres Angebot und/oder teureres Angebot oder der Wegfall eines billigeren und/oder teureren Angebots einen Einfluss auf die Zuschlagsentscheidung haben.

14.6.5 Definitionsbereich

Die lineare Interpolation mit Preisspanne wird als Bewertungsfunktion im Definitionsbereich

- Angebotspreis $P > 0$,
- Leistungspunktzahl $L \geq 0$

definiert.

Ein niedrigster Angebotspreis von null Euro führt bei der linearen Interpolation mit 100 %-Spanne zu einer Division durch null, die nicht zulässig ist und eine Definitionslücke (Polstelle) für die lineare Interpolation mit 100 %-Spanne darstellt. Negative Angebotspreise sind zwar berechenbar, können aber zu Bewertungsverzerrungen führen. Ist der niedrigste Angebotspreis ein negativer Wert, dann gibt es für Angebotspreise von null Euro keine Definitionslücke und auch diese Angebotspreise sind berechenbar.

14.6.6 Gewichtung

Da sowohl der Preis- als auch der Leistungsterm mit Gewichtungsfaktoren versehen sind, können Preis und Leistung durch die Addition von Preis- und Leistungsterm mit unterschiedlichen Gewichten in die Bewertung einfließen.

14.6.7 Rechtsprechung

Die Rechtsprechung spricht sich klar gegen diese Bewertungsmethode aus.

VK Bund vom 25.9.2023 – VK 2-72/23: *„Die von der Ag bekannt gegebene Bewertungsmethode verwendet für die Bewertung der Server eine Interpolationsmethode, bei der das Angebot mit der höchsten Anzahl an Höheneinheiten bzw. dem höchsten Preis 0 Punkte erhält.*

Bei dieser Wertungsmethode ist, worauf die Vergabekammer bereits in ihrem Hinweis an die Ag vom 11. September 2023 hingewiesen hat, generell nicht auszuschließen, dass das für die Zuschlagserteilung nach § 127 Abs. 1 S. 3 GWB maßgebende beste Preis-Leistungs-Verhältnis nicht korrekt ermittelt werden kann.

Diese Methode ist im Ansatz problematisch, da auch nur geringe Preis- bzw. Qualitätsunterschiede zwischen den Konkurrenz-angeboten zu extremen und die Wirtschaftlichkeit der Angebote nicht wirklich wiederspiegelnden Spreizungen bei der Bewertung der Angebote führen können (vgl. OLG Düsseldorf, Beschluss vom 22. Januar 2014, VII-Verg 26/13).

Der relative Abstand der Angebote untereinander wird mit dieser Methode nicht erfasst."

OLG Düsseldorf, Beschluss vom 22.1.2014 – VII-Verg 26/13, amtlicher Leitsatz: *„Ein Angebots-Wertungssystem, das auf dem Kriterium des wirtschaftlich günstigsten Angebots beruht, beim Unterkriterium der Leistung (Qualität) trotz einer Wertungsmatrix mit Wertungspunkten* *jedoch vorsieht: „100 Punkte erhält das Angebot mit der höchsten Wertungspunktzahl und null Punkte erhält das Angebot mit der niedrigsten Wertungspunktzahl", ist jedenfalls dann, wenn im Bieterwettbewerb lediglich zwei Angebote eingegangen sind, rechtlich ungeeignet, die Zuschlagsentscheidung zu begründen."*

OLG Düsseldorf, Beschluss vom 22.1.2014 – VII-Verg 26/13: *„Anders als die Vergabekammer und die Antragsgegnerin meinen, ist die bisherige Rechtsprechung des Senats zu Bewertungsmatrizen nicht dahingehend zu verstehen, dass eine Punktevergabe nach dem Prinzip „100 Punkte oder nichts" als vertretbar zu erachten oder gar gutzuheißen wäre.*

(...)

Das Wertungssystem „100 Punkte oder nichts" ist damit riskant, da von Zufälligkeiten wie der Zahl der eingehenden Angebote abhängen kann, ob der Auftraggeber damit scheitert oder nicht. Im Streitfall kann aufgrund des vorliegenden Vergabeverfahrens der Zuschlag nicht erteilt werden, vielmehr ist, sofern die Antragsgegnerin am Beschaffungsvorhaben festhält, das Verfahren mindestens in den Stand vor Angebotsaufforderung und Übersendung korrigierter Vergabeunterlagen zurückzuversetzen. Eine bloße Wiederholung der Angebotswertung ist nicht ausreichend, um den bereits in den Vergabeunterlagen liegenden Fehler zu beheben. Zudem hat die Antragsgegnerin einen Entscheidungsspielraum, in welcher Weise sie das Wertungssystem korrigieren will."

14.6.8 Empfehlung

Diese Bewertungsmethode ist nicht ausschreibungstauglich und sollte keine Anwendung finden.

14.7 Rangstufenmethode / Preisranking-Methode

Bei der Transformation der Euro-Angebotspreise in Preispunkte mittels eines Rankings erhalten die Angebote aufgrund ihrer Rangfolge bezüglich des Angebotspreises eine Punktzahl zugewiesen. Das Angebot mit dem günstigsten Angebotspreis erhält die maximale Punktzahl (= Anzahl der Angebote), das Angebot mit dem zweitgünstigsten Angebot erhält einen Punkt weniger als die maximale Punktzahl usw.

Durch die Ranking-Bewertung (Rangstufen-Bewertung) spielen die Preisabstände zwischen den Angeboten keinerlei Rolle. Die Information über die wirklichen Abstände zwischen den Angebotspreisen der verschiedenen Angebote wird durch die Anwendung der Ranking-Bewertung eliminiert.

Bei einem Ranking werden die Angebotspreise durch einen paarweisen Vergleich (kleiner/gleich/größer) in eine Rangfolge gebracht.

Tabelle: Beispiel – Rangfolge von N Angeboten (N= 1, 2, 3, ...,)

Angebot	**Rangstufen**	**Rang**
Angebot 1	Niedrigster Angebotspreis	1. Rang
Angebot 2	Zweitniedrigster Angebotspreis	2. Rang

Angebot	Rangstufen	Rang
Angebot 3	Drittniedrigster Angebotspreis	3. Rang
...	...	...
Angebot N	Höchster Angebotspreis	N. Rang

Je kleiner die Rangnummer ist, umso besser ist das Angebot. Das heißt der 1. Rang ist besser als der 2. Rang, der 2. Rang ist besser als der 3. Rang und so weiter.

Mehrere Angebote müssen sich einen Rangplatz (Rangstufe) teilen, wenn diese bezüglich des betrachteten Kriteriums gleich gut sind beziehungsweise kein Unterschied feststellbar ist. Es ist dann eine Frage der Konvention, wie die Rangstufen in diesen Fällen weitergezählt werden.

14.7.1 Transformationsformel

Damit die aus den Euro-Preisen transformierten Preispunkte den gleichen Maßstab haben wie die Leistungspunkte, müssen die Preispunkte geeignet normiert werden. Dies erfolgt durch den Faktor L_{Max} / N.

$$\text{Preispunkte} = \left(N - (\text{Rang}_P - 1)\right) \frac{L_{Max}}{N}$$

L_{Max}	Maximal mögliche Leistungspunktzahl, L > 1
P	Angebotspreis in Euro, P > 0
Rang_P	Rang in aufsteigender Reihenfolge von Angebotspreis P
N	Anzahl der Angebote

Abbildung: Transformationsformel für die Preisranking-Methode

Betrachtet man vier Angebote A, B, C und D, dann erhält das Angebot mit dem niedrigsten Angebotspreis den 1. Rang. Bei maximal möglichen 100 Leistungspunkten erhält das Angebot mit dem niedrigsten Angebotspreis 100 Preispunkte.

$$\begin{aligned} \text{Preispunkte} &= \left(N - (\text{Rang}_P - 1)\right) \cdot \frac{L_{Max}}{N} \\ &= \left(4 - (1 - 1)\right) \cdot \frac{100}{4} \\ &= 4 \cdot 25 \\ &= 100 \end{aligned}$$

Abbildung: Berechnung der Preispunkte für den niedrigsten Angebotspreis bei der Rangstufenmethode bei vier Angeboten

Bei vier Angeboten und maximal möglichen 100 Leistungspunkten erhält das Angebot mit dem zweitniedrigsten Angebotspreis 75 Preispunkte, und zwar unabhängig davon, wie klein oder wie groß der preisliche Abstand zum billigsten Angebot ist.

$$\begin{aligned} \text{Preispunkte} &= \left(N - (\text{Rang}_P - 1)\right) \cdot \frac{L_{Max}}{N} \\ &= \left(4 - (2 - 1)\right) \cdot \frac{100}{4} \\ &= 3 \cdot 25 \\ &= 75 \end{aligned}$$

Abbildung: Berechnung der Preispunkte für den zweitniedrigsten Angebotspreis bei der Rangstufenmethode bei vier Angeboten

Bei vier Angeboten und maximal möglichen 100 Leistungspunkten erhält das Angebot mit dem drittniedrigsten Angebotspreis 50 Preispunkte, und zwar unabhängig davon, wie klein oder wie groß der preisliche Abstand zum billigsten Angebot ist.

$$\begin{aligned} \text{Preispunkte} &= \left(N - (\text{Rang}_P - 1)\right) \cdot \frac{L_{Max}}{N} \\ &= \left(4 - (3 - 1)\right) \cdot \frac{100}{4} \\ &= 2 \cdot 25 \\ &= 50 \end{aligned}$$

Abbildung: Berechnung der Preispunkte für den drittniedrigsten Angebotspreis bei der Rangstufenmethode bei vier Angeboten

Bei vier Angeboten und maximal möglichen 100 Leistungspunkten erhält das Angebot mit dem höchsten Angebotspreis 25 Preispunkte, und zwar unabhängig davon, wie klein oder wie groß der preisliche Abstand zum billigsten Angebot ist.

$$\begin{aligned} \text{Preispunkte} &= \left(N - (\text{Rang}_P - 1)\right) \cdot \frac{L_{Max}}{N} \\ &= \left(4 - (4 - 1)\right) \cdot \frac{100}{4} \\ &= 1 \cdot 25 \\ &= 25 \end{aligned}$$

Abbildung: Berechnung der Preispunkte für das teuerste Angebot bei der Rangstufenmethode bei vier Angeboten

14.7.2 Formel zur Bestimmung der Gesamtpunktzahl

Bei der Rangstufenmethode wird für die Zuschlagsentscheidung eine Gesamtpunktzahl aus der Summe der gewichteten Leistungspunkte und der gewichteten Preispunkte betrachtet. Den Zuschlag erhält das Angebot, das die höchste Gesamtpunktzahl erreicht hat. Diese ergibt sich aus der Summe der gewichteten Leistungspunkte und der gewichteten Preispunkte.

$$\text{Preispunkte} = \left(N - (\text{Rang}_P - 1)\right)\frac{L_{Max}}{N}$$

L_{Max}	Maximal mögliche Leistungspunktzahl, L > 1
P	Angebotspreis in Euro, P > 0
Rang_P	Rang in aufsteigender Reihenfolge von Angebotspreis P
N	Anzahl der Angebote

Abbildung: Bestimmung der Gesamtpunktzahl bei Rangstufenmethode

14.7.3 Beispielrechnungen

Im folgenden Beispiel werden die vier Angebote A, B, C und D betrachtet, bei denen das Angebot A mit einem Angebotspreis von 100.000 Euro das billigste, aber auch gleichzeitig mit 30 Leistungspunkten das leistungsschwächste Angebot ist. Angebot D ist mit einem Angebotspreis von 112.000 Euro das teuerste, aber gleichzeitig mit 90 Leistungspunkten das leistungsstärkste Angebot. Gerechnet wird mit zwei Dezimalstellen hinter dem Komma und es findet das kaufmännische Runden Anwendung.

Tabelle: Beispiel 1 – Rangstufenmethode

Angebot	Leistungspunkte	Preis
A	30	100.000 Euro
B	50	104.000 Euro
C	75	109.000 Euro
D	90	112.000 Euro

Durch die Ranking-Bewertung spielen die Preisabstände zwischen den Angeboten keinerlei Rolle. Die Information über die wirklichen Abstände zwischen den Angebotspreisen der verschiedenen Angebote wird durch die Anwendung der Ranking-Bewertung eliminiert.

Tabelle: Beispiel 1: Preisranking der vier Angebote

Angebot	Leistungspunkte	Preis	Punktzahl aus der Ranking-Bewertung
A	30	100.000 Euro	100
B	50	104.000 Euro	75
C	75	109.000 Euro	50
D	90	112.000 Euro	25

Angebot A ist das billigste Angebot der vier Angebote A, B, C und D und erhält nach der vorliegenden Vorschrift 100 Preispunkte. Angebot B ist das zweitbilligste Angebot und erhält 75 Preispunkte, Angebot C ist das drittbilligste Angebot und erhält 50 Preispunkte und Angebot D als teuerstes Angebot erhält 25 Preispunkte.

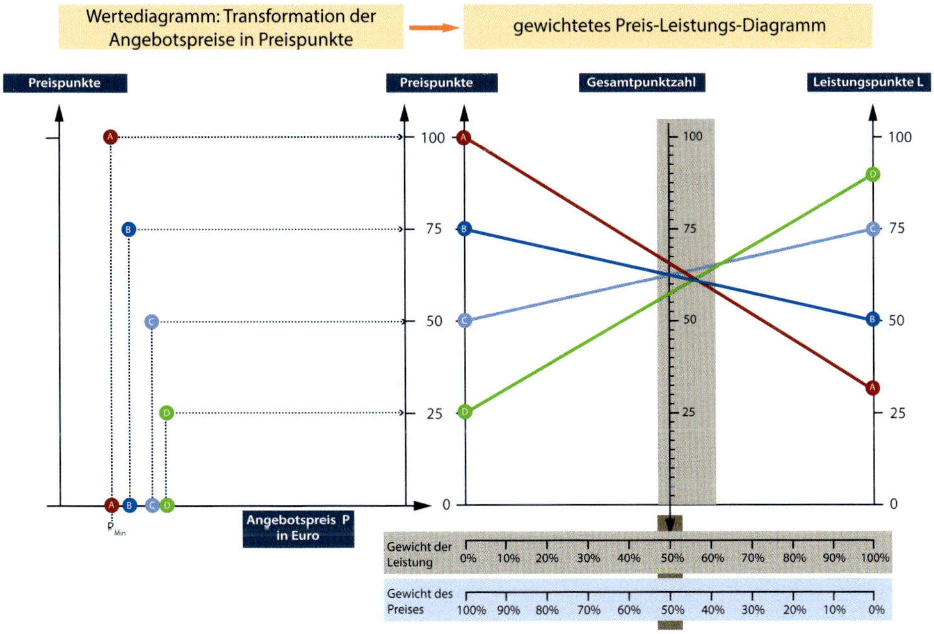

Abbildung: Transformation der Euro-Angebotspreise (4 Angebote) in Preispunkte mittels Ranking

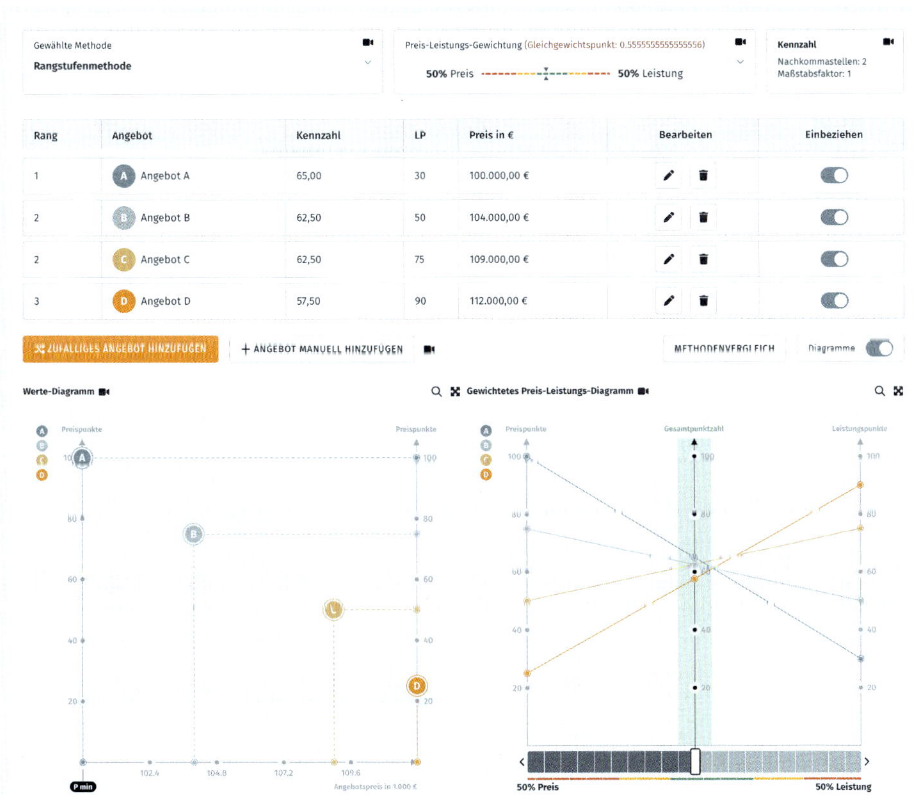

Abbildung: Tabellarische und grafische Darstellung der Rangstufenmethode

Die Preisabstände zwischen den Angeboten spielen keinerlei Rolle. Auch sehr kleine Preisunterschiede zwischen den Angeboten führen zu den gleichen Punktbewertungen.

Tabelle: Beispiel 2 – Preisranking von vier Angeboten mit kleinen Preisunterschieden

Angebot	Leistungspunkte	Preis	Punktzahl aus der Ranking-Bewertung
A	30	100.000 Euro	100
B	50	101.000 Euro	75
C	75	102.000 Euro	50
D	90	103.000 Euro	25

Und dies führt nun zu offensichtlich völlig unsinnigen wirtschaftlichen Entscheidungen: Ein Angebot, das nur drei Prozent teurer, aber dreimal so leistungsstark ist wie das billigste Angebot wird bei der Bewertungsmethode auf den letzten Platz verwiesen.

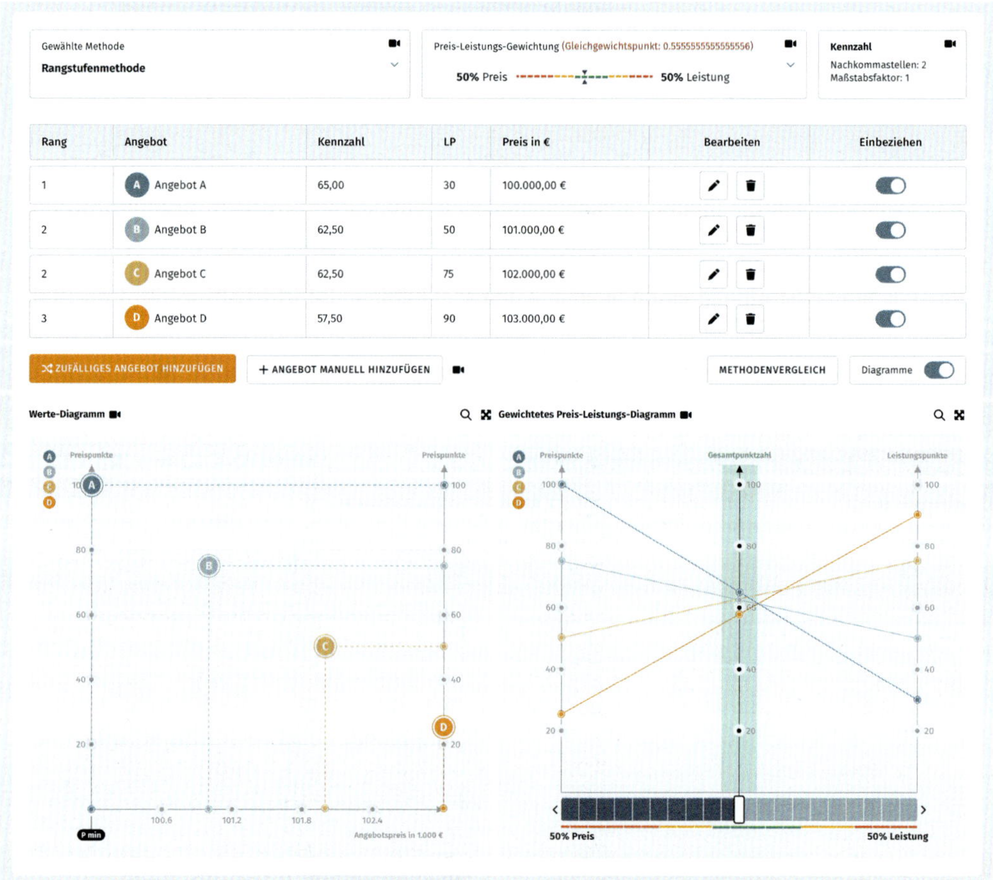

Abbildung: Tabellarische und grafische Darstellung der Rangstufenmethode

Tabelle: Beispiel 2 – Preisranking von vier Angeboten mit sehr kleinen Preisunterschieden

Angebot	Leistungspunkte	Preis	Punktzahl aus der Ranking-Bewertung
A	30	100.000 Euro	100
B	50	100.001 Euro	75
C	75	100.002 Euro	50
D	90	100.003 Euro	25

Dies führt ebenfalls nun zu offensichtlich völlig unsinnigen wirtschaftlichen Entscheidungen: Ein Angebot, das nur drei Hundertstel Promille teurer, aber dreimal so leistungsstark ist wie das billigste Angebot, wird bei der Bewertungsmethode auf den letzten Platz verwiesen.

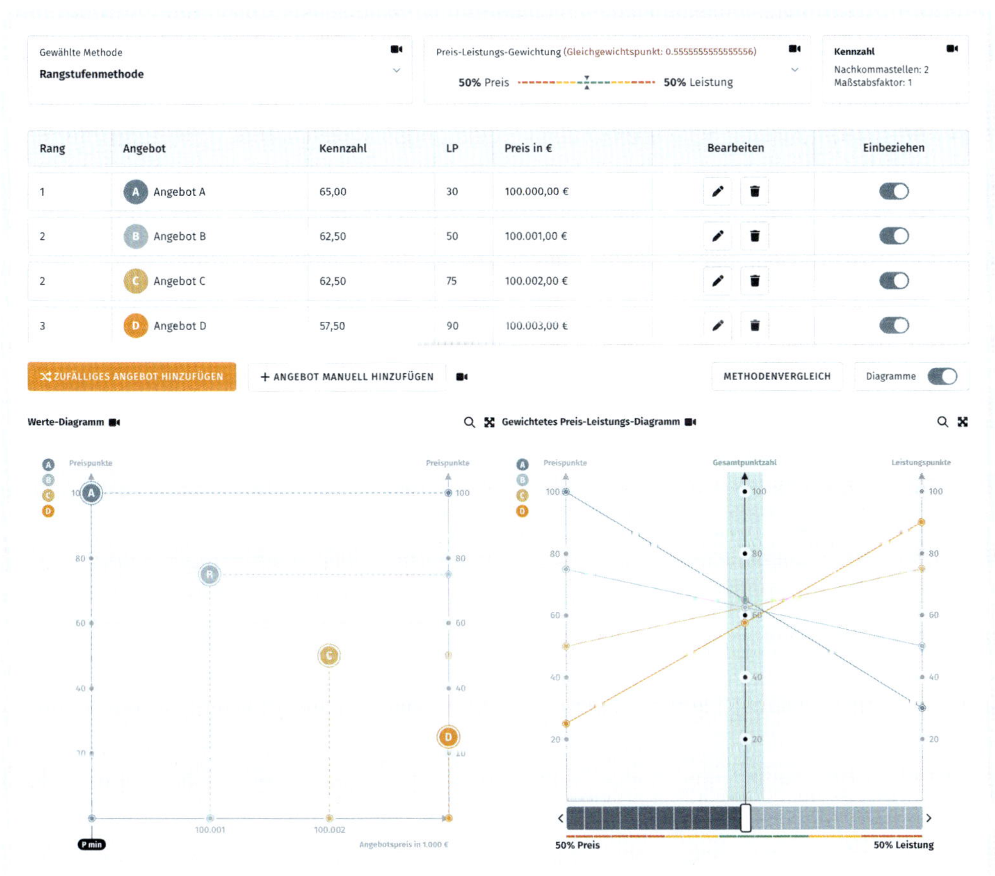

Abbildung: Darstellung im VergabeCalculator PRO

Darüber hinaus ist das relative Punkteverhältnis der Angebote von der Anzahl der wertbaren Angebote abhängig. Dies sei durch das folgende Beispiel dargestellt. Bei insgesamt fünf Angeboten erhält Angebot B als Angebot mit dem zweitniedrigsten Angebotspreis 80 Preispunkte und damit 20 % weniger Preispunkte als das billigste Angebot A.

Tabelle: Beispiel – Preisranking für fünf Angebote

Angebot	Angebotspreis	Punktzahl aus dem Preisranking
A	100.000 Euro	100
B	120.000 Euro	80
C	120.500 Euro	60
D	121.000 Euro	40
E	125.000 Euro	20

In der folgenden Abbildung sind in der Darstellung im VergabeCalculator PRO auch die Leistungspunkte der Angebote aufgeführt.

Obwohl Angebot E nur 4 % teurer, aber fast 150 % leistungsstärker ist als Angebot B, gewinnt bei einer Gewichtung von 50 % Preis und 50 % Leistungsstärke Angebot B die Ausschreibung.

Obwohl Angebot C nur 4 Promille teurer, aber 25 % leistungsstärker ist als Angebot B, gewinnt bei einer Gewichtung von 50 % Preis und 50 % Leistungsstärke Angebot B die Ausschreibung.

Obwohl Angebot D nur ca. 1 % teurer, aber 50 % leistungsstärker ist als Angebot B, gewinnt bei einer Gewichtung von 50 % Preis und 50 % Leistungsstärke Angebot B die Ausschreibung.

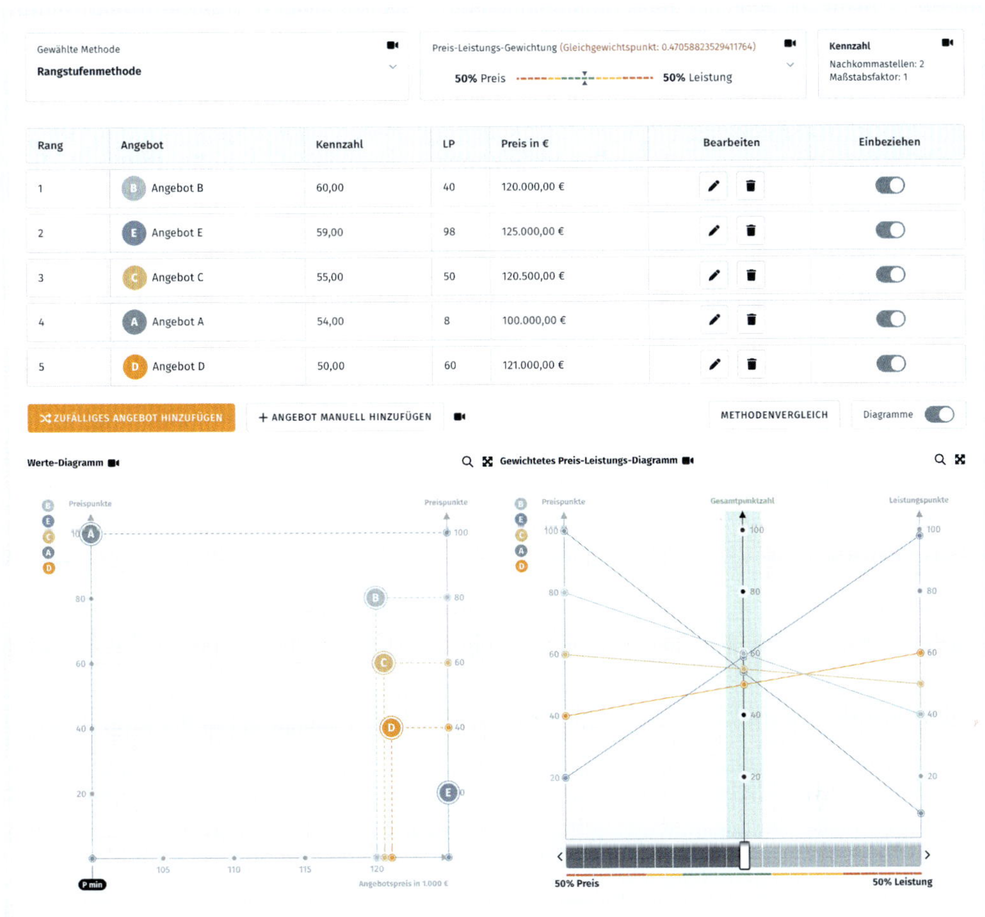

Abbildung: Tabellarische und grafische Darstellung der Rangstufenmethode

Dies ist offensichtlich eine völlig unwirtschaftliche Entscheidung.

Reduziert sich die Angebotswertung auf zwei Angebote, erhält Angebot B als Angebot mit dem zweitniedrigsten Angebotspreis 50 Preispunkte und damit 50 % weniger Preispunkte als das billigste Angebot A.

Tabelle: Beispiel – Preisranking für zwei Angebote

Angebot	Angebotspreis	Punktzahl aus dem Preisranking
A	100.000 Euro	100
B	120.000 Euro	50

In der folgenden Abbildung sind in der Darstellung im VergabeCalculator PRO auch die Leistungspunkte der Angebote aufgeführt.

Obwohl Angebot B nur 20 % teurer, aber 300 % leistungsstärker ist als Angebot A, gewinnt bei einer Gewichtung von 50 % Preis und 50 % Leistungsstärke Angebot A die Ausschreibung.

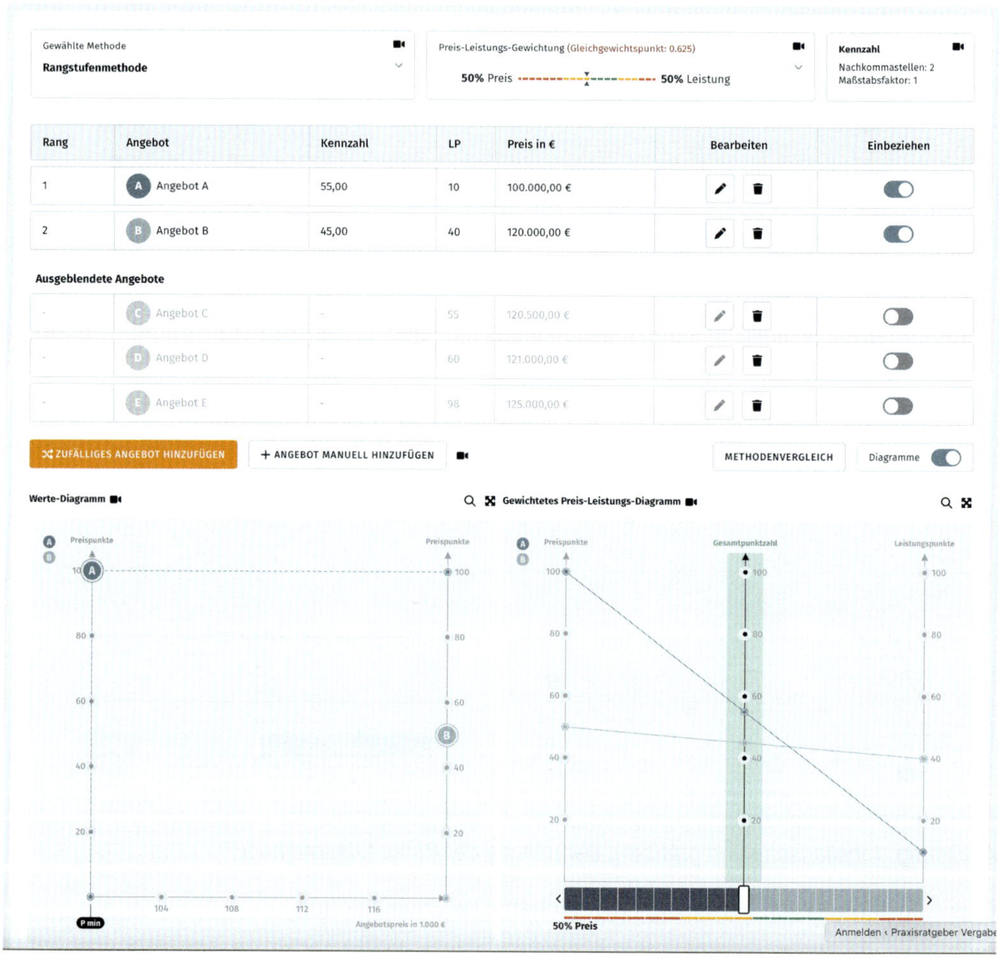

Abbildung: Darstellung im VergabeCalculator PRO

Dies ist offensichtlich eine völlig unwirtschaftliche Entscheidung.

Tabelle: Relativer Abstand billigstes Angebot zum zweitbilligsten Angebot

Anzahl Angebote	Billigstes Angebot erhält x % mehr Preispunkte als zweitbilligstes Angebot
2	100 %
3	50 %
4	33 %
5	25 %

Anzahl Angebote	Billigstes Angebot erhält x % mehr Preispunkte als zweitbilligstes Angebot
6	20 %
7	17 %
8	14 %
9	12 %
10	11 %
...	...
21	5 %

In realen Situationen kann ein Preisunterschied von 0,01 % (99.990 Euro vs. 100.000 Euro) einen Unterschied bei der Preispunktzahl von 25 % (bei fünf Angeboten) oder im Extremfall sogar von 100 % ausmachen (bei zwei Angeboten).

14.7.4 Definitionsbereich

14.7.4.1 Null Leistungspunkte

Die Rangstufenmethode ist auch für Leistungspunktzahlen von null Punkten sinnvoll anwendbar. Null Leistungspunkte führen im Leistungspunkteterm zu null Punkten, dies hat aber keinerlei Einfluss auf den Angebotspreisterm, der unabhängig vom Leistungspunkteterm ist.

14.7.4.2 Angebotspreise von null Euro

Die Rangstufenmethode ist ohne Probleme auch für Angebotspreise von null Euro anwendbar.

14.7.4.3 Negative Angebotspreise

Die Rangstufenmethode ist ohne Probleme auch für negative Angebotspreise anwendbar.

14.7.5 Gewichtung

Da sowohl der Preis- als auch der Leistungsterm mit Gewichtungsfaktoren versehen sind, können Preis und Leistung durch die Addition von Preis- und Leistungsterm mit unterschiedlichen Gewichten in die Bewertung einfließen.

14.7.6 Varianten

Es sind zahlreiche Varianten der behandelten Preisranking-Methode bekannt, die aber alle das gleiche Problem wie die hier besprochene Variante haben. Aus den zahlreichen Varianten werden im Folgenden zwei kurz behandelt.

Variante 1

Das Angebot mit dem günstigsten Angebotspreis erhält die maximale Punktzahl (= Anzahl der Angebote), das Angebot mit dem zweitgünstigsten Angebot erhält einen Punkt weniger als die maximale Punktzahl und so weiter.

Tabelle: Beispiel – Ranking der drei Angebote A, B und C

Angebot	Angebotspreis	Punktzahl aus dem Ranking
A	100.000 Euro	3 Punkte
B	120.000 Euro	2 Punkte
C	125.000 Euro	1 Punkt

Angebot A ist das billigste Angebot der drei Angebote A, B, C und erhält nach der vorliegenden Vorschrift drei Punkte. Angebot B ist das zweitbilligste Angebot und erhält einen Punkt weniger als Angebot A. Angebot C ist das drittbilligste Angebot und erhält einen Punkt weniger als das zweitbilligste Angebot B.

Tabelle: Beispiel – Ranking der fünf Angebote A, B, C, D und E

Angebot	Angebotspreis	Punktzahl aus dem Ranking
A	100.000 Euro	5 Punkte
B	120.000 Euro	4 Punkte
C	120.000 Euro	4 Punkte
D	121.000 Euro	3 Punkte
E	125.000 Euro	2 Punkt

Ohne Normierung ist die maximal erreichbare Punktzahl für den Preis abhängig von der Anzahl der Angebote. Dies hat dann wiederum einen Einfluss auf die wahre Gewichtung von Preis und Leistung. Diese Variante führt mithin zu einer deutlich größeren Bewertungsverzerrung.

Variante 2

In dieser Variante wird die Preispunktbewertung wie folgt vorgenommen:

Tabelle: Bewertung der Angebotspreise

Angebotspreis	Punkte
Niedrigster Angebotspreis	10 Punkte
Mittlerer Angebotspreis: Angebotspreise zwischen dem niedrigsten und dem höchsten Angebotspreis	5 Punkte
Höchster Angebotspreis	1 Punkt

Das einzig Positive, das man über diese Bewertungsmethode sagen kann, ist, dass bei dieser Preisranking-Methode keine Abhängigkeit von der Anzahl der Angebote besteht und auch keine Normierung vorgenommen werden muss. Dass man aber alle Angebotspreise, die sich zwischen dem niedrigsten und dem höchsten Angebotspreis befinden, pauschal mit 5 Punkten bewertet, führt zu einer deutlich größeren Bewertungsverzerrung. Die Anwendung einer solchen Bewertungsmethode ist völlig ungeeignet, um das wirtschaftlichste Angebot zu ermitteln.

14.7.7 Empfehlung

Die Rangstufenmethode sollte keine Anwendung finden.[17]

Obwohl das Ranking des Angebotspreises eine objektive Bewertung darstellt, bei der die Angebotspreise eindeutig und objektiv einer Rangkategorie und damit einer Punktzahl zugeordnet werden, entstehen durch die Eliminierung der wahren Abstände der Angebotspreise sowie die Abhängigkeit der Anzahl der Angebote bei der Bewertung erhebliche Bewertungsverzerrungen. Bei einer reinen Preisbewertung spielen diese Bewertungsverzerrungen keine Rolle. Bei Preis-Leistungs-Bewertungen spielen diese Bewertungsverzerrungen allerdings eine große Rolle und führen in der Regel zu einer deutlichen Gewichtungsverzerrung.

Generell lässt sich feststellen, dass Methoden, die den Angebotspreis durch ein Ranking in Preispunkte transformieren, bei Preis-Leistungs-Bewertungen keine Anwendung finden sollten.[18]

Die Anwendung von Preisranking-Methoden ist völlig ungeeignet, um das wirtschaftlichste Angebot zu ermitteln.

17 *Dillinger/Ferber*, RPA 6/2021, 310 (319); *Ferber*, VergabeNavigator 4/2017, 5 (6); *ders.*, VergabeNavigator 6/2016, 10 (14); *Steck*, VergabeR 2017, 240 (243).

18 VK Südbayern, Beschluss vom 24.7.2015 – Z3-3-3194-1-28-04/15; *Steck*, VergabeR 2017, 240 (243).

15. Gewichtete Richtwertmethoden

Autor: Dipl.-Math. Thomas Ferber, LL.M.

Bei Vergabeverfahren besteht sehr häufig der Wunsch bzw. die Notwendigkeit Preis und Leistung bei der Bewertung unterschiedlich zu gewichten. Soll z.B. dem Preis eine deutlich größere Bedeutung bei der Wertung zukommen, so könnte eine Gewichtung des Preises mit 70 % und eine Gewichtung der Leistung mit 30 % wünschenswert sein. Auch der umgekehrte Fall ist denkbar, bei dem die Leistung stärker Berücksichtigung finden soll und der Preis mit 30 % und die Leistung mit 70 % gewichtet werden soll.

Ein Ansatz zur Umsetzung einer solchen Gewichtung sind die gewichteten Richtwertmethoden, die durch das Beschaffungsamt des Bundesministeriums des Innern in dem Dokument *„UfAB V, Unterlage für Ausschreibung und Bewertung von IT-Leistungen"*[1] veröffentlicht wurden. Aus dem vollständig überarbeiteten Dokument UfAB 2018 sind die gewichteten Richtwertmethoden – gewichtete Richtwertmethode mit Mittelwert (Mittelwertmethode), gewichtete Richtwertmethode mit Referenzwert (Referenzwertmethode) und gewichtete Richtwertmethode mit Median (Medianmethode) – ohne Kommentar verschwunden.

Bei den gewichteten Richtwertmethoden wird aus den Leistungspunkten des Angebots und dem Angebotspreis eine Kennzahl ermittelt.

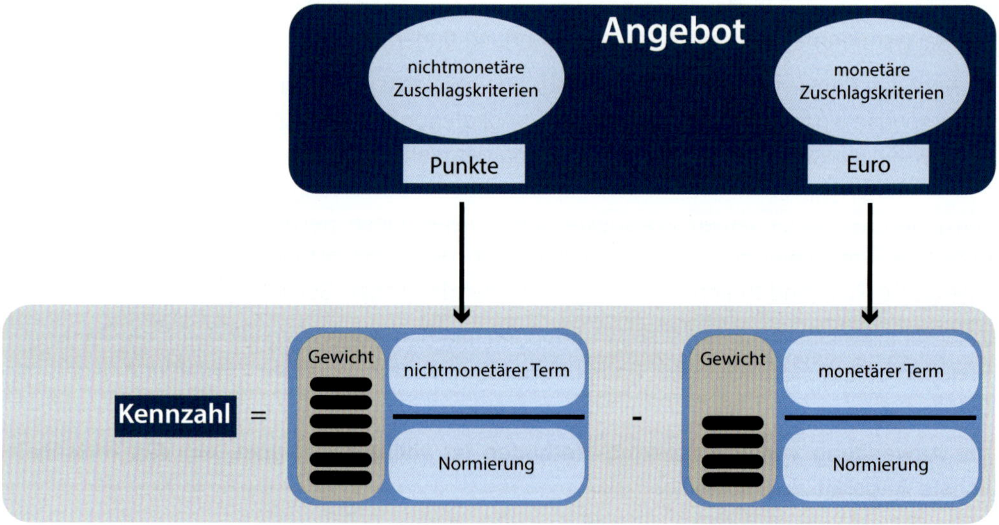

Abbildung: Bewertungsklasse IV – Gewichtete Richtwertmethode

Die Formel zur Berechnung der Kennzahl besteht aus einem gewichteten Leistungsterm und einem gewichteten Preisterm. Der gewichtete Preisterm wird vom gewichteten Leistungsterm subtrahiert.

1 UfAB V, Unterlage für Ausschreibung und Bewertung von IT-Leistungen, Sonderheft 2012 zur Aktualisierung der UfAB V – Version 2.0, 16.8.2012, S. 6 f.

Die Kennzahl wird größer, wenn

- der Preisterm kleiner wird oder
- der Leistungsterm größer wird.

Die Kennzahl wird kleiner, wenn

- der Preisterm größer wird oder
- der Leistungsterm kleiner wird.

Je größer die Kennzahl, umso besser (wirtschaftlicher) wird das Angebot gesehen.

Da in dieser Bewertungsklasse Preis- und Leistungsterm mit Gewichtungsfaktoren versehen sind, können Preis und Leistung mit einem unterschiedlichen Gewicht in die Bewertung einfließen. Soll dem Preis eine deutlich größere Bedeutung bei der Wertung zukommen, so könnte man diesen mit 70 % im Preisterm und die Leistung mit 30 % im Leistungsterm gewichten.

Bewertungsmethoden

ID KLASSE Nr.	NAME	Abh.	GEWICHTUNG	0 P.	0 €	- €	#	Ref.	Prinz.	MIN/MAX	Empfehlung
IV - 01	Referenzwertmethode: Gewichtete Richtwertmethode mit Referenzwert	√		√	√	√	√	×	√	MAX	√
IV - 02	Medianmethode: Gewichtete Richtwertmethode mit Median	×		×	×	×	×	√	√	MAX	√
IV - 03	Mittelwertmethode: Gewichtete Richtwertmethode mit Mittelwert	×		×	×	×	×	√	√	MAX	○
IV - 04	Grenzwertmethode: Gewichtete Richtwertmethode mit Grenzwerten	√		√	×	×	√	√	√	MAX	√

Abbildung: Übersicht der Bewertungsmethoden der Bewertungsklasse IV und ihrer Eigenschaften

Abh. = Abhängigkeit zu anderen Angeboten	
√	Keine Abhängigkeit zu anderen Angeboten
×	Abhängigkeit zu anderen Angeboten

0 P. = 0 Leistungspunkte	
√	Formel kann mit 0 Leistungspunkte rechnen.
×	Formel kann nicht mit 0 Leistungspunkte rechnen.

- € = negative Angebotspreise	
√	Formel kann mit negativen Angebotspreisen rechnen.
×	Formel kann nicht mit negativen Angebotspreisen rechnen.

Ref. = Referenzwerte für Preis und Leistung	
√	Formel benötigt keine Referenzwerte.
×	Formel benötigt sehr realistische Referenzwerte.

MIN/MAX = Optimierung der Scoring-Werte	
MIN	Das Angebot mit dem kleinsten Scoring-Wert gewinnt.
MAX	Das Angebot mit dem größten Scoring-Wert gewinnt.

GEWICHTUNG	
	50% Preis / 50% Leistung fix
	100% Preis / 0 % Leistung - 50% Preis / 50% Leistung
	50% Preis / 50% Leistung - 0% Preis / 100 % Leistung
	100% Preis / 0% Leistung - 0% Preis / 100% Leistung

0 € = Angebotspreise von 0 €	
√	Formel kann mit Angebotspreisen von 0 € rechnen.
×	Formel kann nicht mit Angebotspreisen von 0 € rechnen.

#2 = Zwei Angebote	
√	Formel kommt auch mit 2 Angeboten zu sinnvollen Bewertungen
×	Formel benötigt für sinnvolle Bewertungen mehr als zwei Angebote

Prinz. = Prinzipien der Wirtschaftlichkeit und Rationalität	
√	Prinzipien der Wirtschaftlichkeit und Wirtschaftlichkeit sind erfüllt.
×	Prinzipien der Wirtschaftlichkeit und Wirtschaftlichkeit sind nicht vollständig erfüllt.

Empfehlung	
√	Die Anwendung der Bewertungsmethode wird empfohlen
○	Die Anwendung der Bewertungsmethode wird nur eingeschränkt empfohlen
×	Die Anwendung der Bewertungsmethode wird nicht empfohlen

Abbildung: Legende

Sowohl der Angebotspreis im Preisterm als auch die Leistungspunktzahl im Leistungsterm müssen vergleichbar gemacht werden (normiert werden), da es sonst nicht sinnvoll ist, den Preisterm vom Leistungsterm zu subtrahieren. Bei diesem Vergleichbarmachen – dieser Normierung – werden die Skalen von Preis- und Leistungsterm angepasst.

Mögliche Normierungen sind z.B.:

- Referenzwert für Leistungspunkte, Referenzwert für Angebotspreise,
- Median für Leistungspunkte, Median für Angebotspreise,
- Mittelwert für Leistungspunkte, Mittelwert für Angebotspreise,
- Maximale Leistungspunktzahl, Preisobergrenze.

Durch diese Normierungen werden die Skalen von Preis- und Leistungsterm angepasst.

15.1 Gewichtete Richtwertmethode mit Referenzwert

Die gewichtete Richtwertmethode mit Referenzwert wird auch Referenzwertmethode genannt. Bei der Referenzwertmethode[2] erfolgt die Normierung der Leistungspunkte durch einen durch den Auftraggeber vorgegebenen Referenzwert für die Leistung und die Normierung der Angebotspreise durch einen Referenzwert für die Angebotspreise.

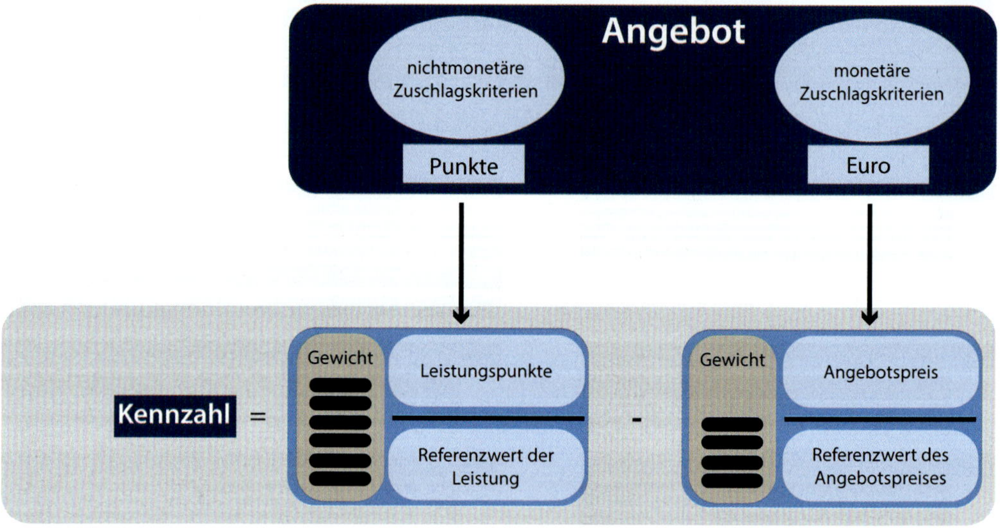

Abbildung: Normierung durch Referenzwerte für den Angebotspreis und Leistungswerte

Der Referenzwert für den Preis sollte sich an einem realistisch geschätzten – erwarteten – Preis orientieren. Der Referenzwert für die Leistungspunkte sollte sich an einer realistischen und machbaren Leistungspunktzahl orientieren.

Die richtige oder falsche Wahl der Referenzwerte und deren Auswirkungen auf das Zuschlagsergebnis werden in den folgenden Beispielen behandelt.

2 UfAB V, Unterlage für Ausschreibung und Bewertung von IT-Leistungen, Sonderheft 2012 zur Aktualisierung der UfAB V – Version 2.0, 16.8.2012, S. 17 ff.

Die Rechenformel zur Bestimmung der Kennzahl für die Referenzwertmethode (gewichtete Richtwertmethode mit Referenzwert) lautet:

$$S = w \cdot \frac{L}{L_{Ref}} - (1-w) \cdot \frac{P}{P_{Ref}}$$

S: Kennzahl
L: Leistungspunktzahl der Bewertungskriterien, L > 0
P: Angebotspreis oder Kosten, P > 0
w: Gewicht, 0 < w < 1
L_{Ref}: Referenzwert für die Leistung
P_{Ref}: Referenzwert für den Angebotspreis

Abbildung: Formel für die Referenzwertmethode

Die Kennzahl für die Leistungs-Preis-Bewertung eines Angebots ergibt sich aus der Subtraktion des gewichteten Leistungsterms und des gewichteten Preisterms.

Der gewichtete Leistungsterm berechnet sich wie folgt: Die Leistungspunktzahl L des Angebots wird durch den vom Auftraggeber vorgegebenen Referenzwert für die Leistungspunktzahl L_{Ref} dividiert und mit der ebenfalls vom Auftraggeber vorgegebenen Gewichtung (Wertigkeitsfaktor) für die Leistung w multipliziert.

Der gewichtete Preisterm berechnet sich wie folgt: Der Angebotspreis P des Angebots wird durch den vom Auftraggeber vorgegebenen Referenzwert für den Angebotspreis P_{Ref} dividiert und mit der ebenfalls vom Auftraggeber vorgegebenen Gewichtung (Wertigkeitsfaktor) für den Angebotspreis $(1 - w)$ multipliziert.

In der „Unterlage für Ausschreibung und Bewertung von IT-Leistungen (UfAB V)" wird für die gewichteten Richtwertmethoden der Begriff *„Wertigkeitsfaktor"* dem Begriff *„Gewicht"* vorgezogen.

Sonderheft 2012 zur Aktualisierung der UfAB V Version 2.0, S. 11: *„Bei den Gewichteten Richtwertmethoden kann die tatsächliche exakte prozentuale Gewichtung von Preis und Leistung erst nach der vierten Wertungsstufe errechnet werden; diese steht also erst nach Abschluss des Bewertungsvorgangs fest. Die UfAB empfiehlt daher, für die Bezeichnung des prozentualen Wertes in der Vergabeunterlage beziehungsweise in der Bekanntmachung nicht den Begriff Gewichtung zu verwenden. Stattdessen bietet sich beispielsweise der Begriff Wertigkeitsfaktor an, da er keine exakte prozentuale Gewichtung zum Ausdruck bringt."*

Aus Sicht des Autors ist eine Differenzierung in Begriffe wie Gewicht und Wertigkeitsfaktor allerdings verwirrend und unnötig. Mit den folgenden Beispielen soll die Gewichtete Richtwertmethode näher betrachtet werden.

Beispiel 1

Gewertet werden sollen vier Angebote mit den folgenden Angebotspreisen und Leistungspunkten. Maximal möglich sind dabei 100 Leistungspunkte.

Tabelle: Beispiel 1 Referenzwertmethode

Angebot	Angebotspreis	Leistungspunkte
A	165.000 Euro	50
B	175.000 Euro	65
C	219.000 Euro	75
D	237.000 Euro	100

Mit den Referenzwerten:

- Referenzwert Leistungspunkte = 70,
- Referenzwert Preis = 200.000 Euro

und einer Gewichtung von 50 % Preis und 50 % Leistung gewinnt das leistungsstärkste Angebot D.

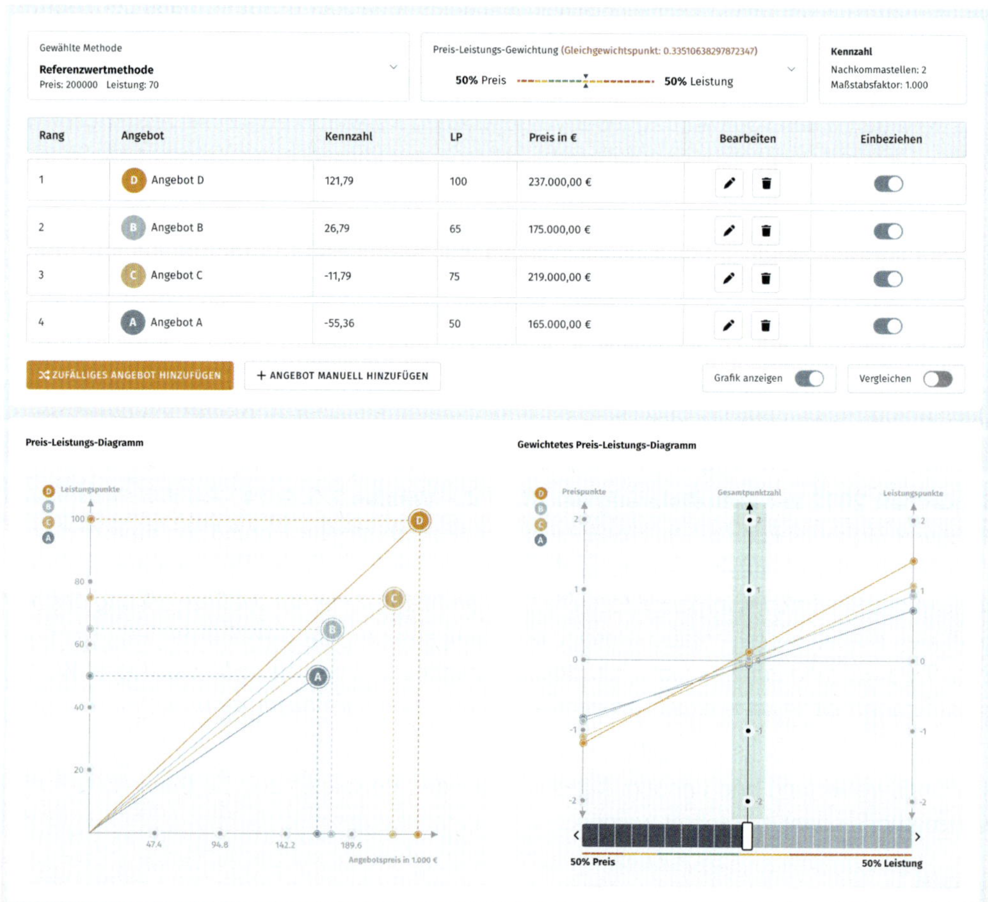

Abbildung: Referenzwertmethode mit den Referenzwerten für den Angebotspreis von 200.000 Euro und für die Leistungswerte von 70 Punkten und einer Gewichtung von 50 % Preis und 50 % Leistung

Verändert man die Referenzwerte auf:

- Referenzwert Leistungspunkte = 68,
- Referenzwert Preis = 120.000 Euro

gewinnt bei der gleichen Gewichtung von 50 % Preis und 50 % Leistung nun das Angebot B.

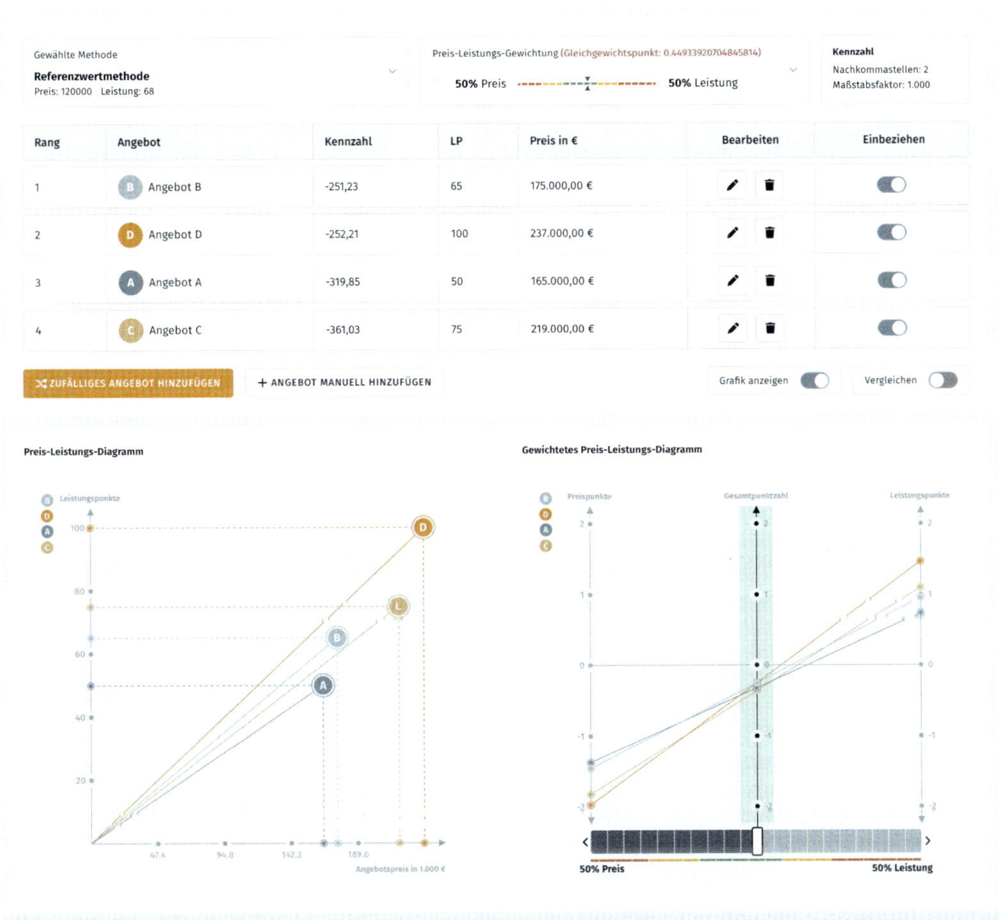

Abbildung: Referenzwertmethode mit den Referenzwerten für den Angebotspreis von 120.000 Euro und für die Leistungswerte von 68 Punkten und einer Gewichtung von 50 % Preis und 50 % Leistung

Verändert man die Referenzwerte auf:

- Referenzwert Leistungspunkte = 68,
- Referenzwert Preis = 45.000 Euro

gewinnt bei der gleichen Gewichtung von 50 % Preis und 50 % Leistung nun das Angebot A.

Gewählte Methode
Referenzwertmethode
Preis: 45000 Leistung: 68

Preis-Leistungs-Gewichtung (Gleichgewichtspunkt: 0.6851385390428212)
50% Preis **50%** Leistung

Kennzahl
Nachkommastellen: 2
Maßstabsfaktor: 1.000

Rang	Angebot	Kennzahl	LP	Preis in €	Bearbeiten	Einbeziehen
1	Angebot A	-1.465,69	50	165.000,00 €		
2	Angebot B	-1.466,50	65	175.000,00 €		
3	Angebot C	-1.881,86	75	219.000,00 €		
4	Angebot D	-1.898,04	100	237.000,00 €		

ZUFÄLLIGES ANGEBOT HINZUFÜGEN + ANGEBOT MANUELL HINZUFÜGEN Grafik anzeigen Vergleichen

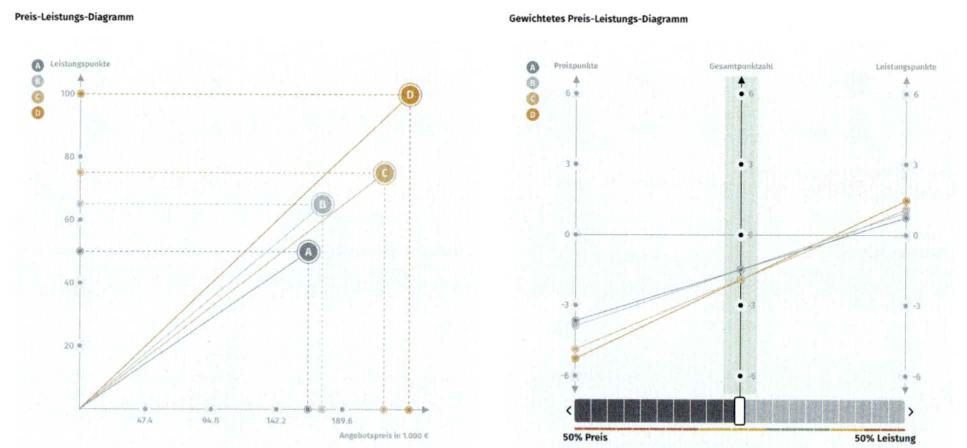

Abbildung: Referenzwertmethode mit den Referenzwerten für den Angebotspreis von 45.000 Euro und für die Leistungswerte von 68 Punkten und einer Gewichtung von 50 % Preis und 50 % Leistung

Wie man an den Beispielen sehen kann, hat die Wahl der Referenzwerte einen Einfluss auf die wahre Gewichtung von Preis und Leistung und letztendlich einen Einfluss auf das Zuschlagsergebnis. Die Wahl der Referenzwerte setzt hier eine sehr gute Marktkenntnis voraus.

Die gewichteten Preis-Leistungs-Diagramme lassen die Zusammenhänge zwischen Preis, Leistung und Gewichtung erkennen.

Bei einem gewichteten Preis-Leistungs-Diagramm wird jedes Angebot durch eine Gerade dargestellt. Jedes Angebot hat einen Angebotspreis und erhält durch eine Bewertung auch eine Leistungspunktzahl.

Auf der rechten senkrechten Achse (Leistungsterm) im gewichteten Preis-Leistungsdiagramm ist der Wert L/L_{Ref} eingetragen. Im Beispiel 1 ist für das Angebot A der Wert

$$L/L_{Ref} = 50 / 68 = 0{,}7353$$

als Punkt in die rechte senkrechte Achse eingetragen.

Auf der linken senkrechten Achse (Preisterm) ist der Wert P/P_{Ref} eingetragen. Da bei den gewichteten Richtwertmethoden der Preisterm vom Leistungsterm subtrahiert wird, ist der Wert P/P_{Ref} auf der negativen Achse einzutragen. Im Beispiel 1 ist für das Angebot A der Wert

$$-P/P_{Ref} = -165.000 \text{ Euro} / 45.000 \text{ Euro} = -3{,}6667$$

als Punkt in die linke senkrechte Achse eingetragen.

Die beiden Punkte werden durch eine Gerade verbunden und stellen das Angebot A dar.

Für die Bestimmung der Kennzahl besteht ein sehr anschaulicher grafischer Zusammenhang: Bewegt man den „Gewichtungsregler" auf der horizontalen Achse, kann man die Gesamtpunktzahl direkt am Schnittpunkt der Messskala mit den Angebotsgeraden ablesen.

Für das Angebot A liest man bei einer Gewichtung von 50 % Preis und 50 % Leistung mit den Referenzwerten für den Angebotspreis von 45.000 Euro und Leistungswerte von 68 Punkten eine Kennzahl (Scoring-Wert) von -1,46569 ab. Mit einem Maßstabsfaktor von 1.000 und 2 Nachkommastellen wird die skalierte Kennzahl -1.465,69 in der Tabelle dargestellt.

Verändert man die Gewichtung auf 40 % Preis und 60 % Leistung gewinnt nun das Angebot B.

Auf der rechten senkrechten Achse (Leistungsterm) im gewichteten Preis-Leistungsdiagramm ist der Wert L/L_{Ref} eingetragen. Im Beispiel 1 ist für das Angebot B der Wert

$$L/L_{Ref} = 65 / 68 = 0{,}9559$$

als Punkt auf die rechte senkrechte Achse eingetragen.

Auf der linken senkrechten Achse (Preisterm) ist der Wert P/P_{Ref} eingetragen. Da bei den gewichteten Richtwertmethoden der Preisterm vom Leistungsterm subtrahiert wird, ist der Wert P/P_{Ref} auf der negativen Achse einzutragen. Im Beispiel 1 ist für das Angebot B der Wert

$$P/P_{Ref} = -3{,}8889$$

als Punkt auf die linke senkrechte Achse eingetragen.

Die beiden Punkte werden durch eine Gerade verbunden und stellen das Angebot B dar. Für das Angebot B liest man bei einer Gewichtung von 40 % Preis und 60 % Leistung mit den Referenzwerten für den Angebotspreis von 45.000 Euro und 68 Leistungspunkten eine Kennzahl (Scoring-Wert) von −0,98203 ab. Mit einem Maßstabsfaktor von 1.000 und 2 Nachkommastellen wird die Kennzahl −982,03 in der Tabelle dargestellt.

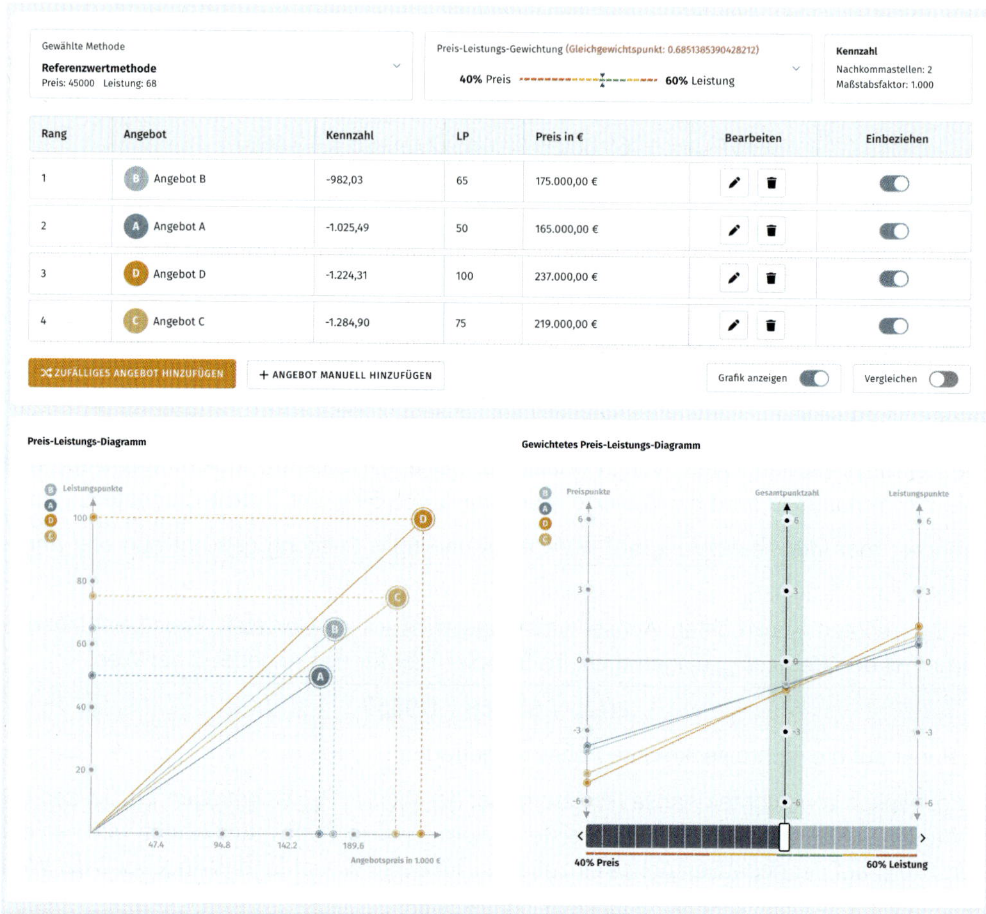

Abbildung: Referenzwertmethode mit den Referenzwerten für den Angebotspreis von 45.000 Euro und für die Leistungswerte von 68 Punkten und einer Gewichtung von 40 % Preis und 60 % Leistung

Verändert man die Gewichtung auf 25 % Preis und 75 % Leistung, gewinnt nun das Angebot D.

Auf der rechten senkrechten Achse (Leistungsterm) im gewichteten Preis-Leistungsdiagramm ist der Wert L/L_{Ref} eingetragen. Im Beispiel 1 ist für das Angebot D der Wert

$$L/L_{Ref} = 100 / 68 = 1{,}4706$$

als Punkt auf der rechten senkrechten Achse eingetragen.

Auf der linken senkrechten Achse (Preisterm) ist der Wert P/P_{Ref} eingetragen. Da bei den gewichteten Richtwertmethoden der Preisterm vom Leistungsterm subtrahiert wird, ist der Wert P/P_{Ref} auf der negativen Achse einzutragen. Im Beispiel 1 ist für das Angebot D der Wert

$$-P/P_{Ref} = -237.000 \text{ Euro} / 45.000 \text{ Euro} = -5{,}2667$$

als Punkt auf der linken senkrechten Achse eingetragen.

Die beiden Punkte werden durch eine Gerade verbunden und stellen das Angebot D dar. Für das Angebot D liest man bei einer Gewichtung von 25 % Preis und 75 % Leistung mit den Referenzwerten für den Angebotspreis von 45.000 Euro und für Leistungswerte von 68 Punkten eine Kennzahl (Scoring-Wert) von −0,21373 ab. Mit einem Maßstabsfaktor von 1.000 und 2 Nachkommastellen wird die Kennzahl −213,73 in der Tabelle dargestellt.

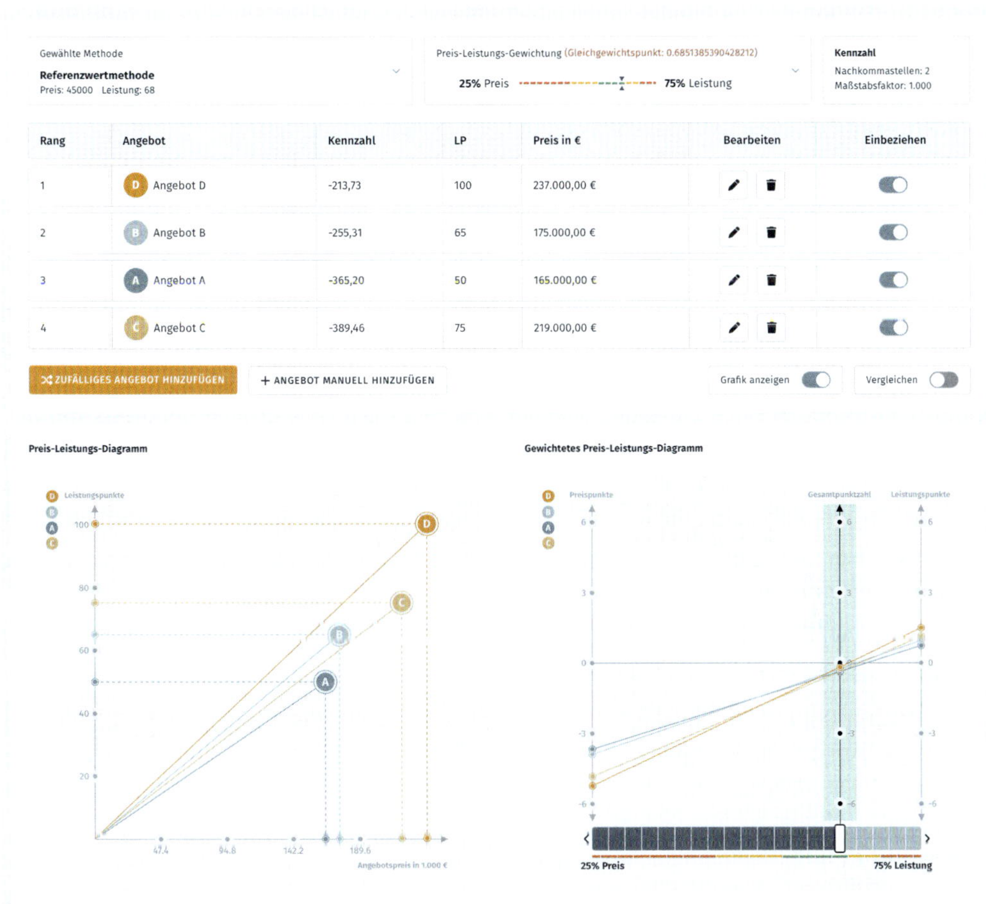

Abbildung: Referenzwertmethode mit den Referenzwerten für den Angebotspreis von 45.000 Euro und für die Leistungswerte von 68 Punkten und einer Gewichtung von 25 % Preis und 75 % Leistung

Durch die geänderte Gewichtung ändern sich nicht die Werte für L/L_{Ref} und P/P_{Ref} der Angebote. Durch die geänderte Gewichtung verändert sich aber die Kennzahl S, die letztendlich zuschlagsentscheidend ist. Diesen Zusammenhang kann man im gewichteten Preis-Leistungs-Diagramm sehr gut erkennen. Dass die Kennzahl negative Werte annehmen kann, stellt kein Problem dar und sagt auch nichts über Wirtschaftlichkeit oder Nichtwirtschaftlichkeit aus. Auch bei negativen Kennzahlen gilt: Das Angebot mit der größten Kennzahl erhält den Zuschlag.

Beispiel

Bei den Kennzahlen S = -20, -30, -44, -100 ist S = -20 die größte Kennzahl.

Bei den Kennzahlen S = 0, -20, -30, -44 ist S = 0 die größte Kennzahl.

Bei den Kennzahlen S = 1, -11, -20, -200 ist S = 1 die größte Kennzahl.

Beispiel 2

Gewertet werden sollen sechs Angebote mit den folgenden Angebotspreisen und Leistungspunkten. Maximal sind 10.000 Leistungspunkte möglich.

Tabelle: Beispiel 2 Referenzwertmethode

Angebot	Angebotspreis	Leistungspunkte
A	100.000 Euro	3.000
B	50.000 Euro	3.000
C	200.000 Euro	9.000
D	270.000 Euro	10.000
E	25.000 Euro	2.700
F	230.000 Euro	9.990

Mit den Referenzwerten:

- Referenzwert Leistungspunkte = 3.000,
- Referenzwert Preis = 100.000 Euro

und einer Gewichtung von 50 % Preis und 50 % Leistung gewinnt mit Angebot F ein sehr leistungsstarkes und teures Angebot.

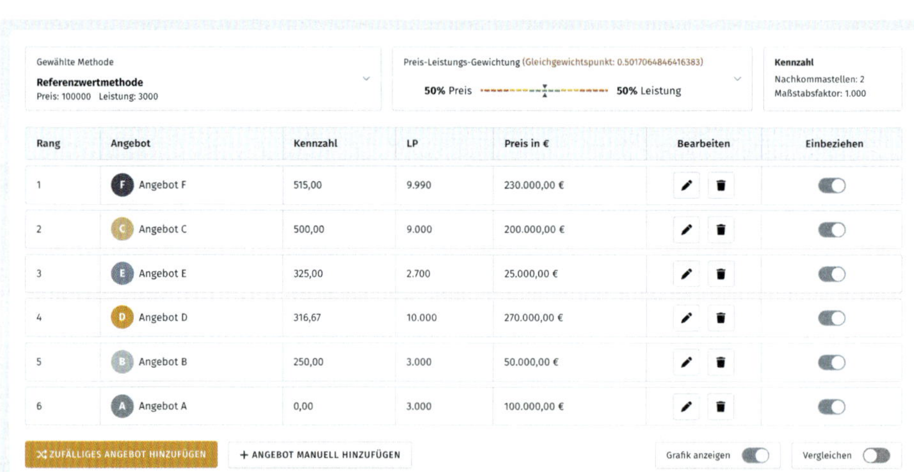

Abbildung: Referenzwertmethode mit den Referenzwerten für den Angebotspreis von 100.000 Euro und für die Leistungspunkte von 3.000 Punkten und einer Gewichtung von 50 % Preis und 50 % Leistung

Im folgenden gewichteten Preis-Leistungsdiagramm erkennt man sehr gut, dass die leistungsstarken Angebote C (9.000 Leistungspunkte), D (10.000 Leistungspunkte) und F (9.990 Leistungspunkte) ab ca. 50 % Gewichtung der Leistung die Gesamtwertung dominieren.

Bei einer Gewichtung von 50 % Leistung und 50 % Preis erhält das Angebot F aufgrund einer höheren Kennzahl den Zuschlag. Das Gewinner-Angebot F ist weit entfernt von den Referenzwerten (100.000 Euro, 3.000 Leistungspunkte).

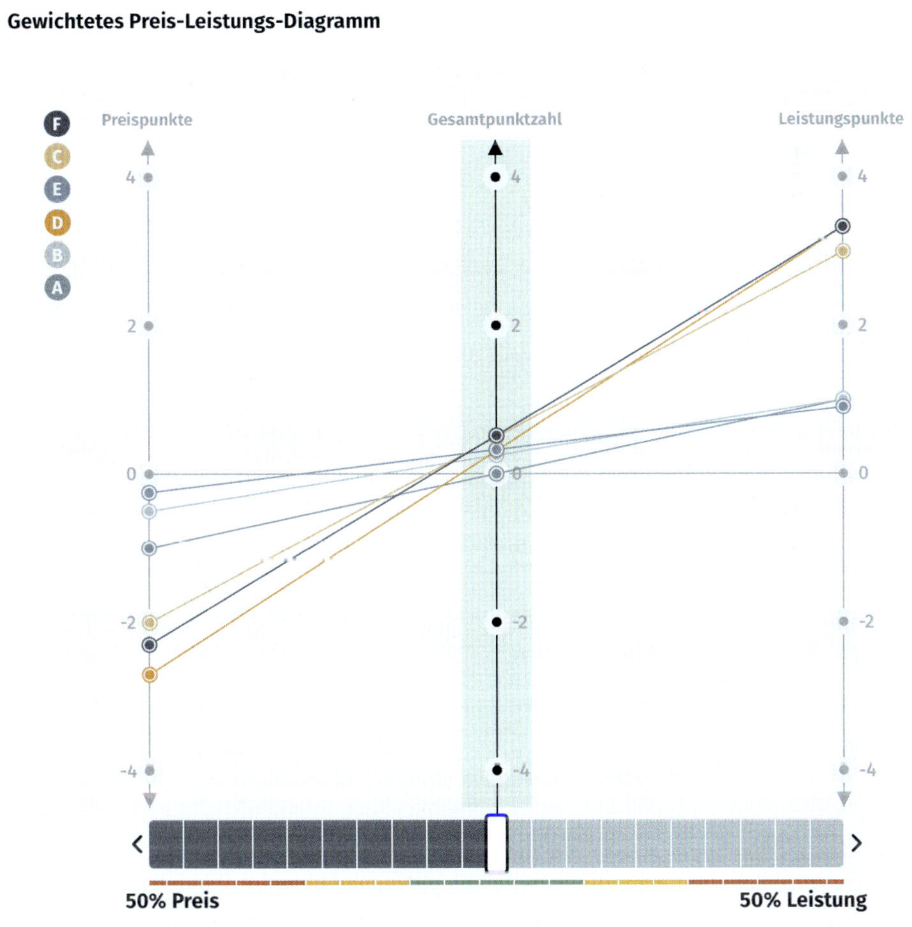

Abbildung: Referenzwertmethode mit den Referenzwerten für den Angebotspreis von 100.000 Euro und für die Leistungspunkte von 3.000 Punkten und einer Gewichtung von 50 % Preis und 50 % Leistung

Der vielleicht überraschende Effekt ist leicht erklärt. Die Referenzwerte dienen zur Normierung der Skalen. Eine ungeschickte Wahl der Normierung kann zu einer Verzerrung der Skalen führen. Und genau dies ist in diesem Beispiel passiert. Der sehr kleine Referenzwert von 3.000 (von 10.000 maximal möglichen Leistungspunkten) für den Leistungswert hat zur

Folge, dass hier bei leistungsstarken Angeboten sehr große Werte im Leistungsterm erreicht werden können.

Praxistipp

▶ *Der Referenzwert für die Leistung sollte einem realistischen Wert entsprechen.*

Beispiel 3

Gewertet werden sollen die gleichen sechs Angebote aus Beispiel 2, maximal sind 10.000 Leistungspunkte möglich.

Mit den Referenzwerten:

- Referenzwert Leistungspunkte = 7.500,
- Referenzwert Preis = 100.000 Euro

und einer Gewichtung von 50 % Preis und 50 % Leistung gewinnt mit Angebot E das leistungsschwächste und billigste Angebot.

Gewählte Methode
Referenzwertmethode
Preis: 100000 Leistung: 7500

Preis-Leistungs-Gewichtung (Gleichgewichtspunkt: 0.7156767283349562)
50% Preis **50%** Leistung

Kennzahl
Nachkommastellen: 2
Maßstabsfaktor: 1.000

Rang	Angebot	Kennzahl	LP	Preis in €	Bearbeiten	Einbeziehen
1	E Angebot E	55,00	2.700	25.000,00 €		
2	B Angebot B	-50,00	3.000	50.000,00 €		
3	A Angebot A	-300,00	3.000	100.000,00 €		
4	C Angebot C	-400,00	9.000	200.000,00 €		
5	F Angebot F	-484,00	9.990	230.000,00 €		
6	D Angebot D	-683,33	10.000	270.000,00 €		

ZUFÄLLIGES ANGEBOT HINZUFÜGEN + ANGEBOT MANUELL HINZUFÜGEN Grafik anzeigen Vergleichen

Abbildung: Referenzwertmethode mit den Referenzwerten für den Angebotspreis von 100.000 Euro und für die Leistungspunkte von 7.500 Punkten und einer Gewichtung von 50 % Preis und 50 % Leistung

Im folgenden gewichteten Preis-Leistungsdiagramm erkennt man sehr gut, dass das billigste Angebot E (25.000 Euro, 2.700 Leistungspunkte) in dem Gewichtungsbereich von ab circa 35 % Preisgewichtung die Gesamtwertung dominiert.

Bei einer Gewichtung von 50 % Leistung und 50 % Preis erhält das Angebot aufgrund einer höheren Kennzahl den Zuschlag. Das Gewinner-Angebot E ist aber weit entfernt von den Referenzwerten (100.000 Euro, 7.500 Leistungspunkten). Das Angebot E erreicht nur 2.700 von 10.000 möglichen Leistungspunkten.

Gewichtetes Preis-Leistungs-Diagramm

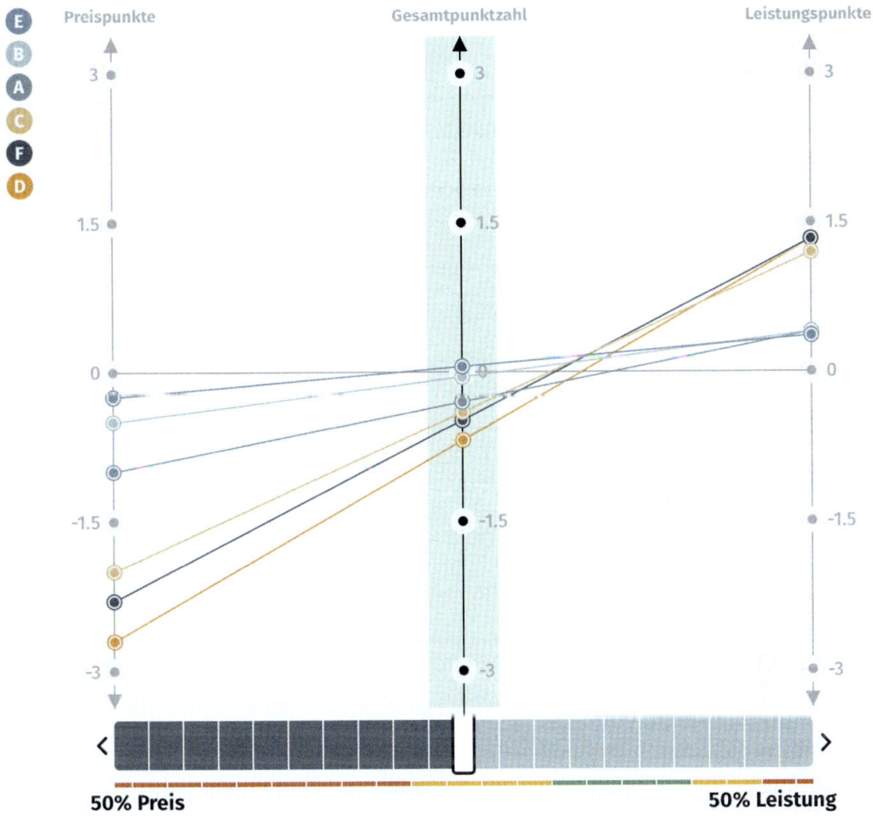

Abbildung: Gewichtetes Preis-Leistungs-Diagramm für die Referenzwertmethode mit den Referenzwerten für den Angebotspreis von 100.000 Euro und für die Leistungspunkte von 7.500 Punkten und einer Gewichtung von 50 % Preis und 50 % Leistung

Der vielleicht überraschende Effekt ist leicht erklärt. Die Referenzwerte dienen zur Normierung der Skalen. Eine ungeschickte Wahl der Normierung kann zu einer Verzerrung der Skalen führen. Und genau dies ist in diesem Beispiel passiert. Der sehr kleine und unrealistische Referenzwert für den Angebotspreis von 100.000 Euro hat zur Folge, dass hier die gewünschten leistungsstarken Angebote durch die im Verhältnis zum Referenzwert hohen Angebotspreise zu einem großen Wert im Preisterm führen. Da der Preisterm vom Leistungsterm subtrahiert wird, kann dies zu einer Benachteiligung der leistungsstarken Angebote führen.

Praxistipp

Der Referenzwert für den Angebotspreis sollte einem realistischen Wert entsprechen und sollte sich an dem Ergebnis der Schätzung des Auftragswertes orientieren.[3]

Praxistipp

Die Angabe einer Mindestleistungspunktzahl schützt vor leistungsschwachen Angeboten und sollte immer gefordert werden.

Praxistipp

Die Angabe einer Preisobergrenze schützt vor Angeboten, die über dem Preisbudget liegen.

Beispiel 4

Die Erhöhung des Referenzwertes für den Preis auf 220.000 Euro führt zu dem folgenden Ergebnis.

Bei einer Gewichtung von 50 % Leistung und 50 % Preis erhält das Angebot C aufgrund einer höheren Kennzahl den Zuschlag.

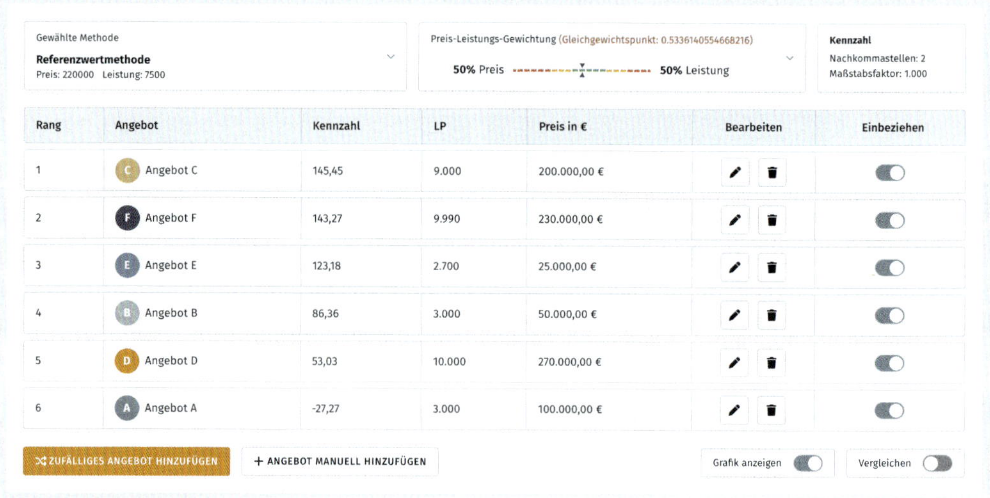

Rang	Angebot	Kennzahl	LP	Preis in €	Bearbeiten	Einbeziehen
1	Angebot C	145,45	9.000	200.000,00 €		
2	Angebot F	143,27	9.990	230.000,00 €		
3	Angebot E	123,18	2.700	25.000,00 €		
4	Angebot B	86,36	3.000	50.000,00 €		
5	Angebot D	53,03	10.000	270.000,00 €		
6	Angebot A	-27,27	3.000	100.000,00 €		

Abbildung: Referenzwertmethode mit den Referenzwerten für den Angebotspreis von 220.000 Euro und für die Leistungspunkte von 7.500 Punkten und einer Gewichtung von 50 % Preis und 50 % Leistung

3 UfAB V, Unterlage für Ausschreibung und Bewertung von IT-Leistungen, Sonderheft 2012 zur Aktualisierung der UfAB V – Version 2.0, 16.8.2012, S. 17. *Ferber,* Schwellenwerte und Schätzung des Auftragswertes im Vergaberecht.

Wie man im folgenden gewichteten Preis-Leistungsdiagramm erkennen kann, erhält das Angebot C nur sehr knapp vor den leistungsschwachen Angeboten den Zuschlag.

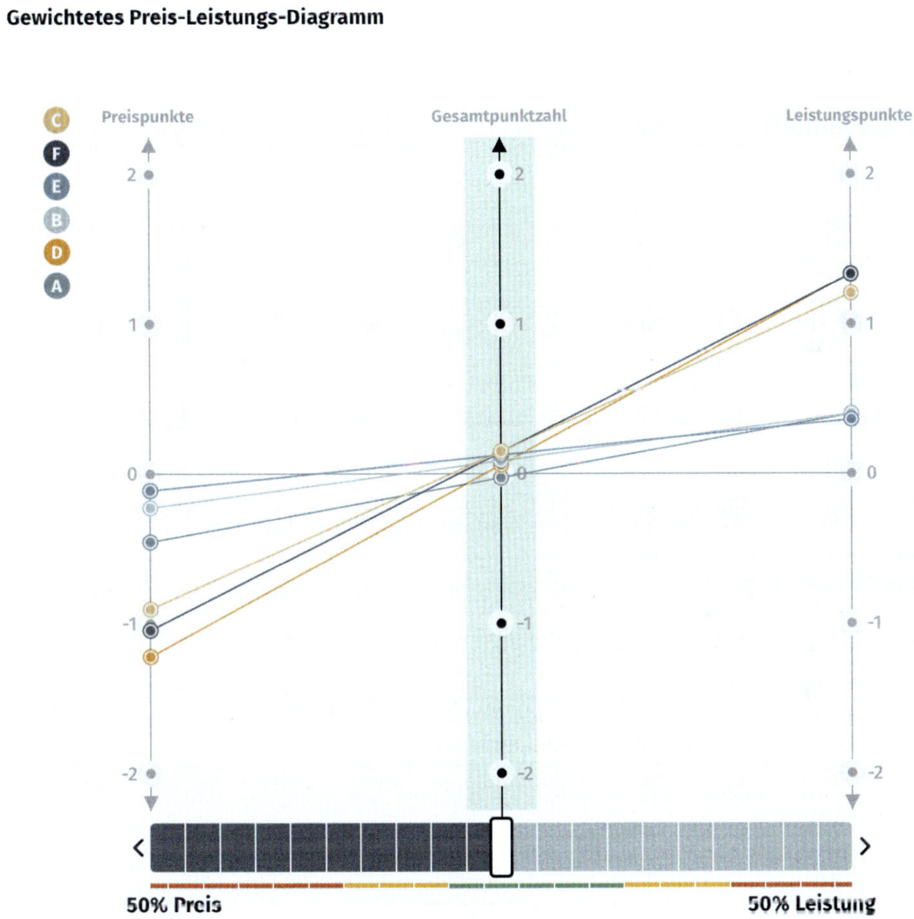

Abbildung: Gewichtetes Preis-Leistungs-Diagramm für die Referenzwertmethode mit den Referenzwerten für den Angebotspreis von 220.000 Euro und für die Leistungspunkte von 7.500 Punkten und einer Gewichtung von 50 % Preis und 50 % Leistung

Erhöht man die Gewichtung für den Preis nur marginal um 5 Prozentpunkte, dann sind die beiden billigsten, aber leistungsschwachen Angebote E und B auf den beiden ersten Rängen.

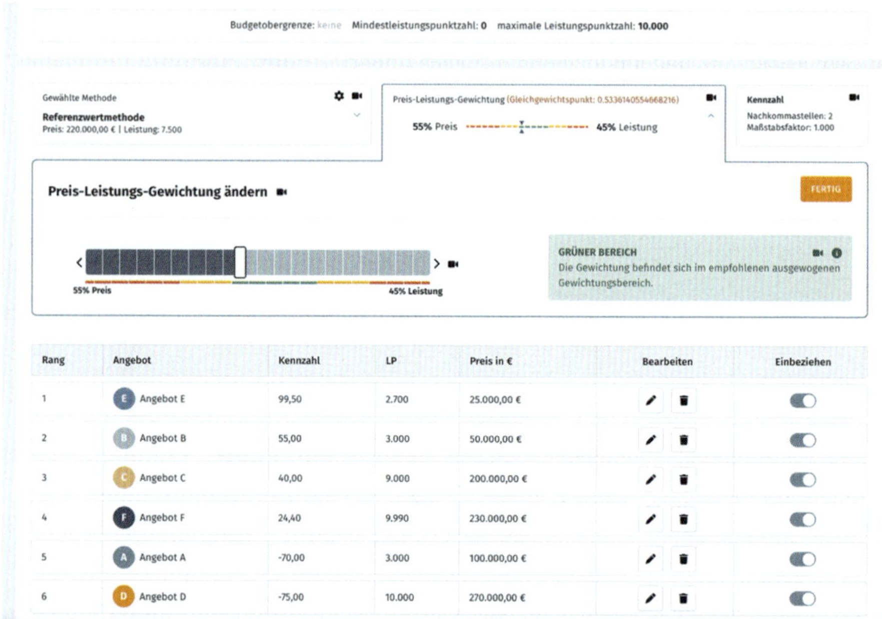

Abbildung: Referenzwertmethode mit den Referenzwerten für den Angebotspreis von 220.000 Euro und für die Leistungspunkte von 7.500 Punkten und einer Gewichtung von 55 % Preis und 45 % Leistung

Um die nicht gewünschten leistungsschwachen Angebote auszuschließen, sollte eine Mindestleistungspunktzahl (zum Beispiel 4.000 Leistungspunkte) zwingend gefordert werden. Durch eine geforderte Mindestleistungspunktzahl von 4.000 Leistungspunkten würden die Angebote A, B und E nicht in die Wertung kommen.

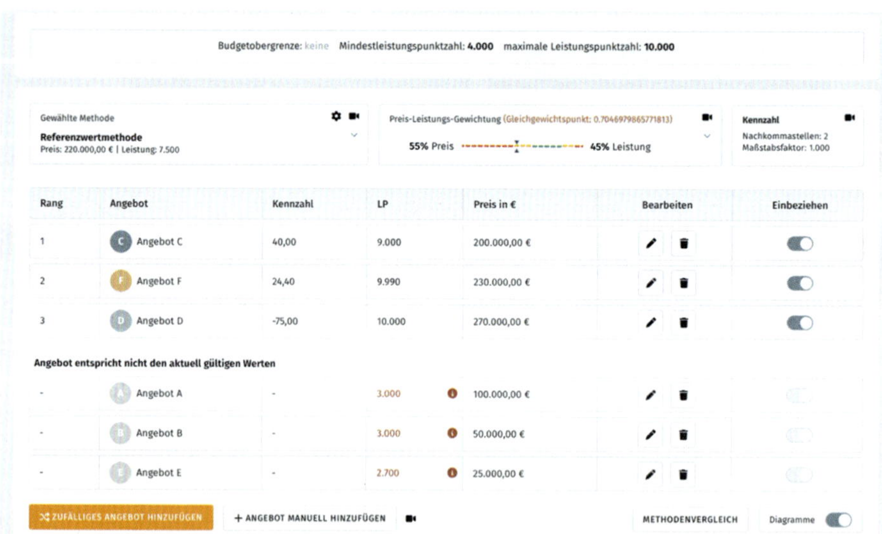

Abbildung: Referenzwertmethode mit den Referenzwerten für den Angebotspreis von 220.000 Euro und für die Leistungspunkte von 7.500 Punkten und einer Gewichtung von 55 % Preis und 45 % Leistung und einer Mindestleistungspunktzahl von 4.000 Punkten

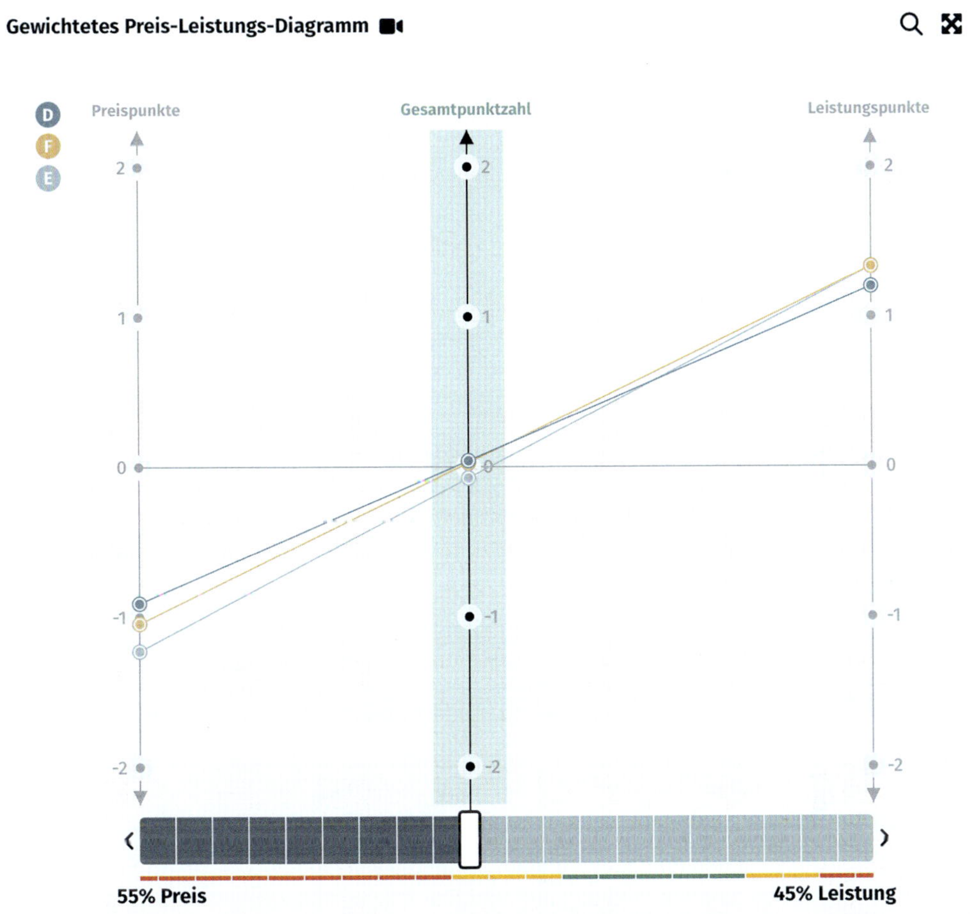

Abbildung: Gewichtetes Preis-Leistungs-Diagramm für die Referenzwertmethode mit den Referenzwerten für den Angebotspreis von 220.000 Euro und für die Leistungspunkte von 7.500 Punkten und einer Gewichtung von 55 % Preis und 45 % Leistung und einer Mindestleistungspunktzahl von 4.000 Punkten

Die geeignete und realistische Wahl der Referenzwerte führt zu einer vernünftigen Normierung. Durch die Vorgabe einer Mindestleistungspunktzahl und einer eventuellen Preisobergrenze werden die zu wertenden Angebote auf einen bezahlbaren (innerhalb des Budgets) und leistungsstarken Bereich eingeschränkt.

Eine Veränderung der Gewichtung auf 60 % Leistung und 40 % Preis führt zu folgendem Ergebnis:

Das sehr leistungsstarke Angebot F erhält den Zuschlag.

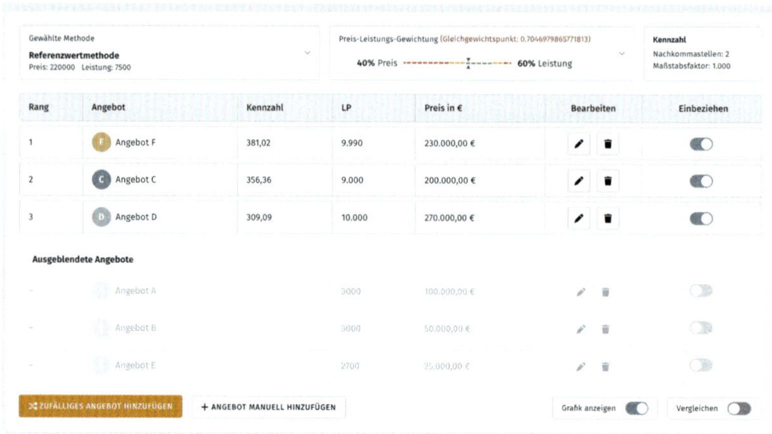

Rang	Angebot	Kennzahl	LP	Preis in €	Bearbeiten	Einbeziehen
1	Angebot F	381,02	9.990	230.000,00 €		
2	Angebot C	356,36	9.000	200.000,00 €		
3	Angebot D	309,09	10.000	270.000,00 €		
-	Angebot A		3000	100.000,00 €		
-	Angebot B		3000	50.000,00 €		
-	Angebot E		2700	25.000,00 €		

Abbildung: Referenzwertmethode mit den Referenzwerten für den Angebotspreis von 220.000 Euro und für die Leistungspunkte von 7.500 Punkten und einer Gewichtung von 40 % Preis und 60 % Leistung und einer Mindestleistungspunktzahl von 4.000 Punkten

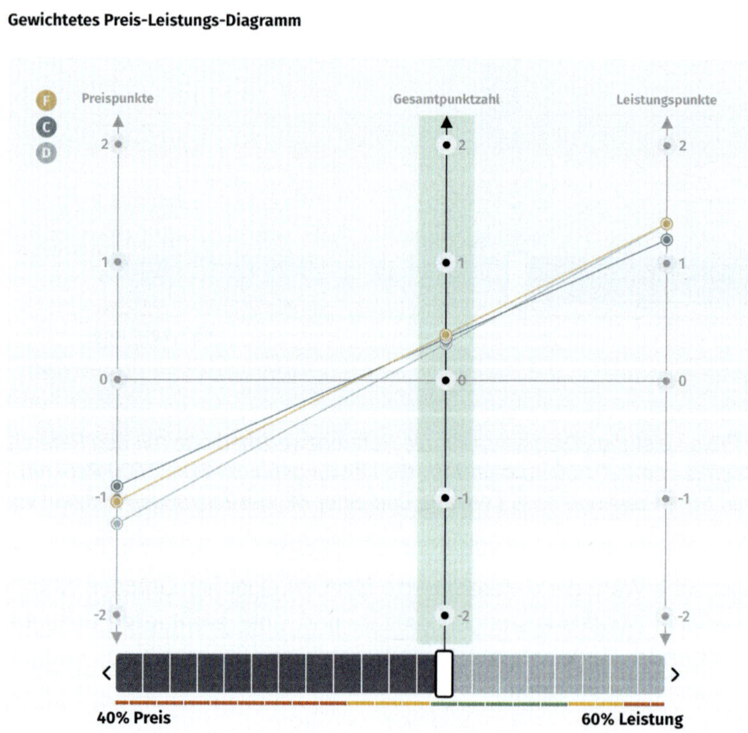

Abbildung: Gewichtetes Preis-Leistungs-Diagramm für die Referenzwertmethode mit den Referenzwerten für den Angebotspreis von 220.000 Euro und für die Leistungspunkte von 7.500 Punkten und einer Gewichtung von 40 % Preis und 60 % Leistung

Eine Veränderung der Gewichtung auf 40 % Leistung und 60 % Preis führt zu folgendem Ergebnis:

Angebot F als billigstes Angebot erhält den Zuschlag.

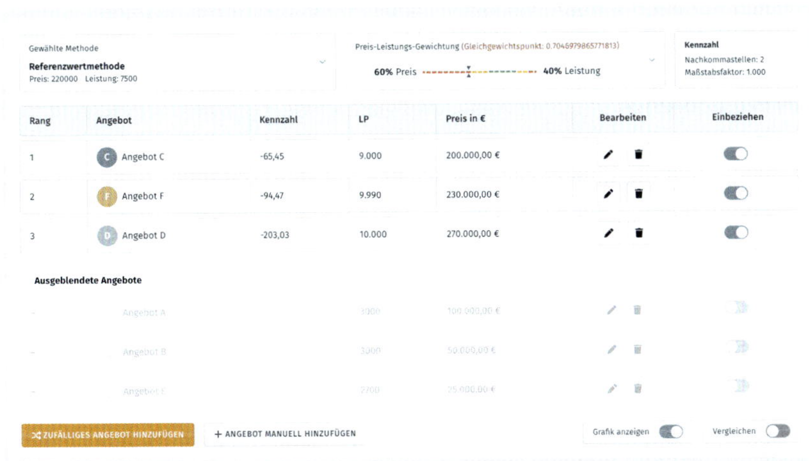

Abbildung: Referenzwertmethode mit den Referenzwerten für den Angebotspreis von 220.000 Euro und für die Leistungspunkte von 7.500 Punkten und einer Gewichtung von 60 % Preis und 40 % Leistung und einer Mindestleistungspunktzahl von 4.000 Punkten

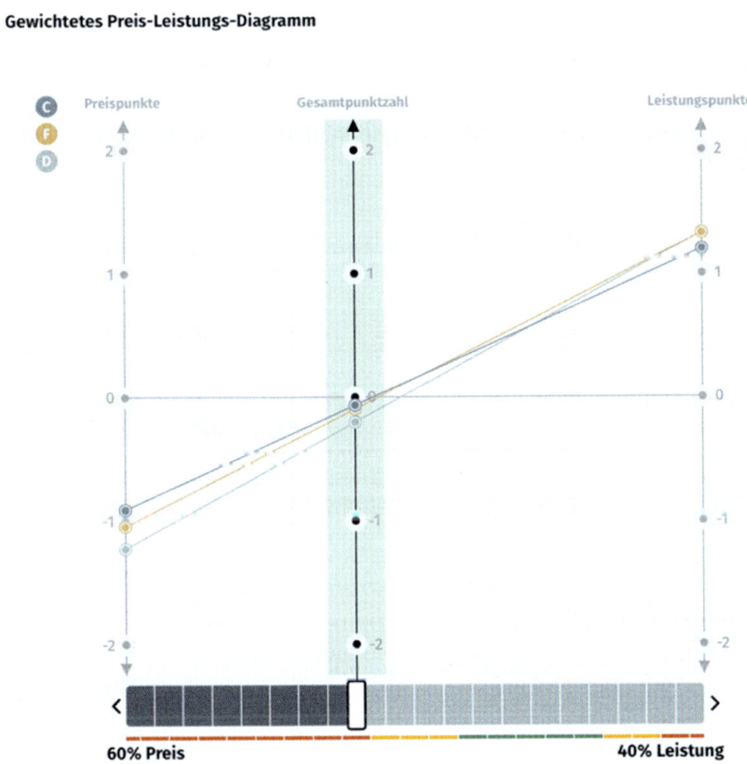

Abbildung: Gewichtetes Preis-Leistungs-Diagramm für die Referenzwertmethode mit den Referenzwerten für den Angebotspreis von 220.000 Euro und für die Leistungspunkte von 7.500 Punkten und einer Gewichtung von 60 % Preis und 40 % Leistung

15.1.1 Definitionsbereich

15.1.1.1 Null Leistungspunkte

Die Referenzwertmethode ist auch für Leistungspunktzahlen von null Punkten sinnvoll anwendbar. Null Leistungspunkte führen im Leistungspunkteterm zu null Punkten, dies hat aber keinerlei Einfluss auf den Angebotspreisterm, der unabhängig vom Leistungspunkteterm ist. Ein Referenzwert von null Punkten ist allerdings nicht zulässig, da dies zu einer Division durch Null führen würde.

15.1.1.2 Angebotspreise von null Euro

Die Referenzwertmethode ist auch bei einem Angebotspreis von null Euro anwendbar. Der Referenzwert für den Angebotspreis darf allerdings nicht null Euro betragen, da dies zu einer Division durch Null führen würde.

15.1.1.3 Negative Angebotspreise

Die Referenzwertmethode ist auch für negative Angebotspreise anwendbar. Dazu wird im Folgenden ein Beispiel mit sechs Angeboten betrachtet. Die Angebote A, B und C haben einen negativen Angebotspreis, das Angebot D hat einen Angebotspreis von null Euro und die Angebote E und F haben einen positiven Angebotspreis. Bei negativen Referenzwerten für den Angebotspreis muss die Formel für die Referenzwertmethode angepasst werden, da dies sonst zu unwirtschaftlichen Ergebnissen führen kann.

Tabelle: Beispiel – Negative und positive Angebotspreise

Angebot	Leistungspunkte	Preis
A	50	-1,00 Euro
B	50	-0,10 Euro
C	60	0,00 Euro
D	70	0,20 Euro
E	70	1,00 Euro

Der Referenzwert für den Angebotspreis wird auf 0,50 Euro und der Referenzwert für die Leistung auf 70 Punkte festgesetzt.

Tabelle: Beispiel – Referenzwertmethode mit den Referenzwerten 0,50 Euro und 70 Punkte bei einer Gewichtung von 50 % Leistung und 50 % Preis und negativen Angebotspreisen, Maßstabsfaktor = 1.000

Angebot	Leistungspunkte	Preis	Normierter Preis	Normierte Leistungspunkte	Kennzahl	Rang
A	50	-1,00 Euro	-2	0,714286	1.357,14	1
B	50	-0,10 Euro	-0,2	0,714286	457,14	2
C	60	0,00 Euro	0	0,857143	428,57	3
D	70	0,20 Euro	0,4	1	300	4
E	70	1,00 Euro	2	1	-500	5

Angebot A ist bei einer Gewichtung von 50 % Leistung und 50 % Preis mit einer Kennzahl von 1.357,14 das Gewinnerangebot.

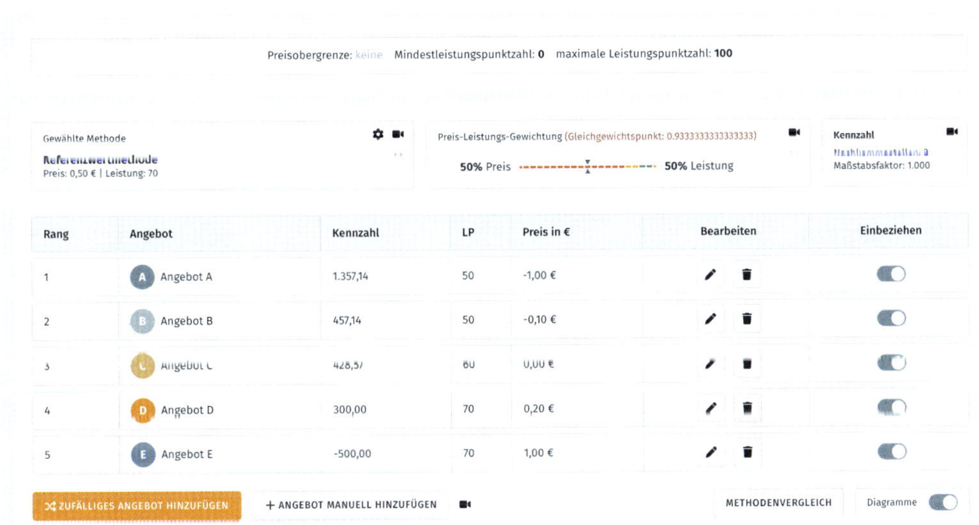

Abbildung: Referenzwertmethode mit den Referenzwerten für den Angebotspreis von 0,50 Euro und für die Leistungspunkte von 70 Punkten und einer Gewichtung von 50 % Preis und 50 % Leistung

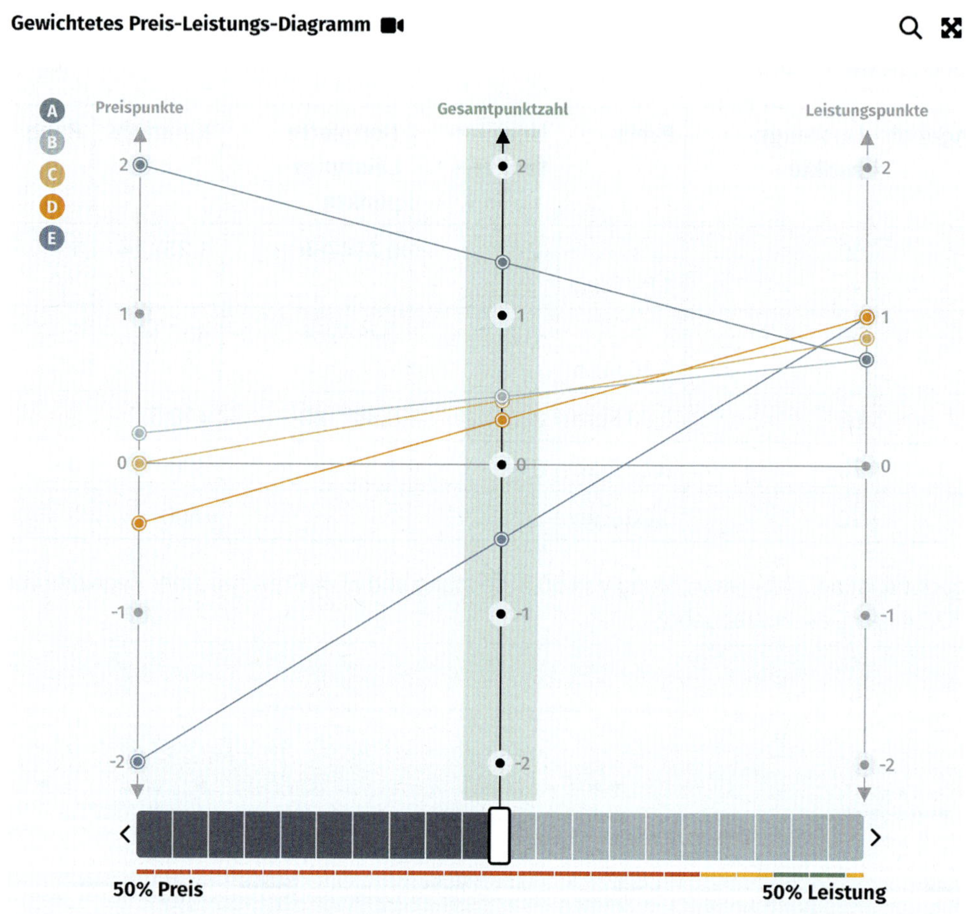

Abbildung: Gewichtetes Preis-Leistungs-Diagramm für die Referenzwertmethode mit den Referenzwerten für den Angebotspreis von 0,50 Euro und für die Leistungspunkte von 70 Punkten und einer Gewichtung von 50 % Preis und 50 % Leistung

Vergleicht man die beiden Angebote A und B, die beide die gleiche Leistungspunktzahl besitzen, dann sollte aus Gründen der Wirtschaftlichkeit das billigere der beiden Angebote gewinnen. Dies ist hier auch der Fall.

Betrachtet man die beiden Angebote D und E, die beide die gleiche Leistungspunktzahl besitzen, dann sollte aus Gründen der Wirtschaftlichkeit das billigere der beiden Angebote gewinnen. Dies ist hier auch der Fall.

Erhöht man die Gewichtung für die Leistung auf 90 % und nimmt ein zusätzliches Angebot F mit 100 Leistungspunkten und einem Angebotspreis von 2,00 Euro hinzu, dann gewinnt das Angebot F vor den Angeboten D und A.

Tabelle: Beispiel – Referenzwertmethode mit den Referenzwerten 0,50 Euro und 70 Punkte bei einer Gewichtung von 90 % Leistung und 10 % Preis und negativen Angebotspreisen, Maßstabsfaktor = 1.000

Angebot	Leistungs-punkte	Preis	Normier-ter Preis	Normierte Leis-tungspunkte	Kennzahl	Rang
A	50	-1,00 Euro	-2	0,714286	842,86	3
B	50	-0,10 Euro	-0,2	0,714286	662,86	6
C	60	0,00 Euro	0	0,857143	771,43	4
D	70	0,20 Euro	0,4	1	860	2
E	70	1,00 Euro	2	1	700	5
F	100	2,00 Euro	4	1,428571	885,71	1

Auch dieses Ergebnis entspricht den Erwartungen an eine wirtschaftliche Entscheidung. Bei einer starken Gewichtung der Leistung, sollte auch die Leistungsstärke die dominierende Rolle spielen. Dies ist hier der Fall.

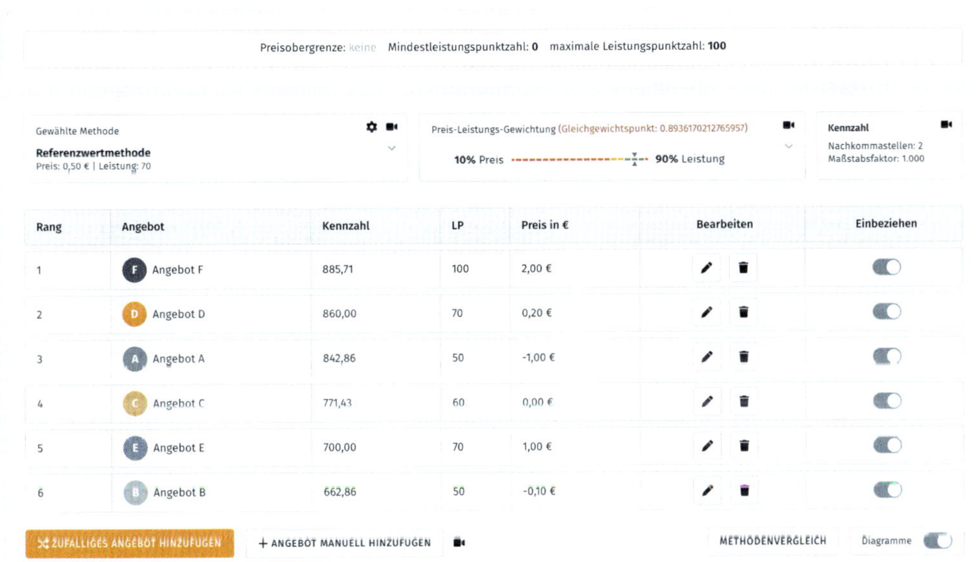

Abbildung: Referenzwertmethode mit den Referenzwerten für den Angebotspreis von 0,50 Euro und für die Leistungspunkte von 70 Punkten und einer Gewichtung von 10 % Preis und 90 % Leistung

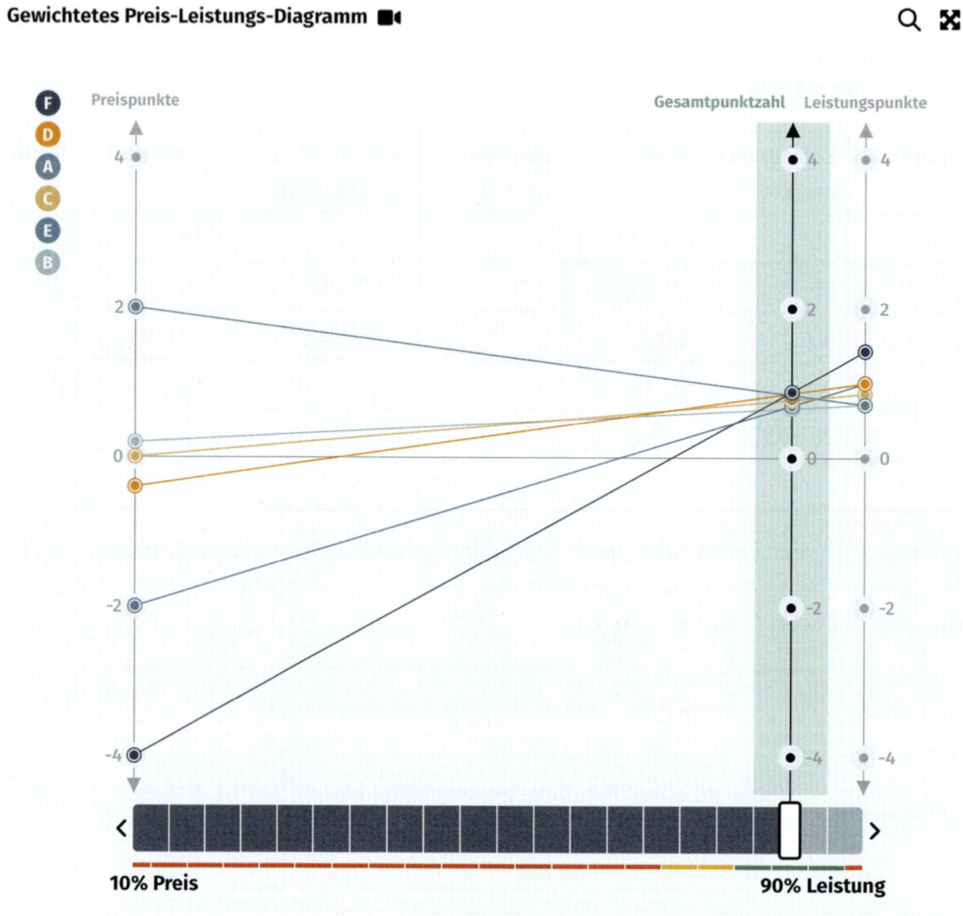

Abbildung: Gewichtetes Preis-Leistungs-Diagramm für die Referenzwertmethode mit den Referenzwerten für den Angebotspreis von 0,50 Euro und für die Leistungspunkte von 70 Punkten und einer Gewichtung von 10 % Preis und 90 % Leistung

Wird dagegen ein negativer Angebotspreis als Referenzwert (im folgenden Beispiel -0,10 Euro) verwendet, kommt es zu unsinnigen Ergebnissen:

Tabelle: Beispiel – Referenzwertmethode mit den Referenzwerten -0,10 Euro und 50 Punkte bei einer Gewichtung von 50 % Leistung und 50 % Preis und negativen Angebotspreisen, Maßstabsfaktor = 1.000

Angebot	Leistungspunkte	Preis	Normierter Preis	Normierte Leistungspunkte	Kennzahl	Rang
A	50	-1,00 Euro	10	1	-4.500	5
B	50	-0,10 Euro	1	1	0	4
C	60	0,00 Euro	0	1,2	600	3

Angebot	Leistungs-punkte	Preis	Normier-ter Preis	Normierte Leis-tungspunkte	Kennzahl	Rang
D	70	0,20 Euro	-2	1,4	1.700	2
E	70	1,00 Euro	-10	1,4	5.700	1

Angebot E ist bei einer Gewichtung von 50 % Leistung und 50 % Preis mit einer Kennzahl von 5.700 das Gewinnerangebot. Vergleicht man die beiden Angebote D und E, die beide die gleiche Leistungspunktzahl besitzen, dann sollte aus Gründen der Wirtschaftlichkeit das billigere der beiden Angebote gewinnen. Dies ist hier aber nicht der Fall.

Betrachtet man die beiden Angebote A und B, die beide die gleiche Leistungspunktzahl besitzen, dann sollte aus Gründen der Wirtschaftlichkeit das billigere der beiden Angebote vorne liegen. Dies ist hier aber nicht der Fall.

Und selbst eine Gewichtung von 95 % Preis und 5 % Leistung führt zu völlig unsinnigen Ergebnissen.

Tabelle: Beispiel – Referenzwertmethode mit den Referenzwerten -0,10 Euro und 50 Punkte bei einer Gewichtung von 5 % Leistung und 95 % Preis und negativen Angebotspreisen, Maßstabsfaktor = 1.000

Angebot	Leistungs-punkte	Preis	Normier-ter Preis	Normierte Leis-tungspunkte	Kennzahl	Rang
A	50	-1,00 Euro	10	1	-9.450	5
B	50	-0,10 Euro	1	1	-900	4
C	60	0,00 Euro	0	1,2	60	3
D	70	0,20 Euro	-2	1,4	1.970	2
E	70	1,00 Euro	-10	1,4	9.570	1

Angebot E ist auch bei einer Gewichtung von 5 % Leistung und 95 % Preis mit einer Kennzahl von 9.570 das Gewinnerangebot. Vergleicht man die beiden Angebote D und E, die beide die gleiche Leistungspunktzahl besitzen, dann sollte aus Gründen der Wirtschaftlichkeit das billigere der beiden Angebote gewinnen. Dies ist hier aber nicht der Fall.

Betrachtet man die beiden Angebote A und B, die beide die gleiche Leistungspunktzahl besitzen, dann sollte aus Gründen der Wirtschaftlichkeit das billigere der beiden Angebote vorne liegen. Dies ist hier aber nicht der Fall.

Man kann das Beispiel noch etwas extremer gestalten, indem alle Angebote die gleiche Leistungspunktzahl von 50 Punkten erhalten und sich dann nur im Preis unterscheiden.

Tabelle: Beispiel – Referenzwertmethode mit den Referenzwerten -0,10 Euro und 50 Punkte bei einer Gewichtung von 5 % Leistung und 95 % Preis und negativen Angebotspreisen, Maßstabsfaktor = 1.000

Angebot	Leistungspunkte	Preis	Normierter Preis	Normierte Leistungspunkte	Kennzahl	Rang
A	50	-1,00 Euro	10	1	-9.450	5
B	50	-0,10 Euro	1	1	-900	4
C	50	0,00 Euro	0	1	50	3
D	50	0,20 Euro	-2	1	1.950	2
E	50	1,00 Euro	-10	1	9.550	1

Bei gleicher Leistungsstärke sollte das billigste Angebot den Zuschlag erhalten. Im betrachteten Beispiel erhält paradoxerweise das teuerste Angebot den Zuschlag. Dies verletzt die Anforderungen an die Wirtschaftlichkeit.

Das Phänomen ist auch schnell und einfach erklärt. Bei der Referenzwertmethode wird für die Zuschlagsentscheidung eine Kennzahl ermittelt, die aus der Differenz eines gewichteten Leistungsterms und eines gewichteten Preisterms gebildet wird. Die Kennzahl wird größer, wenn

- der Leistungsterm größer wird oder
- der Preisterm kleiner wird.

Die Kennzahl wird kleiner, wenn

- der Leistungsterm kleiner wird oder
- der Preisterm größer wird.

Bei einem positiven Referenzwert für den Preis führt

- ein höherer Angebotspreis zu einem größeren Preisterm und mithin zu einer kleineren Kennzahl (da der Preisterm als Subtrahend auftritt) und
- ein kleinerer Angebotspreis zu einem kleineren Preisterm und mithin zu einer größeren Kennzahl (da der Preisterm als Subtrahend auftritt).

Letztendlich wird der Differenzwert aus Leistungsterm minus Preisterm berechnet. Der **Referenzwert für den Angebotspreis** dient zur Normierung des Preisterms und wird als Divisor angewendet. Bei einem negativen Referenzwert für den Angebotspreis wird der Preisterm negativ. Die Subtraktion einer negativen Zahl entspricht der Addition der positiven Zahl.

Im Folgenden wird die Berechnung der Kennzahl für ein Angebot mit 70 Leistungspunkten und einem Angebotspreis von 1 Euro mit den Referenzwerten 70 Leistungspunkte und 0,50 Euro vorgenommen.

$$S = w \cdot \frac{L}{L_{Ref}} - (1-w) \cdot \frac{P}{P_{Ref}}$$
$$= 50\% \; \frac{70}{70} - 50\% \; \frac{1{,}00€}{0{,}50€}$$
$$= 0{,}5 - 1$$
$$= -0{,}5$$

Abbildung: Berechnung der Kennzahl für ein Angebot mit 70 Leistungspunkten und einem Angebotspreis von 1 Euro mit den Referenzwerten 70 Leistungspunkte und 0,50 Euro

Im Folgenden wird der Effekt durch einen negativen Referenzwert für den Preis gezeigt. Durch den negativen Referenzwert wird der Preisterm für positive Angebotspreise am Ende addiert. Aus Wirtschaftlichkeitssicht führt dies zu unsinnigen Ergebnissen.

$$S = w \cdot \frac{L}{L_{Ref}} - (1-w) \cdot \frac{P}{P_{Ref}}$$
$$= 50\% \; \frac{70}{50} - 50\% \; \frac{1{,}00€}{-0{,}10€}$$
$$= 0{,}7 - 50\% \cdot (-10)$$
$$= 0{,}7 + 5 = 5{,}7$$

Abbildung: Berechnung der Kennzahl für ein Angebot mit 70 Leistungspunkten und einem Angebotspreis von 1 Euro mit den Referenzwerten 70 Leistungspunkte und 0,50 Euro

Wenn negative Referenzwerte für den Angebotspreis notwendig sind, kann man die Formel für die Referenzwertmethode entsprechend anpassen. Die Rechenformel zur Bestimmung der Kennzahl für die Referenzwertmethode (gewichtete Richtwertmethode mit Referenzwert) für positive und negative Referenzwerte für den Angebotspreis lautet:

$$S = w \cdot \frac{L}{L_{Ref}} - (1-w) \cdot \frac{P}{P_{Ref}} \text{, für } P_{Ref} > 0$$

$$S = w \cdot \frac{L}{L_{Ref}} + (1-w) \cdot \frac{P}{P_{Ref}} \text{, für } P_{Ref} < 0$$

S: Kennzahl
L: Leistungspunktzahl der Bewertungskriterien, $L > 0$
P: Angebotspreis oder Kosten, $P > 0$
w: Gewicht, $0 < w < 1$
L_{Ref}: Referenzwert für die Leistung
P_{Ref}: Referenzwert für den Angebotspreis

Abbildung: Formel für die Referenzwertmethode erweitert auch für negative Referenzwerte des Angebotspreises

15.1.2 Gewichtung

Da sowohl der Preis- als auch der Leistungsterm mit Gewichtungsfaktoren versehen sind, können Preis und Leistung mit unterschiedlichen Gewichten in die Bewertung einfließen.

15.1.3 Abhängigkeit von anderen Angeboten

Bei der Referenzwertmethode besteht keine Abhängigkeit zu anderen Angeboten.

15.1.4 Rechtsprechung

Zur Referenzwertmethode ist bisher keine Rechtsprechung bekannt.

15.1.5 Empfehlung

Die Referenzwertmethode ist eine anwendbare Bewertungsmethode, die die Wirtschaftlichkeitsanforderungen an Bewertungsmethoden erfüllt. Die Referenzwerte müssen allerdings mit Bedacht und marktorientiert gewählt werden.

Tabelle: Beispiel 1: Medianmethode

Angebot	Angebotspreis	Leistungspunkte
A	165.000 Euro	50
B	175.000 Euro	65
C	219.000 Euro	75
D	237.000 Euro	100

Der Median der Angebotspreise der vier Angebote liegt bei 197.000 Euro.

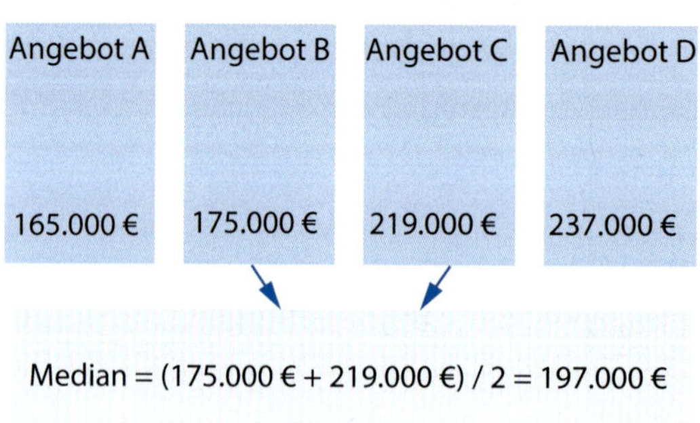

Abbildung: Beispiel 1 – Der Median der Angebotspreise liegt bei 197.000 Euro

Der Median der Leistungspunkte der vier Angebote liegt bei 70 Punkten.

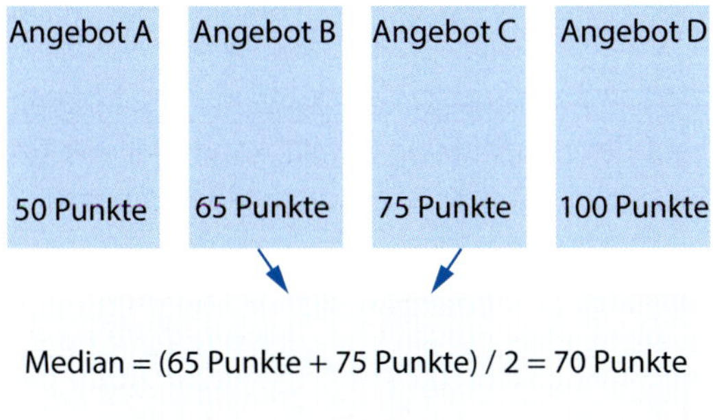

Abbildung: Beispiel 1 – Der Median der Leistungspunkte liegt bei 70 Punkten

Bei einer Gewichtung von 50 % Preis und 50 % Leistung gewinnt das leistungsstärkste Angebot D.

Rang	Angebot	Kennzahl	LP	Preis in €	Bearbeiten	Einbeziehen
1	Angebot D	112,76	100	237.000,00 €		
2	Angebot B	20,12	65	175.000,00 €		
3	Angebot C	-20,12	75	219.000,00 €		
4	Angebot A	-61,64	50	165.000,00 €		

Abbildung: Medianmethode Beispiel 1

Die gewichteten Preis-Leistungsdiagramme lassen die Zusammenhänge zwischen Preis, Leistung und Gewichtung erkennen.

Bei einem gewichteten Preis Leistungsdiagramm wird jedes Angebot durch eine Gerade dargestellt. Jedes Angebot hat einen Angebotspreis und erhält durch eine Bewertung auch eine Leistungspunktzahl.

Auf der rechten senkrechten Achse (Leistungsterm) im gewichteten Preis-Leistungsdiagramm ist der Wert L/L_{Median} eingetragen. Im Beispiel 1 ist für das Angebot D der Wert

L/L_{Median} = 100 / 70 = 1,4285714

als Punkt auf der rechten senkrechten Achse eingetragen.

Auf der linken senkrechten Achse (Preisterm) ist der Wert P/P_{Median} eingetragen. Da bei den gewichteten Richtwertmethoden der Preisterm vom Leistungsterm subtrahiert wird, ist der Wert $P/_{Median}$ auf der negativen Achse einzutragen. Im Beispiel 1 ist für das Angebot D der Wert

$P/P_{Ref} = -1{,}2030457$

als Punkt auf die linke senkrechte Achse eingetragen.

Die beiden Punkte werden durch eine Gerade verbunden und stellen das Angebot D dar.

Für die Bestimmung der Kennzahl besteht ein sehr anschaulicher grafischer Zusammenhang: Bewegt man den „Gewichtungsregler" auf der horizontalen Achse, kann man die Gesamtpunktzahl direkt am Schnittpunkt der Messskala mit den Angebotsgeraden ablesen.

Gewichtetes Preis-Leistungs-Diagramm

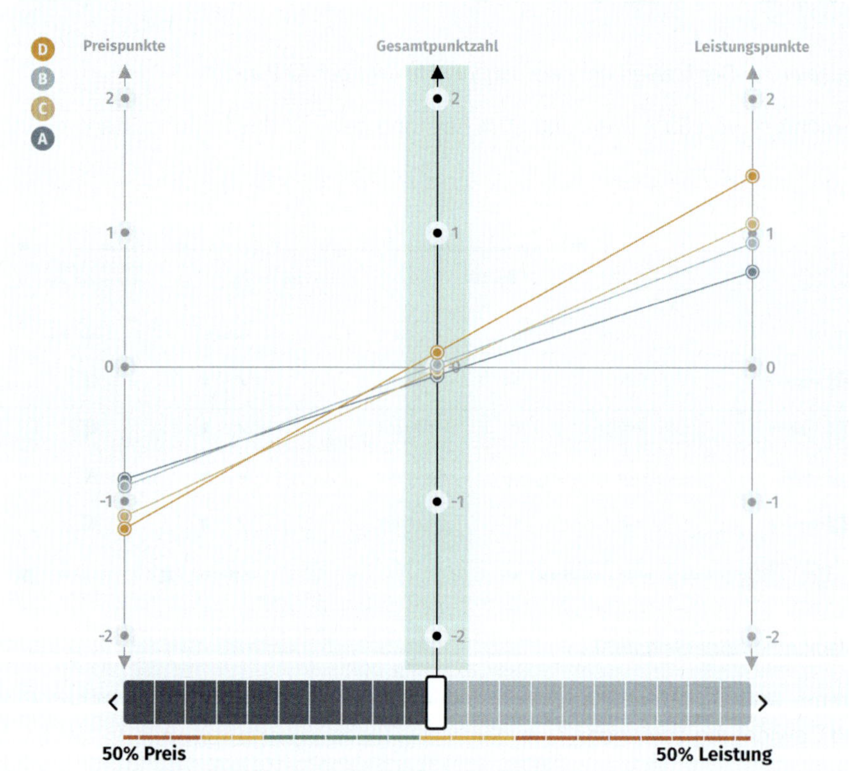

Abbildung: Gewichtetes Preis-Leistungs-Diagramm für die Medianmethode mit einer Gewichtung von 50 % Preis und 50 % Leistung

Für das Angebot D liest man bei einer Gewichtung von 50 % Preis und 50 % Leistung mit den Referenzwerten für den Angebotspreis von 237.000 Euro und für Leistungswerte von 100 Punkten eine Kennzahl (Scoring-Wert) von 0,1127627 ab. Mit einem Maßstabsfaktor von 1.000 und 2 Nachkommastellen wird die skalierte Kennzahl 112,76 in der Tabelle dargestellt.

Verändert man die Gewichtung auf 65 % Preis und 35 % Leistung, gewinnt nun das Angebot B.

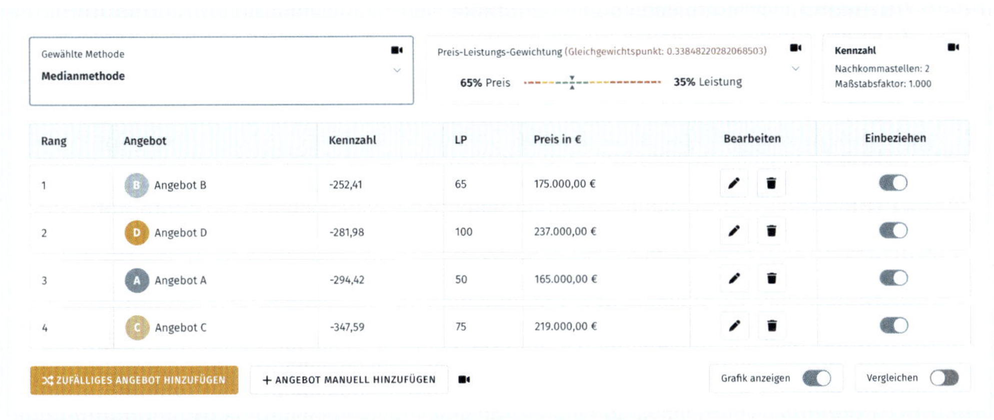

Rang	Angebot	Kennzahl	LP	Preis in €	Bearbeiten	Einbeziehen
1	Angebot B	-252,41	65	175.000,00 €		
2	Angebot D	-281,98	100	237.000,00 €		
3	Angebot A	-294,42	50	165.000,00 €		
4	Angebot C	-347,59	75	219.000,00 €		

Abbildung: Beispiel 1 mit einer Gewichtung von 65 % Preis und 35 % Leistung

Auf der rechten senkrechten Achse (Leistungsterm) im gewichteten Preis-Leistungsdiagramm ist der Wert L/L_{Median} eingetragen. Im Beispiel 1 ist für das Angebot B der Wert

L/L_{Median} = 65 / 70 = 0,9285714

als Punkt auf der rechten senkrechten Achse eingetragen.

Auf der linken senkrechten Achse (Preisterm) ist der Wert P/P_{Median} eingetragen. Da bei den gewichteten Richtwertmethoden der Preisterm vom Leistungsterm subtrahiert wird, ist der Wert P/P_{Median} auf der negativen Achse einzutragen. Im Beispiel 1 ist für das Angebot B der Wert

P/P_{Median} = 0,8883249

als Punkt auf der linken senkrechten Achse eingetragen.

Die beiden Punkte werden durch eine Gerade verbunden und stellen das Angebot B dar. Für das Angebot B liest man bei einer Gewichtung von 65 % Preis und 35 % Leistung eine Kennzahl (Scoring-Wert) von −0,25241 ab. Mit einem Maßstabsfaktor von 1.000 und 2 Nachkommastellen wird die Kennzahl −252,41 in der Tabelle dargestellt.

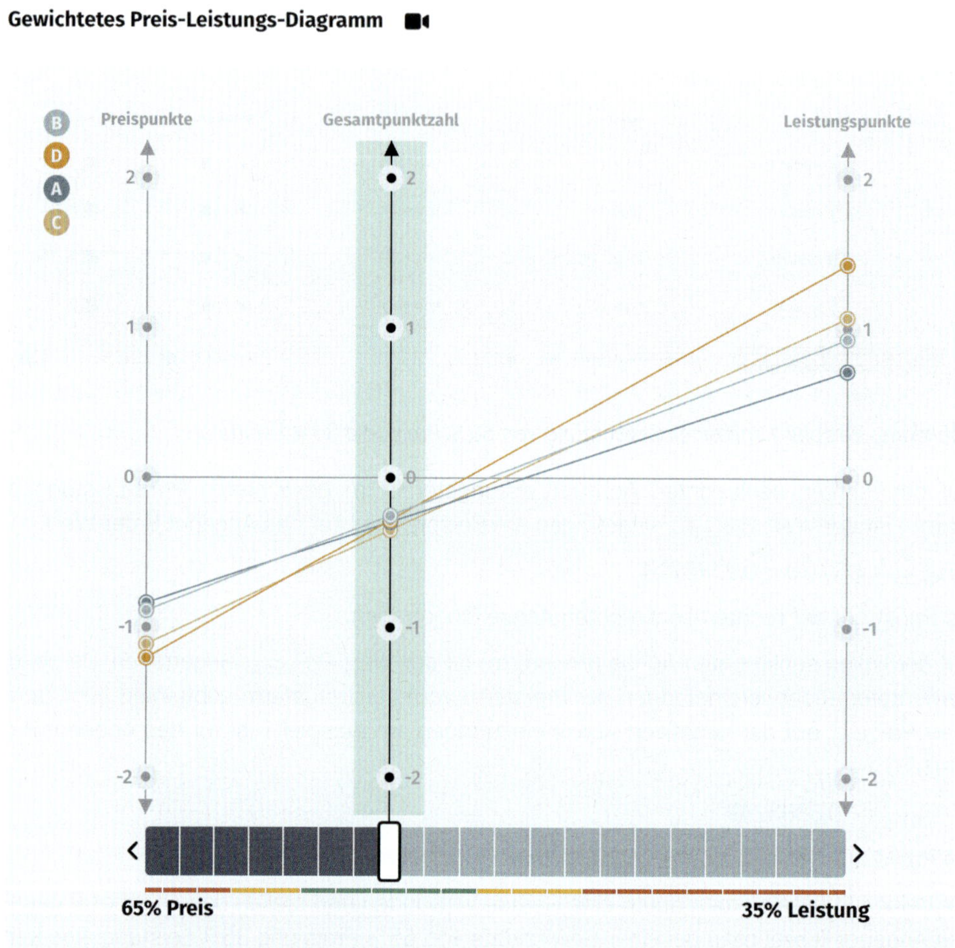

Abbildung: Gewichtetes Preis-Leistungs-Diagramm für die Medianmethode mit einer Gewichtung von 65 % Preis und 35 % Leistung

Beispiel 2

Gewertet werden sollen vier Angebote mit den folgenden Angebotspreisen und Leistungspunkten. Maximal möglich sind dabei 1.000 Leistungspunkte.

Tabelle: Beispiel 2 Medianmethode

Angebot	Angebotspreis	Leistungspunkte
A	140.000 Euro	835
B	160.000 Euro	900
C	240.000 Euro	980

Wertigkeitsfaktor Leistung w = 60 %

Wertigkeitsfaktor Preis $(1-w)$ = 40 %

Der Median der Angebotspreise liegt bei 160.000 Euro. Der Median der Leistungspunkte liegt bei 900 Punkten.

Mit einer Gewichtung von 50 % Preis und 50 % Leistung ist Angebot A das Gewinnerangebot und erhält mit einem Maßstabsfaktor von 1.000 und 2 Nachkommastellen die Kennzahl 26,39.

Rang	Angebot	Kennzahl	LP	Preis in €	Bearbeiten	Einbeziehen
1	A Angebot A	26,39	835	140.000,00 €		
2	B Angebot B	0,00	900	160.000,00 €		
3	C Angebot C	-205,56	980	240.000,00 €		

Abbildung: Beispiel 2 mit einer Gewichtung von 50 % Preis und 50 % Leistung

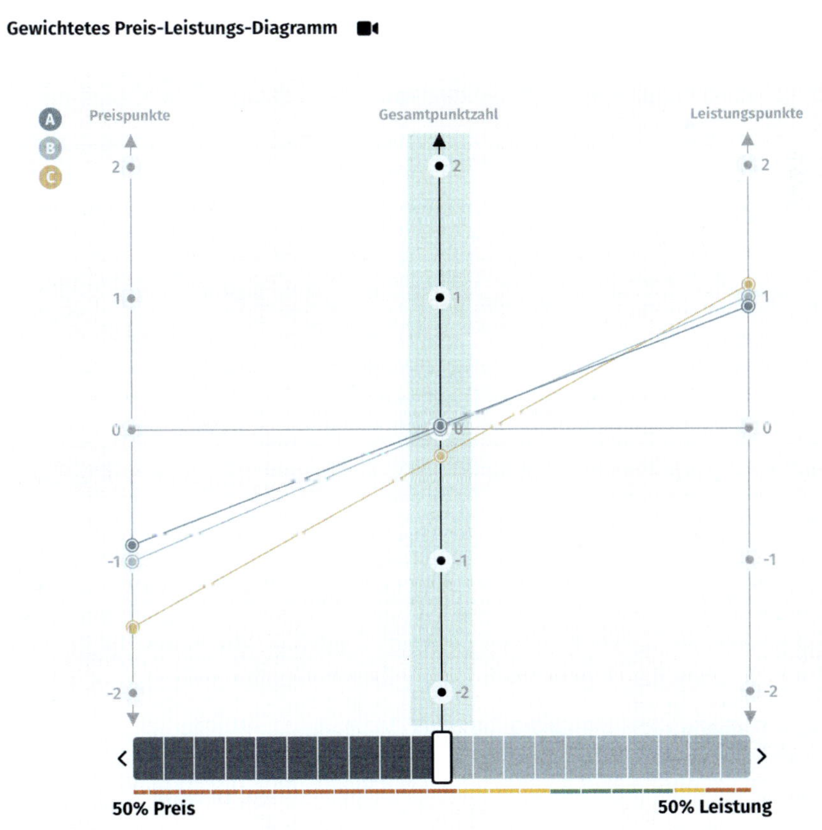

Abbildung: Gewichtetes Preis-Leistungs-Diagramm für die Medianmethode mit einer Gewichtung von 50 % Preis und 50 % Leistung

Mit einer Gewichtung von 35 % Preis und 65 % Leistung ist Angebot B das Gewinnerangebot und erhält mit einem Maßstabsfaktor von 1.000 und 2 Nachkommastellen die Kennzahl 300,00.

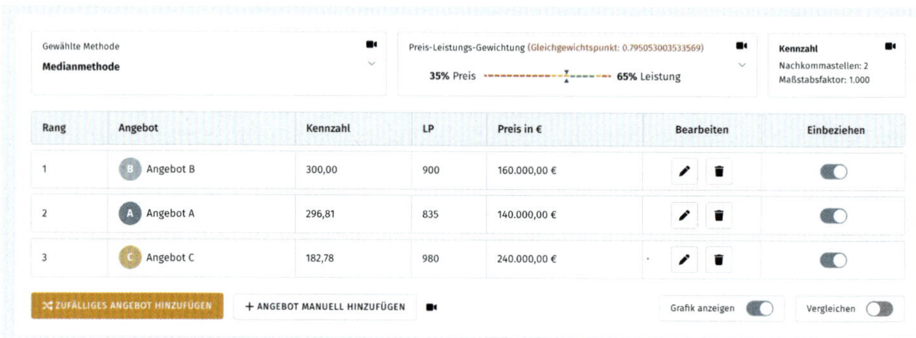

Rang	Angebot	Kennzahl	LP	Preis in €	Bearbeiten	Einbeziehen
1	Angebot B	300,00	900	160.000,00 €		
2	Angebot A	296,81	835	140.000,00 €		
3	Angebot C	182,78	980	240.000,00 €		

Abbildung: Beispiel 2 mit einer Gewichtung von 35 % Preis und 65 % Leistung

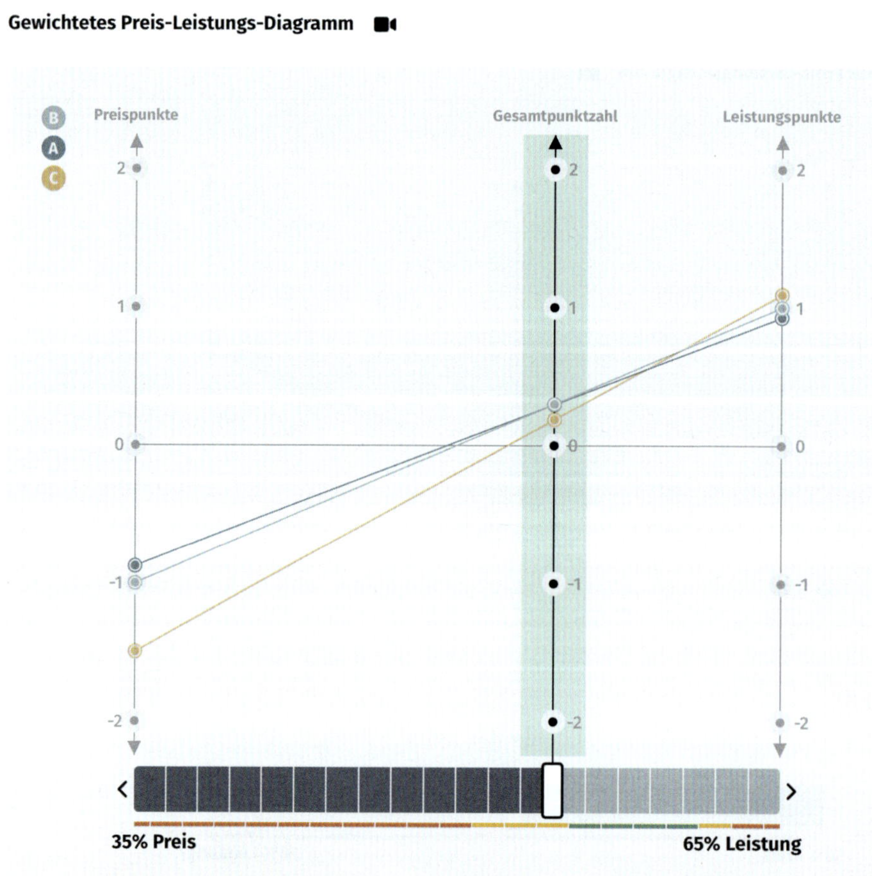

Abbildung: Gewichtetes Preis-Leistungs-Diagramm für die Medianmethode mit einer Gewichtung von 35 % Preis und 65 % Leistung

Da der Median aus allen zu wertenden Angeboten ermittelt wird, kann die Abgabe von weiteren Angeboten Einfluss auf den Median und damit auch auf das Zuschlagsergebnis haben.

Beispiel 3

Zusätzlich zu den Angeboten A, B und C aus Beispiel 2 kommen noch die drei identischen Angebote D, E und F mit jeweils einem Angebotspreis von 90.000 Euro und einer Leistungspunktzahl von 600 Punkten in die Wertung.

Der Median der Angebotspreise liegt dann bei 140.000 Euro. Der Median der Leistungspunkte liegt dann bei 835 Punkten.

Bei einer Gewichtung von 35 % Preis und 65 % Leistung gewinnt nun Angebot A die Ausschreibung und erhält mit einem Maßstabsfaktor von 1.000 und 2 Nachkommastellen die Kennzahl 330,36.

Rang	Angebot	Kennzahl	LP	Preis in €	Bearbeiten	Einbeziehen
1	Angebot A	330,36	835	140.000,00 €		
2	Angebot B	328,37	900	160.000,00 €		
3	Angebot D	269,64	600	90.000,00 €		
3	Angebot E	269,64	600	90.000,00 €		
3	Angebot F	269,64	600	90.000,00 €		
4	Angebot C	157,37	980	240.000,00 €		

Abbildung: Beispiel 3 mit einer Gewichtung von 35 % Preis und 65 % Leistung

Gewichtetes Preis-Leistungs-Diagramm

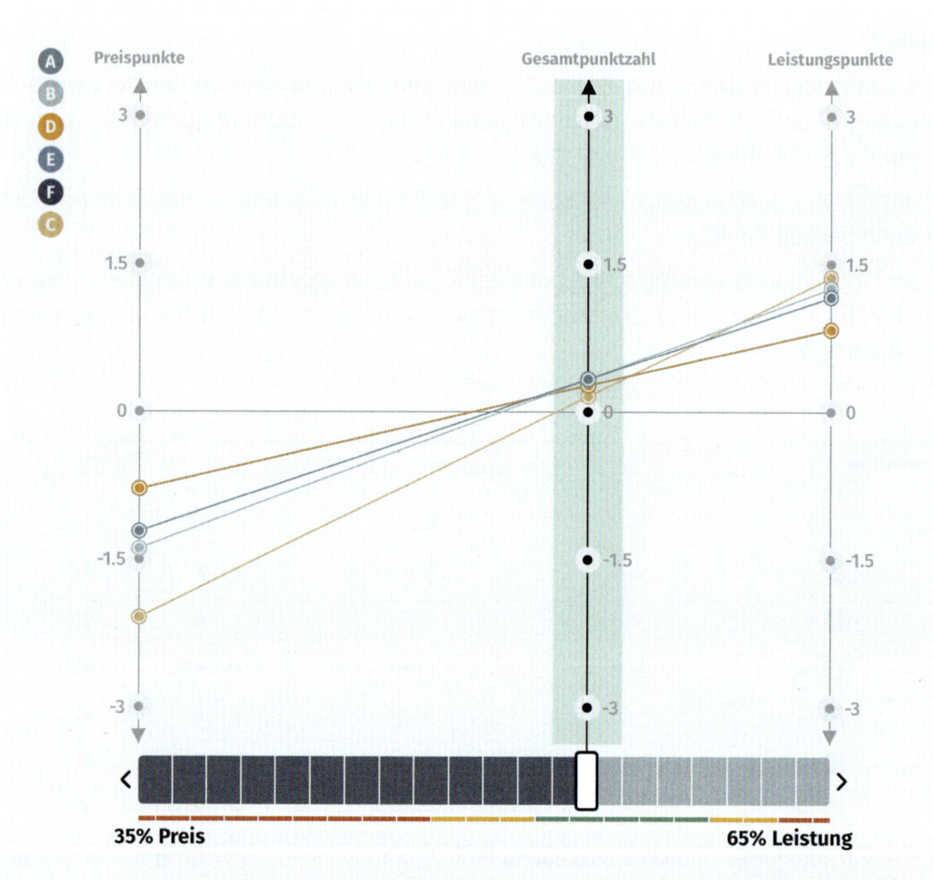

Abbildung: Gewichtetes Preis-Leistungs-Diagramm für die Medianmethode mit einer Gewichtung von 35 % Preis und 65 % Leistung

15.1.6 Beispielformulierung für Ausschreibungen

Zur Ermittlung des wirtschaftlichsten Angebots findet die Referenzwertmethode Anwendung.

Gewichtung von Preis und Leistung:

- Gewicht für die Leistung: w = 60 %
- Gewicht für den Preis: $(1- w)$ = 40 %

Referenzwerte

- Referenzwert für den Angebotspreis: P_{Ref} = 650.000 Euro
- Referenzwert für die Leistungspunkte: L_{Ref} = 80 Punkte

Formel zur Berechnung der Kennzahl (Score) S:

Die Formel zur Bestimmung der Kennzahl für die Referenzwertmethode (gewichtete Richtwertmethode mit Referenzwert) lautet:

$$S = w \cdot \frac{L}{L_{Ref}} - (1-w) \cdot \frac{P}{P_{Ref}}$$

S: Kennzahl
L: Leistungspunktzahl der Bewertungskriterien, $L > 0$
P: Angebotspreis oder Kosten, $P > 0$
w: Gewicht, $0 < w < 1$
L_{Ref}: Referenzwert für die Leistung
P_{Ref}: Referenzwert für den Angebotspreis

Abbildung: Formel für die Referenzwertmethode

Die Kennzahl für die Leistungs-Preis-Bewertung eines Angebots ergibt sich aus der Subtraktion des gewichteten Leistungsterms und des gewichteten Preisterms.

Der gewichtete Leistungsterm berechnet sich wie folgt: Die Leistungspunktzahl L des Angebots wird durch den vorgegebenen Referenzwert für die Leistungspunktzahl L_{Ref} dividiert und mit der ebenfalls vom Auftraggeber vorgegebenen Gewichtung (Wertigkeitsfaktor) für die Leistung ω_L multipliziert.

Der gewichtete Preisterm berechnet sich wie folgt: Der Angebotspreis P des Angebots wird durch den vom Auftraggeber vorgegebenen Referenzwert für den Angebotspreis P_{Ref} dividiert und mit der ebenfalls vom Auftraggeber vorgegebenen Gewichtung (Wertigkeitsfaktor) für den Angebotspreis ω_P multipliziert.

Skalierung und Rundung: Die so gebildeten Kennzahlen werden mit dem Faktor 1.000 multipliziert. Dabei wird auf zwei Nachkommastellen kaufmännisch gerundet.

Beispiel:

150,4949 wird kaufmännisch zu 150,49 gerundet.

150,4950 wird kaufmännisch zu 150,50 gerundet.

Zuschlagsentscheidung: Für die Zuschlagsentscheidung wird für jedes Angebot die Kennzahl (Score) nach der oben aufgeführten Formel für die Referenzwertmethode berechnet. Das Angebot mit der höchsten Kennzahl (Score) *S* erhält den Zuschlag.

Preisobergrenze: Es wird eine Preisobergrenze von 750.000 Euro (inkl. MwSt.) vorgegeben. Angebote, deren Angebotspreis über der Preisobergrenze liegt, werden von der weiteren Wertung ausgeschlossen.

Mindestleistungspunktzahl: Die Angebote müssen mindestens 40 von maximal 100 möglichen Leistungspunkten erreichen. Angebote, die mit weniger als 40 Leistungspunkten bewertet werden, werden von der weiteren Wertung ausgeschlossen.

Gleichstand: Bei Gleichstand der Kennzahlen erhält das Angebot mit der größeren Leistungspunktzahl den Zuschlag. Führt dies nicht zu einem eindeutigen Zuschlagsergebnis, entscheidet das Los.

15.2 Gewichtete Richtwertmethode mit Median

Bei der Medianmethode[4] (gewichtete Richtwertmethode mit Median) erfolgt die Normierung der Leistungspunkte durch den Median der Leistungspunkte aller zu wertenden Angebote und die Normierung der Angebotspreise durch den Median aller zu wertenden Angebotspreise.

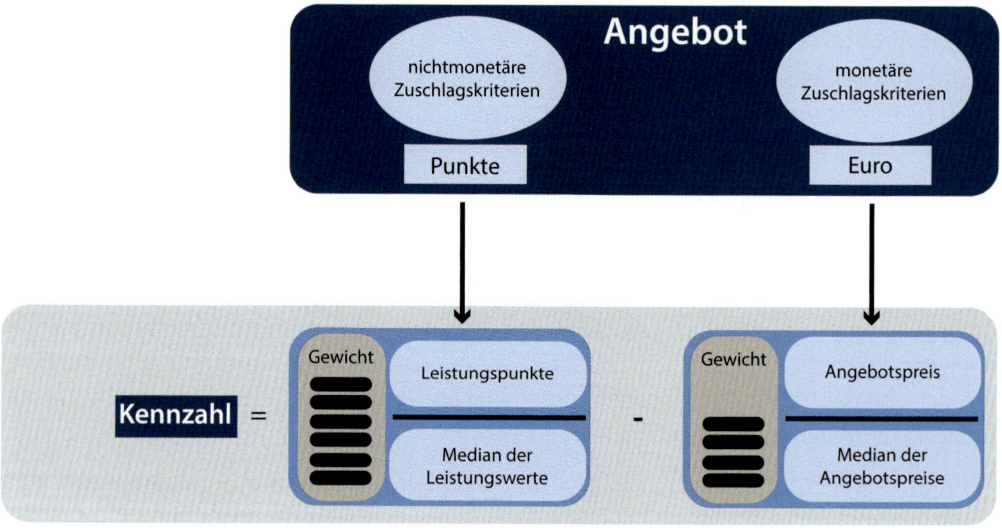

Abbildung: Normierung durch den Median für die Angebotspreise und den Median für die Leistungswerte

Werden bei n Angeboten (n = 1,2, ...)die Angebotspreise bzw. die Leistungspunkte der Angebote der Größe nach geordnet, dann ist der Median bei einer ungeraden Anzahl von Angeboten ($n = 2k + 1$; k = 0,1,2, ...) der Wert in der Mitte (Position k+1). Der Median hat damit die Eigenschaft, dass gleich viele Werte kleiner und gleich viele größer sind als der Median. Bei einer geraden Anzahl von Angeboten ($n = 2k + 1$; k = 0,1,2, ...) kann man jeden beliebigen Wert zwischen den beiden mittleren Werten an den Positionen k und k+1 als Median ansehen. Vielfach wird, so auch bei der gewichteten Richtwertmethode mit Median, der Median bei einer geraden Anzahl von Werten durch das arithmetische Mittel dieser beiden mittleren Werte bestimmt.

4 UfAB V, Unterlage für Ausschreibung und Bewertung von IT-Leistungen, Sonderheft 2012 zur Aktualisierung der UfAB V – Version 2.0, 16.8.2012, S. 11 ff.

Die Formel zur Bestimmung der Kennzahl für die Medianmethode (gewichtete Richtwertmethode mit Median) lautet:

$$S = w \cdot \frac{L}{L_{Median}} - (1-w) \cdot \frac{P}{P_{Median}}$$

S: Kennzahl
L: Leistungspunktzahl der Bewertungskriterien, $L > 0$
P: Angebotspreis oder Kosten, $P > 0$
w: Gewicht, $0 < w < 1$
L_{Median}: Median der Leistungswerte
P_{Median}: Median der Angebotspreise

Abbildung: Formel für die Medianmethode

Die Kennzahl für die Leistung-Preis-Bewertung eines Angebots ergibt sich aus der Subtraktion des gewichteten Leistungsterms und des gewichteten Preisterms.

Der gewichtete Leistungsterm berechnet sich wie folgt: Die Leistungspunktzahl *L* des Angebots wird durch den Median der Leistungspunktzahlen L_{Median} aller wertbaren Angebote dividiert und mit dem vom Auftraggeber vorgegebenen Gewichtungsfaktor (Wertigkeitsfaktor) für die Leistung *w* multipliziert.

Der gewichtete Preisterm berechnet sich wie folgt: Der Angebotspreis *P* des Angebots wird durch den Median der Angebotspreise P_{Median} aller wertbaren Angebote dividiert und mit dem vom Auftraggeber vorgegebenen Gewichtungsfaktor (Wertigkeitsfaktor) für den Angebotspreis *(1-w)* multipliziert.

Median der Angebotspreise

Ordnet man die Angebote nach ihrem Preis, dann entsteht eine Rangfolge dieser Angebote. Das mittlere Angebot in dieser Rangfolge wird als Median der Angebotspreise bezeichnet.

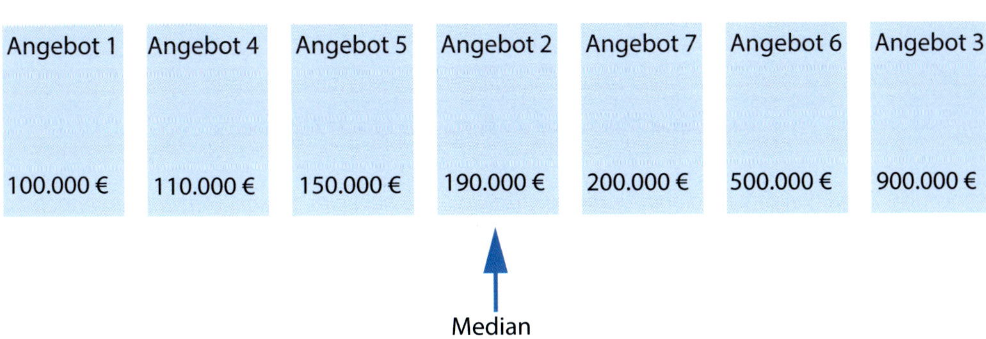

Abbildung: Definition des Medians der Angebotspreise bei einer ungeraden Anzahl von Angeboten

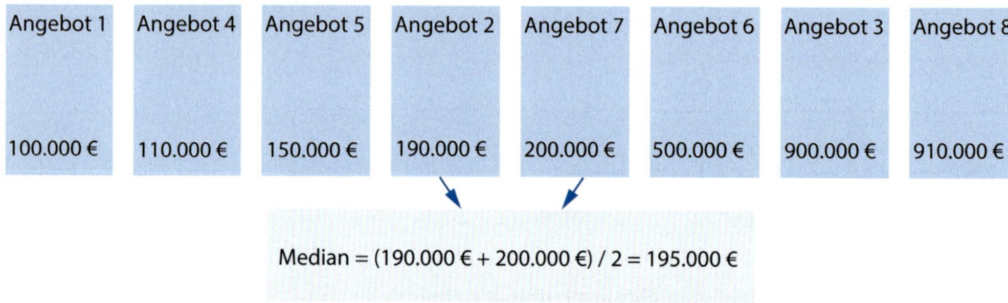

Abbildung: Definition des Medians der Angebotspreise bei einer geraden Anzahl von Angeboten

Median der Angebotspreise

Ordnet man die Angebote nach den erreichten Leistungspunkten, dann entsteht eine Rangfolge dieser Angebote. Das mittlere Angebot in dieser Rangfolge wird als Median der Leistungspunkte bezeichnet.

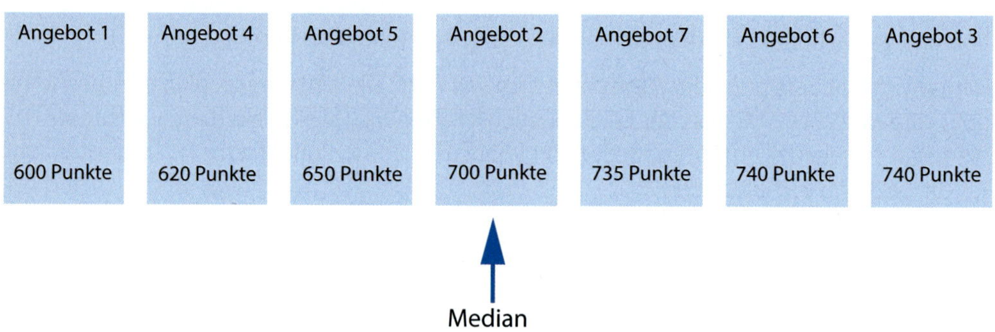

Abbildung: Definition des Medians für die Leistungspunkte bei einer ungeraden Anzahl von Angeboten

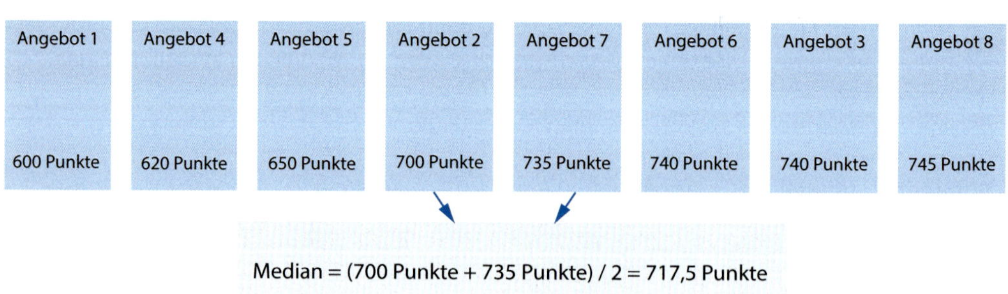

Abbildung: Definition des Medians für die Leistungspunkte bei einer geraden Anzahl von Angeboten

Beispiel 1

Gewertet werden sollen vier Angebote mit den folgenden Angebotspreisen und Leistungspunkten. Maximal möglich sind dabei 100 Leistungspunkte.

15.2.1 Definitionsbereich

15.2.1.1 Null Leistungspunkte

Die Medianmethode ist auch für Leistungspunktzahlen von null Punkten sinnvoll anwendbar. Null Leistungspunkte führen im Leistungspunkteterm zu null Punkten, dies hat aber keinerlei Einfluss auf den Angebotspreisterm, der unabhängig vom Leistungspunkteterm ist. Der Median für die Leistungspunkte darf allerdings nicht null Punkte betragen, da dies zu einer Division durch null führen würde.

15.2.1.2 Angebotspreise von null Euro

Die Referenzwertmethode ist auch bei einem Angebotspreis von null Euro anwendbar. Der Median für den Angebotspreis darf allerdings nicht null Euro betragen, da dies zu einer Division durch null führen würde. Und hier liegt nun in der Tat das Problem. Da man im Voraus nicht weiß, wie viele und welche Angebote abgegeben werden, kann man einen Median der Angebotspreise von null Euro nicht ganz ausschließen.

15.2.1.3 Negative Angebotspreise

Die Referenzwertmethode wäre auch für negative Angebotspreise erweiterbar und anwendbar. Doch auch hier kann man dann nicht ausschließen, dass der Median der Angebotspreise null Euro beträgt.

15.2.2 Gewichtung

Da sowohl der Preis- als auch der Leistungsterm mit Gewichtungsfaktoren versehen sind, können Preis und Leistung mit unterschiedlichen Gewichten in die Bewertung einfließen.

15.2.3 Abhängigkeit von anderen Angeboten

Bei der Medianmethode (gewichtete Richtwertmethode mit Median) beeinflussen die zu wertenden Angebote den Median für den Preis und den Median für die Leistungspunkte. Dadurch kann es durch weitere Angebote (Störangebote) zu einer Änderung der Rangfolge der Angebote bei der Zuschlagsberechnung kommen.[5]

UfAB V, Sonderheft 2012 zur Aktualisierung der UfAB V – Version 2.0, 16.8.2012, S. 13: *„Es kann nicht ausgeschlossen werden, dass die Berücksichtigung oder Nichtberücksichtigung eines Angebotes, welches auf einem der hinteren Wertungsplätze liegt, Einfluss auf die Rangfolge der erstplatzierten Angebote haben kann. Hierin ist ein gewisses vergaberechtliches Risiko zu sehen."*

15.2.4 Rechtsprechung

Die Rechtsprechung (VK Baden-Württemberg, Beschluss vom 31.1.2017 – 1 VK 2/17; VK Niedersachsen, Beschluss vom 8.7.2015 – VgK-22/2015) sieht die Medianmethode als zulässig an.

5 *Noch*, Der Mittelwert in der Kritik, VergabeNavigator 2/2014, 28; *Bartsch/Metzner*, in: Schweighofer, Transformation juristischer Sprachen, Über Zuschlagsformeln mit Gewichtung, S. 285 (292).

VK Baden-Württemberg, Beschluss vom 31.1.2017 – 1 VK 2/17: *„Soweit die Antragstellerin in der Medianmethode einen Verstoß gegen das Preis-Leistungs-Verhältnis durch die Einbeziehung anderer Angebote sieht und damit den Maßstab für unzulässig hält, ist diese Rüge unbegründet. Bereits nach dem Wortlaut von § 127 Abs. 1 Satz 1 GWB wird der Zuschlag auf das „wirtschaftlichste" Angebot erteilt. Damit stellt der Superlativ die denknotwendige Verbindung zu anderen Angeboten her, denn ohne den Bezug zu anderen Angeboten könnte nicht das beste Angebot ausgewählt werden, so dass der Superlativ für diesen Fall keinen Sinn ergäbe."*

VK Lüneburg, Beschluss vom 8.7.2015 – VgK-22/2015: *„Insbesondere hat der Auftraggeber insoweit für Gleichbehandlung und Transparenz Sorge zu tragen. Er muss Zuschlagskriterien festlegen, diese ordnungsgemäß bekannt geben und die Bewertung anhand aller bekannt gegebenen Kriterien vornehmen.*

Diesen Anforderungen genügt die vorgegebene - für IT-Ausschreibungen nach der UfAB V übliche - Medianmethode. Die erforderliche Transparenz hat die Antragsgegnerin durch ihre Ausführungen auf Seite 12 der Aufforderung zur Abgabe der indikativen Angebote hergestellt, in dem Berechnung und die Funktionsweise der Medianmethode ausführlich erläutert wurden. Die Methode ermöglicht zudem eine sachgemäße Wertung. Zwar steht vor Durchführung der Angebotswertung der maßgebliche Median selbst noch nicht fest, wohl aber der Weg dorthin, so dass Manipulationen ausgeschlossen werden können. Auch ist es völlig normal und im Sinne des vergaberechtlichen Wettbewerbsgrundsatzes auch erforderlich, dass das Ergebnis der Wertung eines Angebotes im Wettbewerb immer auch von den anderen Angeboten abhängig ist. Die Beigeladene hat insofern zu Recht darauf hingewiesen, dass "bessere" und preisgünstigere Angebote immer höhere Chancen auf den Zuschlag haben als Angebote mit "schlechterer" Leistung und höheren Preisen. Die Rangfolge der Angebote steht notwendigerweise erst zum Abschluss des Wettbewerbs fest.

Die von der Antragsgegnerin gewählte Bewertungsmethode ist daher vergaberechtlich nicht zu beanstanden."

15.2.5 Empfehlung

Die Medianmethode ist eine anwendbare Bewertungsmethode, die die Wirtschaftlichkeitsanforderungen an Bewertungsmethoden erfüllt. Die Medianmethode sollte allerdings nur dann Anwendung finden, wenn mit einer größeren Anzahl von Angeboten zu rechnen ist. Bei nur zwei Angeboten entspricht die Medianmethode der Mittelwertmethode.

15.2.6 Beispielformulierung für Ausschreibungen

Zur Ermittlung des wirtschaftlichsten Angebots findet die Medianmethode Anwendung.

Gewichtung von Preis und Leistung:

- Gewicht für die Leistung: w = 60 %
- Gewicht für den Preis: $(1- w)$ = 40 %

Formel zur Berechnung der Kennzahl (Score) S:

Die Formel zur Bestimmung der Kennzahl für die Medianmethode (gewichtete Richtwertmethode mit Median) lautet:

$$S = w \cdot \frac{L}{L_{Median}} - (1-w) \cdot \frac{P}{P_{Median}}$$

S: Kennzahl
L: Leistungspunktzahl der Bewertungskriterien, $L > 0$
P: Angebotspreis oder Kosten, $P > 0$
w: Gewicht, $0 < w < 1$
L_{Median}: Median der Leistungswerte
P_{Median}: Median der Angebotspreise

Abbildung: Formel für die Medianmethode

Die Kennzahl für die Leistung-Preis-Bewertung eines Angebots ergibt sich aus der Subtraktion des gewichteten Leistungsterms und des gewichteten Preisterms.

Der gewichtete Leistungsterm berechnet sich wie folgt: Die Leistungspunktzahl L des Angebots wird durch den Median der Leistungspunktzahlen L_{Median} aller wertbaren Angebote dividiert und mit dem ebenfalls vom Auftraggeber vorgegebenen Gewichtungsfaktor (Wertigkeitsfaktor) für die Leistung ω multipliziert.

Der gewichtete Preisterm berechnet sich wie folgt: Der Angebotspreis P des Angebots wird durch den Median der Angebotspreise P_{Median} aller wertbaren Angebote dividiert und mit dem ebenfalls vom Auftraggeber vorgegebenen Wertigkeitsfaktor für den Angebotspreis ($1- \omega$) multipliziert.

Die Kennzahl für die Leistungs-Preis-Bewertung eines Angebots ergibt sich aus der Subtraktion des gewichteten Leistungsterms und des gewichteten Preisterms.

Skalierung und Rundung: Die so gebildeten Kennzahlen werden mit dem Faktor 1.000 multipliziert. Dabei wird auf zwei Nachkommastellen kaufmännisch gerundet.

Beispiel:

150,4949 wird kaufmännisch zu 150,49 gerundet.

150,4950 wird kaufmännisch zu 150,50 gerundet.

Zuschlagsentscheidung: Für die Zuschlagsentscheidung wird für jedes Angebot die Kennzahl (Score) nach der oben aufgeführten Formel für die Referenzwertmethode berechnet. Das Angebot mit der höchsten Kennzahl (Score) S erhält den Zuschlag.

Preisobergrenze: Es wird eine Preisobergrenze von 750.000 Euro (inkl. MwSt.) vorgegeben. Angebote, deren Angebotspreis über der Preisobergrenze liegt, werden von der weiteren Wertung ausgeschlossen.

Mindestleistungspunktzahl: Die Angebote müssen mindestens 40 von maximal 100 möglichen Leistungspunkten erreichen. Angebote, die mit weniger als 40 Leistungspunkten bewertet werden, werden von der weiteren Wertung ausgeschlossen.

Gleichstand: Bei Gleichstand der Kennzahlen erhält das Angebot mit der größeren Leistungspunktzahl den Zuschlag. Führt dies nicht zu einem eindeutigen Zuschlagsergebnis, entscheidet das Los.

15.3 Gewichtete Richtwertmethode mit Mittelwert

Bei der Mittelwertmethode[6] (gewichtete Richtwertmethode mit Mittelwert) erfolgt die Normierung der Leistungspunkte durch das arithmetische Mittel der Leistungspunkte aller zu wertenden Angebote und die Normierung der Angebotspreise durch das arithmetische Mittel aller zu wertenden Angebotspreise.

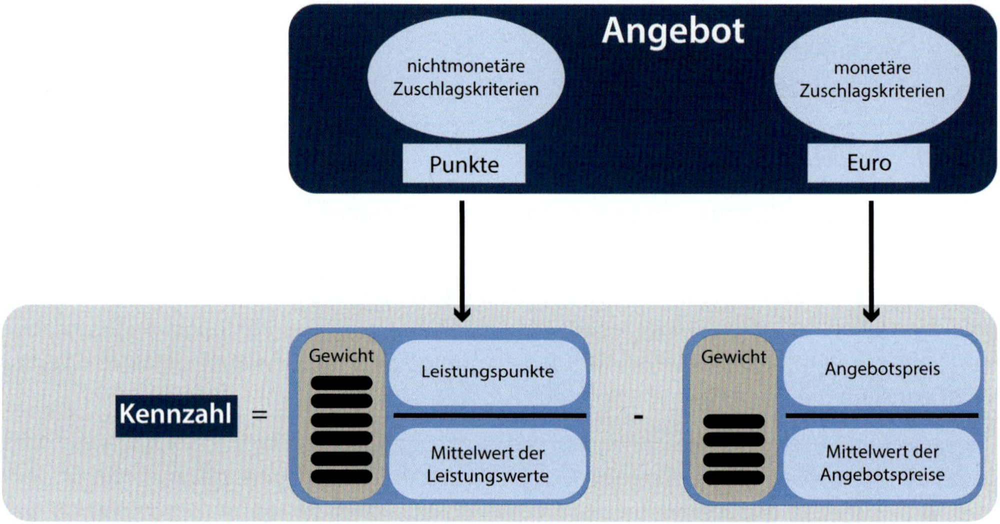

Abbildung: Normierung durch den Mittelwert für die Angebotspreise und den Mittelwert für die Leistungswerte

Das arithmetische Mittel (umgangssprachlich auch als Durchschnittswert oder als Mittelwert bezeichnet) ist ein Mittelwert, bei dem die Summe aller betrachteten Werte (Angebotspreise bzw. Leistungspunkte) durch die Anzahl der betrachteten Werte geteilt wird. Das arithmetische Mittel ist allerdings sehr „ausreißerfreundlich". Bereits ein einzelner weiterer Wert kann diesen Mittelwert deutlich verändern.

6 UfAB V, Unterlage für Ausschreibung und Bewertung von IT-Leistungen, Sonderheft 2012 zur Aktualisierung der UfAB V – Version 2.0, 16.8.2012, S. 19.

Die Formel zur Bestimmung der Kennzahl für die Medianmethode (gewichtete Richtwertmethode mit Mittelwert) lautet:

$$S = w \cdot \frac{L}{L_{Mittel}} - (1-w) \cdot \frac{P}{P_{Mittel}}$$

S: Kennzahl
L: Leistungspunktzahl der Bewertungskriterien, $L > 0$
P: Angebotspreis oder Kosten, $P > 0$
w: Gewicht der Leistung, $0 < w < 1$
L_{Mittel}: arithmetisches Mittel der Leistungswerte
P_{Mittel}: arithmetisches Mittel der Angebotspreise

Abbildung: Formel für die Mittelwertmethode

Die Kennzahl für die Leistung-Preis-Bewertung eines Angebots ergibt sich aus der Subtraktion des gewichteten Leistungsterms und des gewichteten Preisterms.

Der gewichtete Leistungsterm berechnet sich wie folgt: Die Leistungspunktzahl *L* des Angebots wird durch den Mittelwert (arithmetisches Mittel) der Leistungspunktzahlen L_{Mittel} aller wertbaren Angebote dividiert und mit dem ebenfalls vom Auftraggeber vorgegebenen Gewichtungsfaktor (Wertigkeitsfaktor) für die Leistung *w* multipliziert.

Der gewichtete Preisterm berechnet sich wie folgt: Der Angebotspreis *P* des Angebots wird durch den Mittelwert (arithmetisches Mittel) der Angebotspreise P_{Mittel} aller wertbaren Angebote dividiert und mit dem ebenfalls vom Auftraggeber vorgegebenen Gewichtungsfaktor (Wertigkeitsfaktor)für den Angebotspreis *(1-w)* multipliziert.

Mittelwert (arithmetisches Mittel) der Angebotspreise

Das arithmetische Mittel der Angebotspreise ergibt sich wie folgt: Die Summe aller Angebotspreise wird durch die Anzahl der Angebote dividiert.

Mittelwert (arithmetisches Mittel) der Leistungspunkte

Das arithmetische Mittel der Leistungspunkte ergibt sich wie folgt: Die Summe aller Leistungspunkte wird durch die Anzahl der Angebote dividiert.

Beispiel 1

Gewertet werden sollen fünf Angebote mit den folgenden Angebotspreisen und Leistungspunkten:

Tabelle: Beispiel 1 Mittelwertmethode

Angebot	Angebotspreis	Leistungspunkte
A	345.000 Euro	810
B	303.000 Euro	632
C	335.000 Euro	660
D	341.000 Euro	800
E	365.000 Euro	850

Der Mittelwert (arithmetisches Mittel) der Angebotspreise liegt bei 337.800 Euro. Der Mittelwert (arithmetisches Mittel) der Leistungspunkte liegt bei 750,4 Punkten.

Betrachtet man eine Gewichtung von 60 % Leistung und 40 % Preis, dann gewinnt das leistungsstärkste Angebot E.

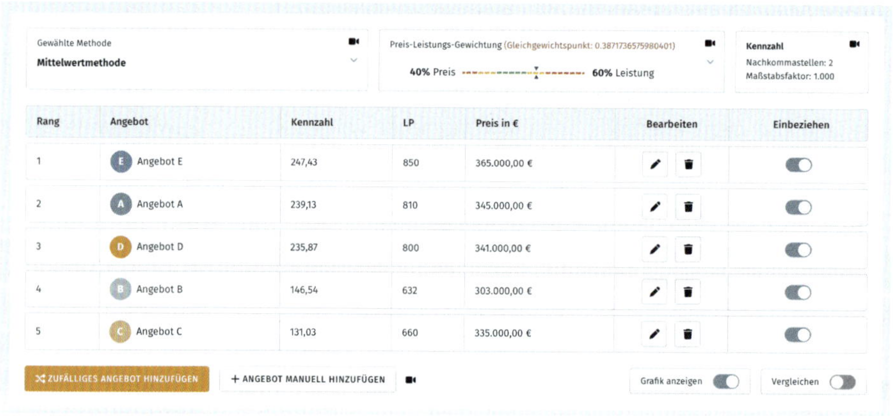

Abbildung: Tabellarische Darstellung – Beispiel 1 mit einer Gewichtung von 40 % Preis und 60 % Leistung

Werden die Werte für Angebot E in die Formel für die Mittelwertmethode mit einer Gewichtung der Leistung von 60 % und des Preises von 40 % eingesetzt, ergibt sich:

$$S = 60\% \cdot \frac{850}{750{,}4} - 40\% \cdot \frac{365.000 \text{ Euro}}{337.800 \text{ Euro}}$$

$$= 60\% \cdot 1{,}1327 - 40\% \cdot 1{,}0805$$

$$= 0{,}6796 - 0{,}4322 = 0{,}2474$$

Abbildung: Berechnung der Kennzahl S für Angebot E mit einer Gewichtung der Leistung von 60 % und des Preises von 40 %

Im folgenden gewichteten Preis-Leistungsdiagramm erkennt man sehr gut, dass das Angebot E bei einer Gewichtung von 60 % Leistung und 40 % Preis knapp vor Angebot A und Angebot D den Zuschlag aufgrund einer höheren Kennzahl erhält.

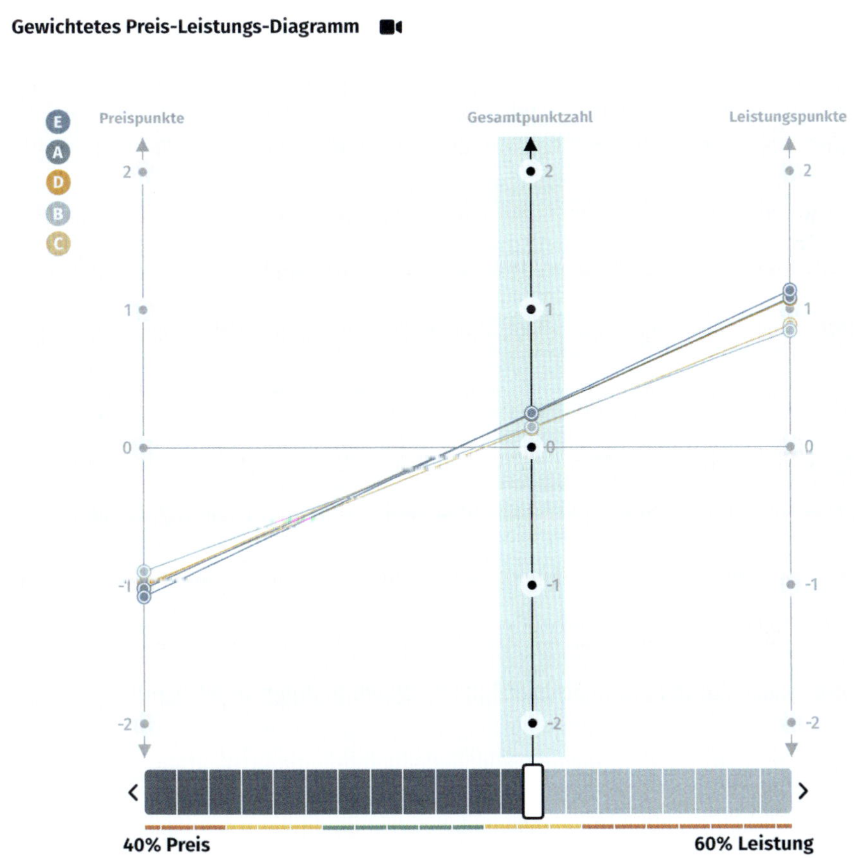

Abbildung: Beispiel 1 – gewichtetes Preis-Leistungsdiagramm mit einer Gewichtung von 60 % Leistung und 40 % Preis

Wird die Gewichtung auf 50 % Leistung und 50 % Preis verändert, erhält Angebot A aufgrund der größten Kennzahl den Zuschlag.

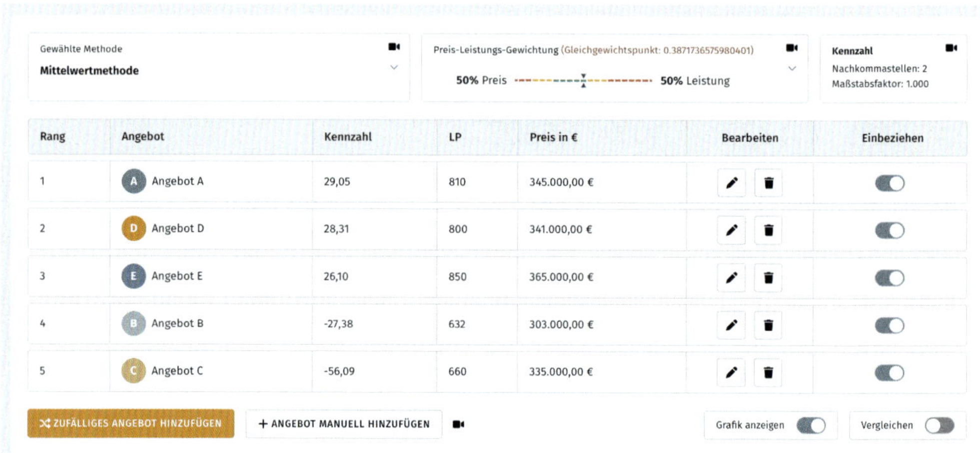

Rang	Angebot	Kennzahl	LP	Preis in €	Bearbeiten	Einbeziehen
1	Angebot A	29,05	810	345.000,00 €		
2	Angebot D	28,31	800	341.000,00 €		
3	Angebot E	26,10	850	365.000,00 €		
4	Angebot B	-27,38	632	303.000,00 €		
5	Angebot C	-56,09	660	335.000,00 €		

Abbildung: Tabellarische Darstellung – Beispiel 1 mit einer Gewichtung von 50 % Preis und 50 % Leistung

Wird die Gewichtung auf 40 % Leistung und 60 % Preis verändert, erhält Angebot D aufgrund der größten Kennzahl den Zuschlag.

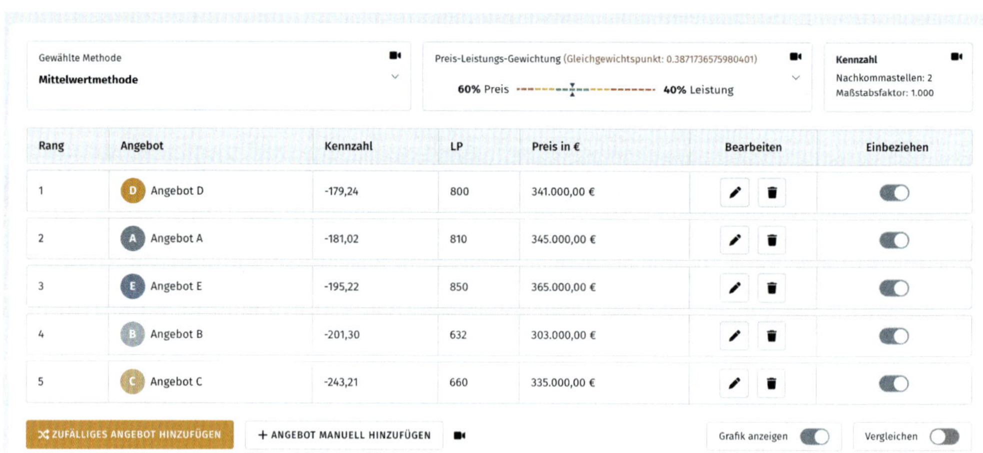

Rang	Angebot	Kennzahl	LP	Preis in €	Bearbeiten	Einbeziehen
1	Angebot D	-179,24	800	341.000,00 €		
2	Angebot A	-181,02	810	345.000,00 €		
3	Angebot E	-195,22	850	365.000,00 €		
4	Angebot B	-201,30	632	303.000,00 €		
5	Angebot C	-243,21	660	335.000,00 €		

Abbildung: Tabellarische Darstellung – Beispiel 1 mit einer Gewichtung von 60 % Preis und 40 % Leistung

Wird die Gewichtung auf 30 % Leistung und 70 % Preis verändert, erhält Angebot B aufgrund der größten Kennzahl den Zuschlag.

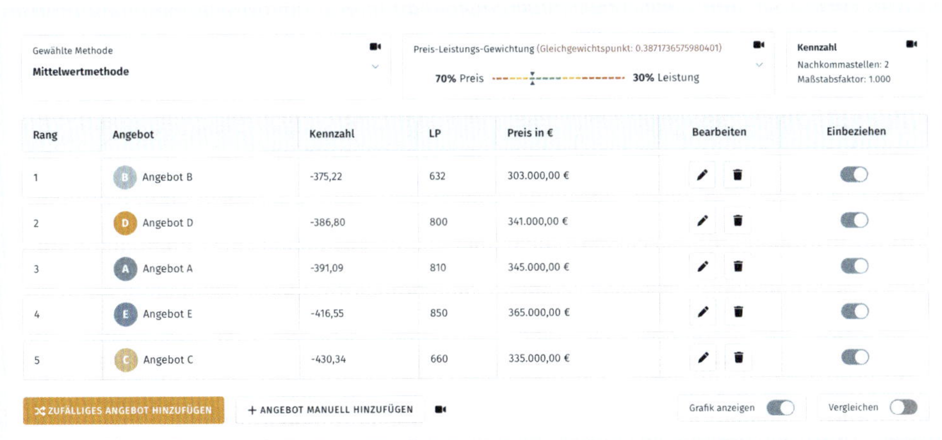

Abbildung: Tabellarische Darstellung – Beispiel 1 mit einer Gewichtung von 70 % Preis und 30 % Leistung

Beispiel 2

Gewertet werden sollen drei Angebote mit den folgenden Angebotspreisen und Leistungspunkten

Tabelle: Beispiel 2 Mittelwertmethode

Angebot	Angebotspreis	Leistungspunkte
A	140.000 Euro	835
B	160.000 Euro	900
C	180.000 Euro	940

Der Mittelwert (arithmetisches Mittel) der Angebotspreise liegt bei 160.000 Euro. Der Mittelwert (arithmetisches Mittel) der Leistungspunkte liegt bei 891,67 Punkten.

Betrachtet man eine Gewichtung von 60 % Leistung und 40 % Preis, dann gewinnt das billigste Angebot A.

Abbildung: Tabellarische Darstellung – Beispiel 2 mit einer Gewichtung von 40 % Preis und 60 % Leistung

Im folgenden gewichteten Preis-Leistungsdiagramm erkennt man sehr gut, dass Angebot A bei einer Gewichtung von 60 % Leistung und 40 % Preis knapp vor Angebot B den Zuschlag aufgrund einer höheren Kennzahl erhält.

Gewichtetes Preis-Leistungs-Diagramm

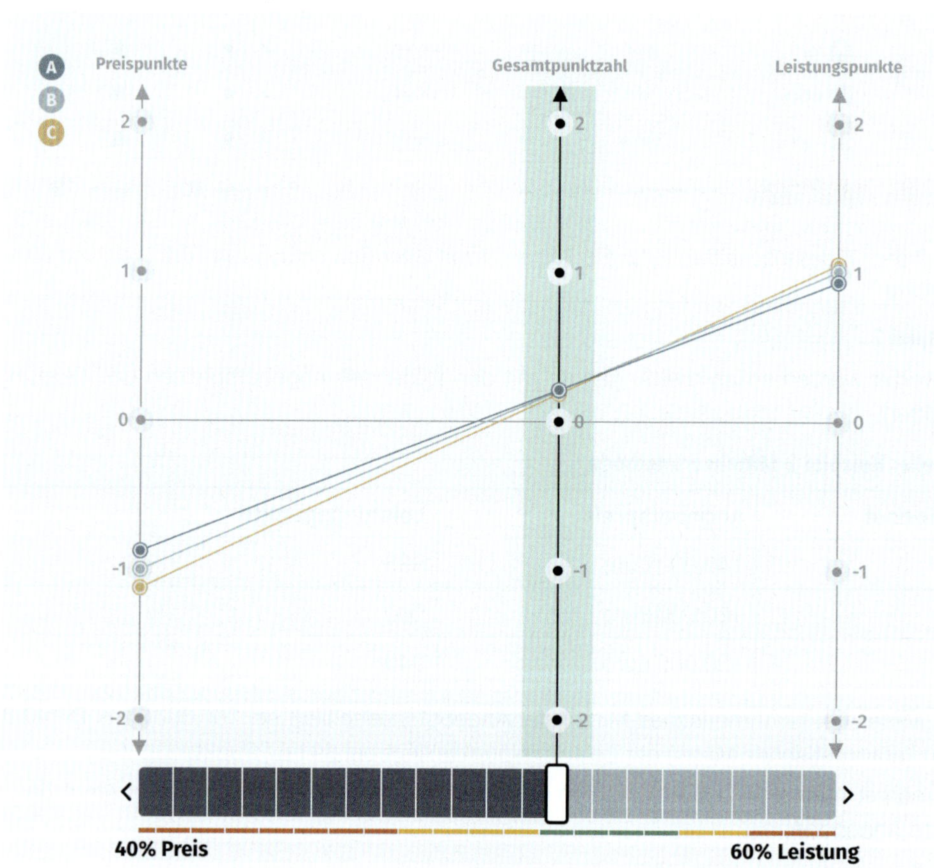

Abbildung: Beispiel 2 – Gewichtetes Preis-Leistungsdiagramm mit einer Gewichtung von 60 % Leistung und 40 % Preis

Da der Mittelwert (arithmetisches Mittel) aus allen zu wertenden Angeboten ermittelt wird, beeinflusst jedes Angebot den Mittelwert (arithmetisches Mittel) für den Preis und den Mittelwert (arithmetisches Mittel) für die Leistungspunkte. Der Einfluss eines Angebots auf den Mittelwert (arithmetisches Mittel) wird anhand eines zusätzlich zu wertenden Angebots gezeigt.

Zusätzlich zu den Angeboten A, B und C kommt noch das Angebot D mit einem Angebotspreis von 280.000 Euro und einer Leistungspunktzahl von 990 Punkten in die Wertung.

Der Mittelwert (arithmetisches Mittel) der Angebotspreise liegt dann bei 190.000 Euro. Der Mittelwert (arithmetisches Mittel) der Leistungspunkte liegt bei 916,25 Punkten.

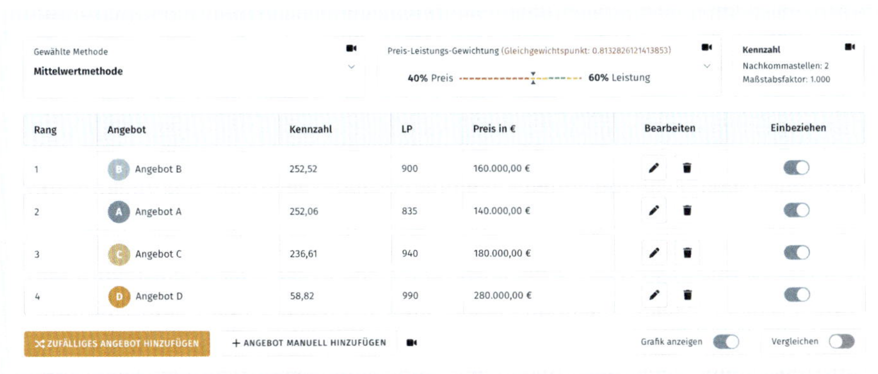

Gewählte Methode
Mittelwertmethode

Preis-Leistungs-Gewichtung (Gleichgewichtspunkt: 0.8132826121413853)
40% Preis — 60% Leistung

Kennzahl
Nachkommastellen: 2
Maßstabsfaktor: 1.000

Rang	Angebot	Kennzahl	LP	Preis in €	Bearbeiten	Einbeziehen
1	Angebot B	252,52	900	160.000,00 €		
2	Angebot A	252,06	835	140.000,00 €		
3	Angebot C	236,61	940	180.000,00 €		
4	Angebot D	58,82	990	280.000,00 €		

ZUFÄLLIGES ANGEBOT HINZUFÜGEN
+ ANGEBOT MANUELL HINZUFÜGEN
Grafik anzeigen
Vergleichen

Abbildung: Tabellarische Darstellung – Beispiel 2 mit einer Gewichtung von 40 % Preis und 60 % Leistung

Im folgenden gewichteten Preis-Leistungsdiagramm erkennt man sehr gut, dass Angebot A bei einer Gewichtung von 60 % Leistung und 40 % Preis knapp vor Angebot B den Zuschlag aufgrund einer höheren Kennzahl erhält.

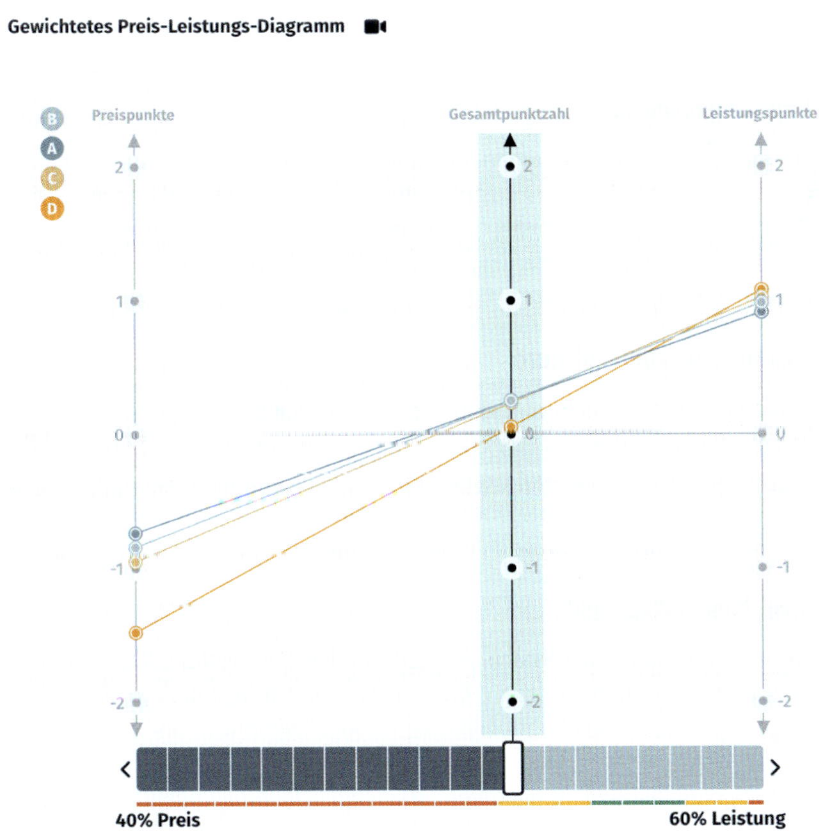

Abbildung: Beispiel 2 – Gewichtetes Preis-Leistungsdiagramm mit einer Gewichtung von 60 % Leistung und 40 % Preis

Die Rangfolge der Angebote wurde durch das zusätzliche Angebot D verändert. Dies ist umso beeindruckender, da Angebot D durch den sehr hohen Angebotspreis weit abgeschlagen ist und keine Chance auf einen Zuschlag hat.

Ergebnis

Bei der Mittelwertmethode (gewichtete Richtwertmethode mit Mittelwert) beeinflusst jedes Angebot den Mittelwert (arithmetisches Mittel) für den Preis und den Mittelwert (arithmetisches Mittel) für die Leistungspunkte. Da die Mittelwerte bei dieser Methode zur Normierung der Zuschlagsformel dienen, kann durch weitere Angebote (Störangebote) die Rangfolge der Angebote bei der Zuschlagsberechnung beeinflusst werden.[7]

UfAB V, Sonderheft 2012 zur Aktualisierung der UfAB V – Version 2.0, 16.8.2012, S. 19:
„Ein Nachteil dieser Methode gegenüber der Medianmethode ist, dass jedes Angebot über seinen Preis sowie über seine Leistung einen Einfluss auf den Rang führender Angebote haben kann. Insbesondere können auch abgeschlagene oder sogar letztplatzierte Angebote über den Mittelwert die Rangfolge der Angebote in der Führungsgruppe beeinflussen. Da solche unerwünschten Effekte bei Anwendung der Medianmethode seltener auftreten und die Mittelwertmethode im Übrigen keine Vorteile bietet, wird von der Mittelwertmethode abgeraten."

15.3.1 Definitionsbereich

15.3.1.1 Null Leistungspunkte

Die Mittelwertmethode ist auch für Leistungspunktzahlen von null Punkten sinnvoll anwendbar. Null Leistungspunkte führen im Leistungspunkteterm zu null Punkten, dies hat aber keinerlei Einfluss auf den Angebotspreisterm, der unabhängig vom Leistungspunkteterm ist. Der Mittelwert für die Leistungspunkte darf allerdings nicht null Punkte betragen, da dies zu einer Division durch null führen würde.

15.3.1.2 Angebotspreise von null Euro

Die Mittelwertmethode ist auch bei einem Angebotspreis von null Euro anwendbar. Der Mittelwert für den Angebotspreis darf allerdings nicht null Euro betragen, da dies zu einer Division durch null führen würde. Und hier liegt nun in der Tat das Problem. Da man im Voraus nicht weiß, wie viele und welche Angebote abgegeben werden, kann man einen Mittelwert der Angebotspreise von null Euro nicht ausschließen.

15.3.1.3 Negative Angebotspreise

Die Mittelwertmethode wäre auch für negative Angebotspreise erweiterbar und anwendbar. Doch auch hier kann man dann nicht ausschließen, dass der Mittelwert der Angebotspreise null Euro beträgt.

7 *Bartsch/Metzner*, in Schweighofer, Transformation juristischer Sprachen, Über Zuschlagsformeln mit Gewichtung, S. 285 (292).

15.3.2 Gewichtung

Da sowohl der Preis- als auch der Leistungsterm mit Gewichtungsfaktoren versehen sind, können Preis und Leistung mit unterschiedlichen Gewichten in die Bewertung einfließen.

15.3.3 Abhängigkeit von anderen Angeboten

Bei der Mittelwertmethode (gewichtete Richtwertmethode mit Mittelwert) beeinflussen alle zu wertenden Angebote den Mittelwert für den Preis und den Median für die Leistungspunkte. Da die Mittelwerte bei dieser Methode zur Normierung der Zuschlagsformel dienen, kann es durch weitere Angebote (Störangebote) zu einer Änderung der Rangfolge der Angebote bei der Zuschlagsberechnung kommen.[8]

UfAB V, Sonderheft 2012 zur Aktualisierung der UfAB V – Version 2.0, 16.8.2012, S. 19:
„Ein Nachteil dieser Methode gegenüber der Medianmethode ist, dass jedes Angebot über seinen Preis sowie über seine Leistung einen Einfluss auf den Rang führender Angebote haben kann. Insbesondere können auch abgeschlagene oder sogar letztplatzierte Angebote über den Mittelwert die Rangfolge der Angebote in der Führungsgruppe beeinflussen. Da solche unerwünschten Effekte bei Anwendung der Medianmethode seltener auftreten und die Mittelwertmethode im Übrigen keine Vorteile bietet, wird von der Mittelwertmethode abgeraten."

15.3.4 Empfehlung

Wie im Dokument „UfAB V, Sonderheft 2012 zur Aktualisierung der UfAB V – Version 2.0, 16.8.2012, S. 19" beschrieben, empfiehlt es sich, die Medianmethode der Mittelwertmethode vorzuziehen.

8 *Noch*, Der Mittelwert in der Kritik. VergabeNavigator 2/2014, 28; *Bartsch/Metzner*, in: Schweighofer, Transformation juristischer Sprachen, Über Zuschlagsformeln mit Gewichtung, S. 285 (292).

16. Transparenz

Autorin: Rechtsanwältin Dr. Rebecca Schäffer, MJI

Das Transparenzgebot gehört zu den Grundprinzipien im Vergaberecht und dient insbesondere der Durchführung eines fairen und diskriminierungsfreien Vergabeverfahrens.

Das Transparenzgebot impliziert die Verpflichtung des Auftraggebers, vorab in der Bekanntmachung und den Ausschreibungsunterlagen alle Kriterien und Maßstäbe für die zu treffende Zuschlagsentscheidung zu veröffentlichen. Die Bieter müssen vorab wissen, worauf es dem Auftraggeber ankommt (sog. „Ex-ante-Transparenz").[1]

Eine weitere Ausprägung der Transparenz (sog. „Ex-post-Transparenz") ist die Verpflichtung des Auftraggebers zur Dokumentation seiner Entscheidungen im Vergabeverfahren; dies dient ihrer Nachvollziehbarkeit und Überprüfbarkeit und schützt somit die Bieter vor Manipulation und Ungleichbehandlung.

Eine dritte Ausprägung des Transparenzgebots ist die Informationspflicht betreffend den Ausgang des Vergabeverfahrens. Zu unterscheiden ist hier zwischen der nur für den Oberschwellenbereich bundeseinheitlich geregelten Vorabinformation der unterlegenen Bewerber/Bieter (§ 134 GWB)[2] und der Informationspflicht nach Zuschlagserteilung, welche sowohl im Ober- als auch im Unterschwellenbereich gilt. Erstere soll vorrangig den nicht berücksichtigten Bietern die Möglichkeit eröffnen, die Zuschlagsentscheidung noch vor Zustandekommen des Vertrags überprüfen und die Zuschlagserteilung gegebenenfalls noch durch eine Rüge bzw. ein Vergabenachprüfungsverfahren verhindern zu können. Die Informationspflicht nach Zuschlagserteilung sichert dagegen vorrangig das Interesse der nicht berücksichtigten Bieter daran, die Entscheidung des Auftraggebers besser nachvollziehen und sich für zukünftige Verfahren darauf einstellen zu können.

16.1 Bekanntmachung und Ausschreibungsunterlagen

In einem Vergabeverfahren müssen die Bieter die Möglichkeit haben, ihre Chancen für einen Zuschlag realistisch einschätzen zu können. Dazu müssen die Bieter vor Abgabe eines Angebotes wissen, worauf es dem Auftraggeber ankommt. Ansonsten wird das Vergabeverfahren aus Bietersicht zum Glücksspiel. Nur wenn die Parameter, nach denen sich die Zuschlagsentscheidung richten wird, den Bietern bekannt sind, kann der Auftraggeber außerdem damit rechnen, dass die Angebote auch wirklich auf seinen Bedarf zugeschnitten sind. Die Transparenz des Verfahrens sichert damit nicht nur fairen Wettbewerb und die Gleichbehandlung der Bieter, sondern auch das Interesse des Auftraggebers an einer passgenauen Bedarfsdeckung.

1 Siehe Kap. 16.1 S. 894 ff.

2 Einige Bundesländer (Mecklenburg-Vorpommern, Niedersachsen, Rheinland-Pfalz, Thüringen, Sachsen, Sachsen-Anhalt und Schleswig-Holstein) haben allerdings zwischenzeitlich ähnliche Vorschriften zur Vorabinformation unterlegener Bieter bei Unterschwellenvergaben in ihr Landesvergaberecht integriert.

Die Grundprinzipien der Transparenz des Vergabeverfahrens und der Gleichbehandlung der Bieter implizieren die Veröffentlichung der notwendigen Informationen für die vorzunehmende Zuschlagsentscheidung.

Dazu gehören mindestens:

1. die Zuschlagskriterien und Unterkriterien,
2. die Gewichtungen der einzelnen Kriterien und ggf. Unterkriterien und
3. das gewählte Punkte- bzw. Benotungssystem für die einzelnen Kriterien.

Demgegenüber ist es nach der Rechtsprechung regelmäßig nicht erforderlich, auch die Zuschlagsformel – also die Methode, mit der Preis und Leistung zueinander ins Verhältnis gesetzt werden bzw. das Angebot mit dem insgesamt besten Preis-Leistungs-Verhältnis ermittelt wird – vorab offen zu legen. Mit Blick auf die erheblichen Auswirkungen, die die unterschiedlichen Formeln auf den Ausgang der Wertung haben können, ist die Veröffentlichung aus Transparenzgründen aber dennoch unbedingt zu empfehlen.

Praxistipp

▶ *Auftraggeber sollten die Informationen zu Zuschlagskriterien und Unterkriterien und deren Gewichtung, das Punkte- bzw. Benotungssystem für die Kriterien sowie die Zuschlagsformel mit allen notwendigen Parametern mit der Bekanntmachung bzw. den Ausschreibungsunterlagen zur Verfügung stellen.*

Praxistipp

▶ *Bieter sollten beim Fehlen von notwendigen Informationen für die realistische Einschätzung der eigenen Zuschlagschancen die Informationen beim Auftraggeber über Bieterfragen nachfordern oder im Bedarfsfall auch zeitnah (regelmäßig innerhalb von zehn Tagen, gerechnet von dem Zeitpunkt der Feststellung, dass die Informationen fehlen, sowie außerdem zwingend vor Ablauf der Angebotsabgabefrist) rügen.*

VK Bund, Beschluss vom 1.9.2011 – VK 3-110/11: *„Eine hinreichende Transparenz ist Grundvoraussetzung für eine diskriminierungsfreie Auftragsvergabe. Der Auftraggeber ist aufgrund des Transparenzgebots zu einer umfassenden Publizität verpflichtet. Danach ist der Auftraggeber ex ante gehalten, den Bietern insbesondere die Zuschlagskriterien mitzuteilen."*

EuGH, Beschluss vom 24.1.2008 – C532/06: *„Nach der Rechtsprechung verlangt die letztgenannte Bestimmung, ausgelegt im Licht des in Art. 3 Abs. 2 der Richtlinie 92/50 zum Ausdruck gebrachten Grundsatzes der Gleichbehandlung der Wirtschaftsteilnehmer und der sich daraus ergebenden Verpflichtung zur Transparenz, dass alle Kriterien, die vom Auftraggeber bei der Bestimmung des wirtschaftlich günstigsten Angebots berücksichtigt werden, und ihre relative Bedeutung den potenziellen Bietern zum Zeitpunkt der Vorbereitung ihrer Angebote bekannt sind."*

BGH, Urteil vom 8.9.1998 – X ZR 109/96: *„Es liegt auf der Hand, daß die Bieter der Willkür der Vergabestelle ausgeliefert wären, wenn diese nach Abgabe der Angebote im Wertungsverfahren die Zuschlagskriterien beliebig wählen könnte. Schon aus Gründen der Rechtsstaatlich-*

keit, zu denen auch die Vorhersehbarkeit, Meßbarkeit und Transparenz staatlichen Handelns gehören, ist es deshalb unabdingbar, daß die Zuschlagskriterien vorher, d.h. bei Anforderung zur Angebotsabgabe, bekanntgemacht werden, damit sich die interessierten Unternehmen hierauf einstellen können."

Nur wenn die Bieter die Zuschlagskriterien inklusive eventueller Unterkriterien und deren Gewichtung kennen, können sie einschätzen, worauf es dem Auftraggeber ankommt und ob eine Angebotserstellung überhaupt sinnvoll ist. Nur dann können sie außerdem ihr Angebot entsprechend den Wünschen des Auftraggebers optimieren.

OLG München, Beschluss vom 19.3.2009 – Verg 2/09: *„[...] hat der Auftraggeber in der Aufforderung zur Angebotsabgabe alle vorgesehenen Zuschlagskriterien einschließlich deren Gewichtung mitzuteilen. [...] darf der Auftraggeber bei der Wertung nur diejenigen Kriterien berücksichtigen, die in der Bekanntmachung oder den Vergabeunterlagen genannt sind. Die Pflicht zur Bekanntgabe folgt aus dem Transparenzgebot. Jedem Bieter soll vor Abgabe seines Angebotes klar sein, worauf es dem Auftraggeber bei der Vergabe seines Auftrags ankommt. Dies setzt den Bieter in den Stand, seine Chancen für den Zuschlag realistisch einzuschätzen und sein Angebot entsprechend den Wünschen des Auftraggebers auszugestalten."*

OLG Brandenburg, Beschluss vom 27.3.2012 – Verg W 13/11: *„Der Bieter muss bei Abgabe seines Angebots wissen, auf welche Gesichtspunkte mit welcher Gewichtung es dem Auftraggeber ankommt, denn erst dann kann er sein Angebot nach den Bedürfnissen des Auftraggebers gestalten."*

VK Westfalen, Beschluss vom 17.5.2024 – VK 3-9/24: *„Nach 127 Abs. 5 GWB erfordert ein transparentes Vergabeverfahren, dass die Zuschlagskriterien und deren Gewichtung in der Auftragsbekanntmachung oder den Vergabeunterlagen aufgeführt sind. Schließlich definieren auch die Zuschlagskriterien die Anforderungen an die zu erbringende Leistung, sodass ein Bieter nur bei ausreichender Information hierüber seine Erfolgschancen abschätzen kann."*

16.1.1 Bekanntmachungspflichten im Oberschwellenbereich

Für Vergaben im Oberschwellenbereich, für die das GWB Anwendung findet, ist das allgemeine Transparenzgebot in § 97 Abs. 1 Satz 1 GWB normiert.

Die o.g. richterrechtlichen Konkretisierungen des Transparenzgebotes mit Blick auf die Bekanntmachung der Zuschlagskriterien haben nunmehr in § 127 GWB Niederschlag gefunden.

Gem. § 127 Abs. 4 GWB müssen die Zuschlagskriterien so festgelegt und bestimmt sein, dass die Möglichkeit eines wirksamen Wettbewerbs gewährleistet wird, der Zuschlag nicht willkürlich erteilt werden kann und eine wirksame Überprüfung möglich ist, ob und inwieweit die Angebote die Zuschlagskriterien erfüllen.

Gem. § 127 Abs. 5 GWB sowie § 29 Abs. 1 VgV sind die Zuschlagskriterien außerdem in der Bekanntmachung oder den Vergabeunterlagen – konkret den Bewerbungsbedingungen – anzugeben. Gemäß § 10a VgV gehören die „wesentlichen Aspekte der Zuschlagskriterien" zudem zu den verpflichtenden Datenfeldern der eForms, mit denen beabsichtigte Auftragsvergaben im Anwendungsbereich des GWB EU-weit bekannt zu machen sind.

Ein nachträgliches Ändern der Zuschlagskriterien ist grundsätzlich nicht mehr möglich. Alle Zuschlagskriterien, die in der Auftragsbekanntmachung bzw. den Ausschreibungsunterlagen aufgeführt wurden, müssen auch gewertet werden. Darüber hinaus dürfen aber auch keine neuen Zuschlagskriterien Verwendung finden, die in den Ausschreibungsunterlagen nicht aufgeführt waren.

BayObLG, Beschluss vom 3.7.2002 – Verg 13/02: *„Auftraggeber [...] müssen vorher angegebene Zuschlagskriterien bei der Wertung berücksichtigen; nicht angegebene Kriterien dürfen grundsätzlich nicht berücksichtigt werden. [...] Die damit bezweckte Vorhersehbarkeit des Wertungsmaßstabs und der Schutz der Bieter vor Willkür (vgl. BGH NJW 1998, 3644/3646) schließen es aus, daß der Auftraggeber nachträglich von den bekanntgegebenen Zuschlagskriterien abweicht. Das bedeutet grundsätzlich, daß die angegebenen Kriterien berücksichtigt werden müssen, während andere als die angegebenen Kriterien nicht berücksichtigt werden dürfen."*

Bei der Wertung der Angebote sind die mit der Bekanntmachung oder den Vergabeunterlagen veröffentlichten Zuschlagskriterien vollständig und ausschließlich zu verwenden. Vollständig heißt, dass alle Zuschlagskriterien, die im Vorfeld veröffentlicht wurden, auch angewendet werden müssen. Ausschließlich heißt, dass keine zusätzlichen Zuschlagskriterien, die den Bietern nicht im Vorfeld mitgeteilt wurden, zur Anwendung kommen dürfen. Der Auftraggeber ist an seine selbst gesetzten Spielregeln gebunden.

VK Südbayern, Beschluss vom 1.4.2014 – Z 3-3-3194-1-03-02/14: *„Der öffentliche Auftraggeber muss den Bietern mit der Bekanntmachung oder den Vergabeunterlagen, in jedem Fall aber rechtzeitig vor Ablauf der Angebotsfrist, die Zuschlagskriterien samt sämtlicher Unterkriterien, die er anzuwenden beabsichtigt, [...] bekannt geben; bei der Wertung der Angebote sind diese vollständig und ausschließlich zu berücksichtigen (Anschluss an OLG Düsseldorf, Beschluss vom 19.06.2013 – Verg 8/13)."*

Während des gesamten Verfahrens muss sich der Auftraggeber zudem an dieselbe Auslegung der Zuschlagskriterien halten.

EuGH, Urteil vom 18.10.2001 – Rs. C-19/00: *„Sodann setzt der Gleichbehandlungsgrundsatz eine Verpflichtung zur Transparenz voraus; sonst könnte nicht geprüft werden, ob er beachtet ist. Dies bedeutet konkret, dass die Zuschlagskriterien in den Verdingungsunterlagen oder in der Bekanntmachung so gefasst werden müssen, dass alle durchschnittlich fachkundigen Bieter sie bei Anwendung der üblichen Sorgfalt in gleicher Weise auslegen können. Die Verpflichtung zur Transparenz bedeutet auch, dass sich der Auftraggeber während des gesamten Verfahrens an diese Auslegung der Zuschlagskriterien halten muss."*

Auch hinsichtlich der zu einem Kriterium gehörenden Unterkriterien gilt der Transparenzgrundsatz, sodass auch diese vorab zu veröffentlichen sind, sofern diese für das Verständnis bzw. für die Zuschlagswertung relevant sind. Nichts anderes gilt für die Gewichtungen der einzelnen Kriterien sowie – falls eine entsprechende Gewichtung vorgenommen wurde – die Gewichtung der Unterkriterien zueinander.

OLG Frankfurt am Main, Beschluss vom 28.5.2013 – 11 Verg 6/13: *„Eine Festlegung der Zuschlagskriterien und ihrer Gewichtung sowie der Unterkriterien und ihrer Gewichtung nach Ablauf der Angebotsfrist und Öffnen der eingereichten Angebote und Kenntnisnahme von deren Inhalt ist dem Auftraggeber ohnedies verwehrt, da ihm dies Raum für Manipulationen eröffnen würde [...]."*

OLG Düsseldorf, Beschluss vom 27.3.2013 – VII-Verg 53/12: *„Das Transparenzgebot [...] erfordert, dass der Auftraggeber in den Vergabeunterlagen oder in der Vergabebekanntmachung alle Zuschlagskriterien und Unterkriterien, die er anzuwenden gedenkt, sowie deren Gewichtung angibt [...]. Die Wertung darf nur anhand der bekannt gegebenen Zuschlagskriterien und Unterkriterien erfolgen. Der Auftraggeber darf keine Unterkriterien oder Gewichtungsregeln anwenden, die er den am Auftrag interessierten Unternehmen nicht vorher zur Kenntnis gebracht hat. Dies hat auch dann zu gelten, wenn der Auftraggeber solche Kriterien und Regeln im Nachhinein, also nach der Aufforderung zur Angebotsabgabe ändert, ergänzt oder neu einführt [...].“*

OLG Düsseldorf, Beschluss vom 24.3.2021 – VII-Verg 34/20: *„Es unterfällt dem – nur auf Einhaltung der rechtlichen Grenzen kontrollierbaren – Beurteilungsspielraum des öffentlichen Auftraggebers, wie er die Bewertung organisiert und strukturiert [...]. Allerdings darf die Methode unter Beachtung des Transparenz- und Wettbewerbsgrundsatzes nicht zu einer Abweichung von den zuvor festgelegten Zuschlagskriterien und ihrer Gewichtung führen.“*

Praxistipp

▶ *Wenn der Auftraggeber Kriterien mit Unterkriterien unterlegt hat, so müssen auch diese Unterkriterien den Bietern vorab mitgeteilt werden. Dasselbe gilt für eine festgelegte Gewichtung der Unterkriterien zueinander.*

Im Verhandlungsverfahren genügt es nicht, dem Bieter unmittelbar zu Beginn einer für die Wertung maßgeblichen Befragung bzw. Präsentation zu eröffnen, welche Unterkriterien für den Auftraggeber maßgeblich sind.

OLG München, Beschluss vom 21.5.2010 – Verg 02/10: *„Selbst wenn [der Auftraggeber] [...] [dem Bieter] unmittelbar zu Beginn des ersten Verhandlungsgespräches mitgeteilt haben sollte, dass [er] nunmehr Fragen zur Beurteilung der Qualität der Leistung stellt, wäre dies unzureichend. [...] Denn [dem Bieter] blieb in jedem Fall nicht genügend Zeit, sich auf die Erwartungen und Anforderungen [des Auftraggebers] einzustellen und die Präsentation und Erläuterung [seines] Angebots darauf auszurichten. [...] Notwendig und erforderlich wäre es gewesen, die festgelegten Unterkriterien (nebst Gewichtung, falls diese untereinander variieren) in einem zeitlichen Abstand vor dem Gespräch bekannt zu geben, so dass eine angemessene Überlegungs- und Vorbereitungszeit für den Bieter sichergestellt ist.“*

Nach § 17 Abs. 10 VgV sind die Zuschlagskriterien zudem selbst im Verhandlungsverfahren keinen Verhandlungen zugängig.

16.1.1.1 Transparenz bei der Festlegung der Zuschlagskriterien

Zu den Transparenzpflichten bei der Festlegung von Zuschlagskriterien gehört nicht nur, dass der Auftraggeber abstrakt die Kriterien auswählt, nach denen er die Wirtschaftlichkeit der Angebote bemessen will, und diese Kriterien den Bietern bekannt macht. Die ausgewählten Kriterien müssen vielmehr auch inhaltlich konkretisierbar sein. Insbesondere unbestimmte Zuschlagskriterien, wie z.B. Qualität, Funktionalität oder technischer Wert, sind insoweit in besonderer Weise auf Konkretisierungen der Anforderungen durch den Auftraggeber angewiesen. Ohne weitere Festlegungen sind solche Kriterien zu pauschal und interpretationsbedürftig, als dass sie Grundlage einer objektivierten, willkürfreien Einzelbewertung sein können.

OLG Düsseldorf, Urteil vom 17.8.2022 – 2 U 13/21 (Kart): *„Das Transparenzgebot begründet die Pflicht des öffentlichen Auftraggebers die Zuschlagskriterien hinreichend bestimmt und eindeutig zu formulieren, um den fachkundigen Bietern ein gleiches Verständnis darüber zu vermitteln, was er diesbezüglich für Erwartungen an das Angebot hat. Ist das gewählte Zuschlagskriterium nach seiner Begrifflichkeit nicht selbsterklärend, bedarf es einer weiteren inhaltlichen Konkretisierung."*

VK Baden-Württemberg, Beschluss vom 21.11.2001 – 1 VK 37/01: *„Unter „Qualität" ist der Wert des konkret vom Bieter angebotenen Werkes zu verstehen, also der technische Wert eines angebotenen Produkts. Allerdings stellt die allgemeine Angabe „Qualität" im Hinblick auf das in § 97 Abs. 1 GWB a.F.* [Anm.: heute § 97 Abs. 1 Satz 1 GWB] *enthaltene Transparenzgebot kein zulässiges Wertungskriterium dar. Abgesehen davon sind Unterschiede in der „Qualität" des angebotenen Werkes als solches, würde man diesen allgemeinen Begriff für zulässig halten, keine ersichtlich und von der Vergabekammer auch nicht angenommen worden."*

Im Grundsatz liegt es im Ermessen des Auftraggebers, ob er ein unbestimmtes Zuschlagskriterium deskriptiv erläutert oder aber durch sog. Unterkriterien weiter ausdifferenziert. Abhängig von den Umständen des Einzelfalls kann jedoch auch eine Verpflichtung des öffentlichen Auftraggebers bestehen, Unterkriterien zu bilden.

OLG Düsseldorf, Beschluss vom 30.7.2009 – VII-Verg 10/09: *„Die Frage, in welcher Differenziertheit und Tiefe ein öffentlicher Auftraggeber ein Bewertungssystem mit Unter-Unterkriterien und Gewichtungsregeln im Vorhinein aufzustellen hat, lässt sich nur einzelfallbezogen beantworten. [...] Der Auftraggeber muss für die Angebotswertung kein bis in letzte Unterkriterien und deren Gewichtung gestaffeltes Wertungssystem aufstellen, das im Übrigen dann auch Gefahr liefe, endlos und unpraktikabel zu werden. Insoweit ist auch daran zu erinnern, dass der Auftraggeber auf der letzten Ebene der Angebotswertung einen Wertungsspielraum hat. Dieser darf nicht dadurch eingeschränkt werden, dass er vergaberechtlich in jedem Fall daran gebunden wird, im Voraus in mehrstufige Unterkriterien und entsprechende Gewichtungen aufgegliederte Bewertungsregeln aufzustellen (und diese den Bietern in der Regel mit der Aufforderung zur Angebotsabgabe bekanntzugeben)."*

OLG Düsseldorf, Beschluss vom 19.6.2013, VII-Verg 8/13: *„Inwieweit eine Verpflichtung des öffentlichen Auftraggebers besteht, Unterkriterien auszudifferenzieren, kann von den Umständen des Einzelfalls abhängen [...]. Die Grenze, ab der das Offenlassen konkreter Bewertungsmaßstäbe vergaberechtlich unzulässig ist, ist jedenfalls erreicht, wenn die aufgestellten Wertungsmaßstäbe so unbestimmt sind, dass Bieter nicht mehr angemessen über die Kriterien und Modalitäten informiert werden, anhand deren das wirtschaftlich günstigste Angebot ermittelt wird [...], und sie infolge dessen auch vor einer willkürlichen und/oder diskriminierenden, d.h. einer die Gebote der Gleichbehandlung und der Transparenz verletzenden Angebotswertung nicht mehr effektiv zu schützen sind."*

Praxistipp

▶ *Abstrakte, unbestimmte Kriterien, unter denen jeder etwas anderes verstehen kann, sind von vornherein nicht geeignet, die Erwartungshaltung des Auftraggebers an die zu beschaffenden Waren bzw. Leistungen für die Bieter ausreichend deutlich zu machen. Solche unbestimmten Zuschlagskriterien, wie Qualität, Funktionalität oder technischer*

Wert, müssen daher in jedem Fall deskriptiv erläutert und/oder durch zusätzliche Unterkriterien weiter ausdifferenziert werden, um die Transparenz der Vergabe sicherzustellen.

Für die konkrete Ausfüllung des jeweiligen „unbestimmten" Kriteriums kommt es sodann maßgeblich auf den Auftragsgegenstand an.

Für die Beschaffung von Waren lassen sich regelmäßig Beschaffenheitsmerkmale finden, die z.B. die Qualität, Funktionalität oder den technischen Wert der Ware bestimmen und daher Gegenstand der Bewertung sein sollen.

Beispiel

Im Fall der Beschaffung von Rettungswagen kann der Auftraggeber z.B. die technischen Merkmale „Beschleunigungsvermögen", „Innengeräusche" und „Funktionsweise von Befestigungssystemen" als Parameter der Qualität/Funktionalität abfragen und bewerten (vgl. OLG Brandenburg, Beschluss vom 3.2.2004 – Verg W 9/03). Andere Auftraggeber würden dagegen vielleicht auf andere Parameter mehr Wert legen, wie etwa Standhöhe, Fahrdynamik oder Flexibilität hinsichtlich Auf- und Umbauten. Das Beispiel zeigt, wie wichtig die Konkretisierung der Anforderungen und Wünsche des Auftraggebers mit Blick auf die zuschlagsrelevanten Leistungsparameter sind!

Pos.	Kriterien	Gewichtungspunkte		Mindestleistungspunktzahl	Wertungspunkte					
		G_1	G_2		sehr gut 13, 14, 15	gut 10, 11, 12	befriedigend 7, 8, 9	ausreichend 4, 5, 6	ungenügend 1, 2, 3	0
	…				…	…	…	…	…	…
2.	Qualität/Funktionalität	400			xxx	xxx	xxx	xxx	xxx	xxx
2.1	Beschleunigungsvermögen		100		xxx	xxx	xxx	xxx	xxx	xxx
2.2	Innengeräusche		150		xxx	xxx	xxx	xxx	xxx	xxx
2.3	Funktionsweise von Befestigungssystemen		150		xxx	xxx	xxx	xxx	xxx	xxx

… … … …

Abbildung: Variante 1 für die Qualität/Funktionalität bei der Beschaffung von Rettungswagen

Pos.	Kriterien	Gewichtungspunkte		Mindestleistungspunktzahl	Wertungspunkte					
		G_1	G_2		sehr gut 13, 14, 15	gut 10, 11, 12	befriedigend 7, 8, 9	ausreichend 4, 5, 6	ungenügend 1, 2, 3	0
	…				…	…	…	…	…	…
2.	Qualität/Funktionalität	500			xxx	xxx	xxx	xxx	xxx	xxx
2.1	Standhöhe		200		xxx	xxx	xxx	xxx	xxx	xxx
2.2	Fahrdynamik		100		xxx	xxx	xxx	xxx	xxx	xxx
2.3	Flexibilität bzgl. Auf- und Umbauten		200		xxx	xxx	xxx	xxx	xxx	xxx

… … … …

Abbildung: Variante 2 für die Qualität/Funktionalität bei der Beschaffung von Rettungswagen

Für die Beschaffung von Dienstleistungen ist die Qualitätsbestimmung und -bewertung häufig ebenfalls von der Erreichung konkreter (funktionaler) Parameter abhängig. Da die Dienstleistung aber erst erbracht werden soll, müssen insoweit oft Prognosen getroffen werden (Konzeptbewertung). Trotzdem ist es auch hier wichtig, den Bietern zunächst mitzuteilen, auf welche funktionalen Parameter sich die Bewertung der (in der Regel mit einem Umsetzungskonzept zu unterlegenden) Leistungsqualität beziehen soll.

Beispiel

Bei der Beschaffung von Reinigungsleistungen kann der Auftraggeber die „Qualität" der Leistung z.B. an den angebotenen Reinigungswerten (m^2/h) und/oder am vorgesehen Personaleinsatz festmachen. Beim vorgesehenen Personaleinsatz wiederum kann es dem Auftraggeber z.B. vorrangig um die Kontinuität der Reinigungskräfte, um deren regelmäßige Schulung oder aber um die Anzahl der Einsatzstunden eines nicht reinigenden Vorarbeiters / einer nicht reinigenden Vorarbeiterin gehen. Auch dieses Beispiel zeigt, dass der Auftraggeber mit dem bloßen Verweis auf eine Bewertung (auch) der Leistungsqualität noch keine transparente Bekanntmachung der Zuschlagskriterien geleistet hat!

Werden Unterkriterien gebildet, müssen auch diese gegebenenfalls näher erläutert bzw. noch einmal mit Unter-Unterkriterien unterlegt werden, um hinreichend deutlich zu machen, welche Aspekte eines Zuschlagskriteriums bei der Bewertung relevant sein werden.

Beispiel

Ein System aus Unterkriterien und Unter-Unterkriterien bei der Beschaffung von Datenverarbeitungsleistungen kann z.B. so aussehen:

Kriterium 1 = Qualität

Unterkriterium 1.1 = Qualität der Abläufe mit folgenden Unter-Unterkriterien:

- *Workflow*
- *Archivierung*
- *Not- und Ausfallplanung*
- *Releasemanagement*

Unterkriterium 1.2 = Qualität des Personaleinsatzkonzepts mit folgenden Unter-Unterkriterien:

- *Personalredundanz*
- *Teamstrukturen*
- *Weiterbildung und Schulung der eingesetzten Mitarbeiter*
- *Regelung der Verantwortlichkeiten/Schnittstellen zum AG*

Auch innerhalb der einzelnen Unterkriterien muss zudem klar sein, welche Erwartungen der Auftraggeber an die Angebote stellt und was genau zur positiven bzw. negativen Bewertung beiträgt (vgl. hierzu auch noch unter 16.1.1.3).

Pos.	Kriterien	Gewichtungspunkte G_1	G_2	G_3	Mindestleistungspunktzahl	Wertungspunkte sehr gut 13, 14, 15	gut 10, 11, 12	befriedigend 7, 8, 9	ausreichend 4, 5, 6	mangelhaft 1, 2, 3	0
	...					...	...	...	...	...	...
2.	Qualität	400									
2.1	Qualität der Abläufe		240								
2.1.1	Workflow			80		xxx	xxx	xxx	xxx	xxx	xxx
2.1.2	Archivierung			60		xxx	xxx	xxx	xxx	xxx	xxx
2.1.3	Not- und Ausfallsplanung			60		xxx	xxx	xxx	xxx	xxx	xxx
2.1.4	Releasemanagement			40		xxx	xxx	xxx	xxx	xxx	xxx
2.2	Qualität des Personaleinsatzkonzepts		160								
2.2.1	Personalredundanz			50		xxx	xxx	xxx	xxx	xxx	xxx
2.2.2	Teamstrukturen			50		xxx	xxx	xxx	xxx	xxx	xxx
2.2.3	Weiterbildung und Schulung der eingesetzten Mitarbeiter			30		xxx	xxx	xxx	xxx	xxx	xxx
2.2.4	Regelung der Verantwortlichkeiten/Schnittstellen zum AG			30		xxx	xxx	xxx	xxx	xxx	xxx

... ...

Abbildung: Beispiel für ein System aus Unterkriterien und Unter-Unterkriterien bei der Beschaffung von Datenverarbeitungsleistungen

OLG Frankfurt, Beschluss vom 23.6.2016 – 11 Verg 4/16: *„Allerdings gilt auch für diese Verfahren das Transparenzgebot [...]. Für den Bieter muss erkennbar sein, auf welche Punkte der Auftraggeber Wert legt und welche Erwartungen ihn daher auch bei der Bewertung leiten. Nach Auffassung des Senats ist auch hier die Grenze, ab der das Offenlassen konkreter Bewertungsmaßstäbe vergaberechtlich unzulässig ist, dann überschritten, wenn die aufgestellten Wertungsmaßstäbe so unbestimmt sind, dass die Bieter nicht mehr angemessen über die Kriterien und Modalitäten informiert werden, anhand deren das wirtschaftlich günstigste Angebot ermittelt wird."*

Ob sich die Erwartungshaltung aus der Beschreibung der Wertungskriterien selbst, aus der Leistungsbeschreibung oder aber aus dem Zusammenspiel von Beschreibung der Wertungskriterien und Leistungsbeschreibung ergibt, spielt dabei keine Rolle. Letztlich zählt nur, dass für die Bieter klar ist, welchen Inhalt die Zuschlagskriterien haben bzw., anders gesagt, worauf es dem Auftraggeber konkret ankommt.

Beispiel

Die Darstellung der Erwartungshaltung bei einzelnen Unter- und Unter-Unterkriterien kann z.B. so aussehen:

Unterkriterium 2 = Qualität des Personaleinsatzkonzepts mit folgenden Unter-Unterkriterien:

- *Personalredundanz*

(Sicherstellung einer ununterbrochenen, ausreichenden personellen Besetzung mit Blick auf die kritische Zeitplanung)

Offensichtlichkeiten müssen aber natürlich nicht ausdrücklich ausgeführt werden.

OLG Frankfurt, Beschluss vom 23.6.2016 – 11 Verg 4/16: *„Die innerhalb des Wertungskriteriums "Projektteam/Projektorganisation" aufgestellten Unterkriterien sind nach Auffassung des Senats nicht zu beanstanden. Die Vergabestelle ist nicht gehalten, konkretere Anforderungen an die Zusammensetzung des Projektteams, seine Arbeitsweise, o.ä. zu machen. Soweit die Antragstellerin etwa rügt, es sei nicht erkennbar gewesen, dass das Auftreten des Projektleiters die Punktevergabe beeinflussen könnte, ist darauf hinzuweisen, dass „Struktur und Zusammensetzung des Projektteams" ausdrücklich als ein maßgebliches Unterkriterium genannt sind. Dass es in diesem Zusammenhang auch auf die Person des Projektleiters ankommen würde und auf die Erwartung, dass er diese Rolle überzeugend würde ausfüllen können, liegt auf der Hand."*

Beispiel

Dass es dem Auftraggeber bei folgendem Unterkriterium

Unterkriterium 2 = Qualität des Personaleinsatzkonzepts mit folgenden Unter-Unterkriterien:

- *Personalredundanz*

(Sicherstellung einer ununterbrochenen, ausreichenden personellen Besetzung mit Blick auf die kritische Zeitplanung)

u.a. um eine etwaige Mehrfach-Besetzung der Schlüsselfunktionen sowie auf angemessene Vertretungsregelungen für Urlaubs- und Krankheitszeiten ankommt, ist selbstverständlich. Dies muss nicht separat erwähnt werden.

Nachträgliche oder „geheime" (also nur intern verwendete) Konkretisierungen von Zuschlagskriterien sind grundsätzlich unzulässig. Die Unterkriterien müssen vielmehr in der Regel bereits bei Veröffentlichung der Vergabeunterlagen feststehen und den Bietern auch mitgeteilt werden. Zulässig sind lediglich nachträgliche bzw. interne Konkretisierungen, die – wären sie vorher bekannt gewesen – keinen Einfluss auf die Angebotsgestaltung hätten haben können und die keinen Bieter diskriminieren.

OLG München, Beschluss vom 17.1.2008 – Verg 15/07: *„Eine Bekanntgabe der Unterkriterien wird von der Rechtsprechung jedenfalls dann verlangt, wenn nicht auszuschließen ist, dass die Bekanntgabe der Unterkriterien auf die Erstellung der Angebote Einfluss hat oder zumin-*

dest die Möglichkeit besteht, dass sich das Unterkriterium auf den Inhalt des Angebots auswirkt."

VK Westfalen, Beschluss vom 17.5.2024 – VK 3-9/24: *„Die nachträgliche Einführung von Unterkriterien verstößt gegen § 127 Abs. 5 GWB. Für den Bereich der Zuschlagskriterien ist in der obergerichtlichen Rechtsprechung mehrfach entschieden worden, dass der öffentliche Auftraggeber nicht nur die Gewichtung der Zuschlagskriterien bekannt zu geben hat, sondern auch die zur Ausfüllung eines Zuschlagskriteriums aufgestellten Unterkriterien und deren konkrete Gewichtung, wenn nicht auszuschließen ist, dass die Nichtbekanntgabe der Unterkriterien und ihrer Gewichtung keinen Einfluss auf den Inhalt der Angebote hat [...]. Dabei ist es ohne Belang, zu welchem Zeitpunkt die Unterkriterien aufgestellt wurden."*

Praxistipp

▶ *Auch wenn es etwas anstrengend erscheint: Im Zweifel sollten Auftraggeber alle für sie maßgeblichen Aspekte eines Bewertungskriteriums und etwaig gebildeter Unterkriterien vorab den Bietern bekannt geben. So erspart man sich nachträgliche Diskussionen über eine (angeblich) intransparente Bewertung der Angebote.*

16.1.1.2 Transparenz bei der Festlegung der Gewichtung

Zudem muss der Auftraggeber zwingend in der Bekanntmachung oder den Vergabeunterlagen angeben, wie er die einzelnen Zuschlagskriterien gewichtet, um das wirtschaftlichste Angebot zu ermitteln (§ 127 Abs. 5 GWB, § 58 Abs. 3 Satz 1 VgV, § 16d EU Abs. 2 Nr. 2 Satz 1 VOB/A).

Gibt der Auftraggeber Unterkriterien an, muss er grundsätzlich auch mitteilen, wie er diese gewichten will, es sei denn, eine solche Binnengewichtung ist den Umständen nach nicht möglich und demnach auch nicht vorgesehen.

OLG Celle, Beschluss vom 2.2.2021 – 13 Verg 8/20: *„§ 127 Abs. 5 GWB schreibt vor, dass die Zuschlagskriterien und deren Gewichtung in der Auftragsbekanntmachung oder in den Vergabeunterlagen aufgeführt werden müssen. Diese Anforderung gilt sowohl für die Zuschlagskriterien als auch für die Unterkriterien. Wenn dem Auftraggeber die Angabe der Gewichtung aus objektiven Gründen nicht möglich ist, muss er die (Unter-)Kriterien in der absteigenden Reihenfolge ihrer Bedeutung angeben (vgl. § 58 Abs. 3 Satz 3 VgV)."*

Eine erst nachträgliche Festlegung der Gewichtungen ist grundsätzlich unzulässig.

EuGH, Urteil vom 24.1.2008 – Rs. C-532/06: *„Art. 36 Abs. 2 der Richtlinie 92/50, ausgelegt im Licht des Grundsatzes der Gleichbehandlung der Wirtschaftsteilnehmer und der sich daraus ergebenden Verpflichtung zur Transparenz, [steht dem entgegen], dass der öffentliche Auftraggeber im Rahmen eines Vergabeverfahrens nachträglich Gewichtungskoeffizienten und Unterkriterien für die in den Verdingungsunterlagen oder in der Vergabebekanntmachung genannten Zuschlagskriterien festlegt."*

OLG Frankfurt, Beschluss vom 28.5.2013 – 11 Verg 6/13: *„Eine Festlegung der Zuschlagskriterien und ihrer Gewichtung sowie der Unterkriterien und ihrer Gewichtung nach Ablauf der Angebotsfrist und Öffnen der eingereichten Angebote und Kenntnisnahme von deren Inhalt ist dem Auftraggeber ohnedies verwehrt, da ihm dies Raum für Manipulationen eröffnen würde."*

EuGH, Urteil vom 14.7.2016 – Rs. C-6/15: *„Insbesondere muss [...] vom Beginn des Vergabeverfahrens an klar festgelegt sein, wie die einzelnen Zuschlagskriterien gewichtet werden, damit die Bieter objektiv feststellen können, welches Gewicht ein Zuschlagskriterium gegenüber einem anderen hat, wenn der öffentliche Auftraggeber sie später bewertet."*

Auch eine nachträgliche Änderung der Gewichtung der Zuschlagskriterien würde gegen die Grundprinzipien des Vergaberechts verstoßen.

EuGH, Urteil vom 18.11.2010 – C - 226 / 09: *„Ändert der öffentliche Auftraggeber nach Prüfung der eingereichten Angebote die Gewichtung der Zuschlagskriterien so verstößt er gegen den Gleichbehandlungsgrundsatz und der daraus fließenden Transparenzpflicht."*

EuGH, Urteil vom 14.7.2016 – Rs. C-6/15: *„Außerdem darf die Gewichtung der einzelnen Zuschlagskriterien während des gesamten Verfahrens nicht verändert werden."*

Dies gilt auch im Verhandlungsverfahren. Denn auch wenn der Wortlaut des § 17 Abs. 10 Satz 2 VgV (und ebenso der Wortlaut des Art. 29 Abs. 3 der Richtlinie 2014/24/EU) ausdrücklich nur eine Verhandlung über die „Zuschlagskriterien" verbietet, nicht aber auch über deren Gewichtung, wären auch bei einer Verhandlung der Kriteriengewichtung die Grundsätze der Transparenz, der Gleichbehandlung und des fairen Wettbewerbs verletzt.

VK Südbayern, Beschluss vom 23.11.2017 – Z 3-3-3194-1-46-08/17: *„Allerdings ist es dem Antragsgegner gem. § 17 Abs. 10 S. 2 VgV verwehrt, im laufenden Verfahren noch eine Änderung der Gewichtung vorzunehmen, da er eine solche bereits in den Vergabeunterlagen angegeben hat. Dabei spielt es keine Rolle, ob der Antragsgegner hier gemäß § 58 Abs. 3 Satz 2 VgV die Gewichtung auch mittels einer Spanne hätte angeben können oder gar gemäß § 58 Abs. 3 Satz 3 VgV lediglich die Zuschlagskriterien in absteigender Rangfolge hätte angeben dürfen. Denn von diesen Möglichkeiten hat der Auftraggeber keinen Gebrauch gemacht und an die erfolgte Angabe der Gewichtung der Zuschlagskriterien ist er gemäß § 17 Abs. 10 S. 2 VgV gebunden."*

OLG Düsseldorf, Beschluss vom 28.3.2017 – VII Verg 54/17: *„Für das Verhandlungsverfahren sollten angemessene Schutzvorschriften gelten, die die Einhaltung der Grundsätze der Gleichbehandlung und Transparenz gewährleisten. Die öffentlichen Auftraggeber sollten insbesondere im Voraus die Mindestanforderungen angeben, die das Wesen der Beschaffung charakterisieren und im Verlauf der Verhandlungen nicht geändert werden sollten. Die Zuschlagskriterien und ihre Gewichtung sollten während des gesamten Verfahrens stabil bleiben und sollten nicht verhandelbar sein, um die Gleichbehandlung aller Wirtschaftsteilnehmer zu gewährleisten."*

Zur Korrektur von Vergaberechtsverstößen dürfen die Vergabeunterlagen allerdings stets auch im laufenden Vergabeverfahren geändert werden, sofern dies in einem transparenten Verfahren und diskriminierungsfrei geschieht. Die Änderungsbefugnis des Auftraggebers bezieht sich dabei auf alle Bestandteile der Vergabeunterlagen und damit auch die Zuschlagskriterien, Unterkriterien, Gewichtungen und ähnliches.

OLG Düsseldorf, Beschluss vom 21.10.2015 – VII-Verg 28/14: *„Seit der Entscheidung des Bundesgerichtshofs vom 26. September 2006 (X ZB 14/06, Rn. 23) ist anerkannt, dass der öffentliche Auftraggeber, sei es zur Korrektur von Vergaberechtsverstößen oder aus Gründen der Zweckmäßigkeit, die Vergabeunterlagen im laufenden Vergabeverfahren ändern darf, sofern* *dies nur in einem transparenten Verfahren und diskriminierungsfrei geschieht. Die Änderungsbefugnis des Auftraggebers bezieht sich auf alle Bestandteile der Vergabeunterlagen (die Leistungsbeschreibung, Zuschlagskriterien, Unterkriterien, Gewichtungen etc.)."*

Auftraggeber können die Gewichtungen einzelner Kriterien, Unterkriterien und ggf. Unter-Unterkriterien zueinander auch in einer sog. Wertungsmatrix darstellen.[3] Hat der Auftraggeber eine Wertungsmatrix erstellt, so gehört auch diese Matrix grundsätzlich zu den Informationen, die den Bietern vorab transparent bekannt zu geben sind.

OLG Thüringen, Beschluss vom 26.3.2007 – 9 Verg 2/07: *„Mithin lassen sich aus der Ausgestaltung der Wertungsmatrix Gesichtspunkte ableiten, die – im Sinne der o.g. Rechtsprechung des EuGH – im Zeitpunkt der Vorbereitung der Angebote diese Vorbereitung seitens der Bieter hätten beeinflussen können. Schon aus diesem Grund durfte die Vergabestelle nicht erst nachträglich nach Ablauf der Angebotsabgabefrist den Wertungsmodus in der von ihr gewählten Art bestimmen. Auch das OLG Düsseldorf hat auf dem Boden der EuGH-Rechtsprechung entschieden, dass die Gewichtung einzelner Zuschlagskriterien und ihrer Unterkriterien, die Einfluss auf die Angebotsgestaltung haben könnten, zwingend vor Ablauf der Angebotsabgabefrist bekannt zu geben seien."*

OLG Düsseldorf, Beschluss vom 19.7.2006 – VII-Verg 27/06: *„Eine vom öffentlichen Auftraggeber vor Angebotsabgabe aufgestellte Bewertungsmatrix gehört [...] zu den einer Gewichtung der Zuschlagskriterien geltenden Regeln, durch die der öffentliche Auftraggeber festlegt, mit welchem Gewicht einzelne Bewertungen in das Ergebnis einfließen werden. [...] Der Umstand, dass die Bewertungsmatrix erst nach Angebotsabgabe aufgestellt und die Bewertung (Vergabe von einem oder keinem Punkt) erst bei der Angebotswertung festgelegt wurde (Vergabeakte Fach IV, Bl. 355), machte eine Bekanntgabe nicht entbehrlich. Der Inhalt der Bewertungsmatrix konnte Einfluss auf den Inhalt der Angebote haben. Die Matrix war deswegen in jedem Fall vor Ablauf der Angebotsfrist bekanntzugeben."*

VK Sachsen, Beschluss vom 15.2.2011 – 1/SVK/052-10: *„Unstreitig darf zudem ein öffentlicher Auftraggeber die Wertungsmatrix nicht erst nach Öffnung der Angebote festlegen, wenn – wie in aller Regel – die abstrakte Gefahr nicht ausgeschlossen werden kann, dass er sie in Kenntnis der Angebotsinhalte zum Vorteil oder Nachteil eines einzelnen Bieters ausgestaltet. Das ist auch nachvollziehbar, denn ansonsten könnte die Vergabestelle das Bewertungsschema am von ihr bevorzugten Bieter bzw. Teilnehmer ausrichten (VK Sachsen, B. v. 31.01.20–1 - 1/SVK/051-11, B. v. 19.05.20–0 - 1/SVK/015-10, B. v. 05.05.20–9 - 1/SVK/009-09, B. v. 14.04.20–8 - 1/SVK/013-08)."*

16.1.1.3 Transparenz bei der Festlegung der Bewertungsregeln

Gegenstand zahlreicher Rechtsprechung war in der Vergangenheit die Frage, ob und, wenn ja, mit welchem Detaillierungsgrad auch die Bewertungsmethode bzw. Bewertungsformel sowie die Punkte-/Benotungsregeln zu den notwendigen Informationen in der Auftragsbekanntmachung oder den Vergabeunterlagen gehören.

In der deutschen Rechtsprechung wurde dabei nur ganz vereinzelt generell in Frage gestellt, dass Bewertungsregeln bekannt zu machen sind.

3 Siehe Kap. 10 S. 391 ff.

OLG München, Beschluss vom 21.5.2010 – Verg 2/10: *„Demgegenüber hält es der Senat für unschädlich, dass die Antragsgegnerin nicht vorab bekannt gemacht hat, dass sie für die Kriterien Preis, Qualität und Vorlaufzeit Noten vergibt und wie die genaue Umrechnungsformel für den Preis lautet."*

Die ganz herrschende Auffassung ging demgegenüber immer davon aus, dass die Bewertungsregeln im Grundsatz bekannt zu geben sind. Unterschiede bestanden lediglich mit Blick auf den geforderten Detaillierungsgrad der erforderlichen Mitteilungen, vor allem im Hinblick auf die Bewertung einzelner Kriterien mit Punkten bzw. Noten.

VK Thüringen, Beschluss vom 17.11.2008 – 250-4003.20-5125/2008-029-J: *„Da die Bewertungsformel für den Preis, aber auch die Angabe von deren Anwendungsrahmen, den Bewerbern eine gezielte Angebotsgestaltung ermöglicht hätte, war diese durch die VST den Bewerbern zwingend mitzuteilen. Die Nichtmitteilung führt zu einer Beeinträchtigung der Rechte der Bewerber aus dem Vergaberecht [...], zur Intransparenz des Vergabeverfahrens."*

VK Schleswig-Holstein, Beschluss vom 22.1.2010 – VK-SH 26/09, amtlicher Leitsatz: *„Durch eine [...] verwendete Formel zur Umrechnung der Angebotspreise in Punkte wird die Wertung des Kriteriums „Preis" beeinflusst. Daher ist diese vor Ablauf der Angebotsfrist bekannt zu geben."*

VK Nordbayern, Beschluss vom 3.2.2012 – 21.VK-3194-42/11: *„Zur Tragweite gehört nicht nur die Gewichtung selbst, sondern auch die Umrechnungsformel bei der Wertung – wie etwa zur Umrechnung der Angebotspreise in Punkte."*

Der EuGH hat demgegenüber mit Urteil vom 14.7.2016 in der Rechtssache Dimarso (C-6/15) darauf hingewiesen, dass vom Ausgangspunkt her keine Pflicht des Auftraggebers bestehe, den potenziellen Bietern vorab die Methode zur Kenntnis zu bringen, anhand deren er die Angebote hinsichtlich der festgelegten Zuschlagskriterien und ihrer Gewichtung bewertet.

EuGH, Urteil vom 14.7.2016 – Rs. C-6/15: *„[W]eder Art. 53 Abs. 2 noch eine andere Vorschrift der Richtlinie 2004/18 [begründet] eine Pflicht zulasten des öffentlichen Auftraggebers, den potenziellen Bietern durch Veröffentlichung in der Bekanntmachung oder den Verdingungsunterlagen die Bewertungsmethode zur Kenntnis zu bringen, anhand deren er eine konkrete Bewertung der Angebote hinsichtlich der zuvor in den Auftragsdokumenten festgelegten Zuschlagskriterien und ihrer Gewichtung vornimmt und eine Rangfolge für sie erstellt."*

Allerdings dürfe, so der EuGH, der Auftraggeber die Bewertungsmethode regelmäßig nicht erst nach Angebotsöffnung festlegen und dürfe die Bewertungsmethode außerdem nicht zu einer Veränderung der bekannt gegebenen Gewichtungen führen und/oder Angaben enthalten, die, wenn sie vorab bekannt gegeben worden wären, die Inhalte der Angebote hätten beeinflussen können.

EuGH, Urteil vom 14.7.2016 – Rs. C-6/15: *„Im Sinne der in Art. 2 der Richtlinie 2004/18 vorgesehenen Grundsätze für die Vergabe von Aufträgen und zur Vermeidung jeder Gefahr von Parteilichkeit darf die Bewertungsmethode, anhand deren der öffentliche Auftraggeber die Angebote konkret bewertet und einstuft, grundsätzlich nicht nach der Öffnung der Angebote durch den öffentlichen Auftraggeber festgelegt werden. Wenn allerdings die Festlegung dieser Methode aus nachweislichen Gründen nicht vor der Öffnung möglich war, kann man [...] dem öffentlichen Auftraggeber nicht vorwerfen, sie erst festgelegt zu haben, nachdem er oder sein*

Bewertungsausschuss vom Inhalt der Angebote Kenntnis genommen hat. [Die] nach der Veröffentlichung der Bekanntmachung oder der Verdingungsunterlagen erfolgende Festlegung der Bewertungsmethode durch den öffentlichen Auftraggeber [darf aber] jedenfalls keine Veränderung der Zuschlagskriterien oder ihrer Gewichtung bewirken."

Die Rechtsprechung des EuGH darf nicht dahingehend missverstanden werden, dass der Auftraggeber bei europaweiten Vergabeverfahren regelmäßig darauf verzichten könne, vorab seine Bewertungsregeln zu definieren und auch den Bietern zur Kenntnis zu bringen. Denn da Notenskalen und andere Bewertungsregeln herkömmlicherweise ganz erhebliche Auswirkungen auf den Inhalt der Angebote haben bzw. haben können[4], wird das Regel-Ausnahme-Verhältnis betreffend die Bekanntgabe der Bewertungsmethode durch die vom EuGH aufgestellten einschränkenden Bedingungen für die Zurückhaltung von Bewertungsregeln letztlich wieder umgekehrt. In der Regel wird auf eine Bekanntmachung der Notenskalen und Bewertungsregeln spätestens mit der Aufforderung zur Angebotsabgabe nicht verzichtet werden können.

Nach der ganz herrschenden Rechtsprechung nicht mitzuteilen ist allerdings die Rechenformel, mit der Preis und Leistung zueinander ins Verhältnis gesetzt werden. Etwas anderes soll nur dann gelten, wenn eine „überraschende" bzw. nicht ohne Weiteres erwartbare Methode zur Anwendung kommen soll.

OLG Rostock, Beschluss vom 3.2.2021 – 17 Verg 6/20 m.w.N.: *„Als unbedenklich erweist sich insoweit zunächst, dass die (neue) Preisumrechnungsformel den Bietern nicht vorab bekannt gemacht worden ist [...]. Die Umrechnungsformel muss nämlich [...] nach zutreffender herrschender und obergerichtlich sogar einhelliger Auffassung nicht vorab bekannt gegeben werden. [...] dies jedenfalls für den Fall, dass – wie hier – letztlich eine Umrechnungsformel verwendet wird, die üblich ist bzw. sich im Grunde als nächstliegend aufdrängt und mit deren Verwendung die Bieter insofern ohne Weiteres rechnen mussten [...]. Allenfalls die beabsichtigte Verwendung einer nichtlinearen und deshalb aus Sicht eines durchschnittlichen Bieters nicht ohne Weiteres erwartbaren Methode [...] hätte im Vorfeld kommuniziert werden müssen."*

Da, wie gezeigt, die Formel aber in jedem Fall vor Eingang der Angebote feststehen muss, und weil sie außerdem erheblichen Einfluss auf den Ausgang des Wettbewerbs hat bzw. haben kann, ist die Offenlegung der Formel zur Preis-Leistungs-Gewichtung bzw. Umrechnung des Preises in Preispunkte dennoch ausdrücklich und unbedingt zu empfehlen. Gleiches gilt für die Bekanntgabe des Noten-/Punktsystems für einzelne Leistungskriterien, welches im Ergebnis auch Auswirkungen auf die Gewichtung des jeweiligen Kriteriums hat bzw. haben kann.[5]

Praxistipp

▶ *Nicht nur die (ggf. durch Unter-Kriterien und die Definition der jeweiligen Erwartungshaltung des Auftraggebers konkretisierten) Zuschlagskriterien und ihre Gewichtung sollten den Bietern bekannt gemacht werden, sondern regelmäßig auch die zur konkreten Bewertung der Angebote anhand der Zuschlagskriterien angewendeten Bewertungsre-*

4 Näher hierzu *Ferber,* VergabeNavigator 6/2016, 10 ff.
5 Vgl. unter Kap. 8 S. 266 ff. sowie *Ferber/Einmahl*, VergabeFokus 3/2025, 22 ff.

geln, namentlich die Punkte-/Benotungsregeln für die einzelnen Kriterien sowie die Bewertungsmethode (Rechenformel) zur Ermittlung des Preis-Leistungs-Verhältnisses.

Viel diskutiert worden ist in der jüngeren Vergangenheit schließlich über eine mögliche zusätzliche Pflicht der Auftraggeber, den Bietern neben den Zuschlagskriterien, deren Gewichtung und den für die Leistungskriterien jeweils angewendeten Punkte-/Benotungsregeln ebenfalls noch alle Parameter mitzuteilen, die für die genaue Einordnung der Angebote innerhalb der vorhandenen Punkte-/Notenskala von Relevanz sein sollen. Insbesondere das OLG Düsseldorf hatte in diesem Zusammenhang die Forderung aufgestellt, dass es einem Bieter möglich sein müsse, anhand der in der Auftragsbekanntmachung oder im Aufforderungsschreiben mitgeteilten Informationen vorab sicher bestimmen zu können, wie viele Punkte er mit seinem Angebot in den einzelnen Zuschlagskriterien erzielen werde (sog. „Schulnotenrechtsprechung").[6] Diese Rechtsprechung hat das OLG Düsseldorf jedoch zwischenzeitlich mit Blick auf die neuere EuGH-Rechtsprechung wieder aufgegeben.

OLG Düsseldorf, Beschluss vom 8.3.2017 – VII Verg 39/16: *„[...] der Senat [hat] in der Vergangenheit, insbesondere im Zusammenhang mit sog. Schulnotensystemen [...], wiederholt entschieden, dass Bewertungsmaßstäbe intransparent sind, die es dem Bieter nicht ermöglichen, im Vorhinein zu bestimmen, welchen Erfüllungsgrad sein Angebot auf der Grundlage des aufgestellten Kriterienkatalogs oder konkreter Kriterien aufweisen muss, um mit den in einem Bewertungsschema festgelegten Punktwerten bewertet zu werden. [...] Der Europäische Gerichtshof hat sich in seinem Urteil vom 14.07.2016 – C-6/15 (Dimarso) zur Auslegung von Art. 53 Abs. 2 der Richtlinie 2004/18/EG mit der Bekanntgabe von Zuschlagskriterien und ihrer Gewichtung befasst. [...] Daraus, dass der Europäische Gerichtshof eine Bekanntgabe der Bewertungsmethode nicht verlangt, ergibt sich [...], dass es dem Bieter auch nach dem auf der Richtlinie 2004/18/EG beruhenden nationalen Recht nicht im Vorhinein möglich sein muss, zu erkennen, welchen bestimmten Erfüllungsgrad sein Angebot auf der Grundlage der Zuschlagskriterien erreichen muss, um mit einer bestimmten Notenstufe oder Punktzahl eines Notensystems bewertet zu werden. Eine solche Bestimmungsmöglichkeit würde eine europarechtlich [...] nicht geforderte Bekanntgabe der Bewertungsmethode voraussetzen. Soweit bisherige Entscheidungen des Senats abweichend hiervon dahin verstanden worden sind oder zu verstehen gewesen sein sollten, der Senat fordere eine solche Bestimmungsmöglichkeit ex ante, hält er hieran nicht fest."*

Auch der BGH hat zwischenzeitlich explizit festgestellt, dass es einer transparenten und wettbewerbskonformen Auftragsvergabe nicht entgegenstehe, wenn die Angebote der Bieter im Rahmen der Angebotswertung benotet würden und einen der jeweiligen Note zugeordneten Punktwert erhielten, ohne dass die Vergabeunterlagen weitere konkretisierende Angaben dazu enthielten, wovon die jeweils zu erreichende Punktzahl im Einzelnen abhängen solle.

BGH, Beschluss vom 4.4.2017 – X ZB 3/17: *„Im Streitfall steht es einer transparenten und wettbewerbskonformen Auftragsvergabe (§ 97 Abs. 1 Satz 1 GWB) nicht entgegen, dass die von den Bietern vorgelegten Konzepte [...] benotet werden und einen der jeweiligen Note zugeordneten Punktwert erhalten, ohne dass die Vergabeunterlagen weitere konkretisierende Anga-*

6 OLG Düsseldorf, Beschluss vom 16.12.2015 – Verg 25/15, BeckRS 2016, 02641; OLG Düsseldorf Beschluss vom 15.6.2016 – Verg 49/15, BeckRS 2016, 12814.

ben dazu enthalten, wovon die jeweils zu erreichende Punktzahl für das Konzept konkret abhängen soll."

Dies entspricht der bereits früher vertretenen (überzeugenden) Auffassung des OLG Dresden sowie des OLG Celle.

OLG Dresden, Beschluss vom 26.1.2016 – 1 Verg 1/16: *„Dabei ist es indes, zumal wenn Gegenstand der Wertung konzeptionelle Ausführungen der Bieter sind, weder notwendig noch überhaupt praktisch handhabbar, jeden einzelnen denkbaren Wertungsaspekt im Vorhinein einem konkreten Punktwert zuzuordnen."*

OLG Celle, Beschluss vom 12.1.2012 – 13 Verg 8/11: *„Eine starre Regelung wie von der Antragstellerin angesprochen ist bei der Komplexität und Unterschiedlichkeit der Konzepte der Bieter bei jedem einzelnen Kriterium nicht möglich und auch nicht wünschenswert. [...] Dabei kann es auch [...] nicht darum gehen, eine mathematische Genauigkeit in der Weise vorzuspiegeln, dass die bloße Anzahl positiver oder negativer Gesichtspunkte sich rechnerisch genau in der Punktebewertung niederschlägt. Die gebotene individuelle Bewertung führt auch zwangsläufig dazu, dass unterschiedliche Gesichtspunkte in die Bewertung einfließen, weil die Konzepte eben unterschiedlich aufgestellt sind."*

Der Auftraggeber ist nach aktueller Rechtslage also nicht gehalten, vorab genaue Festlegungen dazu zu treffen und bekannt zu machen, welche Einzelaspekte wie genau in der Bewertung Niederschlag finden werden.

VK Bund, Beschluss vom 16.12.2022 – VK 1-99/22 (Beschw. OLG Düsseldorf, Verg 51/22): *„Einem öffentlichen Auftraggeber steht bei der Wertung der Angebote ein Beurteilungsspielraum zu, der nur eingeschränkt überprüft werden kann. Darüber hinaus muss er die Bieter vor Angebotsabgabe grundsätzlich nicht im Einzelnen (z.B. mithilfe eines Wertungsleitfadens) darüber informieren, welchen Aspekt oder Umstand er z.B. mit wie vielen Wertungspunkten „belohnen" wird."*

Allerdings muss die Erwartungshaltung des Auftraggebers betreffend die einzelnen Kriterien klar aus den Anforderungen der Leistungsbeschreibung und/oder den Erläuterungen der Zuschlagskriterien/Unter-Kriterien hervorgehen (vgl. hierzu schon oben unter 16.1.1.1).

OLG Düsseldorf, Beschluss vom 17.1.2018 – VII-Verg 39/17: *„[A]ls Konsequenz daraus, dass den Bietern die Bewertungsmethode nicht bekannt gemacht werden muss und es ihnen demzufolge auch nicht im Vorhinein möglich sein muss, zu erkennen, welchen Erfüllungsgrad ihre Angebote auf der Grundlage des aufgestellten Kriterienkatalogs oder konkreter Kriterien aufweisen müssen, um mit dem in einem Bewertungsschema festgelegten Punktwert bewertet zu werden, [müssen] die Zuschlagskriterien und ihre Gewichtung umso klarer gefasst sein [...], damit die Bieter erkennen können, was der Auftraggeber von ihnen erwartet."*

OLG Dresden, Beschluss vom 26.1.2016 – 1 Verg 1/16: *„Eine [...] Wertungsmatrix [...] ist [...] dann vergaberechtswidrig, wenn ihre Ausfüllung nach dem Bieterhorizont nicht mehr zuverlässig möglich ist. Das ist aus Sicht des Senats hier nicht der Fall. Der Fragenkatalog des Auftraggebers zu den fünf [...] qualitätsorientierten Wertungskriterien und die sprachliche Umsetzung der Punkteskala führen den Bietern mit der erforderlichen Deutlichkeit vor Augen, dass die erzielbare Punktezahl im Ergebnis davon abhängt, wie ausführlich, konkret, präzise und detailgenau ihre Antworten auf den Fragenkatalog ausfallen. Umgekehrt kann kein Bieter im Unklaren* *darüber geblieben sein, dass er die mögliche Höchstpunktzahl mit seinem Angebot umso eher verfehlen wird, je mehr seine Antworten oberflächlich bleiben und sich in Leerformeln und Floskeln ohne konkreten Informationswert erschöpfen."*

BGH, Beschluss vom 4.4.2017 – X ZB 3/17: *„Dass das Unterkriterium „Schwankungen im Sendungsaufkommen/Auftragsspitzen" auf die Sicherstellung einer möglichst rückstaufreien Bewältigung der angefallenen Post auch in Spitzenlastzeiten zielt, versteht sich für die Bieter von selbst. Infolge der ergänzenden Informationen in den Vergabeunterlagen [...] können die Bieter sich ein Bild davon machen, wofür ihr Konzept eine taugliche Lösung anbieten muss. [...] Entsprechendes gilt für das zweite Unterkriterium der Sicherstellung einer effektiven Leistungserbringung mit Blick darauf, dass in der Leistungsbeschreibung folgende Unterpunkte gebildet sind: [...]. Damit werden den Bietern die Anforderungen der Antragsgegnerin unter Transparenzgesichtspunkten hinreichend verdeutlicht."*

Beispiel

Auszug aus der Darstellung der Zuschlagskriterien:

Unterkriterium 2 = Qualität des Personaleinsatzkonzepts mit folgenden Unter-Unterkriterien:

- *Personalredundanz*

(Sicherstellung einer ununterbrochenen, ausreichenden personellen Besetzung mit Blick auf die kritische Zeitplanung)

Den Vergabeunterlagen müssen sich in diesem Beispiel in jedem Fall hinreichend deutlich der vorgesehene Zeitplan sowie die im Zeitplan umzusetzenden Maßnahmen entnehmen lassen.

Ebenfalls muss sich den Vergabeunterlagen eindeutig entnehmen lassen, nach welchen Punkt-/Bewertungsregeln (z.B. Schulnoten, Punkte von 0 bis 10 o.Ä.) die Ausführungen des Bieters zur Personalredundanz bewertet werden und welches Gewicht das Kriterium bei der Wirtschaftlichkeitsbewertung erhält.

Demgegenüber muss aber nicht zwingend angegeben werden, welche Einzelaspekte bzw. -maßnahmen der Auftraggeber in Hinblick auf den Personaleinsatz für wichtig erachtet (z.B. Mehrfach-Besetzung der Schlüsselfunktionen im Projekt, Vertretungsregelungen usw.). Erst recht muss kein Musterkonzept zur Personalredundanz aufgestellt werden oder müssen gar mehrere Musterkonzepte entworfen und mit entsprechenden Punkt-/Notenwerten hinterlegt werden.

Auch wenn dem Auftraggeber für die Subsumtion der angebotenen Leistung unter die aufgestellten Wertungsmaßstäbe ein Spielraum verbleibt, darf die Ausübung dieses Spielraums jedoch nicht dazu führen, dass nachträglich (doch) noch vorab nicht bekannt gemachte Unterkriterien oder Gewichtungen eingeführt werden. Der Auftraggeber darf (und muss) zwar bei der Zuteilung einer Bewertung bisher unbekannte Lösungsansätze daraufhin prüfen, ob und inwieweit diese die ausgeschriebenen Anforderungen voraussichtlich erfüllen. Er darf jedoch nicht im Nachgang neue Bewertungskriterien und -regeln aufstellen.

VK Westfalen, Beschluss vom 17.5.2024 – VK 3-9/24: *„Im Zusammenhang mit der Nachprüfung eines Vergabeverfahrens bedarf es regelmäßig der Auseinandersetzung mit der Frage, ob der öffentliche Auftraggeber in vergaberechtswidriger Weise ein vorher nicht bekannt gemachtes Unterkriterium in der Wertung berücksichtigt oder „nur" die angebotene Leistung unter die Leistungsanforderungen subsumiert hat. [Dabei] kennzeichnet sich ein Unterkriterium (in Abgrenzung von der bloßen Auswertung der Leistungsanforderungen) dadurch, dass dieses nicht nur die Leistung und insbesondere deren Qualität definiert, sondern darüber hinaus unmittelbar Einfluss auf das Wertungsergebnis hat. Jedenfalls dann, wenn bestimmte Aspekte herausgestellt werden, im Rahmen der Bewertung einen konkreten Punktwert von einer definierten Höchstpunktzahl zugewiesen bekommen und letztlich rechnerisch nachvollziehbar in die Gesamtwertung einfließen, hat der öffentliche Auftraggeber ein Unterkriterium gebildet."*

OLG Düsseldorf, Beschluss vom 24.3.2021 – VII-Verg 34/20: *„Zwar hat der Auftraggeber in den Vergabeunterlagen ausgeführt, dass bei der Bewertung der Bieterpräsentation ein besonderes Augenmerk darauf liegt, ob und wie das Projektteam in der Lage war, auf Fragen und Eingaben des Auftraggebers zum Leistungskonzept zu reagieren. [...] Dass das schriftliche Leistungskonzept aber nur mit 6 % bzw. maximal 6 von insgesamt 100 zu erzielenden Punkten in die Bewertung einfließt, hingegen die Bieterpräsentation bestehend aus der Vorstellung des Kurzkonzepts und einem Fachgespräch mit insgesamt 94 % bzw. maximal 94 von 100 zu erzielenden Punkten, ergibt sich daraus nicht. Die unterlassene Bekanntgabe der Gewichtung dieser Unter-Unterkriterien war auch nicht ausnahmsweise vergaberechtsgemäß."*

Praxistipp

▶ *Besondere Vorsicht gilt bei der Verwendung von Bewertungsbögen, die den Mitgliedern des Bewertungsgremiums die Zuteilung einer Note bzw. eines Punktwertes erleichtern sollen. Finden sich dort konkrete Prüfpunkte/Bewertungsaspekte sowie Festlegungen, wie diese Punkte/Aspekte sich in der Noten- bzw. Punktzuteilung widerspiegeln sollen, handelt es sich bei diesen um bekanntmachungspflichtige Unterkriterien. Im Zweifel sollten daher vorgesehene Bewertungsbögen den Bietern im Rahmen der Vergabeunterlagen zur Kenntnis gegeben werden.*

16.1.2 Unterschwellenbereich

Bei Vergaben unterhalb der EU-Schwellenwerte, bei denen das GWB nicht gilt, gehen die Meinungen bzgl. der zwingend notwendigen, zu veröffentlichenden Informationen auseinander.

Grundsätzlich gilt aber auch hier: Jedenfalls die Zuschlagskriterien und die Gewichtungen müssen den Bietern spätestens mit den Vergabeunterlagen bekannt gemacht werden. § 12 Abs. 1 Nr. 2 lit. r) VOB/A 2019 schreibt insoweit vor, dass die Auftragsbekanntmachung die Zuschlagskriterien, sofern diese nicht in den Vergabeunterlagen genannt werden, und gegebenenfalls deren Gewichtung beinhalten soll. Ebenso bestimmt § 43 Abs. 6 UVgO: *„Der Auftraggeber gibt in der Auftragsbekanntmachung oder den Vergabeunterlagen an, wie er die einzelnen Zuschlagskriterien gewichtet, um das wirtschaftlichste Angebot zu ermitteln."*

Ob den Bietern bei Vergaben unterhalb der EU-Schwellenwerte allerdings auch der konkrete Bewertungsmodus einschließlich der beabsichtigten Bepunktungs-/Benotungssysteme und Bewertungsmethoden mitgeteilt werden muss, ist umstritten. Gegen eine solche Pflicht spricht sicherlich, dass sich die strengen Transparenzvorgaben im Unterschwellenbereich in vielen Fällen nicht mit einem im Verhältnis zum Auftragswert angemessenen Aufwand umsetzen lassen. Auch der BGH geht davon aus, dass sich die Anforderungen des Oberschwellenvergaberechts an die Transparenz der Vergabeunterlagen – selbst im Falle einer sogenannten „binnenmarktrelevanten Vergabe" – nicht ohne Weiteres auf den Unterschwellenbereich übertragen lassen.

BGH, Urteil vom 30.8.2011 – X ZR 55/10: *„[Diese] aus Transparenzgründen hohen Anforderungen an die Qualität der Vergabeunterlagen [sind] Ausdruck der Besonderheit und Strenge der in den Anwendungsbereich der gemeinschaftsrechtlichen Richtlinien fallenden Vergabeverfahren [...] und [können] nicht ohne Weiteres mit den aus dem Primärrecht der Union herzuleitenden Anforderungen gleichgesetzt werden [...]."*

Grundsätzlich hilft allerdings das Mehr an Informationen letztendlich dem Auftraggeber selbst. Gibt der Auftraggeber die Modalitäten für die vorzunehmende Zuschlagsentscheidung den Bietern mit den Ausschreibungsunterlagen umfassend bekannt, so können diese umso besser auf die Wünsche und die Vorstellungen des Auftraggebers eingehen und dies bei ihren Angeboten berücksichtigen. Insofern liegt es an jedem Auftraggeber selbst, den vertretbaren Aufwand in jedem Einzelfall zu ermitteln bzw. mit seinen Interessen in Ausgleich zu bringen.

Praxistipp

▶ *Auch im Unterschwellenvergabeverfahren sind die Zuschlagskriterien (ggf. ausgeformt durch Unter-Unterkriterien) und die jeweiligen Gewichtungen zwingend vorab festzulegen und den Bietern zur Kenntnis zu geben. Empfehlenswert ist es, darüber hinaus auch die Bewertungsregeln (Punkte-/Benotungssysteme und Wertungsmethoden) bereits vorab festzulegen und den Bietern zur Kenntnis zu geben, wenn und soweit dies mit vertretbarem Aufwand möglich ist.*

16.2 Dokumentation

Der öffentliche Auftraggeber ist gemäß dem Grundsatz der Transparenz verpflichtet, das Vergabeverfahren zu dokumentieren. Die Dokumentation muss zeitnah erfolgen und muss laufend fortgeschrieben werden. Die Dokumentation muss außerdem die einzelnen Stufen des Vergabeverfahrens mit den wesentlichen Feststellungen und Begründungen der einzelnen Entscheidungen enthalten. Die Angaben müssen detailliert genug sein, um die Handlungen nachvollziehen zu können. Dies gilt auch und vor allem für den Ablauf und den Inhalt der getroffenen Wertungsentscheidungen.

VK Baden-Württemberg, Beschluss vom 14.11.2013 – 1 VK 37/13: *„Die Dokumentation einer Wertung muss so ausführlich sein, dass für einen außenstehenden fachkundigen Dritten bei Kenntnis des Angebotsinhalts der Ablauf des Vergabeverfahrens sowie sein materieller Inhalt deutlich erkennbar und nachvollziehbar ist. Tatsachen und Überlegungen, die die in Aussicht genommene Zuschlagsentscheidung tragen, müssen vollständig, wahrheitsgemäß und verständlich festgehalten werden. Aufgrund der Dokumentation müssen die Rechtsmittelinstanzen den Gang des Vergabeverfahrens nachvollziehen und kontrollieren können."*

OLG Celle, Beschluss vom 11.2.2010 – 13 Verg 16/09: *„Die Verpflichtung, dass der öffentliche Auftraggeber den Gang und die wesentlichen Entscheidungen des Vergabeverfahrens dokumentiert, dient der Transparenz des Vergabeverfahrens (§ 97 Abs. 1 GWB) und soll es sowohl für die Nachprüfungsinstanzen als auch für die Bieter überprüfbar machen."*

Eine ungenügende Dokumentation stellt einen Vergaberechtsverstoß dar, der das Vergabeverfahren angreifbar macht.

OLG Düsseldorf, Beschluss vom 27.3.2013 – VII-Verg 53/12: *„Ein weiterer Vergaberechtsverstoß liegt in der ungenügenden Dokumentation des Vergabeverfahrens. [...] Die Antragstellerin ist hierdurch in ihren Rechten verletzt, da die von ihr beanstandete Angebotswertung nicht hinreichend nachvollzogen werden kann."*

Auch die elektronische Abwicklung eines Vergabeverfahrens über eine Vergabeplattform entbindet den Auftraggeber nicht von einer eigenständigen, sauberen Dokumentation und Aktenführung.

VK Saarland, Beschluss vom 9.9.2019 – 2 VK 01/19: *„Die Abwicklung des Vergabeverfahrens über entsprechende elektronische Plattformen entbindet den Auftraggeber aber nicht von einer Aktenführung, sei es elektronisch oder in Papierform, die den allgemeinen Anforderungen an Aktenklarheit und Aktenwahrheit genügen muss. Die Grundsätze der Richtigkeit und Vollständigkeit der Akten sind zu beachten. Zur Gewährleistung der Aktenintegrität oder Authentizität ist es aber mangels weiterer spezifischer Vorgaben durch den Gesetzgeber regelmäßig erforderlich, die Seiten fortlaufend zu kennzeichnen – im Falle einer Papierakte durch eine Paginierung oder vergleichbar bei einem elektronischen Dokument durch fortlaufende Nummerierung oder sonstige eindeutige Kennzeichnung, da ansonsten die Überprüfung auf Vollständigkeit und Integrität nicht möglich ist."*

16.2.1 Dokumentation des Ablaufs der Bewertung

Hinsichtlich des Ablaufs der Bewertung ist es vor allem wichtig, dass zweifelsfrei erkennbar ist, wer die Bewertungsentscheidung wann getroffen hat. Dies ist insbesondere (auch) beim Einsatz eines Bewertungsgremiums zu beachten.

VK Nordbayern, Beschluss vom 17.3.2017 – 21.VK-3194-01/17: *„Es bleibt daher unklar, wie sich die Bewertungskommission zusammengesetzt hat, sodass nicht nachvollzogen werden kann, wer die Wertungsentscheidung überhaupt getroffen hat. Die Dokumentation einer Wertungsentscheidung, die nicht erkennen lässt, durch wen diese durchgeführt wurde, verstößt gegen das Transparenzgebot."*

Zur Dokumentation einer Gremienentscheidung gehört auch die nachvollziehbare Darstellung der Ergebnisfindung. Zwar müssen etwaige Beratungen der Gremiumsmitglieder nicht protokolliert werden. Es muss aber nachvollziehbar sein, ob das Gremium ein gemeinsames Ergebnis als Jury gefunden hat oder aber ob aus den Einzelergebnissen der Bewerter ein Mittelwert errechnet worden ist. Bei einer Bewertung nach Einzelergebnissen (Mittelwertmethode) muss außerdem erkennbar sein, welches Gremiumsmitglied welche Bewertung abgegeben hat.

VK Sachsen-Anhalt, Beschluss vom 22.3.2017 – 1 VK LSA 01/16: *„Auch ist der Antragsgegnerin eine Verletzung ihrer Dokumentationspflichten vorzuwerfen. Zwar liegen den Akten die*

Angebotspräsentationen die Beurteilungsbögen der Gremiumsmitglieder vor, jedoch ist nicht erkennbar, welches Gremiumsmitglied die Wertung vorgenommen hat. Die Beurteilungsbögen tragen weder den Namen des Gremiumsmitgliedes, noch deren Unterschrift. [...] Die Antragsgegnerin hat es versäumt, die Entscheidungsfindung bei der Bewertung dem einzelnen Gremiumsmitglied zuordnen zu können und damit das Vergabeverfahren transparent durchzuführen."

KG Berlin, Beschluss vom 27.6.2022 – Verg 4/22: *„Die Vergabeakten enthalten keinen Vermerk über die Arbeitsweise des Gremiums. Das Verfahren zur Ermittlung einer Gesamtwertung bei unterschiedlichen Einzelbewertungen der Gremienmitglieder war ersichtlich nicht vorgegeben noch waren die Einzelbewertungen der Mitglieder dokumentiert (vgl. zu den insoweit bestehenden Anforderungen Senat, Beschluss vom 15. Februar 2019 –* Verg 9/17 *–, juris Rn. 51)."*

16.2.2 Dokumentation des Inhalts der Wertungsentscheidung

Hinsichtlich des Inhalts der Wertungsentscheidung ist herauszustellen, dass sich die Dokumentation regelmäßig nicht in der bloßen Niederschrift des Ergebnisses der Kriterien- und Gesamtbewertung erschöpfen kann und darf. Vielmehr genügt eine solche einfache Dokumentation nur ausnahmsweise dann, wenn das betreffende Wertungsergebnis auch für einen unbefangenen Dritten ohne weitere Informationen nachvollziehbar und überprüfbar ist, wie es etwa bei einer angelegten metrischen Skala der Fall ist. Basiert das Bewertungsergebnis dagegen auf der Heranziehung von Annahmen und/oder der Betätigung von Beurteilungs- und Ermessensspielräumen, so müssen auch die insoweit getroffenen Annahmen, Beurteilungs- und Ermessenserwägungen dokumentiert werden, um dem Transparenzgrundsatz Rechnung zu tragen.

OLG München, Beschluss vom 2.11.2012 – Verg 26/12: *„Dies gilt vor allem für Entscheidungen, welche die Ausübung von Ermessen oder die Ausfüllung eines Beurteilungsspielraumes enthalten, hier sind die Gründe für die erfolgte Ermessensausübung bzw. Beurteilung darzulegen, weil sich die Entscheidung nicht unmittelbar aus dem Gesetz oder einer sonstigen Vorschrift ergibt."*

Daraus folgt auch, dass bei der Verwendung von Punkt- bzw. Notensystemen, die auf den Grad der Übereinstimmung mit den Anforderungen des Auftraggebers bzw. der Erreichung der vorgegebenen Ziele abstellen, in der Regel eine verbale Begründung der vergebenen Punktzahl/Note notwendig ist.

VK Rheinland-Pfalz, Beschluss vom 3.2.2012 – VK 2-44/11: *„Zwar enthält die Vergabeakte Tabellen mit den Punkten, welche die Vergabestelle hinsichtlich der Wertungskriterien „Qualität" und „Ökologie/Nachhaltigkeit" auf die Bieter verteilt hat [...]. Damit wurden aber lediglich die Ergebnisse der Wertung dokumentiert, nicht dagegen die eigentliche Wertung und deren Begründung selbst. Die Intransparenz ergibt sich daraus, dass die Vergabestelle zwar bestimmte Punktzahlen einem bestimmten Tatbestand zugeordnet hat, dieser Tatbestand jedoch weder objektiv noch messbar noch ohne weitere Hilfsmittel nachvollziehbar ist [...]. Die Dokumentation muss nachvollziehbar erkennen lassen, aufgrund welcher Erwägungen die Vergabestelle zu der Bewertung und Einstufung der Bewertungsinhalte und damit zu der Punkteverteilung gelangt ist. Die kriterienbezogene Angabe erzielter Punkte und ihre Addition allein sind nicht ausreichend."*

Dabei ist der Begründungsaufwand im Einzelfall davon abhängig, wie groß die Beurteilungs- und Ermessensspielräume des Auftraggebers sind. Je unbestimmter die Bewertungsregeln und je größer damit die Spielräume, umso größer ist auch der Begründungsaufwand.

VK Baden-Württemberg, 3.9.2012 – 1 VK 29/12: *„Die Wertung allein durch Eintrag von Punkten in die Bewertungsmatrix ist aus sich heraus nicht verständlich und nachvollziehbar [...]. Auch dann nicht, wenn die Bewertung in der Wertungsmatrix durch Begriffe wie „geringe Eindrücke", „guter Eindruck", „sehr gute Vorstellung", „fundierte Aussagen", sehr fundierte Aussagen" usw. erläutert wird. Zwar steht der Antragsgegnerin bei der Wertung der Präsentation ein Beurteilungsspielraum zu [...]. Mangels ausreichender Dokumentation durch die Antragsgegnerin kann aber nicht geprüft werden, ob ihr bei der Bewertung derartige Fehler unterlaufen sind, ob sie ihren Beurteilungsspielraum eingehalten hat. Eine formelhafte Begründung ist nicht ausreichend. Es muss im Einzelfall konkret erkennbar sein aus welchem Grund ein bestimmter Bewerber im Hinblick auf die gestellte Aufgabe gegenüber den anderen am ehesten die Gewähr für eine sachgerechte und qualitätsvolle Leistungserfüllung bietet [...]."*

VK Sachsen, Beschluss vom 6.11.2015 – 1/SVK/024-15: *„[In der Regel] ist es [...] bei der Bewertung von Konzepten mit Hilfe einer Notenmatrix [...] erforderlich, die einzelnen Wertungsentscheidungen auch in verbalisierter Form darzustellen. So sollten der Vergabeakte zumindest in Kurzform die Gründe dafür zu entnehmen sein, warum ein Bieter eine bestimmte Punktzahl erhalten hat. Während der Begründungsaufwand bei durchschnittlichem Erfüllen der geforderten Voraussetzungen ggf. geringer sein kann, steigt dieser soweit sich ein Konzept als besonders „gut" oder besonders „schlecht" herausstellt."*

OLG Düsseldorf, Beschluss vom 16.10.2019 – Verg 6/19: *„Der Auftraggeber ist verpflichtet, die Gründe für die Auswahlentscheidung und den Zuschlag zu dokumentieren (§ 8 Abs. 1 S. 2 VgV). Insbesondere dann, wenn er sich dafür, wie im Streitfall, eines ausschließlich aus qualitativen Aspekten zusammengesetzten Kriterienkatalogs bedient, bei dem die Angebote hinsichtlich der Qualitätskriterien mittels eines Benotungssystems bewertet werden, muss der Auftraggeber seine für die Zuschlagserteilung maßgeblichen Erwägungen in allen Schritten so eingehend dokumentieren, dass nachvollziehbar ist, welche konkreten qualitativen Eigenschaften der Angebote mit welchem Gewicht in die Benotung eingegangen sind. Die Begründung muss alle Informationen enthalten, die notwendig sind, um die Entscheidungen des öffentlichen Auftraggebers nachvollziehen zu können. Bei Wertungsentscheidungen hat der öffentliche Auftraggeber darzulegen, nach welchen konkreten Gesichtspunkten die Bewertung erfolgt [...]."*

Praxistipp

▶ *Bloße Punktwerte oder Noten genügen zur Dokumentation der Bewertungsergebnisse regelmäßig nicht; erforderlich sind vielmehr detaillierte Begründungen. Auch bei Schulnotensystemen sollte sich daher eine textliche Begründung dazu finden, weshalb z.B. die Note 1 „sehr gut" und nicht etwa die Note 2 „gut" vergeben worden ist.*

Praxistipp

▶ *Entweder legt der Auftraggeber im Vorfeld klare Kriterien für die Punktevergabe fest (dann muss er später nicht ausführlich die Punktevergabe begründen) oder aber er begründet die Vergabe nachträglich in einem Erläuterungsvermerk zur Bewertungsmatrix!*

Besonders hohe Begründungerfordernisse gelten bei der Verwendung von Punktespannen. Erforderlich ist dann nicht nur eine Begründung für die der Einordnung in einen bestimmten Wertebereich, sondern auch eine Begründung der Vergabe der konkreten Punktzahl.

VK Südbayern, Beschluss vom 19.1.2017 – Z3-3-3194-1-47-11/16: *„Um der erheblichen Manipulationsgefahr durch die Punktespannen zu begegnen, erfordert das Bewertungssystem [...] einen erhöhten Dokumentationsaufwand, um eine ausreichende Nachvollziehbarkeit der getroffenen Punktevergabe zu ermöglichen. Erforderlich ist die Begründung jedes einzelnen Bewerters zu jedem einzelnen Wertungskriterium, warum er welche Punktzahl vergeben hat."*

Bei Gremienentscheidungen, bei denen jedes Gremiumsmitglied eine eigenständige Benotung/Bepunktung vorgenommen hat, aus welchen sodann ein wertungsrelevanter Mittelwert errechnet wird, trifft die Pflicht zur Dokumentation der Begründung für die Vergabe einer konkreten Punktzahl jedes einzelne Gremiumsmitglied.

VK Südbayern, Beschluss vom 24.7.2015 – Z3-3-3194-1-28-04/15: *„Zusätzlich ist anzumerken, dass die Dokumentation der Wertung der qualitativen Kriterien [...] unzureichend ist. Drei der fünf Bewerter haben keinerlei nachvollziehbare Notizen dahingehend hinterlassen, wie sie zu ihrer Bewertung gekommen sind. Das ist nicht ausreichend."*

OLG Düsseldorf, Beschluss vom 24.3.2021 – Verg 34/20: *„Die Dokumentation des Antragstellers genügt diesen Anforderungen nicht. Es ist insbesondere nicht nachvollziehbar, welche Gründe für die Bewertung mit mangelhaft, befriedigend oder sehr gut maßgeblich waren. Die Bieterpräsentation ist von jedem einzelnen Mitglied des Gremiums anhand des Bewertungsbogens mit Punkten bewertet worden. [...] Allerdings ergibt sich weder aus dem Wertungsbogen selbst, in dem die von jedem einzelnen Gremiumsmitglieder vergebene Punktzahl eingetragen ist, noch aus den handschriftlichen Aufzeichnungen der Gremiumsmitglieder [...], aus welchem Grund sie die jeweilige Note bzw. Punktzahl vergeben haben."*

Andererseits dürfen die Anforderungen an eine ordnungsgemäße Dokumentation auch nicht überspannt werden. Letztlich geht es allein um die Nachvollziehbarkeit und Prüfbarkeit der erfolgten inhaltlichen Bewertung und damit die Verhinderung von Willkür und Manipulation. Eine in sich abschließende und vollständige Protokollierung jedes einzelnen Gesichtspunkts, der eine (ggf. auch nur geringfügige) Rolle gespielt hat, ist weder möglich noch notwendig. Es ist stattdessen völlig ausreichend, Tabellen, Stichpunkte oder knappe Formulierungen zu verwenden. Entscheidend ist, dass sich daraus plausibel ergibt, warum der Auftraggeber zu einer bestimmten Punktzahl gekommen ist, ob sich also ein Faktor punkteerhöhend oder punktevermindernd ausgewirkt hat.

VK Westfalen, Beschluss vom 23.1.2018 – VK 1-29/17: *„[Die] Anforderungen an die Dokumentation des Bewertungsvorgangs [dürfen] nicht übertrieben werden [...]. Die Verwendung von Tabellen, die Angabe von Stichpunkten oder knappe Formulierungen sind völlig ausrei-*

chend. Entscheidend ist, dass sich daraus plausibel ergibt, warum der Auftraggeber zu einer bestimmten Punktzahl gekommen ist. Dabei bleibt ihm weiterhin ein umfassender Beurteilungsspielraum erhalten, der vergaberechtlich nur eingeschränkt überprüft werden kann."

VK Bund, Beschluss vom 15.10.2013 – VK 2-88/13: *„Dass ihre Erläuterungen überwiegend stichwortartig waren, ist dabei unschädlich, denn an den Umfang der Dokumentation dürfen keine überzogenen Anforderungen gestellt werden. Dies gilt umso mehr, wenn ein Angebot – wie das der ASt – überwiegend mit „gut" und nur sehr vereinzelt mit „durchschnittlich" bewertet worden ist. In Fällen, in denen ein Bieter eine derart hohe Bewertung erhält, würde es die Dokumentationspflichten überspannen, wenn man von der Vergabestelle immer eine ausführliche Begründung dafür verlangen würde, warum sie nicht eine noch höhere Punktzahl vergeben hat. [...] Wäre die Ag gehalten, zu jedem Leistungskriterium jedes Bieters seitenlange Ausführungen niederzulegen, wäre der Aufwand für das Verfahren nicht mehr vertretbar."*

Zumutbarkeitsgrenzen gelten gerade auch bei der Dokumentation des Bewertungsergebnisses einer Präsentation.

VK Sachsen, Beschluss vom 29.9.2016 – 1/SVK/021-16: *„Es wäre unverhältnismäßig, vom Auftraggeber zu verlangen, in der Begründung der Wertungsentscheidung ausdrücklich auf jede Einzelheit einer Präsentation einzugehen. Eine zusammenfassende, auf die tragenden Gründe beschränkte Darstellung muss vielmehr genügen, sofern nicht dadurch wesentliche Elemente einer Präsentation ausgeblendet werden."*

Haben sich konkrete mündliche Aussagen in einer Präsentation positiv oder negativ auf das Wertungsergebnis ausgewirkt, müssen die betreffenden Aussagen allerdings durchaus dokumentiert sein.

VK Bund, Beschluss vom 13.4.2022 – VK 1-31/22: *„So sind bei der Bewertung der Angebote Schlussfolgerungen, die ein Wertungsgremium aufgrund bestimmter Angaben eines Bieters trifft, im Hinblick auf den Inhalt und den Umfang der Aussagen eingehend im Vergabevermerk zu erläutern. Als nicht zwingend, aber empfehlenswert wird in diesem Zusammenhang die Beifügung von Handzetteln der Mitglieder eines Wertungsgremiums zur Vergabedokumentation angesehen."*

OLG Düsseldorf, Beschluss vom 24.3.2021 – VII-Verg 34/20: *„Darüber hinaus ist auch nicht dokumentiert, welche Antworten die Bieter auf die im Fachgespräch gestellten neun Fragen gegeben haben. Sind die Antworten aber unbekannt, kann nicht überprüft werden, ob die Bewertung der Antworten nachvollziehbar ist."*

VK Bund, Beschluss vom 12.4.2019 – VK 1-11/19: *„Da es sonst kein Protokoll dessen gibt, was die ASt tatsächlich mündlich ausgeführt hat, kann sich die Dokumentation eines öffentlichen Auftraggebers jedoch nicht darauf beschränken, dass der Vortrag eines Bieters „auch auf Nachfragen hin (...) unklar" oder „(...) vage" blieb (so z.B. Niederschrift des Ag zu den Kriterien 2.1 und 3.5). Denn hiermit hat der Ag immerhin dokumentiert, dass die ASt irgend etwas (angeblich Unklares bzw. Vages) gesagt hat, ohne dass die Vergabekammer nachprüfen kann, ob die Schlussfolgerung des Ag, dass das Gesagte unklar oder vage war, vertretbar ist. Gerade wenn ein öffentlicher Auftraggeber seine Wertungsentscheidung wie hier maßgeblich auch auf mündliche Ausführungen eines Bieters stützt, muss seiner Dokumentation eine noch größere Bedeutung zukommen also sonst. Denn anderenfalls hätte es der öffentliche Auftraggeber durch seine Dokumentation selbst in der Hand, den Ausgang der Wertung so zu steuern, dass* *die wertungsrelevanten Ausführungen der Bieter zu seinem Wertungsergebnis „passen" – ohne dass dies im Nachhinein vom Bieter oder ggf. einer objektiven Nachprüfungsinstanz nachvollzogen werden könnte."*

Die Dokumentation des Bewertungsergebnisses muss nicht dergestalt in sich abschließend sein, als dass ein Dritter die Dokumentation ohne Einblick in die Vergabeunterlagen abschließend nachvollziehen können muss.

VK Bund, Beschluss vom 30.10.2006 – VK 2-71/06: *„Eine Begründung in Form einer Wiederholung der Vorgaben der Verdingungsunterlagen stellt eine reine Förmelei dar, die keinen Erkenntnisgewinn mit sich bringt (s. auch Vergabekammer des Bundes, Beschluss v. 11. August, VK 3 – 85/05; Beschluss v. 19. September 2003, VK 1 – 77/03). Sie führt zudem auch zu einer nicht zu rechtfertigenden Belastung der Vergabestelle, die sich im Regelfall einer Vielzahl von Angeboten gegenübersieht. Werden die Voraussetzungen erfüllt, könnte die Ag sogar einfach „ja" vermerken."*

Die wesentlichen Aspekte, die zu einer Auf- oder Abwertung geführt haben, müssen jedoch niedergelegt werden. Dabei sollte möglichst konkret auf die Anforderungen der Vergabeunterlagen und den Inhalt des zu bewertenden Angebots Bezug genommen werden.

Beispiel

Der Auftraggeber will bei einer Ausschreibung von Printleistungen dem zuschlagsrelevanten Qualitätssicherheitskonzept des Bieters A mangels Plausibilität und Effektivität nur eine geringe Punktzahl geben.

Anstatt lediglich zu schreiben „Das Qualitätssicherungskonzept von Bieter A ist wenig plausibel und im Übrigen auch wenig effektiv" sollte der Auftraggeber dann auch wenigstens stichwortartig notieren, was genau er am Konzept in Hinblick auf die Plausibilität und Effektivität zu beanstanden hat. So macht er es einem Prüfer leichter, seine Wertung nachzuvollziehen und sichert diese damit im Ergebnis ab. Das könnte z.B. so aussehen:

„Die vom Bieter angeführte Mitarbeiter-Schulung bezog sich ausweislich der vorgelegten Zertifikate nur auf Arbeitssicherheits-Aspekte, nicht aber auf Qualitätssicherung. Die dargestellte Fertigungskontrolle betrifft zudem nicht die hier gemäß Leistungsbeschreibung (zahlenmäßig wie von ihrer Bedeutung) wichtigen Hauptmedien „Rundschreiben", „Informationsbroschüren" und „Veranstaltungsflyer", sondern nur die untergeordnete Produktgruppe „Werbeplakate und -postkarten."

Praxistipp

Die Dokumentation sollte im Rahmen des Zumutbaren möglichst umfassend sein. Sie sollte außerdem möglichst konkret auf die Anforderungen der Vergabeunterlagen und die Inhalte des zu bewertenden Angebotes eingehen.

16.3 Informationspflichten und die Mitteilung von Bewertungsergebnissen

Mitteilungspflichten ergeben sich für den Oberschwellenbereich aus dem GWB, der VgV und der VOB/A-EU. Unterhalb der Schwellenwerte sind Mitteilungspflichten in Abschnitt 1 der VOB/A, in der UVgO und der VOL/A sowie zum Teil in landesrechtlichen Vergabevorschriften enthalten. Darüber hinaus lassen sich der aktuellen Vergaberechtsprechung Präferenzen dafür entnehmen, für Unterschwellenvergaben, die eine sog. „Binnenmarktrelevanz"[7] aufweisen, Mitteilungspflichten auch unmittelbar aus dem EU-Primärrecht zu entnehmen.[8]

16.3.1 Oberschwellenbereich

16.3.1.1 Vorabinformation gem. § 134 GWB

Für den Oberschwellenbereich ist die wohl wichtigste Informations- bzw. Mitteilungspflicht in § 134 GWB enthalten (sog. Vorabinformation). Diese hat zum Ziel, dem Bieter die Vorab-Überprüfung der Zuschlagsentscheidung und ggf. die Wahrnehmung von Rechtsschutz zur Verhinderung eines Vertragsschlusses zu ermöglichen.

Konkret hat der Auftraggeber gem. § 134 Abs. 1 GWB die Bieter, deren Angebote nicht berücksichtigt werden sollen, über den Namen des Unternehmens, dessen Angebot angenommen werden soll, über die Gründe der vorgesehenen Nichtberücksichtigung ihres Angebots und über den frühesten Zeitpunkt des Vertragsschlusses in Textform zu informieren. Dies gilt auch für Bewerber, denen keine Information über die Ablehnung ihrer Bewerbung zur Verfügung gestellt wurde, bevor die Mitteilung über die Zuschlagsentscheidung an die betroffenen Bieter ergangen ist.

Nicht informiert werden müssen allerdings solche Bieter, die bereits endgültig(!) vom Verfahren ausgeschlossen wurden. Ein Ausschluss ist in diesem Sinne jedoch nur dann endgültig, wenn der Ausschluss nicht mehr angreifbar ist. Das wiederum setzt voraus, dass der betroffene Bieter mit einer gegen seinen Ausschluss gerichteten Rüge oder einem Nachprüfungsverfahren gem. § 160 Abs. 3 GWB präkludiert wäre oder aber eine Vergabenachprüfungsinstanz einen gegen den Ausschluss erhobenen Nachprüfungsantrag bereits rechtskräftig zurückgewiesen hat.

Praxistipp

Für eine transparente und wirksame Übermittlung des Vorabinformationsschreibens ist nach teilweise vertretener Auffassung eine Einstellung der Vorabinformation im internen Bereich der Vergabeplattform zum Abruf durch die Bieter nicht ausreichend, und zwar auch dann nicht, wenn die Bieter eine E-Mail mit einem Hinweis auf das bereitgestellte Dokument erhalten.[9] Auch wenn diese Auffassung Zweifeln begegnet,[10] sollten Auftrag-

7 Zum Begriff der „binnenmarktrelevanten" Aufträge und der daraus folgenden vergaberechtlichen Pflichten vgl. ausführlich, *Schäffer*, VergabeFokus 4/2023, S. 16 ff.

8 Vgl. KG, Urteil vom 7.1.2020 – 9 U 79/19.

9 Siehe VK Südbayern, Beschluss vom 29.3.2019, Z3-3-3194-1-07-03/19.

10 Vgl. *Schäffer*, VergabeFokus 01/2020, S. 13 ff. sowie VK Sachsen, Beschluss vom 28.7.2021 – 1/SVK/043-20.

geber bis zu einer abschließenden Klärung in der Rechtsprechung daher die Vorabinformation vorsorglich (wenigstens zusätzlich) in Papierform oder aber per E-Mail oder Telefax auf den Weg bringen.

Die Reichweite der Informationspflicht gemäß § 134 GWB führt immer wieder zu unterschiedlichen Ansichten bei Auftraggebern und Bietern. Die zwingende Nennung des erfolgreichen Bieters sowie der früheste Zeitpunkt des Vertragsschlusses sind dabei noch weitgehend unstrittig. Hinsichtlich der Tiefe der Informationen zu den Gründen der Nichtberücksichtigung stehen sich dagegen naturgemäß widerstreitende Interessen von Bieter und Auftraggeber gegenüber. Während der Auftraggeber (jedenfalls in der Regel) die Begründung so kurz wie möglich halten möchte, wünschen sich die Bieter dagegen aus Gründen der Transparenz möglichst viele Informationen. Der obsiegende Bieter wiederum wünscht sich einen Schutz seiner Betriebs- und Geschäftsgeheimnisse und will jedenfalls nicht, dass konkrete Inhalte seines Angebotes den unterlegenen Konkurrenten zur Kenntnis gegeben werden.

Nicht selten besteht die Begründung für die Nichtberücksichtigung pauschal aus dem Hinweis auf die „höhere Wirtschaftlichkeit" des Angebots des erfolgreichen Bieters. Jedenfalls wenn nicht der Preis bzw. die Kosten das einzige Zuschlagskriterium waren, ist der Aussagegehalt dieser Mitteilung für den betroffenen Bieter aber gleich null. Denn er weiß nicht einmal, inwiefern bzw. mit Blick auf welches Kriterium das Angebot des Konkurrenten besser bewertet worden ist. Dies kann nicht ausreichen. Vielmehr hat der unterlegene Bieter ein Recht auf eine aussagekräftige Begründung für die Nichtberücksichtigung seines Angebotes. Dazu reicht eine bloße Wiedergabe des Gesetzeswortlauts bzw. des Texts der einschlägigen Vergabe(ver-)ordnung ebenso wenig aus wie eine formelhafte, nicht auf den Einzelfall bezogene Begründung. Dies ergibt sich bereits aus der Gesetzesbegründung zu § 134 GWB bzw. dessen (identischer) Vorgängervorschrift § 101a GWB a.F.

Deutscher Bundestag, Beschlussempfehlung und Bericht des Ausschusses für Wirtschaft und Technologie zum Entwurf eines Gesetzes zur Modernisierung des Vergaberechts, BT-Drs. 16/11428 vom 17.12.2008, S. 33 zu § 101a Abs. 1 GWB a.F.: *„Der Wortlaut der Vorschrift wird durch die Pluralbildung (die Gründe) an den allgemeinen Sprachgebrauch angepasst. Entscheidend kommt es darauf an, dass der unterlegene Bieter oder Bewerber eine aussagekräftige Begründung für die Nichtberücksichtigung seines Angebots erhält. Ist nur ein Grund für die Nichtberücksichtigung vorhanden, reicht selbstverständlich die Angabe dieses einen Grundes aus. Die Pluralbildung soll verdeutlichen, dass der unterlegene Bieter oder Bewerber durch diese Information möglichst frühzeitig Klarheit über die Erfolgsaussichten eines Rechtsschutzverfahrens gewinnen können soll. Aus diesem Grund wird der öffentliche Auftraggeber zur unverzüglichen Information in Textform verpflichtet (§ 121 Abs. 1 des Bürgerlichen Gesetzbuchs). Im Übrigen wird von der Möglichkeit der Differenzierung nach Artikel 1 Abs. 5 Unterabsatz 3 der Richtlinie 2007/66/EG Gebrauch gemacht."*

Dagegen ist eine standardisierte Aufbereitung der Informationen, z.B. durch Vordrucke oder Formblätter, zulässig, solange eine hinreichend individuelle Information erhalten bleibt. Die

Darstellungstiefe muss es einem Bieter ermöglichen, die Erfolgsaussichten eines Nachprüfungsverfahrens abwägen zu können.[11]

OLG Karlsruhe, Beschluss vom 29.8.2008 – 15 Verg 8/08: *„[…] muss die Information enthalten, die einen Bieter in die Lage versetzt, zu beurteilen, ob die Ablehnung des Angebots tragfähig ist oder nicht, um auf dieser Basis über die mögliche Einleitung eines Nachprüfungsverfahrens entscheiden zu können; die Begründung muss also verständlich, präzise und wahrheitsgemäß den Grund für die Erfolglosigkeit des Angebots nennen, wobei auch ein kurzer Standardtext ausreichen kann […] Die inhaltlichen Anforderungen sind nicht erfüllt, wenn dem Bieter lediglich unter Hinweis auf die Vorschrift der Verdingungsordnungen mitgeteilt wird, dass sein Angebot nicht das wirtschaftlichste gewesen ist […].“*

Einerseits darf sich der Auftraggeber kurzfassen und muss seine Entscheidungsgründe auch nicht bis ins letzte Detail offenlegen.

VK Baden-Württemberg, Beschluss vom 29.7.2013 – 1 VK 25/13: *„Es reicht aus, wenn der Bieter in Ansätzen nachvollziehen kann, weshalb er nicht das wirtschaftlichste Angebot abgegeben hat, so dass formularmäßige Begründungen ausreichend sein können."*

OLG Schleswig, Beschluss vom 30.5.2012 – 1 Verg 2/12: *„Im Rahmen des § 101 a Abs. 1 Satz 1 GWB [heute § 134 GWB] darf die Vergabestelle sich kurz fassen […].“*

VK Bund, Beschluss vom 30.7.2013 – VK 3-61/13: *„An das Informationsschreiben nach § 101a GWB [heute § 134 GWB] sind damit keine überhöhten Anforderungen zu stellen. Vielmehr reicht es aus, wenn der Grund für die Nichtberücksichtigung verständlich und präzise mitgeteilt wird, so dass ein Bieter die Chancen eines Nachprüfungsantrages einschätzen kann. Bei der Formulierung ist der Auftraggeber daher auch nicht an den Wortlaut der Vergabeunterlagen gebunden.“*

Durch die erteilte Information muss der Bieter andererseits nachvollziehen können, weshalb sein Angebot nicht für den Zuschlag vorgesehen ist. Soweit dies an einer schlechteren Bewertung anhand der Zuschlagskriterien liegt, muss der Bieter erfahren, in welchen Bewertungskriterien er schlechter als das Siegerangebot bewertet wurde.[12]

VK Berlin, Beschluss vom 15.8.2011 – VK-B-2-22/11: *„Die Information muss den nicht berücksichtigten Bieter in die Lage versetzen, die Frage der Gültigkeit der Zuschlagsentscheidungen rechtzeitig prüfen zu lassen […].“*

Die erteilten Informationen müssen zudem der Wahrheit entsprechen, auch wenn diese konfliktträchtig sind.[13]

Nicht erforderlich und gegebenenfalls sogar unzulässig ist jedoch die Mitteilung der genauen Wertungspunkte oder gar die Offenlegung der ausgefüllten Wertungsmatrix. Insbesondere muss vermieden werden, dass die unterlegenen Bieter auf Grundlage der mitgeteilten Informationen und in Kenntnis der den Vergabeunterlagen zu entnehmenden Wertungsformeln den genauen Angebotspreis des Zuschlagsbieters oder andere konkrete Angebotsinhalte der

---

11 *Fett*, in: Münchener Kommentar Wettbewerbsrecht, Bd. 3: Vergaberecht, § 134 GWB Rn. 37.

12 *Braun*, in: Ziekow/Völlink, Vergaberecht, § 134 Rn. 87; *Dreher/Hoffmann*, in: Burgi/Dreher/Opitz, Vergaberecht, Bd. 1, § 134 Rn. 61.

13 *Fett*, in: Münchener Kommentar zum Wettbewerbsrecht, Bd. 3: Vergaberecht, § 134, Rn. 14.

Konkurrenz „zurückrechnen" können. Denn die Angebotsinhalte stellen auch nach Abschluss eines Vergabeverfahrens Betriebs- und Geschäftsgeheimnisse dar.[14]

VK Baden-Württemberg, Beschluss vom 26.5.2020 – 1 VK 11/20: *„Im Vorabinformationsschreiben wurde der Grund für die Nichtberücksichtigung des Angebots der Antragstellerin, nämlich die schlechtere Bewertung des „Konzept[s] zur Steuerung der Ergebnisentwicklung" mitgeteilt. Eine weitergehende Begründung für die schlechtere Bewertung des Angebots der Antragstellerin war mit dem Vorabinformationsschreiben, insbesondere im Hinblick auf den Schutz der Betriebs- und Geschäftsgeheimnisse der Beigeladenen, nicht erforderlich."*

VK Sachsen, Beschluss vom 30.8.2011 – 1/SVK/028/11: *„Der Bieter muss verständlich und präzise den Grund erfahren, weshalb sein Angebot erfolglos geblieben ist. Vor dem Hintergrund des Geheimwettbewerbes verbieten sich allerdings Informationen, mit der die unterlegenen Bieter über Einzelheiten des Konkurrenzangebotes informiert werden (Weyand, ibr-online-Kommentar Vergaberecht 2010, Stand 23.12.2010, § 101 a GWB Rn. 75)."*

Ergeben sich hieraus keine Rückschlüsse auf konkrete Inhalte des Konkurrenzangebots, sollte die Bieterinformation dagegen das eigene Ergebnis einschließlich der Unterkriterien enthalten sowie die Gesamtpunktzahl des für den Zuschlag vorgesehenen Bieters, möglichst einschließlich der Zwischenergebnisse in den Unterkriterien.

VK Lüneburg, Beschluss vom 27.9.2016 – VgK-39/2016: *„Eine Bieterinformation sollte [damit der Bieter die Erfolgsaussichten eines Nachprüfungsverfahrens selbst einschätzen kann] das eigene Ergebnis einschließlich der Unterkriterien enthalten, die Gesamtpunktzahl des für den Zuschlag vorgesehenen Bieters, möglichst einschließlich der Zwischenergebnisse in den Unterkriterien. Je mehr der öffentliche Auftraggeber über das Angebot des Konkurrenten preisgibt, desto höher ist die Wahrscheinlichkeit, dass der unterlegene Bieter diese Gründe versteht."*

Fehlen solche Informationen, hat dies auch Auswirkungen auf die Anforderungen an eine wirksame Rüge oder einen zulässigen Vergabenachprüfungsantrag. Denn je geringer die Informationsdichte, die der Bieter hat, umso geringer sind auch die Anforderungen an die Substanz seines Vortrags.

KG, Beschluss vom 19.12.2019 – Verg 9/19: *„[Für den Vortrag im Rahmen der Antragsbefugnis] fehlt dem Bieter in vielen Fällen für eine eingehende Darlegung einer möglichen Rechtsverletzung aber die erforderliche Sachverhaltskenntnis und kann er eine solche auch gar nicht erlangen, weil etwa die Wertungsvorgänge der Sphäre des Auftraggebers angehören und dieser ihn über Einzelheiten nicht unterrichtet hat. Je weniger der Auftraggeber deswegen an tatsächlichen Gründen für einen Ausschluss des Angebots oder für eine sonst abschlägige Wertung seines Angebots preisgibt, desto geringer sind die Anforderungen an die Darlegung einer Rechtsverletzung."*

Dennoch lässt auch eine knapp gehaltene Vorabinformation die Rügeobliegenheit nicht entfallen:

VK Berlin, Beschluss vom 15.5.2020 – VK B 1-15/19: *„Sofern das Vorabinformationsschreiben nach § 134 Abs. 1 GWB wenig ausführliche Informationen erhält, sind auch die Anforderungen an die Substantiierung einer Rüge und zur Darlegung einer Rechtsverletzung im Rahmen*

14 Vgl. zum Angebotspreis OVG Münster, Beschluss vom 6.2.2017 – 15 B 832/15.

der Antragsbefugnis abgesenkt, nicht aber das Erfordernis einer Rüge bzw. der Darlegung einer Rechtsverletzung abgeschafft. [...] Genügt das Vorabinformationsschreiben nicht den Anforderungen des § 134 Abs. 1 S. 1 GWB, mindert dies die Anforderungen an eine ordnungsgemäße Rüge [...].“

638
(Informations-, Absageschreiben nach § 134 GWB - Liefer-/Dienstleistungen)

Vergabestelle
Institut für xxx
Vergabestelle
ABC Str. 1234
12345 X-Stadt

Datum	13.09.2019
Vergabenummer	V1234567890

Information, Absage nach § 134 GWB

Maßnahme
Beschaffung von xxxxx

Leistung
xxxx

Angebot vom 23.08.2019

Anlagen

Sehr geehrte Damen und Herren,
hiermit informiere ich Sie gemäß § 134 GWB, dass Ihr Angebot nicht berücksichtigt werden soll.

Ich beabsichtige den Zuschlag am 24.09.2019 auf das Angebot des Bieters
XYZ GmbH aus A-Stadt
zu erteilen.

1. Angebotsprüfung

Abbildung: Information zur Absage gemäß § 134 GWB – Formular 638, Seite 1, Vergabehandbuch des Bundes

638
(Informations-, Absageschreiben nach § 134 GWB - Liefer-/Dienstleistungen)

4. Wirtschaftlichkeit des Angebotes

☒ **Auf Ihr Angebot kann der Zuschlag nicht erteilt werden, weil**

Sie nicht das wirtschaftlichste Angebot abgegeben haben.

Erläuterung:

Es lag ein günstigeres Hauptangebot vor.

Abbildung: Information zur Absage gemäß § 134 GWB – Formular 638, Seite 3 – Wirtschaftlichkeit = Nur Preis, Vergabehandbuch des Bundes

638
(Informations-, Absageschreiben nach § 134 GWB - Liefer-/Dienstleistungen)

4. Wirtschaftlichkeit des Angebotes

☒ **Auf Ihr Angebot kann der Zuschlag nicht erteilt werden, weil**

Sie nicht das wirtschaftlichste Angebot abgegeben haben.

Erläuterung:

Ihr Angebot hat in der Leistungsbewertung 689 von 1.000 möglichen Punkten erreicht. Mit dem Angebotspreis von 335.000 Euro hat Ihr Angebot eine Gesamtpunktzahl von 721 Punkten erreicht und liegt damit auf Rang 4.
Das Angebot der Firma XYZ GmbH hat eine Gesamtpunktzahl von 840 Punkten erreicht.

Abbildung: Information zur Absage gemäß § 134 GWB – Formular 638, Seite 3 – Wirtschaftlichkeit = Preis-Leistungs-Bewertung, Vergabehandbuch des Bundes

Kommen neben dem Preis weitere Zuschlagskriterien zum Einsatz, so reicht das einfache Ankreuzen im Formularblatt nicht mehr aus. Das Formularblatt kann zwar weiter Verwendung finden, muss aber um individuelle Angaben ergänzt werden.

Die Angabe der Platzierung des Bieterangebots ist dabei kein zwingend notwendiger Inhalt der zu erteilenden Information.

VK Thüringen, Beschluss vom 22.7.2020 – 250-4003-3277/2020-E-003-SON: *„Der AG ist nicht verpflichtet gewesen, der AST im Rahmen der ergangenen Bieterinformation den Rangplatz ihres Angebots mitzuteilen. Der Gesetzgeber hat insofern von einer entsprechenden Informationspflicht des Auftraggebers gegenüber dem unterlegenen Bieter ausdrücklich abgesehen."*

Die Mitteilung des Rangs hat sich aber in der Praxis bewährt. Denn Bieter mit schlecht platzierten Angeboten können mit einer hohen Wahrscheinlichkeit davon ausgehen, dass ein Nachprüfungsverfahren nicht erfolgreich sein wird. Dies ist wiederum im Interesse des Auftraggebers, da dadurch eventuelle unnötige Nachprüfungsverfahren verhindert werden können.[15]

Praxistipp

▶ *Die erteilte Information sollte auch die Angabe der Platzierung des Bieterangebots enthalten.*

Praxistipp

▶ *Was tun, wenn aus Bietersicht die Informationen nicht ausreichend sind?*

Sind die Informationen aus Bietersicht nicht ausreichend, sollte der Bieter den Auftraggeber unverzüglich um mehr Informationen zur Vergabeentscheidung und der Bewertung bitten bzw. gegebenenfalls unverzüglich rügen.

15 *Fett*, in: Münchener Kommentar zum Wettbewerbsrecht, Bd. 3: Vergaberecht, § 134, Rn. 34.

Praxistipp

Was tun als Auftraggeber?

Der Auftraggeber sollte auf pauschale nichtssagende Begründungen verzichten. Die Begründungen dürfen kurz und prägnant sein, sollten aber trotzdem aussagekräftig und nachvollziehbar sein.

Beispiel

Sehr geehrte Damen und Herren,

hiermit informiere ich Sie gemäß § 134 GWB, dass Ihr Angebot nicht berücksichtigt werden soll.

Wir beabsichtigen den Zuschlag am 1.8.2024 auf das Angebot des Bieters A – Z GmbH in X-Stadt zu erteilen.

Ihr Angebot hat in der Leistungsbewertung gemäß der in den Ausschreibungsunterlagen veröffentlichten Bewertungsmatrix 666 Leistungspunkte erreicht. Die Details der erreichten Leistungspunkte Ihres Angebots zu den verschiedenen Kriterien, Kriteriengruppen und Kriterienhauptgruppen können Sie der beigefügten Bewertungsmatrix zu Ihrem Angebot entnehmen.

Die für den Zuschlag relevanten Kennzahlen wurden mittels der in den Ausschreibungsunterlagen veröffentlichten Methode und Gewichtung von Leistung und Preis berechnet.

Mit dem Angebotspreis von 335.400 Euro hat Ihr Angebot eine skalierte Kennzahl von 150 erreicht und liegt damit auf Rang 5.

Das Angebot des Bieters A – Z GmbH hat eine skalierte Kennzahl von 254 erreicht.

Wir bedanken uns für Ihre Teilnahme an der Ausschreibung und verbleiben mit freundlichen Grüßen

Xxxxx

Verstößt der öffentliche Auftraggeber gegen die Vorabinformationspflicht, ist die Zuschlagserteilung nichtig, wenn der Verstoß gegen die Vorabinformationspflicht in einem Vergabenachprüfungsverfahren festgestellt wird (§ 135 Abs. 1 Nr. 1 GWB).

Leitet ein Bieter trotz fehlender oder unzureichender Vorabinformation noch vor Zuschlagserteilung ein Nachprüfungsverfahren ein, kann er sich allerdings zur Begründung dieses Antrags nicht (mehr) allein auf die fehlende oder fehlerhafte Vorabinformation stützen; vielmehr muss er in diesen Fällen darüber hinaus einen weiteren (materiellen) Vergabeverstoß geltend machen.

VK Baden-Württemberg, Beschluss vom 26.5.2020 – 1 VK 11/20: *„Im Übrigen kann eine unzureichende Vorabinformation nicht zur Begründetheit des Nachprüfungsantrags führen. Sinn und Zweck der Informationspflicht gem. § 134 GWB ist die Sicherung eines effektiven Primärrechtsschutzes. Leitet ein Bieter aber rechtzeitig ein Nachprüfungsverfahren ein und löst so ein Zuschlagsverbot gemäß § 169 Absatz 1 GWB aus, kommt ihm daher kein schutzwürdiges Inte-*

resse mehr im Hinblick auf die Einhaltung der Informationspflicht zu. Eine Rechtsverletzung scheidet dann regelmäßig aus [...].“

16.3.1.2 Weitere Informationspflichten

Neben die Pflichten gem. § 134 GWB treten zudem weitere Informationspflichten auf Verlangen des Bewerbers oder Bieters.

Gem. § 62 Abs. 2 VgV und § 19 EU Abs. 4 VOB/A hat der öffentliche Auftraggeber auf Verlangen den nicht berücksichtigten Bewerbern oder Bietern nach Eingang ihres in Textform gestellten Antrags unverzüglich, spätestens innerhalb einer Frist von 15 Kalendertagen, die Gründe für die Nichtberücksichtigung ihrer Bewerbung oder ihres Angebotes in Textform, den Bietern auch die Merkmale und Vorteile des Angebots des erfolgreichen Bieters sowie dessen Namen mitzuteilen.

Mitzuteilen sind sämtliche Gründe für die Nichtberücksichtigung bzw. sämtliche Merkmale und Vorteile des Angebotes des obsiegenden Bieters. Diese Möglichkeit für die Bewerber bzw. Bieter verfolgt das Ziel, die Zuschlagschancen bei kommenden Ausschreibungen zu erhöhen. Bei den Merkmalen und Vorzügen handelt es sich um diejenigen Zuschlagskriterien, die den Ausschlag für die Wertungsreihenfolge in der vierten Wertungsstufe gegeben haben. Weitere Auskünfte über den Inhalt der Angebote anderer Bieter darf der Auftraggeber aufgrund seiner Geheimhaltungsverpflichtung dagegen nicht erteilen. Zur Wahrung der Vertraulichkeit müssen die Merkmale und Vorteile zudem abstrakt beschrieben werden.

OLG Köln, Urteil vom 29.1.2020 – 11 U 14/19: *„Insoweit ist in der VOB/A geregelt, dass Bieter, die nicht berücksichtigt werden, unverzüglich zu informieren sind [...]. Ferner haben sie nach § 19 Abs. 2 VOB/A auf Verlangen Anspruch auf Mitteilung der Gründe für ihre Nichtberücksichtigung sowie die Merkmale und Vorteile des Angebots des erfolgreichen Bieters sowie dessen Namen. Die Informationspflicht beschränkt sich auf die in § 19 Abs. 2 VOB/A genannten Angaben. Weitere Auskünfte über den Inhalt der Angebote anderer Bieter darf der Auftraggeber aufgrund seiner Geheimhaltungsverpflichtung nicht erteilen [...].“*

Insbesondere ist zu beachten, dass in Ausschreibungsverfahren angebotene Preise regelmäßig ein Betriebs- und Geschäftsgeheimnis des Bieters darstellen. Es besteht auch nach Abschluss des Verfahrens ein berechtigtes Interesse des Bieters auf Geheimhaltung.

LG Bonn (1. Zivilkammer), Urteil vom 29.10.2021 – 1 O 221/21: *„Weitergehende Angaben zu den Merkmalen des erfolgreichen Angebotes musste die Beklagte gegenüber der Klägerin schon deshalb nicht machen, weil die Informationspflicht nach § 46 Absatz 1 UVgO den Auftraggeber nicht von seiner Pflicht aus § 3 Absatz 2 UVgO, die Integrität der Daten und die Vertraulichkeit der Teilnahmeanträge und Angebote einschließlich ihrer Anlagen zu gewährleisten, entbindet. Daraus folgt, dass zwar die Vorteile und Merkmale des erfolgreichen Angebots in dieser Mitteilung abstrakt beschrieben werden dürfen, preisliche oder technische Details indes nicht bekannt zu geben sind [...]. Denn insoweit überwiegen die Interessen des erfolgreichen Bieters an der Wahrung der eigenen Geschäfts- und Betriebsgeheimnisse [...].“*

OVG Münster, Beschluss vom 6.2.2017 – 15 B 832/15: *„Ein [U]nternehmen, das sich [...] an einem Vergabeverfahren [...] beteiligt und dabei zudem den Zuschlag erhalten hat, dürfte grundsätzlich ein schutzwürdiges Interesse daran haben, dass die von ihm angebotenen Preise nicht nur während des laufenden Verfahrens, sondern auch nach dessen Abschluss geheim bleiben*

[...]. Zentrales Merkmal einer Auftragsvergabe im Wettbewerb [...] ist die Gewährleistung eines Geheimwettbewerbs zwischen den an der Ausschreibung teilnehmenden Bietern. Wenn und gerade weil der einzelne Bieter nicht weiß, welche Konditionen der Konkurrent seiner Offerte zugrunde legt, wird er, um seine Aussicht auf den Erhalt des Zuschlags zu steigern, bis an die Rentabilitätsgrenze seiner individuell berechneten Gewinnzone kalkulieren. Kennt ein Bieter hingegen Leistungsumfang und Preise seines Konkurrenten, muss er nicht mehr potentiell preisgünstigere Angebote unterbieten, sondern braucht sein Angebot nur noch an den ihm bekannten Bedingungen auszurichten."

Es kann von einem Auftraggeber keine detaillierte Zusammenstellung erwartet werden, in der jedes Detail der Wertung sowie die Merkmale und Vorteile des ausgewählten Angebots in Form einer detailliert vergleichenden Analyse enthalten sind. Ausreichend ist vielmehr eine Begründung durch knappe Anmerkungen zum ausgewählten und zum abgelehnten Angebot. Der öffentliche Auftraggeber ist auch nicht verpflichtet, einem abgelehnten Bieter auf dessen Antrag hin eine vollständige Kopie des Bewertungsberichts auszuhändigen.

EuGH, Urteil vom 3.5.2018 – Rs. C-376/16 P: *„[V]om öffentlichen Auftraggeber [kann] nicht verlangt werden kann, dass er einem Bieter, dessen Angebot nicht ausgewählt wurde, zum einen neben den Gründen für die Ablehnung des Angebots eine detaillierte Zusammenfassung, in der jedes Detail seines Angebots im Hinblick auf dessen Bewertung berücksichtigt wurde, und zum anderen im Rahmen der Mitteilung der Merkmale und Vorteile des ausgewählten Angebots eine detaillierte vergleichende Analyse des ausgewählten Angebots und des Angebots des abgelehnten Bieters übermittelt [...]. Ebenso wenig ist der öffentliche Auftraggeber verpflichtet, einem abgelehnten Bieter auf dessen schriftlichen Antrag eine vollständige Kopie des Bewertungsberichts auszuhändigen [...]. [Zudem ist] die von Art. 296 Abs. 2 AEUV verlangte Begründung nach den Umständen des Einzelfalls, insbesondere dem Inhalt des Rechtsakts und der Art der geltend gemachten Gründe, zu beurteilen [...]."*

16.3.2 Unterschwellenbereich

Entsprechend der Regelung in § 62 Abs. 2 VgV regeln auch § 46 Abs. 1 UVgO und § 19 Abs. 2 VOB/A eine Unterrichtungspflicht auf Verlangen des nicht berücksichtigten Bewerbers oder Bieters. Nach § 46 Abs. 1 Satz 1 UVgO sowie § 19 Abs. 1 VOB/A besteht zusätzlich eine proaktive Informationspflicht hinsichtlich der erfolgten Zuschlagserteilung.

Dagegen besteht – vorbehaltlich anderslautenden Landesrechts – im Unterschwellenbereich keine Pflicht des Auftraggebers, die Bieter im Vorfeld der Zuschlagserteilung über das Ausschreibungsergebnis zu unterrichten und eine Wartefrist bis zur Zuschlagserteilung einzuhalten. § 134 GWB gilt insoweit nicht – auch nicht analog oder entsprechend. Jedoch kann sich bei sog. „binnenmarktrelevanten Vergaben" unterhalb der EU-Schwellenwerte eine Vorabinformationspflicht aus dem EU-Primärrecht ergeben.

OLG Celle, Urteil vom 9.1.2020 – 13 W 56/19: *„Für die vom Verfügungskläger angenommene Informations- und Wartepflicht gibt es im vorliegenden Fall keine gesetzliche Grundlage. Der hier anwendbare § 19 VOL/A sieht – ebenso wie die in Niedersachsen noch nicht in Kraft getretene UVgO, dort § 46 – lediglich vor, dass der Auftraggeber die nicht berücksichtigten Bieter nachträglich über die bereits erfolgte Zuschlagserteilung informieren muss. Anders als in einigen anderen Bundesländern existiert in Niedersachen auch (noch) keine § 134 Abs. 1 GWB ver-*

gleichbare Bestimmung im Landesvergaberecht. Eine analoge Anwendung des § 134 GWB scheidet unter diesen Umständen mangels planwidriger Regelungslücke mit Blick auf die spätestens in der Diskussion des Entwurfs der UVgO erkannte und diskutierte Problematik der Informations- und Wartepflicht im Unterschwellenbereich aus. Die ursprünglich in § 44 UVgO vorgesehene Regelung der Informations- und Wartepflicht hat sich in der politischen Diskussion gerade nicht durchsetzen können (vgl. dazu Gerlach in: Heiermann/Zeiss/Summa, jurisPK-Vergaberecht, 5. Aufl., Vorbemerkung UVgO Rn. 12)."

KG Berlin, Urteil vom 7.1.2020 – 9 U 79/19: *„Da der Auftrag nicht dem Kartellvergaberecht der §§ 97 ff. GWB unterfallen ist, weil der Wert des Auftrages den nach § 106 GWB maßgebliche Schwellenwert nicht erreicht oder überschritten hat, ergab sich eine Mitteilungs- und Wartepflicht nicht aus § 134 GWB. Die Vorschrift gilt ausschließlich im Kartellvergaberecht [...] und ist als kartellvergaberechtliche Sondervorschrift auch nicht analogiefähig [...], weil sonst die noch einmal durch § 46 Abs. 1 UVgO bestätigte gesetzgeberische Entscheidung, eine Regelung für den genau abgesteckten Bereich des Kartellvergaberechts einzuführen [...] unterlaufen würde[...]. Sonstige Regelungen, die eine Mitteilung des beabsichtigten Vertragsschlusses und eine nachfolgende Wartefrist für den Vertragsschluss vorschreiben würden, etwa landesgesetzliche wie in den Ländern Thüringen, Sachsen-Anhalt und Sachsen [...], bestehen im Land Berlin nicht. Dass für unterschwellige Vergabeverfahren eine solche Regelung nicht vorgesehen ist, ist im Übrigen verfassungsrechtlich nicht zu beanstanden (BVerfG, Urteil vom 13. Juni 2006 – 1 BvR 1160/03 -, juris Rn. 74; Sitsen, ZfBR 2018, 654, 656 f.), so dass weder aus Art. 3 GG noch sonst ein Verbot des Vertragsschlusses vor Mitteilung der Zuschlagsentscheidung an andere Teilnehmer eines Vergabeverfahrens abzuleiten ist [...].Auch auf europarechtlicher Grundlage lässt sich vorliegend keine Mitteilungs- und Wartepflicht herleiten. Solche Pflichten könnten sich allerdings aus dem europäischen Primärrecht, nämlich den Grundfreiheiten in Artikel 45 AEUV (Niederlassungsfreiheit) und Artikel 56 AEUV (Dienstleistungsfreiheit) ergeben (EuG ECLI:EU:T:2010:214 = NZBau 2010, Seite 510 Rn. 74 – Unterschwellenmitteilung). Dies gilt allerdings nur für Aufträge, bei denen der Auftraggeber eine Binnenmarktrelevanz festgestellt hat."*

17. Nachhaltigkeit[1]

Autor: Dipl.-Math. Thomas Ferber, LL.M.

In der Bundesrepublik Deutschland werden pro Jahr öffentliche Aufträge im Wert von mehr als 460 Milliarden Euro vergeben. Dies entspricht einem Anteil von ca. 15 % des Bruttoinlandsprodukts. Für die gesamte Europäische Union geht man von einem Marktvolumen bei öffentlichen Beschaffungen von ca. 2 Billionen Euro aus.[2] Das öffentliche Auftragswesen besitzt damit eine erhebliche wirtschaftliche Bedeutung und hat neben einer Vorbildfunktion auch einen marktbeeinflussenden Charakter.

Die aktuellen Probleme wie z.B. Klimawandel, Ressourcenverknappung und soziale Ungleichgewichte sollten deshalb auch bei Vergabeverfahren nicht ignoriert werden und Nachhaltigkeitsaspekte Berücksichtigung finden.

Es stellt sich aber die Frage, wie man Nachhaltigkeitsaspekte in Vergabeverfahren berücksichtigen kann und ob diese mit den Handlungsprinzipien von Wirtschaftlichkeit und Sparsamkeit des Haushaltsrechts vereinbar sind.

Mit der neuen Definition des Begriffs der Wirtschaftlichkeit, bei der die nun explizit genannten umweltbezogenen und sozialen Kriterien nunmehr gleichrangig zu den qualitativen Kriterien als leistungsbezogene Kriterien aufgeführt werden, kann nicht mehr von vergabefremden Aspekten oder Sekundärzwecken bei der Anwendung von umweltbezogenen und sozialen Kriterien gesprochen werden. Die Wirtschaftlichkeit umfasst nach der neuen Definition nicht nur eine ökonomische Dimension, sondern auch eine nachhaltige.

Die Aspekte der Nachhaltigkeit können dabei neben den Zuschlagskriterien auch über die Leistungsbeschreibung und die Ausführungsbestimmungen Einfluss auf die Wirtschaftlichkeit nehmen. Damit können auch bei Ausschreibungen, die einzig und allein das Zuschlagskriterium Preis haben, Nachhaltigkeitsaspekte umgesetzt werden. Darüber hinaus müssen die Kriterien nicht mehr den Auftragsgegenstand direkt betreffen, sondern umfassen den gesamten Lebenszyklus der zu erbringenden Bauleistungen, Lieferungen oder Dienstleistungen. Die Aspekte der Arbeitsbedingungen und Produktionsbedingungen bei der Herstellung, (z.B. ressourcenschonend) die Aspekte beim Transport (umweltfreundlich), die Aspekte beim Handel sowie auch die Aspekte für die Entsorgung dürfen hierbei betrachtet werden und in eine Gesamtwirtschaftlichkeitsbetrachtung einfließen.

Durch die Möglichkeit, die Wirtschaftlichkeit auch auf eine Kostenbasis zu stellen, können auch Folgekosten mitberücksichtigt werden. Durch deren Berücksichtigung kann in vielen Fällen ein höherer Anschaffungspreis ausgeglichen werden. Besonders die Berücksichtigung

---

1 Dieses Kapitel basiert auf der Masterarbeit *Ferber,* Nachhaltigkeit als Zuschlagskriterium zur Bestimmung des wirtschaftlichsten Angebots, Rechtswissenschaftlichen Fakultät der Universität des Saarlandes in Kooperation mit dem Distance & Independent Studies Center (DISC) der Technischen Universität Kaiserslautern, Link zum Download https://kluedo.ub.uni-kl.de/frontdoor/index/index/docId/5511, den beiden Aufsätzen *Ferber,* Nachhaltigkeit und wirtschaftliche Beschaffung, VergabeFokus, 3/2019 und 5/2019 sowie dem Aufsatz Nachhaltigkeit und Wirtschaftlichkeit im europäischen Vergaberecht, *Közbeszerzési Jog* (Public Procurement Law), 2/2023.

2 Public Procurement Indicators 2015, http://ec.europa.eu/DocsRoom/documents/20679, Stand: 12.1.2019; OECD (2017), 15,05 % vom Bruttoinlandsprodukt.

von Energiekosten führt in der Regel dazu, dass ein höherer Anschaffungspreis, der zu einer Energieverbrauchseinsparung führt, über mehrere Jahre betrachtet, das wirtschaftlichere Angebot ist. Mithin müssen die Aspekte des Umweltschutzes und die Aspekte der Ökonomie nicht gegensätzlich sein.

Die Möglichkeit, auch externe Kosten durch Effekte auf die Umwelt berücksichtigen zu dürfen, stellt einen Paradigmenwechsel bei der Wirtschaftlichkeitsbetrachtung dar: Aus einer betriebswirtschaftlichen Wirtschaftlichkeitsbetrachtung ist eine volkswirtschaftliche geworden.

17.1 Der Begriff der Nachhaltigkeit

Der Begriff der Nachhaltigkeit wurde bereits vom Freiberger Oberberghauptmann Hans Carl von Carlowitz geprägt, der als Schöpfer dieses Begriffs gilt. In seinem 1713 veröffentlichten Werk Sylvicultura oeconomica forderte von Carlowitz, nicht mehr Holz zu schlagen als nachwächst und so das ökonomische Ziel der maximalen dauerhaften Nutzung des Waldes mit den ökologischen Bedingungen des Nachwachsens zu kombinieren (ressourcenökonomisches Prinzip).[3]

Mit dem 1987 veröffentlichten Brundtland-Bericht der Weltkommission für Umwelt und Entwicklung der Vereinten Nationen wurde der Begriff der Nachhaltigkeit entscheidend für die Neuzeit geprägt und durch die folgenden beiden Definitionen beschrieben.

„Nachhaltige Entwicklung ist eine Entwicklung, die die Bedürfnisse der Gegenwart befriedigt, ohne zu riskieren, daß künftige Generationen ihre eigenen Bedürfnisse nicht befriedigen können (...)"[4]

„Im wesentlichen ist nachhaltige Entwicklung ein Wandlungsprozeß, in dem die Nutzung von Ressourcen das Ziel von Investitionen, die Richtung technologischer Entwicklung und institutioneller Wandel miteinander harmonisieren und das derzeitige und künftige Potential vergrößern, menschliche Bedürfnisse und Wünsche zu erfüllen."[5]

Dies mündete in einer Definition von den drei Dimensionen ökologischer, ökonomischer und sozialer Nachhaltigkeit.[6]

17.2 Nachhaltigkeit und Wirtschaftlichkeit in den Europäischen Vergaberichtlinien

Die öffentliche Auftragsvergabe spielt im Rahmen der Strategie Europa 2020[7] für ein intelligentes, nachhaltiges und integratives Wachstum bei gleichzeitiger Gewährleistung eines möglichst effizienten Einsatzes öffentlicher Gelder eine Schlüsselrolle. Zu diesem Zweck

3 *Grunwald/Kopfmüller*, Nachhaltigkeit, 18 f.; *von Hauff*, Nachhaltige Entwicklung, S. 3.
4 *Hauff*, Unsere gemeinsame Zukunft, S. 46; In der Übersetzung des Brundtland-Berichts wurde „sustainable" mit „dauerhaft" übersetzt. In der oben aufgeführten Definition wurde dies in „nachhaltig" korrigiert.
5 *Hauff*, Unsere gemeinsame Zukunft, S. 49; In der Übersetzung des Brundtland-Berichts wurde „sustainable" mit „dauerhaft" übersetzt. In der oben aufgeführten Definition wurde dies in nachhaltig korrigiert.
6 *Blazejczak/Edler*, Vierteljahreshefte zur Wirtschaftsforschung, 1/2004, 10 (11).
7 Europa 2020 - Eine Strategie für intelligentes, nachhaltiges und integratives Wachstum, 3.3.2010, KOM(2010) 2020 endgültig.

wurden die Vorschriften für die öffentliche Auftragsvergabe RL 2004/18/EG (Vergabekoordinierungsrichtlinie) und RL 2004/17/EG (Sektoren-Rechtsmittelrichtlinie) überarbeitet und modernisiert.[8]

In der RL 2004/18/EG wurde bei der Zuschlagsentscheidung zwischen dem wirtschaftlich günstigsten Angebot und dem niedrigsten Preis differenziert.[9] Zwar findet sich in Art. 53 Abs. 1 lit. a) RL 2004/18/EG das Zuschlagskriterium Umwelteigenschaften in der beispielhaften Auflistung möglicher Zuschlagskriterien, dieses wurde aber lange Zeit als vergabefremdes Kriterium angesehen.[10] *Prieß* schreibt dazu: *„Vergabefremd sind Kriterien, die nicht lediglich den betriebswirtschaftlich effizientesten Weg der Beschaffung verfolgen, sondern auch allgemeine gesellschaftspolitische Zwecke bei der Auftragsvergabe berücksichtigen."*[11]

Die Verwendung von nicht betriebswirtschaftlich relevanten Zuschlagskriterien, zu denen die Nachhaltigkeitskriterien wie umweltbezogene Kriterien sowie soziale Kriterien gehören, wurde im alten Vergaberecht als Instrumentalisierung des öffentlichen Beschaffungswesens zur Durchsetzung politischer Ziele[12] und als Sekundärzweck im Vergabeverfahren angesehen.[13]

Durch die Rechtsprechung des EuGH wurden seit 1988 die umweltbezogenen und sozialen Kriterien mehr und mehr als zulässig erachtet, sodass Kriterien wie die Beschäftigung von Langzeitarbeitslosen (C-31/87 – Beentjes), Stickoxidemissionen und der Lärmpegel von Bussen (C-513/99 – Concordia Bus Finland), Lieferung von Strom aus erneuerbaren Energieträgern (C-448/01 – Wienstrom), Erzeugnisse aus fairem Handel (C-368/10 – Max Havelaar) als zulässige Kriterien in Vergabeverfahren möglich wurden.

EuGH, Urteil vom 20.9.1988 – C-31/87 (Beentjes), Rn. 37: *„Die Bedingung der Beschäftigung von Langzeitarbeitslosen ist mit der Richtlinie vereinbar, wenn sie nicht unmittelbar oder mittelbar zu einer Diskriminierung der Bieter aus anderen Mitgliedstaaten der Gemeinschaft führt."*

EuGH, Urteil vom 26.9.2000 – C-225/98: *„Gleichwohl ist der öffentliche Auftraggeber nach dieser Vorschrift nicht in jedem Fall daran gehindert, eine mit dem Kampf gegen die Arbeitslosigkeit zusammenhängende Bedingung als Kriterium zu verwenden, wenn diese Bedingung die wesentlichen Grundsätze des Gemeinschaftsrechts, vor allem das Diskriminierungsverbot, beachtet, das aus den Bestimmungen des Vertrages zum Niederlassungsrecht und zum Recht des freien Dienstleistungsverkehrs folgt."*

EuGH, Urteil vom 17.9.2002 – C-513/99 (Concordia Bus Finland), Rn. 65: *„(...) ist zunächst festzustellen, dass Kriterien, die sich auf die Höhe der Stickoxidemissionen und auf den Lärmpegel der Busse beziehen, wie die in der vorliegenden Rechtssache streitigen, als Kriterien anzusehen sind, die mit dem Gegenstand eines Auftrags zusammenhängen, der die Erbringung von städtischen Busverkehrsdienstleistungen betrifft."*

---

8 Erwägungsgrund 2 der RL 2014/24/EU.

9 Art. 53 Abs. 1 2004/18/EG.

10 *Buhr*, Die Richtline 2004/18/EG, 2009, S. 200; *Prieß*, Handbuch des europäischen Vergaberechts, 3. Aufl. 2005, S. 276 ff.

11 *Prieß*, Handbuch des europäischen Vergaberechts, 3. Aufl. 2005, S. 277.

12 *Frenz*, Vergaberecht – EU und national; *Fante*, Instrumentalisierung des öffentlichen Beschaffungswesens zur Durchsetzung politischer Ziele.

13 *Benedict*, Sekundärzwecke im Vergabeverfahren, S. 17ff.

EuGH, Urteil vom 4.12.2003 – C-448/01 (Wienstrom), Rn. 34: *„Daraus ergibt sich, dass es die für die Vergabe öffentlicher Aufträge geltenden Vorschriften des Gemeinschaftsrechts einem öffentlichen Auftraggeber nicht verwehren, im Rahmen der Beurteilung des wirtschaftlich günstigsten Angebots für die Vergabe eines Auftrags über die Lieferung von Strom ein Kriterium festzulegen, das die Lieferung von Strom aus erneuerbaren Energieträgern verlangt, sofern dieses Kriterium mit dem Gegenstand des Auftrags zusammenhängt, dem Auftraggeber keine unbeschränkte Entscheidungsfreiheit einräumt, ausdrücklich im Leistungsverzeichnis oder in der Bekanntmachung des Auftrags genannt ist und alle wesentlichen Grundsätze des Gemeinschaftsrechts, insbesondere das Diskriminierungsverbot, beachtet."*

EuGH, Urteil vom 10.5.2012 – C-368/10 (Max Havelaar), Rn. 91: *„Grundsätzlich steht somit einem Zuschlagskriterium, das darauf abstellt, dass ein Erzeugnis fair gehandelt worden ist, nichts entgegen."*

Mit seinem Urteil vom 17.9.2002 (Concordia Bus Finland) machte der EuGH deutlich, dass nicht jedes Zuschlagskriterium zur Bestimmung des wirtschaftlichsten Angebots notwendigerweise rein wirtschaftlicher Art sein muss.

EuGH, Urteil vom 17.9.2002 – C-513/99 (Concordia Bus Finland), Rn. 55: *„(...) darf (...) nicht dahin ausgelegt werden, dass jedes Vergabekriterium, das der Auftraggeber festgelegt hat, um das wirtschaftlich günstigste Angebot zu ermitteln, notwendigerweise rein wirtschaftlicher Art sein muss. Es kann nämlich nicht ausgeschlossen werden, dass Faktoren, die nicht rein wirtschaftlich sind, sich auf den Wert eines Angebots für diesen Auftraggeber auswirken können."*

Mit den neuen Richtlinien 2014/24/EU und 2014/25/EU kam es zu einer neuen Definition des Begriffs der Wirtschaftlichkeit, bei der die nun explizit genannten umweltbezogenen und sozialen Kriterien nunmehr gleichrangig zu den qualitativen Kriterien aufgeführt wurden. Darüber hinaus müssen die Kriterien nicht mehr den Auftragsgegenstand direkt betreffen, sondern umfassen den gesamten Lebenszyklus der zu erbringenden Bauleistungen, Lieferungen oder Dienstleistungen.[14] Solche Kriterien können z.B. sein: energieeffiziente Produktion, Verwendung von fair gehandelten Waren, Abfallminimierung oder die Ressourceneffizienz.[15] Damit konkretisieren die neuen Vergaberichtlinien, auf welche Weise die öffentlichen Auftraggeber bzw. Sektorenauftraggeber zum Umweltschutz und zur Förderung einer nachhaltigen Entwicklung beitragen können und setzen damit Art. 11 AEUV um.[16]

Die Bestimmung des wirtschaftlich günstigsten Angebots erfolgt gemäß Art. 67 Abs. 2 RL 2014/24/EU bzw. gemäß Art. 82 Abs. 2 RL 2014/24/EU nunmehr anhand einer Bewertung auf der Grundlage des Preises oder der Kosten und kann das beste Preis-Leistungs-Verhältnis beinhalten, das auf der Grundlage von qualitativen, umweltbezogenen und sozialen Kriterien bewertet wird.

Die Kosten können mittels eines Kosten-Wirksamkeits-Ansatzes wie der Berechnung der Lebenszykluskosten gemäß Art. 68 RL 2014/24/EU bzw. gemäß Art. 83 RL 2014/25/EU ermittelt werden. Als weitere Möglichkeit der Wirtschaftlichkeitsbetrachtung führen die neuen

14 Erwägungsgrund 97 RL 2014/24/EU.
15 Erwägungsgrund 97 RL 2014/24/EU.
16 Erwägungsgrund 91 RL 2014/24/EU.

Richtlinien eine rein leistungsbezogene Variante unter Vorgabe eines Festpreises bzw. von Festkosten ein.[17]

Damit kann zwischen den folgenden Wirtschaftlichkeitsbetrachtungen differenziert werden:

- **Nur Preis:** Das Angebot mit dem niedrigsten Angebotspreis erhält den Zuschlag.
- **Nur Kosten:** Das Angebot mit den niedrigsten Gesamtkosten erhält den Zuschlag.
- **Nur Leistung:** Unter Vorgabe eines Festpreises bzw. von Festkosten erhält das Angebot mit der höchsten Leistungspunktzahl den Zuschlag.
- **Preis-Leistungs-Kombination:** Preis und Leistung werden in einem gewichteten Verhältnis zueinander betrachtet.
- **Kosten-Leistungs-Kombination:** Kosten und Leistung werden in einem gewichteten Verhältnis zueinander betrachtet.

Qualitative, umweltbezogene sowie soziale Kriterien können als zu erfüllende Anforderungen in die Leistungsbeschreibung oder als Vorgaben für die Phase der Leistungserbringung in Ausführungsbestimmungen integriert werden und müssen von den Bieterangeboten zwingend erfüllt werden. Als Zuschlagskriterien können qualitative, umweltbezogene sowie soziale Kriterien einer Bewertung unterzogen werden, die einen Vergleich der Angebote ermöglicht. Werden bei den finanziellen Zuschlagskriterien statt des Preises die Kosten betrachtet, können qualitative, umweltbezogene sowie soziale Kriterien auch über ein Kostenmodell in die Wirtschaftlichkeitsbetrachtung integriert werden.

17.2.1 Nachhaltigkeit und Wirtschaftlichkeit im deutschen Vergaberecht oberhalb der EU-Schwellenwerte

Die Definition der Wirtschaftlichkeit oberhalb der EU-Schwellenwerte findet sich im deutschen Vergaberecht sowohl im GWB als auch weiter konkretisierend in den kaskadierenden Vergabeverordnungen VgV, VOB/A-EU, SektVO, KonzVgV, VSVgV, VOB/A-VS.

Wie auch bereits nach § 97 Abs. 5 GWB a.F. wird auch nach § 127 Abs. 1 GWB der Zuschlag auf das wirtschaftlichste Angebot erteilt. Erstmals wird der Begriff der Wirtschaftlichkeit im deutschen Vergaberecht auf Gesetzesebene (GWB) weiter konkretisiert und klargestellt, dass auch qualitative, umweltbezogene, oder soziale Aspekte Berücksichtigung finden können.[18] Soziale und umweltbezogene Kriterien werden dabei gleichrangig mit den qualitativen Kriterien genannt und sind gleichwertig mit qualitativen Kriterien als leistungsbezogene Kriterien zu betrachten.

§ 127 Abs. 1 Satz 3 GWB: *„Das wirtschaftlichste Angebot bestimmt sich nach dem besten Preis-Leistungs-Verhältnis. Zu dessen Ermittlung können neben dem Preis oder den Kosten auch qualitative, umweltbezogene oder soziale Aspekte berücksichtigt werden."*

Mit dem Preis-Leistungs-Verhältnis werden der Preis oder die Kosten in ein Verhältnis zur Leistung gesetzt, Preis oder Kosten müssen dabei zwingend berücksichtigt werden.[19]

17 Art. 67 Abs. 2 Satz 3 RL 2014/24/EU bzw. Art. 82 Abs. 2 Satz 3 RL 2014/24/EU.
18 Gesetzesbegründung BT-Drs. 18/6281, 111.
19 Gesetzesbegründung BT-Drs. 18/6281, 111.

Mit § 127 Abs. 3 GWB wird Art. 67 Absatz 3 RL 2014/24/EU in das deutsche Vergaberecht umgesetzt und klargestellt, dass ein Auftragsbezug auch dann angenommen werden kann, wenn sich das Kriterium auf ein beliebiges Stadium im Lebenszyklus der Leistung bezieht.[20]

§ 127 Abs. 3 GWB: *„Die Zuschlagskriterien müssen mit dem Auftragsgegenstand in Verbindung stehen. Diese Verbindung ist auch dann anzunehmen, wenn sich ein Zuschlagskriterium auf Prozesse im Zusammenhang mit der Herstellung, Bereitstellung oder Entsorgung der Leistung, auf den Handel mit der Leistung oder auf ein anderes Stadium im Lebenszyklus der Leistung bezieht, auch wenn sich diese Faktoren nicht auf die materiellen Eigenschaften des Auftragsgegenstandes auswirken."*

§ 127 Abs 5 GWB dient zur Wahrung des Grundsatzes der Transparenz im Vergabeverfahren und stellt klar, dass die Zuschlagskriterien und ihre Gewichtung bereits in der Auftragsbekanntmachung oder den Vergabeunterlagen veröffentlicht werden müssen.[21]

§ 127 Abs. 5 GWB: *„Die Zuschlagskriterien und deren Gewichtung müssen in der Auftragsbekanntmachung oder den Vergabeunterlagen aufgeführt werden."*

Bei den Zuschlagskriterien handelt es sich um eine vergleichende Bewertung der Angebote, bei der das wirtschaftlichste Angebot bestimmt werden soll. Um diese vergleichende Bewertung zu erreichen, muss der öffentliche Auftraggeber die Zuschlagskriterien mit einer Wertungsskala versehen und die Kriterien für die Beurteilung im Rahmen dieser Wertungsskala festlegen.[22]

§ 127 Abs. 1 Satz 2 GWB: *„Grundlage dafür ist eine Bewertung des öffentlichen Auftraggebers, ob und inwieweit das Angebot die vorgegebenen Zuschlagskriterien erfüllt."*

Eine weitere Konkretisierung der Zuschlagskriterien sowie des Begriffs der Wirtschaftlichkeit findet sich in den kaskadierenden Vergabeverordnungen VgV, VOB/A-EU, SektVO, KonzVgV, VSVgV, VOB/A-VS.

Mit § 58 Abs. 2 Satz 3 VgV sowie § 16d Abs. 2 Nr. 4 VOB/A-EU wird die nach Art. 67 Abs. 2 Satz 3 RL 2014/24/EU eingeführte Wirtschaftlichkeitsbetrachtung unter Vorgabe eines Festpreises bzw. von Festkosten umgesetzt.

§ 58 Abs. 2 Satz 3 VgV: *„Der öffentliche Auftraggeber kann auch Festpreise oder Festkosten vorgeben, sodass das wirtschaftlichste Angebot ausschließlich nach qualitativen, umweltbezogenen oder sozialen Zuschlagskriterien nach Satz 1 bestimmt wird."*

Mit § 52 Abs. 2 Satz 3 SektVO wird entsprechend die nach Art. 82 Abs. 2 Satz 3 RL 2014/24/EU eingeführte Wirtschaftlichkeitsbetrachtung unter Vorgabe eines Festpreises bzw. von Festkosten in der Sektorenverordnung umgesetzt.

Durch die in § 58 Abs. 2 Satz 2 Hs. 2 VgV, § 52 Abs. 2 Satz 2 Hs. 2 SektVO, § 16d Abs. 2 Nr. 2 Satz 2 VOB/A-EU beispielhaft genannten und nicht abschließenden Zuschlagskriterien werden die unbestimmten Rechtsbegriffe der qualitativen, umweltbezogenen und sozialen Zuschlagskriterien teilweise verdeutlicht, ohne diese abschließend zu determinieren.[23]

20 Gesetzesbegründung BT-Drs. 18/6281, 112.
21 Gesetzesbegründung BT-Drs. 18/6281, 113.
22 Gesetzesbegründung BT-Drs. 18/6281, 111.
23 Verordnungsbegründung BR-Drs. 87/16, S. 212.

§ 58 Abs. 2 Satz 2 Nr. 1 VgV: *„Neben dem Preis oder den Kosten können auch qualitative, umweltbezogene oder soziale Zuschlagskriterien berücksichtigt werden, insbesondere: die Qualität, einschließlich des technischen Werts, Ästhetik, Zweckmäßigkeit, Zugänglichkeit der Leistung insbesondere für Menschen mit Behinderungen, ihrer Übereinstimmung mit Anforderungen des „Designs für Alle", soziale, umweltbezogene und innovative Eigenschaften sowie Vertriebs- und Handelsbedingungen,"*

Die Wirtschaftlichkeitsbetrachtung mittels eines Kosten-Wirksamkeits-Ansatzes wie die Berechnung der Lebenszykluskosten gemäß Art. 68 RL 2014/24/EU bzw. gemäß Art. 83 RL 2014/25/EU wird durch § 59 VgV, § 53 SektVO, § 16d Abs. 2 Nr. 5 VOB/A-EU in das deutsche Vergaberecht umgesetzt.

17.2.2 Nachhaltigkeit und Wirtschaftlichkeit im deutschen Vergaberecht unterhalb der EU-Schwellenwerte

Unterhalb der EU-Schwellenwerte ist das deutsche Vergaberecht dem Haushaltsrecht zugeordnet. Zur Regelung des Vergaberechts verweisen die Verwaltungsvorschriften zu § 55 BHO bzw. § 55 LHO für die Beschaffung von Bauleistungen auf den 1. Abschnitt der VOB/A und für die Beschaffung von Lieferungen und Leistungen auf die UVgO bzw. die VOL/A.

Für die Beschaffung von Bauleistungen findet sich in der VOB/A die Definition der Wirtschaftlichkeit in § 16d VOB/A. Diese entspricht dem Regelwerk im Oberschwellenbereich. Soziale und umweltbezogene Kriterien werden dabei auch hier gleichrangig mit den qualitativen Kriterien genannt und sind gleichwertig mit qualitativen Kriterien als leistungsbezogene Kriterien zu betrachten.

§ 16d Abs. 1 Nr. 4 VOB/A: *„Der Zuschlag wird auf das wirtschaftlichste Angebot erteilt. Grundlage dafür ist eine Bewertung des Auftraggebers, ob und inwieweit das Angebot die vorgegebenen Zuschlagskriterien erfüllt. Das wirtschaftlichste Angebot bestimmt sich nach dem besten Preis-Leistungs-Verhältnis. Zu dessen Ermittlung können neben dem Preis oder den Kosten auch qualitative, umweltbezogene oder soziale Aspekte berücksichtigt werden."*

Für die Beschaffung von Lieferungen und Leistungen findet sich in der UVgO die Definition der Wirtschaftlichkeit in § 43 UVgO. Diese entspricht dem Regelwerk im Oberschwellenbereich aus §§ 58, 59 VgV und § 127 GWB. Soziale und umweltbezogene Kriterien werden dabei auch hier gleichrangig mit den qualitativen Kriterien genannt und sind gleichwertig mit qualitativen Kriterien als leistungsbezogene Kriterien zu betrachten.

§ 43 Abs. 2 Satz 1 Hs. 1 UVgO: *„Neben dem Preis oder den Kosten können auch qualitative, umweltbezogene oder soziale Zuschlagskriterien berücksichtigt werden,"*

Ein Auftragsbezug wird bei Ausschreibungen gemäß VOB/A und UVgO wie im Oberschwellenbereich auch dann angenommen, wenn sich das Kriterium auf ein beliebiges Stadium im Lebenszyklus der Leistung bezieht.

§ 43 Abs. 3 UVgO: *„Die Zuschlagskriterien müssen mit dem Auftragsgegenstand in Verbindung stehen. Diese Verbindung ist auch dann anzunehmen, wenn sich ein Zuschlagskriterium auf Prozesse im Zusammenhang mit der Herstellung, Bereitstellung oder Entsorgung der Leistung, auf den Handel mit der Leistung oder auf ein anderes Stadium im Lebenszyklus der Leis-*

tung bezieht, auch wenn sich diese Faktoren nicht auf die materiellen Eigenschaften des Auftragsgegenstandes auswirken."

§ 16d Abs. 1 Nr. 5 Satz 4 VOB/A: *„Zuschlagskriterien stehen mit dem Auftragsgegenstand in Verbindung, wenn sie sich in irgendeiner Hinsicht auf diesen beziehen, auch wenn derartige Faktoren sich nicht auf die materiellen Eigenschaften des Auftragsgegenstandes auswirken."*

17.3 Landesrechtliche Regelungen zum Vergaberecht

Landesrechtliche Regelungen zum Vergaberecht finden sich für die 16 Bundesländer in den Verwaltungsvorschriften zum Landeshaushaltsrecht, Ministerialerlassen sowie in zahlreichen Landesvergabegesetzen. Aufgrund des starken Anstiegs des Niedriglohnsektors und des früheren Fehlens eines bundesweiten gesetzlichen Mindestlohnes sahen sich viele Bundesländer gezwungen, Mindestlohnregelungen im Vergaberecht einzuführen und wurden so zu Vorreitern einer nationalen Mindestlohnregelung.[24]

Es stellt sich die Frage, ob die Bundesländer die Befugnis zur Vergaberechtsgesetzgebung haben. Vergaberechtliche Regelungen fallen gemäß Art. 74 Abs. 1 Nr. 11 GG in den Bereich der konkurrierenden Gesetzgebung.[25] Da die bundesrechtlichen Vorschriften zum Vergaberecht (GWB sowie die kaskadierenden Vergabeverordnungen) nur ab Erreichen der EU-Schwellenwerte anwendbar sind, gibt es im Bereich unterhalb der EU-Schwellenwerte keine konkurrierende Gesetzgebung. Eine Diskussion, ob der Bund grundsätzlich eine gesetzliche Kompetenz zur rechtlichen Regelung im Unterschwellenbereich hat und wenn ja, ob dann die Erforderlichkeitsklausel des Art. 72 Abs. 2 GG erfüllt wäre, ist somit entbehrlich. Die landesrechtlichen Regelungen müssen aber mit dem Primärrecht aus dem AEUV vereinbar sein und insbesondere die niedergelegten Grundsätze der Warenverkehrsfreiheit, der Niederlassungsfreiheit und der Dienstleistungsfreiheit sowie die sich daraus ableitenden Grundsätze wie Gleichbehandlung, Nichtdiskriminierung, gegenseitige Anerkennung, Verhältnismäßigkeit und Transparenz einhalten.

Vor der Reform des Vergaberechts 2016 hatte der Bund keine vollständige Regelung zur Verfolgung nachhaltiger Ziele getroffen und damit seine Gesetzgebungskompetenz nicht ausgeschöpft. Darüber hinaus fand sich in § 97 Abs. 4 Satz 3 GWB a.F. die Formulierung: *„Andere oder weitergehende Anforderungen dürfen an Auftragnehmer nur gestellt werden, wenn dies durch Bundes- und Landesgesetz vorgesehen ist."* Damit wurde die Regelung nachhaltiger Ziele ausdrücklich in die Gesetzgebungskompetenz der Landesgesetzgeber gelegt.[26]

Dadurch wurde es den Landesgesetzgebern ermöglicht, nachhaltige Kriterien wie z.B. nachhaltige Zuschlagskriterien auch im Oberschwellenbereich zu regeln.[27]

Der Bund hat mit der Neuregelung des GWB nunmehr von seiner Gesetzgebungskompetenz Gebrauch gemacht und die Verfolgung sozialer und umweltbezogener Aspekte ausdrücklich legitimiert.[28]

---

24 *Sack/Schulten/Sarter/Böhlke*, Öffentliche Auftragsvergabe in Deutschland, S. 31 ff.
25 BVerfG, Beschluss vom 11.7.2006 – 1 BvL 4/00, Rn. 58; *Burgi*, NZBau 10/2015, 597 (599).
26 *Burgi*, Vergaberecht, 2. Aufl. 2018, § 7, Rn. 19.
27 *Albrecht/Meißner/Prechtel*, in: Terwiesche/Becker/Prechtel, TVgG, Einführung Rn. 6.
28 *Albrecht/Meißner/Prechtel*, in: Terwiesche/Becker/Prechtel, TVgG, Einführung Rn. 7.

§ 97 Abs. 3 GWB: *„Bei der Vergabe werden Aspekte der Qualität und der Innovation sowie soziale und umweltbezogene Aspekte nach Maßgabe dieses Teils berücksichtigt."*

§ 127 Abs. 1 Satz 2, 3 GWB: *„Das wirtschaftlichste Angebot bestimmt sich nach dem besten Preis-Leistungs-Verhältnis. Zu dessen Ermittlung können neben dem Preis oder den Kosten auch qualitative, umweltbezogene oder soziale Aspekte berücksichtigt werden."*

Mit § 127 GWB hat der Bundesgesetzgeber für die Anwendung von Zuschlagskriterien eine erschöpfende Regelung getroffen.[29] Die Erforderlichkeitsklausel des Art. 72 Abs. 2 GG ist erfüllt, da es sich im Oberschwellenbereich um die bundeseinheitliche Umsetzung von zwingend umzusetzenden EU-Richtlinien handelt. Durch die erschöpfende Regelung ist es den Landesgesetzgebern gemäß Art. 72 Abs. 1 GG verwehrt, die Materie ergänzend oder unter neuen Gesichtspunkten zu regeln.[30]

Auch wenn die Landesgesetzgeber keine zusätzlichen oder ergänzenden Regelungen zu den Zuschlagskriterien im Oberschwellenbereich aufgrund der fehlenden Kompetenz erlassen dürfen, bedeutet dies nicht, dass sie keinen Einfluss auf die Berücksichtigung von Nachhaltigkeit in der Wirtschaftlichkeitsbetrachtung nehmen können. Mit § 129 GWB hat der Bundesgesetzgeber die Landesgesetzgeber ermächtigt, Regeln für die Ausführungsbedingungen festzulegen.

§ 129 GWB: *„Ausführungsbedingungen, die der öffentliche Auftraggeber dem beauftragten Unternehmen verbindlich vorzugeben hat, dürfen nur aufgrund eines Bundes- oder Landesgesetzes festgelegt werden."*

Bei den Ausführungsbestimmungen handelt es sich regelungstechnisch um Vertragsbedingungen.[31]

Die Landesgesetzgeber können mit der Festlegung von Ausführungsbestimmungen Aspekte der Nachhaltigkeit in das Vergabeverfahren einbringen und mithin die Wirtschaftlichkeitsbetrachtung auch im Oberschwellenbereich beeinflussen.

17.4 Nachhaltigkeit als Zuschlagskriterium

17.4.1 Definition des Zuschlagskriteriums Nachhaltigkeit (umweltbezogene Aspekte, soziale Aspekte)

Die Zuschlagskriterien sind die Kriterien, mit denen auf der vierten und letzten Prüfungs- und Wertungsstufe der Zielerfüllungsgrad der Angebote bestimmt und die Angebote untereinander verglichen werden sollen, um das wirtschaftlichste Angebot zu bestimmen.[32]

Gemäß § 127 Abs. 3 Satz 1 GWB müssen die Zuschlagskriterien mit dem Auftragsgegenstand in Verbindung stehen. Diese Verbindung ist gemäß § 127 Abs. 3 Satz 2 GWB auch dann anzunehmen, wenn sich ein Zuschlagskriterium auf Prozesse im Zusammenhang mit der

29 *Burgi*, Vergaberecht, 2. Aufl. 2018, § 7 Rn. 23; *ders.*, NZBau 10/2015, 597 (602).
30 *Wittreck*, in: Dreier (Hrsg.) Grundgesetzkommentar, 3. Aufl. 2015, Art. 72, Rn. 30.
31 *Ziekow*, in: Ziekow/Völlink, Vergaberecht, 3. Aufl. 2018, § 128 GWB, Rn. 19.
32 VK Bund, Beschluss vom 30.10.2009 – VK 2-180/09; *Bulla*, in: Willenbruch/Wieddekind, Vergaberecht, § 58, Rn. 11; *Müller-Wrede*, in: Müller-Wrede, VgV/UVgO, § 58 VgV, Rn. 89.

Herstellung, Bereitstellung oder Entsorgung der Leistung, auf den Handel mit der Leistung oder auf ein anderes Stadium im Lebenszyklus der Leistung bezieht, auch wenn sich diese Faktoren nicht auf die materiellen Eigenschaften des Auftragsgegenstandes auswirken.

EuGH, Urteil vom 10.5.2012 – C-368/10 (Max Havelaar), Rn. 91: *„(...) ist es nicht erforderlich, dass sich ein Zuschlagskriterium auf eine echte innere Eigenschaft eines Erzeugnisses, also ein Element, das materiell Bestandteil von ihm ist, bezieht."*

Damit sind auch die sozialen Zuschlagskriterien legitimiert, die sich unter dem Stichwort „Fair Trade" subsumieren lassen.

EuGH, Urteil vom 10.5.2012 – C-368/10 (Max Havelaar), Rn. 91: *„Grundsätzlich steht somit einem Zuschlagskriterium, das darauf abstellt, dass ein Erzeugnis fair gehandelt worden ist, nichts entgegen."*

Beispiele für nachhaltige Zuschlagskriterien sind: CO_2-Emissionen, Schadstoffemissionen, Energieeffizienzklasse, Anteil von Fair-Trade-Produkten bei der Leistungserbringung, Beachtung der ILO-Kernarbeitsnormen, Abfallminimierung oder die Ressourceneffizienz.

17.4.2 Zulässigkeit als Zuschlagskriterium und Abgrenzung zu Nachhaltigkeit als Eignungskriterium

Eignungskriterien sind unternehmensbezogen und beziehen sich gemäß § 122 GWB auf die Fachkunde und Leistungsfähigkeit der Unternehmen. Hierzu zählen z.B. gemäß § 49 VgV der Beleg der Einhaltung des Umweltmanagements.[33]

Eignungskriterien dienen mithin dazu, die Unternehmen zu ermitteln, die zur Erbringung des Auftrags die notwendige Fachkunde, Leistungsfähigkeit und Zuverlässigkeit mitbringen und die unzureichend qualifizierten Bieter von der weiteren Wertung auszufiltern.[34]

Die Zuschlagskriterien beziehen sich dagegen nicht auf die konkurrierenden Unternehmen, sondern auf die Leistung der Angebote und erlauben die Ermittlung des wirtschaftlichsten Angebots auf der Grundlage des besten Preis-Leistungs-Verhältnisses. Eine Vermischung von Eignungs- und Zuschlagskriterien ist nicht zulässig.[35]

Die Frage nach der Einordnung der einzelnen Wertungskriterien als Eignungs- oder Zuschlagskriterien richtet sich danach, ob diese Kriterien schwerpunktmäßig mit der Beurteilung der Fachkunde und Leistungsfähigkeit der Unternehmen oder mit der Ermittlung des wirtschaftlichsten Angebots zusammenhängen.[36]

17.4.3 Angemessenheit und Bestimmungsrecht des Auftraggebers

Die Bestimmung des Auftragsgegenstandes ist dem eigentlichen Vergabeverfahren vorgelagert und gibt dem Auftraggeber grundsätzlich die Bestimmungsfreiheit, ob und mit welchem Gewicht technische, wirtschaftliche, gestalterische, ökologische und soziale Aspekte berück-

33 Dies kann gemäß § 49 Abs. 2 Nr. 1 VgV mit einer EMAS-Zertifizierung oder gemäß § 49 Abs. 2 Nr. 2, 3 VgV mit anderen gleichwertigen Zertifizierungen wie z.B. DIN EN ISO 14001 erfolgen.

34 BGH, Urteil vom 15.4.2008 – X ZR 129/06; OLG Celle, Beschluss vom 12.1.2012 – 13 Verg 9/11.

35 EuGH, Urteil vom 24.1.2008 – C-532/06 (Lianakis); *Lausen*, in: Burgi/Dreher, Vergaberecht, § 58 VgV, Rn. 35.

36 EuGH, Urteil vom 12.11.2009 – C199/07, Rn. 54; OLG Celle, Beschluss vom 12.1.2012 – 13 Verg 9/11.

sichtigt werden sollen.[37] Gemäß § 127 Abs. 4 GWB müssen die Zuschlagskriterien so festgelegt und bestimmt sein, dass der Zuschlag nicht willkürlich erteilt werden kann und eine wirksame Überprüfung möglich ist. Dies folgt auch aus den allgemeinen vergaberechtlichen Grundsätzen der Nichtdiskriminierung, Gleichbehandlung und Transparenz.

Die Angemessenheit von Zuschlagskriterien findet mithin dort ihre Grenzen, wo dem Auftraggeber bei der Zuschlagserteilung eine unbeschränkte Entscheidungsfreiheit eingeräumt würde.[38]

EuGH, Urteil vom 17.9.2002 – C-513/99 (Concordia Bus Finland), Rn. 61: *„(...) geht ebenfalls aus der Rechtsprechung hervor, dass ein Zuschlagskriterium, das einem öffentlichen Auftraggeber bei der Vergabe des Auftrags an einen Bieter eine uneingeschränkte Entscheidungsfreiheit einräumen würde, unvereinbar (...) wäre (...).“*

17.4.4 Anforderungen an die Transparenz und an einen wirksamen Wettbewerb sowie die Berücksichtigung des Diskriminierungsverbots

Gemäß § 127 Abs. 4 Satz 1 Hs. 1 GWB müssen die Zuschlagskriterien so vorgegeben werden, dass sie einen effektiven Wettbewerb der konkurrierenden Angebote zulassen.[39] Zuschlagskriterien, die nachhaltige Aspekte beinhalten, können durch Markteinengungen zu einer Beschränkung des Wettbewerbs führen, und es stellt sich die Frage, ob dies unter Berücksichtigung des Wettbewerbsgrundsatzes zulässig ist.[40]

Die Festlegung des Auftragsgegenstandes und die daraus resultierende Leistungsbeschreibung sowie die Auswahl der Wertungskriterien entspricht aber dem Wesen des Leistungsbestimmungsrechts.[41] Ohne das Leistungsbestimmungsrecht wären jegliche Wertungskriterien mit Ausnahme des Preises obsolet.[42] Eine Einengung des Wettbewerbs führt im Übrigen nicht zwangsweise zu keinem effektiven Wettbewerb. Eine durch sach- und auftragsbezogene Gründe verbundene Beschränkung oder Einengung des Wettbewerbs ist als Folge des Bestimmungsrechts des öffentlichen Auftraggebers grundsätzlich hinzunehmen.[43]

Nach der Rechtsprechung des OLG Düsseldorf sind die vergaberechtlichen Grenzen der Bestimmungsfreiheit des öffentlichen Auftraggebers eingehalten, sofern[44]

- die Bestimmung durch den Auftragsgegenstand sachlich gerechtfertigt ist,
- vom Auftraggeber dafür nachvollziehbare objektive und auftragsbezogene Gründe angegeben worden sind und die Bestimmung folglich willkürfrei getroffen worden ist,
- solche Gründe tatsächlich vorhanden (festzustellen und notfalls erwiesen) sind und
- die Bestimmung andere Wirtschaftsteilnehmer nicht diskriminiert.

37 OLG Düsseldorf, Beschluss vom 30.4.2014 – VII-Verg 33/13.
38 Gesetzesbegründung BT-Drs. 18/6281, 112.
39 Gesetzesbegründung BT-Drs. 18/6281, 112.
40 Kritisch dazu *Summa*, NZBau 2012, 729 (735).
41 OLG Frankfurt a.M., Beschluss vom 29.3.2018 – 11 Verg 16/17.
42 OLG Frankfurt a.M., Beschluss vom 29.3.2018 – 11 Verg 16/17.
43 OLG Düsseldorf, Beschluss vom 17.2.2010 – VII - Verg 42/09.
44 OLG Düsseldorf, Beschluss vom 1.8.2012 – VII-Verg 10/12.

Eine Diskriminierung könnte sich durch die Verwendung nachhaltiger Kriterien ergeben. Beispielsweise könnte durch ein Zuschlagskriterium „Transportentfernung", das im Sinne des Umweltschutzes die Emissionen durch den Transport mitbewerten soll, eine Bevorzugung regionaler Bieter entstehen.[45]

Die Verwendung des Zuschlagkriteriums „Transportentfernung" allein, ohne Bezug zu den entstehenden CO_2-Emissionen verstößt gegen das Diskriminierungsverbot.[46] Findet die Transportentfernung dagegen zur Bestimmung der dadurch entstehenden Emissionen ihre Anwendung als Zuschlagskriterium „Transportemissionen", handelt es sich nach der aktuellen Rechtsprechung um ein zulässiges umweltbezogenes Zuschlagskriterium.[47]

Es stellt sich aber weiterhin die Frage, ob durch Anwendung des Zuschlagkriteriums „Transportemissionen" eine versteckte Diskriminierung vorliegt, wenn faktisch nur regionale Anbieter eine Zuschlagschance erhalten.[48]

EuGH, Urteil vom 3.6.1992 – C-360/89, Rn. 11: *„(...) nicht nur offensichtliche Diskriminierungen aufgrund von Staatsangehörigkeit verbietet, sondern auch alle versteckten Formen der Diskriminierung, die durch die Anwendung anderer Unterscheidungsmerkmale tatsächlich zu dem gleichen Ergebnis kommen (...)."*

Gegen eine Diskriminierung spricht, wenn die Bieter selbst über das Transportmittel entscheiden dürfen und es so in der Hand haben, auch große Transportentfernungen CO_2-arm durchzuführen.

Zur Wahrung der Transparenz müssen gemäß § 127 Abs. 5 GWB sowohl die Zuschlagskriterien als auch deren Gewichtung in der Auftragsbekanntmachung oder den Vergabeunterlagen veröffentlicht werden. Der Auftraggeber ist verpflichtet, alle Kriterien, die bei der Bestimmung des wirtschaftlichsten Angebots berücksichtigt werden, sowie deren relative Bedeutung bei der Wertung den Bietern mitzuteilen.[49]

Nach der Rechtsprechung des BGH ist es unabdingbar, dass die Zuschlagskriterien vor der Aufforderung zur Angebotsabgabe den Bietern bekanntgemacht werden müssen, damit sich die interessierten Unternehmen darauf einstellen können.[50] Dazu gehört auch, dass unbestimmte Zuschlagskriterien wie z.B. Qualität und Umwelteigenschaften durch Unterkriterien konkretisiert werden müssen.[51]

Die Konkretisierung muss dabei so weit gehen, dass alle durchschnittlich fachkundigen Bieter sie bei Anwendung der üblichen Sorgfalt in der gleichen Weise auslegen können.[52]

Gemäß § 127 Abs. 4 Satz 1 GWB müssen die Zuschlagskriterien so festgelegt und bestimmt sein, dass der Zuschlag nicht willkürlich erteilt werden kann und eine wirksame Überprüfung möglich ist, ob und inwieweit die Angebote die Zuschlagskriterien erfüllen. Die gewählten Zuschlagskriterien müssen vom Auftraggeber bewertbar sein und einheitlich auf die Bieter an-

45 *Frenz*, VergabeR 2013, 13 (16).
46 *Ziekow*, in: Ziekow/Völlink, Vergaberecht, 3. Auflage 2018, § 127 GWB, Rn. 23.
47 OLG Frankfurt a.M., Beschluss vom 29.3.2018 – 11 Verg 16/17.
48 Kritisch dazu *Summa*, NZBau 2012, 729 (735).
49 EuGH, Urteil vom 24.1.2008 – C-532/06.
50 BGH, Urteil vom 8.9.1998 – X ZR 109/96.
51 *Opitz*, in: Burgi/Dreher, Vergaberecht, § 127 GWB, Rn. 10.
52 EuGH, Urteil vom 4.12.2003 – C-448/01 (Wienstrom), Rn. 57.

gewendet werden.[53] Zuschlagskriterien, die objektiv nicht bewertbar sind, sind nicht anwendbar.[54]

17.4.5 Beihilfenrecht

Auch beim öffentlichen Auftragswesen ist das Beihilfenverbot des Art. 107 AEUV zu beachten.[55] Durch die Berücksichtigung von Nachhaltigkeit in der Wirtschaftlichkeitsbetrachtung könnte es zu einer Begünstigung bestimmter Unternehmen oder Produktionszweige gemäß Art 107 Abs. 1 AEUV und damit zu einer Verfälschung des Wettbewerbs kommen, die einen Verstoß gegen das EU-Beihilferecht darstellt.[56]

Für eine unzulässige Beihilfe spricht, dass der öffentliche Auftraggeber bei der Verwendung von Nachhaltigkeitskriterien mehr bezahlt als ein privater Investor bei Nachfrage der gleichen Leistung ohne Nachhaltigkeitskriterien bezahlen würde („market economy investor"-Test).[57]

Gegen eine unzulässige Beihilfe spricht, dass es sich bei den Nachhaltigkeitskriterien[58] um gemeinwirtschaftliche Pflichten bzw. strategische Ziele handelt. Bei der daraus entstehenden Mehrvergütung handelt es sich um den finanziellen Ausgleich für die daraus entstehenden Mehrkosten.[59] Im Übrigen ist der Markt für öffentliche Aufträge durch die Berücksichtigung des besonderen Vergaberechtsregimes ein anderer als der allgemeine Markt, sodass ein direkter Vergleich unter Anwendung des „market economy investor"-Tests nicht sachgerecht ist.[60]

Des Weiteren entfällt laut Aussage der Europäischen Kommission die Beihilfenvermutung, wenn die Höhe der Gegenleistung in einem objektiven Verfahren bestimmt worden ist. Dies ist gegeben, wenn die in den Vergaberichtlinien vorgesehenen Verfahren angewandt und eingehalten werden und so ein wettbewerbliches, transparentes und diskriminierungsfreies Verfahren stattfindet.[61]

Summa summarum überwiegen die Argumente, die gegen eine pauschale Beihilfenvermutung sprechen. Die Berücksichtigung von Nachhaltigkeit in der Wirtschaftlichkeitsbetrachtung führt bei einem wettbewerblich, transparent und diskriminierungsfrei durchgeführten Vergabeverfahren nicht zu einer Begünstigung bestimmter Unternehmen oder Produktionszweige gemäß Art 107 Abs. 1 AEUV und stellt damit keine unerlaubte Beihilfe dar.

---

53 EuGH, Urteil vom 4.12.2003 – C-448/01 (Wienstrom), Rn. 48.

54 EuGH, Urteil vom 4.12.2003 – C-448/01 (Wienstrom), Rn. 50.

55 *Bungenberg*, in: Müller-Graff, Europäisches Wirtschaftsordnungsrecht, § 16, Rn. 73.

56 *Dippel/Zeiss*, NZBau 2002, 376.

57 *Jennert*, NZBau 2003, 417 (418).

58 Vor den neuen EU-Vergaberichtlinien 2014 wurden diese mehrheitlich als vergabefremde Kriterien bezeichnet.

59 *Jennert*, NZBau 2003, 417 (420).

60 *Hailbronner*, in: Byok/Jaeger, Vergaberecht, § 97, Rn. 125; *Jennert*, NZBau 2003, 417 (420).

61 *Guarrata/Wagner*, NZBau 2018, 443 (445); *Jennert*, NZBau 2003, 417 (420); Bekanntmachung der Kommission zum Begriff der staatlichen Beihilfe im Sinne des Artikels 107 Abs. 1 des Vertrags über die Arbeitsweise der Europäischen Union (2016/C 262/01), Rn 89-93.

17.4.6 Mögliche und zulässige Nachhaltigkeitszertifikate und deren Verwendung im Vergabeverfahren

Gemäß § 34 Abs. 1 VgV kann der öffentliche Auftraggeber als Beleg dafür, dass eine Liefer- oder Dienstleistung bestimmten in der Leistungsbeschreibung geforderten Merkmalen entspricht, die Vorlage von Gütezeichen verlangen.

Grundsätzlich ist es zulässig, die Erzeugnisse aus ökologischer Landwirtschaft bzw. aus fairem Handel in der Leistungsbeschreibung zu fordern und den Nachweis durch Gütesiegel erbringen zu lassen.[62]

Nach der Rechtsprechung des EuGH muss der Auftraggeber auch gleichwertige Gütezeichen akzeptieren bzw. den Nachweis, dass ein Erzeugnis den geforderten Kriterien genügt, auch durch andere Beweismittel zulassen.[63]

Dies ist im Vergaberecht umgesetzt. Gemäß § 34 Abs. 4 VgV muss der öffentliche Auftraggeber auch andere Gütezeichen akzeptieren, die gleichwertige Anforderungen an die Leistung stellen. Darüber hinaus ist es gemäß § 34 Abs. 5 VgV in Ausnahmefällen auch möglich, die Anforderungen des Gütezeichens durch andere geeignete Belege nachzuweisen.

17.5 Die Berücksichtigung von Nachhaltigkeit beim wirtschaftlichsten Angebot auf Basis des Angebotspreises

Die Aspekte der Nachhaltigkeit können auch bei einer Wirtschaftlichkeitsbetrachtung mit dem ausschließlichen Zuschlagskriterium Preis, also einem Preis-Leistungs-Verhältnis von 100 % Preis und 0 % Leistungsstärke, über die Leistungsbeschreibung und die Ausführungsbestimmungen berücksichtigt werden.

Den Zuschlag erhält das Angebot mit dem niedrigsten Angebotspreis. Die Leistung der Angebote wird in diesen Fällen durch die Leistungsbeschreibung sowie die Ausführungsbestimmungen vorgegeben und letztendlich durch Ausschlusskriterien beschrieben und gesteuert.

Die zu wertenden Angebote müssen alle Ausschlusskriterien erfüllen. Wird nur ein Ausschlusskriterium nicht erfüllt, führt dies zum zwingenden Ausschluss des betreffenden Angebots. Die Zuschlagsentscheidung nur nach dem Angebotspreis entspricht dem haushaltsrechtlichen Sparsamkeitsprinzip, bei dem unter möglichst geringem Ressourcenverbrauch ein vorab festgelegter Nutzen erreicht werden soll.

Gemäß § 31 Abs. 2 Nr. 1 VgV sind in der Leistungsbeschreibung die Merkmale des Auftragsgegenstands in Form von Leistungs- oder Funktionsanforderungen oder einer Beschreibung der zu lösenden Aufgabe zu beschreiben. Die Merkmale sind dabei so genau wie möglich zu fassen, sodass sie ein klares Bild vom Auftragsgegenstand vermitteln und hinreichend vergleichbare Angebote erwarten lassen, die dem öffentlichen Auftraggeber die Erteilung des Zuschlags ermöglichen.

62 EuGH, Urteil vom 10.5.2012 – C-368/10, Rn. 89 (Max Havelaar).
63 EuGH, Urteil vom 10.5.2012 – C-368/10, Rn. 97 (Max Havelaar).

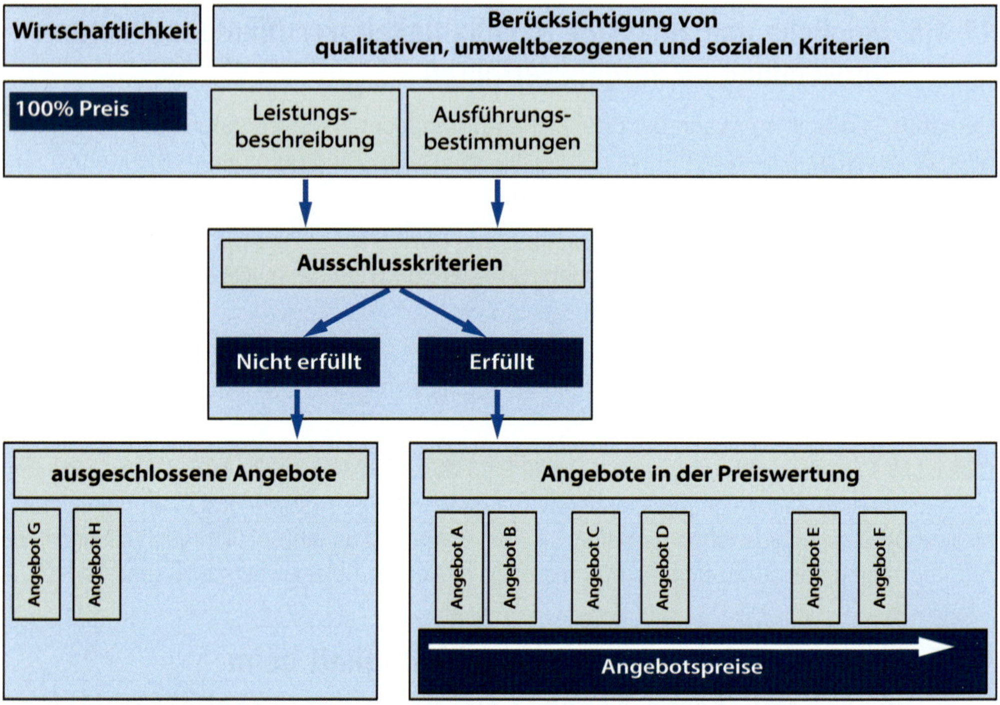

Abbildung: Wirtschaftlichkeit = 100 % Preis

Gemäß § 31 Abs. 3 VgV können die Merkmale auch Aspekte der Qualität und der Innovation sowie soziale und umweltbezogene Aspekte betreffen. Sie können sich auch auf den Prozess oder die Methode zur Herstellung oder Erbringung der Leistung oder auf ein anderes Stadium im Lebenszyklus des Auftragsgegenstands einschließlich der Produktions- und Lieferkette beziehen, auch wenn derartige Faktoren keine materiellen Bestandteile der Leistung sind, sofern diese Merkmale in Verbindung mit dem Auftragsgegenstand stehen und zu dessen Wert und Beschaffungszielen verhältnismäßig sind.

17.5.1 Beispiele für soziale Aspekte

Ein Beispiel für soziale Kriterien ist z.B. die Einhaltung bestimmter Ruhepausen für die eingesetzten Arbeitnehmer, die über die tarifvertraglichen Regelungen hinausgehen und als Ausführungsbestimmung in der Ausschreibung gefordert werden. Laut OLG Düsseldorf ist in solchen Fällen ein sachlicher Zusammenhang mit dem Auftragsgegenstand gegeben, da die Einhaltung bestimmter Ruhepausen den Prozess der Leistungserbringung betrifft.[64]

OLG Düsseldorf, Beschluss vom 30.4.2014 – VII-Verg 33/13: *„Ruhepausen sollen dem Arbeitnehmer ermöglichen, sich unter vielstündiger Arbeit zu erholen. Sie dienen der Erhaltung von Konzentrationsfähigkeit und Gesundheit der Arbeitnehmer und sichern die Qualität der Leistungserbringung."*

64 OLG Düsseldorf, Beschluss vom 30.4.2014 – VII-Verg 33/13.

Ein weiteres Beispiel für soziale Aspekte ist die Forderung von vergabespezifischen Mindestlöhnen. Mit dem RegioPost-Urteil des EuGH wurden die vergabespezifischen Mindestlöhne bestätigt.[65]

EuGH, Urteil vom 17.11.2015 – C-115/14 (RegioPost), Rn. 77: *„(...) Art. 26 der Richtlinie 2004/18 dahin auszulegen ist, dass er Rechtsvorschriften einer regionalen Einheit eines Mitgliedstaats wie den im Ausgangsverfahren fraglichen nicht entgegensteht, nach denen sich Bieter und deren Nachunternehmer in einer schriftlichen, ihrem Angebot beizufügenden Erklärung verpflichten müssen, den Beschäftigten, die zur Ausführung von Leistungen, die Gegenstand eines öffentlichen Auftrags sind, eingesetzt werden sollen, einen in den betreffenden Rechtsvorschriften festgelegten Mindestlohn zu zahlen."*

17.5.2 Beispiele für Umweltkriterien

Gemäß § 67 Abs. 1 VgV sollen bei der Ausschreibung von Lieferleistungen von energieverbrauchsrelevanten Waren, technischen Geräten oder Ausrüstungen oder bei der Ausschreibung von Dienstleistungen, bei denen energieverbrauchsrelevante Waren, technische Geräte oder Ausrüstungen eine wesentliche Voraussetzung zur Ausführung der Dienstleistung sind, das höchste Leistungsniveau an Energieeffizienz und die höchste Energieeffizienzklasse in der Leistungsbeschreibung gefordert werden.

Die Verwaltungsvorschrift AVV-Klima (Allgemeine Verwaltungsvorschrift zur Beschaffung klimafreundlicher Leistungen) ergänzt und konkretisiert die rechtlichen Vorgaben aus § 67 VgV und verpflichtet Behörden des Bundes, im Rahmen der Auftragsvergabe besondere Kriterien zur Energieeffizienz vorzugeben. Darüber hinaus verpflichtet die Verwaltungsvorschrift AVV-Klima die Bundesbehörden auch unterhalb der EU-Schwellenwerte zur Berücksichtigung eines hohen Energieeffizienzniveaus im Rahmen der Beschaffung.

Gemäß § 34 Abs. 1 VgV kann der öffentliche Auftraggeber als Beleg dafür, dass eine Liefer- oder Dienstleistung bestimmten in der Leistungsbeschreibung geforderten Merkmalen entspricht, die Vorlage von Gütezeichen verlangen.

Grundsätzlich ist es zulässig, die Erzeugnisse aus ökologischer Landwirtschaft bzw. aus fairem Handel in der Leistungsbeschreibung zu fordern und den Nachweis durch Gütesiegel erbringen zu lassen.[66] Nach Urteil des EuGH muss der Auftraggeber auch gleichwertige Gütezeichen akzeptieren bzw. den Nachweis, dass ein Erzeugnis den geforderten Kriterien genügt, auch durch andere Beweismittel zulassen.[67]

65 EuGH, Urteil vom 17.11.2015 – C-115/14 (RegioPost).
66 EuGH, Urteil vom 10.5.2012 – C-368/10, Rn. 89 (Max Havelaar).
67 EuGH, Urteil vom 10.5.2012 – C-368/10, Rn. 97 (Max Havelaar).

17.6 Die Berücksichtigung von Nachhaltigkeit beim wirtschaftlichsten Angebot auf Basis einer Kostenbetrachtung

Der öffentliche Auftraggeber darf das wirtschaftlichste Angebot auch auf Basis einer Kostenbetrachtung bestimmen.

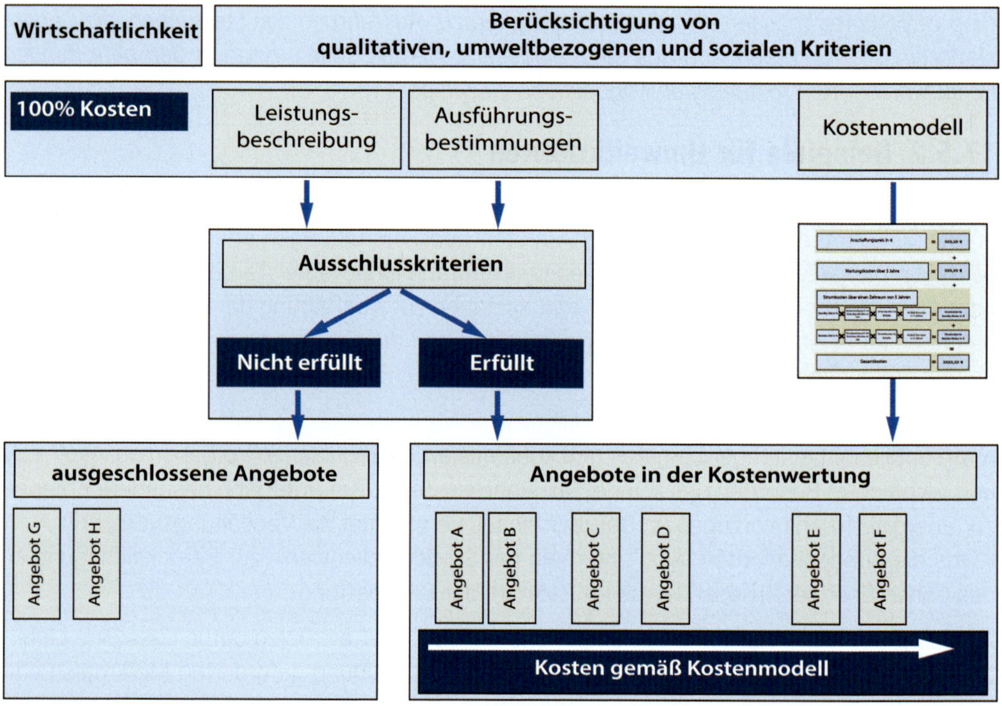

Abbildung: Wirtschaftlichkeit = 100 % Kosten

Im Gegensatz zur reinen Bewertung der Anschaffungskosten (Preisbewertung) können bei einer Kostenbetrachtung auch Folgekosten, Betriebskosten, Entsorgungskosten etc. mitberücksichtigt werden. Diese Kostenbetrachtungen sind unter den Begriffen Lebenszykluskosten, Vollkostenbetrachtung, Total Cost of Ownership (TCO) bekannt.[68] Die Anforderungen an die Methode zur Berechnung der Lebenszykluskosten werden in § 59 VgV bzw. § 53 SektVO bzw.§ 16d Abs. 2 Nr. 5-7 VOB/A-EU geregelt.

Durch die Einbeziehung umweltbezogener Kostenfaktoren soll das Ziel eines intelligenten, nachhaltigen und integrativen Wachstums bei der öffentlichen Auftragsvergabe befördert werden.[69]

68 Siehe hierzu Kap. 4.
69 Erwägungsgrund 96 der Richtlinie 2014/24/EU.

Neben den internen Kosten wie den in § 59 Abs. 2 Nr. 2-4 VgV genannten Nutzungskosten, insbesondere den Verbrauchskosten für Energie und andere Ressourcen, den Wartungskosten, den Kosten am Ende der Nutzungsdauer, insbesondere den Abholungs-, Entsorgungs- oder Recyclingkosten dürfen gemäß § 59 Abs. 2 Nr. 5 VgV auch externe Kosten durch Effekte auf die Umwelt Berücksichtigung finden.

Im Erwägungsgrund 96 der Richtlinie 2014/24/EU werden z.B. genannt: Umweltverschmutzung durch die Gewinnung der in der Ware verwendeten Rohstoffe oder Umweltverschmutzung durch die Ware selbst oder Umweltverschmutzung durch die Herstellung der Ware.

Diese Kosten müssen sich gemäß § 59 Abs. 3 VgV finanziell bewerten und überwachen lassen. Des Weiteren müssen diese Kostenmodelle in einer objektiven und nichtdiskriminierenden Weise im Voraus festgelegt und allen interessierten Parteien zugänglich gemacht werden.

Durch den Vergleich der Lebenszykluskosten können Produkte, die bei einer alleinigen Betrachtung der Anschaffungskosten (Angebotspreis) nicht wirtschaftlich wären, dies durch die über den gesamten Lebenszyklus betrachteten Folgekosten kompensieren.[70]

Die Zuschlagsentscheidung nach den Lebenszykluskosten entspricht dem haushaltsrechtlichen Sparsamkeitsprinzip[71], bei dem unter möglichst geringem Ressourcenverbrauch ein vorab festgelegter Nutzen erreicht werden soll.[72]

17.7 Beschaffung von energieverbrauchsrelevanten Waren

Bei der Ausschreibung von Lieferleistungen von energieverbrauchsrelevanten Waren, technischen Geräten oder Ausrüstungen können gemäß § 67 Abs. 3 Nr. 2 lit. a VgV die Gesamtkosten aus Anschaffungskosten und Stromkosten zur Grundlage der wirtschaftlichen Entscheidung gemacht werden.

Die einfachste Berechnungsmethode besteht darin, auf Basis der jährlichen Nutzungsdauer des Gerätes in Stunden, des Strombedarfs des Geräts in kW/h, des Strompreises pro Kilowattstunde sowie der erwarteten Lebensdauer des Gerätes die Stromkosten über die Lebensdauer des Geräts zu bestimmen. Die Gesamtkosten, die sich dann aus der Summe der Stromkosten über die Lebensdauer des Geräts und den Anschaffungskosten ergeben, bilden die Grundlage für die wirtschaftliche Entscheidung.

Eine Variante dieser Berechnungsmethode berücksichtigt für die Berechnung der Stromkosten eine jährliche Preissteigerungsrate sowie eine Diskontierung (Abzinsung) der Stromkosten.

70 *Eßig*, in: Müller-Wrede, VgV/UVgO, § 59 VgV, Rn. 20.
71 auch als Minimum-, Minimal- bzw. Kostenminimierungsprinzip bezeichnet.
72 *Gröpl*, in: Gröpl, BHO/LHO, § 7 Rn. 6.

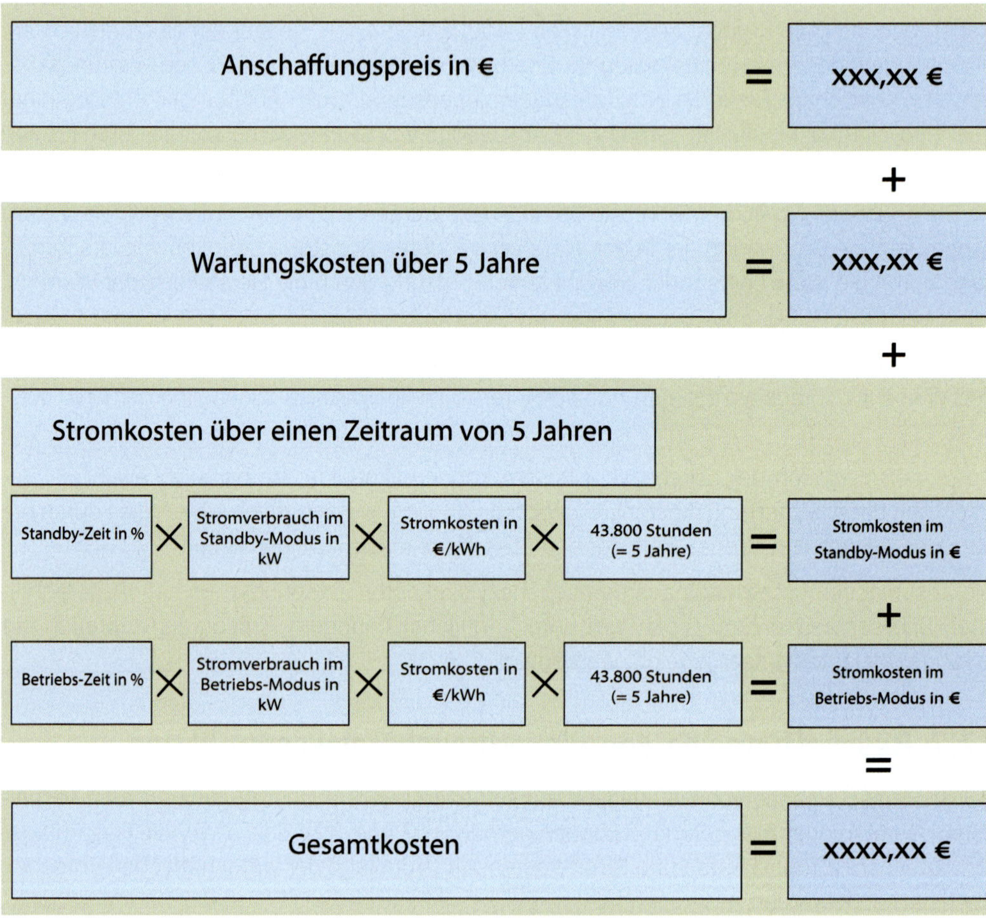

Abbildung: Beispiel für eine Kostenbewertung mit Energieverbrauchskosten

Die vergaberechtlichen Vorschriften zu den Lebenszykluskosten in § 59 VgV bzw. § 53 SektVO, § 16d Abs. 5-7 VOB/A-EU regeln nicht, wie die Berechnungsmethode[73] im Detail ausgestaltet sein muss und welche Kostenelemente[74] zu berücksichtigen sind und geben dem Auftraggeber mithin einen großen Gestaltungsspielraum. Das Transparenzgebot und der Gleichbehandlungsgrundsatz verlangen aber eine möglichst objektive, am Problem ausgerichtete Berechnungsmethode, bei der auch realitätsnahe Nutzungszyklen zugrunde gelegt werden müssen.[75]

Durch die Berücksichtigung von Folgekosten kann in vielen Fällen ein höherer Anschaffungspreis ausgeglichen werden. Besonders die Berücksichtigung von Energiekosten führt in der Regel dazu, dass ein höherer Anschaffungspreis, der zu einer Energieverbrauchseinsparung führt, über mehrere Jahre betrachtet das wirtschaftlichere Angebot ist. Mithin müssen die Aspekte des Umweltschutzes und die Aspekte der Ökonomie nicht gegensätzlich sein.

73 *Eßig*, in: Müller-Wrede, VgV/UVgO, § 59 VgV, Rn. 22.
74 *Eßig*, in: Müller-Wrede, VgV/UVgO, § 59 VgV, Rn. 35.
75 VK Mecklenburg-Vorpommern, Beschluss vom 21.2.2012 – 1 VK 07/11.

Die Möglichkeit auch externe Kosten durch Effekte auf die Umwelt berücksichtigen zu dürfen, stellt einen Paradigmenwechsel bei der Wirtschaftlichkeitsbetrachtung dar: Aus einer betriebswirtschaftlichen Wirtschaftlichkeitsbetrachtung ist eine volkswirtschaftliche geworden.

17.8 Die Berücksichtigung von Nachhaltigkeit beim wirtschaftlichsten Angebot auf Basis der maximalen Leistung

Gemäß § 58 Abs 2 Satz 2 VgV, § 52 Abs. 2 Satz 2 SektVO, § 43 Abs. 2 Satz 3 UVgO kann der öffentliche Auftraggeber auch Festpreise oder Festkosten vorgeben, sodass das wirtschaftlichste Angebot ausschließlich nach qualitativen, umweltbezogenen oder sozialen Zuschlagskriterien bestimmt wird. Diese Wirtschaftlichkeitsbetrachtung entspricht dem haushaltsrechtlichen Maximumprinzip[76] zur Erzielung eines möglichst hohen Nutzens auf der Grundlage eines im Voraus feststehenden Einsatzes an Ressourcen.[77]

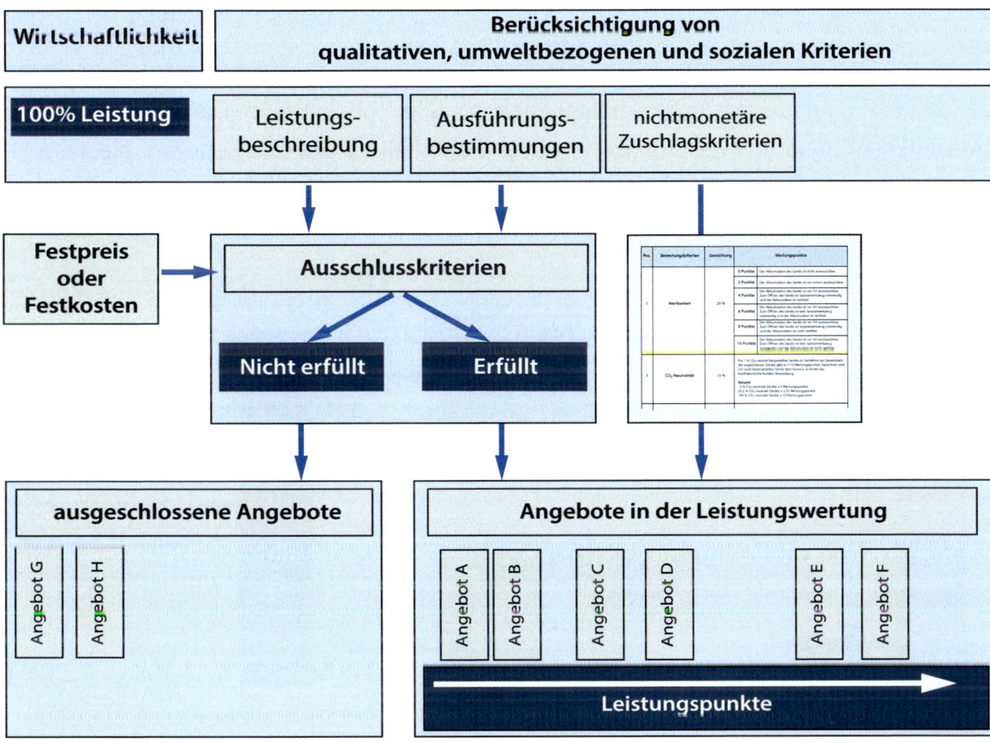

Abbildung: Wirtschaftlichkeit – 100 % Leistung

Bei dieser Wirtschaftlichkeitsbetrachtung werden die Mindestanforderungen an die qualitativen, umweltbezogenen und sozialen Kriterien durch die Leistungsbeschreibung sowie die Ausführungsbestimmungen durch Ausschlusskriterien vorgegeben. Zur Bestimmung des wirtschaftlichsten Angebots müssen verpflichtend qualitative, umweltbezogene oder soziale

76 Auch als Ergiebigkeitsprinzip bezeichnet.
77 *Gröpl*, in: Gröpl, BHO/LHO, § 7 Rn. 6.

Zuschlagskriterien Anwendung finden, sodass die Angebote nach diesen Zuschlagskriterien und einem dazugehörenden Wertungssystem bewertet werden können.

17.9 Die Berücksichtigung von Nachhaltigkeit beim wirtschaftlichsten Angebot auf Basis einer Gewichtung von Preis und Leistung bzw. Kosten und Leistung

Soll neben dem Angebotspreis bzw. den Kosten (aus den finanziellen Zuschlagskriterien), die in Euro vorliegen, auch die Leistungsstärke der Angebote (aus den leistungsbezogenen Zuschlagskriterien), die in Leistungspunkten vorliegen, für die Wirtschaftlichkeitsbetrachtung bewertet werden, stellt sich die Frage, welches Mehr an Leistung welches Mehr an Preis rechtfertigt.

Um dies objektiv beantworten zu können, muss die Preis-Leistungs-Bewertung durch eine mathematische Formel, die Zuschlagsformel einer Bewertungsmethode, dargestellt werden. Die Zuschlagsformel berücksichtigt die Angebotspreise bzw. eine Angebotsgesamtkostenbetrachtung in Euro sowie die Leistungsstärke (Qualität, umweltbezogene Kriterien, soziale Kriterien) der Angebote in Leistungspunkten und ermittelt daraus eine Kennzahl, die die Wirtschaftlichkeit (Preis-Leistungs-Verhältnis) des Angebots repräsentiert.

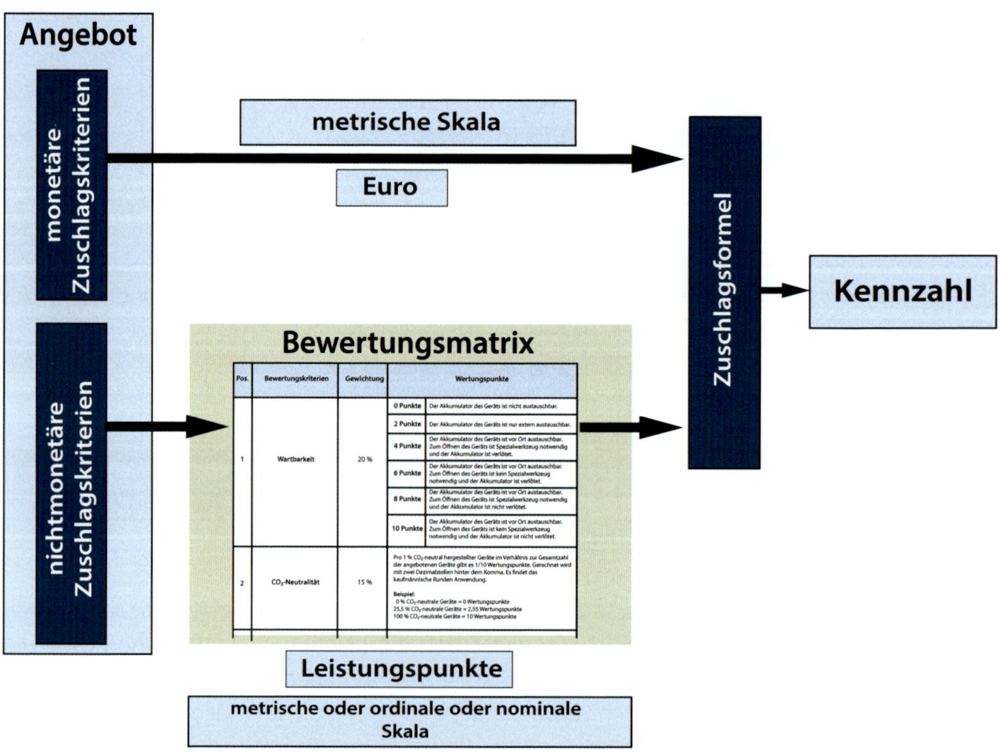

Abbildung: Bestimmung des wirtschaftlichsten Angebots durch eine Preis-Leistungs-Bewertung oder durch eine Kosten-Leistungs-Bewertung

Bei Verwendung von Zuschlagskriterien, die die Nachhaltigkeit betreffen, stellt sich aber die Frage, welches Gewicht diese Kriterien einnehmen dürfen. Preis oder Kosten müssen bei der Angebotsbewertung zwingend berücksichtigt werden und dürfen weder unter- noch überbewertet werden. Eine Festlegung und Gewichtung von Zuschlagskriterien, bei denen Wirtschaftlichkeitskriterien neben dem Angebotspreis nur eine marginale Rolle spielen oder der Preis eine übermäßige Bedeutung einnimmt, kann demnach gegen das Wirtschaftlichkeitsprinzip verstoßen.[78]

Ein Zuschlagskriterium, das letztendlich keine Auswirkung auf die Zuschlagsbewertung hat, wird als Alibi-Kriterium bezeichnet und stellt eine Verletzung des Transparenzgebots dar. Der Auftraggeber suggeriert mit der Veröffentlichung der Gewichtung der Zuschlagskriterien eine Wertung, die nicht der Realität entspricht. Ob ein Alibi-Kriterium vorliegt, kann durch ein gewichtetes Preis-Leistungs-Diagramm geprüft und veranschaulicht werden.[79]

---

78 OLG Düsseldorf, Beschluss vom 9.1.2013 – VII-Verg 33/12.

79 Siehe hierzu Kapitel 7.5 Gewichtung in Abhängigkeit des Verhältnisses von Leistungspunktspannen zu Angebotspreisspannen.

Stichwortverzeichnis

M

N

O

P

Q

R